中国律师年鉴·2005

《中国律师年鉴》编辑委员会　编辑
中 华 全 国 律 师 协 会　审定

人民法院出版社

图书在版编目（CIP）数据

中国律师年鉴·2005/《中国律师年鉴》编辑委员会编辑. —北京：人民法院出版社，2006.7
ISBN 7-80217-283-7

Ⅰ.中… Ⅱ.中… Ⅲ.律师-协会-工作-中国-2005-年鉴 Ⅳ.D926.5-54

中国版本图书馆 CIP 数据核字（2006）第 067698 号

中国律师年鉴·2005
《中国律师年鉴》编辑委员会 编辑
中 华 全 国 律 师 协 会 审定

责任编辑 陈 健 赖佐夫 赵作楝
出版发行 人民法院出版社
地　　址 北京市东城区东交民巷 27 号（100745）
电　　话 （010）85250580 85250568 85250526（责任编辑） 85250516（出版部）
85250558 85250559（发行部）
网　　址 http://courtpress.chinacourt.org
E-mail courtpress@sohu.com
印　　刷 三河艺苑印刷厂
经　　销 新华书店

开　　本 850×1168 毫米 1/16 彩插 50 页
字　　数 1520 千字
印　　张 42.25
版　　次 2006 年 7 月第 1 版 2006 年 7 月第 1 次印刷
书　　号 ISBN 7-80217-283-7
定　　价 260.00 元

△ 2005 年 6 月 14 日中共中央政治局常委、中央政法委书记罗干
会见出席第六次全国律师代表大会的全国优秀律师代表

△ 2005 年 6 月 14 日中共中央政治局委员、中央书记处书记、国务委员周永康
会见出席第六次全国律师代表大会的全国优秀律师代表

△司法部领导与第六届全国律协常务理事合影

◁ 全国107位律师获得全国律协授予的“全国优秀律师”称号

▷ 全国115家律师事务所获得全国律协颁发的“全国优秀律师事务所”奖牌

△ 2005 年 7 月 22 日司法部部长吴爱英由段正坤副部长陪同视察全国律协

△ 2005 年 7 月 22 日司法部部长吴爱英、副部长段正坤与第六届全国律协常务理事合影

△第六届全国律协为行业作出突出贡献的五届律协常务理事和秘书长颁奖

△出席第六次全国律师代表大会的代表在选举中投票

△全国律协会长于宁、国际律师协会副主席庞博代表双方签署合作备忘录

▷全国律协会长于宁、副秘书长冯秀梅会见国际律师联盟主席鲍博

▷全国律协秘书长邓甲明会见乌兹别克斯坦司法部代表团

△全国律协副会长杨伟程率中国律师代表团访问韩国

△全国律协副会长金山率中国律师代表团访问印度

◁ 中国首次设立民间对日索赔法律援助专项基金

▷ 2005 年 11 月 4 日第五届中国律师论坛在天津市开幕

▷ 山西省接过“中国律师论坛”会旗

第六届全国律师协会会长、副会长、秘书长

△会长 于 宁

△副会长 朱洪超

△副会长 杨伟程

△副会长 金 山

△副会长 李大进

△副会长 王天举

△副会长 宋建中

△副会长 王 凡

△副会长 薛云华

△秘书长 邓甲明

常务理事

△马　军

△方世扬

△王　晶

△王广仁

△王莹文

△王京宝

△王秋潮

△刘守民

△ 刘志成

△吕红兵

△孙发荣

△朱　伟

△张　庆

△李　飞

△邹强伦

△辛尚毅

△陈　舒

△孟繁旭

△罗　杰

△柳　平

△洪　波

△赵守华

△赵荣春

△梁胜国

△蒋　敏

△潘公明

北京市律师协会

△第七次北京市律师代表大会召开

▷ 2005年5月30日全国人大常委会副委员长顾秀莲率全国人大《律师法》执法检查组到北京市律师协会开展执法检查

△北京市律师协会举办“首都律师希望之星北京行”活动

△ 北京市律师协会参加北京市司法局第二批保持共产党员先进性教育活动动员大会

天津市律师协会

△天津市第五届律师协会第二次代表大会会议表彰现场

▷ 天津市律师在保持共产党员先进性教育活动中党员宣誓

△天津市律师协会召开律师中的人大代表、政协委员座谈会

上海市律师协会

△2005年3月26日至27日上海市第七届律师代表大会第一次会议召开

◁ 2005年5月14日上海市律师工作会议召开

△2005年9月24日上海市律师协会主办“第三届华东律师论坛”

△2005年11月19日上海市律师协会召开律师事务所规范建设年经验交流暨表彰大会

重庆市律师协会

△ 2005 年 4 月 25 日至 26 日重庆市第三次律师代表大会召开

◁ 重庆市常委、市委政法委书记朱明国视察重庆市律师协会

▷ 重庆市律师协会会长孙发荣向来渝交流的瑞典最高法院首席大法官 Bo Svensson 赠送纪念品

河北省律师协会

△新当选的河北省律师协会第五届理事会会长李益民发表就职演说

△ 2005 年 8 月 2 日河北省律师协会在秦皇岛市举办河北省律师管理干部培训班

山西省律师协会

△山西省律师协会成立 20 周年庆祝大会现场

△山西省律师协会获得“第六届中国律师论坛”承办权，全国律师协会会长于宁（前排中）将论坛旗帜交给山西省律师协会会长李飞（前排右）

内蒙古自治区律师协会

△内蒙古自治区律师协会举办律师事务所规范管理培训班

◁ 内蒙古自治区律师协会召开第六次律师代表大会

▷ 内蒙古自治区律师协会举办律师歌咏比赛

辽宁省律师协会

△辽宁省律师协会第六届代表大会代表投票

△辽宁省律师协会秘书长李正良在“东北三省律师论坛”上致闭幕词

△辽宁省律师协会名誉会长、省司法厅副厅长赵东岩为辽宁省中小企业法律顾问团成员单位颁发牌匾

吉林省律师协会

△吉林省刑事辩护律师进行义务宣传，省司法厅副厅长刘振宇到现场指导

▷ 在“吉林·香港合作交流暨东北振兴研讨会”上，吉林省律师协会会长赵守华会见香港律师代表

◁ 在“东北亚经济合作暨大图们江区域投资发展论坛”上，吉林省律师协会副会长兼秘书长张生久与联合国图们江区域项目临时代办西蒙合影

黑龙江省律师协会

△ 2005 年 8 月 9 日黑龙江省律师协会参与主办的“东北三省律师论坛”在辽宁省召开

△ 2005 年 10 月 28 日黑龙江省司法厅厅长刘义昌等到孟繁旭律师事务所视察

浙江省律师协会

△浙江省律师协会未成年人保护工作委员会会议暨推动律师参加未成年人保护工作会议召开

▷浙江省律师协会举办“中·美·新房地产理论与实务国际研讨会”

△浙江省律师协会举办合伙律师事务所管理工作经验交流会

△浙江省律师协会“律师优秀辩手”大赛

安徽省律师协会

△ 2005 年 8 月 22 日安徽省律师协会及合肥市律师协会组织律师进行"拆违"专项法律法规宣传

▷ 2005年10月22日至23日"法学与法治巡回讲坛"在安徽省芜湖市开讲

△ 2005 年 4 月 2 日安徽省第六次律师代表大会召开

江苏省律师协会

△ 2005 年 3 月 12 日江苏省律师协会召开省律师协会工作委员会、业务委员会成立大会

▷ 江苏省律师协会会长王凡向内蒙古自治区律师协会会长宋建中赠送“云锦”工艺画，标志两律师协会之间的合作交流与共同发展

◁ 江苏省律师协会海事海商业务委员会全体委员看望渔村子弟学校学生，并送去了学习用品

福建省律师协会

△2005年6月6日福建省第七次律师代表大会在福州市召开

△2005年12月28日福建省律师协会与福建电视台联合举办"让我们同行"大型法律知识比赛活动

△2005年8月22日福建省政府侨务办公室聘请福建律师组成"省政府侨务办公室顾问团"

△2005年10月13日首届"福建律师论坛"在福州市召开

江西省律师协会

△2005年4月30日江西省律师协会四届二次理事会召开

△2005年4月23日江西省司法厅直属律师事务所党员律师及江西省设区市部分党员律师到江西革命烈士纪念堂重温入党誓词

△2005年5月13日江西省律师协会秘书长唐锋带队参加在北京举行的“第二届中国青年律师论坛”

山东省律师协会

△山东省第六次律师代表大会

◁ 山东省律师协会聘请香港何志强律师担任山东省律师协会六届理事会顾问

△山东省老律师代表座谈会

河南省律师协会

△2005年2月28日河南省女律师合唱团参加河南省妇联“放飞妇女心中的歌”歌咏比赛并获金奖

△河南省律师协会副会长陆咏歌、李煦燕向希望小学的学生们发放体育器材

湖北省律师协会

△湖北省律师协会向行风评议代表汇报工作

▷湖北省党员律师在施洋烈士纪念碑前重温入党誓词

△湖北省律师协会表彰首届AAA信用律师事务所、AAA信用律师

△湖北省律师开展义务法律服务咨询活动

湖南省律师协会

△2005年9月13日湖南省委副书记孙载夫视察秦希燕联合律师事务所

△2005年10月25日湖南律师希望小学奠基典礼

△2005年6月30日湖南省人大《律师法》执法检查汇报座谈会

△六届湖南省律师协会理事会第二次会议召开

广东省律师协会

◁“加强行业自律，共建和谐广东”大型宣传活动现场

△2005年6月24日中共广东省律师协会委员会、广东省律师协会先进党组织、优秀共产党员表彰暨全国优秀律师事务所、优秀律师颁奖仪式大会

△2005年12月7日至8日中国法学会民法学研究会、广东省律师协会、中国人民大学法学院共同在广州市举办“中国物权法疑难问题研讨会”

△广东省律师协会会长薛云华与香港律师会会长罗志力在广州市签署《促进粤港法律服务发展合作协议》

海南省律师协会

◁ 2005年3月6日海南省“三八”维权活动周暨海南省维护妇女儿童权益律师志愿者服务中心成立启动仪式

△ 2005年11月18日海南省律师协会四届六次常务理事会

▷ 2005年11月26日海南省律师开展“中国刑事辩护宣传日”活动

广西壮族自治区律师协会

△ 2005 年 6 月 30 日至 7 月 1 日广西壮族自治区第六次律师代表大会召开

▷ 广西壮族自治区律师协会第六届常务理事会全体合影

▷ 2005 年 10 月 20 日至 21 日第二届中国—东盟自由贸易区法律事务论坛在广西壮族自治区南宁市召开

四川省律师协会

△四川省律师协会学习讨论“反分裂国家法”座谈会

△四川省律师协会举办“公益诉讼与维护妇女权益研讨班”

贵州省律师协会

△贵州省律师协会派律师参加第二届中国—东盟自由贸易区法律事务论坛

△贵州省司法厅组织律师、非公经济企业主座谈会，探讨律师如何为非公经济开展法律服务

甘肃省律师协会

△中华全国律师协会会长于宁（前排右三）出席“甘肃律师”网站开通仪式

△2005年10月16日甘肃省律师在兰州市举办“中国刑事辩护宣传日”活动

陕西省律师协会

△2005年8月20日陕西省律师协会召开全省律师惩戒工作会议

△2005年10月14日陕西省律师协会接待台湾地区律师访问团

青海省律师协会

△青海省律师协会召开律师界新一轮解放思想大讨论专题报告会

△2005年青海省刑事诉讼辩护律师义务咨询活动现场，青海省律师协会会长庞顺泽（右二）亲临现场视察

宁夏回族自治区律师协会

△司法部副部长段正坤（左）、中华全国律师协会会长于宁（右）、秘书长邓甲明（中）到宁夏回族自治区律师协会秘书处看望工作人员并翻阅《宁夏律师》杂志

△宁夏回族自治区律师协会第六次律师代表大会选出的全体常务理事合影

新疆维吾尔自治区律师协会

△新疆维吾尔自治区律师协会直属分会与新疆和田地区律师协会在乌鲁木齐市签订了《支持与合作协议》

△新疆维吾尔自治区律师协会表彰30名优秀律师

中国人民解放军军队律师

△ 2005 年 10 月 28 日至 11 月 15 日军队律师代表团赴意大利圣雷莫人道法国际学院参加第 115 届武装冲突法国际军事培训班

△空军开展“送法下基层”活动，官兵们向军队律师咨询涉法问题

香港大律师公会

△香港大律师公会会议室

▷ 香港大律师出庭佩戴的假发

香港律师会

△香港律师会理事会 2005 年访京团成员合影

△香港律师会举办“2005 年香港法律周”

澳门律师公会

△澳门特别行政区行政长官何厚铧主持澳门律师公会会址扩张揭幕仪式

△澳门特别行政区行政长官何厚铧与到访参加会址扩张揭幕仪式的嘉宾合影（左三为中华全国律师协会会长于宁）

▷ 澳门特别行政区律师的丰富生活

《中国律师年鉴·2005》编委会

《中国律师年鉴·2005》编辑部

编辑说明

一、《中国律师年鉴》由中华全国律师协会组织编写，是一部记载中国律师协会工作情况，反映律师协会工作全貌和各个年度律师工作发展成就的综合性书刊。

二、《中国律师年鉴》2005 年卷反映的是 2005 年度的全国及各省、自治区、直辖市、中国人民解放军、特别行政区律师的情况。

三、《中国律师年鉴》2005 年卷收录的资料未包括中国台湾地区。

四、《中国律师年鉴》2005 年卷的编纂得到司法部办公厅、律师公证工作指导司的大力协助，特此致谢。

五、《中国律师年鉴》2005 年卷收录的资料，截至 2005 年 12 月 31 日。

《中国律师年鉴》编辑部

2006 年 6 月

中华全国律师协会简介

根据《中华人民共和国律师暂行条例》（1980 年颁布），中华全国律师协会成立于 1986 年 7 月，是社会团体法人，是全国性的律师行业自律性组织，依法对律师实行行业管理。凡中华人民共和国律师、律师事务所、地方律师协会均为本会会员。中华全国律师协会现有律师个人会员 10.2 万多个、律师事务所团体会员 1.1 万多个、省级律协团体会员 31 个。

中华全国律师协会的宗旨是：团结和教育会员维护宪法和法律的尊严，忠实于律师事业，恪守律师职业道德和执业纪律；维护会员的合法权益；提高会员的执业素质；加强行业自律，促进律师事业的健康发展，为依法治国，建设社会主义法治国家，促进社会的文明和进步而奋斗。

中华全国律师协会的最高权力机构为全国律师代表大会。中华全国律师协会每三年举行一次全国律师代表大会，选举产生理事会，理事会选举本会会长、副会长和常务理事。在全国律师代表大会和理事会闭会期间，常务理事会行使理事会的职权，执行全国律师代表大会的决议。秘书长领导执行机构进行日常工作。

依据《中华人民共和国律师法》，中华全国律师协会的主要职责为：

（一）保障律师依法执业，维护律师的合法权益；

（二）总结、交流律师工作经验；

（三）组织律师业务培训；

（四）进行律师职业道德和执业纪律的教育、检查和监督；

（五）组织律师开展对外交流；

（六）调解律师执业活动中发生的纠纷；

（七）法律规定的其他职责。

律师协会按照章程对律师给予奖励或者给予处分。

中华全国律师协会自成立以来，在对律师业务指导、交流工作经验、维护律师合法权益、加强与外国律师之间的民间交流等方面发挥了很大的作用，逐步完善行业管理体制，为我国律师事业的发展作出了贡献。

中华全国律师协会执行机构由秘书长领导，下设：办公室、会员部、专业委员会工作部、培训部、国际部（中国国际律师交流中心）、信息调研部，主办会刊《中国律师》杂志和网站“中国律师网”。

（2005 年 12 月 31 日）

总 要 录

目录

一、特载

二、律师协会工作概况

三、文件选载

四、会议资料选载

五、业务研讨

六、会员培训

七、会员事务

八、维护律师合法执业权

九、国际交流

十、律师学研究现状

十一、律师参与法律援助工作

十二、全国律师工作统计资料

十三、律师协会大事记

十四、律师规范选载

十五、其　他

一、特 载

（一）中共中央政治局委员、中央书记处书记、国务委员周永康同志在第六次全国律师代表大会上的讲话

（2005年6月14日）

第六次全国律师代表大会今天隆重召开，这是全国律师界的一件大事，必将对新时期律师工作的改革发展产生重大而深远的影响。刚才，罗干同志亲切接见了与会代表，充分体现了中央领导同志对律师工作的关心和重视。在这里，我代表党中央、国务院，对会议的召开表示热烈的祝贺，向全国广大律师表示亲切的慰问，向受到表彰的优秀律师和优秀律师事务所致以崇高的敬意！

党的十一届三中全会以来，特别是党的十五大提出依法治国的基本方略后，我国的律师队伍逐步壮大，素质不断提高，服务领域不断拓宽，律师工作得到了快速发展，取得了显著成绩。广大律师通过参与诉讼活动，依法维护公民、法人和其他组织的合法权益，维护法律的正确实施；积极参加社会治安综合治理，努力化解矛盾纠纷，为维护社会稳定作出了积极贡献；广泛开展法律援助活动，努力维护全社会的公平和正义；积极为民商事活动提供法律服务，促进市场经济的建立和完善以及对外经济交往的顺利进行；探索完善律师的组织结构和组织形式，促进政府依法决策、依法行政和企业依法经营管理；认真宣传党和国家的方针政策，传播法律知识、法治精神和诚信意识，推动社会文明进步。广大律师已经成为维护司法公正、促进依法治国、服务社会主义现代化建设的一支重要力量，在我国政治、经济、社会生活的各个方面都发挥着越来越重要的作用。

当前，我国改革发展进入了关键时期，律师工作既面临机遇，也面临挑战，希望大家进一步增强紧迫感和责任心，认清形势，把握大局，加快律师业改革发展的步伐。

一、充分发挥律师工作在构建社会主义和谐社会中的重要作用

胡锦涛总书记在今年2月省部级主要领导干部提高构建社会主义和谐社会能力专题研讨班的重要讲话中，明确指出："我们所要建设的社会主义和谐社会，应该是民主法治、公平正义、诚信友爱、充满活力、安定有序、人与自然和谐相处的社会"。构建和谐社会目标的提出，赋予我国律师业光荣的历史任务和时代使命，也为广大律师充分发挥作用提供了广阔的舞台。

构建社会主义和谐社会，就是要紧紧抓住发展这个党执政兴国的第一要务，按照科学发展观的要求，确保经济持续快速协调健康发展。广大律师要围绕党和国家的中心任务，积极投入到经济建设和改革开放的伟大实践中，充分发挥现代律师业在国家重大经济改革和经济活动以及各类所有制经济实体民商事活动中的作用，依法维护正常的经济秩序，努力提供优质高效的法律服务。

构建社会主义和谐社会就是要妥善处理各种矛盾，不断消除不和谐因素、不断增强和谐因素。广大律师要牢固树立大局意识，发挥专业优势和法律咨询、法制宣传和调解的功能，积极参与各类社会矛盾的化解。尤其要积极参与涉法信访接待工作，协助有关部门及时妥善处理信访突出问题及群体性事件。要面向基层、面向困难群众开展法律援助，使普通百姓和困难群众能够得到法律的平等保护，让社会充满真情和温暖。积极开展以诚信为民为主题的社会公益活动，扶贫济困，为建设诚信友爱的社会贡献力量。

构建社会主义和谐社会，就是要健全民主法制，建设法治国家，充分发挥法治在促进、实现和保障社会和谐方面的重要作用。广大律师要通过参与立法，参政议政，及时研究改革发展中出现的新情况和新问题，促进我国社会主义民主法治的完善。要充分发挥公职律师和公司律师的职能作用，更好地满足法律服务需求，促进政府依法行政、企业依法经营管理。要以事实为根据，以法律为准绳，本着对法律负责、对当事人负责、对社会负责的态度，积极参与刑事、民事和行政诉讼活动，通过刑事辩护和诉讼代理，切实维护国家法律的正确实

施,促进司法公正。通过承办具体案件和普法等活动,促进全体公民增强学法用法、知法守法的自觉性。

二、加快实现律师管理体制创新,努力造就高素质的律师队伍

近年来,胡锦涛总书记等中央领导同志就加强律师队伍建设多次作出重要批示。去年,中共中央办公厅、国务院办公厅转发了《司法部关于进一步加强律师队伍建设的意见》。根据中央领导同志的批示精神和《意见》的要求,司法部开展了为期一年的律师队伍集中教育整顿活动,收到了显著成效,在社会上也引起了良好的反响。加强律师队伍建设,提高律师队伍素质,是构建和谐社会的必然要求,也是进一步推进律师业改革发展的客观需要,要常抓不懈。

要完善律师管理体制,提高律师管理水平。目前的律师管理体制总体上是适合我国国情的,对促进律师工作的改革发展,加强律师队伍建设发挥了重要作用。当前,要根据形势的变化,结合律师行业的特点,进一步探索行政管理和律师协会自律管理有机结合的机制和办法。司法行政机关作为律师行业的行政主管部门,要适应政府转变职能的需要,强化宏观管理手段。要切实加强律师协会建设,充分发挥行业自律管理的作用。要深化律师管理体制改革,推进律师管理体制创新,逐步完善包括司法行政部门宏观管理、律师协会自律管理和律师事务所基础管理三个层次的管理体系。希望借这次召开全国律师代表大会的机会,总结经验,集思广益,进一步周密完善行业规则、执业纪律和职业道德规范体系,强化行业自律功能,为完善律师管理体制进行积极有益的探索。

要按照坚持信念、精通法律、维护正义、恪守诚信的要求,探索建立律师队伍建设的长效机制。今年,司法部在开展律师集中教育整顿活动的基础上,又部署开展了合伙律师事务所规范建设年活动,这对巩固教育整顿活动的成果,进一步推进律师工作的改革发展将起到积极的作用。要从加强教育、严格管理、完善监督、强化自律等方面入手,建立健全学习教育机制、行业准入机制、自律机制、监督惩戒机制、保障机制和评价机制。通过加强学习教育,使广大律师牢固树立正确的理想信念,增强爱国主义、集体主义、社会主义的思想意识和依法执业观念;通过建立健全律师行业准入制度,确保进入律师行业的人员具有良好的政治、业务和职业道德素质;通过改革和完善律师事务所内部管理制度,加强律师协会的组织建设,增强律师行业自律性管理能力;通过建立健全律师执业监督体系,强化惩戒职能,完善惩戒工作程序,认真做好违法违纪律师的查处工作,加强对律师执业活动各个环节的监督,逐步构建起教育、制度、监督查处有机结合的律师队伍建设体系。

新时期的律师党建工作只能加强,不能削弱。这对于确保党的路线、方针、政策的贯彻落实,确保律师事业沿着正确的方向持续发展具有重要意义。律师行业要充分发挥各级党组织的政治优势和组织优势,通过开展保持共产党员先进性教育活动,进一步发挥党支部的战斗堡垒作用和党员律师的先锋模范作用,带动广大律师不断提高思想素质、业务素质和职业道德素质。要切实加强各级律师协会和律师事务所的党组织建设,保证党员律师组织生活的正常化和制度化。要逐步提高党员律师比例,把思想进步、业务能力强、职业道德好、符合党员标准的律师,特别是青年律师和业务骨干吸收到党员队伍中来。近年来,司法部党组对律师党建工作是高度重视的,希望你们继续探索,多创造出一些好的经验。

三、高度重视,加强领导,努力为律师业的改革发展创造条件

坚持党对政法工作的领导,是我们必须坚持的重大政治原则,是我国司法体制的政治优势和重要特征,也是律师工作沿着正确方向前进的根本政治保证。各级党委、政府一定要从实践"三个代表"重要思想,维护司法公正,促进依法治国,构建和谐社会的高度,切实加强对律师工作的领导。要及时听取有关律师工作的汇报,研究解决律师工作在改革发展过程中遇到的新情况、新问题。有关部门要和司法行政机关密切配合,进一步规范法律服务秩序,完善律师收费、财务管理和税收制度,为律师业的发展提供有力保障。要推进《律师法》和《刑事诉讼法》的修改进程,完善律师在侦查、起诉和审判阶段依法执业的有关制度,尊重律师的劳动,保障律师依法履行职责。要积极做好宣传工作,使全社会广泛了解律师制度和律师工作在构建社会主义和谐社会、实施依法治国基本方略中的重要作用,为律师队伍建设和律师制度完善创造良好的社会环境。

同志们,当前律师业正处在一个重要的发展时期,进一步做好律师工作任重而道远。让我们在以胡锦涛同志为总书记的党中央领导下,高举邓小平理论和"三个代表"重要思想的伟大旗帜,深入贯彻落实中央领导同志关于律师工作的重要指示精神,按照中央关于司法体制改革的有关部署,扎实工作,不辱使命,不断开创我国律师业改革发展的新局面,为构建社会主义和谐社会作出新的更大的贡献。

（二）全国人大副委员长顾秀莲同志在全国人大常委会律师法执法检查组第一次全体会议上的讲话

（2005 年 5 月 16 日）

全国人大常委会对《中华人民共和国律师法》实施情况的检查即将开始。刚才我们分别听取了司法部和最高人民检察院、最高人民法院、公安部等部门贯彻实施律师法有关情况的汇报。4 月初，全国人大内务司法委员会组织了 5 个调研组分赴安徽、重庆、天津、广东、江西等地进行了先期调研，我和驷驹同志到安徽了解了一些情况。下面，我就如何搞好这次执法检查工作谈几点意见。

一、充分认识律师法执法检查的意义

执法检查是人大监督工作的基本形式。吴邦国委员长多次指出，执法检查要围绕党和国家工作大局，把涉及改革发展稳定的重大问题、人民群众普遍关心的热点难点问题作为监督工作的重点。由于律师工作与司法工作密切相关，对维护公民、法人和非法人团体的合法权益，维护司法公正影响重大，因而成为近年来人民群众普遍关注的热点问题之一。全国人大常委会开展律师执法检查，反映了十届全国人大三次会议提出的监督工作思路。律师法是律师依法履行职责、律师事务所依法执业、行政机关依法管理律师和律师事务所的重要法律。律师法实施以来，律师队伍发展很快。律师作为我国法律职业中一支素质较高、富有朝气、充满活力的力量，在推进民主法制建设，实施依法治国方略和社会主义物质文明、政治文明和精神文明建设方面都发挥了重要作用。但我们也看到，在律师法实施过程中也还存在一些问题，如一些律师和司法人员违反法律和职业道德，在诉讼活动中搞“权钱交易”、“人情交易”，损害司法权威；一些律师事务所违规收费，加重当事人经济负担；一些国家机关工作人员不严格执行法律，使律师执业权利未能得到切实保障；律师管理“两结合”机制还不到位等等。这些问题的产生和存在，有多方面原因，其中有认识问题、思想观念问题、不严格执法问题、队伍素质参差不齐问题，也有律师法本身不够完善问题。对律师法实施情况进行检查，可以使我们了解情况，总结经验，查找问题并有针对性地提出解决问题的意见和建议，督促法律实施主管机关加强和改进执法工作，使律师法执行得更好。

需要强调的是，对律师法实施情况进行检查，目的是促进律师事业的发展。去年开展的全国律师队伍集中教育整顿活动，对建设设一支“坚持信念、精通法律、维护正义、恪守诚信”的高素质律师队伍起到了积极作用，也为贯彻实施好律师法打下了基础。这次律师法执法检查，对进一步严格律师依法履行职责，改善律师执业环境，加强律师队伍管理和建设，促进律师业健康发展，必将起到很大的推动作用。

二、切实把握执法检查的重点

律师法条文不多（53 条），但内容很丰富。律师工作涉及的面很广泛，执法检查不可能面面俱到。我们要集中力量，突出重点，抓住关键，力求取得实效。

律师依法履行职责方面。依法履行职责包括两方面的含义：一是要严格履行法律规定的职责。律师法对律师业务规定了 7 类，可归为两类即诉讼业务和非诉讼业务。据司法部介绍，律师每年办理诉讼案件 150 多万件，通过履行代理人、辩护人职责，维护司法公正；每年办理非诉讼法律事务 80 多万件，通过参与国有企业改革、农村经济体制改革和大量民商事活动，促进改革开放和经济建设的顺利进行；律师每年办理法律援助案件 10 多万件，成为我国当前法律援助事业的主体力量，为实现社会公平与正义作出了贡献。这些方面的工作有些还不到位，服务质量不够高，同客观需要还有一定差距。二是要严格履行法律规范和执业纪律。不能搞“权钱交易”、“人情交易”，损害他人利益，损害司法权威。这是人民群众关注的问题，也是这次检查的重点。

律师执业环境和执业保障方面。良好的执业环境，有助于律师依法充分履行职责、发挥作用，维护当事人合法权益和法律尊严。我国律师法、诉讼法等法律对律师执业作了规定，从制度上保障了律师执业。应

该说，随着我国民主法制建设的不断完善，律师依法执业的权利日益受到重视，执业环境有了明显改善，但目前仍存在一些问题，需要解决。律师界普遍反映，无论是从事诉讼工作，还是从事非诉讼业务，都存在“执业难”的现象，尤其是“会见（犯罪嫌疑人）难、阅卷难、调查取证难”更为突出。我们这次执法检查的重点之一，是要弄清楚在律师执业环境和执业保障方面，都存在哪些问题，是法律执行问题还是法律制度问题，需要采取什么措施加以解决。

律师队伍建设方面。胡锦涛总书记指出，加强律师队伍建设是维护司法公正、促进依法治国的重要举措，是坚持执法为民、防止司法腐败的必要保证。应当看到，我国律师队伍的主流是好的，但也存在一些严重损害自身形象问题。律师队伍的政治素质、业务素质和职业道德素质，一些律师的诚信意识、服务质量都需要进一步提高，司法行政机关行政管理与律师协会行业管理“两结合”的管理体制需要进一步规范，管理权、惩戒权、处罚权需要进一步合理配置。这也是这次执法检查的重点。

除了上述三个方面外，在执法检查过程中还会涉及到修改律师法的问题。去年初，吴邦国委员长就批示指出，律师法的修改虽未列入五年规划，但若急需，可列入年度立法计划。这次到各地检查，请各个检查小组注意听取有关对律师法修改的意见和建议。

三、注意工作方式方法，讲求实效

执法检查要广泛听取意见。实事求是，深入实际，密切联系群众是我们党历来倡导的思想路线和工作方法。律师法执法检查小组一定要深入基层，听取司法行政、公安、检察、法院等有关部门和人大代表、律师、社会有关人士以及案件当事人对改进律师工作的意见和建议，重视听取律师的意见，了解和掌握律师法实施的真实情况和存在的主要问题。

执法检查不直接处理案件。执法检查过程中可能涉及某些案件，要严格依照法定程序由法定机关负责处理，执法检查组不对处理案件发表意见。如检查中发现的可能有问题的案件，可向当地有关部门反映，也可带回来，交有关部门依法处理。

检查组赴地方时，要轻车简从，不搞层层陪同，只需地方安排少量人员帮助做些联络性工作；同时，要严格遵守廉政建设的各项规定，不吃请、不受礼。

今天的会议结束后，各小组将陆续赴各地进行执法检查。我们这次执法检查，正值保持共产党员先进性教育活动开展期间，我们要以执法检查的实际行动体现教育活动的成果。

（三）中华全国律师协会2005~2008年工作纲要

一、导言

2005年6月，第六次全国律师代表大会胜利召开，选举产生了新一届全国律协常务理事会。为明确本届律协的工作思路和工作目标，六届全国律协第二次常务理事会讨论并通过本工作纲要。

律师制度恢复以来，特别是近年来，在党中央、国务院的正确领导下，在国务院司法行政部门的监督和指导下，经过社会各界和全体律师的共同努力，我国律师事业得到了长足的发展：律师数量不断增长，队伍素质明显提高，律师业务领域继续拓展，律师执业行为不断规范，律师的社会影响日益扩大；同时，我们也清醒地看到，由于种种原因，律师事业面临一些突出问题，如行业管理滞后、律师队伍建设有待加强、法律服务秩序混乱、律师执业难、律师税负过重，等等。这些问题的存在给律师事业的发展带来了不利因素，有些问题甚至严重影响了律师业的发展。本届律协将着力推动解决这些问题和困难，促进律师行业更加健康、快速、和谐地发展，加快依法治国和建设社会主义法治国家步伐。

二、指导思想

以邓小平理论和“三个代表”重要思想为指导，认真贯彻党的十六大及十六届三中、四中全会精神，树立和落实科学发展观，围绕拓展和规范法律服务的目标和任务，认真履行《律师法》和《律师协会章程》赋予的行业管理职能，贯彻部党组关于律师工作的决策，强化服务功能，推进行业管理，提高律师素质，规范执业行为，改善执业环境，全面提升律师行业的社会公信力和竞争力，为构建社会主义和谐社会和全面建设小康社会做出更大贡献，推动律师工作再上新台阶。

三、总体目标

进一步推动律师协会的行业组织体系建设，按照提供服务、反映诉求、规范行为的要求，把各级律师协会建成组织体系完整、职能定位清晰、规章制度健全，有作为、有地位、有威信的行业管理组织，进一步探索完善“两结合”律师管理体制；健全行业规范体系，使行业规范覆盖律师执业和行业管理的各个层面；大力提升律师的社会形象和政治地位，使广大律师得到社会各界的进一步认可；继续提高律师队伍的整体素质，建立坚持信念、精通法律、维护正义、恪守诚信的律师队伍，进一步推进律师事业的改革和发展。

四、主要任务

（一）积极研究探索律师行业改革与战略发展，加强行业管理，推动完善“两结合”律师管理体制

1. 深入研究我国律师管理制度，并在此基础上认真研究国外律师行业管理制度，积极借鉴国外律师行业管理的成功经验，推动我国律师行业管理发展完善。

2. 加强与司法行政机关律师管理机构的工作联系，完善工作沟通、协商机制。

3. 对法律服务市场、执业权利、律师收费、律师税收等问题进行调研，出台有说服力的调研报告，推动问题尽快得到解决，努力改善律师执业环境。

4. 研究完善律师会费收取与管理制度，对我国各级律协的会费收取与管理工作进行全面调查研究，与有关部门沟通，及时完善会费收取与管理制度，确保律协工作的顺利开展。

5. 对公司、公职律师的现状进行调查研究，探索完善律师协会对公司律师、公职律师的管理制度。

（二）深入研究律协组织体系建设，科学构建律协组织结构，加强对地方律协建设工作的指导力度

6. 大力推进各级律协的机构建设，明晰各级律协的职能定位，充分发挥各级律协的作用。

——积极探索完善协会运行机制，建立健全科学合理的议决机制；

——实现省级律协会长全部由执业律师担任；

——以高效、务实、精干为原则，大力加强各级协会秘书处的队伍建设、作风建设和制度建设，建立学习型的秘书处，改善办公条件，确保发挥秘书处的服务功能；

——明确专门委员会、专业委员会定位，规范各专门委员会、专业委员会组成及工作机制，确保其职能得到充分发挥。

7. 充分发挥代表、理事的作用。

——通过建立联络组、开设网站专门信箱等方式，为代表、理事提供充分的工作平台，支持、规范和保证其依据法律和行业规则履行职责和行使权力。

8. 加强对地方律协建设工作的指导力度，促进各地律师事业的协调发展。

——进一步调查研究各地协会建设情况；

——确立地方律协建设分类指导标准；

——加大对西部地区律师协会建设工作的指导力度；

——建立律师事业发展基金，支持欠发达地区的律师事业发展。

（三）大力研究律师行规，建立健全行规体系框架，推动行业管理工作更加民主化、科学化、制度化

9. 加大组织规则研究力度，进一步健全行业组织规则。

——研究制定《全国律师代表大会选举规则》、《代表大会与理事会提案办法》、《全国律师代表大会代表议事规则》等组织规则，及时填补组织规则空白，确保协会组织建设有章可循；

——根据行业管理发展的要求，在充分调查研究的基础上，及时修订《中华全国律师协会章程》、《中华全国律师协会理事会议事规则》、《中华全国律师协会常务理事会议事规则》、《会长办公会议事规则》、《秘书长办公会议事规则》、《专门委员会规则》等规则。

10. 认真总结、研究律师执业经验，大力健全律师业务规则。

——建立健全律师业务研究机制，大力健全律师业务规则，充分发挥业务规则对律师执业活动的指导作用。

11. 深入研究行业管理相关问题，进一步完善行业管理规则。

——研究制定《律师协会会员登记制度》、《申请律师执业人员实习管理规则》等基本管理规则，进一步规范行业管理行为；

——修订《律师执业行为规范》、《律师协会会员违规行为处分规则》、《律师协会会费管理办法》、《全国优秀律师事务所评定办法》等，进一步完善行业管理制度。

（四）健全律师教育培训体系，全面提高律师队伍素质

12. 完善全国律协教育委员会组织机构及其职能。

——制定律师教育培训规划；

——按照《申请律师执业人员集中培训指定教材编写方案》，完成教材的编写和出版发行工作；

——制定律师事务所开展培训工作的指导意见，引导律师事务所发挥在律师培训体系中的基础性作用；

——加大青年律师培养力度，探索青年律师培养的新途径、新方法。

13. 发挥全国律协教育培训工作的示范性作用。

——在培训工作开展的形式、步骤等方面加强研究和探索；

——定期举办高层次的示范性培训，充分发挥示范性培训的前瞻性、权威性和指导性作用；

——积极探索培训形式，不断充实培训内容，进一步扩大高层次培训的受众面和影响力。

14. 加大对西部地区律师培训工作的支持力度。

——邀请西部各省律协负责培训的人员免费参加全国律协举办的示范性培训；

——在探索远程教育培训等多种培训形式的基础上，从资金、资料等方面向西部各省律协提供支持，提高西部律协的培训水平。

15. 进一步加强律师队伍的综合素质建设。

——在律师队伍中开展经常性的思想政治教育，不断增强广大律师的政治意识、大局意识和责任意识；

——进一步加强律师队伍党建工作，提高律师中的党员比例；

——积极提高律师整体业务素质，着力打造一支能胜任国际律师业务的高水准律师团队；

——全面推进律师行业的诚信建设和职业道德建设。

（五）加强惩戒体系建设，做好律师维权工作

16. 加大惩戒工作研究力度，健全惩戒制度，加大惩戒工作力度。

——建立健全各级律协尤其是地市级律协惩戒委员会及其办事机构，使惩戒机构能切实承担起律师惩戒重任；

——建立健全惩戒程序和惩戒复查制度；

——及时出台惩戒工作指导意见，加强对各级律协惩戒工作的指导和监督；

——加强全国律协与地方律协惩戒工作的信息沟通，不断完善惩戒工作的开展。

17. 继续深入研究律师维权问题，加大维权力度，形成维权网络，推动律师维权工作进一步发展。

——研究制定全国性维权战略规划，确立近期、中期和远期工作目标，拟定可行的实施方案；

——研究建立律师执业环境评价体系，在全国范围内开展律师执业环境状况全面调查；

——研究建立与相关部门的协调机制，推动建立法律职业共同体；

——出台《中国律师执业权利制度的状况与完善报告》，向有关部门正式反映律师目前的执业状况并提出建议；

——发布律师事务所管理指引，发挥律师事务所在律师维权中的基础作用；

——推动立法部门将有关律师执业保障等内容上升为法律规定，从制度上保障律师的执业权利。

（六）加强律师宣传联络体系建设，树立律师行业良好形象

18. 加大律师宣传工作力度，强化正面宣传，树立律师的良好社会形象。

——完善全国律协宣传联络工作机制，加大对地方律协宣传工作指导；

——探索完善律师评价机制，举办行业评优活动，分期分批推出在国家经济建设、法制建设中作出突出贡献者；

——推出《中国律师事业发展白皮书》，加大律师宣传工作的广度、深度及权威度，增进社会对律师界的认识；

——继续发挥律师杂志、律协网站、律师论坛和巡回讲坛的宣传作用；

——举办辩论大赛等大型活动，展示我国律师的良好风貌，宣传律师业的成就。

19. 建立健全全国律协新闻发布制度。

——落实全国律协新闻发言人制度，及时举办新闻发布活动，宣传全国律协在重大社会事件中的立场和态度，扩大律师界的影响；

——研究制定《全国律协接受新闻媒体采访规则》，规范全国律协有关机构和个人接受采访的行为，确保全国律协消息发布的准确、权威和严肃。

20. 进一步加大与新闻媒体的合作力度。

——建立与全国主要新闻媒体的固定交流机制；

——主动邀请新闻媒体参加全国律协的重大活动，及时报导全国律协的重大活动；

——与新闻媒体合作举办好有关律师题材的电视专题片、电视剧等项目。

21. 大力发展和培育律师文化，为律师队伍健康发展营造良好的文化氛围。

（七）完善律师业务指导体系，进一步提高律师业务水平

22. 研究、探索专业委员会组成结构的合理模式和活动模式。

——研究、调整专业委员会设置；

——发挥专业委员会的“律师团”作用，提高律师行业的社会影响力；

——发挥专业委员会在律师业务培训工作中的积极作用；

——加强与地方律协专业委员会的互动。

23. 发挥专业委员会的研究功能，制定课题研究规划，有计划、分体系地研究解决具体业务问题。

24. 推广和扩大专业委员会研究成果，建立拓展法律服务研究机制和工作平台，不断扩大律师业务领域，提高律师业的整体工作水准。

——总结、推广专业委员会研究成果，使更多的律师从中受益；

——编辑出版有深度、有水平的律师业务论文集和典型案例；

——强化律师业务规范体系建设；

——及时发现新的业务增长点，大力拓展律师业务领域；

——建立统一的专业委员会网站。

（八）加大律师参政议政及参与社会活动的力度，引导律师服务于社会，扩大律师界在国家及社会生活中的影响力

25. 进一步推动律师参与立法和参政议政。

——及时收集、反馈律师界对立法、司法及执法活动的意见，代表律师界参与立法、监督执法和司法、参与社会管理等活动；

——建立与担任人大代表、政协委员的律师的定期联系机制；

——积极与相关部门建立工作联系机制，及时反映律师的诉求，推动律师进入各级人大、政协及政府工作机构。

26. 引导和推动律师积极参与社会公益等活动，发挥律师在建设社会主义物质文明、精神文明和政治文明中的积极作用，促进构建社会主义和谐社会。

——倡导律师积极参加法律援助、环境保护等社会公益活动，充分发挥律师在社会公益事业中的作用；

——指导律师参与人权保障、对日民间索赔等社会活动，扩大律师界在社会生活中的影响力。

（九）围绕全国律协的工作重点，开展律师国际交流工作，充分发挥律协的民间外交作用，扩大中国律师的国际影响力

27. 继续做好律师国际交流工作，提高全国律协及我国律师的国际影响力。

——加大参与国际律师组织活动的力度，做好

2006年中、日、欧三方会议和环太平洋律协年会等重大活动的相关工作；

——继续拓展与其他国家和地区律师协会之间的交流活动，做好代表团的接待和出访工作；

——鼓励、组织一批外语水平较高的律师积极参与国际律师组织。

28. 继续做好律师境外考察、涉外培训工作。

——继续落实既定的培训、中加刑辩和司法改革等合作项目；

——探索与外国及国际律师组织开展新的合作项目。

本工作纲要是六届全国律协对任期三年工作的总体构架。六届全国律协常务理事会将根据形势发展的需要对工作纲要进行调整与完善。六届全国律协常务理事会根据本纲要设定的总体目标与任务制定各年度具体工作计划。

本工作纲要对各地律师行业管理工作具有指引作用；它的实施需要各级律师协会和广大律师的共同参与。

（四）全国合伙律师事务所规范建设年概述

2005年，按照司法部党组的部署，各级司法行政机关、律师协会认真组织各地律师事务所开展合伙律师事务所规范建设活动，扎实完成了动员部署、学习交流、查找整改、检查监督、总结验收等各项工作，使全国合伙制律师事务所的管理更加规范。

2005年，各省（区、市）司法厅（局）、律师协会党委（党组）把开展合伙律师事务所规范建设活动摆到重要位置，成立了以主要领导为组长的规范建设活动小组，专门召开党委（党组）会议，专题研究传达、落实司法部会议精神，并结合本地实际，制定实施方案，召开动员会议，层层部署落实。一些地方及时向党委、政府进行汇报，得到党政领导的重视和支持，有的地方人大常委专门听取工作汇报，党政领导同志出席动员会议，并到律师事务所开展专题调研，就进一步加强律师工作提出指导性意见，还有一些地方出台了关于加强律师工作的文件。各地司法行政机关和律师协会、律师事务所和广大律师积极投入规范建设活动实践，形成了齐抓共管、良性互动的局面，保证了规范建设活动的顺利开展。

为了使合伙制规范建设年活动取得成效，各地结合实际，采取组织律师事务所主任、合伙人以及律师培训、学习交流、参观考察、典型示范与警示才教育等形式，开展针对性的思想政治、法纪和执业纪律学习教育活动。制定出台具体措施，创造性地开展工作，重点规范合伙律师事务所的合伙主体、合伙律师事务所收案、收费、分配和内部监督管理行为，规范合伙律师事务所管理机构、管理责任和党建工作。许多省（区、市）把国资所、合作所也纳入规范建设活动，按照“七个规范”的要求统一进行规范。一些地方组织开展了包括行政管理、行业管理和律师事务所内部管理在内的律师工作规范建设活动。各地普遍将规范建设工作与开展党员律师保持共产党员先进性教育活动相结合，推行党员律师挂牌上岗制度，开展党员律师免费咨询活动，党员律带动加强学习，带头诚信执业，严格遵章守纪，党员律师的先锋模范作用得到充分发挥。一些地方还把规范建设活动与开展“规范执法行为、促进司法公正”专项整改活动相结合，取得较好效果。

在这次活动中，各地立足于引导律师事务所发挥基础管理作用，引导律师自我教育、自我规范，确保了各项规范措施的效果。各律师事务所普遍建立健全了民主管理、民主决策和民主监督机制，加强了律师工作质量管理和律师事务所精神文明建设，增强了律师事务所的凝聚力，提高了律师事务所规范管理和规范运作的水平。广大律师树立诚信执业观念，诚信建设和执业道德建设深入推进。各律师事务所和广大律师深入查摆、认真解决自身问题，并主动将规范建设活动置于管理部门和社会监督之下，内部自律与外部监督相结合，相互促进，提高了合伙制律师事务所的管理水平。

二、律师协会工作概况

（一）中华全国律师协会工作概况

一、2005 年工作概况

（一）胜利召开第六次全国律师代表大会，选举产生了新一届律协领导班子，团结、奋进、有序的工作局面初步形成

六届全国律协领导班子上任以来，在司法部党组领导下，全国律协党建工作得到加强，成立了更加团结、有力的律协党组，修改完善了律协党组议事规则；会长办公机制正在走向健全，会长驻会制度进一步加强了常务理事会和秘书处的及时沟通与联系，领导班子与工作班子分工明确，配合有力，大幅提高了律协工作效率；常务理事会工作机制进一步得到完善，常务理事的作用得到进一步的发挥；秘书处的服务和执行功能进一步强化，常务理事会的决策得到有效落实；通过在律协网站开设专门信箱等途径，为代表、理事提供充分的工作平台，支持、规范和保证他们依据《律师协会章程》履行职责和行使权力。

（二）制定了《中华全国律师协会 2005～2008 年工作纲要》

为了明确本届律协的工作目标，全面落实科学发展观，围绕拓展和规范法律服务，坚持用发展和改革的办法解决律师事业前进中的问题，坚持以人为本，转变发展观念、创新发展模式、提高发展质量，使律师事业发展切实转入全面协调可持续发展的轨道，起草了该《纲要》。

《纲要》确定的本届律协工作总体目标是：进一步推动律师协会的行业组织体系建设，按照提供服务、反映诉求、规范行为的要求，把各级律师协会建成组织体系完整、职能定位清晰、规章制度健全，有作为、有地位、有威信的行业管理组织，进一步探索完善“两结合”律师管理体制；健全行业规范体系，使行业规范覆盖律师执业和行业管理的各个层面；大力提升律师的社会形象和政治地位，使广大律师得到社会各界的进一步认可；继续提高律师队伍的整体素质，建立坚持信念、精通法律、维护正义、恪守诚信的律师队伍，进一步推进律师事业的改革和发展。

《纲要》着力突出全国律协在全国律师事业发展中的指导性，设定了积极研究探索律师行业改革与战略发展，加强行业管理，推动完善“两结合”律师管理体制等九个方面共 28 项工作任务。《纲要》获六届二次全国律协常务理事会一致通过，已下发全国各省（区、市）律师协会。各地律师协会、律师事务所和广大律师对该纲要给予了肯定。

（三）按照司法部党组关于律师工作的部署，充分发挥律师协会在律师事业建设中的作用

全国律协协助国务院法制办就修改《律师法》有关问题进行了调研，代表律师行业提出了修改意见和建议；就起草《律师服务收费管理办法》、《律师服务收费争议调解规则》等相关问题，配合司法部和发改委等有关部门开展调研活动，并通过律协网站征集社会各界的意见；紧密配合“合伙律师事务所规范年”建设活动，通过召开“律师事务所管理研讨会”等多种方式，大力指导和督促各地合伙制律师事务所按照司法部要求做好建设工作；正式启动律师文化建设，将律师文化建设纳入律师行业战略发展研究议题，召开了全国律协律师战略发展研究专门委员会，讨论制定和落实《中国律师文化建设纲要》。

（四）加大行业规则建设力度，完善行业规则体系建设

2005 年以来，为了进一步健全行业管理，全国律协根据司法部有关指示精神和我国律师行业管理实际情况，着手四部重要行业规则的制定与修改工作。组织规则方面，对《律师协会章程》进行了初步调查研究，提出了章程修改稿草案，对律师协会的宗旨、协会组织机构定位及建设、会员权利与义务等重要内容进行了初步修改，还将根据调研情况对章程修改稿作进一步完善，使协会章程能够适应律师行业发展变化的客观需求，充分发挥其在行业管理中的应有作用；在执业行为规则方面，起草了《申请律师执业人员实习管理规则（试行）》，对申请律师执业人员实习的条

件、期限、管理等作出了明确规范；修订了《律师执业行为规范（试行）》，进一步完善了律师执业行为规范；起草了《律师收费争议调解规则》，对解决律师收费争议的原则、机构、程序等作了明确规定，规则将使律师收费争议的调解更加规范，有利于及时、有效地化解矛盾，调停律师和当事人之间关系，并扩展律师协会的行业影响力，维护律师业的社会形象。

（五）引导和组织律师积极参与立法、参政议政、法律援助等社会管理活动和公益活动，推进国家法治建设发展完善

今年以来，全国律协共组织了近百名律师参与了《物权法（草案）》、《公司法（草案）》、《律师法（修订草案）》、《个人所得税法（草案）》等十余部法律草案的起草或修改活动；与全国政协、全国人大法工委、国务院法制办、中央统战部等有关部门的联络工作进一步定期化、制度化，为广大律师更好地参政议政、提供公益性法律服务及法律援助等提供了必要条件，为国家法治建设、人权保障和构建社会主义和谐社会做出了应有贡献。

（六）成功举办“第五届中国律师论坛”

“第五届中国律师论坛”以“构建和谐社会与律师业发展”为主题，由全国律协与天津市人民政府共同举办。为构建和谐社会服务、抓住构建和谐社会的历史契机发展壮大律师行业，是律师界关注的焦点，也是本次论坛的热点。全国各地1000余名律师参会；全国政协副主席罗豪才发来贺信祝贺；天津市市长戴相龙，司法部副部长段正坤同志出席论坛开幕式并作讲话；国际律师联盟主席、国际律师协会候任会长等国际律师组织负责人，香港、澳门特别行政区政府律政司、行政法务司司长出席并作了精彩演讲。大会共收到论文近六百篇，中央电视台、《法制日报》、《天津日报》等新闻单位对大会进行了及时报导，六届全国律协常务理事会全面参与论坛各项指导工作，与会的常务理事均担任了各分论坛的主持人，受到了与会者的一致好评。律师论坛的成功举办，使社会各界尤其是各地党政领导进一步认识了律师工作在依法治国和构建社会主义和谐社会中的重大作用，获得了越来越多的党政领导对律师事业的关注和支持，提升了律师界的社会形象，扩大了律师界的社会影响，为继续推动我国律师事业的改革和发展提供了必不可少的条件和基础。

（七）充分发挥律协民间外交的优势，积极组织引导广大律师参与国际律师活动，充分展示我国在经济建设、民主法制建设和人权事业等方面取得的突出成就

今年是全国律协国际交往非常活跃的一年。世界法律大会召开之际，为配合国家的对外交流，全国律协组织了由160名律师组成的代表团参会，向与会的各国法律界宣传中国在法治建设、人权保障等方面取得的重要进展，为大会成功作出了贡献，得到最高人民法院等部门的充分肯定；与国际律师联盟、国际律师协会等国际律师组织以及与英国、美国、法国、德国、加拿大、日本、韩国等国家进行了交流，并就共同促进律师事业的发展进行了深入探讨；全面扩大与我国港、澳、台地区律师的沟通与交流，集中两岸三地律师界的智慧为祖国统一大业助力；积极推动民间对日索赔工作，成立了民间对日索赔专项基金；举办了“第二届中国—东盟自由贸易区法律事务论坛”，旨在促进中国—东盟自由贸易区的法制建设，充分发挥律师在自由贸易区建设中的作用，为自由贸易区提供优质、高效的法律服务。通过一系列的对外交往活动，扩大了我国律师制度和律师事业的影响，为在国际社会中树立我国法治社会的形象提供了帮助。

（八）党务工作

自2005年2月18日至7月底，全国律协秘书处党总支按照司法部党组的部署，在全机关范围内开展了保持共产党员先进性教育活动。协会机关党总支首先成立了由党总支书记贾午光同志为主任、冯秀梅副书记为副主任，党总支委员马国华、李海伟、宋今今为成员的先进性教育领导小组，下设领导小组办公室，冯秀梅副书记兼任办公室主任。制定了《全国律协党总支关于开展以实践“三个代表”重要思想为主要内容的保持共产党员先进性教育活动实施方案》明确了开展党员先进性教育活动的指导思想和目标要求；指出了党员先进性教育活动的指导原则；确立了先进性教育的组织领导；细化了开展党员先进性教育活动的总体安排和方法步骤。秘书处机关在岗党员、退休党员、预备党员共33位同志参加了活动。

在教育活动的每个阶段，党总支都召开全体工作人员动员大会、党员学习交流会和总结大会。坚持倡导在全体党员和群众中广泛开展谈心活动，并采取多种多样的组织形式进行学习教育工作。

第一阶段组织全体党员抽出三个整天时间集中进行理论学习。其间收听收看了中央党校教授、博导张蔚平、党建部教授叶笃初、哲学部副主任、博导韩庆祥作的《新形势下保持共产党员先进性教育活动的意义、背景、基本精神》、《保持共产党员先进性必须学习贯彻党章》、《增强党的观念、坚持党的宗旨，发扬党的优良传统》辅导讲座录像；从理论的高度认识开展党员先进性教育活动的伟大意义，提高参加保持共

产党员先进性教育活动的自觉性。参观金杜律师事务所、君合律师事务所、德恒律师事务所等。了解、感受、学习律师事务所现代化管理制度与国际接轨情况，联系全国律协秘书处的实际情况找差距。

第二阶段组织全体党员观看电影《张思德》，观看《扭曲的人生——李真贪污受贿剖析》、《王怀中的两面人生》等反腐倡廉录像片，进行党风廉政教育。组织赴狼牙山党建教育基地学习参观、植树活动，参观全国党员先进性教育基地之一的国家名誉主席宋庆龄故居等。重温新中国成立之前的艰苦岁月，缅怀革命先烈和共产党员的榜样，对照深思如何保持共产党员先进性。请司法部法制司副司长陈俊生同志作《行政诉讼法》辅导讲座，紧跟国家法治建设的步伐。

紧紧围绕找准突出问题这个关键，为更好的广开言路，最大限度地吸纳各方面的意见建议，使全国律协秘书处保持共产党员先进性教育活动在整改阶段能有的放矢，党总支向地方律协发出《保持共产党员先进性教育活动问卷调查表》31份，向司法部有相关业务的司（局）发出《征求意见函》11份，向协会机关各部（室）及中国律师杂志社发放了《征求意见表》，召开了两次秘书处机关非党职工征求意见座谈会，秘书处领导班子成员和全体党员职工广泛开展谈心交心活动。从反馈回来的意见建议汇总情况看，各地律协、兄弟单位以及全国律协秘书处党员职工等，各方面对全国律协机关秘书处领导班子均给予了充分肯定，认为全国律协秘书处领导班子政治坚定，民主团结，求真务实，勇于探索创新，是一个能够带领机关全体党员职工不断开创全国律协秘书处工作新局面的领导集体。在部党组、全国律协党组和常务理事会的正确领导下，经过全体党员职工的共同努力，全国律协秘书处已经全面完成了三年规划既定的任务，工作业绩得到广大律师和全国律协常务理事的一致称赞。

通过自我查找、征求意见、谈心交心、组织帮助、领导点、群众评、召开党员民主生活会等形式，促使每个党员对自己进行认真的自我剖析，制定个人整改措施。党总支在全面总结、深刻反思，认真剖析，对照新时期保持共产党员先进性的要求衡量，认为全国律协秘书处还存在一些不足之处，针对收集到的意见和建议，党总支和秘书长办公会进行了认真地梳理和研究，在归纳整理上述意见建议后，结合秘书处自我查摆情况提炼为五条意见建议，针对这五条意见建议，党总支制定了《全国律协党总支保持共产党员先进性教育活动整改措施》。

在司法部党组、司法部先进性教育活动督导组和全国律协党总支的正确领导下，通过开展保持共产党员先进性教育活动，全体党员增强了党性、坚定了信念、提高了对保持共产党员先进性的认识，达到了预期的目的，取得了明显的成效。5月中央驻司法部先进性教育活动督导组来协会视察工作，对全国律协开展党员先进性教育活动及律师工作给予了高度的评价。

7月底，秘书处党总支在全体在职职工中进行了对秘书处开展保持先进性教育活动的测评工作。从测评结果看，党员、群众对秘书处党总支开展保持共产党员先进性教育活动、对党员特别是领导班子成员的模范带头作用满意与基本满意率达到了60%以上。

受统战部六局和中央组织部的委托，全国律协党总支在2005年上半年对全国律师界开展党员先进性教育活动情况进行了摸底调查，为中央组织部提供了全国党员律师及律师协会开展党员先进性教育活动的基础情况。

2005年在统战部各位领导高度重视和大力支持下，全国律协又推荐了12位45岁以下的本届全国律协理事，加入到统战部无党派优秀人士培训计划中。

年内，组织了两次无党派和非中共人士座谈会，参加人员有全国律协机关和在京的无党派和非中共人士与律师。内容：一是征求他们对全国律协机关开展保持共产党员先进性教育活动的意见建议；二是了解当前党外知识分子关注的问题，以及对这些问题的看法、意见和建议。三是集思广益，建言献策。

全国律协被统战部六局评为“2005年度信息交流三等奖”。

二、当前全国律协工作中面临的困难和问题

在取得成绩的同时，我们也清醒地看到，目前全国律师行业还面临着种种困难和问题：三级律协的架构体系有待完成，律师行业管理职能不清晰，“两结合”管理不到位；法律服务秩序混乱；律师执业环境较差；律师税费过重等等，主要表现为：

（一）律协组织体系极不健全。地方律协建设尤其是地市级律协建设很不健全，90%以上的地市级律师协会与司法行政机构基本是“一套人马，两块牌子”，不少地方甚至还没有建立起地市级律师协会，行业管理在地市级基本属于空白；到目前为止，还有湖北、云南、贵州、四川等六个省级律协仍旧没有实现由执业律师担任会长。要扭转这种局面，需要司法行政机关加大对地方律协建设的扶持力度，进一步清晰和落实律师协会的管理职能，使地方律协能切实承担起律师行业管理的重要使命，推动“两结合”管理真正落到实处。

（二）法律服务秩序混乱，需大力整治。当前，提

供法律服务的主体有律师、法律工作者、企业法律顾问、商标代理人、专利代理人、公民代理等，各个主体入口不一，管理不一，致使法律服务秩序相当混乱，甚至一些不法分子打着律师的旗号向社会提供有偿法律服务，既损害了律师的社会形象，又损害了当事人的合法权益，更损害了国家法治的尊严。同时，使得律师很难正常开展业务，一些律师甚至选择了放弃律师职业，也使得律师行业的发展举步维艰，更使得十六大提出的“拓展与规范法律服务”的工作要求难以实现。

（三）律师执业环境亟待改善。当前律师执业环境，特别是刑事辩护律师的执业环境比较差，许多律师不愿意甚至不敢办理刑事案件，律师的刑事辩护率下降到不足30%，为世界各国所罕见。刑事案件被告人、犯罪嫌疑人的合法权益很难得到有效保障，既不利于依法治国方略的实施，也有损于国家的法制形象。对此，广大律师反映强烈，希望全国律协加以解决，但仅仅依靠律协这样一个社会团体的力量，在现有体制下难以有效解决。因此，建议司法部会同国家有关部门，切实整顿法律服务秩序、解决律师参与刑事诉讼的“三难”等问题，为律师参与刑事诉讼活动提供良好的法制保障，解决律师的后顾之忧。

三、中华全国律师协会各专门委员会介绍

中华全国律师协会专门委员会是常务理事会领导下的负责研究、审查和拟定有关律师行业自律规则、议案并且处理相关事务的工作机构。全国律协共设14个专门委员会。

（一）财务工作专门委员会

负责中华全国律师协会会费管理、使用、监督、检查工作；调研、制定有关全国律协会费管理的意见和建议；对全国律协会费年度会费预、决算及年度审计报告进行修改，保证会费正常收缴和合理、有效地用于律师协会业务。

主任委员：杨伟程

副主任委员：薛云华　刘守民　赵守华　王京宝

（二）律师行业规则委员会

负责制定律师行业执业规范和行业管理制度。

主任委员：王　凡

副主任委员：王秋潮　王京宝　方世扬　李　飞　张　庆　柳　平　张晓维　李益民

（三）律师发展战略研究委员会

着重研究、探讨建立中国特色的律师制度，促进律师事业发展的战略和思路，探索和完善律师管理体制，进一步推动中国律师业适应中国社会对律师业的实际需求，努力开拓律师执业活动空间，扩大律师业的社会影响。

主任委员：朱洪超

副主任委员：蒋　敏　柳　平　梁胜国　王莹文　王秋潮　洪　波　刘志成　王俊峰　王　丽

（四）宣传联络委员会

主任委员：李大进

副主任委员：王天举　张　庆　孟繁旭

（五）律师教育委员会

结合律师教育的整体状况，制定律师继续教育计划，完善律师实习、岗前、在职、学历等教育体系，规范全国律师培训工作标准，推进发展律师继续教育，提高律师队伍业务素质。

名誉主任：任继圣

主任委员：金　山

副主任委员：吕红兵　张　庆　蒋　敏　梁胜国　朱　伟　王俊峰

（六）WTO专门委员会

从理论、实务、专业的角度研究和运用WTO规则，参与有关课题项目的研究，提出立法和行政工作建议，研究如何充分运用WTO相关规则赋予成员国的各项权利，参与并指导律师为政府和社会各界提供优质高效的法律服务。

主任委员：高宗泽

副主任委员：金　山　张宏久　李圣静　李静冰　王雪华　李毅多　黄文俊

（七）台港澳委员会

主　任：于　宁

副主任：吕红兵　张　庆　王俊峰　冯秀梅

（八）维护律师执业合法权益委员会

指导开展全国或本地律师的维权工作，制定律师协会有关维护律师依法执业的具体措施和有关办法，针对在维权工作中存在的问题，向有关部门提出进一步规范律师依法执业权益并切实加以保护的意见、或建议等具体维权工作；

主任委员：杨伟程

副主任委员：李大进　罗　杰　潘公明　张　栋　秦希燕　田文昌

（九）纪律（奖惩）委员会

负责对会员的执业行为进行引导和监督，对于会员在执业中违反《律师法》、《律师职业道德和职业纪律》的行为进行调查，并对违纪会员做出相应的处分；负责对在律师工作中做出突出贡献的会员予以表彰。

主任委员：王天举

副主任委员：马 军 孙发荣

（十）地方律协建设指导委员会

负责加强对各级律师协会建设和行业管理的指导，强化律师协会的行业管理职能；负责对律师事务所建设督促、指导，进行调查研究，建立科学的律师行业管理体制。

主任委员：朱洪超

副主任委员：王 凡 王京宝 王广仁 王 晶 宋建中 赵荣春

（十一）律师执业纠纷调解委员会

主任委员：薛云华

副主任委员：辛尚毅 潘公明 孙 智

（十二）女律师工作委员会

为全国女律师的专门组织，负责开展女律师相关问题的业务研讨，促进全国女律师之间，中国女律师与各国女律师及其组织的相互交流，提高女律师的业务素质和地位。

主任委员：宋建中

副主任委员：陈 舒 缪林凤 杨 华 张 燕 范 云 牛琳娜 冯秀梅

（十三）外事委员会

负责对全国律协及地方律师协会的外事工作进行宏观指导及对外事工作中的重大问题和突发事件的研究与政策制定。

主任委员：于 宁

副主任委员：吕红兵 张 庆 王俊峰 冯秀梅

（十四）民间对日索赔诉讼工作指导小组

负责开展对日索赔诉讼业务理论研讨工作，组织经验交流；协调民间对日索赔诉讼中中日律师相关的活动，建立相关的社会支持网络，支持律师依法履行职责；对相关业务进行调研及信息的收集整理等活动。

主任委员：于 宁

副主任委员：李大进 邹强伦 康 健

（十五）法律援助委员会

该委员会成立于2005年12月。

宗旨：充分发挥律师在法律援助工作中的作用，保障律师在法律援助活动中的执业权利、提高工作质量、规范律师法律援助执业活动、深入研究法律援助的相关政策，整合行业资源，就完善律师参与法律援助的工作机制和国家法律援助制度向政府和有关部门提出意见和建议。

主 任：邓甲明

常务副主任：佟丽华

副 主 任：郑自文

委 员：陈益未 高 贞 李 华 刘东华 邱宝昌 时福茂 王 林 杨晓红 张志毅

四、中华全国律师协会各专业委员会介绍

全国律协专业委员会的设立，旨在发挥会员地积极性，自律自强，提高律师专业化分工，拓展律师业务领域，改善业务工作水平，实现律师行业的整体优化。工作范围主要为：开展业务理论研究，组织经验交流活动；从相关专业角度，就国家立法、司法活动及其社会事务提出意见和建议；制定律师从事相关业务的行为准则、规范。

（一）刑事专业委员会

该委员会成立于1988年。

宗旨：深入研究和探讨刑法、刑事诉讼法等法律规定，建立并完善中国的刑事辩护制度，提出并努力解决律师在刑事辩护中遇到的问题和困难，创造良好的刑事辩护环境，总结并指导全国律师的刑事辩护经验与实践，维护广大律师的合法执业权益。

职责：1. 与法学专家、立法与司法人员密切合作，深入研讨刑法、刑事诉讼法在实施过程中出现的疑难问题。

2. 调查、总结全国律师在实施刑事诉讼法过程中遇到的困难和问题，提出解决办法和建议。

3. 与立法、司法机关合作、沟通、交流，呼吁、反映律师在刑事辩护实践中提出的问题和遇到的困难，就立法、司法、行政工作方面的相关问题提出意见和建议。

4. 制订律师办理刑事案件规范，指导并规范全国律师的刑事辩护工作。

5. 组织实施全国律师的刑事业务培训，编写培训教材，举办培训讲座。

6. 参加刑事领域的国际协作，学习和借鉴国外刑事辩护理论与实践的经验和教训，扩大对外沟通、交流与宣传，提高我国的刑事业务水平。

7. 维护律师执业中的正当权利，保障律师刑事辩护与代理工作的顺利进行，为受到错误刑事追究的律师进行辩护。

8. 研讨重要刑事辩护问题和重大刑事案件，编写全国著名刑事辩护案例，搜集、整理相关刑事业务资料。

主 任：田文昌

副主任：顾永忠 侯凤梅 汤忠赞

秘书长：韩嘉毅

（二）民事专业委员会

该委员会成立于1988年。

宗旨：带领民委会委员、研讨员和广大律师进行民商法律理论研究和业务交流，提出民商法立法和司法建议，提高律师业务素质。

职责：1. 以建筑房地产法、公司法、人身财产权法和民事诉讼法等实务论坛的形式组织律师进行民商法律业务研讨。

2. 提出立法、司法、行业准则和执业规范建议。

3. 收集业务信息，汇编论文专辑，整理业务资料。

4. 加强与地方律协相应专业委员会的交流和合作。

主　任：朱树英

副主任：胡祥甫　刘　晰　徐永前　贺宝键

秘书长：李晓斌　张　捷

（三）经济专业委员会

该委员会成立于1997年。

宗旨：开展市场主体法律制度、市场交易法律制度、消费者权益保护的法律研究和实务探讨，组织律师积极参与我国的市场经济建设，努力加强和国际律师组织及港澳台律师组织的联系与交流。

职责：1. 开展公司法、企业法律制度、合同法、产品责任和不正当竞争等市场经济法律制度的理论研究和实务探讨，组织律师业务交流，举办专业培训，整理业务资料，编辑出版文集和专著，起草同业律师执业规范。

2. 调查研究相关法律法规和国家政策，积极参与国家立法，为政府主管部门制定和修改相关规章制度提供意见和建议，促进国家及企业相关管理体制与国际先进法律制度接轨。

3. 积极促进市场主体的投资安全与交易安全，维护公平竞争秩序，开拓律师在经济领域的新业务。

4. 组织委员与国际律师组织建立联系，开阔视野，开展交流，提高业务水平。

主　任：郭振忠

副主人：黄　鹰　柳　平　肖金泉　陈卓伦　刘　宁

秘书长：关景欣

（四）国际业务专业委员会

该委员会成立于1996年。

宗旨：适应社会主义市场经济和改革开放的需要，团结全国有志于国际业务领域的律师，学习和研究与国际业务相关的法律理论和实务操作。提高律师办理国际业务的素质和能力，为政府和国内外当事人提供优质的法律服务。

职责：1. 开展国际业务理论探讨和实务操作交流，组织国内两岸三地及国外律师、学术界、政府、法院和仲裁机构进行交流。

2. 接受中华全国律协的委派，参与或指导重大的国际业务项目或案件的法律服务。

3. 为国家立法、司法、执法工作提出意见和建议。

4. 组织律师进行与国际业务相关的法律及实务的培训。

5. 组织从事国际业务的律师开展对外工作，维护公民、法人的合法权益。

6. 整理业务资料，提供业务咨询。

主　任：蒋龙翔

副主任：马　群　靳庆军

（五）行政法专业委员会

该委员会成立于2002年1月12日。

宗旨：组织、指导和带领律师，在行政法律服务领域开展专业研究、交流与合作，认真履行行政案件代理职责，贯彻实施全国律协关于专业服务工作的规范，为我国的行政立法和行政法制建设服务。

职责：组织律师深入研究和探讨行政立法和实务中存在的问题，总结律师在代理行政诉讼中的经验和对策，代理公民和法人在受到行政权力侵害时的行政复议、行政诉讼和国家赔偿等法律事务，保障受到行政机关侵害的公民和法人合法权益的实现，抵制和控制行政机关违法和滥用职权行为，促进和推动中国行政法制建设。

主　任：周卫平

副主任：张正乾　谢惠定

秘书长：熊文钊

（六）知识产权专业委员会

该委员会成立于1996年11月8日。

宗旨：适应中国知识产权保护事业对律师提出的更新、更高、更加专业化和国际化的要求，造就一支知识产权专业律师队伍，发挥律师在知识产权业务领域的作用。

职责：1. 开展知识产权律师业务理论研讨，组织实务交流，编辑出版文集，起草同业律师执业规范，提供业务指导。

2. 对知识产权法律、政策的制定和实施开展调查研究，从专业角度提出立法咨询意见和立法修改建议。

3. 担当律师界与有关知识产权立法、行政、司法部门、研究教育机构等配合和交流的重任，建立起律师知识产权专业活动的社会支持网络。

4. 与知识产权国际组织和国外律师同行开展交流合作，树立中国律师的良好形象。

主　任：庞正中

副主任：陶鑫良 温 旭

秘书长：张 黎

（七）金融证券专业委员会

该委员会成立于1996年11月16日。

宗旨：带领从事金融证券业务的律师，开展业务理论研讨和交流，起草律师执业行为准则，提出立法、司法和执法建议，维护律师的合法权益，为全国律师在金融证券领域的法律业务专业化、规范化做贡献。

职责：1. 开展业务理论研讨、交流活动；

2. 进行业务调研、指导、预测和展望；

3. 从律师专业的角度，就有关立法、司法、执法工作提出意见和建议；

4. 起草律师执业行为准则，为加强行业自律做工作；

5. 为维护律师的合法权益尽职尽责；

6. 建立与律师专业活动相关的社会支持网络；

7. 组织从事金融证券的律师开展对外交流和合作。

主 任：张宏久

副主任：唐金龙 江 宪 吕红兵

（八）海事海商专业委员会

该委员会成立于1998年。

宗旨：组织和推动我国海事律师对海商海事、航运政策等方面法律理论和实务问题的学术研究和业务交流，提高海事律师业务素质，向航运部门、有关单位提供对策和建议，在律师和海事司法之间发挥桥梁和纽带作用，促进海事法律职业共同体的建立，以推动中国海事审判的发展和海事法制的健全。

职责：1. 组织律师对海商海事法律、国际公约、航运惯例和习惯做法进行深入调查和研究，反映新情况、研究新问题，加强海事法的交流和传播。

2. 举办各种业务培训和讲座活动，交流经验，提高律师的海商海事业务素质，为推动中国海上运输、经济贸易、海上保险和其他有关行业的发展发挥积极作用。

3. 指导海事律师的诉讼活动，起草海事律师执业规范，提供业务指导，解决实践中出现的复杂、疑难的理论问题，开展多种形式的高层次海商法律服务。

4. 参与航运立法总体规划的研究、起草、修改、咨询和论证工作，就海事立法、司法和行政管理方面的问题向政府及有关部门提出建议或报告。

5. 组织律师收集整理和编译国内外海商海事法规、案例和有关的文献资料，开展同各国、各地区和国际间的海商法学学术交流与合作。

主 任：黄顺刚

副主任：孔庆德 李 海 林鹏鸠

秘书长：厉 明

（九）环境与资源法专业委员会

该委员会成立于2001年10月9日。

宗旨：团结全国有志于环境和资源法专业的律师，努力开拓环境和资源法律服务市场，为社会提供多层次、全方位、超前性的优质法律服务，发挥律师在国家可持续发展战略中的作用。

职责：1. 开展环境与资源法律师业务理论研讨，组织实务交流，举办专业培训，整理业务资料，编辑出版文集、起草同业律师执业规范，提供业务指导。

2. 对环境与资源法律、政策的制定和实施开展调查研究，从专业角度向立法机关和环境与资源行政主管机关提出立法咨询意见和立法修改建议。

3. 配合国家有关清洁生产和环保产业政策的实施，组织担任企业法律顾问的律师为企业在招商引资、技术改造、生产经营等方面提供环境与资源法律的服务，促使中国企业在生产工艺和生产方式等方面尽快与当前国际社会接轨。

4. 组织部分律师以环境律师的身份对外开展工作，以维护公民、企业的合法权益。

5. 与国际组织、基金等展开广泛的接触，以争取国际组织、基金等对本会的支持。

6. 与环境与资源保护国际组织和国外律师同行开展交流合作，树立中国律师的良好形象。

主 任：汪 劲

副主任：孙军豹 周塞军 赵永康

秘书长：王霁虹

（十）信息网络与高新技术专业委员会

该委员会成立于2001年11月。

宗旨：适应信息网络与高新技术的发展，提高全国律师在这一领域的执业水平，为国家信息法制化建设提供服务，为高新技术的产业化提供法律支持。

职责：在信息网络与高新技术相关的法律领域，加强理论研究、拓展法律业务、促进国内及国际交流合作；为中国信息网络与高新技术的立法和司法献计献策；为中国律师拓展信息网络与高新技术法律服务领域导向引航；为信息网络与高新技术企业和律师的合作牵线搭桥。

主 任：董永森

副主任：田凤常 寿 步 孔 嘉 蔡海宁 徐家力

秘书长：陈际红

（十一）劳动与社会保障法专业委员会

该委员会成立于2002年3月9日。

宗旨：适应我国入世后劳动力市场的改革和变化，

宣传劳动法理念，加强执业律师对劳动法理论和实践的研究，提高律师劳动法专业素质，拓展律师业务领域，促进律师专业化分工，团结全国有志于劳动与社会保障法业务的专业律师，为全社会提供全方位的法律服务。

职责：1. 开展业务理论研讨工作，组织律师与学术界、政府部门、司法机构进行经验交流活动；

2. 组织劳动法律师进行工作调研，指导律师参与劳动案件的处理；

3. 从专业角度就国家立法、司法、执法活动及其社会事务提出意见和建议；

4. 律师协会制定执业行为准则、业务规范和标准提供意见；

5. 协调律师专业活动，建立与律师专业活动相关的社会支持网络，支持律师依法履行职责；

6. 进行信息收集、整理、发散、咨询等活动；

7. 受律师协会指派，开展与境外律师劳工组织的交流活动。

主　任：姜俊禄

副主任：马建军　梁　智　薛济民

秘书长：王　杰

（十二）未成年人保护专业委员会

该委员会成立于2003年5月26日。

宗旨：以推动公益事业为主要目标，致力于未成年人法律的理论研究，推动未成年人立法、司法和法律援助工作，发展未成年人法律援助律师协作网，推动更多律师参与未成年人保护工作，提升律师的社会形象。

职责：1. 组建中国未成年人权利保护律师协作网络体系，参加网络的律师在办理重大、复杂案件以及异地办理案件时互相协作；

2. 开办面向全国的热线电话，免费为未成年人权利受到侵害的案件提供解答；

3. 组建专家支持系统，对未成年人保护专业委员会的工作以及协作律师办理案件进行指导、支持；

4. 组建媒体支持系统，就未成年人权利保护领域的重点问题、协作律师办理的典型案件进行宣传；

5. 出版《中国律师与未成年人权益保障》工作通讯和“中国青少年维权中心”网站，为协作律师以及社会各界提供未成年人权利保护的知识与信息；

6. 推动对协作律师的专业化培训，为协作律师创造更多参加各种专业会议的机会；

7. 推动协作律师与当地法律援助中心、共青团组织等与未成年人权利保护工作相关的各个部门的联系，推动优秀的协作律师加入中国青少年犯罪研究会、中国青少年法律研究会等各种社会团体。

主　任：佟丽华

副主任：孔维钊

秘书长：张雪梅

（十三）宪法与人权专业委员会

该委员会成立于2004年8月8日。

宗旨：提高律师的宪法意识，加强律师对宪法、宪政问题的关注，加大律师对国家政治生活的参与程度，使律师从宪法的层面来思考、研究和处理社会和法律问题。

职责：1. 对律师和公众进行宪法与人权方面的培训；

2. 为律师界的全国人大代表、政协委员的参政、议政提供服务，与他们建立工作联系机制，承担议案、提案材料准备，为国家立法和司法改革进言献策；

3. 开展宪法理论和实务研讨；

4. 建立对典型、疑难、重大、热点案件的支持机制；

5. 利用出版物、网站等，进行宪法和人权的宣传和咨询；

6. 与有关机关和专家学者沟通联系；

7. 开展对外交流，宣传国家法制进步情况。

主　任：吴　革

副主任：陈有西　陈武能

秘书长：李　轩

（二）各省、自治区、直辖市律师协会工作概况

北京市律师协会工作概况

一、北京市律师现状

2005年，北京市共有律师事务所865家，律师11378名，担任法律顾问12916家，刑事诉讼辩护及代理11663件，民事案件诉讼代理45841件，经济案件诉讼代理19001件，行政案件诉讼代理1366件，非诉讼法律事务73838件，咨询212998件，代书28641件。

二、协会重要工作会议

（一）代表大会

3月25日~27日，第七次北京市律师代表大会在中央民族干部学院召开。来自全市700余家律师事务所的173名律师代表和44名区县司法局特邀代表参加了本次代表大会。

大会期间，中共中央政治局委员、中共北京市委书记刘淇来到中央民族干部学院，听取律师工作情况汇报、接见参加第七次北京市律师代表大会的全体代表、发表重要讲话并与代表合影留念，参加合影的领导还有司法部副部长段正坤，中共北京市委副书记、政法委书记强卫，中共北京市委常委、市委秘书长孙政才，中华全国律师协会会长高宗泽等。

开幕式由北京律协会长张庆主持，副会长王俊峰致开幕词。市委副书记强卫、司法部副部长段正坤和全国律协会长高宗泽在开幕式上讲话，他们对本次代表大会的召开表示祝贺，对北京律师的工作给予肯定，并对今后律师工作的开展提出要求。

3月27日，大会审议并通过了《第六届北京市律师协会理事会工作报告》、《第六届北京市律师协会监事会工作报告》和《第六届北京市律师协会（2002~2004年度）会费收支情况报告》，选举了第七届北京市律师协会理事会和监事会，研究讨论了我市律师工作的发展方向和目标。

会议以直选的方式选举产生第七届北京市律师协会会长1名，以差额的方式选举产生第七届北京市律师协会理事34名、监事5名。选举出会长李大进（高朋天达所），副会长王立华（天元所）、巩沙（中业所）、彭雪峰（大成所）、金莲淑（金平所）。选举出监事会总监事赵小鲁（大地所），监事马维国（英岛所）、王耀庭（逢时所）、宋学成（共和所）、蒋京川（江川所）。

（二）理事会

1. 第六届北京市律师协会召开理事会1次。

3月11日，第六届北京市律师协会理事会第七次会议在西苑饭店召开。会议主要内容：①审议通过《第六届北京市律师协会理事会工作报告》；②审议通过《2004年度会费收支情况报告》；③审议通过《第六届北京市律师协会理事会（2002~2004年度）会费收支情况报告》；④审议通过关于增加2005年度律师执业责任保险保费100万元预算的提案。

2. 第七届北京市律师协会召开理事会3次。

3月27日下午，第七届北京市律师协会理事会第一次会议召开。本次会议主要内容：①选举王立华、巩沙、彭雪峰、金莲淑理事为第七届北京市律师协会副会长；②聘任萧骊珠为第七届北京市律师协会秘书长。

6月4日下午，第七届北京市律师协会理事会第二次会议召开。会上，市司法局吴玉华局长做重要讲话，耿景仪副局长做了简短发言。

此次会议审议通过了《北京市律师协会理事会规则（试行）》修订稿、《北京市律师协会会长会议规则（试行）》、《北京市律师协会2005年工作计划》、《北京市律师协会2005年会费预算方案》、《关于提请废止〈北京市律师协会常务理事会规则〉的建议》和《关于提请变更律师互助金提留比例的建议》。

9月24日上午，第七届北京市律师协会理事会第三次会议在北京国际航空俱乐部召开。会议主要内容：①通报理事会二次会议以来协会相关工作情况；②审议通过《关于提请律师代表大会审议〈北京市律师代表大会规则〉（试行）的议案》；③审议通过《关于理事会是否有权就协会购买办公用房事宜做出表决的议案》；④通报协会换届以来的预算执行情况；⑤通报

2005年度全市年检注册工作情况；⑥通报协会换届以来监事会工作情况。

（三）常务理事会

1月7日下午，第六届北京市律师协会常务理事会第十五次会议召开。

会议内容：①讨论秘书处起草的《北京市律师协会换届工作方案》；②讨论增补全国优秀律师推荐名单；③审议通过协会2005年1至3月份财务预算方案的相关增补项目以及关于对本届专门委员会、专业委员会委员进行表彰的决议；④研究关于向人大法制办推荐立法咨询专家的方案、欧亚律师事务所贾振元关于申请免交会费事宜和北京市嘉华律师事务所三名合伙人被诉责任赔偿一案；⑤通报北京律师为海啸灾区捐款情况。

3月2日，第六届北京市律师协会常务理事会第十六次会议召开。会议由会长张庆主持。第六届北京律协全体常务理事参加会议，监事蒋京川、秘书长季丽枝、副秘书长李冰如列席会议。

会议主要内容：①通报协会组织编辑的行业自律系列丛书公开出版发行的进展情况，并决定刊印编委会组成人员姓名；②通报常务理事会关于专门委员会表彰名单的书面表决情况，并就部分常务理事的补充意见以及表彰形式进行了研究；③就秘书处起草的六届理事会工作报告进行讨论，并提出了具体的修改意见；④对中勤万信会计师事务所出具的《北京市律师协会2004年会费收支情况审计报告》、《北京市律师协会2002年~2004年会费收支情况专项审计报告》进行了审议；⑤议定近期召开六届理事会第七次会议，审议六届理事会工作报告和财务工作报告。

（四）会长办公会

4月5日下午，第七届北京市律师协会会长办公会第一次会议召开。会议主要内容：①肖骊珠秘书长通报近期工作；②研究专门委员会的设置、人选及副会长的分工；③布置下一步工作。

4月12日下午，第七届北京市律师协会会长办公会第二次会议召开。会议主要内容：①研究专门委员会主任、副主任及秘书长人选问题；②研究2005年工作计划；③研究确定本届任期内的工作任务；④研究2005年度制定预算的原则和方法；⑤布置下一步工作。

4月19日下午，第七届北京市律师协会会长办公会第三次会议召开。会议主要内容：①传达全国律协《关于召开第六次全国律师代表大会的通知》精神，并就北京市出席全国律师代表大会的代表推选工作进行了研究；②通报市司法局关于开展合伙律师事务所规范建设年活动的初步方案；③研究确定理事会第二次会议的时间及议题，并就近期相关工作进行了安排；④讨论本届律协三级组织架构中会长办公会的职责及权限；⑤各副会长通报分管专门委员会2005年工作计划及预算。

4月26日下午，第七届北京市律师协会会长办公会第四次会议举行。会议主要内容：①研究讨论第七届北京市律师协会专门委员会主任联席会议程安排；②审核、讨论各专门委员会上报的2005年工作计划及预算；③确定协会规则起草小组组成人员；④讨论本届律协专业委员会设置；⑤讨论《第七届北京市律师协会女律师联谊会委员、副会长、秘书长选举办法》。

5月10日上午，第七届北京市律师协会会长办公会第五次会议召开。会议主要内容：①就协会规章委起草的《理事会规则》修订稿、《会长办公会规则》初稿进行讨论；②就秘书处起草的《北京市律师协会关于开展合伙律师事务所规范建设年活动的实施方案》（征求意见稿）进行讨论；③就秘书处起草的《北京市律师协会2005年工作要点》提出了修改意见；④研究确定了理事会二次会议的时间和议题；⑤研究协会近期其他相关工作。

5月13日上午，第七届北京市律师协会会长办公会第六次会议举行。会议就协会《会长办公会规则》的起草原则进行了讨论。

5月24日下午，第七届北京市律师协会会长办公会第七次会议举行。会议主要内容：①就规章委提交的《理事会规则》、《会长办公会规则》、《专门委员会工作规则》修改稿进行了讨论，并提出了具体修改意见；②通报了理事会书面表决推选全国律师代表大会代表的情况，并研究提出了理事候选人建议名单。

5月31日下午，第七届北京市律师协会会长办公会第八次会议举行。会议主要内容：①研究确定了理事会第二次会议的各项议程，并就相关筹备工作进行了安排；②研究协会6月份的重点工作；③通报了部分专业委员会主任建议人选；④肖骊珠秘书长通报秘书处相关工作情况。

6月9日下午，第七届北京市律师协会第九次会长会议召开。会议主要内容：①研究确定律协下半年工作重点；②肖骊珠秘书长通报北京市司法局《关于调整和完善我市律师行政管理体制的意见》；③各位副会长通报近期工作；④就秘书处建设工作进行讨论；⑤研究确定《北京市律师协会关于在〈中国律师年鉴〉（2004卷）开展集中形象展示的活动方案》；⑥讨论批准《关于建议给证泰所实习律师李德生遇难死亡给予一次性补助的报告》；⑦研究确定理事会纪要的报送范围；⑧讨论确定全美律师协会邀请北京律协参加年会事宜；⑨讨论确定理事会第二次会议通过的相关规则和事项的发文事宜；⑩讨论确定6月22日市政协调研事宜；⑪讨论律协办公用房事宜。

6月21日下午，第七届北京市律师协会第十次会长会议召开。会议主要内容：①审议通过《北京市律师协会专门委员会工作规则》（试行）；②就今年司法局移交协会的实习律师管理、律师在本市内转所执业、律师（包括合伙人）执业纠纷调处和年检注册等四项工作进行分工；③讨论确定下半年律师业务培训工作；④研究协会规章制度建设工作；⑤研究协会近期其他工作。

6月28日下午，第七届北京市律师协会第十一次会长会议召开。会议主要内容：①审议《出访组团管理办法》征求意见稿、《因公出国、出境团组出访费用管理办法》征求意见稿和《北京市律师协会外事委员会工作规则》（草案）征求意见稿；②审议通过《北京市律师协会赴首尔地方辩护士会交流访问方案》；③审议《2005年北京律师赴台交流访问计划》；④肖骊珠秘书长通报秘书处副秘书长竞聘相关事宜。

7月12日上午，第七届北京市律师协会第十二次会长会议召开。会议主要内容：①肖骊珠秘书长通报秘书处竞聘副秘书长的情况；②讨论确定秘书处下半年亟待完成的工作；③讨论下半年协会将承接的市司法局移交的工作内容；④讨论决定召开宣传工作会议事宜；⑤李大进会长通报司法局拟在第二批先进性教育活动结束后，表彰先进律师和律师事务所事宜；⑥讨论协会购买办公用房事宜；⑦讨论决定起草《会长会议工作规则》实施细则事宜；⑧讨论决定关于上网文件的审批手续问题；⑨讨论决定制定各专门委员会工作规则事宜；⑩讨论决定协会外事出访组团事宜。

7月19日下午，第七届北京市律师协会第十三次会长（扩大）会议召开。会议主要内容：①讨论决定宣传联络工作的若干基本问题；②讨论决定参加9月1日至10日举办的“无党派人士理论研修班”推荐名单；③讨论决定参加第22届世界法律大会人员名单；④讨论决定韩国出访团带队人选。

8月2日下午，第七届北京市律师协会第十四次会长会议召开。会议主要内容：①听取宣传联络委员会张卫华主任关于“首都律师希望之星北京行”活动方案的汇报，研究确定相关具体事宜；②听取王立华副会长关于律协办公用房寻址情况的通报，研究确定下一步工作方案；③讨论将于9月份召开的理事会第三次会议议题；④其他事项，包括讨论秘书处起草的《北京市律师协会议事程序规则》、李大进会长通报协会召开有关高院出台的《关于保障律师执业权利维护司法公正的意见（试行）》的媒体见面会情况、讨论通过规章委关于增补委员的申请等事宜。

8月16日下午，第七届北京市律师协会第十五次会长会议召开。会议主要内容：①讨论秘书处起草的《北京市律师协会会长会议议事规则（试行）》；②讨论规章制度委员会在协会工作中的定位及工作方式，并达成了基本共识；③讨论协会根据市委政法委安排起草的调研报告《刑辩律师处境尴尬执业艰难》。

8月22日下午，第七届北京市律师协会第十六次会长（扩大）会议召开。会议主要内容：①董春江处长传达市局就某些行政职能移交协会的工作建议和设想；②与会人员就市局对协会工作的建议与设想进行讨论；③会长李大进就协会相关工作进行了通报。

8月30日下午，第七届北京市律师协会第十七次会长会议召开。会议主要内容：①研究确定理事会第三次会议的时间及主要议题；②讨论协会购买办公用房的表决程序；③讨论市局移交律协相关工作的承接事宜；④其他事项，包括会长李大进通报关于参加十一月份“第五届中国律师论坛”、关于交纳全国律师协会会费等事宜。

9月6日下午，第七届北京市律师协会第十八次会长会议召开。会议主要内容：①会议审议通过了《北京市律师协会会长会议议事规则》（试行）；②各会长通报所分管工作涉及市局移交事项的建议和设想；③各会长通报需要在理事会三次会议上通报和提交表决的事项；④审议通过了协会权保委秘书长人选；⑤通报本届代表提案回复情况。

9月13日下午，第七届北京市律师协会第十九次会长会议召开。会议主要内容：①李大进会长通报了原嘉华所合伙人魏蒂被诉赔偿一案二审判决、世纪所被诉赔偿二审判决及密云律师被打事件；②听取了蒋京川律师就协会购买办公用房与华远公司交涉情况的通报；③研究确定了理事会三次会议的会议议程；④讨论了《北京市律师协会律师代表大会规则》（征求意见稿）。

9月19日下午，第七届北京市律师协会第二十次会长（扩大）会议召开。会议主要内容：①讨论了《北京市律师协会律师代表大会规则》（征求意见稿）；②听取了张学兵律师关于原嘉华所合伙人魏蒂被诉责任赔偿一案相关情况的通报；③就理事会三次会议的有关事项进行了研究。

10月11日下午，第七届北京市律师协会第二十一次会长会议召开。会议主要内容：①听取李大进会长通报密云律师被打事件的进展情况和中策所一女律师助理被害事件；②就第四季度协会工作进行了安排；

③金莲淑副会长通报协会组团赴广州参加“五省市律师篮球赛”的情况和艺术团的组建情况。

10月18日下午，第七届北京市律师协会第二十二次会长会议召开。会议主要内容：①研究确定近期召开会长（扩大）会议的议题和参会人员范围；②确定第七届北京市律师协会第二次代表大会召开的时间和议题；③确定各会长和总监事带队到区县调研的内容及分区安排；④王立华副会长通报就法院接待大厅设置律师信息查询系统事宜与法院进行沟通的情况。

10月28日下午，第七届北京市律师协会第二十三次会长（扩大）会议召开。会议的议题是讨论律师在构建社会主义和谐社会中应当发挥的作用。董春江处长首先传达了市委全会通过的“北京市十一五规划建议案”，李大进会长介绍了目前律师在为政府提供法律服务、参与信访、参与调解、深入社区和乡村等方面的工作经验。与会律师一致认为，构建和谐社会为律师提供了一个极大的发展空间，作为首都律师，一定要抓住机遇，积极参与到社会管理中，拓展服务领域，提升社会形象，用高度的社会责任感和精深的专业知识为实现和谐社会的首善之区做出自己的贡献。大家纷纷发言，从自己的工作角度出发提出了很多建议和意见。

11月8日下午，第七届北京市律师协会第二十四次会长会议召开。会议主要内容：①通报市司法局拟对智晟律师事务所做出停业整顿一年的行政处罚；②通报协会支付办公用房租金事宜；③李大进会长通报“首都律师在构建首都和谐社会中的地位和作用”专题会议情况，并明确了相关文字材料的起草安排；④确定各会长和总监事带队到区县调研的内容及安排；⑤确定由各会长督促所分管专门委员会加快制定2006年工作计划及预算方案；⑥审议通过纪律委员会增补委员人选。

11月29日下午，第七届北京市律师协会第二十五次会长会议召开。会议主要内容：①通报市司法局对智晟律师事务所做出停业整顿一年的处罚；②鉴于协会工作进度安排，会议决定原定本季度末召开的理事会推迟到明年1月份；③李冰如副秘书长通报协会购房进展情况；④通报协会赴各区县调研工作情况；⑤各副会长通报各自分管部门明年重点工作；⑥研究《律师事务所管理现状调查问卷》统计数据的使用及调研报告的起草方案；⑦布置2005年度协会总结工作；⑧审议《北京市律师协会复查委员会规则》（试行），并通过了复查委员会组成人员名单；⑨会议充分肯定了秘书处在处理突发事件上的相关工作，特别是近期举行的张涌涛律师遗体告别仪式，从筹备到后续工作，秘书处都完成的非常出色。

12月21日下午，第七届北京市律师协会第二十六次会长会议召开。会议主要内容：①吴玉华局长传达中央政法工作会议、北京市司法行政工作会议的相关精神，并对协会明年的工作提出了建议和设想；②研究确定协会2005年底和2006年初的工组安排；③其他事项，包括李大进会长通报协会购房进展情况，以及研究同意关于应青海省律师协会要求在青海省兴海县曲什安乡捐建卫生院等事宜。

12月28日，第七届北京市律师协会第二十七次会长会议召开。会议主要内容：①就本届会长班子组成以来的工作情况进行了总结和反思；②讨论秘书处起草的《北京市律师协会2005年工作总结》；③就秘书处起草的《北京市律师协会2006年工作计划》提出意见和建议；④审议12个专门委员会上报的2006年经费预算。

三、协会重要工作

（一）第七届北京市律师协会女律师联谊会换届选举大会召开

5月26日下午，第七届北京市律师协会女律师联谊会换届选举大会在西苑饭店隆重召开。第六届女律师联谊会委员和第七届北京市律师代表大会女性代表共56人出席会议。

出席大会的领导有北京市委政法委副书记段桂青，北京市高级人民法院副院长贺荣，北京市人民检察院副检察长甄贞，北京市安全局纪律检查委员会书记张文英，北京市司法局副局长耿景仪，原北京市司法局副局长、北京律协副会长周纳新，中国政法大学教授巫昌祯，中华全国女律师协会副会长、第五届北京律协女律师联谊会会长牛琳娜，中华全国女律师协会执委、北京市妇联第十一届执委、第六届北京律协女律师联谊会会长王洋，中华全国律师协会副秘书长冯秀梅，北京律协会长李大进、副会长金莲淑，北京律协秘书长萧骊珠和副秘书长李冰如。换届选举大会分别由北京律协副会长金莲淑、巩沙主持。

根据《北京市律师协会女律师联谊会换届选举办法》，北京市女律师联谊会会长由北京律协分管女律师工作的副会长金莲淑兼任，选举出4名副会长，即：郭建梅（隆安所）、任丽颖（融商所）、张巍（威宇所）、陈秀改（国维所）。同时，还聘请市委政法委，公、检、法、司等相关部门12人作为北京市女律师联谊会的顾问。

会上，第六届北京市女律师联谊会会长王洋做《北京市女律师联谊会工作总结》报告；新当选的女律师联谊会会长金莲淑在讲话中表示，新一届联谊会将继承和发扬上一届联谊会的优良作风，带领全市女律师，积极进取，勇于开拓，使北京市的女律师工作再上一个新台阶；段桂青副书记、耿景仪副局长、李大进会长也分别讲话。会后，领导与全体委员合影留念并共进晚餐。

（二）全国人大《律师法》执法检查组到北京开展执法检查工作

5月30日，全国人大常委会副委员长顾秀莲率领全国人大《律师法》执法检查组来到北京，开展执法检查。检查组成员还包括全国人大常委会委员、内司委副主任委员祝铭山，全国人大常委会委员、内司委委员任茂东、杨兴富，北京市人大常委会副主任赵凤山，全国人大代表、北京市鼎业律师事务所许智慧。

检查组听取了北京市司法局、北京市公安局、北京市高级人民法院、北京市人民检察院领导关于贯彻落实《律师法》的情况汇报，视察了北京市金洋律师事务所和北京市德恒律师事务所。律师代表们充分肯定了《律师法》在推动我国律师事业发展方面所起的积极作用，并就贯彻执行律师法中所遇到的实际问题提出了看法，就下一步修改律师法提出了建议。全国人大常委会委员、内司委副主任委员祝铭山指出，11万的律师队伍是我国法律共同体中的一支重要力量，希望广大律师要进一步加强队伍建设，为社会提供优质高效的法律服务。

（三）市政协、市社会和法制委员会会同民主党派人士开展我市律师行业调研工作

5月份，市政协、市社会和法制委员会会同民革、民盟、民建、民进、农工党、致公党、九三学社、民盟北京市委组成了联合调研组，以“充分发挥律师职能作用，促进首都和谐社会建设”为课题开展了调研工作。

5月11日上午，调研组一行30人到北京市京都律师事务所进行参观座谈。市政协、市社会和法制委员会副主任叶上诗、北京市司法局副局长耿景仪、北京律协会长李大进、副会长巩沙出席了座谈会。京都所田文昌、大禹所张燕生、永邦所杨若寒、易和所池英花、江川所蒋京川等律师在会上就律师环境、社会地位、性质等问题发表了意见。

5月25日上午，调研组一行20人到北京市潮阳律师事务所和北京市时代华地律师事务所参观，并与部分北京律师座谈。市政协社会和法制委员会副主任叶上诗、北京市司法局律师工作管理处处长董春江、北京律协副会长巩沙参加座谈会。天元所王立华、中伦金通所张学兵、时代华地所黄文燕、建元所王隽、天如所张波和潮阳所杨晓红等律师就如何加强行业协会建设、规范律师事务所管理和改善律师执业的内部环境谈了意见和看法。

（四）北京律协举办两期“合伙律师事务所合伙人培训班”和两期“律师事务所行政管理人员培训班”，并组织律师事务所参观学习

6月11日、18日，北京律协按照《北京市律师协会关于开展合伙律师事务所规范建设年活动的实施方案》的要求，在国宏宾馆报告厅举办了两期“合伙律师事务所合伙人培训班”。两期培训班分别邀请了北京市司法局律管处副处长柴磊、北京律协律师事务所管理指导委员会副主任马慧娟、委员刘延岭、北京律协纪律委员会主任吴以钢、副主任韩德晶进行授课。全市律师事务所的547名合伙人参加了培训。

7月2日、9日，按照《北京市律师协会关于开展合伙律师事务所规范建设年活动的实施方案》的要求，北京市律师协会在国宏大厦报告厅举办了两期“律师事务所行政管理人员培训班”。

两期培训班分别邀请了北京市司法局律管处满宇峰、北京市君合律师事务所行政主管和北京市金杜律师事务所行政主管进行授课。全市600多家律师事务所的行政管理人员参加了培训。

8月3日，按照《北京市律师协会关于开展合伙律师事务所规范建设年活动的实施方案》的要求，北京律协组织全市合伙制律师事务所的90名合伙人分别到北京市金杜律师事务所、北京市君合律师事务所、北京市观韬律师事务所和北京市尚公律师事务所参观学习。此次活动的目的在于通过参观规模较大、管理较为规范的律师事务所，增加各律师事务所管理经验，提高管理水平。

（五）市司法局第二批保持共产党员先进性教育活动动员大会召开

7月15日下午，市司法局第二批保持共产党员先进性教育活动动员大会在北京国际会议中心召开。全市律师行业中的共产党员律师1300余人参加了大会。会议由市局党委副书记、市局第二批先进性教育活动巡视组副组长王志江主持。

会上，市局党委书记、市局第二批先进性教育活动领导小组组长吴玉华做了动员讲话。市律师协会党委副书记、会长李大进就《实施方案》做了说明，就全市律师行业党员队伍中开展先进性教育活动的目标要求、方法步骤做了进一步的解读。最后，市委巡回检查组副组长陈桂荣对市局第二批保持共产党员先进性教育活动提出了具体要求。

（六）北京律协举办"首都律师希望之星北京行"活动

8月上旬，北京律协举办"首都律师希望之星北京行"活动。从1996年开始，北京市律协先后在青海、陕西、安徽、黑龙江、宁夏等地的国家级贫困县建立希望小学。今年首次邀请38名希望小学的孩子和老师到北京，参加律协为他们组织的活动。

8月1日下午，北京律师为"首都律师希望之星北京行"捐助活动在司法局一层大厅举行。来自我市数十家律师事务所的代表和律师个人踊跃捐款、捐物，协会收到4万余万元捐款及价值近万元的书包、文具、书籍、衣服和玩具等物品，并办理了有关登记手续。北京律协会长李大进，副会长王立华、巩沙、彭雪峰、金莲淑和总监事赵小鲁以个人名义分别捐款1千元。

8月5日，参加"首都律师希望之星北京行"活动的各地希望小学师生乘坐火车和长途汽车先后抵京。当晚，北京律协为希望小学师生举行欢迎宴会。祝愿孩子们的北京之行圆满成功。

8月6日~8日，北京律协会长李大进，副会长王立华，总监事赵小鲁，副秘书长李冰如、王笑娟和刘军分别陪同希望小学师生到天安门广场参加升国旗仪式，游览慕田峪长城、北京动物园、北海公园，观看电影，参观北京市建元律师事务所和中国科技馆，并参加北京律协举办"首都律师希望之星北京行联欢会"。

8月8日晚，北京律协为参加"首都律师希望之星北京行"活动的希望小学师生举行欢送晚宴。

首都多家媒体对这次活动进行了报道。

（七）北京市委常委、市公安局长马振川听取北京市司法局，北京律协第二批先进性教育活动情况汇报

8月23日下午，北京市委常委、市公安局长马振川来到北京市司法局，听取了市局第二批先进性教育活动情况汇报。市委先进性教育活动办公室刘承以及市委第六巡回检查组张文义等陪同听取了汇报。会议由市司法局党委委员、纪委书记齐凤鸣主持。北京律协党委副书记、会长李大进参加会议。

会议主要内容：①听取市司法局党委副书记、政治部主任、市局第二批先进性教育活动领导小组副组长王志江的汇报；②市律协党委副书记、市律师协会会长李大进介绍当前党员律师对先进性教育活动的切身感受；③市委第六巡回检查组组长张文义向马振川汇报市委第六巡回检查组前一阶段的工作，并肯定了市司法局先进性教育活动取得的成绩；④马振川做重要指示。

（八）第七届北京市律师协会专业委员会成立大会隆重召开

8月26日下午，北京市律师协会在北京国际会议中心隆重召开"第七届北京市律师协会专业委员会成立大会"。协会理事、监事、各专业委员会委员、专业委员会专家顾问代表共1200余人参加会议。司法部、全国律协、北京市委政法委、北京市公检法机关的领导到会祝贺。

大会由副会长巩沙主持。业务指导委员会主任张学兵介绍了本届专业委员会的调整设置和工作设想。北京市委政法委刘大为副书记、北京市司法局吴玉华局长、北京律协李大进会长分别讲话。他们对53个专业委员会的成立表示祝贺，并对北京律协的业务工作提出了新的希望和要求。

会上，北京市律师协会婚姻家庭专业委员会专家顾问、中国法学会学术委员会委员巫昌祯女士代表专业委员会专家顾问致词，领导们为协会聘请的7位专业委员会专家顾问代表颁发了聘书。北京市律师协会物权法专业委员会主任蔡耀忠、刑事诉讼法专业委员会委员张星水代表专业委员会主任和委员分别发言，主席台上的领导为专业委员会委员代表颁发了委员证书。

（九）北京律协开展律师事务所管理调研活动

8月份，北京律协和市司法局开展律师事务所管理调研活动。8月4日，协会通过首都律师网发布《北京市司法局、北京市律师协会关于开展律师事务所管理现状问卷调查活动的通知》，向全市律师事务所下发《律师事务所管理现状调查问卷》。截止8月底，共收回问卷620余份。

为广泛了解我市律师事务所的管理现状，总结不同类型律师事务所的管理经验，研究分析存在的主要问题及成因，有针对性地对律师事务所的规范化管理进行指导，帮助律师事务所提高管理水平，协会律师事务所管理指导委员会经反复研究，几易其稿，拟定了长达41页的《律师事务所管理现状调查问卷》。协会将汇总全市律师事务所的调查问卷，并出具相关调研报告。

（十）北京律协参加中央政法委组织的关于解决民商事案件执行难问题的调研协调会

9月15日，北京律协会长李大进、副会长巩沙与民法专业委员会主任蒋京川、合同法专业委员会主任刘守豹、行政法专业委员会主任吕立秋参加了中央政法委组织的关于解决民商事案件执行难问题的调研协调会。中央政法委、全国人大常委会、最高人民法院有关方面负责人牟君发、王飞鸿、王进等，北京市高

级人民法院、市第一中级人民法院、市第二中级人民法院执行工作负责人田玉玺、雷运龙、王怀勤、王志军等，以及中国人民大学、中国政法大学、北京联合大学、北京政法职业学院的专家教授叶林、赵旭东、王晓明、李克等出席了调研会。调研会由市政法委办公室主任刘志伟主持。

会议首先由牟君发介绍了此次调研的背景。李大进会长、巩沙副会长及蒋京川、刘守豹、吕立秋三位主任先后发言，就执行难的成因、解决方案、社会稳定与执行的关系、信访与诉讼的关系、如何保障法院独立行使权力等方面的问题发表了意见。中央政法委调研小组负责人对北京律协的工作予以了高度评价，赞扬市律协组织能力强、专家律师素质高。此次调研是根据吴邦国委员长和罗干书记的批示精神进行的，将对“执行难”问题进行深入、彻底的调查研究，力争在一定时期内予以解决。

（十一）北京律协党委召开第二批先进性教育活动民主生活会

9月23日上午，根据市局第二批先进性教育活动的统一部署，市律师协会党委召开了专题民主生活会。市律协党委全体成员出席会议。市委巡回检查组组长张文义，市局党委书记、先进性教育活动领导小组组长吴玉华，市局党委副书记、先进性教育活动领导小组副组长王志江以及市委巡回检查组成员门立峰等也莅会指导。会议由市律协党委副书记、会长李大进主持。

会上，市律协党委副书记董春江通报了市律师协会党委征求意见的情况，律协党委征求到各种意见和建议共12大项135条。各位党委委员先后发言，并对征求到的意见和建议进行了补充、归纳和整理。他们密切联系个人的入党经历和执业活动，总结成功经验，深入剖析自身在思想、作风、党性等方面存在的缺陷和不足，认真思考行业改革与发展、党的建设的重大问题，提出了加强和改进工作的设想和努力方向。

最后，市局党委书记、先进性教育活动领导小组组长吴玉华，市局党委副书记、先进性教育活动领导小组副组长王志江及市委巡回检查组组长张文义作了重要指示。

（十二）北京律师艺术团成立大会召开

10月21日晚，北京律师艺术团成立大会在西苑饭店隆重召开。会长李大进、副会长巩沙、金莲淑、市司法局律管处副处长王文锦，律协理事、监事、会员事务委员会委员和北京律师艺术团成员120余人到会。大会由副会长金莲淑主持。

会上，北京律师艺术团团长、会员事务委员会副主任李海彦介绍了北京律师艺术团的成立背景、基本情况和发展方向，汉卓律师事务所王芳律师代表艺术团成员发言。会长李大进代表北京律协对艺术团的成立表示祝贺，并对广大律师对协会工作的支持表示感谢。会上，李大进会长向老一辈艺术家王昆女士颁发了聘书，聘请她作为北京律师艺术团艺术总顾问。随后进行了文艺演出，演出结束后全体人员合影留念。

北京律师艺术团的筹备工作始于7月份。7月13日，协会通过首都律师网发出报名通知。9月3日、10日、11日，北京律协聘请中国歌剧舞剧院、东方歌舞团专家，按歌唱、表演、乐器和舞蹈等分类，对报名参加律师艺术团的人员进行综合考评，最终确定人选。

（十三）北京律协召开第二批先进性教育活动总结表彰大会

11月11日下午，北京律协党委所属全体党员律师参加了市司法局在北京展览馆剧场举行的第二批先进性教育活动总结表彰大会。会议对第二批先进性教育活动进行了总结，并对在先进性教育活动中表现突出的27个先进律师事务所党支部进行了表彰。市委政法委副书记段桂青、市委第六巡回检查组领导及全体成员参加了总结表彰大会，市局党委书记、局长、第二批先进性教育活动领导小组组长吴玉华及市律协党委成员也参加了会议。会议由市局党委副书记、政治部主任王志江主持。

会上，市局党委书记吴玉华对第二批先进性教育活动进行了总结。市委第六巡回检查组组长张文义在讲话中对市局第二批先进性教育活动给予了充分肯定和高度评价。市委政法委副书记段桂青对加强首都律师行业党的建设和队伍建设作了重要指示。

（十四）北京律协在全市范围内开展律师工作调研

11月份，北京律协在全市范围开展律师工作调研。由会长李大进、副会长王立华、巩沙、彭雪峰、金莲淑、总监事赵小鲁带队的6个工作组分赴18个区县，召开座谈会，听取律师事务所管理合伙人、行政主管、区县司法局律公科、七届律协律师代表对协会各项工作的意见和建议。此次调研活动受到广大律师热烈欢迎。参加座谈会的代表对协会工作提出了很多意见和建议。秘书处将这些情况进行了分类汇总，并撰写了调研报告。

（十五）北京律协与北京市朝阳区人民法院签订律师参与和解工作意向书

12月1日上午，北京市律师协会与北京市朝阳区人民法院共同举行了律师参与和解工作意向书签约仪式。北京市律师协会会长李大进、副会长巩沙、北京市司法局律管处处长董春江、北京市高级人民法院法宣处处长鲍雷、朝阳区人民法院院长李新生等出席了签约仪式。

签约仪式上，市律师协会会长李大进与朝阳区人民法院院长李新生分别在意向书上签字并互换文本。李新生介绍说律师参与和解，在彻底平息纠纷、实现“案结事了”方面发挥了很大作用。北京市司法局律管处处长董春江进一步指出，律师介入庭外和解工作是积极整合包括法官和律师在内的司法资源、建立和扩大诉讼外纠纷解决机制的一项重要尝试，尤其是在构建社会主义和谐社会的背景下，对于充分发挥律师的职能作用、节约司法成本、有效化解社会纠纷具有积极的现实意义。北京市律师协会会长李大进在仪式上发言，他对朝阳区人民法院积极推进律师参与和解工作表示欢迎，并表示北京律师将为建设首都和谐社会做出更大的贡献。

（十六）北京律协成立会员处分复查委员会

12月1日，北京律协通过首都律师网发出《关于成立会员处分复查委员会和发布〈北京市律师协会会员处分复查委员会规则（试行）〉的通知》。为了充分保护会员合法权益，保证纪律委员会正确行使处分权，依据全国律协《律师协会会员违规行为处分规则》第五十二条的规定，北京律协决定成立会员处分复查委员会。《北京市律师协会会员处分复查委员会规则（试行）》经协会第二十五次会长会议研究、讨论并通过，自2005年12月1日起正式实行。该规则的出台，解决了长期以来被处分律师和律师事务所不服处分时没有救济途径的问题。

（十七）北京市法律援助志愿律师授牌仪式举行

12月13日，北京市司法局举行北京市法律援助志愿律师授牌仪式。仪式由市局法援处石光春处长主持。市局助理巡视员史立森、北京律协会长李大进、律管处董春江处长、市法援中心王学法主任出席。

为了进一步贯彻落实《法律援助条例》，提高法律援助案件质量，树立北京律师的良好社会形象，北京市司法局、北京市律师协会组建北京市法律援助志愿律师团，探索建立“轮流指派律师事务所”与“根据案件特点有针对性指派专业律师”相结合的法律援助指派模式，更好的维护当事人的合法权益。报名活动于8月启动，引起了社会律师的极大反响和热情参与。经过北京市司法局律师工作管理处、法律援助工作指导处、北京市律协、北京市法律援助中心组成的评审小组讨论决定，首批确定市律协会长李大进，全国十佳律师佟丽华等100名律师为北京市法律援助志愿律师。其余报名律师纳入北京市法律援助志愿律师备选库，根据我市法律援助事业发展的需要，不断调整充实志愿律师队伍。

四、党务工作和机关建设

（一）党务工作

北京律师行业保持共产党员先进性教育活动，遵循党中央的指示、按照市委的统一部署、在市委巡回检查组和市司法局党委的指导下，于7月15日正式启动，历时119天。这次教育活动，律协党委以邓小平理论、“三个代表”重要思想和党的十六大精神为指导，按照“由市局党委统一领导、市律协党委具体组织、各区县司法局按属地巡视检查、各律师所党支部为教育活动基本单位”的工作格局，遵循“组织关系在市律协党委的共产党员为教育的正式对象、组织关系不在市律协党委的共产党员为教育的覆盖对象”的原则，制定了“健全党的基层组织、提高党员综合素质、更好地发挥律师职能作用”的教育活动目标，组织党委所属的234个律师所党支部、1835名共产党员参加了这次教育活动，参加率达99.8%。这次教育活动，历经了“学习动员、分析评议、整改提高”三个阶段，比较好地完成了各个阶段的教育任务，基本达到了预期目标。

开展保持共产党员先进性教育活动主要成效：一是把党组织健全了，把党员组织起来了。二是提出了党员律师保持先进性的具体标准，使广大党员律师树立了责任意识。三是发挥党支部的作用，发现和宣传了一批先进党支部。四是通过关爱社会弱势群体，培养党员律师的社会责任感。

（二）机关建设

7月份，北京律协聘用了4名工作人员，分别补充到秘书处宣传联络部、会员事务部和综合调研部工作。

在11月8日上午召开的北京律协党委第十三次党委会审议批准律师协会秘书处陈强、徐波为中共预备党员。

北京市律师协会于1983年6月创办会刊《北京律师》，主要栏目有卷首语、本期特稿、特别关注、立法建言、规章介绍、研究与探讨、经验交流、律师实务、律师论坛、律师思辨、律所管理、法律援助、新法研究、案例讨论、问题思考、助理律师天地、他山之石、考察报告、律协公告、工作通讯、大事记等。

北京市律师协会于2003年3月开通首都律师网（www. bmla. org. cn），主要栏目有协会公告、行业动态、图片新闻、诚信信息、行业法规、会员培训、下载中心、会刊之窗、网上投诉、人才交流、事务所站点等。

天津市律师协会工作概况

一、天津市律师队伍现状

2005年，天津市各类律师事务所已发展至232家，执业律师近2000人，具有本科以上学历的律师占律师总数的43%。其中具有硕士、双学士学位的125人，博士学位9人。天津市律师协会成功承办了“第五届中国律师论坛”，展示了天津律师队伍整体的职业素养和深厚的业务功底；认真、扎实地开展合伙律师事务所规范建设年活动，全面提高了律师队伍素质；积极参政议政，起草《天津市地方立法听证办法（草案）》，实现了律师参与立法的突破；2005年，天津律师积极投入到波澜壮阔的经济建设和改革开放的社会实践中，不仅主动介入天津滨海新区开发开放、城市基础建设、国企改制、金融改革等重大经济改革和经济活动，而且广泛参与了国内及国际贸易、投资、融资、知识产权、海事海商、仲裁等民商事活动，全市广大律师努力为客户提供高质量的法律服务，在保障公民的合法权益，维护司法公正，预防和化解社会矛盾的过程中起到了积极的作用。

二、协会重要工作会议

（一）代表大会

2005年1月16日，天津市第五届代表大会第二次会议在天宇大酒店国际会议中心隆重召开。市司法局局长刘广炬、副局长矫捷出席会议并讲话。会议审议通过了《五届市律协理事会2002年6月至2004年12月工作报告》和《五届市律协理事会2002年6月至2004年12月会费收入支出执行情况报告》。会上还对我市律师参政议政工作作出突出贡献的王继民律师给予表彰和奖励，对《中国律师》杂志总编刘桂明、《天津日报》高级记者吴学婵、江晓清和《今晚报》社会新闻部副主任周贵友授予“天津市律师宣传工作突出贡献奖”，另外二十余名记者分获“首届（2004年）天津律师好新闻奖”一、二、三等奖及优秀奖。刘广炬局长、矫捷副局长、王天举会长等市局及律协领导为获奖者颁发了奖杯和奖品。

5月18日上午，组织全体律师代表进行投票选举出了参加全国律师代表大会代表及理事候选人，并组织代表团参加全国第六次律师代表大会，取得丰硕成果。在全国第六次律师代表大会上，市律协会长王天举当选为六届全国律协副会长，副会长张富刚、李清当选为六届全国律协理事。

（二）理事会

2005年1月9日，五届市律协理事会在市律协会馆召开第四次会议。市司法局副局长矫捷出席会议。会议审议通过了《2004年天津市律师协会常务理事会工作报告》、《2004年五届市律协会费收入支出决算报告》、《2005年五届市律协会费收入支出预算报告》、《天津市律师协会出国（境）组团交流管理办法（试行）》和《五届市律协惩戒委员会主任、副主任人选的建议》。

（三）常务理事会

根据市律协年度工作规划，常务理事会先后共召开了6次工作会议，及时传达党中央、国务院和市委市政府有关文件精神，研究协会发展和建设的重大事宜，部署协会的各项工作。并根据需要，市律协多次召开会长办公会议，对协会的各项重要工作安排及大型活动进行研究安排。

三、协会重要工作

（一）成功承办第五届中国律师论坛

2005年11月3日～5日，由市人民政府、中华全国律师协会主办，司法部行政支持，市司法局、市律师协会承办的“第五届中国律师论坛”在天津经济技术开发区万丽泰达酒店及会议中心成功召开。市委副书记、市长戴相龙，司法部副部长段正坤出席会议并讲话，香港特区政府律政司司长黄仁龙，澳门特区政府行政法务司司长陈丽敏等港澳及海外嘉宾出席论坛并致辞。“论坛”期间，约1000余名来自全国各省区市、港澳及海外的律师代表和新闻记者参加，其中内地律师代表为885人，涉及国内502家律师事务所。港澳及海外律师代表70余人，除香港、澳门地区外，还有来自美国、西班牙、英国、澳大利亚、德国、韩国、日本、俄罗斯、新加坡等9个国家的代表参加。与往届相比，本次“论坛”层次更高，规模更大，影响更广，受到海内外媒体的广泛关注，获得与会领导、嘉宾和代表的高度评价，真正成为了“国际性、开放性、前沿性、权威性”的盛会。通过此次律师论坛，使社会各界充分认识到律师工作在依法治国和构建社会主义和谐社会中的重大作用，获得了更多的人对律师的关注和支持，扩大了天津律师的影响，进一步提升了天津律师的形象，增加了天津律师国际交流与合作的机会。

市律协作为“论坛”组委会办公室，从4月初启动了筹备工作，常务理事会召开专题会议，研究“论坛”筹备工作，并将其作为2005年律协工作的重中之重，常务理事会全力以赴，将筹备工作抓紧抓好，确保了论坛圆满成功。

（二）推进律师事务所规范建设年活动

2005年，司法部开展了合伙制律师事务所规范建设年活动。根据司法部的要求和市局党委的部署，市律协负责市直属律师事务所规范建设年活动工作。市律协多次召开会长办公会、常务理事会，认真研究贯彻司法部指示精神，及时制定下发了《律师事务所规范化建设通知》，要求各直属律师事务所统一思想，提高认识，认真做好规范建设年活动的各项工作。结合我市律师事务所建设的实际情况，市律协研究制定了《律师事务所规范化建设方案》，配合律管处制定、下发了《规范化建设检验标准》，指导各律师事务所开展规范化建设，比照《标准》进行自查，及时制定整改方案。8月，律师事务所规范化建设年活动验收期间，市律协组成4个工作小组，分别到每个直属律师事务所进行考核验收，现场评查打分，及时发现并认真解决事务所在规范化建设中存在的问题，使规范化建设活动落到实处。

（三）积极议政，改善律师执业环境

2005年，市律协倡导和鼓励律师广泛参与立法活动，积极参政议政，进一步扩大了社会影响，提高了社会地位。2005年大代表、政协委员律师共有47人，全年全市律师人大代表、政协委员共提出议案或提案99件，提出建议和意见20条，收到回复57件，产生了一定的社会影响。3月，市律协与市人大常委会法工委、市司法局召开了“律师参与立法”座谈会，就认真办理律师代表建议，研究改革地方立法起草机制，加强律师参与立法进行了座谈。

市十四届人大三次会议上，王丽萍律师提出了关于“由律师协会组织律师、法学家参与立法项目”的建议，建议引起了市人大法工委的高度重视。2005年7月26日，天津市人大法工委《关于委托市律师协会组织起草本市地方立法听证办法（草案）的函》（津人工法〔2005〕12号），委托律师协会起草地方立法听证办法。这是市人大常委会首次委托律协组织起草地方法规，开创了地方人大委托社会团体起草法规草案的先例。市律协高度重视，成立了由12名律师组成的专门起草小组。起草小组成立后立即着手工作，目前，起草工作进展顺利。根据工作计划，小组召开了三次工作会议，制定完成了《立法大纲》。有针对性地开展了调研活动，并已初步拟定了《办法（草案）初稿》。

受全国律协委托，市律协就“刑诉法第三十五条”提出修改意见，经过广泛的调研、论证、提出了充分的、全面的修改意见。4月，全国人大常委会内务司法委员会副主任委员祝铭山到市律协调研，了解《律师法》贯彻执行情况。市律协汇报了我市发挥律师行业管理职能，进一步完善“两结合”管理体制和认真履行《律师法》等方面的情况，并就《律师法》中有关律师协会相关条款的修改提出了意见和建议。

律师协会继续努力，多方协调关系，进一步改善律师执业的社会环境、法制环境和市场环境。在常务理事会的建议下，2005年全年为律师投保了团体以外伤害保险，全年共接到保险报案9起，律师以外伤害6起，律师事务所行政人员以外伤害3起，目前已结案9起，理赔金额总计7208元。最大赔案是天祥律师事务所律师张树刚，理赔款是5424元。

受市司法局委托，2005年市律师协会负责全市律师年检注册工作。市律协以服务为宗旨，以方便律师为原则，仍深入到19个区县司法局，上门服务。为我市227家律师事务所，15家法律援助中心，1807名律师办理了年检注册手续，并下发2005年度年检注册公告。

（四）做好信访接待工作

2005年市律协及时解决信访问题，做好信访接待工作。2005年全年共接待当事人及被投诉律师500余人次，与理事值班接待群众投诉48件，立案45件，本年度结案36件（不属实20件，撤诉6件，调解2件，诉讼解决1件，移送司法局做行政处罚2件，诉讼解决1件，拟做行政处分5件）调查处理中9件。对律师执业纠纷案件进行调处，共2件。召开听证会及惩戒委员会工作会20余次，对10件投诉案件、行业处分的案件进行听证，全年对违纪律师及律师事务所做出行业处分4件，移送司法局做出行政处罚2件。

成立了律师执业纠纷调处委员会，并制定了《天津市律师协会执业纠纷调处规则》，不断提高处理信访事件的效率和效果。

（五）认真进行律师事务所及律师的评优工作

优秀的律师事务所和律师是天津律师行业的旗帜，2005年市律协认真组织了天津市优秀律师事务所及优秀律师评选活动，通过调查阅卷、评委会评选等环节，评选出了27家优秀律师事务所和30名优秀律师，并在全市教育整顿总结会上进行了表彰。另外，组织参加全国优秀律师事务所及全国优秀律师评选推荐工作，我市张盈律师事务所、嘉德恒时律师事务所、金诺律师事务所被评为全国优秀律师事务所，孔晓艳和王继民律师被评为全国优秀律师。

根据市委政法委《关于在政法系统有关部门开展培养业务骨干争做拔尖人才活动的通知》部署，按照市司法局的要求，市律协开展了培养业务骨干选拔律师业务拔尖人才活动，制定了《培养律师业务骨干评选拔尖人才活动方案》。经过律师事务所推荐确定候选人名单提交由各专业委员会主任组成的评选委员会进行评选，评选出17名天津律师拔尖人才。

四、党务工作和机关建设

按照中央和市委保持共产党员先进性教育活动工作会议精神和《中共天津市司法局委员会关于开展以实践“三个代表”重要思想为主要内容的保持共产党员先进性教育活动实施方案》的部署，市律协党工委对所属23个律师事务所党支部、370名律师党员及秘书处党支部开展先进性教育活动。除认真完成中央、市委和市局规定的“必修课”外，党工委还组织了一系列丰富多彩，有行业特点的教育活动，如：先进性教育专题讲座、“服务为民，温暖人心”系列活动，“树形象，亮风采”党员律师挂牌服务系列活动，“重温入党誓词活动”、“走革命者走过的路—井冈山、韶山红色之旅”等等，广大党员律师受到一次政治思想、理想信念、执业操守等方面的深刻教育，使律师的责任感、使命感和政治敏锐性得到了增强。广大律师刻苦学习、勤勉敬业，全心全意为人民服务，坚持追求工作的高标准、高水平，强化了服务意识、诚信意识。在此次先进性教育活动中，有3家律师事务所党支部被评为市局先进性教育活动优秀党支部，20名党员律师被评为局先进性教育活动优秀党员。

市律协党工委还积极做好年轻律师入党积极分子的考察培养工作。以此次党员先进性教育活动为契机，逐步完善基础工作，大力推进党支部建设和年轻律师的培养工作，全年有8家律师事务所新建立党支部，发展了3名积极分子为预备党员。

五、宣传工作

充分利用传统媒体和网络媒体这两个宣传天津律师的窗口，增强律师工作的社会影响力。2005年共编辑出版了6期《天津律师》，为配合“第五届中国律师论坛”，推出了“《天津律师》论坛特刊”，发放给参会的领导、嘉宾和代表，进一步宣传天津律师，展示天津律师工作的成果。

天津律协网站在2005年不断更新内容，配合市律协的各项活动，开设了“第五届中国律师论坛”、“天津律师党员先进性教育”等专栏，专题报道活动最新动态。在“2005年天津市优秀律师”评选活动中，策划设计了“网上投票”系统，组织全市律师和理事分两次进行投票，投票活动中对系统的稳定性和安全性进行维护，确保了评选活动公开、公正、公平。开通了天津律师信息网“法规检索”系统，为全市律师提供“法律法规检索”服务，方便我市律师查阅法律法规，及时了解国内外法律信息。

加强与我市各新闻媒体合作，全面展示天津律师。2005年律协与我市主流媒体的宣传合作有了更进一步的加强。《天津日报》、《今晚报》、《每日新报》和《法制日报》等新闻媒体先后刊载反映天津律师的文章报道80余篇。与天津电台新闻台《法制纵横》联合举办的“观点撞击”辩论会，反响强烈。

上海市律师协会工作概况

一、上海市律师现状

2005年，上海律师业在原有的基础上继续稳步发展。至年底，全市律师事务所682家，其中合伙所447家、合作所179家、以个人姓名命名的所56家；专、兼职律师人数7129人，其中专职律师6626人；律师助理、行政人员2788人；全年律师业务创收近29亿元（不含外资所）。

二、协会重要会议

（一）律师代表大会

3月26日~27日，上海市第七届律师代表大会第一次会议在光大会展中心隆重召开，257名律师代表参加了本次会议。出席这次代表大会的领导、来宾有：中共上海市委副书记刘云耕、上海市人大副主任王培生、上海市政府副市长周太彤、上海市政协副主席俞云波、上海中共市委副秘书长陈旭、中华全国律师协会副会长于宁、上海市社会工作党委书记、社会工作服务局局长许德明、上海市委政法委秘书长吴军营、上海市司法局党委书记、局长缪晓宝、中华全国律师协会秘书长贾午光、上海市人大内务司法委员会副主任惠熙荃、上海市政协社会与法制委员会副主任吴大鸿、上海市法学会副会长史德保、上海市高级人民法院副院长齐奇、上海市人民检察院副检察长郑鲁宁、上海市公安局指挥部主任何品伟、上海市国家安全局纪委书记叶雅琴、上海市社团管理局副局长徐乃平、上海市行业发展署副署长刘庆，以及上海市司法局、各区县司法局相关领导、上海市律师协会的顾问。

大会的主要任务是学习贯彻中央领导指示精神，总结第六届理事会的工作总结和经验，研究加强律师队伍建设和提升行业管理水平的措施，选举产生上海市律师协会新一届理事会和监事会。

中华全国律师协会副会长于宁、秘书长贾午光专程来沪莅临祝贺大会召开。于宁副会长代表中华全国律师协会对大会的召开表示热烈的祝贺。中共上海市委副书记刘云耕在大会上作了重要讲话。中华全国律师协会、北京、天津、重庆、广东等20多家省、市律师协会以及上海市法学会等单位纷纷向大会发来贺信、贺电。会议期间，还向被聘为上海市律师协会专家顾问的香港胡汉清大律师、周永健律师颁发了聘书。

（二）理事会

3月27日，市律师协会召开第七届理事会第一次会议。经市司法局党委提名，会议以无记名投票方式选出了第七届律协常务理事、会长、副会长。会长：吕红兵；副会长：朱洪超、徐晓青、毛柏根、钱丽萍、王小耘；常务理事：万恩标、王小耘、毛柏根、许强、刘大力、吕红兵、朱洪超、朱树英、俞建国、钱丽萍、徐晓青、陶武平、鲍培伦、缪林凤、翟建。经第七届律协理事会第一次会议讨论决定，聘请吴伯庆、朱宝麒、武延年三位同志为市律师协会顾问。

4月27日，市律师协会召开第七届理事会第二次会议。会议主要内容：

1. 通报了会长、副会长的工作分工情况：吕红兵会长负责协会的全面工作，兼管资产管理与财务工作、会员和代表工作；朱洪超副会长分管维护律师执业权益工作、对外宣传与联络工作；徐晓青副会长分管业务研究与职业培训工作、律师人大代表及政协委员联络工作；毛柏根副会长分管执业纠纷调解工作、文体与福利工作；钱丽萍副会长分管纪律工作、女律师工作；王小耘副会长分管规划与规则工作、外事工作。

2. 讨论并原则通过了七届律协各专门委员会组成人员名单。

3. 推举产生了上海地区出席第六次全国律师代表大会代表及理事候选人。出席第六次全国律师代表大会的正式代表14人，他们是：吕红兵、朱洪超、徐晓青、毛柏根、钱丽萍、王小耘、王国忠、鲍培伦、翟建、刘大力、陶武平、许强、李志强、江宪；其中，第六次全国律师代表大会理事候选人为7人，他们是：吕红兵、朱洪超、徐晓青、钱丽萍、王小耘、王国忠、鲍培伦。

9月2日，市律师协会召开第七届理事会第三次会议，会议主要内容：

1. 吕红兵会长通报理事会近期工作情况及下一阶段工作安排。

2. 王国忠监事长通报本届监事会围绕理事会工作进行监督的情况。

3. 审议《上海市律师行业规范服务达标活动考核标准和办法》（讨论稿）。

4. 市司法局局长缪晓宝就律协工作作重要讲话，并对下一阶段的律师工作作重要指示。

（三）常务理事会

3月27日，市律师协会召开第七届常务理事会第一次会议。经第七届律协常务理事会第一次会议决定，聘任万恩标为市律师协会秘书长；经万恩标秘书长提名，聘任刘小禾、黄立群为市律师协会副秘书长。

4月9日，市律师协会召开第七届常务理事会第二次会议。会议主要内容：

1. 通报会长、副会长的工作分工；

2. 讨论各专门委员会组成人员名单；

3. 通报代表大会提案汇总情况；

4. 会长、副会长汇报下一阶段工作思路，监事长通报监事会工作思路。

4月21日，市律师协会召开第七届常务理事会第三次会议。会议主要内容：

1. 讨论通过上海地区出席第六次全国律师代表大会代表、理事候选人推举方案。

2. 讨论并原则通过各业务研究会设置、调整和主任、副主任人选。重新设置、调整后的新一届律协业务研究会及其主任为：①刑事法律研究会、主任翟建；②民事法律研究会、主任鲍培伦；③行政法律研究会、主任邹佳莱；④公司法律研究会、主任江宪；⑤证券与期货法律研究会、主任陈瑛明；⑥银行与保险法律研究会、主任刘大力；⑦劳动法律研究会、主任马建军；⑧海事海商法律研究会、主任孔庆德；⑨涉外法律研究会、主任孙志祥；⑩建筑与房地产法律研究会、主任朱树英；⑪电子商务与信息网络法律研究会、主任陈刚；⑫律师事务所管理研究会、主任许强；⑬项目建设与项目融资法律研究会、主任丁晓文；⑭世博法律研究会、主任王小耘；⑮法律援助与社区服务法律研究会、主任徐晓青；⑯青年律师成才研究会、主任李志强。常务理事会还授权徐晓青副会长和律协秘书处业务部对研究会名称及个别研究会的相关负责人选进行微调。

3. 讨论了各专门委员会的建议名单。一致建议各业务研究会的主任应作为业务研究与培训委员会的组成人员，进入该专门委员会。

11月14日，市律师协会召开第七届常务理事会第四次会议。会议主要内容：

1. 通过了关于规范建设年活动表彰大会会议议程、表彰对象以及在大会上作交流发言的事务所和单位。

2. 吕红兵会长通报了律师业行风测评的总体情况和个别存在的问题。

3. 决定今年各代表团经费分配原则，并授权资产与财务委员会制定本年度经费运作的具体规则，提交理事会通过。

4. 讨论了“公开谴责”的形式和范围问题，决定“公开谴责”处分暂定在东方律师网上进行，如需扩大刊登范围须由理事会决定。公开谴责以上的纪律处分如取消会员资格等也需要及时在网上予以公示。

5. 决定筹备设立财税委员会。

6. 讨论了外事委员会提交的“关于对境外律师事务所驻华（内地）代表处执业活动开展调研的反馈意见”及“重大风险警示公告”事项。决定可以先在网上发布法律服务风险警示；会议认为法律服务风险警示（提示）应该制度化，要以此为发端，形成律协面向社会公众、系列化的风险提示。

7. 讨论了关于市律师协会新址装修事项。

（四）会长办公会

4月1日，市律师协会召开第七届会长办公会第一次会议。会议主要内容：

1. 会议对会长、副会长进行了工作分工：吕红兵会长全面负责协会的各项领导工作，兼管资产管理与财务工作；会员和代表工作。朱洪超副会长分管维护律师执业权益工作；对外宣传与联络工作。徐晓青副会长分管业务研究与职业培训工作；律师人大代表及政协委员联络工作。毛柏根副会长分管执业纠纷调解工作；文体与福利工作。钱丽萍副会长分管纪律工作；女律师工作。王小耘副会长分管规划与规则工作；外事工作。

2. 吕红兵会长就新一届律协工作如何开好局谈了八点思路、想法。即：加强责任；夯实基础；完善治理；优化环境；再树形象；缩小差距；丰富思路；办点实事。

3. 会议对各专门委员会的人员组成进行了讨论。

4. 会议还对市律师协会协办“法律世界大会”、律协新办公楼装修等事项进行了讨论。

4月21日，市律师协会召开第七届会长办公会第二次会议。会议主要内容：

1. 讨论了拟提交常务理事会通过“上海地区出席第六次全国律师代表大会代表、理事候选人推举方案”。

2. 讨论了上海市律师事务所规范建设年活动意见、建议。会议提出上海律师事务所规范建设年活动将由市律师协会承担，拿出具体实施方案，报市司法局局转发，并由市律师协会具体负责实施。

5月27日，市律师协会召开第七届会长办公会第三次会议。会议主要内容：

1. 市司法局副局长、律协党组书记桂晓民宣布新一届律协党组组成名单，并介绍律协党组的主要工作。新一届律协党组书记桂晓民，副书记吕红兵、朱洪超，成员有徐晓青、毛柏根、王国忠、李海歌、万恩标。

2. 汇总各专门委员会具体工作内容，特别是“实事项目”。

3. 总结规范建设年前期工作情况，讨论落实下一阶段的工作安排。会议还讨论了行风重点测评活动、律师代表大会提案回复意见、律协新大楼装修招标方式等事项。

7月5日，市律师协会召开第七届会长办公会第四次会议。会议主要内容：

1. 讨论了市律师协会关于要求全市律师进一步做好法律援助工作的意见。

2. 讨论了律师进社区法律服务事宜。决定近期召开社区法律服务研讨会。

3. 讨论了市律师协会将在各选区开展律师代表团工作的意见。会议认为，律师代表团是律师代表大会及其大会闭会期间，律师参与协会行业自律管理的组织形式，是律师协会与各选区律师代表、律师之间进行联系的重要桥梁，市律师协会将在各选区积极开展律师代表团工作的探索，并将在调研的基础上推出若干意见。

8月22日，市律师协会召开第七届会长办公会第五次会议。会议主要内容：

1. 讨论了律师事务所规范建设年活动表彰方案，并建议将该方案提交常务理事会通过。

2. 讨论了《上海律师》改版事宜，并决定调整编委会成员。

3. 讨论了规范律师收费问题。

4. 讨论决定在9月初召开理事会。

11月10日，市律师协会召开第七届会长办公会第六次会议。会议主要内容：

1. 讨论了外事委员会提交的“关于对境外律师事务所驻华（内地）代表处执业活动开展调研的反馈意见”及“重大风险警示公告”事项。

2. 讨论了律师事务所规范建设年表彰大会的具体事项。

3. 通报了行风测评的基本情况。建议结合测评情况，出台上海律师行业达标标准，并报市精神文明办。

4. 讨论了关于市直属、各区县的律师代表团经费安排使用的问题。

5. 讨论了纪律委员会提交的“关于公布纪律处分中‘公开谴责’具体范围的意见”事项。

6. 讨论了市高级人民法院关于邀请律协选派律师和工作人员参加资产评估评审委员会等事项。

7. 讨论了关于增设市律师协会财税法律研究委员

会问题。

8. 讨论了关于广州律协设立“中国城际律协发展论坛”的倡议。

三、协会重要工作成果

（一）以开展律师事务所规范建设年活动为载体，进一步健全律师事务所管理机制

5月14日，市司法局与市律师协会召开律师工作会议。司法部副部长段正坤出席会议并对上海开展律师事务所规范建设年活动提出了总体要求，市司法局党委书记、局长缪晓宝作重要讲话。市司法局副局长桂晓民就进一步发挥行业协会作用，做好律师事务所规范建设年活动提出了具体要求。会议对本市开展律师事务所规范建设年活动进行了动员和部署，强调了开展律师事务所规范建设年活动的重要性和必要性，明确了开展规范建设年活动的指导思想、工作目标、方法步骤及具体要求。会议要求全市律师认真贯彻全国律师队伍教育整顿活动总结暨合伙所规范建设年活动动员大会精神，全面开展律师事务所规范建设年活动。

5月中旬至6月初，上海市律师协会和律师学院共对全市事务所管理责任人分3期进行了集中培训，提高事务所自我管理的能力。为贯彻落实律师工作会议精神，做好律师事务所规范建设年活动，市律师协会正副会长、秘书长通过走访、座谈等形式与相关区（县）司法局沟通，听取区（县）司法局领导关于律师事务所规范建设活动的意见与建议。

9月1日至20日，各律师事务所按照《市司法局关于开展律师业务档案管理工作的通知》，对律师业务档案管理工作进行了自查；9月21日至10月20日，各区县司法局、市司法局有关部门、各律师代表团对所属律师事务所律师业务档案管理工作情况进行了检查。

9月1日至10月11日，市律师协会还集中组织了由常务理事带队，代表团召集人、协会工作人员等参加的20个工作小组，深入市属、各区县组织部分律师事务所开展了事务所规范建设年交流活动，取得了明显的活动效果。

11月19日，市律师协会通过召开上海律师事务所规范建设年经验交流暨表彰大会，对本市律师事务所规范年建设活动进行全面总结和评比，帮助律师事务所查找不足，交流经验，共同提高。会上，表彰了在本次律师事务所规范建设年活动中涌现出来的21家成绩突出的律师事务所和21位优秀管理责任人；来自合伙制律师事务所、合作制律师事务所和个人开业的律师事务所的5位优秀律师事务所管理责任人以及卢湾律师代表团和浦东新区司法局2家单位在大会上作交流发言。

（二）全力迎接律师行业行风测评工作，加强律师队伍建设

法律服务行业是2005年市重点行风测评对象。律协制订并下发《关于迎接2005年市行风重点评议工作的几点意见》。针对市行风测评小组集中就律师参与法律援助工作提出的意见，根据本市法律援助工作的现状，与市法律援助中心就法律援助骨干律师队伍、建立法律援助案件质量考评制度、法律援助工作业务培训等形成一系列具体方案。在2005年上海市政风行风测评中，对上海法律服务业的总体评价和满意率由去年的第五位上升至第四位，测评组一行特别对律协建立和健全自律规则体系、加强培训教育、加大对违纪行为的查处力度以及推动律师事务所管理规范化等方面予以了充分肯定；认为广大律师热心公益活动，在法律服务进社区、为弱势群体提供法律援助、为政府决策及信访提供法律帮助、为动拆迁市民提供法律服务等方面，“做了大量具体和细致的工作，受到了政府部门和市民的好评”；并希望充分发挥律协行业协会的作用，“依法加强自律管理建设，健全完善监督管理网络，加强律师培训工作，全面提高律师素质，由此创造和积累更多的好经验，成为公共服务行业协会抓行风建设的表率”。

加强纪律惩戒工作，严肃查处违纪违规行为。一年来，处理书面投诉147件，占投诉总量的66.25%，其中纪律委员会确认的13件违纪专项案件已结案10件，目前还有3件仍在调查中。此外，执业纠纷调解委员会登记6件调解申请，包括5件转所纠纷，1件拖欠提成工资纠纷。

（三）组织律师深入社区开展法律服务，参与和谐社区构建

律协专门下发《关于做好律师服务进社区工作的通知》，并与市法治研究会联合召开“律师与和谐社区建设”研讨会，市委副书记刘云耕同志出席会议并作重要讲话。目前已有180家律师事务所与91个街道以及30多个镇签约，定期定点为社区居民提供法律服务，涌现出徐晓青律师事务所、天一律师事务所和徐晓青、徐明政、张善美等一大批热心社区法律服务的律师事务所和律师。举办以“法律服务到身边、和谐建设在社区”为主题的“东方讲坛·律师谈”系列法治讲座，50多名律师在上海市中心城区11个街道，向2000多名市民讲解老百姓普遍关心的法律问题，并现场互动解答法律咨询。

（四）支持西部开发、服务西部发展

1. 举办西部律师培训班

6月6日～6月8日，先后安排刘学灵、陈国庆律师和国资委有关同志为甘肃兰州律师讲课，并由工作人员陪同参观锦天城律师事务所。

2. 送课上门

（1）8月25日，组织徐晓青、王国忠、俞建国律师赴甘肃讲课，讲课组的授课受到了西部律师的热烈欢迎，并取得了良好的反响。共有兰州及甘肃其他地市共计350名律师参加培训。同日，许强律师、尹燕德律师和翟建律师在青海西宁为当地律师讲课，讲课内容涉及管理层收购企业股权相关法律问题、房地产律师实务、事务所管理及律师诉讼技巧等。近300名律师参加培训。

（2）9月4日，应陕西省司法厅、陕西省律协的邀请，刘正东、聂鸿胜律师赴陕西为当地律师事务所主任、合伙人300余人讲课。两位上海律师的讲课引起陕西同行的强烈共鸣，并得到了高度的评价。

（3）9月9日，吕红兵会长、毛柏根副会长、朱树英律师、朱平律师飞赴新疆为当地律师讲课，受到新疆律师的热烈欢迎。在9月10日举行的开课仪式暨上海律协捐赠仪式上，吕红兵会长将上海律协及国浩律师集团（上海）事务所、浦栋律师事务所、建纬律师事务所、中汇律师事务所捐赠的8.8万元资金赠给新疆律协。9月12日，朱树英律师还飞赴阿克苏，为当地律师讲课。

（五）组织国企改制法律服务团

针对广大律师积极参与国企改制业务这一情况，协会继去年12月初成立第一期国企改制上海律师法律服务团后，今年又先后筹建了第二期、第三期“国企改制上海律师法律服务团”，在东方律师网上刊登报名通知。5月15日，和10月23日分别在长城假日酒店举办国企改制业务培训，并向与会律师免费发放《国企改制法律服务指引（第二版）》；10月23日的培训之前，还举办了上海市企业法律顾问协会与上海律师协会战略合作签约仪式。迄今，已有1000余名律师参加该服务团，标志着上海律师开始全面介入并服务国企改制。

上海市律师协会自1981年开始面向上海律师发行内部资料刊物《上海律师》，本刊设有观察与思考、专题研究、案例分析、法律研究、律师实务、律师论坛、律所建设、行业管理、建言献策、卷首语、行政处罚、随笔、争鸣、追思、简讯等栏目。

东方律师网（www.lawyers.org.cn）成立于1998年（原名上海律协网），2003年12月25日开通英文版东方律师网。网站主要栏目有：业内信息、通知公告、法治新闻、律师论坛、律师培训、法律文书、下载中心、人才交流、法规检索、协会简介、诚信信息、律师黄页、办事指南、杂志社、事务所网站。

重庆市律师协会工作概况

一、重庆市律师现状

2005年，重庆律师事务所达到334家，共有执业律师3696名，其中专职律师3411名，兼职律师285名；另有实习律师270名，律师助理、行政人员930名。全市律师积极投身西部大开发和我市经济建设，大力拓展服务领域，共担任法律顾问5915家，办理刑事案件5725件，民事案件18558件，经济案件5534件，行政案件1055件，非诉讼法律事务11940件，法律援助案件3737件。全年律师业务创收达3.3亿元。

二、协会重要工作会议

（一）代表大会

4月25日～26日，重庆市第三次律师代表大会隆重召开，来自全市的234名律师代表参加了本次会议。会议由市司法局局长陈焕奎主持，司法部政治部主任张苏军，全国律协副会长于宁，重庆市政协副主席陈邦国，市政府副秘书长张明树、市高院副院长张宗厚、市人大内司委主任田军、市政协社法委主任李学亭等领导出席了开幕式。

围绕本次大会的主要任务和会议议程，大会向17名为我市律师事业作出突出贡献的老律师代表颁发了荣誉证书，审议通过了市律协第二届理事会工作报告、第二届理事会会费收支情况报告和重庆市律师协会章程修改意见。大会本着锐意改革、求新求变的精神，以全体参会代表直选的方式选举孙发荣律师为重庆市律师协会第一任专职会长，会议还选举产生了由83名执业律师组成的第三届理事会、35名律师组成的常务理事会，选举刘兴全、李盛祥、韩德云、徐丽霞、张兴安、孙渝等6位执业律师为副会长，分别聘任陈翔、秦涛为三届市律协秘书长、副秘书长。

（二）理事会

1月30日下午，二届律协四次理事会议召开，会议由会长刘兴全主持。与会理事审议并通过了《重庆市律师协会2004年度工作总结及2005年度工作要点》、《重庆市律师协会2004年度会费收支情况报告》。会议还审议了市律协筹备重庆市第三次律师代表大会的基本方案，确定于2005年4月召开重庆市第三次律师代表大会，代表大会将通过直选方式选举专职会长。

4月26日，刚当选的会长孙发荣主持召开了三届律协一次理事会议。参会的全体理事先后审议通过了《重庆市律师协会第三届理事会常务理事选举办法》、《重庆市律师协会第三届理事会副会长选举办法》和监票人建议名单，并选举孙发荣、刘兴全等35人为常务理事，选举刘兴全、李盛祥、韩德云、徐丽霞、张兴安、孙渝等6人为副会长。

5月21日下午，三届律协理事会第二次会议召开，会议由会长孙发荣主持。会议研究确定了三届理事会工作的基本思路，推举孙发荣、刘兴全、张兴安、邓继为、黄光界、袁小彬、黄敬等7名律师代表我市参加第六届全国律师代表大会，并推举孙发荣、刘兴全、张兴安、袁小彬为全国律协理事候选人。

（三）常务理事会

1月30日上午，二届律协九次常务理事会议举行。会议由会长刘兴全主持，到会常务理事27名。会议审议了《重庆市律师协会2004年度工作总结及2005年度工作要点》（讨论稿）和筹备第三次律师代表大会工作基本方案，并研究了落实常务理事与远郊区县律师事务所加强联系的有关事宜。

3月12日，召开了二届律协十次常务理事会议。会议由刘兴全会长主持，到会常务理事26名。会议审议通过了《重庆市第三次律师代表大会实施方案》和《重庆市第三次律师代表大会议程（草案）》，重点讨论了代表大会实施方案中涉及的各类候选人的条件、设立专职会长及老律师表彰等问题。

4月17日，二届律协十一次常务理事会议在律协召开，刘兴全会长主持了会议。会议讨论通过了《重庆市律师协会二届理事会工作报告（草案）》、重庆市第三次律师代表大会会长、理事、常务理事、副会长选举办法（草案）和《重庆市律师协会章程修改意见（草案）》，通报了第三次代表大会代表推选情况和大会筹备工作领导小组推荐的会长候选人名单。

4月26日，三届律协理事会第一次常务理事会议由刚当选的会长孙发荣主持召开。会议决定聘请市人大常务会副主任唐情林为第三届市律协名誉会长，聘请市人大内司委主任田军、市政协社法委主任李学亭、市司法局正厅级司法检查员刘平3位同志为第三届市律协顾问，聘任陈翔为第三届律协秘书长，聘任秦涛为第三届律协副秘书长。

5月21日上午，三届律协二次常务理事会议在律协召开，会议由会长孙发荣主持。与会的常务理事讨论了第三届理事会工作基本思路及我市参加第六届全国律师代表大会代表及理事候选人的建议名单。

8月20日，三届律协三次常务理事会议在九龙坡区海兰云天会议中心举行。会议由会长孙发荣主持，28位常务理事参加会议。会议审议通过了《重庆市律师协会2005～2008年工作纲要》，《重庆市律师协会专门工作委员会及业务委员会调整方案》、《三届市律协各委员会主任人选建议名单》、《重庆市律师协会分会设置方案》、《重庆市律师协会会长工作规则（试行）》；研究了与远郊区县律师事务所结对联系工作的实施意见；通报了上次会议以来市律协的工作活动情况。

（四）会长办公会

1月28日，二届律协第十九次会长办公会，律协正副会长及秘书长参加会议。会议对《重庆市律师协会2004年度工作总结及2005年度工作要点》（讨论稿）进行了讨论，并听取了秘书处关于市律协换届筹备工作基本思路的汇报。

5月17日，三届律协第一次会长办公会在市律协召开，孙发荣会长主持会议。会议主要讨论了市律协第三届理事会的基本工作思路，提出了我市参加第六届全国律师代表大会代表及理事候选人的建议名单。

6月26日，三届律协第二次会长办公会在市律协召开。会议通报了市律协近期工作情况；讨论了2005年下半年工作安排意见，专门工作委员会及业务委员会调整方案、主任人选建议，会长工作规则和律协分会的设置及运行办法；通过了副会长分工方案。

10月10日，三届律协第三次会长办公会在市律协召开，孙发荣会议主持会议。会议通报了市律协近期工作情况和各专门委员会及业务委员会的组成情况。对协会第四季度主要工作进行了研究，根据市律协三年工作纲要的安排和目前工作情况，确定了协会第四季度的主要工作。

三、协会重要工作成果

2005年，在市司法局的正确领导和全国律协的指导下，重庆市律师协会以邓小平理论和“三个代表”重要思想为指导，按照市司法局党委“改革、拓展、规范、管理”的要求，以求真务实的精神，不断推进律师事业的改革与发展，各项工作取得了新的进展。

重庆市第三次律师代表大会成功召开，选举了全部由执业律师组成的第三届理事会及其常务理事会，并以律师代表直选方式选举执业律师担任专职会长，对“两结合”管理模式的健全发展进行了大胆探索和尝试。新一届律协研究制定了2005～2008年工作纲要，提出了本届理事会的工作目标；制定了会长工作规则，探索建立协会在专职会长制度下的运行机制；组织会长、副会长、部分常务理事和秘书长深入远郊区县和主城区部分律师事务所开展调研交流活动，努力使协会工作更加贴近律师；建立了与律师行政管理部门的工作联系机制，互通情况，增进协作；制定了分会设立方案，启动并稳步进行各区县分会的建设工作，行业自律管理组织体系进一步健全。

律协的专委会建设得到进一步加强，专门工作委员会和业务委员会分别扩增至12个和14个。在选好配强各专委会负责人的同时，以公开征集委员的方式，从自愿报名的千余名律师中吸纳了400余人加入专委会，扩大了律师对协会工作的参与面，加强了专委会工作力量。召开两次专委会主任联席会议，及时制定专门委员会和业务委员会的工作规则，组织部分专门工作委员会主任到北京和上海律协考察交流，安排落实秘书处各部门分别负责专委会的事务性工作，保障了专委会工作的规范化进行。各专委会积极展开工作，召开会议研究工作思路，制订工作计划，组织业务培训、研讨和交流活动，在教育培训、财务管理、行业规范、维权惩戒、宣传表彰、文体福利、参政议政、女律师工作和法律援助等各项工作中发挥了重要作用，成为协会工作的重要支撑。

为提高法律服务能力，市律协组织了多样化的培训交流活动。分别组织8期不同主题的青年律师沙龙活动，自由探讨法律实务和交流执业心得，深受广大青年律师欢迎。依托业务及专门委员会组织了金融、房地产、未成年人保护等业务培训活动，并将培训交流送进黔江、涪陵等远郊区县，加大了对边远区县律师培训的支持力度。组织了3期远程卫星教育培训，再次成功承办了“法学与法治”巡回讲坛的大型讲座，邀请全国知名专家、教授、法官举办了房地产业务讲座，承办或联合举办了“中国—瑞典国际商事仲裁研讨会”、“西南六省七方律师协作暨业务研讨会”和全国律协金融业务委员会年会等法律交流活动，组团参加了在天津举行的中国律师论坛和全国律协及其专业委员会举办的业务研讨培训活动。为加强事务所的相互联系和交流，协会还专门组织了区县律师事务所主任到主城区律师事务所的参观访问活动，制定了《与远郊区县律师事务所结对联系工作的实施意见》，积极倡导和推动主城区律师事务所与远郊区县律师事务所结成对子，支持和帮助区县所发展。全年交流培训活动突出针对性、多样性、实效性和创新性，精彩纷呈，作用显著。

为进一步加强会员管理，按照司法部的要求，深入开展了合伙律师事务所规范建设年活动，并通过法律服务督察队逐一督促和指导全市合伙所自觉加强管理和规范化运作。律协还举办了四次律师事务所管理经验现场交流活动，指导和促进律师事务所的规范化建设，并以先进性教育活动为契机，通过发挥合伙所党组织和党员先进性作用，推进合伙所的规范化建设。进一步改革和完善了投诉受理、调查、处分有关程序，基本完善了投诉查处机制，全年协会受理投诉61件，调查率100%，结案率70.4%，对违规违纪的律师事务所和律师按规定进行了处理，行风行纪进一步好转，律师队伍得到净化。

通过承办或联合举办“中国—瑞典国际商事仲裁研讨会”、“中英律师面对面研讨会”等法律交流活动，我市律师与来自瑞典、加拿大、英国、香港和国内其他省市的法律人就诸多法律问题进行了探讨；此外，我们接待了来自浙江、湖南、广西、吉林、东莞等国内其他省（市）司法厅（局）和律协的同行，就“两结合”管理及律师协会的工作进行了交流。律协还组团参加了在天津举行的中国律师论坛，组织专门工作委员会主任到北京、上海考察交流。与国际国内同行的交流，极大地帮助和促进了我市律师业务能力和水平的提高。

在2005年先进性教育活动中，市律师行业各级党组织和党员围绕“提高党员素质，加强基层组织，服务人民群众，促进各项工作”的目标，深入学习讨论，提炼了争做“五个模范”的先进性具体要求，开展了丰富多彩的体现先进性的主题实践活动。通过认真查找和解决律师行业存在的突出问题，积极探索建设先进性长效机制，提出了对律师行业党组织实行统一领导和管理、在全市律师事务所设立政治协理员等长效措施，进一步加强了律师行业党的建设，促进了高素质律师队伍建设，增强了律师行业公信力，得到市委领导的充分肯定，成为全市两新组织的典型。8月9日，市委先进性教育活动办公室在市律协召开了全市“两新”组织保持共产党员先进性教育活动现场会，市委常委、组织部长、市委先进性教育活动领导小组副组长、办公室主任马儒沛在会前视察了律师协会，并同参会的各区县组织部长、“两新”组织代表一道参观了全市律师行业先进性教育活动图片资料展览，观看了《做好五个模范争当时代先锋》反映我市律师行业先进性教育活动的专题汇报片。11月7日，市委常委、市委政法委书记朱明国一行到市律师协会视察指导先进性教育活动工作，在视察了索通律师事务所党支部工作，观看了律师行业先进性教育活动展板、专题片，听取了市律师协会会长孙发荣关于律师行业先进性教育活动的汇报后，对律师行业开展先进性教育活动取得的成效给予了充分肯定。

协会从2004年底迁入新址办公，设施功能齐备，办公环境和条件大幅改善，为各项工作及活动的开展奠定了物质基础，提升了协会形象。秘书处于2005年初举行公开招聘，充实了工作人员，并调整部门分工，进一步加强内部管理，强化服务意识。办公信息管理系统的推行使用，更有效地提高了秘书处的工作效率，服务能力和执行力。

重庆市律师协会会刊——《重庆律师》创刊于2003年1月，双月刊，为16开国际标准版，64页，彩色铜版纸封面，内页胶版纸印刷。主要栏目“有感而发”刊载律协领导、常务理事等对近期业界大事的点评或感想；“特别报道”则（不定期）对近期我市律师行业的重大事件、重大会议做重点报道；“聚焦”版块包括“全景报道”、“律师论坛”、“焦点沙龙”栏目，主要对本市律师界的重大活动进行报道，或对当前律师行业的主题大事、焦点问题发表见解；“交流”版块包括“名家手笔”、“法苑随笔”、“海外视窗”、“声音”等栏目，主要介绍法律动态，传递法律信息；“实务”版块包括“律师实务”和“管理实务”两个栏目，主要交流律师的办案和律师事务所的管理经验；“律界”版块包括“走进区县律师”、“律师史话”、“律所生活”栏目，反映区县律师行业情况，律师行业史实及律师生活学习中的点滴；“动态”版块包括“业务指导”、“律协工作”、“信息汇编”栏目，传递行业信息，报道律协及各专业委员会活动。

重庆市律师协会网站——“西部律师网”（http://www.xblaw.com）于2000年11月正式开通。5年多来，《西部律师网》几经改版，现主要包括新闻、服务、管理三大版块。新闻版块包括“本网快报”、“聚焦”、“动态”、“实务”、“交流”、“法制新闻”、“最新法规”、“律界新闻”等栏目，以不同的角度，不同的方式全方位展示了律师行业的发展状况及重庆律师的风貌。服务版块包括“走进律协”、“人才中心”、“投稿中心”、“投诉中心”、“办事指南”、“法律检索”、“重庆律师工作通报”等栏目，为律师交流业务经验、增强律协与会员之间的互动提供了便捷的途径。管理版块由“重庆律师网上办公平台”和“本网通知”、“律管通知”、“律所检索”、“律师检索”等栏目组成，使律师管理信息能够及时发布、方便查询，提高了工作效率；此外，还特别增设了“律师党建”栏目，利用先进的网络资源让全行业及时了解党建工作的相关信息，并在律师行业开展先进性教育活动期间增设了“律师行业先进性教育专题”栏目，受到了广大党员律师和入党积极分子的欢迎。

河北省律师协会工作概况

一、河北省律师现状

2005年，全省共有律师事务所487家，其中，国资所94家，合作所24家，合伙所346家，个人所23家；共有执业律师4615人，其中专职律师4284人，兼职律师331人；本科以上学历3328人；党员律师1446人。2005年，全省律师共办理各类法律事务472390件。其中，刑事辩护与代理16758件、民事诉讼代理40517件、经济诉讼代理13456件、行政诉讼代理1536件、非诉讼代理32924件、担任法律顾问10503家、法律援助6094件、涉外及港澳台499件、解答法律咨询172079人次、代写法律事务文书75420件。2005年，全省律师业务收费2.4亿余元。

二、协会重要工作会议

（一）代表大会

2005年1月25至26日，在石家庄市召开了河北省第五次律师代表大会。中华全国律师协会会长高宗泽、副秘书长马国华、省政协副主席丛斌、省委政法委秘书长王雁飞出席会议，并作了重要讲话。会议审议通过了省律师协会四届理事会工作报告、付费收支情况报告，选举产生了省律师协会第五届理事会、常务理事会、会长、常务副会长、副会长，实现了全部由执业律师担任理事会成员的改革目标。

（二）理事会

2005年1月26日，河北省律师协会第五届理事会召开第一次全体会议。会议选举产生李益民等23名律师为常务理事。

2005年5月20日，河北省律师协会第五届理事会召开第二次全体会议。会议推举了我省参加第六次全国律师代表大会的代表及理事候选人，审议通过了省律协专门、专业委员会工作规则及各专门、专业委员会《3年工作规划、2005年工作方案及经费预算的报告》，研究了省律协内部管理制度及行业规则建设问题。

（三）常务理事会

2005年1月26日，河北省律师协会第五届常务理事会召开第1次全体会议。会议选举产生了省律协第五届理事会会长、常务副会长、副会长，聘任了五届理事会秘书长、副秘书长。

（四）会长办公会

2005年1月26日，河北省律师协会第五届会长办公会召开第1次全体会议。会议明确了会长、常务副会长、副会长的工作分工，研究了省律协机关建设、专门、专业委员会建设和行业规范建设。2005年10月7日，省律协会长办公会召开第二次全体会议，研究部署了组织指导律师参与全省政法系统集中联合接访工作。

三、协会重要工作成果

（一）关于律师队伍建设

2005年，按照司法部和全国律协的统一部署，自年初开始，我们在全省深入开展了合伙律师事务所规范建设年活动。一是领导高度重视，组织实施得力。年初，司法部召开合伙律师事务所规范建设年活动动员会议后，省律协给予高度重视，配合省司法厅制定下发了《实施方案》，召开动员会议，作出了安排和部署。各市高度重视，均成立了活动领导小组，召开了动员会议，制定了具体意见，保证了活动的顺利进行。二是高标准、严要求，确保规范建设年活动各阶段工作扎实有效开展。

1. 动员部署阶段。3月8日，省厅、省律协召开了合伙律师事务所规范建设年活动动员大会，省司法厅党委书记、厅长张庆华、厅党委副书记、副厅长穆培文分别作了重要讲话。会后，各市将会议精神及时向当地党委、政府进行了专项汇报，并召开专题会议，对开展规范建设年活动进行了动员。各律师事务所也及时召开了全体律师会议，按照要求对规范建设活动进行了认真动员和安排。通过层层动员和部署，规范建设活动迅速启动，实现了良好开局。

2. 学习交流阶段。各市及各律师事务所积极组织广大律师认真学习有关律师管理法律法规。各所普遍建立了学习制度，确保人员、时间、内容和效果“四落实”。石家庄市、邯郸市、沧州市采取集中培训方式，邀请省内规模较大、管理较规范的律师事务所主任，就律师事务所的规范化建设和发展等问题进行授课；唐山市由主管局领导率领市直所主任赴北京大成律师事务所参观学习，收到了良好效果。各市还注重丰富工作内容，普遍加强了对律师事务所和律师违法违纪等反面典型的警示教育工作，并对近年来律师事务所和律师在管理及执业中发生的违法违纪案件进行了认真地剖析，对典型案件进行了业内集中通报。

3. 查找整改阶段。各律师事务所按照规范建设年活动“七项规范”要求，普遍召开了合伙人会议、管委会会议、全体律师会议，重点围绕规范合伙主体、收案收费行为、内部管理监督行为、律师党建工作等内容，认真开展了查找和整改工作。石家庄市在全市范围内发放调查问卷1万余份，积极征求社会各方面对律师事务所及律师的意见和建议；省直世纪联合律师事务所实行合伙人分包分管专、兼职律师制度，同时，还推选19名骨干律师作为导师，每名导师负责指导2至3名律师的业务活动以及职业道德和执业纪律的监督，并承担连带责任。通过查找整改阶段的工作，全省累计共查找出各类问题638余件，共对3家律师事务所进行了注销、对6家律师事务所作出了暂缓年检、对26名律师作出了暂缓年度注册的处理。

4. 检查督促及总结验收阶段。全省共召开调度会23次，派出检查督导组40余个、检查督导人员110余人次，检查督导律师事务所212家，确保了规范建设年活动的扎实开展；各市及各律师事务所严格对照《合伙律师事务所规范化管理试行标准》，逐项逐条进行了检查验收；保定市采取阶段验收与整体验收相结合，要求各所在每个阶段结束后写出总结报告和转段申请，经批准后方可转入下一阶段。全省各律师事务所均通过了一次性检查验收。三是以规范建设年活动为契机，推动律师各项工作的进一步发展。

1. 将规范建设年活动与保持共产党员先进性教育活动相结合。各市及各所自觉将规范建设年活动与先进性教育活动同安排、同部署，通过规范建设年活动的扎实进行，有效促进了先进性教育活动的顺利开展，进而推动了律师党建工作的深入发展。

2. 将规范建设年活动与律师事务所信用等级评定工作相结合。省厅重新修订了《律师事务所信用等级评定办法》，将规范建设年活动“七项规范”列为信用等级评定标准，并组织了第二届全省AAA级信用等级评定工作，134家律师事务所被评为第二届全省AAA级信用等级律师事务所，并通过新闻媒体向社会进行了公示。我省这一做法，在今年8月份召开的“合伙律师事务所规范建设工作座谈会”上做了典型发言，得到了司法部的充分肯定。

3. 将规范建设年活动与发挥律师职能作用相结合。全省在认真搞好规范建设年活动的同时，积极组织律师服务经济建设，深入推动了律师服务国企改革工作；组织律师服务社会稳定，具体指导了定州“6·11”事件等一系列重大、复杂、敏感案件，并组织律师积极参与涉法信访工作和集中联合接访活动，维护了社会稳定。经过全省共同努力，顺利完成了各项工作任务，实现了预期目标，取得了较好的效果。

（二）关于专业活动和培训

为更好地开展工作，省律协成立了维权、律师执业纠纷调处、惩戒、行业规则、律师事务所管理、律师业务指导与继续教育、会员事务福利及文体、宣传联络、女律师工作等9个专门委员会，和刑事、民商、涉外、知识产权、行政法、未成年人保护法、国企改革、金融证券、房地产、医疗纠纷、消费者权益保护、政府法律顾问等12个业务委员会。各委员会按照各自职责要求，制定了三年发展规划，明确了年度工作任务，积极开展了业务研讨和具体行业管理工作，较好地发挥了应有的作用。惩戒委员会多次召开会议，对律师被投诉案件进行了研究讨论；女律师工作委员会对全省女律师执业状况进行了专题调研，并成立了女律师合唱团；刑事业务委员会多次参加重大刑事案件法律意见研讨会议，提出指导性法律意见；涉外业务委员会2次召开座谈会，邀请美国、加拿大同行进行座谈交流；房地产业务委员会召开房地产律师业务研讨会，邀请省法院、省建设厅、省国土资源厅有关领导及房地产开发企业、建筑企业代表进行了座谈交流；政府法律顾问委员会召开年会，通报了《三年规划》，研究制订了《2006年计划》。2005年，省律师协会分三批，对2005年度412名新执业律师进行了基本执业技能培训，提高了律师的业务素质。

（三）关于会员管理

2005年，省律协在加强对律师行业自律管理的同时，着重强化了律师事务所的自我管理，在全省推行了律师管理责任状制度，由各律师事务所主任与本所执业律师签订责任状，明确了事务所主任的管理责任，加大了所主任的管理责任，提高了律师事务所自我管理的积极性和主动性。

（四）关于对外交往

2005年，省律协在组织律师参加“中国律师论坛”、全国律协专业委员会的学术研究和交流活动，组团访问加拿大的同时，重点集中力量配合省司法厅开展了接待香港法律界来访活动，及组织河北律师代表团访问香港法律界活动，均取得了圆满成功，扩大了我省律师的对外交往，加强了与国内外律师同行的交流。

四、党务工作和机关建设

2005年5月10日，省司法厅党委下发了《关于成立中共河北省律师协会委员会的决定》，确定了省律协党委书记及委员会组成人员，共9人，明确了主要职责，即：确保党的路线、方针、政策和国家的法律、法规在律师行业中得到贯彻落实；确保省司法厅党委的重大决策部署在律师工作中得到贯彻执行；配合省司法厅政治部抓好律师党建工作，指导各市律协党组织开展工作；研究推荐省律协的重要人事安排，研究决定省律协的重大事项。省律协党委先后召开了3次会议，明确了党委成员的工作分工，对省律协秘书处内部职责及分工进行了研究部署，对省厅第二批保持共产党员先进性教育活动进行了安排部署，并组织指导了先进性教育活动的具体开展和检查验收。同时，全省律师基层党建工作进一步加强，目前全省共有律师事务所党支部107个、党员律师1446人，各律师事务所党支部、每名党员律师认真贯彻执行党的方针、路线和政策，充分发挥战斗堡垒和“八个带头”作用，促进了全省党建工作和律师事业的健康深入发展。2005年6月，省律师协会党委与省厅政治部联合召开了全省优秀律师事务所党支部和优秀党员律师表彰大会，对22个优秀律师事务所党支部和72名优秀党员律师进行了隆重表彰，有力地促进了律师队伍党建工作的深入发展。

省律协秘书处设立了办公室、业务部、会员部、纪律部、宣传部等5个部门，明确了每个部门的具体负责人和主要职责，制定了秘书处《工作规则》、《工作人员考核管理办法》，健全了工作制度，完善了工作流程，保证了律协机关日常管理工作的有序开展。同时，完善了“河北律师网”，建成了办公自动化系统，购置了一批现代化办公设备，提高了机关办公自动化水平。

河北省律师协会网站名称为“河北律师”，成立于2002年，主要栏目有律协简介、教育整顿专栏、信息中心、律师及律师事务所介绍、信用等级、律师社区、律协动态、律管动态、法制动态等。

山西省律师协会工作概况

一、山西省律师现状

山西省律师协会成立于1985年3月5日，现有个人会员2866名，团体会员333个。全省11个地级市中，有10个成立了律师协会，一个成立了律协联络组。2005年，全省律师共办理各类诉讼案件36186件，办理各类非诉讼法律事务9288件，担任各类单位法律顾问4899家，业务收费10922.37万元。

二、协会重要工作会议

（一）理事会

2005年召开两次理事会。第一次理事会于8月9日在太原召开，选举产生了我省参加第五届全国律师代表大会的代表及全国律协理事候选人，通报了上半年工作情况，对下半年工作重点作了强调。第二次理事会于年底在太原召开。理事会上，会长及六名副会长就一年来的工作做了述职报告，与会理事对他们的工作进行测评，满意率均达到了85%以上。会议表决通过了《山西省律师协会2004年工作总结及2006年工作要点》，《2005年会费收支报告》，《山西省律师协会关于巩固规范建设年活动成果进一步规范律师执业行为若干问题的决定》。

（二）常务理事会

2005年召开了三次常务理事会。5月11日第一次常务理事会主要内容是选举产生了出席第五次全国律师代表大会的代表及全国律协我省理事候选人员；对合伙律师事务所规范活动年的工作进行了安排；对5月20日即将召开的“山西省律师协会成立20周年庆祝大会”具体会务工作进行了安排。8月9日第二次常务理事会主要内容是通报上半年工作情况；各专业、专门委员会主任汇报工作；安排布置常务理事到各市地检查督导“合伙所”规范建设年实施情况；给首届全省律师乒乓球赛获胜者颁奖；努力争取第六届中国律师论坛的承办权。12月底召开了第三次常务理事会，内容与第二次理事会的内容一致。2005年共召开会长办公室会8次，主要研究了上述理事会、常务理事会的工作及协会其他重要工作。

三、协会重要工作

2005年，省律师协会围绕年初制定的工作目标，以开展“保持共产党员先进性教育活动”、“合伙律师事务所规范建设年活动”及庆祝省律师协会成立20周年和申办2006年中国律师论坛为重点，全面推进各项行业管理工作，较好地完成了本年的工作任务，主要是：

（一）在全省律师队伍中认真开展了保持共产党员先进性教育活动，使800多名党员律师受到了教育，进一步发挥党员律师在队伍建设中的模范带头作用。

（二）扎扎实实地开展了合伙律师事务所规范建设年活动，使我省律师事务所向规范化、规模化迈出了一步。针对我省律师工作中存在的一些比较突出的违规现象，省律协专门下发了《合伙律师事务所规范建设年活动实施意见》，对律师事务所“假合伙”、“租赁柜台”、“私设办事处”、“超高提成”、“管理混乱”、“不正当竞争”等八个方面的问题作出了具体的规范，加大检查力度，力争解决这些问题。各地围绕省律协提出的八个突出问题制定有力措施，重点进行了规范。例如长治市查出了2家假合伙的律师事务所，6名律师私设办公室及租赁柜台的问题，大同市也查出了1起假合伙的问题；晋中市组织榆次区范围内的10家律师事务所签订了《反不正当竞争协议》，明确规定对律师的提成不得超过70%，同时他们还对2家律师事务所“租赁柜台”的行为进行了规范。长治市律协就律师事务所日常管理中常见的问题统一制定并下发了“律师事务所10项基本管理制度”，全市27家律师事务所200名律师进行了诚信等级的评定，吕梁市吕梁山律师事务所专门印制了《律师执业警示录》，对一些普遍存在的问题进行了严格的规范。临汾市律师协会制定了《合伙律师事务所工资发放暂行办法》，对逐步改变提成制进行了积极的实践。运城市律协在运城律师网上开设了“律师行风监督评议”专栏，向社会公开征求对律师工作的意见。晋中市律协组织合伙律师事务所主任到省直的黄河所、太原的元升所、唐宁所进行了参观学习，对照先进，使律师所主任找到了本所的差距，明确了发展方向。

（三）以省律协成立20周年庆祝大会为契机，全面提升律师行业的整体形象。2005年是我会成立20周年，为扩大宣传效果，会前省律协组织相关媒体在山西日报、山西经济日报、山西法制报等媒体上对我省律协成立20年来的工作进行了系列宣传报道；邀请山西电视台、山西日报、太原日报、太原电视台等30余家新闻单位召开了新闻发布会；建立了新闻发言人制度；根据年初评比出的优秀律师事务所及优秀律师的先进事迹材料编印了《跋涉》一书；组织近千名律师在《申办2006年中国律师论坛签名表》上进行了签名；组织召开了省律协历届会长、副会长、秘书长、顾问和从事律师工作20年以上的老律师代表座谈会；组织省城100余家律师事务所制作了宣传展板，并于大会期间进行了展览宣传；全省11个市的律师协会在当地开展了内容丰富多彩的宣传庆祝及法律咨询活动。5月20日，“山西省律师协会成立20周年庆祝大会”在太原南宫胜利举行，全省11个市及省直近千名律师身着庄重的律师服参加了盛会。司法部副部长段正坤、省人大副主任曹馨仪、副省长梁滨、省政协副主席闫爱英、原全国律协副会长付洋、省委政法委常务副书记郑根堂、省司法厅厅长张高宏及省公、检、法等部门的领导参加了会议。这次大会的主题是“规范、诚信、和谐、发展”。大会提出，用两到三年的时间，使全省律师的整体发展水平提高到全国的中上等水平，再用三年时间，使全省律师整体发展水平提升到全国的先进行列。段正坤副部长、梁滨副省长、张高宏厅长分别做了重要讲话。李飞会长带领与会律师做了诚信宣誓。

（四）努力争取，终于获得了第六届中国律师论坛的承办权。在第四届中国律师论坛上，我会向全国律协提出了承办2006年论坛的申请。一年来，省律协做了大量工作。一系列的申报工作使司法部和全国律协进一步信任我们，因而在5个申办省、市中，全国律协最终将承办权给了我会。在去年11月召开的天津律师论坛上，副省长梁滨、司法厅厅长张高宏、副厅长梁淑云及协会会长、副会长、秘书长一行领导带领25名律师到天津参加会议，现场观摩，实地考察，为今年的论坛做准备。在大会闭幕式上梁滨副省长代表省委、省政府向全国律师表了态，将尽全省的能力把论坛办好，赢得了与会全国律师的热烈掌声。

（五）认真办理了与广大律师切身利益相关的事情。

1. 组织全省1400余名律师进行了体检。

2. 开通了山西律师网站。

3. 提高了返还地市律协会费的比例。

4. 组织了首届全省律师乒乓球比赛。

5. 为全省律师上了执业保险。

6. 注重了律师业务交流及培训工作。一年来，我们组织10个专业委员会近1000名律师参加了业务交流活动，组织了10期律师业务培训，参加律师人员共2400人次。

山西省律师协会的会刊为《山西律师》，创刊于1985年3月，为双月刊。主要栏目有行业表彰、领导讲话、律协工作、文件选登、律师论坛、案例评析、争鸣园地、信息等。开通了山西律师网站，山西律师网站网址为 www. sxlawer. cn，设立有律协新闻、公告、最新动态、律师管理、典型案例等十多个栏目。通过网站连接到各会员单位和三家相关网站。开通了会长、副会长及协会各部室的电子信箱，提高了办公自动化水平。目前网站访问量已超过42000人次，最高一天访问量达到2137人次。目前我们在网站上开设了《山西律师》电子版。网站的开通，使我省律师又多了一个现代化的宣传阵地。

内蒙古自治区律师协会工作概况

一、内蒙古自治区律师现状

律师及事务所数量：律师人数为1996名，其中专职律师1760名，兼职律师236名；律师事务所238家，其中合伙所163家，合作所14家，国资所61家。业务量：担任常年法律顾问2749家，刑事诉讼辩护及代理4672件，民事诉讼代理17261件，经济诉讼代理4287件，行政案件诉讼代理891件，非诉讼法律事务8488件，代写法律文书25129份，参加义务法律咨询服务19664人次，业务收费434277万元。

二、协会重要工作会议

（一）代表大会

2005年12月22日～23日，内蒙古自治区第六次律师代表大会在呼和浩特宾悦大酒店召开。大会通过了《内蒙古自治区律师协会第五届理事会工作报告》，《内蒙古自治区律师协会章程》、《内蒙古自治区律师协会会费管理办法》等；大会选举巴布等33人为自治区律师协会理事会理事，选举王明志等7人为监事会监事，选举宋建中为律师协会会长，巴布、杨淑岚、邓连戈为副会长，大会选出的常务理事会聘任金毅力为律师协会秘书长。大会制定了新形势下我区律师事业发展规划。

（二）理事会

2005年3月28日，自治区五届律协理事会三次会议在呼和浩特举行。会议由杨淑岚副会长主持。宋建中等27名理事参加了会议。自治区司法厅副厅长岩英出席会议并作了重要讲话。会议审议通过了《五届理事会三次会议工作报告》，《2004年会费收支情况的报告》，《2004年互助金收支情况的报告》。

2005年12月21日，自治区五届律协理事会四次会议在呼和浩特举行。会议由宋建中会长主持。杨淑岚等28名理事参加了会议。会议审议了《五届理事会工作报告》，《内蒙古自治区律师协会章程》、《内蒙古自治区律师协会会费管理办法》等。

（三）常务理事会

2005年3月27日，自治区五届律协四次常务理事会在呼和浩特召开，14名常务理事参加了会议，宋建中会长主持会议。会议审议了《五届三次理事会工作报告》，《2005年会费预算方案》、《内蒙古自治区律师协会关于表彰优秀律师事务所、律师和先进律师协会、协会工作人员的决定》。

2005年5月12日，自治区五届律协五次常务理事会在呼和浩特举行，13名常务理事参加了会议，宋建中会长主持会议，自治区司法厅岩英副厅长出席会议并讲话。会议选举了我区参加第六次全国律师代表大会的代表，通过了自治区第六次律师代表大会筹备工作方案，同意制订《内蒙古自治区律师协会章程》。

2005年12月21日，自治区五届律协六次常务理事会在呼和浩特举行，15名常务理事参加了会议，宋建中会长主持会议。会议研究了《内蒙古自治区第六次律师代表大会筹备情况的报告》，《内蒙古自治区律师协会第五届理事会工作报告》等。

（四）会长办公会会

2005年3月27日，自治区律协在协会会议室召开会长办公会。会长宋建中，副会长杨淑岚、巴布、王明瑞参加了会议，监事会主席王明志，秘书长李文英列席会议。会议研究了需提交常务理事会的工作报告，预算方案，表彰决定等。

2005年12月20日，自治区律协在协会会议室召开会长办公会。会长宋建中主持会议。会议研究了需提交自治区第六次律师代表大会的有关材料。

三、协会主要工作成果

2005年，自治区律师协会在自治区司法厅党委的正确领导下，在全国律协的精心指导下，以邓小平理论和“三个代表”重要思想为指导，认真贯彻党的十六大及十六届四中、五中全会精神，认真落实科学发展观和构建社会主义和谐社会的重大战略思想，以规范管理，打造诚信服务体系为核心，在“两结合”的律师管理模式下，不断加强自身建设，充分发挥了行业协会的职能作用，为促进我区律师事业的发展，构建和谐内蒙古作出了贡献。

（一）搞好律师事务所规范建设年活动，进一步深化律师队伍教育整顿工作

根据司法部、自治区司法厅和全国律协的安排，2005年我会协助司法厅开展了律师事务所规范建设年活动。4月12日，自治区律师协会召开了“厅直属律师事务所开展规范建设年活动动员大会”，对开展规范建设年活动的各阶段工作进行了周密布置，对工作目标、工作方法、工作内容提出了明确要求，要求厅属律师事务所主任要把规范建设年活动列入工作重点。5月28日至6月2日，又分别在包头、赤峰两地举办全区律师事务所规范建设年培训班，全区律师事务所主任、合伙人、合作人、发起人等370名律师参加了培训。培训班针对律师事务所在规范管理中存在的难点和热点问题，介绍了科学的管理经验，培训班还组织了观摩，进行了座谈和交流。为了使活动不走过场，自治区律协还先后对各律师事务所开展律师事务所规范建设年活动进行了督查和验收。7月18日，自治区律师协会开始对厅直属律师事务所开展规范建设年活动情况进行督查，12月25日~28日开展了评比验收。在自治区律师协会的有力推动下，全区律师事务所规范建设年活动扎扎实实开展起来。律师事务所规范建设年活动的深入开展，进一步深化了律师队伍教育整顿工作。

（二）引导和组织律师积极参与立法、参政议政、法律援助等社会管理活动和公益活动，推进法治建设

在自治区律协的倡导和推动下，我区律师通过各种形式参政议政。2005年，我区共有10名律师新担任各级人大代表和政协委员，使我区担任各级人大代表及政协委员的律师人数增至51人。

除此之外，自治区律协还组织律师积极参与法律援助和社会公益活动，先后组织律师参与了“挽救失足青少年献爱心”活动、“提供法律服务、帮教失足姐妹”活动，2005年自治区律师协会成立了未成年人保护委员会，并与呼市教育局联合启动了“律师2005法制宣传进校园活动”，自治区律协还与自治区消费者协会联合，组建了“内蒙古自治区消费者律师团”。通过开展这些公益活动，在社会上树立了律师良好的社会形象，使律师工作融入了构建社会主义和谐社会的大环境中。

（三）积极开展律师业务培训、业务研讨和交流，不断提高律师业务素质

2005年的培训工作，改革原有培训方式，拓宽培训渠道，变单一的培训方式为多种培训形式。在继续教育培训班上，聘请了全国人大法工委民法室主任姚红、全国律协民事业务委员会副主任、上海建纬律师事务所朱树英律师等立法专家和专家型律师授课，自治区司法厅直属律师事务所与呼和浩特市、乌兰察布市司法局所属律师事务所480多名律师参加了培训。通过培训，使我区律师充分认识到法律服务市场是广阔的，机遇是很多的，律师需要具备开拓市场和抓住机遇的知识积累和业务素质。同时我们还引入全国律协与加拿大律协签订的合作项目，在呼伦贝尔举办了“中加刑事司法改革与辩护项目技能”培训班，全区少数民族律师、女律师、青年律师80余人参加了培训。这次培训班是该项目2003年在我国实施以来，首次在地级城市举办。

（四）加大律师维权、违纪查处工作，保障律师依法执业

2005年，自治区律协在维权工作中坚持“维防并举，以防为主”，“个案维权和整体维权相结合”的维权工作方针，从整体上改善律师执业环境，维护律师执业权利，使我区律师的执业环境有了很大的改善，2005年自治区律师协会没有收到维权申请。2005年共接待投诉律师22件，其中1件为非律师行为未予立案，其余21件均予以立案，现已结案15件，已结案件中，不实投诉10件，律师确有违规行为给予处分的5件，其余6件正在调查当中。

（五）协助全国律协办好第七届中国民商法实务论坛

7月2日，第七届中国民商法实务论坛在呼和浩特市举办，这是中国民商法实务论坛第一次走进西部，我区首次协助全国律协举办论坛，取得了圆满成功。

本次论坛的最大特点是参会嘉宾规格高，参会人数多，递交论文质量高、数量多，探讨问题深入广泛。中华全国律协会长于宁，全国人大法工委民法室主任姚红等领导参加论坛开幕式并讲话。

（六）开展丰富多彩的文化活动，增强律师队伍凝聚力

2005年，我们先后举办了庆“三·八”国际劳动妇女节酒会和“迎国庆合德杯”律师歌咏比赛。通过活动和比赛，加强了律师间的交流和联系，丰富了律师文化生活，展现了律师的风采，宣传了律师工作，使社会了解律师，为律师执业创造良好的社会环境。

（七）积极开展行业宣传，提高律师队伍整体形象

2005年我们在继续做好《内蒙古律师》出版发行的同时，加大了宣传力度，建立了内蒙古律师网站，依靠网络平台，扩大律师工作的宣传面。同时我们还与多家新闻媒体联系，对律师界的一些重大活动第一时间予以报道。

（八）继续做好互助金工作

2005年，我们对互助金标准进行了调整，上调以后，互助金收取数额增加了，使全区更多的律师受益，全年共互助律师14名，发放互助金156，000元。其中3月7日，自治区律协为巴彦淖尔市律师冯婕发放互助金并在巴彦淖尔市乌拉特前旗举行了发放仪式，得到当地政府和社会各界的一致好评。

（九）开展与江苏律协培训交流项目

7月29日至30日，自治区律协与江苏省律协在呼伦贝尔市召开了“规范行业管理工作座谈会”会议就两地规范行业管理工作情况进行了交流，对规范行业管理工作中存在的问题和应对措施进行了深入探讨。11月14日至23日，我区律师30多人赴江苏进行了培训，这是《关于组织“江苏省律师协会对口支持内蒙古律师事业发展计划”合作项目计划》实施以来，我区第二批赴江苏培训律师，通过培训，我区律师开拓了眼界，看到了差距，拓展了思路，取得了良好的效果。

（十）加强协会基础建设，提高律协工作效率

2005年，协会秘书处通过深入学习邓小平理论和“三个代表”重要思想，增强了工作人员的服务意识和大局意识，使大家为广大律师服务的思想更加明确。同时还加强了硬件建设，对办公环境进行了改善，装修了办公室，添置了电脑等办公设备，提高了工作效率。对于律师代表大会、理事会、常务理事会、会长办公会的各项决议和决定，都较好的完成，受到广大律师好评。

内蒙古自治区律师协会会刊为《内蒙古律师》，创刊于1984年，主要栏目有独家策划，热总聚焦，探索与研究，信息速递等。内蒙古自治区律师协会建立网站的名称为内蒙古律师在线。

辽宁省律师协会工作概况

一、辽宁省律师现状

2005年，辽宁省律师协会在司法部、全国律师协会和辽宁省司法厅厅党组的正确领导下，在各市司法局、各市律师协会的大力支持下，以科学发展观为指导，以规范管理为重点，围绕“振兴辽宁老工业基地，为构建和谐辽宁提供法律服务”的要求，积极探索，创新服务，推动了律师工作的健康发展。至目前，全省489家律师事务所，5281名律师，共承办各类案件88484件，其中：刑事诉讼案件12871件、民事诉讼案件32392件、经济诉讼案件13166件、行政诉讼案件1802件、非诉讼案件27600件、涉外及港澳台案件653件，涉及财产标的额8993358万元，业务收费33950万元。同时，全省律师还为6604家政府、机关、企事业单位、社会团体组织和公民担任常年法律顾问，解答法律咨询193455件，代写法律文书48342件。

二、协会重要工作成果

（一）以合伙律师事务所规范建设年为契机，全面开展工作

按照司法部的工作部署，辽宁省律师协会积极配合辽宁省司法厅律师管理处，在全省开展了合伙律师事务所规范建设年活动，召开了“律师队伍集中教育整顿总结大会暨合伙律师事务所规范建设年动员大会”，表彰了集中教育整顿先进集体和50家AAA级诚信律师事务所，对规范建设年活动作出全面部署。制定了《辽宁省律师事务所规范建设年活动实施方案》。在学习动员，提高认识的基础上，按照“七个规范”的要求，对律师事务所合伙主体、收案行为、收费和分配行为、内部管理监督机制、制度建设、管理责任等方面进行规范。特别是对个别律师事务所存在的“散、乱、差”、“假合伙”的问题进行了全面规范整顿。

为保证规范建设年活动的深入开展，各市将规范建设年活动与律师事务所和律师的年检注册相结合、与律师队伍集中教育整顿“回头看”相结合、与律师队伍中开展的保持共产党员先进性教育相结合，做到同部署、同检查、两促进、两提高。为加强在全省律师队伍中开展保持共产党员先进性教育工作的指导，

确保先进性教育取得实实在在的成效。省厅制定了《辽宁省司法厅关于在全省律师队伍中开展保持共产党员先进性教育活动指导意见》。在先进性教育活动中，中央先进性教育领导小组副组长、国务院副秘书长汪洋同志、大连市委书记孙春兰同志、省委组织部长骆琳同志专门听取了律师队伍先进性教育工作的汇报，并给予较高评价。鞍山市司法局和律师协会对软弱涣散、战斗力不强的三家律师事务所党支部进行了充实调整，改选了党支部书记，下发了《关于专职执业党员律师接转组织关系的通知》，使党员律师长期组织关系不健全、游离于党组织之外的问题得到了加强。并在党员律师和司法助理员中开展了学、帮、建活动，建立街道社区法律服务联系点，针对社区不稳定因素和群众最关心的有关法律问题提供法律帮助，开展法律咨询、化解矛盾纠纷。本溪、锦州、营口、铁岭市成立了律师协会党委、党总支，使律师党建工作得到了进一步加强，在保持共产党员先进性教育活动和规范建设年活动中发挥了重要作用。

为使规范建设不走过场，取得实效，省厅、律师协会和各市加强了律师事务所的各项规章制度建设和量化考核工作，省厅制定了《辽宁省律师事务所规范建设年工作考评细则》，各市按照《细则》的要求逐项进行考核、检查。通过开展规范建设年活动，全省律师事务所的管理水平有了一定提高，依法执业、诚信服务观念得到增强。以制度建所、用制度管人、靠制度规范律师的执业行为已成为律师事务所管理的共识和工作准则。民主管理、科学管理、依法管理的氛围日益浓厚，科学有效的内部管理机制已经初步形成。

（二）进一步完善“两结合”的管理体制，推动律师行业管理的规范化建设

按照司法部、中华全国律师协会关于“两结合”律师管理体制改革的新要求，结合全省实际，在厅党组的直接领导下，召开了辽宁省第六次律师代表大会。来自全省各市律师代表，律师协会会长、秘书长，律管处长近240余人参加了大会。这次会议得到了司法部、省直有关部门的高度重视和大力支持。中华全国律师协会、省人大、省政府、省政协、省检察院、省法院的领导都亲临大会并作重要讲话。会议选举产生了全部由执业律师担任的新一届律师协会理事会、常务理事会、副会长和会长，推荐了名誉会长，聘任了秘书长、副秘书长，审议修改了《辽宁省律师协会章程》。先后召开了省律师协会六届一次、二次、三次常务理事会，对律师协会的重大工作事宜和决策进行研究。充实调整了各专业委员会和工作委员会组成人员，进一步加强了律师协会的组织建设。制定和完善了《辽宁省律师协会理事会议事规则》、《常务理事会议事规则》、《会长办公会议事规则》、《财务管理暂行规定》等行业管理规范，推动了律师行业管理的规范化建设。今年以来，大连、鞍山、锦州、营口、铁岭、朝阳相继完成了律师协会换届工作，选举产生了全部由执业律师担任的新一届律师协会领导集体。同时，加强了司法行政机关对律师协会的指导和监督，建立了司法行政机关与律师协会的工作决策会商机制、工作情况交流机制、工作信息的共享机制，在“两结合”管理体制上迈出了重要一步。

（三）东北三省律师论坛成功举办，律师学习交流领域不断拓展

“东北三省律师论坛”是三省律师业务交流、学术研讨的桥梁和纽带。为举办好这次论坛，律师协会进行了认真研究和精心筹备。三省律师围绕“规范管理，振兴东北老工业基地，为构建和谐社会提供法律服务”为主题，撰写了500余篇论文（其中辽宁律师撰写了183篇）。就如何进一步加强律师队伍建设、强化法律服务功能、完善管理体制、提高律师队伍素质、改善执业环境等律师事业发展大计进行了研讨和精彩演讲。为了达到“交流、互动、融合、共谋发展”的目的，还邀请了《中国律师》杂志社总编刘桂明、中国政法大学教授、博士生导师王进喜、辽宁大学法学院院长杨松到会并进行点评。论坛中，与会律师畅谈规范管理、纵论律师文化、探索业务发展、研讨发展战略，台上台下讨论热烈，学习氛围浓厚，会场掌声不断。此次论坛的成功举办，为律师业务研讨搭建了平台。与会律师反映，此次论坛组织严密、主题鲜明、形式新颖，论文质量有了质的飞跃，是历届论坛最为成功的一次。

（四）充分发挥职能作用，为辽宁的经济建设和社会稳定提供法律服务

为认真贯彻省委九届八、九、十次会议精神，辽宁省司法厅和辽宁省律师协会制定了《关于充分发挥律师的职能作用，为构建和谐辽宁提供法律服务的决定》，组织律师积极做好为国有企业改革、“三农”提供法律服务，积极主动参与涉法信访，全力维护社会稳定。一年来，全省律师充分发挥职能作用，满腔热情地投入到振兴东北老工业基地建设的各项实践活动中去，以强烈的责任意识，围绕中心，服务大局，为辽宁国有企业改革提供了优质高效的法律服务。目前，全省服务国有企业的律师事务所180家，参与服务国有企业改革的律师1164人，律师介入改制的国有企业890家，介入已完成改制的国有企业582家，为国有企业改革出具法律意见书1575份。沈阳、大连、鞍山、

抚顺、本溪、丹东、阜新、辽阳、葫芦岛市司法局和律师协会积极组织引导律师参与企业改制、资产重组、企业的股份制改造，帮助企业制定改制方案，参与解决改制企业民事、行政纠纷。重大项目招投标、企业破产清算、规章制度的制定和完善、改制过程中的民事诉讼和仲裁、代理企业非诉讼业务。广泛参与国内、国际贸易投资、融资、仲裁等民商活动，确保了国有企业改革依法有序进行。沈阳市司法局继组建民营法律顾问团、振兴老工业基地律师百人顾问团后，于今年初，根据市政府提出的打造对外开放高地的要求，将留学归来的、精通涉外法律和外语的律师组建成立了涉外法律顾问团，受到外资企业的欢迎。为加快推进国有中小企业产权制度改革，提高对非公有制经济法律服务的水平，依法保护好非公有制经济的合法权益，为非公有制经济发展提供良好的外部环境，与省中小企业厅共同组建了“辽宁省中小企业法律顾问团”。在全省50家AAA级律师事务所、5000余名律师中推荐确定40家律师事务所、100名律师为全省中小企业法律顾问团成员单位和特邀律师。工作中，顾问团成员单位主动介入到中小企业的各项经济活动中，为中小企业的健康发展、依法经营提供了法律保障，维护了中小企业的合法权益。

在做好服务经济建设的同时，各市律师协会组织律师充分发挥职能作用，全力维护社会稳定。沈阳、大连、阜新市律师主动介入沈阳太阳城经济纠纷案、华兴公司非法融资案、青年公园学生溺水身亡案、辽宁阜新“2·14”矿难善后处理工作、辽展集团业户集体上访事件、天山福园进京上访事件以及“三班仆人派”等社会敏感案件的代理工作，成功化解数百名职工上访，为维护社会稳定、化解社会矛盾、息访止讼，做出了重要贡献。

（五）加强对律师的培训和教育，不断加强交流与合作

加强对律师培训教育，是加强管理，全面提高律师队伍综合素质的重要保证。按照《辽宁省实习律师管理办法》的规定，我们聘请省内法学界知名人士，对全省新执业的350名实习转正律师进行了为期一个月的职业道德、执业纪律和基本技能岗前培训，进一步提高了新执业律师的依法执业观念和职业道德修养。为配合合伙律师事务所规范建设年活动的深入开展，强化律师事务所主任和合伙人的管理责任，规范管理行为，对全省近200名律师事务所主任和合伙人进行了培训。系统地学习了律师事务所管理的有关法律法规和律师执业规范，研究探讨律师事务所内部分配体制改革等问题，进一步明确了律师事务所主任的管理责任。在新的《公司法》颁布实施前夕，举办了《公司法》与律师实务培训班，全省有近千名律师参加了培训。同时，加大了与国内外律师界的交流与合作，组织律师协会有关人员和全省律师管理干部赴上海、广东等沿海开放城市学习先进的管理经验。并组织律师参加了在北京召开的“世界法律大会”和在天津召开的“全国律师论坛”。我省律师在论坛上作了精彩演讲，受到与会人员的好评。一年里，日本、韩国、美国以及江西、湖南、安徽、四川等省市律师同仁也先后来我省考察学习。日本、美国律师所分别在我省申请设立代表处。

（六）树立典型、扩大宣传，广泛参与社会公益事业，为律师依法执业创造良好的条件

为全面提升全省律师行业的社会公信力和竞争力，树立律师队伍的良好形象，做到学有典型、赶有目标。在全省律师队伍中评比推荐了一批管理规范、诚信服务的律师事务所和优秀律师。2005年我省有4家律师事务所、5名律师被司法部、全国律协评为全国优秀律师事务所和优秀律师。省律师协会积极组织律师参与社会公益活动，与《辽宁法制报》举办了“共建和谐辽宁，律师在你身边”为主题的法律宣传咨询活动，组织党员律师与司法助理员结对子深入社区提供法律服务的试点工作。

一年里，《中国律师》杂志、《瞭望周刊》、《世界经济导报》、《辽宁日报》、辽宁电视台，对我省律师工作先后做了宣传报道，中央电视台还专门派出记者来辽宁进行采访，律师的社会地位进一步提升。

为给全省律师创造良好的执业环境，省律师协会会同辽宁省高级人民法院召开法官和律师参加的联席会议，就如何规范律师与法官之间的关系，改善律师执业环境，规范法律服务市场秩序等方面进行了研究，达成了共识。

同时，全省各地加大了对信访投诉事件的调查处理力度，做到件件有着落、事事有回音。一年里接待和处理信访投诉230余件，对5名违纪律师分别给予停止执业和吊销执业证书处理、对11家律师事务所给予暂缓年检、7家律师事务所被注销。对无理缠访的当事人进行了批评教育，依法维护了律师的合法权益。

辽宁省律师协会的会刊为《辽宁律师》。《辽宁律师》创刊于1979年，季刊。共设有律管工作、法规选登、司法论坛、律师论坛、律师风采、律师导报、域外传真、精彩辩词、难忘一案、精典诉讼、法言法语、经验之谈等十几个栏目。

“辽宁省律师网”于2003年9月10日建立。共开设有法律法规、律师沙龙、律师风采、律师聘请、法

律咨询、律师招聘、建议投诉等栏目。

吉林省律师协会工作概况

一、吉林省律师现状

吉林省律师人数2201名，334个律师执业机构（其中律师事务所255家，法律援助中心62家，公司法律事务部17家），担任法律顾问1892家，刑事诉讼辩护及代理4544件，民事案件诉讼代理10675件，经济诉讼代理3564件，行政案件诉讼代理534件，非诉讼法律事务6349件，涉外及港澳台91件，解答法律咨询7312人次，代写法律事务文书2102件。

二、协会重要工作会议

（一）理事会

1月23日，吉林省律师协会七届三次理事会在长春召开，42名理事出席了会议。省司法厅有关领导、各市（州）司法局、律协的领导及省律协监事会全体成员应邀列席。省律师协会会长赵守华向大会作了《吉林省律师协会七届三次理事会工作报告》，省律师协会副会长、会费管理委员会主任杨华向大会作了《吉林省律师协会2004年会费收支情况报告》和《吉林省律师协会2005年会费预算方案》的说明，省律师协会监事长王兴志向大会作了《吉林省律师协会监事会工作报告》，省律协副秘书长刘桂琴作了吉林省律师进行执业责任保险的说明。会议通过了这三个报告和一个方案，并授权常务理事会，将律师执业责任保险方案向司法部、中华全国律协请示并调整完善后，再予以实施。

（二）常务理事会

1月22日，吉林省律师协会七届六次常务理事会在长召开。会议讨论了《吉林省律师协会2004年会费收支情况》和《吉林省律师协会2005年会费预算方案》；会议讨论通过《吉林省律师协会七届三次理事会工作报告》，讨论通过《吉林省律师执业责任保险实施方案》；通过了2005年专业委员会、专门委员会的工作安排；通过了调整后的惩戒委员会人员名单，并决定成立复查委员会。会议还就吉林省国企改制中律师如何抓住机遇，为振兴吉林老工业基地服务等问题展开了讨论。

3月3日，吉林省律师协会七届常务理事会第七次会议在省律师协会会议室召开。会议听取了副会长兼秘书长张生久对会费预算调整项目做的说明，就七届三次理事会原则通过的2005年会费预算进行了调整，主要增加律师执业责任保险中协会承担款项的预算；会议听取并通过了秘书处调整后的2005年工作要点；听取了吉林省律师事务所规范建设年的活动情况汇报；听取了秘书处的其他工作汇报。

5月29日，吉林省律师协会七届八次常务理事会在吉林市召开。会议宣读了吉林省司法厅关于成立省律师协会党委的通知，随后进行了评选吉林省优秀律师事务所和优秀律师，即“双十佳”评选。根据投票结果，常务理事会决定授予吉林大华铭仁等10家律师事务所“吉林省优秀律师事务所”称号；授予马维山等10名律师“吉林省优秀律师”称号，待报省司法厅后，正式表彰。

12月24日，省律协召开七届九次常务理事会，会议审议了省律协2005年工作总结和2006年工作计划；审议了省律协2005年财务支出情况报告，并对诚信体系评定办法（征求意见稿）、设立东北亚法律服务专业委员会和设立行业突出贡献奖问题进行了研究。会议还通报了协会秘书处改革的情况，研究了修改会费管理办法的可能性。

（三）会长办公会会

1月15日，省律协召开七届第五次会长办公会，对《2004年会费收支情况报告》和《2005年会费预算》提出了修改意见；对“律师执业责任保险方案”进行了审议；决定对惩戒委员会人员进行调整，并增设复查委员会。

1月22日，省律协召开七届第六次会长办公会，对协会2004年收支情况报告和2005年会费预算进行再次调整，并对今后的会计科目如何完善提出了意见。会议通过了常务理事会及理事会会议议程。

1月29日，省律协召开七届七次会长办公会，研究落实七届三次理事会通过的各项决议。会议根据理事会意见对2005年预算进行了初步调整，决定将此预算经过会费管理委员会修正后，报常务理事会通过并实施。会议还对2005年的工作重点、律师执业责任保险、律师诚信等级评定、文体活动、网络建设等问题进行了讨论。

3月25日，省律协召开七届八次会长办公会，讨论通过了2005年会费预算的增加项目和2005年工作要点的细化原则；听取了规范建设年活动的有关情况汇报；听取了副秘书长宋占文、刘桂琴对协会近期工作的汇报。会议确定了常务理事会的议程。

12月8日，省律协召开七届第九次会长办公会，对协会2005年工作总结和2006年工作计划进行了审议；会议通报了我省规范建设年和机关改革的有关情况，确定了下次常务理事会的议题。

三、协会重要工作

1月8日，省律师协会向全省律师发出向印度洋海啸灾区捐款倡议并举行捐款仪式，省直及长春市律师事务所代表近200人参加捐款仪式，此次全省捐款总额超过10万元。

1月26日，省律协在吉林兢诚律师事务所召开律师为国企改制提供法律服务座谈会。律师们结合自身经历，讨论了国企改制中，律师的作用如何体现等问题。副厅长刘振宇对律师参与国企改制寄予厚望，强调要加大正面宣传，打造吉林律师品牌。

3月11日，吉林省律师事务所规范建设年活动工作部署大会在长春市召开。会上，省司法厅副厅长刘振宇要求各地要深刻理解律师事务所规范建设年活动的意义，突出重点、明确责任。省律师协会副秘书长刘桂琴代表省律师事务所规范建设年活动领导小组办公室部署全省律师事务所规范建设年活动的有关工作；省司法厅律师管理处副处长付力代表省司法厅律师管理处部署近期律师管理工作；副秘书长刘桂琴代表省律师协会强调2005年律师事务所年检和律师注册等有关问题；会长赵守华作了大会总结发言。此次会议的召开标志着吉林省规范建设年活动正式启动。

3月18日，中加刑事司法改革辩护项目—未成年人犯罪的防范与治理研讨会在长春召开。此次会议是由全国律协刑事业务委员会、吉林省律师协会、吉林大学法学院和德恒律师学院主办。研讨会上，加拿大律师米科莱恩介绍了加拿大有关未成年人刑法的演进过程、法律原则和法律特点。吉林大学、吉林省律师协会刑事业务委员会等部门的专家分别从法理、家庭、社会、法律实务、未成年人罪犯管理等不同角度进行了精彩发言。

4月1日~25日，省律协为省中小企业发展局选拔推荐十家律师事务所，方便中小企业获得优质法律服务。

5月9日，省律协和省司法厅律管处召开联席会议，刘振宇副厅长主持会议。秘书处汇报了国企改制培训工作、吉林省优秀律师表彰评比工作、全省律师事务所规范建设年开展情况和进一步完善律师处罚机制等问题。会议决定，近期将面向全省律师举办两期国企改制培训班；根据全国律协对全国律师表彰工作的调整，对本省优秀律师表彰评比工作进行调整，即评选“双十优”，并确定评比方案；对各市州规范建设年活动开展情况进行督导检查，并制定下一步工作计划。

5月9日，省律协网站进行改版，新增“吉林律师为振兴东北老工业基地服务”、“规范化建设小康社会”、“吉林律师党建”、“吉林律师风采”等专栏。

6月30日，中共吉林省律师协会委员会成立大会在长春召开。省司法厅厅长、厅党委书记祝国治到会并作了重要讲话，省司法厅副厅长、省律协党委书记刘振宇作了重要讲话。会议同时对全国和我省律师行业评选出的优秀律师事务所、优秀律师以及创建特色律师事务所先进单位进行了颁奖。

8月5日，中共吉林省律师协会委员会保持共产党员先进性教育活动动员大会在长春召开，拉开了省律协机关和省直律师事务所共产党员保持先进性教育活动的序幕。

8月11日至24日，吉林省律师协会组织赴欧洲考察团，12名成员在维也纳兰斯凯律师事务所和当地律师进行了交流，使考察团对欧洲律师服务领域、客户范围和律师制度等方面有了进一步了解。

8月19日，省律协在长春市空军俱乐部举行赵春芳律师先进事迹报告会，省直暨长春市300多名律师参加了报告会。赵春芳同志牢记宗旨、一心为民、忠于法律、服务社会的崇高精神，深深感染了与会者，大家表示，要以赵春芳同志为榜样，立足岗位，做好工作，以实际行动践行“三个代表”重要思想。

9月2日，吉林省律师协会组织我省律师60多人参加在长春香格里拉举办的“吉林·香港合作交流及东北振兴研讨会”。并与香港贸易发展局的代表和香港简家聪律师行简家聪律师就吉港两地律师交流合作等问题交换了意见。

9月3日，赵守华会长在长春名门饭店举行的“跨国公司参与东北老工业基地改造论坛”上作书面发言，介绍了吉林省律师业的发展情况。9月4日，赵大华律师、刘庆久律师在长春南湖宾馆举行的“东北亚经济合作暨大图们江区域投资发展论坛”上分别做主题发言，英语、蒙古语、朝语、俄语、日语等5国语言同声传译。与会外国代表和国内代表就中国法律适用、大图们江区域合作、双边条约适用等关心的问题进行了提问，赵大华律师和刘庆久律师一一做了解答。

参加这次博览会的律师有20多人，其中有懂英语、日语、蒙古语和韩语，方便了会议代表的交流。吉林律师在博览会上既宣传了吉林的投资和法律环境，增进了世界对吉林的了解，又为东北亚博览会提供了法律服务，有效地打造了吉林律师品牌。

10月16日，以全国律协刑事业务委员会的部分委员、省律协刑事业务委员会的全体委员和长春市律协刑事业务委员会的委员组成的20余名律师，在长春市人民广场开展“2005年全国刑事辩护律师义务宣传日”活动，省司法厅和省律协的有关领导到现场进行指导。省内媒体对此进行了报道。

11 月 18 日，省律协召开规范建设年领导小组会议，总结各考评小组验收情况。

12 月 19 日至 21 日，省律师协会开展“冬衣暖人心、关爱进万家”活动，协会秘书处 20 余人共捐赠冬衣 38 件。

12 月 9 日，省律师协会刑事业务委员会召开年会，通报了在中华全国律师协会刑事业务委员会年会上，我省刑事业务专业委员会荣获“2005 年全国刑事辩护律师业务宣传日”活动优秀组织奖、《刑法》第 306 条调研活动突出贡献奖和《刑事诉讼法》修改研讨工作荣誉奖三项荣誉。

12 月 23 日，省律协组织刑事业务委员会和民事业务委员会联合会议，对辽源市律师协会“关于 12·15 特大火灾死者近亲属提出精神损害赔偿问题的法律意见”进行了认真的研究论证，并形成具体指导意见，反馈给了辽源市律协。

4 月 29 日，省律师协会房地产与建筑工程专业委员会在长春吉大律师事务所召开会议，就律师在办案过程中遇到的实际法律问题进行了研究和交流，发挥了业务指导作用。省律师协会副会长丁凤礼、副会长兼秘书长张生久出席了会议。

2005 年，省律师协会共处理了四起律师维权案件，即吉林德维律师事务所律师郭庆春被长春市公安局经侦大队审查维权案、吉林常春律师事务所律师潘海涛等去劳改医院会见犯罪嫌疑人受阻维权案（两起）、吉林勇进律师事务所律师王晓明涉嫌犯罪维权案。省律协组织维权委员会专门研究具体维权案件，有效地维护了律师的合法权益。

吉林省律师协会的于 1986 年创办了会刊《吉林律师》。2005 年的主要栏目有，关注：新闻在线、特别视点、律政改革、执业风标等；业界：执业前沿、名所推介、律师风采、律师维权、不良档案、经营之道、管理之窗、基层工作、调研报告、司法考试、他山之石、执业体验、见习律师、交流合作等；实务：办案纪实、业务规程、证据适用、庭推精要、精华辩词、辨析规则、判例研究等；学术：法学经典、研究方法、专题研究、律师论坛、名家讲堂、探索争鸣等；天下：谈天说地、律师文摘、法苑漫步、律师园地等。

吉林律师网（www. jllawyer. com）开通于 2002 年 12 月 30 日，主要栏目有律协简介、律师管理、注册公告、不良行为档案、律师党建、快讯、业界信息、工作动态、新法速递、律师案例、律师论坛、司法考试、法律援助等。

黑龙江省律师协会工作概况

一、黑龙江省律师现状

2005 年，黑龙江省律师事务所已发展至 528 家，执业律师达到 3168 人，律师担任法律顾问 21744 家；民事案件诉讼代理 21566 件；刑事诉讼辩护及代理 8944 件；经济案件诉讼代理 9811 件；行政案件诉讼代理 1735 件；非诉讼法律事务 13397 件。

二、协会重要工作会议

（一）代表大会

2005 年 5 月 13 日至 14 日，在哈尔滨隆重召开了第五次黑龙江省律师代表大会。省委、省政府对这次大会非常重视，省委常委、政法委书记杨焕宁、全国人大常委伍增荣、副省长王东华、全国律协会长于宁、省法院、省公安厅、省检察院的领导出席了本届律师代表大会。省委常委政法委书记杨焕宁、全国律协会长于宁、省司法厅副厅长李洪超在会上作了重要讲话。这次律师代表大会，是党中央提出构建社会主义和谐社会，律师队伍建设和律师事业改革与发展进入一个新的历史时期召开的，可以说，第五次律师代表大会的召开，对我省律师事业的发展产生了积极推动的作用。

会议讨论并通过了第四届理事会工作报告；第四届理事会会费收支情况报告；通过了黑龙江省律师协会会费收缴、使用管理办法；监事会工作规则等一系列具有指导性和实用性的文件，据统计，这次律师代表大会先后出台了 16 份相关文件。

按照《律师协会章程》，会议选举产生了第五届黑龙江省律师协会的理事、常务理事和会长、副会长。共有 37 名执业律师当选为理事，13 名执业律师当选为常务理事，5 名执业律师当选为会长、副会长。在我省首次实现了会长、副会长全部由执业律师担任，在组织形式上完成了自律组织的人员构架。从理事会人员构成看，新当选的理事平均年龄低于上一届，知识结构和学历档次更趋于合理，突出了中、青年律师担任律师协会骨干力量的特点。

搭建新一届律师协会领导机构的班子。在组建第五届律师协会的过程中，我们不仅建立了理事会、常务理事会等决策层面，还按照议、决、行、监等职能分设的要求，组建了监事会，对决策程序和执行机构的落实进行有效监督。

（二）理事会

2005年7月3日，省律协召开了第二次理事会。会议传达贯彻了全国六次律师代表大会会议精神；通报了省律协第一次会长办公会议情况及会长、副会长分工情况；选举产生了省律协监事会监事长、副监事长；审议了省律协委员会改选方案；会议通过了成立黑龙江省律师协会财务监督委员会；会议还就全省律师业发展战略和行业管理工作的理念与方向广泛征求了理事的意见。

（三）会长办公会

2005年6月12日，黑龙江省律师协会召开第一次会长办公会议。会议研究确定了召开会长办公会议问题；研究专门委员会调整重组问题；决定把原有7个专门委员会合并成5个；确定了会长、副会长分工问题；会议研究确定了律师协会下一步工作思想；会议研究关于《黑龙江律师》杂志及黑龙江律师网络建设问题；会议研究了关于调整专业委员会的问题，决定重新设立黑龙江省律师协会各专业委员会，在保留原有13个业务委员会的基础上，结合业务发展，增设若干个专业委员会；会议还研究关于监事会的问题，会议认为，为了更好地发挥第五次律师代表大会选举产生的监事会的功能与作用，监事会人员配备应在原有人员的基础上适当增加。

2005年8月15日在哈尔滨召开了第二次会长办公会议。会长孟繁旭主持了会议。会议研究决定了如下事项：一是关于筹备东北三省律师论坛的问题，会议确定了东北三省理论研讨会的论文题目及我省参加论坛的律师作主题发言等事项；二是关于专门委员会人员调整的问题。会议决定：律师维权委员会增加吕智宇、高洪；律师继续教育委员会增加赵东辉；律师参政议政委员会增加程显端；三是关于黑龙江律师协网站第四次改版问题，会议决定：重新调整黑龙江律师网站现有的栏目、版块及页面样式，增添律师交流论坛、确定网站需要添加新的硬件设施，成立黑龙江律师网站编委会，提升网站对全省律师的服务效用；四是关于成立黑龙江省律师协会财务监督委员会的问题；五是关于决定2005年律师继续教育工作安排的问题，会议决定：律师继续教育工作的管理要人性化、培训内容要多样化，培训课程要按照律师个人的实际需要进行选择性的培训，并聘请国内知名的专家、学者授课，脱离传统的培训方式。

2005年12月17日在哈尔滨召开了第三次会长办公会议。会议传达贯彻了全国律协六届三次常务理事会议精神及全国律协秘书长工作会议精神；研究讨论了省律协2006年工作安排。会议决定：一是要进一步加强省律协“两专”委员会的建设，建立健全“两专”委员会的各项制度建设，设立专业委员会活动基金，有目的、有计划地扶持和鼓励各个专业委员会积极开展活动；二是进一步提高律协秘书处的服务意识、树立驻会机关工作人员的人性化服务理念；三是成立律师电视辩论大赛组委会。决定聘请知名专家、学者对我省参赛的律师进行集中强化训练，展示我省律师的风采；四是决定召开省律协常务理事会、主任工作会及秘书长会议，向全省报告2005年工作及财务收支情况。

黑龙江律师协会于1985年4月创办会刊《黑龙江律师》，于2000年8月开通黑龙江律师网。

浙江省律师协会工作概况

一、浙江省律师现状

2005年浙江省执业律师总人数5761人。其中专职律师5038人；兼职律师418人，法律援助律师247人公职律师43人，公司律师15人。具有博士学位的20人，具有硕士（双学士）学位517人，具有本科学历的3650人，大专及以下学历的1574人。中共党员1777人，女律师991人。

2005年浙江省共有律师事务所547家。其中合伙所425家，合作所118家，国资所4家，已建立党支部的所216家。

2005年全省律师行共办理各类案件及法律事务200585件。其中法律顾问23218家，刑事代理28132件，民事代理83372件，经济代理35208件，行政代理3883件，非诉讼业务代理26217件，涉外、港澳案件555件。

二、协会重要工作会议

（一）理事会

2005年1月29日至30日，省律协六届二次理事扩大会在杭州召开。六届律协理事，省律协党委委员，各市分管律师工作的局长，各市（省直）律协会长、秘书长共80余人参加会议。会议传达了司法部关于开展合伙律师事务所规范建设年活动动员会议精神，通报了我省律师教育整顿工作获司法部表扬的情况。审议通过了《省律协2004年工作总结》、《省律协2005年工作要点》、《省律协换届以来会费收支情况的报告》、《省律协2005年会费使用预算》、《浙江省律师协会会费使用规则》、《浙江省律师协会地方律师事业发展基金使用办法》、《关于免收70岁以上老律师个人会费的决议》。

2005年5月14日，省律协六届三次理事会在杭州召开。参加会议的有省司法厅副厅长储雪青，省律协名誉会长刘乃雄，省律协党委委员陈伟强、六届省律协理事近60人。此次会议的主要议程是，选举产生浙江省参加第六次全国律师代表大会的代表和理事候选人。根据常务理事会提出的代表候选人建议名单，通过差额选举产生了参加全国第六次律师代表大会的代表。他们是：冯震远、李旺荣、李根美、杨京军、周显根、罗杰、金疆、胡祥甫、郭妙玲、章靖忠、童平宇、童全康。理事候选人是：李旺荣、李根美、周显根、罗杰、胡祥甫、童平宇。根据全国律协《关于召开全国第六次律师代表大会的通知》，王秋潮会长作为团体会员的代表出席代表大会，同时为全国律协的当然理事候选人。省司法厅副厅长、省律协党委书记吴强军和省律协秘书长秦小平作为特邀代表参加第六次全国律师代表大会。

（二）常务理事会

1月29，省律协召开了六届四次常务理事会，王秋潮会长主持会议。常务理事会对六届二次理事扩大会议程以及提交六届二次理事会审议的文件、议案进行了讨论和表决。会议还研究确定了第六届浙江省律师协会维权顾问、行风监督员成员以及省律协惩戒复查委员会成员。

5月14日，省律协六届五次常务理事会在杭召开，会议由会长王秋潮主持。会议审议通过了我省参加全国第六次律师代表大会代表候选人名单。审议通过了《第六次律师代表大会代表、理事候选人选举办法》（草案）。审议通过了了由资产管理与财务委员会提交的《关于划拨地方律师事业发展基金的方案及说明》。审议通过了由会长王秋潮任主任的《神州律师网》编委会名单。会议决定由省律协出资为全省律师事务所办理“北大法宝”法律法规查询系统会员资格。会议还听取了省律协各专门委员会主任、秘书长关于近期工作和下一步工作计划的汇报。审议并通过了秘书处提交的《关于东唐人、禾平两家律师事务所省级文明所整改复评情况》的汇报。

8月14日，省律协在杭州召开了六届六次常务理事会，会议由会长王秋潮主持。会议总结了省律协上半年工作，确定了下半年工作计划；研究了我省合伙律师事务所规范建设年督促检查阶段工作，决定省律协成立四个督查组，赴各市（省直）律协督查合伙所“七个规范”的落实、整改情况。会议听取了浙江省律师代表团参加全国第六次律师代表大会的情况汇报以及省律协组团赴广东、四川等省市考察交流律协行业管理工作和律师事务所自律管理、业务开拓情况的汇报。会议还听取了秦小平秘书长参加发改委召开的“行业组织和中介机构改革与发展座谈会”的汇报，常务理事会要求秘书处配合省律协战略发展委员会积极准备材料，报送有关部门。会议还听取了秦小平秘书长关于省律协老会馆处置情况的汇报。

12月17日，省律协在杭州召开了六届七次常务理事会，会议由会长王秋潮主持。会议经审议，原则通过了《浙江省律师协会常务理事会议事规则》、《浙江省律师协会会长办公会议工作规则》。会议审议了《关于加强对重大敏感案件辩护、代理工作的指导意见》、《浙江省律师协会理事会议事规则》（草案）、《浙江省律师协会会员互助管理条例》（草案）。会议同意由常务理事会向全省律师推荐《股东大会律师见证并出具法律意见书的操作指引》。会议审议通过了省律协2005年工作总结，讨论了省律协各专门委员会明年工作计划及省律协2006年工作要点。会议听取了秘书处关于举办全省律师控辩赛有关事项的汇报，决定给全省律师控辩赛优胜者颁发“优秀辩手”奖项。会议听取了参加有关专业会议及华东律师论坛、中国律师论坛、全国律协六届三次常务理事会暨秘书长会议有关情况汇报。胡虎林厅长到会与各位常务理事交换了对律师行业健康发展的意见。

三、协会重要工作成果

（一）律师队伍建设

根据司法部的部署，全省534家律师事务所、5500余名律师历时十个月，圆满完成规范建设年活动的各项任务，较好地达到了“增强管理意识，明确管理责任，加强制度建设，提高服务质量”的目标要求。一是合伙人的管理理念得到提升，主体意识日益增强。合伙人是律师事务所管理的第一责任人的观念和律师事务所的一线管理地位得到确立。二是律师事务所内部自律性管理规范基本建立，初步形成了关于合伙人的主体资格、收案行为、收费和分配行为、内部监督管理、内部管理机构的建立健全合伙人的管理责任及党建工作等七大制度体系。三是合伙所自我管理逐步走向规范，律师执业规范进一步改善，诚信服务意识进一步增强，社会责任感普遍提高。四是律师队伍建设长效机制进一步完善。加快诚信体系建设，完善监督机制，严厉查处违纪违规案件，全省律师队伍的社会形象有较大改观。五是广大律师围绕“构建和谐浙江”的工作大局，努力维护社会公平和正义，律师业务工作保持了良好的发展势头，业务创收增幅明显。

（二）专业活动

1. 专业委员会工作卓有成效。公司与证券业务委员会制定完成了省首个律师业务指引——《有限公司及股份有限公司股东会律师见证并出具法律意见书的操作指引》。刑事业务委员会深入研究侦查阶段辩护律师的工作任务、要点及技巧，初步形成《侦查程序中律师的工作规则》。民商、建筑与房地产、涉外与WTO、知识产权等业务委员会的研究成果编印成册，用于指导律师实务。各专业委员会与业外单位联办研讨会，民商委与省高速公路指挥部主办“高速公路运营与法律”研讨会；知识产权委员会与浙商研究会联合主办“企业创新与知识产权战略”论坛；建筑与房地产委员会与《每日商报》合作，探讨购房中的法律问题。

2. 与上海市律协、江苏省律协、美国律师协会、美国社区协会研究会、北京大学法学院房地产法研究中心联合主办“中·美·新房地产法理论与实务国际研讨会”。

3. 广泛开展律师实务理论研讨工作。以年度律师实务与理论交流会、华东律师论坛、中国律师论坛等平台，深入开展理论研究，推动律师队伍业务素质和理论素养的提高。我省律师四篇论文获华东律师论坛优秀论文，八篇论文获中国律师论坛优秀论文。

（三）培训

积极探索律师继续教育工作新思路，努力提高培训质量。培训重点以事务所合伙人和主任为主，培训方式从以集中培训改为集中培训与平时参加各类活动折抵课时相结合。全年举办四期继续教育培训班，一期律师上岗培训班。邀请了江平、尹田等国内著名学者专家授课，安排了公司法、物权与合同刑事业务、行政业务等专题。1849名主任、合伙人、律师及上岗人员参加培训。

（四）会员管理

1. 律师维权工作有效开展。聘请了公检法、人大、政协、新闻单位等相关部门的领导担任维权顾问、行风监督员，为律师行业建设健康发展出谋划策。选派律师参加中央政法委在杭召开的有关执行难研讨会，配合有关部门联合制定《关于规范有律师参加的刑事诉讼活动的若干意见》。注重个体维权，对我省湖州、杭州律师在执业过程中遭遇侵权时，进行维权工作。

2. 纪律惩戒工作常抓不懈。进一步完善律师行业惩戒工作，年初成立由11位业内外人士组成的惩戒复查委员会。全年共处理21件向省律协投诉的案件。指导、协调各市（省直）律协的投诉处理工作。建立投诉季度统计制度。组织纪律委员会对全国律协《律师执业行为规范（试行）》、《律师协会会员违规行为处分规则（试行）》征求意见稿提出修改意见上报全国律协。

3. 重视青年律师、女律师、老律师工作。举行“青年律师阳光之路论坛”；筹建“女律师合唱团”，“健身舞蹈培训班”；出台《关于免收70岁以上老律师个人会费的决议》。

4. 完成《会员互助条例》起草工作，并纳入审议通过程序。

5. 做好律师事务所创优工作。天册、浙经等七家律师事务所获“全国优秀律师事务所”荣誉称号，胡祥甫、唐国华等五名律师被获“全国优秀律师”荣誉称号，受到全国律协表彰。开展省级优秀律师事务所评比活动，考评工作已结束。

（五）对外交往

1. 与香港律师界的合作、交流。在“香港·浙江周”上，双方签署了“合作协议书”，省律协派员参加了“浙港金融业合作与发展论坛”，并在会上作“在CEPA框架下浙港两地律师的合作与发展”的演讲。我省海通联合、六和、星韵、京衡、浙杭5家律师事务所分别与香港5家律师行签订合作交流协议。9月，浙江律师代表团在省司法厅胡虎林厅长率领下，访问香港法律界。11月，两地就法律服务合作进行磋商。11月，香港律政司派员到省司法厅进行两周的培训、交流。

2. 与澳门交流。3月，澳门力图律师事务所访问浙江；9月，浙江律师代表团访问澳门，达成互访交流合作意向。

3. 组团访问韩国、日本、英国、加拿大，展开国际交流。

4. 省际交流进一步加强。与宁夏律协的合作交流向纵深发展。3月，宁夏司法厅领导率部分地市司法局分管局长及律师代表到浙江的杭州、宁波、舟山、嘉兴等市考察，两省签订律师业发展合作协议书。宁波、金华律协分别与宁夏石嘴山市、吴忠市律协签订合作交流协议。9月，省直律协与宁夏律协固原分会合作交流签约并举行捐赠仪式。3月，省律协派出副会长罗杰、杭州市律协会长章靖忠赴宁夏为600名律师继续教育授课。

四、党务工作和机关建设

进一步发挥律协党组织的政治核心作用。结合保持共产党员先进性教育活动，及时向全省律师提出《关于进一步推动我省律师队伍保持共产党员先进性教育活动的意见》。联系党建工作实际，提出了律师党员的先进性标准。积极引导律师党员讲政治、讲大局，为党和政府中心工作服务。律师随省领导下访工作继续进行，组织律师参加省信访大楼值班，接待群众来访工作逐步展开。律师参与重大群体性案件按照要求上报省厅、省律协，做好社会矛盾的化解工作。

秘书处加强制度建设，建立科学的工作运行机制。在保持共产党员先进性教育活动中，增强学习的针对性和实效性，努力把保持共产党员先进性教育活动落到实处。通过先进性教育活动，省律协工作人员的精神风貌进一步改善，工作效率提高，取得了明显的实效。

浙江省律师协会于1984年创办会刊《律师与法制》，主要栏目有新闻事件、本刊特稿、名家有约、名案论辩、律师沙龙、办案纪实、律师故事、观察与思考、律师实务、业内信息、法理探究、读者来信、立法快讯等13个栏目。

神州律师网（www.zjbar.com）于2002年5月开通。主要栏目有时事纵览、业内动态、法制新闻、律界新闻、本网精读、案件聚焦、热点追踪、律师实务论坛、立法快讯、法学园地、愈辩愈明、在网律师事务所、会长信箱、网上通知栏、法律人才交流中心、地市律协等栏目。

安徽省律师协会工作概况

一、安徽省律师现状

2005年，安徽省共有执业律师3876人，律师事务所374家，共办理刑事案件16852件、民事案件42568件、经济案件11680件，行政案件3123件及非诉讼事务21865件，法律顾问9960家。

二、协会重要工作会议

（一）代表大会

4月2日，安徽省第六次律师代表大会在合肥隆重召开。来自全省的200余名律师代表及特邀代表参加会议，省领导王昭耀、高福明、徐立全，中华全国律师协会副会长于宁和省司法厅党委书记、厅长孙建新等领导同志出席会议。

本次代表大会审议通过《安徽省第五届理事会工作报告》和《会费收支情况的报告》和《安徽省律师协会章程》。根据省司法厅党委的决定，安徽省六届理事会理事全部从执业律师中选举产生，司法行政机关官员全面退出律师协会的领导集体。大会选举71名执业律师组成理事会。理事会通过差额选举，选举蒋敏律师为会长，刘建华、李萍、陈保春、周世虹、音邦定等五位律师为副会长。这一变化是我省律师管理制度改革的显要成果，体现了我省律师业的成熟壮大和管理体制的进一步完善，也意味律师业的自我管理职能将进一步增强。同时，也更有利于行政机关对律师管理工作的完善和提高。《人民日报》、《法制日报》、《江淮晨报》、《安徽法制报》等媒体对此进行了报道。

（二）理事会

4月2日，省律协六届一次理事会议在合肥召开。会议选举产生了省律协六届常务理事。

5月8日下午，省律协六届二次理事会议在合肥召开。69名理事出席，2名理事缺席。省司法厅律管处正副处长、省律协正副秘书长列席会议。会议由省律协会长蒋敏主持。省司法厅党委委员、副厅长、省律协党委书记郭云生出席会议并讲话。会议选举宋世俊、刘建华、音帮定、陈保春、周世虹、孙树桐、吴正林、李萍作为我省出席第六次全国律师代表大会代表，宋世俊、刘建华、陈保春、李萍等作为六届全国律协理事会理事候选人。

（三）常务理事会

3月20日上午，省律协五届十一次常务理事会议在庐江召开。省司法厅党委委员、副厅长郭云生出席了会议并作重要讲话。厅律管处负责人朱俊酬和省律协秘书处相关人员列席了会议。

会议讨论了《安徽省律师协会第五届理事会工作报告》、《安徽省律师协会第五届理事会会费收支情况的报告》，对两个报告提出修改意见，同意报告修改后提交理事会。

会议讨论了《关于〈安徽律师协会章程〉（草案）》的说明及《安徽省律师协会章程（草案）》，同意修改后提交代表大会审议。

4月2日，省律协六届一次常务理事会在合肥召开。会议选举蒋敏为六届理事会会长、刘建华、李萍、陈保春、周世虹、音邦定为六届理事会副会长。

5月8日，省律协六届二次常务理事会在合肥召开。

会议确定了六届二次理事会日程。确定推选出席全国律师代表大会代表和理事候选人提名名单。

10月15日，省律协六届三次常务理事会议在合肥召开。全体常务理事参加会议。省司法厅律师管理处处长、副处长，省律协秘书长、副秘书长及各部室负责人列席会议。会议由蒋敏会长主持。

会议审议通过了《关于对全省执业律师进行基础培训的建议》、《关于调整省律协专业委员会的建议》、《关于增设省律协电子商务和信息网络等四个专业委员会的建议》，《关于设立省律协财务工作委员会的建议》、《关于设立省律协宣传联络工作委员会的建议》，《关于调整省律协纪律委员会的建议》、《关于调整省律协维权委员会的建议》、《关于调整省律协互助基金管理委员会的建议》。认为应对奖惩委员会（原纪律委员会）和宣传联络委员会的人员组成作适当调整，并授权交由会长办公会审议后通报全体常务理事。会议决定，评选“全省优秀青年律师”和“十佳青年律师”。会议还审议了《关于律师和律师事务所违法违规案件投诉查处程序规定》，并对该《规定》相关内容提出了修改建议。

（四）会长办公会

9月13日下午，省律协会长办公会议在合肥召开。会长蒋敏，副会长刘建华、李萍、周世虹、音邦定出席会议。省司法厅副厅长、省律协党委书记郭云生、厅律师管理处处长，省律协秘书长、副秘书长及各部室负责人列席会议。会议由蒋敏主持。

会议讨论了关于调整专业委员会及部分委员会等建议报告。决定将上述建议报告提交六届三次常务理事会审议。同时决定10月15日召开省律协六届三次常务理事会。

三、协会重要工作

2005年，省律协在省司法厅和全国律协的领导和指导下，以邓小平理论和“三个代表”重要思想为指导，紧紧围绕“拓展和规范法律服务”的主题，努力加强队伍建设，强化服务功能，改善执业环境，各项工作取得了新的进展。

（一）以换届为契机，进一步明确工作思路，健全组织机构，行业管理实现了新的发展

在省司法厅党委的关心指导下，4月份全省第六次律师代表大会成功召开。会议通过民主选举的方式，选举产生六届理事会和常务理事会。理事会成员全部由执业律师组成，执业律师首次出任会长，顺利实现了协会领导机构人员转换，行业自主管理的特色进一步显现，基础更加坚实。六届理事会在上届工作的基础上，根据我省律师事业发展的实际，明确了本届理事会的工作思路和任期目标，提出了提升业务素质、改善执业环境、加强律师宣传、完善管理机制等工作重点和具体措施，切合我省律师工作实际，也体现了新一届理事会服务的理念和务实的作风。

为切实履行行业管理的重责，协会以专门委员会和专业委员会建设为重点，加强行业组织机构建设。成立了财务工作委员会和宣传联络工作委员会两个专门委员会和消费者权益保护、项目投融资和项目建设、劳动和社会保障、电子商务和信息网络等四个专业委员会。调整充实了奖惩、维权、互助基金管理等专门委员会委员和刑事法律等十个专业委员会人员。同时对相关工作制度和规则进行了修改，使之更符合工作规律，也有利于提高工作效率。“两专”委员会建设的加强，为各项专门工作的开展和促进律师业务交流提升打下了更加坚实的基础。

（二）以合伙律师事务所规范化建设为重点，促进服务与管理进一步制度化、规范化，队伍建设取得了新的成效

2005年是合伙律师事务所规范建设年。律协协同配合司法行政部门，通过组织实施、督促检查、总结验收，努力推动律师事务所规范化建设。经过上下共同努力，全省律师规范发展的理念初步形成，律师事务所管理的基本制度和相关规定初步建立，规范化建设取得初步成效。

结合规范建设年活动，省律协注重做好对律师和律师事务所的奖惩工作，以此推进律师诚信建设，努力打造高素质的律师队伍。积极参加首次由全国律协举办的全国优秀律师和优秀律师事务所评选活动。全省有4名律师获全国优秀律师称号，天禾、纬纶、弘大和深蓝律师事务所被评为全国优秀律师事务所，改写了我省没有全国优秀律师事务所的历史。组织媒体对优秀律师事务所和优秀律师的先进事迹进行了报道，在发挥先进示范作用和树立律师形象方面起到了积极效果。在奖优同时，注重对律师的投诉查处。会同司法行政部门研究草拟了《关于律师和律师事务所违法行为投诉查处程序的规定》，努力健全投诉查处工作机制。全年共办理投诉查处案件9件，其中一起提交省司法厅建议给予被投诉人行政处罚。

进一步加强律师队伍的政治思想建设。积极开展保持共产党员先进性教育活动。按照司法厅党委的总体部署，省律协党总支专门召开了省直律师事务所支部书记会议，对先进性教育活动进行了全面部署，制定实施方案，并认真组织省直律师事务所各党支部开展活动。党员代表发表致全省党员律师的倡议书，号召全省党员在第六次律师代表大会上律师坚定理想信念，秉承宗旨意识，做全心全意为人民服务的排头兵，做“三个代表”和党的路线方针政策的践行者。6月，省司法厅党委下文，成立省律协党委。各地也通过保持先进性教育活动加强了律师事务所党建工作。在省司法厅召开的“七一”全体党员大会上，省律协党委所属的天禾律师事务所党支部以及四名律师党员受到中共安徽省司法厅机关委员会表彰。

进一步探索司法行政与行业管理两结合管理模式。

建立了司法行政领导列席指导省律协理事会、常务理事会、会长办公会议制度。省律协秘书处和省厅律管处定期联席会议制度得到较好落实，双方共同研究重要工作，参与律师维权、投诉案件的调查。司法行政管理与行业管理形成合力，增强了管理与服务的效能。

进一步完善律协内部工作制度，充分调动工作人员的工作积极性，保证优质高效的工作效率。严格实施机关人事、财务、档案、考勤等方面的制度，提高工作效率，树立机关良好形象。

（三）围绕党委政府中心工作，积极组织律师参加各种社会公益活动，律师的社会形象得到了新的提升

律师在地方社会政治经济生活中的作为和律师社会地位社会、形象密切相关。2005年，拆除非法违章建设成为省城合肥社会热点。本着支持政府，服务民众，共创和谐的目的，省律协积极组织律师为“拆违”工作提供法律服务。8月9日，省暨合肥市律师协会联合召开“拆违”专项法律服务工作会议，在肥执业的六百余名律师参加了大会。8月20日上午，省暨合肥市律师协会在合肥市市府广场举办为“拆违”提供专项法律服务宣传活动，省直和合肥市20余名素质高、业务好、执业经验丰富的律师参加了宣传活动，向广大群众赠发了数千册《拆违工作相关法律法规文件汇编》。并现场为群众解答“拆违”涉及的法律问题。8月26日，全省四十余名律师在合肥召开“拆违”法律问题研讨会，对拆违中出现的或可能涉及的法律问题进行研讨。律师在“拆违”法律服务中兼顾了多方利益，促进了“拆违”工作依法顺利进行，受到了省司法厅党委和合肥市有关领导的充分肯定。

引导律师参与涉法信访工作，省直有11个律师事务所48名律师在省信访局值班参与信访工作，各市也都派律师在当地的信访部门值班，特别是大接访期间，律师为政府做了大量的工作，受到了各级政府和当事人的好评。

组织律师参加了《公证法（草案）》、全国律协《律师承办行政案件规范（草案）》等多项法律法规和行规的修改工作。担任各级政府法律顾问的律师多次接受政府有关部门的法律咨询，认真提出意见和建议，为政府决策提供了有益的参考。

（四）规范业务培训和研讨，扩大对外交流，律师的业务素质得到了新的提高

业务培训是更新律师知识水平、保持律师业务发展的重要途径。省律协通过三种形式，继续加大律师业务培训研讨：一是基础培训，根据省律协六届常务理事会的计划，经省律协六届三次常务理事会审议通过了《关于对全省执业律师进行基础培训的建议》，省律协决定在第六届理事会任期内，常务理事义务对全省律师进行一次基础业务、律师事务所管理和执业纪律、职业道德等方面的培训。二是示范型培训，省律协于元月和6月先后举办了“金融与投资法律实务培训班”和“商品房买卖中的法律实务培训班”，全省近八百名律师参加了培训。三是提高拓展型培训。把眼光放在国外，引导帮助外语程度好的律师赴国外进修。

10月22日，省律协与《中国律师》杂志社联合主办“法学与法治”巡回讲坛，芜湖市律师协会、安徽纬纶律师事务所承办了讲坛的具体事宜。中国政法大学的江平教授、北京大学法学院的贺卫方教授、清华大学法学院的张卫平教授、中国人民大学法学院的陈卫东教授等应邀作专题演讲。全省近八百名律师参加了培训。

省律协于8月13日至8月14日在安庆市召开全省律师实务交流会，全省130余名律师参加了会议。交流会收到论文170余篇，选编入册的共139篇。会议分两天举行，内容充实，紧张有序。与会律师交流了经验，增强了友谊，开阔了视野。从交流会中选出14位作者参加第三届华东律师论坛，其中有三篇被评为华东律师论坛的优秀论文。8月，省律协还与省法学会、法官协会、检察官协会、警察学会、公证员协会等五个协会共同举办了“促进司法公正，构建和谐社会”的论坛。律师共有六人分别获得一、二、三等奖。组织省直部分律师参加了第五届中国律师论坛。

为扩大对外交流，开拓视野，7月27日至8月12日，省律协代表团一行六人应美国康涅狄格州警政厅荣誉厅长、纽海文大学首席教授李昌钰博士的邀请赴美访问，考察了纽约、康涅狄格州等地律师事务所和法院，并与当地律师、法官进行了座谈。

（五）多办实事好事，维护律师权益，丰富律师生活，行业凝聚力进一步增强

全力做好律师维权工作，为律师营造良好的执业环境。根据全国律协维权会议精神，进一步明确维权的指导思想、工作内容和方式。同时重视个案维权。淮北东山律师事务所王宏柱律师涉嫌伪证罪发生后省律协密切关注，指派得力律师担任其辩护人，案件在开庭审理之前还专门召开专题论证会，集思广益，取得了较好的庭审效果。对其他维权案件积极联络协调，及时处理，做到件件有落实。

积极配合省厅与公安、检察等部门沟通联系，完善联系制度。会同省司法厅与省财政厅、地税局就律师税收进行协调调研，努力解决律师税收问题，工作取得了较大进展。

管好用好律师互助基金，发挥同业互助功能。按

照管理办法，全年为13名律师发放互助基金123120元。对其他特殊困难的律师及时慰问，予以适当补助，体现了行业的人文关怀。

首次举办律师“新春联谊会”，省律协理事、各市律协代表和省暨合肥市律师代表和司法厅机关干部400余人参加联欢。联谊会上，加强了交流，增进了友谊。同时精彩的表演显示了律师多才多艺的风采与魅力，也丰富了律师的文化生活。

经省司法厅党组批准，《安徽律师》于1983年元月创刊，是律师协会主办的律师工作专业性的内部刊物，为双月刊。主要栏目：关注、业界、学界、社区、供稿等栏目，免费赠发给当年注册的律师

1997年开始编写安徽律师工作动态，2005年共编辑律师工作动态19期，免费赠发全省当年注册的律师事务所。

1985年始编写安徽律师业务学习资料，为月刊，及时刊登法律、法规、规章、司法解释等，免费赠发给当年注册的律师。

2003年1月1日正式开通安徽律师网（www. ahlawyer. org. cn）。主要包括业界新闻、律协机构、综合管理、网上咨询、业务指导、律师社区、考试天地、协会刊物、律师黄页等栏目。

江苏省律师协会工作概况

一、江苏省律师现状

2005年全省律师人员9829人，其中，专职律师6929人，兼职律师314人，实习律师778人，律师行辅人员1808。全省共有律师事务所709个，其中合作所236个，合伙所455个，以个人姓名命名的律师事务所10个，个人所8个。

2005年，全省律师共担任法律顾问30796家，刑事辩护与代理20301件，非诉讼法律事务41451件，律师业务收费118147.8万元。

二、协会重要工作会议

（一）代表大会

2005年5月21日至22日，江苏省律协在南京召开全省第六次律师代表大会特别会议。省司法厅领导及相关处室负责人，各市司法局局长、分管律师工作副局长、律管处长、各市律协会长、秘书长，省律协第六次律师代表大会律师代表共200余人参加了会议。

大会分别对《江苏省律师协会章程》、《江苏省律师协会会费收缴及使用管理办法》、和《江苏省律师协会行业规范性文件制定办法》进行了讨论和审议。会议以举手表决的方式审议通过了《江苏省律师协会章程（草案）》和《江苏省律师协会行业规范性文件制定办法（草案）》。

（二）理事会

5月21日，王凡会长主持召开了省律协六届三次理事会。会议选举产生了全国第六次律师代表大会江苏代表及理事候选人；审议了《江苏省律师协会章程（修改草案）》、《江苏省律师协会会费收缴及使用管理办法（草案）》、《江苏省律师协会行业规范性文件制定办法（草案）》，并决定将三个规范性文件草案提交省第六次律师代表大会特别会议审议。

（三）常务理事会

3月13日，省律协召开六届四次常务理事会。会议对新成立的省律协14个工作委员会、13个业务委员会工作提出了要求；研究了由省律协接管“江苏法律人才培训中心”有关问题。

5月21日，省律协六届五次常务理事会会议在南京召开。会议选举了全国第六次律师代表大会江苏代表候选人及理事建议候选人；审议了《江苏省律师协会章程（修改草案）》、《江苏省律师协会会费收缴及使用管理办法（草案）》、《江苏省律师协会行业规范性文件制定办法（草案）》，并决定将三个草案进一步提交理事会审议。省厅有关处室负责人、各省辖市司法局分管律师工作的局长、律师管理处处长、律协秘书长应邀列席了此次会议。

7月5日，省律协召开六届六次常务理事会。省司法厅党委书记、厅长、省律协党组书记王荣生同志，省厅党委委员、副厅长、省律协党组副书记方晓林同志，省厅党委委员、政治部主任姜爱国同志应邀出席会议并讲话。会议对省律协秘书长推荐人选进行了讨论和表决，并以举手表决方式一致同意聘任沈国新同志为六届省律协秘书长；会议通报了第六次全国律师代表大会有关情况；对加强常务理事会自身建设、进一步提高我省律师行业管理水平提出了明确要求。会议还对省律协丰富路办公用房转让事宜进行了研究。

（四）会长办公会

2月24日召开的会长办公会议听取了秘书处关于律协近期工作情况的汇报；研究了省律协工作委员会、业务委员会成立等事项。

4月26日，王凡会长主持召开了会长办公会会议。会议研究决定了全国第六次律师代表大会江苏代表及理事候选人产生方式；审议了《江苏省律师协会章程（送审稿）》、《江苏省律师协会行业规范性文件制定办法（试行）（送审稿）》和《江苏省律师协会会费收缴

及使用管理办法（送审稿）》。

9月12日，省律协召开会长办公会电话会议。会议要求秘书处尽快拟制《省律师协会财务管理办法（草案）》；研究了律师培训工作；研究了协会创办刊物事项；研究了协会投资成立经营性公司事项；研究了律师协会网站建设工作。

11月30日召开的会长办公电话会议专题复议了“省十佳律师”候选人事宜。

12月1日，省律协召开会长办公电话电话会议，讨论调整上报省厅的“省十佳律师”候选人名单。

12月29日，省律协召开了会长办公电话会议，专题研究省律协与《东方法治导刊》杂志社联办杂志有关事宜。

三、协会重要工作成果

2005年，省律协在省厅党委、律协党组的正确领导和全国律协的指导下，贯彻科学发展观，解放思想，开拓创新，大力拓展和规范律师法律服务，探索适合于行业管理的机制框架，各项工作取得了新的进展，为今后两年工作打下了较好基础。

（一）加强律协基础年建设，着力构建协会组织体系和管理体制

1. 加强组织建设，党对律师工作的领导得到强化。在省厅党委的关心和重视下，省律协在全国较早成立了协会党组。党组成立后，制定了党组议事规则，对协会发展规划、重大事项决策、重大工作部署、重要人事安排等，都坚持了集体讨论决定，保证了全省律师事业沿着正确的方向健康发展。下半年，省律协对全省律师党建工作进行了调研，理清了律师党建工作基本情况，为下一步加强律师党建工作奠定了基础。

2. 推进工作规范，构建行业规则体系取得进展。换届以来，省律协根据加强律师行业管理要求，在广泛征求意见、调研的基础上，重点做好章程、会费使用管理办法和行业规范制定办法的制定与修改工作。在5月份召开的全省第六次律师代表大会特别会议上，《江苏省律师协会章程》和《行业规范性文件制定办法》获得了通过。同时制定出台了理事会、常务理事会和会长办公会议事规则，拟定了协会财务管理制度，初步将协会各项工作纳入了规范化、制度化轨道。

3. 健全工作机构，行业管理工作全面起步。一季度，完善成立了律师发展战略研究等14个工作委员会和民事业务等13个业务委员会，为开展管理提供了组织保证。各工作委员会、业务委员会通过建章立制，明确了工作规则，扩大了行业管理的参与度。

4. 加强自身建设，机关运作效能不断提高。一方面对秘书处机构设置、岗位职能进行了研讨，并就有关情况及时向省厅提出请示和报告，较好地处理了自律管理与行政管理相结合的关系。另一方面，加强了秘书处内部的管理，出台了13项工作管理制度，规范了工作规程。

（二）认真履行行业管理职责，组织律师服务发展稳定大局

1. 组织律师参与和服务经济建设，全面提升法律服务水平。全省律师切实增强工作责任感，围绕服务“两个率先”，积极介人改革开放和经济建设各个方面。通过担任法律顾问、代理诉讼和非诉讼法律事务，努力为企业改制、产业结构调整、沿江开发、工业园区建设、对外开放、服务业发展等提供优质高效的法律服务，依法保护和促进全省经济健康快速发展。

2. 开展政府法律顾问工作，积极推进“法治江苏”建设。目前，全省律师担任各级政府法律顾问团组405个。广大律师法律顾问通过参加会议、承办法律事务等多种方式，为行政管理决策的法治化发挥了积极作用。各级律协组织律师积极参与党委政府的信访接待工作，建立了律师义务参与政府信访接待制度。针对各地征地拆迁矛盾突出情况，省律协对动拆迁矛盾与纠纷中的法律服务工作进行专题研讨，提出对应之策和立法建议，推进了拆迁法律与政策的不断完善。

3. 引导和组织律师参与立法、法律援助等社会管理和公益活动，提高律师参政议政意识。一年来，省律协先后组织近百名律师参加了《律师法（修改稿）》、《劳动合同法（草案）》、《物权法（草案）》、《南京市志愿服务条例（讨论稿）》、《行政治安处罚法（第二稿）》、《道路交通事故责任认定规则（试行）》等法律、法规的前期调研、论证和起草等工作。加强与省人大、省政协、省法制办、省高院、省检察院、省统战部等部门的联络，为广大律师更好地参政议政提供了必要的条件。同时倡导组织律师参与法律援助、“法律服务进社区”、“送法下乡”、慈善捐助等活动，展现了全省律师高度的社会责任感和匡扶正义的良好形象。

（三）突出落实执业规范，加强行业自律管理

1. 认真组织开展律师事务所规范建设年活动。专门制定了工作方案，通过组织学习交流、加强指导督查等手段，提高广大律师规范管理、科学管理、自律管理的意识。同时注重发挥工作委员会在规范建设年活动中的作用，积极调研，制定了全省律师事务所内部管理规范范本（草案）。

2. 进一步加强投诉处理工作。建立了投诉受案登记程序、案件处理督办和结案程序，做到件件有登记、

事事有落实。省律协全年受理投诉案件52件，其中，经调查不属实或不符合立案条件的19件，调解退费2件，训诫处分和通报批评各1件。在认真办理投诉的同时，对无理、不实投诉及认识不清、产生误解的投诉，注意做好耐心细致解释工作，化解了许多矛盾，维护了律师的正当执业权利。

3. 依法维护律师合法权益。既重视解决普遍问题，也关注个案维权。就江苏律师队伍职业道德与执业纪律建设情况及刑事辩护中的“三难”等问题向全国人大律师执法检查组进行了汇报。为省厅和省检察院联合下发《关于律师会见犯罪嫌疑人若干问题的通知》，协会认真研讨，多次派员参加省厅与省检的沟通，并提出了建设性修改意见。年内，先后就司宁、刘治、刘国宁律师案与有关部门协调，取得了较好的效果。

（四）注重业务培训和研讨，不断提高律师整体素质

1. 拓宽培训渠道，提高继续教育质量。根据律师要求和业务发展需要，不断调整培训内容、改进培训方式、提高培训质量。全年共组织各类律师培训6期，授课教师包括国内法学界知名专家及高等院校、省高院等部门实务专家，参训律师达1400余人。充分发挥“江苏省法律人才培训中心”载体优势，认真研究培训项目，初步形成了服务律师与服务社会相结合，加强与高校等机构合作做多做强培训的工作思路。年内还组织了三批律师赴港澳学习交流活动。

2. 积极推进律师业务交流。完成了《2004年江苏律师论文集》的编辑工作，论文集共收集50篇文章，25万字。组织、协调各业务委员会开展丰富多彩的研究和指导活动。各业务委员会全年共组织40场研讨活动，就本专业和社会热点问题进行研讨。公司法业务委员会、建筑与房地产业务委员会、金融证券业务委员会等起草拟定了相关业务操作指引，加强了对律师业务的指导。

3. 精心组织参加学术交流活动。先后协助全国律协在苏州召开“公益诉讼、人权保障与和谐社会”国际学术研讨会，与浙江省、上海市律协和美国律协在杭州共同主办了“房地产律师实务理论国际研讨会”，选派律师赴内蒙古讲课并接待了内蒙古律师交流培训团。积极组织、引导律师参加重大学术交流活动。下半年起，凡律师参加由省律协倡导组织的学术交流活动，省律协均给予适当经费资助，在律师中产生良好反响。第二十二届世界法律大会、第五届中国律师论坛和第三届华东律师论坛，协会加强了组织服务，均以组团方式参加。其中“第五届中国律师论坛”全省共有17人参加，有7位律师代表做了精彩讲演，名列全国第三，占发言人数的8.4%，12人获优秀论文奖，占获奖总数的8.6%。

（五）加大宣传力度，树立律师良好社会形象

为了培养一批优秀青年律师，上半年，省律协与团省委等10部门组织开展了首次“江苏省十大杰出（优秀）青年律师”评选活动。5～11月，省律协、省司法厅又共同在全省开展“江苏省十佳律师”评选活动，得到了全省律师的积极响应。在全国第六次律师代表大会上，我省有4家律师事务所获得全国优秀律师事务所称号，有6名律师获得全国优秀律师称号，2名律师获“为律师行业管理工作做出无私奉献”荣誉称号。

为了加强对社会的宣传，省律协重视了江苏律师网站建设工作，多次组织调研，网站改版筹备运作基本就绪。与南京电视台协办《法治现场》栏目，取得良好的社会宣传效果。此外，全年还编发协会简报19期，从10月份开始实行月度工作通报制度，律协工作与全省律师积极互动的举措正在逐步落实。

（六）丰富律师文体生活，有序开展律师福利事业

组织开展文体活动。9月，在镇江成功举办了“王江南”杯全省律师乒乓球比赛并选拔9名选手参加第三届苏浙沪律师乒乓球联赛，我省取得了女子单打第一、团体第二的好成绩。组织律师参加了长三角律师围棋友谊赛，举行了全省女律师第六次联谊活动。关注会员的健康和生活。一年来，有些律师身患重病等，省律协都及时派员或与地方律协一起，给予必要慰问。全年先后对盐城、泰州、无锡因病、伤、亡的12名律师或家庭进行了走访、慰问。倡导各市和省直分会适时组织了律师体检工作，受到律师欢迎。

江苏省律师协会会刊《江苏律协简报》，并于2001年正式开通江苏律师网（www. jsls. org），主要栏目有信息速递、最新法规、理论研讨、律师文苑、要案点击、热点评述、社区热点、法律咨询。

福建省律师协会工作概况

一、福建省律师现状

2005年，福建省共有注册律师3799人，其中社会律师3345人，法律援助律师132人，公职律师232人，公司律师90人；律师事务所333家，其中合伙所300家，社会律师业务收入43898.72万元。

二、协会重要工作会议

（一）律师代表大会

6月6日，福建省律师协会第七次律师代表大会在

福州召开，全省139名律师代表出席了会议。本次会议的主要任务是回顾总结省律师协会第六届理事会工作，并对新一届理事会工作提出建议；根据全国律协统一制定的《律师协会章程》，制定《福建省律师协会章程》；选举产生福建省律师协会新一届理事会和第一届监事会、会长、副会长。新一届理事会全部由执业律师组成，构建了议事、决策、执行、监督互相配合、互相支持又互相制约、互相监督的工作机制。常务理事会按照行业管理的要求，实现了工作分工，确定了相应的工作责任制。监事会建立了相应的工作制度，明确了工作职责和监督范围。根据行业管理的需要，调整、充实和新设了8个专门委员会和6个专业委员会。

（二）常务理事会

5月28日，福建省律师协会第六届常务理事会第八次会议在福州召开，本次会议的主要议题有：①由省律协秘书处汇报代表大会筹备工作情况；②讨论提交代表大会审议的若干个报告；③审议代表大会的相关议程；④审议与代表大会有关的其他事项。经过一天的会议，与会人员就如何开好第七次全省律师代表大会进行了充分的交流，并就本届理事会提交大会审议的工作报告进行了讨论，为第七次全省律师代表大会的顺利召开打下了基础。

6月7日，省律协第七届常务理事会召开第一次会议，根据省厅的建议名单，聘任肖仁辉担任秘书长，聘任刘瑞兰、卢春岳、娄晓丹担任副秘书长。

7月9日，省律协第七届常务理事会第二次会议在福州马尾召开，会议讨论了常务理事、会长、副会长、秘书长、副秘书长的职责分工及下一阶段的工作安排；根据第七次全省律师代表大会的修改意见，审议通过了《福建省律师协会章程》和《福建省律师协会会费收取标准暂行办法》；听取了肖仁辉秘书长关于秘书处机构调整设置的报告。

9月3日，福建省律师协会第七届常务理事会第三次会议在福州召开。常务理事会听取了秘书处关于第二次常务理事会以来工作的进展情况的通报；审议决定各专门委员会委员；审议通过行业管理的有关规章制度；听取秘书处关于赴浙江省律协的考察报告；听取秘书处关于部分涉案律师的情况通报；研究部署下阶段的工作安排及其他重大事项。

（三）监事会

7月8日，福建省律师协会第一届监事会第二次会议在福州召开。监事长郑新芝、监事许永东、林琛、魏星、涂崇禹出席了会议。与会监事就监事会2005年下半年工作计划；监事会成员的具体分工及职责；对省律协第七届理事会及各部门委员会监督事项及方式；对监事会经费开支范围及使用；指派监事列席省律协第七届常务理事会第二次会议等五个议题进行了充分的讨论。

（四）会长办公会

7月8日，省律协第一次会长办公会议在福州马尾召开，会议由省律协第七届理事会会长洪波主持，副会长徐军、孙卫星、蒋方斌、杨新华出席了会议，省律协第一届监事会监事长郑新芝、监事许永东、省律协秘书处秘书长肖仁辉、副秘书长刘瑞兰、卢春岳、娄晓丹及部分秘书处工作人员列席会议。会议研究决定了第二次常务理事会的议题和其他重要事项。

9月2日，福建省律师协会第七届理事会第二次会长办公会议在福州召开。洪波会长主持了会议，会议听取了各位副会长自第二次常务理事会以来各自分管工作的进展情况；审议批准了秘书处有关规章制度；审议通过提交第三次常务理事会的相关议题。

三、协会重要工作

（一）以开展“合伙律师事务所规范建设年”活动为契机，做好行业管理的建章立制工作

省律协积极参与“合伙律师事务所规范建设年活动”，参与制定了《关于开展合伙律师事务所规范建设年活动的实施方案》和《关于进一步建立健全律师队伍建设长效机制的实施意见》；参与全省合伙律师所主任及合伙人培训的部分授课任务；参与了合伙律师事务所经验交流会；参与了莆田、省直两地的规范建设年的督导工作。工作中紧紧抓住规范建设中的重点环节，针对规范管理中的突出问题、合伙主体中存在的不适格问题、群众投诉反映强烈的问题以及少数党员先锋模范作用发挥不够的问题，创造性地加以规范和整改。经过8个月来的动员部署、学习交流、查找整改、检查督促、总结验收五个阶段的工作，初步达到了增强管理意识，明确管理责任，加强制度建设，提高服务质量这一主要工作目标。

针对行业管理中部分制度不健全、无章可循等问题，新一届律协重视规章制度建设，着力构建以《章程》为核心，以组织规则、行为规则和业务规则为组成的规则体系，实现行业管理的长效机制。修订、完善了《理事会议事规则》、《常务理事会议事规则》、《会长办公会议规则》、《专门委员会及专业委员会工作制度》、《会费收取标准暂行办法》、《教育委员会工作规则》、《律师事务所和律师诚信制度建设规范》等17项规则规范，确保议事、决策各个环节有法可依、有章可循。

（二）适应行业管理需要，调整秘书处机构设置

随着行业管理职能的逐步到位，省律协秘书处承担着十分繁重的任务，原有“三部一室”的设置，已不能适应工作的需要，我们借鉴了其他兄弟省市的做法，将秘书处各部室设置调整为“六部一室”，并按照服务、参谋、保障、联络的要求，重新划定各部室职责，并与相应的专门委员会、专业委员会建立有序有效的工作机制。

（三）完善律协机构建设，成立宣传联谊、诚信建设、省律协惩戒与复查、执业维权、教育5个专门委员会和刑事、民事、经济、行政4个专业委员会

1. 成立宣传联谊委员会。

9月27日，省律协宣传联谊委员会成立会议在福州召开，全体委员出席了会议，副主任委员王建主持了会议。会议审议通过了委员会《工作规则》和《工作纲要》；该委员会主任蒋方斌在会上通报了省律协常务理事会第三次会议通过的《律师宣誓规则》；讨论和修订了省律协第七届常务理事会第三次会议原则通过的《会员奖励办法实施细则》和《优秀律师事务所律师评定办法》；讨论研究了委员会今年第四季度和明年的工作方案。

2. 成立诚信建设委员会。

9月28日下午，省律协诚信建设委员会成立会议在福州召开，全体委员出席了会议，副主任委员郑其宝主持了会议。会议通过了该委员会的《工作规则》和《有关委员会差旅开支费用报销规定》；该委员会主任委员徐军通报了省律协常务理事会第三次会议原则通过的有关我省律师业诚信建设的系列规定；讨论、修改了相关规定的有关条款，如违纪违规披露等；对今后工作进行计划安排，拟建立健全全省律师及律师事务所诚信档案建设和制作推荐律师办案风险告知书以及合同文本等多项工作，并对上述工作进行了分工。同时，对明年的工作计划提出了经费预算。

3. 成立惩戒与复查委员会。

9月29日下午，省律协惩戒与复查委员会成立大会在福州召开。委员会主任徐军、副主任周红、郑其宝、全体委员以及各设区市律协惩戒委员会代表参加了成立大会。会议由郑其宝副主任主持。经会议讨论、修改，原则上通过了《福建省律师协会惩戒与复查委员会工作规则》和《福建省律师协会惩戒与复查委员会关于律师协会会员违规行为处分听证程序的规定》，并讨论了《办案人员差旅费开支规定》；会议还讨论、通过了今年第四季度和2006年的工作计划；同时对该委员会和设区市律协、省直分会惩戒委员会工作如何衔接、配合、协调等问题进行了热烈的讨论。

4. 成立民事、经济、行政法律业务委员会。

10月30日，省律协民事、经济、行政法律业务委员会在福州富黎华大酒店召开成立大会暨第一次全体委员会议。民事法律业务委员会主任许明、经济法律业务委员会主任许培卿、行政法律业务委员会主任李海亮分别主持了各自委员会的成立大会，并就《福建省律师协会专业委员会工作规则（草稿）》进行了讨论和修改。

5. 成立教育委员会。

11月26日、27日，省律协在泉州召开省律协教育委员会成立大会暨第一次工作会议。省律协副会长孙卫星及教育委员会全体委员出席了会议，省律协秘书长肖仁辉、副秘书长娄晓丹及省律协刑事、民事、经济、行政、涉台港澳侨五个专业委员会主任应邀列席了本次会议，会议由教育委员会主任孙卫星，副主任郑新平、副主任曹卫主持。会议对《继续教育培训管理办法》、《继续教育培训师资管理办法》、《专业委员会工作规则》、《教育委员会活动规则》进行了讨论和修改；对教育委员会和各专业委员会明年的工作计划提出了意见和建议。

6. 成立执业权利保障委员会。

11月26日上午，省律协执业权利保障委员会成立大会在福州召开。委员会全体委员参加了本次会议，主任委员杨新华主持了本次大会。会议审议通过了《律师执业权利保障委员会工作规则》；讨论修改了《律师救助基金管理办法》；讨论了明年委员会的工作计划和经费预算。省律协会长洪波出席会议并作了讲话。

7. 成立刑事法律业务委员会。

11月12日下午，省律协刑事法律业务委员会在厦门成立，李明担任主任。全体刑事法律业务委员会委员出席了成立会议，会议由刑事法律业务委员会副主任委员李伟民主持。会议就修改《专业委员会工作规则》、委员会明年工作计划等内容进行了讨论。

（四）强化业务培训、创新研讨形式，组织举办首届福建律师论坛

10月13日~15日，省律协在福州西湖宾馆召开首届福建律师论坛，主题为“构建和谐社会与律师业发展”，省司法厅副厅长薛育卿同志出席开幕式并致开幕词，省司法厅副厅长、省律协党委书记陈勇到会并为获奖的单位和个人颁奖，省社科院院长严正、省人大法工委副主任游劝荣等领导出席开幕式并作了主题演讲，省律师协会会长洪波出席会议并在闭幕式上作了总结发言。为开展好本次论文研讨活动，省律协通过发动，共收集到论文1398篇，经民事、刑事、经济、

行政法律业务委员会审阅，筛选出120篇论文作为本届论坛的交流材料。经过分论坛交流、大会交流，莆田等5个设区市律师协会和福建建达律师事务所等10个律师事务所获得论文组织奖，郑金火律师撰写的《论死刑的程序限制》等4篇论文获优秀论文一等奖，许明律师撰写的《交警电子取证的法律思考》等8篇论文获优秀论文二等奖，张文锋律师撰写的《关于创建我国刑事被害人财产权益保护制度的构想》等12篇论文获得优秀论文三等奖。

（五）积极投身社会工作，成立省政府侨办“律师顾问团”

8月23日，省律协精心筛选，推荐洪波、于宁杰、王云英、孙卫星、许永东、许明、许培卿、陈壮、陈新云、杨新华、胡适荣、徐军、蔡丽石羡、魏星、李伟民15位律师，成立了“福建省政府侨务办公室法律顾问团”。发挥律师职能作用，依法维护海外侨胞、港澳同胞、归侨侨眷的合法权益，维护侨胞在闽投资融资、民商事等活动的合法权益。

（六）以开展先进性教育活动为契机，加强律师队伍党建工作

大力加强全省律师队伍党组织建设。各级司法行政机关和律师协会的共同努力下，截止目前，省、市两级律师协会、省直分会及相关律师事务所都成立了党委、党总支、党支部或联合总支部，共成立了2个党委、7个党总支、86个党支部或联合党支部，形成了覆盖全省的律师行业党的建设工作组织体系。

完善、规范律师党组织规章制度。结合律师行业特点，根据《党章》的有关规定，省律协党委制定了《省律协党委议事规则》、《律师事务所党支部发展党员程序及制度》、《律师事务所党员发展公示制度》、《律师事务所民主评议党员制度》、《律师事务所党支部工作制度》、《党风廉政建设制度》、《福建省律师协会纪律检查委员会工作规则》、《福建省律师协会纪律检查委员会信访举报工作规则》等8项制度，使得律师党组织工作更加规范，有法可依、有章可循。

（七）关心下一代成长，积极推进“律师普法进校园活动”

为了贯彻落实《中共中央国务院关于进一步加强和改进未成年人思想道德建设的若干意见》精神，扎实推进“四五普法”，提高青少年学生的法律意识和法律素质，省律协未保委积极与多家单位商讨，决定联合开展“律师普法进校园”宣传教育活动。5月20日~21日，福建省律师协会未保专业委员会在福州市梅峰宾馆隆重举行了“律师普法进校园”启动仪式，中华全国律师协会未成年人保护专业委员会主任佟丽华、团省委副书记俞开海、福建省教育厅副厅长施祖美以及省妇联权益部、省法律援助中心、司法厅宣传处等单位的领导出席了启动仪式，启动仪式上，团省委副书记、福建省司法厅陈勇副厅长及佟丽华主任分别作了重要讲话，曹卫主任宣读了“律师普法进校园”活动的实施方案。佟丽华主任、福建省少年管教所的干警、福建省高院少年审判指导小组办公室主任、福建师范大学心理学专家以及福建省教育厅未保办主任为律师代表讲授与未成年人有关的专业课程。

省律协在启动仪式和培训活动结束后就积极抓落实，各地律师协会积极响应，开展了各种形式的校园普法活动。三明市、龙岩市、漳州市以及宁德市等地、市还专门成立了律师普法进校园的工作组。福建律协未保委参与开展的这项工程浩大的普法工作，收到很好的效果，在社会上引起了非常好的反响，电视台、报纸媒体争相报道，为福建律师赢得了良好的社会声誉，提升了律师行业的社会形象。

（八）创立、完善全省律师诚信档案，并建立配套的规章制度

在“福建律师网站”，开设了“诚信档案”栏目，建立了全省律师事务所和律师个人的诚信档案资料库。做到每位律师、每个事务所都有一个“诚信档案”，全省3000多名律师和300多家律师事务所基本情况全部录入“福建律师网站”并向社会公开。公众可以用非常便捷的方式，查询到一个律师和律师事务所的档案，了解到其基本情况以及律师或律师事务所是否曾经被行政或刑事处罚的信息。

省律协还制定了一系列诚信建设的规章制度。我们根据《中华人民共和国律师法》、司法部《律师执业证管理办法》以及《福建省律师协会章程》等，制定了《律师协会会员和律师事务所其他工作人员登记管理办法》、《律师事务所和律师诚信制度建设规范》、《申请执业人员品行认定办法》、《业务质量监督检查制度》、《律师违规行为认定、记录和披露规则》。

（九）加强对外交流，诚恳向兄弟协会学习

1. 省律协第七届常务理事会赴浙江考察。

为进一步做好我省律师行业管理工作，学习借鉴兄弟省、市在行业管理方面的先进经验，我会于7月22日至26日组成了以洪波会长为团长，以常务理事、省、市律协部分秘书长、省律协秘书处工作人员为成员的福建律协考察团，赴浙江省考察。考察团一行13人在浙江期间，听取了浙江省律协领导就浙江省律协的制度建设、组织机构设置等诸多方面的经验介绍；走访了宁波市律师协会、温州市律师协会及部分律师事务所，就设区市律协的建设和发展、律师事务所建

设等内容进行了经验交流。

2. 省律协第一届监事会赴北京考察。

7月21日、22日，省律协第一届监事会组成由郑新芝监事长领队，监事许永东、林琛、涂崇禹为成员的考察团，赴北京市律师协会，就北京市律协监事会工作机构设立情况；监事会职权及行使方式；监事会的权利及义务；监事会与协会相关部门工作关系；监事会规则的制定及修改；监事会秘书处工作；监事会经费支出等内容进行考察。

3. 北京律协考察组来我省交流考察。

11月17日，北京市律师协会副会长彭雪峰率北京律协考察组一行6人来我省交流考察。在省律协召开的座谈会上，省律协会长洪波、副会长徐军、蒋方斌，常务理事王建、曹卫，监事长、省直分会会长郑新芝、副会长王云英等领导向北京同行介绍了我省律师的情况。双方还就律师协会构架、运作模式以及秘书处自身建设、规章制度建设、财务管理、奖惩工作、对律师事务所的管理和业务指导等内容进行了交流。省律协向北京市律协取经，决定在06年开展“福建省律师事务所管理状况调研活动”。

（十）加强律师文化建设，倡导行业文明风尚

1. 省律协举办“第一届福建律师羽毛球比赛”。

为丰富我省广大律师的业余文化生活，倡导健康、文明的行业风尚，增进律师间的交流和合作，省律协于12月2日至4日在厦门集美大学举办了“第一届福建律师羽毛球比赛”。各设区市律协、省直分会通过充分的组织发动，在选拔赛的基础上，组成了10支代表队71名律师参加了比赛。经过3天的激烈角逐，产生了男单、女单、男双、女双、混双等5个单项冠军，厦门、省直、福州荣获团体前三名。

2. 省律协对福建省律师协会网站进行改版，加强网站宣传职能。

2005年省律协对福建律师网站进行改版，在完善原有栏目的基础上，新设了资讯中心、诚信档案、法律法规、律师黄页、律师培训、在线服务、会员服务、会刊之窗、BBS论坛等栏目，确保协会的所有活动都能够及时地在网上得到体现，弥补了《福建律师》编辑周期偏长，信息滞后的情况，是广大律师掌握业界动态、获取最新法律法规的快速途径，同时为律师提供了一个互相交流的平台。

3. 省律协与省电视台等单位联合举办“让我们同行”大型法律知识趣味比赛活动。

为了加强普法宣传、弘扬法制理念、构建和谐社会、共创平安福建，省律协联手福建电视台综合频道《与法同行》栏目组、福建省法制宣传领导小组办公室、中国平安人寿保险有限公司福建分公司，于12月18日，在福州市金牛山公园共同举办“让我们同行”大型法律知识趣味比赛活动。本次活动以笑话、歌舞、小品等不同表演形式，向广大群众宣扬法制意识、普及法律常识。同时，省律协组织王建、吴浩沛等四位律师在法律知识趣味比赛现场解答与评述法律问题，组织姚仲凯等11位律师在场外开设义务法律咨询，保证了参与群众的广泛性。许多群众纷纷表示，举办这样的活动，既丰富了广大群众的文化生活，又取得了很好的普法效果。

4. 配合省电视台策划制作春节特别节目——“助学行动”。

春节前夕，闻讯省电视台要制作一组春节特别节目，省律协积极与电视台联系磋商、策划，最终决定以我省蒋方斌律师个人捐资建立“明媚助学基金”的事迹作为主题进行宣传。省电视台邀请了基金管理委员会会长洪波以及几名受资助的学生，并制作了一期亲切感人的访谈节目。该节目在春节期间连续重播了三天，至真至诚、催人泪下，很好地宣传了律师队伍中的好人好事，树立律师的良好形象。

《福建律师》为福建省律师协会会刊，双月出版。刊内栏目包括“本期特稿”、“本期焦点”、“观察思考”、“研究探索”、“视点难点”、“办案手记”、“疑案评析”等。

福建省律师协会网（www.fjlawyers.net）主要栏目有“协会简介”、“律界动态”、“法制新闻”、“诚信信息”、“法律法规”、“律师黄页”、“律师培训”、“在线服务”、“会员服务”、“会刊之窗”等。

江西省律师协会工作概况

一、江西省律师现状

2005年江西省执业律师达到1963名，其中：专职律师1869名，兼职律师94名，律师事务所282家，其中，合伙制律师事务所142家，合作制律师事务所42家，国资律师事务所98家。业务收入共计9672.2万元，其中法律顾问共6184件；刑事诉讼辩护及代理共8432件；民商事案件诉讼代理共29376件；行政案件诉讼代理共970件；非诉讼法律事务共14844件。

二、协会重要工作会议

（一）理事会

4月29日至30日，省律协召开了四届律协第二次理事会。省司法厅党组成员、副厅长、省律协党委书

记吴志坚出席会议并讲话。会议由省律师协会会长方世扬主持。会上，程新太副会长作常务理事会工作报告；廖泽方副会长作关于对原则通过的《江西省律师协会章程》的补充说明；何大年副会长作财务报告（2004年6至12月会费收支情况报告及2005年会费收支预算方案）；杨西副会长宣读我省二级律师协会会费收缴及使用管理办法；廖泽方副会长宣读理事会议事规则。与会理事对此进行了讨论，并提出了相应的意见。理事会采纳了部分理事提出的意见。会议审议并通过2004年度的工作报告；通过了《江西省律师协会章程》及补充说明；通过财务报告；通过会费收缴及使用管理办法；通过《江西省律师协会理事会议事规则》。以推举方式产生参加第六次全国律师代表大会江西代表及理事候选人。

（二）常务理事会

4月16日，省律协召开四届五次常务理事会。喻曹清副厅长出席会议，会议的主要内容：聘任唐锋同志为省律协秘书长；审议并通过2004年工作总结及2005年工作计划；讨论并通过会费收支情况报告；对第四次律师代表大会原则通过的《江西省律师协会章程》进行修改并通过；审议并通过2005年度会费开支预算；讨论并通过《常务理事会议事规则》、《理事会议事规则》、《会长办公会议事规则》、《专门工作委员会议事规则》、《专业委员会会议议事规则》及专业委员会主任人选。

4月29日，省律协召开四届六次常务理事会。吴志坚副厅长参加会议，会议的主要内容：确定即将召开的四届二次理事会的会议议程以及向全国律协推举第六次全国律师代表大会代表候选人及理事候选人的名单。

7月9日，省律协召开四届七次常务理事会。会议的主要内容：聘任魏涛源同志为省律协副秘书长；唐秘书长传达第六次全国律师代表大会的有关精神；确定各专业委员会的副主任委员及商议各专门、专业委员会委员人选；确定各专门、专业委员会正、副主任委员会议召开的时间；确定组织常务理事分两个组、按南北两条线路赴兄弟省市进行考察。

11月26日，省律协召开四届八次常务理事会。吴志坚副厅长参加会议，会议的主要内容：聘任李超同志为省律协副秘书长；常务理事们就外出学习考察情况及体会建议向常务理事会汇报。

江西省律师协会于1983年创办《江西律师》，主要栏目有重要活动、律师党建、律师论坛、法学论坛、专家讲坛、参政议政、律所专栏、案例评析、信息动态、法规速递等。

2005年3月创办《律师动态》，主要栏目有两结合管理要闻、律师党建、重要会议、律师培训、专业委员会活动、省际交流、立法调研、业内动态、通知公告、警钟长鸣、投诉预警、健康“金玉良言”等。

2003年创办江西省律师协会网站，主要栏目有首页、律协简介、通知、公告、法规查询、电子杂志、律师黄页、留言板、经典案例等。

山东省律师协会工作概况

一、山东省律师现状

截至2005年底，全省共有执业律师7724人（含公职律师16人，公司律师20人），律师事务所674家，其中合伙所342家，合作所283家，国资所44家，个人命名所5家。一年来共担任法律顾问19737家，刑事诉讼辩护及代理24919件，民事案件诉讼代理75662件，经济案件诉讼代理24279件，行政案件诉讼代理3462件，非诉讼法律事务41125件，涉外及港澳台631件，解答法律咨询491219人次，代写法律事务文书132902件，避免和挽回经济损失102.84亿元。全年律师业务收费6.34亿元，为公益事业捐款35万元，提供义务法律服务咨询319619件。

二、协会重要工作会议

（一）代表大会

1月10日至11日，山东省第六次律师代表大会在济南召开。省委副书记高新亭、司法部副部长段正坤、中华全国律师协会会长高宗泽和省司法厅厅长陈明甫出席会议并作重要讲话。省律协第五届理事会会长梁德超作工作报告。会议按照司法部和全国律协关于律协领导班子全部由执业律师担任的要求，选举产生了由67名执业律师组成的第六届理事会，审议通过了省律师协会第五届理事会工作报告和会费收支情况报告。这次会议的召开，是山东省律师界的一件盛事，在山东省律师业发展史上具有里程碑式的重要意义，对于进一步完善“两结合”管理体制，切实把省律师协会建设成为充满生机与活力并能有效履行律师行业管理职能的自律性组织具有重要意义。

（二）理事会

1月11日，山东省律师协会第六届理事会第一次会议选举产生了由15人组成的常务理事会，选举杨伟程为会长，王广仁、马全平、王建平、李宗禄、李晓明、王瑛为副会长，决定聘任梁德超为名誉会长。

5月22日，山东省律师协会第六届理事会第二次会议在济南召开，56名理事参加，11名理事因事因病请假。省司法厅副厅长、省律协党委书记刘爱卿出席会议并讲话。会议传达学习了全省“规范执法行为、促进执法公正”专项整改活动电视电话会议精神。表决通过了《山东省律师协会理事会议事规则》。根据全国律协的有关要求及条件，以差额选举的方式选举产生了山东省出席第六次全国律师代表大会的代表及全国律协理事候选人。

（三）常务理事会

1月11日，山东省律师协会第六届常务理事会第一次会议决定聘任关永年为秘书长。

2月21日，山东省律师协会六届常务理事会第二次会议在济南召开，15名常务理事全部参加会议。省司法厅副厅长、省律师协会党委书记程辉参加会议并讲话，省司法厅律师管理处处长周杰、省律师协会秘书长关永年列席会议。全体与会人员就实行“两结合”管理体制后，省律师协会怎样更好地全面履行各项职能、尽快开展好各项工作进行了认真讨论。会议原则通过了《山东省律师协会秘书处机构设置方案》、《山东省律师协会2005年工作要点》、《山东省律师协会常务理事会议事规则（试行）》、《山东省律师协会理事会议事规则（试行）》、《山东省律师协会财务管理暂行办法》，会议决定设立省律师协会律师行业发展战略研究委员会、律师权益保障委员会、业务指导及教育培训委员会、财务委员会、奖励与惩戒委员会、女律师工作委员会、会员事务及文体委员会、宣传联络委员会等8个专门委员会和刑事业务委员会、民事业务委员会、涉外业务委员会、知识产权业务委员会、房地产与建筑工程业务委员会、金融证券业务委员会、行政业务委员会、公司业务委员会、未成年人保护委员会、法律援助业务委员会、海事海商业务委员会等11个专业委员会。

5月21日，山东省律师协会六届常务理事会第三次会议在济南召开。14名常务理事参加会议，1名常务理事因事请假。省司法厅副厅长、省律师协会党委书记刘爱卿参加会议，省律师协会秘书长关永年列席会议。会议决定在全省律师队伍中积极开展“规范执法行为，促进执法公正”专项整改活动，号召全省各级律师协会、各律师事务所和广大律师，要认真学习贯彻全国、全省和司法部电视电话会议精神，切实把思想统一到中央和省委的决策部署上来，增强自觉性、责任感和紧迫感，确保律师队伍专项整改活动取得扎扎实实的成效。会议就我省参加全国律师代表大会代表和理事候选人的选举办法和有关程序问题进行了研究和部署。审查通过了省律师协会各专门、专业委员会组成人员，原则通过了《山东省律师协会会长办公会议事规则》、《山东省律师协会专门委员会规则》、《山东省律师协会专业委员会规则》，并决定聘请香港律师何志强为省律师协会第六届理事会顾问。

9月10日，山东省律师协会六届常务理事会第四次会议在济南召开，14名常务理事出席会议。省司法厅副厅长、省律师协会新任党委书记齐延安同志出席会议并讲话，省律师协会秘书长关永年列席会议。会议原则通过了《〈山东律师〉办刊方案》，并就成立《山东律师》编委会等事项作了进一步明确。会议原则通过了《关于为常务理事参加省律协活动报销差旅费的通知》，要求再作适当修改后下发执行。对“全省优秀律师事务所”和“全省优秀律师”的评选工作，要求必须严格按照规定的标准和程序进行，确保评出一批具有示范性、代表性的优秀律师事务所和优秀律师。会议通过了王瑛同志辞去省律协理事、常务理事、副会长职务的申请。

三、协会重要工作

（一）充分发挥行业管理职能，带领全省律师搞好专项整改和规范建设年活动

按照省委政法委、司法部、全国律协的部署和省司法厅的统一安排，积极发挥行业协会的作用，动员和带领全省广大律师，投入到“规范执法行为，促进执法公正”专项整改和合伙律师事务所规范建设年活动中去。

1. 按照省司法厅党委的要求成立了“省律师协会‘规范执法行为，促进执法公正’专项整改活动领导小组”。

2. 制定了《关于在全省律师队伍中开展“规范执法行为，促进执法公正”专项整改活动的实施方案》。

3. 召开省律协六届理事会第二次会议，认真传达学习了全省“规范执法行为，促进执法公正”专项整改活动电视电话会议精神，特别是高新亭副书记和陈明甫厅长的重要讲话。各市律师协会、全省律师事务所和广大律师积极投身到专项整改活动中去，与合伙律师事务所规范建设年活动相结合，作为巩固、深化集中教育整顿成果的重要措施来抓，达到了预期目的，收到了明显成效。全省各市律协全年共作出行业处罚决定18个，行业处罚律师22人、律师事务所10家。

（二）按照定规矩、打基础、树形象的要求，大力加强律协自身建设

1. 建立完善了“两专”委员会。专门委员会、专业委员会是律协机构的重要组成部分，在2月21日召开的省律协六届常务理事会第二次会议上，研究成立

了行业发展战略研究委员会等8个专门委员会和刑事业务委员会等11个专业委员会，各个委员会的主任由常务理事兼任，保证了各个委员会作用的有效发挥。

2. 建立了独立的律协秘书处。在全部由执业律师组成新一届律师协会的情况下，建立一个精干、务实、高效的秘书处是当务之急。按照省律协六届常务理事会第二次会议审议通过、省司法厅党委同意的《山东省律师协会秘书处机构设置方案》，依据公开、公平、公正、择优的原则，向社会招聘具有大学本科以上学历的工作人员。经过笔试、面试、考查等环节，历时两个月，从140多名报考人员中录用7人，加上原有工作人员，目前省律协秘书处已有正式聘用人员12人，基本满足了工作需要。在人员基本到位的情况下，大力加强省律协秘书处自身建设。在省厅的大力支持下，装修了办公室、会议室、资料室，购置了现代化的办公设备，省律协的对外形象大大提升；采用以会代训、发放学习资料自学、个别指导等方式，加强了对新进人员的培训，经过短短半年时间，大家的工作能力和水平有了长足进步。

3. 制定了一批行业组织规则。本着急用先定的原则，先后制定通过了《山东省律师协会理事会议事规则》、《山东省律师协会常务理事会议事规则》、《山东省律师协会专门委员会议事规则》、《山东省律师协会专业委员会议事规则》等，省律协理事会、常务理事会的各项工作基本做到有章可循。

4. 做好了《山东律师》刊物出版、山东律师网开通的准备工作。

（三）认真做好山东省优秀律师事务所、优秀律师评选工作

根据省司法厅党委的统一部署，在省律协党委、常务理事会的精心组织下，省律协在全省范围内开展了为期四个月的“山东省优秀律师事务所”、“山东省优秀律师”评选活动。整个评选工作坚持公平、公正、公开的原则，严格按照规定的标准和程序进行，经过自评申报阶段，各市律师协会初评、公示、推荐阶段，评审组书面评审和实地考察等阶段，省律协作出关于表彰山东省优秀律师事务所和山东省优秀律师的决定，授予山东德义律师事务所等49家律师事务所“山东省优秀律师事务所”称号，授予董一鸣等54名律师“山东省优秀律师”称号。

四、党务工作和机关建设

按照省委、司法部关于加强党建工作的总体部署和要求，我省不断探索、总结体现时代要求和律师工作特点的律师行业党建工作的新路子、新方法，收到明显成效。主要做法是：

1. 抓好组织体系建设，基本健全了律师行业党的组织。从律师行业的实际出发，在全省建立起“司法行政机关党委（党组）领导、律师协会党组织主管、支部建在所上”的律师行业党组织体系。全省律师事务所，凡有3名以上党员、符合条件的都建立了党支部，不具备单独建立党支部条件的绝大多数成立了联合党支部。至2005年底建立党支部的所已达553个。

2. 抓好党员的教育管理，较好地发挥了党员的模范带头作用。始终把践行“三个代表”重要思想作为党员教育的重要内容，坚持经常性地开展理想信念教育、爱岗敬业教育、服务为民教育、诚信执业教育等“四项教育”，从思想上解决为谁服务和怎样服务的问题。

3. 抓好党的组织生活，增强了党组织的内在活力及其在律师队伍中的影响力和凝聚力。针对律师办理业务分散、人员不便集中的实际情况，要求律师事务所党组织充分利用周末进行党组织活动，将活动方式转向小型、灵活和多样性。

4. 抓好制度建设。省律协党委成立后，制定了《中共山东省律师协会委员会议事规则》，明确了省律协党委的职责范围和工作程序；制定下发了《关于加强全省律师行业党建工作的意见》，对全省律师行业党建工作的指导思想、目标要求、主要任务以及律师行业党组织的工作职责等提出了明确要求。市一级的律师协会党组织，也都陆续制定了相应的工作规范，通过制度建设加强和规范对党员的管理。

河南省律师协会工作概况

一、河南省律师现状

河南省共有律师事务所553家，专职注册律师5594人，兼职274人，法律援助律师及公职律师400余人。全省律师全年共办理刑事案件24507，民事案件63575件，经济案件29616件，行政案件5616件，办理各类非诉讼法律事务197445件，担任法律顾问17313家，为企事业单位和个人避免挽回经济损失约40亿元。

二、协会重要工作会议

（一）理事会

2005年4月23日在三门峡召开了五届三次理事会，全体理事参加，执行会长张栋主持，副厅长周济生参加会议。会议审议并表决通过了《河南省律师协会2005年会费交纳及配置办法》和《河南省律师协会

2005年会费预算方案》；会议通过了《关于推选第六次全国律师代表大会代表及理事候选人方案的建议》，决定由省律师协会五届理事会第四次会议选举产生我省参加第六次全国律师代表大会的代表及理事候选人。

2005年5月23日，五届四次理事会在郑州召开。执行会长张栋主持，省司法厅副厅长周济生出席了会议，律师管理处和秘书处有关人员列席了会议。(1)会议表决通过了《第六次全国律师代表大会河南代表及理事候选人选举规则》，并根据该规则投票选举产生了出席第六次全国律师代表大会的河南代表及理事候选人；(2)会议选举出张栋为我省律师协会出席全国第六律师代表大会的团体会员代表；(3)会议对《河南省律师协会律师避免执业利益冲突规则》进行审议，原则上通过了该规则。会议对《合伙制律师事务所律师聘用合同指引》和《河南省律师执业风险告知与执业公示规则》进行了讨论，并决定，修改后提交五届五次理事会审议。

（二）常务理事会

2005年4月23日，五届常务理事会第二次会议在三门峡召开，执行会长张栋主持了会议。会议增补河南民青律师事务所主任、一级律师李富强担任省律协房地产法律业务委员会轮执主任；会议增补河南栋梁律师事务所律师、刑法硕士、副研究员赵新河担任省律协医事法律业务委员会轮执主任；会议决定由省法律援助中心副主任、二级律师李洪涛担任新成立的省律师协会未成年人保护业务委员会主任，河南国是律师事务所律师岳恒旭、金博大律师事务所律师张宾峰、河南路通律师事务所律师李喜云担任副主任。

（三）会长办公会

五届理事会第二次会长办公会于2005年元月9日召开，7位会长及律师协会党组书记、副厅长周济生，秘书长宋智慧、副秘书长刘卫星参加了会议。会议审议并通过了《省女律师合唱团筹备成立及经费预算报告》；会议经过讨论，通过了《省律师协会会费收支管理程序规定》；会议通过了并决定向理事会提交《省律师协会会费预算》；会议讨论通过了《律师协会秘书处聘用人员工资待遇规定》；会议讨论通过了《2005年律师协会工作意见》。

2005年4月17日召开了五届理事会第三次会长办公会，7位会长及秘书长宋智慧、副秘书长刘卫星参加了会议。会议研究通过了《河南省律师协会2005年会费交纳及配置办法》，并决定向理事会提交该办法；会议决定提请理事审议变更个别业务委员会主任；会议决定向理事会提交《关于推选第六次全国律师代表大会代表及理事候选人方案的建议》。

2005年5月19日，第四次会长办公会在司法厅召开。陆咏歌副会长因事请假，其他6名会长到会，周济生副厅长、宋智慧秘书长和刘卫星副秘书长参加了会议。会议根据各市律师协会民主推荐，提名14名参加第六次全国律师代表大会的候选人；会议决定将《第六次全国律师代表大会河南代表及理事候选人选举规则》提交理事会；会议讨论了《河南省律师协会律师避免执业利益冲突规则》、《合伙制律师事务所律师聘用合同指引》和《河南省律师执业风险告知与执业公示规则》3个规则，并决定提交理事会研究。

8月21日，五届理事会五次会长办公会议在厅机关召开，6名会长(王京宝参加六省片会)和周济生副厅长、宋智慧秘书长、刘卫星副秘书长参加了会议。会议根据理事会批准的预算方案决定了向全国律师协会上缴年度会费的时间；会议研究了张成俊等3名律师减免会费或寻求资助的要求，确定了协会资助原则；会议讨论通过了9个业务委员会活动方案及经费预算方案。

五届理事会第六次会长办公会议在鹤壁市召开。6名会长和秘书处工作人员参加了会议。会议研究议定了信阳等地律师协会减免缓交会费的请示。

（四）惩戒委会议

惩戒委第二次会议于2005年元月8日召开。会议研究了全省律师集中教育整顿活动中发现的119起律师涉嫌违法乱纪案件，并分类进行了处理；会议确定省律师协会惩戒委员会的职能主要为制定、完善工作规则和程序及各种应用文书；指导各市惩戒委的工作，一般情况下不宜直接处理律师的违法违规案件；会议对惩戒工作的具体操作问题达成了系列共识。

三、协会重要工作

（一）律师队伍集中教育整顿总结暨律师事务所规范建设年活动动员大会

发挥协会优势，积极参与“合伙律师事务所规范建设年”活动。省律师协会直接参与了活动的部署、检查、总结，并与司法厅一起对活动整体开展情况进行了表彰。部分理事及发展战略委员会成员参与了活动的检查验收和省级优秀律师事务所的审（复）查验收工作，协会作为行业管理主体的作用得以发挥并初步为业内外认同。配合“合伙律师事务所规范建设年”活动，发展战略委员会确定本年度工作主要是讨论制度行业规则，对3项工作规则进行了研究、讨论，其中出台了《律师事务所执业避免利益冲突规则》，《律师执业风险告知规则》和《律师事务所聘用人员合同指引》正在积极的论证中。

4月7日至8日，省司法厅和省律师协会联合召开河南省律师队伍集中教育整顿总结暨律师事务所规范建设年活动动员大会。会议对2004年全省律师集中教育整顿活动进行了总结，活动中表现突出的56个先进单位、98个先进个人进行了表彰，对年度开展合伙律师事务所规范建设年活动进行了动员部署。

（二）刑事辩护律师义务宣传日活动

卓有成效地开展了第二届刑事辩护律师义务宣传日活动，10月18日，在根据全国律师协会的部署，组织了全省第二届刑事辩护律师义务宣传日活动。全省有3000多名律师开展户外主题活动，宣传刑事辩护律师，宣传刑事辩护工作。据统计，有2万人次接受了咨询，取得较好的宣传效果，刑事委员会因此荣获“优秀组织奖”。

（三）全省律师工作会议

12月15日至18日省律师协会与律师管理处在鹤壁联合召开全省律师工作会议。会议对全省合伙律师事务所规范建设年工作情况进行了总结和表彰，对“两结合”管理体制进行了研讨，对各地律师协会惩戒委员会主任进行了培训。

（四）女律师协会会议

12月22日，全省女律师协会工作会议在郑州召开，省女律师协会执委及全国律师协会调研组成员李萍、杨蓓伦、和李慰然参加了会议。各市律师协会女会长、女秘书长及秘书处工作人员列席了会议。会议听取了各地执委的年度工作汇报及对女律师参政议政情况的汇报，公布了全省女律师执业情况的调查结果，拟定了下年度工作计划。

（五）开展行业形象展示活动

省女律师合唱团在省妇联举办的“2005庆三八放飞妇女心中的歌”歌咏比赛中获一等金奖和优秀组织奖，并参加了在省人民会堂举行的向省四大班子领导的汇报演出。作为惟一的行业性合唱团展现了律师行业良好的协作精神和凝聚力。

（六）成功回访河南律师希望小学

元月，省律师协会到1997年捐资修建的河南商城冯店乡律师希望小学进行回访，并再次向该小学捐助3万元，协会7位会长各捐助1000元为学生们购买了体育器材。

（七）组织全省律师向张成俊律师捐款10万余元

8月15日，省律师协会发起倡议，向河南捷达律师事务所律师张成俊患白血病的女儿捐款。截止年底，全省律师共捐助10万余元，在律师界产生较大影响。

（八）维权和惩戒工作建设取得新的进展，产生了积极性的社会效应

省、市两级律协建立健全了律协维权委员会，发展了县级维权信息员，维权工作队伍向县一级延伸，初步构建了覆盖全省的维权网络。在省律协的积极协调下，成功解救天地律师所一律师在法院被对方当事人围攻事件。向全国律协上报了我省律师涉嫌《刑法》306条罪名的调查报告，向司法部律公司上报现《刑法》实施以来我省律师执业涉嫌犯罪及处理情况。向全国人大常委会《律师法》执行情况检查团，提供了我省律师工作取得的成就和近年来律师执业中存在的困难，特别是律师执业环境得不到根本改观，刑事辩护工作步履维艰的状况，引起了检查团的重视。各省辖市律师协会均成立了律师惩戒委员会，并发挥了积极作用。全年省律协受理投诉50余起，批转各市律协解决36起，直接处理10多起。对一犯重婚罪的律师予以取消会员资格处分，对4起移交行政处罚的案件，提交了论证意见。

四、党务工作和机关建设

2005年，河南省律师协会坚持和贯彻科学发展观，积极参与开展“合伙律师事务所规范建设年”活动，在“两结合”管理体制的框架下充分发挥职能作用，使律师协会的组织建设、制度建设、业务建设取得全面新的进展。

成立了省律师协会党组，规范了党对律师协会的领导工作。党组成立伊始，就在律师行业保持共产党员进行性教育活动中发挥了有力的领导保障作用。轮执会长制度、会长办公会议议事制度动作良好，理事会决策活动显示出理性及成熟，秘书处的服务和执行功能得到强化，成功建立了由会长办公会议议事、理事会决策、秘书处落实的工作机制。加大了省律师协会对各市律协工作的指导力度，全省18个市级律师协会在2005年5月底以前全部按要求实现成立或换届。12月份，省律师协会与司法厅共同举办了“两结合”管理研讨会。

在去年建立健全律师系统支部建设的基础上，进一步规范党对律师协会的领导，加强对律师党支部和党员律师的管理。省律协党组在本年度开展的律师行业保持共产党员先进性教育活动中发挥了有力的领导保障作用。省律师协会党组印发了《河南省律师队伍基层党组织工作规范》和《中共河南省律师协会党组工作规则（试行）》两个规范性文件。

7月4日，在河南宾馆召开了省律师协会党组扩大会议。党组成员及非党员副会长参加了会议。会议由党组书记周济生主持。会议研究部署了全省律师党员保持共产党员先进性活动，决定成立省直属党员先进性教育活动领导小组、办公室，通过了《河南省律师

保持共产党员先进性活动方案》。会议决定建立会费储备金制度。

12月16日，在鹤壁市召开了省律师协会党组会议。周济生、宋智慧、张栋、罗新建、王京宝等党组成员参加了会议。会议研究通过了《中共河南省律师协会党组工作规则（试行）》和《河南省律师队伍基层党组织工作规范》，并决定向全省印发。

协会秘书处现有3名专职工作人员（司机1人、打字员1人、档案管理员1人），均为行政辅助人员。大量的协会工作由省司法厅律师管理处工作人员承担。

河南省律师协会于2002年创办了会刊《河南律师动态》，2005年全年共编发12期。

河南律师网（www.hnlawyer.org）于2002年开通。主要栏目：协会工作、司法行政工作、女律师之窗、公告通知、秘书长信箱、律师论坛等。

湖北省律师协会工作概况

一、湖北省律师现状

2005年，湖北省律师协会以党的十六届四中、五中全会精神为指导，以科学发展观统揽协会工作，团结和带领全省执业律师和市州律协，认真组织开展合伙律师事务所规范建设年活动、律师党员先进性教育活动和律师队伍行风评议活动，拓展和规范法律服务，深化律师党建工作，建立健全律师队伍建设长效机制，全省律师事业的改革和发展显现出勃勃生机。全省现有律师事务所387家，其中国资所65家，合作所22家，合伙所297家，个人开业所3家，已形成国资所、合伙所、合作所、个人开业律师事务所平等竞争、各显优势的局面；已建立党支部的所190个，受省级以上表彰的所23个；律师队伍发展到5238人，其中专职律师3722人，兼职律师165人，律师助理、行政人员1351人；律师本科以上学历占74%，一批硕士、博士、海外留学归国人员等高层次人才进入律师队伍。全省律师为9565家国家机关、事业单位、社团及组织、企业等担任法律顾问，其中大中型企业1231家。律师代理各类诉讼案件5.4万件，参加义务法律咨询律师5.2万人次，义务法律咨询服务件数8.9万件，办理法律援助案件8922件，为公益事业捐款13.7万元。

二、协会重要工作会议

（一）理事会

2005年3月7日，湖北省律师协会召开了五届三次理事会暨秘书长工作会议。会议的主要议题是，总结2004年律协工作和全省律师集中教育整顿的成果，表彰2004年首次评定的AAA律师事务所、AAA律师和在2004年中工作突出的地市律师协会，部署安排开展“合伙律师事务所规范建设年”活动。会议提出了律师协会在开展“合伙律师事务所规范建设年”活动中的主要任务和工作要求。

（二）常务理事会

为贯彻司法部和全国律师协会关于加强律师协会自律性建设的要求和精神，2005年3月6日，湖北省律师协会召开了五届五次常务理事会。会上，湖北省律师协会第五届会长鲁德喜，副会长曹诗权、杨维林，常务理事刘建国、李颂银、苏应荣、唐德武等同志辞去了会长、副会长、常务理事职务。考虑到理事会即将换届，且省律协2005年工作任务重、活动多、时间紧，经省律协第五届五次常务理事会通过，决定在换届过渡期不再增补常务理事、副会长、会长，换届过渡期本届理事会由曹诗权同志代行会长职责。从而较好地落实了司法部和全国律协关于加强律师协会自律性建设的意见，理顺了省律协的工作关系，为加强律协自身建设奠定了良好基础。

三、协会重要工作

（一）开展“合伙律师事务所规范建设年”活动为重点，增强律师事务所自律管理能力

2005年，湖北省认真贯彻落实司法部召开的全国律师队伍集中教育整顿活动总结暨开展合伙律师事务所规范建设年活动动员会议精神，按照司法部《关于开展合伙律师事务所规范建设年活动的意见》要求，围绕规范建设年的工作目标，立足两年全省律师队伍集中教育整顿工作的成效和经验，通过充分发挥司法行政机关的组织和先导作用，律师协会的行业引导和教育作用，律师事务所的主体作用，律师事务所主任和合伙人的关键作用，紧密结合实际，突出工作重点，落实工作举措，大力开展合伙律师事务所规范建设年活动，促进律师事务所建设不断规范和提高。一是抓组织领导。全省各级司法行政机关均成立了由局长任组长的活动领导小组，并组建了工作专班，具体负责活动的组织实施。省律协和市、州律协针对律师事务所的管理现状，制定了符合本地区实际的实施方案，同时要求所属各律师事务所针对自身存在的问题，制定切实可行的活动方案，拿出解决问题的办法，使规范建设年活动做到有的放矢。实行谁主管谁负责的责任制，层层签订《律师管理目标责任书》，进一步强化工作责任。二是抓检查督导。2005年6月份，由省司法厅厅长张坚同志、副厅长曹诗权同志等6位厅领导

带队，采取分片负责的方式，对全省开展合伙律师事务所规范建设年活动情况，进行了集中统一督查。同时，在2005年年检注册工作中，要求律师事务所必须提交2005年律师事务所规范建设年活动具体实施方案以及活动情况，律师个人必须提交参加2005年律师事务所规范建设年活动的思想认识和前段小结，否则暂缓年检注册。三是抓典型引导。确立了湖北松之盛等8家律师事务所为省级律师事务所内部管理示范点，湖北立丰等6家律师事务所为省级律师事务所党建工作示范点，湖北弘华等7家律师事务所为省级县域律师事务所示范点等，以示范点工作促律师事务所规范化建设。省律师协会组织开展了湖北省第三届"十佳律师事务所"、"十佳律师"评选活动，根据"公平、公正、公开"的原则，评选湖北今天律师事务所等10个律师事务所为湖北省第三届"十佳律师事务所"，湖北松之盛律师事务所彭和平等10名律师为湖北省第三届"十佳律师"，并对2005年湖北省优秀律师事务所和2005年湖北省优秀律师进行了表彰。在弘扬先进典型的同时，进一步加大了对违法违纪执业律师和律师事务所的查处工作力度。2005年湖北省司法厅和律师协会接到投诉举报案件30余起，都依法进行了调查处理。

（二）以律师顾问团为龙头，带动全省律师充分发挥法律服务的职能作用

截至2005年底，湖北省组建了292个政府法律顾问团（顾问组），为679个党政机关、359家社团组织、1186家事业单位担任法律顾问，基本建立了遍布全省的省、市（州）、县（市、区）三级党政机关律师法律顾问体系，为维护社会稳定、构建和谐社会作出了积极贡献。一是选派省律师顾问团优秀律师参加省政府组织的"香港湖北周"活动。在港期间，湖北律师积极参与省直行业主管部门和各市、州的招商引资活动，提供法律咨询，协助沟通谈判，见证合同签订，受到各方欢迎和好评，增强了港（外）商在湖北投资的信心。二是选派省律师顾问团律师参加省委政法委组织的集中处理上访案件法律咨询工作。参与上访案件法律咨询工作的律师，从维护稳定大局出发，不计个人得失，认真撰写个案专题报告和综合报告，为政府及司法部门处理案件提供意见和建议，圆满完成了省委交办的工作任务。三是积极组织全省律师参与信访接待工作。律师参与信访接待工作，既为信访部门和党政领导接待群众来访提供法律建议，又可以引导上访群众通过协商化解矛盾，通过法定程序依法维护自己的合法权益，充分发挥了律师在维护社会稳定中不可替代的作用，赢得了信访部门和上访群众的广泛好评，在社会上引起了强烈反响。

（三）以组织境内外业务交流活动为载体，不断拓展湖北律师视野

2005年6月14日，湖北省律师协会刑事委员会组织部分律师与到访的美国纽约大学法学院柯恩教授等美国学者、律师及武汉大学马克昌、莫洪宪教授举行了中美刑事辩护律师业务交流会，与会代表对律师办理刑事业务过程中的一些问题进行了充分的沟通与交流，加强了对中美两国刑事司法制度的相互了解，增进了彼此之间的友谊；2005年10月20日~21日，湖北省律协积极组织80名律师参加了由美国纽约大学、武汉大学法学院、湖北省律师协会刑事委员会在武汉共同举办的"中美刑事辩护律师演示培训项目交流会"。该交流会对于刑辩律师更好地开展刑事辩护，熟悉美国的刑事诉讼制度，以及增进了解、加强合作有着积极的意义和作用；2005年11月3~5日，湖北省律协组织选派40人参加了中华全国律师协会与天津市人民政府举办的以"构建和谐社会与律师业发展"为主题的"第五届中国律师论坛"。这次湖北省参加的人数是论坛开办以来最多的一次；2005年12月2日，"鄂港法律界交流合作研讨会"在武汉隆重举行。此次研讨会的负责机构为香港特别行政区政府律政司、湖北省司法厅，协办机构为香港律师会、香港大律师公会、湖北省律师协会。湖北省司法厅副厅长曹诗权主持了研讨会开幕式并致辞，湖北省律师协会副会长张粒代表业界在开幕式上致辞。研讨会旨在推进与实现鄂港两地法律界的交流和磋商，加强双方了解、探讨合作机会。来自武汉地区部分律师事务所的律师代表150人参加了此次盛会。会上，湖北省律师协会分别与香港律师会、香港大律师公会签订了《业务交流合作协议书》；为学习国外同行的先进执业理念，湖北省律协于2005年10月中旬，组织律师和律师管理人员赴欧美进行了学习考察。

四、党务工作和机关建设

（一）以律师党员先进性教育为契机，深化律师行业党建工作

按照中央、省委的统一部署，根据厅党委在全系统开展保持共产党员先进性教育活动的要求，湖北省律师协会党委具体负责组织关系在律协党委的省直律师党员的先进性教育活动，同时指导全省律师党员的先进性教育活动。省直律师事务所18个党支部，94名律师党员在律协党委的组织下参加了先进性教育活动。在教育活动中，律协党委组织省直党员律师在施洋烈士墓前重温入党誓词，组织全省一千多名律师党员分

两期进行了集中学习培训。开展了新时期律师党员先进性具体标准大讨论，提出了新时期律师党员先进性的具体标准，即“坚持信念，忠于法律，精通业务，维护正义，恪守诚信”。十堰市司法局党委选派2名政治素质高、业务能力强的党员干部到2家律师事务所担任政治指导员，摸索探讨加强律师事务所党建工作的新路子，得到省委组织部的高度评价。黄冈市、咸宁市重点清理了“隐性党员”和“口袋党员”问题，认真落实党员“安家工程”，加强对党员律师的管理，完善律师党组织建设。襄樊市组织党员律师和青年律师开展了律师义务咨询活动。通过在律师党员中开展先进性教育活动，使全省律师党员的党性观念明显提高，党支部的凝聚力、战斗力和律师党员的模范带头作用明显增强。

（二）以律师队伍行风评议为动力，积极探索律师队伍建设的长效管理机制

2005年，湖北省委、省政府将司法厅列入民主评议政风行风的7个部门之一，律师又是司法行政部门政风行风评议的重点，这是律师队伍接受社会监督和检验的好机会，是推动律师工作进一步向规范化、规模化、专业化发展的强大动力。为此，省律协按照厅党委的统一部署和要求，精心组织，突出重点，狠抓落实。研究制定并下发《湖北省律师协会开展民主评议政风行风工作实施方案》，明确了律师队伍行风评议的指导思想、方法步骤和目标要求。组织省直21家律师事务所主任参加了省厅召开的全省司法行政系统民主评议政风行风工作电视电话会议，召开省直所党员律师大会，进行再动员、再学习，形成领导重视、全员参与、措施得力、责任到位的工作格局，营造“人人都是行评对象，个个代表系统形象”的良好氛围。组织了6家律师事务所向全省4000多名律师发出倡议，号召全省律师以饱满的工作热情，高度的政治责任感，积极投身到政风行风评议活动中去，找准存在的问题，认真整改，再创湖北律师辉煌。省律协党委采取召开座谈会、设置意见箱、发送征求意见表、网上征求意见等多种形式，广泛征求社会各界群众对律师协会的工作意见。先后召开省直所律师、非党员律师、市州律师代表、律师事务所党支部书记、主任、合伙人等8次座谈会，参会人员280余人。全省各律协主动接受批评建议，真心诚意整改问题，并切实抓好制度建设，建立健全了律师管理责任制度、律师执业公示制度、律师信用评定制度、律师警示教育制度、律师党建工作制度、律师执业保障机制等一系列规章制度和管理机制。通过开展行风评议，有效地促进了全省律师业行风的好转，为建立健全律师队伍建设长效机制探索出了一些新路子。

五、宣传工作

一是抓住重点，着力解决律师执业环节中的突出问题。一方面与有关部门密切配合，督促检查有关保障律师执业权利法律、法规的贯彻落实，重点检查《湖北省关于保障和规范律师依法办理刑事案件的试行规定》的落实情况；另一方面加强对影响律师执业环境现实问题的调查研究，分析产生问题的深层次社会及体制原因，为完善司法制度、改善律师执业环境提供理论支持和舆论先导。二是以律师“护法弘义、奉献社会”为主题，大力加强律师宣传工作。制定宣传工作方案，划拨专项经费，与《湖北日报》、湖北人民广播电台等媒体联办宣传专栏，大力宣传湖北律师工作在促进经济建设、维护社会稳定、保障公民合法权益等方面的突出事迹和先进典型，使社会各界对律师队伍有一个全面、正确的认识。各地通过媒体宣传、开展义务法律咨询等多种形式，广泛宣传律师的先进事迹，树立了律师的良好形象。三是积极鼓励律师队伍拓展社会性、公益性的法律服务功能，通过开展法律援助、义务法律宣传教育、社会捐助等社会公益活动，提升律师队伍的社会形象。如：湖北省律协与共青团省委、省妇联一起依托省直律师事务所成立了“湖北省进城务工青年法律维权援助中心”、“湖北省青少年维权中心”、“妇女儿童维权服务中心”等组织；3·15期间受司法部和全国律协的指派，受理坑农事件、农民工工资拖欠问题的咨询解答；组织省直12家律师事务所的78名律师参加了以构建和谐社会为主题的大型宣传咨询活动；为困难企业改制义务进行法律咨询服务；开展保护未成年人合法权益宣传等。四是争取在各级人大代表、政协委员中增加律师名额，拓宽律师参政议政渠道，提高律师社会地位。湖北省律协加大与省委统战部、省政协联系的工作力度，认真做好在省直律师事务所党外律师中推荐人选为省政协委员的推荐工作，2005年省直所有一名律师新增为省政协委员。

湖北省律师协会于1982年创办会刊《律师世界》，主要栏目有卷首语、聚焦、前沿、动态、业界论坛、由案说法、法律小百科。

于2003年4月23日开通了湖北律师网，主要栏目有律协简介、湖北概况、楚天律师、法制园地、律师世界、律协公告。

湖南省律师协会工作概况

一、湖南省律师现状

2005年，全省共有425家律师事务所，其中合伙、合作律师事务所374家，国资律师事务所51家，公职律师事务部1家，公司律师事务部5家。有执业律师4990人，其中专职律师4734，占95%，兼职律师256人，占5%；女律师552人，占11%；中共党员1396人，占28%；执业律师中具有本科以上学历的4054人，占81%，硕士、双学士学位394人，占8%，博士39人，近1%。全省律师共办理刑事、民事、经济、行政、非诉讼法律事务等各类案件98863件，担任政府机关、企事业单位和公民个人法律顾问8454家次，为当事人避免和挽回经济损失180.47亿元。

二、协会重要工作会议

（一）理事会

5月14日下午，六届省律协理事会第二次会议在长召开，46名理事参加了会议，21名理事因故缺席，会议由会长熊龙元主持。会议采取无记名投票方式推选出参加全国第六次律师代表大会的代表及六届全国律协理事会理事候选人，审议并表决通过了《省律协2005年度经费预算报告》。

（二）常务理事会

5月14日上午，六届省律协常务理事会第二次会议在长召开，22名常务理事参加了会议，5名常务理事因故缺席，会议由会长熊龙元主持。会议研究确定了省律协专门、专业委员会的主任和副主任的人选，审议通过了《湖南省律师协会会员纪律惩戒委员会规则》、《湖南省律师协会财务委员会规则》和《湖南省律师协会财务管理办法》，讨论了《省律协2005年度经费预算报告》。

（三）会长办公会

为了强化律师行业自律，省律协召开了五次会长办公会，讨论的主要问题包括：专门专业委员会的设置、正副会长工作分工、秘书处机构设置和人员分工、省律协自身建设、全国第六次律师代表大会代表及理事候选人的推荐、2005年度省律协财务预算、《省律协财务委员会规则》、《省律协财务管理办法》、捐建湖南律师希望小学、律师年度业务培训、律师网站建设、律师参与社会保险、新成立的律师事务所第一年团体会费的减免及专门专业委员会活动安排等。

三、协会重要工作

（一）发挥行业管理职能，推动行业长效管理机制建设

1. 对市州律协的指导力度不断加大。在省律协的指导下，张家界、郴州、湘潭、娄底和株洲圆满完成了换届工作，其中株洲市律协换届后的理事会成员全部由执业律师担任，张家界、湘潭除会长外，律协其他领导都由执业律师担任。省律协还从管理体制、业务指导、自身建设等方面帮助市州律协想办法，出主意，不断提升行业管理水平。

管理体制方面，对于县区律师行业管理长期缺位的情况，邵阳、永州等市律协在司法局设立了市律协联络组，并给予经费支持，保证了县市区律师行业活动的正常开展。在业务指导方面，督促市州律协健全和出台了一系列行业规则。邵阳市律协制定了《律师事务所管理制度范本》，衡阳市律协出台了《关于衡阳市城区合作、合伙制律师事务所执业规定》，岳阳市律协制定了《律师异动规则》。市州律师行业管理工作的有效开展，为全省律师行业管理职能的履行奠定了坚实的基础。

2. 专门专业委员会的设置和行规建设逐步完善。省律协六届常务理事会在上届专门专业委员会的基础上，增设调整成立了律师纪律惩戒、维权、行业规则、财务、女律师等5个专门委员会和刑事、民商、行政诉讼、法律顾问、非诉讼法律事务、涉外法律事务、建筑房地产、金融保险、证券、未成年人保护、知识产权等11个专业委员会。制定颁发了《省律协纪律惩戒委员会规则》、《省律协财务专门委员会规则》和《省律协财务管理办法》等规则。

3. 开展行业评优活动，树立先进典型。4月份，省律协决定在全省范围内开展评优活动，下发了《关于开展评选全省优秀律师事务所和全省优秀律师活动的通知》，制定了“湖南省优秀律师事务所”、“湖南省优秀律师”评选标准。为确保评选活动做到公开和公正，设置了严格的材料申报和考核监督程序。经过市州和省直所自评和申报，全省共申报优秀律师事务所31个、优秀律师27名。12月中旬省律协组织6个考核组，对申报的律师事务所和律师进行了核查和评分。6月，经省律协申报，我省秦希燕联合、君见、金州、天地人四家律师事务所被全国律协评为“全国优秀律师事务所”，翟玉华、刘彦、秦希燕、杨建伟四名律师被全国律协评为“全国优秀律师”。

4. 行业惩戒工作日趋规范。为完善行业惩戒工作机制，省律协于年初调整成立了纪律惩戒专门委员会，

充实了组成人员，制定了《省律协纪律惩戒委员会规则》，在全国律协和省律协网站上公布了省律协和市州律协的投诉电话。秘书处会员部配备了专职工作人员专门负责接待和查处投诉工作，行业惩戒工作初步走上了规范化和制度化的轨道。一年来，省律协直接受理投诉律师的案件39件，已基本处理完结的37件。

（二）围绕大局引导业务开拓，加强培训交流提升业务能力

1. 把握大局，引导律师围绕中心工作开展业务。省律协从省委省政府的中心工作和社会大局出发，引导全省律师为“构建和谐湖南、创造平安湖南”发挥职能作用，鼓励广大律师积极参与企业改革改制、优化经济环境、涉法信访等工作，并发挥专业优势促进民营经济发展，为农村经济建设提供优质高效的法律服务。娄底市律师参与57家国企改制，基本覆盖了全市的改制企业。衡阳市律师共为117家国企改制提供了法律服务，避免国有资产流失近3亿元，清理债权债务1.5亿元，帮助安置职工2.5万余人。省直所230名律师参与涉法信访工作，接待368批576人次，参与处理涉法信访的突出问题和群体性事件，化解和疏导社会矛盾。天地人律师事务所成立了省优化经济发展环境法律援助中心和台商法律援助中心，接待和依法处理了大量的影响经济发展环境的案件，省纪委领导对此予以充分肯定。此外，全省律师积极开拓民营经济与农村经济法律服务市场，帮助企业依法管理和经营，为其起草经营合同，完善管理制度，提高企业参与市场竞争的能力。娄底市律师共担任民营企业法律顾问172家，所有的较大型民营企业都聘请了律师担任法律顾问。益阳市律协及时总结沅江市律师为农村经济发展提供法律服务的成功做法，为全省律师开拓农村法律服务市场提供了有益的经验。

2. 积极开展对外交流。一年来，省律协积极组织形式多样的对外业务交流活动。6月中旬，组织律政代表团对南美5国进行了为期18天的考察学习，与所到国家的司法界和律师界同仁进行了广泛的接触，考察了当地的司法体制与律师制度。5月18日至25日，通过派员参加全国律协代表团对澳门和香港进行的公务访问，加强了对两地司法体制、律师制度及律师事务所运作模式的认识和了解，促进了交流。

3. 加强律师培训，提高业务素质。3月，省律协与厅律管处在长沙联合举办了2005年新律师上岗培训和执业宣誓仪式，319名在2004年通过司法资格考试取得法律执业资格的人员接受了培训，学习了从事律师实务的基本知识，为执业打下了初步基础。8月中旬举办了省直所律师年度业务培训班，请来了6名全国和全省知名的专家、教授，为省直所和部分市州律师讲授刑事民商事法律的改革趋势、律师制度、规范管理以及仲裁制度等业务知识，省直所律师和部分市州律师1500人参加了培训。

4. 精心组织专门专业委员会活动。先后有女律师、未成年人保护、知识产权、金融保险、法律顾问、民商、财务、房地产及刑事辩护等专门、专业委员会开展了活动，有的从北京、上海等地请来全国知名的专家讲课，有的就本专业律师实践中遇到的难点、热点问题邀请专家、教授与律师一起进行研讨。8月组织参加了在湖北宜昌市举行的“中南六省律师论坛”，提交“中南六省律师论坛”论文24篇，大会发言交流的5篇。11月组织参加了在天津举行的第五届“中国律师论坛”，提交论文5篇，在会上发言交流的1篇。

（三）增强服务理念，打造优质服务平台

1. 加强调查研究，推动执业环境的改善。从4月到11月，根据省人大内司委的安排和部署，省律协认真配合、积极参与省人大内司委组织的《律师法》执法检查。检查过程中，通过汇报情况，召开座谈会，实地察看律师事务所等形式，较为全面地了解和掌握了全省律师工作的发展现状以及目前律师执业环境中存在的突出问题。8月省人大内司委向省人大常委会全面汇报了全省《律师法》执法检查情况。此后，省人大向全国人大上报了律师法执法检查的专题报告，充分反映了我省律师执业环境中存在的问题，并就律师执业环境的有关问题向省政府及省高级法院和省检察院发出交办函，要求采取措施予以解决。此外，根据全国律协的安排，省律协还就《刑法》第306条、律师执业中的“三难问题”等进行专项调查，写出专题报告，上报司法部、全国律协，为《律师法》和《刑事诉讼法》的修改提供了第一手资料。

2. 提供信息和资料共享平台。为了给律师提供多样化的工作和业务信息服务，省律协利用简报、会刊、业务资料和网站，不断丰富为律师服务的内容。《省律协工作简报》全年共出7期，基本涵盖了省律协全年的主要工作和活动，既宣传了省律协的工作，又扩大了全省律师工作的影响面。《湖南律师》会刊扩大版面，变季刊为双月刊，会刊的可读性、阅读率、投稿数量都有较大的提高。会刊全年共出6期，共发各类稿件252篇。《律师业务资料》全年编印12期，汇编国家和我省最新出台的法律、法规和规章288篇，为律师查询提供了方便，深受执业律师喜爱。12月中旬开通了省律协门户网站，整合了信息、交流、教育、宣传和查询等诸多功能，方便了律师的查询、阅读和引用，提高了工作效率。

3. 积极维护律师的合法权益。为进一步加强律师维权工作，省律协六届常务理事会调整充实了律师维权专门委员会组成人员，将全省市州律协秘书长吸收为委员，增强了律师维权队伍的力量和覆盖面。同时省律协积极介入个案维权。4月，省律协接到原益阳陈科云律师因包庇罪被判刑的申诉后，指导益阳市律协积极与当地政法部门多次协调，组织召开了专家论证会，对陈科云案进行了认真的研讨分析，并以省律协名义向省高院江院长提交了“关于对陈科云包庇一案立案再审的建议”，同时还向省人大内司委作了汇报。由于省律协的积极协调与沟通，目前省高院对陈科云的申诉已经立案，进入再审程序。

（四）强化自身建设，为履行职能强筋健骨

1. 科学规划秘书处的工作职能和机构设置，加强软硬件建设。年初，对秘书处原有的内设机构和职能进行了调整，明确了职能，加强了各部门的力量，做到了各负其责，相互支持，团结协作。3月省律协机关搬迁到长沙粮贸大厦办公，扩充了办公面积，添置了办公设施，改善了办公条件，树立了律协机关良好的外部形象。

2. 全面加强律师党建工作。经省委组织部批准，3月21日，省律协党委成立，并制定《省律协党委工作规则》，就省律协党委的工作原则、审议事项和议事程序等作了较为详细的规定，为全省律师队伍党建工作提供了组织保障。2月以来，秘书处党支部按照司法厅党组关于保持共产党员先进性教育活动的安排部署，按阶段和要求开展了党员的先进性教育。通过先教活动，发现了差距，找到了思想根源，提出了整改办法，增强了党性，发挥了先锋模范作用。

3. 做好会费的收缴、使用和管理工作。在收费方面，省律协根据新的会费收缴管理办法，严格执行，不徇私情，确保会费的足额收缴。在使用管理上，严格按财务管理办法和预算报告执行，加强内外监督。协会内部实行分管副秘书长、秘书长、会长三审把关制度，外部接受执业律师和审计的监督，年中和年底都接受了财务专门委员会的半年和全年财务收支审议，确保会费取之于会员，用之于律师事业发展原则的实现。

4. 开展形式多样的公益活动，树立律师良好形象。3月，以省直所党委名义举行了“省直所党员律师保持先进性学雷锋义务帮教进高墙活动”，组织了40名党员律师赴省女子监狱，与40余名服刑人员进行了“一对一”法律咨询义务帮教，同时还与女子监狱签订了帮教协议书。9月，省律协经考察选址，在律师捐款近12万元的基础上，从会费中安排8万余元，共计20万元，启动了我省第一所律师希望学校——“湖南律师希望小学”建设项目，确定浏阳市高坪乡冷水塘小学为“湖南律师希望小学”，10月25日在校址举行了隆重的奠基仪式。

《湖南律师》是湖南省律师协会的会刊，由省律协秘书处负责编辑发行，共设有保持共产党员先进性教育活动、工作指导、规范管理、发挥律师职能作用积极参与构建社会主义和谐社会笔谈、律师风采、律师实务、律师文化、案例评析、理论研究、法律援助、信息简报等栏目，是律师业务交流、理论探讨的平台，也是宣传律师工作的阵地。2005年《湖南律师》为双月刊，全年6期，共刊登理论文章、经验材料和案例分析252篇，免费发给全省律师和相关部门，起到了较好的业务指导作用和宣传作用。

湖南省律师协会门户网站于2005年12月12日开通试运行，中文域名为湖南省律师协会，英文域名为：www. hnl. org. cn，主要栏目有：律师管理平台、律协简介、律师风采、诚信信用、律师党建、律师原创、协会会刊、律师论坛、公告通知、律协简报、市州律协、律师培训、法制新闻、业内新闻、搜索查询等。

广东省律师协会工作概况

一、广东省律师现状

根据2005年年审注册统计，广东省共有注册律师事务所1119家，注册律师12543名。2005年度全省律师办理各类案件共计318263件，为社会各界担任常年法律顾问的单位达24486家。

二、重要的工作会议

（一）理事会

3月17至18日，省律协七届六次理事会议在深圳召开，省司法厅马军港副厅长参加了会议并做了重要讲话，省律协薛云华会长、副会长陈舒、李国梁、黄士林、朱征夫、陈美英、肖文参加了会议。会议审议通过了《广东省律师协会2004年工作总结》、《广东省律师协会2005年工作计划》、《2004年省律协经审计的会费收支情况报告》、《2005年省律协会费预算方案》、《广东省律师协会会员违规行为处分实施细则》等，会议还对八项行业规范进行了讨论表决，并通报了七项律师行业发展和组织建设情况。

5月18日，省律协七届七次理事会议在广州举行，会议由薛云华会长主持，省律协副会长陈舒、李国梁、黄士林、朱征夫、陈美英、肖文参加了会议。根据全国律协通知精神，我会制定了《关于广东省参加第六次全国律师代表大会代表及理事候选人的选举办法》，严格按照选举办法规定，通过无记名投票的方式，共选出肖文等24位代表，组成广东省代表团；其中，得票数列前12位的肖文等代表当选为全国律协理事候选人，顺利地完成了我省参加第六次全国律师代表大会广东代表团的组团工作。

（二）常务理事会

7月16日，省律协七届四次常务理事会在广州举行。省律协会长薛云华主持会议，副会长陈舒、李国梁、黄士林、肖文参加了会议。会议讨论通过了《广东省律师协会关于开展加强行业自律管理试点工作的方案》、《关于开展加强行业自律管理系列活动的方案》，调整和补充了纪律委员会成员，成立了省律协复查委员会，并讨论通过了行政法专业委员会和WTO专业委员会、行业规则委员会成员名单。会议还通报了关于理事出访国外计划变动和举办粤港澳运动会的相关事项。

（三）会长办公会

4月29日，省律协召开七届十五次会长办公会议，会议由薛云华会长主持，副会长李国梁、陈舒、黄士林、陈美英参加了会议。会议研究关于选举第六次全国律师代表大会代表候选人事宜，通报了韩国京畿道水原地方律师会来访的有关情况，审议了《关于支持河源等四市律师协会建设的建议》、《关于推荐拟与香港律师事务所开展联营关系的律师事务所的报告》，并研究了广东省律师协会成立25周年纪念活动筹备事宜。

5月17日，省律协召开七届十六次会长办公会，会议由薛云华会长主持，陈舒、李国梁、黄士林、朱征夫、陈美英、肖文等6位副会长参加了会议。会议讨论研究了《关于广东省参加第六次全国律师代表大会代表及理事候选人的选举办法》。

12月24日，省律协召开七届十七次会长办公会，会议由薛云华会长主持，陈舒、李国梁、黄士林、朱征夫等四位副会长参加了会议。会议通报了12月24日省律协成立25周年纪念活动的筹备工作。

三、协会重要工作

（一）积极开展律师工作规范化建设

为深入贯彻落实党的十六大提出的“拓展与规范法律服务”的要求，巩固与扩大律师队伍集中教育整顿的成果，根据司法部《关于进一步建立健全律师队伍建设长效机制的意见》和《关于开展合伙律师事务所规范建设年活动的意见》的要求，3月中旬，我会配合省司法厅在深圳召开了全省律师工作会议，并召开理事会，按照《广东律师工作规范化建设实施意见》的要求，研究制定了《广东省律师协会关于进一步加强律师行业规范化建设的决定》，贯彻落实省厅关于开展律师工作规范化建设的各项工作任务。

在此基础上，通过总结律师队伍集中教育整顿活动中取得的成果和经验，结合我省律师工作实际，今年我会出台了《广东省律师会员违规行为处分实施细则》、《广东省律师会员奖励实施细则》、《广东省律师防止利益冲突规则》、《广东省律师事务所和律师执业信息管理办法（试行）》、《委托人须知》、《广东省律师协会关于律师执业宣誓的规定》、《广东省律师继续教育管理办法》、《广东省律师协会关于公益基金管理使用的规定》等8个行业规章，制订了包括担保、劳动争议仲裁、海商海事、专利、著作权（版权）、商标等六类《广东省律师业务操作指引（试行）》。通过建章立制，规范行业管理工作，引导律师规范执业，提高服务质量。

（二）加强行业自律工作

根据省委《广东省建立健全教育、制度、监督并重的惩治和预防腐败体系实施意见》的要求和省委副书记、省纪委书记王华元的指示精神，省纪委、省政府纠风办决定今年将省律协作为开展发挥行业协会自律作用工作的试点之一。

为了做好试点工作，在省司法厅的指导下，我会起草了《广东省律师协会关于开展加强行业自律管理试点工作的方案》，围绕“发挥行业自律作用，建立律师行业管理长效机制”这一总体要求，制定了健全行业协会、明确权限、完善规则体系、强化教育监督、改善执业环境等各项措施。8月13日，广东省政府纠风办、广东省司法厅与我会在广州起义烈士陵园举办了“加强行业自律、共建和谐广东——全省律师和行业协会开展发挥自律作用活动启动仪式”大型宣传活动。省律协向社会发出了《加强行业自律共建和谐广东——广东律师法律服务承诺书》，做出了“加强自律、诚信执业”的庄严承诺。同时还组织七个专业法律专业和专门委员会举办了大型义务法律咨询活动。

（三）大力支持全省各地市律协建设

1. 安装卫星远程教育系统，探索继续教育新路子。我会针对我省部分欠发达地区继续教育工作薄弱，发展滞后的状况，为韶关、梅州、湛江、阳江、肇庆、潮州、揭阳、云浮、河源、清远、茂名等11个市律师协会免费安装了价值近40万元的卫星远程教育系统，组织广大律师进行远程教育培训，帮助欠发达地区的执业律师提高业务素质和业务水平。

2. 支援基层律师协会办公设施建设。为推动我省部分欠发达市律师行业自律管理的规范化进程，本年度我会分别向河源、江门、汕尾、茂名等四市律师协会赠送了计算机、复印机、打印机和传真机等办公设施，以保证基层律师协会日常办公所需，更好地履行律师协会的工作职能。

（四）多方面开展立法调研和业务研讨活动

1. 进一步完善法律专业委员会的设置。根据入世后新形势下对律师提出的新要求和律师业务的不断拓展，省律协今年新成立了未成年人保护、劳动、WTO、行政等4个法律专业委员会，法律专业委员会达到13个，研讨的范围基本包括了我省律师所开展的业务类型。

2. 组织律师积极参与有关立法调研活动。为了使律师在我国法治进程中发挥更重要的作用，我会先后组织律师参与国务院法制办和国家发改委分别组织的《律师法》修改调研座谈会和律师收费制度改革座谈会、《中华人民共和国物权法（草案）》及《公司法（修改草案）》、《广东省企业和企业经营者权益保护条例（草案）》等法律法规征求意见活动，组织全省律师开展了《刑法》第306条相关问题调查，提出的意见得到了有关部门的肯定。

3. 举办中国物权法疑难问题研讨会。根据我会与中国人民大学法学院签订的协议，2005年12月7至8日，省律师协会与中国法学会民法学研究会、中国人民大学法学院在广州联合主办中国物权法疑难问题研讨会，中国法学会民法学研究会理事和我省律师共100多人参加了会议，共同就物权法立法和理论、实践中的难点问题进行了深入的研讨，取得了不少重要的科研成果。

4. 11月4日，广东省律师协会与英中法律理事会在广州联合举办了“中英律师业务研讨会暨律师管理与发展交流会”，来自各市的主管业务的律师协会会长、有关律师事务所负责人以及省律协的相关人员参加了会议。

5. 组织律师参加各种业务研讨会。为了让我省律师有更多参与业务研讨的机会，我们积极发动律师撰写论文参加第二十二届世界法律大会、第五届全国律师论坛、中南六省（区）律师协作暨律师业务研讨会、刑事诉讼法修改及相关问题研讨会、2005中国律师事务所管理与发展研讨交流会、中国物权法前沿和热点问题高级研讨班等，共计有100多名律师50多篇论文参加了上述研讨会。

（五）加强律师职业道德和执业纪律监督检查工作，抓好投诉律师案件的处理

1. 组织各地开展律师职业道德和执业纪律考试。根据《省司法厅关于开展“规范执法执业行为，促进执法司法公正”专项整改活动的实施方案》的安排，我会于今年9月底通知要求各市律协组织本地律师进行职业道德和执业纪律书面考试。全省21个市共有10901名律师参加了考试，占全省律师人数的88%，考试成绩全部及格。

2. 成立省律协会员处分复查委员会。为了建立健全律师行业监督、惩戒制度，根据《广东律师协会会员违规行为处分细则》的规定，省律师协会复查委员会于10月13日召开成立会议。复查委员会主要负责受理律师对其纪律处分和惩戒决定不服而提出的复查申请，为更公正地履行职能，复查委员会的成员除十四名律师外还邀请了司法厅、省高院、省检察院及高校等的业外人士。

3. 会员复查案件的处理。由于原省直律师事务所已划归广州市直接管理，今年我会直接处理的主要为会员申请复查的案件。截至今年12月1日，共受理了11宗复查案件，8宗已处理结案，3宗还在处理中。在8宗已结案的案件中，复查委员会认为原处分决定事实清楚、依据正确而做出“维持原决定”的有5宗，认为原处分决定在程序上存在不足而做出“补正原决定”的有3宗。

（六）结合实际进一步规范培训教育工作

1. 制订《广东省律师继续教育管理办法》。为进一步加强和规范我省执业律师的继续教育工作，我会根据全国律协《律师协会章程》和《执业律师继续教育试行办法》制定了《广东省律师继续教育管理办法》，对建立省、市、律师事务所三级培训教育机制、建立卫星远程教育培训系统、律师培训课时认定、兼职律师和参加法律专业学历教育律师等问题都作了详细的规定。

2. 利用卫星远程教育系统开展全省执业律师业务培训。我会今年初引入全国律师函授中心远程教育系统，利用远程教育的传输优势，使我省各市律师都有机会接受水平较高的培训教育。今年一年由省律师协会负担培训费，共举办了6次共48个课时的培训，起到了很好的效果。

3. 继续抓好实习人员的岗前培训工作。今年我会直接组织了一期律师岗前培训班，委托广州市律协组织了两期和深圳市律协组织了一期律师岗前培训班，全省有近1100人参加了律师岗前培训。

4. 组织、推荐律师参加在职进修学习。我会积极组织律师参加各种高层次的学习，推荐了2名律师参加全国律协组织的青年律师赴英培训选拔考试，5名律师参加路伟项目青年律师实习计划。

（七）举行纪念省律协成立25周年系列活动

1. 评选律师优秀论文集。

我会收集了历年来我省律师在省级以上刊物、研讨会发表或获地市律师协会评比奖励的部分论文217篇文章进行评优和表彰，将所有获奖文章汇编成《广东优秀律师文集》印发全省律师。

2. 组织筹备省律协成立25周年纪念大会。

我会于12月24日举行省律协成立25周年纪念大会，旨在总结和回顾广东律师业二十五年的发展历程，展望广东律师今后的发展。大会邀请了司法部、广东省、全国律协、省司法厅、兄弟省市、兄弟单位等各级领导出席，并对从业20年以上的律师及律师事务所颁发纪念证书，参会人数达到700人以上，是广东律师界的一次盛会。我会还专门制作了庆祝广东省律师协会成立25周年纪念邮册，以起到向社会宣传律师的良好作用。

（八）广泛开展对外宣传和交流活动

1. 组织发动全省各市律协开展律师宣传日活动。根据全国律协的要求，我会专门发文要求全省各市律师协会今年继续组织好9·25律师宣传日活动。全省各地律协积极响应，结合当地的实际情况在9月25日当天组织律师开展了形式多样内容丰富的活动，使律师宣传日活动成为展示律师队伍建设成果的平台和社会各界了解律师工作的窗口。

2. 组织开展多次对外交流活动。我会先后承办了第五届京津沪渝粤律师篮球赛、组织广东律师代表团赴澳门参加第二届粤港澳律师运动会、接待韩国水原律师代表团的来访时组织双方律师进行高尔夫球友谊赛，广东律师代表队均获得了优异成绩。

3. 落实CEPA协议精神，促进粤港法律服务业的交流合作。7月15日上午，经报中华全国律师协会审核批准，省律协与香港律师会签订了《促进粤港法律服务发展合作协议书》，就双方法律信息和法律文件的交换、业务交流合作、定期友好互访、建立法律咨询平台、建立和发展律师事务所联营和保障两地律师执业权利等方面达成了协议，并设立了“粤港法律服务合作联络委员会”作为协议有关事宜的常设联络机构。为两地律师界积极探索律师事务所联营模式，共同促进两地法律服务市场和律师行业健康发展奠定了基础。

四、党务工作

（一）扎实开展保持共产党员先进性教育活动

在保持共产党员先进性教育活动中，省律协党支部成立了领导小组，制定出详细的《省律协机关党支部保持共产党员先进性教育活动的实施计划》。党支部结合秘书处工作实际，广泛开展了多种多样的谈心活动，及时组织召开党员民主生活会，使党员从思想信念、人生观、价值观、世界观到工作作风、工作态度、工作责任心上进行深刻剖析，发现问题，查找根源，提出解决办法。通过整改，使我会工作作风、工作态度有了明显的改观，取得了良好的效果。

（二）举行“先进党组织、优秀共产党员表彰暨全国优秀律师事务所、优秀律师颁奖仪式大会”

为树立典型，弘扬先进，七一前夕，我会召开了“先进党组织、优秀共产党员表彰暨全国优秀律师事务所、优秀律师颁奖仪式大会”。大会对广州市律师协会党委等33个先进党组织、广东博厚律师事务所詹礼愿等22名优秀共产党员，以及参加“我是律师，我是党员”征文比赛获奖者进行了表彰；同时大会还对我省获得全国优秀律师事务所、优秀律师荣誉称号的13家律师事务所和10位律师个人以及2位获得“为律师行业管理工作做出无私贡献”荣誉称号者颁奖。

《广东律师》（双月刊）为广东省律师协会的会刊，自1982年起发刊，主要栏目有：工作指导、队伍建设、刑事辩护、民事代理、案例辨析、公司业务、房产交易、法律援助、知识产权、法苑争鸣、律师论坛、律协公告、律师动态等。

广东律师网的网址为：www.lawyer.gd.cn，网站设立于2001年，主要栏目有：了解律协、律师原创、在线咨询、行业规章、律师律所、律师论坛、文件下载等。

海南省律师协会工作概况

一、海南省律师现状

根据2005年6月的注册情况，海南省目前有注册律师事务所69家，其中省直所21家，海口市管所34家，三亚及其他市县管所14家；合伙所56家，以个人姓名命名的所13家。有13个律师事务所建立了党支部，没有党支部的律师事务所的党员律师均参加了联合党支部。全省有执业律师681名，大部分为法律专业本科学历，博士学历的2人，硕士学历或双学士学历的121人，女律师172人。

全省律师担任政府、国家机关、企事业单位及公民个人法律顾问695家，进行刑事诉讼辩护及代理983件，代理民事诉讼案件3465件，代理行政诉讼案件523件，非诉讼法律事务2253件，解答法律咨询不完全统计有13086人次，代写法律文书3547件，法律援助案件879宗。所有法律事务中，涉外及涉港澳台的

757件，海事海商案件20余件，房地产案件464件，知识产权案件70余件。全年各项法律事务涉及标的额近30亿元，律师业务收费11615.08万元。

二、协会重要工作会议

由于2004年刚召开过全省律师代表大会，产生了第四届理事会及领导集体，故2005年海南省未召开律师代表大会。协会全年共召开常务理事会3次，会长办公会10次，其他重要会议若干次。

（一）常务理事会

7月1日上午，海南省律协四届四次常务理事会在律师会馆召开。王晶会长主持了会议，廖向琦副会长、姜丹副会长、常务理事姚宣东、汤尚濠、许维中、王向和、王晓平、吴镇、刘长征共十人到会。常务理事涂显亚、王崇敏、周少敏、韩芳、赵颖因事请假。省司法厅律公处处长郑学海、协会秘书长王满怀、副秘书长贾雯、符琼芬列席了会议。会议首先由廖向琦副会长报告第六次全国律师代表大会召开情况，接着由秘书长王满怀全面汇报了四届三次常务理事会以来省律协的各项工作开展情况，第三项是由常务理事吴镇专题报告2004年度会费、责保费的管理使用情况及2005年会员注册情况。本次常务理事会还对维权查案补贴、开展向林接明律师学习的活动以及当前的一些工作进行了讨论并作了布署。

省律协四届五次常务理事会会议于11月8日在律师会馆召开。王晶会长主持会议，廖向琦副会长、姜丹副会长、常务理事姚宣东、汤尚濠、王崇敏、王向和、王晓平、吴镇、刘长征共十人到会，许维中、涂显亚、周少敏、韩芳、赵颖五位常务理事因事请假。省司法厅党委书记、厅长施文和主管副厅长孙书南出席了会议，政治部干部警务处副处长李大海、法规教育处副处长吴骏飞、协会秘书长王满怀、副秘书长贾雯、符琼芬同志列席了会议。会议开始后，省司法厅政治部干部警务处李大海副处长宣读了省司法厅党委关于人事任免的通知，决定免去王满怀同志律师公证工作指导处调研员职务，任司法鉴定处副处长并不再兼任省律协秘书长，推荐法规教育处副处长吴骏飞同志为省律协秘书长人选。随后，孙书南副厅长介绍了王满怀同志和吴骏飞同志的基本情况。施文厅长就律协秘书长人事任免情况作了重要讲话和情况说明。

此次会议上还通报了各专门专业委员会委员调整事宜，宣读了中华全国律师协会关于同意在我省举办第七届全国律师围棋赛的函，通报了与白沙律师希望小学特困生“手拉手”活动和抗灾捐款活动的情况。

11月18日，四届六次常务理事会会议在律师会馆召开。王晶会长主持会议、廖向琦副会长、姜丹副会长，常务理事姚宣东、汤尚濠、王崇敏、赵颖、王向和、涂显亚、吴镇、刘长征、周少敏共十二人到会，许维中、王晓平、韩芳三位常务理事因事请假。协会秘书长王满怀、副秘书长贾雯、符琼芬列席了会议，法规教育处副处长吴骏飞同志作为协会秘书处秘书长推荐人选列席了会议。此次会议就上次理事会通报的事项进行了表决。会议决定，律协原秘书长王满怀同志由于工作需要，不再兼任省律协秘书长一职。常务理事会表决通过，聘任司法厅法规教育处副处长吴骏飞同志任省律协秘书长。本次会议还就吴骏飞秘书长的提名，表决通过聘任昌宇律师事务所主任王航兵律师为省律协副秘书长；通报了第十四次会长办公会议任命林辉同志为秘书处办公室主任的决定。会后，在监交人的监督下，新老秘书长就岗位调整工作进行了交接。

（二）会长办公会

1月24日，王晶会长主持召开会长、秘书长办公会议，专题讨论春节期间的几项工作，一一作了安排。

2月21日，王晶会长主持召开会长办公会议，就省律协维权委的两起维权案件、纪律委提交的纪律查处等问题进行研究。

2月24日，王晶会长主持召开会长、秘书长办公会，专题研究秘书处招聘工作人员的相关工作。会议讨论了选拔人才的标准，并安排了面试的诸项事宜。

6月26日，协会举行会长办公会议，王晶会长主持会议，廖向琦副会长、姜丹副会长到会，秘书长王满怀参加会议。会议的议程有向全省律师报告第六次全国律师代表大会情况、在全省律师行业中开展向“全国优秀律师”林接明学习活动、申请承办第七届全国律师围棋赛、讨论召开四届四次常务理事会和各专门、专业委员会会议、组队参加由检察、公安、法院、海南大学等部门和单位共同组织的刑事辩论比赛活动、全省律师游泳比赛活动、为全省40～50岁的律师身体检查等。

在9月25日强台风“达维”袭击我省，造成省律师会馆专用高压电路被全部烧坏后，9月30日上午，王晶会长主持召开紧急会长办公会议，专题研究抢修电路事宜。会议决定由廖向琦副会长牵头，与姜丹副会长、王满怀秘书长、司法厅干警接待站赵明梅经理组成抢修领导小组，全权负责抢修事宜。

10月19日，王晶会长主持召开会长、秘书长办公会议，副会长廖向琦、姜丹、秘书长王满怀、副秘书长贾雯、符琼芬参加了会议。会上讨论了三件事：一是关于当前四个投诉案件的查处工作；二是关于报请省司法厅党委对律师及管理人员立功、嘉奖相关事宜；三是筹备四届五次常务理事会会议的相关事宜。

10月24日，王晶会长主持召开会长、秘书长办公会议，王晶会长传达了“第二届中国——东盟自由贸易区法律论坛”会议精神，通报全国各省自治区、直辖市律师协会会长、秘书长和全国律协常务理事会会议将在我省召开，并就会议的筹备进行了讨论安排。

11月17日，王晶会长主持召开会长、秘书长办公会议，会上就第六次常务理事会会议的准备工作及秘书长岗位调整具体工作安排进行研究，并决定任命秘书处工作人员林辉同志为办公室主任。

11月30日，王晶会长主持召开会长、秘书长办公会议，副会长廖向琦、姜丹、秘书长吴骏飞、副秘书长贾雯、符琼芬、王航兵参加了会议。会议研究讨论了2005年省律协的工作情况和2006年的工作要点。决定2005年不再召开律协理事工作会议，由各专门、专业委员会自行安排会议；讨论成立海南省律师执业纠纷调解委员会；对2005年尚未完成的全省律师书画展、工作制度的制定和完善及调研工作做了时间上的调整。

12月10日，王晶会长主持召开第十六次会长、秘书长办公会议，就今年协会的工作做了总结，同时就协会秘书处近期各项工作做了部署。会议还由王晶会长、吴骏飞秘书长传达了六届全国律协第三次常务理事会会议精神，并将收集的各省律协在分组座谈中的经验，结合我省律协管理工作的实际进行了讨论和总结。

（三）其他重要会议

2月3日，省律协秘书处召开协会机关2004年度工作总结会议，省司法厅厅长施文到会并作重要讲话。讲话对律协上一年卓有成效的工作给予了充分肯定，并对2005年的工作提出了新的要求。厅党委委员、纪委书记刘伟民、省律协会长王晶、副会长廖向琦、姜丹参加了会议。

5月8日，省司法厅、省律师协会、公证员协会联合召开2005年全省律师、公证员年检注册工作会议。省司法厅党委委员、纪委书记刘伟民同志到会并作了重要讲话，强调要高度重视此次年检注册工作。省律协会长王晶、省公协会长吴清武、律师公证指导处处长郑学海、省律协秘书长王满怀、省公协秘书长王青玲及省司法行政工作部门和两协会秘书处工作人员参加了会议。会议决定为了方便律师事务所、公证处注册，今年的年检注册将实行合署办公。

9月8日，省律协召开全省各律师事务所主任、财务、内勤人员会议，会议由廖向琦副会长主持。会上，省司法厅律公处郑学海处长作了关于律师事务所内部管理的讲话，律协秘书长王满怀作了律师事务所内勤人员岗位职责及工作要求的辅导，副秘书长符琼芬作了关于律师依法纳税有关情况的介绍，省地税局所得税管理处副处长黄蕊就律师依法纳税的有关新规定作背景介绍，省地税局所得税管理处吴爱清科长作了关于律师事务所律师个人所得税适用的税收法律、法规及政策的辅导讲座。会议结束时王晶会长作了总结讲话。

9月9日，秘书处在蓝洋度假村召开上半年工作总结会，王晶会长、廖向琦副会长、姜丹副会长出席会议，王满怀秘书长、符琼芬副秘书长及秘书处全体工作人员参加了会议。会议对2005年前半年的工作作了全面总结，并对下半年的工作作了具体部署。

12月19日，省律协召开海南省女律师代表座谈会。全国律协国际部工作人员程幽燕、广西律协副会长黄丽娟出席了会议。海南省律协副会长姜丹、副秘书长符琼芬、贾雯、海南方圆律师事务所主任涂显亚、海南阳光岛律师事务所主任苏艳艳、海南博峰律师事务所主任张双贺、海南东方国信律师事务所律师许彩霞参加了会议。会上就我省女律师执业的基本情况及女律师如何赢得社会、家庭支持等方面进行了一次主题生动，气氛活跃的交流。

三、协会重要工作

1. 全省律师在2005年年初向印度洋海啸受灾地区和10月份向海南“达维”台风受灾地区捐款的活动中，共捐款63600元。

2. 认真抓好组织工作，全面开展“保持共产党员先进性”教育活动。组织工作是一个单位的核心工作，海南省律公协会党委、律师协会一贯将党务工作摆在十分重要的地位。海南省律师公证员协会党委自2002年7月成立以来，已在律师事务所上建立了13个党支部和一个联合党支部，全省的212名党员律师都能过上正常的组织生活。2005年1月，我省律师行业更是响应党中央的号召，响应海南省委“先进性见行动”的要求，由律师公证员协会党委组织，通过在全省律师行业范围内开展“保持共产党员先进性”教育活动，在全省律师行业范围内进行整顿，下大力气狠抓了党务工作。通过为期6个月的学习评议整改，我们圆满地完成了学习教育、分析评议阶段和整改提高阶段的任务，于7月8日召开了律师公证行业党员先进性教育总结大会，对此次活动进行了全面总结。这项活动的开展，使协会党委的各级党组织建设得到了加强，基层党组织的凝聚力、战斗力得到了提高，全体党员律师的党性观念进一步加强，精神风貌有了根本转变。而且，通过义务法律咨询、送法下乡等一些具体活动，密切了党群关系，建立健全了先进性教育的长效机制，党员和各级党组织在群众中的满意度极大提高。

3. 进行行业整顿，改善专门专业委员会工作机制，全面铺开律师行业相关工作。2005年，协会领导班子通过合伙制律师事务所规范建设年活动，通过《律师事务所内部管理制度（试行）》等规章规范的制定，进行了行业整顿，狠抓了各项工作。协会组织了二十余次的培训，形式多样，内容丰富，有效的提高了我省律师队伍的业务素质，受到广大律师的好评。协会还组织或组队参加了中加刑事改革与辩护项目培训会、中南六省（区）片会、律师论坛等交流活动，接待了来访的全国律协各部门及辽宁省律协等兄弟省市律协的领导，获取了行业发展的宝贵经验。协会开通了海南省律师行业信用信息电子查询系统（http//lsgz. tianya. com），该系统信息包括全省所有69家律师事务所和681名执业律师的基本资料、奖罚情况、信用等级等内容。民众可通过访问该系统，对全省每一个执业律师、律师事务所的基本情况及信用状况进行全面的了解。2005年，全省有23名律师受到省级以上表彰，无一人受行政处罚。

协会目前设有专家咨询委员会、纪律专门委员会、维权专门委员会、财务监督专门委员会、金融证券专业委员会、劳动与社会保障专业委员会、刑事及未成年人保护专业委员会、民商行政专业委员会等八个专门专业委员会和音像图书资料馆。2005年，各专门专业委员会通过增补优选委员，改善工作机制，较好地执行了常务理事会的各项决议，律师业的各项工作全面铺开，呈现出蓬勃的面貌。专家咨询委员会的疑难案件、敏感案件研讨，各专门专业委员会的业务研讨、法律宣传、法律下乡、法律意见书、业务活动、维权活动等都开展的有声有色。

4. 配齐配强秘书处机构、工作人员，切实营造“律师之家”氛围。海南省律师协会秘书处是海南省律协的各项工作的执行机构，根据实际工作需要，设有综合财务部、会员部、培训部、业务部、奖惩部等五个部门，去年新聘任了1名副秘书长、5名工作人员，任命办公室主任1人，基本实现了机构健全，人员配齐配强。

秘书处一年来围绕协会的工作重点，认真履行职责，主要组织策划或执行了以下活动和工作。一是做好会刊《海南律师》的编辑工作，做到全省律师人手一本，并以此为窗口加强了与外界的联系。二是做好工作通报的编写发放工作，及时地将全省律师队伍建设、律师管理工作和律师执业交流等重大工作事项逐件向全省律师及相关部门通报。三是开设短信平台，便捷协会的信息发布，加强了律师与协会之间的沟通。四是组织了全省律师游泳友谊赛，组队参加了有多个相关单位参加的刑事法律辩论赛，丰富了律师行业文化。五是开办律师沙龙，包括棋牌室和歌舞厅，丰富了律师的业余生活。秘书处一班人胸怀协会，不计个人得失，一心扑在工作上。丰富多彩的各种活动，细致周到的工作态度，处处体现出协会工作是以律师为中心的特点。他们的工作热情成功的营造了律师协会是“律师之家”的氛围。

海南律师协会会刊《海南律师》因种种原因曾一度停刊，2004年3月正式复刊，主要栏目有行业管理、会议要文、立法前沿、执业论坛、案例说法、协会动态等。《海南律师》为内部交流资料，2005年共出版5期，刊印五千余本。每期发至全省各律师事务所，并与中华全国律协、各省律协、海南省各人民法院、人民检察院、司法厅（局）进行交流。

海南律师协会的网站正在紧张建设中，目前的公共信息主要通过短信互动平台和协会公共邮箱a66191686@126. com发布。

广西壮族自治区律师协会工作概况

一、广西壮族自治区律师现状

2005年广西律师协会共有团体会员392名，其中市律师协会14个，律师事务所334家，公职律师机构42家，公司律师机构1家；个人会员2743人，其中社会律师2594人，公职律师133人，公司律师16人。

2005年全区会员律师担任法律顾问2665家，代理民事案件12105件，代理刑事案件6380件，代理经济案件4644件，代理行政案件1002件，非诉讼法律服务4712件，挽回经济损失30900万元。

二、协会重要工作会议

（一）代表大会

广西壮族自治区第六次律师代表大会于2005年6月30日至7月1日在南宁举行。来自全区14个市代表着333家律师事务所2506名律师的161名律师代表和31名特邀代表参加了此次会议。6月30日上午，自治区党委副书记马铁山、自治区党委常委政法委书记彭祖意接见了与会代表并和与会代表合影留念。自治区政协副主席章崇任、中华全国律师协会会长于宁出席开幕式并作了重要讲话。

大会由自治区司法厅厅长蒙平友致开幕词。自治区司法厅副厅长、第五届广西壮族自治区律师协会副会长卫福喜作了《锐意改革，开拓创新，努力推进广西律师事业的更大发展》的理事会工作报告；第五届广西律师协会副会长黄胜超作了《〈广西律师协会章程〉（草案）修改说明》；自治区司法厅律师管理处处长李健作了《第五届理事会会费收支情况报告》。

大会审议并通过了广西律师协会第五届理事会工作报告和第五届理事会会费收支情况报告；表决通过了《广西律师协会章程》以及《广西律师协会会费收缴管理办法》；选举产生了由54名理事组成的广西壮族自治区律师协会第六届理事会。在第六届理事会上，蔡江生同志被推举为名誉会长；刘晰律师事务所的主任刘晰律师当选为第六届自治区律师协会会长，黄丽娟、王莹文、骆伟雄、彭荣汉、黄强光当选为副会长；韦晓被聘任为秘书长，严丽萍、雷振生被聘任为副秘书长。7月1日下午，大会举行闭幕式，由新当选的第六届自治区律师协会会长刘晰致闭幕词。

此次律师代表大会选举产生了由执业律师组成的律师协会领导机构，由执业律师担任会长、副会长；实现了自治区律师协会秘书处与自治区司法厅律师管理处分离；大会还组织与会代表为广西梧州洪水灾区捐款近2万元。与会代表一致认为，这次大会的成功召开必将对广西律师协会的工作和律师行业的健康发展起到很好的促进作用；对进一步完善律师行业自律机制，对深化广西律师行业"两结合"管理体制具有十分重要的意义。

（二）理事会

2005年广西律师协会共召开理事会两次。

广西壮族自治区律师协会第六届理事会第一次会议于2005年7月1日在南宁举行。广西壮族自治区第六次律师代表大会上新当选的第六届理事会54名理事参加本次会议。本次会议的核心议题是选举广西壮族自治区律师协会第六届理事会常务理事、会长、副会长。会议表决通过《广西壮族自治区律师协会第六届常务理事会选举办法》（草案）；监票员名单、指定唱票员、计票员，公布常务理事候选人名单；选举产生广西壮族自治区律师协会第六届理事会常务理事20人，会长1人、副会长5人。

广西壮族自治区律师协会第六届常务理事会第二次会议于2005年9月28日在南宁市举行。第六届理事会全体理事参加本次会议。会议主要内容是：律师协会韦晓秘书长向理事会报告第六次全区律师代表大会以来广西律师协会的工作情况；表决通过广西律师协会理事会规则；表决通过广西律师协会会费收支管理办法；表决通过广西律师协会专门委员会设置方案；理事自荐或推荐他人担任各专门、专业委员会主任、副主任。

（三）常务理事会

2005年广西律师协会共召开常务理事会两次。

广西壮族自治区律师协会第六届常务理事会第一次会议于2005年7月1日在南宁举行。广西壮族自治区律师协会第六届理事会第一次会议上新当选的22名常务理事参加本次会议。本次会议的主要议题有两个：一是聘请名誉会长；二是聘任秘书长、副秘书长。会议聘请蔡江生为广西壮族自治区律师协会名誉会长；聘任韦晓为广西壮族自治区律师协会秘书长。

广西壮族自治区律师协会第六届常务理事会第二次会议于2005年9月10日在南宁举行。广西律师协会第六届常务理事会全体常务理事参加本次会议。本次会议的主要内容是：表决通过广西律师协会会费收缴管理办法，提交理事会决定；表决通过广西律师协会财务管理办法；表决通过广西律师协会常务理事会规则；表决通过广西律师协会2005年下半年会费开支预算；表决通过广西律师协会理事会规则，提交理事会决定；表决通过广西律师协会常设执行机构工作部门设置；表决通过广西律师协会专业委员会的设置；表决通过广西律师协会各专门委员会的设置，提交理事会决定；通报广西律师协会2005年下半年工作计划；自荐担任各专门、专业委员会主任、副主任职务。

（四）会长办公会

2005年广西律师协会共召开会长办公会七次。讨论广西律师协会重大事项。

三、协会重要工作

（一）律师队伍建设

积极配合自治区司法厅开展合伙律师事务所规范建设年活动，促进律师事务所的规范化、专业化和规模化建设。

2005年3月28日，区律协与区司法厅召开了全区律师队伍集中教育整顿活动总结暨开展合伙律师事务所规范建设年活动动员会。会议传达了司法部召开的全国律师队伍集中教育整顿活动总结暨开展合伙律师事务所规范建设年活动动员会议精神，总结2004年全区律师队伍集中教育整顿活动的情况以及对2005年在全区范围内开展合伙律师事务所规范建设年活动的工作进行统一部署。

为指导我区各合伙律师事务所进行规范建设，律师协会订购了《北京律师行规汇编》、《北京律师事务所管理指引》、《北京律师执业风险提示录》和《北京律师执业警示录》等书，并发给全区合伙律师事务所主任和各市司法局律师管理干部，用作开展合伙律师事务所规范建设年活动的指导用书。

为进一步强化本次规范建设年活动的效果,2005年11月14日至25日,律师协会对区直所及十四个地市律师事务所进行考核验收,并根据《广西壮族自治区合伙(合作)律师事务所规范化建设考核验收标准》进行现场评分。通过考核验收,对全区合伙(合作)律师事务所的软硬件建设进行全面调查了解、检查指导,促进了合伙(合作)律师事务所制度化、规范化发展。

（二）规范投诉查处工作，加强对违法违纪律师事务所和律师的查处力度

2005年，律师协会在继续落实三级投诉律师查处制度的基础上，对规范投诉查处工作提出了进一步要求：为了规范投诉案件材料的归类管理，做到每一件投诉案件从立案登记到处理结果一目了然，律师协会确立了查处投诉案件的主办制。即轮流由1名值班的惩戒委员会成员和律师管理处一名专门人员负责一件投诉案件的查处，对承办的投诉案件跟踪负责，直到案件办结为止，确保惩戒委员查处案件的延续性。

截至2005年12月，律师协会受理律师（律师事务所）投诉案件共51件，目前已办结37件，其余案件正在由律师协会惩戒委员会处理中。在上述案件中，自治区律师协会对厅领导督办的或投诉人反映强烈的庞香芳投诉万通律师事务所庞宝美私自收费案、荔浦县荔城镇沙洞村农民投诉广华桂律师事务所张佳才私自收费案等较复杂的案件进行了重点查处。

（三）律师培训

2005年，广西律师协会开展了形式多样的律师培训工作。

1. 继续采用卫星远程培训方式对律师进行业务培训，形成了律师业务定期培训制度。通过全国律协举办的卫星远程培训和订购培训课程光盘，定期组织律师参加培训学习，并将这种培训方式形成一种制度予以落实。

2. 2005年8月19日至20日，律师协会与厅律师管理处共同举办律师事务所规范建设年活动主任培训班，全区300多家律师事务所主任（合伙人）参加了此次培训。

3. 8月29日至9月2日，律师协会与厅律师管理处于共同举办了全区第八期律师上岗培训班，共有228名已经取得律师资格或法律职业资格并准备从事律师职业的人员参加培训。

4. 12月17日至18日，由中华全国律协主办，彭书珍律师事务所承办的“行政诉讼法修改的理论与实务研讨会”在南宁成功举行，广西律师协会组织了150余名律师参加此次研讨会，以会代训。

（四）专业活动

2005年，广西律师协会积极组织开展律师业务研讨和交流工作，不断提高我区律师的业务素质。

1. 8月5日，广西律师协会举行了物权法（草案）研讨会，组织律师对物权法（草案）进行研讨，并将与会律师提出的修改意见和建议汇总整理提交自治区人大常委会。

2. 12月30日，广西律师协会与广西法学会、《法治快报》社联合举办新修订《公司法》实施研讨会。律师界、企业界等30余名专家学者、律师、企业家参加研讨会。会议气氛热烈，各方人士踊跃发言，参会律师结合实务，在对新《公司法》实施在实践中可能产生的问题及对应措施等问题方面发表意见。

3. 成功举办第二届中国—东盟自由贸易区法律事务论坛。10月20日至21日，在第二届中国—东盟博览会期间，中华全国律师协会、广西律师协会、中国—东盟博览会秘书处和法制日报社联合举办了主题为“区域经济与法制建设”的第二届中国—东盟自由贸易区法律事务论坛。中外嘉宾和律师代表共150人出席了会议。与首届论坛相比，本次论坛的规格有所提升，主题鲜明，内容务实，形式灵活多样。此次论坛的成功举办，扩大了论坛及中国—东盟博览会的影响，充分发挥了信息交流平台的作用，为各方人士获取中国—东盟自由贸易区有关信息开辟了新渠道，加强了广西区内外律师间、律师与国内外法学研究、商贸、仲裁等部门专家、学者间的交流，在一定程度上加深了外省同行对广西律师行业的了解，提升了广西律师的知名度。

4. 对律师近年在知识产权领域开展法律服务的情况进行了调研。9月下旬，自治区律师协会组织各市律师协会、未成立律师协会的司法局律师管理科和区直各律师事务所对律师近年在知识产权领域开展法律服务的情况进行调研，并根据调研情况，形成书面调研报告报司法厅及自治区知识产权办公室。

5. 组织律师参加一系列业务研讨会。8月20日至24日，广西律师协会12人参加了2005年中南六省（区）律师协作暨律师业务研讨会。研讨会上，我区律师共有10篇论文在不同的分会场上进行了交流，有7篇论文被选入2005年中南六省（区）律师协作暨律师业务研讨会论文集。9月4日至6日，广西律师律师协会派出2人到北京参加了主题为“法治与国际和谐社会”的第二十二届世界法律大会。11月3日至5日，广西律师代表团一行9人参加了第五届中国律师论坛，

并有论文入编论坛优秀论文集，获优秀论文奖。

（五）对外交流与合作

2005年3月，广西律师律师协会组织代表团到泰国、印度尼西亚等国进行了为期12天的考察。期间，代表团与印度尼西亚全国律师协会、泰国梁定镇法律会计事务所有限公司的律师进行交流座谈。通过交流，律师们对泰国、印度尼西亚的律师制度、司法制度有了一定的了解。同时，代表团也表示将邀请他们参加广西律师协会每年在博览会期间举办的中国——东盟自由贸易区法律服务研讨会。

2005年7月，接待了福建省律师代表团的来访。组织部分律师、律师管理人员与他们进行了充分的交流。

2005年9月21日至28日，广西律师律师协会参加中华全国律师协会组织的代表团，派出两名代表赴韩国汉城参加第十届“律师事务所管理”法律研讨会。

四、党务工作和机关建设

（一）党务工作

1. 以开展保持共产党员先进性教育活动为契机，进一步加强律师队伍党建工作。2005年4月，我们在全区律师事务所建立了“党员律师岗”，要求党员律师统一在其办公桌上摆放“党员律师岗”的牌匾，进行挂牌执业，广泛接受群众监督；要求党员律师要以优质的服务为“党员律师岗”争光，保持共产党员的先进性，努力将“党员律师岗”培育成一个律师业的品牌。同时，通过评选、表彰优秀共产党员，以及大力宣传优秀党员律师的先进事迹等形式树立典型，促进了党员律师在理想信念、政治纪律、学习、业务工作和遵纪守法等方面充分发挥模范带头作用，在律师队伍中起表率作用。加强基层党组织建设，全区新成立了3个律师事务所党支部。8月，律师协会、律师管理处总支组织所属区直律师18个支部召开了“回头看”支部专题组织生活会，要求各支部和党员个人认真回顾检查前一段的整改工作情况，全面检查前一个时期整改措施的落实情况，并联系实际，修改完善整改措施，把整改措施落到实处。

2. 积极争取建立律师协会党委。律师协会同司法厅政治部、机关党委多次到自治区党委组织部和区直机关工委汇报，提出成立律师协会党委的申请。律师协会机关党支部已经过司法厅机关党委批准成立。

3. 举办区直律师事务所党支部书记培训班。自治区司法厅政治部主任张君三出席培训班并讲授重要课程。区直律师事务所15个党支部书记参加培训。

（二）机关建设

2005年，广西律师协会成功进行了律师协会的换届选举，进一步深化“两结合”的管理体制改革，强化了律师协会的行业自治职能。改变了过去由司法行政机关领导兼任律师协会领导的组织形式，选举产生了全部由执业律师担任会长、副会长和大部分成员由执业律师组成的理事会、常务理事会的新一届律协领导班子。实现了律师协会常设执行机构与司法行政机关律师管理部门在人员、机构上的相互分离。律师协会的行业自治职能进一步强化。

同时，鼓励有条件的地级市成立律师协会，发挥地级市律师协会的行业管理职能，到目前为止，我区所辖14个地级市均批准成立了律师协会，进一步完善了律师工作的“两结合”管理体制。

自治区律师协会常设执行机构独立办公以后，以协会自身建设作为工作重点之一，加强协会的组织、机构和制度建设。先后通过了《广西律师协会常务理事会规则》、《广西律师协会经费管理办法》、《广西律师协会财务管理办法》、《广西律师协会理事会规则》、《广西律师协会会费收支管理办法》、《广西壮族自治区律师协会专门委员会设置方案》、《广西壮族自治区专业委员会设置方案》等。这些规则和方案的通过，确立了新的管理体制下必须明确的重大工作制度和应当设置的有关机构，为新一届律师协会开展工作奠定了很好的组织和制度基础。

四川省律师协会工作概况

一、四川省律师队伍现状

四川省共有执业律师6331名，其中专职律师6025名，兼职律师306名。律师助理、行政人员1786名。律师事务所615家，其中国资所103家，合作所84家，合伙所423家，以个人姓名命名的5家。

2005年，全省律师担任党政机关、企事业单位法律顾问12704家，刑事辩护及代理15852件，民事案件诉讼代理35310件，经济案件诉讼代理14928件，行政案件诉讼代理1372件，非诉讼法律事务44558件，涉外及港澳台案件150件，解答法律咨询283976人次，代写法律文书55630件。

二、协会重要工作会议

（一）理事会

2005年5月18日，省律协在成都召开五届六次理事会暨全国第六次律师代表大会四川代表选举大会。

会议由曾宪章会长主持。本次理事会应到理事97人，实到理事57人。

理事会通过无记名投票从全省各地民主推荐的候选人中差额选举并报省厅审核同意，选举产生了彭永臣等15名律师为我省出席第六次全国律师代表大会代表及刘守民等7名理事候选人。

（二）会长办公会

2005年，四川省律师协会共召开了5次会长会议。

3月18日，省律协召开了第17次会长会议。会议由曾宪章会长主持。省律协副会长张晓勇、刘守民、谢民、张俊华、姚建、何官燕出席了会议，省律协副秘书长刘春、蒋玉春、李浩乐列席了会议。会议主要议题是学习贯彻全国“两会”精神以及省委省府传达“两会”精神会议的主要精神。与会同志还围绕十届人大三次会议通过的《反分裂国家法》畅谈了学习体会，会议就2005年省律协工作尤其近期工作作了部署和安排。

4月26日，省律协召开了第18次会长会议，会议由曾宪章会长主持，省律协副会长刘守民、李世亮、姚建出席了会议，省律协副秘书长刘春、蒋玉春、李浩乐列席了会议。会议研究了省律协章程（第二稿）的有关事宜；学习司法部、全国律协关于召开第六次全国律师代表大会的通知精神，研究贯彻实施的具体事宜。

5月13日，省律协召开了第19次会长会议，会议由曾宪章会长主持，副会长张晓勇、彭永臣、谢民、姚建、何官燕出席了会议。省律协副秘书长刘春、蒋玉春列席了会议。会议审议了省律协五届六次理事会议程，并对各市州及省直所推荐的全国第六次律师代表大会代表候选人资格进行了初步审查。

10月19日，省律协召开了第20次会长会议。会议由曾宪章会长主持。省律协副会长张晓勇、刘守民、谢民、张俊华、姚建、何官燕出席了会议，省律协副秘书长刘春、蒋玉春、龚毅列席了会议。会议主要议题是学习党的十六届五中全会精神，着重讨论研究省律协换届工作和成立省律协党委的具体事宜。

2006年1月9日，省律协召开了第21次会长会议。会议由曾宪章会长主持。省律协副会长张晓勇、彭永臣、刘守民、谢民、李世亮、张俊华、姚建、何官燕出席了会议。省律协副秘书长刘春、蒋玉春、龚毅李浩乐列席了会议。会议总结了省律协2005年工作，研究商讨2006年工作计划。

（三）六届全国律协第三次常务理事会在成都召开

六届全国律协第三次常务理事会暨律师协会会长联席会议、秘书长工作会于12月2日~5日在成都召开。来自全国各地的近90名六届全国律协的常务理事、各省市自治区律师协会会长及秘书长出席了会议。司法部段正坤副部长、律师公证工作指导司周院生副司长出席会议并讲话。省司法厅方光兴厅长应邀出席会议并致辞。受全国律协委托，四川省律协承办了此次会议的会务工作，并以其高效率的工作作风、热情周到的服务受到会议主办单位及与会代表的好评。

三、协会重要工作

（一）积极开展合伙律师事务所规范建设年活动

根据司法部和全国律协的统一部署和要求，以司法部《关于开展合伙律师事务所规范建设年活动的意见》为依据，按照省司法厅《关于开展合伙律师事务所规范建设年活动的实施方案》提出的工作目标，扎扎实实开展活动。3月，积极配合省厅召开直属合伙律师事务所规范建设年活动动员大会。组织省直属所和成都市部分律师事务所主任以及律师管理工作人员参加“两结合”管理体制和加强合伙律师事务所内部管理的专题讲座培训。在此次活动中，省律协结合自身工作实际，以查处律师违纪违规案件为重点。调整了查处投诉案件办案机制，增加了办案人员，加强办案力量。严厉查处了一批违纪违规律师。全年共对6名律师进行了行业处分，另有2名律师和1家律师事务所受到了行政处罚。

（二）专业活动和培训

3月，省律协开展了第二届“3·15”法律服务活动。消费者权益保护专业委员会围绕即将出台的《四川省消费者保护条例》（草案），组织专业委员会委员就《消条》的立法宗旨、思路以及在消费领域中存在的热点问题进行讨论。成都、绵阳、德阳、宜宾、南充、泸州、攀枝花、巴中等市组织律师开展了义务法律咨询，据统计，全省共有87家律师事务所，400多位律师参加了这项活动，提供宣传资料近三万册。

5月，省律协、省残疾人法律事务专业委员会以“关爱扶助，共建和谐”为主题开展了法律服务义务咨询活动，在成都设立了五个咨询点，全省各市州当日也开展了“扶弱助贫”活动，义务解答法律咨询670多人次。

9月13日至15日，省律协与美国律师协会亚洲法律项目委员会、中国法学会反对家庭暴力网络（研究中心）联合举办了“公益诉讼与维护妇女权益研讨班”。省司法厅厅长方光兴、副厅长张晓勇、省律师协会会长曾宪章、省妇联副主席马小玲、中国法学会反对家庭暴力网络（研究中心）理事会主席陈明侠、美国律师协会亚洲法律项目委员会驻华代表莫慧兰女士及项目委员会项目官员台学森等出席了开班仪式，来自湖北、湖南、贵州、四川的100余名律师和妇联的同志们参加了调研和培训。在为期三天的研讨活动中，Sarah Buel、周伟、王竹青、祝燕涛、屈学武、朱晓青、徐卉、陈明侠等中外专家教授们围绕公益诉讼的理论与实务，妇女维权与法律保护、妇女权益与司法保护等三个专题进行了认真深入讲解。

10月16日，省律协刑事专业委员会根据全国律协的安排和部署，组织全省刑事辩护律师举办了“了解刑事辩护，帮助自己和他人”的义务宣传活动。活动共设立宣传、咨询点125个，开通免费咨询电话63部，组织律师2389名律师参与活动。这一专项活动取得很好的社会效果，并受到全国律协表彰，荣获“最佳组织奖”。

省律协刑事诉讼专业委员于10月24日至25日，与美国纽约大学法学院、四川大学中国司法改革研究中心联合举办了“刑事审判展示与研讨会”。来自四川、云南、贵州、广西、上海的律师和四川省、成都市两级法院和检察院的法官和检察官以及川大法学院的师生近140人参加了研讨会。在为期两天的研讨会中，杰德·拉科夫法官、布兰达·约翰逊检察官、英格·帕尔森律师以模拟法庭的形式，将美国刑事审判程序全面真实地展现出来。通过对模拟审判的展示与研讨，有效的展示了美国刑事审判程序的运作状况，促进中美法律文化的交流。模拟法庭专家们高明的法庭审判技巧和敬业精神使与会人员受益匪浅。

2005年10月，省律协环保与资源法专业委员会成立，何敏任主任。

四、党务工作和机关建设

加强律师队伍中共产党员先进性教育，大力宣传律师队伍的先进事迹和先进典型，弘扬正气。年初与省厅共同表彰了70家诚信执业先进律师事务所、150名优秀律师和40个集中教育整顿先进集体、70名先进个人。

四川省律协利用内部刊物《律师工作动态》进行宣传，全年共编发30期，刊载律师工作文章信息386条，有效地宣传了律师工作，交流了业务工作和管理工作经验，指导和推动了面上工作，扩大了律师行业的社会影响。

2005年，四川律协网站“四川法律在线”（http：//www.sclo.cn）正式运行，网站设置栏目：律师动态、律师制度、律师管理、律师协会、律师培训、律师维权、律师聘请、人才交流、律师之家等。目前，网站部分栏目还在逐步充实中。

贵州省律师协会工作概况

一、贵州省律师现状

2005年，贵州省共有185家律师事务所、1317名律师通过了年检注册。全年共办理刑事辩护案件4498件，民事案件11932件，行政案件554件，非诉讼法律事务46589件，担任法律顾问2274家，办案数量和质量都比往年有所增加和提高。

二、协会重要工作会议

（一）理事会

4月7日晚上，理事会召开三届三次会议。会议通过事项：一是《省律协2004年工作总结和2005年工作计划》、《2004年度省律协会费收支情况报告》；二是表决增补包洪臣、张光华、颜强为省律协三届理事会理事，肖坤涛、颜强为省律协三届理事会常务理事；三是决定成立省律协未成年人保护专业委员会。

5月12日下午，理事会召开三届四次会议。会议通过事项：一是表决提名孙忠仁、陈世和、陈朝洁为第六届全国律师代表大会代表候选人；二是表决增选朱宽心、杨敏、潘永祥、刘清、陈会琪、令狐兴中6名律师为省律协三届理事会理事。

（二）常务理事会

2月25日上午，常务理事会召开三届七次会议。会议主要内容：一是原则批准《省律协2004年工作总结和2005年工作计划》；二是审议《2004年度省律协会费收支情况报告》；三是决定部分调整律协会员会费标准；四是决定组织贵州省律师代表团赴西欧、日本、美国、新马泰国家及港台等地考察；五是决定按照司法部的统一部署，省律协和各市州地律协积极配合司法行政机关开展好合伙律师事务所规范建设年活动。

5月9日下午，常务理事会召开三届八次会议。会议主要内容：一是同意提名陈朝洁、陈世和、孙忠仁为第六届全国律师代表大会代表候选人，报经省司法厅党委同意后提交三届四次理事会表决；二是决定增补省律协三届理事会理事8名，同意提名陈会琪为理事候选人；遵义市、安顺市、六盘水市、黔东南州、黔西南州、黔南州、铜仁地区各增补一名理事候选人，提交四次理事会表决；三是决定援建一所贵州律师希望小学，具体方案由秘书处负责拟定并实施；四是决定肖坤涛、陈会琪分别任省律协未成年人保护专业委员会主任、副主任。

三、协会重要工作

（一）为非公有制经济提供法律服务，并下发有关指导性意见

7月4日，省司法厅、省律协组织召开了有律师、非公有制企业主参加的“律师公证如何为非公有制经济开展法律服务座谈会”，张国新厅长、王心海副厅长（省律协会长）就律师如何为非公有制经济提供全方位法律服务作了重要讲话，各企业主也提出了一些很好的意见和建议。8月16日又召开了有省非公有企业管理局部分领导参加的律师公证为非公有制经济提供法律服务的座谈会，综合两次座谈会精神及各市州地司法局开展的律师、公证员为非公有制经济提供法律服务的一些好的做法，省厅于12月起草下发了《贵州省律师公证为非公有制经济提供法律服务的指导性意见》，此意见对于拓展律师为非公有制经济提供法律服务起到了较好的指导作用。

（二）联合制定《贵州省保障律师在刑事诉讼中依法执业若干问题的暂行规定》

为了改善律师办理刑事案件的执业环境，切实解决刑事辩护案件中的“会见难、阅卷难、调查取证难”等问题，省司法厅抓住“规范执法行为，促进执法公正”专项整治活动的机遇，与省高院、省检察院、省公安厅、省国安厅四家政法部门联合制定了《贵州省保障律师在刑事诉讼中依法执业若干问题的暂行规定》，该暂行规定的实施，对于保障律师在刑事诉讼中的地位，顺利开展刑事辩护工作，维护法律的尊严，都具有积极的意义。

四、党务工作

律师党建工作得到了加强，10余家省直律师事务所党支部参加了省直第一批共产党员先进性教育活动，通过规范建设活动，事务所的零星党员都理顺了组织关系，有3名以上党员的事务所全都建立了党支部。

五、宣传工作

行业的宣传工作促进了行业的规范建设。心海、天职、恒易等6家律师事务所在省电台、电视台及各地电视台和报刊开辟和设立了“法律直通车”、“律师热线”、“律师园地”或“律师论坛”等专栏，有10余家律师事务所建立了自己的网站，通过这些宣传平台及时宣传律师为社会服务的优秀律师形象。威克律师事务所同全国四十家知名律师事务所共同为中央电视台举办“律师出招法律月”义务咨询活动，并通过中央电视台设立的声讯热线，每天接待电话多达60起。贵州电视台、贵阳电视台也到该所现场采访进行报道，在社会上引起强烈反响，深受各界好评，这次活动，起到了宣传律师服务社会的作用。遵义市律协坚持办好《遵义律师》刊物，黔东南州兄弟律师事务所援建了一座希望小学，得到了当地媒体的广泛宣传，重塑了律师的美好形象。

云南省律师协会工作概况

一、云南省律师现状

2005年，云南省执业律师人数为2899人，机构有445个。

二、协会重要工作会议

组织召开了省第四届律师代表大会第二次全体代表会议，按照民主、公开、公正原则，差额选举产生云南省出席第六次全国律师代表大会代表及理事候选人。

组织召开云南省第五次律师代表大会。2005年12月2日在昆明召开了第五次律师代表大会，大会选举产生了新一届云南省律协理事、常务理事、会长、副会长，聘任了秘书长。

三、协会重要工作

（一）省律师协会根据2005年“司法部决定在全国律师行业中开展合伙律师事务所规范建设年活动”的精神，充分发挥行业协会的作用，深入到律师事务所，认真搞好调查研究，配合司法行政机关，依据《律师法》、《律师事务所管理办法》、《律师事务所内部管理规则》、《律师服务收费管理暂行办法》、《律师事务所收费程序规则》等有关规定，对合伙律师事务所合伙主体、收案行为、收费和分配行为、内部监督管理行为进行规范，对合伙律师事务所建立健全管理机构进行规范，对合伙律师事务所及合伙人管理责任问题等进行规范。通过开展合伙律师事务所规范建设年活动，增强了合伙律师事务所的管理意识，明确了合伙人的管理责任，律师事务所统一收案、收费、财务管理、分配、内部监督等制度进一步健全并得到全面落实，运作更加科学、规范，违法违纪行为受到严肃查处，律师的服务质量和社会形象明显提高。

（二）做好优秀律师事务所和优秀律师的评选工作，根据全国律师协会的要求，我省采取了自下而上的办法，通过层层筛选，严格按照评比要求审查后上报全国律协；我省的云南震序律师事务所、云南刘胡

乐律师事务所和云南的欣晨光律师事务所荣获“全国优秀律师事务所”荣誉称号，马军、王光辉、周国平等3名律师荣获“全国优秀律师”荣誉称号。

（三）积极参与社会公益活动，2005年央视“3.15”晚会揭露了一起包括云南省在内的严重抗农害农事件，省律协以构建和谐社会、关注三农问题、关注弱势群体为指导，积极介入，确定专人负责此项工作，开辟了咨询热线，安排了四家信誉度较好的律师事务所具体承担为受害农民提供法律咨询服务。

（四）组织全省律师积极参加“12.4”全国刑事辩护律师义务宣传日活动，广大律师在宣传日当天纷纷走上街头，为人民群众开展义务法律咨询服务。

（五）做好全国律协交办的工作，召开昆明地区部分律师座谈会，就《刑法第306条》提出修改意见及依据。根据省政府法治办的要求，对《律师法》提出修改意见，做好政府的参谋和助手。

（六）做好全省律师服装的征订和发放工作。今年征订律师服装共158套。

四、党务工作和机关建设

根据厅党委的统一部署，上半年省律师协会工作人员积极参加了第一批“保持共产党员先进性教育活动”，在先进教育活动期间，省律协全体党员认真学习有关文件精神，中央、省委领导同志的重要讲话，听取了形势报告会，接受了革命传统教育和警示教育。做到了人人参加学习，个个认真撰写心得体会，并结合“保先教育”党员标准大讨论，认真回顾总结学习工作情况，制定了具体的改进措施，明确了“建设一流队伍、培养一流工作风、创造一流业绩”的工作目标，进一步提高了律协机关党员的政治素质。为给全省第二批先进性教育活动打下了良好基础。

年初，省律协以党组的名义下发了《关于实施“云岭先锋”工程在律师服务行业开展“党员挂牌上岗”活动的意见》，要求把先进性教育与“云岭先锋”工程有机结合起来，广泛开展律师“党员挂牌上岗”党建活动，理顺律协党组织的各项关系，为先进性教育活动的开展打下良好的基础。在律师党员先进性教育活动中，省律协紧密结合党建律师工作实际，积极探索新形势下加强律师党建工作的新途径和方法，创新律师队伍党建工作的机制，运用行之有效的活动方式和载体，丰富党员律师活动内容，不断增强律师党建工作的实效性，把我省律师党建工作提高到一个新水平。

五、宣传工作

做好律师宣传工作，2005年10月，云南省律师协会与云南省人民广播电台联合开办了“法在你身边——律师与法”栏目。

西藏自治区律师协会工作概况

一、西藏自治区律师现状

西藏自治区律师协会目前与西藏自治区司法厅律师公证管理处、西藏自治区公证员协会合属办公。

西藏自治区现有十三家律师事务所。其中：拉萨地区共有七家，分别是西藏恒丰律师事务所、西藏雪域律师事务所、西藏伟豪律师事务所、西藏珠穆朗玛律师事务所、西藏圣峰律师事务所、西藏宏伟律师事务所、西藏日光律师事务所。其他六地区各一家律师事务所，日喀则地区为西藏循矩律师事务所、山南地区为雅砻律师事务所、昌都地区为显达律师事务所、林芝地区为尼洋律师事务所、那曲地区为羌塘律师事务所、阿里地区为岗底斯律师事务所。

西藏自治区现有执业律师53名，男性律师39中，女性律师14名；党员律师25人。均具有大专以上学历。

全区律师办理各类案件1965件。其中：刑事诉讼及附带民事代理案件290件，民事案件诉讼代理545件，经济案件诉讼代理164件，行政案件诉讼代理31件，非诉法律事务代理944件，涉外法律事务11件。解答法律咨询5491人次，代写法律文书1371件，担任机关企事业单位法律顾问129家。涉及财产标的2.38亿元。

二、协会重要工作

西藏律师协会在西藏司法厅党委的统一领导下，在中华全国律师协会的指导和支持下，以邓小平理论和“三个代表”重要思想为指导，以《律师法》及行业规定为依据，努力拓展律师业务，加强律师队伍建设，规范律师事务所的执业行为，积极配合行政机关工作，认真开展保持共产党员先进性教育活动，为维护西藏社会稳定，促进西藏跨跃式发展作了一些工作，具体如下：

1. 认真开展保持共产党员先进性教育工作。

根据西藏司法厅“先教办”安排，西藏律师协会所属25名党员律师态度端正、行动积极、精神饱满地参加了保持共产党员先进性教育活动。通过保持共产党员先进性教育活动,进一步提高了认识,端正了态度,交流了思想,沟通了感情,坚定了为人民服务的信心。并达成共识:党员律师作为特殊的职业群体,应严格按照《党章》的要求,在执业活动中,充分发挥党员的先锋模范作用,为党旗增辉,为所在党组织添彩。

2. 认真扎实地开展合伙律师事务所规范建设年活动。

根据司法部的总体部署，西藏律师协会积极配合司法行政机关开展合伙律师事务所规范建设年活动。针对合伙律师事务所存在的突出问题，依照《律师法》和《合伙律师事务所管理办法》，进一步完善了《合伙协议》及《章程》，落实收案、收费、财务及内部管理制度，解决了合伙所存在的突出问题，使合伙所自律管理的整体水平有了一定的提高，为我区合伙所的健康发展奠定了扎实的基础。

3. 配合司法行政机关解决了律师工作中的一些实际问题。

调整、充实了律师技术职称评审委员会，律师技术职称评定工作重新启动，并完成了命题及阅卷工作。

律师脱钩改制工作后的相关待遇问题一直未得到解决，西藏律师协会协助司法行政部门起草了《关于解决我厅律师辞职后补偿费问题的请示》，已报送给西藏自治区人民政府。

为解决在西藏工作的外省律师子女就学、配偶就业等问题，律协配合司法行政机关，与西藏自治区公安厅联合下发了《关于户籍不在我区的执业律师、律师事务所辅助人员及其直系亲属暂不办理暂住证的通知》，为在藏工作的外省律师解决了一些实际问题。

4. 开展了公职律师、公司律师的试点工作，为拉萨海关的参木决律师、西藏自治区气象局的扎西律师、西藏伊莎绒毛制品有限公司的孙月霞律师颁发了公职律师、公司律师证。

5. 针对拉萨市公安局娘热路派出所民警撕毁律师法律文书的事件，配合司法行政机关，积极向有关部门反映情况，开展维权活动。

6. 按照《中华全国律师协会关于召开第六次全国律师代表大会的通知》要求，按照规定程序，选举了我区参加第六次全国律师代表大会的代表。

7. 开展了日常的律协工作。

陕西省律师协会工作概况

一、陕西省律师现状

截至2005年12月底，陕西省共有律师事务所279家，其中合伙制律师事务所157家，占56%，合作制律师事务所67家，占24%，国资律师事务所55家，占20%。全省共有律师2780人，其中专职律师2512人，兼职律师268人；本科以上学历1652人，博士、硕士、双学士278人。全年共办理各类法律事务229412件，其中担任法律顾问3603件，刑事诉讼辩护及代理8373件，民事案件诉讼代理26967件，经济案件诉讼代理6745件，行政案件诉讼代理1025件，非诉讼法律事务10907件，涉外及港澳台356件，解答法律咨询118341件，代写法律事务文件53075件。2005年全省律师业务收费共计10783.35万元。

二、协会重要工作会议

（一）理事会

2005年1月15日至16日，陕西省律师协会召开四届四次理事（扩大）会议，各市律协会长（联络组组长）、省律协各部室负责人列席了会议。会议传达司法部关于律师队伍集中教育整顿活动总结、全省政法和司法行政工作会议精神，审议并通过陕西省律师协会2004年工作报告，陕西省律师协会2004年会费收支情况报告。

2005年5月14日，陕西省律师协会召开四届五次理事会。传达中华全国律师协会召开第六次全国律师代表大会的有关文件，表决通过了我省参加第六次全国律师代表大会的代表、理事候选人选举办法，选举产生了我省参加第六次全国律师代表大会的代表、理事候选人7名。

（二）常务理事会

2005年4月23日，省律师协会在安康召开四届八次常务理事（扩大）会议。会议由梁胜国会长主持，省律协秘书长，各市律协会长（联络组组长）、省律协机关各部室负责人列席了会议。会议认真学习了《司法部关于学习贯彻中央领导同志重要批示精神进一步做好律师和法律援助工作的通知》、《陕西省司法厅关于开展合伙律师事务所规范建设年活动的实施意见》。梁胜国会长向常务理事报告了省律协机关第一季度按照省司法厅党组的统一部署，扎实有效的开展保持共产党员先进性教育活动。会议审议并通过了省律师协会《关于贯彻落实〈陕西省司法厅关于合伙律师事务所规范建设年活动的实施意见〉的意见》、省律师协会《关于为全省律师办理执业责任保险实施方案》、《关于增补业务专业委员会副主任的议案》、《省律师协会涉外业务专业委员会关于聘请顾问的报告》、《省律协2005年会费收支预算报告》和省律师协会《关于推选第六次全国律师代表大会代表及理事候选人方案》等议案。

2005年5月29日，陕西省律师协会在西安召开四届九次常务理事会，审议并通过聘请周刚同志为省律师协会秘书长的决议。

9月24日至25日，省律协四届十次常务理事（扩大）会议在渭南召开，会议传达了司法部段正坤副部长在六届全国律协第一次党组会上的讲话、省司法厅赵英武厅长在全省律师事务所“加强规范建设提高自律管理能力”主题征文研讨活动表彰会上的讲话，听取了梁胜国会长关于《省律协二、三季度的工作报告》和各市律协（联络组）开展合伙律师事务所规范建设年活动工作情况的汇报。会议还审议通过了《陕西省律师协会专业委员会工作规则》和《陕西省律师协会投诉查处工作规则》。

（三）会长办公会

2005年4月15日，召开第十次会长办公会。学习司法部《关于进一步建立健全律师队伍建设长效机制的意见》、《省司法厅关于开展合伙律师事务所规范建设年活动的实施意见》、《省律协关于合伙律师事务所规范建设年活动的实施意见》，听取了省律协各部室一季度工作汇报。

2005年5月19日，召开第十一次会长办公会。研究讨论日常工作。

2005年5月25日，召开第十二次会长办公会，研究拟聘用周刚同志为省律师协会秘书长。

2005年8月24日，召开第十三次会长办公会。学习司法部段正坤副部长在全国律协六届二次常务理事会上的讲话，第六次全国律师代表大会新一届领导的讲话，研究了《陕西省律师协会专业委员会工作规则》、《陕西省律师协会投诉查处工作规则》，听取了省律协各部室二季度的工作汇报。

三、协会重要工作

2005年，陕西省律师协会在司法部和陕西省司法厅的领导下、在中华全国律师协会的指导下，以邓小平理论和“三个代表”重要思想为指导，树立和落实科学发展观，开展保持共产党员先进性教育活动和合伙制律师事务所规范建设年活动，全心全意为全省律师和陕西经济建设服务，充分发挥行业管理职能，加强律师业务指导和业务交流，加强律师业务培训，切实维护律师的合法权益，圆满地完成了各项工作计划。

（一）扎实开展以实践“三个代表”重要思想为主要内容的保持共产党员先进性教育活动

省律师协会临时党委按照省司法厅党组的部署和要求，在机关和全省律师行业组织开展第一、二批先进性教育活动中，紧紧抓住学习实践“三个代表”重要思想这条主线，牢牢把握“关键是取得实效”和“成为群众满意工程”的要求，坚持做到六个“贯穿始终”，紧密结合实际，稳步有序地推进教育活动，做到了“规定动作符合标准，自选动作富有特色”，取得了明显成效，达到了“提高党员素质，加强基层组织，服务人民群众，促进各项工作”的目的，有力地推动了律师行业党的建设。在先进性教育学习动员、分析评议、整改提高和“回头看”等活动中，坚持理论联系实际，采取多种有效方式，积极引导广大党员深入学习“三个代表”重要思想，牢固树立和落实科学发展观，做到真学、真用。在顾大局、抓重点、求发展上下功夫，认真研究和解决影响机关，行业改革发展稳定的主要问题，坚持边学边改，边查边改，边整边改，集中解决了一些涉及群众切身利益，影响党的先进性建设的突出问题，较好的实现了两不误，两促进。

认真落实先进性教育活动巩固扩大整改成果工作的各项要求，抓好“回头看”。按照省司法厅党组统一部署，狠抓了巩固扩大整改成果各项任务的落实。紧紧抓住学习实践“三个代表”重要思想这条主线，紧扣“不符合”、“不适应”的突出问题，在巩固成果，深化整改、健全机制上下功夫，党员队伍建设和组织建设得到进一步加强，各项工作取得了明显成效。着重围绕和检查整改方案的制订和落实、解决存在的突出问题，建立健全保持共产党员先进性长效机制三个方面情况，做到了解决问题的劲头不放松，落实整改措施的力度不减弱，已经解决的问题不反弹。

积极探索建立党员“长期受教育，永葆先进性”的长效机制。各党支部结合整改，把党的建设和律师业务工作同步考虑，统筹安排，整体推进，采取多种形式，广泛征求各方面意见和建议，普遍制定了关于建立健全先进性长效机制的方案，建立了党建工作责任制，党员学习教育制度，党员管理制度，联系群众，服务群众制度，党员组织生活制度和奖惩激励机制等。省律师协会临时党委在总结律师行业先进性教育活动中，及时通报表彰了群众公认、实绩突出的赵力行等13名优秀共产党员，陕西嘉瑞律师事务所党支部等6个先进基层党组织，从而激发了党员的内在动力，有效地展现了先进性教育活动的成果。

通过历时11个月的先进性教育活动，广大党员对“三个代表”重要思想有了新的认识，思想政治素质有了新的提高，精神风貌有了新的变化，先进性形象有了新的提升，全行业工作和机关建设都有了新的起色。

（二）积极配合司法行政部门，开展“合伙律师事务所规范建设年”活动

开展合伙律师事务所规范建设年活动是司法部为

进一步贯彻胡锦涛总书记等中央领导同志重要批示精神，巩固发展律师队伍集中教育整顿活动的成果，规范律师事务所特别是合伙律师事务所的管理，增强律师行业自律管理能力，促进律师队伍和律师事业健康发展做出的一项重要部署。4月27日，省律师协会下发了《关于贯彻落实〈陕西省司法厅开展合伙律师事务所规范建设年活动的实施意见〉的意见》，并对这项活动作了具体安排，要求全省律师行业要以开展合伙律师事务所规范建设年活动为契机，进一步建立健全我省律师队伍建设长效机制。

为配合合伙律师事务所规范建设年活动，省司法厅和省律师协会充分吸收、借鉴成功律师事务所内部管理经验，整理编印了《律师事务所内部管理制度选编》一书3000册，全省律师和律师管理干部人手一册，《选编》系统、全面地推介了合伙所章程、合伙人议事规则、人事管理制度、财务管理制度、收案制度等一系列规范管理制度，为达标创建活动提供了样板和示范。安康市结合当地实际，制定了《合伙律师事务所规范化管理办法（试行）》，西安市印发了《律师执业服务指南》，使规范化建设更具操作性。并积极引导各律师事务所按照《合伙律师事务所规范建设年考核评分细则》，开展了达标创建活动。陕西金镝、陕西秦川等律师事务所依照选编，全面修订内部管理制度，健全完善各项管理制度达40余个。延安市则采取召开现场会的形式，组织全市律师事务所主任和合伙人到陕西桥山律师事务所进行了现场观摩学习。汉中市结合2004年的集中教育整顿活动和今年的规范化建设活动，在全市开展了创建优秀律师事务所和优秀律师活动，通过广泛评议，评选出了陕西嘉盟等3个先进律师事务所和任谦等11名优秀律师，进行了表彰，还为优秀律师统一制作了桌牌，进一步激发了律师事务所争先创优的热情。结合合伙律师事务所规范建设年活动，10月底11月初，省司法厅和省律师协会组织各市区律师管理干部、部分律师事务所主任共计64人，分两批赴上海、海南进行了考察学习，对先进管理经验进行了吸收借鉴。12月下旬，省司法厅、省律协组成5个检查小组，对全省合伙律师事务所规范建设年创建达标活动进行了检查验收。

2005年开展合伙所规范建设年活动，全省律师通过开展学习培训、互动交流、创建达标等活动形式，在学习中规范，在规范中提高，有力地推动了我省律师事业的健康发展，并取得了初步成效。合伙人的自律管理意识得到进一步增强，规范管理、科学管理的基本理念基本形成。律师事务所内部各项管理制度得到进一步健全完善，管理更加科学规范。律师事务所硬件设施得到进一步改善，律师的社会形象得到较高提升。律师业务在规范中得到进一步拓展，法律服务质量得到有效提高。

（三）加大培训教育力度，不断提高我省律师的政治素质、业务素质

1. 为配合合伙律师事务所规范建设年活动，省司法厅、省律师协会于2005年8、9、10月共同举办了三期合伙律师事务所主任及合伙人培训班。先后邀请中国政法大学法学院教授贺卫方、北京大学法学院教授陈瑞华、中国政法大学法学院副教授李本森、北京大成律师事务所管委会主任王忠德、上海锦天成律师事务所主任聂宏胜、上海君悦律师事务所主任刘正东，分别讲授司法改革与律师、刑事辩护中证据的应用、合伙制律师事务所的理论与实践、合伙制律师事务所的规范管理及合伙律师事务所经验介绍。近600名合伙人参加了培训，并将培训内容制成光盘，作为内部培训资料。

2. 2005年6月，省律协邀请清华大学法学院教授崔建远在西安举办“民法应用及物权法立法的相关问题”讲座，省属、西安、咸阳、渭南、宝鸡等近千名律师参加了培训。

3. 组织参加中华全国律师函授中心卫星远程讲座，组织律师参加了4期卫星远程讲座，接受培训律师共800多人。

4. 组织我省律师参加司法部、全国律协举办的“2005中国律师事务所管理与发展研讨会”、“资产与重组产权交易业务实践疑难问题处理典型案例分析班”等培训班。积极推荐我省律师参加律协——路伟青年律师实习培训。

5. 全省各市开展形式多样的培训。西安市律协举办了《最高人民法院关于审理土地使用权合同纠纷案件适用法律的解释》的讲座和西安律师论坛，培训律师400多人，咸阳市举办律师队伍规范化知识讲座，培训律师183人，宝鸡市举办物权法草案和律师法修改动向的学习培训，培训律师210人，汉中市、渭南市、铜川市举办最高人民法院《关于土地和建筑施工合同纠纷案件适用法律问题的司法解释》的讲座，培训律师300多人，安康市举办“合伙律师事务所规范化建设”、“刑事辩护理论与实践”的培训，培训律师60多人，榆林、商洛也开展了其他形式的培训。

（四）省律协各专业委员会积极开展活动，进行业务研讨和经验交流活动

省律协充分发挥各专业委员会的作用，不断开展各项业务活动。8月31日，省律协召开各专业委员会主任工作会议，研究各专业委员会2005年下半年业务

活动计划，讨论并通过了《陕西省律师协会专业委员会工作规则》，5月，刑事辩护专业委员会按计划完成了全国律协交办的关于刑事诉讼法修改意见稿的课题研究，11月13日，省律协劳动法专业委员会与西北政法学院、省总工会联合召开劳动法疑难案例研讨会。12月24日至25日省律协召开全省非诉讼业务经验交流及实务研讨会，有一百多名律师参加了会议。大会共收到非诉讼业务论文51篇，进行了研讨、交流，省律协将其中十多篇优秀论文编印成册，分发全省各律师事务所。

（五）进一步规范律师执业行为，加大查处投诉案件力度

省律师协会结合开展合伙制律师事务所规范建设年活动，进一步规范律师执业行为，加大了投诉案件的查处力度。全年共受理投诉案件12起，其中9起已经调解结案，3起正在查处过程中。4月27日，省律协派两名同志专程赴厦门解决台胞对我省某律师的投诉问题，向台胞退还9000元人民币代理费，台胞感到非常满意，有效地化解了纠纷。为进一步提高对投诉案件的查处水平，8月20日，召开了全省律师惩戒工作会议。各市律协（联络组）汇报了各市惩戒机构的总体设置、工作开展情况和惩戒工作经验，并对下一步工作进行了认真研究。9月24日，四届十次常务理事会审议通过了《陕西省律师协会投诉查处工作规则》，对全省律师投诉查处工作进行了规范。

（六）全国人大常委会律师法执法检查组对我省贯彻实施《中华人民共和国律师法》情况进行执法检查

5月18日，全国人大常委会副委员长顾秀莲率全国人大常委会律师法执法检查组分别到我省西安、宝鸡市进行执法检查，走访了部分律师事务所，与西安、宝鸡的部分律师进行了座谈。省司法厅厅长赵英武、省律师协会会长梁胜国、西安市律师协会会长李瑞莲分别就我省和西安市律师行业贯彻实施《中华人民共和国律师法》情况做了专题汇报。顾秀莲副委员长充分肯定了我省律师在国家法治建设中所发挥的作用，在贯彻实施律师法中所取得的成绩。针对执法检查中的意见和建议，表示将会综合各方面情况，加快律师法修改的步伐。

（七）建立律师执业责任保险制度，为律师创造良好的执业环境

为了深化律师事业改革工作，有效化解律师办案风险，解除律师的后顾之忧，进一步改善律师执业环境，保障当事人的合法权益，树立律师事务所及律师的良好社会形象，省律协今年着手建立我省律师执业保险制度。经省律协常务理事会研究，选定了保险代理公司和保险公司，我省执业律师1571人参加了投保。

（八）为弱势群体提供法律援助

2005年我省律师为弱势群体提供无偿法律帮助，维护了社会的安定团结，律师的社会形象得到进一步提升。截至11月底，全省律师共承办各类法律援助案件4142件，其中各市律师承办法律援助案件3127件，省属律师事务所律师承办法律援助案件1015件。

（九）组织律师积极向社会奉献爱心，开展多种形式的公益活动

6月20日，省律协下发《关于开展为孤残儿童编织“爱心毛衣”活动的通知》，组织部分女律师参加由中国儿童基金会、全国妇联主办的寻找万名爱心父母为孤残儿童编织“爱心毛衣”的活动，西安市和省属律师事务所有10名女律师参加了这次活动。7月8日，参加省消费者协会组织的成立“维护消费者合法权益志愿团”名单审核会议，对报名参加律师团的律师进行了严格审查，最后确定20名律师作为首批律师志愿团成员。9月9日，我会与中共陕西省委依法治省工作领导小组办公室、省综治委预防青少年违法犯罪工作领导小组办公室、省司法厅、省教育厅和共青团省委六部门联合下发了《关于开展“知心律师进校园”宣传教育活动的通知》，积极组织我省律师参加这次活动，让民主与法制伴随着孩子们健康成长。截止目前，全省已有近百家律师事务所派出律师进驻校园。

（十）关心律师健康，开展律师文体活动，宣扬律师文化

11月8日，省律协紧急下发《关于做好预防和控制高致病性禽流感的紧急通知》，要求各市律协（联络组）、省属各律师事务所做好禽流感的预防和控制工作，确保律师身体健康不受损害。10月8日至12日，组织我省4名律师参加“陕西省华山杯围棋赛”，取得了第八名的好成绩。11月26日到27日，在西安成功举办了“陕西省首届律师围棋赛”，来自全省各市近30名律师参加了比赛，通过这项活动，增进了律师的身心健康，也在一定意义上宣扬了律师文化。

（十一）积极开展对外交流工作

为促进我省律师学习借鉴国外律师业务和律师事务所管理的先进经验，省律师协会积极为我省律师争取出国考察学习的机会和途径。6月，省律协向司法厅上报《关于组织我省律师出国进行学术研究、业务考察的报告》，7月27日，向全省下发了《关于组织我省律师出国进行学术交流业务考察的通知》，拟组织我省律师考察团赴国外进行业务交流和考察。8月，接待了中国台湾国民党主席连战的法律顾问，并组织部分律

师进行座谈。9月，根据全国律协的安排，选派人员赴韩国访问。10月25日，接待了台湾地区律师界大陆参访团。11月2日，接待了法国律师参访团。

四、党务工作和机关建设

截止2005年，全省律师事务所共有85个党支部，760名共产党员。省属律师事务所有21个支部，共103名党员。

2005年7月，省司法厅党组研究决定，对中共陕西省律师协会临时党委成员进行调整。调整后的律协临时党委由省律师协会会长梁胜国任党委书记，省司法厅律师管理处处长李瑞、省律师协会秘书长周刚任副书记，省律师协会办公室主任王炳峰、业务部部长韩力、会员部部长张惠娟、陕西至正律师事务所党支部书记刘风云任委员共7人组成。

加强和完善机关管理制度是机关建设的关键。只有依靠制度进行管理，才能减少管理的随意性，才能明确责任、形成激励机制、提高工作效率，保证机关各项工作任务的顺利完成。为此，协会机关完善了《机关办公会规则》，《机关工作人员考勤管理办法》等各项制度。通过完善制度，使机关的各项工作进一步规范，工作作风进一步加强。为了增强机关工作人员的服务意识，协会对机关工作人员进行了政务礼仪等业务培训，通过这些措施，协会机关的工作作风得到明显的改进和加强。年终在省司法厅直单位工作考评中，得到98.5分的高分，受到省司法厅的好评。

《陕西律师》创刊于1985年，双月刊，本着为全省服务这一宗旨，设有协会工作、业务指导、律师论坛、法学论坛、律师动态、案例分析、法律法规等多个栏目。2005年《陕西律师》共出版4期，12000册。

陕西律师网（www. sxlawyer. org）是全省律师上下沟通、交流的一个重要平台，设立了十八个栏目：业界新闻、业内通知、协会工作动态、律协机构、党建动态、律管平台、律管规章、法律法规查询、协会信箱、律师查询、法律咨询、协会会刊、会员专区、司法考试、诚信信息。网上投诉、司法行政投诉。律师招聘。10月份已进入试运行。

甘肃省律师协会工作概况

一、甘肃省律师现状

甘肃省律师协会2005年通过年检注册的律师事务所204个。其中，国资所79家，占全省律师事务所总数的39%；合伙所100家，占全省律师事务所总数的49%；合作所22家，占全省律师事务所的11%；以个人姓名命名的所3家，占全省律师事务所的1%。2005年注册的执业律师1398人。其中，专职1313人，占全省执业律师总数的94%，兼职85人，占总数的6%。

全年开展律师业务：刑事诉讼辩护及代理4067件；民事案件诉讼代理6489件；经济案件诉讼代理2770件；行政案件诉讼代理480件；非诉讼法律事务3538件；涉外及港澳台21件；解答法律咨询68319件；代写法律事务文书13716件；担任法律顾问1590家。

二、协会重要工作会议

全年召开会长办公会议四次，常务理事会2次，理事会1次。

（一）理事会

4月28日，召开了甘肃省律师协会四届二次理事会。会议讨论通过了张克年会长作的2004年工作报告，通过了尚伦生副会长作的2004年度会费收支情况报告，选举了参加全国第六次律师代表大会的代表，选举执业律师赵荣春为甘肃省律师协会新会长。

（二）常务理事会

2005年4月27日，在兰州市召开了甘肃省律师协会四届四次常务理事会。张克年、赵荣春、朱万润、陈煜斌、韩文彦、白贵明、王亦农、陈玉萍、李生玉、赵庆华、刘吉颖、李兴禄、袁世武等14名常务理事参加了会议。会议研究讨论了提交四届二次理事会审议的各项议程。

2005年11月26～27日，省律协四届五次常务理事会在兰州召开。13名常务理事参加了这次会议。会议由会长赵荣春主持。司法厅副厅长、省律协党组书记张克年出席了会议。会议审议了《省律协党组关于加强全省律师队伍党的建设工作的意见》，讨论了《专业委员会工作规则》和5个专门委员会工作规则，通过了《关于加强律师事务所规范管理的若干规则》、《受理投诉与实施惩戒办法》。会议决定组建“甘肃律协讲师团”，成立省律协直属分会，对首批律师事务所实施重点帮扶，在全省范围内开展律师事务所之间“手拉手”互助活动。会议通过了《关于在全省范围内开展争先创优活动、表彰优秀律师事务所和优秀律师的决定》。

（三）会长办公会

2005年1月27日，在兰州召开了会长办公会议。会长张克年、副会长赵荣春、尚伦生、朱万润、陈煜斌参加了会议。会议传达学习了全国律师队伍集中教育整顿活动总结暨开展合伙律师事务所规范建设年活动会议精神、《司法部关于开展合伙律师事务所规范建设年活动的意见》、《司法部关于进一步建立健全律师队伍建设长效机制的意见》。通过学习讨论，律协领导班子提高了认识，统一了思想，对我省律师工作有了更加明确的方向和坚定的信心。会议研究酝酿了新会长候选人，确定了召开全省律协常务理事和理事会议的有关事项和时间。4 月 22 日，召开了党组会和会长办公会议，推荐了参加全国第六次律师代表大会代表的人选，研究了律协的运行机制等事宜。

四届二次理事会之后，接着召开了改选后的第一次省律师协会会长办公会议。新任会长赵荣春主持会议，司法厅副厅长、省律协党组书记张克年出席了会议，副会长尚伦生、朱万润、陈煜斌参加了会议。会议研究形成了律协的工作原则，安排了当前的重点工作。

9 月 2 日，召开会长办公会议，传达了厅党委对律协工作的要求，通报了省律协领导赴新疆律协考察学习的情况，部署了深入开展合伙律师事务所规范建设年活动的主要措施，安排了加强党建、下基层调研、规章制度建设等工作。

10 月 14 日，召开会长办公会议，汇报了四个组到全省 14 个市州实地调研的情况，分析了全省律师事务所及律师队伍建设的基本情况、存在的问题和原因，提出了进一步加强律师事务所和律师队伍建设的意见和建议。这次调研是省律协成立以来的首次大规模调研活动。省司法厅党委对这次调研十分重视，对省律协提出的意见和建议进行了专题研究。

三、协会重要工作

（一）组成甘肃律师代表团参加了第六次全国律师代表大会

我省代表团与兄弟省市进行了广泛的交流，代表们认真学习了周永康同志的讲话，审议了《第五届全国律协理事会工作报告》、《第五届全国律协理事会财务工作报告》。代表们认真履行职责，积极反映律师呼声，就甘肃律师业的发展和加强行业管理提出了意见建议。在这次会议上，我省正天合律师事务所被评为全国优秀律师事务所、王祖国律师被评为全国优秀律师。

（二）认真落实省厅领导对律师工作的要求

省司法厅领导十分重视律师工作。庞波厅长在有关领导同志的陪同下，到正天合律师事务所等 4 家律师事务所开展律师调研工作。庞厅长对搞好律师队伍建设提出了明确要求：一是要努力提高律师的政治素质、业务素质和职业道德素质；二是要以“合伙律师事务所规范建设年”活动为契机，进一步增强律师自律能力，精心组织，从严要求，努力使合伙所的规范建设取得良好成效；三是要在律师队伍中进一步加强党建工作。省律协认真学习贯彻省厅领导的要求，促进了律师队伍建设和行业全面发展。

（三）在规范律师事务所内部管理上采取了一系列措施

全面落实“合伙律师事务所规范建设年”提出的任务和目标，巩固教育整顿成果，以提高律师的法律服务能力和建立健全律师队伍建设长效机制为重点，加强律师事务所管理和律师队伍建设，下发了《关于开展合伙制律师事务所规范化建设考核验收标准的通知》、《关于加强律师事务所规范管理的若干规则》等文件规定，对全省律师事务所向标准化规范化方向发展起了推动作用。

（四）开展了律师事务所管理和律师队伍建设情况调研

为全面掌握全省律师事务所及律师执业的现状和存在的问题，有针对性地研究制定解决存在问题的办法，促进全省律师队伍和律师事业的健康发展，省律师协会和司法厅律管处于 9 月底至 10 月中旬，分别由会长、副会长带队，分四组对全省律师事务所及律师队伍建设情况进行了调研。一是听取市州司法局和律协领导对当地的律师执业环境、律师事务所规范化管理、律师队伍建设等方面情况的介绍，听取意见、建议；二是召集律师事务所负责人、执业律师和律师管理工作人员参加的座谈会，了解律师事务所的内部管理机制、人员素质、执业环境、党建工作等情况，掌握执业律师的困难、要求和呼声；三是有针对性地走访了 14 个市州所属的 62 家律师事务所（其中县属所 23 家），查看办公场所的硬件建设，检查规章制度建设和档案管理情况，征求基层律师的意见和建议；四是先后与 70 多名律师事务所主任、执业律师和律师工作管理人员个别谈话了解情况、沟通交流，共同探讨律师事务所和律师队伍建设的经验、体会及今后的工作思路。通过调研，掌握了全省律师事务所和律师队伍建设的基本情况，了解了律师事务所和律师队伍建设中存在的困难和问题，提出了加强律师事务所和律师队伍建设的意见和建议。

四、党务工作和机关建设

加强了全省律师队伍党建工作。年初，制定了《甘肃省律协党组会议议事规则》；年底，提出了《中共甘肃省律师协会党组关于加强全省律师队伍党的建设工作的意见》。要求各市律师协会（律协联络组）要建立健全党组织，凡有3名以上党员的律师事务所都要建立党支部，党员不足3人的，根据方便管理、方便活动的原则成立联合党支部。在坚持党员标准的前提下，采取有效措施，积极做好新党员的发展工作。结合今年开展的保持共产党员先进性教育活动，5月中旬，组织要求入党的律师参加了入党积极分子培训班学习。“七一”前夕，组织律师参加了庆祝建党84周年纪念活动。

甘肃省律师协会于11月27日举行了《甘肃律师》网站的开通仪式。全国律协于宁会长到会讲话并出席了开通仪式。甘肃律师网站的建立，给全省律师搭建一个沟通行业信息、促进业务交流、开展远程培训、推介律师文化、展示行业形象的平台，使社会公众能够进一步了解甘肃律师、了解律师行业。开通后的甘肃律师网站，将逐步实现上下文的收发系统、全省律师和律师事务所推介系统、信息和法律理论的公布系统，供全体律师查询、研究和探讨法律问题，更好地为广大律师提供服务。

青海省律师协会工作概况

一、青海省律师现状

2005年，青海省律师事务所通过年检注册的71家，注册执业律师共459人，全省律师办理各类案件7312件，业务收费1872.91万元。

二、协会重要工作会议

（一）常务理事会

1月15日，省律师协会召开了五届四次常务理事会，会议讨论通过了2004年工作总结和2005年工作安排，通报了2005年律师迎新春联谊活动安排和律师协会会费收支情况。

5月13日，省律师协会召开五届五次常务理事会，会上，针对我省广大律师在调查证据、工商档案、税收以及律师行业中长期规划方面存在的困难和问题，决定成立以马福祥、李春燕、金福、刘伯林4名同志为负责人的4个专门小组，对证据、工商档案、税务、中长期规划，进行调研并与相关部门协调，努力改善我省律师执业环境。另外，经过与会人员民主选举，马福祥、刘喜全同志被推选为全国律师代表大会代表，其中马福祥为理事。此外还审议通过了《青海省律师协会投诉处理暂行办法》。各位常务理事认真审议了会议的各项议程，提出了很好的意见和建议。

6月29日，省律师协会召开五届六次常务理事会，会议对先进性教育活动作了全面总结，讨论通过了律协党委14项有关工作制度；研究了上海律师来青授课和首届青海律师论坛事宜。

10月23日，省律师协会召开五届七次常务理事会，会议决定明年初组织部分律师事务所主任和合伙人考察团，赴国内发达地区律师事务所进行10天左右的交流学习，进一步提高我省律师事务所管理水平。

12月20日，省律师协会召开五届八次常务理事会。会议共有4项议程，一是通报2005年省直各律师事务所重点目标考核完成情况；二是评选出2005年度优秀律师和优秀律师事务所；三是研究2006年年会文艺节目演出事宜；四是研究省律协开展“送温暖、献爱心”活动事宜。

会议首先听取了省律协三个考核小组对省直各律师事务所综合目标考核的情况汇报，这次考核是省律协第一次组织执业律师对各律师事务所考核。考核小组实事求是的评价了省直各所重点工作目标和党建工作目标的完成情况，并在考核基础上进行了打分。对申报的26家律师事务所和27名执业律师采取无记名投票的方式进行了评比。共评选出汇元等11家优秀律师事务所和李海宁等14名优秀律师。

会议还就2006年律师年会及西宁地区各律师事务所开展“送温暖、献爱心”捐款活动进行了安排部署。

（二）优秀律师事务所、优秀律师表彰大会

1月23日，省律师协会在省军区招待所举办西宁、海东地区律师迎新春联谊会，各律师事务所表演了丰富多彩的节目，同时对2004年全省优秀律师事务所及优秀律师进行了表彰。

（三）维权工作研讨会

10月22日，省律师协会召开律师维权工作研讨会。会议认真分析了律师权益被侵犯的原因、现状及对策，并就我省律师在执业中出现的调查难、阅卷难、会见难、取证难以及律师双重税收等问题进行了热烈讨论。

三、协会重要工作

1月15日，省律师协会组织9家律师事务所参加了司法厅开展的为“印度洋海啸灾区人民捐款活动”，捐款金额达10960元。

2月~7月，省律师协会党委系统八个党支部全体共产党员律师参加了省司法厅系统开展的第一批保持共产党员先进性教育活动。

3月5日，省直各所党员律师参观了中国工农红军西路军纪念馆，学习革命烈士的先进事迹，并在烈士纪念碑前宣誓，重温了入党誓词。

3月6日，省直西海、汇元、盛通、同光律师事务所党支部组织四所党员在西海律师事务所听高永宏同志作《共产党员先进性标准》辅导讲座。

3月9日，汇元律师事务所全体党员律师前往省少年教养管理所、省女子戒毒所参观，为学员捐赠了一批图书和文具，同时进行了法制宣传，现场解答了有关法律咨询。

3月12日，省律协党委组织省直各所党员前往西宁市儿童福利院，向该院残疾儿童送去了由各支部自愿捐助的慰问金2000元，表达党员律师爱心。

3月20日，省律师协会党委邀请省社会科学院副研究员、兼职律师高永宏在省司法厅为全体党员律师上党课。

4月29日，经省司法厅批准，省律师协会成立《青海律师》协办单位理事会，旨在加大宣传力度，全方位宣传我省律师，加强省律师协会与省内外各界交流，进一步了解关心和支持我省律师工作，促进律师事业发展。

5月15日，省律师协会党委举办基层党组织建设培训班。省委党校党史党建教研室梁代生教授作了《怎样当好党支部书记》的专题授课。

5月25日，夏都律师事务所正式成立。

6月7日，省律师协会成立4个专门调研小组，针对我省广大律师在调查证据、工商档案、税收等方面存在的困难和问题进行调研，并与相关部门协调，力争解决上述问题，努力改善我省律师执业环境。

6月13日，省律协会长庞顺泽、副会长马福祥、秘书长刘伯林一行5人组成代表团赴北京参加了全国律师协会第六次代表大会。

7月6日，省律师协会举行“全国优秀律师事务所”授牌仪式。会长庞顺泽为受奖的同一律师事务所授牌。

7月10日，我省同一律师事务所马福祥、王海生律师参与了省委、省政府领导信访接待日活动。

9月20日至10月16日，省律师协会在全省范围内开展律师职业道德、执业纪律和诚信服务检查活动。

10月10日，为进一步畅通投诉渠道，加强社会各界对法律服务工作的监督，省律师协会再次向社会公布律师的投诉监督电话。

10月10日至11月20日，省律师协会在全省范围内开展了律师代理群体性案件调研活动。

10月16日，我省38家律师事务所，近百名律师上街开展了以“了解刑事辩护，帮助自己和他人”的刑事辩护义务咨询日活动。

10月28日至11月6日，省律师协会党委在西海律师事务所举办入党积极分子培训班。这是省直各律师事务所恢复建立党组织以来第一次举办入党积极分子培训班。来自西海所、汇元所和昆宇所的七位入党积极分子参加了培训。

11月2日，省律师协会下发通知，要求各级律师协会和律师事务所在年终工作考核的基础上向省律协报送本地区律师事务所和律师的推荐材料，以参加省律师协会年终开展的全省律师评优活动。

11月3日，省律师协会会长庞顺泽、竞帆律师事务所赵建良律师赴天津参加“第五届中国律师论坛”。

11月14日，省律师协会在《青海法制报》上刊登整版文章，祝贺“藏羚羊北京2008奥运会申吉成功”，同时对“十五”期间省律协在职能发挥、维权、党建、培训、公益、对外交流等各项工作的取得的新进展、新突破做了大力宣传。

11月25日，省律协秘书长刘伯林接受《西海都市报》记者律师刑事辩护专题采访，并在该报编发专版文章。

12月19日，省律师协会刘伯林秘书长参加了省人大组织的《中华人民共和国劳动合同法（草案）》的征求意见座谈会。

12月25日至28日，全国律协第九调研小组到我省进行了为期3天的女律师工作情况调研活动。

四、党务工作和机关建设

12月10日，律协党委中心组全体成员学习十六届五中全会有关文件精神，联系实际，探讨律师行业开展解放思想大讨论、抓住机遇促进律师事业发展的深层次问题。

12月17日，省律师协会党委举办以学习十六届五中全会精神、树立和落实科学发展观、开展新一轮解放思想大讨论为主要内容的专题报告会，省直各律师事务所百余名律师，聆听了兼职律师、省社科院高永宏副研究员所作的专题报告。

11月19日，省律师协会党委召开学习贯彻十六届五中全会精神、开展解放思想大讨论活动的动员大会，会议传达并学习了省司法厅关于学习贯彻五中全会精神、开展新一轮解放思想大讨论活动的通知精神，并就省律师协会党委开展解放思想大讨论活动作了安排部署。

青海省律师协会会刊为《青海律师》，主要栏目有论文选登、办案纪实、公证工作、新法平台、律协工作。

网站名称为青海省律师协会，于2001年开通。

宁夏回族自治区律师协会工作概况

一、宁夏回族自治区律师业现状

全自治区有律师事务所62家，执业律师589人；公职律师办公室5家，执业律师17人；公司律师事务部2家，执业律师9人；法律援助中心26家，执业律师38人；执业律师总人数已达到653人。全区律师共担任国家机关、企事业单位和公民个人常年法律顾问1380余家，共办理刑事案件2504件，民事案件6417件，经济案件2485件，行政诉讼案件403件，办理非诉讼法律事务2301件，解答法律咨询35914人次，代书10949件。

二、协会重要工作会议

（一）理事会

2005年12月23日，宁夏回族自治区律师协会六届二次理事会议在自治区司法厅会议室隆重召开。辛尚毅会长、张建民、杨金钟副会长出席会议，赖声洪副会长因病请假。会议由杨金钟副会长主持，自治区司法厅副厅长刘新华出席会议并做了重要讲话，司法厅律师公证工作指导处处长索争法、副处长杨小琴、律协秘书长杨金林等列席会议。

会议审议并通过了辛尚毅会长关于《自治区律师协会2005年工作总结》和张建民副会长关于《自治区律师协会2005年财务收支报告》。并由杨金钟副会长向全体理事通报了我区申办第七届中国律师论坛的情况，会议宣布了六届宁夏律师协会第六次常务理事会关于聘任杨金林为自治区律师协会秘书长的决定，补选了李耀强为常务理事，张宏程为理事。最后，杨金钟副会长作了关于《自治区律师协会2006年的工作计划》。

（二）常务理事会

2005年元月22日，六届宁夏律师协会第三次常务理事会召开。会议由辛尚毅会长主持，全体常务理事出席会议。司法厅律师公证工作指导处处长索争法、律协副秘书长杨金林列席会议。会议主要内容：（1）传达全国律师集中教育整顿暨合伙律师事务所规范会议精神；（2）传达全区司法行政工作会议精神；（3）通过了宁夏律师协会2004年工作总结，同时安排2005年工作要点；（4）讨论通过了《律师协会理事会议事规则》、《律师协会常务理事会议事规则》、《律师协会会长办公会议事规则》、《律师协会专门委员会规则》；（5）讨论通过了律协石嘴山、吴忠、中卫、固原市分会会长、副会长、秘书长、理事会组成人员名单；（6）研究通过《关于改进和办好〈宁夏律师〉杂志的几点意见》。

2005年4月30日，六届宁夏律师协会第四次常务理事会召开，会议由辛尚毅会长主持，全体常务理事出席会议。司法厅副厅长刘新华、律师公证工作指导处处长索争法、律协副秘书长杨金林列席会议。会议主要内容：（1）听取在“开展保持共产党员先进性教育活动”中本系统和相关单位对律师协会工作的意见和建议的情况通报；（2）研究决定各业务委员会2005年度开展业务研讨活动的相关事项；（3）研究决定2005年度律师协会会费收取和返还比例；（4）推举出席第六次全国律师代表大会的代表和理事候选人名单。

2005年7月30日，六届宁夏律师协会第五次常务理事会召开。会议由辛尚毅会长主持，全体常务理事出席会议。司法厅副厅长刘新华、律师公证工作指导处处长索争法、律协副秘书长杨金林列席会议。会议主要内容：（1）传达第六次全国律师代表大会会议精神；（2）通报全区司法行政系统政风行风建设和民主评议活动的相关情况；（3）讨论研究律师行风建设公开承诺和律师行风建设问卷调查的相关内容；（4）通报2005年度律师年检注册及会费收缴情况；（5）通报2005年上半年律师违纪违法投诉案件的相关情况；（6）研究决定将未成年人保护工作合并到刑事业务委员会；（7）研究建立宁夏律师网站的相关事宜。

2005年12月23日，六届宁夏律师协会第六次常务理事会召开。会议由辛尚毅会长主持，全体常务理事出席会议。司法厅律师公证工作指导处副处长杨小琴、律协副秘书长杨金林列席会议。会议主要内容：（1）通报我区申办中国律师论坛的情况；（2）讨论《2005年度工作报告》和《会费收支报告》，并提交六届二次理事会审议通过；（3）审议自治区律师协会2006年工作计划（纲要）；（4）决定聘任杨金林为宁夏律师协会秘书长。

（三）会长办公会

2005年3月19日，召开六届三次会长办公会。辛尚毅会长主持会议，司法厅律师公证工作指导处处长索争法、律协副秘书长杨金林列席会议。会议主要内容：（1）听取第二期浙江、宁夏两省区律师业发展合作项目签约情况的汇报；（2）研究决定两省区律师业发展合作项目实施的具体方案；（3）研究2005年新上岗执业律师和律师继续教育培训的具体方案；（4）讨论决定申办“第六届中国律师论坛”的相关事宜。

2005年10月22日，召开六届四次会长办公会。辛尚毅会长主持会议，律协副秘书长杨金林列席会议。

会议主要内容：（1）传达中华全国律师协会2005～2008年工作纲要；（2）通报全区律师政风行风建设和民主评议活动的进展情况；（3）研究关于召开六届律协第六次常务理事会和六届律协第二次理事会议的安排。

2005年12月16日，召开六届五次会长办公会。辛尚毅会长主持会议，律协副秘书长杨金林列席会议。会议主要内容：（1）传达全国律协六届三次常务理事会议和地方省级律协秘书长会议精神；（2）通报《宁夏律师协会第五届理事会会长庞明元同志任用期间经济责任审计的报告》；（3）听取参加第五届中国律师论坛的汇报和我区申办第七届中国律师论坛的思路。

三、协会重要工作

（一）健全组织机构。本届理事会成员已实现全部由执业律师组成，完成了司法部提出的律师协会领导由执业律师担任的要求。为了进一步建立完善“两个结合”和“三级架构”的律师管理体制，今年4月份成立了宁夏律师协会中卫市分会、行业自律性管理的“三级架构”体系已全部建立健全。这对律师队伍自律管理、开展职业道德和执业纪律教育，加强律师业务培训，开展业务研讨等方面，发挥了重要的组织保障作用。

（二）建立健全和完善各项规章制度。六届理事会自去年换届后，抓紧制定律协的各项议事规则。根据《中华全国律师协会章程》关于在代表大会闭会期间由理事会代行代表大会职责，理事会闭会期间，由其常务理事会代行理事会职责的相关规定，经自治区律协六届三次常委理事会讨论通过了《律师协会会长办公会议事规则》、《律师协会理事会议事规则》、《律师协会常务理事会议事规则》、《律师协会专门、专业委员会规则》、《律师协会会费管理办法》等五项规则，使律师协会真正做到了议事有规则，办事有规矩，执行有依据。

（三）认真抓好以“二十四个字”和“六条禁止”为核心内容的律师职业道德和执业纪律教育活动。在律师队伍中广泛深入开展了执业律师必须忠于法律，维护正义，诚实守信，勤勉尽责，公平竞争，严格自律这“二十四字”为准则的基本职业道德教育。在律师和律师事务所中同时进行了必须“禁止一切形式的私自收案、收费行为；禁止以诋毁同行支付介绍费等手段搞不正当竞争行为；禁止律师事务所聘用非律师以律师名义执业；禁止向司法人员行贿或指使、诱导当事人行贿；禁止提供虚假证据或者引诱威胁当事人提供虚假证据；禁止出具虚假法律意见书”这六条禁止为主要内容的律师执业纪律教育。加大了律师和律师事务所违法违纪案件的查处力度，充分发挥了律师协会纪律与惩戒委员会的职能作用，全年共计查处律师和律师事务所在执业活动中的违法违纪案件29件。

（四）律师协会的领导机制、执行机构和各专门、专业委员会等工作部门之间已形成科学、高效的运行机制。为了进一步提高管理效能，增强服务功能，本届理事会重新调整和增加了相应的专门和专业委员会，增设了“宁夏律师协会教育培训工作委员会”，将未成年人保护业务职能并入宁夏律师协会刑事业务委员会，将原“宁夏律师协会刑事业务委员会”变更为“宁夏律师协会刑事暨未成人保护业务委员会”。调整和充实了律师协会各专门、专业委员会组成人员，并将高学历、高职称、奉献和敬业精神强的中青年律师聘为《宁夏律师》编委会委员编辑。律协秘书处与司法行政机关各部门之间的协调与配合更加密切，律协机关工作人员的业务素质进一步提高，上下级协会、协会与分会之间的关系顺畅，行业内部管理规范有序，使律师协会更好地为广大执业律师服务。

（五）继续开展律师对外交流与合作活动。一是与中华全国律师协会和全国各兄弟省、区律师协会之间保持经常性的联系与沟通，顺利完成了“全国合伙制律师事务所规范化建设工作会议”和“中华全国律师协会第一次党组会议”在银川召开期间的会务接待服务任务。二是根据中华全国律师协会的要求，自治区律师协会与浙江省律师协会于今年3月8日在浙江杭州续签了为期三年的两省区律师对口交流与合作协议，并在此基础上扩大了交流合作的范围和层次，经过两省区律师协会之间的协调与沟通，到目前为止，银川市与杭州市、石嘴山市与宁波市、吴忠市与金华市、固原市与浙江省省直律师协会之间已签订对口扶持合作协议并付诸实施。浙江省律师协会委派学者型律师于今年4月23日～24日为我区律师传经送宝，两位资深律师的授课，为全区律师继续教育培训工作增加了亮点，同时各市级协会间的交流与合作更加务实。

（六）完善和规范律师教育培训体系，建立更加合理的律师教育长效机制。按照《中华全国律师协会制定的律师职前培训指导纲要》和司法部关于建立健全律师队伍学习教育长效机制的要求，鉴于宁夏律师协会员相对较少的特点，实行了全区统一的律师继续教育培训方式。全区近600名执业律师参加了继续教育培训班，完成了全国律协规定的40课时的继续教育培训任务。有42名新申请执业律师的人员参加了岗前培训，选送和委派26名律师参加了司法部、全国律协及有关单位组织的各类业务培训班和研讨会。

（七）继续加大律师工作宣传力度，推进律师文化建设，进一步提升了律师的职业形象，提高了律师的社会地位。《宁夏律师》期刊是宣传全区律师业发展的有效工具，本届理事会委托教育培训工作委员会起草了《关于改进和办好〈宁夏律师〉的具体意见》，经常务理事会讨论通过后，印发各团体和个人会员。主要改进措施是：更换原有的刊名字体，封面设计精美大方，体现宁夏的历史文化特色和民族特色。刊登稿件内容丰富多样，而且文章的理论指导性进一步增强，每期刊物均要转载经典文章，所登稿件有理论研究与探讨，也有案例分析与实务运作，还有律师业内动态和信息，同时也有反映律师工作和生活的文学作品。彩色封面、封二、封三、封底主要反映和介绍本年度我区律师行业的各项重大活动。在没有增加印刷成本的基础上，印刷质量进一步得到提高。全年共计印发《宁夏律师》和宁夏律师协会专刊5期5000份，《宁夏律师》期刊以全新的面貌和很强的视觉效果来吸引全体会员和广大读者。

（八）本届常务理事会本着厉行节约，精打细算的原则，通过政府统一采购的方式，投资1.5万元左右，为宁夏律师网站配备了硬件设备。宁夏律师网站调配了一名专职工作人员。网站于2005年12月24日正式开通，为全区律师的交流与合作，更好地宣传宁夏律师业发展提供了很好的平台。

（九）全力以赴申办中国律师论坛。在司法厅党委的重视和支持下，我们在安徽合肥举办的第四届中国律师论坛上正式向中国律师论坛组委会提出第六届中国律师论坛的承办申请并作了陈述演讲，2005年又组织了包括司法厅领导在内的15名律师代表团赴天津参加了第五届中国律师论坛并再次提交了申办第七届中国律师论坛的申请。又进行了陈述演讲，第七届中国律师论坛于2007年在宁夏银川举办基本确定。

（十）加强律师协会会员登记管理工作。对全区律师事务所和执业律师进行了一次会员资格准人登记，建立了会员档案，完成了61家律师事务所589名执业律师的年检注册的初审工作。将5家公职律师办公室、2家公司律师事务部、26家法律援助机构的64名律师纳人律师协会自律性管理的序列中来。

（十一）全区执业律师严格按照《律师法》、《法律援助条例》的规定和司法行政机关的要求，积极履行法律援助义务，为经济困难的群众和弱势群体免费提供法律服务。全年共计承办各类法律援助案件1826件，义务提供法律咨询接待来访达12620人次，有效地维护了弱势群体的合法权益。有一名执业律师受到司法部的表彰，4名律师被评为全区法律援助工作先进个人，2家律师事务所，5家法律援助机构被评为全区法律援助工作先进集体。

（十二）发扬一方有难，八方支援的传统美德，积极开展扶贫捐助献爱心活动。一是在自治区律师协会原常务理事、律协石嘴山市分会原会长、致和律师事务所原主任李乐泉得重病住院期间，全区律师同仁发扬“关爱自己、团结互助”的精神，累计捐款67960元，既解决了李乐泉律师及家属的困难，又表达了律师同行一片诚挚的爱心。二是积极响应党中央和自治区党委的号召，全区各级律协组织和广大执业律师按照当地党委、政府的统一安排，主动向灾区群众捐款捐物。

（十三）各级律协组织所承办的律师论坛主题鲜明，与时俱进，业务研讨内容丰富，形式多样。2005年度，律协组织和各专业委员会共组织论坛和业务研讨会五次。其中，银川市律师协会举办了“以房地产业发展与律师法律服务”为主题的首届银川律师论坛。律协中卫市分会举办了“以拓展民事诉讼业务”为主题的首届中卫律师论坛。自治区律师协会刑事暨未成年人保护委员会分别组织了“全区刑事辩护宣传日”活动，召开个案专题研讨会一次。民商行政业务委员会召开的“个案”专题研讨会，既丰富了业务委员会的活动，又解决个别律师代理案件的疑难问题，使各专业委员会的活动更加活跃，更加务实。

（十四）各级律协组织和广大执业律师在开展保持共产党员先进性教育活动中，能够按照所在地区地方党组织的统一安排，认真学习，深刻剖析，积极撰写读书笔记和心得体会，全面完成了各项政治学习任务，充分发挥了党员律师的先锋模范作用。

（十五）2005年度司法部提出了“开展合伙制律师事务所规范化建设活动的安排意见”，自治区律师协会积极主动与司法行政部门配合“开展了全区合伙制律师事务所规范化建设活动”，对全区45家合伙制律师事务所提出规范化建设的具体要求，从行业角度极大地支持了这项活动的顺利开展，达到了预期的效果。同时根据自治区司法厅关于在律师公证行业中进行行风评议的安排意见，自治区律师协会专门召开常务理事会进行了研究，决定号召全区各级律协组织和执业律师要统一思想，提高认识，积极主动地参与到全区律师公证政风行风评议活动中来，不折不扣地完成司法行政机关所要求的各项工作任务，为司法行政系统的政风行风建设贡献了力量。

新疆维吾尔自治区律师协会工作概况

一、新疆维吾尔自治区律师现状

新疆律师事业，伴随着我国改革开放的前进步伐，走过了二十年的历程。新疆律师队伍发生了巨大的变化，截止到2005年底，各类律师事务所已发展至241家，执业律师达到2088人。律师知识层次也有较大提升，全区律师之中有博士学历的5人，硕士、双学士学历的67人，法律专业本科学历的721人，其他专业本科学历的460人；全区女律师共502人，占律师总数的24%；少数民族律师227人，占律师总数的11.%。

律师业务在近年来有较大的拓展，随着社会的进步与经济的发展，我区律师已涉足证券、金融、房地产、企业改制、重组等多个领域的法律服务项目。据统计，2005年，全区律师共担任法律顾问单位2733家，办理刑事案件5533件、民事案件22114件、经济案件5267件、行政案件745件、非诉讼案件9457件、涉外及港澳台案件13件、解答法律咨询90058人次、代写法律事务文书31785件。

二、协会重要工作会议

2005年4月，新疆第六次律师代表大会隆重召开，我区执业律师首次担任新疆律师协会会长，标志着新疆律师事业和协会工作进入到一个新的阶段。新一届常务理事会确定了三年工作目标：力争在任期内把新疆律师协会初步建成新疆律师的"执业保障中心"、"业务指导中心"、"人才培养中心"、"行业发展中心"、"会员服务中心"。实现新疆律师业的跨越式和谐发展，为新疆的经济建设和社会文明建设做出应有的贡献。

三、协会重要工作

（一）认真调研，理清工作思路，制定协会总体工作规划

我区律师行业总体发展水平处在什么位置，各律师事务所在规范建设、业务工作中有哪些成功的经验，全行业面临的主要困难和问题，应当采取的积极对策，等等，是各族律师和常务理事会共同关心的首要问题。为了理清工作思路，明确工作方向，制定出协会三年的工作规划，做到科学决策，结合开展"合伙律师事务所规范建设年活动"的要求，常务理事会组织开展了协会历史上首次较大规模的调查研究工作。

调研活动具有广泛性、代表性。组织了全体常务理事、厅律管处负责同志、协会机关工作人员共27人，分赴南、北、东疆、乌市地区、兵团等5个片区的88个律师事务所开展了调研活动。

调研工作深入细致。在调研前，常务理事会研究制定下发了《调研提纲》，明确了调研的内容、课题。调研中采取了听取工作介绍、查阅律师事务所资料、召开座谈会听取意见等多种方式，掌握了大量第一手资料，避免了"走马观花"。

调研工作成果突出。通过调研，基本掌握了全疆各地律师行业、律师事务所的结构、人员、管理、业务等方面的基本情况。各地在规范建设上，都有一些成功经验和好的做法，如：打破传统分配模式，采用工资制；充分发挥团队整体作用，积极拓展业务；制度健全、严格管理，诚信执业，等等，应当大力总结推广。全疆律师行业发展还面临着发展不平衡，地区差异较大、执业环境较差、队伍素质有待提高等五大问题，需要在各级党委、政府及司法行政机关的领导、支持下，逐步加以解决。在律师事务所规范管理上，也确实存在一些问题，主要是在合伙主体、收案行为，收费分配管理、诚信执业方面的不规范。在调研中各族律师表现出对协会工作和律师行业的关心，以负责的态度提出了七个方面的几百条意见和建议。

调研工作意义重大。通过调研，基本掌握了全区行业各方面的基本情况，明确了面临的问题和困难，总结了成功经验，为制定全行业发展规划，有力促进律师行业发展，强化律师事务所规范建设，保障律师执业权益，改善执业环境，采取积极应对措施，具有战略性的重大指导意义。同时，对提高常务理事会的工作效率，改进工作作风，科学决策，有着积极促进作用。各族律师对司法行政机关、律师协会的殷切期望，令我们深感责任重大，不敢懈怠。促进了各地之间、较发达与欠发达地区之间律师行业的联系交流，有利于全疆律师业的全面发展。

（二）强本固基，加强律师事务所规范建设

2005年，司法部在全国广泛开展了"合伙律师事务所规范建设年活动"。协会在司法厅的统一安排部署下，积极引导，大力推进，使这项活动取得了显著成效。

成立了活动领导小组，制定了开展活动的实施方案，明确了"重在引导、促进提高"的工作方针，对全区活动开展作出了具体安排。

适时制定印发《合伙律师事务所规范建设调研提纲》，对规范建设七个方面的要求作了分解。提纲较为详尽、具体，对新疆律师事务所开展活动起到了良好的指导作用。

积极开展了大规模的调研工作，协助律师管理部门开展了规范建设互查工作。掌握了基本情况，提出了应对措施。结合我区实际，举办了较大规模的“合伙律师事务所规范建设培训班”。全疆各律师事务所的主任（主要合伙人）参加了培训。邀请了北京市律协律师事务所建设委员会的三位律师，来疆讲授了确立律师事务所管理、发展理念，选择适合本所实际的管理模式等内容，对我区律师事务所规范建设有较大启迪。我区的元正、同泽、同源、浩翔、天圆双益、君和信等律师事务所介绍了各自的经验，引起了与会人员的高度关注。培训班重在示范引导，用内地和本地的先进经验，启发各律师事务所加强规范建设的内在积极性，推动活动向深入发展。启发、引导式的培训，得到了大多数律师事务所的肯定，对借鉴先进经验、增强规范管理意识，促进管理水平的提高，起到了积极作用。

在广泛征求意见、慎重修改的基础上，向全行业推出了民事、刑事、法律顾问等六个代理合同文本，有利于规范收案、收费、执业行为。

（三）促进自身建设，逐步完善律协治理结构

各级律协组织，承担着《律师法》赋予的行业管理职责。但长期以来，协会的自身建设和治理结构还存在机构不健全，决策、执行层级职责分工不清，工作效率不高等问题，还不能完全适应现代化行业管理的要求。六届律协在加强自身建设方面，加大了工作力度，取得明显成效。

积极促进各地律协组织的建立。2005 年，有 2 个地区成立了律师协会，地方律协从 2004 年 11 家增加至今 13 家。

充分发挥了常务理事会、会长办公会的作用。常务理事会在充分调查研究科学决策方面发挥了重要作用。常务理事会的议事能力进一步增强，议事规则、程序逐渐完善。会长办公会议，在审查确定常务理事会议程，贯彻落实常务理事会决议，处理日常事务方面，发挥了重要作用，并形成了行之有效的办公制度。

构建专门工作机构。针对以往“两专”委员会机构不健全，职责不清，作用不明显的现状，常务理事会对“两专”委员会进行了大幅度调整。成立了“业务指导及继续教育委员会”，统一管理各专业委员会；成立了“行业发展规划”、“规章制度建设”委员会，更加注重行业发展规划、建章立制工作；成立了“直属律师分会”、“文体福利及会员事务”委员会、“扶贫帮困基金管理委员会”。专门委员会的数量增加至 13 个。对“两专”委员会的人员结构作了大幅调整，吸收了一大批热心协会工作、热心业务建设工作，在各自业务领域有所建树的律师参加，为“两专”委员会的工作注入了新鲜活力。完善了“两专”委员会的《工作规则》、工作程序、工作制度，以规范“两专”委员会的活动。

协会秘书处工作有了明显改进和提高。秘书处是协会重要的执行机构，承担着繁重的工作任务。2005 年，秘书处在筹备召开第六次律师代表大会、表彰大会，组织实施大规模调研活动、组织协调“两专”委员会的工作，积极开展对外交流、业务培训，组织实施宣传工作，办好《新疆律师》杂志，以及办理大量会员管理、服务事务方面，完成了很大的工作量，发挥了重要作用。秘书处的工作人员作了一定调整，建立了各项工作制度，工作职责更加明确，工作效率有了很大提高，基本实现建设高效、务实执行机构的目标。

（四）充分发挥律师行业在构建和谐社会中的积极作用

构建和谐社会，是党中央提出的战略举措。协会在构建和谐社会的活动中，积极配合各级党委和政府，发挥了律师行业的独特作用。

积极参与自治区人民政府的法律咨询专家工作和自治区人大常委会的立法顾问活动。2005 年，有 10 名律师被人大、政府聘请为专家和顾问。各地律协也有许多律师担任了政府的法律顾问工作，为政府依法行政提供了法律保障。

积极参与了各地及司法行政机关的涉法信访工作。

在司法厅的统一安排下，参与了自治区纠风办和新疆广播电台举办的“行风热线”节目，并举办了大型户外直播，在社会引起广泛影响。与乌市广播电台合作，参与了有关节目的法律咨询活动。

（五）建章立制，逐步完善行业规范体系

行业管理类、业务指导类规范及各项工作制度，是协会工作的基础和依据。新疆律师行业的管理规范、业务指导性规范和律师事务所规章制度的制定工作滞后，有些方面甚至是空白，这种状况极大影响了行业管理和业务指导工作的开展。2005 年，协会大力开展了建章立制工作，取得了初步成效。

（六）保障律师合法权益工作有了新开局

应当坦言，在很长一段时间里，律师维权工作处在一种被动、无奈的境地之中。自第六次律师代表大会之后，我们形成了一种共识，维权应当涵盖保障律师执业权益、改善执业环境的各个方面，不仅限于个案维权。根据这一思路，协会分析了保障权益工作的形势，确定了工作重点，制定了工作计划，并已着手实施。

律师事务所税收负担过重问题，是制约我区律师业发展的重要因素，协会对部分地区的纳税情况进行了细致的调查，向有关部门提出了减轻税收负担的方案，该项工作已取得了阶段性成果。

各地律协的保障权益工作有了新气象。在昌吉州律协的积极促进下，州政协组织专门人员视察了律师队伍建设情况，向州党委提交了专题报告，反映了律师队伍执业中的困难，提出了加强律师队伍建设，改善执业环境的建议。新疆昌吉州公安部门出台了保障律师在刑诉中依法会见犯罪嫌疑人的制度。

律师代理刑事案件"三难"问题，办案中的查档难问题，以及律师的社会保险问题，与公、检、法机关建立协商机制问题，都是保障权益的重要课题。我们在这些方面，还有很长的路要走，但毕竟有了一个新的开局。我们应当面对困难，承认工作中的差距与不足，不负重托，扎实工作，为逐步改善律师执业环境而努力。

（七）强化执业监督，维护行业秩序

为了维护行业公平、有序的执业秩序，协会努力加大执业监督工作的力度。主要开展了以下工作：

严格按照全国律协、新疆律协的行业规定，积极开展会员违规查处工作。全年共接待投诉和有关部门交办的投诉案件51起。其中：立案12起；撤销案件6起；移送9起；给予行业处分6起。通过严查违规案件，弘扬了诚信执业的良好风气，有效维护了行业秩序。

积极开展惩戒复查工作，体现惩戒工作的公平性。按照全国律协的惩戒工作规定，成立了复查委员会，规范了工作程序；根据拟被处分会员的申请，复查了3起案件。

重视和规范执业纠纷调解工作。在修订的《执业纠纷调解规则》中，增加了投诉人可以申请调解的规定，更加重视化解矛盾，维护当事人和律师双方的合法权益。全年调解律师执业纠纷13起，协会积极调解执业纠纷的做法，受到律师的欢迎。

（八）促进扶持，共同发展

新疆幅员辽阔、地区经济发展差异较大，律师行业也存在着发展不平衡的状况。边远、少数民族、欠发达地区的律师行业面临着更多的困难。此外，各地律协组织在管理体制、工作程序、经费上等存在一些实际困难。这些，迫切需要协会总体协调、大力扶持。2005年，协会采取了积极措施，对各地律师事业、协会工作的发展起到了促进作用。

在开展调研工作中，注重对协会工作的调研，掌握了地方律协基本情况和存在的问题，提出了加强协会工作的指导性意见。

建立了扶贫帮困基金，对全疆边远地区律师事务所作了全面调查摸底。从会费中拨出专款，争取到上海律协的援助资金，扶贫帮困工作将全面展开。

协调直属分会与和田地区建立了扶持合作关系。直属分会筹集了部分资金支持和田地区律师事务所建设。并着手安排和田律师的对口业务培训工作。

业务培训向边远、少数民族地区倾斜。组织了内地、本地律师到各地的交流培训活动，减轻了律师费用负担，突出了业务技能培训。

在会费的交纳比例留成上，向各地律协（联络部）及律师事务所大力倾斜。

（九）开创了律师工作"两结合"管理的新阶段

自六届律协一次理事会以来，新一届协会领导集体，认真履行《律师法》、《律师协会章程》赋予的职能，坚持了以科学发展观为指导，开拓、创新的工作方针，以加强律师队伍建设、促进行业发展为工作重点，积极开展了协会各项工作，取得了丰硕的成果。较大规模调研工作，意义重大，成果突出；协会组织建设发展到更高层次，律协治理结构更趋完善；行业规范、发展规划建设有突破性进展；保障律师执业权益工作产生了新的思路，有了新的开局；业务培训、业务研讨工作得到了大力加强；"合伙律师事务所规范建设年活动"和评优活动的开展，有力促进了律师队伍建设。综观六届一次理事会以来的工作，新疆律师事业的发展呈现出良好局面，律师队伍建设向高层次发展，协会自身建设得到前所未有的加强，行业社会形象有了较大幅度提升。

在2005年中，协会的组织管理体系更加健全，初步构建起三级律协架构，成立了11个专门委员会和3个专业委员会；大力加强了行业管理规范和业务规范建设，制定了7项管理规范，拟向全疆推荐六项业务合同范本。认真开展了"合伙律师事务所规范建设年活动"，取得可喜成果。全区律师第一次获得了执业保险，律师执业权益保障工作全面展开；新疆律师协会被评为"自治区优秀社会团体"；我区律师关勇、金山、蒋家开被评为"全国优秀律师"，新疆天阳律师事务所被评为"全国优秀律师事务所"。

（十）积极开展协会各项工作

2005年，协会在开展对外交流，促进各地律师业协调发展，举办文体福利事业等各个方面都取得较好的成绩。

1. 行业交流工作取得显著成就。广泛开展了与北京、上海、广东、甘肃、福建等省市的省际交流，拓展了业务培训合作领域，交流了行业管理经验。

香港律师会首次访问新疆，双方就业务合作、培训交流达成了共识，要全面发展扩大合作交流关系，共同促进西部大开发，促进新疆律师事业的发展。

2. 建立了“扶贫帮困基金”，促进边远地区律师业发展。

3. 积极参加了第五届“中国律师论坛”活动。组织了历届以来规模最大的15人律师团参加了本届论坛，与香港、内地律师进行了广泛交流，对我区律师业的发展产生了积极影响。

4. 根据第六次律师代表大会的建议，启动了购置协会办公用房的工作，开展了大量前期调查、论证和资金筹措工作。

5. 继续为全区律师投保了执业责任保险金。

6. 组织赴新、马、泰、港、澳观光34人次。

新疆律师协会近年来各方面的工作都取得发展，2005年，协会在全疆建立统一的律师执业保险制度，新疆律师协会组队参加全国律师执业规范知识竞赛获得第五名的好成绩；2005年12月28日，新疆维吾尔自治区律师协会隆重表彰了自治区优秀律师事务所15家，自治区优秀律师30名。

（十一）抓精神文明建设

协会在作好律师队伍诚信建设的同时，十分注重律师队伍精神文明的建设。律协在历次救灾、救助活动中关注弱势群体的实际困难，积极开展救助活动。多年来，新疆律协积极组织律师参与社会公益活动和扶贫助困工作，多次组织律师为“法律援助在中国”、“见义勇为基金”、南疆改水工程、伽师地震、疏附贫困县等捐款、捐物，用爱心回报社会。2000年，一个被遗弃的女孩阿依仙古丽被不幸遭遇车祸后，无钱医治，协会迅速发出倡议，全区律师短短几天就捐款3万多元，这起事件被《新疆日报》等多家报刊进行了报道，引起了强烈社会反响；共产党员关勇律师长期资助5名贫困青少年，从不宣扬，表现了共产党员的精神风貌。银石律师事务所丁疆等三名青年律师，历时四年，矢志不改，为当事人提供法律援助，终于追索回700余万元农村养老保险金，协助最高人民法院纠正了一起错案。

律协每年拨出专项经费，组织律师出国考察，并安排律师开展丰富多彩的文化体育活动，深受广大律师的欢迎。

新疆律师协会的工作成绩得到了全国律协、兄弟律协的肯定，多次在全国律协的会议上介绍了“加强协会自身建设”、“律师培训”、“积极开展律师惩戒工作”等方面的经验。各族律师也亲切地把新疆律师协会称为信得过、靠得住的“娘家”。

四、党务工作和机关建设

在新疆维吾尔自治区司法厅党委的领导下，新疆律师协会成立了新疆律师协会党组，是新疆社团组织中首家成立党组的团体。截止2003年底，全区49个律师事务所建立了党支部，另外，建立联合党支部的有55个，现有党员律师682名，入党积极分子91名。

全疆律师队伍普遍开展了保持共产党员先进性教育活动，有力促进了律师队伍建设。党组结合律师队伍特点，对全区律师事务所党组织的先进性教育活动作出了安排，要求在各地党组织的领导下，认真开展先进性教育活动。党组和直属党总支组织各直属律师事务所党支部开展了先进性教育活动。直属各支部党员的模范作用有较大提高，有力促进了律师事务所的规范建设。

重视律师队伍党员发展工作。各律师事务所党支部普遍加强了发展党员工作，注重培养教育，仅直属党总支和机关党支部就发展新党员5名。

在新疆律师不断成长的过程中，新疆律师协会初步实现了由辅助服务型向行业管理型的转变，并逐步建设成为一个承担重要行业管理职能，制度健全、管理规范的律师行业自律管理组织。

协会在构建三级律协网络、加强地方律协建设方面，迈出了坚实步伐。自五届三次理事会作出全面加强各级律协组织建设的决议以来，全区16个地、州、市（含兵团）中，地方律协由2个增至12个，其余地区全部成立了由当地司法局主管领导任主任，协会理事及律管处（科）长为成员的律协联络部，协会组织管理体系在全疆建立，为协会的进一步发展奠定了基础。加强制度化管理是新疆律师协会行使行业管理的重要方式之一，协会从2001年开始先后制定了各个方面的规章制度19项，规定了理事会、常务理事会、会长办公会及秘书处的决策和执行层级，明确了各自的职责，设定了决策和执行机构的议事、办事程序，力求协会管理的科学、规范。协会相继成立了三个专业委员会和十二个专门委员会，三个业务指导委员会是：刑事专业委员会、行政专业委员会、民商专业委员会；其中，民商专业委员会中又包括金融组、公司与证券组、知识产权组、房地产组、国际贸易组、综合组等六个专业小组。十二个专门委员会是：行业发展规划委员会、规章制度建设委员会、会员事务及文体福利委员会、新疆律师协会直属分会（新疆律师协会直属所工作委员会）、律师权益保障委员会、律师业务指导及继续教育委员会、财务管理委员会、惩戒委员会、执业纠纷调处委员会、复查委员会、互助金管理委员会、新疆女律师联谊会（新疆女律师工作委员会）等。

协会的工作班子秘书处在近几年不断充实完善，工作人员从5人增加到16人，部门设置为会员部、业务部、宣传联络部、杂志编辑部（汉、维两种文字）、直属工作部、办公室、党组办公室六个部门，办公条件也在逐步改善。

五、宣传工作

树立先进典型，促进队伍建设。2005年，广泛开展了自治区级优秀律师事务所、优秀律师的评选活动，促进了全区律师队伍建设。经过全区范围的认真评选，协会评审领导小组的审查，评选出15家优秀律师事务所和30名优秀律师，向社会进行了公示。于2005年12月28日召开了隆重的表彰大会，自治区党委副书记、自治区党委政法委书记张秀明同志出席大会并作重要讲话，自治区高级人民法院、自治区检察院的领导出席大会。评选活动在社会上引起广泛关注，对宣传律师队伍的主流，树立良好的整体形象，产生了积极影响。

办好《新疆律师》刊物，扩大社会影响。2005年的办刊工作，坚持了既定的办刊方针，努力宣传、反映我区律师队伍的主流和成绩。制定有关规章制度，明确了工作流程，办刊工作有章可循。扩大了编辑员队伍，特邀责任编辑参加办刊工作，基本保证稿件的质量，组建了特约撰稿人队伍，扩大了稿源。栏目设置作了较大改进，更加生动活泼。改进了发行工作，发行面更加广泛。注重宣传我区律师队伍中的先进事迹，坚持对违规行为曝光批评。杂志维文版坚持以翻译法律法规为主，向少数民族律师提供更多的专业信息。

宣传队伍主流倡导行业新风。组织协调我区多家新闻媒体，借第六次律师代表大会，表彰大会的东风，积极开展了系列宣传。宣传行业重大举措、重要活动、优秀律师先进事迹、律师行业发展等内容，全年在新疆日报、新疆经济报、法制日报、电视、广播刊发文章、报道82件次。在各级党政机关、社会上均产生了积极的宣传效应。

（三）中国人民解放军律师工作概况

一、军队律师现状

2005年，中国人民解放军共有246个法律顾问处和1563名军队律师通过了年检注册。其中博士后1人，博士6人，硕士151人，本科1353人，大专52人；具有法律职业资格证书的177人，律师资格证书的685人。按照司法部和总政的有关规定精神，全军各大单位司法办公室认真组织对各法律顾问处不符合注册条件的律师人员进行清理，全军共有153名律师未予注册并收回其军队律师工作证。

二、军队律师开展的主要工作

（一）坚持围绕中心工作开展法律服务

始终围绕中心、紧贴中心、服务中心、保证中心，是军队法律服务工作的首要内容，也是其生命力的关键所在。2005年，军队律师始终关注中心工作，积极研究中心工作中的法律服务问题，主动为领导建言献策，切实做到领导和机关决策到哪里，法律服务就保障到哪里；中心工作发展到哪里，法律服务就延伸到哪里，努力在部队全面建设中发挥更大作用。

一是为首长决策当好法律参谋。全军各大单位军队律师积极参与部队中心工作，紧紧围绕部队教育、训练和管理工作，为首长机关决策提供法律咨询意见。总后各级党委重视发挥法律顾问的作用，有的单位建立法律知识学习制度，定期邀请法律专家举办法律知识讲座，帮助各级领导干部提高法律素养和依法管理部队的能力；有的党委在重大问题决策前，专门听取法律专家的意见和建议，有效提高党委领导的规范化、程序化；有的单位在研究决定每笔大项开支前，都要听取法律顾问的意见，有效防范因决策不当造成的风险。总参、总装、海军和沈阳军区、成都军区和国防科学技术大学的军队律师为首长机关提供涉及部队训练、教育和管理等方面的各类法律咨询意见，多达上千件，他们参与经济适用房建设、重大工程招投标等重点工作，任务完成得比较好，受到领导表扬和肯定。目前，全军多数单位的部队演习熟练、重大建设项目、突发事件处置、军地纠纷处理等，普遍有法律顾问参与，较好形成了党委依法决策、机关依法指导的领导作风和决策机制。

二是扎实做好军事斗争法律准备。为做好未来军事斗争中的法律准备，全军律师积极参与法律战问题研讨、制定完善法律战预案和法律战教育训练等活动。沈阳军区、南京军区、广州军区、海军、空军、二炮和总后等单位的军队律师，认真组织和指导部队搞好法律战骨干培训班。沈阳军区组织作战部队专职律师深入基层开展战争法和武装冲突法知识讲座110多场次，参加官兵5.3万余人次，指导有关集团军在团以上机关和领导干部中开展战争法和武装冲突法教育训练，处理演习中遇到的道路、租借民房、民事赔偿等军地互涉法律纠纷150多个，探索依法保障部队军事行动的有效办法。南京军区组织各军级单位结合担负作战任务，加强对军事斗争准备中可能遇到的涉法问题研究，制定和完善相应的处置预案，集团军律师结合海训活动到基层巡回宣讲战争法和武装冲突法知识，增强官兵依法开展军事行动的能力。兰州军区和第二炮兵的律师按照要求，参加有关演习活动，着眼不同作战样式、作战阶段、作战地域，拟制完善预案，通过演练，增强了实战能力。总后勤部根据军事斗争准备政治工作方案，对总后法律战的机构设置、职责区分、各战役阶段法律战的主要任务、可能出现的情况及相应的对策等，进行总体筹划。

三是积极参与立法工作。总参通信部法律顾问处针对军事通信过失损坏日益增加，严重干扰部队中心工作的情况，协助军队的全国人大代表提出相关议案，全国人大常委会通过了《中华人民共和国刑法修正案（五）》，增设对过失破坏武器装备、军事通信、军事设施定罪量刑的规定。总装各级法律服务组织积极参与武器装备建设立法工作，先后对10余部法律、法规和规章草案提出修改意见，有多条建议被有关部门采纳。他们提出的建立武器装备采购工作法律保障机制的建议，被全文纳入中央军委批准四总部颁发的《关于改革武器装备采购制度若干问题的决定》，为总装法律服务工作进一步紧贴中心、服务中心提供了制度保障。海军、空军的军队律师积极参与军事法规、军事规章的清理汇编工作，他们对海军、空军1999年~2003年制定的军事规章政治工作部分进行认真清理，提出相关“立、改、废”的意见和建议。

四是在完成重大任务中发挥法律服务的作用。经海军首长批准，海军法律顾问处从2002年底开始为海军亚龙湾重点工程建设提供常年法律服务，对工程施工、物资采购等合同进行审查，2005年共审查各类工程合同及招投标书111份，涉及财产标的额20多亿元，提出法律意见和建议140多条，出具各类法律意见书20多份。二炮的军队律师全程参加某基地国防公路建设招投标和新建阵地征地工作，通过审查合同、参与谈判、承办相关法律事务，有效保证了工程的按期完成。南京军区的律师积极参与军区部队开展的多项专项治理活动，及时提供有效的法律服务，结合车辆行驶集中整顿，进行以学习《道路安全法》为主要内容的专项法制教育，帮助驾驶人员掌握道路交通法规，结合医德医风集中整治，开展医疗法规知识宣传与咨询活动，剖析医患纠纷典型案件，提高医务人员预防和依法处理医患纠纷的能力。

（二）大力帮助部队和官兵解决涉法问题

全军各级法律服务组织始终坚持把解决好官兵的涉法问题作为实践“三个代表”重要思想，贯彻和落实科学发展观的具体行动，想方设法为官兵提供法律服务。

一是认真帮助解决疑难涉法问题。海军法律顾问处帮助处理棘手案件和历史遗留问题，代理了海军司令部某干部被害案的民事民事诉讼，协助亚龙湾工程指挥部处理与鲁能集团军事设施保护区域划定问题，参与海军延庆农场土地补偿问题处理等涉法纠纷。沈阳军区发挥律师的专业优势承办重大疑难案件，2005年初，某集团军的一个师在演习后，由于遗留雷管没有彻底清除，致使当地一个村民的右眼被炸伤，通过律师的积极协调和周密工作，妥善解决了纠纷。兰州军区法律顾问处指导某师处理标的额为4000多万元的营建纠纷案，陕西省军区和甘肃省军区某预备旅800多万元的执行纠纷等，都受到了领导的肯定。成都军区联勤部某工厂在企业改制过程中，有一笔130余万元的遗留债务，接手的地方企业曲解法规逃避债务，部队在长期协商无果后，也失去了收回陈年旧债的信心。军区法律顾问处得知情况后，主动派出律师提供法律服务，经过多次庭上庭下的交锋，最后全额实现了债权。国防大学法律顾问处承办学校与北京某房地产公司债权转让纠纷案，在十分不利的情况下，经过一年的艰苦努力，历经北京中级人民法院和北京市高级人民法院的多次开庭审理，取得胜诉，为学校避免经济损失1000多万元，维护了学校的合法权益。

二是探索构建法律服务协作机制。武警部队进一步健全各总队之间协作解决涉法问题的机制，专门下发有关通知，拨款80万元，推动这项工作深入开展，对协作中遇到的人员、经费等方面问题提出明确意见。总后司法办公室通过多种办法整合法律服务力量，提出分片组织、集中办案，建立华北、华东、中南、西南、西北五个法律服务工作协作区的工作思路，凡遇有重大涉法问题，组织军队律师集体联合办案，做到小案不出片区，大案不出总后。海军、国防大学、国防科技大学的军队律师积极协助首长、机关处理企业移交后的法律问题，参与解决债权债务、工程招标和合同订货纠纷，起草、审查重要合同。

三是推动军地维权机制建设。为确保军地维权机制的有效运转，各单位积极推动以“维护部队和军人、军烈属合法权益领导小组”为龙头，以“法律援助中心”和人民法院“涉军案件合议庭”为主体，以县级人武部“法律服务中心”为纽带，以乡镇人武部“法律咨询站”为基础的“一组、一庭、一中心、一站”的法律服务保障机制向前发展。沈阳、北京、成都、广州军区紧密结合自身实际，制定完善维权联席会议制度、案情分析汇报制度、业务培训制度、岗位责任制和总结评比制度为内容的维权工作机制，使维权工作更加规范化、经常化。南京军区把维权组织向基层延伸，扩大维权工作的覆盖面，浙江、江西、安徽省军区等单位通过给军人军属发放公开信和法律服务联系卡等形式，主动为官兵及其家庭提供法律服务，某集团军防空旅和江苏省军区某旅协调当地法律援助中心在军营建立“法律拥军工作站”，炮兵某师和海防某旅普遍与兵员相对集中的县、市、区政府和司法机关取得联系，签订法律服务远程协作协议，明确军地双方解决官兵及其家庭涉法问题的责任与义务，定期互通情况、坚持跟踪问效，做到兵员接到哪里，法律服务协作就延伸到哪里。

四是广泛开展送法到基层活动。面对部队官兵及其家庭日益增多的涉法问题，许多单位深入开展法律服务到基层活动，把法律知识送到连队、送到边防，送到最需要的官兵手中，受到基层部队的广泛好评。空军组织开展了“送法到边疆，服务到基层”活动，采取讲法律课，给部队赠送法律光盘、书籍和法规库软件，进行法律咨询等形式，帮助基层官兵排忧解难，提供法律服务。咨询活动期间，每天都有160多人主动到现场进行法律咨询。总后开展的送法下基层活动，已覆盖总后80%的部队，2005年，总后司法办公室组织军队律师到15个团以上单位部队和部分驻京单位，作法律宣讲报告12场次，听众7800多人，召开座谈会13个，举办法律咨询活动9次，现场解答官兵提出的各类法律问题180多个，对提高官兵法律意识和法律素质发挥了很好作用。武警部队确定每年5月为“法律服务到基层活动月”，由武警总部、各总队（师）和支队（团）分别派出法律服务小组，深入基层，开展以“上一堂法制教育课、举办一次法制教育展览、赠送一套法制教育资料、进行一次法律咨询”为主要内容的“四个一”法律服务活动，深受基层官兵的欢迎。兰州军区各单位组织军队律师先后为部队讲法制课340余场（次），听课人数近9万人（次）、播放法制录像片20余部，制作法制宣传教育展板63块，编印下发部队法律书籍资料4000多册（份）。总参通信部组织开展“学法守法用法”征文活动并举办第三届“法律知识百题竞赛”，基层单位参赛率达到100%。一年来，全军各级法律服务组织共为部队和官兵担任刑事辩护1000余起，代理民事诉讼1300多件，经济诉讼1100余件，行政诉讼45件，挽回经济损失2个多亿，避免经济损失7个多亿。许多单位还在《解放军报》、《法制日报》和大单位报纸上开辟了专栏或专版，定期解答官兵普遍关心的涉法问题，刊登法律研究成果和典型案例。

（三）不断加强军队律师和法律服务骨干队伍建设

一是表彰先进，树立正确的舆论导向。2005年10月，经总政领导批准，对全军和武警部队75个法律服务先进单位和优秀个人进行表彰，其中，先进法律顾问处16个、优秀军队律师26人、先进法律咨询站14个、优秀法律咨询员19人。通过表彰，发挥典型的示范引导作用，在全军法律服务人员中形成了争优创先的浓厚氛围。

二是加大对军队律师遵守职业道德、执业纪律的检查监督力度。在法律顾问处和军队律师年检注册工作中，切实按照司法部、总政治部的有关要求，进一步加强军队队伍建设和执业活动监督管理，对有违反执业纪律行为或因各种情况不适合继续从事军队律师工作的人员，一律暂缓注册、不予注册或吊销律师工作证件。全军共有153名律师未予注册并收回其军队律师工作证。

三是加强业务培训。总政治部司法局在解放军西安政治学院举办军队司法干部培训班，共有100余名法律服务骨干参加培训，集中学习国家司法考试内容，既提高了法律知识和业务能力，又提高了司法考试通过率。一些大单位也充分利用自身的资源，按照担负任务不同，本着缺什么补什么的原则，分别抓了司法行政干部、军队律师和法律咨询员的培训。据不完全统计，全军各级共举办各种法律骨干培训班580多个，培训骨干近万人。

四是认真开展“规范执法行为，促进司法公正”学习考核活动。各单位结合自身实际，采取了灵活多样的形式，专门就学习内容和考核目标提出要求，并将普遍考核与抽查考试结合起来，推动这项工作深入开展。

五是严格组织军队人员参加国家司法考试和高等教育律师专业自学考试。2005年全军和武警部队共有1183人报名参加国家司法考试，有96人获得国家法律职业资格证书，为军队储备和培养了一批高素质的法律专业人才。军队的考试工作在报名人数多、时间紧、标准高的情况下，周密、严谨、细致，没有出现大的纰漏和失误。继续组织全军和武警部队官兵参加高等教育律师专业自学考试，在籍学员已发展到4万多人，培养了一大批业务骨干。2005年3月，总政司法局和解放军西安政治学院在海南省召开全军高等教育自学考试律师专业工作会议，总结交流工作经验，对今后开展工作提出要求，会上对14个先进单位和24名优秀工作者进行了通报表彰。继续在《中国军法》杂志开辟“军队律师”专栏，定期介绍优秀军队律师的事迹。

（四）律师工作方法和手段上有新的进步

军队法律服务组织和律师不断完善方法和手段，增强工作活力，提高服务水平。

一是加强法律服务工作的理论研究。空军针对重大飞行事故造成地面人员和财产损害赔偿难的问题，进行相关调研，拟对“重大飞行事故造成地面人员财产损害国家赔偿”问题进行立法调研，从根本上为航空兵部队依法处理重大飞行事故造成地面人员财产损害赔偿问题提供法律保障。北京军区法律顾问处在对军队和地方来信中分析发现，70%以上的来信反映士兵优抚与退役安置方面的问题。为此，他们撰写了《士兵优抚与退役安置中的问题应引起重视》和《解决士兵优抚与退役安置问题的建议》，被《军报内参》转发，军委领导专门作了批示，推动和促进了这类问题的解决。总装组织军队律师和有关专家撰写《装备工作法律实务》一书，于2005年9月通过专家评审，印发有关单位和部队使用，为依法治装、依法管装工作中的法律服务提供了基本遵循。沈阳军区政治部司法办撰写的《试论军队律师在战时军事刑事诉讼中的职能作用》，在全军“战时刑事诉讼暂行规定立法调研论文评选活动”中被评为二等奖。

二是积极参与对外交流活动。总政司法局李宇局长2005年5月1日至7日，随全国律师协会代表团赴印度尼西亚参加环太平洋律师协会年会，与国外同行进行了友好交流，了解了国外律师界的有关做法和经验。2005 年 3 月 20 日至 26 日，总政司法局刘志成副局长一行 3 人，应美军太平洋总部邀请，参加在新加坡举行的第十八届国际军事行动与法律会议，了解掌握当前反恐战争中出现的法律问题及法律分歧、海上军事行动及执法模式、国际武装冲突中的法律问题以及人道主义救援与减灾事务等法律前沿问题。经总政领导批准，以总政司法局副局长刘志成为团长，全军 10 个大单位共 17 人组成的军队律师代表团，于 10 月 28 日至 11 月 15 日，赴意大利圣雷莫人道法国际学院参加了第 115 届武装冲突法国际军事培训班。这是我军首次组织较大规模军队律师团参训，院方给予高度重视，专门开设中国班，破例编配汉语教员和教材。我参训学员积极参与各项教学活动，主动和其他国家学员交流，在分班作业、分组演练、混编演习中，展示了中国军队律师的良好素质和形象。

三是增强法律服务工作的科技含量。总政司法局组织研发了全军律师工作管理系统，2005 年根据运行情况，及时进行软件的修改。全军政治工作网 2005 年 9 月开通后，各级法律顾问处积极利用这一平台开展工作，补充更新资料，增加点击率。北京军区等大单位法律顾问处还在局域网上开设能够实时对话的“律师在线”网页，组织军队律师轮流在线值班，让军队律师在网上“键对键”、“一对一”地实时解答广大基层官兵的法律咨询。有的单位已基本实现了军队律师的网上办公和网上管理，进一步提高了法律服务的效率。

（四）特别行政区律师工作概况

香港大律师公会概况

一、香港大律师公会

香港大律师公会在1949年成立，是一个代表香港大律师的专业团体，所有在香港执业的大律师都是公会的会员。截至2005年12月末，香港共有942名执业大律师，其中71名为资深大律师。资深大律师就是1997年回归前所称的御用大律师。他们都是由首席法官委任，在行业中资历深厚、富有深入专业知识和讼辩技巧、品格诚实正直、对大律师专业服务和社会贡献良多的大律师。

公会审议及执行涉及一般影响有关法律专业及司法公正的事宜，其中包括：①维持大律师专业的独立及尊严；②促进香港司法公正；③捍卫法治；④订定专业守则、纪律及操守；及促进公会与各法律同业、司法人员、市民及海外同业的关系，加深彼此的了解。

公会的行政由公会执行委员会负责，执委会的委员每年透过选举产生。公会的一切政策均由公会执行委员会制定。公会亦协助多个常设的专责委员会，协助处理特定事宜，包括纪律、专门的法律范畴、内地执业及关系、专业教育及行业发展等。

公会亦积极推动和参与服务社群的工作，如公会设立的法律义助服务计划，为市民提供免费法律服务。公会的众多会员也分别为不同的公共部门服务及参与为市民提供免费法律意见的计划。公会亦不时就法例草拟案及法律改革提供意见。

在国际层面上，大律师公会是多个国际组织的会员机构，如 International Bar Association，Commonwealth Lawyers Association，Law Asia 及 International Council of Advocates and Barristers 等。

二、大律师专业

香港法律专业分大律师和律师两个分支。总的来说，大律师是特约诉讼专家，专长于法庭上发言和讼辩。在香港高等法院原讼法庭、上诉法庭和终审法院公开聆讯的出庭讼辩权是大律师独有的。

香港大律师主要是通过律师转介，为当事人就不同法律范畴提供较深入和专门的意见，并在有需要的时候代表当事人出庭，为当事人争取在法律容许下最大的保障。

但大律师的工作不仅是出庭讼辩。由于大律师专注法理研究和诉讼，大律师也经常为客户提供深入的法律意见，也草拟法庭文件，如申索陈述书、答辩书等。此外，不少大律师也广泛地参与仲裁方面的事务。

大律师必须个人执业，这一点和律师不同。大律师不能和同业、律师或其他人合伙经营。这个模式确保大律师不偏不倚的独立性；也因为此，大律师没有维持一家律师事务所所需要的庞大开支，使收费方面可以比较灵活和富弹性。

三、香港大律师为内地企业或律师可提供的专业服务

转介大律师的模式对香港以外的很多地方（包括内地）都比较陌生。凡不涉及在香港进行的法庭诉讼或本地仲裁，大律师公会的专业守则中附件十四另有规定。根据附件十四，只要不涉及在香港进行法庭诉讼或本地仲裁的案件，香港以外地区的执业律师或当事人，可直接咨询香港大律师意见，或聘请大律师代表出席在香港进行的国际仲裁，而不需要香港律师转介。内地的律师或当事人聘用香港大律师适用这规定。

附件十四使香港大律师可以为内地企业提供极大弹性的法律专业服务，尤其是国家成为了世界贸易组织成员，内地企业有更多机会在业务上与其他世贸成员合作及面对外商的竞争。故此，更需要熟悉国际法律与国际商业操作的专家为他们提供服务。

香港大律师为内地企业可提供的法律专业服务，包括以下范围：

1. 草拟及制定涉外合同，以防止或减低日后双方争议的可能性。

2. 涉外诉讼及国际仲裁的支持。譬如说：提供涉外商贸诉讼前或其过程中书面法律意见，或以香港法、国际法或国际商贸惯例专家的身份出席内地的涉外审

讯，向内地法院陈述有关的法律观点。

3. 凭借国际仲裁的经验，向内地企业和商业机构提供有关仲裁、调解等服务。

4. 就涉外知识产权纠纷提供书面意见，亦可在知识产权诉讼或仲裁中提供支援。

概括而言，大律师可在下列情况接受以下人士委聘：（1）当工作牵涉在香港进行的国际性仲裁，大律师可接受香港律师、在香港的外地律师，及在香港以外的律师或当事人直接委聘；（2）当工作涉及在香港进行的诉讼及本地仲裁，除于数个特定范畴的专业人士（如专利及商标代理人、仲裁员、会计师等）可直接委聘大律师提供法律意见外，大律师只可接受香港律师委聘；（3）当工作与香港进行的诉讼及仲裁不相关时，大律师一般可接受外地律师或当事人直接委聘；（4）当工作牵涉香港以外地区的诉讼及仲裁，或当工作主要在香港以外地区进行而案件主要在香港以外引起、发生或牵涉香港以外的地区，大律师可接受本地及外地律师或当事人直接委聘。

也就是说，在遇上香港法律问题时，只要不涉及已在香港法院进行的诉讼或香港房地产买卖，内地企业、律师、及当事人一般也可直接聘用香港大律师寻求法律意见。此外，大律师也可接受任何人的委聘为仲裁员。

随中国加入世贸及《内地与香港关于建立更紧密经贸关系安排》的实施，公会会员已整装待发，备有足够能力为中国内地及海外当事人提供专业服务。公会会员处理内地及海外人士之间的合约及其他法律事宜经验丰富，这于当事人极具价值。

地址：香港金钟道38号高等法院低层二楼
电话：（852）28690210
传真：（852）28690189
网址：www. hkba. org
电邮：info@ hkba. org

香港律师会概况

香港律师会成立于1907年。乃香港事务律师的法定专业团体，所有在香港持有效执业证书之事务律师均为其会员。现有6000位事务律师拥有执业证书，律师事务所数目为690家，非香港律师事务所约有38家，约67家香港律师事务所于内地设有办事处。

作为一个自我监管机构，香港律师会一直致力确保业界之专业水准及操守、提高法律服务素质、推广法律知识、维护法治精神及向政府和有关机构作出咨询及提供意见。

香港律师会由20位成员组成理事会，包括会长、3名副会长及16位理事为香港律师会的最高领导，由其辖下不同之委员会负责制定及策划各项活动，而秘书处则负责推行各项目及运作上的细节安排。

一、香港律师会秘书处

香港律师会秘书处由秘书处长主领70多名人员，为理事会、会员及公众提供服务，秘书处设施包括会员会所、会议室、图书室、Cyber Cafe、演讲厅等供会员使用。

香港律师会就整体香港法律专业服务及个别律师事务所、律师提供不同资料，部分资料列印于单张或小册子内供公众及其他地区法律同业参考。香港律师会网址：http：//www. hklawsoc. org. hk

二、对外法律事务及内地法律事务

香港律师会一向积极参与国际性法律会议及交流活动，与世界不同的司法管辖区法律专业切磋并寻求合作机会。我会更与内地司法单位及法律团体保持紧密联系。理事会曾多次访京拜会单位领导。

而律师会辖下之内地法律事务委员会则统筹与内地法律团体之联系及协调工作。委员会在2005年组织之活动项目包括：

1. 香港服务业推介展示会重庆/成都（5月份）
2. 拜访香港特区政府驻粤办、贸发局、广州办及广东省对外经济贸易合作厅（5月份）
3. 河北—香港周，出访石家庄（6月份）
4. 粤港经贸合作：两地商界的评价座谈会（6月份）
5. 新疆行（6~7月份）
6. 中国—东盟博览会（10月份）
7. 香港金融服务展（上海）（11月份）
8. 第五届中国律师论坛（11份）
9. 湖北—香港周（武汉）（12月份）
10.《香港与内地律师专业发展计划2005》

香港律师会与中华全国律师协会曾和内地多个省市律师协会合作，每个省市派11至12名律师来港进行为期四星期的培训，下列为参加的省市：北京、新疆、天津、辽宁、黑龙江、深圳、大连。

三、香港事务律师服务范围

香港事务律师可在内地提供各种不同的香港法律服务，包括金融法律、公司注册、买卖物业、知识产权、企业、税务、劳务等。另外，香港律师行作为融资活动的中介机构，也可直接为内地企业在香港或海外融资提供专业法律服务，配合内地企业的发展。此外，香港事务律师在房地产开发、商贸仲裁及一般民商事诉讼项目上亦提供专业服务。

澳门律师公会概况

截至2005年12月31日，澳门律师公会总律师注册人数共246人，其中包括3人已故，133人停止执业。

执业律师人数共113人，其中14人为华人，其余为葡萄牙人及澳门土生葡萄牙人。

执业实习律师人数共69人（华人占55人），其中57人毕业于本地；6人毕业内地；2人毕业于台湾地区；4人毕业于葡萄牙国。

律师事务所共42所；

基本上各律师均能处理各类案件，但亦有个别会选取较感兴趣的领域从事工作。

澳门律师公会之2005年内活动有：

一、澳门律师公会会址扩充

澳门律师公会鉴于近年律师及实习律师人数不断增加，会务越发繁忙，故将会址由原来的两个单位扩张至全会，增添了设备，并于2005年5月19日举行了会址扩张仪式，很荣幸地邀请到行政长官何厚铧先生主持揭幕礼、澳门行政法务司及多位官员列席，更获得中华全国律师协会、珠海市律师协会、韶关市律师协会代表的莅临。与此同时，5月19日是律师日，我会自1997年开始每年都会在5月份举行庆祝律师日的连串活动，其中包括文娱表演、以短剧形式为市民讲解法律常识等，去年，中华全国律师协会、珠海市律师协会、韶关市律师协会亦顺道观看了庆祝活动及出席了设于澳门陆军俱乐部律师日晚宴。三会在逗留期间亦先后访问了本澳多个政府机关，包括行政法务司司长办公室、终审法院、中级法院、初级法院、检察院及法务局。

二、第二届粤港澳律师运动会

为了增进同业间的友谊与交流，我会与广东省律师协会、香港律师会于11月26及20日合力在本澳继续举办了第二届粤港澳律师运动会，会场方面沿用了2005东亚运动会的设备，身为东道主的我会，非常感谢粤、港两地律师的鼎力合作，使活动能顺利进行，运动项目设有足球、篮球、羽毛球、网球、乒乓球、保龄球及游泳七项，各律师运动员经过连番努力后，比赛圆满结束，全场总冠军由广东省律师协会获得，亚军及季军则分属香港律师会和我会。

三、5位本会律师获首批国家司法部委托公证人考核资格

为着有利促进内地与澳门的经贸交流、两地的法律及公证机构的联系，国家司法部准予我会秘书长石立炘；律师业高等委员委员主席林笑云；大会主席团委员黄显辉以及赵鲁、洪建业五位执业大律师参与首批国家司法部委托公证人考核，此举将为未来的中、澳法律各领域架起了桥梁，我会尤感荣幸！

领导成员名单：（2004年~2005年）

大会主席团

主　席：许辉年

委　员：黄显辉　高愿尝

理事会

主　席：华年达

秘书长：石立炘

委　员：奥瑞麟　李敬贤　飞文基　山度士　冯健埠

监事会

主　席：官乐怡

委　员：费文安　菲万智

律师业高等委员会

主　席：林笑云

副主席：方圣嘉

秘　书：马志豪

委　员：苏　雷　高日昊　施展鹏

从业多于10年之代任委员：史道加　潘民龙　沙雁期

从业少于10年之代任委员：高仲文　罗栢安　林智龙

由政府委任之委员：

何伟宁法官　代任委员：马展龙法官

郭婉雯检察官　代任委员：陈子劲助理检察长

高宝娜法学院导师　代任委员：范剑虹法学院导师

三、文件选载

（一）司法部关于律师工作文件选载

司法部办公厅

关于举办第二十九期全国高级律师高级公证员培训班的通知

（2005年1月14日）

各省、自治区、直辖市司法厅（局），新疆生产建设兵团司法局：

司法部司法行政学院将于2005年4月6日~4月25日举办第二十九期全国高级律师高级公证员培训班，现将有关事项通知如下：

一、参训学员基本条件：参训学员须为律师事务所的在职三级律师，公证处在职三级公证员或从事律师、公证员工作满八年的现职律师、公证员，政治表现好，身体健康，能按要求坚持正常学习。

二、培训内容、期限和名额分配：本期培训班将主要根据律师、公证员实际工作需要开设民、商事法律和民事诉讼法、刑事诉讼法的修改及律师、公证员实务等课程，还将安排有关活动并进行相应的考试、考核，合格者准予结业。

学习时间20天，2005年4月6日报到，4月7日开学，4月25日结业。

本期培训班学员200名，其中律师113名，公证员87名。各地名额分配详见《学员名额分配表》。如报名人数超过分配名额，请事先与司法行政学院联系。

三、报名、入学办法：参训学员每人填写《学员报名登记表》一式二份，经所在单位和当地司法行政机关签署意见后逐级上报，一份由司法厅（局）留存，一份于2005年3月31日前传真至司法行政学院教学科研处，随后将原件寄至司法行政学院教学科研处。

请各地司法厅（局）按本通知规定条件审查录取学员，并向其寄发《入学通知书》和《入学须知事项》。

四、培训费用：培训费2800元（含住宿费、学杂费、教材费），餐费自理。

五、注意事项：

1. 学员报到时，请携带一篇论文，论文写作具体要求详见入学须知事项。我院将选出优秀论文汇编成论文集，由法律出版社出版或在中国普法网中司法行政学院网页上刊登。

2. 学员报到时需携带入学通知书、单位介绍信、二张一寸免冠正面近期照片。

3. 报到时间：2005年4月6日（全天报到）。

4. 报到地点：北京市朝阳区霄云路霞光里11号司法部司法行政学院。

5. 有关招生及报名具体事宜，请与司法部司法行政学院教学科研处联系。

通信地址：北京市朝阳区霄云路霞光里11号司法部司法行政学院教学科研处

邮政编码：100016

联系人：李　军　徐嘉临

电　话：（010）64678413

传　真：（010）84512254

附：　　律师学员名额分配表

省　别	分配数	省　别	分配数	省别	分配数
北京	1	浙江	5	海南	3
天津	5	安徽	4	西藏	1
上海	6	江西	3	重庆	2
河北	1	陕西	3	兵团	3
山西	6	甘肃	3		
内蒙	3	青海	2		
辽宁	2	宁夏	1		
吉林	4	新疆	4		
黑龙江	1	云南	5		

续表

省　别	分配数	省　别	分配数	省别	分配数
河南	2	四川	3		
湖北	6	贵州	3		
湖南	1	广东	1		
山东	5	广西	4		
江苏	15	福建	5		
				合计	113

公证员学员名额分配表

省　别	分配数	省　别	分配数	省别	分配数
北京	1	浙江	5	海南	2
天津	5	安徽	4	西藏	1
上海	1	江西	2	重庆	2
河北	1	陕西	2	兵团	1
山西	5	甘肃	2		
内蒙	2	青海	1		
辽宁	2	宁夏	1		
吉林	2	新疆	2		
黑龙江	1	云南	3		
河南	1	四川	2		
湖北	5	贵州	2		
湖南	1	广东	1		
山东	5	广西	3		
江苏	15	福建	4		
				合计	87

司　法　部
关于进一步建立健全律师队伍建设长效机制的意见

（2005年1月26日）

各省、自治区、直辖市司法厅（局），新疆生产建设兵团司法局：

为了深入贯彻落实党的十六大提出的“拓展和规范法律服务”的要求，巩固和扩大律师队伍集中教育整顿活动的成果，保障律师队伍建设和律师工作健康发展，现就进一步建立健全律师队伍建设长效机制提出以下意见：

一、建立健全律师队伍建设长效机制的指导思想和目标

1. 当前和今后一个时期，建立健全律师队伍建设长效机制的指导思想是：以邓小平理论和“三个代表”重要思想为指导，深入贯彻中央领导同志重要指示精神，认真落实中共中央转发的《中央司法体制改革领导小组关于司法体制和工作机制改革的初步意见》和《司法部关于加强律师队伍建设的意见》，从加强教育、严格管理、完善监督、强化自律等方面入手，通过健全完善相关法律、制度和机制，进一步促进律师执业活动和管理行为的规范化，培养律师良好的执业观和价值观，努力建设一支“坚持信念、精通法律、维护正义、恪守诚信”的高素质律师队伍。

2. 建立健全律师队伍建设长效机制的目标是：通过建立健全律师队伍学习教育机制，开展经常性的政治思想教育、法制教育和职业道德教育，使广大律师的政治信念、法制观念、诚信意识得到进一步强化；通过建立健全律师行业准入机制，确保进入律师行业的人员具有良好的资质条件和道德修养，使律师队伍的政治素质、业务素质和职业道德素质得到进一步提高；通过建立健全律师行业自律机制，强化律师事务所和律师协会的管理责任，使律师行业自律管理能力得到进一步增强；通过建立健全律师行业监督惩戒机制，加强对律师执业活动各个环节的监督，使律师行业的预警、监督、处理系统得到进一步完善；通过建立健全律师行业保障机制，为律师行业健康发展创造良好的法制、市场和政策条件，使律师的执业环境得到进一步改善；通过建立健全律师行业评价机制，构建科学的行业评价指标体系，使行业评价的激励和约束作用得到进一步落实。

二、建立健全律师队伍学习教育机制

3. 严格职前培训教育。建立统一的律师职前培训制度，中华全国律师协会制定《律师职前培训指导纲要》，规定培训的内容、方式、时间，省级律师协会在司法厅（局）监督指导下具体负责培训工作。职前培训侧重于职业道德和执业纪律教育、执业技能和技巧训练。

4. 加强业务培训和继续教育。健全培训管理制度，严格规定培训组织、效果考核、记录统计以及未按规定参加培训人员的处理等相关制度。充实和完善培训

内容，结合律师队伍实际，强化职业道德和执业纪律教育。进一步改革培训方式，统一培训大纲和培训教材。

5. 加强政治思想教育和法制教育。坚持不懈地加强律师队伍的政治理论、政治信念和政治思想教育，牢固树立正确的理想信念，坚持诚信为民，增强社会责任感，自觉维护广大人民群众的合法权益，维护法律的尊严。深入开展法制教育，不断增强广大律师的法制观念，提高依法执业的水平。

三、建立健全律师行业准入机制

6. 加强实习人员管理。完善实习制度，防止实习走过场。制定申请律师执业人员实习管理规则，规定实习人员的管理以及实习的内容、要求、考核、评价机制等。建立实习人员指导老师制度，明确指导老师的责任。实习人员必须在运作规范、具备条件的律师事务所进行实习。司法行政机关应加强对职前培训和实习工作的指导和监督，对律师协会和律师事务所不认真履行职责的行为应予以批评和纠正。

7. 严格品行考核和审查。进一步健全申请律师执业人员的品行考核审查制度，防止品行上有污点记录的人员进入律师队伍，确保进入律师队伍的人员具有良好的道德素质。中华全国律师协会制定《律师行业道德标准》。律师事务所建立拟接收执业人员品行考察制度，认真做好品行考察工作，考察时应加强与相关部门的沟通配合，注意收集公安、教育、人事等有关部门的信息资料，并充分利用高等教育学历电子查询系统等信息资源，在综合考察的基础上作出品行鉴定。司法行政机关在受理拟执业人员申请时，应当认真审查和核实律师事务所出具的品行鉴定。律师事务所为申请律师执业人员提供虚假品行鉴定的，司法行政机关和律师协会应依据《律师和律师事务所违法行为处罚办法》的有关规定予以处罚。

8. 建立新律师辅导制度。律师事务所要加强对新律师的辅导工作，确定由执业技能熟练、职业道德良好的律师承担辅导任务，使新律师通过执业实践进一步领会执业操守，掌握执业技能，正确处理与当事人、律师事务所合伙人、其他律师的关系，正确处理与法官、检察官和仲裁员之间的关系，树立正确的执业理念，培育健康的律师文化。

9. 推行执业宣誓制度。明确执业宣誓是从事律师职业的必经程序。通过建立宣誓制度，进一步增强新律师的职业尊荣感和社会责任感，彰显律师职业的崇高与神圣，使其从执业之初就牢固树立忠于法律、恪守诚信、维护正义的良好意识。执业宣誓由律师协会负责组织。

四、建立健全律师事务所和律师协会的自律机制

10. 完善律师事务所自律管理机制。建立健全并落实统一接受委托、统一与委托人签订代理合同制度，并将案件委派给具有相应专业能力的律师办理；建立健全并落实统一收取服务费和办案费、统一与委托人结算制度，防止和纠正通过律师个人收取和结算的做法；建立健全并落实统一管理各类法律文书，保证各类档案材料的完整性、真实性；建立健全并落实合理的分配制度，提倡和鼓励律师事务所实行科学的分配制度；建立健全并落实科学的决策、执行、监督机制，确保合伙所按合伙机制规范运行。合伙律师事务所要切实履行对本所合伙人及律师的监督管理职责，建立健全并严格执行业务质量控制制度，完善质量控制程序，对律师办案过程实施动态监控，对违规律师要依照本所规章制度进行处理。司法行政机关和律师协会在惩戒违法违纪律师的同时，可视情况对其所在的律师事务所给予处罚。

11. 进一步增强律师协会的自律能力。要在实现“两个分开”的前提下加强律师协会的组织机构和人员建设。律师协会领导机构的成员，要从行业信誉高、职业道德好、管理能力强、热心律协工作的执业律师中选举产生。健全理事会、常务理事会的议事规则，提高决策的科学化、民主化、法制化水平。加强律师协会工作机构的建设，积极适应律师行业管理的需要，进一步完善各项规章制度，在协会领导机构和办事机构之间形成科学、高效的工作体制和运行机制，提高管理的效能。加强行规建设，通过制定完善业务规范指引、行业服务标准、律师惩戒规则和其他规范，进一步规范律师执业活动，提高律师服务质量和水平。要建立健全行业管理的各项制度，充分发挥律师协会在律师队伍建设中的作用。

12. 改革和完善律师执业责任保险制度。建立强制性律师执业责任保险制度。为了加强律师事务所的自律性管理，落实律师事务所的管理责任，从2005年1月起要逐步改革律师执业责任保险制度，在完善以律师协会为单位购买律师执业责任保险的基础上，探索并建立以律师事务所为单位、由合伙人购买保险的责任保险制度，推动律师执业多元责任保险制度的建立。

13. 进一步规范律师流动秩序。司法行政机关要加强对律师流动的管理、监督和引导，保障律师合理、有序流动，实现律师行业人才资源的优化配置，维护律师行业管理秩序。制定《律师流动管理办法》，明确

规定律师流动的条件、最短周期，以及与委托人的关系处理、执业责任承担、矛盾纠纷调处等问题。律师事务所要在本所章程或其他制度中，进一步明确律师加入、退出律师事务所的条件、程序，明确律师流动所涉及的业务、档案、财物、保密等问题的处理。减少律师频繁流动，培育健康、稳定、有序的律师法律服务秩序。

14. 加强律师队伍党建工作。深入贯彻《司法部党组关于加强新形势下律师队伍党的建设工作的指导意见》，进一步加强律师队伍党的思想、组织、作风建设，不断扩大党组织覆盖面，增强党的影响力。建立健全各级律师协会、律师事务所党组织。加强制度建设，推动律师党建工作的制度化、规范化，依靠制度实现对党员律师的监督、管理、规范和约束，用制度保证党的活动形式的多样性、及时性和有效性。积极做好律师入党积极分子的培养和发展工作，不断扩大党在律师队伍中的群众基础。探索适合律师行业特点的加强党建工作的方式方法，充分发挥律师党支部的战斗堡垒作用和党员律师的先锋模范作用，处理好发挥党的政治核心作用和律师事务所开展业务活动的关系，防止"两张皮"现象。深入开展争先创优活动，把典型引路、示范带动作为推动律师党建工作的重要方法。

五、建立健全律师行业监督惩戒机制

15. 健全律师执业监督体系。律师事务所承担对执业律师的第一位监督责任，负责对本所律师日常监督、职业道德和执业纪律教育、投诉受理与调查、违规人员处理等职责。律师协会要进一步强化监督和惩戒职能，成立专门机构负责对律师执业活动的日常监督工作。司法行政机关律师管理和法制部门要认真做好对律师和律师事务所的行政处罚工作。纪检监察机关要加强对律师管理部门及其工作人员履行监督职责情况的检查，确保监督惩戒权力的正确行使。

16. 强化律师协会惩戒职能。加大律师协会对律师及律师事务所的惩戒力度，律师协会可以根据实践的需要，在法律许可的范围内，增设新的惩戒种类。建立谈话提醒制度，律师协会对于有轻微违纪行为的律师可以进行谈话提醒，并视情况向其所在律师事务所发出整改建议函，督促律师事务所加强自我管理，预防违法违纪问题的发生。律师协会制定行业规范应设置惩戒条款。律师协会惩戒机构应吸收有关部门和专家学者参加，增强行业惩戒工作的权威性和透明度。省级律师协会要充实惩戒工作力量，保证惩戒职能的正确行使。

17. 完善律师惩戒工作程序。健全投诉受理、立案、调查、审理、处分、执行等工作规则，使惩戒工作进一步规范化、制度化。改革完善投诉处理制度，有条件的地方，可以由律师协会统一受理对律师和律师事务所的投诉，并进行立案和调查，依法做出行业处分。律师协会调查结束后，认为应给予行政处罚的，应及时建议司法行政机关给予行政处罚。司法行政机关指导监督律师协会依法行使惩戒职责，同时完善案件的审理、听证、处罚、复议等制度和程序。

18. 建立律师行业退出机制。进一步完善和落实停业和吊销执业证相结合的退出机制。律师事务所建立律师违规辞退和除名制度，律师协会建立除名律师通报制度，并通过媒体予以公开曝光。司法行政机关对违反法律规定，具有吊销执业证情形的律师和律师事务所，一律清理出律师队伍，在全国律师行业通报，并视情况向社会公布。司法行政机关、律师协会建立与法院、检察院的信息交流机制，及时掌握律师在诉讼活动中的违法违纪行为。

六、建立健全律师行业保障机制

19. 完善法制保障机制。积极推动相关立法，为律师业发展奠定法制基础。通过修订《律师法》，进一步完善律师执业权利的规定。通过立法，保障律师调查取证权，为律师行使诉讼权利提供必要条件，消除刑事诉讼中有碍控辩双方权利平衡的现象；实行证据展示制度，保障律师的阅卷权。同时，着力解决律师在整个司法架构中的角色定位、功能作用和制度安排，发挥律师在维护司法公正、促进司法民主和提高司法效率中的应有作用。

20. 完善政策保障机制。改革和完善律师收费制度，制定全国统一的收费准则，规定律师收费的原则和必须考虑的因素，使律师收费制度更具科学性、合理性；实行律师收费公示制度，增加收费的透明度和公众的知情权；建立律师收费争议解决机制，强化律师协会在解决收费争议中的作用。会同有关部门改革和完善律师税收政策，根据律师行业的特点，确定律师事务所和律师的合理税负。完善律师事务所的财务管理制度和分配制度，形成有利于律师业发展的激励机制和保障机制。

21. 完善市场保障机制。进一步规范法律服务市场秩序，建立以律师业为主导的法律服务市场。制定律师行业反不正当竞争规则，确保律师行业的有序竞争和规范服务。理顺法律服务几支队伍之间的关系，改革和调整基层法律服务，加强社会法律咨询服务机构监管，规范公民代理诉讼行为。司法行政机关要改变重事前审批、轻事后监管的现象，着力加强对法律服务市场的监管，更新管理理念，改进管理方式，提高管理效能。进一步明确各级司法行政机关管理律师的职责，科学配置管理权限，强化基层司法行政机关管理律师的职能，以实现律师管理工作事权的统一。律师管理部门要正确处理与监管对象之间的关系，切断相互之间的经济利益关系。建立健全管理责任追究制度和重大案情报告制度。

七、建立健全律师行业评价机制

22. 加强律师诚信制度建设。诚信制度体系建设是律师行业评价机制运行的基础。要根据律师服务行业的特点和规律，进一步完善律师诚信制度体系，包括信用档案制度、信用信息披露制度，以及与司法机关之间的信息交换制度，将司法行政机关、律师协会和当事人对律师行业的评价公开化、透明化，并转化为社会评价和市场评价，使行业评价最终体现为利益的增减、信誉的升降，加大失信成本。

23. 建立律师行业评价指标体系。根据律师行业的特点，改革评优办法，完善评价指标体系。制定评优标准时，应将律师和律师事务所遵守职业道德和执业纪律的情况作为重要指标，评优活动既要考虑行业内部意见，也要充分注意当事人和社会公众的评价，增强透明度和公信力。

24. 推进律师行业信息化建设。加快全国律师数据库中心建设，构建全国统一的信息管理平台。适时公布律师行业重要信息，保障公众的知情权、选择权，改变信息严重不对称状况，为社会监督和市场评价奠定基础，为律师行业评价机制的正常运行创造条件。

司　法　部

关于开展合伙律师事务所规范建设年活动的意见

（2005 年 1 月 26 日）

各省、自治区、直辖市司法厅（局），新疆生产建设兵团司法局：

为进一步贯彻落实胡锦涛总书记等中央领导同志的重要指示精神，用科学发展观指导律师工作的改革和发展，巩固和扩大律师队伍集中教育整顿活动的成果，规范律师事务所特别是合伙律师事务所的管理，增强律师行业自律管理能力，促进律师队伍和律师事业的健康发展，司法部决定于 2005 年在全国开展合伙律师事务所规范建设年活动。具体意见如下：

一、充分认识开展合伙律师事务所规范建设年活动的必要性和重要性

我国律师制度恢复重建二十多年来，律师执业机构经历了从单一的“国资所”到“合作所”、“合伙所”、“国资所”并存的变化。目前，全国共有 1.1 万家律师事务所，其中合伙律师事务所 7770 家，占律师事务所总数的 70% 左右。合伙律师事务所已成为我国律师执业的主要组织形式。合伙律师事务所通过提供法律服务，为维护国家、企业和公民的合法权益，维护社会公平和正义，促进市场经济和民主法制建设的发展，做出了积极的贡献。但是，由于种种原因，合伙律师事务所管理和发展还存在一些突出问题，主要表现在：有的合伙律师事务所及合伙人不符合法律规定的条件，名为合伙，实为个人办所；有的合伙所名为合伙，实为“个人执业联合体”，没有真正形成合伙机制，合伙人和律师基本上采取个人承接的案件自己办理，分配采取提成的方式，事务所管理松散，各自为战；有的合伙所管理制度不完善，甚至连最基本的规章制度也未建立，从而造成了事务所无章可循；有的合伙所合伙人管理意识、责任意识比较淡薄，对事务所的管理采取放任自流的态度，对本所律师执业活动缺乏有效的监督，导致违反职业道德、执业纪律甚至违法犯罪行为时有发生等等。这些问题严重影响了律师行业和律师队伍的健康发展。进一步规范合伙律师事务所管理，提高律师行业自律管理的能力和水平，已成为当前司法行政机关和律师协会的一项重要任务。

中共中央转发的《中央司法体制改革领导小组关于司法体制和工作机制改革的初步意见》对律师队伍建设和律师管理工作提出了新的更高的要求。规范合伙律师事务所管理，既是进一步加强律师队伍建设，提高队伍整体素质，保障在全社会实现公平和正义，更好地为全面建设小康社会提供法律服务的必然要求，也是律师事务所加强自身建设的内在需要。只有采取切实有效的措施，进一步规范合伙律师事务所的管理和建设，才能增强律师事务所的整体实力，才能保障律师事业的健康发展，充分发挥律师在我国政治、经济和社会生活中的重要作用。

二、开展合伙律师事务所规范建设年活动的指导思想和工作目标

开展合伙律师事务所规范建设年活动的指导思想是：以邓小平理论和“三个代表”重要思想为指导，全面贯彻科学发展观，认真落实《关于司法体制和工作机制改革的初步意见》，在巩固和扩大律师队伍集中

教育整顿活动成果的基础上，进一步解决合伙律师事务所管理中存在的突出问题，进一步完善各项管理制度，健全合伙机制，提高律师事务所自律性管理的整体水平，促进律师事业的健康发展，为全面建设小康社会提供优质高效的法律服务。

开展合伙律师事务所规范建设年活动的工作目标是：

（一）增强管理意识。律师事务所自律性管理的自觉性进一步增强，律师事务所规范建设的要求进一步明确，合伙人的管理意识明显提高。

（二）明确管理责任。合伙人应该承担的各项权利和义务有效落实，合伙人的监督管理责任进一步强化，合伙人的主要管理责任人作用充分发挥。

（三）加强制度建设。认真执行《律师法》、《合伙律师事务所管理办法》、《律师事务所内部管理规则》等法律、法规、规章和行业规范，律师事务所统一收案、收费、财务管理、分配、内部监督等制度进一步健全并得到全面落实，运作更加科学、规范。

（四）提高服务质量。律师服务质量管理进一步加强，质量控制程序更加完善，对律师办案过程的动态监控力度不断加大，违法违纪行为受到严肃查处，律师服务质量和社会形象明显提高。

三、开展合伙律师事务所规范建设年活动的主要内容

（一）依据《律师法》和《合伙律师事务所管理办法》，对合伙律师事务所合伙主体进行规范。严格合伙人的条件，加大对合伙人主体资格的检查监督力度，按照法定条件对合伙律师事务所及合伙人进行全面清理，切实解决当前合伙所中存在的“假合伙”等问题。

（二）依据《律师法》和《合伙律师事务所管理办法》、《律师事务所内部管理规则》，对合伙律师事务所收案行为进行规范。明确合伙所的所有客户都是事务所的客户，事务所要统一接受委托，统一与委托人签订代理合同制度，并将案件委派给具有相应专业能力的律师办理，逐步解决谁揽的案源谁办理的问题，切实改变合伙律师事务所实为“个人执业联合体”的现象。

（三）依据《律师法》和《律师服务收费管理暂行办法》、《律师事务所收费程序规则》等有关规定，对合伙律师事务所收费和分配行为进行规范。建立健全并落实统一收取服务费和办案费、统一与委托人结算制度，防止和纠正通过律师个人收取和结算的做法；建立健全律师收费争议解决办法，及时解决因收费问题与当事人发生的争议；建立健全合理的分配制度，逐步改变“提成制”的分配方式，提倡和鼓励律师事务所实行更加科学的分配制度；落实律师事务所应当设立的培训、执业责任保险和事业发展基金制度，解决和克服事务所低积累甚至不留积累等现象。

（四）依据《律师法》和有关律师事务所管理的规定及行业规范，对合伙律师事务所内部监督管理行为进行规范。认真落实合伙律师事务所建立人员、业务、服务质量管理和投诉处理各项制度。加强对实习人员和新执业律师的指导和管理。建立健全律师事务所对本所人员解聘或开除制度，对于因违法违纪被开除或解聘的要报告当地司法行政机关和律协，并进行公示；加强业务质量管理，严格执行业务质量控制制度，完善质量控制程序，对律师办案实施及时监控。有条件的地方，要建立统一收案收费、利益冲突审查、服务质量监督、投诉查处的管理软件，对本所律师办理业务的质量、办案进度及是否存在利益冲突等进行管理和控制，提高管理的效率和水平。建立健全律师事务所团队化管理机制，鼓励律师事务所采取各种方式，加强团队化建设，进一步提高律师事务所法律服务水平。

（五）依据《律师法》和《合伙律师事务所管理规则》等有关规定，对合伙律师事务所建立健全管理机构进行规范。认真落实律师事务所要建立完善决策、执行和监督机构的要求，完善合伙机制。规模较小的律师事务所要建立合伙人分工制度，明确主任的日常管理职责和其他合伙人的监督职责，保障律师事务所合法有序运行。

（六）依据《律师法》和《合伙律师事务所管理办法》等有关规定，对合伙律师事务所及合伙人管理责任问题进行规范。建立健全合伙律师事务所的合伙人对本所律师监督管理制度，防止和克服职责不明、责任不清的状况。要严格合伙人的条件，对发展合伙人的政治素质、执业经历、业务能力、职业道德、品行修养等等，要有严格的考核标准和程序。完善执业责任赔偿保险制度，进一步落实合伙律师事务所及合伙人的管理责任。

（七）依据《党章》和《中共中央关于在全党开展以实践“三个代表”重要思想为主要内容的保持共产党员先进性教育活动的意见》，对合伙律师事务所党建工作进行规范。加强合伙律师事务所党组织建设，进一步规范对律师党员的监督、管理和约束。正确处理党的政治核心作用和律师事务所开展业务活动的关系，探索适合发挥合伙律师事务所特点的加强党建工作的方式方法，防止“两张皮”现象，更好地发挥党组织的战斗堡垒作用和党员律师的先锋模范作用。

四、开展合伙律师事务所规范建设年活动的步骤

这次规范建设年活动分五个步骤进行：

（一）动员部署。1月中旬，司法部召开会议，对开展合伙律师事务所规范建设年活动进行全面部署，同时印发《司法部关于开展合伙律师事务所规范建设年活动的意见》。各省（区、市）根据会议精神和《意见》要求，结合实际，对本地区合伙律师事务所规范建设年活动进行动员部署。各律师事务所结合本所实际，制订规范建设的具体方案。

（二）学习交流。各级司法行政机关和律师协会通过组织举办合伙律师事务所主任和合伙人培训班，学习有关律师事务所管理的法律、法规、规章和行业规范，不断提高合伙人的规范管理、科学管理、自律管理的意识。各地要对合伙律师事务所的合伙人轮训一遍。通过组织合伙所主任和主要合伙人参观管理规范的律师事务所，召开合伙所主任和主要合伙人管理经验交流会、研讨会等形式，在交流中找差距，在交流中学习提高。同时要运用因管理混乱而被吊销执业证、停业整顿的律师事务所、因执业过错而赔偿的反面典型，进行警示教育，从中吸取教训，引以为戒。

（三）查找整改。各律师事务所要按照司法部的统一要求和各省（区、市）的具体安排，对照有关法法律、法规、规章和行业规范及本《意见》的要求，认真进行自查，查出自身存在的问题和不足，提出整改措施。坚持边查边改，针对管理方面的薄弱环节，该完善的要完善，该落实的要建立抓落实的制度，做到规范没有死角，管理没有漏洞。

（四）检查督促。各省（区、市）司法厅（局）对本地区的合伙律师事务所规范建设情况进行全面检查，重点检查管理上“散、乱、差”的律师事务所；司法部和全国律协将组织若干检查组，对各地开展规范建设活动，特别是重点地区、重点所的情况进行抽查，凡检查未通过的地区和律师事务所应进行补课。

（五）总结验收。10月份，各省（区、市）司法厅（局）、律师协会组织开展对合伙律师事务所规范建设年活动的总结和验收工作。同时，表彰一批优秀的合伙律师事务所和合伙人，树立和宣传好的典型。对管理“散、乱、差”的律师事务所，要限期进行整改，经过整改仍达不到要求的，要依法作出处理。

五、加强领导，确保合伙律师事务所规范建设年活动取得实效

（一）高度重视，加强领导。各级司法行政机关和律师协会要把这次合伙律师事务所规范建设年活动摆上重要议事日程，加强组织领导，做到一级抓一级，层层抓落实。各省（区、市）司法厅（局）要切实加强对这项活动的指导和监督，同时，要充分发挥律师协会的作用，具体工作要尽量由律协组织实施。

（二）改进作风，狠抓落实。各级司法行政机关和律师协会要深入律师事务所，认真搞好调查研究，制定具有指导性、针对性和可操作性的实施方案。要加强分类指导和具体指导，对基础较好的律师事务所要指导其进一步提高规范化管理的能力和水平，提升服务层次和质量；对基础较差、管理混乱的律师事务所，要加大监督指导力度，帮助其找问题、查原因、定措施，促进规范化管理。要坚持联系点制度、督察制度，使规范建设的各项任务真正落到实处。

（三）加强协调和沟通。合伙律师事务所规范发展，离不开良好的外部环境，需要各方面的帮助。各级司法行政机关和律师协会要在调查研究的基础上，认真分析合伙律师事务所遇到的困难和问题，及时向党委和政府汇报，加强与有关部门的协调与沟通，制定和完善相关的配套政策，为合伙律师事务所健康发展创造良好的环境。

国家出资设立的律师事务所和合作律师事务所要参照本《意见》开展规范建设活动。

关于在全国律师队伍党组织和党员律师中开展保持共产党员先进性教育活动的指导意见

（2005年2月4日）

各省、自治区、直辖市司法厅（局），新疆生产建设兵团司法局：

根据中央在全党开展以实践“三个代表”重要思想为主要内容的保持共产党员先进性教育活动的总体部署和要求，现就在全国律师队伍党组织和党员律师中开展保持共产党员先进性教育活动提出如下指导意见。

一、深刻认识在党员律师队伍中开展保持共产党员先进性教育活动的重要意义

在全党开展先进性教育活动，是党中央深入研究新时期党所面临的形势、党所承担的历史任务以及党员队伍的状况，审时度势作出的重大决策。在全党开展保持共产党员先进性教育活动，进一步加强党的先进性建设，就是要使党的理论、路线、方针和政策顺应我国社会发展进步的要求，反映全国各族人民的利益和愿望，使各级党组织不断提高创造力、凝聚力和战斗力，始终发挥领导核心作用和战斗堡垒作用，使广大党员不断提高自身素质，始终发挥先锋模范作用，使我们党始终保持与时俱进的品质，不断提高执政能力、巩固执政地位、完成执政使命。我国律师是社会主义法律工作者，是我国社会主义现代化建设和民主法制建设的一支重要力量，肩负着维护我国法律公正实施，维护当事人合法权益，维护社会公平与正义的神圣使命。在党员律师队伍中开展以实践“三个代表”为主要内容的保持共产党员先进性教育活动，充分发挥律师队伍党组织凝聚、团结广大律师的政治核心作用和战斗堡垒作用，充分发挥广大党员律师的先锋模范作用，是促进律师事业健康发展的内在要求和根本保证，对于实施依法治国基本方略，构建社会主义和谐社会，提高党的执政能力具有重要意义。

近年来，各级律师党组织和党员律师团结带领广大律师，在促进律师事业改革与发展中发挥了骨干作用，为改革开放和经济建设，服务人民群众，维护社会稳定作出了突出贡献。但是也应当清醒地看到，在律师队伍党组织和党员律师队伍中还程度不同地存在着与保持先进性的要求不相适应的问题。一些地方在律师体制转型过程中，律师党建工作被忽视和淡化，党的基层组织不健全，一些党员长期游离于组织之外；一些党的基层组织战斗力不强，有的甚至软弱涣散，不起作用；有的党员律师宗旨意识淡薄，职业道德水平不高，执业纪律观念不强。这些问题的存在，影响律师事业的改革与发展，损害了党的形象和群众利益，必须引起我们的高度重视。各地司法厅（局）党委（党组）和各级律师党组织要充分认识到在党员律师队伍中开展保持共产党员先进性教育活动的重要性和迫切性，切实担负起领导责任，以高度的政治责任感，把开展先进性教育活动作为学习贯彻党的十六大和十六届四中全会精神的一项重大措施，作为关系律师事业全局和长远发展的一件大事，切实抓紧抓好。

二、明确总体要求，结合行业特点，认真扎实地开展律师队伍党组织和党员律师先进性教育活动

党中央对在全党开展保持共产党员先进性教育活动作出了总体安排，提出了明确的要求，为我们在全国律师队伍党组织和党员律师中开展先进性教育活动指明了方向。我们要认真学习，深刻领会，把思想认识统一到中央的重大决策上来，扎扎实实地把先进性教育活动搞好。

（一）要按照党中央的总体安排和要求，在当地党委统一领导下开展先进性教育活动。党中央对全党开展保持先进性教育活动的指导思想、目标要求、指导原则、方法步骤提出了明确要求。各地律师党组织要按照地方党委的统一部署，严格按照中央要求，认真开展先进性教育活动。要落实学习动员、分析评议和整改提高各个阶段的任务和要求，做到阶段一个也不能少，环节一个也不能免，程序一步也不能减。各省（区、市）司法厅（局）党委（党组）要抽调专门力量，加强督导。要认真研究解决先进性教育活动中出现的新情况、新问题，及时向当地党委和组织部门汇报，主动地争取上级党组织的领导与支持，确保律师队伍党组织和党员律师先进性教育活动始终沿着中央确定的方向顺利进行。

（二）结合律师行业特点，灵活高效地开展先进性教育活动。在律师队伍党组织中开展先进性教育活动，要充分考虑律师工作流动性、分散性的实际情况和特点，认真分析在新的历史条件下党员律师队伍出现的新情况、新问题，充分估计到可能出现的各种困难，制定切实可行的工作方案和具体措施。要按照中央提出的坚持区别情况、分类指导的原则，在坚持先进性教育基本要求、确保质量的前提下，采取切合实际的方式方法，灵活高效地开展活动，确保中央关于先进性教育活动各个阶段和各个环节规定的任务的落实。要正确处理集中与分散的矛盾，在确保足够的集中时间的前提下，可灵活安排、适当调整。要采取多种方式，通过多种渠道，充分利用现代信息手段，对流动中的党员律师提出明确要求，确保先进性教育活动覆盖到律师队伍所有基层党组织，使每个党员律师都参加活动、受到教育。

（三）联系律师党建工作实际，抓住重点，有针对性地开展先进性教育活动。一是要加强党员律师的理论武装、思想教育和组织管理。要紧紧围绕新时期党员如何保持先进性这一重大问题，认真学习《保持共产党员先进性教育读本》，重点学习党章，学习胡锦涛同志在新时期保持共产党员先进性专题报告会上所作的重要报告和《江泽民论加强和改进执政党建设〈专题摘编〉》，学习胡锦涛等中央领导同志关于加强律师队伍建设的重要批示精神。通过学习、教育和引导，激励广大党员律师充分发挥先锋模范作用，带头树立律师敬业为民、诚实守信、热心公益、奉献社会的良好形象；带头清廉从业，严格自律，自觉抵制各种不正之风，始终保持共产党员的先进性和纯洁性。要切实加强对党员律师队伍的组织管理，对党员律师存在的缺点和问题，要采取批评与自我批评的方法，及时

提醒、帮助和教育，对经教育不改、不符合党员条件的，要根据党章和有关规定，按照正常程序进行处理。对违纪党员，要按照《中国共产党纪律处分条例》的规定，给予纪律处分。二是要进一步加强律师队伍党组织特别是基层党组织建设。在开展先进性教育活动过程中，要按照全国律师党建工作座谈会的要求，凡有3名以上党员的律师事务所，没有建立党支部的，必须建立；党员人数不够，要成立联合党支部；各地要对律师事务所党建工作进行督促检查，为先进性教育活动提供组织保证。在先进性教育活动中，认真解决“隐性党员”没有接转组织关系的问题。通过这次活动，使每个所、每一名党员律师都纳入到党建工作组织网络之中。三是要进一步加强制度化、规范化建设。通过开展先进性教育活动，各级司法行政机关、律师协会和律师事务所党组织要进一步健全和完善律师党建工作领导体制，建立工作目标责任制，努力形成律师队伍党的基层组织建设和党员律师教育管理工作常抓不懈的工作机制。四是要进一步深入开展争先创优活动。各地在开展先进性教育活动中，要根据实际情况开展党建工作模范律师事务所、模范党员律师的评选活动，大力宣传和表彰在开展先进性教育活动中涌现出来的先进典型，总结推广新时期符合律师行业特点、具有创新意义的做法和经验，以开展先进性教育活动为契机，推动争先创优活动扎实深入的开展。

三、切实加强组织领导，把先进性教育活动的各项任务落到实处

在全国律师队伍党组织和党员律师中开展党员先进性教育活动，是律师队伍建设和各级律师党组织政治生活中的一件大事，各级司法行政机关和律师党组织要高度重视，切实加强领导，精心组织，周密安排，把先进性教育活动作为当前律师党建工作的突出任务来抓，采取得力措施，确保教育活动取得实实在在的效果。

第一，加强领导，明确责任。各省（区、市）司法厅（局）党组织要切实加强领导，负起责任，同时，注意发挥省（区、市）律师协会党委（党组）、地市律师协会党委或党总支的领导作用。各级党组织主要负责同志作为直接责任人要亲自抓，做到一级抓一级，一级带一级，层层抓落实。各省（区、市）司法厅（局）党委（党组）可根据情况和工作要求，确定一到二个律师事务所作为联系点。司法部将适时派出调研组结合今年律师队伍建设的重点工作，对各地先进性教育活动开展情况进行指导。

第二，坚持走群众路线，自觉接受群众监督。要紧紧依靠群众，努力形成群众参与有序、监督有力、评价客观的工作局面。在巩固律师队伍集中教育整顿成果的基础上，要继续采取灵活多样的方式，多渠道、多层次地征求非党员律师、有关部门和广大客户以及社会各界群众意见，对反映的意见要高度重视、认真研究。整改的结果要通过一定形式和范围向非党员律师和社会公布，使工作始终置于群众的监督之下，对群众反映强烈、通过努力可以解决的问题，要立即着手解决。对那些应该解决但由于受客观条件限制一时解决不了的问题，要说明情况，采取措施逐步解决。整改的成效要注意听取非党员律师和社会的评价，自觉接受监督。多数群众不满意的，要及时进行“补课”。

第三，正确把握和执行党的政策。要坚持以正面教育为主，最大限度地激发广大党员律师积极向上的内在动力，达到自我教育、自我完善、自我提高的目的。要严格遵守三个阶段的方法步骤，保证质量，务求实效，不抢时间、赶进度，坚持时间服从质量。要通过广泛征求意见、开展批评和自我批评等方式，以实事求是的态度查找问题、剖析原因，做到不回避、不避重就轻、不随意夸大。在整改提高阶段，要立足实际，坚持有什么问题就解决什么问题，什么问题突出就着重解决什么问题。

司法行政机关和律师队伍各级党组织，要在坚持先进性教育活动基本要求的前提下，紧密结合律师工作实际，积极探索，大胆创新，运用行之有效的活动方式和载体，丰富活动内容，强化活动效果，营造良好氛围，紧紧抓住先进性教育的有利契机，把律师队伍党建工作提高到一个新水平。

司　法　部

关于拟批准部分外国和香港律师事务所在华（内地）设立代表处的征求意见函

（2005 年 2 月 18 日）

外交部、国家安全部：

根据《外国律师事务所驻华代表机构管理条例》和《香港、澳门特别行政区律师事务所驻内地代表机构管理办法》，我部拟于近期审批6家外国律师事务所和3家香港律师事务所（名单附后）在华（内地）设立代表处的有关事项，特征求你部意见，请于3月25日前函复我部。

附件：有关律师事务所基本情况以及主要人员名单

附： 有关律师事务所基本情况以及主要人员名单

1. 美国何威律师事务所（HUNTON & WILLIAMS, LLP）

该所1901年成立于美国弗吉尼亚州里士满市，是一家有限责任合伙制律师事务所。现有律师797人，其中合伙人299名。主要从事公司法、银行法、兼并和收购、税法、破产法等相关业务。

我部于2004年11月收到该所在北京市设立代表处、并拟派柯明（EDWARD B. KOEHLER）为北京代表处首席代表、戴孟华（MANUEL E. MAISOG）为北京代表处代表的申请。

2. 美国凯威莱德国际律师事务所（CADWALADER, WICHERSHAM & TAFT LLP）

该所1792年成立于美国纽约，是一家有限责任合伙制律师事务所。现有律师500多人，其中合伙人100多名。主要从事银行、公司融资、环保、医疗保健、破产、保险、公司收购和合并、工程融资等相关业务。

我部于2004年11月收到该所在北京市设立代表处、并拟派王晓麟为北京代表处首席代表的申请。

3. 美国安卓律师事务所（ANDREWS KURTH LLP）

该所1902年成立于美国德克萨斯州，是一家有限责任合伙制律师事务所。现有律师407人，其中合伙人184名。主要从事破产、上市企业的交易、非上市企业的交易、政府规章（能源）、环保、劳资、诉讼、税法等相关业务。

我部于2004年11月收到该所在北京市设立代表处、并拟派Timothy John Unger为北京代表处首席代表的申请。

4. 马来西亚优曼律师事务所（YEOH MAZLINA & PARTNER）

该所2003年成立于马来西亚吉隆坡市，是一家合伙制律师事务所。现有律师10人，其中合伙人3名。主要从事民事诉讼、房地产、银行法、公司法、商业法、商标、专利、知识产权等相关业务。

我部于2004年11月收到该所在北京市设立代表处、并拟派杨振崇（YEOH CHIN CHONG）为北京代表处首席代表的申请。

5. 韩国广场律师事务所（LEE & KO）

该所前身为韩美合同法律事务所，1985年3月变更为法务法人韩美，2001年与法务法人广场合并，更名为法务法人广场。总部设在韩国汉城，是一家法人型律师事务所。现有律师124人，其中合伙人17名。主要从事企业收购兼并、合作投资、公平交易、金融、IT及电子商务、通讯、贸易、税务等相关业务。

我部于2004年11月收到该所在北京市设立代表处、并拟派李泰熙（LEE TAE HEE）为北京代表处首席代表的申请。

6. 美国摩根飞尼根律师事务所（MORGAN & FINNEGAN LLP）

该所1893年成立于美国纽约州，是一家有限责任合伙制律师事务所。现有律师99人，其中合伙人44名。主要从事知识产权方面的法律事务。

我部于2004年11月收到该所在上海市设立代表处、并拟派林凌子萱（MARIA CHEE HUEN LIN）为上海代表处首席代表的申请。

7. 香港石义律师事务所（FRANK ROCCO & ASSOCIATES）

该所2002年成立于香港，是一家独资律师事务所。有律师3人，主要从事公司法和商业法方面的法律事务。

我部于2004年11月收到该所在上海市设立代表处、并拟派石义（Frank William Rocco）为上海代表处首席代表的申请。

8. 香港黄霍律师事务所（WONG & FOK）

该所1999年成立于香港，是一家合伙制律师事务所。现有律师6人，其中合伙人3名。主要从事建筑诉讼和仲裁方面的法律事务。

我部于2004年11月收到该所在广州市设立代表处、并拟派霍和平（FOK WOO PING）为广州市代表处首席代表的申请。

9. 香港西盟斯律师事务所（SIMMONS & SIMMONS）

西盟斯律师事务所系一家总部在英国的国际化律师事务所，在全球有19家办事机构。1979年7月在香港登记成立西盟斯律师事务行（合伙制），目前列在香港律师公会香港律师事务所的名单中。该所现有律师及助理100人，合伙人18名。主要从事公司法、证券法、电子技术和电子商务、行政法和司法审议等综合法律服务。

我部于2004年6月收到该所在北京设立代表处、并拟派莫仲堃（STEPHEN MOK）为北京代表处首席代表，张伟颂（CHONG WUI SEUNG）为代表的申请。

司　法　部

关于学习贯彻中央领导同志重要批示精神进一步做好律师和法律援助工作的通知

（2005 年 3 月 25 日）

各省、自治区、直辖市司法厅（局），新疆生产建设兵团司法局、监狱局：

最近，中共中央政治局常委、国务院总理温家宝同志，中共中央政治局常委、中央政法委书记罗干同志和中共中央政治局委员、中央政法委副书记周永康同志先后就律师和法律援助工作作出重要批示。

温家宝总理于 3 月 20 日在《司法部关于法律援助工作有关情况的报告》上批示：同意永康同志批示。总结经验，加强协调，循序渐进。

罗干同志于 3 月 9 日在《司法部关于贯彻中央领导同志重要指示精神开展全国律师队伍集中教育整顿活动情况的报告》上批示：在规范法律服务市场秩序、完善有关制度方面，要发挥主管部门及有关部门的作用。在调研的基础上发一个文件很有必要。在对一些制度进行改革和完善时，需要有关部门支持的，都要大力支持。在规范律师行为方面，要尽量发挥行业自律的作用。

周永康同志于 3 月 19 日在《司法部关于法律援助工作有关情况的报告》上批示：这是一项重要的社会事业，为人民群众，特别是困难群众提供便捷高效的法律援助，是构建和谐社会的需要，有关涉及到经费、人员、机构设置，特别延伸到基层社区的各方面问题，请福森同志进一步协调有关方面加以逐步解决。报请家宝总理阅示。

中央领导同志在重要批示中，充分肯定了律师和法律援助工作在构建社会主义和谐社会中的重要职能作用，对进一步加强这两项工作提出了新的、更高的要求，作出了具体、明确的指示。中央领导同志在短时间内连续作出重要批示，体现了对律师和法律援助工作的高度重视和大力支持，体现了对司法行政工作的高度重视和大力支持，是对各级司法行政机关和全国广大律师、法律援助工作者的极大关怀和鼓舞，为我们进一步做好律师和法律援助工作、加快司法行政工作的改革发展指明了方向。各级司法行政机关要认真组织传达学习和贯彻中央领导同志的重要批示，自觉把思想和行动统一到批示的精神上来，进一步增强责任感和使命感，明确目标，理清思路，认真研究贯彻落实的具体措施，切实把批示的各项要求落到实处，扎实推进律师和法律援助工作，努力开创司法行政工作的新局面，为加强社会主义民主法制建设，构建社会主义和谐社会和全面建设小康社会作出应有的贡献。学习贯彻的重要情况及时报部。

司法部办公厅

关于明确指导人民陪审员工作机构的通知

（2005 年 4 月 1 日）

各省、自治区、直辖市司法厅（局），新疆生产建设兵团司法局、监狱局：

根据《全国人大常务委员会关于完善人民陪审员制度的决定》、《最高人民法院、司法部关于人民陪审员选任、培训、考核工作的实施意见》及《最高人民法院关于人民陪审员管理办法（试行）》有关精神，为加强对人民陪审员的指导工作，经 2005 年 3 月 15 日司法部第 9 次部长办公会议研究决定，司法部指导人民陪审员工作的机构为基层工作指导司。

特此通知。

司　法　部

关于召开第六届全国律师代表大会的通知

（2005 年 4 月 15 日）

各省、自治区、直辖市司法厅（局）：

经第五届全国律师协会常务理事会第十三次会议决定，并经司法部党组同意，第六届全国律师代表大会将于 2005 年 6 月中旬召开。为保证这次大会的胜利召开，现将有关事宜通知如下：

一、这次会议的主要任务是，以邓小平理论和“三个代表”重要思想为指导，深入贯彻落实中央领导同志关于律师工作的重要指示精神，贯彻落实中央关于司法体制和工作机制改革的初步意见的要求，认真总结律师队伍集中教育整顿的经验，研究建立健全律师队伍建设的长效机制，选举产生新一届全国律师协会组成人员，进一步完善“两结合”律师管理体制，加强律师协会建设，提高律师协会的行业管理能力，扩大律师的社会影响，树立律师的良好形象，推动律师工作的全面发展，为建设社会主义和谐社会提供有力的法律服务。会议期间，还将表彰全国优秀律师和优秀律师事务所。

二、加强对本地区全国律师代表大会代表和理事候选人选举或推举工作的指导和监督。各地要高度重视，坚持公开、公平、公正的原则，认真做好代表和理事候选人的选举或推选，确保那些政治可靠、业务能力强、职业道德好、具有奉献精神，并在当地具有一定影响力的律师担任代表、理事候选人。要加强对代表和理事候选人的资格审查工作，把好政审关。各地选举或推选出的代表及理事候选人中，中共党员的比例应不低于50%。

三、切实做好参加会议的组织和准备工作。各地要按照规定组成代表团参加大会，团长由各省（区、市）司法厅（局）主管律师工作的厅（局）领导担任。各代表团要教育出席会议的代表严格遵守大会纪律，认真参政议事，正确行使民主权利，共商律师业改革发展的大计，保证大会的顺利进行。

四、进一步深化律师管理体制和机制的改革。各地要以第六次全国律师代表大会为契机，认真总结律师队伍建设和“两结合”律师管理体制改革的经验，改进律师协会的组织建设，建立健全律师协会的自律管理机制，推动律师工作的快速健康发展。

特此通知。

司法部办公厅
关于转发全国人大常委会法工委《对关于在国家司法考试组织实施工作中如何理解适用有关法律规定问题的意见》的通知

（2005年4月25日）

各省、自治区、直辖市司法厅（局）：

为在国家司法考试工作中正确理解和执行有关法律规定，现将全国人民代表大会常务委员会法制工作委员会《对关于在国家司法考试组织实施工作中如何理解适用有关法律规定问题的意见》（法工委复字〔2005〕3号）转发给你们，请按此答复意见规范相关制度，进一步做好国家司法考试和有关通过考试，获得法律职业资格人员的管理工作。

附：对关于在国家司法考试组织实施工作中如何理解适用有关法律规定问题的意见

（2005年2月23日）

司法部：

你部2004年11月1日司发函〔2004〕211号来函收悉。经研究，答复如下：

一、根据律师法第六条的规定，具有高等院校法律专业本科以上学历，或者高等院校非法律专业本科以上学历具有法律专业知识的人员，经国家司法考试合格的，取得资格。同时规定，对适用上述学历条件确有困难的地方，经国务院司法行政部门审核确定，在一定期限内，可以将学历条件放宽为高等院校法律专业专科学历。放宽学历条件，是为了解决特定地区法律人才不足的实际困难。

二、国家统一司法考试制度，原则上应当理解为包括统一组织、统一命题、统一分数线等含义。同时，为解决适用高等院校本科以上学历条件确有困难的地方法律人才不足的实际困难，在上述特定地区，将参加国家统一司法考试的报考条件放宽为高等院校法律专业专科学历，符合律师法的立法精神。对于因为降低分数线而取得的律师资格，在申请律师执业注册时，应当与放宽学历条件一样，适用于国务院司法行政部门审核确定的特定地区。

司法部
关于印发《2005年中国律师业发展政策报告》和《2005年中国公证业发展政策报告》的通知

（2005年5月8日）

各省、自治区、直辖市司法厅（局）、律师协会，新疆生产建设兵团司法局、律师协会：

现将《2005年中国律师业发展政策报告》和《2005年中国公证业发展政策报告》（以下简称《报告》）印发给你们，请结合各地实际，认真贯彻执行。

《报告》根据党的十六大提出的“拓展和规范法律服务”的要求和中央领导同志关于加强律师队伍建设的一系列重要指示精神，对2005年度律师公证行业发展政策作出了规划。各地在贯彻落实中，要注意研究新情况、解决新问题，积极探索，大胆实践，确保各项要求和措施落到实处。贯彻落实情况、遇到的问题和建议，请及时报部。

附一：2005年中国律师业发展政策报告

前　言

2004年是我国律师业发展中极不平凡的一年。年初，胡锦涛总书记、吴邦国委员长、温家宝总理、罗干同志和周永康同志对律师工作作出了重要指示，充分体现了党和国家对律师工作的高度重视和对律师队伍的亲切关怀，成为广大律师工作者坚定信心，振奋精神，实现律师事业新发展的强大动力和思想武器。一年来，律师行业以中央领导同志指示为指导，围绕建设一支“坚持信念、精通法律、维护正义、恪守诚信”的高素质律师队伍的目标，在全国范围内开展了律师队伍集中教育整顿活动，深入开展思想教育、法制教育、职业道德和执业纪律教育，规范律师和法官的相互关系，规范律师事务所的内部管理，规范律师的个人执业行为。通过教育整顿活动，律师队伍的执业思想进一步端正，存在的突出问题得到初步解决，47名违法违纪律师被吊销执业证书，律师队伍党建工作得到明显加强，诚信为民的社会形象得到改善。教育整顿活动的深入开展促进了律师工作的全面发展，律师服务领域进一步拓展，规范化和法制化建设有了突破性进展，对外开放迈出新的步伐。

2005年，我国律师业面临良好的发展机遇。构建社会主义和谐社会的历史任务为律师发展提供了更加广阔的舞台，司法体制和工作机制改革的深入推进进一步强化了律师的社会功能和历史使命，社会主义市场经济体系的全面形成进一步拓展了律师的服务空间，东中西部区域协调发展的整体战略部署以及党和国家其他重大方针政策的实施在更大程度上丰富了律师的执业内容，广大律师的精神面貌在教育整顿之后焕然一新，投身国家经济建设和民主法制建设的热情更加高涨，律师工作正处于重要发展机遇期。2005年律师工作的指导思想和基本思路是：认真贯彻落实党的十六大及十六届三中、四中全会精神，深入贯彻中央领导同志重要指示精神，认真落实中央关于司法体制和工作机制改革的初步意见，进一步加强律师队伍建设，深化律师管理体制和律师组织结构改革，努力完善律师法律制度，全面提升律师管理水平，为构建社会主义和谐社会提供优质高效的法律服务。

一、为促进经济发展和构建和谐社会提供有力的法律服务

围绕党和国家的中心工作，充分发挥职能作用，认真履行职责，为构建物质文明、政治文明、精神文明和和谐社会建设四位一体协调发展的社会提供有力的法律服务。

（一）维护社会公平正义，努力促进社会和谐。律师工作是构建社会主义和谐社会的重要内容，也是构建社会主义和谐社会的重要促进和保障。进一步加强律师的诉讼代理和辩护工作，改善律师参与诉讼的环境和条件，激发律师从事辩护、代理业务的积极性，强化律师的刑事诉讼功能，切实维护当事人的合法权益，维护法律的正确实施，维护社会公平和正义。认真贯彻《司法部、国家信访局关于进一步加强律师参与涉法信访工作的意见》精神，坚持有利于化解纠纷、防止矛盾激化、维护社会稳定的原则，积极推动和引导律师参与涉法信访接待工作，充分发挥法律咨询、法制宣传和调解等服务功能，将解决社会矛盾纳入法制化的轨道。拓展律师的公益性服务领域，引导和支持律师面向基层，面向社区，面向弱势群体提供法律服务，倡导律师积极履行法律援助义务，向低收入家庭、下岗失业人员、困难群众主动减免服务收费。积极开展以诚信为民为主题的社会公益活动，扶贫济困，为建设诚信友爱的和谐社会贡献力量。

（二）积极支持经济体制改革，广泛参与民事和经济活动，努力维护社会主义市场经济秩序。围绕经济建设和经济体制改革，引导和支持律师拓展新的业务领域。进一步推动律师为国有企业改革服务，总结推广各地律师服务国有企业改革的经验做法，为律师服务国有企业改革搭建更多更好的平台。深化律师为金融体制改革服务，增强律师在国有商业银行改革、资本市场基础建设和保险业改革等法律服务领域的服务能力。引导和推动律师为财税体制和投资体制改革服务，为健全公共财政体制、深化预算管理制度改革和规范政府投资行为等方面提供优质高效的法律服务。积极推动律师为个体私营等非公有制经济的发展服务，依法保护非公有制企业主和职工的合法权益，引导非公有制企业依法经营、诚实守信、健全管理，促进非公有制经济持续健康发展。积极推动律师参与农村税费改革、粮食流通体制改革、农村金融改革和农村土地管理制度改革，做好农村改革的法律参谋和顾问。进一步贯彻《司法部、建设部关于为解决建设领域拖欠工程款和农民工工资问题提供法律服务和法律援助

的通知》精神，积极推动律师参与解决拖欠农民工工资问题，切实保障农民工合法权益。鼓励和引导律师积极投身西部大开发、东北老工业基地和中部地区建设，为推动区域协调发展，实现国家现代化建设的整体战略部署提供优质法律服务。

（三）积极参与司法体制改革，推动立法进程，促进依法行政。按照中央关于司法体制和工作机制改革的统一部署，引导律师积极参与各项司法体制改革措施的组织实施工作，及时研究司法体制改革中遇到的新情况和新问题，为司法制度的完善积极建言献策。密切关注并积极参与各项立法起草和法律修订工作，结合律师业务实践向立法机构提出建设性意见，推动立法进程和法律制度的完善。充分发挥公职律师和政府法律顾问的作用，参与政府管理和决策过程，把律师的执业活动同政府的社会管理工作结合起来，为政府提供优质高效的法律服务，提高政府管理行为的法律水准，促进政府依法行政。

（四）拓展涉外业务，扩大国际交往，促进对外开放。适应我国对外开放不断扩大以及加入世贸组织后贸易摩擦逐渐增多的新形势，积极参与双边市场准入谈判，参与WTO有关规则的制定，认真落实我国加入WTO时关于法律服务方面的承诺以及内地与香港、澳门关于建立更紧密经贸关系的安排，对法律服务市场的开放问题提出切实可行的应对措施。加强涉外法律服务人才的培养，培养一批懂国际规则、懂WTO、能打国际官司的律师人才，进一步加强律师在反倾销、反不正当竞争和知识产权保护等领域中的参与能力，不断拓展涉外法律服务空间，提高对外开放的整体水平。

二、进一步建立和完善适应中国特色社会主义的律师制度

围绕进一步建立和完善适应中国特色社会主义的律师制度，认真落实中央关于司法体制和工作机制改革的意见，加快律师工作的法制化进程，推进律师管理体制和律师组织结构改革。

（五）改革和完善律师法律制度。与有关部门积极配合，加快《律师法》修订进程。《律师法》的修订将重点围绕科学配置律师的权利与义务，统筹加强律师执业监管和改善律师执业环境，合理界定行政管理与行业管理的关系以及各自的权力与责任，健全律师事务所组织形式，完善律师组织结构等，进一步完善中国特色社会主义的律师制度。同时，围绕律师履行职务、执业保障以及律师队伍管理等重点，积极配合全国人大常委会开展《律师法》执法检查活动。

（六）改革和完善律师组织结构和组织形式。引导和推动更多的政府机关和企业参与公职、公司律师试点工作，扩大试点的覆盖面。加强对试点的指导，积极探索符合公职律师、公司律师制度发展规律的基本运行机制和管理模式，规范对公职律师、公司律师机构和律师执业的管理。开展个人律师事务所的试点工作，进一步完善律师执业组织形式。

（七）改革和完善律师收费制度。从有利于调动律师工作积极性，促进行业健康发展和规范律师管理，保障人民群众获得有效的法律服务出发，改革和完善律师收费制度，制定律师诉讼代理收费指导性标准，建立健全律师收费争议解决制度，完善对律师违法违纪收费行为处罚办法。

（八）进一步改革和完善律师管理体制。以第六次全国律师代表大会召开和全国律协换届工作为契机，探索行政管理和行业管理有机结合的机制和办法。做好中华全国律师协会的换届工作，加强各级律师协会的组织机构和人员建设。健全理事会、常务理事会的议事规则，提高决策的科学化、民主化、法制化水平。进一步完善协会领导机构和办事机构的工作体制和运行机制，提高管理效能。

三、坚持不懈地推进律师队伍建设

围绕律师队伍建设的总目标，在律师队伍集中教育整顿活动的基础上，巩固和发展教育整顿成果，继续推进律师队伍建设，努力建设一支高素质律师队伍。

（九）建立健全队伍建设长效机制。从加强教育、严格管理、完善监督、强化自律等方面入手，建立健全学习教育机制、行业准入机制、自律机制、监督惩戒机制、保障机制和评价机制。加强学习教育，使广大律师牢固树立正确的理想信念和依法执业观念，牢固树立大局意识和责任意识；建立健全律师行业准入制度，确保进入律师行业的人员具有良好的政治、业务和职业道德素质；改革和完善律师事务所内部管理制度，加强律师协会的组织建设，增强律师行业自律性管理能力；建立健全律师执业监督体系，强化惩戒职能，完善惩戒工作程序，认真做好违法违纪律师的查处工作，加强对律师执业活动各个环节的监督，逐步构建起教育、制度、监督查处有机结合的律师队伍建设体系。

（十）扎实开展合伙律师事务所规范建设年活动。在律师行业开展为期一年的合伙律师事务所规范建设年活动。重点从规范合伙律师事务所的合伙主体、收案行为、收费和分配行为、内部监督管理行为、管理机构、管理责任和党建工作等方面入手，着力解决合

伙律师事务所管理中存在的“假合伙”、管理制度不完善、合伙人管理意识和责任意识淡薄等突出问题，进一步增强管理意识，明确管理责任，加强制度建设，提高服务质量。

（十一）在党员律师中开展保持共产党员先进性教育活动。按照中央关于在全党开展以实践“三个代表”重要思想为主要内容的保持共产党员先进性教育活动的总体安排，在党员律师队伍开展保持共产党员先进性教育活动，并把先进性教育活动同加强律师队伍建设、推动律师工作结合起来，探索新的历史条件下做好党员律师经常性教育管理工作的方法和途径，充分发挥党建工作的政治优势，树立党员律师先进性教育的正面典型，加大对优秀党员律师的宣传力度，全面加强律师队伍党的思想建设、组织建设和作风建设。

四、全面加强律师工作管理能力建设

围绕提高律师工作管理能力和管理水平，认真贯彻十六届四中全会精神，转变管理职能，改革管理方式和手段，为律师业发展创造良好环境，保障律师业健康发展。

（十二）增强律师工作管理能力。加强律师行业发展全局性和战略性问题的研究，准确掌握和预测律师业发展的空间。完善管理的工作标准、规范、程序和相应的责任制度，减少管理工作的随意性，坚持管理决策的科学性，增强科学管理的能力。努力完善行政管理、行业自律、舆论监督、群众参与的监管体系，提高决策的公众参与度，坚持管理决策的民主性，增强民主管理的能力。按照《行政许可法》、《行政处罚法》和《律师法》等法律法规的规定，全面履行律师业监管职责，严格执法程序，提高律师管理人员的法治意识，推进管理工作的法治化，增强依法管理的能力。

（十三）提高管理队伍的整体素质。结合全党开展的保持共产党员先进性教育活动，加大对管理队伍的教育培训工作力度。对律师管理工作存在的问题进行深入解剖和研讨，努力把律师管理队伍建设成为“学习型”队伍。更新管理观念，改进工作方法，提高驾驭工作的能力和水平。完善激励机制，充分调动管理队伍的积极性，形成竞争向上、充满朝气的工作氛围，为律师事业发展提供有力的组织保障。

（十四）努力建设服务型律师管理部门。加快转变司法行政机关的管理职能。创新律师管理方式，寓管理于服务之中，更好地为律师、律师事务所和社会公众服务。整合律师管理资源，降低律师管理成本，提高管理效率和服务水平。加强各地律师管理部门的协调配合。健全社会公示、社会听证等制度，大力推进政务公开，增强律师工作透明度，加大律师参与行业发展政策研究的力度，提高律师管理部门公信力。

（十五）为律师业发展创造良好环境。在中央的统一部署下，与有关部门积极配合，规范法律服务市场秩序，进一步明确法律服务市场的主体及业务范围，明确有关部门对法律服务市场的管理职责，规范各级政府部门审批行为，规范社会法律咨询服务机构的行为，规范公民担任诉讼代理人的行为，为律师业发展创造良好的市场环境。积极参与《刑事诉讼法》等法律的修改论证工作，推动刑事公诉案件证据展示制度意见和刑事诉讼侦查阶段律师会见在押犯罪嫌疑人规定的出台，进一步为有效解决律师执业环境中存在的问题提供法律依据和保障，为律师业发展创造良好的法制环境。与最高人民检察院联合举办首届公诉人与律师控辩大赛，加大对律师队伍的宣传力度，树立律师队伍良好形象，为律师业发展创造良好的社会环境。

结束语

当前，律师业发展的空间十分广阔，任务也十分艰巨。全国律师行业要进一步振奋精神，坚定信心，努力把律师工作推向深入，不断开创律师工作的新局面，为构建社会主义和谐社会做出新的更大的贡献。

附二：2005年中国公证业发展政策报告

前　言

2004年，公证工作服从服务于党和国家的工作大局，为维护社会稳定、推动经济和社会和谐发展、促进对外开放做出了积极贡献。全国年办证量已连续6年超过1000万件。我国公证事业的各个方面都有新的发展。公证立法进程进一步加快，《中华人民共和国公证法（草案）》已由国务院提交全国人大常委会审议，《公证法》配套规章、规范性文件起草工作正式启动；公证改革稳步推进，改革思路进一步理清，要素式公证书改革试点工作有新的突破；公证法律服务不断拓展与规范，业务发展的政策导向进一步明确，现场监督公证专项规范活动取得明显成效；公证队伍职业化建设继续推进，公证管理干部培训工作得到加强，“两结合”公证管理体制进一步健全和完善。但也应看到，推动公证立法和深化公证制度改革，仍然面临相当繁重的工作任务；规范公证法律服务，特别是规范公证服务秩序，还有一些突出问题亟待解决。

2005年，《公证法》有望出台，它将对新中国公证事业的发展进行全面的系统总结，以法律形式构筑起中国特色公证制度的基本框架，为未来公证事业的发展提供切实的法制保障。2005年公证工作的指导思想是：认真贯彻党的十六大和十六届三中、四中全会精神，按照全国司法厅（局）长会议要求，在全国公证队伍中部署开展教育规范树形象活动，学习、宣传和贯彻、落实公证法律法规，依法、全面规范公证工作，努力提升公证队伍素质和公证服务能力，提高公证质量和信誉，提高公证的公信力，为构建社会主义和谐社会提供优质、高效的公证法律服务和保障，开启我国公证事业发展的新局面。

一、发挥公证职能作用，为构建社会主义和谐社会提供公证法律服务和保障

公证是一项国际通行的预防性法律制度，公证工作预防纠纷，化解矛盾，在构建社会主义和谐社会中的地位和作用日益重要。公证工作既是构建社会主义和谐社会的组成内容，也是社会主义和谐社会的建设力量。必须进一步发挥公证职能作用，努力促进经济和社会协调、健康、可持续发展。

1. 积极引导公证工作为经济建设服务。发挥公证代表国家对民商事行为进行间接、适度干预的优势，积极引导公证工作服务于国家和地方重点工程和项目建设，介入国有企业改革、金融和房地产等领域，为加强和改善宏观调控、保持经济平稳较快发展提供服务和保障；积极引导公证工作在更大范围内、更高层次上为各类市场主体参与市场活动提供服务，防范交易风险，确保交易安全，维护市场秩序；在实施西部大开发战略和振兴东北地区等老工业基地战略，促进中部地区崛起，支持革命老区、少数民族地区、边疆地区和其他地区加快发展中，进一步发挥公证服务和保障作用。认真做好公证为农业、农村、农民服务工作。

2. 进一步推动公证工作为依法行政服务。引导公证工作参与政府民主决策、政府采购等过程，切实保证公开、公平、公正。依法履行公证审查职责，为政府有关部门办理登记等提供事实依据。

3. 努力促进公证工作为维护社会稳定服务。认真开展遗嘱、继承等传统公证业务，重点规范现场监督、保全证据等公证业务，切实维护人民群众合法权益。围绕建立健全社会预警体系，积极引导人民群众自觉运用公证手段，预防纠纷和矛盾，促进基层社会和谐发展。

4. 进一步推动公证工作为对外开放服务。做好涉外、涉港澳台公证工作，为引进外资、境内企业参与对外经济技术合作和竞争等提供公证法律服务。积极引导拓展涉外公证服务领域，提高服务能力和水平，为国内企业参加反倾销诉讼等提供公证证据支持，维护企业合法权益。加强协调，主动服务，充分发挥委托公证人制度的作用。

二、开展公证队伍教育规范树形象活动，推动公证业健康发展

从3月下旬到9月底，在全国公证队伍中部署开展以“三项教育”、“四个规范”为主要内容的教育规范树形象活动，这是进一步规范公证法律服务的重要举措，是完善公证法制、进一步发挥公证职能作用的客观要求。通过这一活动，着力解决公证工作存在的突出问题，进一步提高公证队伍素质，提高公证质量，提高公证的公信力，树立公证队伍良好的社会形象。开展公证队伍教育规范树形象活动，坚持循序渐进原则，有计划、按步骤、分阶段进行。第一阶段主要是学习动员（3月下旬至4月底），第二阶段主要是自查自纠（5月至6月），第三阶段主要是查处整改（7月至8月），第四阶段主要是验收总结（9月份）。3月底，召开部署动员大会。整个活动结束后，司法部对涌现出的先进集体和个人给予表彰奖励。

5. 深入进行政治思想教育、业务素质教育和职业道德教育。按照中央的统一部署，在公证队伍党组织中大力开展保持共产党员先进性教育活动，组织广大公证人员认真学习邓小平理论和“三个代表”重要思想，不断提高公证队伍的政治素质，使广大公证人员进一步端正执业思想，增强诚信为民的观念。结合公证实际，开展多层次业务培训和理论研讨活动，提高公证人员的执业技能和水平。通过学习有关文件和行业规范，增强公证人员行使法律赋予职权的崇高责任感、使命感，增强公证质量意识和执业风险意识，提高公证人员的职业道德水准，强化执业纪律观念。加强公证处的党组织建设，充分发挥党组织的战斗堡垒作用和党员的先锋模范作用。

6. 规范公证服务秩序。重点解决一些地方存在的不正当竞争问题。严肃执业纪律，严禁公证处和公证人员办证给付回扣或变相给付回扣；严格规范公证处设立办证点的行为，依据有关规定对已设立的办证点进行清理；严格规范公证处的收费行为，建立完善统一收费制度，严禁私自办证、私自收费，会同有关部门严肃查处公证处和公证人员的压价竞争行为。

7. 规范办证程序。重点解决个别公证处和公证人员违规办证的问题。严格受理条件，认真查处公证处和公证人员超越业务范围办证的行为；明确公证员与

公证员助理的职责分工，严禁公证员助理以公证员名义办证；进一步规范审查、调查、审批、出证、归档等程序环节，认真纠正个别公证处和公证员迁就当事人、随意简化办证程序的行为，严肃查处错证、假证。积极引导公证处健全完善统一受理、统一登记制度，认真落实出证审批、疑难案件讨论和请示报告制度。

8. 规范公证处的运行机制。重点解决个别公证处和公证人员片面追求经济利益的问题。健全完善激励机制，逐步改变单一的业务收费与个人收入直接挂钩的分配模式，建立科学、合理的公证人员业绩评价体系和分配制度；健全完善监督、约束机制，引导公证处合理安排资金使用，增加积累；健全完善保障机制，进一步落实社会保障、执业责任保险等制度；研究制定《公证机构工作规则》等规范性文件，逐步使公证处步入规范运行的轨道。

9. 规范公证管理行为。重点解决一些地方公证管理工作错位、越位和缺位的问题。积极引导各级司法行政机关转变管理理念和职能，公证管理工作的重心由管理公证处的人、财、物向监管执业准入、执业秩序和公证质量等方面转移，切实赋予公证处独立法人地位，确保公证处依法享有的人、财、物自主权落到实处；进一步规范和加强公证质量监管，研究制定《公证卷宗质量检查办法》，出台公证质量标准，组织开展一次全国性公证服务秩序和公证质量大检查活动，完善公证责任赔偿制度，健全公证质量保证体系，探索建立公证质量监管的长效机制；按照依法行政、依法管理、科学管理的要求，进一步明确司法行政机关与公证员协会的职能分工，完善“两结合”公证管理体制，认真做好中国公证员协会换届选举工作；加强日常管理和监督，提高公证管理工作规范化水平。

10. 加强公证行业监管和自律。积极推进公证同业规则建设，司法行政机关、公证员协会要积极引导设区的市市区范围内的各公证处，通过建立主任联席会议制度、签订诚信自律规约等形式，加强自我管理，自我约束。积极推进公证信息化平台建设，有条件的地方，可以尽快实现区域内微机联网，借助统一的网络平台进行有效的信息沟通，加强相互监督，加强行业监管。

三、积极推动公证立法和公证改革，进一步健全完善公证制度

推动公证立法和公证改革，是实施依法治国方略、推进司法改革、完善公证制度的必然要求。要继续推动公证立法进程，待《公证法》出台后，按照《公证法》确立的框架和原则，积极稳妥推动改革进程，确保现有公证制度的顺利转型和过渡，进一步健全完善中国特色公证制度。

11. 继续配合做好公证立法调研和论证工作。协助立法部门就公证立法有关问题进行深入调研论证，及时提出立法意见和建议。组织编辑出版《公证法律制度研究》，对公证制度的基本问题进行深入探讨。组织翻译出版国外公证制度丛书，学习借鉴国外特别是大陆法系公证制度的经验和做法。

12.《公证法》出台后，司法部组织召开公证工作会议，对在全国开展学习、宣传《公证法》的活动进行安排部署，对贯彻、落实《公证法》提出明确要求。司法部、中国公证员协会共同组织《公证法》及配套规章学习辅导和培训，并指导各省、自治区、直辖市司法厅（局）和公证员协会做好公证从业人员全员培训工作，使广大公证人员和公证管理人员熟知《公证法》的内容，准确把握《公证法》的立法精神。

13.《公证法》出台后，以保障公证执业的平等性为目标，逐步改变公证处按行政层级与司法行政机关对应设置的格局，按照总量控制、合理布局的原则，依法对公证处的业务辖区、外部管理体制等进行调整和规范，实现公证资源的优化配置。

14.《公证法》出台后，继续以保障公证执业的独立性为目标，赋予公证处独立的法律地位，探索建立符合公证机构属性要求的内部管理制度，规范内部运作，建立完善公证处独立担责、自我约束、自我发展的良性机制。

15.《公证法》出台后，继续以保障公证执业的专业性为目标，按照“坚持信念、精通法律、维护正义、恪守诚信”的总要求，不断提高公证人员的政治素质、业务素质和职业道德素质，努力建设一支党和人民信赖的公证队伍，为拓展和规范公证法律服务工作、推动公证事业健康发展提供人才保证和智力支持。考虑到《公证法》颁布、实施等方面的因素，年内确保执业公证员的业务培训不少于60学时。总结推广主办公证员负责制试点工作，在全国范围内推行继承、强制执行两类要素式公证文书格式和法律意见书，进一步改进和完善公证执业方式。

16.《公证法》出台后，继续以保障公证执业的非营利性为目标，建立科学、合理的公证业绩评价和考核体系以及收入分配制度，防止公证市场化倾向。

17. 进一步健全完善法定公证制度。认真落实关于清理拖欠建设工程款和农民工工资、个人财产对外转移售付汇等方面的公证规定，确保法定公证事项发挥应有作用；2005年上半年组织召开“公证与物权登记”国际研讨会，对公证在物权登记中的职能作用进行深入研究论证，努力争取在物权立法以及民事法典

中进一步体现公证制度的价值取向和职能作用。

四、加强公证宣传工作，改善公证执业环境

推动公证立法和公证制度改革以及部署开展公证队伍教育规范树形象活动，公证行业、司法行政系统乃至全社会都给予很多关注。必须高度重视，统筹兼顾，整体推进，认真抓好各项工作任务的落实，使公证立法、公证制度改革与公证队伍教育规范树形象活动相互促进，相得益彰。必须充分运用各种宣传手段，通过各种有效形式，大张旗鼓地开展学习、宣传活动，使活动过程成为培育公证人员职业荣誉感和自豪感、增强公证行业凝聚力、树立公证行业诚信形象的过程，成为社会各界了解和掌握《公证法》主要内容、基本原则的过程，成为社会各界深入了解公证制度的职能作用和法律地位、更加认同公证制度、更加关心和支持公证事业发展的过程。

18. 配合公证队伍教育规范树形象活动，组织以“诚信为民”为主题的宣传活动。通过报刊、杂志、广播电视、互联网等各种媒体形式，宣传改革开放以来各地公证工作取得的成绩，特别是先进人物和典型证例，营造良好的社会氛围。

19. 配合《公证法》的出台，通过开展“宣传月”活动、召开座谈会、在报刊开设宣传专栏、制作专题宣传画、举办公证行业《公证法》知识竞赛等形式，加强宣传，使《公证法》家喻户晓。

20. 进一步改善公证执业环境。抓住《公证法》即将出台的有利时机，加强与人民法院等部门的协调与沟通，争取出台关于公证债权文书强制执行效力等方面的司法解释，进一步落实公证效力的有关规定；加强与公安等部门的协调配合，依法查处冒用公证处、公证员名义出具公证文书等不法行为；加强与财政、物价、税务等部门的联系沟通，为公证事业发展争取优惠的财税政策；加强与人事、编制等部门的协调，确保《公证法》出台后有关公证处设置和人事编制调整顺利进行。

21. 组织开展多种形式的人员交往和信息资料交流活动，扩大我国公证业的对外交流与合作。

结束语

做好2005年的公证工作，进一步拓展和规范公证法律服务，推进公证立法和公证制度改革，健全完善中国特色公证制度，意义重大而深远。在“三个代表”重要思想指引下，中国公证业进一步贯彻落实科学发展观，紧抓立法契机，依法规范，拓展创新，必将步入一个新的发展阶段，为构建社会主义和谐社会做出新的贡献。

司　法　部

关于第六届中华全国律师协会领导班子组成人员的批复

（2005年6月27日）

中华全国律师协会：

《关于第六次中华全国律师代表大会选举结果的报告》已收悉。经部党组研究同意第六届中华全国律师协会理事会选举产生的会长、副会长及常务理事，同意常务理事会聘任的秘书长（名单附后）。

特此批复

附件：第六届中华全国律师协会会长　副会长　常务理事　秘书长名单

附：　第六届中华全国律师协会会长、副会长、常务理事、秘书长名单

会　长：于　宁

副会长：（共8人）

朱洪超　杨伟程　金　山　李大进

王天举　宋建中　王　凡　薛云华

常务理事：（共35人，以姓氏笔画为序）

于　宁　马　军　方世扬　王　凡

王　晶　王广仁　王天举　王京宝

王秋潮　王莹文　刘守民　刘志成

吕红兵　孙发荣　朱　伟　朱洪超

宋建中　张　庆　李　飞　李大进

杨伟程　邹强伦　辛尚毅　陈　舒

孟繁旭　罗　杰　金　山　柳　平

洪　波　赵守华　赵荣春　梁胜国

蒋　敏　潘公明　薛云华

秘书长：邓甲明

司　法　部

关于外国律师事务所在代表派驻和变更申请中是否需要提供经过公证和认证的申请书的批复

（2005年6月28日）

上海市司法局：

你局《关于外国律师事务所在代表派驻和变更申请中是否需要提供经过公证和认证的申请书的请示》（沪司发律管〔2005〕49号）收悉。经研究，答复如下：

根据《外国律师事务所驻华代表机构管理条例》（国务院令第338号）第八条和第十二条第二款的规定，外国律师事务所申请派驻或变更其驻华代表机构代表的申请书，应当经申请人本国公证机构或者公证人的公证，其本国外交主管机关或者外交主管机关授权的机关认证，并经中国驻该国使（领）馆认证。

此复。

司　法　部
关于同意中国证券监督管理委员会开展公职律师试点工作的函
（2005年7月12日）

中国证券监督管理委员会：

你委《关于申请批准中国证监会首批公职律师有关意见的函》收悉。经研究，司法部同意你委开展公职律师试点工作。

司　法　部
关于同意中国民用航空总局开展公职律师试点工作的函
（2005年7月21日）

中国民用航空总局：

你局《关于开展公职律师试点工作的函》收悉。经研究，司法部同意你局开展公职律师试点工作。

司　法　部
关于同意中华全国总工会开展公职律师试点工作的函
（2005年7月26日）

中华全国总工会：

你会《关于在工会系统开展公职律师试点工作建议的函》（工函字〔2005〕196号）收悉。经研究，我部同意在中华全国总工会开展公职律师试点工作。

开展公职律师试点工作，是我国经济社会发展的客观需要。从工会工作来说，建立公职律师制度，有利于各级工会组织认真履行维护职工合法权益的重要职责，提高工会组织依法维权的工作水平。请你会根据《司法部关于开展公职律师试点工作的意见》（司发函〔2002〕80号）予以研究，将公职律师试点工作方案及担任公职律师名单、基本情况等材料送我部批复。

关于调整中华全国律师协会党组成员的通知
（2005年8月1日）

中华全国律师协会党组：

经7月26日部党组第28次会议研究决定，对中华全国律师协会党组成员进行调整。调整后的成员名单如下：

党组书记：段正坤

副 书 记：于　宁

成　　员：赵大程　邓甲明　朱洪超　杨伟程　金　山　李大进　宋建中（女）

特此通知。

司　法　部
关于执业律师以公民身份接受当事人委托参与诉讼并在诉讼中牟取当事人争议的权益应当适用《律师法》有关规定给予处罚的批复
（2005年8月11日）

福建省司法厅：

你厅闽司〔2005〕169号《福建省司法厅关于执业律师以公民身份接受当事人委托参与诉讼并在诉讼中谋取当事人争议的权益是否适用〈律师法〉第四十四条第（七）项规定予以处罚的请示》收悉。经研究，现批复如下：

律师无论以律师身份还是非律师身份接受委托承办案件，其行为均应当符合《律师法》的规定。对于有违反《律师法》规定的行为的，应当依法处理。因此，执业律师以公民身份接受当事人委托参与诉讼并在诉讼过程中谋取当事人争议的权益的，应当适用《律师法》第四十四条第（七）项规定给予处罚。

此复。

司法部办公厅

关于召开全国合伙律师事务所规范建设工作座谈会的补充通知

（2005 年 8 月 16 日）

各省、自治区、直辖市司法厅（局），新疆生产建设兵团司法局：

为贯彻落实全国司法厅（局）长研讨班会议精神，推动合伙律师事务所规范建设工作的深入开展，司法部定于 8 月 24 日至 25 日在宁夏召开全国合伙律师事务所规范建设工作座谈会，现将有关事宜通知如下：

一、与会人员：各省、自治区、直辖市司法厅（局）分管律师工作的副厅（局）长，律师工作管理处处长；全国律协有关负责人。

二、会议议程

8 月 23 日　报到

8 月 24 日上午　传达学习全国司法厅（局）长提高构建社会主义和谐社会能力研讨班和吴爱英部长、范方平部长讲话精神，对法律服务工作贯彻落实此次研讨班精神提出要求

8 月 24 日下午　分组讨论

8 月 25 日上午　大会发言

交流介绍开展合伙律师事务所规范建设工作的情况。

8 月 25 日下午　继续进行大会发言

段正坤副部长讲话

8 月 26 日　会议结束

司法部办公厅

关于转发《浙江省人事厅　浙江省对外贸易经济合作厅　浙江省司法厅关于加强我省反倾销法律人才培养的实施意见》的通知

（2005 年 8 月 18 日）

各省、自治区、直辖市司法厅（局），新疆生产建设兵团司法局：

随着我国对外开放的进一步扩大和经济全球化、法律服务国际化的进一步发展，律师工作承担着越来越重要的职责和使命。特别是目前我国正处于加入 WTO 后的后过渡时期，对外贸易摩擦日益加剧，国际投资、国际劳资、国际知识产权和环境保护等纠纷逐渐增多，反倾销、反垄断、反不正当竞争诉讼呈上升趋势。这些领域迫切需要一批高素质的律师介入。在提高我国律师整体业务素质的同时，着力打造一支能够胜任国际律师业务的高水准律师团队，已成为当前加强律师队伍建设的一项刻不容缓的任务。

近日，浙江省人事厅、外经贸厅和司法厅联合下发《浙江省反倾销法律人才培养的实施意见》，计划在全省实施律师及有关人员参加的“两反一保”（反倾销、反补贴、保障措施）调查和诉讼专业培训，积极培育和扶持“两反一保”法律人才，其中一些举措值得借鉴。现将该《意见》转发，供参考。各地要高度重视涉外法律服务人才队伍的建设，努力培养一批熟悉国际法律和 WTO 规则、能从事国际法律事务的律师人才，进一步加强律师在反倾销、反不正当竞争和知识产权保护等领域中的参与能力，不断拓展涉外法律服务空间，为服务对外开放做出积极贡献。

附：　浙江省人事厅　浙江省对外贸易经济合作厅　浙江省司法厅

关于加强我省反倾销法律人才培养的实施意见

（2005 年 6 月 27 日）

各省、县（市、区）人事局（人事劳动社会保障局）、外经贸局、司法局、省直有关单位：

我国加入 WTO 后，我省已经成为我国遭受国外反倾销调查的重点地区，加强反倾销调查及诉讼法律人才的培养已成为一项刻不容缓的任务。根据省政府领导的批示要求，现就加强我省反倾销调查及诉讼业务法律人才的培养工作提出如下实施意见：

一、充分认识加快我省反倾销法律人才培养的重要性和必要性

随着世界经济一体化进程的加快，反倾销调查正逐步演化为世界各国普遍采用的维护公平贸易环境、抵制不公平竞争的重要手段，但反倾销调查也被有些国家滥用，成为一些国家实行贸易保护主义的利器，对正常的国际贸易造成损害。我国加入 WTO 后，随着关税的降低，我国尤其是我省企业的出口产品屡遭国外反倾销调查，据有关部门统计，2004 年国外对我国企业发起的反倾销调查案有 59 起，共中我省占 33 起，越来越多的企业面临着国外反倾销调查。我省的律师队伍中虽有一定数量的涉外法律专业服务人才，但真正能代理反倾销调查与诉讼的律师人才很少，也缺少

经商务部备案、具备代理反倾销调查与诉讼业务资格的律师事务所。由于缺乏反倾销方面的法律知识和有关专业人才，面对反倾销调查，不少企业往往怠于应诉，从而丧失了时机，丢失了市场，影响我省外经贸的发展。因此，加强我省反倾销调查及诉讼法律人才的培养，建立起一支素质良好、业务精通，并能跨语言、跨文化交流的涉外高级法律人才队伍，已成为当前实施人才强省战略进程中一项刻不容缓的任务。作为各级政府的有关职能部门，必须充分认识加强反倾销法律人才培养工作的重要性和必要性，把它提到重要议事日程，认真抓紧抓好。

二、反倾销法律人才培养的措施

（一）实施百名律师“两反一保”调查与诉讼专业培训

计划用2年左右时间，在全省实施百名律师“两反一保”（反倾销、反补贴、保障措施）调查与诉讼专业培训。培训对象为：大学本科毕业，年龄45周岁以下，具有大学英语四级或浙江省英语水平等级考核三级以上证书，有5年以上工作经验的省内专职律师、政府部门从事反倾销工作的人员和重点出口企业从事反倾销工作的人员。

整个培训分两个阶段进行：

第一阶段：国内培训。培训人员：100名，时间：3个月，培训方式：集中脱产培训，内容包括专业知识和外语强化培训。专业知识内容为：“两反一保”及美国“337条款”。通过对相关条款的学习和案例的剖析，全面了解掌握“两反一保”及美国“337条款”的理论及应对技巧。外语强化培训：利用社会专业培训机构，主要聘请外籍教师，采取全封闭、浸泡式的教学方法，使学员真正突破跨文化交流的语言障碍，并为选拔参加国外培训做准备。

第二阶段：国外培训。在第一阶段培训的基础上，选拔30名左右优秀者送至美国、欧洲、澳洲等主要相关贸易国进行中长期的培训和实习。通过培训，不仅真正建立起一支能够独当一面，进行跨文化交流的涉外高级法律人才队伍，并能通过学员的对口实习，掌握一批相关贸易国家“两反一保”的法律人脉资源，为今后工作打下良好基础。

（二）在WTO专业人才培养中加大“两反一保”法律人才的培训力度

在省人事厅组织实施的WTO专业人才培养工作中，依据我省对外贸易的客观需要，加大“两反一保”法律人才的培养力度。具体是在国内第一阶段、第二阶段的培训中，增加“两反一保”及美国“337条款”内容的比重，并在适当时候，组织一期反倾销法律人才的专题培训班。在第三阶段出国培训中，尽量让反倾销法律专业人才占有一定的比例。

（三）积极举办各类应对“两反一保”调查的培训活动

结合全省专业技术人员继续教育高级研修班的开展，举办数期“两反一保”及美国“337条款”调查专题高级研修活动，邀请国内外知名专家和有实践经验的律师、政府工作人员与我省企业经营管理人员、行业协会管理人员、律师等进行研讨。同时，将“两反一保”内容的学习培训，列入全省律师队伍继续教育课程。

（四）增强“两反一保”法律人才的实践锻炼

针对已进行过相关专业培训的律师实践锻炼不够的实际，组织WTO高级人才培养中的法律人才和“两反一保”出国专业培训后的人才，义务为省内外贸企业承担数个反倾销调查诉讼案件，通过这种实案培训的形式，一方面提高法律人才的应诉能力，提高这些律师的知名度，另一方面也相应减少企业的应诉成本。法律人才办案发生的交通、通讯、资料收集等费用，由企业相关行政或业务主管部门适当补助。

（五）积极培育和扶持“两反一保”法律人才及涉外律师事务所

建立应对“两反一保”及美国“337条款”法律人才库。吸收目前已经具备反倾销调查及诉讼的律师和经过专业培养的高级法律人才参加；采取柔性流动的机制，吸收国内外知名专家、学者和律师参加。

积极培育和扶持涉外律师事务所。积极鼓励经过培训的律师成立应对“两反一保”、美国“337条款”调查的专业律师事务所。律师事务所从省外引进反倾销专业人才的，列入浙江省万名高层次人才引进工程，使我省具有涉外能力的律师人才产生集聚效应，并积极推荐涉外律师事务所成为商务部备案登记具有办理反倾销调查及诉讼业务资格的律师事务所。

建立有效的激励机制。对在反倾销调查与诉讼中有突出贡献的律师、律师事务所及相关的法律人才给予奖励。

三、加强对反倾销法律人才培养工作的组织领导

我省反倾销法律人才培养工作由省人事厅牵头，会同省外经贸厅、省司法厅共同做好规划、协调和组织实施工作。各地政府人事、外经贸、司法等部门要高度重视反倾销法律人才的培养，加强协调，落实各项具体措施。百名律师“两反一保”调查与诉讼专业

培训。国内培训学员的选拔推荐工作由省司法厅、外经贸厅负责，省人事厅负责会同省外经贸厅、司法厅研究制定教学计划，由省WTO事务高级人才培训中心具体组织实施；国外培训由省WTO事务高级人才培训中心会同省外国专家局组织实施；增强“两反一保”法律人才的实践锻炼工作，由省司法厅、外经贸厅负责，省人事厅配合。其他的培训活动，按职能归属分别组织实施，其中，继续教育活动、专业法律人才库建设由省律师协会组织。

反倾销法律人才培养的所需经费以政府资助为主，单位和个人承担一部分。具体按有关规定执行。

百名律师“两反一保”调查与诉讼专业培训第一阶段国内培训首期培训班将于2005年8月在杭州举办，有关报名具体事项另行通知。请各地和有关部门做好学员推荐报名准备工作。

司法部办公厅
关于重申办好法律服务投诉电话有关事宜的通知

（2005年8月24日）

各省、自治区、直辖市司法厅（局），新疆生产建设兵团司法局：

为进一步畅通投诉渠道，加强社会各界对法律服务工作的监督，维护当事人的合法权益，经商中华全国律师协会、中国公证员协会，并报部领导同意，现就进一步办好法律服务投诉电话有关事宜提出如下要求：

一、各省（区、市）司法厅（局）、律师协会、公证员协会均应设立法律服务投诉电话。凡已经设立的，于8月底前再次向社会公布投诉电话；尚未设立的，要尽快研究开通投诉电话，至迟不得超过9月中旬。请各地将向社会公布的投诉电话号码报我部律师公证工作指导司和全国律协、中国公协备案。

二、要充分发挥法律服务投诉电话的作用。开通法律服务投诉电话是一项十分严肃、政策性很强的工作。要指定政治素质好、业务精、责任心强的同志专门负责投诉电话的接听、登记、汇总和查处督办工作。要做到电话畅通，人员到位，工作规范。同时，畅通查处渠道，保证投诉案件得到认真、及时的调查和处理。查处结果应通过适当方式告知有关人员。

三、要加强对法律服务投诉电话工作的领导和管理。开通法律服务投诉电话是律师、公证和基层法律服务业接受社会和当事人监督的有效途径，也是司法行政机关和律协、公协接受社会监督的重要措施。各省（区、市）司法厅（局）、律协、公协要将开通法律服务投诉电话作为对律师、公证和基层法律服务工作动态管理的一项长效机制落实好、坚持好。除按照投诉线索，认真调查、处理有关问题外，各地还应对查证属实的投诉案件定期进行分析研究，发现倾向性的问题，及时采取措施，规范和治理法律服务执业中的突出问题。

各省（区、市）司法厅（局）、律协、公协要坚持每半年撰写法律服务投诉分析报告分别报部和全国律协、中国公协（上半年的报告，请于每年7月15日前报送；下半年的报告，请于次年1月15日前报送）。

司法部、全国律协、中国公协将于近期通过媒体和网站向社会再次公布投诉电话号码。

各地执行本《通知》的有关情况，请及时报部。

司法部办公厅
关于做好合伙律师事务所规范建设年活动总结验收工作的通知

（2005年10月19日）

各省、自治区、直辖市司法厅（局），新疆生产建设兵团司法局：

今年以来，各级司法行政机关、律师协会按照司法部的工作部署，高度重视，精心组织，认真开展合伙律师事务所规范建设年活动。到目前为止，这项活动进展顺利，取得了良好的成效。为切实做好总结验收工作，善始善终地搞好这项活动，确保取得实效，现将有关事宜通知如下：

一、严格标准，切实把好验收关。各地要在合伙律师事务所规范化建设活动结束前，认真开展检查验收工作。要根据司法部《合伙律师事务所规范化管理试行标准》，结合实际，制定对本省（区、市）律师事务所的验收标准。要对律师事务所开展规范建设年活动的情况进行一次全面检查，对照标准逐项考核验收。对基础较好的律师事务所，要督促其进一步提高规范化管理的能力和水平，提升服务层次和质量；对基础较差、管理混乱的律师事务所要给予警告，帮助其查找原因，并提出整改意见，限期整改；对在验收过程中发现存在违法违纪情况的律师事务所，要坚决查处并予以公示。

二、搞好宣传，大力表彰先进集体和先进个人。各地要认真发掘合伙律师事务所规范建设年活动中涌现的先进典型事迹，大力表彰一批管理规范、运作良好的律师事务所，表彰一批为律师事务所的规范化管理做出突出贡献的事务所负责人、律师，表彰一批在合伙律师事务所规范建设年中工作认真扎实、成效显著的基层司法行政机关、律师协会。要充分利用报刊、电视等新闻媒体，大力宣传他们的优秀事迹和先进经验，树立律师队伍的良好形象，扩大律师工作的社会影响。

三、建立健全长效机制，巩固合伙律师事务所规范化建设的成果。各地要针对规范建设年活动中发现的普遍性问题，加强建章立制工作，堵塞管理漏洞。要从加强教育、严格管理、完善监督、强化自律等方面入手，进一步建立健全学习教育机制、行业准入机制、自律机制、监督惩戒机制、保障机制和评价机制。要进一步深化对律师工作和律师队伍建设规律和特点的认识，努力研究探索律师管理的新思路、新方法、新举措，不断提高律师管理工作的能力和水平，以促进律师事业的健康发展，推动律师工作在构建社会主义和谐社会中发挥更大的作用。

司法部办公厅

关于2005年度外国（香港）律师事务所驻华（内地）代表处年检备案的通知

（2005年11月17日）

北京、天津、上海、重庆、辽宁、江苏、浙江、福建、山东、广东、四川、陕西司法厅（局）：

根据《外国律师事务所驻华代表机构管理条例》第二十二条和司法部《香港、澳门特别行政区律师事务所驻内地代表机构管理办法》第二十二条的规定，请你们将设在本行政区域内的外国（香港）律师事务所驻华（内地）代表处2005年度年检和注册报告（文字和电子A盘），于2006年5月20日前报司法部备案。

2005年6月以后获准开业的外国（香港）律师事务所驻华（内地）代表处不参加年检，但仍需提供附件一至三所列材料。

特此通知。

附件：一、代表处公告登记表（略）

二、2005年代表情况统计表（略）

三、2005年雇员情况统计表（略）

四、2005年业务、纳税排名表（略）

五、代表处国别（地区）分布表（略）

司法部办公厅

关于征集2006年司法部理论研究规划课题建议的通知

（2005年12月12日）

部机关各司局、直属各单位：

为编制好2006年司法部理论研究课题规划，现向各司局和直属单位征集课题建议，要求如下：

一、课题建议总的原则

（一）以马列主义、毛泽东思想、邓小平理论和“三个代表”重要思想为指导，落实科学发展观，为构建社会主义和谐社会服务；

（二）紧紧围绕《司法行政工作“十一五”时期发展规划》和司法行政立法规划，能够解决司法行政现实工作中的热点和难点问题，为司法行政事业长远发展服务；

（三）应具有创新性、战略性和可操作性，能够为部领导进行科学决策服务。

二、课题建议数量

每个单位3~5个。

三、课题建议需按照要求填写《课题建议表》（见附件，可登录“中国司法科研信息网 http://www.law-study.gov.cn”下载）。

四、课题建议征集的截止日期为2005年12月23日，可函寄、传真或发电子邮件。

司　法　部

关于修改《取得内地法律职业资格的香港特别行政区和澳门特别行政区居民在内地从事律师职业管理办法》的决定

（2005年12月28日）

为了促进香港、澳门与内地建立更紧密经贸关系，根据《〈内地与香港关于建立更紧密经贸关系的安排〉补充协议二》和《〈内地与澳门关于建立更紧密经贸关系的安排〉补充协议二》，决定对《取得内地法律职业资格的香港特别行政区和澳门特别行政区居民在内地从事律师职业管理办法》（司法部第81号令）作如下修改：

一、第十二条修改为：获准在内地执业的香港、澳门居民，只能在一个内地律师事务所执业，不得同时受聘于外国律师事务所驻华代表机构或香港、澳门律师事务所驻内地代表机构。

二、本决定自2006年1月1日起施行。《取得内地法律职业资格的香港特别行政区和澳门特别行政区居民在内地从事律师职业管理办法》（司法部第81号令）根据本决定作相应修改后重新颁布。

司　法　部

关于修改《香港特别行政区和澳门特别行政区律师事务所与内地律师事务所联营管理办法》的决定

（2005年12月28日）

为了促进香港、澳门与内地建立更紧密经贸关系，根据《〈内地与香港关于建立更紧密经贸关系的安排〉补充协议二》和《〈内地与澳门关于建立更紧密经贸关系的安排〉补充协议二》，决定对《香港特别行政区和澳门特别行政区律师事务所与内地律师事务所联营管理办法》（司法部第83号令）作如下修改：

一、第二条修改为：本办法所称的联营，是由已在内地设立代表机构的香港、澳门律师事务所与其代表机构所在的省、自治区、直辖市区域内的一个内地律师事务所，按照协议约定的权利和义务，在内地进行联合经营，向委托人分别提供香港、澳门和内地法律服务。

二、本决定自2006年1月1日起施行。《香港特别行政区和澳门特别行政区律师事务所与内地律师事务所联营管理办法》（司法部第83号令）根据本决定作相应修改后重新颁布。

（二）司法部有关律师工作的联合发文

司法部　共青团中央

关于实施西部基层法律援助志愿服务行动的通知

（2005年5月9日）

各省、自治区、直辖市和新疆生产建设兵团司法厅（局）、团委：

从2002年开始，司法部和共青团中央共同实施了法律援助志愿者计划，动员社会各界特别是青年法律人才通过志愿服务方式积极投身法律援助工作，取得了良好效果，推动了法律援助和志愿服务事业的发展。为进一步推动法律援助志愿者计划的深入开展，根据司法部、共青团中央《关于实施法律援助志愿者计划的通知》（司发通〔2002〕124号）精神，司法部、共青团中央决定共同组织实施西部基层法律援助志愿服务行动。现将有关事项通知如下：

一、主要任务

建立青年法律人才由东部和城市向西部基层流动的渠道，推动西部基层法律援助事业的发展，维护社会公平和正义；带动基层司法行政干部队伍素质的提高，促进西部基层司法行政机关的各项工作的开展；培养一批既具有扎实专业知识，又有基层工作经验和社会责任感的青年法律人才，不断充实法律援助志愿者骨干队伍。

二、工作方式

按照公开招募、自愿报名、组织选拔、集中培训、统一派遣的方式，从全国普通高等学校（以下简称"高校"）招募一批品学兼优、具有奉献精神的普通高校法律专业应届毕业生，到西部基层司法行政部门从事为期1年的法律援助志愿服务。每个县级司法行政部门派遣志愿者1～2名。志愿者服务期满后，鼓励其扎根基层，或者自主择业和流动就业。

2005年计划选派志愿者100名，到部分西部计划服务省开展法律援助志愿服务。今后将形成制度，逐步推广，长期坚持。

三、选拔条件

本科及本科以上学历为主，法律专业应届高校毕业生，要求政治过硬、品学兼优，具有奉献精神，身体健康。

四、政策支持

参加西部基层法律援助志愿服务行动的大学生志愿者除享受团中央、教育部、财政部、人事部《关于实施大学生志愿服务西部计划的通知》（中青联发〔2003〕26号）和《关于做好2004年大学生志愿服务西部计划工作的通知》（中青联发〔2003〕16号）规定的政策外，给予以下政策支持：

1. 服务期间，志愿者可在所服务的西部省（区、市）当地报名参加国家司法考试，享受司法部制定的有关优惠政策；服务单位应向参加国家司法考试的志愿者提供与在职工作人员相同的复习时间。

2. 服务期间，志愿者可享受所在服务单位自定的奖金和补贴。

3. 服务期满后，对于有志扎根西部地区的志愿者，司法行政机关应优先录用。志愿服务时间可确认为法律工作经历。

五、经费保障

所需经费由司法部负责解决，具体工作由中国法律援助基金会承担，由共青团中央负责使用，具体工作由青年志愿者工作部承担。经费使用应严格遵守有关财务制度。

六、组织管理

1. 司法部、共青团中央共同负责这项工作的总体规划、协调、指导，落实有关保障政策。司法部主要负责确定、落实服务需求和岗位，协调组织专业培训，具体工作由司法部法律援助中心承担；共青团中央主要负责志愿者的招募、培训、派遣等方面的组织实施工作，具体工作由团中央青年志愿者工作部承担。

2. 各省（区、市）司法厅（局）、团委具体负责工作的组织实施，同时负责协调、指导服务县开展宣传、组织工作；志愿者服务县司法局、团委具体负责志愿者的日常管理和服务工作。

七、工作要求

1. 高度重视，加强领导。要站在践行"三个代表"重要思想，落实科学发展观和构建社会主义和谐社会，开创基层司法行政工作新局面的高度，切实加强对这项工作的领导，求真务实、开拓创新，建立长效工作机制，及时解决工作中遇到的问题，确保这项工作稳步推进，健康发展。

2. 按需招募，认真选拔。要贯彻按需、择优的原则认真做好岗位申报和志愿者遴选工作，为志愿者提供合适的服务岗位，选拔政治素质高、业务能力强，具有奉献精神和责任意识，身体健康的优秀大学毕业生到西部基层行政司法机关从事法律援助志愿服务工作。

3. 完善制度，严格管理。要加强沟通，按照"谁用人、谁受益、谁负责"的原则，建立健全各项规章制度，齐抓共管、明晰责任，做好志愿者管理工作；要进一步健全志愿服务定期督导制度，定期巡回检查各地项目实施和日常管理等情况。

4. 以人为本，搞好服务。始终坚持以人为本，在工作、生活、就业等各个方面努力为志愿者提供切实有效的服务；要贯彻培养与使用并重的原则，加大培养力度，为志愿者发挥作用，成长成才创造条件；要加强宣传，大力弘扬"奉献、友爱、互助、进步"的志愿精神，为志愿者开展工作及就业等方面营造良好舆论氛围。

中央文明办　中央综治办　文化部　卫生部
司法部　国家体育总局　中国科协
全国总工会　共青团中央　全国妇联

关于进一步深化科教、文体、法律、卫生"四进社区"活动，努力为构建社会主义和谐社会创造良好环境的通知

（2005年5月9日）

各省、自治区、直辖市文明办、综治办、文化厅（局）、卫生厅（局）、司法厅（局）、体育局、科协、工会、团委、妇联：

自2002年中央文明办等10部门在全国组织开展科教、文体、法律、卫生"四进社区"活动以来，各地从实际出发，广泛发动群众，精心组织活动，坚持常抓不懈，"四进社区"活动全面开展，不断深化，呈现出整体推进、扎实深入的良好态势，在促进城市社会经济协调发展、提高群众生活质量、提升社区文明程度、保持社会安定团结等方面发挥了积极的作用，受到了广大人民群众的欢迎。

为了深入贯彻党的十六大和十六届三中、四中全会精神，努力实践"三个代表"重要思想，树立和落实科学发展观，进一步满足人民群众不断增长的精神文化需要，提高居民文明素质和生活质量，促进社会主义和谐社会建设，根据中央文明委2005年工作安排，中央文明办、中央综治办、文化部、卫生部、司法部、国家体育总局、中国科协、全国总工会、共青团中央、全国妇联决定进一步深化"四进社区"活动。现将具体安排通知如下：

一、指导思想

以邓小平理论和"三个代表"重要思想为指导，以建设社会主义和谐社会为目标，深入贯彻党的十六大和十六届三中、四中全会精神，继续落实《公民道德建设实施纲要》，进一步深化科教、文体、法律、卫生"四进社区"活动，大力宣传科学知识、科学思想、科学精神和科学方法，传播先进文化，普及法律知识，完善社区卫生服务，推动社区群众体育活动，为建设管理有序、文明祥和的新型社区，为促进经济建设、政治建设、文化建设与和谐社会建设创造良好环境和有利条件。

二、活动安排

2005年"四进社区"活动要着眼于创新活动载体，建立长效机制，着力在增强活动的吸引力和实效性上下功夫；在调动群众的参与积极性上下功夫；在多办好事、多办实事上下功夫；在营造互帮互助、诚实守信的良好风尚和平等友爱、融洽相处的人际环境上下功夫。主要工作重点是：

1. 科教进社区。以"讲科学文明、建和谐社区"为主题，以人与自然和谐相处为目标，广泛开展科普展览、科学知识竞赛、科普旅游、科普文艺表演等群众喜闻乐见的科普活动，实现"科教进社区"活动的经常化、群众化和社会化。依托社区活动中心、市民学校等场所，建好社区科普学校等科普活动基地，为社区居民参与科普活动提供便利的条件。加强社区科普画廊等科普宣传设施的建设与管理，建设一批造型

美观、内容丰富、管理规范、受群众欢迎、具有示范作用的科普画廊。组织编写、推荐一批社区科普教育教材、读本。召开全国“科教进社区”现场会，评选表彰一批全国社区科普教育示范点。按照资源共享的原则，建立由科技专家、教师、有专长的退离休人员为主体的社区科普志愿者队伍，开展生动活泼、形式多样的科普教育活动，引导社区居民珍惜自然、保护环境，提高社区居民的生态意识和科学素养。此项活动由中国科协制定工作方案并组织实施。

2. 文体进社区。以促进社区居民之间的相互交流与沟通、建立新型的社区人际关系为目标，依托社区文体场所，广泛组织丰富多彩的社区群众性文体活动，使社区文化呈现“周周有活动、月月有高潮、处处有亮点、区区有特色”的生动局面。认真总结推广上海等地组织艺术表演团体、文艺院校退休专家、教师指导群众文化的经验和做法，探索建立专业文体工作者经常联系指导社区文体活动的制度，提升社区文化的质量和水平。在各地普遍开展社区文体表演和展示活动的基础上，组织第四届全国“四进社区”文艺展演活动，表彰第二批“文化先进社区”，举办社区文化建设成果展览。继续开展“万家社区图书室援建和万家社区读书活动”，组织开展以未成年人为重点的经典诵读、节日读书会、故事会等社区读书活动，开展社区书画摄影比赛和征文比赛。利用双休日、节庆日，组织社区居民开展广场文化活动和社区运动会、家庭趣味体育比赛、社区居民体质测定等活动。继续开展主题鲜明、形式多样的社区青年文化节活动和社区“大家乐舞台”建设，培育、扶持青年中心和社区文体类社团，促进校园文化、军营文化、务工文化在社区延伸和融合，组织全国青年文化节优秀项目评选和展演。此项活动分别由文化部、国家体育总局制定工作方案并组织实施，共青团中央配合。

3. 法律进社区。积极推动“三官两员”（警官、法官、检察官、律师、公证员）进社区活动，与社区建立长期指导服务制度，广泛开展法律咨询、普法宣传展览、法律援助等活动，及时化解社区居民的各种矛盾和问题，疏导社会情绪，维护社会稳定。紧紧围绕普及与居民生活息息相关的法律常识，结合总结普法20年的成功经验，组织开展“法制文艺进社区”活动，举办普法教育成就展览，加强对青少年的法律知识普及教育，在“12·4”全国法制宣传日前后形成“法律进社区”活动的高潮。通过“法律进社区”活动，进一步提高社区居民的法制意识，完善社区的法治环境，妥善协调社区各方面的利益关系，为居民安居乐业、社区和谐安定提供良好保障。此项活动由司法行政部门会同综治办等制定工作方案并组织实施。

4. 卫生进社区。从解决社区居民就医难等实际问题入手，建立健全社区医疗卫生服务站，提高医疗水平，规范服务行为，为社区居民提供优质便捷的医疗卫生服务。以社区医疗卫生服务站为基地，积极组织推动大中型医院、疾病预防控制、健康教育、妇幼保健机构的专家定期下社区开展巡回服务，加强对社区医务人员的业务技术指导与交流培训。组织全国健康教育巡讲首席专家，深入社区开展“康复在社区主题年”活动等多种形式的社区健康教育，向广大社区居民宣传科学、实用的卫生保健知识。以困难群众为重点，加强健康教育、预防、保健、医疗、康复、计划生育技术指导等基本卫生服务，不断提高群众的健康素质。编写《相约健康社区行》科普丛书，组织电视动画片《健康博士》公益广告展播。开展未成年人“心理阳光”工程，组织健康教育专家开展“青少年心理健康、精神卫生知识”专题巡讲活动，为儿童、青少年提供心理指导和帮助。此项活动由卫生部制定工作方案并组织实施。

三、工作要求

1. 加强领导，精心组织。开展“四进社区”活动是实践“三个代表”重要思想，落实以人为本、全面协调可持续的科学发展观的重要举措，是新形势下加强社区精神文明建设和思想政治工作的重要载体。各地要从促进社会主义和谐社会建设的高度加强对这项工作的领导，及时作出安排。要按照本通知精神，从实际出发，精心部署，制定活动方案，落实具体措施。要深入调查研究，倾听群众呼声，及时了解群众的要求；要精心设计活动载体，用群众喜闻乐见的各种形式，吸引群众参与；要扩大活动覆盖面，注重把活动延伸到困难群体、进城务工人员和未成年人等人群，特别要组织引导青少年参与“四进社区”活动，为构建学校、社会、家庭“三位一体”的未成年人思想道德教育网络发挥积极的作用。各主办单位要互相配合，加强协调，形成合力，主动做好组织实施工作。工会、共青团、妇联等群众团体要发挥各自优势，组织企业职工、青少年和家庭积极参与活动，共青团组织要注意发挥青年志愿者和青年社会工作者在活动中的积极作用，各级文明办要切实做好组织协调和服务工作。

2. 广泛宣传，营造氛围。各地各部门要运用多种形式和手段，大力宣传“四进社区”活动的成效和经验。广播、电视、报刊、互联网等媒体要发挥信息量大、覆盖面广、影响力强的优势，把“四进社区”活动列入宣传计划，组织力量做好宣传报道工作，通过开设“四进社区”活动专题、专栏和电视公益广告、知识竞赛、文艺晚会等形式，扩大活动的社会影响。要及时总结推广“四进社区”活动的好做法和好经验，不断丰富活动的内涵，提高工作水平，推动“四进社区”活动深入发展。要重视发挥先进典型的示范辐射作用，及时发现典型、推广典型、表彰先进，以点带面推进工作。

3. 抓住根本，重在建设。“四进社区”活动已逐步成为群众性精神文明创建活动的“名牌项目”，要使这项活动保持生机和活力，就必须紧紧抓住提高人的素质这个根本，坚持以人为本，重在建设，在增强针对性和实效性上下功夫。各地、各单位在组织开展活动时，要始终把思想道德教育贯穿始终，各项活动的安排和设计都要突出思想道德建设的要求，都要增强思想道德教育的内涵。要把深刻的教育内容寓于生动活泼的形式之中，让群众在参与过程中受到教育，得到提高。要把“四进社区”活动与创建文明城市、文明社区等活动结合起来，与解决社区居民反映强烈的突出问题结合起来，与化解社区内各种矛盾、增进居民间相互沟通和理解结合起来，不断提高“四进社区”活动的影响力和实效性。要巩固和扩大“四进社区”活动的阵地，按照一场（室）多用、资源共享的原则，逐步完善社区的综合服务中心、文体活动中心、卫生服务援助中心、法律咨询援助中心、体育健身设施、青少年活动场所等社区服务设施，最大限度地为社区居民服务。充分发挥社区宣传橱窗、科普画廊、“绿色网站”等阵地设施的引导教育作用，使之成为宣传科学思想、传播先进文化、弘扬社会新风的重要阵地和窗口。

4. 健全机制，常抓不懈。建立健全“四进社区”活动的人员保障、阵地建设、工作运行和投入等各项机制，确保活动的经常化、制度化。深入挖掘社区内人才资源，集中社区内一批思想品质好、组织能力强、善于联系群众、热心社区公益的居民，把他们培养成“四进社区”活动的骨干队伍，包括：由基层专业科技、文化、体育、卫生、法律工作者组成的指导员队伍，由各类协会、中介组织和社区各类人士参加的人数众多的志愿者队伍，由离退休老干部、老战士、老专家、老教师、老模范等参加的辅导员队伍，等等。通过这样一大批不走的“四进社区”活动骨干，把“进”社区变为常“驻”社区、常“在”社区。建立完善“四进社区”活动的投入机制，通过市、区、街道投入一点，驻区单位支持一点，社会赞助一点等方式，积极筹措活动经费，确保活动经常开展。要切实发挥基层党组织在“四进社区”活动中的核心作用。街道和社区居委会要当好桥梁和纽带，加强组织协调，整合各方力量，实现社区资源共享。要契合社区居民求知求乐求健康的需要，针对不同群体的特点，因人制宜，因地制宜，经常组织有特色的群众性“四进社区”活动，既搞活动，又办实事，既组织宣传群众，又切实服务居民，把群众参与活动的积极性调动起来，使“四进社区”活动真正在社区深深扎根，开花结果，成为群众自愿参与、自我教育、自我服务的有效形式，成为凝聚人心、促进和谐的重要载体。

中央政法委办公室　最高人民法院政治部
最高人民检察院政治部　公安部政治部
司法部办公厅

关于2005年在政法系统开展在职攻读法律硕士专业学位推荐报名工作的通知

（2005年6月17日）

各有关单位：

为切实贯彻实施政法各系统干部队伍建设规划，进一步提高政法系统在职干部的专业文化素质，经中央政法委员会办公室、最高人民法院政治部、最高人民检察院政治部、公安部政治部、司法部国家司法考试司共同研究决定，2005年继续在政法系统开展在职攻读法律硕士专业学位教育的推荐工作。现就政法系统2005年在职攻读法律硕士专业学位教育推荐报名工作通知如下：

一、培养单位

中国人民大学、北京大学、中国政法大学、对外经济贸易大学、吉林大学、武汉大学、西南政法大学、华东政法学院、南京大学、中山大学、厦门大学、中南财经政法大学、西北政法学院、复旦大学、浙江大学、山东大学、四川大学、苏州大学、安徽大学、郑州大学、黑龙江大学、湘潭大学、清华大学、南开大学、兰州大学、辽宁大学、云南大学、贵州大学、海南大学、河南大学、湖南大学、南京师范大学、中国社会科学院研究生院（法学所）、江西财经大学、烟台大学、中国人民公安大学、上海交通大学、西南财经大学、中央财经大学、河北大学、内蒙古大学、大连海事大学、华中师范大学、湖南师范大学、华中科技大学、东北财经大学、上海财经大学、福州大学等共48所院校（后10个单位为今年新增试点单位）。

二、推荐

（一）推荐原则和要求

在政法系统内继续实行组织推荐与个人自愿报名、相对集中与就近入学的原则。政法各部门根据本系统干部教育培训规划开展推荐工作。

政法系统内的考生，经本单位政治人事部门同意推荐，方可享受政法系统照顾录取政策和政法部门各单位在职学习的有关鼓励政策。

（二）推荐单位

政法系统各部门（政法委、法院、检察院、公安和司法行政机关）。推荐工作是实施干部教育培训规划的重要环节，各单位要按照干部教育培训规划的要求和统一部署以及工作需要，注重对基层单位政法干部的推荐和培养，择优推荐业务骨干参加学习。

三、报名

省级学位与研究生教育主管部门负责本地区的报名、考试等组织工作。

（一）报名条件

国民教育序列大学本科毕业（一般应有学士学位）、工龄五年以上（工作年限计算截止时间为2005年7月31日）的法院、检察院、司法行政机关、政法委、公安机关等政法部门人员、人大系统干部以及有关部门从事法律实际工作者。

（二）报名方法

采取网上报名与现场报名相结合的方式。即报考者在网报规定时间内，通过互联网登录有关省级主管部门指定网站，按照要求填写、提交报名信息；然后在规定的现场报名时间内，到指定现场报名点照相、确认报名信息。

（三）报名时间

现场报名时间为7月28日至31日（资格审查截止7月27日），网上报名时间为7月中、下旬。

（四）报名地点

本地省级学位与研究生教育主管部门指定的报名点。

（五）报名程序

符合报名条件者须先填写《2005年在职人员攻读硕士学位报考资格审查表》（可在招生院校获取或在教育部学位与研究生教育发展中心主页下载，网址为：http：//www. cdgdc. edu. cn/scb. zip），贴本人近期二寸免冠照片一张，由考生单位人事部门在其照片上加盖公章，并对其所填写的内容进行审查确认，填写推荐意见，由考生于7月27日前将资格审查表和相关学历、学位证书一并交报考院校研究生院（处、部）进行资格审查。不符合报考条件或提供虚假信息的考生，招生单位不得录取，责任由考生自负。经报考院校资格审查的报考人员，于7月28日至31日到本地省级学位与研究生教育主管部门指定的报名点报名（确认报名信息、照相等）。

四、考试

（一）考试科目

政治理论、外国语（英语、俄语）、专业基础课（含刑法、民法）、综合课（含法理、宪法、中国法制史），共计4门。其中，政治理论考试及面试由各招生单位单独组织，时间自行安排；其余3门课实行全国联考。参加俄语考试的考生，只限报考黑龙江大学。

（二）考试时间

全国联考课程考试时间为：10月22日、23日。

（三）考试地点

考生可在招收院校所在地指定地点考试；也可在考生工作单位所在地指定地点考试。

（四）联考辅导参考资料

1.《2005年法律硕士专业学位研究生全国联考考试大纲》（中国人民大学出版社出版，2005年第一版第2次印刷）、《法律硕士专业学位研究生全国联考考试指南》（中国人民出版社出版，第五版）。联系人：王会云，联系电话：010－82617950、62552608，传真：010－62625853。

2. 外语辅导教材是由国务院学位办公室组织编写的《在职攻读硕士学位全国联考英语（日语、俄语）考试大纲》（2005版科学技术文献出版社出版）。

五、专业学位代码

410100

六、录取

凡纳入本通知推荐计划的报考人员，政法各部门将于录取阶段商全国法律硕士专业学位教育指导委员会，采取相应照顾录取政策优先重点录取。

全国老龄工作委员会办公室　中宣部
司法部　国家发展改革委　科技部
民政部　文化部　财政部　建设部
铁道部　交通部　农业部　商务部
中国民航总局　国家体育总局
卫生部　国家旅游局
国家广电总局　国家林业局
国家文物局　全国总工会

关于加强老年人优待工作的意见

（2005年12月26日）

各省、自治区、直辖市、计划单列市及新疆生产建设兵团老龄工作委员会办公室、党委宣传部、发展改革委（计委）、科技厅（委、局）、民政厅（局）、司法厅（局）、财政厅（局）、建设厅（委、局）、铁路局、交通厅（委、局）、农业厅（局、委）、商务主管部门、文化厅（局）、卫生厅（局）、民航管理局、广电局、体育局（委）、林业厅（局）、旅游局（委）、文物局、总工会：

优待老年人，积极为老年人提供各种形式的经济补贴、照顾和优先、优惠服务，促进老年人共享经济社会发展成果，是贯彻落实“三个代表”重要思想和科学发展观的具体体现，是全面建设小康社会和社会主义和谐社会的重要内容。根据《中华人民共和国老年人权益保障法》和《中共中央 国务院关于加强老龄工作的决定》的有关规定，现就加强新形势下的老年人优待工作提出如下意见。

一、老年人优待工作的指导原则

老年人优待工作要坚持从老年人的实际需求出发；坚持发挥党政主导作用，广泛动员社会力量；坚持立足于城乡和地区的经济社会发展实际，考虑不同老年人群的特点，因地制宜，分类指导；坚持依法履行职责与思想道德建设相结合，在落实优待政策的同时，积极营造尊重、关心和照顾老年人的社会氛围。

二、对老年人实行优待的基本要求

优待服务的对象为60岁及以上的老年人。在此基础上，各地可以根据不同老年群体的需求和本地实际，对各优待项目的服务对象进行细分。原则上，各省（自治区、直辖市）都应有覆盖本地老年人的统一优待办法，提倡地（市）、县（市、区）为老年人提供更多、更优惠的优待项目，鼓励把优待对象的范围扩展至外埠老年人。优待服务的内容要兼顾老年人的物质生活、精神文化生活、医疗保健以及维护权益等多方面的需要，注意照顾贫困、高龄、鳏寡孤独老年人以及病残老年人等特殊群体的需求。

三、提供养老优待，努力减轻老年人的经济负担，改善养老条件

1. 贫困老年人要按规定纳入城乡社会救助体系。各地在制定特殊困难群体救助政策和办法时，要对贫困老年人给予重点照顾。

2. 老年人不承担各种社会集资。农村老年人不承担“一事一议”筹劳任务，有条件的地方可以不承担“一事一议”筹资任务。

3. 有条件的地方，可对百岁或高龄老年人发放生活补贴。

4. 城乡贫困家庭老年人去世，享受丧葬殡仪服务费用减免。

四、提供医疗保健优待，努力减轻老年人的医疗费用负担，方便老年人享受医疗保健服务

1. 城市无劳动能力、无生活来源、无法定赡养人和扶养人的“三无”老人、农村“五保”老人和城乡贫困老年人要按规定纳入医疗救助范围。

2. 农村“五保”老人和贫困老年人参加新型农村合作医疗制度，符合救助条件的，可按规定帮助其交纳个人应负担的全部或部分资金。鼓励各地在开展新型农村合作医疗工作中，结合本地实际，对农村70岁及以上老年人给予适当的政策优惠。

3. 医疗机构应为老年人就医提供方便和优先优惠服务。提倡各地医疗机构减免老年人普通门诊挂号费和贫困老年人家庭病床出诊费。卫生部门应根据各地的实际情况，组织医护人员为本地百岁及以上老年人每年至少提供一次免费体检。

五、提供生活服务优待，采取多种措施，方便老年人的衣、食、住、用、行等日常生活

1. 商业饮食、社区居民服务等与老年人生活关系密切的各类服务性行业及企、事业单位，应根据行业特点和单位情况积极为老年人提供优先、优惠服务和照顾。

2. 城市公共交通、长途客运、铁路、水路和航空客运应为老年人提供优先服务，照顾老年人的特殊需求。城市公共交通应为老年人提供票价优惠，并设立“老幼病残孕”专座。

3. 严格执行《城市道路和建筑物无障碍设计规

范》和《老年人建筑设计规范》，重点做好城市道路、车站、机场、商场、公交站点、住宅居住区和其他公共建筑的无障碍设施建设，为老年人居住和出行创造无障碍环境。

4. 老年人在其产权或承租住房拆迁安置中，享受优先选择楼层的待遇。贫困纯老年人户优先纳入廉租房保障范围。

5. 老年人免费使用收费公厕。

六、提供文体休闲优待，努力丰富老年人的精神文化生活

1. 国家财政支持的各级各类博物馆（院）、美术馆、科技馆、纪念馆、烈士纪念建筑物、名人故居、公共图书馆、文化馆（站、宫，含工人文化宫）等公益性文化设施要向老年人免费或优惠开放。

2. 公园、园林、旅游景点应积极为老年人提供门票减免，并提倡对外埠老年人实行同等优待。各地公园、园林、旅游景点等公共场所可在“重阳节”或当地“老人节”当日对老年人实行免费开放，具体办法由地方政府制定。

3. 提倡公共体育场馆、设施为老年人健身活动提供方便和优惠服务，在淡季可为老年文艺团体优惠提供场地。

4. 影剧院应积极为老年人实行票价优惠，在淡季可为老年文艺团体优惠提供演出场地。

5. 贫困老年人入老年大学（学校）学习，享受学费减免。

七、提供维权服务优待，让老年人享受及时、便利、优质、高效的法律服务、法律援助和司法救助

1. 对城市“三无”老人、农村“五保”老人和城乡贫困老年人提出的法律援助申请，要简化程序，优先受理、优先审核和指派。各地可根据本行政区域的经济发展水平及财力状况，对老年人申请法律援助的经济困难标准和受案范围适当放宽。

2. 老年人因合法权益受到侵害提起诉讼，交纳诉讼费确有困难的，可以申请司法救助，缓交、减交或者免交有关收费。老年人因赡养费、扶养费、养老金、退休金、抚恤金、医疗费等纠纷提起的诉讼案件，要予以优先立案、优先审理、优先执行。因情况紧急需要先予执行的，应裁定先予执行。

3. 律师事务所、公证处、基层法律服务所和其他社会法律服务机构，应积极为老年人提供减免费法律咨询和有关服务。

八、积极营造有利于老年人优待工作实施的社会环境

尊重、关爱和照顾老年人，保障他们的合法权益是全社会的共同责任。各行各业、企业事业单位、社会团体和公民，都应当履行为老年人提供优待的职责和义务，积极为老年人提供更多更优惠的优待服务。各级宣传部门、司法行政部门、涉老优待职能部门以及社会各有关方面，要加强尊老敬老的思想教育、道德宣传和维护老年人合法权益的法制教育活动，大力营造关心、支持和参与老年人优待工作的社会氛围，增强社会成员依法维护老年人权益的自觉性，提高老年人自我维权的意识和能力，共同推动优待工作的落实。

九、各级政府要切实加强对老年人优待工作的领导

各级政府要按照本意见，结合各地实际，认真组织落实。尚未制定老年人优待办法的省份，要抓紧研究制定，已经制定的省份，要根据经济社会的发展和老年人的需求，适时对现有优待办法进行修订完善。要随着经济的发展逐步增加对老年人优待的经费支持，同时，充分调动社会各方面的积极性，建立多元化的投入机制。要本着统揽全局，协调各方，整体推进的原则，建立健全政府主导、老龄工作机构组织协调、相关部门各司其职、企事业单位和社会团体以及志愿者积极参与的工作体制和运行机制。对优待工作中老年人反映强烈的突出问题，要加强督办解决的力度。要把老年人优待工作作为老龄工作的一项重要内容纳入目标管理，建立督查和奖惩制度。

十、各级老龄工作委员会和涉老优待职能部门要积极发挥作用，抓好优待工作的落实

各级老龄工作委员会要在同级政府的领导和支持下，建立有关涉老优待职能部门的联席会议制度，由老龄工作委员会办公室承担日常工作，负责老年人优待工作的具体组织、指导、协调和本地老年人优待证的制作发放工作。各级涉老优待职能部门要按照本意见的精神和本地老年人优待法规政策的要求，结合部门职能和所负责管理行业的特点，制定具体的实施办法。要规范服务，加强管理，督促各优待服务场所、设施和窗口设置优待标识，公布优待内容，建立健全信息反馈和监督机制，设立服务和监督热线，及时受理，依法解决好举报和投诉问题。

（三）全国律师协会文件选载

关于举办“证券法律业务讲座”的通知

（2005 年 2 月 25 日）

各省、自治区、直辖市律师协会：

2002 年 12 月 23 日，司法部和中国证监会联合发布了《关于取消律师及律师事务所从事证券法律业务资格审批的通告》，正式宣布取消证券律师资格制度，这是中国证券监管方式走向市场化、国际化的一个重要举措。但是，证券律师资格制度的取消，并不意味着证券法律业务不再具有较强的专业性，相反，随着证券市场的日益规范和健康稳定发展，律师在证券活动中的作用和责任也更为明显。为便于广大律师更好地学习证券法律业务知识，特别是证券法律业务的实务技能，深化理解监管机构发布的最新规范性文件，经过精心准备，中华全国律师协会定于 2005 年 4 月 19 日至 22 日在北京举办“证券法律业务讲座”。该讲座将由刚刚卸任中国证监会股票发行审核委员会专职委员的全国律协金融证券专业委员会副主任、中银律师事务所首席合伙人唐金龙博士以及多位具有丰富实践经验的资深律师担任主讲，并拟邀请中国证监会等监管机构的有关人士在讲座期间发表演讲。

本讲座突出的特点是注重实务性与操作性，由经验丰富的执业律师和监管人员从不同的角度探讨证券法律业务的实践技能。讲座以课堂授课的方式讲授，并将结合相应的案例进行案例教学，配发实用材料，从而帮助学员从证券发行、上市公司再融资、上市公司并购、证券民事诉讼等方面，全方位掌握与证券法律业务有关的关键问题。

讲座主要内容：

1. 企业改制与 A 股发行上市的法律业务，包括保荐制下的一般程序、改制上市中的审计和资产评估、A 股首次公开发行（IPO）的审核程序和重点、深市和沪市证券交易所发行上市的程序、主要法律文书的制作精析，以及案例分析。

2. 上市公司再融资的法律业务，包括配股、增发、发行可转债等方面的程序和应注意的问题。

3. 境外上市的法律业务，包括香港主版和创业版、新加坡以及其他境外市场的上市法律业务。

4. 上市公司并购法律业务。

5. 证券类诉讼业务。

6. 证券市场其他机构的有关法律业务。

关于征求地方律师协会意见建议的通知

（2005 年 2 月 28 日）

各省、自治区、直辖市律师协会：

根据党中央、司法部党组和全国律协党总支的安排，全国律协秘书处党总支决定于 2005 年 2 月 18 日开始，用大约六个月时间，在全国律协秘书处进行党员先进性教育活动。为开展好此项活动，拟采用召开座谈会和问卷调查等形式向你们征求对全国律协秘书处开展先进性教育活动的意见和建议。为此，特发《保持党员先进性教育问卷调查表》给你们，请各律师协会本着实事求是，帮助我们改进工作的负责精神，认真填写，请于 3 月中旬前反馈回全国律协保持党员先进性教育办公室。

对你们的大力支持表示感谢。

保持党员先进性教育问卷调查表

一、请在您认为符合您意愿的地方画“√”：

1. 对全国律协秘书处近年来的工作

a. 非常满意　b. 满意　c. 基本满意　d. 不满意

2. 对全国律协秘书处办公室近年来的工作

a. 非常满意　b. 满意　c. 基本满意　d. 不满意

3. 对全国律协秘书处会员部近年来的工作

a. 非常满意　b. 满意　c. 基本满意　d. 不满意

4. 对全国律协秘书处专业委员会工作部近年来的工作

a. 非常满意　b. 满意　c. 基本满意　d. 不满意

5. 对全国律协秘书处培训部近年来的工作

a. 非常满意　b. 满意　c. 基本满意　d. 不满意

6. 对全国律协秘书处信息调研部近年来的工作

a. 非常满意 b. 满意 c. 基本满意 d. 不满意

7. 对全国律协秘书处国际部近年来的工作

a. 非常满意 b. 满意 c. 基本满意 d. 不满意

8. 对全国律协秘书处中国律师杂志社近年来的工作

a. 非常满意 b. 满意 c. 基本满意 d. 不满意

二、请在您认为符合您意愿的地方画“√”，并提出您的意见建议：

a. 秘书处负责人 意见、建议：

b. 接待 意见、建议：

c. 会议 意见、建议：

d. 会员权益 意见、建议：

e. 会员活动 意见、建议：

f. 专业、专门委员会工作 意见、建议：

g. 培训 意见、建议：

h. 对外交流 意见、建议：

i. 机构设置、人员调配 意见、建议：

j. 财务管理 意见、建议：

k. 中国律师杂志社 意见、建议：

l. 对外信息交流暨宣传 意见、建议：

m. 未尽事项 意见、建议：

关于继续运用卫星远程教育系统开展2005年新法培训的通知

（2005年3月8日）

各省、自治区、直辖市律师协会：

2004年在各地律协的大力协助下，全国律协运用中华全国律师函授中心的卫星远程教育系统，于2004年进行了3次司法解释的远程培训，并于2004年7月4日进行了全国律师队伍集中教育整顿远程培训。据不完全统计，4次培训全国律师共有近4万人次参加了远程培训，获得各地参加培训的律师普遍好评，尤其是律师集中教育整顿的远程培训，取得了非常好的效果。

应各地律协的要求，2005年全国律协决定继续运用卫星远程教育系统开展各项新法（含司法解释）培训工作。培训内容将根据全国人大常委会2005年度的立法计划、近一时期的司法解释以及各地律协的意见拟定，培训内容将更加贴近律师办案的实际需要。2005年初步拟定组织4次全国性培训，具体内容见附件。各地律协可根据讲课内容参加培训，并将参加情况及时报至具体承办单位中华全国律师函授中心。

全国律协培训计划表

讲课时间	内　容	主讲人	是否参加
2005年4月16日	律师事务所“两结合”管理体制	律协领导	
	合伙律师事务所的内部管理	王俊峰	
2005年4月17日	律师执业与和谐社会	中央党校	
	律师的诚信建设	张晓维	
2005年6月25日	我国刑事诉讼法的修改与完善	陈瑞华	
	刑事证据的立法与实践	田文昌	
2005年6月26日	民事诉讼证据制度	张卫平	
	民事诉讼的司法实践	最高人民法院法官	
2005年9月17日	关于公司法修改的立法目的	全国人大专家	
	关于公司改组中的法律问题	江平或赵旭东	
2005年9月18日	关于企业破产法修改的立法目的	全国人大专家	
	《最高人民法院关于审理与企业改制相关的民事纠纷案件若干问题的规定》的理解与适用	最高人民法院法官	
2005年12月10日	我国物权法的起草与制定过程中的法律问题	王利明或梁慧星	
	有关物权法方面的司法解释	最高人民法院法官	

关于推荐北京市律师协会《律师行业自律系列丛书》的通知

（2005年3月22日）

各省、自治区、直辖市律师协会：

为了强化律师、律师事务所自律意识，规范执业行为和管理行为，提高律师执业风险防范能力，北京市律师协会编写了《北京律师执业警示录》、《北京律师事务所管理指引》、《北京律师执业风险提示录》和《北京律师行规汇编》等律师行业自律系列丛书。其中，《北京律师执业警示录》收录了53件律师违纪典型案例，从案情简述、主要事实、审查过程、处理结果等方面对违纪案件进行了全面总结，并就案件的发生、对律师执业的影响以及可资警示的经验等进行了评析。这本书对于每一位执业律师，特别是新律师具有很强的教育警示意义；《北京律师执业风险提示录》集北京律师长期执业经验，有针对性地对律师主要业务领域各环节可能出现的执业风险予以重点提示，并提出了具体防范措施。这本书可为广大律师特别是新律师认识、避免、化解执业风险提供很大帮助；《北京律师事务所管理指引》收集了北京一些规范化律师事务所成熟的管理制度范本，并对这些成功经验加以评析。这本书对于律师协会加强对律师事务所的管理和指导，对律师事务所内部规范管理具有很好的指导意义；《北京律师行规汇编》收录了北京市、全国律协以及北京市司法局、司法部有关律师行业管理方面的行业管理规则、执业规则、业务指引以及行政规章等。这本书对于各地律协建立健全行业规则体系、制定地方规章制度具有一定的启示作用。

全国律协认为，目前开展的“合伙制律师事务所规范年”活动，主要目的在于进一步规范律师和律师事务所的执业行为。各级律师协会通过参与这项活动，提升行业管理能力，帮助、引导律师和律师事务所不断强化自律意识，提高律师事务所内部管理能力和管理水平。推荐北京律师《律师行业自律系列丛书》，目的是要推广北京市的成功经验，使各地律师和律师事务所便捷获取有关律师事务所成功的管理经验和作法，有针对性地警示每位执业律师从北京典型案例中得到警示，进一步规范执业行为，从制度建设入手，加强行业规范的制定，推进律师行业自律管理的深入发展。

各地律协可根据本地律师和律师事务的需求，直接与负责该丛书出版发行的中国政法大学出版社联系订购事宜。

特此通知。

关于召开第六次全国律师代表大会的补充通知

（2005年4月18日）

各省、自治区、直辖市律师协会：

全国律协下发〔2005〕律发字第14号文件后，一些省律协来电询问有关问题，现将所涉问题答复如下：

一、关于特邀代表

各省、自治区、直辖市司法厅（局）主管律师工作的厅（局）长一名、律师协会秘书长一名为特邀代表。

二、关于律师人数统计

各省、自治区、直辖市的律师人数是以《2003年度中国律师业发展数据统计分析报告》为准。

三、关于理事候选人名额

各省、自治区、直辖市理事候选人名额，以当地律师总人数的790:1产生一名（当地律师总人数÷790，其余数每超百人增加一名额）。

附：第六次全国律师代表大会代表、理事候选人名额分配表

地　区	律师人数	代表名额	理事名额	团体理事名额
北　京	7916	20	10	1
天　津	1729	5	3	1
上　海	5529	14	7	1
重　庆	2857	7	4	1
河　北	4017	10	5	1
山　西	2678	7	4	1
内　蒙	1972	5	3	1
黑龙江	3120	8	4	1
辽　宁	4585	12	6	1
吉　林	1988	5	3	1

续表

地　区	律师人数	代表名额	理事名额	团体理事名额
山　东	7219	18	10	1
江　苏	6318	16	8	1
安　徽	3686	9	5	1
浙　江	4989	13	7	1
福　建	3058	8	4	1
湖　南	4251	11	6	1
湖　北	3687	9	5	1
陕　西	2768	7	4	1
河　南	5583	14	7	1
江　西	1880	5	3	1
广　东	9808	25	13	1
云　南	2639	7	4	1
贵　州	1153	3	2	1
四　川	5783	15	8	1
广　西	2295	6	3	1
甘　肃	1377	4	2	1
海　南	621	2	1	1
宁　夏	554	2	1	1
青　海	413	2	1	1
新　疆	2170	6	3	1
西　藏	35	2	1	1
两　公	3000	8	4	
军　队	1750	5	3	
法　援	4000	10	5	
合　计	115428	300	159	31

注：1. 代表人数与律师人数的比例是400:1（超百人增加一名额）；

2. 此表按全额分配计算，未留机动名额；

3. 理事候选人名额与律师人数的比例是790:1（超百人增加一名额）；

4. 青海、西藏各予增加一名代表名额。

关于推荐“企业年金基金管理机构资格认定评审专家”人选的通知

（2005年4月26日）

北京、上海律师协会：

为推动建立多层次社会保障体系，规范企业年金管理运营，劳动和社会保障部决定建立企业年金基金管理机构资格认定专家评审机制，将在社会保障、法律、金融、财务会计、公司治理、风险管理、信息技术等领域中选任具有较强专业能力和较高职业声誉的人士担任评审专家，并要求全国律协差额推荐人选。

经研究，决定采取全国律协和地方律协两结合推荐人选的方式。请接此通知后，按上述要求提出推荐人选名单，并详尽填报《企业年金管理机构资格认定评审专家推荐表》。具体人数分配：

北京6人　上海4人

请务必于5月8日前将《推荐表》报全国律协。

关于内地律师事务所在香港特别行政区设立分支机构的有关问题的通知

（2005年5月12日）

各省、自治区、直辖市律师协会：

根据《CEPA》的要求，为了落实司法部与香港律政司2004年底签署的《关于推进内地与香港法律服务合作的会议纪要》，支持内地律师到香港开展法律服务业务，规范内地律师到香港执业，推动两地法律服务业的共同发展，现将内地律师事务所在香港特别行政区设立分支机构的条件及内地律师赴港执业的相关程序下发，请各会遵照执行。

一、申请在香港特别行政区设立分支机构的律师事务所，应当具备以下条件：

1. 符合司法部《律师事务所分所登记管理办法》（司法部第49号令）第四条所规定的设立条件，即：（1）成立时间满4年；（2）有专职律师20人以上；（3）申请设立分所前两年内未受过处罚；

2. 符合香港律师会对境外律师在港设立分支机构及在港执业的要求。

二、律师事务所委派驻香港特别行政区分支机构的律师，由派出律师事务所决定，并应当具备以下条件：

1. 具有良好的政治素质和职业道德，在执业期间未受过惩戒处分；

2. 在国内连续执业2年以上；

3. 需符合香港对境外执业律师的要求。在香港执业期间，应遵守香港对境外律师执业的规定，服从中联办的管理。

三、律师事务所在香港特别行政区设立分支机构的程序为：

拟设立代表处的内地律师事务所应向中华全国律师协会提交有关申请材料，中华全国律师协会应当自收到申请材料之日起20个工作日内，对材料齐全，符合要求的，向香港律师会出具推荐函。推荐函签发人为中华全国律师协会会长，推荐函有效期为四个月，过期自动失效。

申请材料应包括：

(1) 申请书；

(2) 省、自治区、直辖市司法厅（局）出具的律师事务所符合条件的资质证明；

(3) 省、自治区、直辖市司法厅（局）和律师协会出具的律师事务所和派驻律师操守证明。

四、内地律师事务所在香港特别行政区撤销其分支机构，也应报中华全国律师协会备案。

五、本通知已经司法部批准，并转发省市自治区司法厅（局）。

附：内地律师事务所在香港特别行政区设立分支机构申请表（略）

关于对各级律师协会惩戒工作进行调研的通知

（2005年5月27日）

各省、自治区、直辖市律师协会：

为了推进律师惩戒制度的不断完善，全国律协拟定于2005年下半年召开律师协会惩戒机构建设工作会议。为了开好此次会议，全国律协将对各级律师协会惩戒机构建立、工作运转、存在问题等情况进行一次调研，全面掌握各级律师协会惩戒工作开展情况。现将有关调研的具体事项通知如下：

一、调研的目的和要求

建立切实可行的律师惩戒制度，对强化律师行业自律性管理，维护律师形象，促进律师队伍健康发展具有积极的意义。在配合司法部2004年开展的律师集中教育整顿活动中，全国律协以推动各级律师协会惩戒机构的建立、完善惩戒规则为重点，进一步强化了地方律协惩戒工作的开展。

目前，省级律师协会的惩戒制度已基本建立起来，但地市律师协会惩戒工作开展情况尚存在诸多问题，机构设置、人员到位、制度建设等方面都与行业管理的要求有一定差距。为此，全国律协常务理事会决定召开一次律师协会惩戒机构建设工作会议。为了做好会议的准备工作，全国律协将对各级律师协会惩戒工作开展情况进行一次调研，以期全面掌握目前律师协会惩戒工作开展的实际情况，征求各级律师协会对惩戒工作的意见，总结惩戒工作开展经验，找出工作开展不利的原因，为律师协会惩戒机构建设会议提供详实的材料。

二、调研的内容

此次调研活动主要包括以下几个方面的内容：

1. 地市级律师协会惩戒工作机构的建立及工作开展情况。(1) 惩戒机构总体设置及工作开展情况概述；(2) 惩戒工作存在的问题及产生的原因；(3) 对完善地市级惩戒工作的建议；(4) 惩戒机构未建立的原因或已建立机构但不能正常开展工作的原因及分析。

2. 省级复查机构的设立和工作开展情况。(1) 对律师协会惩戒复查机构建立情况进行摸底，填写《律师协会惩戒复查机构建立情况统计表》（统计表附后）；(2) 已建立复查机构的可详细介绍复查工作开展情况。如复查机构人员组成；机构存在形式；工作程序及具体工作方式；(3) 已办理的复查案件总数和处理结果。提供本协会制定的有关复查工作的实施细则、复查机构工作规则等；(4) 尚未建立律师惩戒复查机构的原因，拟建立复查机构的时间；(5) 已建立惩戒复查机构，但仍没有启动工作程序的原因，拟启动工作程序的时间。

3. 工作经验总结。省级律师协会要对复查工作开展情况总结经验，形成文字，地市级律师协会惩戒工作开展的比较好，有成熟工作经验的要及时总结，如惩戒机构组成情况、工作程序及具体工作方式、已办理的惩戒案件的数字及案件处理结果等，省级律师协会要及时加以总结，在本地区加以推广，推进本地惩戒工作的开展。

4. 可就律师协会惩戒工作开展情况提出建议或意见。

三、调研的组织工作

各省、自治区、直辖市律师协会对此次调研工作要高度重视，尤其是要深入调查了解地市级律师协会惩戒工作开展情况，找出问题所在，提出解决问题的措施，给予具体的扶持和帮助。各地律协接此通知后，请按本通知“调研内容”组织开展调研工作，可采取召开座谈会，实地调研等形式，负责对地市级律师协会惩戒工作开展情况进行摸底，将所有调研内容形成文字报全国律协。

关于举办“第五届中国律师论坛”的通知

（2005年5月30日）

各省、自治区、直辖市律师协会：

为进一步加强和扩大广大律师之间的交流和沟通，提高和强化广大律师的业务水平和管理理念，加深和细化广大律师对“构建和谐社会与律师业发展”的研究与思考，中华全国律师协会将与天津市人民政府于今年10月28日~30日举办以“构建和谐社会与律师业发展”为主题的“第五届中国律师论坛”。

本届论坛将以“前沿性、权威性、国际性、开放性”为举办原则，借鉴吸收前四届论坛的经验与做法，并进一步发挥与展现互动性、实用性、参与性、代表性的思想碰撞、观点交锋、经验交流、文化展示的魅力和特点。

现将“第五届中国律师论坛”的有关事项通知如下：

一、组织架构：

1. 主办单位：中华全国律师协会、天津市人民政府

2. 行政支持：中华人民共和国司法部

3. 承办单位：天津市司法局、天津市律师协会

4. 媒体支持：《中国律师》杂志、中国律师网

二、时间：2005年10月28日~30日。

10月27日全天报到，10月28日上午9：00开幕式，会期3天。

三、地点：

将根据论坛的规模和实际情况再定（具体地点另行通知）

四、主题：

构建和谐社会与律师业发展（具体参考题目请登陆中国律师网 www. acla. org. cn）

五、会议规模：

根据司法部领导与天津市政府领导指示，此次论坛规模为1000人左右。其中包括各地律师代表，关联行业、企业界、学术界代表，法律界、经济界知名专家、学者参加。届时，还将邀请港、澳、台地区和亚、欧、美等国家的律师协会及有关机构、外国律师事务所驻华代表处和一些跨国公司、大型企业的商业界人士参加。另外，每位参会律师可计算培训时间20学时。

六、议程：

时值全国律协和大部分省（区）市律师协会已完成换届，本次论坛将开设“地方律师协会会长圆桌会议”，在论坛主题的框架下，就进一步发挥行业自律管理职能，促进律师业发展进行交流探讨。邀请全国律协领导和全国各省（区）市律师协会会长、副会长参加。论坛还将开设“律师与企业家圆桌会议”，邀请一些知名企业家与律师对话，进一步加强、促进律师界与企业界的交流与联系。

论坛具体议程确定后另行通知。

中华全国律师协会
关于对五届全国律协常务理事及秘书长“为律师事业发展做出突出贡献”予以表彰的决定

（2005年6月16日）

三年来，五届全国律协领导班子成员努力实践邓小平理论和“三个代表”重要思想，坚决贯彻执行党的路线方针政策，积极探索和发展两结合的管理体制，在建立和完善律师行业管理组织体系，充分发挥律师协会行业管理职能等方面做出了突出贡献。他们紧紧围绕着“坚持信念、精通法律、维护正义、恪守诚信”的要求，坚持不懈地加强律师队伍的思想建设、业务建设、制度建设和行风建设，为律师业的发展创造了良好的环境。全国律协在五届领导班子成员的带领下，在制定全国性的行业规范、代表整个行业维护律师合法权益、研究和制定行业发展规划等全局性工作中取得了显著成绩，得到业内外人士的普遍认可和赞誉。

经六届全国律协常务理事会第一次会议研究决定：对五届全国律协常务理事及秘书长“为律师事业发展做出突出贡献”予以表彰。

当前，律师工作正处在拓展和规范的重要时期，六届全国律协常务理事会将秉承前任领导班子的优良传统和作风，在邓小平理论和“三个代表”重要思想的指引下，坚定信心，开拓创新，扎实工作，不断开创律师工作的新局面，为实现全面建设小康社会的宏伟目标做出新的更大贡献。

附：　为律师事业发展做出突出贡献奖名单

会　　长：高宗泽
副 会 长：付　洋　彭雪峰　于　宁　陈　舒
　　　　　张　栋　杨伟程　朱洪超　金　山
常务理事：蒋　敏　张　庆　王俊峰　孙卫星
　　　　　秦希燕　杨　华　王　凡　宋建中
　　　　　孙　智　张　燕　缪林凤　顾培东
　　　　　王天举　贺宝健　袁小彬
秘 书 长：贾午光

关于进一步做好律师出庭服装征订工作的通知

（2005 年 7 月 12 日）

各省、自治区、直辖市律师协会：

实施律师出庭统一着装制度以来，在各级律师协会和广大律师事务所的共同努力下，律师出庭服装征订工作进展顺利，总征订数量已达九万余套。近年来征订工作中也出现了一些问题。一是各地征订时间不统一；二是衔接环节常有漏洞，导致责任不明；三是程序不完整，致使效率低下。为了使律师服装征订工作更加规范，现将律师服装征订工作中应注意的事项通知如下：

1. 从 2005 年起，各地每年向全国律协报送律师服装征订单的时间为 8 月 10 日至 31 日。希望各地律协做好组织、统计等准备工作，在规定的时间内将地、市的服装、徽章征订报表及款项统一报到全国律协办公室；全国律协今后将不再接收地、市律协的律师服装、徽章报表和款项。

2. 各地律协应指定专人负责律师服装征订工作，人员更换后，应及时告知全国律协办公室。

3. 填写表格请用电脑打印，联系人和电话一定要写清楚，包括办公室座机号码、传真机号码和联系人手机号码，以便发生问题时能及时联系。在报表上盖公章时，请一定盖在左上角（订购单位处），否则会影响阅读征订单上的其他款项。

4. 一般情况下，各地 10 月份可以收到服装。今后每年 11 月份是核查律师出庭服装收到情况的固定联系日期，如有问题，请各省、自治区、直辖市律协统一与全国律协办公室联系，以便全国律协及时跟厂家交涉。超过每年 12 月 15 日的，由各省、自治区、直辖市律协自行负责。

律师出庭服装征订工作是一项长期性的工作，也是一项很细致的工作，希望各地律协的工作人员互相合作，积极配合，把这项工作做细、做好。

关于举办“并购项目流程管理、结构设计和文件制作高级培训班”（第二期）的通知

（2005 年 7 月 18 日）

各省、自治区、直辖市律师协会：

当今企业并购已经成为经济全球化的一个重要趋势，不仅有大型跨国企业并购中资企业，更出现了我国企业走出国门，实施有选择性的跨境收购的著名案例，新近见诸报端的就有联想并购 IBM、中海油并购优尼科和海尔并购美泰等。为了帮助广大律师和其他相关领域的专业人士更好地迎接加入世界贸易组织给我国所带来的机遇和挑战，全面提高自身的业务素质和竞争能力，为国内外客户提供优质高效的法律服务，中华全国律师协会曾于今年 3 月 23 日至 26 日在北京举办了一期“并购项目流程管理、结构设计和文件制作高级培训班”。该讲座由全球十大律师事务所之一——路伟国际律师事务所的北京代表处主任合伙人吕立山先生（中华全国律师协会教育委员会外国专家）和北京东易律师事务所合伙人江宪胜先生（律协—路伟法律技能培训项目专员）担任主讲。

在该期讲座中，广大律师踊跃报名，共有近四百名律师参加学习，并且反响极好，我会工作人员通过教学现场及事后调查统计得知，绝大多数参会律师都认为从该讲座中受益匪浅。同时，参会律师普遍认为主讲人授课经验丰富，表达力强，无保留，坦诚无私，令人敬佩；其中对吕立山先生和江宪胜律师的评价最高，认为他们思路清晰，授课精湛，语言简洁，讲解透彻，逻辑性、严密性和互动性强，授课内容丰富，结合实践比较好，能够充分调动参加学习的律师的积极性。

由于上期讲座会场有限，有相当一部分律师无法报名参加。应广大律师的要求，全国律协将于 2005 年 9 月 14 日至 17 日在上海市举办第二期“并购项目流程管理、结构设计和文件制作高级培训班”。讲座仍由吕立山先生和江宪胜律师担任主讲。并且，根据对上期参会律师的调查反馈，本期讲座将在突出实务性与操作性的基础上，对部分授课内容予以优化。

本期讲座以并购交易的流程管理、结构设计和并购合同的制作为重点，同时还将由经验丰富的投资银

行家、注册会计师、基金管理专家、管理咨询顾问等从不同的角度探讨并购交易的操作技巧。讲座以课堂授课的方式讲授，并将结合专门设计的6个并购案例进行案例教学，从而帮助学员全面掌握并购领域的国际一流律师在并购流程管理、结构设计、文件制作方面的思路。

本次讲座将为学员提供相应的中英文资料及并购合同范例的中英文版本。授课主要采用中英文互动方式进行；同时，在讲授法律实用技能的基础上，充分调动学员的主动性，为学员提供课堂集体练习机会，并由学员在主讲人提示下进行自我评判。

讲座主要内容：

本讲座的授课内容不仅对律师适用，而且对希望全面了解并购交易流程、要点以及主要文书的商业人士，以及其他中介组织专业人员也有帮助。此次讲座的主要内容如下：

• 并购项目流程管理和结构设计

• 并购合同详解

• 并购律师、商业人士、投资银行家、会计师、管理咨询顾问之间的互动和交流

• 如何操作合营方相互收购和合营企业向第三方出售

• 国有资产重组模式探讨

• 杠杆收购

• 中国企业海外并购指南

为了使本次讲座的学习效果达到最佳，我们仍建议学员可以在课前预习全国律协—路伟国际律师事务所联合制作的中英文合同范本（免费下载网址：中国律师网 http://www.acla.org.cn/html/lovells/index.asp.htm 和东方律师网 http://www.lawyers.org.cn），并观看全国律协—路伟国际律师事务所联合制作的“合同与法律咨询文书制作技能讲座”的DVD录像光盘或者“合同与法律咨询文书制作技能讲座授课资料幻灯和录音电脑只读光盘”（购买途径：北大英华科技有限公司，电话：010－82668266 转销售部），以便事先熟悉授课专家的讲授思路和合同制作模式。

关于召开制定律师协会《律师服务收费争议解决办法》研讨会的通知

（2005年9月5日）

湖北、上海、重庆、浙江、安徽、江苏、湖南、广东、四川、陕西律师协会：

根据中央关于司法体制和工作机制改革的初步意见的精神及司法部关于建立健全律师服务收费争议解决机制的意见，全国律协起草制定了《律师服务收费争议解决办法》。为了确保《律师服务收费争议解决办法》符合行业管理的现状，具有针对性和可操作性，全国律协将于9月下旬在湖北省武汉市召开研讨会。现将会议有关事项通知如下：

一、会议主要内容

对《律师服务收费争议解决办法》中涉及的适用范围、调解原则、机构设置、调解程序等内容进行讨论并提出修改意见。附上《律师服务收费争议解决办法》（草案）。

二、参加会议人员

各律师协会负责投诉工作的会领导一名；律师协会秘书长一名。

三、会议时间与地点

1. 会议时间：2005年9月21日报到，9月22日～9月23日会议。

2. 会议地点：湖北省武汉市，具体地点另行通知。

四、其他

请各地律师协会于9月15日～9月19日将参会人员名单报全国律协、湖北律协。

关于举办“中国—东盟自由贸易区法律事务论坛”的通知

（2005年9月12日）

各省、自治区、直辖市律师协会：

第二届中国—东盟博览会将于2005年10月19日至22日在广西南宁举行。为了促进中国—东盟自由贸易区的法制建设，充分发挥律师在自由贸易区建设中的作用，为自由贸易区提供优质、高效的法律服务，中国—东盟博览会秘书处、中华全国律师协会、广西律师协会、法制日报社将在“中国—东盟博览会上”共同主办“第二届中国—东盟自由贸易区法律事务论坛”。现将有关事项通知如下：

一、目的宗旨

本次论坛将紧紧围绕中国—东盟自由贸易区经贸、投资中涉及的法制建设以及争端解决机制建设与完善等主题，通过律师的广泛参与，逐步探索出一系列适应国际规则，符合自贸区实际，能够被自贸区成员普遍接受的自贸区经贸、投资保障机制，从而防止和减少商贸、投资纠纷，逐步完善成员方各自经贸法律规范，促进司法协助，推动中国—东盟自由贸易区的法

制建设。

二、论坛规模

此次论坛将邀请WTO争端解决机制专家组专家、其他国际组织、东盟十国商贸、立法、律师、仲裁机构专家以及国内相关著名学者到会演讲、交流。中华全国律师协会、博览会秘书处等主办单位领导和其他参会人员200人参加论坛。论坛将以主题演讲、开放讨论与专家答疑的形式进行。

会务网上查询：http://www.eajiahua.com/ls_fongcai.htm

三、论坛主题与议题

（一）论坛主题："区域经济与法制建设"

（二）论坛议题：

1. 中国—东盟自由贸易区的经贸、投资保障；

2. 中国—东盟自由贸易区框架下成员方法律体系研究；

3. 中国—东盟自由贸易区争端解决机制的建立与发展；

4. 律师在区域经济发展过程中的地位与作用。

四、日程安排

时间：2005年10月19日~21日（19日报到，20日上午9：00开幕式，会期两天）。

地址：南宁国际会展中心105号会议厅。

住宿宾馆：南宁市内（具体按博览会统一调配另行通知）。

关于开展"2005年全国刑事辩护律师义务宣传日"工作的通知

（2005年9月13日）

各省、自治区、直辖市律师协会：

去年12月18日首届"全国刑事辩护律师义务宣传日"（以下简称"宣传日"）成功举办，在社会各界获得好评。今年将继续开展"宣传日"活动。

针对我国刑事辩护率偏低的状况，今年"宣传日"确定"了解刑事辩护，帮助自己和他人"为活动主题。开展"宣传日"活动，旨在进一步增进公众对刑事辩护的了解、提高公众的法制观念、增强律师对刑辩业务的重视。我们也希望将这一"宣传日"活动，作为律师为创建和谐社会的有益探索和律师与公众交流的有效形式固定下来，延续下去。

一、具体工作

1. 以全国律协和各省、自治区、直辖市律协刑事专业委员会为基本力量，在全国范围内，选择城市人流密集的地方设立义务咨询点，散发宣传材料，为群众提供免费的咨询和法律帮助。

2. 在"宣传日"里，选择部分律师事务所，开通并公布免费咨询电话，安排律师接受群众的法律咨询。

3. 在"宣传日"前，由"中国刑辩网"举办网上论坛，组织著名刑辩律师与公众进行在线交流。为扩大影响，今年拟与主流大众网站开展合作。

4. 与中央电视台合作，制作播放公益广告，宣传律师刑事辩护工作，突出"了解刑事辩护，帮助自己和他人"的主题。

二、活动安排

今年"宣传日"活动定为2005年10月16日（十月的第三个星期天）上午10时至下午4时。

具体运作时间表：

9月1日至9月30日前完成活动策划、宣传材料印制、参加活动的人员和活动场地的确定，向全国律协刑事专业委员会申报所需宣传材料数量；

10月8日前邮递完毕宣传材料；

10月16日前各地完成与媒体宣传工作的联络与协调；

10月30日前各地刑委会提交"宣传日"工作总结；

11月全国律协进行工作总结评比。

三、活动分工

1. 全国律协负责承办、北京律协协办北京的活动，其他各地方律协负责承办各自辖区内的活动，所需经费自行承担。

2. 全国律协刑委会负责联系全国级媒体对"宣传日"的宣传报道；各地方律协负责联系地方媒体的宣传报道。在北京将在央视新闻频道、北京电视台一套节目、法制日报、人民法院报、《中国律师》、《法律与生活》、中国律师网、中国刑辩网、正义网、人民法院网、雅虎网等媒体上发布消息，并将安排1~2家重要媒体做专题采访。

3. 全国律协刑委会负责印制宣传材料。请各地于9月28日前将所需数量告全国律协刑委会秘书处。

关于开通全国律师代表网上专区的通知

（2005 年 9 月 13 日）

各省、自治区、直辖市律师协会：

为了更好的发挥第六届全国律师代表（包括理事、常务理事）在全国律师代表大会闭会期间的代表职能，形成律师代表积极参与律师行业建设的良好局面，全国律协决定在中国律师网论坛中开辟专门的代表专区，发挥网络优势加强全国律协与广大律师的沟通，开创新的快捷高效的工作模式。

该专区被命名为“代表之窗”，第六届全国律师代表将通过专用的密码登陆该专区，查询全国律协的有关文件，对律协工作提出意见和建议，提交代表议案，反映律师行业发展最新动态等。律师代表所发文章以帖子的形式公布，其他律师代表也可以对其进行回复。对于律师代表提出的一般问题，全国律协有关负责人将定期进行回复；对于律师代表形成的议案，全国律协有关部门收集后提交常务理事会讨论，并将答复意见以回帖的形式反馈给律师代表。

该专区将于 9 月 26 日开通。请各地将所在地区的代表、理事的登陆名和密码及时告知各位代表、理事。如有任何问题，请与中国律师网联系。

特此通知。

关于印发《中华全国律师协会 2005～2008 年工作纲要》的通知

（2005 年 9 月 23 日）

各省、自治区、直辖市律师协会：

根据党的十六届四中全会提出的发挥社团、行业组织和社会中介组织提供服务、反映诉求、规范行为作用的要求，为了明确本届协会的工作目标和任务，加强律师协会的管理职能，切实承担起行业管理的任务和职责，不断推动协会工作的进步和创新，使律师协会为构建社会主义和谐社会发挥积极作用，第六届全国律协制定了《中华全国律师协会 2005～2008 年工作纲要》，已经第二次常务理事会审议通过。现印发给你们，希望各地律协参照执行。

关于征集各地律师对公安机关看守所律师会见室应用分隔设置情况反映的通知

（2005 年 11 月 1 日）

各省、自治区、直辖市律师协会：

在第六次全国律师代表大会期间，来自 22 个省、自治区、直辖市的 106 位代表提出《要求公安部修改“看守所建筑设计规范”》的提案。为了解决提案中所列问题，全国律协建议各地律师协会在本地开展一次有关公安机关看守所律师会见室应用分隔设置以及对律师会见工作影响的调查活动。全国律协汇集各地情况后，将积极与相关部门协调，促进问题的解决。现将有关问题通知如下：

一、开展实地调研

通过召开律师座谈会了解有关公安机关律师会见室应用分隔设施的情况，有条件的地方要实地走几个看守所了解情况。

二、提交书面意见

1. 本地区公安机关看守所律师会见室的基本情况，如，了解了多少看守所、是否设有分隔设施等；

2. 本地区律师办理刑事案件数量等情况，由于《看守所建筑设计规范》的有关规定，影响律师会见当事人、犯罪嫌疑人的具体问题，如有具体案例，需提供；

3. 律师协会是否与公安机关就看守所律师会见室应用分隔设置的问题进行过交涉；公安机关的回复意见情况。有无回复，口头的、文字的，如有文字回复请提供复印件。有无公安机关根据律师协会的意见改变看守所律师会见室的分隔设置，方便律师会见。如有请具体说明；

4. 提出具体建议：（一）公安机关就看守所律师会见室应用分隔设置对律师会见工作、对我国社会主义法制建设的影响及产生的危害；（二）具体修改看守所律师会见室分隔设置的意见等。

三、具体要求

1. 本次对看守所有关情况的调研，是对全国律协第六届律师代表大会律师提案涉及问题的具体落实。各地律师协会应积极配合，全国律协常务理事、理事应参与此项活动。

2. 在实地调研中，各地律师协会要注意做好与公安机关的协调工作。

3. 各地律师协会要做好文字的汇总和整理工作，提出具有可操作性的意见和建议，书面形式报全国律协。

4. 2005年12月20日前，将书面报告报全国律协会员部。

关于开展女律师工作情况调研活动的通知

（2005年11月22日）

各省、自治区、直辖市律师协会：

为了推动女律师队伍的健康发展，全国律协女律师协会将在部分省、自治区、直辖市律师协会开展女律师工作情况调研。通过全面了解各地女律师的人员分布结构、执业状况，听取各地律师协会及女律师组织的意见和建议，进一步摸清全国女律师的基本情况，为工作开展奠定基础。

现将调研活动的具体内容及安排通知如下：

一、调研内容

1. 了解女律师组织的建设及人员设置情况。重点了解女律师专门工作机构的人员设置、规则制定及工作开展情况。

2. 了解各地女律师的基本情况，包括；人数、年龄、学历、专业领域等。

3. 了解各地女律师参政议政的情况。

4. 了解各地女律师组织发展中存在的问题及女律师在执业中存在的问题，广泛听取各地女律师对女律师工作的建议和要求。

二、调研活动安排

1. 本次调研采取分组方式。由全国律协女律师协会领导及部分执委组成10个小组，分别到部分省、自治区、直辖市律师协会进行调研。

2. 调研时间定于2005年底前（12月31日）完成，每组调研时间一般不超过7天。具体调研日期由各调研小组与相关律师协会协商。

3. 调研活动要通过填写调查表、召开座谈会等形式，广泛了解各地女律师组织及女律师的基本工作情况和意见建议。

三、具体要求

1. 本次女律师情况的调研活动，是全国律协女律师协会的一次较大的基础性工作，希望各地律师协会予以大力支持。已经设立女律师组织的地方，可由女律师组织具体组织调研活动；

2. 全国律协女律师协会的执委要在本次调研活动中积极配合本地区律师协会及女律师组织的工作；

3. 基本的数据统计工作是本次调研活动的重点之一：

（1）每位女律师要填写《全国女律师执业状况统计表》（A）。

（2）各地女律师组织或律师协会要填写《全国女律师执业状况统计表》（B）、《各地方律师协会女律师组织情况调查表》。

4. 女律师协会调研组的交通费用由全国律协承担；食宿费用请各地律师协会帮助解决。

5. 调研小组在调研结束后，要提交书面调研报告并附《各地方律师协会女律师组织情况调查表》、《全国女律师执业状况统计表》。

关于调整全国律协女律师协会执委的通知

（2005年11月22日）

各省、自治区、直辖市律师协会：

全国律协女律师协会成立5年来，通过积极参与国家立法活动，提供义务法律咨询以及社会公益活动，提高了律师的社会影响力，受到广泛好评。

为了发动更多的女律师参与律师协会的工作，推动女律师队伍的发展，全国律协女律师协会依据《中华全国律师协会女律师专门委员会规则》，将对执委进行调整，希望各地律师协会予以协助。

具体要求如下：

一、推荐范围

1. 各省、自治区、直辖市律师协会凡设立女律师组织的主要负责人（会长、主任）；

2. 各地认为需要重新推荐的：原执委已经离开律师行业需调整的、原执委名额未满需增加的。

二、推荐标准及名额

1. 推荐执委的标准要依据《中华全国律师协会女律师专门委员会规则》：在当地执业三年以上、熟习律师行业情况，具有丰富执业经验，职业道德好，关心律师事业发展，热心公益事业，在本地区有一定影响。

2. 各省、自治区、直辖市律师协会重新推荐担任全国律协女律师执委后，人数仍需保持1～2名，但女律师组织负责人不包括在内。

三、推荐材料

1. 填写《全国律协专门委员会、专业委员会候选人登记表》；

2. 对重新推荐或调整的，其所在律师协会应在登记表“地方律协意见”一栏中签署具体原因及意见。

关于做好《中国律师年鉴》（2005年卷）资料报送的通知

（2005年11月28日）

各省、自治区、直辖市律师协会：

《中国律师年鉴》是反映我国律师事业的基本情况和发展变化的资料性工具书，内容为上一年度全国律师行业的新发展、新情况，具有权威性、客观性、全面性。

从去年开始，全国律协成立了专门的“中国律师年鉴编辑部”，由全国律协负责，包括年鉴的编辑、广告、征订和出版发行等各项工作。年鉴主编由全国律协领导担任，具体工作由中国律师杂志社承担，每年定期出版。在各地律师协会的大力支持下，2004卷已经出版，并开始以全国律协的名义向与行业有关的单位、机构、部门赠送。为了保证今后年鉴能够在每年6、7月出版，请各地律师协会指定年鉴特约编辑抓紧时间，负责年鉴资料的收集、专版征集和发行，务必于2006年3月10日前将资料报送全国律协，以保证年鉴按时出版。

现就《中国律师年鉴》（2005卷）资料报送的有关事项进行说明：

一、年鉴所收资料的撰写应言简意赅，主题明确、事件清楚，尽可能全面反映本地律师行业的新发展、新情况，概况部分请署名以付稿酬。截稿时间为3月10日。为保证出版时间，请各地律协务必重视，过时将视为放弃。（具体内容、要求见附件一）

二、为了保证年鉴资料的按时报送，请各地律协于1月15日前将新变动的年鉴特约编辑及联系方式通知中国律师年鉴编辑部（如无变动可以不报），以保证年鉴资料按时报送。（见附件二）

三、年鉴专门开辟彩色专版和专栏对律师事务所和律师个人进行介绍，每版赠送5册中国律师年鉴。截止时间为4月10日。（见附件三）

四、年鉴设有律师事务所简况信息栏目，每条赠送1册年鉴，截止时间为4月10日。（见附件四）

五、由于年鉴出版成本高、周期长，印数少，需各律师协会组织律师事务所或个人提前预定。截止时间为4月30日。（见附件五）

六、为了保证年鉴正常出版所需的经费，诚恳希望各地律师协会能在专版征集、订刊发行方面给予大力支持。

附件一：各地报送《中国律师年鉴》（2005年卷）资料内容及要求（略）

附件二：年鉴特约编辑登记表（略）

附件三：中国律师年鉴（2005年卷）彩色专版确认合同（略）

附件四：中国律师年鉴（2005年卷）律师事务所简介确认合同（略）

附件五：中国律师年鉴（2005年卷）征订单（略）

关于成立中华全国律师协会法律援助委员会的决定

（2005年12月1日）

各省、自治区、直辖市律师协会：

为充分发挥律师在法律援助工作中的作用，保障律师在法律援助活动中的执业权利、提高工作质量、规范律师法律援助执业活动、深入研究法律援助的相关政策，整合行业资源，就完善律师参与法律援助的工作机制和国家法律援助制度向政府和有关部门提出意见和建议，中华全国律师协会五届六次常务理事会决定成立法律援助委员会。

经全国律协第六届常务理事会通讯表决决定，法律援助委员会由以下人员组成：

主　　任：邓甲明
常务副主任：佟丽华
副 主 任：郑自文
委　　员：（按姓氏拼音排列）
陈益未　高　贞　李　华　刘东华
邱宝昌　时福茂　王　林　杨晓红
张志毅

关于征求对《律师服务收费管理办法》（征求意见稿）意见的紧急通知

（2005年12月7日）

各省、自治区、直辖市律师协会：

为贯彻落实《中共中央转发〈中央司法体制改革领导小组关于司法体制和工作机制改革的初步意见〉的通知》（中发〔2004〕21号）精神，由国家发改委牵头，司法部配合，组成工作小组，开展了全国范围内的律师服务收费制度改革工作。按照中央“为了进一步规范律师服务收费行为，解决群众打官司难”的改革初衷，经过充分调研和征求意见，目前，工作小组已草拟了《律师服务收费管理办法》（征求意见稿），现印送给你们，请研究提出意见，并于12月15日前将意见Email或电传至我会，急盼！

四、会议资料选载

（一）司法部关于律师工作的会议及讲话选载

张福森同志在全国司法厅（局）长会议上的讲话

（2004年12月21日）

这次全国司法厅（局）长会议是在全国上下深入贯彻党的十六届四中全会精神，加快全面建设小康社会步伐的新形势下召开的。会议的主要任务是，以邓小平理论和“三个代表”重要思想为指导，全面贯彻党的十六大、十六届四中全会和中央经济工作会议、全国政法工作会议精神，总结今年工作，分析当前形势，研究部署明年工作。下面，我讲四个问题，请同志们讨论。

一、2004年司法行政工作的回顾

2004年，全国司法行政系统在党中央、国务院的正确领导下，坚持以邓小平理论和“三个代表”重要思想为指导，深入贯彻党的十六大和十六届三中、四中全会精神，树立和落实科学发展观，坚持立党为公、执政为民，司法行政工作改革发展步伐进一步加快。特别是党的十六届四中全会召开后，司法部党组及时传达学习全会精神，并对全系统的学习贯彻落实作了具体部署，各级司法行政机关认真学习、深入贯彻，进一步增强了用四中全会精神指导工作的自觉性，司法行政工作在加强党的执政能力建设的新的历史条件下，职能作用得到了进一步发挥，各项工作都取得了新的进展。

（一）积极发挥职能作用，为维护稳定作出了新的贡献。监狱工作法制化、科学化、社会化建设和监狱布局调整扎实推进，促进了监管安全稳定和罪犯改造质量的提高。截至今年11月底，狱内发案数和罪犯脱逃数分别比去年同期下降20%和42.5%。认真开展减刑、假释、保外就医专项检查活动，促进了严格、公正、文明执法。深入开展劳教办特色工作，劳教人员的教育挽救质量进一步提高。截止今年11月底，所内发案数和逃跑数分别比去年同期下降50%和17%，达到历史最好水平。全国“法轮功”劳教人员累计转化率达92%。大力推广石家庄和北京市西城区人民调解工作经验，人民调解维护社会稳定“第一道防线”的作用得到了充分发挥。加强刑释解教人员安置帮教工作，制定并落实促进刑释解教人员就业和社会保障政策，减少了重新违法犯罪。有针对性地开展了维护稳定方面的法制宣传教育，积极推动和引导律师参与处理涉法信访工作和群体性事件，帮助化解了大量矛盾纠纷。《法律援助条例》贯彻更加深入，各级党委、政府更加重视，司法部与民政部、财政部等九部门联合出台了《关于贯彻落实〈法律援助条例〉切实解决困难群众打官司难问题的意见》，法律援助覆盖面进一步扩大。

（二）积极开展法律服务，有力地维护了社会主义市场经济秩序。广大律师积极为各类市场主体参与经济活动提供法律服务，促进了国有企业改革的顺利进行，有效预防和减少了经济纠纷，帮助解决拖欠农民工工资，维护了农民工合法权益。公证机构积极为重大工程建设、对外经济贸易及重要民商事活动提供公证法律服务，防止和减少了经济纠纷。认真汲取“西安宝马事件”的教训，制定了《开奖公证细则（试行）》，进一步规范了现场监督公证业务。基层法律服务发挥面向基层、贴近群众的优势，努力为基层群众提供了法律帮助。

（三）积极开展普法依法治理工作，促进了依法治国方略的贯彻实施。大力开展以宪法、《行政许可法》为重点的法制宣传，有针对性地开展了领导干部、国家公职人员、企业经营管理人员及青少年等重点普法对象学法用法活动，各级领导干部依法行政、依法办事的能力进一步增强，广大群众的法律意识进一步提高。加强了对农民工、上访人员等重点人群的法制宣传教育，增强了他们的守法观念和依法维权意识。争创“民主法治示范村”和“法律进社区”活动进一步深入，部门、行业、基层依法治理活动扎实开展，为实施依法治国方略进一步奠定了基础。

（四）进一步深化改革，促进了各项工作的发展。监狱体制改革试点工作稳步推进，先行试点的6省（市）按照国务院《通知》要求，基本完成了改革试点的各项任务：经费保障机制初步形成，监企、收支分开基本实现，规范运行正在进行之中，新的管理体制初步建立。新扩大的8个试点省区已全面启动试点。社区矫正试点工作依法规范进行，领导体制、工作机制和制度规范初步形成，社会效果初步显现。公职、公司律师试点和公证体制改革稳步推进。加强了对司法鉴定体制改革的研究。港澳地区居民首次参加的第3次国家司法考试取得圆满成功，司法考试制度进一步完善。

（五）大力加强基层基础建设，进一步强化了基层司法行政职能。认真贯彻中央关于加强“两所一庭”建设的精神，司法部办公厅与国家发改委办公厅联合下发了《关于做好中西部地区司法所规划和建设工作的通知》，中西部地区司法所建设全面启动。各地按照司法部下发的《关于创建规范化司法所工作的意见》的要求，积极落实司法所机构编制，理顺管理体制，建立健全规章制度，强化业务建设和规范化管理，促进司法所业务工作的制度化、规范化，进一步活跃了基层司法行政工作。

（六）大力加强法制建设，司法行政法制化管理水平有了新的提高。积极参与和促进涉及司法行政的立法工作。《公证法》（草案）已经国务院原则通过，《律师法》修改方案已经形成。认真贯彻实施行政许可法，完成了涉及司法行政机关行政许可项目的清理，制定颁布了《司法行政机关行政许可实施与监督工作规则（试行）》等部颁规章和规范性文件57件。各省（区、市）司法厅（局）也积极推动地方立法工作，加强了执法监督检查，司法行政系统的依法行政水平有了进一步提高。

（七）加强司法协助与司法外事工作，为党和国家中心工作服务的能力进一步增强。配合国家总体外交工作，积极参与法律和司法领域的多边、双边交流。积极开展司法协助，配合有关部门妥善处理重大涉外案件，有力地维护了国家利益。加强了对国外司法制度的比较研究，为国家司法体制改革提供了有价值的借鉴。

（八）律师队伍集中教育整顿活动扎实深入，司法行政队伍素质进一步提高。今年以来，我们认真贯彻胡锦涛总书记等中央领导同志重要指示精神，大力开展律师队伍集中教育整顿活动，重点围绕规范律师与法官的相互关系、规范律师事务所的内部管理、规范律师的个人执业行为，加强学习教育，严肃查摆问题，认真整改，制定完善了一系列部门规章和行业规则，集中查处了一批违法违纪的律师和“散、乱、差”的律师事务所，特别是对行贿法官的律师进行了严肃处理。通过教育整顿，律师队伍中存在的突出问题正在逐步得到解决，广大律师政治意识、诚信意识、执业纪律和职业道德意识明显增强。认真贯彻《2003～2005年监狱劳教人民警察队伍建设规划纲要》，加强对监狱劳教人民警察的教育培训，在监狱劳教系统开展“文明执法树形象”活动，进一步端正了执法的指导思想，提高了执法水平。对公务员队伍开展了大规模培训，提高了政治业务素质。根据胡锦涛、罗干等中央领导同志的批示，组织开展了向曹发贵、胡光明等英模的学习活动，表彰了全系统涌现出来的先进集体和先进个人。反腐倡廉工作取得了新的成效。紧密结合实际，认真贯彻落实党中央、国务院和中纪委关于党风廉政建设和反腐败斗争的重要决策和部署，全方位推进反腐倡廉工作，增强了司法行政干部队伍的拒腐防变能力，保证了司法行政工作的健康发展。认真贯彻落实中央、中纪委关于派驻纪检监察机构实行统一管理的决定，顺利完成了改革任务。

司法行政理论研究工作进一步加强，全系统大兴调查研究之风，调研更加扎实深入，形成一批理论调研成果，为司法行政工作的改革发展提供了理论支持。

今年司法行政工作取得的成绩来之不易，是司法行政系统齐心协力、艰苦奋斗的结果。在此，我代表司法部党组，对一年来在司法行政各条战线上辛勤工作的同志们，表示衷心的感谢和亲切的慰问！

回顾总结今年的工作，我们深深体会到，要做好司法行政工作，必须始终坚持以邓小平理论和“三个代表”重要思想为指导，牢固树立和落实科学发展观；必须始终坚持围绕中心、服务大局，努力为改革发展稳定提供优质高效的法律服务和强有力的法律保障；必须始终坚持以改革促发展，通过改革解决司法行政的深层次问题；必须始终坚持以人为本、执法为民，着力解决广大人民群众关注的焦点、热点和难点问题；必须始终坚持加强队伍建设，努力建设一支党和人民满意的司法行政队伍。

与此同时，我们也要清醒地看到，司法行政工作还存在着一些薄弱环节和亟待解决的问题：司法行政基层基础还不能完全适应化解人民内部矛盾、维护社会稳定的需要，法律服务还不能完全适应社会主义市场经济条件下日益增长的法律服务需求，司法行政法制建设还不能完全适应推进依法行政、建设法治政府的需要，司法行政队伍素质还不能完全适应司法行政改革发展的要求。我们更要清楚地看到，影响司法行政事业发展的一些深层次矛盾以及体制和机制上的障碍还没有完全消除，司法行政改革发展的任务仍然十分艰巨。

二、2005年司法行政工作的主要任务

当前，从国际上看，和平与发展仍然是时代的主题，世界格局处于向多极化过渡的重要时期，总体缓和稳定、局部紧张动荡构成了当今国际形势的基本态势。从国内看，在党中央、国务院的坚强领导下，我国改革发展的一系列重大举措进展顺利，加强和改善宏观调控的措施已见成效，经济平稳较快增长，社会大局保持稳定，各项工作都取得了新的显著成绩，为维护社会稳定奠定了坚实的基础和较好的环境。但也应该看到，我国正处在大变革、大发展的时期，一些深层次的矛盾逐步暴露出来，新的社会矛盾和问题不断形成，原来的社会管理体制、机制和方式越来越不适应，维护社会稳定的任务依然十分繁重。

各级司法行政机关既要看到大好形势和有利条件，也要清醒地看到司法行政工作面临的压力和挑战。要按照党中央、国务院和各级党委、政府的部署和要求，扎实开展工作。2005年司法行政工作的指导思想是：以邓小平理论和“三个代表”重要思想为指导，深入贯彻党的十六大、十六届三中、四中全会精神，充分发挥法律保障、法律服务、法律宣传的职能作用，为维护社会和谐稳定服务，为维护社会主义市场经济的法律秩序服务，为建设社会主义法治国家服务，加强基层基础工作，加强队伍建设，推进司法行政工作的改革和发展，为全面建设小康社会创造和谐稳定的社会环境和公正高效的法制环境。根据这一总体要求，明年重点要抓好七个方面的工作。

（一）积极预防和化解矛盾纠纷，努力促进社会和谐。正确处理人民内部矛盾，是改革发展关键时期的重大任务，是构建社会主义和谐社会的重要标志，也是关系当前社会稳定的突出问题。胡锦涛总书记在十六届四中全会上强调指出，要高度重视人民内部矛盾问题，积极预防和妥善处置由人民内部矛盾引发的群体性事件。罗干同志在部署明年政法工作时，将高度重视和正确处理人民内部矛盾作为第一位的任务予以突出强调。司法行政工作在化解人民内部矛盾、促进社会和谐方面既肩负着重大责任，又具有独特优势，要充分发挥职能作用，努力促进社会和谐。

切实加强人民调解工作，进一步强化人民调解预防和调处民间纠纷，防止矛盾激化的功能。加强人民调解组织建设，在巩固村（居）、企事业单位调解委员会的基础上，积极发展区域性、行业性人民调解组织，健全工作网络。进一步完善矛盾纠纷排查调处机制，切实把矛盾化解在基层，解决在当地，消灭在萌芽状态。按照懂政策、懂法律、懂调解技能的要求，对人民调解员开展普遍轮训，进一步提高素质。加强人民调解工作的制度化、规范化建设，保障人民调解工作的顺利开展。

积极推动和引导律师参与处理涉法信访突出问题和群体性事件，协助政府有关部门做好群众工作。要继续坚持有利于化解纠纷、防止矛盾激化、维护社会稳定的原则，严守律师的职业道德和执业纪律，严格遵守法律程序和工作秩序，既要依法维护群众的合法权益，又要坚决维护社会稳定，决不能支持和参与各种妨碍社会秩序和影响社会稳定的活动。司法行政机关和律协要及时掌握律师代理群体性纠纷案件的情况，加强指导。

大力开展法律援助工作，努力扩大法律援助覆盖面。各地要继续宣传贯彻《法律援助条例》，落实好九部委《关于贯彻落实〈法律援助条例〉切实解决困难群众打官司难问题的意见》，结合当地实际制定法律援助的经济困难标准、事项范围和补贴标准。加强法律援助的规范化、制度化建设，进一步规范法律援助的审查、决定、指派行为，不断提高法律援助质量。广泛动员社会团体、法律院校和社会自愿者参与法律援助工作，不断壮大法律援助队伍。推进“12348”法律服务专线与法律援助工作的整合，将其纳入法律援助工作的总体范畴。

（二）充分发挥职能作用，全力维护社会稳定。社会稳定是全面建设小康社会的重要前提和保证。胡锦涛总书记曾强调指出：“维护社会稳定，保持社会安定团结，是做好各项工作的重要前提，也是建设社会主义和谐社会的必然要求。”司法行政的许多职能都直接服务于维护社会稳定，一定要充分履行职能，在维护社会稳定中发挥应有的作用。

切实做好监狱工作，不断提高罪犯改造质量。要着重探索建立新的条件下的监狱安全稳定保障机制，深入开展与驻监武警部队的“三共”建设活动，严防劫狱、暴狱、脱逃、罪犯袭警、劫持人质、伤害他人等狱内重大案件和重大安全生产事故的发生，确保监狱的安全稳定。进一步开展现代化文明监狱创建活动，坚持严格、公正、文明执法。深化监狱工作法制化、科学化、社会化建设，加紧研究制定监狱分类标准，改革完善罪犯分级处遇制度，实施有针对性、多样化的教育矫治措施。探索建立罪犯教育改造质量的评价

考核机制，研究制定科学的减刑标准，不断提高罪犯改造质量；加快监狱布局调整，制定监狱设计标准，促进监狱布局合理和结构优化，不断改善监狱硬件设施和监管条件。在罪犯中认真开展艾滋病等传染性疾病的检测、预防工作，保证罪犯和监狱警察的身体健康。

切实做好劳教工作，努力提高教育挽救水平。认真落实全国劳教工作座谈会精神，进一步深化劳教办特色，推进劳教管理工作改革，形成充分体现劳教制度本质特征的管理教育模式。建立健全劳教场所长效安全机制，确保场所的安全稳定。以半开放式管理为重点，进一步完善封闭、半开放、开放式管理，充分调动劳教人员的改造积极性。以课堂化教育为主导，促进教育内容、教育方式、教育质量评价标准的科学化和规范化。加大习艺性劳动的比重，突出劳动的矫治和习艺功能，实现劳动与教育的紧密融合。继续做好“法轮功”劳教人员的教育转化工作，巩固和扩大转化成果。进一步完善劳教戒毒基本模式，增强戒毒效果。进一步开展现代化文明劳教所创建工作，不断提高劳教所建设的整体水平。加强艾滋病等传染性疾病防治工作，确保劳教人员、劳教人民警察的身体健康。

积极稳妥地扩大社区矫正试点。第一批试点省、市要尽快将试点范围扩大到整个辖区。河北等第二批12个省、区、市的试点工作要迅速启动。试点地区要认真贯彻落实“两院两部”《关于开展社区矫正试点工作的通知》，依法规范社区矫正工作的各个环节，确保试点健康有序进行。大力开展社区矫正专业知识培训，努力提高专业队伍、社会工作者和志愿者的素质。及时总结试点经验，探索建立中国特色的社区矫正制度。

全面落实安置帮教的工作措施，最大限度地降低重新违法犯罪率。继续认真落实中央八部委局《关于进一步做好刑释解教人员促进就业和社会保障工作的意见》，同时抓紧研究制定关于过渡性安置实体的具体优惠政策，促进刑释解教人员安置就业。加强司法行政机关和社区帮教组织与监狱、劳教所和看守所的协调配合，做好衔接管理工作，逐步实现管理信息化。

（三）积极拓展和规范法律服务，努力维护社会主义市场经济的法律秩序。十六届四中全会提出，坚持把发展作为党执政兴国的第一要务，不断提高驾驭社会主义市场经济的能力。市场经济就是法治经济，维护正常的市场经济法律秩序，是社会主义市场经济健康发展的基本保证。法律服务在维护市场主体合法权益、维护市场经济法律秩序中具有重要的作用，要努力拓展服务领域，提高服务质量，积极为各类市场主体和政府部门在经济活动中提供全方位优质高效的法律服务。

充分发挥律师职能作用，拓展律师业务领域，为经济建设提供优质高效的法律服务。进一步推动律师参与国有企业改革，促进现代企业制度的建立，防止国有资产流失。适应企业参与市场竞争的需要，为各类企业依法经营、依法管理提供优质法律服务；适应政府依法行政的要求，积极推动律师为政府部门依法对经济活动进行宏观调控提供法律咨询服务；适应我国对外开放不断扩大以及加入世贸组织后贸易摩擦逐渐增多的新形势，进一步加强律师在反倾销、反不正当竞争和知识产权保护等领域中的参与能力，不断拓展涉外法律服务，提高服务水平。按照中央关于解决好“三农”问题的要求，积极向农村拓展延伸律师法律服务，参与解决建设领域拖欠农民工工资问题，维护农民工的合法权益。

进一步发挥公证制度在市场经济中的服务和保障作用。积极引导公证机构为加强和改善宏观调控、保持经济平稳较快发展提供服务，在更大范围内、更高层次上为各类市场主体参与国内外市场竞争提供服务，防范交易风险，确保交易安全。

加强分类指导，推动基层法律服务业有序发展。从我国法律服务发展的现状看，基层法律服务在现阶段有其存在的合理性，但其服务职能、业务范围和组织形式及运行机制必须有别于律师。大中城市基层法律服务要从诉讼领域逐步撤出来，转向公益性社会服务；在农村，基层法律服务要适度发展、逐步规范，重点要放在维护农民的合法权益上，努力满足广大农民群众对法律服务的需求。

（四）扎实有效地开展普法依法治理工作，促进依法治国基本方略的实施。依法治国是党领导人民治理国家的基本方略。贯彻实施依法治国方略，建设社会主义法治国家，是今后相当长一个时期面临的一项重大任务。坚持不懈地开展法制宣传和依法治理工作，努力提高全民法律素质，是依法治国的基础工程，司法行政机关作为普法依法治理工作的职能部门，一定要积极履行职责，切实将这项工作抓紧抓好。

继续推进“四五”普法规划的实施，努力实现“两个转变、两个提高”的目标。要在抓好全民普法教育的基础上，深化对领导干部和公职人员、司法人员和行政执法人员、企业经营管理人员以及青少年等重点对象的法制宣传教育工作。要深化法制宣传教育的内容。大力开展以宪法为核心的法制宣传教育，进一步增强全体公民的法律意识；大力开展以维护社会稳定为目标的法制宣传教育，使人民群众懂得依法律按程序解决矛盾纠纷和问题；大力开展规范市场经济法制宣传教育，促进市场经济法律秩序的建立；大力开展与群众生活密切相关的法律法规的宣传教育，提高广大人民群众自觉守法和依法办事的意识。

积极开展依法治理工作。在总结“民主法治示范村”、“法律进社区”工作的基础上，实现地方、行业、基层依法治理全面发展，促进全社会法治化管理水平的提高。明年是“四五”普法的最后一年，也是开展全民法制宣传教育20周年。要做好“四五”普法总结验收和“五五”普法规划的研究论证工作，为普法活动的持续深入开展奠定基础。要抓住全民法制宣传教育开展20周年这一时机，总结经验，研究规律，扩大法制宣传教育的社会影响，探索持久开展普法工作的有效途径。

（五）夯实司法行政基层基础，进一步活跃基层司法行政工作。继续贯彻落实全国司法所建设工作会议精神，切实加强司法所建设。各地要按照司法部办公厅和国家发改委办公厅《关于做好中西部地区司法所规划和建设工作的通知》要求，进一步明确司法所建设的三年目标和明年工作任务，抓好落实，逐步改善基层司法所的基础设施和装备条件。要积极落实司法部《关于创建规范化司法所工作的意见》，深入开展规范化司法所创建工作。要重点抓好司法所机构编制建设，做到机构健全、人员到位；还没有解决立户列编的地方，司法厅（局）要进一步加大工作力度，尽早解决。要坚持一手抓建设，一手抓管理，积极探索司法所工作的科学管理体制，进一步强化司法所组织、队伍、业务、基础设施等方面的规范化管理，不断提高司法所工作管理水平。要紧紧围绕司法所九项职能，集中精力抓好业务建设，积极拓展工作领域，创新工作措施，不断探索整合基层资源、发挥整体优势、服务中心工作的新路子，使司法所根基更加牢固，基层司法行政工作进一步活跃起来。

（六）大力加强司法行政法制建设，努力提高依法行政的能力和水平。加快立法步伐，推进有关司法行政的法律和行政法规的制定和修改工作。要全力推动公证法和有关司法鉴定管理问题的决定尽早出台，抓紧《司法鉴定管理条例》的拟定工作。律师法修改稿要尽快提交国务院，力争纳入全国人大常委会2005年立法规划。适应监狱体制改革和管理工作需要，争取《监狱管理条例》尽快出台。同时，要积极做好人民调解法、法制宣传教育法、基层法律服务工作管理条例等法律、法规的调研论证工作，并根据立法情况，抓紧相关配套部颁规章和规范性文件的制定工作。改进司法行政立法方式，广泛听取各方面的意见，增强立法的科学性、民主性。加强地方司法行政工作立法和规范性文件的制定，提高针对性和可操作性。加强对地方规范性文件的备案审查，维护法制的统一。

认真贯彻《国务院全面推进依法行政实施纲要》，进一步加强行政许可法的实施工作，全面提高依法行政工作水平。加强对依法行政工作的组织领导，制定贯彻国务院《纲要》的实施规划和具体措施。严格规范行政执法行为，切实做到执法活动公开、公平、公正。进一步贯彻行政许可法和《司法行政机关行政许可实施与监督工作规则（试行）》，严格执行《司法行政机关行政许可文书格式文本（试行）》建立健全相关配套制度和措施，规范行政许可的实施与监督工作。加强和改善行政执法监督工作。进一步加强法制机构建设，建立健全行政执法责任制和行政执法监督检查制度。切实做好行政复议和行政应诉工作。自觉接受社会监督，将执政为民的要求落到实处。

（七）加强司法协助和司法外事工作，促进对外司法交流与合作的发展。认真贯彻中央外交工作方针，自觉服务于党和国家工作的大局。适应我国对外开放和国际间交流与合作快速发展的形势，积极稳妥地拓展新的司法交流领域。通过多种形式和手段，广泛宣传我国社会主义民主法制建设的成就。根据司法体制改革和国家法制建设的需要，有针对性地组织境外考察活动和其他司法外事活动，提高考察的质量和效果。积极开展法律和司法领域的多边交流与合作，加强与有关部门的配合，充分发挥司法协助的职能作用，维护国家利益和我海外公民的合法权益。加强对地方外事工作的指导，逐步规范全系统的外事工作。

三、认真贯彻中央的统一部署，积极推进司法行政工作的改革与完善

最近，中央批准了中央司法体制改革领导小组《关于司法体制和工作机制改革的初步意见》。这个《意见》是指导今后一个时期我国司法体制改革的重要政策性文件，对于进一步健全权责明确、相互配合、相互制约、高效运行的司法体制，确保公正执法、严格执法，维护社会公平正义，具有重大而深远的意义。《意见》对前一个时期司法行政工作改革取得的许多成果给予了充分肯定，对今后一个时期的司法行政改革作出了具体部署，提出了明确要求，这对于进一步完善司法行政体制、充分发挥司法行政职能，将起到重大的指导和推动作用。我们要深刻领会《意见》的精神，在中央的统一领导下，将司法行政自身的改革积极稳妥地向前推进。

（一）关于监狱体制改革。监狱体制改革是《意

见》确定的一项重要内容。下一步我们要继续按照“全额保障、监企分开、收支分开、规范运行”的原则和要求，把监狱体制改革试点工作继续推向深入。具体讲，先行试点的6个省市，要认真总结经验，查找存在问题，制定改进措施，迎接检查验收；要继续抓好监狱和监狱企业的规范运行，重点是要抓好监狱企业的规范运行。司法部将会同有关部门抓紧制定规范监狱企业运行的指导意见。新扩大的8个试点省区，要充分借鉴6个试点省市的成功经验，切实加强领导，做好思想发动，细化改革方案，制定落实好配套政策，确保经费及时足额到位，确保监企、收支彻底分开，确保监狱和监狱企业规范运行，在改革过程中要始终确保监狱的安全稳定。未列入改革试点的省份，也要进一步增强改革的紧迫感，按照中央《意见》和国务院《通知》精神的要求，做好改革的各项准备工作，为监狱体制改革的全面实施打好基础。东部地区的省份存在着改革的有利条件，从现在开始就应着手这方面的工作。

（二）关于司法鉴定体制改革。中央《意见》指出，建立统一的司法鉴定管理体制，公安机关、国家安全机关、检察机关可以设立司法鉴定机构，但不得向社会提供司法鉴定服务。人民法院、司法行政机关不再保留司法鉴定机构。面向社会服务的司法鉴定机构，实行行政管理和行业管理相结合的制度。这一改革对建立科学的司法鉴定管理体制，维护司法公正，将起到重要的推动和保障作用。目前有关方面正在进行司法鉴定立法工作，要在立法基础上，抓紧研究起草司法鉴定管理条例，为建立和实行新的司法鉴定管理体制奠定法制基础。下一步要在这些法律法规的基础上对司法鉴定工作进行规范。具体要求是，一要根据司法鉴定立法进程，抓紧进行配套制度建设，初步建立起反映司法鉴定工作发展规律、有利于保障诉讼顺利进行的司法鉴定制度体系。二要依法加强对司法鉴定机构和执业人员的管理，包括根据新的管理体制对现有面向社会服务的司法鉴定机构进行规范和监管，做好执业核准工作，加强对鉴定活动的规范和监督检查。三要紧紧围绕提高司法鉴定质量，大力推进司法鉴定技术研发和技术规范的标准化建设。按照《意见》要求，司法行政机关要坚持不办鉴定实体，也不与鉴定机构发生经济联系，目的就是保证管理真正到位。

（三）关于律师制度的改革与完善。近年来，根据政府依法行政、企业依法经营的客观要求，我们在建立公职律师、公司律师制度方面进行了一些探索。这次司法体制改革《意见》提出改革和完善律师的组织结构和组织形式。完善律师组织结构，从现阶段看主要是进一步推进公职律师、公司律师制度建设。明年要引导和推动更多的政府机关和企业参与公职、公司律师试点，扩大试点的覆盖面，凡政府部门、公司有试点要求，律师人才资源具备的地方，都要积极开展试点工作。加强对试点的指导，积极探索符合公职律师、公司律师制度发展规律的运行机制和管理模式，规范对公职律师、公司律师机构和律师执业的管理。加强理论研究，为确立我国的公职律师、公司律师制度提供理论支持。

律师制度其他方面的改革也要积极推进。要进一步完善“两结合”管理体制，以全国律协换届为契机，大力加强协会组织建设，各级律协的领导机构要由律师界公认的职业道德好、有威望的执业律师组成；省级律协尚未由执业律师担任会长的，要全部改由执业律师担任；进一步明确各级协会行业管理权限，发挥协会的自律性管理职能，支持和指导协会尽快建立完善的行业规范体系和制度。要改革和完善律师收费制度，尽快修订律师收费管理办法，规范风险代理收费，规范办案费的收取，完善监督查处机制和救济制度。

（四）关于国家司法考试制度的完善。中央《意见》重申，初任法官、检察官应从通过国家司法考试人员中择优录用。罗干同志在全国政法工作会议上的讲话中强调指出，由司法部牵头，进一步完善司法考试制度，加快建立健全与考试制度相衔接的法官、检察官录用、任职和职业交流等制度，解决基层司法机关尤其是中西部地区基层司法机关缺乏合乎司法资格人员的问题，推进政法部门人才建设。我们要认真落实《意见》和中央领导同志的指示精神，不断完善司法考试制度，加大与有关部门的沟通、协调力度，共同推进司法考试制度与用人制度的衔接，使司法考试的合格人员能够顺畅进入法院、检察院等法律职业领域。同时要研究建立司法考试合格人员的统一职前培训制度，尽早形成法律职业人才的一体化培养、选拔、使用与交流机制。通过改革和制度的健全与完善，更好地实现国家建立统一司法考试制度的宗旨和目的。

（五）关于公证制度改革。公证制度改革是明年的一项重要任务。目前，公证立法正在加紧进行，预计明年较早时候公证法将出台，它将从法律层次上确立中国特色公证制度的基本框架。下一步我们要按照《公证法》的规定，逐步实现向新型公证体制过渡和转轨。具体讲，一是以保障公证执业的平等性为目标，逐步改变公证机构按司法行政机关行政层级设置的格局，按照总量控制、合理布局的原则，对公证机构的业务辖区、外部管理体制等进行调整和规范，实现公证资源的优化配置。二是以保障公证执业的独立性为目标，赋予公证机构独立的法律地位，探索建立符合公证机构属性的内部管理制度，规范内部运行，建立完善公证机构独立担责、自我约束、自我发展的良性机制。三是以保障公证执业的专业性为目标，加强公证队伍职业化建设，推行要素式公证文书改革，进一步改进和完善公证执业方式。四是以保障公证执业的非营利性为目标，建立科学、合理的公证业绩评价和考核体系，防止公证市场化倾向。五要按照依法行政、依法管理的要求，强化司法行政机关科学管理公证工作的职能，搞好中国公证员协会换届工作，加强协会自身建设，培育公证行业自律能力，健全和完善“两结合”的公证管理体制。从现在起到《公证法》出台实施前，各级司法行政机关要认真履行对公证工作的监督和管理职责，指导公证机构加强内部管理，确保公证改革有序进行，做到思想不乱，队伍不散，公证质量不出问题，国有资产不流失。

以上改革关系到司法行政工作的多项职能，涉及面广，影响大。搞好这些改革，要坚持统一领导、统一部署、统一实施，有令必行，有禁必止。要坚持从实际出发，既增强改革的积极性、主动性，又注意到改革的长期性、艰巨性；既敢于、善于创新，又正确看待我国司法体制包括司法行政工作发展的历史，继承几十年来形成的好传统、好经验；既加强理性思考，包括注意学习、借鉴国外的成功经验，又切实立足国情和地方的实际情况。要正确处理改革中的各种矛盾和问题，尤其是推进改革和维护稳定的关系，监狱劳教方面的改革更要充分注意做到这一点，确保场所的安全，维护社会的稳定。

在这里，我还要讲一讲劳教制度改革和完善人民陪审员制度的问题。关于劳教制度改革，这次司法体制改革《意见》指出，为适应国家民主法制建设和社会治安形势发展的需要，应完善法律制度，将劳动教养制度改革为违法行为教育矫治制度。违法行为教育矫治是国家对严重违反治安管理以及危害国家安全，尚不够刑事处罚或不需要追究刑事责任的行为人所采取的强制性教育措施。这些意见和要求，对于明确劳教事业的发展方向，具有重要的意义。劳教制度改革是一个系统工程，目前有关方面正在抓紧完善相关法律制度，就司法行政机关而言，当前最主要的是要从本部门的职能出发，继续深化劳教办特色，推进劳教管理工作改革，更好地适应劳教制度改革的需要。

关于完善人民陪审员制度，全国人大常委会于今年8月28日通过了《关于完善人民陪审员制度的决定》，将于明年5月1日起施行。《决定》对于完善人民陪审员制度，保障公民依法参加审判活动，促进司法公正，具有重要的积极意义。基层司法行政机关要按照《决定》要求，认真履行职责，加强与基层人民法院的协调配合，共同把人民陪审员的有关工作搞好。

四、大力加强队伍建设，为司法行政事业发展提供有力的组织保障

建设一支高素质的队伍，是做好司法行政工作的保证。按照十六届四中全会关于建设一支善于治国理政的高素质干部队伍的要求，明年司法行政队伍建设要以提高执法能力和服务水平为目标，重点抓好思想政治建设、领导班子建设和教育培训，深入开展党风廉政建设和反腐败斗争，为开创司法行政工作改革发展的新局面提供有力保障。

（一）认真开展保持共产党员先进性教育活动。在全党开展保持共产党员先进性教育活动，是党中央审时度势作出的重大决策。各级司法行政部门要充分认识开展这项活动的重要意义，按照中央政法委的部署，结合司法行政队伍的思想和工作实际，着重抓好“三个落实”：一要落实到认真执行党的基本路线和履行好职责中去，树立和落实科学发展观和正确的政绩观，坚定正确的政治方向。二要落实到各级司法行政部门党的组织和党员队伍建设中去。要根据新形势下党员队伍发生的新变化，切实加强司法行政系统党建工作，抓好党员的思想、组织、作风、纪律建设，不断提高忠于党、忠于祖国、忠于人民、忠于法律的自觉性，提高与以胡锦涛同志为总书记的党中央保持一致的坚定性。三要落实到加强基层基础建设工作中。要充分考虑基层工作的重要性和特殊性，把思想政治建设落实到基层第一线，提高广大基层司法行政人员的思想政治素质，真正做到为民、务实、清廉。

（二）切实抓好司法行政三支队伍建设。要继续深入贯彻落实胡锦涛总书记等中央领导同志重要指示精神，坚持不懈地抓好法律服务队伍建设。进一步加强律师队伍建设。要在总结今年律师队伍集中教育整顿经验、巩固成果的基础上，探索建立律师队伍建设的长效机制，包括建立健全行业准入机制、律师协会和律师事务所的自律机制、行业退出机制、行业评价机制以及监督惩戒机制等。进一步强化律师事务所的基础性管理，将明年作为“合伙所规范建设年”，严格规范合伙律师事务所的管理，同时要继续贯彻落实部党组《关于加强新形势下律师队伍党的建设工作的指导意见》，切实加强律师队伍党的建设。进一步加强公证队伍建设。近年来，公证队伍建设取得了明显成绩，队伍的主流是好的。但是，也要看到公证队伍还存在一些不容忽视的问题，一些地方的公证服务秩序比较

混乱，违规支付回扣和协办费、压价抢揽证源、乱设办证点、公证助理人员以公证员名义办证等问题比较严重；一些公证机构和公证人员片面追逐经济效益，擅自超越业务范围办证，极个别公证人员违法办证；有的地方公证管理工作存在错位、越位和缺位的问题等等。这些影响公证事业健康发展的问题，必须高度重视，认真加以解决。明年要在全国范围内开展一次公证队伍“教育规范树形象”活动，着力解决公证队伍中存在的突出问题。要切实加强政治思想教育、法制教育、职业道德和执业纪律教育，重点规范公证服务秩序、规范公证业务操作、规范公证机构内部运行机制、规范公证管理工作。要把解决公证无序竞争的问题放在首要位置，通过采取学习教育、完善规制、严格督查、依法处罚等措施，努力使公证服务秩序有明显好转。要按照“坚持信念、精通法律、维护正义、恪守诚信”的要求，加快公证队伍职业化建设，努力提高公证队伍素质；要进一步加强公证质量监管，组织开展全国公证质量大检查；积极探索公证质量管理的长效机制，建立完善公证质量保证体系。要坚决查处错、假证，依法惩戒违规违纪人员，进一步提高公证工作的公信力，树立良好的公证行业形象。加强基层法律服务队伍建设。提高队伍的准入条件，加强执业培训和后续教育，努力提高基层法律工作者的素质。

进一步加强监狱劳教人民警察队伍建设。明年是实施《2003～2005年全国监狱劳教人民警察队伍建设规划纲要》的最后一年，要在检查、验收的基础上搞好总结，研究制订新的三年规划。要继续把教育培训工作摆在重要位置，创新培训方法，加强培训的针对性和实效性，提高培训质量。各地各部门要将参加教育培训、取得相关资格作为警察晋升警衔、职务升迁、评选先进的重要依据，充分发挥教育培训的激励作用。要认真抓好监狱劳教人民警察“进出口”管理机制建设，坚持按照“凡进必考，省级统考”的原则招录人民警察。要坚持从严治警，明年要将警察贯彻“三个坚决杜绝”（即坚决杜绝打骂、体罚、污辱、虐待罪犯和劳教人员的现象，坚决杜绝罪犯劳教人员超时超体力劳动的现象，坚决杜绝监狱劳教所乱收费现象）的情况作为重点，进行一次专项检查。要坚持从优待警，努力改善警察工作、生活条件。目前，司法部正在起草有关规定，以规范监狱劳教机关内部机构设置，实行科学的警察分类管理制度，逐步形成公开、平等、竞争、择优的用人机制。

进一步加强司法行政机关公务员队伍建设。要全面贯彻推进依法行政、建设法治政府的要求，提高机关干部依法行政能力。加强司法行政干部教育培训基地建设，逐步建立起全国司法行政干部教育培训网络。要建立健全干部交流培养机制，通过强化培训、选派挂职锻炼、轮岗交流等途径提高干部实际工作能力。要不断完善考评、激励、奖惩、监督机制，充分调动每个干部的积极性，形成竞争向上、充满朝气的工作氛围。要积极推进学习型机关建设，逐步建立各级干部的学习考核和激励机制，营造浓厚的学习氛围，努力把司法行政干部队伍建设成为学习型队伍。

（三）大力加强各级领导班子建设。按照十六届四中全会提出的政治坚定、求真务实、开拓创新、勤政廉政、团结协调的要求，把司法行政系统各级领导班子建设成为坚强领导集体。要认真贯彻民主集中制原则，健全和完善集体领导和个人分工负责相结合的制度，切实增强领导班子的整体合力和解决问题的能力。各级领导干部要带头学法、懂法、执法、用法，依法决策、依法行政；要坚持以人为本，密切联系群众，认真解决群众关心的实际问题。各级司法行政机关要切实履行协管干部职责，按照《党政领导干部选拔任用工作条例》的要求，协助地方党委选好“一把手”，配齐配强领导班子。

（四）进一步推进以建立惩防体系为重点的反腐倡廉工作。认真贯彻中央关于党风廉政建设的有关部署，紧密结合司法行政系统实际，在重点工作上取得新的成效：一是着力建立健全惩治和预防腐败体系。全系统各级党组织和领导，要认真学习中央颁发的《建立健全教育、制度、监督并重的惩治和预防腐败体系实施纲要》，紧密结合实际，制定贯彻《实施纲要》的具体意见。这要作为明年党风廉政建设和反腐败工作的一件大事，抓紧抓好，确保落到实处。二是突出抓好领导干部廉洁自律工作。各级领导干部要按照中纪委的要求，围绕继续落实“四大纪律八项要求”，务必做到“五不许”：不许违反规定收受与其行使职权有关系的单位、个人的现金、有价证券和支付凭证；不许“跑官要官”；不许放任、纵容配偶、子女和身边工作人员利用领导干部职权和职务影响经商办企业或从事中介活动谋取非法利益；不许参与赌博；不许借婚丧嫁娶之机收钱敛财。三是加强案件查处工作，依纪依法严肃查处腐败分子。大力纠正部门和行业不正之风，解决群众反映强烈的突出问题。四是深入学习、宣传和贯彻党内监督条例、纪律处分条例和党员权利保障条例，在深入上下功夫，在人人皆知上下功夫，在落实行动上下功夫。五是大力开展行政监察工作。以贯彻行政监察法实施条例为契机，大力推进行政监察工作，包括执法监察、效能监察和廉政监察。六是进一步贯彻落实党风廉政建设责任制。全系统包括部机关、直属单位和监狱体制改革后新组建的监狱企业，要抓紧制定和完善党风廉政建设责任制考核和追究办法，建立健全干部监督工作联席会议、廉政谈话、诫勉谈话和领导干部述职述廉等相关制度，并狠抓落实，充分发挥党风廉政建设责任制在反腐倡廉工作中的“龙头”作用。七是深入贯彻落实中办12号文件和部党组42号文件。部党组将继续一如既往地关心支持驻部纪检组监察局的建设，大力支持他们的工作，为其履行职责提供有利条件。

新形势下司法行政工作改革发展的任务十分繁重。要完成党和人民赋予的重要使命，各级司法行政机关的领导干部肩负重大责任。各级领导要以强烈的事业心，从维护稳定、推进社会主义民主法制建设的高度，不断增强推进司法行政工作改革的信心，增强搞好司法行政工作的责任感和光荣感；要加强领导，切实转变作风，深入开展调查研究，加深对司法行政工作现状和发展规律的认识，不断提高工作的科学性、预见性；要求真务实，真抓实干，坚决反对形式主义和官僚主义，切实抓好各项工作部署的贯彻落实，务求取得实效；要关心基层，加强对基层工作的支持和指导，及时发现基层好的经验和典型，积极协调和帮助解决基层工作中遇到的实际困难和问题，推动各项工作不断抓出成效。

新的一年即将到来，司法行政工作任重而道远。让我们在以胡锦涛同志为总书记的党中央领导下，高举邓小平理论和“三个代表”重要思想伟大旗帜，认真贯彻落实十六大、十六届四中全会和中央经济工作会议以及全国政法工作会议精神，扎实工作，奋力开拓，努力实现司法行政工作的新发展，为实施依法治国基本方略，为全面建设小康社会作出新的更大的贡献！

张福森同志在全国司法厅（局）长会议结束时的讲话

（2004年12月22日）

全国司法厅（局）长会议历时2天，今天就要结束了。这是一次推进司法行政工作改革发展的重要会议。通过这次会议，大家明确了明年及至今后的一个时期工作的指导思想、主要任务、工作动力和保障。大家结合各自的实际，进行了认真的讨论，研究探讨了本省的司法行政工作。总的看，会议圆满完成了各项议程，统一了思想，提高了认识，鼓舞了士气，达到了预期目的。下面，结合会议的讨论情况，我再强调三个问题。

第一，关于司法体制改革问题

自从党的十六大提出司法体制改革的目标和任务以来，社会各界对司法体制改革十分关注。司法行政系统的同志们也以满腔的热情和高度的责任感，积极建言献策，提出了许多很好的意见和建议。经过一年多的调查研究，反复酝酿，最近中央批准了《中央司法体制改革领导小组关于司法体制和工作机制改革的初步意见》。这个改革方案涉及到诉讼制度、诉讼收费制度、检察监督体制、劳动教养制度、监狱体制改革、司法鉴定体制、律师制度、干部管理体制、经费保障机制和铁路、交通、民航等部门管理公安、检察、法院的体制等十个方面。这十个方面的改革措施，有对现行司法体制的改革，也有管理制度的自我完善和系统内部工作机制的变革，还有的是对近年来司法体制改革成果的确认。总体上讲，这些改革措施与现阶段我国经济社会和民主法制建设相适应，具有很强的针对性，也是切实可行的。在今年的全国政法工作会议上，罗干同志对落实《意见》精神，积极稳妥地推进司法体制改革作了具体部署。我们一定要按照中央的要求，统一思想，明确任务，狠抓落实。

（一）要充分认识改革的艰巨性和复杂性

司法体制改革作为政治体制改革的重要组成部分，一定要与我国现阶段的基本国情相适应，与我国的经济发展和民主法制建设水平相协调。超越经济发展水平和整个法制建设水平来理解司法体制改革，是不现实的。在司法体制改革方案的酝酿过程中，有关方面对国外的司法制度进行了深入研究，提出了一些好的设想。对于人类法治文明成果，我们确实需要借鉴，但也不能照搬照抄。十六大强调按照公正司法和严格执法的要求，完善司法机关的机构设置、职权划分和管理制度，进一步健全权责明确、相互制约、高效运行的司法体制。要实现这一目标，不仅需要对政法部门的职能进行调整，而且还涉及立法机关和党委、政府的其他部门。随着社会主义市场经济和民主法制建设的不断发展，随着研究的不断深入，司法体制改革将不断推进，司法体制将会逐步完善。总之，司法体制改革是一项艰巨复杂的系统工程，而且可能需要经过一个较长的过程，不可能一蹴而就。就司法行政工作改革而言，牵涉面也很广，涉及到不少体制和机制问题，改革任务很重。有的同志可能认为，这次司法体制改革关于司法行政职能方面的设计与预想的有一定差距，感觉还不解渴。这些想法体现了大家对司法体制改革和司法行政工作的热情。但应该强调的是，我们更应该深刻认识到，这次司法体制改革《意见》

中所涉及的司法行政工作的改革任务是十分艰巨和复杂的，《意见》中具体涉及到劳教、监狱、社区矫正、司法鉴定、律师、司法考试、队伍建设和经费保障等各个方面，要把这些改革的任务完成好就很不容易，需要做的工作、需要克服的困难都很多，其中有些方面甚至需要长期努力。对此我们一定要有清醒的认识。

（二）要从国家法制建设的高度来理解和推动司法行政体制改革

《意见》的出台，赋予了司法行政工作改革崭新的意义。新形势下的司法行政工作改革是整个司法体制改革的重要组成部分。我们要从司法体制改革的大背景出发，从促进司法公正，推进依法治国出发，从司法行政工作的规律出发来理解司法行政工作的改革，正确分析和解决改革过程中出现的各种矛盾和问题，千万不能仅仅考虑本系统、本部门利益的大小，职能的多少。

比如，这次《意见》提出，面向社会服务的司法鉴定机构，实行行政管理和行业管理相结合的制度，并要求司法行政机关不再保留司法鉴定机构。我在会议的工作报告中，也明确提出司法行政机关要坚持不办鉴定实体，不与鉴定机构发生经济联系。为什么这么定，因为司法行政是管理者，不能既是管理者又是被管理者，既当裁判员又当运动员。为什么规定不能与鉴定机构发生经济联系，因为如果管理者和被管理者有利益上的牵扯，形成利益共同体，管理者就很难保证管理真正到位和公正，所以设计司法鉴定制度时，一开始就要非常明确。

还比如，公证体制改革确实会在一段时间内影响到一些地方司法行政机关的经费来源，这也是个比较难下决心的问题，但是改革后带来的困难与完善公证管理体制、构筑中国特色的公证制度这个大局相比，是第二位的，带来的经费困难随着改革的深化，也会逐步得到解决。同时，我们也要积极争取党委和政府帮助解决。

监狱体制改革也一样不能仅从经费角度来考虑，东部地区经费并不困难，而改成新体制后则可能带来一些不方便，会影响一些利益，但从监狱工作的规律来说，也应进行改革。任何一项改革要稳妥进行，要从本地实际出发，不搞一刀切，但一开始就要注意不要走偏了，大的原则一定要把握好。方向一定要把握好。

因此，我们一定要站得高一些，不要为眼前的利益所限，不要被眼前的困难所阻，要以更加积极的姿态，更加坚定的信心来推动改革。

（三）各项改革的实施既要积极，也要稳妥

下一阶段，我们要根据中央的统一部署，采取有力措施，精心组织，认真实施，积极推动司法行政工作各项改革。对于方向和思路已经廓清并且步入实质试点阶段的改革，如监狱体制改革，条件比较好的地方，不能等待观望，改革的步子要迈得大一点；条件一时还不具备的地方，要积极争取党委、政府的支持，努力创造条件，主动适应改革的需要。对于立法还没有明确，尚处于探索和自我调整阶段的改革，如劳教制度改革、公证体制改革、司法鉴定体制改革和社区矫正扩大试点工作等，也要加快探索的步伐，不能消极等待。因为改革的举措要靠总结实践的做法和经验。在劳教制度改革上要继续深化办特色、探索劳教管理工作改革，为立法出台后劳教工作管理模式和方式的转变奠定基础；在公证体制改革方面，要以提高公证工作的公信力为目标，进一步强化公证管理，优化配置公证机构布局，规范公证市场秩序，提高公证质量；在司法鉴定管理改革方面，要加强部颁规章的起草和调研工作，努力探索建立新的司法鉴定管理体制和运行机制；社区矫正扩大试点工作既可以在实践中积累经验，锻炼队伍，又可以为立法工作创造条件，各地应当积极稳妥地推进这项工作。总之，在推进司法体制改革过程中，我们既要认真总结新中国成立以来尤其是改革开放以来我国法制建设的经验，又要注意吸收人类法治文明的有益成果；既要全面推进司法体制改革，又要把握改革的重点是加强对司法权力的监督，维护司法公正，维护广大人民群众的根本利益；既要有紧迫感，又不能急于求成，超越我国经济和社会发展实际。当前，重要的是要按照中央的总体要求，统一思想，提高认识，坚定信心，立足于司法行政系统自身的实际，正确处理推进改革与维护稳定的关系，把握好改革的节奏和力度，确保改革积极稳妥地推进。

第二，关于进一步转变作风，切实抓好工作的落实

明年和今后一个时期工作的指导思想、主要任务以及保障措施等都已明确，要完成这样的任务，就要进一步转变作风，求真务实，创造性地开展工作，切实把各项工作落到实处，抓出成效。

转变作风抓落实，关键在领导。各级司法行政机关的领导同志，要以高度负责的精神，狠抓各项改革发展任务的落实。当然，在这方面大多数地方一直是重视的，措施得力，效果也不错，但是也存在抓落实不够，发展不平衡的问题。下一步我们要继续发扬好的作风，增强工作的主动性和能动性，积极谋划和推动司法行政工作，对工作中出现的问题和困难要多想办法，积极克服；对于自身解决不了的问题，要及时向党委、政府汇报，提出自己的建议和意见，为开展工作打好基础。要大兴调查研究之风，反对形式主义和官僚主义，把主要精力集中到司法行政的各项改革和发展任务上来，集中到解决改革发展过程中的各种矛盾和问题上来，努力把各项任务和要求转变为各地司法行政的经常性工作，转变成全系统的实际行动。上级司法行政机关要加强对工作的指导和督促检查，在推进决策落实中，深入基层，了解实情，及时提出指导意见，帮助基层解决实际困难和问题。总之，我们要坚持求真务实的作风，发扬真抓实干的精神，一步一个脚印地实现改革发展目标，把司法行政事业不断推向前进。

转变作风抓落实，就要加强学习。当前我们面临的形势和任务正发生着深刻的变化，司法行政事业正处在一个重要的改革发展时期，我们的工作和任务，有不少是我们不大熟悉的，有的甚至是全新的东西，这就要求全系统特别是各级领导干部，要具有与推进司法行政工作改革发展相适应的知识结构和综合素质。因此，要通过不断的学习，来更新知识，提高素质，迎接挑战。要按照十六届四中全会的要求，不断把学习贯彻“三个代表”重要思想引向深入，在武装头脑、指导实践、推动工作上取得扎扎实实的成效。与此同时，要十分重视加强业务知识学习，努力提高业务水平。司法行政各项工作离不开法，应当说具有很强的专业性，法是我们的主业，各级司法行政机关的领导干部都必须成为法律知识方面的内行，成为司法行政工作的行家里手。如果我们不加强业务学习，就不可能适应形势的发展、任务的要求，工作差距将会越来越大。我们在国外考察时发现，有的国家对司法行政部门人员的法律业务水准要求相当高，甚至规定只能从通过司法考试人员中录用，在整个法律职业共同体中，司法行政人员与其他司法人员的专业水准处在相同的层次上。当然，我们有我们的国情，但对司法行政机关干部的素质要求不能低，对学习的要求不能放松。希望全系统的同志特别是各级领导干部都要积极努力，充分发挥主观能动性，提高学习的自觉性。

转变作风抓落实，就要加强理论研究。新形势下，司法行政工作的改革发展向全系统提出了更高的理论要求。近年来，各种改革举措的提出和推进，无一不是加强理论研究的结果。但在取得研究成果的同时，从总体上讲各方面的研究都还有待进一步深入，在一些方面的研究甚至还有所欠缺，以至给工作带来了被动。

随着改革的推进，越来越多的问题需要我们探索和研究。如新型的监狱制度正在构建的过程中，律师制度、法律援助制度等还有待进一步完善，劳动教养制度、社区矫正制度、司法鉴定制度、公证制度正处在积极的探索、试点之中，这些问题有些是我们比较熟悉的，有些我们还不够熟悉，都还需要作深入的研究。理论研究深化了，思路才能廓清，改革才能做到心中有数，工作才能有序推进。总之，我们要多学习、多作理性思考、多出研究成果。大家可以充分利用《法制日报》和《中国司法》等学习和理论研究园地，当然也包括其他的园地，来拓宽学习的视野，汲取研究的营养，交流学习研究的成果。对司法行政系统这一报一刊，要充分利用好，支持他们把这两块学习园地和宣传阵地办好，为司法行政工作改革发展服务，为社会主义民主法制建设服务。

第三，关于确保监狱、劳教场所的安全稳定工作

最近一段时期以来，全国安全生产事故频繁发生，伤亡人数居高不下，形势十分严峻。元旦和春节将至，监狱、劳教场所确保安全稳定的任务更加繁重。最近，国务院召开了加强安全生产电视电话会议，下发了关于加强安全生产的紧急通知，部里也印发了贯彻落实意见，各地要按照通知要求，认真贯彻执行，采取得力措施，严防各种影响安全和稳定的事故发生。

要从改革发展稳定的大局出发，进一步增强安全意识、责任意识，采取积极措施，切实维护监狱、劳教场所的正常秩序。要加强狱所内外侦查，严密监视狱情、所情动向，特别要加强对重点监所、重点罪犯、重点劳教人员的管理。要进一步完善安全稳定长效机制和各项应急处理预案，防止劫狱（所）、暴狱（所）、脱逃、袭警、劫持人质、伤害他人等重大突发性案件的发生。要加强对“法轮功”罪犯和劳教人员的管理和教育，严格、文明、科学执法，避免发生意外。要认真查堵监管工作中的漏洞，清除各种安全隐患，确保不留死角、不出纰漏。要采取各种形式，丰富罪犯、劳教人员节日生活，进一步强化卫生安全，通过完善安全工作各项环节，维护监所安全稳定。

要高度重视并采取切实有效措施，狠抓生产安全，确保不发生重大生产安全事故。要牢固树立长期作战、常抓不懈的思想，坚决杜绝盲目乐观和麻痹大意情绪。要继续加大安全生产检查和督察的力度，认真搞好监狱、劳教系统煤矿安全生产专项整治工作，并根据行业特点，抓好非煤矿山和其他事故多发行业的整治工作。各地要结合本地区、本系统实际，组织开展全面的安全生产大检查，对查出的问题和隐患，采取切实可行的措施进行整改。要严格落实安全生产责任制，按照职责分工，进一步细化各级各部门安全生产工作职责，把责任落实到每一个人、每一个岗位和每项工作中去。要严格落实安全生产责任追究制度，加大事故查处力度，对因执行有关规章制度不严、失职、渎职而导致发生重大安全生产事故的，要坚决追究直接责任人和有关领导的责任。

段正坤同志在全国律师队伍集中教育整顿活动总结暨开展合伙律师事务所规范建设年活动动员会议上的讲话

（2005 年 1 月 18 日）

同志们：

新年伊始，司法部决定召开律师队伍集中教育整顿活动总结暨开展合伙律师事务所规范建设年活动动员会议，这是贯彻落实党的十六届四中全会精神和《中央关于司法体制和工作机制改革的初步意见》的一次非常重要的会议。会议的主要任务是总结律师队伍集中教育整顿活动的情况，研究部署开展合伙律师事务所规范建设年活动和建立健全律师队伍建设长效机制工作。下面，我讲三点意见。

一、律师队伍集中教育整顿活动的基本情况

去年三月以来，为认真贯彻胡锦涛总书记等中央领导同志关于加强律师建设的重要指示精神，司法部决定在全国范围内开展了律师队伍集中教育整顿活动。这次教育整顿活动，在各地党委、政府的领导下，经过各级司法行政机关和律师协会的精心组织，通过广大律师的共同参与和积极努力，各个阶段的工作任务已经基本完成。总结各地的做法，这次教育整顿活动有以下六个主要特点：

（一）各级领导高度重视，组织得力

司法部召开的全国律师队伍建设工作会议结束后，各省（区、市）司法厅（局）及时召开党委（党组）会议研究贯彻落实，并迅速向省（区、市）党委、政府作了汇报，引起各级领导的高度重视并得到大力支持。许多省（区、市）党政领导对贯彻中央领导同志重要指示精神，进一步加强律师队伍建设和律师工作做出了批示；有的召开省委常委会议，专题研究律师队伍建设工作；有的还亲自深入律师事务所开展调研，了解律师队伍建设的现状和律师执业过程遇到的困难和问题，并就加强律师队伍建设提出了具体意见；有的亲自出席动员大会并作重要讲话。各级党委、政府的高度重视，有力地推动了教育整顿活动的深入开展。

各级司法行政机关和律师协会普遍把教育整顿活动作为2004 年的主要任务来抓。逐级成立了以“一把手”为组长的教育整顿活动领导小组，并抽调专门人员组成办公室，切实加强组织领导。紧紧围绕部党组提出的“一个目标”、“七项任务”、“四项措施”的基本要求，紧密结合律师队伍建设实际，制订具体实施方案，细化集中教育整顿活动的标准和要求。

深入基层，加强督查，抓好各项工作的落实。在教育整顿活动的每个阶段，司法部都召开了转段工作会议，总结工作，部署具体任务，并且下发了各个阶段工作的实施方案。同时，多次召开座谈会，分析形势，查找问题，研究措施。部教育整顿活动领导小组成员每人都联系一个省（区、市），加强具体指导。各地司法厅（局）教育整顿领导小组成员也分别建立了自己的联系点，按照分类指导的原则，分别选择好的、一般的、问题较多的律师事务所“解剖麻雀”，调查研究，及时解决实际问题。司法部先后派出 18 个督查组对 29 个省（区、市）开展教育整顿活动情况进行了督查。全国各省（区、市）也派出督查组，实施阶段性督查，有效地保证了教育整顿活动各个阶段工作的顺利开展。

（二）把思想教育贯穿教育整顿活动始终

在教育整顿活动中，各地狠抓学习教育，统一思想，提高认识。在学习动员阶段，认真组织学习胡锦涛总书记等中央领导同志重要指示精神，切实把广大律师的思想认识统一到中央领导同志指示精神上来，正确认识开展集中教育整顿活动的必要性和重要性。在自查自纠阶段，各省（区、市）重点强化了律师事务所和律师对自查自纠工作原则、标准的学习培训，有效防止了自查自纠停留在表面、不愿涉及实际问题等倾向。在集中查处阶段，教育广大律师充分认识到对极少数违法违纪律师的查处，是对广大遵纪守法律师的保护，是纯洁律师队伍的重要手段。为切实保障法律、法规、规章和行业规范的学习，全国律协组织了远程教育培训班，近万名律师事务所主任和合伙人参加了学习培训。许多省（区、市）都根据自身实际，举办了律师法律、法规、规章和行业规范学习培训班。按照司法部和全国律协的部署，各省（区、市）司法厅（局）和律师协会都组织了律师法律、法规、规章和行业规范知识考试。正是由于各地在教育整顿活动中狠抓了学习教育，为深入开展教育整顿活动打下了良好的思想基础。

（三）围绕重点，认真开展自查自纠工作

各地严格对照法律、法规、规章和行业规范，围绕律师职业道德、执业纪律缺失，律师事务所管理“散、乱、差”，律师和法官在诉讼活动中不正当交往

关系等三个方面的重点内容，认真开展自查自纠工作。许多省（区、市）按照“有问题查问题，没有问题找差距”的工作要求，坚持进度服从质量。一些地方强化自查自纠关口审女，律师自查自纠报告必须经过所律师会议评议、主管司法行政机关和律师协会的审查验收。有的地方统一印发了《律师事务所及执业律师自查自纠情况表》，律师事务所和律师根据表中列举的大类和小项自查标准进行查摆。一些地方还对那些剖析马虎、问题暴露不全、自查没有深度的剖析材料一律退回，重新组织自查自纠。总体来看，大部分律师事务所和律师自查自纠是认真的，查找问题是比较全面、深刻和准确的。

（四）严格执法执纪，严肃查处律师和律师事务所违法违纪行为

为认真开展查处工作，司法部先后下发了《关于进一步加强对违法违纪律师查处工作的通知》等四个带政策性的文件，强调把查处工作作为检验教育整顿活动的一个重要标准来抓。张福自部长和部教育整顿活动领导小组成员先后多次召开座谈会，听取广东、湖北等省的专题汇报，研究律师行贿法官案件的查处工作。各地认真贯彻司法部关于查处工作文件和有关会议精神，深入开展对违法违纪律师的查处工作。重点查处了律师与法官违规接触和不正当交往，少数律师向法官行贿，少数律师事务所管理混乱，律师违反职业道德、执业纪律等问题。认真落实查处工作责任制。一些地方实行领导“包案制”，对重点案件实行“挂牌督办制”，对社会反映强烈、查处工作困难的重点案件，主要领导直接督办，排除干扰，确保案件查处质量。一些地方建立了律师和律师事务所违法违纪定期通报、典型案件集中曝光制度，强化查处工作的社会监督力度。在开展查处工作中还加强与纪检监察机关、法院、检察院等其他部门的沟通交流，积极争取相关部门对查处工作的支持配合，为查处工作营造了良好的工作氛围。

（五）认真开展行风评议活动，广泛接受社会监督

各地坚持走群众路线，把群众参与作为查找问题的重要途径，把征求服务对象的意见作为查找问题的主要方式，把服务对象的评价作为检验律师工作好坏的重要标准，采取发放问卷调查，聘请社会监督员、召开当事人和顾问单位座谈会、走访法院、检察院、进行律师法律服务投诉接待日活动、开展征文活动、建立网上投诉系统等形式，广泛开展行风评议活动。据不完全统计，全国各级司法行政机关和律师协会共发出调查问卷或征询意见函30余万份，召开各类座谈会4700余场（次），走访单位和部门9000多家。2004年11月1～6日至28日，全国政协还专门组织考察组，就当前我国律师队伍建设的有关问题到三个省（区、市）进行了视察。

（六）坚持标准，严格整改验收

各地按照司法部验收方案的内容和要求，严格标准，突出重点，落实责任，确保验收不走过场。许多地方对验收中发现的问题不回避、不护短，而是及时指出，严肃批评，限期整改。一些地方还根据前期工作中掌握的情况，突出验收工作的针对性，根据不同地区、不同律师事务所、不同律师的不同情况，在兼顾全面的同时，突出验收工作的重点，有效地保证了验收工作的实效性。

回顾这次教育整顿活动，我们深切感到，各级司法行政机关和律师协会对教育整顿活动投入的精力之多是多年来少有的，广大律师参与面之广、受触动之深是多年来少有的，社会对律师工作关注热情之大也是多年来少有的，教育整顿活动基本达到了预期目标，取得了良好的效果。

（一）广大律师普遍接受了一次深刻的政治思想教育、法纪教育和职业道德教育

主要表现在三个方面：一是政治意识进一步强化。通过深入的学习教育，广大律师充分认识到律师是社会主义的法律工作者的本质属性。大家纷纷表示，律师队伍是国家法制建设和依法治国的重要力量，必须坚持正确的政治方向，坚持社会主义法律工作者的属性。二是依法执业的理念更加明确。通过深入的学习教育，特别是违法违纪律师受到查处的沉痛教训，使广大律师深刻地认识到遵纪守法、依法办事、依法执业的重要性，表示要自觉按照律师执业纪律规范，严格约束自身行为，更好地履行对社会和公众承担的法律责任。三是诚信执业的观念进一步增强。广大律师更加深刻地认识到，律师业作为一个以法律服务为手段的职业，是否依法执业、诚信为民决定着这个行业的生命力，律师应该成为引领社会诚信的榜样，为社会诚信建设做出积极贡献。

（二）“三个规范”得到落实，律师队伍中存在的突出问题得到初步解决

一是律师与法官的交往关系进一步规范。司法部和最高人民法院联合制定了《规范法官和律师相互关系维护司法公正的若干规定》，各地司法行政机关、律师协会与公、检、法部门都建立了经常性的沟通交流机制。一些省（区、市）律师协会与当地法官协会共同签署了《法官与律师双向监督公约》，有效地规范了律师与法官的相互关系。二是律师事务所内部管理正在逐步规范。在教育整顿期间，司法部和全国律协制

定了10多个规范律师事务所管理的规章和行业规范，各地认真贯彻《律师法》、《合伙律师事务所管理办法》和《律师事务所内部管理规则》等法律、法规、规章和行业规范，进一步建立健全了律师事务所人员管理、业务管理、财务管理等一系列规章制度，加大了对律师事务所的监管力度，一些管理混乱的律师事务所被依法撤消，一些疏于管理、制度松弛的律师事务所被责令限期整改。三是律师执业行为进一步规范。各地按照《律师执业行为规范》、《律师违法行为处罚办法》，进一步细化完善了利益冲突审查、风险告知、执业公示、投诉接待查处、防止不公平竞争等制度。一些虚假宣传、不正当竞争等不规范行为得到了纠正。律师在收案、收费、会见、辩护、代理等各个业务环节中的活动进一步得到了规范。

（三）违法违纪的律师和律师事务所受到严肃查处，广大律师的职业道德、执业纪律水平有了新的提高

据统计，这次教育整顿共查处违法违纪律师719人，查处违法违纪的律师事务所213家。在受到行政处罚的261名律师中，吊销执业证47人，停止执业109人，没收违法所得23人，受到警告处罚82人。在受到行政处罚的72家律师事务所中，吊销执业许可证14家，停业整顿21家，没收违法所得13家，受到警告处罚24家。同时，在受到律师协会行业处分的458名律师中，取消会员资格47人，公开谴责73人，通报批评210人，受到训诫1~28人。在受到行业处分的141家律师事务所中，取消团体会员资格14家，公开谴责20家，通报批评82家，受到训诫25家。从查处的情况看，律师违法违纪行为主要表现在五个方面。一是律师与法官在诉讼活动中进行不正当交往；二是律师私自收案收费和乱收费；三是接受当事人委托后不尽职责，不向委托人提供约定的法律服务；四是搞不正当竞争。以诋毁同行、支付介绍费、作虚假广告等手段进行不正当竞争，扰乱执业秩序。五是提供虚假证据或者引诱、威胁当事人提供虚假证据等。通过集中查处工作，严肃了律师执业纪律，维护了律师队伍的纯洁性，有力地促进了律师队伍的健康发展。

（四）律师队伍党建工作得到明显加强，党组织和党员的战斗堡垒和先锋模范作用得到充分发挥

各地始终把律师党建工作作为一项基础性工作来抓。认真落实党支部的各项工作制度，加大对“隐性党员”组织关系的接转工作，律师事务所党组织建设得到了明显加强。截至2004年底，全国已有20个省（区、市）律师协会设立了党组织。1.1万多家律师事务所中，成立党支部2721个、联合党支部1536个，占总数的36.7%，比2003年增加8.5%，党的基层组织的覆盖面和影响力进一步扩大，初步形成了一个比较完善的党组织工作体系，较好地发挥了律师事务所党支部的战斗堡垒作用。在教育整顿期间，新发展党员484人。许多党员律师带头开展自查自纠、查摆整改活动，较好地发挥了模范带头作用。律师党建工作的加强，为教育整顿活动的顺利开展，为律师队伍的健康发展提供了有力的政治保证。

（五）律师队伍服务公益事业的热情不断高涨，诚信为民的社会形象得到新的提高

通过这次教育整顿活动，律师队伍出现了一些新的面貌，在改善队伍形象方面取得了一些实实在在的成效。一是自觉为党政机关依法决策、依法行政提供法律服务，在维护社会稳定、参与涉法信访案件的处理工作中有了新进展。二是积极为维护农民工合法权益、参与国有大中型企业改革等提供法律服务，在依法帮助解决社会热点难点问题上有新突破。三是许多地方组织律师开展各种社会公益活动。在消费者权益日、全国助残日、“12.4”法制宣传日期间开展了形式多样、声势浩大的宣传咨询活动，在社会中产生了积极的影响。四是组织开展扶贫济困活动，为灾区、贫困地区捐款捐物、捐资助学，使律师队伍诚信为民的社会形象得到了新的提高。

总的看，这次教育整顿活动发展是健康的，工作是扎实的，成效是显著的，党政领导和社会各界的反响也是好的。但是，我们要清醒地认识到，这次教育整顿活动还存在一些不足和问题：一是工作发展不够平衡。不同省份之间、不同地区之间、不同律师事务所之间对教育整顿活动的重视程度、落实力度、工作进展、实施效果等方面都存在一定的差距。二是一些律师和律师事务所查摆问题不深入，直接影响了教育整顿活动的效果。三是对违法违纪行为的查处还存在失之于软，失之于宽的现象。在集中查处工作中怕得罪人，怕给自己的工作抹黑的思想顾虑还不同程度存在；一些地方对行政处罚和行业处分的界线研究不够，把握不准，存在用行业处分替代行政处罚的现象。这些问题必须引起我们的高度重视，并在今后的工作中采取有效措施加以解决。

二、以规范合伙律师事务所为重点，进一步建立健全律师队伍建设长效机制

律师队伍集中教育整顿活动作为一项阶段性的工作就要告一段落了，但律师队伍建设仍然面临着繁重的任务，还有许多工作要做，加强律师队伍建设是一项长期而艰巨的任务。在去年召开的全国律师队伍建

设工作会议上，我们在认真分析形势，正确认识和把握我国律师本质属性的基础上，明确提出了我国律师队伍建设的总目标，即“坚持信念、精通法律、维护正义、恪守诚信”，但实现这一目标并非一朝一夕之功，需要我们坚持不懈的努力，既要有长远目标，又要有阶段安排，扎扎实实做好律师队伍建设的各项工作，继续朝着既定目标前进。

（一）要正确认识当前律师队伍建设面临的形势

总的来看，我国律师队伍的状况是好的，发展是健康的，广大人民群众也是满意的。特别是通过这次教育整顿活动，律师队伍建设中存在的一些突出问题初步得到解决，律师队伍出现了新的气象。但是，我们对教育整顿的成果不能估计过高。必须清醒地认识到，律师队伍建设中许多深层次的矛盾和问题尚未从根本上得到解决；少数律师职业道德缺失、执业思想不端正的问题仍然存在；律师和法官在诉讼活动中的交往关系也没有得到全面规范；少数律师事务所“散、乱、差”问题还比较突出；相当数量律师事务所的内部管理离规范化的要求还有较大差距，等等。我们必须正视这些问题，采取更加有力的措施，认真加以解决。

最近，中央印发了《中央关于司法体制改革和工作机制改革的初步意见》，对深化律师工作改革、完善律师制度、加强律师队伍建设提出了新的更高要求。前不久，罗干同志和周永康同志分别在全国政协办公厅《关于律师队伍建设状况的考察报告》上做出了重要批示。罗干同志指示：“张福森同志：请按照司法体制改革意见的精神认真研究报告中提出的律师业和律师队伍建设需要解决的问题和工作建议。”周永康同志指示：“请福森同志高度重视政协社会和法制委对我国律师队伍考察中提出的队伍分析和工作建议。随着依法治国方略的进一步实施，律师在社会生活的作用更显突出。建设一支高素质的律师队伍是时代的要求，人民的期盼，是经济建设、社会稳定的必需。请在今年集中教育整顿活动基础上，进一步在完善法制、健全体制、加强队伍培训、创造更好的执法环境上下功夫，为实现社会公平和正义作出更好的贡献。”司法体制改革的重要部署，中央领导同志的重要指示，再一次体现了党和国家对律师队伍建设和律师工作的高度重视和殷切希望，为我们进一步加强律师队伍建设指明了方向。各级司法行政机关和律师协会，一定要充分认识当前律师队伍建设面临的新形势，深刻学习领会中央关于律师队伍建设的新要求，进一步坚定信心，振奋精神，增强责任感、紧迫感和使命感，继续把律师队伍建设摆在突出的位置，推动律师队伍建设再上新的台阶。

（二）要把建立健全律师队伍建设长效机制作为当前律师队伍建设的一项重要任务来抓

律师队伍建设要实现持续、健康的发展，必须要有一套健全完善的机制，只有这样，才能为律师队伍建设提供持久的动力和保障。我们看到，经过近一年的集中教育整顿，我国律师队伍建设取得了初步成效。但是，想通过一次教育整顿解决所有的问题是不现实的。教育整顿更多地是侧重于治标，解决面上的问题。要巩固治标成果，并进而从根本上解决问题，必须实行标本兼治，在治标的同时，逐步加大治本力度，进一步建立健全律师队伍建设的长效机制。律师队伍长效机制建设涉及到很多方面，根据我国律师队伍建设的实际，至少应该包括以下六个方面：一是学习教育机制。就是要通过严格职前培训，加强业务培训和继续教育，强化政治思想教育和法制教育，使广大律师牢固树立正确的理想信念、依法执业的观念，培养高尚的道德情操。二是行业准入机制。通过建立健全实习人员管理、品行考核和审查、执业宣誓、新律师辅导等制度，确保进入律师行业的人员具有良好的政治、业务和职业道德素质。三是自律机制。通过完善律师事务所自律管理、增强律师协会自律能力、改革和完善律师执业责任保险制度、规范律师流动秩序、加强律师队伍党建工作，增强律师行业自律性管理能力。四是监督惩戒机制。通过建立健全律师执业监督体系，强化律师协会的惩戒职能，完善惩戒工作程序，建立律师行业退出机制，加强对律师执业活动各个环节的监督，使律师行业的预警、监督、处理系统得到进一步完善。五是行业保障机制。通过建立健全律师行业发展的法制保障机制、政策保障机制、市场保障机制，为律师执业活动的正常开展和律师职业功能的有效发挥创造更加有利的条件。六是行业评价机制。通过加强律师诚信制度建设，构建科学的行业评价体系，使行业评价的激励和约束作用得到进一步落实。

为了推动律师队伍建设长效机制的建立，这次会议印发了《司法部关于进一步建立健全律师队伍建设长效机制的意见》，明确了当前和今后一个时期建立健全律师队伍建设长效机制的指导思想、目标任务、工作重点和具体措施。希望各级司法行政部门和律师协会在认真学习领会的基础上，紧密结合实际，特别是要针对本地区律师队伍建设中的薄弱环节，研究制定实施办法。

（三）要扎扎实实地开展合伙律师事务所规范建设年活动

建立健全律师事务所自律机制，特别是加强合伙律师事务所的规范建设，是律师队伍长效机制建设的一项重要内容。目前，全国共有1万多家律师事务所，其中合伙律师事务所7770家，占全国律师事务所总数70%以上，合伙律师事务所已成为我国律师执业机构的主体。因此，能否把合伙所规范好、建设好，直接决定和影响着我国律师队伍建设的成效。从这次教育整顿活动的情况看，合伙所存在的问题较多、较集中，严重影响了律师队伍建设和律师工作的发展。因此，司法部决定，今年要在全国开展一次合伙律师事务所规范建设年活动，下大力解决当前合伙所存在的问题，通过加强合伙所的规范和建设，提高律师队伍建设的整体水平。

为了保证合伙所规范建设年活动扎实有效地开展，司法部制定了《关于开展合伙律师事务所规范建设年活动的意见》，明确了开展规范建设年活动的指导思想、工作目标、主要内容、方法步骤、组织领导等。开展合伙所规范建设年活动，要重点围绕“七项规范”进行：

一是要规范合伙律师事务所的合伙主体。严格合伙人的条件，加大对合伙人主体资格的检查监督力度，按照法定条件对合伙律师事务所及合伙人进行全面清理，使“假合伙”等问题得到认真解决。

二是要规范合伙律师事务所收案行为。认真落实合伙律师事务所统一接受委托、统一与委托人签订代理合同制度，切实解决谁揽案谁办理的问题。

三是要规范合伙律师事务所收费和分配行为。认真落实统一收取服务费和办案费、统一与委托人结算制度，防止和纠正通过律师个人收取和结算的做法。建立健全律师收费争议解决机制，及时解决因收费问题与当事人发生的争议。建立健全合理的分配制度，逐步改变“提成制”的分配方式，提倡和鼓励律师事务所实行更加科学的分配方式；落实律师事务所应当设立的教育培训、执业责任保险、社会保障和事业发展基金制度，解决和克服律师事务所低积累甚至不留积累等现象。

四是要规范合伙律师事务所内部监督管理行为。建立健全并认真落实人员、业务、服务质量管理和投诉处理各项制度。加强对实习人员和新执业律师的指导和管理。建立健全律师事务所对本所人员解聘或开除制度。加强业务质量管理，完善质量控制制度和程序，对律师办案进行实时监控。建立健全事务所团队化管理机制，加强团队化建设，进一步提高律师事务所法律服务的能力和水平。

五是要规范合伙律师事务所管理机构。建立健全并落实科学的决策、执行和监督机制，克服缺乏必要的组织机构或管理机构形同虚设的状况，保障律师事务所合法有序运行。

六是要规范合伙律师事务所及合伙人管理责任。建立健全合伙律师事务所的合伙人对本所律师监督管理制度。完善执业责任赔偿保险制度，建立以律师事务所为单位，由合伙人购买责任保险制度，责任保险费用要由合伙人承担。

七是要规范合伙律师事务所党建工作。加强律师事务所党组织建设，进一步规范律师党员的监督、管理和约束。正确处理党的政治核心作用与律师事务所开展业务活动的关系，探索适合发挥合伙律师事务所特点的加强党建工作的方式方法，防止“两张皮”现象，更好地发挥律师事务所党组织的战斗堡垒作用和党员律师的先锋模范作用。

总之，要通过开展合伙律师事务所规范建设年活动，真正使合伙所及其合伙人的管理意识得到增强，管理责任得到落实，各项内部管理制度得到完善，服务质量和水平得到提高。

三、加强领导，凝聚力量，务求实效

建立健全律师队伍长效机制，开展合伙律师事务所规范建设年活动，是今年司法行政机关和律师协会的一项重点工作，任务仍然十分繁重。各级司法行政机关和律师协会要加强领导，坚定信心，振奋精神，重点在抓落实、见成效上下功夫，确保完成既定的各项任务。

（一）要统一思想

思想统一、认识到位是做好一切工作的前提和保证。这次会议在全面总结律师队伍集中教育整顿活动的同时，对建立健全律师队伍建设长效机制和开展合伙律师事务所规范建设年活动进行了动员和部署，目的就是要以教育整顿活动为基础，乘势而上，以更加有力的措施，深入推动律师队伍建设各项工作的发展。各级司法行政机关、律师协会和广大律师，要深刻认识建立健全律师队伍建设长效机制和开展合伙所规范建设年活动的重大意义，把思想认识统一到中央领导同志对律师队伍建设的重要指示精神和《中央关于司法体制和工作机制改革的初步意见》上来，统一到这次会议的部署上来，积极投入和参与到各项活动之中。我们在调研中了解到，目前在管理干部和律师队伍中，还存在着一些思想上的疑虑和认识上的偏差，比如，有的人对长效机制建设信心不足，存在畏难情绪；有的人认为开展合伙所规范建设年活动与教育整顿没有区别，存在厌倦或抵触情绪等等，这些思想认识必须引起高度重视。要通过教育和引导，使全体管理干部和广大律师，充分认识加强长效机制建设重要性、紧迫性，充分认识开展合伙所规范建设年的主要目的，是帮助律师事务所管理上层次、上水平，是促进律师队伍建设的良好机遇，为顺利开展以合伙律师事务所规范建设年活动为重点的长效机制建设提供有力的思想保证。

（二）要加强指导

无论是长效机制建设，还是合伙所规范建设，大量的工作都需要由律师事务所去承担、去落实。比如，在长效机制建设方面，在实习人员管理、申请执业人员品行考核、新律师辅导、建立律师执业责任保险等，都具体要由律师事务所来做；在加强合伙所规范建设方面，合伙所本身就是这项活动的主体，“七项规范”任务的落实都离不开律师事务所积极配合和具体实施。因此，各级司法行政机关和律师协会，一定要加强工作指导，严格工作要求，确保任务落实。司法厅（局）和律师协会的领导同志，以及管理部门的同志，要深入实际，深入到律师事务所，认真开展调查研究，进行面对面的指导。对基础较差、管理混乱的律师事务所，要加大监督指导力度，帮助其找问题、查原因、定措施，促进长效机制建设和规范化管理的各项要求有效落实。坚持教育整顿活动中实行的联系点制度、督察制度，使规范建设的各项任务真正落到实处。需要指出的是，律师协会是律师行业的自律组织，在管理律师方面有许多职能优势，各地司法行政机关要因势利导，重视发挥好律师协会的作用，律师协会能够承担的工作尽量交给律师协会来办，使两个方面积极性都能得到充分发挥。

（三）要抓好落实

胡锦涛总书记强调指出，律师队伍建设要扎扎实实地抓，坚持不懈地抓，务必抓出实效。因此，各地要在具体工作中，狠抓落实，确保各项工作取得实实在在的成效。要抓落实，首先要明确职责。要在学习领会长效机制建设和合伙所规范建设年的两个意见基础上，进一步明确各自的职责和任务，看看哪些是司法行政机关的工作，哪些是律师协会的任务，哪些是律师事务所的责任。防止责任不清、相互推诿。其次要制定有针对性、操作性的工作方案。在明确职责的基础上，司法行政机关、律师协会和律师事务所要制定出具体的实施方案，明确各个阶段的具体任务，一项一项地抓落实。三是加强督促检查。为保证各项任务的落实，今年司法部将适时召开电视电话会议或座谈汇报会，检查和了解各地工作进展情况和落实情况。同时，司法部和全国律师协会还将抽调力量组成督查组，对重点地区的工作情况进行实地检查。年终司法部将召开总结会议，对工作开展得好的省（区、市）和律师事务所进行表彰。

（四）要统筹兼顾

去年底召开的全国司法厅（局）长会议，对今年律师队伍建设和律师工作做出部署，除了要建立健全律师队伍长效机制、开展合伙所规范建设年活动外，还要抓紧做好《律师法》修订，建立中国特色的律师制度；完善律师组织结构和执业组织形式，进一步推进公职律师、公司律师制度建设；认真做好全国律协换届选举，进一步完善“两结合”管理体制等工作；改革和完善律师收费制度，制定诉讼收费指导标准、完善收费争议解决机制等工作。这些工作也很重要，各项工作之间是相互关联的。有些工作本身就是长效机制建设和合伙所规范建设的重要内容。希望各地在安排工作时，既要突出重点，又要统筹兼顾，处理好加强律师队伍长效机制建设与开展合伙律师事务所规范建设年活动的关系，处理好这两项工作与其他各项工作之间的关系，学会“弹钢琴”，有条不紊地做好今年律师队伍建设的各项工作，做到统筹兼顾，合理安排，防止顾此失彼。

同志们，为期近一年的律师队伍集中教育整顿活动即将结束，合伙律师事务所规范建设年活动即将开始。让我们以邓小平理论和“三个代表”重要思想为指导，深入贯彻中央领导重要指示精神，认真落实《中央关于司法体制和工作机制改革的初步意见》和《司法部关于加强律师队伍建设的意见》，抓住机遇，扎实工作，知难而上，深入推进律师队伍建设和律师工作的发展，为全面建设小康社会和促进依法治国做出新的更大贡献。

张福森同志在律师队伍集中教育整顿活动总结暨开展合伙律师事务所规范建设年活动动员会议上的讲话

（2005年1月19日）

同志们：

为期一年的律师队伍集中教育整顿活动，现在已基本结束。在大家的共同努力下，这次活动进展顺利，效果明显，达到了预期的目的。昨天和今天上午，进行了分组交流和讨论，大家还评选出了北京、浙江、上海、江西、广东、贵州、江苏和四川8个教育整顿活动开展得比较好的单位，对他们给予表扬。他们在会上分别介绍了开展教育整顿活动的做法和经验，他们的做法各有特点，但都有一个共同之处，那就是对这次教育整顿活动高度重视，认真贯彻部里的部署，精心组织安排，扎扎实实开展各阶段的活动，严肃查处违法违纪律师和律师事务所，确保不走过场。他们介绍的经验，值得我们在今后的工作中认真学习和借鉴。昨天下午，段正坤同志代表部党组对集中教育整顿工作做了全面的总结，对今年开展合伙律师事务所规范建设年活动进行了部署，我都同意。下面，我再强调几点意见：

一、总结经验，充分认识加强律师队伍建设是一项长期的任务

这次集中教育整顿活动，是部党组认真贯彻“三个代表”重要思想和中央领导同志对律师工作的重要指示精神，针对律师队伍建设工作的实际情况做出的一项重要决策，是新形势下加强律师队伍建设的一个重要举措。从活动本身来看，各地工作是认真的，进展是顺利的，效果也是明显的，在律师行业产生了较大的震动，在社会上也产生了积极的反响。特别是通过一年的工作，我们进一步提高了对律师行业的运行状况的总体把握，深化了对律师工作内在属性和规律的认识，增强了律师管理工作和律师队伍建设工作的能力，在律师队伍建设方面有了更加深刻的体会和认识，主要是：

第一，加强律师队伍建设，必须从律师队伍本质属性出发，牢固树立正确的执业观。我国律师是社会主义法律工作者，律师队伍是我国社会主义现代化建设和民主法制建设的重要力量，律师制度是社会主义法律制度的重要组成部分。我们必须从律师队伍的本质属性出发，把握好律师队伍的发展方向，引导广大律师树立正确的执业观。近年来，随着市场经济的发展和律师制度改革的深化，律师事务所运作方式越来越受市场规律的支配。但是，另一方面，律师队伍中也出现了片面追求经济利益的倾向，对律师的属性存在一些模糊的认识，有的把律师事务所简单地等同于商业机构，忽视了律师的法律信仰和社会责任。因此，无论是消除当前律师队伍发展中的不健康因素，还是解决律师工作发展中的深层次矛盾和问题，都要求我们必须始终坚持律师队伍的本质属性。这次教育整顿的实践证明，我们正是从这一属性出发，进一步明确提出了律师的职业使命，就是要维护当事人的合法权益，维护法律的正确实施，维护社会公平和正义；进一步明确提出了律师队伍建设的目标，就是要建设一支“坚持信念、精通法律、维护正义、恪守诚信”的高素质律师队伍；进一步明确提出了律师队伍在新的历史条件下的工作宗旨，就是为维护社会稳定服务、为完善社会主义市场经济体制服务，为实施依法治国服务，为实现和维护好人民群众的根本利益服务。律师队伍只有坚持这种属性、使命、目标和宗旨，才能保持健康的发展方向。

第二，加强律师队伍建设，必须坚持加强有效管理，提高律师行业的自律能力。改革开放以来，律师工作的改革和发展速度很快，律师管理工作遇到了许多新的问题，如管理的对象已经成为一支庞大的社会群体，由恢复初期的几百人发展到十几万人；管理任务从注重数量，转变到既要注重数量，更要提高质量；管理方式从直接的微观管理，更多地转变到间接的宏观管理；管理的环境从律师制度、律师行业不太被社会所了解，到现在成为一个被广泛关注的社会热点。在管理对象、内容、方式、环境都发生很大变化的情况下，相对于律师业的迅速发展，我们在管理理念、管理制度、管理方式、管理手段等方面还比较滞后，特别是律师行业的自我管理能力薄弱更是一个突出的问题。我们知道，世界各国都十分重视律师行业的自律性管理。律师行业自律能力的高低，自律机制是否完善，在某种程度上成了衡量一国律师制度、律师行业是否成熟的重要标志。但是目前，在我国，律师协会的行业自律规范体系和制度仍然不够健全，组织体系不够完善，在律师中的管理权威不够；律师事务所自律管理的规范化程度较低，律师事务所负责人、合伙人管理意识和管理能力不强，律师责任意识比较淡薄，事务所管理松散，严重影响了律师行业和律师队伍的健康发展。因此，律师协会和律师事务所自律能力的提高是一项重要而迫切的任务。

第三，加强律师队伍建设，必须加大对违法违纪律师的惩处。这次教育整顿很重要的一项成果，就是对违法违纪的律师事务所和律师进行了集中查处，47名律师被吊销了执业证书，这在我国律师制度恢复以来还是第一次，充分体现了我们惩处律师违法违纪行为的坚定决心。对违法违纪律师实行严厉的处罚是世界各国对律师实行管理的最有效手段。总的来说，我们这些年来对律师违法违纪行为查处是失之于宽，失之于软的。在这次教育整顿活动中，各地加大了惩处工作的力度，但是，仍然有些地方对律师的违规违纪行为采取袒护的态度，大事化小、小事化了。这在一定程度上纵容了一些律师违法违纪，在行业中和社会上都造成了不良影响。究其原因，很重要的一点，就是我们的管理者没有真正站在一个政府监管者的角度，正确处理与管理对象之间的关系，管理措施和手段难以到位。这个教训我们一定要深刻反思和吸取。

第四，加强律师队伍建设，必须努力改善律师的

执业环境。律师队伍中存在的问题除了律师行业自身的原因，也有其复杂深刻的社会根源。其中，律师执业环境，包括市场环境、法制环境、政策环境中存在的诸多问题，在不同程度上妨碍了律师的正常执业活动，影响着律师队伍的健康发展，比如诉讼活动中普遍存在的“三难”问题，法律服务市场秩序混乱的问题，收费、税收政策不合理问题，等等。因此，在教育整顿的同时，我们十分强调要采取措施努力改善律师执业环境，并且取得一定的成效。司法部与最高人民法院、最高人民检察院联合制定的《关于刑事公诉案件实行证据展示的若干意见》，即将出台。但是，由于一些复杂因素的影响，包括传统法律文化观念的束缚、立法和司法上的不完善等等，改善律师执业环境将是一个复杂艰巨的任务，是一个循序渐进的过程，需要我们通过坚持不懈的努力去逐步加以解决。

第五，加强律师队伍建设，必须完善法律制度，建立健全律师队伍建设长效机制。在这次教育整顿活动中，我们深深地体会到，目前，适应新形势下律师队伍建设的法规体系还不健全，有的法规制度缺乏相应的配套和细化措施，有的制度内容滞后于实践，许多好的制度落实不到位，没有发挥出应有的作用。如准入制度的不完善，准入门槛偏低，很难保证律师队伍的高素质；退出机制的不健全，查处手段的软弱，很难使违法违纪律师得到及时查处等等。因此，制度建设仍然是加强律师队伍建设必须着力解决好的重大课题。

以上教育整顿工作中形成的一些经验和启示，对于我们认识和把握律师工作和律师队伍发展的规律和特点，不断提高驾驭律师工作的能力，具有重要而深远的意义。我们一定要很好地总结，并在今后的工作中很好地运用。

在肯定成绩总结经验的同时，我们也要清醒地认识到，这次教育整顿活动只是在有限的时间、有限的范围内，解决一些突出的问题，取得的成果也是初步的阶段性的。律师队伍中存在的深层次矛盾和问题还没有从根本上得到解决，律师业发展在体制和机制上的障碍还没有完全消除，制度建设的科学性、系统性、可操作性以及制度的执行和落实还需要进一步加强。因此，我们一定要充分认识律师队伍建设的长期性、复杂性，在巩固集中教育整顿成果的基础上，进一步采取有效措施，推动律师队伍建设工作深入发展。

二、巩固成果，坚持不懈地推进律师队伍建设

根据部党组的部署，今年律师队伍建设的工作任务仍然十分繁重，工作力度还要继续加大。我们要明确任务，突出抓好以下几项工作，在前一段工作的基础上，巩固和发展教育整顿的成果。

（一）深入贯彻中央关于律师工作的重要精神，进一步提高对律师队伍建设重要性的认识。中央对律师工作律师队伍建设高度重视。去年初，胡锦涛等中央领导同志对律师工作作出了重要指示。这次教育整顿活动也一直受到中央领导同志的高度关注。前不久全国政协对律师队伍状况，特别是律师队伍教育整顿的情况进行了考察，并向党中央、国务院报送了考察报告。罗干同志和周永康同志在报告上再次对律师工作做出了重要指示。不久前，中共中央转发的《中央司法体制改革领导小组关于司法体制和工作机制改革的初步意见》，把完善律师制度作为一个专门问题加以规定，明确指出要改革和完善律师的组织结构和组织形式，建立适应中国特色社会主义的律师制度。完善律师行政管理与行业自律相结合的法律制度，加强有效管理，严格执业资格审查，规范执业行为，改善执业环境，保障执业权利。建立健全监督约束机制，严格执业纪律，惩治违法行为。加强律师行业基层党组织建设，提高律师队伍的政治业务素质和职业道德素质，坚持服务为民，维护司法公正。中央领导同志的重要指示，司法体制改革的重要部署，充分体现了党和国家对律师工作的高度重视，对律师队伍和律师业发展的殷切希望，为新时期律师业的改革和发展进一步指明了方向，对于我们在总结教育整顿经验的基础上进一步推进律师队伍建设具有重大的指导意义，是我们推进律师工作的又一次重大机遇。各级司法行政机关、律师协会和广大律师要认真学习和深入贯彻《关于司法体制和工作机制改革的初步意见》，学习和贯彻中央领导同志重要指示精神，进一步统一思想，提高认识，再接再厉，持之以恒地加强律师队伍建设，不断提高律师工作的整体水平。

（二）完善法律制度，建立健全队伍建设长效机制。教育整顿的经验告诉我们，要保障律师队伍的持续健康发展，促进律师制度的成熟和完善，必须努力适应不断变化的新形势，适应律师队伍的本质属性和队伍建设的客观规律，建立一套能够发挥基础性和经常性作用的健全的制度，把集中教育整顿的成果用制度和规定的形式固定下来，使律师队伍建设有法可依、有章可循，推进队伍建设工作的规范化和制度化。在这次教育整顿活动中，我们十分注重探索建立健全队伍建设的长效机制的方法和途径。在教育整顿活动结束后，律师队伍建设的一项最重要的任务就是要建立健全队伍建设的长效机制。部里近期已经出台了《关

于进一步建立健全律师队伍建设长效机制的意见》，进一步明确了建立健全长效机制的指导思想、工作目标和具体措施，提出要从加强教育、严格管理、完善监督、强化自律等方面入手，建立健全学习教育机制、行业准入机制、自律机制、监督惩戒机制、保障机制和评价机制，构建教育、制度、监督查处有机结合的律师队伍建设体系。这个《意见》是今后一个时期律师队伍建设的重要政策性文件，各地一定要认真贯彻落实。对于已经建立的各项制度，要结合实际进一步健全和完善，并切实加强督促检查，保证落到实处。对于尚未建立但根据工作实际需要建立的制度，司法行政机关要依照法律规定，通过部门规章和其他规范性文件的方式加以规定；律师协会要通过制定行业规范，强化自律管理，加快制度建设，为律师业的改革和发展提供全方位的制度保障。律师队伍建设最根本的还是要靠法律来保障。目前，《律师法》的修订论证工作正在紧张有序地进行，修改法律的过程是进一步研究律师制度，进一步完善律师制度的过程。修订《律师法》，要对中国律师制度的基本框架，律师业的发展趋势，有一个整体的把握。这个任务是艰巨的，但必须加快进度，争取尽快出台。

（三）严格律师行业准入，努力提高律师的政治素质、业务素质和职业道德素质。随着我国经济社会的迅速发展，人民群众对律师法律服务的需求数量越来越大，质量要求越来越高，而目前，律师队伍的素质还不能完全适应，特别是随着我国入世承诺的逐步落实，法律服务的进一步开放，我国律师队伍还将面临着日趋激烈的国际竞争，提高律师队伍的素质已成为一项非常迫切的任务。严格律师行业准入，是提高律师队伍素质的重要保障，也是整个律师管理工作的基础环节。要加强对申请律师执业人员的品行考察，把律师品行鉴定作为颁发律师执业证书的重要依据，防止品行上有污点纪录的人员进入律师队伍，确保进入律师行业的人员具有良好的职业道德素质。要加强律师职前培训。明确规定职前培训的内容、方式和时间，培训要侧重于职业道德和执业纪律教育、执业技能和技巧训练，通过培训，使即将进入律师行业的人员进一步领会执业操守，掌握执业技能，能够正确处理与当事人、律师事务所合伙人、其他律师的关系，正确处理与法官、检察官和仲裁员之间的关系，树立正确的执业理念，培育健康的律师文化。要完善实习制度，制定规范实习管理的有关规则，规定实习人员的管理以及实习的内容、要求、考核、评价机制等，确保实习人员在运作规范、具备条件的律师事务所实习。要依法严格审查申请人参加实习的情况、所在律师事务所出具的实习鉴定，对不符合颁发律师执业证的人员不予颁证，坚决防止实习走过场的问题。

（四）以合伙所规范建设为重点，进一步增强律师事务所自律能力。在社会主义市场经济条件下，律师事务所作为律师的执业机构，在律师管理中具有十分重要的地位，律师事务所的自律管理是律师管理中最基础的环节，加强律师事务所的规范建设是加强律师队伍建设的有效途径。目前，我国律师事务所有多种组织形式，其中，合伙律师事务所占我国律师事务所总数的百分之七十多，成为律师事务所的主体。可以说，合伙律师事务所管理工作的好坏，影响着整个律师管理工作的成败。在这次教育整顿过程中，从各地反映出的情况来看，合伙所暴露出的矛盾最为突出，发现的问题最为集中，其中很多都是因为合伙所管理不够规范和制度不够健全而引发的。加强合伙所的规范建设的任务非常紧迫。司法部已经决定，今年将用一年的时间，在全国律师行业开展“合伙律师事务所规范建设年”活动。开展这项活动，目的就是要巩固和发展教育整顿活动的成果，进一步解决一些合伙律师事务所管理“散、乱、差”的问题，特别是假合伙问题，真正形成合伙机制，全面提高律师事务所自律管理的能力和水平，促进律师队伍的健康发展。这次活动要重点从七个方面加强对律师事务所的规范，一是规范合伙律师事务所的合伙主体；二是规范合伙律师事务所收案行为；三是规范合伙律师事务所收费和分配行为；四是规范合伙律师事务所的内部监督管理行为；五是规范合伙律师事务所管理机构；六是规范合伙律师事务所和合伙人管理责任；七是规范合伙律师事务所党建工作。从而增强律师事务所依法管理、科学管理的意识，健全管理机制，增强服务能力，提高工作质量。各地一定要根据司法部的统一部署，把加强合伙所的规范建设作为今年律师队伍建设工作的重中之重，精心组织，从严要求，坚持查找问题和整改完善相结合，规范管理与发展提高相结合，努力使合伙所的规范建设取得良好成效。其他组织形式的律师事务所也要参照合伙所规范建设的要求，扎扎实实地推进自身建设，切实增强律师事务所的自律能力。

（五）加强监督和查处工作，保障律师队伍的健康发展。加强律师行业监督和查处是纯洁律师队伍、促进律师事业健康发展的重要保障。要通过健全执业监督体系，规范惩戒程序和方式等，完善制约机制，健全退出机制，下大力气纯洁律师队伍。要着眼于律师违法违纪行为的预防，进一步健全律师执业监督体系。律师事务所负责对本所律师日常监督、职业道德和执业纪律教育、违规人员处理等，律师协会要成立专门机构负责对律师执业活动的日常监督工作，司法行政机关具体承担对律师和律师事务所的行政处罚工作。要着眼于律师查处工作的规范，进一步完善律师惩戒工作程序。要健全律师违法违纪行为查处的工作规则，改革和完善投诉处理制度，有条件的地方，对律师和律师事务所的投诉，要由律师协会统一受理、立案和调查，并依法做出行业处分。律师协会认为有必要给予行政处罚的，移交司法行政机关处理。要着眼于发挥查处工作的预防和警示作用，建立律师行业退出机制。律师事务所要建立律师违规辞退和除名制度，律师协会要建立除名律师通报制度，并通过媒体公开曝光。对违反法律规定，具有吊销执业证情形的律师和律师事务所，一律清除出律师行业。

（六）开展保持共产党员先进性教育活动，进一步加强律师队伍党建工作。加强律师队伍党建工作，保持党员律师的先进性，充分发挥党员律师的先锋模范作用，既是加强律师队伍自身建设的需要，也是保证律师队伍正确贯彻执行党的路线、方针和政策，保持正确政治方向的客观要求。在新形势下，律师队伍党建工作只能加强，不能削弱。按照中央关于在全党开展以实践“三个代表”重要思想为主要内容的保持共产党员先进性教育活动。司法部将结合律师工作和律师队伍的特点，尽快制订指导性意见，各地司法行政机关、律师协会和律师事务所党组织要切实加强领导，精心组织，把先进性教育活动同加强律师队伍建设、推动律师工作结合起来，积极探索新的历史条件下做好党员律师经常性教育管理工作的方法和途径。要充分发挥党建工作的政治优势，发挥律师事务所党支部的战斗堡垒作用，全面加强律师队伍党的思想建设、组织建设和作风建设，扩大党建工作的覆盖面，保证党员律师组织生活的正常化和制度化，进一步凝聚律师队伍，促进律师事业健康持续发展。

三、抓住机遇，全面提高律师工作管理能力和管理水平

随着我国社会主义市场经济的不断发展，民主法制建设不断加强，律师工作特别是律师管理面临着许多新情况新问题。开展教育整顿活动以来，各地司法行政机关和律师协会在加强自身管理能力建设方面做了许多工作，但相对于律师业快速发展对管理部门的要求来说，我们还必须作出更大的努力。这里，我主要就提高律师工作管理能力和管理水平，提出几点要求。

第一，进一步完善律师管理体制。今年，将召开第六次全国律师代表大会，进行全国律协换届工作。我们要以此为契机，全面总结“两结合”管理体制实施以来取得的经验，认真探索行政管理和行业管理有机结合的机制和办法，进一步明确律师管理工作的思路，深化“两结合”管理体制改革。各级司法行政机关要在加强宏观指导，继续履行好行业准入和法律服务市场监管职能的同时，更加注重强化服务职能，采取措施，努力为律师业的发展创造良好的环境和条件。要努力完善管理的工作标准、规范、程序和相应的责任制度，减少管理的随意性，提高管理的公信力。进一步加强律师协会的自律能力。按照“三级架构、两个分开”的要求，积极推进律师协会特别是省一级律师协会的组织机构和人员建设。律师协会领导机构的成员，要从行业信誉高、职业道德好、管理能力强、热心律协工作的执业律师中选举产生。去年初召开的全国司法厅（局）长会议提出，省级律师协会要在年底前实现由执业律师担任会长。目前，全国已有17个省（区、市）律师协会达到这一要求。没有达到要求的地方，要加快工作进度，务必在今年上半年完成。要健全理事会、常务理事会的议事规则，提高决策的科学化、民主化、法制化水平。加强律师协会工作机构的建设，积极适应律师行业管理的需要，进一步完善各项规章制度，使协会领导机构和办事机构形成科学、高效的工作体制和运行机制，提高管理的效能。加强行规建设，通过制定完善业务规范指引、行业服务标准、律师惩戒规则和其他规范，进一步规范律师执业活动，提高律师服务质量和水平。

第二，改进律师管理方式方法，提高科学管理的能力。提高律师管理能力和管理水平，从根本上说，就是要深刻认识和正确把握社会主义市场经济的内在要求和运行特点，增强全面落实科学发展观的意识和能力，增强按照市场经济规律管理律师队伍的能力，增强综合运用法律和经济的手段对律师业进行调控的能力。要加强律师制度理论研究，推进律师管理决策的科学化。当前律师工作需要研究的重大课题很多，如，如何构架中国特色律师制度的总体框架问题；对外开放的中国律师业的发展趋势问题；律师队伍建设长远发展的基本思路问题；改善律师执业环境问题，完善律师收费制度问题等等。研究问题既要立足现实，又要考虑方向，把握趋势；既要学习国外律师制度先进的经验，也要注重从中国的国情和我国律师业的实际出发。要健全完善律师管理工作制度和机制，推进律师管理工作的规范化，制度化。这次中央《关于司法体制和工作机制改革初步意见》明确提出要改革和完善律师收费制度，我们要抓住这一契机，从律师业发展规律和我国经济发展水平、人民群众的承受能力

出发，本着有利于调动律师工作积极性，有利于规范律师管理的原则，制定律师诉讼代理收费指导性标准，建立健全律师收费争议解决制度，完善对律师违法违纪收费行为处罚办法，完善收费方式，健全管理机制，保障律师收费标准的科学性和收费行为的合理性。要进一步完善律师管理工作机制，完善律师管理的监督制度，广泛听取律师和社会各界的意见和建议，推进管理决策的民主化。要不断改进管理方式和手段，建立健全行业评价机制，加强律师行业诚信体系建设，建立行业评价指标体系，推进律师行业信息化建设。

第三，努力提高管理队伍的整体素质。提高律师工作的管理能力和管理水平，建设一支高素质的律师管理队伍是关键。要按照依法行政、建设法治政府的要求，把提高管理队伍的素质特别是业务素质，作为提高律师工作管理能力和管理水平的重点来抓，使律师管理部门自身建设的各方面成效最终都体现到提高管理队伍的能力和水平上来。今年，要结合全党开展的保持共产党员先进性教育活动，加强对管理队伍的教育培训，加大工作力度，制定具体计划，认真抓好落实，营造浓厚的学习氛围，努力把律师管理队伍建设成为"学习型"队伍。要更新管理观念，改进工作方法，提高驾驭工作的能力和水平。要完善激励机制，充分调动管理队伍的积极性，形成竞争向上、充满朝气的工作氛围，为律师事业发展提供有力的组织保障。

同志们，经过大家的共同努力，律师队伍集中教育整顿活动已经取得了明显的成效。今后，加强律师队伍建设的工作任务仍然十分艰巨，我们要进一步振奋精神，坚定信心，知难而进，把律师队伍建设推向深入，努力建设一支高素质的律师队伍，为推进依法治国进程做出新的更大的贡献。

张福森部长在第六次全国律师代表大会上的讲话

（2005年6月14日）

这次全国律师代表大会是在构建社会主义和谐社会以及深化司法体制与工作机制改革进程中召开的一次重要会议，对于进一步完善中国特色社会主义律师制度，推进律师事业的更大发展具有重要意义。3天来，大家围绕会议主题，分析了形势，明确了任务，坚定了信心，增强了动力。会议选出了第六届全国律师协会理事会，表彰了一批优秀律师和优秀律师事务所。在与会代表的共同努力下，顺利完成了各项议程，会议取得了圆满成功。在这里，我代表司法部对这次大会的圆满举行表示祝贺，对受到表彰的优秀律师和律师事务所表示崇高的敬意，对关心支持律师事业发展的各界人士表示衷心的感谢！

党中央、国务院高度重视律师工作。近年来，特别是去年以来，胡锦涛总书记等中央领导同志对律师工作和律师队伍建设作出了一系列重要指示，为律师事业的发展指明了方向。中共中央政治局常委、中央政法委员会书记罗干同志，中共中央政治局委员、中央书记处书记、国务委员周永康同志亲切接见了参加这次全国律师代表大会的代表，并作了重要讲话。这充分体现了党中央、国务院对律师工作和全国广大律师的关怀，使我们倍感振奋，深受鼓舞。我们一定不辜负中央领导同志的殷切期望，并以此次会议为契机，进一步深化改革，拓展服务，完善体制，提高素质，不断把中国特色的社会主义律师事业推向新的阶段。

下面，我讲三点意见。

一、正确把握历史机遇，充分发挥当代中国律师在构建社会主义和谐社会中的职能作用

律师制度恢复以来，特别是近年来，在党中央、国务院的正确领导下，经过社会各界和全体律师的共同努力，我国律师事业得到了进一步发展，律师数量有了新的增长，律师工作领域继续拓展，律师素质和服务质量不断提高。广大律师通过参与诉讼活动，依法维护公民、法人和其他组织的合法权益，维护法律的正确实施；积极参加社会治安综合治理，努力化解矛盾纠纷，为维护社会稳定作出了积极贡献；广泛开展法律援助活动，努力维护全社会的公平和正义；积极为民商事活动提供法律服务，促进市场经济的建立和完善以及对外经济交往的顺利进行；探索完善律师的组织结构和组织形式，促进政府依法决策、依法行政和企业依法经营管理；认真宣传党和国家的方针政策，传播法律知识、法治精神和诚信意识，推动社会文明进步。广大律师已经成为维护司法公正、促进依法治国、服务社会主义市场经济的一支重要力量，在我国政治、经济、社会生活的各个方面都发挥着越来越重要的作用。当前，全国上下正在致力于构建和谐社会的伟大实践，律师工作要与时俱进，适应新形势和社会发展的需要，发挥更大的作用，同时在服务社会中实现自身更快更好的发展，就必须响应党中央关于构建和谐社会的号召，积极投身于构建和谐社会的实践中去。

（一）要深刻认识构建社会主义和谐社会的重大意义

党的十六届四中全会提出构建社会主义和谐社会的战略目标，这是我们党从全面建设小康社会、开创

中国特色社会主义事业新局面的全局出发提出的一项重大任务，适应了我国改革开放进入关键时期的客观要求，体现了广大人民群众的根本利益和共同愿望。构建和谐社会，是我们抓住和用好重要战略机遇期、实现全面建设小康社会宏伟目标的必然要求；是我们把握复杂多变的国际形势、有力应对各种挑战和风险的必然要求；是巩固党执政的社会基础、实现党执政的历史任务的必然要求。社会主义和谐社会是民主法治、公平正义、诚信友爱、充满活力、安定有序、人与自然和谐相处的社会。和谐社会建设，是集经济、政治、文化、社会等要素为一体的系统工程，既要通过发展不断增强社会和谐的物质基础，又要通过推进法制建设来不断提供社会和谐的制度保障。我们必须从加强党的执政能力和全面建设小康社会的高度，充分认识构建和谐社会的重大意义，充分认识到这一重大任务对我们各方面的工作提出了新的更高要求，自觉地做好司法行政各项工作。

（二）律师工作要在构建社会主义和谐社会中充分发挥职能作用

律师制度作为我国社会主义法律制度的重要组成部分，在构建和谐社会中有着独特的功能，发挥着重要的作用，完善律师制度是构建和谐社会的必然要求。应当说，构建和谐社会赋予了律师制度更加丰富的内涵，也为律师事业的发展提供了历史性的机遇。但是，目前律师工作在总体上还不能完全适应，在数量和质量、素质和能力、体制和机制、道德和诚信等方面都存在一定的差距，我们必须正视这些问题，并采取措施切实加以解决。当前和今后一个时期，律师工作总的指导思想是：以邓小平理论和“三个代表”重要思想为指导，认真贯彻党的十六大和十六届四中全会精神，树立和落实科学发展观，围绕构建社会主义和谐社会的目标和要求，强化服务功能，完善管理体制，提高队伍素质，改善执业环境，全面提升律师行业的社会公信力和竞争力，为全面建设小康社会做出更大贡献。按照这一指导思想，律师工作要突出把握好四个基本着力点，即服务发展，维护稳定，建设法治，弘扬诚信。也就是，在构建社会主义和谐社会的进程中，律师工作应该始终坚持为经济建设和改革开放服务，为维护社会稳定和促进社会和谐服务，为推进依法治国进程和实现社会公平正义服务，为加强科学执政和依法执政服务。

（三）积极拓展律师工作服务构建和谐社会的功能

在构建和谐社会的工作中，维护公平正义，实现社会的安定有序是一项重要而艰巨的任务。律师工作在这方面有着独特的作用，我们要积极拓展律师工作为构建和谐社会服务功能。要拓展疏导社会矛盾的功能。疏导社会矛盾，保持社会各种利益的平衡，是构建和谐社会的基础环节。随着我国社会的逐步转型，特别是利益主体多元化格局的形成和发展，社会矛盾日趋复杂化和多样化，迫切要求建立和完善包括诉讼在内的多元化的纠纷解决机制。广大律师要积极适应这一新形势，在认真做好法庭辩护和诉讼代理等业务的同时，积极参与法庭调解、社区调解等活动，将法治精神和人文精神有机地结合起来，充分发挥律师制度疏导和解决社会矛盾的“调节器”和“减压阀”作用。要拓展维护社会公平正义的功能。律师既是当事人的代理人，又是法律秩序的捍卫者和社会公共利益的维护者。维护社会公平正义是律师的使命。当前，随着依法治国，建设社会主义法治国家进程的加快，人民群众的法律意识不断增强，对法律服务的需求日益增多，与此同时，因经济困难无法得到法律帮助的情况越来越突出，困难群体请律师难的问题开始显现。律师作为我国法律援助的主体力量，要切实承担起扶贫助弱的社会责任，不仅要提供更加符合标准的法律援助，还要通过开展法律辅导计划、法律咨询等多样化的法律帮助，使那些不属于法律援助范围，但确实需要法律帮助的困难群众能够得到及时的法律服务。要拓展参与社会管理的功能。构建和谐社会，需要不断完善社会管理方式，扩大公民的有序参与。律师的执业活动与社会管理具有很高的关联度。目前，我国律师的执业活动也已经广泛介入经济、政治和社会生活的各个领域，律师在社会管理中的作用开始显现。但就总体而言，我国律师参与社会管理才刚刚起步，发挥的作用还很有限。适应构建和谐社会的要求，广大律师要更加积极地参与到国家立法、行政管理和司法改革等活动中来，在社会管理中发挥律师业的独特优势。

二、进一步加强律师队伍建设，不断提高为构建和谐社会服务的能力

构建和谐社会的伟大事业赋予广大律师光荣的历史使命。完成这一重要使命，关键在于努力建设一支与构建和谐社会的要求相适应的高素质律师队伍。目前，从总体上看，律师队伍的主流是好的，同时也要看到，就目前我国律师队伍的现状而言，与构建和谐社会的要求还有不小的差距，律师队伍建设仍然是一项长期而艰巨的任务。我们要按照中央领导同志提出的“坚持信念、精通法律、维护正义、恪守诚信”的总要求，从加强教育、严格管理、完善监督、强化自律等方面入手，高度重视、坚持不懈地抓好律师队伍

建设，全面提高律师队伍的整体实力和国际竞争力。

（一）进一步提高律师队伍的综合素质

提高队伍素质是加强律师服务能力建设的重要基础，也是新形势下律师队伍健康发展的必要保障。我国律师作为社会主义法律工作者，不仅要有很好的专业水准，还必须具有很高的政治素质和职业道德素养。因此，必须适应形势和任务发展的要求，不断提高律师的政治素质、业务素质和职业道德素质。一是提高政治素质。要在律师队伍中开展经常性的思想政治教育，用科学的理论武装头脑，用坚定的政治信念指导行动，不断增强广大律师的政治意识、大局意识和责任意识。同时要进一步加强律师队伍党的建设，提高律师中的党员比例，充分发挥律师队伍中党组织的战斗堡垒作用和党员律师的先锋模范作用。二是要提高业务素质。律师行业是智力密集型行业，律师服务靠质量取胜。而服务质量的高低，很大程度上取决于业务素质的高低。构建和谐社会任务的提出，以及经济全球化、法律服务国际化发展的趋势，对律师的业务素质提出了更高的要求。特别是目前我国正处于加入WTO的后过渡时期，对外贸易摩擦加剧，知识产权保护力度加强，证券市场进一步规范，这些领域迫切需要一批具有很高专业素质的律师介入。因此，要在注重提高我国律师整体业务素质的同时，着力打造一支能够胜任国际律师业务的高水准律师团队。三是要提高职业道德素质。职业道德素质的核心是讲诚信。从某种意义上讲，诚信决定着律师业的兴衰。如果律师不讲诚信，不仅影响律师业自身的发展，而且还会影响司法公正，影响国家的法治进程。要把弘扬崇高的法治精神和秉承中华民族优秀传统道德结合起来，坚持诚信为本、操守为重，不断提高职业道德修养。要把律师职业道德教育放在更加重要的位置，全面推进律师行业的诚信建设和职业道德建设，努力赢得政府、公众的充分信赖，使律师行业真正成为一个具有良好社会形象的行业，使律师队伍真正成为文明之师、道德之师、法律之师。

（二）进一步完善律师法律制度

律师法制建设是律师队伍发展的重要保障。目前，律师工作的法律制度还不够完善，还没有形成一整套符合律师业发展规律和社会主义市场经济发展要求的规范体系，这在某种程度上，成为制约律师业进一步发展的瓶颈。要在认真总结实践经验的基础上，研究律师业发展面临的突出问题，抓紧推动《律师法》的修订和律师行业规范建设。目前，《律师法》的修订工作正在进行。要通过《律师法》的修订，进一步完善中国特色的律师制度，充分发挥律师在推进依法治国进程、维护司法公正、服务改革开放和构建和谐社会中的作用，为全面建设小康社会提供优质高效的法律服务。

（三）进一步发展和培育律师文化

律师行业成熟的一个重要标志，就是要形成自身独特的行业文化。将文化建设的理念引入律师行业，对律师队伍的健康发展具有重要的作用。律师文化是“法律人”文化的重要组成部分，同时，它又是一种行业文化，与法官、检察官、公证员的行业文化有着不同的特点。律师文化具有丰富的内涵，它主要是指律师的价值取向、职业操守、行为方式和生活信念等等，同时也包括律师事务所的工作理念、专业品牌，团队精神、协作意识。培育律师文化，就是要增强广大律师的职业认知感、社会责任感，规范律师和律师事务所的执业行为，培养律师正确的执业观念、高尚的职业修养和良好的职业形象。因此，要高度重视发展和培育律师行业文化，为律师队伍健康发展营造浓厚的文化氛围。

（四）进一步改善律师执业环境

律师执业环境问题是多年来一直困扰律师业发展的一个难题。律师执业环境不仅关系到律师队伍的健康发展，还直接影响和制约着律师职业功能的有效发挥。改善律师执业环境是一项复杂的系统工程。一方面，要通过加强自身建设，提高队伍素质、规范执业行为、树立良好形象，努力为改善执业环境创造有利条件。另一方面，要通过推动立法，从法律的层面切实解决律师执业过程中遇到的问题。各级司法行政机关要加强与有关部门的协调和沟通，主动争取各方面的关心和支持，理顺有关部门在律师工作方面的关系，加快解决律师在执业过程中遇到的困难和问题。同时，要采取措施进一步规范各支法律服务队伍之间的关系，维护法律服务工作的正常秩序。律师协会要发挥桥梁的作用，密切与政府部门和律师之间的关系，积极向有关部门反映律师的意见和呼声，努力维护律师的合法权益。

三、进一步完善律师管理体制，充分发挥律师协会自律管理的作用

实施有效的监督和管理，是保障律师事业健康发展的重要手段。要努力适应构建和谐社会的需要，不断完善律师管理体制，增强管理能力。

（一）继续推进“两结合”律师管理体制改革

实践表明，司法行政机关行政管理和律师协会自律管理“两结合”的管理体制符合我国国情和律师业发展的现状，是行之有效的。实际上，世界各国对律

师的管理都包括政府监管和行业协会自律管理两个方面，只是管理的具体职能不完全一样。政府监管主要是为了保障公共利益，平衡公共利益与律师行业利益之间的矛盾。行业协会的管理主要是维护行业的整体利益。律师管理体制的改革和完善是一个历史的过程，要与律师队伍的整体素质和律师协会自身的成熟程度相适应。从我国目前的实际出发，加强律师管理工作，既要强调司法行政机关的宏观管理，又要重视行业协会的自律管理。司法行政机关管理的重点是制定“游戏规则”、加强资质管理和对法律服务秩序进行监管。行政管理既不能越位、错位，也不能缺位，在现行法律法规框架下该由行政机关履行的职能一定要切实履行好。同时，要充分发挥律师协会在自律性管理方面的作用，完善自律管理机制，强化自律性监督，在实践中不断丰富“两结合”管理的内涵。

（二）大力加强律师协会建设

律师协会是律师业自我约束、自我管理的重要组织形式，在律师管理体制中具有十分重要的地位和作用。要按照提供服务、反映诉求、规范行为的要求，力争用三到五年的时间，把各级律师协会建成组织体系完整、职能定位清晰、规章制度健全，有作为、有地位、有威信的行业自律组织，重点抓好“五个体系”建设。一是加强律师协会组织体系建设。这一次新选举产生的第六届全国律协理事会及其常务理事会，人员构成更具代表性、权威性，知识结构、年龄结构有了新的改善。希望新组成的全国律协领导机构在未来3年的工作中，切实担负起组织推动律师协会自律管理的各项职责，成为一个讲大局、谋发展、重建设、有作为的工作领导集体，不辜负全国广大律师的期望。要积极探索适合协会自身特点的运行机制，特别是要建立健全科学合理的议决机制。进一步加强协会秘书处的队伍建设、作风建设和制度建设，加强与司法行政机关律师工作管理机构的工作联系，完善工作沟通、协商机制。二是加强律师协会教育培训体系建设。完善实习制度，确保每一位进入律师行业的人员都充分地认识律师的职业使命、行业要求、道德标准和社会责任。完善执业律师的继续教育工作，不断更新知识结构，提高服务质量。有条件的地方，要建立律师学院，负责律师教育培训工作。要努力适应加入WTO和对外开放新形势的需要，加快培育更多具有良好的教育和专业素质，具有符合国际标准的管理和服务能力，熟悉WTO规则，能够熟练办理国际法律业务的律师。三是加强律师协会行规体系建设。律师协会的自律性管理，在很大程度上靠制定行规和监督行规的执行。各级律师协会要针对当前律师管理和发展中存在的突出问题，切实加强行规建设，重点要建立健全有关律师事务所、律师执业活动和业务活动的管理规范。通过不断的努力，构建一个完整的律师行业的行规体系，严格规范律师工作程序，提高服务质量。四是加强律师协会惩戒体系建设。各级律师协会要下大力气抓好律师惩戒工作，严肃律师执业纪律，严厉查处违法违规行为。要切实加强对律师执业行为的监督，建立健全包括司法行政机关监督、律协监督、群众监督、舆论监督在内的监督体系。要完善律师惩戒组织和工作程序，充实和加强惩戒工作的力量。要围绕当前社会反映强烈的突出问题，如乱收费、服务质量不高、与法官不当交往等，加大惩戒工作力度。各级律师协会要认真行使惩戒职能，通过查处少数违法违纪律师，维护律师队伍良好的社会形象和职业声誉，保障律师事业的健康发展。五是加强律师协会服务体系建设，为广大律师服务，为行业发展服务。

（三）切实加强司法行政机关对律师工作的领导

当前律师工作改革发展的任务相当艰巨，无论是拓展律师法律服务功能，加强律师队伍建设，还是完善律师立法，深化管理体制改革，推进律师协会建设，都需要司法行政机关加强领导和组织协调。各级司法行政机关要认真研究律师工作面临的新情况、新问题，不断改进工作方式，提高工作能力和管理水平。要切实加强党对律师工作的领导，建立健全各级律协和律师事务所的党组织体系，切实发挥党组织的政治保障作用，保证律师行业沿着正确的方向发展。要加强对律师队伍建设工作的领导，既要有效管理，又要关心爱护律师，帮助律师解决实际困难和问题，更好地调动律师队伍的工作积极性。要积极支持、促进协会的建设，为律师协会的发展和开展活动创造条件。

我国律师业正处在改革和发展的关键时期，律师工作面临着难得的历史机遇。让我们紧密地团结在以胡锦涛同志为总书记的党中央周围，服务大局，锐意进取，进一步推进律师事业的改革和发展，为构建社会主义和谐社会，全面建设小康社会做出新的更大的贡献。

段正坤副部长在第六次全国律师代表大会上的致辞

（2005年6月14日）

各位领导、各位代表、同志们、朋友们：

第六次全国律师代表大会今天隆重开幕了。这是我国律师事业发展中的一件大事，是深化律师工作改革，进一步加强律师队伍建设，动员广大律师为构建社会主义和谐社会服务的一次重要会议。党中央、国务院高度重视律师工作，关心律师队伍建设。今天，中央政治局常委、中央政法委书记罗干同志，中央政治局委员、国务委员周永康同志亲切接见与会代表，周永康同志还将发表重要讲话。在此，我代表司法部向大会的隆重召开表示热烈的祝贺！向莅临大会的各位领导、各位嘉宾表示衷心的感谢！向出席大会的全体代表和全国广大律师致以亲切的问候和崇高的敬意！

中国律师业已经走过了二十多年的历程。二十多年来，广大律师积极投身于经济建设和民主法制建设的伟大实践中，描绘了一幅追求法治、建设法治、维护法治的绚丽画卷。律师队伍不断发展壮大，全国已发展到近12万人；广大律师广泛介入国家的政治、经济和社会生活，发挥着越来越重要的作用；律师管理工作不断加强，特别是去年开展全国律师队伍集中教育整顿，解决了律师队伍建设存在的一些突出问题，广大律师的政治意识进一步提高，依法执业理念进一步明确；律师业的对外开放不断扩大，律师业的竞争力不断增强。我国律师和律师管理工作者，以自己的智慧、勤奋和忠诚，赢得了党和人民的信任和肯定。

在过去的三年中，第五届全国律协在司法部党组的领导下，坚持以“三个代表”重要思想为指导，深入贯彻和落实党的十六大和十六届三中、四中全会精神，团结合作，甘于奉献，着眼中国律师业的前途和发展，着手长效机制建设，着力“两结合”律师管理的实践，在加强队伍建设、健全行业规范、维护律师权益、扩大对外交流等方面，积极探索，勇于实践，认真履行自律性管理职能，做了大量卓有成效的工作，取得了可喜的成绩。

当前，我国已进入全面建设小康社会、构建社会主义和谐社会的重要历史时期，中国律师业面临着新的机遇和挑战。推进民主法治，维护公平正义，促进诚信友爱，实现安定有序，赋予了律师工作更重要的社会责任；不断发展经济，逐步完善社会主义市场经济体系，大力发展社会事业，实现经济社会全面协调可持续发展，将在更大程度上丰富律师工作的内容。广大律师要以时代的使命感和责任感，坚持为经济建设和改革开放服务，为促进社会稳定和实现社会公平正义服务，为加强科学执政和依法执政服务，为推进依法治国进程和促进司法公正服务。律师协会作为行业自律组织，要承担起更为重要的责任。罗干同志、周永康同志指出，在律师队伍建设和律师管理工作中，要充分发挥律师协会的作用。我们要以此次代表大会为契机，建立健全律师队伍建设长效机制，不断提高广大律师的政治素质、业务素质和职业道德水准，不断提升律师的整体实力和国际竞争力；要进一步完善“两结合”律师管理体制，加强律师协会建设，健全组织构架，完善行业规范，加强律师培训工作，严肃查处违法违纪律师，充分发挥律师协会的自律管理作用，把新一届全国律协建设成为一个有作为、有地位、有威信的行业组织；要进一步拓展服务职能，保障律师执业权利，改善律师执业环境，为构建社会主义和谐社会提供优质高效的法律服务。

同志们，回顾历史，我们有理由为中国律师取得的成绩而自豪；展望未来，我们深感律师工作责任重大，任务光荣。我们相信，在以胡锦涛同志为总书记的党中央的坚强领导下，依靠全国十二万律师的智慧和力量，中国律师业一定能够肩负起历史赋予的使命与责任，一定能够为全面建设小康社会做出新的更大贡献。

段正坤同志在六届全国律协第一次党组会议上的讲话

（2005年8月24日）

同志们：

司法部党组对全国律协党组领导班子建设非常关心和支持。根据工作需要，经7月26日部党组第28次会议研究决定，对中华全国律师协会党组成员进行了调整。首先，我向大家宣布调整后的全国律协党组成员名单：

党组书记：段正坤

副 书 记：于 宁

党组成员：赵大程、邓甲明、朱洪超、杨伟程、金山、李大进、宋建中。

我完全拥护部党组的决定。本届党组的组成人员，都有丰富的工作经验，有较好的理论基础和比较丰富的法学知识，政治素质和业务素质好，有创新精神，年龄结构、文化结构和专业结构都比较合理，是我们搞好工作的有利条件。只要我们团结合作、同舟共济，互相支持，互相配合，就一定能够肩负起部党组赋予我们的重任。对此我充满信心。

这次会议是全国律协党组调整后召开的第一次会议，会议的主要任务是：传达贯彻司法部党组关于调整全国律协党组的决定，研究进一步加强律协党组自身建设问题，明确当前律协党组工作的主要任务和工作思路，提高律协党组的创造力、凝聚力、战斗力，积极开创律师协会和律师行业改革的新局面，更好地为构建社会主义和谐社会的大局服务。下面，我谈三点意见：

一、认真贯彻落实司法部党组的决定，进一步加强全国律协党组的自身建设

新一届党组建立之后，作为全国律师协会的中枢、核心和领导机构，应当以什么样的精神状态开展工作？如何提高全国律协党组的领导水平，如何发挥全国律协党组的领导核心作用等等，是新一届党组必须认真研究并加以解决的重要问题。当前和今后一个时期，应当把加强律协党组领导班子的自身建设作为全国律协党组工作的主要任务，切实抓紧抓好。在这里我向各位党组成员提三点希望，我们大家共勉。

（一）进一步加强学习，形成良好学习风气。当前，律师工作面临着重要的发展机遇。党和国家高度重视律师工作，构建社会主义和谐社会的提出也赋予了律师制度更加丰富的内涵，但同时也对律师工作提出了更新更高的要求。这就需要我们通过不断学习研究来提高自身素质，适应新的形势、新的要求。

（二）进一步严格纪律，完善党组议事规则。严格纪律是正确贯彻党中央精神和司法部党组指示的重要保证，也是建设一个有战斗力的领导集体的基本前提。在六届二次常务理事会上，我们修改了《常务理事会议事规则》，强调了常务理事会的纪律。我们的这次会议也要通过《全国律协党组议事规则》，通过对规则的讨论和制定，强调党组的纪律，明确职责，改进工作程序，完善会议制度，增强我们的凝聚力和战斗力，确保党的路线、方针、政策和司法部党组的决定在律师协会工作中的贯彻落实，确保律师协会工作的健康发展。

（三）进一步转变作风，集中精力抓落实。在六届二次常务理事会上，我们认真学习了吴爱英部长关于“集中精力抓落实”的讲话，吴部长要求大家要从讲政治和讲全局的高度认识抓落实的重要性，求真务实，真抓实干，改进思想作风和工作作风。作为全国律协的领导核心，我们各位律协党组成员更要认真学习吴部长的讲话精神，把求真务实的要求贯彻到工作中，落实到行动上。

二、把握工作方向，充分发挥全国律协党组的核心作用

胡锦涛总书记在今年省部级主要领导干部提高构建社会主义和谐社会能力专题研讨班上明确指出，要在党的领导下更好地发挥城乡基层组织、人民团体、社会团体、行业组织、中介组织的积极作用，形成社会管理的合力。这对我们律师行业提出了重大课题，也为全国律协党组指明了工作方向。当前，我们要从以下三个方面抓好党组的工作：

（一）坚持服务大局的工作方向。服务大局是做好各项工作的前提，只有服务大局才能有效的发挥职能作用，为推进党和国家的中心工作发挥作用。律师工作要坚持服务我国经济、政治和社会发展的大局。只有这样才能明确方向，凝聚力量，更好地发挥整体服务效能。协会党组在研究工作时一定要与党和国家的工作大局、司法行政事业发展的大局以及司法部党组中心工作的大局紧密结合起来，坚持在大局下思考，在大局下行动，正确把握工作的方向和重心，使律师工作真正融入到服务构建和谐社会、加快推进社会主义现代化建设的伟大事业中。

（二）坚持想大事，议大事，管大事。什么是律师协会工作的大事呢？我认为，主要是要抓理论学习，管政治方向，研究和解决律师行业协会的改革和发展过程中的重大问题。要抓好大事，一方面要争取各有关部门的关心和支持，协调好与各个部门的关系；另一方面是我们自身要加快建章立制，完善行业规范。作为律协党组成员，我们要从狭窄的、完全的事务性的圈子里跳出来，重点放在抓大事，议大事，管大事。当然我不是说可以不管具体的工作。具体工作也要抓好，但是要围绕大事来开展。

（三）坚持思想统一，步调一致。步调一致是我们工作取得胜利的根本保证。不管什么情况下，党组成员都要切实维护党组的集体领导，维护党组的团结，维护党组的战斗力。只有思想上保持一致，行动上才能保持协调。我们既要步调一致，又要创造性地开展工作，解放思想，敢想敢干，充分发挥每一位党组成员的主动性和创造性。我们要把求实和创新结合起来，把敢想敢做和遵纪守法结合起来，把科学决策和民主决策结合起来，切实发挥好律协党组的核心作用。

三、认真总结经验，着力解决律师行业迫切需要解决的突出问题

不善于总结就看不到过去取得的成绩，不善于总结就不能发现问题，不善于总结就不能看清前进的方向。五届律协做了大量的工作，取得了很好的成绩，打下了坚实的基础，积累了一定的经验，对于这些经验，我们要及时认真地进行总结，并很好地运用在今后的工作中。当前，律师行业管理的工作任务非常繁重，我们要抓住重点，着力解决律师行业中迫切需要解决的突出问题。

（一）充分发挥当代律师在服务构建社会主义和谐

社会中的职能作用。肩负起为构建社会主义和谐社会服务的重任是当前律师工作的时代使命，律协党组要积极引导和推动律师充分发挥职能作用，投身于服务发展，维护稳定，建设法治，弘扬诚信的伟大实践。要充分发挥律师疏导和解决社会矛盾的“调节器”和“减压阀”作用；强化律师维护社会公平正义的使命；拓展律师参与社会管理的功能，推动广大律师积极地参与到国家立法、行政管理和司法改革等活动中去，在社会管理中发挥律师行业的独特优势。

（二）继续坚持加强律师队伍建设，提高为构建和谐社会服务的能力。我们要围绕建设一支坚持信念、精通法律、维护正义、恪守诚信的高素质律师队伍的目标，从加强教育、严格管理、完善监督、强化自律等方面入手，全面提高律师队伍的整体实力和国际竞争力。这就需要我们进一步提高律师行业的政治素质、业务素质和职业道德素质；进一步完善律师法律制度，配合部里做好《律师法》修改工作；进一步发展和培育律师文化，增强广大律师的职业认知感、社会责任感，培养律师正确的执业观、高尚的职业修养和良好的职业形象；进一步改善律师执业环境，通过推动立法，从法律层面切实有效地解决律师在执业过程中遇到的问题。

（三）进一步完善律师管理体制，充分发挥律师协会自律管理的作用。实施有效的监督和管理，是保障律师事业健康发展的重要手段。要努力适应构建和谐社会的需要，不断完善律师管理体制，增强管理能力。这就需要我们继续推进“两结合”管理体制改革，在实践中不断丰富“两结合”管理的内涵；大力加强律师协会的组织体系、教育培训体系、行业规则体系、惩戒体系以及服务体系的建设，将各级律协建设为有作为、有地位、有威信的行业自律组织；建立健全律师协会与司法行政机关协作配合的工作机制等等。

同志们，有了一个结构比较合理的领导集体，有了一个比较明确的工作方向，有了一系列的有利条件，我们就有了做好工作的坚实基础。希望这届律协党组任期内的三年，成为上下一心、团结奋斗的三年，成为深化改革、务实创新的三年，成为坚韧不拔、阔步前进的三年。让我们抓住机遇，真抓实干，在邓小平理论和“三个代表”重要思想的指导下，在司法部党组的领导下，解放思想，大胆创新，勤奋工作，使律师行业管理工作迈开新步伐，登上新台阶，为构建社会主义和谐社会提供优质高效的法律服务！

（二）全国律师协会会议资料选载

展望未来　共筑辉煌

——第五届全国律协会长高宗泽在第六次全国律师代表大会上的贺词

（2005年6月14日）

各位来宾、各位代表：

上午好！

今天，第六次全国律师代表大会在全国律师的关注和期待中召开了。在北京这个火热的季节，我以同样的热情，代表第五届全国律协对大会的隆重召开表示最诚挚的祝贺！

光阴荏苒，第五届全国律协已经完成了自己的使命。在过去的三年里，五届全国律协在司法部党组和全国律协党组的正确领导下，以“三个代表”重要思想为指导，深入贯彻“十六大”精神，认真履行职责，为拓展与规范法律服务、建立和完善行业管理六大体系，做了积极的探索和努力，推进了三级架构的律协管理体系，初步建立了行业规则体系、律师维权保障体系、律师培训体系、律师业务指导体系和宣传联络体系，把我国的律师事业又向前推进了一步。

我们看到，全国的律师事业伴随着国家政治、经济体制改革的步伐，又有了新的拓展与进步。全国的律师队伍已达到11万人、一万多家律师事务所，律师的整体素质不断提升，创造了令人瞩目的业绩。广大律师积极介入社会政治、经济和文化生活等各个领域，为社会提供优质法律服务。尤其值得赞誉的是，律师们还积极参与公益事业，表现出强烈的社会责任感和崇高的奉献精神。

我们看到，前不久，在全国范围内开展的律师队伍集中教育整顿活动，围绕着“坚持信念、精通法律、维护正义、恪守诚信”这一律师队伍建设的总要求，认真解决律师队伍建设中存在的突出问题，对促进律师队伍健康发展产生了积极影响。通过教育整顿，律师队伍呈现出新的精神面貌，向政治坚定、业务精湛、道德高尚的标准又迈进了一步。律师们用自己的聪明智慧和脚踏实地的工作，为推进我国的社会主义物质文明、政治文明和精神文明建设，为构建和谐的社会主义社会，为国家的经济建设和民主法制建设添砖加瓦。

值此第六次全国律师代表大会召开之际，我谨代表第五届全国律协，预祝即将产生的新一届全国律协领导班子，带领全国律师将我国的律师事业进一步向前推进。让我们共同展望中国的律师事业充满希望的明天，让我们共同祝愿中国的律师事业灿烂辉煌！

谢谢大家！

拓展和规范律师法律服务　推动我国律师事业再上新的台阶

——高宗泽关于第五届全国律协理事会工作报告

（2005年6月14日）

各位代表：

我受中华全国律师协会第五届理事会的委托，向大会做工作报告，请予以审议。

一、三年来的主要工作

2002年5月以来，第五届全国律协理事会在司法部党组和全国律协党组的正确领导下，认真学习贯彻“十六大”和十六届四中全会精神，树立和落实科学的发展观，团结和带领全国广大律师，认真履行《律师法》和《律师协会章程》赋予的各项职能，以行业管理六大工作体系为基础，建立健全律师队伍长效管理机制，探索和完善律师管理体制，大力加强律师队伍建设，充分发挥律师行业在构建社会主义和谐社会、推进国家经济及民主法制建设等方面的积极作用，为国家法治健全、经济繁荣、社会稳定做出了不懈努力，取得了突出的成绩。

（一）充分发挥律师行业在促进国家经济建设与法治建设中的积极作用

随着我国依法治国进程的加快和市场经济建设的

逐步完善，广大律师在法治建设和市场经济建设中的关键作用越来越突出。三年来，全国律协和地方各级律协充分发挥行业组织自身优势，团结和带领广大律师全方位、多渠道、宽领域地积极投身市场经济建设和法治建设，极大地促进了市场经济建设的完善和法治建设的发展。

1. 广大律师全面参与国家经济建设，已经成为经济建设中不可或缺的重要力量。由律师对建设项目进行法律审核已经成为国家经济建设决策的关键环节，律师在重大经济建设决策中的作用更是举足轻重；律师全面参与经济建设过程，在金融、证券、期货等为核心的市场经济运行过程中，律师发挥着建设者和监督者的重要作用；律师是经济建设的重要保护者，在挽回国家经济损失的过程中起到了非常关键的作用。统计表明，三年来我国律师总共挽回经济损失逾5000亿元人民币，有力地维护了市场秩序。

2. 律师协助立法、司法、行政等国家机关开展工作，积极参政议政，推动了法治建设的顺利发展。三年来，五届全国律协陆续与全国人大法工委、国务院法制办等国家立法部门建立了固定的工作渠道，与最高人民法院、司法部法制司等也形成了良好的工作关系。先后就《行政许可法》、《物权法》、《中国电子签章条例》、《律师法》、《法律援助条例》等五十余部法律法规草案或司法解释草案组织律师上百人次进行论证，提供法律意见；全国律协还承担了国家立法部门有关刑事诉讼法、未成年人保护法和劳动合同法的立法、修法课题任务；向贸促会仲裁委员会、证监会发审委、证监会重组委、中国消费者协会、中国人寿保险公司、民政部民间组织管理局等多家机构推荐律师担任仲裁员、委员或律师团律师；鼓励和指导广大律师参政议政。在各级人大代表和政协委员中律师人数已达1656人，他们在各级人大或政协会议上切实履行职责，提出议案逾千件，及时、准确地反映了社会各界特别是律师界的呼声。律师协助国家立法、司法等机关开展工作和律师参政议政，有力地推动了国家法治建设的发展完善，受到了有关领导和广大社会的重视和高度评价。

3. 充分发挥律师在维护社会稳定、构建和谐社会方面的积极作用。随着法治进程的加快，律师在国家及社会生活中的作用愈发突出和重要。三年来，在全国律协和地方各级律协的带领下，广大律师充分发挥自身法律优势，积极参与和协助党和政府维护社会稳定、构建和谐社会的各项工作，如打击“法轮功”邪教、抗击“非典”、处理矿难等社会大型灾难事件、代理拆迁安置、追讨拖欠农民工工资案件、接待和处理群众上访事件等，收到了明显成效，受到了各级政府的充分肯定和广大人民的好评。

（二）建立健全“三级架构、两个分开”的律协管理体系

深化我国律师管理体制改革是完善“两结合”管理的前提和基础，更是“两结合”管理机制有效运行的根本保障。三年来，五届全国律协大力加强律师行业管理，充分发挥行业管理的职能作用；通过完善律协的行业管理架构，使三级律协（即全国律协、省级律协、地级律协）的架构在除西部个别省份以外的全国大部分地区得以建立，行业协会自身建设得到进一步发展；“两个分开”的改革要求在全国绝大多数省级律协得到了贯彻。到目前为止，由执业律师担任会长的省级律协有18个；与司法行政机关分开办公的省级律协有24个。为建设三级架构的律协管理体系，全国律协主要做了以下工作：

1. 为全面掌握我国律师业发展情况，为深化律师体制改革做好必要准备，全国律协常务理事会大力开展调研活动。2003年9月至10月期间，全体常务理事在二十九个省（自治区、直辖市）进行调研，重点了解建立健全以“三级架构、两个分开”为核心的行业管理体系的总体进展情况及面临的困难和问题。常务理事会在调研基础上完成了《全国律师协会状况调查报告》，阐述了当前律师行业的基本情况，指出存在的问题并进行了分析，提出了解决问题的对策。《报告》指出，从总体上看，律师行业改革的趋势是好的，改革的措施符合广大律师的愿望并保持着发展的势头，从而证明了现行律师管理体制符合我国国情，符合中国律师发展客观要求。但在保持基本改革方向的同时，由于存在地区之间的差异，改革面临的问题具有多样性和复杂性。《报告》对于全国律协总揽我国律师行业全局情况，拓宽律师管理体制改革和行业建设的发展思路有着重要的参考价值，对深化改革做出了积极的探索和求证。

2. 充分发挥全国律协地方律协建设指导委员会对地方律协工作的研究和指导作用。中国律师的管理模式是随着中国社会市场经济的发展而发展的，经历了从单一行政管理到现行的司法行政宏观管理和行业协会行业管理相结合的“两结合”管理方式，这是我国政治体制改革的必然结果，是律师事业发展的客观需要，也是“两结合”管理体制向高级阶段发展的必经之路。在现行的“两结合”管理体制框架下，行政的管理更加宏观了，而律师协会的管理又不应仅仅是行政管理模式的简单平行移动。因此，设计和推行符合律师发展需求的律师行业管理体系，实现真正意义上

的自律、自管，是摆在律师协会面前的重要问题。2002年5月，全国律协及时成立了“地方律协建设指导委员会”，该委员会在指导、推动地方律协建设方面发挥了重要作用。三年来，地方律协建设指导委员会先后三次举办部分省（市）律协建设研讨会。就协会建设中有关地方律师协会章程制定、律师协会秘书处及内部机构设置、律协行业管理架构、机制等问题进行研究和探讨。其中，律师协会内部机制运行规律的研究、内部机构设置和运作、律师协会三级架构的建立与各自职能的划分、律师协会内部管理机制体现决、办分开原则等已被越来越多的地方律协所采纳和运用。

3. 确立了全国律协常务理事参与当地律协活动的制度，使全国律协常务理事了解所在地区律协的工作情况，在全国律协与地方律协之间起到上传下达的作用，根据全国律师行业发展的总体规划和本地律师业发展的实际情况，对当地律协和律师建设进行相应指导。

4. 建立了统计分析机制和全国统计制度，全面、准确地掌握全国律师行业的各项情况，为科学的行业管理决策和分类指导各地律师业的发展提供充分的依据。这一制度将使律师统计工作更趋科学化和完整化。到目前为止，全国律协已经出台了2002年度、2003年度全国律师行业的统计分析报告。

5. 配合律师工作的改革，积极研究对“两公”律师的行业管理。2003年，司法部开始公职律师和公司律师试点工作，这对律师协会的行业管理提出了新课题。为了研究如何将“两公”律师纳入律师协会行业管理平台，全国律协对已开展试点工作的福建、广东、吉林、河北、湖南、北京等地公司律师情况进行调研，研究制订相应的管理办法。为了配合公司律师试点工作的开展，全国律协举办了公司律师的业务培训。同时，积极邀请“两公律师”参加全国律协举办的示范性培训及与路伟所合作的培训项目，使公司律师的业务能力得到了加强，使其对律师协会的认同感得到了增加。2003年11月，全国律协接待了来访的全球公司律师协会主席弗雷德·克瑞布斯先生，并借此机会与对方进行了充分的交流。全国律协就公司律师培训和继续教育等事项与全球公司律师协会进行了初步磋商、鼓励中国公司律师参加全球公司律师协会年会。

（三）建立了比较完善的行业规则体系

建立律师行业规则体系是强化律师行业管理的重要条件，更是律协实施行业管理职能的重要依据。三年来，全国律协将建立科学、严密的行规体系作为一项中心工作来抓，现已初步形成了比较完善的律师行业规则体系：

1. 明确了律师行业规则制定程序，通过了《中华全国律师协会行业规则制定规程（试行）》，对协会规则的制定从程序方面做出了明确要求；同时，为了保证各级律师协会章程的内在统一，全国律协下发了“关于实行律师协会章程备案制度的通知”，对地方律师协会章程实施备案制度，有力地保障了各地律协章程与全国律协章程的协调一致。

2. 完善了全国律协的行规体系，及时制定和修改了指导当前律师行业管理工作的重大行业规则：在规范律师协会的组织、运作方面，起草了《全国律师代表大会代表选举规则（草案）》；通过了《全国律协理事会议事规则（试行）》；在规范律师事务所管理方面，通过了《律师事务所内部管理规则（试行）》；为了引导律师事务所向规范化方向发展，制定了《全国优秀律师事务所评定办法》《全国优秀律师事务所评定标准》；在加强会员管理方面，制定通过了《律师执业行为规范（试行）》，修改了《律师协会会员违规行为处分规则（试行）》，修改了《律师协会会员奖励办法》等一系列有关律师执业行为准则和奖励、惩戒规则。为各级律师协会律师惩戒、表彰工作的开展提供了依据和保障；为严格实习制度，规范实习活动，制定通过了《申请律师执业人员实习管理规则（试行）》。

3. 指导地方律师协会制定地方律协行业规则。到目前为止，各省、自治区、直辖市律师协会制定的地方律协组织建设、行业管理以及律师执业规范等相关行业规则近300个，对律师行业的规范与发展起到了积极的推动作用。

4. 就现有律师行业管理规则进行整理，汇编成册，供各地律师协会制定行业规则时借鉴。同时以电子版形式公布于众，既方便广大执业律师查阅，又便于社会各界了解，从而强化公众对律师工作的监督。

（四）完整的律师教育培训体系基本形成

三年来，全国律协根据部党组的要求，结合我国律师整体素质的实际情况，致力于建设一个具有我国特色的律师培训体系，即结合律师协会行业管理的三级架构，建立以全国律协示范性培训、各地律师协会主体培训和律师事务所基础性培训为主，全国律协卫星远程培训以及其他形式的培训为补充的律师培训体系，以进一步提高我国律师的整体素质，适应不断发展的社会生活实践对律师提供法律服务质量的要求。按照这个目标，在各地律师协会的大力支持下，在广大律师的积极参与下，我国的律师培训体系已初步形成并初见成效，全国律协示范性培训的层次也得到了进一步的提高，促进了我国律师执业水平的整体提升。

1. 设立全国律协教育委员会，开展了制定律师教育规划、制定申请律师执业人员集中培训大纲、申请律师执业人员实务训练指南和继续教育大纲以及设立律师学院的研究和论证等工作。这三年中，全国律协教育委员会就我国的律师教育问题进行了广泛的研究和全面的论证，从制度上进一步完善我国的律师培训体系，指导各地律协开展主体培训，倡导律师事务所进行规范化的所内培训。目前，申请律师执业人员集中培训大纲正在起草和完善，相应的培训教材即将出版，这为进一步规范律师执业前教育打下了良好的基础。

2. 明确了全国律协的培训方式以示范性培训为主，通过发挥全国律协的资源优势开展培训活动。全国律协除了担负起对全国律师培训的指导和监督职责之外，每年还要定期举办一些高层次的示范性培训。示范性培训的特点在于培训内容的前瞻性、授课师资的权威性、培训工作的指导性和参会学员的骨干性。在示范性培训中，聘请国内外著名律师、学者和专家介绍律师业发展的最新动态，讲授律师业务与管理经验，并着重发挥全国律协专业委员会的优势；培训的过程中，全国律协邀请各地律协负责律师培训的人员免费参会学习和交流培训经验，以便各地律协从中汲取有益经验，开拓培训工作的思路，进一步推动各地律师培训工作的深入开展。2002 年 5 月以来，全国律协成功举办了“反倾销法律业务讲座”、“‘产权改革与公司治理’政策与法律实务讲座”、“合同与法律意见书制作及国际商务谈判技能讲座”等 13 次示范性培训，举办了 7 次远程教育培训和 6 次其他类型的培训，参加培训的律师已达 46000 人次，大大提升了执业律师的业务素质和执业水平，受到了广大律师的好评。同时，为进一步扩大示范性培训的效果，全国律协还制作出版发行了《合同与法律咨询文书制作技能讲座（DVD）》和《合同与法律咨询文书制作技能讲座（电脑只读光盘）》，为各地律师协会开展律师培训工作和广大律师事务所进行所内基础性培训，提供了便利，带动了地方律协主体培训工作的发展，并为律师事务所内部培训的开展提供了素材和范例，从而促进了全国的律师培训工作向更高水平发展。

3. 积极探索青年律师培养模式。为使我国律师进一步了解国际大型律师事务所的执业方式，更好地培养青年律师，从而达到更有力地参与国际竞争的目的，全国律协自 2004 年起实施了一项每期 6 个月的实习项目，组织具备一定执业经验的青年律师到英国路伟国际律师事务所北京办事处实习，先后共有 10 名律师参加了实习。这一实习项目先进、实用，可以使我国青年律师不出国门，就能直接接触国际大型律师事务所的日常运作，了解其经营模式和管理经验，并通过跟踪国际律师的办案过程，对如何高质量地处理具体法律事务获取更为直观的认识。并且，通过这一项目，可以更好地了解国际大型律师事务所的内部培训模式，对我国律师事务所开展规范化的所内培训大有裨益。该实习项目已先后举办了两期，作为中国青年律师培训模式的一次创新，该项目具有重要意义，全国律协将在总结已有经验的基础上，进一步开拓思路，创新律师培训模式，从而更好地完善我国的律师培训体系。

4. 选派优秀青年律师参加发达国家的律师培训项目。全国律协根据与发达国家达成的培训协议，三年来共选派了二百多名优秀青年律师赴英、美、法等发达国家参加培训，为提高了我国律师队伍的业务水平和管理水平打下了良好的基础。

5. 开展律师专升本远程教育工作，积极推荐律师攻读在职法律硕士。为实施司法部制定的专升本目标，全国律协及时发出通知，要求各地律协认真把关，贯彻落实司法部指示精神。从 2002 年 9 月开始，全国律协与北京大学合作对北京地区执业律师专升本远程教育工作，到 2005 年已经有 360 名律师参加并圆满完成了学业。三年来，全国律协还推荐了 100 多名执业律师攻读在职法律硕士。全国各地共有逾万名律师参加了由各级律协举办的学历教育项目，使律师队伍的整体学历水平得到了提高。

（五）初步建立了律师维权保障体系

三年来，在司法行政机关的大力支持下，通过各级律协的不懈努力，律师维权工作有了显著的进展。各地律协维权机构、工作规范都已趋于健全，这也为我们的维权工作能够卓有成效的发展提供了保障。五届全国律协在深入分析律师执业的问题，探寻律师行业健康发展的途径和出路，提出科学有效的建设性意见等方面做出了积极的尝试和努力。

1. 建立健全律师维权工作体系，注重维权经验与成果交流。全国律协为了建立健全律师维权工作体系，重新调整了全国律协维权委员会的组成人员，将各地律协秘书长增加进来，这一举措不但显示出律师协会对于维权工作的高度重视，同时也对进一步落实《维权规则》，明确维权工作程序，充分调动维权委员的工作积极性方面起到了积极的作用。为了提高维权工作的针对性和长效性，全国律协维权委员会定期召开会议，对重大、特殊的维权案件维权委员会召开专题论证会，对在维权过程中遇到的问题，做到了及时的总结和改进。另外，五届全国律协在维权经验与成果交流方面也取得了显著成绩。2003 年 12 月 28 日，全国律协维权工作会议在河南召开，这次会议是全国律协维权委员会成立后召开的第三次全国维护律师执业合法权益工作会议。会议继续秉承了“总结维权工作，交流经验与成果”这一主题，不但总结了近几年来全国律师维权工作的开展情况，研究了新形势下律师维权工作出现的新情况、新问题，同时还宣读了五届全国律协常务理事会第七次会议决定，对于维权工作中成绩显著的北京市、安徽省、浙江省、四川省、河南省律师协会给予表彰。

2. 强化律师职业道德、执业纪律教育，规范律师执业行为。要减少维权案件的发生，要社会各方面理解和支持律师工作，律师严格自律，树立良好的执业形象极为重要。2004年3月20日，五届全国律协第九次常务理事会通过了全国律协制定的《律师执业行为规范（试行）》、《律师协会会员违规行为处分规则（试行）》。《规范》、《规则》不但将律师职业道德、执业纪律相关内容融入其中，细化了律师执业权益，同时也对相应的律师执业失范行为给予了明确、严厉的惩戒措施。《规范》、《规则》的出台，既增强了维权工作的可操作性，同时也为维权工作提供了切实可行的保障。为配合《规范》《规则》的正确实施，2004年，全国律协分别于6月2~4日和7月4日成功举办了“律师执业行为规范讲座”。来自三十个省、自治区、直辖市的264名律师协会管理人员和律师接受了培训，通过这两次讲座，使得广大律师和律师管理人员进一步统一了思想，提高了认识，能够更加准确把握律师规范执业的标准。2004年10月20日，全国律协根据司法部关于在全国范围内组织一次“律师执业知识竞赛”活动的指示精神，成功举办了一次“全国律师执业规范知识网络竞赛”。竞赛通过网络这一新兴传媒，简捷、高效地检验了广大律师对律师管理规章和执业规范应知应会的程度，提高了律师准确掌握、有效运用律师执业规范的水平，巩固了教育整顿活动取得的成果。

3. 配合司法部开展律师队伍教育整顿活动。2004年，根据中央领导同志批示精神，全国律协配合司法部召开了声势浩大的律师队伍教育整顿活动。在教育整顿的第一阶段—学习动员阶段转段前，为检验广大律师和律师管理人员在律师队伍集中教育整顿活动学习动员阶段所取的成效，根据司法部教育整顿工作部署，2004年8月，由全国律协组织全国律师进行了以律师管理和执业规范知识为内容的统一考核，这是全国律协首次举办全国性的有关律师执业规范知识方面的考核。通过考核，不仅检验了广大律师在教育整顿阶段对律师管理规章核执业规范应知应会的程度，提高律师准确掌握、有效运用律师执业规范的水平，巩固教育整顿活动取得的成果，更对今后规范执业、诚信执业打下了坚实的基础。在肯定了律师队伍的主流的同时，全国律协对少数律师存在的职业道德和执业纪律问题及时进行了纠正。教育整顿活动的成功开展得到了中央领导同志的充分肯定，广大律师依法执业、诚信执业的形象再次得到了提升，律师事业得到了社会的更广泛关注。

4. 强化律师协会行业处分职能，严肃查处律师违规违纪行为，是律师协会实现行业管理的重要手段，并随着“两结合”管理体制的发展而逐步完善。惩戒违规违纪律师是对广大遵纪守法律师的肯定，是有效的维护广大律师合法执业权益的维护，是对广大律师的最好维权。通过强化律师职业道德执业纪律，规范律师执业行为，严格投诉查处程序等工作，有效铲除了律师违纪行为，维护了当事人的合法权益，维护了律师队伍的整体利益和行业声誉，为推动律师事业健康有序的发展发挥了积极的作用。因此，全国律协一直将对违规违纪律师的惩戒作为工作重点之一。三年以来，全国律协着重在完善投诉工作机构建设、规范惩戒程序、修改会员处分规则、规范投诉程序、细化律师执业规范等方面做了大量的工作。尤其是在2004年的全国律师行业教育整顿中，全国律协重点指导了省级律师协会惩戒机构的全部建立，及大部分三级律师协会惩戒机构的建立工作，全国各级律师协会开通了投诉热线，这些措施从组织、社会监督等各个方面保障了惩戒工作的顺利开展，也使得律师协会的惩戒制度更加科学、完善和具有可操作性。同时，架起了全国律协和地方律师协会惩戒工作信息沟通的平台，形成工作互动，畅通了全国律协与地方律协惩戒工作交流的渠道，全国律协能基本掌握各级律师协会惩戒工作的开展情况和惩戒数据，转到地方律协的投诉案件基本能件件落实、回复，赢得了当事人的信任，也为律师解决了实际的问题。同时，对违纪违法律师和律师事务所的严肃查处，使广大律师的职业道德、执业水平有了提高，对整肃律师队伍起到了积极的作用。据统计，2004年全国共查处违法违纪律师719人，查处违法违纪的律师事务所213家，在受到行政处罚的261名律师中，吊销执业证的47人，停止执业的109人，没收违法所得23人，受到警告处罚82人。在受到行政处罚的72家律师事务所中，吊销执业许可证14家，停业整顿21家，没收违法所得13家，受到警告处罚24家。同时在受到律师协会的行业处分的485名律师中，取消会员资格的47人，公开谴责的73人，通报批评210人，受到训诫128人。在受到行业处分的141家律师事务所中，取消团体会员资格14家，公开谴责

20家，通报批评82家，受到训诫25家。通过查处，严肃了律师执业纪律，维护了律师队伍的纯洁性，捍卫了律师队伍的良好声誉，有力地促进了律师队伍的健康发展。

5. 通过树立与宣传律师良好形象，维护律师界的社会声誉。律师执业权利的行使，除需要在立法上予以保障外，还有赖于社会各界、社会公众对律师的认识和理解。以往发生的一些对律师执业权的限制和侵犯许多来源于对律师工作的误解。全国律协积极通过电视台、电台、报纸等媒介大力宣传律师的职责，宣传律师在社会主义市场经济中的作用，宣传律师与公众的关系，让社会更了解律师。2004年，全国律协为了更好的树立律师良好形象，提高律师社会公信力，开展了评选"全国优秀律师事务所"和"全国优秀律师"活动。经过严格审核、评选，共评出115家"全国优秀律师事务所"，107名全国优秀律师。通过此次评选活动，弘扬了律师队伍文明执业、诚信执业、规范执业、依法执业的行业精神，真正把具有示范性的、优秀的律师事务所评选出来，为同行业树立了典范。

6. 积极反映律师的呼声，重视行业整体维权。近几年，全国律协维权工作重点放在了通过调研，积累和掌握个案实证，将律师执业过程中遇到的普遍问题和新问题在分析和论证的基础上以报告的形式向有关部门反映，如会见难、阅卷难、调查取证难、律师回避、律师职务犯罪问题等方面通过努力取得了一些成绩，现在最高人民检察院就律师在刑事辩护中遇到的困难正在调研，全国律协也已将意见和建议提交了调研组。《中国律师执业权利状况与完善报告》是本届律协致力撰写的我国第一份有关律师执业权利状况方面的报告，其本身对于中国律师事业的发展和中国律师制度的完善均有重要的现实意义和深远的历史意义。目前该报告经广泛征求意见后已修改完成，并已上报全国人大。

7. 积极鼓励和引导律师参政议政，提高律师的政治地位和影响，从根本上改善律师执业大环境。基于律师在社会政治生活中产生的影响越来越广泛，中央领导及国家各级政府部门亦更加重视律师在依法治国进程中的地位和作用，对律师维权工作起到了良好的推动作用。近几年来，全国律协加强与党委、全国统战部、全国人大、政协的沟通和联系，反映行业的愿望，争取信任和支持取得较好成绩。此外，全国律协利用每年全国人大、全国政协召开会议的机会举行律师人大代表和政协委员座谈会，向律师代表和委员介绍律师行业发展的成就和存在的问题。

8. 依照法律与事实，积极开展个案维权，切实维护律师在执业中的合法权益。对于具体维权个案，全国律协也是尊重事实、依法坚决维权。2002年至2004年，全国律协受理各地律师协会或律师上报的维权案件22起，其中律师涉嫌"辩护人妨害证据罪"10起；律师涉嫌诈骗罪案件1起；律师涉嫌中介机构出具虚假证明文件罪2起；律师被绑架、殴打、非法拘禁的事件6起；律师执业赔偿案2起；阻碍律师履行律师职务案件1起。通过全国律协和地方律协的共同努力，律师被宣告无罪的有12起。虽然部分案件得到了不同程度的解决，但也为我们律师执业敲响了警钟，全国律协号召各地引以为戒，避免类似情况的再发生。

（六）不断改进与加强律师业务指导体系

按照十六大提出的"拓展与规范法律服务"的要求，围绕五届律协三年工作规划，全国律协充分发挥专业委员会在业务指导上的优势，积极探索专业委员会新的活动机制，组织开展多种形式的专业活动，使专业委员会的各项工作呈现出新的局面，取得了丰硕成果。

1. 调整专业委员会构成，完善规章制度。自五届律协以来，全国律协对刑事、民事等六个专业委员会进行了换届改选，一批理论水平出色、实践经验丰富、业内威望高的律师被选为专业委员会负责人。适应形势需要组建了WTO、未成年人保护、宪法与人权等三个专业委员会，扩展了全国律协专业委员会活动领域和业务关注视野，使专业委员会的构成更加符合社会发展和律师行业建设的需求。目前全国律协有13个专业委员会，专业委员会委员总数达500余人。

全国律协在颁布实施《专业委员会活动规则》的基础上，制定了专业委员会主任联席会议制度、专业委员会活动登记制度、专业委员会年会资金使用预决算制度等等，使专业委员会工作更加规范化、制度化。

2. 利用多种资源开展委员会活动，在提高律师队伍整体素质、提高律师行业的社会影响力方面发挥重要作用。刑事专业委员会获得中国—加拿大律师协会推进司法改革、提高律师刑事辩护业务能力合作项目的资金支持，在新疆、江西等地举办了刑事辩护技能培训班，共计十四个省、自治区、直辖市的6000名律师参加培训，对推动和提高全国律师的刑事业务水平做出了贡献。海商海事委员会多次与中国海商法协会联合举办国际研讨会，与航运、保险、外代、海事仲裁、海事审判等机构联合举办研讨活动，扩大了中国海事律师的影响，增强了律师在我国海商海事领域中话语权，改变着律师在这一领域中的地位和分量。未成年人保护专业委员会2003年成立后，全国律协及时发布《关于全面推动律师参与未成年人保护工作的意见》，要求在各省、自治区、直辖市律师协会成立未成年人保护专业委员会，从上至下地推动这项工作。到目前为止一半以上的省已经组建了未成年人保护专业委员会。现已初步形成了以全国律协和各地律协相互配合、一批志愿者主动参与的律师未成年人保护保护工作网络。该委员会在安徽劣质奶粉案等社会重大事件中及时发挥了作用。应西部省份律协和律师事务所的要求，不少委员会的年会、业务论坛安排在四川、云南、内蒙、重庆、贵州等省市召开，这些活动对西部律师开阔思路、提高水平、拓展业务起到了促进和推动作用。三年来，由于全国律协在委员会活动内容和方式上加强了引导，使专业委员会年会能够围绕律师业务的重点热点难点开展研讨，探讨的问题更趋前沿性，研讨深度进一步加大，吸引了各地律师的关注，参会律师逐年增多。

3. 充分发挥专业委员会在培训工作中的作用。在国家经济改革向纵深发展出现了很多新的经济活动形式的情况下，全国律协专业委员会利用自身优势，通过全国律协示范性培训把相关业务的经济形势、政策规定和从业经验介绍给各地律师，带动了更多律师在新的业务领域施展才能。三年来，WTO、金融证券、民事、经济等委员会参与了全国律协举办的产权改革与公司治理政策与法律实务讲座、反倾销法律业务讲座、并购项目流程管理高级培训班和律师从事证券业务讲座等示范性培训的策划和授课，受到广大律师的好评。

4. 重视制定律师业务规范和业务指引工作，逐步完善对律师业务进行指导和评价的业务规范体系。2003年以来相继发布了《律师办理证券业务规范》、《律师从事证券法律业务规范（试行）释解》、《律师承办行政案件规范》和《律师承办有限责任公司收购业务指引》。这些规范和指引的发布，充实了行业规范体系，对提高律师服务水准、强化律师的责任意识将发挥重要作用。尤其《规范》和《释解》的颁布，恰逢国家取消律师及律师事务所从事证券法律业务资格审批，律师从事证券业务亟须行业指导和规范之时，使律师从事证券法律业务有了专业指导和较完整的行业参照标准。此外，出版的《刑事辩护指南》、《律师刑事辩护案例选》和《律师维权案例选》丛书，以实例总结了全国律师办理刑事案件的经验教训，给律师以教益和警示。

5. 改进专业委员会组织形式，探索新的活动机制。全国律协积极扩大专业委员会活动空间和权限，尝试将全国律协专业委员会的工作和各地律协专业委员会的工作有机结合，以形成全国和地方专业委员会的有效互动，充分发挥专业委员会的业务指导作用。

刑事专业委员会将各省、自治区、直辖市律师协会刑委会主任吸收进全国律协刑委会，以此方式加强了该委员会的全国网络建设，使全国律协刑委会和地方律协刑委会之间的工作联系和相互支持配合有了进展，对进一步推动和提高全国律师的刑事业务水平将发挥积极作用。

未成年人保护委员会利用加拿大国家开发署的项目资金举办培训班，培训地方律师协会未成年人保护委员会骨干，加强工作指导。现各地律师协会未成年人保护专业委员会的主任都是全国律协未成年人保护专业委员会的委员，形成了全国律协和各地律协专业委员会相互配合的活动机制。

（七）进一步加强律师宣传联络工作

做好律师行业宣传与联络工作，为我国律师业的发展争取一个良好的外部环境，是全国律协的重要工作，三年来，全国律协主要做了以下工作：

1. 成立了宣传联络委员会，制定了宣委会工作规则、三年工作规划以及年度工作安排。三年来，宣传联络委员会围绕司法部和全国律协的中心工作，指导各级律协加强与新闻媒体的联系，协调地方律协的宣传与联络工作，在增加社会对律师的认同感，提高律师的社会地位，改善律师的执业环境等方面，发挥了积极作用，取得了良好的效果。

2. 加强了与各新闻媒体的联系与合作。三年来，全国律协共接待了新华社、中央电视台等数十家新闻媒体采访近百次，及时传递了全国律协的声音，扩大了律师界的影响；与中央电视台法治频道及“法治在线”、“今日说法”栏目、北京电视台等合作拍摄有关法治节目；与中央电视台、山东电视台合作拍摄了电视剧《未来之路》，反映了我国律师在对日索赔工作中的光辉形象，在社会引起了强烈反响。此外，与中央政法委影视中心合作拍摄法治题材的电视剧进展顺利，将进一步推动社会对律师行业的认识，扩大我国律师的积极影响。

3. 制定了全国律协新闻发布制度，规范了全国律协新闻发布渠道，使律师协会的官方信息发布有了统一的管理机制，增加了律师信息发布的准确性和权威性。三年来，全国律协就全国律师队伍教育整顿、对日索赔等重大事件举行了三次新闻发布会，引起了较大的社会反响。

4. 进一步发挥《中国律师》杂志在律师行业宣传和业务交流方面的作用，调整了编委会，加强了常务理事会对杂志编辑工作的指导，杂志办刊质量和水平有进一步提高，先后被评为全国法制好期刊和全国期刊展双效期刊，受到了广大律师的广泛好评。同时杂志还通过举办“天伦杯我来修改律师法”征文活动等形式，增加与律师的互动，使《中国律师》的会刊功能得到充分发挥。全国律协和各地律协还通过向社会各界和有关部门赠阅杂志，进一步扩大了杂志的影响，起到了很好的宣传效果。

5. 开通了全国律协官方网站中国律师网和法律365律师宣传网站。两个网站通过加大信息量，增强互动功能，不断更新网页，日点击率已近一万次，成为全国律协开展律师宣传，进行业务交流的重要阵地。同时，全国律协积极推动各地律协开通自己的官方网站，使全国各级律协的宣传平台进一步得到扩展，宣传联络工作更为便捷及时。全国律协还制定了网站信息发布审查规则、网站广告发布审查规则，加强了对网站的管理，保障网站健康、良性发展。

6. 分别在上海、广州、合肥成功举办了三届“中国律师论坛”和两届“中国青年律师论坛”，论坛共有数千名律师参加，为与会律师提供了一个执业经验交流的平台；论坛主题紧贴律师执业热点和难点问题，对于提高律师的执业水平起到了重要作用，受到了广大律师的好评。第五届中国律师论坛将在今年十月在天津召开，得到了当地政府的高度重视；天津市政府决定将此届论坛作为该市对外宣传和交流的一件大事来抓，由市政府和全国律协共同主办。律师论坛这种新的形式充分发挥了宣传律师行业的积极作用，有效地促进了律师之间的沟通与交流。律师论坛的举办，进一步引起了社会各界对律师行业的关注和了解。

7. 制定并落实了“律师宣传日”活动。每年的12月4日，全国律协和各地律师协会通过各种形式开展“律师宣传日”活动。在“律师宣传日”活动中，各地律师和律师事务所通过开展公益活动、提供义务法律咨询和各种宣传活动，使社会各界对律师行业更加了解，树立了律师行业的积极形象，收到了较好的宣传效果。

8. 参加首届全国行业协会成就汇报展览。2004年底，在民政部举办的首届全国行业协会成就展览会上，全国律协抓住此次宣传契机，充分利用144平方米的特装展区，通过大量的文字、图片及多媒体资料全面地展示了20多年来我国律师业的巨大成绩，引起了中央电视台等多家媒体和广大群众的关注，得到了中央及司法部领导同志的充分肯定。全国人大副委员长韩启德、司法部副部长段正坤等领导还亲临现场参观指导。

（八）律师国际交流工作进一步规范化

换届以来，通过组织律师参加国际会议、组织高质量的考察团等国际交流形式，学习借鉴国外先进的业务知识和行业管理经验，为加强我国律师行业管理提供理论依据和实践经验，促进我国律师业与国际接轨。

1. 发挥全国律协民间交流优势，借鉴先进经验，积极开展国际交流工作。三年来，全国律协一如既往地贯彻执行我国外事工作方针政策，配合司法外事工作重点，积极开展与国际律师组织和其他国家律协的交流，重点涉及律师协会的行业管理、律师职业道德和律师业务等方面。随着我国经济与律师业的发展，积极参与国际律师组织的活动，鼓励和支持律师加入相关国际组织、参加国际交流活动。同时在现有的交流渠道的基础上，开拓新的交流对象和形式，发挥民间和行业组织的优势，推进国际司法交流，推动内地律师与港澳、台地区律师之间的了解和友谊，维护和促进祖国的统一大业。通过组织律师参加国际会议、组织高质量的考察团等国际交流形式，学习借鉴国外先进的业务知识和行业管理经验，为加强我国律师行业管理提供了理论依据和实践经验。与国外同行的业务交流与合作，提高了我国律师的整体素质和水平，提高了中国律师在国际交往的地位及声望。

2. 突显全国律协参与国际组织活动能力，发挥我国律师在国际组织中的积极作用。随着我国律师业的快速发展，全国律协积极推动我国律师及律师协会参与国际律师组织活动，发挥中国在区域性国际律师组织中的特有作用，提高我国律师的声音。目前，全国律协已成为国际律师协会（International Bar Association，简称IBA）、国际律师联盟（Union Internationale des Advocats，简称UIA）的团体会员。其中，IBA总部设在伦敦，拥有来自190多个国家的三万多名律师个人会员和三百多个团体会员，是世界上最大的国际性律师组织。国际律师联盟总部设在巴黎，会员多以大陆法系的律师为主。2004年，我会与该联盟在北京成功地共同举办了WTO国际研讨会，引起了强烈反响。

全国律协同时还是亚洲律协会长会议（简称POLA）的积极参与者，POLA是亚太地区律师协会领导的峰会，每年举行一次，不设常设机构，约十几个国家和地区的律师组织首脑在东道主律协的安排下探讨交流律师业共同面临的问题和挑战。全国律协2004年在北京主办了POLA会议，取得了很大的成功，在POLA会议中起着不可忽视的作用。

环太平洋律师协会（Inter－Pacific Bar Association，简称IPBA）是亚太地区发展日益茁壮的、一个以国际商法律师为主的律师组织，不设团体会员，只有个人会员。自2002年我会会员正式参加其活动以来，我国会员人数发展很快，高宗泽会长现为该协会副主席、冯秀梅副秘书长是该会中国代表理事，中国律师已担任该会下属三个委员会的主席、副主席。我会成功地争取到了2007年在北京举办第十七届环太律协年会。

3. 继续保持与我律协已建立的双边友好关系，加强律师业务的务实交流并开拓新的交流渠道。

全国律协同其他国家的律师协会保持着良好的关系，通过开展形式多样的活动，共同推进双边律师业的发展。目前，全国律协与韩国、英国、加拿大、以色列律协签有友好备忘录，与美国、法国、日本、印度等国律协建立了紧密的交流关系，通过召开行业管理与律师实务研讨会、举办培训班、组织互访等活动，使中国律师业加快了与国际律师业接轨的步伐，提高了中国律师办理涉外法律业务水平。在三年中。我会不断开辟新的对外交流渠道，如：与以色列律协、土耳其律协、智利律协、澳大利亚律协进行过交流和互访，为我国律师创造了与国外同行进行法律业务交流搭建了广阔的平台。

4. 通过国际交流为律师培训工作创造条件，为中国律师走向世界铺路搭桥。目前，全国律协共有三项培训项目得到了外国政府或律师组织的资助。

一是英国法律大臣办公室中国青年律师培训计划，该计划为政府项目，由司法部、全国律协、英国法律大臣办公室和英国大小律师公会共同签署，全国律协具体落实我国参选律师的选拔工作。该项目进行的较为成功，已历十余年，为我国培养了一大批从事国际业务的骨干律师，到目前为止，共有二百多名律师学成回国。

二是中加刑事辩护和司法改革合作项目，合作方为全国律协和加拿大律师协会，加拿大律协申请得到了加拿大国际开发署的资金支持。该项目已经司法部批准，旨在通过举办研讨会、培训班、考察团等活动，提高我国刑辩律师的执业技能，加强律师参与司法改革的能力，加强全国律协专业委员会的职能建设及提高公众对律师作用的了解。目前已在近十个省市自治区举办了多期律师技能培训班，组织了模拟法庭、律师宣传日活动及考察团等活动。

三是全国律协与路伟国际律师事务所合作的青年律师法律技能培训项目。每年选派六名青年律师在路伟所北京办事处进行为期6个月的实习，通过近距离地接触国际大所的日常运作，使得入选律师得以了解国际所的管理经验、提高自身处理案件的执业技能。

除此之外全国律协还积极配合全国人大、政协及其他部委，特别是司法部和外交部的对外交往工作，接待了如瑞典司法大臣、奥地利司法部长、德国联邦司法部长、德国律协副会长、冰岛司法和宗教事务部部长、美国国务院官员、美国国际司法桥梁基金会代表团、日中法律家交流协会代表团、日本辩理士协会代表团、联合国人权委员会任意拘留工作组、香港律师会代表团、香港律师公会代表团、香港委托公证人协会代表团等的来访，借此机会宣传了我国律师制度和法制发展，扩大了我国律师的影响。

5. 民间对日索赔诉讼工作取得重大进展

全国律协调整充实了对日索赔诉讼工作指导小组专门委员会，制定了工作计划，与中国人权发展基金会、中国抗战史学会、中国对外友协、全国妇联、全国总工会及日本辩护团律师多次共同举办相关问题的法律研讨会及新闻发布会，发表联合声明，支持中日两国律师的正义行动，形成了民间对日索赔诉讼的合力。为了进一步推动民间对日索赔诉讼工作的持续开展下去，帮助在日本侵华战争期间受害的中国公民讨回自己的合法权益，鼓励中国律师积极投身于民间对日索赔诉讼工作。全国律协与中国法律援助基金会共同建立了“民间对日诉讼法律援助专项基金”。

中国律师在全国律协的指导支持下，无偿的通过调查取证、辅助日本律师在日本法院诉讼的方式，参加到对日索赔的跨国诉讼中去。全国律协的工作及中日律师的努力得到了社会的好评，引起世界舆论的广泛关注。目前我国公民在日本的索赔诉讼中，四案取得一审胜诉，两案取得二审胜诉，一案和解，对日索赔工作获得了一定成果。为中国受害者讨回公道、伸张正义、遏止日本军国主义势力的抬头起到了积极作用。

（九）律协秘书处工作进一步规范

三年来，在五届全国律协理事会、常务理事会的大力领导下，秘书处积极完善自身建设工作，始终坚持公正、透明、效率的总体要求，即决策讲求民主，程序讲求严密，工作讲求效率，管理讲求规范。积极做好理事会、常务理事会的秘书、参谋及联络员，为协助理事会、常务理事会出台及落实各项大政方针做出了努力，取得了明显成效。

1. 充分发挥秘书处主观能动性，积极调查研究和分析，为理事会、常务理事会提供客观、全面、科学的决策依据。一是为理事会成员订阅《中国律师》、《律师文摘》及《媒体有关律师业报道摘编》等杂志，使理事能了解、掌握律师行业的动态，更好地指导全国律协的工作，进行科学决策，发挥理事会、常务理事会的更大作用；二是建立统计分析机制，全国律协已经出台了2002年度、2003年度的《律师业统计分析报告》，这使全国律协能全面、准确地掌握全国律师行业的各项情况，从而为科学的行业管理决策和分类指导各地律师业的发展提供了科学有效的依据。也促进了全国律协从调查分析到科学决策的工作方式。此项工作将进一步完善，随着数据的不断积累和分析的进一步科学化，将对律师行业的各项发展变化有了一个更直观的了解。下一步将全面开展全国律协会员普查工作；三是建立起信息交流、沟通的渠道。理事会、常务理事会及各地律协可以通过《中国律师》杂志、《律师文摘》、《媒体有关律师业报道摘编》等渠道及时了解相关信息。全国律协也建立了新闻发布制度和信息发布审查规则，这也是信息交流的一种渠道。此外，全国律协办公平台、全国律师管理数据中心、中国律师网、法律365平台这四大网络平台的建立不仅提高了办公效率，也扩大了整个律师管理体系的信息沟通与交流，我们现在有大量的文件都是从网络的方式发到各地的，这使得全国律协秘书处、常务理事会、理事会、各地方律师协会乃至社会广大民众有了一个良好的信息交流渠道。

2. 加强律师协会的建设工作，包括机构、人员的建设和制度建设。通过召开秘书长工作会议、部分省（市）律师协会建设研讨会来探讨建立健全“三级架构、两个分开”的行业管理模式问题，并且着力于对地方律协的工作人员进行相关的培训，以提高整个行业协会工作人员的素质；改善全国律协秘书处的工作环境和工作条件，五届律协在较短的时间内完成了扩大办公面积、构建办公局域网、更新办公设备等工作，全面提高了秘书处的工作效率；加强制度建设。换届后，全国律协秘书处下大力气建章立制，对原有的管理制度进行了整理和修订，并且出台了一批新的财务、考勤、人事、固定资产等内部管理规章，使秘书处的运行更趋于制度化、规范化，以做到程序讲求严密、管理讲求规范、工作讲求效率。

3. 正确的工作理念造就了良好的工作作风，三年来，全国律协秘书处坚持以“公正、透明、效率”的工作方针为指导，各部门互相协调配合的氛围得到加强，工作人员的工作积极性空前高涨，工作作风有了明显改进，工作效率得到了很大程度的提高。

4. 完成了我会的社团登记工作。根据常务理事会的决议，全国律协到民政部进行了社团登记，取得了新的法人证书和机构代码证，并要求各地律师协会也到当地的民政部门进行相关登记，使得律协系统运行更加合法化、制度化。2004年，全国律协被民政部评为“全国优秀民间组织”。

5. 做好党务及人事工作，为地方律协建设做出示范。制定了《中华全国律师协会党风廉政建设责任制实施办法》、《退休、挂靠党员管理办法》，为地方律协党建工作做出了示范。积极党员发展工作和党组织建设工作。

6. 积极组织律师参与公益事业，得到了广大社会的好评。

一是参与“12·1”联合行动，半年时间全国律师踊跃捐款达40余万元，新华社专门发出新闻通稿，20多家媒体、报纸相继刊载。“12·1”预防性病、艾滋病基金会主席高度称赞这一义举，并称在全国各行业中这是一个先例。全国律协还将此项活动的宣传品捐赠给司法部及全国劳教系统，受到司法部相关领导的高度赞扬。

二是资助黄帝陵修建，2002年全国律协号召各地律协为黄帝陵整修二期工程募集资金，全国26个省、自治区、直辖市律师协会积极捐款共计40多万元。

三是全国律协积极组织广大律师参与抗击“非典”的有关法律工作和捐助活动，全国律协常务理事会及秘书处率先捐款7.8万元。

（十）经验和体会

1. 自觉接受司法行政机关的指导与监督，是完善“两结合”律师管理体制的重要内容。律师协会作为行业管理组织，其管理理念、方式、效力等均明显区别于行政管理组织，律师行业管理在世界各国尤其是发达国家的律师管理中均处于主导地位，发挥着极其重要的作用。在我国，长期的计划经济体制等因素导致了行业管理组织至今仍处于起步阶段，在这种情况下，我国律师行业实行的是司法行政机关和行业协会相结合的“两结合”管理模式。为了使“两结合”发挥出应有作用，只有将两者有机地结合起来，扬长避短、相得益彰，只有在把握好协会工作出发点和立足点的同时，处理好司法行政机关的宏观管理与律师协会的行业管理之间的关系，律师协会应主动接受司法行政机关的监督和指导，及时向司法行政机关通报有关情况，建立并完善与司法行政机关的交流机制，使两者形成管理合力，使“两结合”形成最优的管理效果，共同促进律师事业的发展。

2. 积极调动广大律师的积极性和参与意识，是落实和强化行业管理的基础。行业管理的基础在于广大会员的积极参与和坚决拥护，只有充分调动了广大律师的积极性，最大限度地发挥了广大律师的聪明才智，才能使律师行业管理真正落到实处，使律协工作得到社会和广大律师的进一步认可，使律师队伍成为党和政府放心、人民群众信任、广大律师满意的社会主义法律职业队伍精英，使律师行业得到更加健康有序的发展。三年来，全国律协在法律研讨、行规制定、职业培训、立法建议等活动中，充分调动广大会员的积极性，注意发挥律师在专业、管理及素质等各方面的优势，从而不但使协会工作得到了贯彻落实，而且极大地促进了协会的改革和发展，为我国律师行业管理的健全和完善打下了坚实的基础。

3. 充分发挥常务理事会的作用，是促进律师行业管理发展的前提。常务理事会作为理事会的常设机构，在理事会闭会期间行使理事会职权，负责研究、决定、部署律师协会的工作。能否充分发挥常务理事会的作用，直接关系到律师行业管理能否得到健康快速的发展。在本届律协期间，常务理事会全体成员本着为全体律师服务、促进律师行业发展的崇高理想，兢兢业业、勤勤恳恳、不计报酬、不计得失，为协会的发展做出了表率，做出了巨大贡献。如2003年秋，为了更好地促进律师行业发展，全体常务理事决定在全国范围内开展调研活动，他们克服了种种困难，经过大量艰苦细致的工作，终于得到了大量第一手的调研材料，做出了极具说服力的调研报告，必将对我国律师行业及行业管理的发展产生深远影响。

4. 建立高素质、高效率的律协秘书处，是落实行业管理的关键。律师协会秘书处在律师行业管理信息交流与调查分析、协调和落实行业管理各项工作中处于枢纽地位：一方面，理事会和常务理事会的各项决策需要秘书处协助贯彻落实；另一方面，广大律师的呼声也常常需要秘书处传达给律协决策机构。可以说，律协秘书处建设工作不但直接关系到行业管理职能的实现，而且关系到律师行业能否得到协调、健康发展。因此，大力完善机关制度、大胆进行体制改革与创新，努力提高机关人员素质，既是五届律协工作顺利开展和取得成功的基本保证之一，也是我过律师行业发展到今天的一条重要经验。

二、几点期望

（一）继续发挥“两结合”管理的作用

在现行“两结合”管理体制下，我国律师行业由律师协会的行业管理与司法行政机关的行政管理共同完成。第五届全国律协在接受司法行政机关指导监督并与司法行政机关职能部门相互支持、相互配合、共同做好工作等方面进行了有益的探索和努力，取得了很好的效果，希望下届律协进一步争取司法行政机关领导的大力支持和加强与司法行政机关职能部门的协调配合，积极探索、大胆创新，使“两结合”管理体制得到进一步发展和完善。

（二）依照《律师法》等有关规定，进一步推动和落实行业管理

基于行业自治的基本管理理念，行业管理在世界各国的律师管理制度中扮演了关键和核心的作用。根据我国的国情，我们目前实行司法行政和律师协会相结合的管理模式，其中的行业管理还很不健全，一些不发达地区的行业管理工作甚至有名无实。那么如何借鉴国际上律师行业管理的成功经验，推动我国行业管理的发展和完善，是摆在我国律师行业面前的突出问题。第五届全国律协已经就此问题完成了调研等相关基础工作，接下来的工作必将更加艰巨，希望下一届律协集中全体律师的智慧和才干，群策群力，推动我国律师行业管理走向新的发展阶段。

（三）完善律师队伍长效管理机制，全面提高律师队伍的整体素质

不断发展壮大律师队伍、提高律师队伍整体素质是律师协会的宗旨。自律师制度恢复以来，我国律师队伍取得了长足的发展：从数量上看，已经有十一万余执业律师；从素质上看，绝大部分律师已经具有本科以上学历。为使律师队伍能够更加健康、有序的发展，必须建立健全律师管理长效机制。2004年初，胡锦涛总书记等中央领导对我国律师工作做出了重要批示，对律师事业寄予厚望，对律师队伍建设提出了明确要求。第五届全国律协配合司法行政机关，开展了全国律师教育整顿活动，为推动律师队伍长效管理机制的建立打下了一定基础。希望下一届律协继续认真贯彻中央领导对律师工作所做的重要批示，大力完善律师长效管理机制，加强律师队伍的政治素质、业务素质和职业道德教育，同时着力改善律师执业环境，努力将律师队伍打造成一支政治立场坚定、法律功底过硬、职业道德高尚、执业纪律严明的党和人民满意的好队伍，推动我国律师事业更加走向繁荣和健康，推动我国法治事业的更快发展，推动构建社会主义和谐社会。

各位代表，同志们，朋友们，全国律协在过去的三年中取得了有目共睹的巨大成绩。这些成绩的取得，是司法部党组和全国律协党组正确领导的结果，是全国广大律师共同奋斗的结果，也是社会各界大力支持的结果。在此，我代表第五届全国律协理事会对他们表示衷心的感谢和崇高的敬意！

回顾过去，展望未来，我们对新一届理事会的工作充满信心，对中国律师业的明天充满信心。各位代表，让我们高举邓小平理论伟大旗帜，紧密团结在以胡锦涛为总书记的党中央周围，在司法部党组和全国律协党组的正确领导下，紧紧依靠全国广大律师的智慧和力量，团结进取、开拓创新，共同开辟律师事业的新天地，再创律师事业的新辉煌！

谢谢大家！

全国律协副会长付洋关于第五届理事会财务工作报告

（2005年6月14日）

各位代表：

我受全国律协第五届理事会委托，向本次大会作财务工作报告，请予以审议。

一、会费收入情况

本届全国律协自2002年5月底开展工作以来，会费收缴工作得到了各地律协的大力支持。主要体现在，一是各地律师协会普遍重视会费收缴工作，会费收缴情况进一步好转；二是司法部领导对律师协会会费收缴予以关注，多次在不同场合提出有关会费收缴工作的指示意见，强有力地支持了全国律协各项工作的顺利开展；三是在京外举办全行业性的会议或活动时得到了当地律协和律师事务所所给予的财力或物力支援。截至2005年5月31日，五届全国律协会费总收入为2129万元（详见附表），比上届会费总收入1607万元增长了32.5%。

本届全国律协会费收缴呈逐年上升的趋势，第三届年均会费收入为212万元；第四届年均会费收入为446万元；而本届全国律协年均会费收入达到710万元。从这组数字上不难看出，本届律协的会费收缴工作无论是从总收入还是年均收入都取得了长足的进步。一方面说明全国律师队伍在不断壮大，律师事业在不断发展；另一方面也与本届律协加大会费收缴工作的力度和地方律协的支持密不可分。从三年来会费缴纳情况看，北京、上海、广东、天津、河北、浙江、安徽、福建等省和直辖市为全国律协会费收缴工作做出了突出贡献。西部地区在较贫困、较拮据的状况下，积极开展工作，千方百计地做好会费缴纳工作，同样做出了贡献。在此，我代表五届全国律协对各级律师协会认真履行会费交缴义务，积极支持全国律协工作表示衷心的感谢！

虽然第五届全国律协会费收入创出了历史最高水平的佳绩，但仍有不尽如人意的地方。五届全国律协应收会费26003230元，实收21291085元，差4712145元。造成这种差额的主要原因是部分律协不能足额上交会费，其中少数省份缴纳的金额低于50%（详见附表）。据统计，从1999年度到2004年度，拖欠的会费金额已高达1332万元。我们希望，凡是拖欠会费、特别是连年拖欠会费的地方律协应当对此予以高度重视，以大局为重，认真履行代收代缴会费义务。否则，既伤害了履行会费缴纳义务的律师的积极性，也伤害了那些认真完成会费缴纳工作的律师协会的积极性，并且会对整个行业的健康发展产生不良影响。

二、会费支出情况

本届全国律协进一步完善了财务管理制度，尤其是限额分级管理制度的建立，使财务管理工作更趋于规范、合理。新的财务管理制度使全国律协资金支出更加谨慎，真正做到了专款专用，精打细算，最大限度地减少会费的损失和浪费。全国律协财务收支情况，依照《律师协会章程》和《会费管理办法》的规定，每年接受北京永拓会计师事务所审计，并经历次理事会进行了认真审议。本届全国律协会费实际支出22604418.12元。

（一）召开理事会、秘书长工作会、常务理事会、全国律师代表大会、专家论证会、专题研讨会以及配合司法部律师教育整顿等支出2555971.83元。

（二）根据年度会费预算拨付专门委员会、专业委员会和律师论坛经费1788150.75元。

（三）维护律师合法权益、会员奖惩工作调研、研讨会及优秀律师事务所评选表彰支出157148.84元。

（四）提供学习资料为地方律协免费提供示范性培训347570.74元；组织“全国律师执业规范网络知识竞赛”127401.21元。

（五）律师事业宣传方面：文件资料、编辑出版律师辩论大赛汇编、光盘；编辑印制《中国律师年鉴》、《中国律师业发展统计分析报告》、《业务活动通讯》以及支持《中国律师》杂志等942249.48元；参加“全国行业协会成就汇报展览会”支出239048.60元。

（六）参加各地换届及调研工作支付旅差费用，同时接待各地方律师协会人员开支235207.57元。

（七）拨付外事补助经费及国际研讨会经费145万元。

（八）会员福利事业：按照《援藏基金管理办法》的规定，划拨三年援藏基金24万元；根据常务理事会决议补助青海省律师协会10万元；举办律师围棋赛149134元。

（九）购置办公设备、维修及建立局域网664147.40元；租赁办公用房4297144.46元。会费决算审计费24000元。

（十）全国律协尚未进行人事制度改革，人员工资标准执行国家有关事业单位职员工资系列。职工人员经费及部分医疗费用开支6313666.87元，月人均4277元。

（十一）全国律协日常办公方面：包括公务费、电话费、邮寄费、车辆使用及维护等开支912267.07元。

（十二）根据秘书长办公会议建议并经常务理事会批准，我们对全体职工“社保三险”进行测算后，从会费中预提了部分社保基金92.6万元，用于按国家规定补缴以前年度应缴纳的部分。

（十三）依据《会长基金管理办法》的规定，按照全年会费收入5%提取会长基金1135309.30元（含补收会费部分）。

需要说明的是：本届会费总收入2129万元，会费总支出2260万元，负差为131万元。原因是2005年1~4月份发生费用支出，而各地律师年检工作正在进行，2005年度全国律协会费统一收缴工作尚未开始。

从总体上来说，会费收缴情况较大幅度的提高，带动了律协各项工作的有效开展。但需要指出的是，现行的会费收缴标准是1995年制定的。随着物价指数的不断上涨，律协各项办公成本也随之增大了，从会费表象上看，量虽增大，但实际资金值并没有增大。行业管理职能的增强，协会作用的不断凸显，势必需要更多的资金支持得以保障。本届律协为此对国内外律师协会的会费收缴情况进行了调研和评估，认为10年前的会费标准，已不能适应当前经济形势发展需要，有必要在适当的时候，在充分协商各方意见后对现行的会费标准做相应的调整。

三、利用会费支持西部建设

本届全国律协响应中央关于加快西部建设的号召，对西藏律师的实际情况进行深入了解，制定了《援藏基金管理办法》。分三年执行，共计24万元。在执行过程中，西藏律协每年及时将“基金”的使用计划和实施情况以书面形式上报全国律协，他们将这笔经费用于全藏较贫困地区律师事务所，分别购置了复印机、电脑、传真机、复印纸等。使“援藏基金”在规范、良性的条件下顺利完成，当地律师事务所的基础设施及办公条件得到改善。同时，经常务理事会讨论决定，向青海省律师协会提供了10万元援助经费；2004年全国律协无偿援助内蒙律师协会10台电脑。本届全国律协利用律函中心的远程教育卫星系统，开展律师远程教育培训3万多人次，为部分西部律师协会承担了全部远程教育费用。我们还根据具体情况，适当减少了确有困难的地方律协的会费。种种举措有力地支持了西部地区的律师工作，今后我们还将继续做好这方面工作。

另外，我们还积极筹措会费外资金参与公益事业。如：募集资金整修黄帝陵；向艾滋病基金会捐款等。这些善举充分展示了律师行业形象，体现了律师的爱国热情和支持公益事业的崇高精神。

四、对六届全国律协财务工作的建议

（一）继续做好会费收缴工作，同时制定新的会费标准。

（二）充分发挥财务委员会的作用，继续做好会费管理工作。

（三）继续做好与有关单位及司法部有关部门的协调工作，做好与各地律师协会的协调工作，从而获得全方位的支持和理解。

不久前，本届全国律协常务理事会召开会议，会上全票通过了“购置全国律协办公用房基金管理办法”，确立基金的建立。全国律协自1986年成立以来，一直采用租赁办公用房的方式来维系日常工作，至今租赁费估算已近两千万元人民币。二次理事会上，一些理事提出全国律协机关租房费用过高，不如直接购置办公用房。这个问题在上届就曾多次讨论过，本届常务理事会也认为，以律协长期发展的角度看，应该购置办公用房，但由于北京房价偏高，即使以贷款方式购买办公用房，首期应付款项对于协会目前的资金状况而言亦无力解决。

因此，建立“购置基金”很有必要，力争早日实现建立自有产权办公场所的愿望，改善中国律师行业整体形象，最大化地体现法律与法治在国家与社会中所处的主导地位。基金的主要来源是：（1）按当年会费收入5%~10%提取；（2）接受律师事务所、律师个人及社会各界捐赠；（3）特殊会费的收取；（4）其他合法收入。办公用房的建设是一项长期的工作，需要各地律师协会及全体律师大力支持。我们希望各地律协今后力争做到会费足额缴纳，让基金的建立落到实处。全国律协还希望广大律师们也能为自有产权办公场所的建立给予财力和物力上的支持。对于有突出贡献的律师个人、律师事务所及各界人士，我们将参照国际惯例，为其刻牌铭记。

各位代表，当前党中央、国务院正带领全国人民构建和谐社会，而和谐社会的建立必须以法律为保障。广大的律师行业工作者也必将在构建和谐社会中大展宏图、大有所为。我们希望各地律师协会进一步做好律师行业管理工作及会费收缴工作，使中国律师事业健康有序地发展。展望未来，我们充满信心！

谢谢大家！

附：第五届全国律协2002年度至2004年度会费收缴情况表（2002年6月1日~2005年5月31日）（略）

第六届全国律协常务理事会第一次会议纪要

（2005年6月16日）

2005年6月16日，六届全国律协常务理事会第一次会议在北京友谊宾馆召开。会议由新任会长于宁主持。副会长朱洪超、杨伟程、金山、李大进、王天举、宋建中、王凡、薛云华，常务理事（按姓氏笔画排序）：马军、方世扬、王晶、王广仁、王京宝、王莹文、王秋潮、李飞、刘守民、吕红兵、孙发荣、朱伟、刘志成、张庆、辛尚毅、邹强伦、陈舒、孟繁旭、罗杰、柳平、洪波、赵守华、赵荣春、梁胜国、蒋敏、潘公明参加了会议；司法部副部长段正坤、政治部副主任郑和平、律公司司长赵大程、副司长周院生、司法部法律援助中心主任邓甲明列席了会议。

会上，司法部副部长段正坤要求各位新当选的常务理事要认真学习领会周永康同志和张福森同志的讲话，结合实际，将讲话精神落实到实处。希望新一届常务理事会要从大局出发，总结过去，展望未来，尽快明确下一阶段工作部署，及时报司法部党组。

会议审议通过了如下决议：

1. 审议通过了“关于聘任六届全国律协秘书长”。常务理事会一致同意聘任邓甲明同志为六届全国律协秘书长。

2. 审议通过了“中华全国律师协会关于对五届全国律协常务理事及秘书长‘为律师事业发展做出突出贡献’予以表彰的决定”。

会上，新任秘书长邓甲明同志感谢部党组的提名和常务理事会的信任。并表示要保证协会秘书处的工作紧密配合司法部的中心工作。加强与律师公证工作指导司的工作联系，完善工作沟通、协商机制。要虚心向历届领导求教，不辜负常务理事会的期望，把理事会、常务理事会的决议执行好，为大家服好务。

第六届全国律协常务理事会第二次会议纪要

（2005年7月21日）

2005年7月21～22日，第六届全国律协常务理事会第二次会议在全国律协举行。会议由于宁会长主持。副会长朱洪超、杨伟程、金山、李大进、王天举、宋建中、王凡、薛云华，常务理事方世扬、王晶、王广仁、王京宝、王秋潮、王莹文、刘守民、刘志成、吕红兵、孙发荣、朱伟、张庆、李飞、邹强伦、孟繁旭、罗杰、柳平、洪波、赵守华、赵荣春、梁胜国、蒋敏、潘公明出席了会议；常务理事马军、辛尚毅、陈舒因事请假。会议期间，司法部部长吴爱英、副部长段正坤，律师公证司司长赵大程、副司长周院生接见了与会常务理事并合影留念。会上，段正坤副部长作了重要讲话。全国律协秘书长邓甲明、副秘书长马国华、全国律协各部室负责人以及律师公证司有关同志列席了会议。会议议题：

1. 学习贯彻司法部部长吴爱英同志在部机关及直属单位司局级干部会议上所作“集中精力抓落实”的讲话精神。常务理事会认为，吴部长的讲话从政治和全局的高度，阐释了抓落实的重要性和紧迫性，十分重要，对于律师队伍行业管理具有重要的指导意义。我们应该以此为契机，在全国律协刚刚换届完成之际，按照吴部长关于抓住重点，整体推进，提高工作质量和效率，切实抓好协调工作，善于总结推广典型，建立健全抓落实的工作机制等要求，制定好六届全国律协三年工作纲要，在“两结合”体制框架下，发挥律师协会自律管理的作用，团结带领广大律师，为构建社会主义和谐社会发挥积极作用。

2. 会议表决通过了《中华全国律师协会2005～2008年工作纲要》。《纲要》以解决律师事业面临的一些突出问题为着眼点，重点解决：行业管理滞后、律师队伍建设有待加强、法律服务秩序混乱、律师执业难、律师税负过重等问题。六届全国律协三年的主要工作任务是：（1）积极研究探索律师行业改革与战略发展，加强行业管理，推动完善“两结合”律师管理体制；（2）深入研究律协组织体系建设，科学构建律协组织结构，加强对地方律协建设工作的指导力度；（3）充分发挥代表、理事的作用；（4）大力推进律师行规建设，健全行规体系，推动行业管理工作更加民主化、科学化、制度化；（5）健全律师教育培训体系，全面提高律师队伍素质；（6）加强惩戒体系建设，做好律师维权工作；（7）加强律师宣传联络体系建设，树立律师行业良好形象；（8）完善律师业务指导体系，进一步提高律师业务水平；（9）加大律师参政议政及参与社会活动的力度，引导律师服务于社会，扩大律师行业在国家政治、经济以及社会生活中的影响力，促进构建社会主义和谐社会；（10）围绕全国律协的工作重点，开展律师国际交流工作，扩大中国律师的国际影响力；（11）进一步加强律协机关建设。

3. 会议研究确定了会长、副会长、常务理事工作分工：（1）维护律师执业合法权益、奖惩、执业纠纷调解工作：由杨伟程、李大进、王天举、薛云华副会长牵头，马军、孙发荣、辛尚毅、罗杰、潘公明常务理事协助；（2）行业规则、战略发展研究、继续教育工作：由朱洪超、金山、王凡副会长牵头，方世扬、刘志成、吕红兵、张庆、李飞、柳平、梁胜国、蒋敏常务理事协助；（3）外事工作：由于宁会长牵头，吕红兵、张庆常务理事协助；（4）专业委员会、WTO工作：由金山、薛云华副会长牵头，王秋潮、王莹文、朱伟、刘守民、洪波常务理事协助；（5）财务工作：由杨伟程、薛云华副会长牵头，王京宝、刘守民、赵守华常务理事协助；（6）女律师工作：由宋建中副会长牵头，孙发荣、陈舒常务理事协助；（7）新闻宣传工作：由李大进、王天举副会长牵头，张庆、邹强伦、孟繁旭、柳平常务理事协助；（8）地方律协建设工作：由朱洪超、宋建中、王凡副会长牵头，王晶、王京宝、王广仁、赵荣春常务理事协助。

4. 会议研究确定了全国律协各专门委员会主任、副主任人选：（1）维权委员会：主任杨伟程，副主任李大进、罗杰、潘公明、张栋、秦希燕、田文昌；（2）奖惩委员会：主任王天举，副主任马军、孙发荣；（3）执业纠纷调解委员会：主任薛云华，副主任辛尚毅、潘公明、孙智；（4）行业规则委员会：主任王凡，副主任王秋潮、王京宝、方世扬、李飞、张庆、柳平、张晓维、李益民；（5）战略发展委员会：主任朱洪超，副主任蒋敏、柳平、梁胜国、王莹文、王秋潮、洪波、刘志成、王俊峰、王丽；（6）教育委员会：名誉主任任继圣、主任金山，副主任吕红兵、张庆、蒋敏、梁胜国、朱伟、王俊峰；（7）地方建设委员会：主任朱洪超，副主任王凡、王京宝、王广仁、王晶、宋建中、赵荣春；（8）外事委员会：主任于宁，副主任吕红兵、张庆、王俊峰、冯秀梅；（9）财务委员会：主任杨伟程，副主任薛云华、刘守民、赵守华、王京宝；（10）女律师协会：主任宋建中，副主任陈舒、缪林凤、杨华、张燕、范云、牛琳娜、冯秀梅；（11）宣传联络委员会：主任李大进，副主任王天举、张庆、孟繁旭；（12）对日索赔工作指导小组：主任于宁，副主任李大进、邹强伦、武晓骥、康健；（13）WTO专门委员会：主任高宗泽，副主任金山、张宏久、李圣静、李静冰、王雪华、李毅多、黄文俊。

5. 会议讨论了《中华全国律师协会常务理事会议事规则》，进一步修改后再付表决。

6. 会议原则通过了第六次全国律师代表大会期间代表提案办理意见的报告。换届会上全国律协共收到代表提案15件，涉及内容有：律师执业保障（1件）、行业战略发展（2件）、《律师法》修订（1件）、协会建设（3件）、法律服务市场管理（1件）、设立律师节（1件）、境外律师在华执业管理（1件）、律师代理费的分担（1件）、会费（2件）、税负（1件）、扶持欠发达地区律师发展（1件），这说明代表能够充分发挥其职责作用，行使代表权利，关心律师行业的发展，支持律协工作。全国律协也把答复代表提案，作为贯彻吴部长抓落实的具体实践，认真重视，做到件件有答复，事事有着落。会议责成秘书处用规范格式答复提案人，对一些共同关心的问题还将通过律师网对外公布，对涉及相关部门的提案，待征求意见后再行答复。

7. 审议通过了“中国律师年鉴编辑委员会组成人员和申请出版垫付经费的报告”；审议通过了“关于增补陈立元律师为全国律协民间对日索赔诉讼工作指导小组成员的报告”；审议通过了“关于增补白涛等八位律师为外委会委员的报告”。

8. 会议讨论是否参与法制日报社关于与全国律协联合主办“2005中国律师、律师事务所500强排行榜”活动的问题。常务理事会认为：鉴于律师行业的发展现状和实际水平及社会影响，目前不宜参与此项活动。

司法部副部长段正坤同志在第六届全国律协第二次常务理事会上作了重要讲话。他指出：“这次会议是本届常务理事会成立以来召开的第二次会议，也是研究部署当前和今后三年内全国律师协会工作的一次重要会议。开好这次会议，对于做好本届全国律师协会的工作具有重要的意义。今天吴部长亲临会议看望大家，充分体现了司法部党组对全国律师协会工作的高度重视和关心，同时也表明部党组对大家寄予了很高的期望。希望大家以此为动力，尽快按照岗位职责的要求，转换角色，投入工作，为本届全国律师协会的工作开好头、起好步，为下一步的工作奠定基础。”段副部长还着重从以下三个方面对新一届常务理事会提出了要求：一是要正确认识形势，把握大局，筹划安排好本届任期的工作；二是要进一步加强全国律协的自身建设，推动“两结合”律师管理体制改革的深化；三是要努力增强责任感、使命感，认真履行常务理事的责任。他指出：构建社会主义和谐社会需要律师职能作用的进一步发挥，需要有一支高素质的律师队伍，这就要求我们进一步加强律师法制建设，律师执业环境需要进一步改善。面对新形势，全国律协要树立大局意识、责任意识、创新意识、协调意识，从大局的高度，从律师事业发展的全局来认清形势，明确任务，积极筹划好全国律协三年内的工作，推动律师事业再上新台阶。同时还要完善常务理事的工作机制：一要改进常务理事的议事规则，完善议案提出、议题选择的程序，保证常务理事会议大事、谋大局；二要在提高效率上下功夫，既要充分发扬民主，又能做到集中，避免会而不议，议而不决；三要严格常务理事会会议纪律。最后段副部长结合吴爱英部长关于“集中精力抓落实”的讲话，有针对性的从奉献精神、议事决策能力、加强团结、加强纪律、求真务实、狠抓落实等几个方面提出了具体要求。他指出，常务理事要有高度的奉献精神。对律师行业的热爱、甘愿为律师行业的发展作出奉献，是当好常务理事的前提；要处理好执业与从事协会管理活动的关系，保证把必要的时间和精力投入到行业管理工作上，切实履行好自己的职责，常务理事会要提高议事决策能力。常务理事会是全国律师协会的议事、决策机构，各位常务理事的议事决策能力直接影响到全国律协的工作，因此要进一步提高议事决策水平。要深入实际，开展调查研究；要树立大局观念，要站在全行业发展的高度，想大事、谋大局；要坚持原则，又要善于妥协，在坚持原则的基础上，既充分发表个人意见，又能虚心听取不同意见，在整合大家意见的基础上形成决策；常务理事会要加强团结，加强纪律。这届常务理事人数较多，加强纪律显得尤为重要。要做到严于律己，宽于待人；常务理事会要求真务实，狠抓落实。要发扬求真务实的精神和扎实的工作作风，做到工作态度求真务实，工作过程中讲求效率，在工作质量上精益求精，高质量、高效率地做好工作。

第六届全国律协常务理事会第三次会议纪要

（2005年12月16日）

2005年12月3日至4日，六届全国律师协会常务理事会第三次会议在四川成都市召开。会议由于宁会长主持，副会长朱洪超、金山、宋建中、王凡、薛云华，常务理事马军、方世扬、王晶、王广仁、王京宝、王秋潮、王莹文、刘守民、刘志成、孙发荣、朱伟、张庆、李飞、辛尚毅、孟繁旭、罗杰、柳平、赵守华、赵荣春、梁胜国、蒋敏、潘公明出席了会议，副会长杨伟程、李大进、王天举，常务理事吕红兵、邹强伦、洪波、陈舒因事请假。会上，段正坤副部长作了重要讲话。全国律协秘书长邓甲明，律师公证司副司长周院生，四川省司法厅副厅长张晓勇，全国律协副秘书长冯秀梅、马国华，未担任全国律协常务理事的省律师协会会长，各省律师协会的秘书长（副秘书长），全国律协、四川省司法厅和律师协会的有关同志列席了会议。

会议期间，司法部副部长段正坤同志传达了中央经济工作会议精神，并结合“十一五”规划建议和中央经济工作会议，对2006年律师工作面临的新形势和新任务进行了全面分析。他强调，要把法律服务工作深入到“十一五”规划建议和中央经济工作诸多领域中，要抓住机遇、抓住重点，找准律师工作的切入点和结合点。同时指出，要加强律师协会的基本建设，加强律师队伍的整体建设，加强律师自身素质的进一步提高，以适应新时期赋予律师工作的新需要和新要求，并对律师工作包括管理理念、管理机制等方面存在的问题进行了客观的分析。最后，段副部长特别强调了律师的宣传工作，他指出：吴爱英部长等部领导对司法行政新闻宣传工作很重视，我们对于律师的宣传也要坚持团结稳定鼓劲，正面宣传为主的方针，通过宣传，全面准确地树立律师的社会形象，让社会充分认识律师，认识律师的法律属性，认识律师制度，使我们广大律师自始至终在围绕中心、服务大局下行动。

四川省司法厅厅长方光兴到会致欢迎词。

本次会议议题主要有下：

1. 审议了《中华全国律师协会2006年工作计划》。会议同意《计划》的基本框架和2006年工作内容。决定：（1）增加配合有关部门做好《律师法》修改工作并要成立修改领导小组等内容；（2）强调突出律师维权工作；（3）增加扶持、援助西部地区律师事业发展的内容；（4）律师评优工作的重点是建立相关评价体系和制定评议方法；（5）增加拓展法律服务市场的工作内容；（6）增加改善全国律协办公环境相关内容。

2. 审议通过了“关于开展中华全国律师协会成立20周年系列宣传策划方案（送审稿）”和“举办第二届全国律师电视辩论大赛方案（送审稿）”。会议一致同意两项策划方案，对两项活动的价值取向和宣传方向提出了建议。认为：“两个方案”要围绕展示体现当代律师的风貌、水准和律师在构建和谐社会不可或缺的作用，以及中央领导对律师工作的重要批示方面强化宣传；宣传的覆盖面不仅仅在业内，更重要的要面对中央领导、媒体和社会大众，从而显示出全国律协行业龙头作用，提高行业的声誉和地位。

3. 审议批准了金莲淑、钱丽萍、李清任全国律协女律师专门委员会副主任，宁红为秘书长；王立华任全国律协纪律（奖惩）专门委员会秘书长；朱树英任民事专业委员会主任。

4. 审议了《中华全国律师协会律师服务收费争议调解规则（送审稿）》。审议中存在两种不同意见。一种意见认为《调解规则》可避免委托人与律师事务所、律师之间矛盾激化，起到“过滤和缓冲”作用，应该是律师协会的一项重要职责，但需进一步修改和完善；另一种意见认为无需制定《调解规则》。其理由是：(1)《调解规则》规定“律师、律师事务所无违规行为才可进行调解”不妥。律师不违规无需调解；(2)《调解规则》依据的是《律师服务收费管理办法》，没有上位执法依据；(3)《调解规则》不能保障收费争议双方当事人的合法权益，没有法律效力等。审议后决定：《中华全国律师协会律师服务收费争议调解规则（送审稿）》需根据常务理事的意见进一步修改，然后以通讯表决的方式再次予以审议。

5. 审议通过了《全国律协向西部经济欠发达省份律师协会援助方案（送审稿）》。认为：《援助方案》非常必要及时，体现了中共十六届五中全会关于“促进城乡区域协调发展”的有关精神，也体现了全国律协对西部经济欠发达省份的律师事业的关心，对我国律师业的发展必将形成东中西互动、优势互补、相互促进、共同发展的格局。决定：全国律协向西部省份律师协会的援助，应本着“积极支持、量力而行、形式多样、分步实施”的原则进行。

6. 审议通过了《申请律师执业人员实习管理规则（试行）》。会议一致认为：《实习管理规则》是提高律师准入的重要手段之一，对增强实习律师的职业道德和执业纪律意识，提高其业务能力，提升律师队伍整体素质水平具有重要作用。《实习管理规则》的具体操作程序、文字提法和一些细节责成秘书处做进一步修改。

7. 审议通过了“关于开展‘2005年度全国保护未成年人十大杰出律师’表彰活动的报告”。最后决定：将“十大杰出律师”改为“作出特殊贡献律师”，从评优程序考虑不宜作年度要求。

全国律协副会长朱洪超对律师协会工作的几点认识和体会
——在2005年度全国律师协会建设委员会工作研讨会上的发言
（2005年12月4日）

作为执业律师，我经历过律师制度恢复重建时期的艰难困苦，也目睹了上海律师业在改革开放中的跨越与进步；作为社会工作，我从1995年以来一直担任全国律协副会长以及上海律协会长、副会长，了解中国律师业的兴衰荣辱，也和大家一样，对行业管理有着辛勤的探索、艰苦的实践，当然也有成功的喜悦。在这里，谈谈从事律协工作的一些认识和体会，求教于诸位同仁。

一、明确协会的工作指导方针

2001年，上海律协第六届理事会制定了“以人为本，服务为先，优化环境，开拓创新”的指导方针。我们率先提出以人为本的观念，旨在突出律师协会的服务职能，以促进上海律师规范发展为一切工作的出发点和归宿；将管理融入服务之中，通过服务体现律协的自律功能；通过创新思维和开拓性的工作，改善律师执业环境，提升律师整体形象。

坚持以人为本，应当是律师协会的重要管理理念。人是社会关系的总和，律师的天职是通过维护法律的正确实施来维护人民群众的合法权益，行业协会的性质也决定了律师协会必须以服务广大律师和律师事业发展为宗旨。我们实行代表常任制，建立了会员代表工作委员会，建立了走访律师事务所的制度，保持与广大律师的密切联系，了解广大律师的愿望和要求，并认真听取和吸收律师的宝贵意见与建议，充实和丰富律师协会的工作思路，不断推出有利于律师执业和律师业发展的新举措，努力提升律师协会的行业管理和服务水平。实践证明，作为行业自律组织，只有坚持以人为本，才能建立起律师协会的亲和力和权威性，才能推动律师业的健康发展，才能团结和带领律师为维护社会稳定、促进经济发展和推动法治化进程作出更大的贡献。

二、建立和完善行业管理机制

建立和完善行业管理机制，是我们推进行业管理工作的组织保障和程序保障。上海律协努力建设具有亲和力和权威性的自律组织，有计划、有步骤地建立了维权、培训、服务、业务研究、规范管理、对外交流、对外宣传、惩戒与调处、紧急事态反应以及推动律师参政议政等一系列行业管理长效机制，通过履行行业管理职能推动律师事业持续发展，在探索与实践之中不断开创律师行业管理新局面。

（一）在管理机制的设立方面，我们建立民主管理机制，制定了会长办公会、常务理事会、理事会的议事规则；实行代表常任制，建立律师代表团制度，增强律师代表参与管理和当家作主的意识，并每年召开一次律师代表大会，将最高权力机构审议理事会工作报告和财务预决算报告以及决定年度工作计划的权力落到实处，保证了决策的民主性和科学性，体现了行业管理的群众性特性，使各项决策既能广泛征求律师意见，代表最广大会员的意志，又能通过律师代表和协会理事的群策群力与集思广益，形成行业集体意志并付诸实施。再辅之以不可或缺和行之有效的监督机制，全国律协、市司法局的指导与监督，律协党组、监事会以及律师代表的监督，不仅保证了决策的民主、科学与高效，而且为律师协会正确而充分地履行行业管理职责、确保律师业的健康发展提供了可靠的保障。

（二）在深化律师管理体制改革的进程中，不断完善司法行政机关管理与律师协会行业管理“两结合”管理体制，坚持在市司法局的指导与监督下，围绕怎样规范律师的行为，提高律师的职业道德水准和律师队伍素质，开展自律管理。

“两结合”的管理适应我国国情，是历史必然和现实必要的。中国的律师协会不同于西方的行业公会。西方是先有自发组建的行业协会，后有政府对其进行监控。而我国的情况恰好相反，行政管理先发，行业自律管理后至。但无论何者为先，何者为后，于律师管理而言二者缺一不可，西方和我国在律师管理模式上可谓“殊途同归”！

实践和经验告诉我们，要建设发展行业管理，就必须行政管理逐步让渡，回归行业管理权限，行政管理日趋宏观，行业管理逐步具体，二者共同推进。一方面我们应该承认，由于中国律师制度建立时间太短，目前“两结合”管理体制还停留在初级阶段，将是一个长期的、在发展中解决矛盾在争论中不断完善的辩证过程。但另一方面我们要坚持“两结合”的管理模式是符合律师行业管理的一般规律的，行政管理不会因为行业管理的逐步深入、发展而淡出律师管理。因为我们的任何工作都是在党和政府的领导之下开展的，即使达到大社会小政府的高度市场化程度，即使臻至高度完善的行业自治，监控的权力永远在政府手中，因此终极的律师管理模式仍然是更高级的“两结合”。

在初级发展阶段，我们已迈出了非常重要的步伐：律协会长人选已从原来行政领导担任或兼任转变为执业律师担任，律协的办公场所从原来和司法行政机关一起办公转变为分别、独立办公，律协拥有了自己的办公场所，司法行政机关的领导已经基本上不再参与律协的具体事务管理。

目前我们正致力于“两结合”管理体制发展的高级阶段。在这一阶段中，要充分发挥司法行政机关管理与律师协会行业管理各自特有的优势，司法行政机关注重宏观管理，发挥其作为公权力的政策指导、方向监督、关系协调的作用，根据有利于律师业长远发展的原则，制定出宏观的关于律师管理、发展的政策，同时作为政府管理机关，应当指导律协的行业管理，并给予大力支持，使律师行业逐步走向成熟。而律协则要承担起律师管理工作的直接责任，进行律师行业具体的日常工作管理。即二者一方面根据各自的特点和优势共同实施管理，同时又要做到资源、优势互补。我认为我们要从律师为了维护法律的正确实施、为了维护当事人的合法权益之本质属性出发，深入剖析行政管理和行业管理在管理主体、管理权力来源、管理方法、管理手段、处罚措施等诸方面的区别，取两家之长而各避其短，使其并行不悖、互相支持、互相补台，找到发挥二者合力的切合点，以共同促进律师管理的科学、健康地发展，坚决防止极左或太右，也要防止违背律师管理规律的 $1+1<1$。

但是“两结合”管理体制发展的最高阶段和模式即我们追求的最终目标，应当是司法行政机关的高度宏观监控和律协行业完全自主管理并行不悖的管理模式，充分发挥二者最大的优势和合力，防止律协仅仅成为行业的代言人和忽略自己的社会功能和责任而权力滥用。

正是有此认识，上海的“两结合”管理开展的比较好。上海律协与市司法局一直比较注重交流、沟通和协调，与市局相关部门建立了定期例会的工作交流机制和信息共享机制；与区县司法局建立了良性互动关系，各级司法行政机关积极配合律师协会的行业管理工作，充分发挥上海律协与市司法局的互相支持、补台、帮助的作用，不仅形成了“两结合”管理的合力，也强化了律师协会的行业管理职能。

（三）在治理结构上，我们确立了协会“议、审、决、监、行”治理结构，明确了各个组织机构的职能定位，理顺了各个环节的关系和工作程序，保证了协会工作的正常运转。具体而言：“议”：会长办公会议大事、出思路；“审”与“决”：律师代表大会以及闭会期间的常务理事会、理事会负责审议和决策；“监”：监事会负责监督常务理事会、理事会在工作中是否程序合法以及执行结果；“行”：秘书处是执行机构，负责贯彻落实律师代表大会、常务理事会、理事会的决议、决定以及各项工作。鉴于会长、副会长身份的特殊性和秘书处在律师协会日常工作中的重要地位，这里着重对二者进行重点介绍和详细分析。

1. 会长、副会长的职责及律师协会管理模式的特点。

按照协会章程之规定，会长和副会长的职责主要是如下三个方面：一是主持律师代表大会。会长是律师协会的法定代表人，代表律师协会，副会长根据必要的分工和民主管理的原则协助会长工作。会长的主要职权是主持律师代表大会，召集和主持理事会、常务理事会，督促和检查理事会会议的执行，签署律师协会重要文件，行使理事会授予的其他权力。二是代表律师协会开展对外交流，参加社会活动，积极参加参政议政的活动。会长和副会长有一个很重要的职责，那就是通过积极参加社会活动来扩大律师的影响，提高律师的社会地位。律师的社会影响一定程度上，要靠会长、副会长开展工作来扩大。所以，会长、副会长要积极参与一些对外的社会交流活动、参政议政的活动，这不是个人的活动，而是代表整个律师界参加，参加这些活动有利于提高律师的地位，有利于扩大律师在社会上的影响。三是主持和参加律师协会开展的各项业务和专业工作，主持和参加协会某些专项业务工作的研究和交流，其中包括各专门委员会的工作，促进律师行业整体的业务水平和服务质量不断地提高。根据执业律师担任会长的特点，会长、副会长的工作定位主要是代表律师协会，系执行层和决策层，不应或尽量不要从事具体的、事务性的工作。

不仅律师协会的会长、副会长的身份和工作方式和内容具有特殊性，行业协会作为自治、自律组织的管理模式也具有自身的特点。管理上行业协会既不能等同于政府机关的行政首长负责制和党组织的党委集体领导下的分工负责制，也不能等同于公司的经理负责制和律师事务所的合伙人负责人或主任负责制。行业协会管理的基本手段就是民主，少数服从多数，既不能泛民主化更不能行政化。因此，律师协会要积极探索符合行业组织特点的管理模式，不断提高管理水平。

2. 秘书处的工作定位和工作方式。

律师代表大会以及闭会期间的常务理事会、理事会是负责审议和决策的机构。秘书处则是上述决策机构决策的执行机构，负责贯彻落实律师代表大会、常务理事会、理事会的决议、决定以及各项工作，做具体事务。应实行秘书长负责制，由常务理事会聘任秘书长，秘书长提名部门负责人人选，并经律协党组同意后由秘书长聘用。秘书长对常务理事会、会长、副会长负责，秘书处工作人员要服从秘书长指挥、调动和安排，在秘书长领导下开展工作。

它的任务主要有两个：一是要承担理事会、常务理事会和会长办公会决议的执行工作，承担维护律师执业权益、规划与规则、业务研究与职业培训、执业纠纷调解、对外宣传与联络、会员代表工作、律师人大代表及政协委员联络工作、资产管理与财务以及纪律、外事、福利等11个专门委员会的具体工作，以及协会其他所有事务性、操作性、具体性的工作；二要起到建议、参谋的作用，拟订方案，制定计划，提出意见，并在领导机构决策后执行。因此，我们的秘书处其工作地位非常重要，它是协会的工作部、服务部、事务部，也是律师协会的参谋部、司令部，还是律师开展具体工作的中枢神经系统。因为常务理事会理事与会长、副会长一样，是决策机构，又不是专职的，这些特点决定了他们不可能从事太多、太具体的工作。所以我们律师行业的管理能力、管理水平、管理质量如何，会长、副会长、常务理事会的工作能否得以顺利、高效开展，关键就在于我们秘书处的工作班子的理念、能力、水平如何，是否能够进行科学、高效的工作。

因此，我们要充分认识到秘书处的重要性，要从加强行业自律管理能力的高度来加强秘书处的制度建设和队伍建设，要从制度上完善工作程序，要做好11个专门委员会与秘书处的分工，以便各司其职，又保持连续性、科学性；同时要根据秘书处工作的要求，加强人才队伍建设。既要引进人才，又要培养人才，形成合理的队伍结构和层次，做到人人适其位，人人尽己职，不能“滥竽充数”，“陈位就列，不能者止”：这是由秘书处的地位、任务的特殊性决定的，可谓是铁打的秘书处，流水的会长。

应该强调的是秘书处用人决定权由律协自由行使，对于律协进行高效的行业管理是非常重要的。上海律协秘书处的现有人员的组成具有特殊性，既有行政编制、参照公务员管理的人员，也有从社会上招聘来的人员。我认为，不管是何种编制在协会就要服从协会的安排，按照协会的要求和程序进行工作。根据市司法局的精神，对于上海律协专职人员人事方面的管理，现在和今后都会统一归口市司法局，但是这种归口管理是程序性的、计划性的、宏观性的，而不是实质性的。用人决定权仍在律协，只是用人计划要按照有关程序办理。行业协会应根据实际需要，制定出统一的用人计划和标准，在计划和标准之内由协会执行。但凡引进人员，都应由秘书长征求会长和副会长意见后提出，经党组会议讨论批准后，由秘书长聘任；涉及到副处级以上的人员，由协会党组研究后，报司法局委任命。

总之，我们要充分认识到秘书处在整个律协工作中的重要性，给以正确的定位，加强秘书处的队伍建设和制度建设，逐步理顺其各方面的关系，使秘书长率领律协机关一班人充分履行执行机构的职责，全面开展律协各项工作，为常务理事会、理事会、监事会及广大律师提供优质高效的服务。

3. 充分发挥律师代表在代表大会闭会期间的重要作用，积极探索律师代表团工作机制和发挥其在深化“两结合”管理模式中的积极作用。

(1) 推行律师代表常任制的工作模式。为了充分发挥代表大会闭会期间律师代表的作用，群策群力搞好律师协会的工作，律协推行“律师代表常任制”的工作模式，使律师代表闭会期间和召开期间一样，可以通过律师代表团进行调研、讨论并提出意见、建议或提案，从而参与律协的管理，长期稳定地监督、支持、促进律协的工作，克服了律师代表只在与会期间发挥作用的弊病。

(2) 推行律师代表团工作机制。为适应律师代表常任制工作模式的需要，在第七届律师代表大会前，根据遵循有序、民主渐进的原则，确立了根据选区建立律师代表团制度，通过基层选举律师代表和理事、监事候选人的方法来探索律师代表团工作机制模式。

实施代表团工作机制，意在发挥代表团作为律师协会与各选区律师代表、律师之间联系的重要桥梁，意在积极探索加强律师行业管理、深化“两结合”管理模式和律师代表常任制之路。换届以后，新的一届律协积极制定了代表团工作机制的意见，明确了律师代表团承担着以下职能：组织本选区律师代表参加律师代表大会及律师协会召开的其他相关会议；在律师代表大会期间，召集本选区律师代表就本选区及全市律师工作进行调研、讨论并提出意见、建议或提案；代表本选区律师与律师协会、本选区司法行政机关之间进行信息沟通与工作协调；组织本选区律师代表和律师开展业务交流、联谊活动；等等。这有益于提高律协的自律能力和行业管理权威，积极发挥律师代表在本选区律师工作中的作用，探索律师代表团在本选区开展工作的形式和机制，扩大律协自律管理影响力，推进上海整个律师事业的健康发展。兼之“各律师代表团的工作应接受各选区地司法行政机关的监督与指导，应在选区地司法行政机关的支持与帮助下开展工作”的要求，可以更好地推进和深化“两结合”管理模式的发展。

三、不断加强行业管理

律师协会实施行业管理的主要手段是规范化、制度化建设，通过制定规则来实施对律师的自律管理，加强律师队伍建设。

建立以律师协会章程为龙头，以行为规范和业务指引为两翼的上海律师协会自律规则体系，是我们实施行业管理的基本准则。近几年来，上海律协以律师管理和律师执业的规范化、制度化建设为工作重点，致力于建立健全行业自律体系，2002年制定了《上海市律师协会章程》，2003年又制定了《律师执业行为规范》，这是上海律师发展史上第一部全方位规范律师在执业过程中的权利与义务的行业自律性规章制度，成为建立律师诚信体系的基石。我们将这几年所制定的几十个规则汇编成《上海律师执业规范汇编》(一)、(二) 以及《上海律师业务指引参考》；初步建立起以组织规则体系、行为规则体系、业务指引体系为主要内容的上海市律师协会自律规则体系，基本上覆盖律师执业活动及律师行业管理的行业规范与执业标准，逐步使行业管理有章可循，执业活动操作有序，对提高律师素质和推进行业管理具有非常重要的意义。

律师执业培训和业务研究是上海律协行业管理的重要内容。

我们改革律师培训方式，完善培训课程制度，开展多种形式、不同层次、内容广泛的培训活动，作为律师发展的重要课题。

一是从2000年开始实施2+3培训模式，律师在律师学院集中学习2天，另外3天的课时，由律师根据自身需要选择参加感兴趣的业务讲座、业务研讨或网络信息技术培训，使律师参加业务培训实现了从“要我学”到“我要学”的转变。二是举办以事务所管理为主要内容的主任及合伙人培训班、以律师实务为主要内容的新律师培训班以及执业律师培训班，通过“抓两头促中间”的方法，使集中培训取得良好效果。三是建立律师岗前培训制度。根据对新律师的调研，律协为了大力扶持新律师的发展，从2003年开始，免去律师两天集中培训以及新律师培训的全部费用，统一由会费支出，而且在新执业律师缴纳年检费用方面，律协推出“免一减二”的制度，即新执业律师第一年免缴年检费用，第二年减半缴纳；对新执业律师的培训时间由原来的2周延长至4周；在强化职业道德和执业纪律教育的同时，以诉讼业务实务、非诉业务实务、仲裁业务实务以及律师文书制作和专项业务实务为主要内容，由执业经验丰富的资深律师和具有兼职律师经验的法学教授授课，使新律师基本掌握律师执业所需的专项技能。

业务研究是律师继续教育的重要内容。历年来，上海律协的这项活动长盛不衰；为了适应律师业务不断拓展和专业分工不断细化的新形势，对业务研究的机构设置、工作机制、活动方式进行积极的探索和创新。主要有以下几个特点：一是大力拓展研究范围，专业研究会总数达到19个，涵盖了律师业务和律师发展的各个领域。二是不断改进活动方式。在研讨方式上，通过改封闭式为开放式，扩大律师的参与度。三是注重研究成果共享。上海律协充分运用各种载体，在“东方律师网”上迅速发布业务研究会的活动信息；在《上海律师》上刊载研究活动的具体内容，并每年出版论文集，实现研究成果信息传递的快捷与共享。

维权与惩戒并举，是上海律协行业管理工作的又一个特点。

维护律师的执业权益是律师协会的一项重要职责。上海律协致力于建设自我维权、组织维权、社会维权、制度维权、法制维权五个体系，维权委员会建立并严格执行立案、结案制度，并聘请了市人大、市政府、市政协以及市政法系统等有关部门的13名领导担任维权委顾问，增强了维权委的权威性和协调功能；并推动《上海市法律服务促进条例》的起草制定工作，提交市人大争取列入立法计划，积极争取通过立法从源头上维权。

近年来，上海律协每年用会费为全市律师事务所和律师投保执业责任险，并就发生的多起律师“出险”案例，根据保险理赔服务承诺条款进行了妥善处理。实行律师执业责任保险，有利于律师事务所降低成本和增强抗风险能力，有利于维护当事人以及律师的合法权益，有利于提高上海律师的执业诚信度和社会公信力。

在律师行风建设中，市律协充分履行行业管理职能，不断加强律师队伍建设，一方面坚持正面教育，树立先进典型，并通过媒体进行宣传报道，弘扬行业正气。另一方面加大对违规违纪行为的处理力度，纪律委员会建立了理事值班制度，并设置全日制投诉接待窗口，配备专人每天接听投诉专线电话，受理来访来信投诉，认真调查处理投诉案件和执业纠纷。对于证据确凿的投诉，纪律委员会通过调查和听证程序，根据《会员处分规则》，对违纪律师作出了取消会员资格、公开谴责、通报批评和训诫的行业纪律处分。为了加强社会监督，今年还聘请15名专家、教授及社会知名人士为行风监督员，他们深入律所，旁听庭审，监督律师执业行为，并根据考察的情况和社会的反映，提出加强行风建设的意见和建议；并与公安、法院等相关部门建立起正常的协调机制和沟通渠道，听取他们对律师规范执业的意见与建议。为了妥善处理律师事务所、律师之间发生的矛盾，市律协成立了执业纠纷调解委员会，聘请了16名学者、专家、教授以及34名律师担任执业纠纷调解员，并设立调解庭，通过公正、公平的调解，比较成功地化解了矛盾与纠纷，促进事务所内部和谐人际关系的建立和事务所之间的良性竞争。

我们建立了新闻发言人制度，加强对外宣传和社会监督。向社会宣传律师功能、作用、业绩以及律师业发展成就，不断扩大律师影响。

我们建立了紧急事态反应机制，提高律师协会应对突发案件的快速反应能力和综合协调能力。

这些长效机制的建立，提高了律师行业的自律能力，维护了行业的合法利益，为律师队伍建设及律师业的健康发展奠定了良好的基础。

四、有“为”方能有“位”

“有思路才有出路，有作为才有地位，有改革才有希望，有发展才有前途”，是我们开展工作的基本思路。众所周知，发展是硬道理；然而，只有坚持改革和创新，方能推动律师事业的发展。我们根据律师业的现状和社会需求以及发展趋势，确立了对上海律师和上海律协的正确定位：面向全国，走向世界。在工作实践中，不断推出新的举措和改革方案，努力争取在加强行业管理和推动律师业发展方面有所作为。通过建立行业管理机制，促进律师规范执业，参政议政，参与立法，参与动拆迁、国企改制、社区建设，开展法律援助和社会公益活动，广大律师在维护社会稳定、推动依法治市和经济建设中取得了有目共睹的业绩。

有作为才能有地位，有地位才能更好地作为。近几年来，律师的地位有所提升，律师协会的话语权和影响力也有所提升。

2003年，上海律师在动拆迁矛盾非常突出的时候挺身而出，积极报名参加“为被拆迁人提供法律服务律师志愿团”，以谙熟法律的专长和洞悉社会各阶层利益需求的优势依法执业，维护被拆迁人合法权益，维护社会稳定，促进上海现代化建设，赢得各级政府和人民群众的支持。律师为被拆迁人提供法律服务，不仅展示了法律职业者维护公平与正义的社会功能，而且巩固和拓展了传统领域的诉讼业务，以公民权利捍卫者的形象而被社会视为可信赖的群体。建立为被拆迁人提供法律服务律师志愿团、举办第三届全球主要城市律师会会长峰会等，连续两年被评为上海法治建设十件大事之一。市委副书记刘云耕盛赞律师志愿团为被拆迁人提供法律服务，称之为“为党分忧，为民解愁”；“律师协会组织的律师志愿团做了很多工作，是可信赖的力量”。

律师下基层，法律进社区，180家律师事务所与91个街道、30个镇以及对口社区签约共建文明社区，覆盖了全市中心城区90%以上的街道，在市民中开展法制宣传，举办义务法律咨询，为广大市民提供动拆迁、债务纠纷、遗嘱见证、房屋继承、赡养老人、劳动就业、工伤事故等方面的法律服务。上海市委书记陈良宇、市长韩正等领导到徐晓青律师事务所视察，充分肯定律师参与和谐社区建设的行动，市委领导高度评价：“律师在本市构建和谐社会中具有无可替代的作用”。

市律协于2002年通过人大代表和政协委员分别向市人大、市政协提交了《关于增加市人大代表中律师界专业人士比例的书面意见》、《关于在市政协中设置律师专门界别的提案》，引起热烈反响。在2003年上海市“两会”换届选举中，89名律师进入市、区（县）两级人大和政协；上海律师阔步走上政治舞台，从更高层面上参政议政，建言献策，把法治精神和法治理念融入到社会政治生活之中，必将有效地推进民主政治和法治化进程。

市律协是上海市制定法规、规章提交审议前必须征求意见的单位，四年多来，市律协组织律师积极参与立法前期研究与论证，对一百多件国家及上海市的法律、法规进行研究，提出了许多颇有见地且操作性强的意见和建议，许多律师还应邀参加了市人大的立法听证会，充分发挥了具有专业知识和实践经验的律师在法制建设中的重要作用。市人大在拟议中的相关立法中，已将“律师参与”列为重要条款，上海律师在介入动拆迁、企业改制与破产、劳动纠纷以及群体性矛盾等方面拓展自身业务，正在发挥越来越重要的作用。

综上，通过多年的努力和实践，我们归纳出如下有关律师行业管理经验和体会：（1）上级领导的关心、重视和支持，是协会工作顺利开展的重要保证；（2）深刻领会和牢固把握“律师的本质属性”，是我们开展各项工作的思想基础；（3）“以人为本，服务为先，优化环境，开拓创新”，是我们一切工作的指导方针；（4）“有思路才有出路，有作为才有地位，有改革才有希望，有发展才有前途”，是我们开展工作的基本思路；（5）充分发挥律师作用，组织律师积极参与和谐社会的构建，是我们协会工作的重要内容；（6）以律师协会章程为龙头，以行为规范和业务指引为两翼的上海律师协会自律规则体系，是我们实施行业管理的基本准则；（7）实行代表常任制，明确代表大会和理事会的职责、建立监事会制度、加强秘书处建设、形成“议、审、决、监、行”的治理结构，是我们推进行业管理工作的组织保障和程序保障。上述这些经验和体会既是对我们以往工作的完整总结，更是今后工作的宝贵财富和指路灯，它帮助我们今后少走弯路，从而可以走得更稳，做得更好。

五、我的感悟

会长工作是一项崇高的事业。“你头戴荆棘的王冠走来，你手持正义的利剑走来”。这是对我们律师最恰当的评价，但又是多么高的评价！会长，作为整个上海律师界的代表，深深地知道要使律师们担得起这样的评价，对得起这神圣的光环，需要带领全体律师尽善尽美地做好自己的本职工作，承担起法律所赋予的社会责任，树立良好的社会形象，而这些是需要付出极大的心力的。一方面，作为会长，能为全体律师服务、略尽绵薄之力，为律师发展作些微薄贡献，实乃毕生之莫大荣幸。但另一方面，执业律师走上会长、副会长之岗位，感到“任重而道远”，每次都像上考场一样，每次都是严峻的考验；承载着广大律师的厚爱与期望，确有临渊履薄之感，惟有为维护和提升律师的社会形象、社会地位竭尽全力，为律师发展鞠躬尽瘁。没有献身律师事业的满腔热情是不可能从事这项工作的。

会长职务也是一个奉献的岗位，要具有“士不可以不弘毅”的奉献精神。执业律师做会长，与专职会长不同，他不拿律师协会的工资和奖金，需要付出大量的时间和精力，有时甚至牺牲许多业务，这需要极大的奉献精神，没有奉献精神是不能干这项工作的。所以会长应当把牺牲、奉献自觉当成一种应然，一种社会责任，一种历史使命，受全体律师之托，没有理由不为律师业的长远发展和我国的法治化建设之“大我”而不懈努力。

作为“民选”会长，没有公权力的支撑，也没有行政手段可以运用，要履行行业管理之责，靠的是什么？

一靠司法行政机关和领导的理解和支持，必须具有强烈的政治意识、大局意识，在“两结合”管理体制中依法行使行业管理职权。“民选”会长须清醒地认识到自己的权利来源、自己的定位、自己所负责的对象，从而采取正确的工作思路、工作方式和措施，顺利、有效地开展工作，从而达到做正确的事和正确地做事的境界，正可谓“必也正名乎”，名正方能言顺；

二靠理事会的同心协力，必须具备一定的协调能力和领导艺术，善于集思广益、统揽全局，在充分酝酿和各抒己见之后集中正确意见，形成科学的、民主的决策。我始终坚信，众人的智慧和力量远胜于一人之思，一己之力；儒家强调“强者谦和”，我认为它对于会长是多么的必要，会长较之一般理事和律师而言，处于强势的地位，拥有一定的“话语权”优势，正是如此才更需要“谦和”，“谦和”是一种在任何时候都能包容、兼收并蓄的心态，一种从容、拥有涵养的人格魅力，是智者的冷静和勇者的思索，是一种与人共处、共事的至高人生追求和境界。正是具备“强者谦和”的理性和品质，才能与人和谐共处、共事、共同努力、共同前进；

三靠广大律师的信赖，必须经常深入到律师事务所和律师中去，认识律师发展的趋势和症结所在，了解律师之所想、所思、所急，不要凭自己的主观臆测做事，“想他人之所想，急他人之所急”。“己所不欲，勿施于人”，“推己以及人”，从而使自己明确了工作思路，提出有前瞻性和针对性的举措；绝不能将自己都认为不合理的、无法做到的要求强制性的加给别人，“恶法非法”，否则所推出的规定和要求根本无法实施，也不会推动律师工作的开展和律师业的发展，从而使自己失去广大律师的支持；

四靠不断加强自身修养。先哲孔子教导我们，惟先修身，方能齐家、治国、平天下，作为律师会长亦然。“其身正不令则行，其身不正，虽令不行。”律师是高智商群体，理事会成员大多是造诣深厚、业绩斐然的大律师，一会之长必须具有海纳百川之广阔胸襟，博采众长之决策能力，以及从善如流的亲和力、清明公正的人格魅力，才能达到“深孚众望”之境界，带领“一班人”去完成行业管理之使命。

而且，我越来越深刻的认识到，随着我国改革开放的逐步深入和市场化程度越来越高，在给律师提供了更多机遇的同时，也使我们面临着更多、更复杂、更具有挑战性的问题，机遇与挑战共存，要学习、继承以往的经验，更要注重开拓和创新，于各位、于我都一样，“路漫漫其修远兮，吾将上下而求索。”

各位都是律师拥戴的领军人物，都是行业管理的行家里手，我讲的这些实在是班门弄斧，至多算作抛砖引玉吧。

让我们勤勉尽责，兢兢业业，不辱使命，不负众望，为中国律师事业的健康发展作出应有的贡献！

谨以此与诸位同仁共勉。

五、业务研讨

（一）全国律师协会专业委员会工作

一、参与国家立法 完善行业规范

（一）参与立法修法凸显作用

全国人大法工委、全国律协与最高人民法院、国务院法制办等立法机关已初步形成律师参与立法修法工作机制，2005年，全国律协收到《物权法》、《公司法》、《证券法》、《建筑法》、《畜牧法》、《禁毒法》、《审计法》、《个人所得税法》、《合伙企业法》、《农产品质量安全法》、《反洗钱法》、《可再生能源法》、《劳动合同法》、《行政强制法》、《保险法》、《刑法修正案（六）》等立法修法征求意见函三十余件。刑事、民事、经济、知识产权、金融证券、行政法、环境与资源法、劳动与社会保障法、WTO、宪法与人权等专业委员会提出了很好的意见和建议。有些立法修法活动，还有地方律师协会和专业委员会参与。全国律协提交的意见，受到立法部门的重视。

（二）接受立法部门委托，承担立法修法课题研究

刑委会根据全国人大法工委的要求，组织委员起草《刑诉法修改建议稿》，已经六易其稿。

劳动与社会保障委员会承担了国务院法制办关于《劳动合同法》立法研究课题。这是全国律协专业委员会首次以签署委托合同的形式接受国家立法部门的立法课题，委员会按期提交了5万余字的课题研究报告，受到国务院法制办的好评，并为此拨付了象征性的课题费。

宪法与人权委员会主动介入《行政强制法》立法活动，提交了7000余字的《关于律师介入行政强制程序的研究报告》，显示了我国律师对依法行政、建设社会主义法治国家的密切关注。报告中建议在《行政强制法》中应增加关于律师介入行政强制程序的规定。我们认为这个建议具有重要价值，已将该专报全国人大法工委。

环境与资源法专业委员会提交了《关于在民事诉讼法、行政诉讼法修改以及未来环境与资源保护立法中增设环境公益诉讼条款的立法建议》。以环境与资源保护为切入点，提出建立我国环境公益诉讼制度，从制度建立的必要性、可行性、操作性等方面提出了立法建议。这些工作，扩大了律师在参与国家立法方面的影响力，发挥了律师在依法治国中的重要作用。

（三）制定规范，完善体系

制定律师业务规范和业务指引，是全国律协常抓不懈的工作，是不断完善行业协会业务指导和律师执业行为评价规范体系的基础和依据。五届律协期间行政法专业委员会起草的《律师承办行政案件规范》、经济专业委员会起草的《律师承办有限责任公司收购业务指引》已于2005年3月下发各地律师协会试行。正在制定将要完成的规范有：全国律协环境与资源法委员会制定的《律师办理环境案件规范》、知识产权专业委员会制定的《律师办理知识产权案件业务指南》、民事专业委员会制定的《律师办理征地拆迁操作指引》、《律师办理商品房买卖操作指引》，上述规范和指引今年都有望完成。

以宪法与人权、刑事等委员会委员为主草拟的《关于律师办理群体性案件法律业务指导意见》已经六届四次常务理事会讨论通过即将下达。《指导意见》从有利于推动社会和谐稳定的大局出发，着眼于发挥律师在办理群体性案件中的积极作用，明确律师办理群体性案件的基本原则和工作规程，有利于保障律师执业权益。

（四）推动律师更广泛深入地介入公共事务领域，承担社会责任。

随着法治进程的加快，律师在国家及社会生活中的作用愈显重要，为推动律师更广泛地介入公共事务领域，全国律协以专业委员会为人才库向有关部门推荐优秀的专家型律师。

1. 应劳动和社会保障部的要求，推荐律师担任企业年金基金管理机构资格认定评审委专家，劳动与社会保障法专业委员会主任姜俊禄和北京、上海的律师进入专家库。

2. 根据国家知识产权战略制定工作领导小组的要

求，推荐十多名委员知识产权专业委员会和信息网络专业委员会委员进入国家知识产权战略专家库专家库。

3. 推荐两位律师参与第22届世界法律大会模拟法庭活动，中国律师与来自巴基斯坦、英国、德国、菲律宾、美国、前南国际刑事法庭以及我国香港等国家和地区的法律界知名人士共同合作，演示了一场高水平的国际法庭模拟审判，受到会议组织者、各国法律界同行的高度赞扬，为中国律师赢得了声誉。

4. 向外交部、中央电视台等单位推荐律师参加国际人权和与“法轮功”邪教的法律斗争。积极促成刑事、宪法与人权、劳动与社会保障等专业委员会与外交部和联合国人权高专办的合作项目，以促进律师在我国人权发展与保护方面发挥更积极的作用。

（五）适应形势需要设立新的委员会

2005年12月，全国律协法律援助委员会成立。这一举措开创了律师公益活动的新局面。委员会成立一个月后，即出台了《全国律协关于推动农民工法律援助工作的意见》，并提出力争用两年时间，在所有省、自治区、直辖市至少建立一家农民工维权律师服务机构，进而探索建立农民工维权律师志愿者网络，与此同时，全国律协与中国法律援助基金会合作建立了农民工法律援助基金。

二、专业委员会活动呈现新特点

（一）研讨活动向西部倾斜

民事委员会在内蒙举办的“第七届民商法论坛”，在论坛召开的同时，内蒙律协利用全国律协的师资资源举办了500名内蒙律师参加的培训，民委会的主任、副主任、资深委员都担当了授课老师。

信息网络与高新技术专业委员会在贵州举办的“电信法与电子商务时代的传统知识产权保护研讨会”；

环境与资源法专业委员会在成都举办的“环境公益诉讼开展与律师作用研讨会”；

金融证券专业委员会在重庆举办的“金融证券法律服务市场的新发展研讨会”；

行政法专业委员会在南宁召开的“行政诉讼法修改的理论与实务研讨会”，吸引来南宁周遍的律师200人，会议采取了由国家立法、司法及学术界权威专家讲授，律师提问，双方互动的形式，既使律师站在一个比较高的层面上了解了行政诉讼法的修改现状、行政审判的基本情况及行政诉讼法的若干理论问题，又使律师结合行政法律业务与专家学者进行了相关问题的研究探讨。

刑事专业委员会内蒙、甘肃、云南、广西开展中加律协合作项目的培训和模拟演示活动。

从以上列举中可以看出，有近三分之一的委员会活动安排在西部，这也是2005年委员会活动的突出特点。各委员会在西部地区律师协会的支持下，注意研讨内容与当地律师的需求相结合。也使当地和周边省份的律师有机会聆听高层次专家的授课，与专家共同探讨问题，从而搭建了一个集专家、学者、官员、委员和当地律师于一起的交流平台，受到律师的欢迎。

（二）更加关注公益诉讼和公益活动

未成年人保护专业委员会在北京和厦门召开了“律师参与未成年人保护研讨会”；

宪法与人权专业委员会与美国律协在苏州大学共同举办“公益诉讼国际研讨会”，形成了《公益诉讼苏州宣言》，倡议全国律师同行积极参加公益诉讼实践、推动公益诉讼发展，关心弱势群体，维护公共利益；促进司法改革和法律完善，发挥律师在构建和谐社会过程中的独特作用。这是中国律师第一次在公益诉讼领域中推出行动宣言。

全国律协法律援助委员会2005年12月成立后，立即就法律援助、农民工维权、对日索赔等问题进行研讨，推动建立农民工维权机制，提出了全国律协公益行动计划等；

环境与资源法专业委员会在成都举办“环境公益诉讼开展与律师作用”研讨会。

这些活动，旨在探讨建立我国公益诉讼制度、律师在公益诉讼中如何发挥作用、律师在构建和谐社会中使命和责任等问题，总结实践经验，促进相关实体法和程序法的完善。

（三）注重研讨活动和研究成果的汇总和发布

多数委员会年会前都编辑了论文集，形成书面成果。海商海事委员会编辑出版了《中国海事律师案例实录》，从解剖评析司法审判的个案入手，以推动中国海事法制和相关实践不断走向完善；信息网络委员会和重庆市律师协会合作编辑出版了《2005信息网络与高新技术法律前沿》；宪法与人权专业委员会自筹资金编辑期刊《中国影响性诉讼》（已3期）；未成年委员会编辑了《中国律师与未成年人权益保障》期刊；刑事专业委员会编辑《刑辩之苑》（双月刊已8期）。这些刊物和书籍，对于提升律师的业务水准，推动律师扩展业务领域，启发思路，开阔视野，都有积极的影响和作用。也有助于公众和业内更多更及时地了解相关领域的司法实践发展情况。

很多委员会开始注意与媒体沟通，发挥平面和网络媒体的宣传功能，在社会上产生良好效果。

（四）创新工作形式多样

宪法与人权委员会与法制日报共同举办“2005年

度中国十大影响性诉讼”评选活动，旨在揭示重大个案中蕴涵的法治意义，以对民主法治进程产生影响。2006年1月8日佘祥林案等十大影响性诉讼评选结果揭晓，此举引起社会舆论对此次活动普遍的关注。

2005年12月4日“宪法纪念日”期间，宪法与人权专业委员会与北京大学、清华大学、中央财经大学等11所高校法学院联合发起组织“长征沿途送法下乡”活动，在地方司法行政部门的支持下，组织部分律师和高校学生到江西瑞金、陕西延安等八个地方开展法制宣传和义务咨询活动。

刑事专业委员会2005年10月16日举办第二届“中国刑事辩护律师义务咨询日”，以各省、自治区、直辖市律师协会刑委会委员所在律师事务所为单位，在全国近百个城市同时开展活动，全国超过5000名刑事律师参与了法律咨询，共接待咨询群众10万余人。由于刑事专业委员会将各地刑委会主任吸收为委员，形成了该委员会的全国网络，这项工作从上至下推动，取得了很好的效果。

刑事专业委员会以中加律协合作项目为支撑，邀请全国人大法工委、最高人民法院和著名法学院学者组成考察团考察加拿大刑事司法制度，交流了观点，加深了了解。

未成年人保护专业委员会开展了“2005年度全国保护未成年人特殊贡献律师”评选活动，对全国涌现出的热心公益、积极致力于未成年人权益保护事业的优秀律师给予表彰。到目前为止，全国已有24个省组建了未成年人保护专业委员会，律师志愿者队伍达到2300人，已经形成覆盖广泛的未成年人保护律师志愿者网络。通过表彰活动将进一步在行业内弘扬公益理念和责任使命意识。

海商海事委员会2005年6月举办了颇具规模的国际研讨会，基本确立了海商海事律师在我国海商领域的地位和作用。委员会还组织委员在大连海事大学讲课，受到师生欢迎，也增强了律师的荣誉感和责任感。

三、存在的问题

1. 全国律协和地方律协专业委员会之间工作相互联系支持配合还不够；

2. 部分委员会领导班子工作积极性不强，导致委员会工作不够活跃；

3. 总体看，专业委员会在人员、机构、工作开展等方面还不能适应行业发展的形势需要；部分委员会活动形式陈旧，研讨内容选择较随意，对委员和律师缺乏吸引力；

4. 委员会工作与广大律师业务实践相脱节的“两层皮”问题仍未根本改观；

5. 业务规范制定进展较慢，与规范法律服务、建立业务规范体系的要求还有较大差距。

四、中近期工作规划

专业委员会的中近期工作，应以构建和谐社会、建设社会主义新农村、促进创新型经济发展和贯彻中共中央关于“十一五”规划的意见等为工作重点，以建设“坚持信念、维护正义、精通法律、恪守诚信”的律师队伍为指引，确定专业委员会工作方向和工作内容。根据全国律协2005～2008三年规划，专业委员会要在业务拓展和公益两个方面、全国与地方律协两个层面、普及与提高两个侧重点上推动工作，具体内容是：

加强律师公益活动和公益诉讼的研究和队伍能力建设；

建立法律服务拓展的信息平台和开发研究机制；

在专业委员会中形成积极关注和主动参与国家社会重大法律事务和法律事件的意识，及时开展论证和研究，为政府决策提供建议，扩大律师在公共事务中的影响力，加强律师业参与立法活动的介入力度和组织协调工作；

推动东西部律师业务的交流；

强化律师业务规范体系建设；

适应律师业务发展的需要，进行专业委员会机构和人员的调整；

整合业务培训与专业委员会工作，形成良好的工作互动局面；

加大对专业委员会活动和工作成果的总结宣传。

全国律协WTO专门委员会业务研讨工作

一、充分发挥行业优势，积极参与政府立法和决策

WTO专门委员会充分利用自身在WTO相关领域的理论和实践优势，发挥作为全国律协在涉外法律服务领域主要咨询机构的作用，主动参与政府的立法与决策，为相关法律、法规的制定和政府措施的出台提供建议。2005年，WTO专门委员会共向相关政府部门提交了《对瑞士关于技术标准谈判提案的意见》、《对印度等国关于资格要求和程序谈判提案的意见》、《完善我国反垄断立法的建议》等三项意见和建议，为我国政府对外贸易谈判及政府决策进一步提供了法律支持。

为了做好后过渡期的应对工作、也为了打破市场垄断、行业垄断和地区封锁，促进全国统一、开放、竞争、有序的现代市场体系的建立和完善，在我国的反垄断立法建设进程加快的过程中，受政府有关部门的委托，委员会对我国目前存在的“预核签章制度”和“出口配额管理制度”进行了相关研究，在比较分析了世界各主要国家的反垄断立法的经验和实践的基础上，提出了完善我国反垄断立法的建议。此外，在有关香港大律师公会提出的关于香港律师在大陆执业问题的建议中，委员会结合相关规定为司法部出具了专门的意见。

商务部等政府工作部门也非常重视 WTO 专门委员会的专业优势在促进政府工作中的作用，特地委托部分委员帮助完成商务部立项的部分课题调研工作。其中黄文俊委员主持了其中的《反补贴与反倾销产业损害调查异同》课题，吴小琛委员提交了《加工贸易是否适用反倾销措施调研报告》、《美国和加拿大反补贴调研报告》、《美国、加拿大、澳大利亚反倾销复审制度研究》三个专题报告。以上课题或研究报告都受到了商务部的认可和称赞。

WTO 专门委员会的委员还为政府在贸易救济方面提出了卓有成效的建议。针对去年中国与欧洲、美国的纺织品谈判，宁宣凤委员受托参与该谈判并提出了有针对性的法律意见；王振华委员针对 2005 年 9 月间的美国对中国菱镁矿反垄断一案，第一时间向辽宁省省委省政府通报了案件起诉和受理的情况，为辽宁省 12 家涉案企业的应诉工作提出了富有建设性的建议，省委省政府为此专门做了批示，给予高度评价。

WTO 专门委员会作为一个专家群体，特别是涉外法律服务领域的专家群体，正不断拓展参与政府决策的途径，在政府涉外法律制度建设及出台方面发挥着日益重要的作用。

二、积极代表国内企业应诉，有效维护国内产业利益

2005 年，国外对我国的贸易救济措施已呈现多样化的趋势。全球针对我国的反倾销案件居高不下，特保案件持续上升；与此同时，发达国家与一些发展中国家针对中国的其他贸易壁垒也不断推陈出新。随着国外对华补贴问题的不断关注，反补贴案件出现上扬趋势。加拿大针对我国发起了 3 起反补贴调查；美国国会众议院针对中国的补贴问题，于 2005 年 7 月通过了《美国贸易权利执行法案》；美国企业针对我国企业发起了 7 起 337 调查；对我国的维生素 C 和菱镁矿提起反垄断调查。在这些贸易摩擦中，WTO 专门委员会非常重视、紧密跟踪，积极为国内企业提供高质量的代理服务，为国内产业挽回了重大损失，有效保护了国内产业的合法利益，受到业界好评。

（一）反倾销应诉领域佳绩不断

2005 年，我国仍是全球反倾销措施的最大受害国。在这一年里，WTO 专门委员会的委员们为此付出了辛勤的劳动，代理了大批反倾销案件，为国内产业的发展贡献了自己应有的力量。例如，李圣敬委员在办理反倾销案件中颇有成效，产品涉及皮鞋、劳保鞋、塑料袋、金刚石锯片、灯泡、短路器、刻录光盘等。李静冰委员代理了我国企业应对印度粘胶纤维反倾销调查、印度丝绸反倾销调查、印度糖精反倾销调查、印度压缩机反倾销调查等。吴小琛委员代理国内企业应诉美国对我国文具纸反倾销案。另外，在反倾销进口应诉领域，吴小琛委员还代理了氨纶、PBT 树脂、耐磨纸、辛醇等反倾销进口应诉案件。有的案件已经取得了较好的效果，并得到客户的认同。在印度丝绸反倾销案、欧盟塑料袋反倾销案、欧盟皮鞋反倾销案、欧盟光盘反倾销案、加拿大地板反倾销反补贴再调查、南非轮胎反倾销案等案件中，我们 WTO 专门委员会其他委员也活跃在其中。这既增强了我国企业应诉的信心，又维护了我国企业海外市场的利益安全，抨击了国外的贸易保护主义，维护了 WTO 反倾销规则的正当性。

（二）美国 337 调查领域锋芒初露

随着中国在全球经济发展中的竞争优势不断加强，特别是制造业在全球市场的迅猛扩张，给美国市场带来巨大压力与冲击，中美贸易摩擦频繁，特别是中美贸易中知识产权冲突不断，美国仅 2005 年就提起 7 起 337 调查。在未来的几年内，美国 337 调查必将成为美国企业阻挡“中国制造”进军美国市场的主要障碍。这一新情况的出现，也给中国涉外律师界提出了新的挑战和更高的要求。如何充分研究美国 337 条款相关的实体法和程序法，研究 WTO 规则 TRIPS 知识产权协定的内容；如何在实践中积累丰富的实战经验，尽早开辟出一条有效的遏制之道，是摆在每一位 WTO 专门委员会委员面前的新课题。

我们的委员不畏艰难，积极组织现有力量仔细研究这一条款，已经摸索出一条行之有效的应对策略与方法。2005 年 3 月，宁宣凤委员代理我国企业圣奥公司应诉美国的 Flexeys 提起的 337 调查，经过专利律师仔细分析，原告的专利存在缺陷，原告被迫放弃了对包括轮胎在内的圣奥公司的下游产品的救济要求，圣奥公司的胜局初定。2005 年 7 月 1 日，Unilin Beheer B. V. Flooring Industries Ltd. 以及 Unilin Flooring N. C 公司

向ITC提出申请对我国出口的强化木地板进行337调查，国内涉案企业多达17家。黄文俊委员、宁宣凤委员又代理了部分企业应诉，带领中国企业与原告周旋，迫使其在耗费巨大的人力物力后仍达不到他们梦想中的大好结果，极大地鼓舞了我国企业在应对美国知识产权诉讼中的斗志。这已经改写了中国企业在应对美国337调查时束手无策的被动局面，在一定程度上遏制了美国提起337诉讼的猖狂势头。

（三）美国反垄断应诉领域和其他领域积极应对

我国加入WTO以后，随着我国市场经济地位的逐步完善和国外对我国市场经济地位的逐步认可，国外对华贸易救济的形式也逐渐多样化。反垄断及特保措施等名词也慢慢被人们熟悉，这就意味着处于这一领域前沿位置的WTO委员会的委员们需因此而付出更为艰辛的劳动。我们也欣慰地看见，我们委员的身影正活跃在此类案件之中。

其中，美国2005年对我国提起两起反垄断，涉案产品分别是维生素C和菱镁矿。黄文俊委员代理国内最大的维生素生产企业应诉美国的反垄断指控，由于中美律师的共同努力，目前此案已经取得了阶段性的胜绩。菱镁矿反垄断一案，中国17家企业正密切关注该案件，为积极应诉作好了充分的准备。

作为WTO规则的例外，特保措施也有逐渐上升趋势。2005年加拿大针对我国烧烤架发起中国第一起特保措施，这一案件也正是由我们的委员李静冰代理。王雪华委员在美国及欧洲针对我国纺织品采取的特保措施中，代表中国政府为维护中国国内产业的发展进行了有益的尝试和有建设性的探索。

有理由相信，WTO专门委员会的成员必将在应对国外多样式、高难度、高频率的贸易保护措施中日益成熟与稳健。

三、深入开展理论实务研究，切实提高业务技能

WTO专门委员会的委员们在繁忙的工作之余，不忘委员会在成立之初设定的研究方向和研究目标，在各个领域纷纷撰文开展理论实务研究，出现了一大批有较高理论深度和较强实践指导意义的研究论文，提高了我国在WTO问题方面的认识，也大大增强了大家的业务技能，为我国政府、企业和其他机构提供必要的借鉴和参考。

（一）反倾销、反补贴领域研究不断深入

自国外对中国发起第一起反倾销以来，中国律师界在反倾销方方面，无论是在理论研究还是实战经验的积累，都已经相对成熟与完善。吴晓琛委员的《美国对华反倾销九月无战事》及李静冰委员的《反倾销经典案例代理律师手记——美国木制卧室家具反倾销案市场导向行业测试》等两篇文章都切实地反映了中国涉外律师对反倾销的研究水平与实战经验。

与此同时，国外对中国的反补贴措施调查逐渐呈现增长趋势。在这一前提下，本委员会的大部分委员意识到将反补贴措施作为重大课题进行研究的紧迫性。黄文俊委员受商务部委托，撰写《国外对华反补贴政策现状与我国的应对思考》这一课题，从实践和理论两个层面对国外发起对我国反补贴调查的可能性进行了深刻的分析，并提出了应对国外对华反补贴措施的对策。王振华委员也表示，其将在2006年开始深入研究该课题，为东北老工业区的发展贡献绵薄之力。

（二）美国337调查领域研究研究填补空白

美国337调查这一名词已为众人所熟知，但国内对该课题的研究尚不够完善。随着美国对中国产品提起337调查的频率不断刷新，深入研究这一课题已迫在眉睫。针对这一情况，WTO专门委员会在开会讨论后决定将2005年年会的议题锁定为美国337调查的程序与应对，并发起政府部门、商会协会、学术界及律师界对该课题进行深入探讨。本委员会的委员们也积极撰写文章，从不同方面对这一问题进行剖析，填补了我国在这个领域的研究空白。

其中李圣敬委员与包晓波律师撰写的《GATT/WTO争端解决机制下应对美国337条款》一文，对修改后的337条款提出了质疑，认为美国1994年对337条款的修改纠正了部分与GATT不符的地方，但是有些地方仍然不符合GATT第Ⅲ：4条的国民待遇原则，并无法在第××条下获得豁免。陈学斌委员在《浅谈因申请人专利缺陷而滥用337程序对被申请人造成损失进行法律救济的可能性》一文中指出因滥用337调查程序由此给被申请人造成的损失应如何获得救济或补偿。宁宣凤委员通过《法律与技术的独特结合——专利律师在337调查中的作用》一文，详细介绍了其在代理中国企业应诉橡胶防老化剂337调查案的过程中取得的成绩，对337调查中涉及专利的抗辩方向进行了总结。

（三）保障措施领域和其他领域研究推陈出新

WTO专门委员会委员一直注重多视角研究问题，对保障措施领域和其他领域研究同样给予足够的重视，研究问题的思路新颖、视角独特，所研究的问题推陈出新，有所突破。

其中，陈学斌委员发表的论文《欧美纺织品设限法律依据不足——“242条款”与议定书第16节的区别》，针对2005年5月13日美国商务部和5月23日欧

盟委员会对我国进口纺织品所采取的特别限制措施，从WTO规则、中国入世议定书、中国入世工作组报告、WTO《纺织品与服装协定》、《保障措施协定》等规则进行了多角度的分析。钱奕、黄钟兰委员撰写的《WTO法律专门委员会应更多关注金融与风险投资领域——从外管局11号和29号文的出台与更迭看中国金融监管的缺陷》一文，从当前的热点问题“民企海外红筹上市”为切入点，分析了11号文与29号文从出台到最终被75号文件取代的现象背后折射出我国金融理论研究、金融体系监管、金融人才的滞后和缺乏，指出了健全我国金融监管体系和风险投资体系的必要性和紧迫性。李志强委员的《国有企业实施知识产权战略的情况和对策》一文，在分析了知识产权在现代经济全球一体化的趋势下的极端重要性和知识产权保护领域受到国外专利技术和商标的挤压和冲击的现状，进而提出了具体的应对措施。钱奕委员的《中国加入WTO对外资银行业务的影响》一文，分析了我国入世后外资银行在我国的发展战略和前景。

这些学术成果的取得，都是建立在WTO专门委员会的宗旨上的，取决于委员们敏锐的洞察力和独特的视角，是WTO专门委员会及其委员作为专家群体所拥有的使命感促成的。

四、积极开展内外交流工作，有力推动WTO专业知识的宣传与推广

作为涉外律师专家群体，这意味着WTO专门委员会的委员势必会积极开展各种内外交流工作，加强中外律师、政府及组织之间的交流与合作。为此，委员们积极参加国内外各种研讨会，专家会和访问考察活动，大力推动了WTO专业知识的普及和实践工作。“2005年亚洲律协会长会议”、“第22届世界法律大会”、“环太平洋律师协会年会”、“美国公司律师协会年会”、“第20届海牙外交大会”、“2005年中国国际司法年会暨学术研讨会”、“上海创业投资协会年会”、“2005企业跨国并购与海外上市高峰论坛”、商务部组织的“人民币汇率研讨会”、“WTO政府采购研讨会”、“中国—东盟自由贸易区协议研讨会”、“亚非国家对华反倾销案例集项目评审会”、中国国际贸易促进委员会和中国国际商会主办的“中美商事调解大会”等重大活动中都可以看到委员们的身影。正是委员们的积极参与，才能够使委员会的工作在过去的一年内被政府、协会、企业及社会各界更多地了解、熟知和称赞。

全国律协海商海事专业委员会业务研讨工作

一、开设专题法律讲座，服务社会

在2005年初，海商海事委员会计划组织委员会内的资深海事律师走上大学课堂开设专题讲座，无偿地向学生们传授自己的知识和执业经验。经过委员会和大连海事大学联系，在2005年4月16日~7月2日期间，组织了委员会内的来自全国各地的17位委员律师在大连海事大学开设了17次专题讲座。各位委员分别就其专业所长，对诸如“海上事故和救助打捞中的法律和实务问题”、“海上污染损害赔偿与有关法律问题”、“海事赔偿责任限制的法律及其在程序和实体中存在的问题”、“货物保险理赔及追偿的实务和法律问题”、“船舶保险理赔及追偿的法律与实务问题”、“二手船舶买卖的有关实务和法律问题”、“海事仲裁有关实务和法律问题”以及“中国海事律师业务及其经营管理”等专题热情无私地向学生传授自己的执业经验和专业知识。

委员会在组织开展这项工作的时候确定了以下原则：

无偿——每个主讲律师都自行承担前往大连海事大学讲课的一切差旅费用；每次讲座不收取任何费用；不增加学校的负担；

自律——主讲律师的讲授内容必须保证质量，避免商业化或走过场，杜绝自我吹嘘。

这次活动历经3个月，按照预定计划圆满完成。各位主讲律师严谨的治学态度、丰富的实践经验和专业知识、自愿回报与服务社会的奉献精神给大连海事大学的师生以及部分大连律师和航运企业的工作人员留下了非常良好的印象，讲座结束之后，大连海事大学的师生多次向各位主讲律师和本委员会表示敬意和谢意。这次活动也向社会展示了中国海事律师的风范，这一初步尝试，使委员会此项工作有了良好的开端，将逐步走向各地的大学。

二、组织举办“中国律师2005年海商法研讨会”

根据委员会的计划和安排，委员会在全国律协专业委员会工作部和业务部的支持下，成功的举办了“中国律师2005年海商法研讨会”。研讨会于2005年9月15~17日在上海举办。报名参会人员有268名，实际参会人员有236名来自全国各地的海事律师、专家

教授、海事法官以及与航运相关企事业单位的实务人员，还包括23名来自美国、加拿大、法国、法属波利尼西亚、荷兰、俄罗斯、印度、新加坡、智利、中国台湾、中国香港等国家和地区的海事律师。

研讨会收到论文共计58篇，其中包括国外同行提交的15篇论文，这些论文主要围绕大会推荐的议题，还有部分代表就海商保险委付制度、海事国际私法、共同海损等热点问题提交了论文。研讨会将有关论文编辑成专辑，并经过专家评审，从提交的论文中选择26位论文作者作大会交流。研讨会期间委员会还邀请最高人民法院的王淑梅法官和北京大学的郭瑜教授就相关专题在研讨会上作主题演讲。

这次研讨会是在全国律协业务部的关心和指导之下由委员会委托上海市汇盛律师事务所承办的。研讨会在筹办期间得到了上海律协和上海市司法局有关领导的关心和支持，并获得国内广东海利律师事务所、上海浩英律师事务所、上海华利律师事务所、上海凯荣律师事务所、广东永航律师事务所、天津源海律师事务所和英国夏礼文律师事务所、新加坡立杰律师事务所和智利BLR律师事务所的慷慨赞助。

中国律师2005年海商法研讨会是本委员会成立以来举办的规模最大的一次研讨会，众多海外同行的参会，为我们学习和借鉴国际经验提供了机会，也为我们向海外宣传介绍我国海事法律界提供了一个很好的机会。研讨会的成功举办标志着中国的海事律师近年来在其规模化、专业化的建设以及在提升行业整体素质和国际竞争力方面也都有了很大的进步。

三、编辑出版《中国海事律师案例实录》

为了深入开展国内外广大海事律师之间的业务交流和理论探讨，提高中国海事律师的整体执业水准，推动中国海事立法和相关实践不断走向健全和完善，委员会组织了一批具有丰富实践经验和深厚理论知识的海事律师，将他们亲自承办的海事海商案件系统整理、归纳、并从理论角度加以评析后汇编成书，于2005年12月由大连海事大学出版社正式出版发行。这是委员会着眼于规范海事律师执业和服务所做的尝试，这项工作将促进我国海事律师的专业水平向更高的层次发展，实现海事律师的整体优化，为完善和健全中国海事立法、司法和促进中国航运及相关行业的发展和规范服务。

四、不断改进委员会的工作

委员会自2002年底换届至今，尽管作了不少工作，逐步扩大了委员会在海内外的影响，但是在委员会本身的工作方面尚有不少需要完善和改进的方面。出席2005年委员会年会的委员们对于委员会委员的更新，主任委员的定期换届等等问题都提出了不少意见和建议，这些问题都将在律协的指导之下逐步加以改进和解决，使海商海事专业委员会得到更好的发展。

全国律协金融证券专业委员会业务研讨工作

金证委2004年度的年会是一次封闭式会议，这次年会上，各位委员的发言极其精彩，特别是吕红兵委员关于他作为证监会发审委委员体会的演讲、沈田丰委员关于民营企业的优与缺的演讲、蒋敏委员关于信托持股的演讲、江宪委员关于委托理财的演讲等等发言，大家都非常受益。

在年会上，还讨论了如下事项：

1. 提出成立专项课题组的建议，如成立信托持股课题组；

2. 提出金证委举办金融证券法律培训班的建议，做到知识与全国律师共享，与地方专业委员会的业务活动联动或合作；

3. 提到是否应该设立金证委的网站的建议；

4. 提到研究关于金融证券业务领域的扩展建议，金山委员提出，宏观经济在变，金融品种也在变，要有创新；

5. 提到向国家立法机构提出立法议案的建议，如对金融安全的立法建议，等等；

6. 全国律师协会的里红主任也提出，金证委应该考虑如何与全国范围内的金融证券律师的业务工作结合起来，推动全行业的发展；

7. 在司法部和证监会推出证券律师管理办法后，结合全国律师协会于2003年4月22日第五届常务理事会第五次会议审议通过的《律师从事证券法律业务规范（试行）》，以及由唐金龙委员牵头并由金证委大部分委员均参与准备起草的该规范的释解，举办一系列对证券律师的培训。

上述各项工作，主要是由于2005年度国家处于一个对金融证券市场调整年，市场萧条年，公司法和证券法一直在考虑如何进行修改，形成了很多不确定的因素，在大的法律框架不确定的情况下，很难开展工作。

到目前为止，金证委共有委员45名。在2005年度，金证委吸收了两位新委员，他们是胡燕瑜委员——重庆智博律师事务所主任、章晓洪委员——上海锦天诚律师事务所律师、李云丽委员——北京市尚公律师事务所律师。

金证委的2005年会在重庆举行，司法部律公司周院生副司长、全国律师协会于宁会长、金山主管会长、金融证券政府监管部门和外部专家有证监会法律部王超主任、证监会重庆证监局李量副局长、银监会法律部黄毅主任、保监会法律部何晓峰处长、最高人民法院研究室曹守晔法官、中国人民银行研究局的刘萍处长等领导到会并讲话。

在会议上，周院生司长在讲话中强调，从事金融证券业务的律师应该为国家经济发展提供高效的服务，应该进一步提高业务水平。重庆证监局李量副局长说，《公司法》和《证券法》经修改并实施后，涉及大量自治的内容，对律师业务是重大的挑战，律师需要尽快适应法律给出的宽松环境下对业务要求精深的挑战。

应邀参会的其他领导和专家也都在研讨会上作了非常精彩的演讲，总体上看，涉及金融证券法律业务的内容全面，包括涉及对律师的监管、对证券市场的监管、对银行和融资市场的监管、对保险市场的监管、涉及金融证券法律领域的司法审判实践，关于物权法草案涉及的信贷人权利保护等等课题。

金证委的部分委员结合工作实务与参会委员共享法律实务经验，特别是唐金龙委员就《证券法》的修改和律师业务的演讲、章振亚委员就住房信托业务的演讲、朱振武委员就股权分置的演讲、章晓洪委员就股东派生诉讼的演讲、蒋敏委员就股权激励的演讲、江浩雄委员就红筹模式上市若干法律问题的演讲、计剑锋委员就外资并购的演讲，以及金赛波委员就信用证问题的演讲都赢得到了大家热烈的掌声。

全国律协经济专业委员会业务研讨工作

2005年经济专业委员会坚持“热点与常规业务相结合，以律师的视角关注社会民生”的基本方针，全面履行职责，主要从事以下工作：

一、重新申请并重新开通网站。现域名为 www.jjls.cn. 由中国互联网信息中心予以免费使用5年，网络空间由中国科技网和中科三方公司友情满足使用，网络维护和管理由韩鹰委员作为委员会秘书负责，中国科技网每周不定期代为监督审查相关内容，确保政治正确。

二、充分利用网站和委员特长，起草合同示范文本，置于网站供讨论和下载；下一步拟通过三至五年的努力实现较为全面的律师视角的合同示范文本。目前有七个，我们将配合教育委员会的实务教材提供足够的合同示范文本的网上参考资料。

三、公布《律师承办有限责任公司股权转让业务指引》。起草《律师办理商品房交付业务指引》（简称“陪购房指引”），此指引已经过三次讨论，征求全体委员意见，主任网上办公会议讨论通过，于05年7月呈交全国律协。必须说明的是，此指引从消费者和初执业律师的角度考虑起草的，符合本委职责，与民委会不冲突。综观中国律师网，常见对律协为富人服务的批评，同时房子、教育、医疗为三热点，希望此举能有助促进改变偏见。也体现律协对“小律师”的关心。

四、积极筹措2005年会，会议主题为：“弱者权益”，并已将参考论题在网站上公布，但因会期与天津中国律师论坛接近，接受业务部建议，停办年会，动员委员参加天津论坛。委员周茂铭、李小海等均有大会发言。

五、积极参加全国律协的立法修改建议。完成律协交办的其他任务。

六、关于组建公司法专业委员会的建议。本委以公司法、合同法为基本支撑，以并购为常设主题，兼及其他经济类律师实务。作为曾为劳动法、电子商务两专业委员会作出基础性工作的委员会，支持从本委中分设公司法专业委员会，希望主任由本委现有委员出任，现京沪粤及厦门委员愿转公司法委员会的全力支持，其他地方委员转会希望能征询意见。保留的经济专业委员会继续发挥孵化器功能，为全国律协尽责尽力。

全国律协劳动和社会保障法专业委员会业务研讨工作

2005年，劳动法委员会主要围绕《劳动合同法》（草案）进行了有针对性的专题研究，并形成了专题报告。主要工作如下：

一、由全国律协牵头，与国务院法制办签订了协议书，决定由劳动法委员会承办《劳动合同法》（草案）的立法课题研究。涉及的课题有：劳动合同法中关于“工资”或者“劳动报酬”的表述、非全日制用工问题及特殊用工形式的规范；竞业限制的范围与补偿；劳动合同的法律责任；涉外劳动关系（外国人到中国就业和中国人到外国就业）；劳动合同法（草案）的修改意见和有关立法建议；劳动合同法与有关法律的衔接。

二、委员会经过主任会议研究，对上述课题进行了分工，将课题分别分配给北京、上海和江苏。工作主要分三个阶段，第一阶段（2005年4月1日~5月1

日），分发劳动合同法草稿、本计划安排；各地律师协会召开研讨会，提交对草案的修改意见；劳动与社会保障法委员会委员提交对草案的修改意见。第二阶段（2005年5月1日~5月15日），全国律师协会汇总修改意见，提交给国务院法制办；安排2005年年会事宜，初步确定以劳动合同法研讨为主题。第三阶段（2005年5月15日~6月30日），召开2005年全国律师协会劳动与社会保障法委员会年会；安排专人撰写专题研究报告，最终形成专题研究报告。

三、工作安排后，各个地区均按部就班地完成了任务，保证了研讨会及劳动法委员会年会的顺利召开。2005年5月25日，委员会在全国律协召开了主任会议，对此前的工作情况进行了总结，并提出了相应要求，且进一步确定了年会及研讨会的相关事宜。2005年6月11日、12日，委员会在上海市召开了《劳动合同法》（草案）研讨会及劳动法委员会年会。国务院法制办及全国律协的有关领导、劳动法委员会委员、各地方劳动法委员会部分委员等参加了研讨会。

四、研讨会后，各专题组针对研讨情况又对《劳动合同法》（草案）进一步提出修改意见，并将修改意见汇总后，最终于2005年6月30日前形成了较完整的专题研究报告。

五、2005年12月底，全国律协将国务院提请全国人大常委会审议的《中华人民共和国劳动合同法（草案）》及说明交予劳动法委员会，由劳动法委员会继续提出修改意见。委员会姜俊禄、马建军、薛济民、梁智、王建平于2006年1月19日前完成修改意见，并进行汇总后按时提交给了全国律协。

此次参与立法工作是劳动法委员会与国家立法部门的首次合作，它对于提升律师的社会声望，推动民主与法制进程具有非凡的意义。委员会各位委员及各地律协劳动法委员会主观上都非常重视，客观上亦做到了积极参与。此次活动也为其他委员会将来参与立法工作积累了宝贵经验。

全国律协民事业务委员会业务研讨工作

2005年，全国律协、民事业务委员会（以下简称民委会）延续民委会多年来的优良工作传统，在全国律师民事业务领域的专业发展的研究和培训方面发挥了积极作用，并拓展了新的业务指导和培训模式。结合全国律协理事会的换届，民委会正在研究制订新的三年发展计划。

民委会在过去一年的主要工作是：

一、积极参与《物权法》的立法修改工作

2005年6月，根据全国律协业务部的要求，民委会对全国人大公布的《物权法》讨论稿进行了立法修改讨论。民委会在征求了部分民委委员的意见后，按全国律协要求的时间向业务部提交了民委会的修改意见，民委会的修改意见和材料反映民委会对参与国家立法修改工作的高度重视，同时反映专业律师的立法修改水平，民委会此项工作获得了全国律协业务部的表扬。

二、成功举办第七届中国民商法实务论坛

从2005年年初开始，民委会就通过会议通知和《中国律师》的传媒协助，动员广大委员和研讨员积极参与第七届中国民商法实务论坛的准备工作。此次论坛由全国律协和内蒙古律协共同主办，民委承办，内蒙古建中、典源、爱德、经世四家律师事务所共同协办。民委会秘书处与论坛具体承办负责人、内蒙古律协副会长、民委会巴布委员多次协调．为论坛的顺利举办创造了有利条件。

2005年7月1、2日两天，第七届中国民商法实务论坛在内蒙古自治区首府呼和浩特市召开，全国律协会长于宁、内蒙古自治区副主席连辑、自治区政法委副书记宋喜德、自治区司法厅副厅长赵建平、岩英以及全国人大法工委民法室主任姚红等领导出席，参加论坛的还有全国律协业务部副主任朱英以及民委会的正、副主任、各论坛正副主任以及海外嘉宾新加坡国际仲裁中心官员葛黄斌、蒙古国策其律师事务所敖登夫等。参加论坛的民委委员、研讨员及各地律师共有180余人。《中国律师》和《法制日报》、《律师文摘》、《民主与法制》以及内蒙古本地的有关媒体的记者也出席论坛。

第七届中国民商法实务论坛共收到委员、研讨员和其他律师的论文共128篇，其中人身权、财产权方面的论文48篇，合同法方面的论文19篇，建筑房地产法方面的论文26篇，公司法、企业法方面的论文20篇，其他方面的论文15篇。论坛得到了内蒙古当地律师的热烈响应，内蒙古当地律师提供了48篇论文。民委会事先印制了论坛全部论文的论文集。论坛邀请全国人大法工委民法室主任姚红就《物权法》起草中遇到的有关法律问题作了专题报告，中国政法大学王轶教授以及论坛论文作者共30多名律师在论坛作了发言和论文交流。经民委会组建的论文评选委员会评选，论坛评出21篇优秀论文。由于全国律协领导和民委会及内蒙古律协和广大民委会委员的共同努力，论坛取

得了成功。

民委会同时在内蒙召开了2005年年会，参加年会的委员共40余名。会议讨论通过了索立军、孟山、王勇伟等19位律师加盟民委会成为新委员。这使民委委员人数增至84名。同时部分委员对加强民委会自身建设提出了许多建议。

三、尝试与地方律协合作举办律师专业培训

民委会在组织年会和民商法实务论坛之前，与内蒙古律协协商利用举办年会和论坛的机会，由民委会和内蒙古律协合作，使用民委会专业律师资源举办当地律师专业业务培训班。民委会把此次专题业务培训作为对西部律师的实务专业知识的支持和培训。此次合作取得内蒙古律协的大力支持，并且内蒙律协事先进行了深入细致的准备工作。在民委年会和论坛举办期间，民委朱树英、徐永前两位副主任，分别在培训班上作关于律师提供建设工程法律服务应注意的法律问题和关于国企改制方面的专题演讲，有500多名内蒙律师参加培训，有的内蒙律师是从几百公里外来呼和浩特市参加培训的。内蒙古律协秘书长李文英对此评价为：中国民商法实务论坛在内蒙召开，使我们内蒙律师受益匪浅。第一，我们利用了民商法实务论坛的专家资源，为内蒙律师讲课培训（500多名内蒙律师参加了学习），使律师能得到专家学者的指导；第二，我们内蒙律师最先享用了民商法实务论坛的研究成果，同时此次民商法实务论坛论文集选用了内蒙律师的40多篇研讨论文；调动了内蒙本地律师探索研究民商法实务问题的积极性。

民委会利用在各地召开年会和举办民商法实务论坛的机会，由民委会委员中的专业律师的实务经验与当地律师合作举办专题培训班，是民委会开展业务研究和专业培训相结合的一种尝试，有利于全国律协的业务委员会和各地律协建立一种互动合作机制，有利于全国律协的业务委员会的研究成果及时成为指导广大律师提高业务能力的有效渠道和方法。

四、召开主任扩大会议对民委的今后工作作部署

民委会于2005年11月29日在沈阳由新任主任朱树英牵头召开主任扩大会议，对民委会2006年的工作重点以及在沈阳召开民委会年会及举办第八届中国民面法实务论坛作专题讨论。全国律协业务部里红主任参加了此次会议。

会议决定：

1. 2006年民委年会和第八届中国民商法实务论坛分别于2006年7月7日和8、9日在沈阳举行，由辽宁省律协会长、民委会潘公明委员具体负责筹备工作。

2. 由王才亮委员负责起草《中华全国律师协会民商法实务论坛优秀论文评选办法》、由刘晰委员负责起草《中华全国律师协会民事业务委员会议制度与议事规则》、由孙卫星委员负责起草《中华全国律师协会民事业务委员会则务管理办法》、《中华全国律师协会民事业务委员会委员资格管理办法》（讨论稿），并作好事先的修改意见征求工作，争取在2006年民委会年会通过实施。

3. 通过通讯方式在主任扩大会议成员中征求对上述四文件的修改意见并进行表决同意提交下一次民委会年会正式通过。

4. 由刘晰委员负责，由朱树英、贺宝健委员配合起草《中华全国律师协会律师办理商品房买卖的操作指引》，由徐永前委员负责，潘公明负责，浦增平委员配合起草《中华全国律师协会律师办理国企改制与公司治理业务操作指引》，由王才亮委员负责，张庆华、李晓斌委员配合起草《中华全国律师协会律师办理征地拆迁操作指引》，计划于2006年3季度前定稿呈全国律协。

5. 由朱树英委员负责筹办计划在2006年6月举办“建筑房地产律师服务专题会议”，以推进律师在建筑房地产领域的专题服务。

6. 由朱树英委员负责起草民委会2006年至2008年三年工作计划。

民委会在2005年虽然做了不少工作，但与全国律师民事业务研究和专业培训的客观需求还存在很大差距。民委会决心在总结2005年工作的基础上进一步提升律师专业业务的研究水平，并把研究成果及时转化成对广大律师的专业培训的教材，加大对律师的专业培训的力度，在新的三年工作计划的推动下，使民委会的工作在原有基础上更上一个台阶。

全国律协未成年人保护专业委员会业务研讨工作

一、举办全国律协未成年人保护专业委员会2005年年会

2005年4月23～24日，未保专业委员会在北京香山饭店举行了年会。全国律协未成年人保护专业委员会的委员和已成立的地方律协未成年人保护专业委员会的主任、副主任参加会议，一起总结了全国律协未成年人保护专业委员会和各地律协未成年人保护专业

委员会2004年度工作，讨论了2005年度全国律协未成年人保护专业委员会的工作计划草案。年会对专业委员会的工作模式、配备专职人员、律师参与校园普法宣传、如何充分利用当地资源、如何更好的推动当地律协未保专业委员会的工作开展、提高委员和协作律师的专业能力、跨省案件中律师和律协未保专业委员会的合作、"中国律师未成年人保护志愿协作网"的命名与建设等问题进行了讨论。在充分讨论的基础上，通过2005年工作计划。全国律协于宁会长以及全国律协会员工作部领导到会并对专业委员会的工作给予了高度评价。中央电视台新闻频道、新华社、《中国律师》、中国律师网、《法制日报》等媒体进行了报道。

二、积极推动、组织律师办理未成年人维权案件，拓宽法律援助范围

专业委员会不仅要求委员重视办理司法机关指派的法律援助和刑事辩护，同时积极推动、组织委员关注家庭困难但目前并不符合国家法律援助条件、非国家法律援助范围的未成年人案件，为这类案件进行义务代理。秘书处接到案件后，认为有必要为未成年人提供法律援助的，按照就近原则，指派当地委员直接为案件提供援助，一定程度上节约办案成本，使案件也能快速解决。各地委员在工作中也逐渐从被动受理案件向主动介入案件转变。如内蒙胡丽妹委员在得知因游泳馆水质不合格导致上百名未成年人感染"发热"症后，主动为35名未成年人提供法律援助，并组织当地委员和志愿律师一起参与为其他未成年人提供法律援助；辽宁张志毅委员看到媒体报道一个小女孩被老师无端怀疑偷手机而委屈自杀的案子后，主动联系记者和该女孩家长，介入该案，积极与当地教育行政部门协调，最后为小女孩的家人争取到15万元的赔偿，负有责任的六个老师也因此被处分。根据不完全统计，2005年度，委员办理未成年人维权案件共70多件。

三、委员积极通过法律咨询、法制讲座、充分利用媒体资源等多种方式开展法律宣传与教育，将未成年人保护工作向前延伸到前期预防

委员在办理维权案件的同时积极开展法制培训和借助媒体等资源进行未成年人权利保护知识的宣传与倡导，变后期堵漏为前期预防。法制教育和宣传目标也逐渐从减少潜在受害人变为增加主动保护人，以往的法制宣传和倡导不同，在对象上，除了未成年人本身外，专业委员会及委员更侧重培训那些对未成年人负有保护职责的家长、老师、共青团干部、妇联干部以及警察、检察官、法官和律师等。教育内容也比以前单纯的未成年人保护法律知识、未成年人权利与责任、预防未成年人犯罪、校园法律知识等内容丰富，新增加了未成年人禁毒、交通安全等内容的教育。

2005年度，委员利用多种途径开展宣传未成年人保护与犯罪预防的法律培训共80次左右（根据委员提交的年终总结统计）。其中有很多委员通过12355青少年法律与心理咨询专线、律师事务所等机构设置的咨询热线、举办咨询活动等方式开展法律咨询解答工作。例如广西张小星、河南岳恒旭、湖北彭和平、湖南叶格秀等委员利用事务所资源承接了当地12355咨询专线的工作；山东王隽、湖北彭和平、新疆桑云、北京杨崇学等委员承接当地共青团组织等相关机构的维权热线，此外专业秘书处在北京也开设了两部青少年维权专线（010－63813995/63835845），面向全国未成年人提供法律咨询与帮助。

部分委员与电视台、广播电台相关普法栏目形成合作，定期配合媒体进行宣传、教育和倡导。例如，山西葛福资委员在山西交通台《律师热线》、太原电台交通台开辟专题栏目，每周一次进行咨询与讲解；湖北彭和平委员利用担任《楚天金报》法律顾问的便利条件开展未保宣传与倡导；北京佟丽华、赵天庆、吉林刘继业等一些委员也与中央电视台《今日说法》、《法制播报》以及当地一些电视台、广播电台的普法栏目形成固定合作。

需要特别一提的是北京王毅伟委员与少年法庭建立了工作联系机制，多次组织教师到北京朝阳区人民法院少年法庭旁听学生伤害事故案件、未成年人犯罪案件的审理，庭后与审判人员进行交流和座谈。这种法庭审判的现场教育值得推广。

四、组织委员对未成年人保护领域的法律和司法实践开展研究，将未成年人保护工作向后延伸到推进法学研究层面

在办理法律援助案件的基础上，专业委员会组织委员进行同类案件研究，推进未成年人法律和司法实践研究与调研工作，将未成年人保护工作向后延伸到推进法学研究层面。为了指导律师在办理未成年人案件中最大限度保护未成年人权益，呼吁司法、立法等相关机构重视未成年人合法权利，专业委员会2005年开始编辑整理《未成年人典型案件丛书》的书稿，对未成年人法律在实践的基础上进行研究，计划2006年年底出版。各地委员还针对未成年人保护领域里的不同问题，开展了相关的研究与调研，例如北京佟丽华、张雪梅委员曾就涉及国家监护的两个案子进行同类研

究，形成报告提交北京市未成年人保护委员会，以推动落实《北京市未成年人保护条例》第十五条有关民政部门担任监护人的规定；张雪梅委员还针对“教师语言暴力”、“未成年人为被害人的性犯罪”两个热点问题组织秘书处人员进行了调研，通过到中国儿童中心和多所学校，向学生发放问卷的形式进行教师语言暴力现象的调研，通过互联网进行未成年被害人性犯罪现象的调研；广东彭子建委员针对“飞车党”现象开展了“中学生驾、乘车存在的问题”的调研；陕西萧志扬委员在总结学校法制教育经验的基础上编写了《中小学生保护法制教育授课教案》等。专业委员会和委员的所有研究、调研都是针对这个领域里出现的一些问题进行的，并在《北京律师》、《法制日报》等杂志和《中国律师与未成年人权益保障》及网站上刊登发表。研究与调研成果为立法提供了很多建议，同时也推动、完善了未成年人法学的发展。

五、组织委员推动省级未成年人保护志愿者网络及其工作的有效开展，实现各地发生未成年人权益受到侵害案件后能够就近协调律师提供帮助的目标

在全国范围内建立一个“中国律师未成年人保护律师志愿协作网络”并高效参与工作，应该是现阶段专业委员会的中心工作。专业委员会的目标是：不论哪个省、哪个地方，如果未成年人的权利受到严重侵害，都有志愿协作网络的律师可以提供法律帮助。截止2006年2月，全国有24个省级律师协会成立了未成年人保护专业委员会，其中，北京、福建、重庆、浙江、安徽、湖南、陕西、山西、内蒙等省，陕西宝鸡市、上海长宁区等地级市先后组建了省级、地市级未成年人保护律师志愿协作网络，全国已经有2700多名志愿律师加入了这个网络。全国律师协会未成年人保护专业委员会秘书处及各地委员一直致力于推动各地建立律师志愿协作网络并有效开展工作，佟丽华主任与张雪梅秘书长还先后到湖北、天津、重庆、湖南、江苏对志愿协作网络的律师进行参与未成年人保护工作的培训和指导。

六、委员利用人大、政协代表以及其他有利身份推动、参与当地未成年人保护立法的改革

在适用、实践法律的同时，很多委员还结合案子，思考现有立法中存在的问题，积极推动相关立法的完善，从单纯适用法律到积极参与立法进行转变。如北京佟丽华委员参与了《中华人民共和国未成年人保护法》的修订工作；上海浦泽幸通过政协议案的方式针对《上海市未成年人保护条例》的修改提出意见，提出《落实〈上海市未成年人保护条例〉设立区、街道、镇未成年人保护委员会》的议案；河北闫晓佳委员利用担任新华区政协委员的身份提交了《减少小学生作业负担》、《提高中小学生综合素质》、《小学升初中杜绝分快慢班》等提案；山东王隽委员作为青岛团市委第十五次代表大会代表向大会书写、提交了《无户籍未成年人的教育问题亟待解决》、《建立未成年人保护体制、切实保护未成年人合法权益》的议案。

七、密切联系有关单位，配合开展未成年人保护工作，形成良好的律师维权环境

专业委员会一直积极同全国人大内务司法委员会、司法部、外交部、全国妇女儿童工作委员会、全国妇联、团中央和中国法学会青少年法律研究会等未成年人权利保护机构与研究机构进行工作交流与合作，以共同推动未成年人权利保护工作，扩大专业委员会的社会影响。2005年，各地委员也开拓了与各地党委、政府、人大、公检法机关、共青团、妇联、法律援助和社区工作等单位和相关职能部门的密切联系，配合有关单位开展咨询、宣传、协调处理案件、培训等当地未成年人保护工作，逐步形成了良好的律师维权环境。例如北京张雪梅委员配合北京市未成年人保护委员会协调处理2起案件，包括徐某反映在学校受到歧视、体罚的案件，10岁王某监护权无法落实的案件；佟丽华、张雪梅委员配合国务院妇儿工委对全国地县级妇儿工委干部进行未成年人法律保护的培训；王毅伟委员配合国务院妇儿工委开展对黑龙江省《妇女发展纲要》、《儿童发展纲要》两纲要执行情况的检查工作；湖北彭和平委员配合团省委、省预防青少年违法犯罪工作领导小组办公室开展“未成年人维权中心”的工作；云南田玲委员配合团省委开展“青少年法律咨询处”的工作；安徽孔维钊委员配合淮南团市委开展“未成年人保护委员会法律服务部”的工作；新疆桑云委员配合乌鲁木齐市政府、市委开展“妇女儿童法律维权中心”的工作；还有部分委员配合各地团省委或团市委开办青少年维权热线，配合各地法律援助中心开展未成年人法律援助工作。

八、组织委员赴港交流，学习未成年人保护工作先进经验

在亚洲法律资源中心安排和提供部分资助下，2005年5月、11月，秘书处先后组织福建、天津、重庆、河南、湖北、安徽、北京、辽宁、陕西、广西等省的委员分为两批前往香港学习、交流未成年人保护经验。赴港期间，委员访问了香港法律援助署、香港申诉专员公署、香港平等机会委员会等政府或法定的机构，走访了香港大律师公会、香港律师会、当值律师服务等团体和服务机构；走访了协青会、防止虐待儿童会、社区组织协会等民间团体；参观了香港终审法院，旁听了香港高等法院、东区法院多起案件的开庭，还与儿童法庭法官进行了座谈。通过考察，委员了解了香港未成年人保护的立法和制度和香港儿童保护的现状及矫治青少年罪犯情况。2006年，秘书处还会继续创造条件，组织委员开展更多的考察与学习机会。

九、对网站进行改版，支持和帮助地方律协未成年人保护专业委员会开展工作

2005年7月，秘书处对建设的“中国青少年维权网站”进行改版，在原来开设的“全国律协未保专业委员会”专栏的基础上，为已经成立的24个省级律协未保专业委员会开办网页。全国律协未保专业委员会通过“全国律协未保专业委员会”网页向委员和志愿律师进行信息通报，各地律协未保专业委员会通过自己的网页向委员、志愿律师、其他省专业委员会进行信息通报与工作交流。改版后的网站使全国及各地律协未保专业委员会的工作更加透明，成为互相交流和了解的平台，为各地律协未保专业委员会开展工作提供支持和帮助。

十、办理《中国律师与未成年人权益保障》刊物，向委员、律师提供最新立法、研究动态和未成年人保护与律师参与的相关信息

应北京新闻出版局的要求，2005年10月，秘书处申请继续办理内刊《中国律师与未成年人权益保障》（每半年申请一次），新闻出版局审核后，同意继续办理。2005年度，在2004年栏目的基础上，内刊又新增了法官手记、律师手记、社会调查、出访报告等栏目，改变了以往稿源主要来自律师的单一性，很多法官、教师也经常投稿。今年，内刊还与国务院妇女儿童工作委员会进行合作，国务院妇女儿童工作委员会同意在内刊上刊登妇女儿童工作委员会关于儿童的国家报告和重大的调查报告。内刊在供稿质量、研究水平和信息量上都有了较大幅度提高。

内刊的寄送对象仍然面向全国律协领导及未保专业委员会委员，各省级律协领导及未保专业委员会委员，全国人大、公安、检察、法院、司法、教育、共青团、妇联、新闻媒体等机构和社会各界关心未成年人权利保护事业的人士。目前，内刊已经成为未成年人保护领域里的重要专业刊物。一些法学专家、人大领导和实践工作者对内刊给予了高度评价。如北京人大内务司法委员会副主任吴森钟专门打电话给张雪梅委员说内刊的信息量非常丰富，给他们的工作提供很多信息，每期内刊他都必看；北京大学法学院研究青少年犯罪和司法制度的张美英教授在一次会议上对内刊的执行主编、秘书处律师张文娟说，内刊越办越成熟，已经成为一个专业性的刊物；很多法官、律师也对内刊进行了好评。

十一、专业委员会和委员的工作得到社会各界的肯定

2005年5月，佟丽华主任被北京市司法局推荐为先进个人；

2005年5月份，佟丽华主任被北京市司法局记个人一等功；

2005年6月份，佟丽华主任被评选为“全国优秀律师”；

2005年11月份，佟丽华主任被评为“2005年度全国十大法制人物”；

2005年12月份，佟丽华主任被评为“2005年度全国十大法制新闻人物”；

2005年12月份，佟丽华主编、张雪梅副主编的《中小学法律适用丛书》（三本）被评为司法部金剑文化工程“金剑图书二等奖”；

2005年12月，刘继业委员荣获“全国预防未成年人犯罪先进个人”称号；并被聘为吉林省12355青少年法律与心理咨询专线的法律顾问；

2005年，王毅伟委员荣获北京市律师协会优秀专业委员会委员称号；

2005年12月，佟丽华主任受全国律协指派，担任全国律师协会法律援助委员会常务副主任，张志毅、时福茂被选为委员。

十二、各地律协未成年人保护专业委员会工作蓬勃开展

截至2005年底，在中国31个省、自治区、直辖市中已经有24个省级律师协会设置了独立的未成年人保护专业委员会，分别是：北京、安徽、湖南、湖北、福建、广东、广西、海南、江苏、浙江、贵州、山东、山西、陕西、河南、河北、黑龙江、吉林、辽宁、天津、内蒙、重庆、宁夏、江西。少数地市级律师协会也设置了独立的未成年人保护专业委员会。分别是：广东省深圳市、湖北省恩施土家族自治州、陕西省宝

鸡市、江苏南京市、福建龙岩市、湖南岳阳市。各地律协未成年人保护专业委员会在经历了2004年的发展后，工作不同程度的开展起来，并且结合自己本省的情况，探索出各具特色的模式。

北京律协未成年人保护专业委员会在参与《未成年人保护法》等相关立法修法、合作开展未成年人法学研究、组建律师志愿协作网络、培训律师、普法等方面作了很多工作。北京律协是第一个成立未成年人保护专业委员会的省级律师协会，也是第一个组建律师志愿协作网的省级律师协会。志愿律师有260多名，其中160名律师以法制副校长身份直接参与了北京律协未保专业委员会组织的“律师普法进校园”活动。

福建省律协未成年人保护专业委员会建立了最大省级志愿律师协作网，志愿律师有742人，这意味着在该省近乎每五名律师中就有一名未成年人志愿律师。省律协还拿出专门经费支持志愿律师的专业培训。在强大的志愿律师队伍的支持下，2005年5月份，福建律协未保专业委员会与团省委、省综治委预防青少年违法犯罪工作领导小组办公室、省司法厅、省教育厅联合发起了目前为止最大的省级“律师普法进校园”活动，计划在两年时间内让律师走进福建所有的中小学校园开展普法活动。

安徽律协未保专业委员会在一些侵害未成年人合法权益的重大的案件中，一直发挥着重要作用。在全国著名的阜阳劣质奶粉事件中，开通咨询热线、召开研讨会、并就个案提供法律援助，协调安徽、上海的律师为十个大头婴儿提供法律援助。2005年，又介入曾经轰动一时的名校毕业生志愿到安徽农村执教，猥亵多名男童案件的调查工作。

湖北律协未保专业委员会重视委员专业能力的培养，组织编写了《未成年人权益保护法律法规选编》和《未成年人权益保护论文集》并制作光盘，委员人手一套。他们还定期出版内部资料《信息专递》，以加强委员办案经验和理论信息的交流，扩大未保专业委员会在当地的影响。

天津、重庆律协未保专业委员会工作的开展，得到省律师协会的大力支持。天津律协领导对未保专业委员会工作开展中的大小困难都给予积极关注，如了解到偏远地区发展委员的困难后，秘书长亲自打电话，帮助未保专业委员会在七八个偏远县迅速确定委员。重庆律协未保专业委员会还得到市司法局的大力支持，在市司法局和律协的支持下，重庆律协志愿律师协作网络发展非常迅速，目前已有三百多名律师。

湖南、广西、内蒙、浙江等省律协未保专业委员会成立以后迅速开展工作。湖南、浙江律协未保专业委员会志愿律师协作网发展迅速，其中湖南300多名，浙江200多名。内蒙律协未保专业委员会于2005年9月刚刚成立，成立当天就与省教育厅合作拉开“呼和浩特地区律师法制宣传进校园”活动帷幕，并组织呼和浩特市8家律师事务所关注当地有名的“游泳馆事件”、为上百名因游泳馆水质不合格导致感染“发热”症的未成年人提供法律援助。广西律协未保专业委员会成立以后迅速与共青团广西区委、广西青少年维权中心形成紧密合作，今年还与广西武警部队政治部、司法办联合开展“法律大篷车，送法进军营”大型巡回法制宣传活动，委员分两组到全区14个地级市武警部队开展法制宣传及法律咨询活动，整个活动为期9天，所到之处均受到部队官兵热烈欢迎。

在地市级律协未保专业委员会中，陕西省宝鸡市律师协会于2005年11月8日成立，是最新成立的地市级律协未保专业委员会，但其已经组建了宝鸡市未成年人保护志愿律师协作网，成员来自基层，覆盖全市，涉及每一个区、县。深圳、龙岩等其他地市级律协未保专业委员会工作开展也都非常迅速。

地方律协未保专业委员会和委员的工作正在逐渐得到当地相关单位和社会各界的肯定与认可，一些委员获得了重要荣誉。例如：福建律协未保专业委员会主任曹卫、副主任蔡丽羡以及委员张机慧被福建省政法委、福建省妇联等六家单位评为福建省首届“十佳优秀女律师”；湖南律协未保专业委员会主任叶格秀被湖南团省委、省社会治安综合治理委员会办公室、省高级人民法院、省人民检察院等部门授予第四届“湖南省杰出青年卫士”称号；江苏律协未保专业委员会副主任李晓霞所在律师事务所被南京市消费者协会授予“消费者法律援助工作站”。

十三、举办“律师参与未成年人保护工作专题研讨会”，促进律师办案技巧与推动未保工作的经验交流

研讨会于2006年1月6~8日在福建厦门举行，主要两个内容：第一个是律协未成年人保护专业委员会推动律师参与未保的工作内容和工作方法的交流，23个省律协未保专业委员会主任之间进行了充分研讨；第二个内容是律师办理未成年人案件技巧与专业知识的交流与培训。会前秘书处向所有志愿律师发出了征稿通知，在论文评选的基础上，秘书处就律师办理的典型案件出版了论文集。获得优秀论文的来自23省的52名律师分别就自己所办理和关注的典型案件进行了主题发言，内容涉及了未成年人集体诉讼案件、保健品消费、医疗事故、校园性侵害、童工、户籍登记、

监护权、高度危险作业与未成年人安全等方面。全国律协薛云华副会长、专业委员会工作部里红主任代表全国律协到会出席了会议。法制日报、中国律师网的记者也全程参与了会议并进行了报道。这次研讨会不仅促进了委员之间的工作交流和各地律协未保专业委员会之间的经验交流，同时扩大了参会人员范围，吸引了志愿律师参会，提高了志愿律师的积极性，并提升了委员和志愿律师办理未成年人保护案件的专业水平。

十四、开展“全国未成年人保护特殊贡献律师”评选活动

随着全国律协未成年人保护专业委员会和各地律协未成年人保护专业委员会的相继成立，各地涌现出了一大批热心公益、积极致力于未成年人权益保护的优秀律师。为了表彰他们的奉献精神，扩大宣传律师参与未成年人保护事业的重要意义，未成年人保护专业委员会向全国律协申请、全国律师协会第六届常务理事会第三次会议决定开展“全国未成年人保护特殊贡献律师”评选活动，由全国律协联合中央电视台、法制日报、中国青年报等媒体共同举办。目前，这项活动正在进行中，2006年5月将召开表彰大会。

全国律协信息网络和高新技术专业委员会业务研讨工作

一、2005年年会

2005年6月4日~5日，“全国律协信息网络与高新技术专业委员会2005年会暨电子商务时代的传统知识产权保护研讨会”在贵州师范大学召开，会议由贵州师范大学法学院、贵州师范大学知识产权中心承办。此次会议探讨电子商务时代背景下的传统知识及网络知识产权保护等社会敏感的法律问题。

会议主题讨论的内容分为两个部分：第一个部分重点讨论电子商务时代与传统知识保护有关的法律问题，第二个部分着重分析高新技术对软件及电子知识产权保护带来的冲击和挑战。主要研讨内容包括以下：

1. 软件著作权保护存在的缺陷。利用著作权法保护软件智力成果作品是当今世界通行的做法，它在保护开发者的经济利益，提供其持续不断地开发软件激励动力，推动计算机软件技术不断发展等方面功不可没。然而现行著作权法在保护计算机软件时也有明显缺陷。寿步律师认为软件更体现智力成果的是技术方案，而不单是源代码的编写。

随着计算机技术的发展，不断出现软硬件相结合的发明。这些发明的技术特征往往体现在计算机程序之中，如将数学算法和工程控制结合为一体，成为一种信息或控制工程的处理方法，很显然，以保护计算机软件形式为宗旨的著作权法对计算机程序技术特征是无能为力的。相反，将技术方案等纳入保护保护范围的专利法则正好可以弥补著作权法对软件保护的不足。

2. 关注软件专利保护的中国的现状及对策。随着计算机技术的发展及广泛应用，软件所扮演的角色越来越重要。从中国的现实情况来看，对软件的专利权保护也迫在眉睫。既保护软件权利人的知识产权，又维护社会的公共利益，是制定相关政策和法律需要考虑的首要问题。陈际红律师分析：当前中国大量使用国外的软件系统，而核心技术控制在别人手里，对一个国家来说不能确保自己的信息安全。在软件领域的某些核心环节，我们要打破外国的技术垄断，培养本土的软件企业。并建议：（1）认真审视和考虑中国的专利政策，制定既符合国际软件保护的知识产权制度，又符合中国发展现状的法律和政策。专利制度是法律制度的一个部分，法律制度受社会发展的水平影响并为其服务。（2）研究和建设核心专利数据库（“软件专利地图”），在开发新软件前应充分研究和浏览专利数据库，以避免开发的专利风险。（3）在核心代码上采用统一的标准，形成国产软件的标准化。

3. 电子签名法问题。在当今电子商务时代背景下，由于网络的出现推进了交易的无纸化，交易的主体不像以前那么容易确认。网络欺诈时有发生，而这又很难满足传统的诉讼证据的要求。2005年4月1日被喻为“我国首部真正的信息化法律”的《电子签名法》及其配套部门规章《电子认证服务管理办法》将同时生效。《电子签名法》的出台将有重要的意义：首先可以化解网络诚信危机，坚定交易信心，有法律支持的技术用得才放心；其次，由于数据电文具有了法律效力，对证据学的完善有积极的作用。网络证券、网络彩票等新型交易形式会给电信增值业务带来许多新的增长点，同时也给律师业务带来了机遇和挑战。

4. MP3歌曲搜索引擎营利模式的侵权问题。李德成律师提出了一个较新却很敏感的问题，即MP3歌曲搜索引擎营利模式的侵权问题。这一问题主要是被链接网站被控制在前台的网站的手里，于是很容易认为MP3歌曲搜索引擎是侵权的行为，因为它是基于其他网站的资源来为自己的服务进行活动，涉及辅助侵权问题，即针对MP3歌曲搜索引擎没有尽到甄别信息的合法性的义务。网络著作权的侵权构成不益以商业目

的为要件，网络著作权的侵权民事责任的认定亦不以商业目的为要件。

二、出版《信息网络与高新技术法律前沿（2005）》

由本专业委员会和重庆市律师协会组织编写的《信息网络与高新技术法律前沿（2005）》一书，2006年1月已由中国民主法制出版社出版。本书由本委员会成员和其他作者撰稿。共收集论文38篇，约33万字。在2003年，该委员会曾出版过《信息网络与高新技术前沿》一书，由于该书既具有前沿的理论探讨，又非常切合律师的执业实务，一经出版即获得了各界的好评，并被安徽广播电视大学选为其开放教育法学专业本科生《网络法律专题》课程教材。本书是该委员会的另一成果。

本书由全国律协会长于宁作序。董永森和陈际红任主编。编审委员会主任是董永森，副主任是田凤常、寿步、孔嘉、蔡海宁、徐家力、陈际红。本书的内容包括了信息网络著作权保护，软件专利，开源软件的发展，网络游戏与虚拟财产，域名等主题。

三、与信息技术和信息网络有关的重要法律课题的研究

2005年度，本委员会承担或参与了几项重要的，与信息技术和高新技术有关的课题的研究。主要包括：

1. 关于Linux内核专利地图的相关分析。Linux的发展对中国软件产业非常重要。在Linux的发展中，软件专利问题和版权问题，一致是阻碍其发展的重要法律问题。在2005年，本委员会与信息产业部软件与集成电路中心、北京市知识产权局等单位，开展了Linux内核专利地图的相关分析的课题，并在年底出版了初步的研究成果，研究成果受到了政府机关和企业的高度评价。

2. 印刷电路板的布图设计的法律保护研究。本项目由国家知识产权局立项，本委员会承担。目前，项目在顺利的进行中。

四、参与《电信法》的立法活动

在2005年，随着《电信法》立法深入，立法机关多次征求本委员会对不同版本草案的意见。本委员会组织委员就专门问题进行了专题研究，并向立法部门提出了书面的意见，本委员会的多项意见和建议得到了立法部门的肯定和采纳。主要包括，建立独立的电信监督和管理委员会；打破不同运营商的垄断问题，解决互联互通问题；加大普通消费者对电信业务的知情权利和保护消费者的合法权益等等。

五、扩大委员会委员和顾问队伍，建立研讨员制度

在2005年，在保证质量的基础上，有计划地吸纳了部分委员进入，对于不能按照制度和规章参加活动的委员，予以除名。

根据发展的需要，在2005年，补充了两名顾问。对于积极参加委员会活动，希望加入委员会，但暂时不具备条件的律师，以研讨员的身份加入，培养委员会的发展梯队。

全国律协行政法专业委员会业务研讨工作

一、积极组织各地委员参与行政立法工作

1. 北京周卫平律师参与了《物权法》、《律师法》的修改工作，并组织当地委员积极参与行政法有关研讨、论证活动。

2. 湖北岳琴舫律师组织当地律师对《湖北省实验动物管理条例》、《湖北省信访条例》提出了立法修改建议。

3. 大连陈文卿律师组织当地参与了《大连市城市绿化条例》、《大连市商品房销售网上备案办法》、《大连市环境卫生条例》的修订工作，并参与了《辽宁物业管理法》的起草工作。

4. 为积极促进我国行政立法建设，周卫平等委员在本年度积极参加了行政法学会专题研究。

二、为政府机关担任顾问或提供建议方案

1. 为促进政府信息公开制度的建立，委员谢惠定、周立太、袁裕来等律师今年曾两次上书国务院，提议对国家工商总局部门规章的合法性进行审查。

2. 北京谢惠定律师就广东潮安干果产品在北京全面封杀一事所涉及的行政法律问题，发表了法律意见，对问题的解决起到了推动作用。

3. 湖北岳琴舫律师担任当地人大法律部门担任顾问。

4. 北京熊文钊律师就郸县注水猪肉贩陈志兵状告郸县贸粮局越权执法案，发表法律分析意见。

三、为各地律师提供行政法律服务支持

1. 北京周卫平、熊文钊、谢惠定等委员对包头民航空难赔偿案涉及的行政法律问题进行研讨，并发表

法律意见。

2. 委员会秘书处接待各种日常法律咨询服务。

四、成功举办行政法专业委员会 2005 年会，并对行政诉讼法的修改问题展开研讨

全国律协行政法专业委员会于 2005 年 12 月中旬，在广西桂林成功召开了委员会第四届年会，并邀请应松年老师、李援主任、赵大光法官前来就行政诉讼法修改的理论与实务问题与参会律师展开研讨，该次会议对行政诉讼法的修改起到了积极促进作用。

五、委员会建设

1. 2005 年度，9 名律师被批准加入委员会，行政法专业委员会得到进一步的壮大，行政法专业律师的队伍也得到进一步加强。

2. 对建立委员会网站做了大量的策划工作。

（二）各地律师协会专业研讨工作

北京市律师协会专业研讨工作

一、加强专业委员会建设，强化指导作用，扩大会员的参与面及成果的受益面

应广大律师的要求，根据律师业务发展及专业委员会自身功能完善的需要，七届律协将上届的46个专业委员会调整、扩充为53个，参加的律师由上届的800人增加到1600余人。改革活动方式，大部分研讨活动均通过协会网站向全市律师公开，接受自愿报名。截止到12月底，53个专业委员会共举办各类活动92次，参加人数达到1万余人。《民事诉讼法》修改与完善研讨会、不正当竞争诉讼中的法律问题研讨会、物业纠纷的根源及解决途径研讨会、侵权行为法及产品责任立法研讨会以及民商事纠纷与刑事犯罪交叉的法律适用专题讲座、涉外知识产权案件中的法律适用专题讲座、《公司法》修改背景及主要内容介绍专题讲座等活动在业内受到了广泛的好评。

二、组织律师参与立法活动

各专业委员会主动与人大法工委、国务院法制局、国家工商局以及各级法院、各法律院校加强联系与沟通，积极参与法制建设。7月份，物权法、担保法律事务、土地法、物业管理法律事务4个专业委员会共同发起了向全市律师征集《物权法（草案)》修改意见活动，并在此基础上召开了《物权法（草案)》研讨会，形成书面意见后报送了全国人大法工委；8月，应市一中院的请求，商标法专业委员会就国家商标局关于驰名商标认定的批复是否可以提起行政诉讼及诉讼主体的问题，向一中院民五庭出具了书面意见；应全国律协和市司法局的要求，相关专业委员会分别就审计法、个人所得税法修正案以及畜牧法、期货管理暂行条例、商标代理管理条例、缺陷产品管理条例、北京市城市基础设施特许经营条例、北京市道路安全防范责任制管理办法草案提出了专业意见。

三、2005年举行的业务研讨会

2005年业务研讨会情况汇总表（共92次，10336人）

序号	时　间	主办单位	内　容	嘉宾与参会人员	人数
1	6月30日	国际投资法律事务专业委员会	2005年下半年度工作计划	本专业委员会委员	36
2	7月2日	政府法律顾问专业委员会	工作会议（本委员会的工作计划及工作规则等）	本专业委员会委员	30
3	7月2日	反不正当竞争法律事务专业委员会	工作会议（本委员会的工作计划及工作规则等）	本专业委员会委员	14
4	7月6日	刑法专业委员会	工作会议（本委员会的工作计划及发展前景）	本专业委员会委员	60

续表

序号	时间	主办单位	内容	嘉宾与参会人员	人数
5	7月8日	信托法律事务专业委员会	讨论《北京市律师协会信托法律事务专业委员会工作计划与实施办法》。	本专业委员会委员	18
6	7月8日	医疗法律事务专业委员会	2005年下半年度工作计划	本专业委员会委员	20
7	7月9日	著作权法律事务专业委员会	2005年下半年度工作计划	本专业委员会委员	35
8	7月9日	商标法律事务专业委员会	本届专业委员会三年的工作规划	本专业委员会委员	33
9	7月9日	奥运与文体法律事务专业委员会	本专业委员会三年任期内工作和今年下半年的工作安排	本专业委员会委员	17
10	7月11日	仲裁法律事务专业委员会	本委员会的发展前景以及业务活动开展等	本专业委员会委员	19
11	7月13日	传媒与新闻法律事务专业委员会	2005年下半年度的工作计划	本专业委员会委员	35
12	7月16日	专利法专业委员会	2005年下半年度工作计划	本专业委员会委员	15
13	7月16日	奥运与体育法律事务专业委员会	讨论《北京市全民健身条例（草案）》	本专业委员会委员	16
14	7月16日	物业管理法律事务专业委员会	2005年下半年度工作计划及本专业委员会的工作规则	本专业委员会委员	22
15	7月17日	不良资产处置法律事务专业委员会	本专业委员会工作计划、设想和建议	本专业委员会委员	16
16	7月18日	产品质量与侵权损害法律事务专业委员会	2005年下半年度工作计划	本专业委员会委员	12
17	7月20日	宪法与人权专业委员会	讨论、修改《宪法与人权专业委员会2005年工作计划》、《拟聘请顾问和专家团成员名单》、《宪法与人权专业委员会工作规则》（试行）和《宪法与人权专业委员会论文写作参考课题》。	本专业委员会委员	15

续表

序号	时　间	主办单位	内　容	嘉宾与参会人员	人数
18	7月23日	并购与重组法律事务专业委员会	国有产权交易研讨会	北京产权交易所及其经纪公司——北京指航投资咨询公司、北京凯文律师事务所的相关专业人员	67
19	7月24日上午	反不正当竞争法律事务专业委员会	表决通过《反不正当竞争法律事务委员会工作规则》	本专业委员会委员	12
20	7月24日下午	反不正当竞争法律事务专业委员会	7月18日本专业委员会委员旁听的两起诉讼庭审案件的案例研讨会	信息网络专业委员会李德成主任、著作权专业委员会葛小鹰主任	16
21	7月26日	担保法律事务专业委员会	2005年下半年度工作计划和具体安排	本专业委员会委员	16
22	7月29日	刑事诉讼法专业委员会	聘请专家顾问会暨工作规划讨论会	北京市律协副会长巩沙律师、中国政法大学刑事诉讼法教授樊崇义、中国人民大学刑事诉讼法教授陈卫东、北京大学法学院刑法教授陈兴良、清华大学法学院刑法教授张明楷、北京大学法学院刑事诉讼法教授陈瑞华、中国社会科学院法学所研究员王敏远、北京市公安局法制办主任林兆波、海淀区公安局副局长金志海	28
23	7月30日	国有企业改制法律事务专业委员会	2005年下半年度工作计划和具体安排	本专业委员会委员	21
24	7月31日	税务法律事务专业委员会	探讨本委员会工作的长期目标和工作方式、讨论并制订2005年下半年工作计划	本专业委员会委员	21
25	8月5日	传媒与新闻法律事务专业委员会	新闻记者如何在采访和编辑过程中有效防范法律风险、在行使舆论监督权利时，如何避免侵犯公民名誉权等，并为本委员会编写《新闻采编人员法律风险防范指南》征求意见	北京市律协副会长巩沙律师、业务指导工作委员会副主任张燕生律师及中央电视台、北京电视台、北京青年报、新京报、sina网等32家媒体记者	70

续表

序号	时 间	主办单位	内 容	嘉宾与参会人员	人数
26	8月6日、7日	民事诉讼法专业委员会	《民事诉讼法》修改与完善研讨会	市律协副会长巩沙律师及业务指导工作委员会副主任张卫华律师、中国人民大学法学院教授江伟、全国人大法工委民法室研究员扈纪华、最高人民法院立案庭副庭长姜启波及各大院校近二十位教授学者	130
27	8月6日	公司法律制度专业委员会	本专业委员会负责人的分工及职责介绍、全体委员自我介绍、委员会主任、副主任介绍委员会的工作安排情况	本专业委员会委员	85
28	8月12日	专利法律事务专业委员会与反不正当竞争法律事务专业委员会	从第一起基因专利侵权案件入手研讨基因专利涉及的法律问题	市律协业务指导工作委员会副主任钱列阳律师、原北京高级人民法院副庭长程永顺、国家知识产权局基因工程处处长潘爱群及国家知识产权局条法司业务处处长杨红菊	35
29	8月13~14日	物权法律事务专业委员会及担保法律事务、土地法律事务、物业管理法律事务专业委员会	《物权法》草案研讨会	市律协副会长巩沙律师	200
30	8月18日	汽车与交通法律事务专业委员会	讨论《家用汽车产品修理、更换、退货责任规定》	市律协副会长巩沙律师	23
31	8月19日	仲裁法律事务专业委员会	仲裁与律师业务研讨会	市律协业务指导委员会副主任钱列阳律师、中国国际贸易仲裁委员会副秘书长、海事仲裁委员会主任、秘书长陈敏先生	45
32	8月19日	项目融资与租赁法律事务专业委员会	《融资租赁法》的起草情况和立法难点	本专业委员会委员	12
33	8月20日	合同法专业委员会	2005年下半年度的工作计划及未来三年的工作展望	本专业委员会委员	48

续表

序号	时　间	主办单位	内　容	嘉宾与参会人员	人数
34	8月20日	保险法律事务专业委员会	内部工作会议	本届律协监事长、上届本专业委员会主任赵小鲁律师、律协业务指导委员会副主任钱列阳律师	20
35	8月21日	行政法专业委员会	行政诉讼法修改建议	全国人大法工委行政法研究室李援主任	25
36	8月26～28日	劳动与社会保障法律事务专业委员会、北京市法学会劳动法学和社会保障法学分会	劳动争议案例会	北京市劳动保障系统的政府官员、劳动仲裁员、法院系统法官、大专院校专家学者等	30
37	9月2日	医疗法律事务专业委员会	构建和谐医患关系——《医疗事故处理条例》实施三周年座谈会	市律协业务指导委员会副主任张燕生、卫生部政策法规司陈辉处长、中国卫生法学会吴崇奇会长、北京大学法学院孙东东教授、最高人民法院研究室汪治平法官、北京市高级法院法医室常林法官、北京301医院法律顾问处张宝珠处长	70
38	9月9日	信息网络与电子商务法律事务专业委员会	网络文化市场经营与发展法律研讨会	市律协业务指导委员会副主任钱列阳律师、文化部文化市场司网络文化处刘强副处长	20
39	9月10日	税务法律事务专业委员会	《个人所得税修正案（草案）》修改意见研讨会	本专业委员会委员	21
40	9月15日	中央政法委	关于解决民商事案件执行难问题的调研协调会	市律协会长李大进、副会长巩沙与民法专业委员会主任蒋京川、合同法专业委员会主任刘守豹、行政法专业委员会主任吕立秋、中央政法委、全国人大常委会、最高人民法院有关方面负责人牟君发、王飞鸿、王进等，北京市高院、市一中院、市二中院执行工作的负责人田玉玺、雷运龙、王怀勤、王志军等，中国人民大学、中国政法大学、北京联合大学、北京政法职业学院的专家教授叶林、赵旭东、王晓明、李克等	30

续表

序号	时 间	主办单位	内 容	嘉宾与参会人员	人数
41	9月16日	反不正当竞争法律事务专业委员会	全体委员在海淀法院旁听的“上海步升公司诉百度公司”著作权侵权一案案例研讨会	本专业委员会委员	12
42	9月17日	不良资产处置法律事务专业委员会	金融不良资产处置监管与律师业务	市律协业务指导委员会秘书长孙晓洋律师及其他专业人员	70
43	9月23日	房地产开发法律事务专业委员会	国有土地使用权合同纠纷案件最新司法解释研讨会	最高人民法院韩延斌法官	80
44	9月23日	商业银行法律事务专业委员会	信用证和贸易融资方面的典型案例	本专业委员会委员	38
45	9月24日	合同法专业委员会	民商事纠纷与刑事犯罪交叉的法律适用	最高人民法院民二庭徐瑞柏法官	1100
46	9月26日	商业银行法律事务专业委员会	金融衍生产品相关国际范本的法律问题	证泰律师事务所金融部主管蒋纪平律师	32
47	10月15~16日	物业管理法律事务专业委员会	物权法（侧重于建筑物区分所有权部分）	物权法专家、中国社科院陈华彬教授	50
48	10月15日	国有企业改制法律事务专业委员会	企事业单位改制最新政策特点和疑难问题的研讨会	市律协业务指导委员会秘书长孙晓洋律师、国企改制领域的知名专家李保民、苏海南	65
49	10月17日	仲裁法律事务专业委员会	ICC China - BAC 国际仲裁研讨会	国际商会国际仲裁院主席 Robert Briner 博士及北京仲裁委员会秘书长王红松女士	24
50	10月20日	政府法律顾问法律事务专业委员会	与北京市政府法制办公室举行了业务合作座谈会	市律协副会长巩沙律师、市政府法制办公室副主任李灵雁、宣传处处长李忠普	12
51	10月21日	未成年人保护法律事务专业委员会、北京市丰台区教委	2005年丰台区律师进校园工作研讨会	市律协业务指导工作委员会副主任张燕生律师、丰台区50所中学的德育负责人及担任丰台区这50所中学法律顾问的律师	120
52	10月22日	著作权法律事务专业委员会	涉外知识产权案件中的法律适用	北京市高级人民法院知识产权庭副庭长陈锦川法官	800

续表

序号	时 间	主办单位	内 容	嘉宾与参会人员	人数
53	10月22日	招投标与拍卖法律事务专业委员会、《法人》杂志社	招标投标监管问题法律论坛	北京大学财税法研究中心教授朱少平、国家发改委法规司处长张治峰、法制日报社副总编常少扬、法人杂志社常务副总编王丰斌、北京科技大学文法学院的教授曹富国、清华大学建筑管理系教授卢有杰、国信招标有限公司总工程师荆贵锁等众多招投标领域的专家、学者	87
54	10月28日	婚姻与家庭法律事务专业委员会	《中华人民共和国妇女权益保障法》修改背景及实施问题研讨会	全国妇联权益部部长邓丽女士	80
55	10月29日	反不正当竞争法律事务专业委员会	不正当竞争诉讼中几点法律问题	海淀区人民法院知识产权庭副庭长马秀荣法官	120
56	10月30日	信息网络与电子商务法律事务专业委员会	《互联网著作权行政保护办法》理解与适用	国家新闻出版署版权司副司长许超	45
57	10月30日	刑事诉讼法专业委员会委员	中国与瑞典刑事诉讼比较与律师在刑事辩护中的作用	瑞典律师协会肯尼斯·刘易斯等两名资深刑事辩护律师	13
58	11月2日	期货经纪法律事务专业委员会	讨论《期货交易管理条例（修订稿）》	中国证监会期货部主任吴运浩、中国期货协会副秘书长赵建	20
59	11月3日	国际投资法律事务专业委员会	境外投资政策报告会	商务部对外经济合作司李永军处长	120
60	11月3日	民法专业委员会、朝阳人民法院	《朝阳区人民法院关于法官助理在庭前准备阶段进行调解工作的规定》、《朝阳区人民法院特邀调解员工作规定（试行）》、《朝阳区人民法院关于律师和解工作的规定（试行）》的专题座谈	朝阳人民法院院长李新生、副院长夏俭军、市律协副会长巩沙、朝阳人民法院研究室主任毛力	15

续表

序号	时间	主办单位	内容	嘉宾与参会人员	人数
61	11月5日	民法专业委员会	律师如何参与法院（民商事案件）庭外和解	民事诉讼法、合同法、消费者权益法律事务、仲裁法律事务、专利法律事务等专业委员会部分委员	60
62	11月6日	奥运与体育法律事务专业委员会	本委员会于十月赴澳大利亚悉尼考察的情况		16
63	11月12日	项目融资与租赁法律事务专业委员会	融资租赁立法研讨会	最高人民法院副局级审判员曹守晔法官和中国外商投资企业协会租赁业委员会常务副会长、全国人大财经委“融资租赁法”起草顾问组顾问屈延凯先生	65
64	11月12日	审计会计法律事务专业委员会	注册会计师民事责任中若干法律问题	北京大学法学院刘燕教授	86
65	11月12日	宪法与人权专业委员会	影响性诉讼与法制进步	市律协业务指导委员会主任张学兵律师、副主任张燕生律师	87
66	11月13日	公司法律制度专业委员会	《公司法》修改背景及主要内容介绍	全国人大《公司法》修订领导小组组长、全国人大法工委副主任安建部长	1500
67	11月13日	北京市律师协会未成年人保护专业委员会、共青团北京市委员会、北京市未成年人保护委员会、北京市高级人民法院、北京市未成年人法学研究会、北京市法学会妇女法学研究会、北京市法学会民商法学研究会	“未成年人民事权益保护”专题研讨会	研究未成年人民事权益的法学专家、学者，司法实践部门的具有多年未成年人民事权益司法实务经验的律师、警官、检察官、法官和相关的教育工作者、未成年人民事权益保护工作者等	130
68	11月15日	资本市场与证券法律事务专业委员会	关于国内上市公司股权分置改革中的法律问题	中国证券监督管理委员会法律部陈飞处长	60

续表

序号	时 间	主办单位	内 容	嘉宾与参会人员	人数
69	11月19日	传媒与新闻法律事务专业委员会	《新闻从业人员法律风险防范指南和案例》编写的有关问题、2006年本委员会的工作计划和预算、面向全市律师讲座活动的选题和主讲人推荐等问题	本专业委员会委员	35
70	11月20日	消费者权益法律事务专业委员会	消费维权之物业篇——物业纠纷的根源及解决途径研讨会	全国人大法律委员会民法工委巡视员何山、中国消费者协会副秘书长董京生、市律协业务指导委员会副主任张燕生、市消费者协会副秘书长张明、北京工商大学教授李仁玉、市一中院民庭副庭长王忠、朝服区人民法院民二庭庭长马勇进、海淀区人民法院民庭副庭长马军等多位专家、学者、法官、律师及业主代表	120
71	11月24日	产品质量与侵权损害法律事务专业委员会	侵权行为法及产品责任相关立法情况介绍	参与《中国民法典》起草工作的中国人民大学法学院张新宝教授	180
72	11月25日	婚姻与家庭法律事务专业委员会	探讨及研究“婚姻家庭法律事务领域目前普遍存在的一些问题”	本专业委员会委员	17
73	11月25日	房地产开发法律事务专业委员会、市土地协会法律专业委员会	土地法律制度理论与实践研讨会	北京土地学会法律专业委员会主任、国土资源管理局法制处处长丁世华，北京大学法学院房地产法研究中心主任、博士、英国剑桥大学讲师楼建波、北京市第二中级人民法院民庭庭长靳起	230
74	11月26日	物业管理法律事务专业委员会	“和谐社区与物业管理法”研讨会	中国人民大学公共政策研究中心研究员舒可心	67
75	11月27日	建筑工程与基础设施法律事务专业委员会	“建设工程施工合同司法解释的理解与适用”研讨会	最高人民法院负责起草《建设工程施工合同司法解释》的民一庭法官刘晓光	140
76	11月30日	土地法专业委员会	“土地市场供应政策与法律”研讨会	北京市国土局储备中心副主任陈倩及北京市国土局市场处处长靳薇	200

续表

序号	时 间	主办单位	内 容	嘉宾与参会人员	人数
77	12月2日	未成年人保护专业委员会及朝阳区教育局	为朝阳区13所民办学校配备法制校长	本专业委员会委员	20
78	12月3日	公司法律制度专业委员会	“《公司法》的修改与律师新业务”讲座	中国人民大学法学院叶林教授	1700
79	12月9日	国际贸易法律事务专业委员会	“美国337条款”调查及我国的对策研讨会	商务部进出口公平贸易局李成钢副局长	80
80	12月10日	宪法与人权专业委员会	“《律师法》修改与律师执业权利保障”学术研讨会	副会长巩沙	100
81	12月10日上午	反不正当竞争法律事务专业委员会	对最高人民法院院“审理不正当民事纠纷案件适用法律若干问题的解释”的修改研讨	本专业委员会委员	60
82	12月10日下午	反不正当竞争法律事务专业委员会	2005年工作总结与2006年工作计划	本专业委员会委员	12
83	12月10日	信托法律事务专业委员会	“信托在中国的实践与面临的挑战”讲座	中国银监会非银行金融司市场处李招军处长	160
84	12月11日	专利法律事务专业委员会	加拿大知识产权保护专题讲座	业务指导委员会主任张学兵，加拿大高林律师事务所 Jane Clark、Doug McIntyre、Ying Hou 三位律师	100
85	12月13日	资本市场与证券法律制度专业委员会	“证券公司风险处置与破产清算”讲座	中国证券投资者保护基金有限责任公司刘磊处长	100
86	12月14日	票据法律事务专业委员会	信用证和承兑汇票实务研讨会	对外经济贸易大学国际经贸学院石玉川教授、中国银行总行结算处刘云飞处长	60
87	12月17日	奥运与文体法律事务专业委员会	外聘专家顾问仪式	国家体育总局体育科学研究所研究员蔡俊武教授、北京市发改委奥运经济高级顾问黄为博士、原汉城奥运会法务部部长柳昌宗律师等受聘顾问	80

续表

序号	时　间	主办单位	内　容	嘉宾与参会人员	人数
88	12月17日	刑法专业委员会	“辩护技巧”研讨会	北京市海淀区人民检察院起诉一处、二处于振飞、庄严伟两位处长	20
89	12月23日	商业银行法律事务专业委员会	“公司法修改对商业银行相关业务的影响”讲座	最高人民法院政策研究室副局级审判员曹守晔法官	210
90	12月24日	商标法律事务专业委员会	商标司法和行政保护研讨会	国家工商行政管理总局商标局案件指导处陈文彤处长、北京市第一中级人民法院民五庭张广良庭长	200
91	12月29日上午	消费者权益法律事务专业委员会	“消费维权之食品安全篇——食品安全问题产生的根源及解决途径”研讨会	国家工商总局消保局、北京市卫生监督所应急指挥中心、海淀区人民法院、北京化工大学等有关单位的专家学者	40
92	12月29日下午	消费者权益法律事务专业委员会	“消费维权之交通出行篇——‘春运’出行的法律问题”研讨会	最高人民检察院王景琦处长、中国消费者协会武高汉副秘书长、北京市消费者协会投诉部郎丹柯主任、朝阳区人民法院马勇进法官等专家和学者	40

天津市律师协会专业研讨工作

2005年，天津市律协各专门、专业委员会分别开展了多项活动，如惩戒委员会多次召开听证会及专题研究会议，对惩戒问题进行研究，并就重点案件进行了讨论；未成年人保护委员会多次召开会议、组织未成年人保护法的培训，积极开展未成年人保护工作，2005年被国务院全国维护妇女儿童权益协调组评为“全国维护妇女儿童权益贡献奖”先进集体，委员会主任张小娜律师于2005年9月被评为“天津市实施妇女儿童发展规划”先进个人，受到天津市政府妇女儿童工作委员会的表彰；女律师联谊会组织了丰富多彩的女律师活动如赠书、与妇联就律师在妇女儿童保护工作中如何发挥作用的座谈等；刑事业务委员会组织了《刑事诉讼法》第35条的修改提出建议活动及刑事辩护律师义务宣传日等活动，影响广泛。

上海市律师协会专业研讨工作

一、地区片会

（一）主办第三届华东律师论坛

9月24日，第三届华东律师论坛在上海千鹤宾馆隆重开幕。本次华东律师论坛由上海市律师协会主办，共有100余名来自华东六省一市的律师参加了论坛研讨活动。市律师协会副会长徐晓青主持了开幕式。吕红兵会长、朱洪超副会长分别代表上海律协、全国律协致辞。市司法局局长缪晓宝出席了本次论坛开幕式并作重要讲话。开幕式结束后，由上海市高级人民法院院长滕一龙、上海浙江商会常务副会长杨介生分别应邀作了题为《法官眼中的律师》、《企业家与法律》的精彩演讲，成为论坛的一大亮点。下午，各省市推荐的代表围绕本次论坛的主题“构建和谐社会与律师的作用”分别做了主题发言。9月25日，举行热烈的分会场讨论，此次论坛还新增“自由论坛”。9月25日下午，《中国律师》杂志主编刘桂明作论坛综述，论坛圆满结束。此次论坛，上海律师积极投稿参与，共收到论文70余篇，为历年之最。论坛的筹备、会务等各项工作也得到了兄弟省市律师同行的肯定。

（二）组织上海律师参加第五届中国律师论坛

11月4日到5日，为期两天的第五届中国律师论坛在天津开幕。市司法局副局长桂晓民、市律师协会会长吕红兵、副会长朱洪超、副会长徐晓青、副会长王小耘、秘书长万恩标、常务理事朱树英、理事乔文骏和其他14名上海律师参加了本届论坛。中华全国律师协会副会长朱洪超主持开幕仪式，上海市律师协会会长吕红兵参加“律师管理与发展——从律师行业管理到律师事务所管理”为主题的分论坛并做了“从法律权威到社会和谐”为题的主旨演讲;11月4日下午,中华全国律师协会副会长朱洪超和上海市律师协会会长吕红兵参加了“执业律师会长的新角色与新使命”分论坛。在以律师管理与发展——从律师事务所管理到律师自我管理为主题的分论坛中,上海律师代表朱树英做了“漫谈总所与分所的管理”为题的演讲,就上海建纬律师事务所在总所与分所的管理中的经验与参会律师代表进行了交流,并回答了其他律师代表的提问。

（三）组织上海律师参加第22届世界法律大会上海分会

第22届世界法律大会于9月4日在北京开幕。这次大会围绕“法治与国际和谐社会”这一主题，对法律、法治与法院，国际恐怖主义，反腐败的国际合作，联合国的地位、作用与改革，司法与传媒等22个专题展开讨论。这些问题基本涵盖了当前法治领域的重大问题，充分体现了以法律来维护和促进人与人，人与自然，人与社会的和谐发展和目标。9月8日到9日，第22届世界法律大会移师上海国际会议中心继续举行。上海市律师协会组织了45位上海律师参加了第22届世界法律大会上海分会。9月9日上午，在第五分会场，由复旦大学法学院上海市律师协会协办的国际服务贸易，法律服务，保险和银行业专题中，中国银监会主席刘明康，美国华盛顿特区律师事务所客户服务顾问依利斯·琼斯，中国保监会副主席吴小平，中华全国律师协会副会长、上海市联合律师事务所主任朱洪超分别发表了主题演讲。朱洪超副会长作了题为《中国法律服务市场开放的挑战和机遇——在理想与现实之间的思考》的演讲，引起了参会国际法律界人士对中国律师特别是上海律师总体状况的极大兴趣。

二、业务研讨活动

（一）举办“2005金融法论坛：股权分置法律问题研讨会”

6月25日下午，论坛在锦辉宾馆召开。本次研讨会由市法学会、市律师协会主办，市法学会金融法研究会、市律师协会证券与期货研究委员会承办。市法学会副会长顾肖荣教授、市律师协会会长吕红兵、上海证券交易所法律部陆文山总监等到会并讲话。来自本市及北京、山东等地的律师、法学专家、法官、证券专业人士，以及财经媒体等70余人参加了会议。本次研讨会根据《证券法》立法修改进程和国务院“国九条”的精神，落实中国证监会日前颁布的《上市公司股权分置改革试点有关问题的通知》等一系列规范，就实践中出现的法律问题进行深入研究、提出措施，促进和完善上市公司股权分置改革。与会者事先提供了20余篇论文，编印成论文资料集。在历时5个小时的会议上，有11位与会者围绕股权分置改革中的决策制、信息披露制、社会公众股投资者权益保护和法律责任等问题作了主题发言，10多位来自各方面的人士争先恐后地作了提问、讨论和自由发言，整个研讨会气氛活跃、争论热烈、节奏紧凑、效果鲜明。本次研讨会是在全国范围内第一次就股权分置改革的法律问题作专题研讨，也是一次证券界与法律界的直接对话。会议最后形成共识，将进一步关注和积极参与股权分置改革，不断就其中出现的法律问题进行理论探讨和实践探索，推动我国证券市场及其法制建设的发展。

会议由市法学会金融法研究会总干事华东政法学院教授吴弘主持。市律师协会副会长徐晓青、市律师协会证券与期货研究委员会主任陈瑛明、副主任宋一欣等出席会议。

（二）与中国国际经济贸易仲裁委员会上海分会共同举办“金融衍生产品法律问题研讨会”

8月9日，市律师协会与中国国际经济贸易仲裁委员会上海分会共同举办“金融衍生产品法律问题研讨会”，市律师协会副会长毛柏根，中国国际经济贸易仲裁委员会上海分会副秘书长黄文主持会议。来自人民银行上海分行、工商银行上海分行、招商银行上海分行、中国银行上海分行、上海银行等各个金融机构的人士和市律师协会银行金融研究会委员等其他金融专业的律师共20多人参加了研讨会。会上，中国银行业监督管理委员会上海监管局陈胜先生就“上海市开展金融衍生产品业务现状以及有关法律监管”问题，中国银行上海市分行法律部周珏女士就“金融衍生产品—银行业务实务”问题分别作了专题发言，英国FIELD FISHER WATERHOUSE律师事务所负责金融衍生产品法律业务的Gary Walker律师就相关案例进行了分析和评论。与会的专业人士对研讨会涉及的各个问题进行了热烈而富有成果的讨论，研讨会取得了预期的效果。

（三）组织上海律师参加“中国—瑞典国际商事仲裁研讨会”

10月19日，市律师协会组织60余名上海律师参加在上海宾馆举行的由中国国际仲裁委员会和中华全国律师协会主办，中国国际仲裁委员会上海分会和上海市律师协会承办的“中国—瑞典国际商事仲裁研讨会”。会议由中国国际经济贸易仲裁委员会副秘书长陈敏和斯德哥尔摩商会仲裁院秘书长 Ulf Franke 共同主持，中华全国律师协会副会长、上海市律师协会副会长朱洪超到会并致辞。徐天锡、陈学斌等律师还向专家们提出了各自感兴趣的问题并发表了自己的看法，与会律师都表示能与各专家共同交流仲裁问题的机会难得，了解了国际同行的观点，获得了重要信息，收获颇丰。市律师协会还在静安宾馆宴请与会中外嘉宾，朱洪超副会长、徐晓青副会长与嘉宾亲切交谈。

重庆市律师协会专业研讨工作

一、地区片会

12月11日至12日，2005年西南六省七方律师协作暨业务研讨会在我市召开。30余位来自云南、贵州、四川、广西、重庆、成都等省市司法厅（局）分管律师工作的厅（局）长、律管处长和律师协会的会长、秘书长以及其他有关人员汇聚一堂，交流探讨“两结合”管理模式。我市司法局副局长王永端、律管处处长吴钰鸿和市律协孙发荣会长、韩德云副会长、孙渝副会长、陈翔秘书长、秦涛副秘书长参加了本次活动。

会议由孙发荣会长主持，王永端副局长致欢迎辞，陈翔秘书长介绍了我市律师工作基本情况，重点介绍了协会的建设情况。广西、四川、贵州、云南、成都、昆明等省市的代表作了大会发言，分别介绍了当地律师业发展情况。会议重点对“两结合”管理、律师协会建设进行了交流和探讨。会议决定，2006年西南六省七方律师协作暨业务研讨会在云南举办。与会人员随后还参观了索通律师事务所和中豪律师事务所，就律师事务所的建设进行了广泛的交流。

二、专业委员会活动

3月23日，市律协公司及商业业务委员会在市律协五楼会议室召开会议。会议由杨泽延主任主持，委员会全体律师对新出台的《公司法》（征求意见稿）进行了讨论，提出了相应的修改意见，并将修改意见上报给中华全国律师协会。

5月14日，市律协未成年人保护专业委员会组织的“未成年人保护工作动员及培训大会”在市司法局二楼会议室举行。市关心下一代工作委员会常务副主任肖祖修、市司法局局长陈焕奎、中华全国律师协会未成年人保护专业委员会主任佟丽华、市司法局副局长王永端、市律师协会会长孙发荣等领导出席了开幕式，315名有志为未成年人保护工作奉献爱心的律师参加了会议。肖祖修副主任、王永端副局长、孙发荣会长分别在开幕式上作了讲话。为提高“志愿者”队伍的专业素质，市律协特别邀请了中华全国律师协会未成年人保护专业委员会主任、青少年法律援助与研究中心主任佟丽华律师为我市未成年人保护“志愿者”律师们进行了专题培训。

8月12日，由全国律协刑事业务委员会主办，重庆市律师协会承办的“少数民族地区普法及律师为少数民族群众提供法律服务研讨会”在东和花园酒店举行，研讨会由市律协副会长孙渝主持。来自加拿大的刑事司法改革与辩护项目专家、全国律协刑事业务委员会和我市民族宗教管理部门领导及市律协刑委会委员、少数民族地区的律师代表、西南政法大学师生代表共80余人参加了会议。与会代表就我市少数民族基本情况及普法工作情况、少数民族地区开展刑事辩护及维护当事人合法权益等问题展开讨论。三位加拿大嘉宾对加拿大的少数民族权益保护及机构设置作了介绍并现场回答了相关问题。本次活动作为中加刑事司法改革与辩护项目的重要组成部分，为中加双方信息互通、资源共享搭建了一个良好的平台。

10月21日，由中华全国律师协会和中国国际经济贸易仲裁委员会、瑞典斯德哥尔摩商会仲裁院合作举办，重庆市律师协会承办的“中国—瑞典国际商事仲裁研讨会”在万豪酒店举行。本次研讨会邀请了瑞典最高法院首席大法官 Bo Svensson 和瑞典斯德哥尔摩、中国国际经济贸易仲裁委员会的仲裁专家出席。会议就运用 CIETAC 和 SCC 仲裁规则进行国际商事仲裁等问题进行了研讨。市律协涉外及 WTO 业务委员会委员等近200名律师和市仲裁委部分仲裁员参加了研讨会。与会人员就商事仲裁的最新发展进行了广泛交流，认为准确运用国际商事仲裁的各项规则，对于律师妥善处理涉外法律业务，提供优质的法律服务具有重要作用。

12月17日，由全国律协主办，市律协承办的“金融证券法律服务市场的新发展暨中华全国律师协会金融证券专业委员会2005年年会”在重庆海逸酒店举行。中华全国律师协会会长于宁、副会长金山，司法部律师公证工作指导司副司长周院生，市司法局副局长王永端，市律协会长孙发荣、秘书长陈翔、全国律协金融证券专业委员会委员和来自我市的律师参加了本次会议。会议由全国律协副会长金山、全国律协金融证券专业委员会委员张宏久、唐金龙、李志强共同主持。会议对“金融市场新业务的监管和不良资产处置的监管”、“证券法的修改和律师证券业务”等问题进行了交流与探讨。

河北省律师协会专业研讨工作

2005年5月，河北省律协涉外专业委员会召开第一次全体会议暨涉外法律业务座谈会，全会17名委员参加了会议，会议进一步明确了委员会的工作定位，研究了进一步加强省内律师在涉外业务领域的信息沟通、实现信息共享，及如何加强律师事务所之间的专业合作、开辟与外界沟通交流渠道等，同时，请美国衣阿华州律师协会国际部主席史蒂文·迪金森律师，作了题为“青年律师如何获得快速成长”的演讲。2005年7月4日，该委员会召开第二次全体会议暨河北律师与加拿大律师涉外法律业务研讨会，邀请加拿大2名知名律师参加研讨，并作了《中国公司在北美开拓业务经常遇到的法律问题》的专题演讲。

2005年12月，省律协房地产业务委员会召开房地产业务研讨会。该委员会22名全体委员参加了会议，同时邀请省司法厅、省建设厅、省国土资源厅、省高级人民法院有关领导和房地产企业代表参加会议，会议就新公司法对房地产业的影响、现行房地产法律体系及存在的问题、房地产用地管理、房地产案件的审理及房地产融资新途径等进行了发言和研讨。

山西省律师协会专业研讨工作

2005年，山西省组织公司法专业委员会，金融、保险与证券、期货专业委员会，合同法专业委员会，刑事法专业委员会，行政法专业委员会，诉讼法专业委员会等十个专业委员会召开工作会议，安排部署本专业委员会年度工作并开展了一些专项业务交流活动和专题讲座。参加业务交流的委员和律师近1000人。积极开展对外交流，派人参加“企事业单位改革和改制方案设计处理高级研修班”学习，并考察了上海市律师协会专业委员会、上海市律协网站、《上海律师》杂志的建设及工作情况。

内蒙古自治区律师协会专业研讨工作

2005年3月18日，内蒙古自治区律师协会涉外专业委员会工作会议在呼和浩特举行。会议宣读了《关于对内蒙古自治区涉外法律服务现状的调研报告》，决定在5~6月开展“全区涉外法律服务理论与实务论文征集评选活动”。

2005年10月27日，自治区律师协会未成年人保护专业委员会与呼和浩特市教育局联合举办“律师法制宣讲进校园”活动启动仪式。自治区司法厅副厅长岩英、未成年人保护专业委会主任胡丽妹、呼市司法局局长云文怀、呼市教育局副局长余泽强和自治区律协未成年人保护专业委员会在呼委员、呼市教育局直属学校的负责人参加了活动。从此，律师志愿者为呼市各中学学生讲授法制课。

吉林省律师协会专业研讨工作

3月18日 中加刑事司法改革辩护项目——未成年人犯罪的防范与治理研讨会在长春吉林大学法学院东荣大厦会议室召开。此次会议是由全国律协刑事业务委员会、吉林省律师协会、吉林大学法学院和德恒律师学院主办。会议由吉林律师协会副会长兼秘书长张生久主持。中华全国律师协会刑事业务委员会副主任李贵方、加拿大律师代表李微、卡拉尔克、米科莱恩、吉林省律师协会会长赵守华、吉林大学法学院院长徐卫东、吉林省司法厅律师管理处处长王晓峰、吉林省高级人民法院刑事二庭副庭长孟巧灵、长春市中级人民法院刑事二庭副庭长黄桂春、吉林省少管所教育科科长谢杰、德恒律师事务所代表刘桂芬律师等领导和嘉宾出席了会议。吉林省律师协会刑事业务委员会部分律师、吉林大学法学院部分刑法学教授、吉林大学部分在读博士生、硕士生以及附属中学的教师、同学代表参加了研讨会。

会上，李贵方副主任、赵守华会长、加拿大代表李微以及徐卫东院长分别致辞。加拿大律师米科莱恩首先做主题发言，从一个普通律师的角度介绍了加拿大有关未成年人刑法的演进过程、法律原则和法律特点。吉林大学法学院副院长张旭、市中院刑事二庭副庭长黄桂春、吉林省少管所教育科科长谢杰、吉林律师协会刑事业务委员会主任姜长明分别从法理、家庭、社会、法律实务、未成年人罪犯管教等不同角度作了精彩发言。会议结束前，与会者针对自己关心的话题自由提问。会后，加拿大代表向吉林大学图书馆赠送了新修改的加拿大刑法法典，吉林省律师协会会长赵守华代表省律师协会向加拿大律师协会赠送了纪念品，副会长兼秘书长张生久向三位加拿大律师个人赠送了纪念品。加拿大专家还于17日、18日在省律师协会工作人员的陪同下参观了吉林大学校园和长春市容。

9月2日吉林省律师协会由会长赵守华、副会长兼秘书长张生久带队，组织我省律师60多人参加在长春香格里拉大饭店举办“吉林·香港合作交流及东北振兴研讨会”。通过这次会议，我省律师进一步了解了香港的投资环境以及在香港进行投资和上市融资的问题，对香港的仲裁制度也有了进一步的了解。会后，我省律师与香港贸易发展局的代表和香港简家聪律师行简家聪律师就关心的问题交换了意见。

9月3日，赵守华会长在长春名门饭店举行的“跨国公司参与东北老工业基地改造论坛”上作书面发言，介绍了吉林省律师业的发展情况。9月4日，赵大华律师、刘庆久律师在长春南湖宾馆举行的“东北亚经济合作暨大图们江区域投资发展论坛”上分别做主题发言，英语、蒙古语、朝语、俄语、日语等五国语言同声传译。与会外国代表和国内代表就中国法律适用、大图们江区域合作、双边条约适用等关心的问题进行了提问，赵大华律师和刘庆久律师一一做了解答。

为更好地为振兴吉林老工业基地提供法律服务，1月26日上午，吉林省律师协会在吉林兢诚律师事务所召开了律师为国企改制提供法律服务座谈会。吉林省司法厅副厅长刘振宇、省律师协会会长赵守华、副会长兼秘书长张生久、省司法厅律管处处长王晓峰、长春市律师协会副秘书长史靖宇，省律协公司法律委员会成员、省直暨长春市的部分律师出席了会议。座谈会由赵守华会长主持，大家就当前国企改制中存在的法律问题，律师介入国企改制的方法、步骤、内容、作用，特别是我省国企改制亟待法律规范的紧迫性等问题，畅所欲言、献计献策，为我省律师为国企改制提供法律服务奠定了理论基础。

根据省司法厅《关于开展律师事务所规范建设年活动实施计划》的安排，省律师协会于8月20日至21日在长春召开了“全省律师事务所管理经验交流会”，会议将交流、培训及参观学习我省全国优秀律师事务所相结合，并邀请我省全国律师事务所主任讲授律师事务所管理经验为主要内容。会议由赵守华会长致辞，刘振宇副厅长到会并讲话，张生久、高俊杰副会长主持了会议。

为了落实好省司法厅2005年“国企改革服务年”的工作部署，省律师协会于10月25日在长春召开了“全省律师为国企改革服务经验交流会”。会议由省律师协会会长赵守华主持。省司法厅副厅长刘振宇同志到会并作了重要讲话。参加会议的有省律师协会副会长张生久、高俊杰、丁凤礼，监事长王兴志，省司法厅律师管理处副处长付力，各市（州）司法局的主管局长、各市（州）律师协会的领导同志和律师管理科（处）长以及撰写经验材料的部分作者参加了会议。这次会议共收到经验材料和理论研讨文章34篇，参加会议交流的29篇，其中实践篇17篇、理论篇12篇。

这次会议的目的是为了进一步发挥律师在国企改革中的法律服务职能作用，促进国企改革在法律的框架下规范运行，预防和减少国企改革的法律风险，促进国企改革工作的健康有序发展。

2005年，吉林省律协开展的专业委员会活动有：

2月29日，省律师协会刑事法律专业委员会召开全体委员会议，就《刑事诉讼法》第11条提出修改意见，对辩护权的表述等问题进行了认真的讨论，并于3月9日向中华全国律师协会提交了修改报告。

4月23日，省律师协会医疗纠纷专业委员会在长春西中华宾馆召开医疗纠纷法律适用问题研讨会。由医疗纠纷专业委员会于德顺主讲，全体委员及长春部分律师参加研讨。

4月23日，省律师协会女律师工作委员会在吉林兢诚律师事务所召开当代执业女性亚健康预防保健措施讲座，聘请中华预防医学会妇女保健委员会常务委员郭永锡女士主讲，女律师工作委员会委员及省直、长春部分律师到会听讲。

4月29日，省律师协会房地产与建筑工程专业委员会在长春吉大律师事务所召开会议，就律师在办案过程中遇到的实际法律问题进行了研究和交流，发挥了业务指导作用。省律师协会副会长丁凤礼、副会长兼秘书长张生久出席了会议。

5月27日上午，吉林省律师协会公司法律专业委员会在吉林兢诚律师事务所举办公司股权转让业务研讨会，公司法律专业委员会成员和部分律师事务所律师参加了此次会议。会议由徐沛荣律师主持，省律师协会副会长兼秘书长张生久出席了会议。研讨会邀请吉林大学法学院教授蔡立东就股权转让的特殊性以及转让协议中需要考虑的因素做主题演讲，对股权转让过程中的法律规定以及专家、学者对《公司法》第35条的不同理解进行了剖析、比较。随后与会律师们对在股权转让实务中感兴趣的问题进行了探讨。

5月28日上午，吉林省律师协会公司金融证券专业委员会在长春交通宾馆召开座谈会，学习讨论《律师从事证券法律业务规范》和律师从事证券法律风险责任与防范。座谈会由金融证券专业委员会主任董志强主持，吉林省律师协会副会长兼秘书长张生久出席了会议，并对专业委员会今后的活动开展做了重要发言。座谈会上，与会律师结合自己承办证券上市案件的经历，就律师从事证券法律服务风险进行了广泛的讨论，同时对在法律服务中如何履行勤勉尽责原则进行了实例分析。

6月25日，省律协民事法律专业委员会在长春市举行专题研讨活动，民事法律专业委员会全体成员、省律师协会会长赵守华、副会长兼秘书长张生久、副秘书长刘桂琴到会，宽城区人民法院副院长贺洪、省高级人民法院民庭法官王心海应邀参加了会议。会议由民事法律专业委员会副主任许可红主持。会议的议题之一，就是讨论民事诉讼文书规范问题。会上王松律师对《民事律师收案笔录格式》进行说明；许可红对《民事法律服务委托合同》进行说明，与会人员进行了热烈的讨论并提出了修改意见。

赵守华会长就规范律师执业行为作了重要讲话，副会长兼秘书长张生久就行业管理拿出指导意义的规范、庭前准备、基本功问题、证据的具体名目、代理词的格式等提出了建议。民事法律委员会王慎平主任做了会议总结。

10月16日，以全国律协刑事业务委员会在长的委员、省律协刑事业务委员会的全体委员和长春市律协刑事业务委员会的委员为主的20多名律师，在长春市人民广场工人文化宫门前开展“2005年全国刑事辩护律师义务宣传日”活动。省司法厅副厅长刘振宇以及省市律协、司法厅律管处的有关领导到现场进行指导。吉林省电视台、电台、新文化报、长春晚报等新闻媒体进行了宣传报道。

12月9日，省律师协会刑事业务委员会召开年会，会议通报了在中华全国律师协会刑事业务委员会年会上，我省刑事业务专业委员会荣获“2005年全国刑事辩护律师业务宣传日”活动优秀组织奖，《刑法》第306条调研活动突出贡献奖和《刑事诉讼法》修改研讨工作荣誉奖三项荣誉的消息。

吉林省律师协会注重各专业委员会作用，组织协调专业委员会开展业务指导工作。4月13日，组织召开了刑事业务委员会议，对常春律师事务所刘今凯律师提交的李承禧贪污、受贿案进行研究论证，并提出了具体指导意见，严把了律师承办案件的质量关。

4月间，吉林省律师协会与吉林电视台《最近新闻》栏目组合，开展律师进社区法制宣传活动。省律协行政专业委员会、民事专业委员会、刑事专业委员会的部分成员先后7次到曙光街道电力社区、桂林街道等7个社区进行义务法律咨询的宣传活动，为社区群众义务提供法律服务，深受社区群众的欢迎和好评。

黑龙江省律师协会专业研讨工作

新一届黑龙江省律协十分重视专业委员会工作，领导机构确定不久就专门召开了会长办公会议，讨论研究“两专”委员会调整方案，制定下发了《黑龙江省律师协会专业委员会工作规则》，对“两专”委员会的工作职责、组织机构及管理作出了明确规定，为有序开展业务委员会的工作奠定了基础；同时采取自愿申报、各地律协审核、主任竞争上岗、民主投票选举的方式重新设立了18个专业委员会。全省共有424名律师结合自己的专业特长及条件，申报了委员、副主任、主任岗位。2005年10月22日，召开了“黑龙江省律师协会专业委员会竞争上岗暨专业委员会成立大会”，来自全省218名申报者参加了会议，44名主任候选人参加竞争讲演，经全体到场委员以无记名投票方式选举产生了18个专业委员会的18位主任。新产生的专业委员会，极大地调动了执业律师参与自我管理的积极性，工作热情高涨，各专业委员会积极开展理论研讨和学术交流活动，使专业委员会工作有了更新的起色。

浙江省律师协会专业研讨工作

3月19日，浙江省律协民商专业委员会第一次全体会议在杭州召开，39人到会。会议宣布了民商法业务委员会成员的组成，落实了联系方式；颁发了主任、副主任及正、副秘书长聘书并确定了工作分工；并商讨了聘请民商业务委员会顾问事宜；讨论通过了民商法业务委员会工作细则；部署了2005年论文研讨工作。

3月26日，涉外与WTO业务委员会第一次全体大会在杭州举行。大会提出涉外与WTO业务委员会的宗旨是在省律协常务理事会和业务指导委员会的领导下，适应浙江省市场经济和国际经济合作的需要，积极开展对外交流并通过业务委员会的交流和各项活动，提高我省涉外律师，尤其是业务委员会委员的执业水平，造就一支与国际专业水准接轨的涉外与WTO律师队伍，为实施“引进来走出去”战略提供法律服务保障；还提出了充分发挥业务委员会涉外业务的优势、编辑涉外专业论文、进行涉外法律疑问答疑论证等七项涉外业务委员会的职责。

涉外与WTO业务委员会邀请到浙江大学法学院教授翁国民、宁波海事法院院长助理李章军、浙江省经贸厅外资处处长郭心亮、中国贸促会浙江省分会法律部部长吴兆平担任委员会顾问，并向他们颁发了聘书；同时，委员会还聘任香港梁锦涛关学林律师行合伙人何绮莲女士为特邀委员。会上，顾问结合自己的经验，为大家解析了经典的涉外案例，也对我国以及我省的外资特点、外贸政策、投资总额、实际总额等现状，作了精辟讲解。委员们各抒己见，纷纷提出了自己的疑问、看法及一些可行性建议，大会气氛非常热烈。

大会为将在今年6月底、7月初举办的涉外与WTO业务研讨会确立了议题，并根据不同专业将委员会细分为分海事海商、外资并购反倾销反补贴、纺织贸易四个工作小组。

3月26日，知识产权专业委员会为了促进广大律师对该法的认识和理解，以便更好地适宜网络时代的到来，为当事人提供优质的法律服务，举办了《中华人民共和国电子签名法》专题研讨活动。在铁道大厦会议厅里，省律师协会知识产权专业委员会委员袁施敏律师作了《由电子商务解读〈电子签名法〉》的主题发言。浙江省律师协会知识产权专业委员会和杭州市律师协会信息技术和知识产权专业委员会的30余位委员以及50余位律师界同仁参加了研讨活动。

4月10日，行政业务委员会第一次全体会议在杭州举行。行政业务委员会委员及协会聘请的专家顾问出席会议。大会围绕适当增加委员、组织论文写作、开展研讨活动、开展委员培训等议题举行。

4月14日，浙江省律协在萧山召开了建筑与房地产业务委员会成立大会。会议讨论、制定了委员会的工作计划：拟组建宁波和温州两个小组，建立人才资料库；建立疑难案件论证制度，提高委员会在社会上的威望；制定三年重点活动计划，突出宣传和交流；制定较高水准的专业业务规则，突出理论调研，达到全面提升；建立对外交流平台，与政府等主管部门建立良好的合作关系。

4月15日，“中·美·新房地产法理论与实务国际研讨会”在萧山举行，国土司司长甘藏春出席会议，胡祥甫副会长，以及几位国外专家参加会议。会议共两天，三国专家围绕“法律在政府调控房地产市场中的作用”、“物业管理：美国的经验及其对中国的启示”、“律师在房地产开发和交易中的服务机会及风险防范”及房地产开发和交易中具体法律问题等四个主题从理论和实务的角度，从中外不同的视角，对我国房地产市场相关问题进行深入的专题性研究。200余名专家、律师出现会议。

7月2日，涉外与WTO业务委员会年会在宁波召开。14位委员在会议上宣读了自己的论文，并与到会委员进行了详细深切的交流，这次会议决定，成立外资并购和无单放货两个研究小组。

8月20日，知识产权业务委员会与浙江省浙商研究会在杭州联合主办了“企业创新与知识产权战略”论坛。召开这次论坛活动是为了适应新形势的发展和进一步提高企业高中层领导的知识产权意识，自觉地运用知识产权战略，推动技术创新，增强企业的市场竞争能力。参加的人员有浙江省律师协会副会长胡祥甫、知识产权业务委员会会员14人以及浙江省浙商研究会会员30人。发言的委员有七人。把我们的律师以及相关的法律知识介绍给企业界的朋友，我们也借此机会了解了很多企业老总的想法，了解了法律服务市场的需求。活动非常成功，值得推广。

8月20日，行政业务委员会邀请最高人民法院行政庭王达法官开设房屋拆迁和土地方面的实务讲座。拆迁问题争议已久，在实务中是个疑难复杂的领域；土地案件也是关系重大，加之今年最高人民法院出台了重要的司法解释，为此，邀请了最高人民法院资深法官在浙江大学开设讲座，而且，除委员参加外，分别发函邀请在杭律师参加，取得了良好效果。

8月26日至27日，2005年律师实务与理论研讨会在东阳举行。初评入选的57篇论文的作者及各市律协的负责人参加了会议。在研讨会上交流的许多文章，既有律师业务实践方面的内容，又有社会热点和律师行业的难点、焦点方面的内容，充分展现了我省律师立足法律服务，心系行业发展的胸怀。根据书面阅评和研讨交流的情况，研讨会评委经投票评选出了一等奖6篇、二等奖15篇、三等奖24篇。金华等八个律协获组织奖。研讨会期间，省律协邀请浙江大学副校长、法学教授、博士生导师胡建淼为到会人员主讲了“有关中国当今行政诉讼理论与实务中的几个问题”。

10月21日，涉外委员会在杭州召开了为期一天的“涉外法律谈判研讨会”会上，会员们踊跃发言，在热烈的气氛中对于律师从事涉外法律谈判的经验进行了广泛交流，并就许多具体的谈判技巧与策略等达成了共识；会后将各位会员的精彩发言整理成了书面总结，以期对本省年轻律师的涉外法律谈判实践起到指导和帮助作用。

11月10日，民商委与杭州绕城高速公路发展有限公司主办的全国性的“高速公路运营与法律”研讨会在杭州花港海航度假酒店召开。来自北京、云南、江苏、重庆、广东、上海等全国绝大多数省市的30多家知名高速公路业主及主管部门参加本次研讨会。大会还邀请了国内对高速公路法律问题有一定影响的专家，如多次参加高速公路立法的北京交通学院的张柱庭教授。民委会还邀请了引发全国媒体关注的“高速公路不高速”诉讼的北京庞标律师到会现身说法。大家针对高速公路面临的被诉困境及法律对策作充分探讨。本委吴清旺、洪友红、张盛杰、陈小明在大会上对业主的发言作法律点评，并对相关提问作法律解答。本委主任吴清旺律师对研讨会的各家发言所涉及的法律问题作大会最后总结发言。民委会这次活动虽为协办，但在一定程度上扩大了浙江律协及民委会的知名度，同时我们从这次活动中获得了许多宝贵的经验。

11月26日，民商委年终会议在杭州市召开，委员会举行了业务研讨，由9位委员宣读各自的实务论文并和与会者进行交流；总结了今年一年的活动情况；为了方便各位委员的交流，委员会委员们一致同意按地域将委员会细化为三个小组；会议同时原则通过了明年的工作规划。

12月10日，刑事业务委员会年会在杭州市召开。参会委员围绕刑事辩护的现状和前景、律师调查权的正确行使、刑辩律师法律服务市场的拓展、律师会见难的对策以及如何发挥地市刑事业务委员会的作用等问题，展开了讨论，并确定了2006年的工作。

12月10日，公司与证券业务委员会会议在杭州市召开。委员会对积极参与《有限公司及股份有限公司股东大会律师见证并出具法律意见书的操作指引》编写工作的委员给予表扬；对即将施行的《公司法》和《证券法》中的重大修改条款，参会委员讨论并研究了其对今后律师工作的影响；结合江平教授对公司法修改的五大方面，与会委员根据自身的理解及过往的诉讼代理及非诉讼业务经验对公司章程任意性条款的设置、股东诉讼、法人人格否认等本次公司法修改的重大内容进行了热烈的讨论，加深了对修改后公司法的理解和认识，对今后律师在公司法业务领域的服务提供了理论基础；对修改后的《证券法》，参会委员着重对发行制度改革后律师在证券业务领域的服务方向和律师的作用进行了讨论。

安徽省律师协会专业研讨工作

一、地区片会

8月13日至8月14日，省律协在安庆市召开全省律师实务交流会，全省130余名律师参加了会议。交流会收到论文170余篇，选编入册的共139篇。会议分两天举行，内容充实，紧张有序。与会律师交流了经验，增强了友谊，开阔了视野。从交流会中选出14位作者参加第三届华东律师论坛。华东论坛会上，我省张剑雄的《谈对国办所的扬弃》、董劲松的《无单放货之各方责任法律探析》及张万标的《浅议未成年犯的社区矫正》等三篇论文被大会评为优秀论文等三篇论文被华东律师论坛评为优秀论文。

8月25日至26日，省律协与省法学会、法官协会、检察官协会、警察学会、公证员协会等5个协会在安徽黄山市联合举办“促进司法公正，构建和谐社会”的论坛。律师共6人分别获得一、二、三等奖。

10月22日，省律协与《中国律师》杂志社联合主办“法学与法治”巡回讲坛，芜湖市律师协会、安徽纬纶律师事务所承办了讲坛的具体事宜。中国政法大学的江平教授、北京大学法学院的贺卫方教授、清华大学法学院的张卫平教授、中国人民大学法学院的陈卫东教授等应邀作专题演讲。全省近八百名律师参加了培训。

二、专业委员会活动

组织诉讼法律、公司法律专业委员会讨论、研究，对《公证法（草案）》及《公司法》提出了修改意见，并组织行政法律专业委员会参与了全国律协《律师承办行政案件规范（草案）》的制定。

6月26日，建筑、房地产专业委员会在合肥召开研讨会，主要是针对合肥市的“拆违”涉及的法律问题进行研讨，共40余名律师参加。

10月15日，省律协六届三次常务理事会议调整重组了专业委员会，将专业委员会由原来的10个增加至14个，增加了省律协电子商务和信息网络等4个专业委员会。

12月26日，省律协女律师委员会在合肥召开座谈会，向全国律协女律师委员会汇报安徽执业女律师基本情况。

江苏省律师协会专业研讨工作

4月9日至10日，省律协劳动与社会保障业务委员会召开全体会议，研究部署完成全国律协交办的《劳动合同法（草案）》送审稿论证工作。会议还邀请省高院、南京大学法学院劳动法专家到会指导。4月底，委员会提交了本省对《劳动合同法（草案）》送审稿的修改意见，并在6月召开的2005年全国律协劳动与社会保障专业委员会的年会上提交了《竞业限制的范围和补偿》、《涉外劳动关系法律适用》两个专题报告。

4月20日，省律协海事海商业务委员会赴宿迁市宿豫区皂河镇戴场村开展“送法律献爱心到渔村”公益活动。委员会郑杭斌等7名委员给渔民进行了普法讲座，同时自发捐款5000元人民币用于购买渔村小学的图书资料，设立爱德书库；与渔村签订无偿法律服务合同，建立了正常的合作联系。

6月11日至12日，省律师协会行政法业务委员会在苏州大学王健法学院召开会议，来自全省的14名委员参加了会议。会上，委员对本业务委员会活动规则、本届业务委员会工作构想及2005年工作计划、行政律师网站和如何参加江苏行政法学年会等问题进行了讨论，初步达成了一致意见，并明确了各位主任委员的分工。同时还对律师如何代理征地、拆迁法律案件进行深入研究。

8月6日至7日，省律协信息网络与高新技术业务委员会年会在省律协召开。来自全省各地的委员、委员会顾问和网络公司代表对当前网络信息安全中的法律需求、事务所网站建设和江苏律师网改版工作展开了研讨。会上，委员会顾问、金鹰国际软件系统公司吕军总经理作了题为《网络信息安全中的法律需求》的演讲。委员会副主任陆立根作了《律师事务所网站建设指导》的主题讲演。委员、顾问和网络公司等与会同志还从技术等角度对江苏律师网改版论证工作进行了研究，对提交到会上的《江苏律师网板块、栏目设计预案》展开了深入讨论。大家对网站的建设提出了不少好的意见和建议。

8月24日至25日，由江苏省律师协会、连云港市人民政府法制办公室主办，连云港市律师协会、连云港市仲裁委员会协办，江苏省律师协会海事海商业务委员会、江苏连云港田湾律师事务所承办的“通过仲裁方式解决海商事纠纷专题研讨会”在连云港市召开。省律协海事海商业务委员会全体委员、省国际货代协会和徐州仲裁委员会有关负责人、连云港市外经贸局以及连云港市货运、货代、海运、海代、船运、外运、港口集团企业代表等50余人参加了研讨会。会上代表们畅谈了解决海商事纠纷的多种途径和利弊得失，深入探讨了通过仲裁方式解决海商事案件的必要性和可能性，并就今后进一步加强仲裁机构与律师协会的交流与合作、加强企业与法律服务机构的交流与合作等事项进行了充分的讨论，形成了有益的共识。

11月12日至13日，省律协建筑与房地产业务委员会年会在南京文苑宾馆召开。来自全省的二十几名的委员参加了会议，会议讨论了委员会内部组织机构设置说明、活动规则、委员守则，学习了最高人民法院《关于审理涉及国有土地使用合同纠纷案件适用法律问题的解释》，分析、商讨了房地产新政后法律服务面临的形势和应采取的对策，讨论、修改了《江苏省律师提供房地产法律服务工作指引（讨论稿）》。会议还邀请省高院民一庭沈明磊法官作专题报告。

11月6日，省律协国际业务委员会在省律协召开全体会议，讨论了2006年委员会工作，并就召开我省律师与部分外国律师交流合作座谈会、出版《江苏省国际业务论文集》等事项进行了研究。

11月26日，省律协金融证券业务委员会在宁召开工作会议，研究了本届委员会的工作重点，讨论确定了明年工作计划。同时，按照地域分布将委员划分为苏南、苏中、苏北三片，确定每片的负责人；根据专业特点将委员会划分成金融、证券、保险三个工作小组。会议还对《关于律师从事上市业务尽职调查若干问题的规范意见（草稿）》、《江苏律师为上市公司股东大会出具见证意见的工作规范（草稿）》进行了讨论，明确了委员形成书面意见、规范颁布试行适用的时间要求。

12月17日至18日，省律协刑事业务委员会第一次委员会议在省律协召开。来自全省各地近二十名委员参加了会议。会议介绍了目前公安部、最高人民法院、最高人民检察院三部门所关注的刑事法律问题，对袭警犯罪、网络犯罪、知识产权犯罪、洗钱罪以及联合国反腐败公约等法律界热门话题作了述评，讨论了《江苏省律师协会关于律师如何办理简化审刑事案件若干指导意见（讨论稿）》、委员会明年工作计划及工作重点。会议还邀请省高院刑二庭茅仲华副庭长作“关于司法实务中职务犯罪疑难问题”专题报告，省直分会50余名律师到会听取了报告。

12月24日，省律协未成年人保护业务委员会首届年会暨律师参与未成年人保护工作培训班在宁召开。全体委员和省直属律师事务所部分律师一百余人参会，全国律协未成年人保护业务委员会秘书长张雪梅到会祝贺指导，团省委有关部门负责人、省法律援助中心负责人到会。年会期间，举办了一期“律师参与未成年人保护工作培训班”。张雪梅秘书长就全国律协未保委工作动态和委员会、委员如何开展工作做了介绍，对我国未成年人保护的法律制度做了全面的阐述。委员会议还讨论通过了本委员会工作规则和明年工作计划，向全省律师发出了“积极参与未成年人保护事业，献一份爱心，更好展现我省律师的人文情怀和社会责任感”的倡议书。

福建省律师协会专业研讨工作

7月29日、30日省律协召开专门、专业委员会第一次主任会议。

省律协第七届理事会会长洪波、副会长孙卫星以及各专门（专业）委员会的主任、副主任计30多人参加了会议，省律师协秘书长肖仁辉，副秘书长刘瑞兰、娄晓丹和部分工作人员列席会议。会议就各委员会的成立；委员人选的确定；各委员会议事规则、工作计划等内容进行了讨论。

4月22日~24日，合伙律师事务所主任暨合伙人培训班在福州市举行。

福州、三明、宁德各律师事务所主任及合伙人共200多人参加了此次培训。在培训中，省司法厅副厅长陈勇主讲了《律师业与发展问题》；省律师协秘书长洪波主讲了《加强律师行业管理的若干问题》；福建君立律师事务所主任陈壮主讲了《建立健全律师事务所内部管理规章制度》；福建天衡联合律师事务所主任孙卫星就合伙律师事务所管理经验作了介绍。授课人员精彩的讲演、生动的语言，受到了大家的一致好评。

8月18日至20日，“2005年海峡法学论坛”在福州市召开。

本届论坛的主题为“反垄断法的理论与实务”，共收到论文91篇，来自大陆、台湾地区、港澳地区及美国、澳大利亚等地的180多位代表参与了本次盛会。我会对本次活动高度重视，积极组织律师撰写论文并参加这次盛会，通过宣传发动和论文征集，有7篇论文入选本次论坛论文集，其中厦门重宇合众律师事务所主任涂崇禹律师撰写的《中国反垄断法中受害人的司法救济程序初探》一文，还在大会上作了主题演讲。

8月27~28日，“2005年度省直律师论坛”在福州市海峡颐乐园举行。

论文作者、分会常务理事、理事、监事等共100多人参加了此次论坛。省律师协会会长洪波、省律师协秘书长肖仁辉到会并讲了话，原省司法厅厅长洪进宝、省法律援助中心主任应岩林到会指导。福建名仕律师所许明撰写的《交警电子取证的法律思考》等30篇论文获得“2005省直律师论坛优秀论文奖”。创元所、元一所、建达所、天泽广业所、吴浩沛所5家律师事务所获“论文组织奖”。

9月24日、25日，省律协副会长杨新华带队参加“第三届华东律师论坛”。

本届论坛的主题是“构建和谐社会与律师的作用”，来自华东六省一市的100余名律师参加了本次研讨活动。我省派出以省律协副会长杨新华为团长的代表团共8人，于9月23日赴上海参加这次盛会。福建天泽广业律师事务所律师于宁杰在研讨中作了题为《律师职业权利的性质》的主题演讲，该论文还被评选为本届论坛的优秀论文。

10月13日~15日，省律协在福州西湖宾馆召开首届福建律师论坛。

本次论坛的主题为“构建和谐社会与律师业发展”，为开展好本次论文研讨活动，省律协通过发动，共收集到论文1398篇，经民事、刑事、经济、行政法律业务委员会审阅，筛选出120篇论文作为本届论坛的交流材料。经过分论坛交流、大会交流，莆田等5个设区市律师协会和福建建达律师事务所等10个律师事务所获得论文组织奖，郑金火律师撰写的《论死刑的程序限制》等4篇论文获优秀论文一等奖，许明律师撰写的《交警电子取证的法律思考》等8篇论文获优秀论文二等奖，张文锋律师撰写的《关于创建我国刑事被害人财产权益保护制度的构想》等12篇论文获得优秀论文三等奖。

11月4日、5日，省律协副会长孙卫星带队赴天津参加第五届中国律师论坛。

本届论坛以“构建和谐社会与律师业发展”为主题，来自全国各省、区、市以及港澳地区的律师代表和俄、美等国的律师代表共900余人参加了此次盛会。为了充分展示我省律师风采，提高律师理论研讨水平，省律协在充分发动律师撰写论文的基础上，派出了以孙卫星副会长为团长的代表团，参加了本届论坛。通过论坛评选，我省的于宁杰、许明、陈宁、李小海、张文锋、郑启福、丁茂福7位律师撰写的论文获得了优秀论文奖，为我省律师赢得了荣誉。

江西省律师协会专业研讨工作

10月7日上午，公司法务法律专业委员会2005年年会在泰豪军工大厦召开。省人大法制委朱开杨副主任到会祝贺并讲话，何大年副会长代表省律协讲话，欧阳荣军副书记、唐锋秘书长、郭庆瑜、魏涛源副秘书长及专委会的委员出席会议。大会原则通过了《公司法务法律专业委员会活动规则（草案)》。

10月16日上午，为使广大人民群众了解刑事辩护的内容和意义，进一步提高群众自身的法制观念和法律素质，由江西省律师协会刑事法律专业委员会主办，江西金凤凰律师事务所承办的第二届“全国刑辩律师义务宣传日活动”在南昌市胜利路步行街正式拉开了序幕。这次宣传活动，参与的律师事务所9个，律师三十余名，咨询和阅读宣传品的群众多达五佰人左右，并邀请了省、市媒体宣传报道本次活动，使得更多的群众了解到了此次全国刑事辩护律师义务宣传活动日的主题精神——“了解刑事辩护，帮助自己和他人”。中华全国律协刑专委副主任汤忠赞、省律协理事魏友援、何秋英自始至终参加了本次活动。省律协秘书长唐锋代表省律协接受了江西电视台（五套）的现场采访。

10月22日，民商法律专业委员会在南昌召开2005年年会。会上，与会委员就医疗纠纷、国有经营性资产产权的界定、商品房附属设施产权归属、商品房小区业主权益、拆迁中的物权保护等民商法律问题展开了热烈研讨，会上，大家各抒己见，踊跃发言，充分阐述了各自的意见和观点。本次会议还就民商专业委员会的今后活动计划进行了讨论，同时讨论了在下一年度将开展省际或国际间民商法律交流活动的工作设想。

11月5日，知识产权法律专业委员会在南昌召开2005年年会。会议主要议题：（1）邀请江西省高级人民法院民四庭刘建玲副庭长就《知识产权案件审理中的几个问题》进行了专题讲座；（2）就知识产权法律专业委员会今后的工作思路和方向进行专题研讨；（3）交流知识产权案件代理业务的经验。

11月12日至13日劳动保障法律专业委员会2005年年会在上饶市教育宾馆召开。省劳动厅仲裁委员会万庆华处长、省律师协会程新太副会长、唐锋秘书长、魏源涛副秘书长、上饶市律师协会刘和荣会长、黄先浩秘书长出席会议。会议由劳动保障法律专业委员会主任委员屠燕玲主持。

劳动保障法律专业委员会讨论通过了2006年工作打算，原则通过了劳动保障法律专业委员会工作细则，完善了本专委会的工作目标、工作职责以及工作纪律等制度，与会委员一致认为，为适应我国入世后劳动力市场的变化，本专委会要大力宣传劳动保障法理念，加强执业律师对劳动保障理论的研究与探索，提高律师劳动法专业素养，从而拓展律师执业领域，促进律师专业化分工，进而为全社会劳动者提供全方位的、专家型的法律服务。

11月20日，电子网络专业委员会2005年年会在南昌召开。会上，与会委员的发言非常踊跃。经与会全体委员讨论、决定，形成以下三点决议：

1. 明确电子网络专业委员会的定位，即专委会的工作目标与任务是：推动、倡导和帮助全省律师及律师事务所在业务和管理领域内广泛地运用电子网络技术；利用本专委会的技术优势，为全省律师及律师事务所之间开展信息交流提供帮助；在本专委会的业务领域内，加强理论研究、探索总结实务经验、促进国内及国际交流合作，不仅为我省电子信息网络地方性立法和行业发展献计献策，而且为我省律师拓展信息网络法律服务领域导向引航；

2. 全体委员一致同意在争取省律师协会支持的前提下，积极筹建江西省律师协会电子网络法律专业委员会专业网站，以便更好地履行本专委会的宗旨与职责；

3. 利用一定的渠道，采取一定的方式，发动委员和其他律师，收集有关信息与电子网络方面的典型案例或案件线索，在有关领导和专家的参与下，由本专委会对案例进行整理点评，并汇集出版一本案例汇编，在律师行业内部发行，供律师参考借鉴，以便从律师实务的角度进一步发挥本专委会的业务指导作用。

12月4日房地产法律专业委员会在南昌召开2005年年会，会议由苑德闽主任委员主持，省律协副秘书长郭庆瑜、魏涛源到会。会议就专委会的发展方向和今后活动的开展进行了热烈的商讨，一致表示要努力把专业委员会发展成为“专家型”、“学习型”、“实用型”委员会。在形式上不拘于年会，应加强对外考察和沟通；会议确定了相应的活动规则。此外，会议确定专委会2006年年会在新余召开，由江西姚建所承办。2006年年会拟采用“论坛”形式，邀请省内外知名专家或学者讲座，相关单位人员旁听、相关媒体宣传报道的形式，以扩大专委会的影响，切实促进了专委会的建设发展。

12月10日，环境与资源法律专业委员会在南昌召开2005年年会。省律协秘书长唐锋、副秘书长郭庆瑜到会，朗秋律师事务所部分律师列席参加。上午，与会委员听取了江西省环境监察总队冀常和总队长所做的题为“牢固树立科学发展观，认真贯彻环境保护法”的讲座。冀总队长长期从事环境保护法的理论研究和执法实践活动，参与了江西省内环境保护有关规章的起草工作，对如何理解、掌握与环境保护相关的法律、法规有很深的造诣。冀总队长的讲座分三个部分，即当前面临的环境形势、环境保护法的产生与立法现状以及环境保护法的基本原则和基本制度。大家一致表示，讲座深入浅出，扩大了视野，对律师实务大有启发，获益匪浅。下午，与会委员就环境与资源方面的执业个案进行了交流；并对环境与资源法律专业委员会的活动细则和下一步工作进行了讨论，进一步明确了本专业委员会的具体任务。

12月11日，未成年人保护法律专业委员会2005年年会在南昌召开。会长方世扬、副秘书长郭庆瑜、常务理事尹蓉蓉到会。会上，与会委员发言踊跃。会议认为，要在明年抓好本专委会工作，拟从五个方面抓住重点、突出特点、找准着眼点。一是调查了解。要通过各种途径，调查了解未成年人犯罪成因和根源，在充分占有资料的基础上，结合律师实践，把握未成年人犯罪规律，寻找解决问题的法律途径，使已犯罪的未成年人知法守法，早日回归社会；二是重在预防。要对我省未成年人犯罪、涉案、权益被侵犯情况作细致调查，结合政府机关、学校和媒体资源，做好未成年人犯罪的预防工作；三是加强宣传。要设立未成年人保护专委会网站，将未成年人专委会委员予以公告，接受公众尤其是未成年人法律咨询，搭建未成年人合法益保护论坛平台；四是聘请专家。要邀请有关未成年人教育方面的资深专家，如通过聘请团省委领导、省妇联、院校、心理学和法学专家开展讲座、研讨会等方式，讲授未成年人心理特征与未成年人保护状况、形势分析；五是法律服务。要通过律师的辛勤努力，做好法律援助和帮教工作。大家表示，今后凡接到涉及未成年人保护的案件，都要和其他重大刑事案件同样对待，认真办好未成年人法律援助案件，提供优质的法律服务；同时，在办案过程中，对未成年人要细心、热心和充满爱心。

2005 年 12 月 24 日，电子网络专业委员会 2005 年年度第二次全委会会议在南昌召开。会议在江西万维中天律师事务所举行。本次全委会由钱钧主任委员主持。省律师协会副秘书长郭庆瑜到会。全体专委会委员对建设本专委会网站——电子网络法律网进行了广泛深入的讨论，一致同意建设电子网络专业委员会网站。并就网站建设、开发及管理等事宜作出了具体安排。

山东省律师协会专业研讨工作

9 月 10 日至 11 日，山东省第十五次律师业务理论研讨会在济南召开。省司法厅厅长陈明甫出席会议并作重要讲话，省人大常务委员、省人大法工委副主任、省律协名誉会长梁德超，省司法厅副厅长、省律协党委书记齐延安，省司法厅政治部主任初晓燕，省律协会长杨伟程出席会议。这次理论研讨活动全省共收到论文 1596 篇，范围涉及民事、刑事、行政、知识产权、涉外等九大领域。经省律协各专业委员会的认真评选，共评出优秀论文 156 篇，是历年来获奖论文最多的一年。其中，一等奖 22 篇，二等奖 50 篇，三等奖 84 篇。全省各地 60 余名获奖作者代表参加了会议，推选出我省参加第三届华东律师论坛的 12 名代表。

河南省律师协会专业研讨工作

一、地区片会

2005 年 8 月 21 至 25 日，中南六省片会在湖北省宜昌市召开。会议就律师行业的规范化管理、刑事诉讼法的修改和行政诉讼法的相关内容进行了深入的研讨。河南省律师协会由王京宝会长带领 18 名律师及协会代表参加了研讨活动。

二、专业委员会活动

2005 年度河南省业务研讨活动以各业务委员会为主体，取得较好的效果。省律协 9 个业务委员会顺利完成年度研讨任务（医事法律业务委员会为新成立），参加研讨的律师 1000 多人，收到论文 460 余篇，涉及律师业务的各个方面。业务指导工作得到加强。省律师协会接受省政府委托，为冰海集团破产事务及职工安置（涉及非法集资引起上访）问题提供法律论证；向省人大内司委、省电视台法律频道推荐律师专家咨询团；对“海南仙人掌”事件的河南籍受害者提供法律援助专项论证；对律师为黑社会团伙犯罪和一省级领导干部犯罪提供刑事辩护作政策指导；对有重大社会影响的诉深圳警方地域歧视案件提供政策指导等。律师协会在维护社会安定秩序，构建和谐社会进程中发挥了重要作用。根据律师不同的需求，本年度岗前培训突出适用性，继续教育突出前瞻性和理论性，分别聘请资深律师和著名学者、省高级人民法院法官授课，受到了受众的好评。9 个业务委员会（除金融业务委员会）有 8 个业务委员会根据年初工作计划召开了年会，分别进行了业务研讨，印制了论文集。

7 月 3 日，省律师协会业务委员会主任会议在河南宾馆召开。全省有 22 名业务委员长会主任及各位会长、秘书处工作人员参加了会议。会议探讨了业务委员会的宗旨，听取了各轮值主任对本委员会年度工作计划和年会方案，确定了业务委员会年会的形式和费用原则。

湖北省律师协会专业研讨工作

一、地区片会

2005 年 8 月 21 日至 23 日，2005 年中南六省（区）律师协作暨律师业务研讨会在湖北省宜昌市召开。此次会议是历年来中南六省（区）律师协作暨律师业务研讨会规模最大的一次，来自六省（区）的 200 余名律师协会、律管人员代表及律师代表出席了研讨会，201 篇论文在会上进行了交流。为确保此次会议顺利召开，搭建中南六省律师同仁交流协作的平台，达到“交流、互动、融合、共谋发展”的目的，使中南六省片会产生“规模效应”和“品牌效应”，东道主湖北省律师协会对会议进行了精心筹备，大会获得了圆满成功。

二、专业委员会活动

1. 未成年人保护委员会活动情况

2005年，是湖北省律师协会未成年人保护专业委员会（以下简称未保会）成立后的第二年。省律协未保会发动全省律师积极参与未成年人保护，全体委员在法律咨询与援助、法制教育讲座、心理健康咨询等方面为未成年人提供了大量法律服务。一年来，通过免费咨询电话027－86772802，以及新开通的“12355”青少年维权和心理咨询服务热线，接待电话咨询约1000人次，接待来访100余人次，办理各类未成年人法律援助案件和事务53件，维护了未成年人的合法权益，促进了湖北省未成年人保护事业的发展。

（1）通过多种渠道，积极宣传未成年人保护工作。未保会成立之初就与《武汉晚报》“扶助行动/148”专栏合作建立了“未成年人，法律义工与您有约”专项法律咨询栏目。2005年为了扩大维权咨询的范围，提高社会对未成年人保护工作的重视，未保会与省内多家媒体取得了联系。至2005年年底，未保会已与《湖北日报》、《武汉晚报》、《楚天都市报》、《武汉晨报》、《楚天金报》、湖北省电视台教育频道、湖北人民广播电台妇女儿童频道“维权热线”建立了联系，就未成年人维权问题制作了多期节目。

通过与媒体的合作，一方面，切实促进了一批侵权纠纷的解决；另一方面，也向社会推广了保护未成年人、促进未成年人健康成长的知识与理念，引起了各方对于未成年维权工作的重视。同时，也进一步扩大了未保会的社会影响力，为进一步开展未保工作创造了有利条件。

（2）借助社会维权力量，构建维权综合服务体系。未保会在共青团湖北省委的帮助、支持下，与湖北省青少年心理健康教育中心建立了工作联系。省青少年心理健康教育中心是经省教育厅批准，依托华中师范大学教育科学学院心理学系和华中师范大学心理辅导研究所开展工作的专业工作机构，该中心有着一批著名的教授、专家，在戒除青少年网瘾领域有着突出成就的陶宏开教授就是其成员之一。经过一年的合作，未保会与省青少年心理健康教育中心形成了固定的合作模式，中心的三位专家也被聘请为未保会的专家顾问团成员。

2005年，由团省委与武汉市电信局合作的“湖北武汉青少年维权和心理咨询服务热线”开通，即12355维权服务热线，未保会负责承担法律咨询与维权服务工作。此后，武汉市固定电话的用户都可以随时随地拨打12355，有专门的律师和工作人员提供法律方面的帮助，拓宽了受害未成年人获得救助的途径，维权热线也成为未成年人身边的好朋友、好伙伴和护身符。

（3）开展律师维权活动，切实维护未成年人合法权益。2005年4、5月份，未保会先后组织、指派多名委员到武汉市武昌区教育局、汉阳区西大街小学讲授校园伤害与事故处理办法，并结合讲解侵犯未成年人合法权益的案例，有针对性地对教职员工进行法制讲座。通过法制讲座，提高了教职员工保护未成年人的认识，增强了教职员工以正确有效的教育方法为社会培养未来合格人才的意识，增强了孩子们的法律意识和预防犯罪的能力。

2005年“六·一”儿童节期间，由未保会牵头，松之盛律师事务所、湖北省青少年心理健康教育中心、《武汉晚报》新闻148、湖北人民广播电台妇女儿童频道维权热线、湖北电视台经济频道经视新闻等单位共同发起“湖北省未成年人维权服务周”大型咨询活动，活动现场安排在武汉市青少年宫。具体活动有：“四地”维权咨询，即湖北电台妇女儿童频道现场解答接听咨询、武汉晚报报社148热线接受咨询、湖北省律协未保会接待来电来访、华中师范大学湖北青少年心理健康教育中心接待来电来访；开展大型现场咨询活动；《武汉晚报》进行版面宣传；现场发放宣传资料和《未成年人保护法律法规汇编》。咨询活动内容还包括通过《武汉晚报》新闻148、湖北人民广播电台妇女儿童频道维权热线解答法律咨询，以及在未保会办公室日常接待法律咨询等，得到了市民的热情赞誉和普遍好评。

（4）组织专项调研，加强未成年人保护的理论探讨。2005年，未保会多次选派委员专门就建立我国的少年法庭、未成年犯监狱等少年司法制度，以及工读学校在未成年人改造中的作用等问题与湖北省司法界和教育界专家一道进行了调研，并取得了一定的科研成果。未保会在组织编辑《保障未成年人权益，湖北律师在行动》论文集的基础上，又编写了《未成年人权益保护法律法规选编》及配套光碟，并印制了5000册，每次举行咨询活动时都免费向咨询人员赠阅。

2005年5月23日至6月4日，应亚洲法律资源中心邀请，全国律协未保会组团赴香港考察儿童保护工作，湖北省律协未保会副主任李春生律师参加了考察活动。李律师通过学习考察，写成了《香港儿童保护考察报告》，给湖北省律协未保会委员从事未成年人维权工作带回了宝贵的经验。

2006年1月6日至8日，全国律协未保会在福建厦门召开未成年人保护工作专题研讨会，湖北省未保会有两篇论文在会上获得"优秀论文奖"。

（5）建立工作站，培养年轻律师，壮大律师维权队伍。湖北省律协未保会成立一年多以来，主任、副主任多次针对未成年人维权问题与年轻律师开展交心谈心，鼓励年轻律师在工作中培养自己的公益心和社会责任感。未保会在发展委员的过程中，也始终注重培养和吸收年轻律师，2005年新增加的几名委员都是30多岁的年轻律师。

2005年7月，在湖北省未保会的积极努力与大力协助下，恩施州司法局、共青团恩施州委、恩施州妇女联合会联合成立了恩施自治州未成年人权益保护工作站，并挂牌于湖北震邦律师事务所。工作站接受湖北省未保会的业务指导，具体承办未成年人维权案件并进行相关的法律宣传工作。工作站设立在律师事务所，壮大了湖北律师维权队伍，也表明湖北律师投身未成年人维权事业的觉悟提高。

（6）完善未成年人保护工作交流平台。整理编发《信息专递》。《信息专递》反映未成年人保护工作动态、发表未成年人保护研究成果、介绍未成年人保护相关知识。栏目有工作日志、理论研讨、知识园地等，目前《信息专递》已编印8期。《信息专递》受到委员们的欢迎和支持，并得到湖北省司法厅、湖北省律师协会、全国律师协会未成年人保护专业委员会等部门的关注和肯定。

搭建未保会网站平台。2005年在经费比较紧张的情况下，湖北松之盛律师事务所在其网站上搭建了湖北省未成年人专业保护委员会的网站平台（www. sunshine－hb. com）。包括未保会简介、法律法规、经典案例、中心动态、理论研究等子栏目。在松之盛网站中，"未保会"栏目是更新最快、内容最丰富的栏目之一。同时，还在网站在线论坛中开辟"未成年人保护"版面。此外，共青团湖北省委和中国青少年未保会网站对未保委开设专门网页，及时上传相关信息。网站的建立，对于促进未保会内部交流、更好地为未成年人服务提供了便捷的条件。

加强与同行之间的业务交流。湖北省未保会的委员在全国律协主办的《中国律师与未成年人权益保障》、湖北省律协主办的《律师世界》以及中国律师网、中国青少年未保会网、湖北省共青团网等杂志和网站上发表了一大批专业性论文，湖北省未保会的工作情况也在这些杂志、网络媒体上进行了发布，加强了与同行们在维权工作领域的业务和理论交流。

积极参政议政。未保会副主任李春生律师作为江汉区政协委员和湖北省、武汉市两级民建法制委员会副主任，还通过政协和民主党派参政议政的途径为未成年人保护事业鼓与呼，其撰写的《开展〈预防未成年人犯罪法〉执法检查，打造未成年人健康成长工程》作为2005年湖北省、武汉市两级民建调研课题，由民建向省、市政协上报集体提案，并被民建中央社情民意505期采纳。2005年11月9日，未保会还组织江汉区政协委员到未保会参观视察，向政协委员们详细介绍未成年人保护工作情况，引起政协委员对未成年人保护工作的高度关注。

开展对外交流。2005年9月13日，亚洲法律资源中心（ALRC）执行主任 Mr. Basil Fernando（斯里兰卡人）和项目官员黄启成先生（中国香港人）来武汉，到未保会进行了考察交流，对湖北未成年人保护工作的深入开展起到了积极的推动作用。

2. 湖北省律师协会刑事委员会活动情况

（1）2005年2月，省律协刑事委员会完成了全国律协分配安排的关于《审查起诉及一二阶段的律师会见》的调研课题报告，并组织13名长期从事刑事辩护的执业律师填写了刑事诉讼法修改的调查问卷，上报全国律协刑事委员会。

（2）为配合中南六省区2005年在湖北武汉召开的律师业务研讨会，根据省律协的要求，提出了"关于中南地区律师业务研讨会刑事业务研讨内容的书面建议"，得到了中南六省区律协的一致认同。

（3）2005年6月上旬，召开省律协刑委会主任委员会议，研究了刑委会的有关工作，根据省律协常务理事会的授权，对省律协刑事委员会的部分委员进行了调整。

（4）2005年6月中旬，在湖北立丰律师事务所召开了中美律师刑事业务研讨会，到会的有美国知名刑辩大律师与武汉大学马克昌、莫洪宪教授，省律协领导和部分刑辩律师也参加了研讨会。

（5）2005年7月，组织10名长期从事刑辩业务的资深律师参加了"关于律师权益保障和犯罪嫌疑人权益保障专题调研座谈会"，省司法厅法制处以刑委会的书面意见为主形成的向省委政法委的情况汇报，受到省委政法委、省司法厅领导的高度评价。

（6）2005年9月，组织律师参加了由省公安厅、检察院、法院、司法厅、安全厅五部门共同制定的《关于刑事诉讼法证据工作若干问题的规定（试行）》的讨论，并提交了书面修改意见与建议。

（7）2005年10月下旬，与美国纽约大学和武汉大学共同举办了为期两天的"中美刑事辩护律师演示培训项目交流会"，整个活动有包括法官、检察官、学者在内的100多名法律界人士参加，其中刑辩律师近

60人。

（8）2005年12月，省律协刑委会主任汪少鹏律师参加了在北京召开的为期三天的全国律协刑委会年会，参加了由律师行业自主提出的关于刑事诉讼法修改中涉及辩护内容的修改讨论。

（9）根据全国律协刑委会2005年年会的精神与要求，于2005年12月上旬完成了以省律协名义从刑事业务角度提出的“关于对律师服务收费管理办法（征求意见稿）的意见与建议”的书面报告，按时提交全国律协及刑委会。

（10）根据全国律协的统一部署与省律协的指派，积极组织力量在襄樊市、荆门市开展深入细致的调研，以省律协的名义形成了“关于公安机关看守所律师会见室应用情况的调研报告”，连同以刑委会名义提出的“关于看守所律师会见室应用隔离设施之危害及《看守所建筑设计规范》的修订建议”的书面意见，按时呈报给全国律协。

（11）受省司法厅及省律协的委派，并应部分从事刑事业务的律师要求，多次组织力量对数起重大疑难刑事案件进行了研讨。行了考察交流。这次访问交流，对湖北未成年人保护工作的深入开展起到了积极的推动作用。

广东省律师协会专业研讨工作

一、参与法律法规的修订调研

广东省律师协会共组织各市律师协会和省律协相关法律专业委员会参与国家立法、地方法规的修改、制定以及调研工作6次。其中包括：

1. 组织广州、深圳、佛山、东莞等市律师协会领导和律师共30多人参与了国务院法制办和国家发改委分别组织的《律师法》修改调研座谈会和律师收费制度改革座谈会，结合广东的实际情况向上级部门提出了大量的修改意见；

2. 根据全国人大常委会办公厅《关于公布〈中华人民共和国物权法（草案）〉征求意见的通知》的文件要求，我们广泛征求全省律师的意见，经整理向广东省人大法制委员会提交了长达16页的修改建议；

3. 组织省律协公司法律专业委员会委员对《公司法（修改草案）》进行认真研究，向广东省人大财经委员会提交了28条修改意见；

4. 组织全省律师开展了《刑法》第306条相关问题调查，将有关材料整理上报有关部门；

5. 组织省律协民事、公司法律专业委员会委员对《广东省企业和企业经营者权益保护条例（草案）》进行研究讨论，提出了18点修改意见；

6. 组织省律协刑事法律专业委员会委员根据省政法委的要求就广州市政法委提出的把广州市盗窃罪“数额较大”标准调整为1000元的建议进行研究，提出了7点意见。

二、举办中国物权法疑难问题研讨会

省律师协会于2004年6月与中国人民大学法学院签订了《关于物权法和民事诉讼法立法问题之研究课题的协议》，2005年12月7~8日根据中国人民大学法学院的提议，省律师协会与中国法学会民法学研究会、中国人民大学法学院在广州联合主办中国物权法疑难问题研讨会，中国法学会民法学研究会理事和我省律师共100多人参加了会议，共同就物权法立法和理论、实践中的难点问题进行了深入的研讨，取得了不少重要的科研成果。

三、组织律师参加各种业务研讨会

为了让我省律师有更多参与业务研讨的机会，我会积极发动律师撰写论文参加第二十二届世界法律大会、第五届全国律师论坛、中南六省（区）律师协作暨律师业务研讨会、刑事诉讼法修改及相关问题研讨会、2005中国律师事务所管理与发展研讨交流会、中国物权法前沿和热点问题高级研讨班等，共计有100多名律师50多篇论文参加了上述研讨会。

海南省律师协会专业研讨工作

一、地区片会

8月21~26日，“2005中南六省（区）律师协作暨律师业务研讨会”在湖北举行。省律协王满怀秘书长、贾雯副秘书长带领我省律师李际康、汤尚濠、王向和、李晶瑜、胡振、朱新华、费旭燕、罗晋京赴宜昌参加了此次研讨会。本次研讨会有以下三个主题：（1）规范管理论题（含两个子项目：①律师协会的行业管理的规范化；②合伙律师事务所的规范化管理）；（2）刑事诉讼法的修改；（3）行政诉讼法的相关内容。围绕此三个主题，我省共有28人次的22篇论文被收录《2005年中南六省（区）律师协作暨律师业务研讨会论文集》。

二、专业委员会活动

1月14日，维权专门委员会在律师会馆第二会议

室召开会议，主任委员姜丹主持会议，副主任涂显亚、刘长征、委员王忠华、冯生成、田野、罗晋京、李晶瑜、关绍斌等参加了会议。会议就当前工作作了安排，并对省新概念律师事务所吴军律师等两起维权案进行了专题讨论和维权分工。

1月16日，民商行政专业委员会在会馆召开会议，主任委员王崇敏主持会议，民行委全体委员参加了会议。会议就全国律协印发的《律师承办行政案件规范（草案）》进行了热烈的讨论并形成意见。

省律协召开修改《律师法》座谈会。律师代表廖向琦、姜丹、朱越桥、王向和、滕传枢、韩芳、彭诗俊，秘书长王满怀参加了会议，王晶会长主持座谈会。

8月6日，民商行政专业委员会在律师会馆召开《中华人民共和国物权法（草案）》征求意见专题研讨会，王崇敏主任主持会议。会议邀请了我省部分律师事务所的资深律师就《物权法（草案）》进行了热烈的讨论，并形成了较为成熟的讨论意见书。

9月2日至3日，劳动与社会保障专业委员会和市劳动争议仲裁委员会联合在澄迈县盈滨半岛金鑫足球基地举办了劳动仲裁工作难点暨疑难案件处理研讨会，参加会议的除该委员会10名委员外，还有海口市、龙华区、美兰区、秀英区仲裁委及海口市总工会的15名仲裁员。此次研讨会以："超过仲裁申诉时效后的'正当理由'的把握及处理"、"社会保险争议的处理程序及案例"等劳动仲裁的热点及难点问题为主要议题，讨论热烈，收效良好。会议期间，省律协会长王晶看望了与会委员、仲裁员，并对劳动与社会保障工作提出了殷切的希望和要求。

9月3日、10日，民商行政专业委员会分两次在省律师会馆召开会议，王崇敏主任主持会议。会议讨论了委员会人员增补及下半年的工作安排，并就今年初协会征集民商案例的进程问题进行讨论。

9月6日，纪律专门委员会在律师会馆召开会议，廖向琦主任主持会议。会议总结了上半年的投诉案件工作并对下半年工作作了部署，还对当前的几个投诉案件进行了专题讨论。

10月15日，民商行政专业委员会在律师会馆第二会议室召开会议，王崇敏主任主持会议，专家咨询委员会朱越桥、冯怀东两位委员应邀参加。会议就相关敏感案件进行了专题讨论。

12月23日，纪律专门委员会在律师会馆召开全体会议，主任委员廖向琦主持会议并做了2005年查处投诉案件的工作报告。会上还介绍了纪律专门委员会各位新委员的情况，并对相关的几个投诉案件进行了讨论。

三、专题研讨

8月15日，专家咨询委员会在律师会馆召开会议，林接明副主任主持会议，委员李际康、滕传枢、冯怀东、谭梦龙、王之佐等参加了会议。会议就一件刑事案件在辩护中所形成的辩护观点的正误进行了讨论，并形成了文字结论，为该案件的辩护提供了指导性意见。

10月17日，专家咨询委员会在律师会馆召开会议，林接明副主任主持会议，副主任朱越桥、委员李际康、滕传枢、冯怀东、谭梦龙、邢益川、陶沛然、王之佐参加了会议。会议就我省有关非律师人员有偿代理相关案件的事件进行讨论，并形成书面报告送达司法行政部门。

11月14日，省律协在会馆召开案件专题研讨会，省律协副会长姜丹、省律协专家咨询委员会副主任林接明、委员李际康、滕传枢、冯怀东、王之佐、谭梦龙、省律协刑事及未成年人保护专业委员会主任委员汤尚濠、委员孙薇、张晓东、王南湖、吴坤卿、省司法厅法规处副处长吴骏飞参加了会议。会上就汤尚濠、孙薇两位律师代理的刘昆、黄浩程故意伤害案进行了专题讨论。

12月13日，专家咨询委员会在律协会馆召开案件专题讨论会。省律协副会长姜丹、专家咨询委员会副主任林接明、朱越桥，委员李继康、冯怀东、谭梦龙以及海南杜宇律师事务所律师彭诗俊参加会议。会议就彭诗俊律师代理的一件刑事法律援助案件的定罪量刑是否妥当，及在申诉期间如何保障律师的合法权益等问题进行了讨论。专家咨询委员会最终形成了一个指导性意见。

广西壮族自治区律师协会专业研讨工作

组织我区律师为《物权法（草案）》、提出修改意见和建议。为了提高律师的法律理论水平，推进法理研究，发挥律师参与国家立法的作用，自治区律师协会于2005年8月5日下午，举行了《物权法（草案）》、研讨会，组织广西律师对《物权法（草案）》、进行研讨，并将与会律师提出的修改意见和建议汇总整理提交自治区人大常委会。

组织我区律师参加中南六省（区）律师协作暨律师业务研讨会。2005年8月20日至24日，广西律师协会骆伟雄副会长、黄强光副会长、雷振生副秘书长及部分律师共12人赴湖北省参加了2005年中南六省（区）律师协作暨律师业务研讨会。

本次中南六省（区）律师协作暨律师业务研讨会业务讨论主要分为刑事诉讼法律、行政法律业务、律师规范管理三个部分，各专业委员会就本领域前沿问题开展了广泛的交流与研讨。刑事诉讼法分会场围绕刑事诉讼法修改问题展开讨论，重点探讨了建立我国刑事证据开示制度，还提出了律师的豁免权、律师与当事人秘密会见权等重要意见。律师规范管理分会场探索了律师事务所文化建设、律师事务所管理模式、律师事务所内部分配机制、律师事务所党建工作等问题。行政法律业务分会场就行政诉讼法的相关内容进行了讨论。此次研讨会，律师积极参与，演讲精彩，演讲主题立意鲜明，内容丰富，引人入胜。会场掌声不断，研讨会始终在热烈、宽松、愉快的气氛中进行。

研讨会上，广西律师协会所属律师共有10篇论文在不同的分会场上进行了交流，有7篇论文被选入2005年中南六省（区）律师协作暨律师业务研讨会论文集，充分展示了我区律师良好的法学理论水平。

组织协会工作人员参加第二十二届世界法律大会。2005年9月4日至6日，刘晰会长、严丽萍副秘书长到北京参加了主题为“法治与国际和谐社会”的第二十二届世界法律大会。并通过各种形式将从世界法律大会上吸取的法律研究前沿成果及时与协会成员共享。

成功举办第二届中国—东盟自由贸易区法律事务论坛。2005年10月20日至21日，在第二届中国—东盟博览会期间，中华全国律师协会、广西律师协会、中国—东盟博览会秘书处和法制日报社联合，举办了主题为“区域经济与法制建设”的第二届中国—东盟自由贸易区法律事务论坛。中外嘉宾和律师代表共150人出席了会议。

自治区人大常委会陈光明副主任、自治区人民政府刘新文副主席、自治区人民检察院郭永运检察长、中华全国律师协会薛云华副会长、自治区司法厅蒙平友厅长、中国—东盟博览会秘书处龚勋副秘书长、《法制日报》社周秉键副社长、中华全国律师协会马国华副秘书长等领导出席了论坛开幕式。

与首届论坛相比，本次论坛的规格有所提升，主题鲜明，内容务实，形式灵活多样。学术交流的广度与深度又有较大幅度的提高。

本次论坛的成功举办，扩大了论坛及中国—东盟博览会的影响，充分发挥了信息交流平台的作用，为各方人士获取中国—东盟自由贸易区有关信息开辟了新渠道，加强了广西区内外律师间、律师与国内外法学研究、商贸、仲裁等部门专家、学者间的交流，在一定程度上加深了外省同行对广西律师行业的了解，提升了广西律师的知名度。

组织律师代表团参加第五届中国律师论坛。2005年11月3日至5日，以自治区司法厅卫福喜副厅长为团长的律师代表团一行9人参加了第五届中国律师论坛，区律协黄强光副会长、张树国理事在论坛分会场了做了发言，黄强光副会长提交的论文入编论坛优秀论文集，获优秀论文奖。

组织我区律师就新修订公司法实施开展研讨。2005年12月30日，由广西法学会、广西律师协会、《法治快报》社联合举办的新修订《公司法》实施研讨会在广西人民大会堂南宁厅顺利举行我区法学院校、法院、政府有关部门、律师界、企业界等30余名专家学者、律师、企业家参加研讨会。广西法学会韦以明代秘书长、广西律师协会刘晰会长、雷振生副秘书长、《法治快报》社李峻峰社长参加会议。会议气氛热烈，各方人士踊跃发言，参会律师结合实务，在对新《公司法》实施在实践中将产生的问题及对应措施等问题方面发表真知灼见。

四川省律师协会专业研讨工作

一、地区片会

12月10日～12日，2005年西南六省七方律师协作暨业务研讨会在重庆律师协会召开。30余位来自云南、贵州、四川、广西、重庆、成都等省市司法厅（局）的分管厅（局）长、律管处长和律师协会的会长、秘书长以及其他有关人员汇聚一堂，交流探讨“两结合”管理。省律协刘春副秘书长、贺建南科长参加了本次研讨会。本次会议重点对“两结合”管理、律师协会建设进行了交流探讨。刘春副秘书长代表四川作了大会发言，介绍了我省律师业发展情况。

二、专业委员会活动

2005年省律协进一步充实了专委会机构，10月20日，经省律协五届二十次会长会议研究决定同意成立了环保与资源法专业委员会。

刑事专业委员会根据全国律协的统一安排和部署，于10月16日组织全省刑事辩护律师举办了“了解刑事辩护，帮助自己和他人”的免费宣传活动，同时开通热线电话接受咨询。当天参加宣传活动的律师达400多人，接待现场咨询和电话咨询达2000余人次，并散发宣传资料万余份。

民商事专业委员会编撰《四川省律师民商事典型案例选编》，目前已收到全川各律师事务所的投稿70余件，编撰工作正在有条不紊的进行中。

房地产专业委员会召开了房地产法律服务研讨会，本着“推动专业、拓展服务，引领行业健康发展”的工作思路，为推动房地产法律服务，减少我省房地产纠纷作出积极的努力。

知识产权专业委员会组织律师参加了《专利法》实施二十周年座谈会和国家知识产权局、中国政法大学举办的“入世三年后我国知识产权状况及发展趋势”的专题报告会，研讨了专利制度在企事业单位技术创新中的作用；企事业单位的技术创新与专利工作面临的挑战；同时主办了“知识产权专利纠纷案件的特点及其对策”专题报告会，有效地提高了律师办理知识产权案件的业务水平、能力。组织委员参加了“全国医药行业知识产权保护培训班”。内容为国内外医药产业知识产权保护现状、医药知识产权战略及专利申请知识，专利文献信息利用、药品注册及行政保护等。11 月 12 日又承办“商标法实务讲座”，共有 1000 余名律师到会听取了讲座。

金融证券专业委员会与四川有线电视台等媒体合作，作了大量节目，针对金融证券方面的纠纷，认真分析，耐心讲解，通过做电视节目的方式促进了不少纠纷的解决。

刑事诉讼专业委员会积极配合全国律协刑事业务委员会开展对关于我国刑事诉讼法的修改调研问题及刑法第 306 条的有关问题调查。10 月 24 日 ~25 日与川大中国司法改革研究中心联合举办与美国纽约大学法学院成功举办了“刑事审判展示与研讨会”。

妇女权益保护专业委员会本着“开展妇女权益保护法律领域里的律师服务，提高执业律师的妇女权益保护业务理论水平，维护妇女权益，为西部大开发，为四川省民主法制建设、经济腾飞作贡献”的宗旨，5 月组织了主要成员到湖北省考察了该省妇女权益保护律师法律服务市场。7 月举办了一次以“当代妇女权益保护现状与展望”为主体的专题讲座，9 月与美国律师协会亚洲法律项目委员会和中国法学会反对家庭暴力网络（研究中心）联合主办了“公益诉讼与维护妇女权益研讨班”，10 月组织了“妇女维权特别行动会”。11 月，开展了“为妇女献爱心到社区”的业务法律宣传、咨询活动，深入居民社区开展义务法律宣传和咨询，解决社区和社会妇女关心的权益问题。

电子商务专业委员会正在编辑《电子商务法律法规汇编》，目前资料已收集完成，正在汇编当中。

WTO 规则专业委员会组织和送培专委会委员参加中国社会科学院研究所、德国 Bucerius 法学院联合举办的 Bucerius 德国法、欧盟法与 WTO 研修班培训。11 月又成功的举办了“WTO 实务和商事仲裁研讨会”。

民营经济法律事务专业委员会向四川省人大和成都市法制办提出了数项立法建议，其中修订四川省交通运输管理条例的建议和成都市应制订烟草专卖管理规章的建议，分别被四川省人大和成都市政府法制办采纳。

残疾人专业委员会组织委员参与修改《残疾人保障法》的座谈、讨论，并提出了建议性意见。5 月 16 日围绕“关爱扶助，共建和谐”为主题，成功的举办了第二届“全国助残日”全省律师大型法律服务活动。

消费者权益保护专业委员会成功开展了第二届“3·15法律服务活动”。围绕将出台的《四川省消费者权益保护条例（修订案）》（草案），组织本专业委员会委员就该条例的立法宗旨、思路、修改情况以及消费领域中存在的 8 个热点：即消费者的概念、商品“三包”、教育培训、举证责任倒置、农资及农技服务纠纷、鉴定及检测费用纠纷，商品房销售、医疗纠纷等问题进行了讨论。

医疗纠纷专业委员会积极参加全省开展的“共铸诚信·依法维权”法律服务活动，主任李玉声三月下旬应雅安律协邀请为 100 多名律师和基层法律工作者以“医疗人身损害的法律服务”为主题进行了专业培训，专委会还积极参加中华医学会在川举办的“医疗热点法律问题与医患纠纷处理技巧研讨会”，与有关单位共同举办了“司法鉴定管理问题研讨会”、“审理医疗纠纷案件法律适用问题研讨会”等专题学术会、专委会通过工作实践，形成了《关于构建协调合理的人身损害赔偿标准》等论文，有效的扩大了专业委员会的影响。

公司业务专业委员会 2 月召开业务暨执业经验交流会，与会委员积极就公司业务领域内的企业改制、公司兼并与收购、公司重组、公司破产与清算、公司治理、股东权益保护等内容进行了热烈的讨论和交流。聘请西南政法大学民商法学院院长赵万一、西南财经大学法学院院长高晋康等有关专家学者、法律界资深人士为委员及律师同行进行培训。12 月 18 日，又举办了《公司法修改与国有企业改革理论与实务研讨会》。

贵州省律师协会专业研讨工作

刑事专业委员会 2 次派人参加了全国律协组织举办的专业活动，并就《刑事诉讼法》法条修改写出调查报告和调研论文，陈世和主任完成了全国律协刑委要求的“律师与保障人权”的论文，被现代管理科学学术委员会评为一等奖。2 次组织本省律师参与《律师法》、《刑事诉讼法》等修订研讨活动，并促使和加快我省《保障律师在刑事诉讼中依法执业若干问题的暂行规定》出台，得到了全国律协刑委会的肯定与赞许。民事专业委员会牵头组织举办了“家国建设、呼唤诚信”的法律咨询活动。

维权奖惩专门委员会2次派人参加全国律协组织的专门活动，并组织专委会成员研究起草了《关于请求解决盘县人民法院禁止永达律师事务所全体律师执业的情况反映》。

未成年人保护专业委员会2次派人参加全国律协组织的专业活动。

新疆维吾尔自治区律师协会专业研讨工作

“两专”委员会是协会重要的工作机构，在2005年中，“两专”委员会发挥了重要的行业管理和业务指导作用。主要是：

强化行业自律管理。惩戒、复查、调解委员会积极开展了惩戒、复查、调解工作，有效维护了行业秩序，对行业的规范化管理起到了重要作用。他们在工作中体现出公平、公正精神，受到了广泛好评。三个委员会的工作规则、工作程序的完善，基本达到了一个较高的水平。

构建规章制度体系。行业发展规划、规章制度建设委员会，积极开展了行业发展规划、行业规范的起草、审查等基础性工作，特别是在制订《三年工作规划》、惩戒、复查、执业纠纷调解、专门委员会工作规则等重要规章制度中，发挥了重要作用。为行业规范体系的建立和完善，为行业自律管理打下坚实基础。

业务指导，促进提高。业务指导及继续教育委员会及各专业委员会，在促进全行业业务建设发展，加强业务培训，业务指导方面，做了大量工作，产生了明显效果。与卫生行业共同举办了“医疗纠纷处理”研讨会；综合业务年会的筹备工作进展顺利，论文初评工作已经完成；21项律师业务操作指引的起草工作基本完成。组织了多名委员到5个地区巡回授课，受到了当地律师的好评。刑事专业委员会在两起重大案件的协调方面，发挥了重要的业务指导作用；在“全国刑辩宣传日”活动中，积极组织、措施得力，在社会引起较强反响，受到了全国律协的通报表扬。

直属律师事务所管理有了新开端。直属分会组织开展了规范建设年活动，加强了对律师事务所的日常管理；直属党总支组织党员、入党积极分子开展了“红色之旅”活动；举办了大型业务讲座等培训活动。分会举办的年会、文体活动也受到了律师的欢迎。

2005年，各专门委员会的工作全面展开。女律师协会积极开展维护妇女、儿童权益保障的法律服务工作，开展了帮教服刑女犯的活动。还开展了许多符合女律师特点的活动。律师权益保障委员会为减轻部分地区律师税收负担，做了艰苦努力，取得了实质进展。

六、会员培训

（一）全国律师协会培训工作

2005年是全国律协继续落实《全国律协三年工作规划》重要的一年，这一年，全国律协培训部依据《规划》，根据常务理事会确定的全国律师培训工作指导思想开展工作，重点是全面建立全国律师培训教育体系，将全国的律师培训工作继续提高到一个新的层次。

1. 根据部领导的指示精神，在部《申请律师执业人员实习管理规则（试行）》第一稿的基础上进行修改，在部法制司的意见基础上，形成修改第二稿，并报六届三次常务理事会审议通过。该规则的通过是律师协会的一件大事，意味着律师协会从律师入门开始就对律师进行管理，是律师行业管理的一个重要举措。

2. 为配合律师执业人员实习由律师协会负责的工作开展，充分发挥律协教育委员会的职责，组织有关律师撰写教材，为今后进一步规范律师执业实习培训打好基础。

3. 配合国务院法制办开展律师法草案调研。2005年10月，培训部参加了国务院法制办和司法部法制局组织的修改律师法的调研活动，在活动中，积极协调各地律协，及时反映情况，同时也将律协培训情况介绍给法制办有关领导。

4. 组织开展律协示范性培训，陆续举办了二期"并购项目流程管理、结构设计和文件制作高级培训班"、"证券法律业务讲座"（4月19日至22日）、"中瑞国际商事仲裁研讨会——国际商事仲裁趋时和发展"、分别举办了八期利用律函中心的卫星远程系统的律师远程培训。全年培训律师约5万人次。2005年制作了《合同与法律咨询文书制作技能讲座授课资料幻灯和录音电脑只读光盘》，探索改变培训形式过于单一的局面。

5. 组织完成律协—路伟法律培训项目青年律师实习计划第二期和第三期，筹备第四期的有关工作。该计划自2004年7月启动以来，迄今已完成了三期（2005年为第二期和第三期），先后共有14名实习生在路伟所北京办事处完成实习。已经完成实习的律师一致表示实习取得了很好的效果，达到了提高我国青年律师在办理涉外律师业务时所需执业技能的目的。作为我国青年律师培养模式的一次有益的探索和创新，该实习计划正在为更好地培养中国青年律师发挥日益明显的作用（2006年1月10日召开了该实习计划第四期的启动仪式）。为我国律师培养探索一种新的模式。

6. 和中国连锁经营协会合作举办"法律专场"。

（二）各地律师协会培训工作

北京市律师协会培训工作

一、优化调整现有业务培训方式

针对日益壮大的律师队伍对于提高职业技能方面的要求，协会以优化集中培训课程、丰富网上培训内容、不断提高律师业务培训的针对性和实效性为原则，于8月份恢复集中面授培训，受到广大律师欢迎，截至12月底，举办8次现场培训，场场爆满。网上培训已全面展开。

二、进一步完善助学金评审工作

助学金评审委员会召开多次专门会议，对《北京市律师协会出国助学金申请办法》、《北京市律师协会助学金评审委员会评审规则（试行）》、《北京市律师协会出国培训助学金资助协议》等文件进行修改，目前修改工作已基本完成。

三、实习律师培训工作已经初步展开

实习律师备案、审批、培训等工作职能于8月22日正式由北京市司法局移交至北京市律师协会。截至2005年12月31日，共有525名实习律师向协会递交了《实习律师备案申请表》，协会为审核通过的484名申请人颁发了实习律师证。

四、2005年培训情况汇总

2005年培训情况汇总表

（共8次，10861人）

序号	时间	议题	主讲人	人数
1	8月27日	执行中的法律问题与律师的作用	最高人民法院执行办副主任　葛行军	1721人
2	9月17日	冤假错案与国家赔偿—律师在冤假错案预防、确认、平反赔偿中的地位与作用	国家赔偿委员会主任　陈春龙	1325人
3	10月15日	公司纠纷案件的法律适用问题	最高人民法院民二庭法官　刘贵祥	1402人
4	10月29日	反收购措施的合法性—理论与实践	清华大学法学院教授　汤欣	1214人
5	11月12日	《证券法》修改主要内容介绍	中国证监会法律部副主任　冯鹤年	1185人
6	11月26日	我国《宪法》修改后的公民财产权保护	中国社科院法学所研究员　莫纪宏	1327人
7	11月27日	新《公司法》的突破与创新	中国政法大学教授　赵旭东	1350人
8	12月10日	《最高人民法院关于审理市级国有土地使用权合同纠纷案件适用法律问题的解释》出台背景、条文正确理解与适用	最高人民法院民一庭法官　韩延斌	1337人

天津市律师协会培训工作

2005年，天津市律协从专业的视角，抓住热点问题，有针对性地进行了一系列专业化培训，先后举办一系列讲座：土地规划涉及政策与法律若干问题讲座，“知识产权司法解释”，“经济犯罪的司法解释”等内容的（光盘）讲座，“合同法司法解释的最新动态”专题讲座，“并购项目律师执业技能与风险管理”讲座，“证据理论与实务若干问题讲座”，与市高级人民法院联合举办海上保险法专题讲座，新《公司法》、新《证券法》业务培训，律师共有3000多人次参加了培训。为使律师掌握我市经济发展趋势，市律协还将请天津国际商会会长为律师作“天津对外经济发展形势报告”。

除了培训，市律协还组织了一系列专业活动：组织了未成年人保护法律讲座、滨海新区开发、开放和发展政策报告会、《物权法（草案）》修改研讨会、知识产权保护形势报告会等。组建天津市知识产权维权律师团，在我市知识产权保护领域开展专项法律服务或业务开拓工作。

通过多层次、专业化、系统化的学习培训，我市律师的职业道德和执业素养有了长足的进步，办案能力和业务水平也得到了明显地提升。

上海市律师协会培训工作

2005年律师培训工作从3月14日开始，到12月25日结束。全年共举办各类培训班、研修班、业务讲座共50期（讲）。其中，新任执业律师培训班2期，培训人数450人，比去年增加89人。律师事务所主任培训班3期，参加对象为事务所主任、副主任和全体合伙人，培训人数1652人。专兼职律师培训班12期，截至11月19日的第11期，培训人数共4227人。市区律师业务讲座共安排30讲，比2004年增加8讲。截至11月20日的第25讲，培训人次达20000人次左右。律师体检和业务培训共2期，培训人数327人。

今年律师培训的新举措有：（1）强化对事务所主任和全体合伙人的关于事务所规范化建设教育；（2）首次开展了以律师文化和律师伦理为论题的教育与研讨；（3）在政治理论教育方面，主讲的课题是《执政环境和政党转型》，并首次安排了关于台海形势报告；（4）律师学院和市律师协会建筑房地产业务研究会首次承办了“最高人民法院关于房地产三个司法解释研修班”；（5）在新律师培训班中首次对讲课质量进行问卷调查；（6）在新律师培训班的结业式上，首次举行了新律师的宣誓仪式；（7）改变了在青浦集中培训的模式，将“2+3”改为“1+4”或“1+1+3”的培训方式，继续教育的总学时数仍为40学时。

除了律师学院的集中培训和市区业务讲座外，委员会下属的业务研究委员会活动也作为律师培训内容面向本市全体执业律师（通过东方律师网发布活动信息），由业务部进行活动的组织工作。

此外，今年协会为了推动全市律师均衡发展，决定对郊区特别是崇明律师在业务培训和业务拓展方面给予倾斜和帮助，并在会长办公会议上确定了在业务培训方面对郊区律师实行定单讲座，送课上门的方式。11月20日，徐晓青副会长律师和天一律师事务所主任张善美律师赴崇明为律师进行业务培训，主讲律师参与动拆迁法律服务的业务拓展和服务规范。

重庆市律师协会培训工作

1月22日，金融委员会在市司法局大会议室举行“金融证券业务培训”活动，全市近300名律师参加了培训。西南政法大学经济贸易法学院院长唐青阳博士就“律师金融业务中的信用证与保理法律问题”进行了主题演讲。市律协金融业务委员会委员熊杰、王玉武随后分别进行了题为“上市公司重组”及“股份公司未上市公司股份的柜台交易”的演讲。

3月12～13日市律协在市司法局举行了2005年律师岗前培训。本次培训人数超过300人，其中包括近200名实习律师和100多名执业律师。在两天的培训中，陈锐伟、刁太国、张华、杨泽延四位执业律师结合自己多年执业经验和律师行业的现状分别就“如何加强年轻律师综合素质培养”、“如何提高刑事诉讼技巧”、“如何增强民事诉讼业务流程及操作技巧”、“如何开展非讼法律服务”等问题一一作了分析阐述。

3月26日，由重庆市律协、市仲裁委联合主办，市律协房地产业务委员会承办的“房地产与仲裁”专题培训活动在市司法局二楼会议室举行，来自全市近300名律师参加了此次培训。培训内容主要包括：市仲裁委仲裁员、华立律师事务所主任张华关于“房地产仲裁中的法律问题”的专题讲座；市仲裁委仲裁员周百强关于“仲裁的选择及仲裁程序”的专题讲座；以及新加坡国际仲裁中心中国区经理葛黄斌先生关于“国际仲裁发展状况”的专题讲座。

5月22日，举行了以“法律文书写作规范与技巧”为题的青年律师沙龙首期活动。全国法律文书研究会常务副会长韦锋教授就“遵守法律文书写作规范是律师公关的重要环节”、“法律文书写作技巧应用的三个基础”、“实现法律文书写作技巧的三个途径”三个主题逐一进行了讲解。随后，参加活动的20余名青年律师还就一些法律文书实例及具体运用展开了热烈的讨论。

6月3日，第二期青年律师沙龙活动在市律协举行，我市近50余名青年律师参加了本次活动。活动采取座谈会的形式，内容和形式较前期更为自主互动、轻松和谐。青年律师陈昱作了题为《诉讼策略和技巧》的专题发言。

6月18日，第三期青年律师沙龙活动在市律协举行。青年律师张明杰作了题为“律师与客户关系”的专题演讲，吸引了近80余名青年律师前来参会。市律师协会会长孙发荣、秘书长陈翔与青年律师一起参加了本次活动。

6月25~26日，本年度第一期卫星远程教育培训活动在市司法局举行，来自全市的300余名律师参加了此次培训。我市律师同步收看了北大教授陈瑞华“我国刑事诉讼法的修改与完善”、全国律协刑事委员会主任田文昌“刑事证据的立法与实践”、清华教授张卫平“民事诉讼中的证明责任”及最高人民法院立案庭副庭长郑学林“民事诉讼的司法实践”的讲座。

7月2日，市律协在黔江地区组织了走进区县的青年律师沙龙第四期活动，来自黔江、彭水、酉阳、秀山、武隆等地的80余位执业律师前来参会。会上，孙发荣会长向大家介绍了新一届律协的工作思路和即将开展的培训计划。西南政法大学韦锋教授和青年律师陈昱分别作了题为“法律文书写作技巧”和“诉讼的策略与技巧”的专题发言。

7月15日，市律协室组织了以房地产法律实务为主题的青年律师沙龙第五期活动，来自全市的120多位律师就房地产法律实务方面的问题进行了交流与讨论。青年律师陈鹏飞、黄雪莲分别作了题为“商品房屋买卖中的法律问题”和“房屋拆迁中的相关法律问题”专题发言。

7月23~24日，由《中国律师》杂志主办，市律师协会承办的“法学与法治巡回讲坛”在市委礼堂举行。来自中国人民大学的何家弘教授、陈卫东教授，北京市一中院民一庭的王忠庭长，北京大学贺卫方教授、国浩律师集团李淳律师和《中国律师》刘桂明总编分别就“证据制度的前沿与实务”、“刑事诉讼法修改及相关问题”、“审判实务与诉讼时效若关问题”、“法律职业与法学教育的有关热点与难点”为重庆近1000名律师及法律界人士作了精彩演讲。

8月5日、12日、19日、26日，市律协组织的第一期事务所管理经验交流活动分别在海外律师事务所、原野律师事务所、志同律师事务所、康实律师事务所举行。四场活动分别以“律师事务所服务质量及财务管理”、“律师事务所档案管理”、“律师事务所内部培训及青年律师培养”、“律师事务所规范化管理”为主题，共有120余人次律师事务所的管理人员参加了本期活动。

9月2日，青年律师沙龙第六期活动在市律协举行，来自全市近60名律师参加了本次活动。活动中，重庆鼎圣律师事务所陈震律师以“集体企业改制难题及企业改制操作程序”为主题，围绕集体企业改制的相关问题与广大青年律师进行了交流。

9月16日，青年律师沙龙第七期活动在市律举行，全市30多名律师参加了本期活动。市律协副会长孙渝、常务理事刁太国两位律师分别从培养青年律师专业技能、道德素养和心理素质等方面与青年律师们交流了观点与看法，并以幽默风趣的语言，回答了相关问题。

9月26日，青年律师沙龙第八期活动以全新的模式在市司法局举行，全市七十余名律师参加了本次活动。活动根据重庆索通律师事务所原创的剧本，由索通所律师出演法庭审判中的各个角色，以“模拟法庭”的形式，与广大青年律师共同探讨了在法律诉讼中可能遇到的各种问题。活动中，参会律师对该案的案情、诉讼和审判发表了各自观点和看法，市律协教育培训委员会主任张华律师进行了点评。

10月29日，市律协组织了第一期英语沙龙。30余位喜爱英语的律师前来参会。本期沙龙以“现代英国的多元化文化”为主题，特邀参会的两位英国友人用流利的英语与律师进行交流，气氛轻松活跃。

11月5日~6日，我市近200名律师在重庆市图书馆参加了中华全国律师协会主办的2005年度卫星远程教育第二期活动。为期两天的培训中，全国人大法工委副主任安建、李飞，中国政法大学教授江平分别对公司法和证券法方面的内容进行了讲解与剖析。

11月26日~27日，由市律协与市高级人民法院民一庭共同举办，市律协房地产与建筑工程业务委员会承办的“房地产及建设工程法律实务”讲座在市劳动人民文化宫举行，来自我市的800余位律师和各级法院的120余位法官参加了培训。两天的培训中，最高人民法院民一庭法官冯小光、韩延斌作为《关于审理建设工程施工合同纠纷案件适用法律问题的解释》和《关于审理涉及国有土地使用权合同纠纷案件适用法律问题的解释》的主要起草者，对两部司法解释分别作了讲解，帮助律师与法官准确理解和正确适用相关法律，提高业务水平。

12月15日，由市律协和《时代信报》社共同主办，索通律师事务所承办，西南政法大学民商法学院协办的青年律师沙龙——“走进西政，模拟法庭演示”活动在西南政法大学举行。市律协副会长孙渝、秘书长陈翔、《时代信报》社总编助理田间，西南政法大学民商法学院副院长张耕和700多名西政学子参加了本次活动。本期沙龙根据索通所原创的剧本，由该所律师扮演法庭审判中的各个角色，以一起房地产纠纷案件演绎了法庭审判中的各个环节，激发了学生们的兴趣和思考。

河北省律师协会培训工作

2005年，省律师协会在河北省律师学院，分三批对2005年度412名新执业律师进行了基本执业技能培训，邀请部分省内资深律师，主要就律师职业、律师执业技能、律师职业道德和执业纪律等进行了培训，同时组织新执业律师进行了执业宣誓，提高了律师的职业荣誉感和业务素质。

山西省律师协会培训工作

2005年，山西省律师协会共组织了十期律师业务培训，参加律师人员共2400人次。主要是：全省合伙律师事务所主任培训班（200余人参加）；全国律协运程教育培训（200余人参加）；组织380余名律师参加中国政法大学李显冬教授主讲的民事侵权行为讲座；组织360余名律师参加了中国政法大学吴飚教授主讲的合同法讲座；企业破产重组与并购中的法律问题（320余人参加）；公司法修改热点问题讲座，新律师岗前培训，物权法修改重点问题培训等等。今年培训的主要特点是分专业重点培训，广大律师根据律协提供的培训科目自由选择自己喜欢的专业课题进行培训，这对培训专业化律师起到了重要作用。此外，还鼓励广大律师各级撰写业务论文，并按论文发表的刊物级别予以计算培训课时，既激发了大家的积极性，又提高了业务素质。

内蒙古自治区律师协会培训工作

2005年5月28日至6月2日，自治区律师协会分别在包头市和赤峰市举办全区律师事务所规范管理培训班。全区律师事务所主任、合伙人、合作人370多名律师参加了培训，此举将促进律师事务所内部管理，提高律师队伍整体素质。

2005年7月1日~3日，自治区律师协会在呼和浩特举办2005年度执业律师继续教育培训班。480多名执业律师参加了培训。培训班讲授了物权立法中的土地使用权问题等。

吉林省律师协会培训工作

3月25日，赴港培训律师总结汇报会在省律师协会召开，会议由副会长兼秘书长张生久主持。省律师协会会长赵守华、副秘书长宋占文、刘桂琴出席了汇报会。赴港学习律师分别介绍了在香港期间的学习、生活体会。会上决定，在合适的时候，就此次活动举行一个报告会，向全省律师介绍经验。

5月19~22日，吉林省律师协会国企改制培训班在长春召开，全省近400名律师参加了学习。省律师协会副秘书长宋占文主持开班仪式，副会长丁凤礼在仪式上做了动员。

此次培训班分两期，每期两天，分别在19日和21日开班，参加人员为各律师事务所主任以及合伙人，其他律师可自愿参加。吉林省律师协会特别聘请了吉林省国资委秘书长杨雨庭向与会律师做专题讲座。杨雨庭秘书长不仅介绍了国资委的有关情况，还对国企改制中依据的法律政策进行了详细的解析；省律师协会负责培训工作的朱柏彦对律师参与国企改制的实务流程等问题进行了讲解。

黑龙江省律师协会培训工作

改革培训方式，将哈尔滨市及大庆、绥化地区，执业律师的培训方式由过去的必修课改为选修课，鼓励执业律师走专业化发展的道路。

举办专题讲座，聘请国内、省内名家、教授为全省律师举办专题讲座，2005年8月，省律师协会聘请最高人民法院郑学林、冯晓光、韩延斌、程新文、高柯，五位法官分别主讲了证据规则、房地产建筑、工程承包、土地管理及商品房预售、民事案件疑难问题的审判实务、农村土地承包及民事商议程序，12月聘请了中国政法大学博士生导师赵旭东主讲了《公司法》。专题讲座为我省执业律师答疑解惑，诠释司法实践中遇到的热点、难点问题，开阔了律师的视野，帮助律师了解和掌握学术界的最新动态，深受广大律师的欢迎，充分体现了律师培训工作人性化管理的特点。

举办超前型培训。为了更好地服务于律师，省律协向全省各地下发了培训工作《征求意见函》，深入了解律师在培训内容上的要求与渴望，并针对大家普遍的要求，聘请了吉林大学研究物权法的博士生导师来哈尔滨讲学，向全省律师讲解物权法出台的背景与内容。坚持把教育培训与专题讲座结合起来，实行分层次、多元化培训，有效提升了执业律师的业务素质，调动了大家学习法律、钻研业务的积极性。

在2005年第五届“中国律师论坛”上 我省共有29人参加，向大会提交论文25篇，被会议提名22篇，其中会长孟繁旭撰写的《和谐社会呼唤律师》、《品牌魅力与律师事务所的发展》等四篇论文获优秀论文奖。2005年8月举办的在东北三省律师论坛上，我省共有40人参加，有三名律师在论坛上作了专题演讲，向大会提交论文66篇，有40篇论文获一等奖。

浙江省律师协会培训工作

1月29日律师协会请金华市检察分院反贪局局长李斌、湖州市南浔区人民法院贾建平、丽水市司法局政治部干部钟珠英来杭州，为省律师协会理事和在杭州工作律师作先进事迹报告会，300多名律师参加。

3月12日~13日，请北京大学尹田教授来杭州主讲《物权法》起草进展情况和立法的基本思想、基本观点、基本思路。全省有742人参加，到会的律师一致认为这是一起高水平、高质量的讲座，收获非常大。

5月20日~22日在杭州举办一起继续教育培训班，参加人数483人。讲课的内容主要是请浙江大学教授章剑生主讲行政许可法；省高院行政庭长主讲行政法；省高院法官主讲行政诉讼法；杭州市中院行政庭庭长主讲行政复议法。

6月24日~26日举办电视远程教育，两天时间收看北京大学陈瑞华教授主讲我国刑事诉讼法的修改与完善；田文昌律师主讲刑事证据的立法与实践；人民大学张卫平教授主讲民事诉讼证据制度及最高法院法官主讲民事诉讼的司法实践。同时还邀请省高院刑二庭副庭长和民庭副庭长分别主讲经济犯罪审判新动向、民事审判赔偿几个新的法律规定。参加人数116人。

11月17日~19日，举办一起讲座，特别邀请中国政法大学原校长、终身教授江平来杭州主讲修改后的《公司法》；还邀请省高院民二庭副庭长、法官主讲公司诉讼、《公司法》修改后条文重点解评；请四川省泰和泰律师事务所主任、天册律师事务所主任主讲律师事务所管理与发展。632人参加。这次培训引起社会和各界新闻关注，杭州每日商报作了全面报道，北京《法制日报》也刊登这次培训班情况，得到了律师界、社会界、新闻界好评。

2005年还有318人参加律师上岗培训。上岗培训组织工作能做到：事先摸底预报名、修改好上岗培训教材、严格考勤制度、组织开庭观摩、认真进行考试。整个培训过程是一个规范律师行为的过程。参加的学员普遍认为纪律严于军训、学习多于学校、受益胜过自学，成绩相当不错。给我们今后做好律师工作起到了一个良好开端。

安徽省律师协会培训工作

1月，省律协举办金融与投资法律实务培训班，全省三百余名律师参加培训。

6月，省律协在合肥举办商品房买卖中的法律实务培训班，全省近五百名律师参加了培训。

江苏省律师协会培训工作

1月8日~9日，省律协配合全国律协、《中国律师》杂志社在南京举办法学与法制巡回讲坛，全省500名律师参加；

3月19日~20日，省律协在南京举办企业上市与改制培训，全省共404名律师参加；

5月21日~22日，省律协在南京举办行政法培训，全省共194名律师参加；

8月13日~14日，省律协在南京举办环境保护法培训，全省50名律师参加；

8月25日~27日，省律协在南京举办民商法培训，全省67名律师参加；

10月29日~30日，省律协在南京举办房地产法培训，全省共260名律师参加。

福建省律师协会培训工作

一、举办2005年度实习律师职前培训

8月5日至7日，省律协在福州西湖宾馆举办2005年度全省实习律师职前培训。本次培训班安排了六个专题，包括：律师职业道德与执业纪律、律师管理、民事诉讼业务、刑事诉讼业务、行政诉讼业务、非诉讼业务，来自全省各设区市及省直的270多名实习律师参加了培训。为了确保培训工作取得实效，省律协在此前征求了多方意见，为各专题均聘请了律师管理部门领导及各专业领域卓有成效的执业律师担任授课老师。培训结束后，每位参训人员按要求提交了题为“如何做一个合格律师”的个人小结，经考核合格者，

省律协颁发了《律师岗前培训证书》，作为申领律师执业证书的有效证件。

二、省直分会开展2005年度省直律师继续教育培训

为了做好2005年省直律师继续教育培训工作，10月29日、30日，省律协省直分会在省委党校举办了第二期培训班。本次培训邀请了中国人民大学龙翼飞教授、最高人民法院罗东川主任和甘文法官，分别就“不动产法律制度的理论和实践问题”、“知识产权法律问题”、“行政诉讼的证据问题及行政诉讼法的修改”三个专题开办讲座。来自省直、厦门、莆田、宁德、福州等地及福州市仲裁委共800多名律师参加了本次培训。

江西省律师协会培训工作

4月23日至24日，省律协举办2005年度厅直律师事务所执业律师继续教育培训班，邀请了省直工委组织部长邓剑锋、全国律协证券专业委员会主任委员唐金龙、全国律协知识产权专业委员会主任委员庞正中前来授课。部分设区市的执业律师代表亦参加了培训。

6月4日至5日，省律协举办新律师职前培训班。为贴近律师需求，本次授课内容包括：（1）律师职业道德及执业纪律规范（欧阳荣军）；（2）律师实务操作（唐锋）；（3）律师维权及投诉查处（郭庆瑜）；（4）赣文化漫谈——兼谈历史文化积淀对江西人思想观念、行为理念、处事习惯的影响（马雪松）；（5）执业律师面对的心理压力与自我调适（苗元江）；（6）法律援助（邓京平）。其中，江西省社科院赣文化研究所所长马雪松、江西省医学院心理咨询中心教授苗元江、江西省司法厅法律援助处副处长邓京平所讲授的课程，属于我省新律师职前培训的新增内容。本次培训教程内容的设置有较强的针对性、实用性及可操作性，受到学员们的普遍欢迎。

山东省律师协会培训工作

一、省律协培训情况

4月22日至24日，山东省律师协会在济南举办国有企业产权制度改革和企业改制方案设计培训班。国务院国资委研究中心党委书记李保民、改革局局长刘东生、中国政法大学研究生院副院长李曙光等到班授课，近600名律师参加了培训。本次培训的主要内容为：（1）净资产处置方案；（2）职工分流安置补偿方案；（3）管理层、骨干员工和职工持股方案；（4）产权、资产和业务重组方案；（5）主辅分离改制分流产权重组的政策要点及报批程序；（6）主辅分离改制分流产权重组的税务优惠政策和土地使用政策；（7）主辅分离改制分流产权重组总体方案设计的难点问题及解决方案；（8）企业资本运营与改制重组整体方案的规范设计；（9）国有股退出、管理层收购、经营者及职工持股方案的规范设计；（10）如何建立和完善现代企业制度及法人治理结构。

12月3日至6日，省律师协会与省律协公司法专业委员会等联合举办了新《公司法》、《证券法》培训班。中国政法大学江平教授、中国社科院刘俊海教授、清华大学朱慈蕴教授、中国政法大学时建中教授来济授课，全省各地570名律师参加了培训。本次培训班的内容为：（1）《公司法》、《证券法》修改的主要内容；（2）《公司法》、《证券法》修改所涉及的热点问题、重大争议问题及其实务意义。

10月22日至26日，由国家法官学院、中华全国律师协会、美国律师协会和中国政法大学环境资源法研究和服务中心联合举办，山东省律师协会协办的第五期全国环境法律实务研习班在济南开班。全国人大环资委法案室主任孙佑海、国家法官学院党委副书记杨永波、省司法厅副厅长栗甲、中华全国律师协会常务理事王广仁、中国政法大学环境资源法研究和服务中心主任王灿发、美国律师协会亚洲项目委员会驻华代表莫慧兰出席开幕式并致辞。开幕式由省司法厅律师管理处处长周杰主持。省司法厅副厅长、省律师协会党委书记齐延安出席了结业典礼。全国环境法律实务研习班是面向全国法官和律师开展的环境法律公益培训班。从2001年起，已连续4年为239名律师和130名法官免费提供了培训。本期研习班是首次在京外举办，为来自我省、浙江省、黑龙江省、重庆市等地的40名法官和40名律师免费提供环境法律实务培训。另有来自我省各地的近20名律师参加了旁听。

二、山东省各市律协的培训情况

济南：4月16日至17日，组织参加了全国律协卫星远程培训班，内容为关于司法行政机关和律师协会两结合的管理体制探讨；关于律师事务所内部管理体制研究，120人参加。11月5日至6日，组织参加了全国律协卫星远程培训班，内容为关于公司法、证券法修改的主要内容及热点问题，120人参加。

青岛：4月28日至29日，举办《法学与法治》讲

坛，1826人参加。7月14日至22日，举办法律文书制作、刑事诉讼法、公司法培训，174人参加。

淄博：7月10日，举办全市律师事务所主任（合作人、合伙人）培训班，交流律师事务所管理经验，学习有关法律法规，53人参加。

枣庄：7月，举办律师事务所主任培训班，60人参加。

东营：7月9日至10日，举办律师事务所主任培训班。

烟台：11月25日至29日，举办全市律师培训班，学习规范管理与律师职业道德、执业纪律、法律职业共同体建构、中国土地法实务等内容，602人参加。

潍坊：5月28日，举办律师业务培训班，学习民事证据理论与应用、律师业务与市场拓展、律师机构规范建设及律师职业道德和执业纪律等内容，627人参加。7月2日，举办律师事务所主任培训班，46人参加。

济宁：7月，举办律师事务所主任培训班，81人参加。

泰安：11月26日至27日，举办律师职业道德和执业纪律培训班，348人参加。

威海：1月22日至23日，举办公司法和房地产法律实务培训班，270人参加。3月7日，举办加拿大商业法律基础、新移民法律知识及律师实务培训班，230人参加。10月17日，举办民事法律实务培训班，250人参加。8月14日，举办律师管理、律师事务所管理业务知识培训，120人参加。7月9日，举办律师事务所主任培训班，34人参加。

日照：6月16日，举办知识产权培训班，142人参加。7月9日，举办律师事务所管理与建设经验培训班，148人参加。

莱芜：11月，举办律师业务工作培训班，80人参加。

临沂：7月9日至10日，举办全市律师事务所合伙人、合作人培训班，236人参加。7月16日至17日，举办县域律师事务所聘用律师培训，180人参加。

德州：11月20日至21日，举办全市律师事务所主任培训班，学习《中华人民共和国律师法》、《律师事务所管理办法》、《山东省法律服务“六个不准”》等内容，240人参加。

聊城：7月8日至10日，举办律师事务所管理经验、律师办案技能培训班，74人参加。11月26日至27日，举办全体律师职业道德执业纪律培训班，162人参加。

滨洲：8月17日，举办法律实务专题讲座，200人参加。

菏泽：7月31日至8月1日，举办律师事务所主任（合伙人、合作人）培训班，学习行政诉讼实务、律师事务所的管理和发展等内容，50人参加。7月2日，举办律师职业道德及执业纪律培训班，102人参加。

河南省律师协会培训工作

一、岗前培训

7月15日至23日，全省律师岗前培训在郑州举行。510名申请执业人员参加了培训。其中，502名人员通过了考试和考核，领取了岗前培训合格证书。

二、远程教育

全年组织省会律师参加6次全国律师协会举办的律师远程教育业务培训班，受众达2400人次。

三、继续教育

9月2日至7日，全省律师继续教育培训班在郑州举行，1500余名律师参加了培训。本次培训突出前瞻性和理论性，聘请全国著名学者和省高院法官授课，受到了律师们的欢迎。

湖北省律师协会培训工作

根据全国律协关于“律师每年度应当接受不少于40课时的培训”的规定以及司法部对2005年律师工作的总体要求，2005年3月11日至4月20日，湖北省律师协会依托武汉大学法学院，组织全省律师进行了年度集中教育培训。集中教育培训按律师事务所主任、省直所党支部书记及省直所全体党员律师培训班，合伙所合伙人培训班，专职、兼职、公司、公职律师及拟申请执业证人员培训班等三个层次进行，有3855名律师参加了集中培训。湖北省律协将2005年律师继续教育培训与开展保持共产党员先进性教育活动、合伙律师事务所所规范建设年活动结合起来，以全省律师集中培训方式进行总动员、总部署，从思想上、组织上为律师党员先进性教育活动与合伙律师事务所规范建设年活动奠定了良好基础。

2005年的律师继续教育集中培训，得到了省司法厅领导的高度重视。省司法厅党委书记、厅长张坚同志亲自为参训的律师讲授了“当前社会稳定形势及律师工作形势分析”，省厅党委委员、副厅长、省律协党委书记曹诗权同志讲授了“强化警示、把握方向、正视现实、着力转变”，厅政治部组织宣传处处长刘永安同志根据律师党建工作的现状，结合党的组织条例，向学员讲授了“律师党支部的活动和党员律师的义务及权利”。参加培训的律师一致认为，湖北律师业经过二年的教育整顿，律师队伍建设取得较大成绩，在拓展与规范业务方面有了很大发展，今后一定要按照厅领导的要求，牢固树立诚信执业的“生命线意识”和依法执业的“高压线意识”，树立发展意识、政治意识、团队意识、服务意识，充分发挥律师在维护社会稳定中的重要作用，为构建和谐社会、促进经济发展作出积极贡献。

湖南省律师协会培训工作

8月13至15日，湖南省省律协在长沙举办了“法学与法治”巡回讲坛暨省直律师事务所2005年度业务培训班，聘请了中国人民大学陈卫东教授主讲“刑事诉讼法修改及相关问题”，湖南省律协刑事业务委员会主任邱兴隆博士主讲“刑事辩护的理念与方略”，北京市第一中级人民法院民一庭庭长王忠博士主讲“民事审判实务与诉讼时效若干问题”，中国政法大学王进喜副教授主讲“律师文化与律师职业道德”，北京尚公律师事务所合伙人李尚公律师主讲“合伙律师事务所的管理与规范”，长沙市仲裁委副主任兼秘书长黄幼园主讲仲裁法律制度等，省直所全体律师及部分市州律师近1500人参加了培训。

广东省律师协会培训工作

1. 利用卫星远程教育系统开展全省执业律师业务培训。

针对我省的律师培训教育工作各地发展不平衡的现状，我会今年初引入全国律师函授中心远程教育系统，利用远程教育的传输优势，使我省各市律师都有机会接受水平较高的培训教育。为了扶持欠发达地区的律师，省律师协会出资为韶关、河源、梅州、阳江、湛江、茂名、肇庆、清远、潮州、揭阳、云浮等11个市律师协会安装卫星远程教育培训系统，珠海、江门也自费安装了卫星远程教育培训系统，今年一年由省律师协会出培训费，共举办了6次共48个课时的培训，邀请北京高校的专家教授、最高人民法院的法官、全国律协的领导、资深的律师讲授了律师两结合管理体制、律师事务所管理、刑事诉讼法的修改与完善、刑事证据的立法与实践、房地产开发及建设工程中的法律问题、商品房买卖合同纠纷的律师代理业务、公司法修改的立法目的、公司改组中的法律问题、律师执业与风险防范、律师的诚信建设、我国物权法的起草与制定过程中的法律问题等专题，培训效果很好。

2. 继续抓好实习人员的岗前培训工作。

根据《关于2005年律师岗前培训工作的若干实施意见》，在今年的岗前培训中，将去年“涉外经贸仲裁法律实务”和“律师执业现状和前景”两门课程改为“律师职业素养”和“律师执业风险防范”，其他课程包括律师执业行为规范、刑事辩护与代理技巧、民事经济诉讼代理实务与技巧、法律顾问实务、法律文书写作等，继续邀请省律协领导、律管部门干部、高校老师及有经验的律师前来授课，并根据课程变化和新增内容重新编写考试试题，以保证培训的质量。

今年省律协直接组织了一期律师岗前培训班，委托广州市律协组织了两期和深圳市律协组织了一期律师岗前培训班，全省有近1100人参加了律师岗前培训。

3. 组织、推荐律师参加在职进修学习。

现在随着律师业务的不断拓展，要求律师们要不断提高自己的知识水平，才能在激烈的竞争中求得发展，我们积极组织律师参加各种高层次的学习，推荐了2名律师参加全国律协组织的青年律师赴英培训选拔考试，5名律师参加路伟项目青年律师实习计划。

4. 11月4日，广东省律师协会与英中法律理事会在广州联合举办了“中英律师业务研讨会暨律师管理与发展交流会”，各市律师协会主管法律业务的副会长，规范化管理律师事务所负责人代表，省律协公司、证券、知识产权、WTO法律专业委员会委员共120余人以及英方13名律师参加了本次研讨会。研讨会分为：公司治理、律师事务所业务拓展、伦敦二板市场、项目融资、知识产权及ADR（非诉讼纠纷解决机制）等六个专业讲座以及一个“律师行业管理及律师事务所内部管理”专题交流，均由英方专家律师主讲。讲座取得了良好的效果，加深了我省律师对英国律师事务所管理、公司、证券、知识产权、仲裁等专业知识的了解。

海南省律师协会培训工作

4月2日、3日，全省律师2005年第一期业务培训班开课，以最高人民法院《关于民事诉讼证据的若干规定》理解与适用讲座为主要内容，共有129人参加了培训。为了保证全省所有执业律师都能按期完成年度培训任务，不至影响注册工作，此后，又分别于4

月9日、10日、16日、23日、24日、5月7日、8日、14日、15日、21日、22日，以《关于审理企业破产案的若干规定》适用与理解、《关于民事诉讼证据的若干规定》适用与理解等为题，先后举行了七次业务培训班。加上第一次培训，参加培训的约两千人次。全省大部分律师按期完成了注册前的四十课时的培训任务。

6月25日、26日，省律协组织在律师会馆三楼大会议室，以我国刑事诉讼法的修改与完善、刑事证据的立法与实践、民事诉讼中的证明责任、民事诉讼的司法实践为内容进行培训，约四百人次参加了培训，收效良好。

8月13日、10月16日、11月5~6日，接收中华全国律师协会卫星信号，以房地产开发及建设工程中的法律问题、商品房买卖纠纷的律师代理业务、律师执业风险防范、律师的诚信建设、关于公司法修改的主要内容及热点问题、证券法修改的主要内容及其实务意义等为主要内容进行远程教育，一千二百人次参加培训，反响热烈。

11月26日，省律师协会与海口仲裁委员会在律师会馆三楼联合举办了“仲裁法律制度研讨班”。全省共有95名律师参加了此次研讨班。活动气氛热烈，收效良好，受到参加活动律师的一致肯定。省律协副会长廖向琦律师主持了研讨班，王晶会长亲临研讨现场，认真聆听了律师们的发言与讨论，并给予研讨班的活动形式和意义以充分肯定。

广西壮族自治区律师协会培训工作

2005年，广西律师协会加强对会员律师的培训，努力提高全区律师的整体素质与业务能力。其中影响较大的培训活动有：

1. 举办了广西律师事务所主任培训班。为指导全区各合伙律师事务所进行规范建设，2005年8月19日至20日，律师协会与厅律师管理处在南宁共同举办律师事务所规范建设年活动主任培训班，全区300多家律师事务所主任（合伙人）参加了此次培训。

2. 举办了全区第八期律师上岗培训班。2005年8月29日至9月2日，广西律师协会与广西司法厅律师管理处在南宁共同举办了全区第八期律师上岗培训班，共有228名已经取得律师资格或法律职业资格并准备从事律师职业的人员参加培训，经过培训和考核，有223名学员获得结业证书。

3. 举办了行政诉讼法修改的理论与实务培训班。2005年12月17日至18日，由中华全国律协主办，彭书珍律师事务所承办，律师协会协办的行政诉讼法修改的理论与实务培训班在南宁顺利召开，共有150余名律师参加此次培训。培训班针对本次行政诉讼法修改的前沿理论、立法目的、实务操作、重点法条展开研讨。

4. 继续采用卫星远程培训方式对律师进行业务培训，形成了律师业务定期培训制度。广西律师协会通过全国律协举办的卫星远程培训和订购培训课程光盘，定期组织律师参加培训学习，并将这种培训方式形成一种制度予以落实。从已经组织的律师卫星远程培训来看，受训律师普遍反映效果很好。

四川省律师协会培训工作

拓宽和丰富律师培训的内容、方式，有针对性的举办专题讲座、研讨、论坛和培训，以多种渠道和方式开展律师培训工作，以满足律师的需求。

1. 今年组织律师参加了5期全国律函中心的远程教育培训。（1）4月16日《律师及律师事务所管理有关问题》《合伙律师事务所的内部管理》；（2）6月25日《我国刑事诉讼法的修改与完善》、《刑事证据的立法与实践》6月26日《民事诉讼证据制度》；（3）8月13日《房地产开发及建设工程中的法律问题》、《商品房买卖纠纷的律师代理业务》；（4）11月5日《关于公司法修改的主要内容》、《关于公司法修改中的热点问题》；（5）12月10日《物权法制定之焦点》、《物权法起草过程中的重大疑难问题》。

2. 律协一向重视对一些高、新业务的培训和人才储备。经过考试、审查，省律协推荐了我省律师沈立平作为中华全国律师协会与英国律师协会“2005年度赴英青年律师学习项目”成员之一，于2005年6月赴英国进行为期一年的培训。推荐了1名律师参加中华全国律师协会与路伟国际律师事务所合作举行的路伟培训项目青年律师实习计划第三期的培训。

3. 注重律师对新法的学习。《反分裂国家法》颁布以后，省律协及时发出通知要求各地认真学习并组织律师举行座谈，各地普遍开展了对《反分裂国家法》的学习讨论。

4. 积极为法律的制订建言献策。《物权法（草案）》向全社会全文发布后，省律师协会除及时发文要求各地组织学习讨论外，还组织部分律师召开了《物权法（草案）》征求意见座谈会。律师们对《物权法（草案）》的原则、物权的保护等重大问题给予了充分的肯定，但同时也对草案的体例、相应概念的界定和部分物权的设立是否合理，提出了不同的意见和建议。

同时，律师们结合法律实务中所遇到的问题，对群众普遍关心的如“居住权问题”、“房屋拆迁补偿标准”、“业主委员会的法律地位问题”、“典权制度”以及“拾得遗失物的请求报酬的问题”等热点、焦点问题展开了激烈的讨论。根据座谈会和向全省律师收集的书面建议经综合整理后共63条意见建议及时上报了全国人大法工委等有关单位。

5. 9月与美国律师协会亚洲项目委员会成功举办了以“公益诉讼和维护妇女权益”为主题的培训班。来自湖北、湖南、贵州、云南及省内律师、妇女工作者100余人参加了培训班。公益诉讼是通过引人司法治理的方式，推动公共利益的实现；以法治方法推进法治，最终实现不同权利之间的和谐共存。妇女作为弱势群体，往往因家庭暴力合法权益受到侵害，通过法律的方式帮助受害妇女维护合法权益实现法律赋予的各项权利是至关重要的。因此无论公益诉讼或妇女合法权益保护律师都可以发挥非常重要的作用。培训为我省律师进一步了解、学习、借鉴国内外及国际公约对公益诉讼、妇女权益维护等方面的立法与实践是一次非常好的机会，对进一步提高我省律师办理相关业务的能力、技能也是非常有益的。

6. 10月24日～25日，与美国纽约大学法学院、四川大学中国司法改革研究中心联合举办了“刑事审判展示与研讨会”。来自四川、云南、贵州、广西、上海的律师、四川省高级人民法院、成都市中级人民法院、四川省人民检察院、成都市人民检察院的法官和检察官以及四川大学法学院的师生近140人参加了研讨会。在为期两天的研讨中，杰德·拉科夫法官、布兰达·约翰逊检察官、英格·帕尔森律师通过模拟法庭的形式将美国刑事审判程序全面真实地展现出来。通过对模拟审判的展示与研讨，有效的展示了美国刑事审判程序的运作状况，促进美中法律文化的交流。模拟法庭专家们高明的法庭审判技巧、专业尽职的态度以及幽默的语言都受到了与会人员的一致好评。

7. 11月26～27日，省律协与省厅律师工作处组织了2005年度“律师岗前培训”，分别就《律师制度与律师业发展》、《律师办案流程与执业技巧》、《怎样做一个合格的律师》、《律师职业道德执业纪律》、《当代律师业的现状》以及《律师执业能力培养》等对即将走入律师队伍的从业人员进行了培训。

8. 12月10～12日，派员参加了2005年度西南六省七方律师协作暨业务研讨会，就进一步健全和完善“两结合”律师管理体制进行了深入的研讨。

贵州省律师协会培训工作

今年4～7月由贵州省司法厅律公处举办了4期执业律师政治业务培训班。邀请省内外有关法学专家讲授《法律判断的基本原则》、《大陆法系刑法学期待可能性理论评介》、《国有企业改制情况及有关法律法规》、《中小企业非公有制经济发展情况》、《职业道德纪律》等专题讲座二十多讲，共有520名执业律师参加了培训。

11月，派律师参加了在昆明举办的“中加刑事辩护专业”培训班。9名律师参加了在天津举办的“第五届中国律师论坛”，还有数十名律师自行参加了全国律师组织举办的中美高级刑事律师香港、广州现场模拟法庭论辩会及加拿大刑事辩护与模拟法庭培训技能项目等各类业务培训活动。律师们通过参加各类培训学习活动，开阔了视野，增长了见识，促进了自身业务水平的提高。

云南省律师协会培训工作

1. 组织律师参加全国律协举办的“并购项目流程管理，结构设计和文件制作高级培训班”；组织律师参加全国律协举办的证券业务讲座；鼓励律师参加环太平洋律师协会2005年第十五届年会；组织律师参加全国律协组织的路伟培训项目；组织律师参加全国律协组织的“房地产开发经营及城市拆迁纠纷案件诉讼和执行的法律疑难问题处理高级研讨班”；积极参加西部六省七方律师业务研讨会等。

2. 运用远程教育网络形式开展培训教育，去年共培训了三期。

3. 省律协承办了中华全国律师协会与加拿大律师协会共同举办的“中加律师协会司法改革和辩护技能培训项目模拟法庭活动”，参加本次活动授课的中国政法大学顾永忠教授和加拿大五位法律专家，为来自四川省、贵州省、西藏自治区、重庆市和云南省的律师、法官、检察官进行了为期三天的刑事辩护技能、技巧的培训。

甘肃省律师协会培训工作

组织律师参加了中华全国律协举办的远程教育培训；推荐律师参加了省委统战部举办的新社会阶层代表人士培训班学习和无党派代表人士培训班；组织律师参加了在白银市举办的三项制度（询问犯罪嫌疑人、

律师在场制度、全程录音录像制度）实验调研活动；组织参加了司法部法律援助中心在甘肃举办的法律援助刑事辩护培训研讨班学习；举办了全省律师岗前培训班。

举办了中加刑事司法改革与辩护项目刑辩技巧培训班。8月份，特邀中国政法大学教授顾永忠、南京大学教授孙国祥和加拿大法律专家乔舒亚·安诺德、安卓·瑞德薇、保罗·卡拉尔克、尤舒拉·布兹来兰授课。中华全国律师协会专业委员会工作部主任里红、国际部项目协调员戚晓红带2名工作人员来兰进行指导。在3天的培训中，中国法律专家讲授了贪污贿赂犯罪中的辩护问题、辩护律师在庭审中的发问与举证等课程，加拿大法律专家讲授了加拿大的法律体系、刑辩律师如何会见客户、收集证据、询问证人、交叉询问、质证技巧等课题，受到学员好评。省内各市、州124名执业律师参加了培训，青海、宁夏律协派11名律师参加了培训。

邀请上海律协律师专家团来兰州举办了法律讲座。上海律协徐晓青副会长、王国忠监事长、俞建国常务理事、庄燕主任组成的专家团来兰州为我省律师举办了为期两天的培训。针对甘肃律师业在非诉讼业务相对薄弱滞后的特点，这次培训从国企改制律师实务指导、律师业务进入房地产市场后的法律服务及推进律师参与构建和谐社区若干问题等方面进行了重点讲授。省内各地有300多名律师参加了培训，反映好。

举办了“最新土地使用权合同纠纷案件适用法律问题司法解释操作与房地产开发经营法律实务研习班”。邀请了最高人民法院民一庭副庭长、最高人民法院《关于审理涉及国有土地使用权合同纠纷案件适用法律问题的解释》和《关于审理涉及农村土地承包纠纷案件适用法律问题的解释》执笔人杜万华来兰进行了讲座。全省各地的律师、兰州地区法院的法官和建委、土地局、银行等单位的300多名相关人员参加了这次法律实务研习班。

特邀全国律协会长于宁和全国律协民事业务委员会副主任暨建筑房地产论坛组织委员会主任朱树英来兰州为我省律师举办了业务培训班。朱树英重点讲解了《最高人民法院关于审理国有土地使用权转让合同及相关纠纷案件适用法律若干问题的解释》的主要内容、律师办理此类案件应注意的操作问题和从疑难案件的审判实践看建设工程法律实务对司法解释及相关法律的准确把握与运用。朱树英在讲课中结合办案实践和经验，精选了5例疑难案件，进行详细的分析讲解，给我省律师在办理建筑房地产领域和建设工程法律实务方面起到了积极的引导作用。300多名律师接受了培训。

组建了“甘肃律协讲师团”。为加强对申请执业人员的岗前培训、实习律师的教育指导和执业律师的继续教育，经省律协常务理事会研究，组建了“甘肃律协讲师团”。讲师团的成员由责任心强、热爱律师事业、有扎实理论功底和丰富的实践经验，或在某一专业领域有较大影响，能够胜任培训律师工作的执业律师担任。讲师团组建后，12月份已赴平凉、武威两地培训律师83名。今后，全省律师的培训教育，除了外请法律专家、学者、教授对律师进行培训外，其他培训任务主要由讲师团承担，并有计划地在省内各地进行巡回培训。

青海省律师协会培训工作

4月16日，青海省律师协会组织我省西宁市、海东地区、黄南州共200余名律师参加了全国律师协会卫星远程教育培训。培训内容涉及律师“两结合”管理体制及合伙律师事务所内部管理。

5月15日，省律师协会党委举办基层党组织建设培训班。省委党校党史党建教研室梁代生教授作了《怎样当好党支部书记》的专题授课。

5月25～26日，西宁市、黄南州、果洛州各律师事务所220余名律师在省图书馆参加了由全国律师协会举办的2005年第3期卫星远程教育培训。内容涉及我国刑事诉讼法的修改与完善、刑事证据的立法与实践、民事诉讼证据中的证明责任及民事诉讼司法实践等方面。

8月8日～10日，我省5名律师赴兰州市参加了中加刑事司法改革与辩护项目刑辩技巧培训班。

8月13日，西宁市、海南州、黄南州240名律师在省图书馆参加了全国律师协会举办的2005年第4期卫星远程教育培训。内容涉及房地产开发及建设工程中的法律问题和商品房买卖纠纷的律师代理业务等方面。

8月26日～27日，根据青海、上海两省市律师协会新三年的培训合作协议，上海市律师协会选派3位资深律师对我省330余名律师进行了为期两天的业务培训。内容涉及企业股权的相关问题、房地产律师实务、刑事辩护实务和律师事务所管理等方面。

11月5日～6日，省律协组织西宁市、海西州、海南州、黄南州近240名律师参加了全国律师协会举办的2005年第5期卫星远程教育培训。内容涉及公司法修改的热点问题、证券法修改等内容。

新疆维吾尔自治区律师协会培训工作

加大培训力度，努力提高新疆律师执业水平，不断强化律师整体素质，一直是新疆律师协会的重要工作目标。协会采取“走出去，请进来”培训教育方式，举办新执业律师上岗培训班，专题讲座，聘请内地知名学者、法律工作者在新疆讲课，同时组织乌鲁木齐知名律师赴边远地区举办律师业务培训班，讲授“诉讼技巧”、“医疗诉讼代理”等对当地律师比较实用的法律业务知识，深受当地律师尤其是少数民族律师的欢迎。2005年，协会的业务培训工作体现了与发达地区加强省际行业交流协作和覆盖面广、面向基层的特点。

与上海律协的协作交流有了新的开端。在三年友好合作的基础上，双方启动了新的业务培训方式，我区已选派部分业务骨干，到上海研修新的业务；上海律协将派出资深律师来疆授课。2005年，上海市律协吕红兵会长一行来疆讲授了房地产、建筑工程、尽职调查等业务知识。朱树英律师还远赴阿克苏为律师授课。上海律协还为我区边远地区律师行业捐助了8.8万元扶贫帮困款。

举办了大型法律讲座。邀请最高人民法院法官和法官学院的教授来疆讲授了婚姻法、民事诉讼法业务知识。

邀请湖北省律协部分资深律师分赴新疆的喀什、巴州、伊犁、石河子等地，讲授了刑事诉讼、房地产等业务知识，受到了各地律师的欢迎。岳琴舫律师还向银杏律师事务所捐助了一万元，用以改善律师事务所的办公设施。

组织讲师团律师分赴喀什、巴州、伊犁、石河子、克拉玛依等地，讲授了诉讼技巧、医疗事故纠纷等业务知识。

举办了新律师上岗培训班，119名新执业律师接受了为期12天的律师业务和职业道德培训。

举办了“合伙律师事务所规范管理培训班”全疆170名律师事务所主任、合伙人参加了培训。

选派了4批约52名学有成效的律师赴内地、香港等地参加培训学习并要求被选派参加学习的学员，回到新疆后进行一定范围的交流，及时把内地的新鲜经验传递给新疆的同行。

据统计，2005年全疆共有2788人次参加了协会的各类业务培训。

七、会员事务

（一）全国律师协会会员事务工作

一、投诉惩戒工作

2005年5月，全国律师协会下发了《关于对各级律师协会惩戒工作进行调研的通知》。对各级律师协会惩戒机构建立、工作运转存在问题等情况进行了一次广泛的调研，全面掌握了各级律师协会惩戒工作开展情况。按照调研结果整理的《全国各级律师协会惩戒机构投诉电话一览表》已通过报刊和网络向社会公布，加强了社会舆论的监督。

2005年一年内，全国律协共收到投诉信件和来电来访投诉 件，经过与地方律师协会的沟通、配合，目前已有处理结果的投诉案件共件

二、规则、规范的制定、修订

（一）制定《律师协会律师服务收费争议调解规则》

根据《中共中央转发〈中央司法体制改革领导小组关于司法体制和工作机制改革的初步意见〉的通知》精神以及司法部关于建立健全律师服务收费争议解决机制的意见，按照司法部的统一部署，2005年8月开始，全国律协着手落实有关律师服务收费争议解决办法的研究、起草工作，成立了由司法部、全国律协、地方律协工作人员及北京部分律师组成的起草工作小组。为了确保规则出台后具有可行性和可操作性，工作小组于9月至10月间，先后3次召开研讨会，征求了北京、上海、广东、天津、四川、重庆、山西、陕西、内蒙、河北、湖北、湖南、江苏、安徽、浙江等15个省市律师协会会长、秘书长及在京部分律师的意见，并于10月18日将《律事协会律师服务收费协议调解规则（草案）》通过《中国律师网》广泛征求意见。2005年12月3日，六届全国律协常务理事会第三次会议审议了该规则草案。会议认为："《律师协会律师服务收费争议调解规则（草案）》需根据会上各常务理事的意见再作修改，然后以通讯表决的方式再次予以审议"。

（二）就《律师执业行为规范（试行）》、《律师协会会员违规行为处分规则（试行）》征求意见

3月18日，全国律协下发了《关于对〈律师执业行为规范（试行）〉、〈律师协会会员违规行为处分规则（试行）〉征求意见的通知》。全国律协制定和修订的《律师执业行为规范（试行）》、《律师协会会员违规行为处分规则（试行）》试行近一年来，各地律协和广大律师对上述《规范》、《规则》的出台给予了充分的认可，并就具体操作过程中出现的相关问题来电来函提出一些修改建议。通过此次全国范围内的征求意见，上述规范、规则做了修改，现已报全国律协规则委员会讨论。

（三）解答各地律协就《律师执业行为规范（试行）》、《律师协会会员违规行为处分规则（试行）》提出的问题

1. 福建省律师协会《关于"律师协会会员规则（试行）"是否具有溯及力的请示》，会员部在征得部分规则委员会的委员的意见后，对该规则的适用有关问题进行了答复。

2. 宿州市律师协会《关于"律师执业规范（试行）"第八十条的进一步解释的请示》，会员部在征得部分规则委员会的委员的意见后，进行了答复。

（四）进一步修改《申请律师执业人员实习规则》

三、专门委员会的工作

（一）女律师专门委员会

根据全国律协女律师工作委员会（全国律协女律师协会）的工作安排，2005年12月中旬，女律师工作情况调研工作全面展开。女律师工作委员会主任宋建中，副主任孙发容、冯秀梅、缪林凤、张燕、范云、牛琳娜、钱丽萍、张青及全国律协工作人员组成调研小组，分别到北京、上海、山东等25各省、自治区、直辖市全面了解各地女律师的人员分布结构、执业状况，听取各地律师协会及女律师组织的意见和建议。本次调研活动得到了各地律师协会、女律师组织和全

国律协女律师协会各位执委、女律师的热情、积极配合，保证了此次调研活动的顺利完成。为推动2006年女律师工作的开展奠定了基础。

（二）维权委员会

2005年11月，会员部就2005年维权工作的开展情况专门向全国律协维权委员会主任杨伟程做了汇报，汇报中谈到了目前维权工作存在的问题以及如何进一步加强维权工作的建议。杨伟程副会长最后总结谈到，维权工作应当充分发挥各维权委员会委员的力量，畅通维权渠道，加大力度，做好维权工作。

（三）纪律（奖惩）委员会

2005年11月，会员部同志专门赶赴天津向全国律协纪律奖惩委员会主任王天举、副主任孙发荣汇报了纪律奖惩工作开展情况。会议同意了由王立华担任纪律奖惩委员会秘书长的提议以及修改后的会员处分规则暂不提交规则委讨论，现时注意收集整理意见等事项。

（四）地方律师协会建设委员会

2005年12月3日，全国律协地方律师协会建设委员会召开了由各地会长参加的联席会。朱洪超、蒋敏、薛云华、金山、张庆等会长做了主题发言，各地会长围绕“如何当好会长”这一话题展开讨论，各抒己见，进一步探索了两结合理论以及律师协会建设等方面的课题。通过此次联席会，各地律协在行业自律管理方面的经验得到了很好的交流和学习。

四、年初全国优秀律师事务所、全国优秀律师表彰工作以及第六次全国律师代表大会的筹备工作

（二）各地律师协会会员事务工作

北京市律师协会会员事务工作

本届律协紧紧围绕团结、务实、高效的工作宗旨，把协会工作应最大限度地惠及每一位会员放在首要位置。为扩大协会决策的代表性，协会分别组织了外省市律师事务所驻京分所律师座谈会、律师人大代表、政协委员座谈会和全市女律师现状和需求调研活动；为及时掌握七届理事会成立以来特别是行政管理权限下放后，全市律师和律师事务所以及各区县司法局对协会各项工作的意见和建议，为协会各项工作的调整和完善提供参考依据，协会各位会长、副会长、总监事带队组成6个工作组分赴18个区县进行了专项调研，先后召开座谈会13个，77位七届律师代表、来自86家律师事务所的106位管理合伙人和行政主管以及26位区县司法局主管局长和公律科负责人参加了座谈。调研增进了协会与基层会员的相互了解，为会员直接面对协会决策机构成员发表意见和建议提供了机会，为协会领导层深入了解广大会员的执业困难以及真实需求创造了条件。调研所反映出来的协会工作的有关问题已列入协会明年工作计划，将尽快加以解决。

与此同时，协会的服务意识和服务功能得到了进一步的强化。通过组织开展律师事务所管理现状问卷调查活动，为满足团体会员对于事务所管理指导的需求提供了详实而客观的依据；专业委员会活动方式由小范围到面向全体会员的改变，极大地扩大了会员参与面和研究成果的受益面；会员处分复查委员会的成立，为受处分会员提供申请复议的途径、更好地保障会员权益创造了条件；高效、便捷地承接了市司法局移交的年检注册、实习律师管理和律师市内调动工作，行业服务职能进一步拓展；应急解决突发事件和维权事件，快速妥善地处理了会员车祸死亡、会员被采取刑事措施、会员因执业被暴徒打伤及会员因执业责任被诉等行业突发重大事件，并为多年参与行业管理工作的前副会长圆满筹办了遗体告别仪式。这些工作集中体现了协会的工作能力和行业凝聚力，大力彰显了行业关怀。

上海市律师协会会员事务工作

一、积极引导支持各区县律师代表团结合实际因地制宜地开展各项工作，初步建立代表团制度

律师代表团工作是律师协会工作的有机组成部分。会员与代表工作委员会作为对口的专门委员会，积极引导、支持各区县律师代表团开展各项工作，在经费、人力、场地等各方面为律师代表团工作的开展创造条件。在代表大会之后短短的半年期间，各区县律师代表团在建章立制、联络选区律师、组织各项活动方面积极开展工作，在行风测评、规范年建设活动中发挥了积极作用。

1. 听取选区律师意见，制定代表团工作制度。代表团制度的建立和完善离不开律师代表的积极参与，离不开区县司法行政的支持，也离不开健全的制度作为保障和不断发展的指引。为了使代表团的工作制度具有合理性、可操作性、前瞻性，同时为了发挥各区县律师代表团的工作积极性，市律师协会暂未制定总体性的代表团制度，拟在结合代表团开展的实际工作及各区县代表团工作制度的基础上制定统一的制度。黄浦区代表团、卢湾区代表团、直属所律师代表团、宝山区律师代表团等将代表团的工作制度的制定作为一项基础工作，指定专人负责起草、统稿，听取各方意见，反复酝酿经代表团成员表决后通过了各自的代表团工作制度。这些制度为市律师协会今后制定全市统一的代表团工作制度打下了扎实的基础。

2. 健全、完善两结合体制，承担起一定的管理职能。提高行业协会的自律能力和加强行业管理权威是律师代表团的最重要的职能，同时也是今后努力的方向。黄浦、卢湾、闸北、闵行等律师代表团，通过与所在区县司法局的紧密合作，开始以代表团这种形式积极主动的发挥一定的管理作用。如，黄浦区律师代表团在律师事务所规范年建设活动的档案检查中发现有9家律师事务所未实行结案归档计酬制度、全区

2004年度案卷归档率为72%，就这两个现象开展了专项调研，并形成了一份有数据、有分析的调查报告，对进一步规范黄浦区律师事务所的管理工作起到了参考作用；卢湾区律师代表团召开了以“发挥行业自律作用，促进卢湾律师业行风建设”为主题的律师事务所主任会议，向全区律师发起促进行风建设的倡议，代表团组织律师代表走访律师事务所，从办事公开、窗口形象等方面开展互查和打分，制订了《卢湾区律师事务所内部必备管理制度一览表》、《卢湾区律师代表团工作制度（试行）》；闸北区律师代表团结合律师规范年建设，分别就党建工作、业务风险防范工作、民主集中制管理、档案装订管理工作、档案检查和审批制度选取了六家具有代表性的事务所进行了交流；闵行区律师代表团积极对律师税收等情况进行调研，会同区司法局公律科根据各律师事务所反映的情况进行了详细的调查了解。

3. 组织各类活动服务律师，提高律师对律师协会的向心力、提高律师之间的凝聚力。律师代表团既是律师与协会之间的桥梁与纽带，也是协会服务律师的平台。行业自律管理权威的树立需要管理与服务两方面的结合。黄浦区律师代表团与区司法局一起筹备召开了“2005年度黄浦律师论坛”；闸北区代表团了解到区里某家事务所未享受到退税政策后，代表团召集人主动帮助与税务局联系使其享受到有关财政扶持政策；闵行区律师代表团针对本区一名年轻律师因执业不慎而被公安拘留一案，组织律师积极讨论、研究，会同区司法局领导积极与有关方面接触，在市律师协会维权委的共同努力下现该律师被取保候审；南汇区一名律师在办案时受当事人威胁，代表团主动与公安等部门联系维护律师的人身安全。针对临港大开发，代表团召集人又主动与分管区长联系，争取在临港新城内设立南汇律师的办公场所；崇明律师代表团邀请专家和著名律师去崇明讲课，并多次走访各律师事务所；嘉定律师代表团邀请了上海市高级人民法院民二庭庭长邹碧华博士为本区全体律师开设业务讲座。

二、完成本年度的律师事务所及律师的监督检查工作

6月，市律师协会对本市的律师事务所及律师进行了监督检查工作。今年的监督检查工作与往年相比，简化了相关手续，严格了审核过程。通过协会及各区县司法局的共同把关，对管理混乱的律师事务所暂缓注册，对受到停止执业处分的律师不予注册。截至2005年7月15日，本市共有629家律师事务所和6326名律师通过2005年度监督检查。比去年同期增加50家所，572名律师。同时，市律师协会召开了各区县的工作交流会，就监督检查工作中存在的问题进行了分析，总结了相关经验并就各区县的律师管理工作进行了交流。

三、坚持正面教育，树立先进典型

一方面，强化教育，揭示风险，在律师集中培训时，坚持把《律师职业道德和执业纪律规范》以及《律师执业行为规范》作为必修教材，聘请中国政法大学王进喜教授讲授《律师职业化和律师职业行为规则》，分析其理论源流和历史发展，并由正副会长轮流授课，通报律师业发展情况和存在的问题，不断加强执业纪律教育；向全市律师事务所下发了《关于个别律师会见在押人员时违反监所规定的情况通报》、《关于律师在办理共同犯罪刑事案件委托中须谨慎执业的情况通报》、《关于律师接受诉讼委托时须严格审查手续的情况通报》，要求事务所和律师引以为戒；并组织编撰历年纪律处分案例及纪律委员点评，为行风建设提供警示。另一方面，开展评选表彰活动，评选表彰了21家规范建设年优秀律师事务所和21名优秀管理责任人；通报表彰了荣获“全国优秀律师事务所”称号的国浩、联合、锦天城、金茂、建纬、光明、毅石、新华、华亭、段和段等10家律师事务所以及王小耘、徐晓青、刘正东、翟建、陶武平、江宪等6名“全国优秀律师”。通过经验交流和各种宣传工具，大力宣传这些先进典型的先进经验和先进事迹。

四、加强纪律惩戒工作，严肃查处违纪违规行为

查处违纪违规行为，是强化行业管理的一个很重要的抓手。市律师协会坚持理事值班制度，全年理事值班达77人次，接待投诉人，解答咨询，并对具体投诉案件提出处理意见和建议，成为纪律委员会处理投诉的权威依据；坚持设立投诉专线电话，专人负责接听投诉电话、接收投诉信件、查阅投诉电邮，保证了社会公众投诉渠道的畅通无阻。一年来，市律师协会登记书面投诉221件，主要有：未尽职代理类90件，利益冲突类14件，乱收费类10件，私自收案类6件，其他（包括非律协受理范围、投诉对方当事人等）101件；现已处理147件，占投诉总量的66.25%，其中纪律委员会确立的13件违纪专项案件已结案10件，还有3件仍在调查中。

重庆市律师协会会员事务工作

通过深入开展合伙律师事务所规范建设年活动，

着力解决“假合伙”、管理制度不完善、合伙人管理意识和责任意识淡薄等突出问题。结合年检注册工作，严格按合伙所管理办法和司法部“七个规范”的要求对合伙所进行全面查验，重点对合伙主体进行严格审查，有2家所涉嫌违纪被暂缓年检，4家所因不符合合伙所要求未通过年检，2名律师因涉嫌违规被暂缓注册。举办了4次律师事务所管理经验现场交流活动，通过组织合伙人到四个有代表性的律师事务所走访交流和学习借鉴，指导和促进了律师事务所的规范化建设。法律服务督察队开展了深入细致的专项督察活动，采取明察暗访、召开座谈会、走访当事人等多种方式，对全市合伙所逐一进行了全面检查，督促和指导其自觉加强管理和规范化运作。以先进性教育活动为契机，通过加强思想政治教育，发挥合伙所党组织和党员先进性作用，推进了合伙所的规范化建设。进一步改革和完善了投诉受理、调查、处分有关程序，基本完善了投诉查处机制。全年协会受理投诉61件，调查率100%，结案率70.4%，对违规违纪的律师事务所和律师按规定进行处理，行风行纪进一步好转，律师队伍得到净化。

为提升律师行业的整体形象，协会用会费为全市300多家律师事务所和3000多名执业律师购买了执业责任保险，合理有效转移律师执业过程中的风险，保障委托人受损的合法权益，强化律师行业的社会信用，促进律师行业的健康发展。为切实解决律师行业发展过程中的困难，启动了解决保险、税收问题的专项工作，结合专委会的分工，安排落实专人负责调查研究、制定方案、组织协调等具体工作，推动问题的合理解决。律师文化生活丰富多彩，重庆律师篮球队先后参加京、津、沪、渝、粤律师篮球赛和重庆市“新泰机械”杯甲级联赛，均有不俗的表现。女律师合唱团也举办了多期活动。

河北省律师协会会员事务工作

2005年，河北省律协进一步加强与有关部门的沟通和协调，积极采取措施，努力改善律师执业的整体环境。

1. 努力改善法制环境。针对律师在刑事诉讼中的会见难、阅卷难、调查取证难、代为申诉、控告、取保候审难及合法权益保障难等“五难”问题，积极争取省人大的重视与支持，促成省司法厅与省公安厅联合下发了《关于保障律师在刑事诉讼中执业权利的通知》。为进一步加强对法律服务市场的监管，经协调，省司法厅与省公安厅联合下发了《关于集中开展清理整顿法律服务市场秩序活动的通知》，省司法厅与省法院、检察院、公安厅联合下发了《关于公民担任代理人、辩护人参与诉讼活动的规定》，在全省范围内集中开展了为期2个月的清理整顿法律服务市场秩序活动，进一步了规范了法律服务市场秩序。

2. 协助省人大开展《律师法》执法检查活动。3月22日，省人大常委会召开第十四次会议，听取了《关于我省贯彻执行〈中华人民共和国律师法〉情况的报告》，对我省近年来的律师工作取得的成绩，特别是律师队伍建设、服务中心工作、深化律师工作改革等方面取得的成效给予了充分肯定，同时，对进一步改善我省律师执业环境给予了关注和支持，为今后律师工作的开展及更好地保障律师的合法执业权益，奠定了良好的基础。

3. 积极组织律师参与人大代表旁听法院庭审活动。派员参加省人大组织开展的旁听评议法院庭审活动，就司法机关进一步保障律师执业的合法权益提出了意见，并根据省人大提出的意见，对律师在庭审中存在的问题进行了认真分析和整改，并专门向人大内司委提交了整改情况报告。

4. 就律师事务所收费、税收等问题与有关部门进行了协调。召集部分省直律师事务所律师，就律师服务收费情况与省物价局有关同志进行了座谈。就部分省直、石家庄市市直律师事务所税收问题，我们与石家庄市地税局桥西分局进行了协调。同时，按照全国律师协会的要求，我们开展了律师收费争议调解、《刑法》第306条修改等问题的调研活动，并向全国律协报告了《律师收费争议调解规则》修改意见。

5. 进一步加强律师宣传工作。省律协会同省司法厅律师处、宣传处与河北省电视台共同商定联合开办“百姓与法”栏目，向该栏目推荐了部分律师，参与节目的制作，开展法制宣传，扩大律师影响。

山西省律师协会会员事务工作

200年山西省律师协在惩戒工作方面，主要处理了两起违规案件。一是忻州天发律师事务所违规给非本所的执业律师出具空白手续行为，经核实，原山西正原律师事务所律师张炳杰在停止执业期间，到山西天发律师事务所应聘。由于天发所未对张炳杰的情况进行核实，导致张炳杰以该所律师的名义私自收费办案，造成了不良的影响。根据《山西省律师协会会员违规行为处分若干规定》及《律师协会会员违规行为处分规则》的有关规定，给予山西天发律师事务所公开谴责处分的决定。二是晋城市昌和律师事务所田伟峰违规办案的行为。该律师在代理当事人张明会故意伤害（致死）案中涉嫌违规办案，晋城市检察院给晋城市司法局出具了《关于吊销山西昌和律师事务所律师田伟峰执业证书的建议》。省律协在晋城市律协调查报告的基础上，经过调查，核实出田伟峰有如下违规执业的事实：（1）违规接受委托；（2）二审期间违规取证。故根据《山西省律师协会会员违规行为处分若干规定》有关规定，给予该律师停止执业一年的处分。

黑龙江省律师协会会员事务工作

1. 2005年上半年黑龙江省律协制定出台了《黑龙江省律师协会会费收缴、使用管理办法》、《监事会工作规则》、《财务监督管理委员会工作规则》、《黑龙江省律师协会专业委员会活动规则》、《会长办公会议联系制度》、《驻会机关工作人员工作制度》等若干个规章制度。新的规章制度出台后，我们重点抓了落实，在养成规范执业，规范管理习惯方面下功夫，推动律师协会整体工作。

2. 加强行业管理，推进律师业健康发展。

（1）积极配合司法行政机关开展“合伙律师事务所规范建设年”活动。针对规范建设年活动中发现的普遍性问题，从加强教育、完善监督、强化自律等方面入手，进一步完善了学习教育机制、行业准入机制。在检查验收阶段，并协助司法行政机关，按司法部合伙律师事务所规范化试行标准深入各市、地，对合伙律师事务所进行了检查验收，在这次合伙律师事务所规范建设年活动中，黑龙江省孟繁旭律师事务所等59个律师事务所被评为先进律师事务所，韩振华等85名律师事务所主任被评为优秀律师事务所主任，牟驰等37名律师被评为优秀律师。

（2）加强了复查投诉律师案件工作，2005年共受理各市（地）复查案件16件，退还当事人代理费6万余元；其中司法厅交办的投诉律师案件3件，通过调查处理，做出了答复意见；转市（地）律师协会投诉案件18件其中司法部和全国律协批转3件，已结案。

（3）积极参加“行风热线和行风回音壁”活动。4月9日省纠风办与省广播电台联合开办的“行风热线”直播节目，现场解答了听众反映律师在代理案件中的有关问题。直播节目后，会员部针对伊春市听众反映律师在代理案件中出现的问题进行督办检查，在规定的时限完成了任务。

（4）认真组织开展评选全国优秀律师事务所和优秀律师评选工作，通过评选，我省有孟繁旭律师事务所、庆城律师事务所、高盛律师事务所，远东集团律师事务所被评为全国优秀律师事务所。韩振华、徐桂元、李亚兰被评为全国优秀律师。

3. 为了树立律师良好形象，不断扩大律师的社会影响力，2005年，我们首先对《黑龙江律师》会刊进行全面改版，从原来的48页增加到56页，从小刊改为大刊，从版式设计、文章内容、栏目进行调整，全年累计用稿量比2004年增加了三分之一。每期出版的杂志直接邮寄到律师事务所，使广大律师在最短的时间内看到杂志，了解最新的信息；二是对“黑龙江律师网”进行第五次改版、对主页的版式进行调整，颜色和布局进行优化，增加了更多的图片信息，增添了“律师论坛”等栏目，使网站的功能更完善、作用更突出；三是通过组织举办各种形式的公益活动，扩大律师的社会影响力，例如：2005年3月，我们组织以消费者权益保护委员会为主体的工作组，配合省（市）消协、省技术监督局举办了“3.15”维权活动，接待群众咨询近3000人次；10月，举办了“全国律师刑事辩护义务咨询日”全省开通热线咨询电话16部、36名律师在线解答群众提出的相关法律问题。8月女律师专门委员会到女子监狱为女服刑人员上法律课，以解答咨询的方式对女服刑人员提供法律帮助，为监狱稳定做出贡献。2005年省律协先后接待了江苏、浙江有关部门的来访，增进了兄弟省市的业务交流。还接待了日本民间律师团的来访，推动日本民间律师诉讼活动的开展。

浙江省律师协会会员事务工作

1. 纪律惩戒工作常抓不懈。为了进一步完善律师行业惩戒工作，省律协年初成立了由11位业内外人士组成的惩戒复查委员会。全年共处理了21件向省律协投诉的案件。同时指导、协调各市（省直）律协对律师投诉的处理。还对省厅移交的有关案件提出了处理意见。为及时掌握全省律师行业投诉情况，建立了律师行业投诉季度统计制度。并组织纪律委员会委员对全国律协下发的《律师执业行为规范（试行）》、《律师协会会员违规行为处分规则（试行）》征求意见稿进行讨论，提出修改意见上报全国律协。

2. 成功召开“青年律师阳光之路论坛”。为加强对青年律师成长的指导与关心，切实加大律协对年轻律师的扶助、培养力度，提升我省律师业的综合竞争力，促进律师队伍的可持续发展，省律协在阳光时代律师事务所的协办下召开了“青年律师阳光之路论坛”，该论坛以“青年律师成长”为主题，老律师向青年律师传递执业感悟、中年律师向青年律师传授成功之道、青年律师与大家分享成长的心得。会议的成功召开引起有关方面的关注，《法制日报》、浙江电视台等12家媒体作报道。

3. 女律师工作日趋活跃。在全省女律师欢庆“三八”国际劳动妇女节之际，浙江省女律师协会在《神州律师网》上发出慰问信，向全省女律师致以节日的问候和美好的祝福！为了丰富我省女律师的业余文化生活，加强女律师之间的交流，省律协女律师协会开始筹办成立“女律师合唱团”，鼓励有歌唱兴趣和才能的全省女律师踊跃报名参加。同时，女律师协会还将在杭举办“体育舞蹈培训班”，帮助女律师塑身修形。

4. 关心老律师，为老律师办实事、办好事。在年初召开了老律师迎春座谈会，由省律协领导向老律师介绍省律协工作，倾听老律师关于律师事业发展的意见和建议。并在理事会上通过了《关于免收70岁以上老律师个人会费的决议》，受到广大老律师的欢迎。

5.《会员互助条例》起草完毕。为发扬同业互助、同业自救精神，省律协会员与福利委员会成立了《会员互助条例》起草小组，经努力《会员互助条例》按预定目标起草完毕，在广泛征求委员及各地律协，省律协常务理事的意见的基础上，已纳入审议通过程序。

6. 开展律师事务所创优工作。2005年，我省天册、浙经等七家律师事务所被授予“全国优秀律师事务所”荣誉称号，胡祥甫、唐国华等5名律师被授予“全国优秀律师”荣誉称号，受到全国律协表彰。为了树立律师行业的先进典型，保持省级优秀所的高标准，省律协对2家经复评需整改的文明所进行了复查，经常务理事会研究，一家转评为省级优秀律师事务所，一家取消荣誉。同时今年评定省级优秀律师事务所活动业已展开，各地的初评工作已近尾声，现已进入省律协的考评阶段。

7. 受省司法厅委托，在省厅律管处的指导和协助下，2005年度对全省律师事务所、律师的年检、注册工作顺利完成。

安徽省律师协会会员事务工作

2005年安徽省律协配合省司法厅律师管理处对会员进行年检注册，开展职业道德、执业纪律教育等。

福建省律师协会会员事务工作

2005年，福建省律协注意会员信息管理的科学化、系统化、准确化，利用改版后的“福建律师网站”平台，开设了“诚信档案”栏目，建立了全省律师事务所和律师个人的诚信档案资料库。做到每位律师、每个事务所都有一个“诚信档案”，全省3000多名律师和300多家律师事务所基本情况全部上网。会员信息有所变动可以立即变更，做到信息的及时和准确。公众可以非常便捷地得到任何一个律师或律师事务所的资料，了解到其基本情况以及律师或律师事务所是否曾经被行政或刑事处罚的信息。

海南省律师协会会员事务工作

1月12日，省司法厅召开律师违法违纪案件查处工作汇报会，省律协王晶会长和秘书长王满怀参加了会议，省律协副会长廖向琦同志就律协查处的案件作了汇报。

3月25日，省律师公证员党委成员组成五个小组对省直19个党支部全体党员的活动情况进行全面检查工作。协会党委副书记王晶、吴清武、林接明、龚理辉、党办主任王满怀分别担任检查组组长。

5月16日至26日，协会秘书处工作人员分四个调研小组对全省69家律师事务所进行了多项内容的全面调研，通过座谈会、填写普查表、调查问卷等形式，有效掌握了全省律师业的基本情况。26日秘书处召开调研情况汇报会，形成了专门的调研报告。

9月8日，省律协召开全省各律师事务所主任、财务、内勤人员会议，会议由省律协廖向琦副会长主持。会上，省司法厅律公处郑学海处长作了关于律师事务所内部管理的讲话，省律协秘书长王满怀作了律师事务所内勤人员岗位职责及工作要求的辅导，副秘书长符琼芬作了关于律师依法纳税有关情况的介绍，省地税局所得税管理处副处长黄蕊就律师依法纳税的有关新规定作背景介绍，省地税局所得税管理处吴爱清科长作了关于律师事务所律师个人所得税适用的税收法律、法规及政策的辅导讲座。会议结束时省律协会长王晶作了总结讲话。

广西壮族自治区律师协会会员事务工作

2005年，广西律师协会从惩戒、维权、评优和宣传几个方面，切实加强对会员律师和律师事务所的管理。

一、规范投诉查处工作，加强对违法违纪律师事务所和律师的查处力度

（一）健全和规范投诉查处工作。2005年初，广西律师协会要求全区在继续进一步落实三级投诉律师查

处制度的基础上，对规范各地投诉查处工作提出了具体要求。针对各市、县属的律师事务所、律师被投诉案件的逐年增多，而各市查处力度不够的情况，要求各律师协会要构建和完善投诉处理机制，保证投诉受理渠道畅通，保证有足够的人员进行调查取证，从而加大对违法违纪律师事务所和律师的查处力度。

（二）规范投诉案件材料的归类管理，做到每一件投诉案件从立案登记到处理结果一目了然。确立查处投诉案件的主办制，即轮流由1名值班的惩戒委员会成员和律师管理处一名专门人员负责一件投诉案件的查处，对承办的投诉案件跟踪负责，直到案件办结为止，确保惩戒委员查处案件的延续性。进一步规范惩戒工作程序，完善相应的救济制度。

（三）认真履行对律师执业行为进行检查、监督的职责，督促律师依法执业。截止2005年12月，自治区律师协会受理律师（律师事务所）投诉案件共51件，目前已办结37件，其余案件正在进行调查办理中。在上述案件中，律师协会对厅领导督办的或投诉人反映强烈的庞香芳投诉万通律师事务所庞宝美私自收费案、荔浦县荔城镇沙洞村农民投诉广华桂律师事务所张佳才私自收费案等较复杂的案件进行了重点查处。

二、开展评优活动，树立先进典型

为积极探索我区律师创名牌的发展路子，促进全区律师事务所向规范化、规模化发展，提高律师事务所的服务能力和竞争能力，2005年初，广西律师协会配合广西司法厅开展了“全区优秀律师事务所”评比活动，根据全区优秀律师事务所评查标准，通过律师事务自评、各级司法行政机关、律师协会核查以及自治区司法厅、自治区律师协会工作组的交叉评查，在全区329家律师事务所中评选出30家优秀律师事务所，嘉奖六家律师事务所，并在全区第六次律师代表大会上对被评为优秀律师事务所和获嘉奖的单位进行了表彰。

三、加强律师宣传工作，树立律师良好形象

（一）筹建广西律师协会网站。为了宣传法律、宣传律师和为广大群众和律师服务，协会决定建立广西律师协会网站。律师协会分别与9家网络公司进行联系沟通。协会具备专业知识的工作人员对9家网络公司的建站方案进行比较研究，并提出了具体意见。

（二）编印律师刊物。编印出版了6期《广西律师》杂志；1期第六次全区律师代表大会专刊。

（三）与《法治快报》合作开辟了律师宣传专栏。于2005年11月开始，在《法治快报》上每周刊发一篇宣传律师工作的稿件。

贵州省律师协会会员事务工作

2005年贵州省92家合伙律师事务所都能按照省厅、省律协的统一部署积极开展规范建设年活动，并取得成效：一是事务所内部管理得到了进一步规范，广大律师特别是合伙人认识到了规范建设的重要性，将规范建设的要求逐步转化为自觉的行为。二是集中教育整顿的成果得到了巩固，律师和律师事务所违纪违规被投诉的案件大幅下降，去年全省共接到投诉案件有37起，今年被投诉的只有14起。三是事务所内部管理规章和执业规章得到了进一步完善，绝大多数事务所对管理制度都进行了修订，部分还未健全规章的事务所也都抓紧修订。

甘肃省律师协会会员事务工作

甘肃省律协主要领导赴新疆维吾尔自治区律协考察学习。为加强学习交流，省律协主要领导及有关人员于8月底赴新疆维吾尔自治区律协进行了考察学习。此次考察听取了新疆律协行业管理经验的介绍，参观了部分律师事务所，相互交流了经验做法。新疆律协行业管理水平高，制度建设规范，业务培训覆盖面大，党建工作成效显著，许多方面值得我们学习借鉴。

八、维护律师合法执业权

（一）全国律师协会维权工作

一、北京律师朱九虎涉嫌非法集会和聚众扰乱社会秩序罪案

2003年3月，陕西省榆林、延安两市十五县地方政府调动公检法机关，强行收回通过招商引资而由民营投资者开发的五千多口油井，涉及陕北民营企业1000余家、投资者近六万人。2004年6月，北京杰通律师事务所律师朱九虎等律师介入为广大投资者提供法律服务。2005年5月提起行政诉讼。不久，朱九虎律师被当地公安机关刑事拘留，罪名是非法集会和聚众扰乱社会秩序。全国律协会员部听取了有关方面人士的汇报，并给予了极大的关注。

二、安徽律师王宏柱涉嫌伪证罪案

安徽律师王宏柱涉嫌伪证罪案自报到全国律协以来，会员部十分重视，不但听取了安徽省律师协会有关同志的专门汇报，并且于7月12日，派员到安徽淮北参加王宏柱律师因涉嫌伪证罪的二审开庭。此案发回重审后，维持原判。

三、深圳律师许青风涉嫌诈骗罪案

深圳律师许青风案一直以来是全国律协及地方律协十分关注的维权案件，一审开庭时全国律协及深圳市律师协会均派员参加了旁听。2000年5月，全国律协还就此案进行了专家论证，2004年8月，我会致函浙江省高级人民法院，就浙江省高级人民法院启动审监程序送上我会的专家论证意见。2005年7月27日上午浙江省高级人民法院对此案开庭再审，会员部派员到庭旁听。此后，全国律协又就此案致函浙江省人大委员会，恳请督促浙江省高级人民法院依法及时作出再审判决，维护律师的合法权益。

四、四川律师何红德涉嫌帮助伪造证据罪案

四川遂宁洪援律师事务所律师何红德，因代理一件4326元的欠款案，于2004年11月被四川省射洪县法院以帮助伪造证据罪处有期徒刑六个月。2005年2月遂宁市中级人民法院裁定维持原判。定罪理由为认定代理律师在庭审中出示了两份询问笔录，使该院错判，从而妨害了该院正常的审判活动，且情节严重。

案件发生后，四川省律师协会非常重视，数次召开专家论证会论证此案，在得到律师不构成犯罪的论证意见后，立即将案件情况反映到四川省高级人民法院，请求按照审判监督程序依法审理此案。

目前，我会收到此案件材料后，拟提交维权委员会进行论证，制作维权委员会论证意见书送四川省高级人民法院、四川省律师协会。

五、江苏律师崔武律师涉嫌损害司法公正案

全国律协就崔武律师涉嫌损害司法公正案专门在京召开论证会，邀请了部分在京律师进行论证。会上，与会人员对崔武律师的行为是否违反《律师执业行为规范（试行）》第163条，损害司法公正的问题进行了讨论。最后大家认为江苏省律协材料提供不详细，要求提供详细材料，以便进一步论证。

六、看守所的问题

在六次全国律师代表大会上，31个省市代表团的代表向会务组提交了一份关于建议公安部修改《看守所建筑设计规范》拆除会见室隔离网的议案。《法制日报》就此提案召开专题座谈会，全国律协及各省市律协的领导出席了会议，会议确定，由全国律协与公安部协商解决此问题。

今年，我部在全国开展了相关问题的调研活动，目前就掌握的具体情况正在与公安部协商。

（二）各地律师协会维权工作

上海市律师协会维权工作

2005年上海市律协维权委共受理涉及会见调查受阻、人身侵权、涉嫌作伪证被拘留、事务所账户被强制扣划冻结等20起维权案件。与往年的维权个案相比，2005年的个案有以下几个特点：一是数量多，与去年的11起相比增加了一倍多，这从一个侧面反映了律师执业环境不容乐观；二是类型复杂，除了往年常见的会见受阻、调查取证受阻外，还有律师涉嫌作伪证被刑事拘留、事务所账户被划扣等新的类型；三是人身侵权案件集中，全年共计9起人身侵权案件，且其中不少是恶性的人身侵权，对律师本人的身心造成了严重损害。

今年重要的维权个案有：

1. 国雄所郭律师在长宁区人民法院内，在民警、法官面前，在神圣的国徽之下，遭对方当事人纠集的歹徒围攻殴打。维权委接到报告后立即和国雄所及郭律师取得联系。次日上午，会长吕红兵、维权委副主任董敏华及副秘书长刘小禾等协会工作人员去国雄所了解详细情况。权委主任朱洪超组织召开了维权委主任会议，结合近期发生的一系列人身侵权案件进行讨论，并起草了“市律师协会关于切实维护律师执业权益维护法律权威的紧急报告”报市司法局。维权委主任等去长宁法院就此事拜访院长，就有关问题进行了沟通。市委领导同志高度关注此事，并作出明确批示：保护律师合法权益。长宁法院作出了对当事人孙和平司法拘留15日的处罚决定。

2. 联诚所接受上海泛澳骨科器材有限公司（以下简称泛澳公司）委托，作为其与山东省医药保健品进出口公司进出口代理合同纠纷一案的诉讼代理人。2005年9月27日下午，青岛市中级人民法院以被执行人的钱款存放在联诚所的名义，冻结了联诚所在开户银行的存款人民币370.10万元，并划扣了人民币243.00万元。法院的强制执行，使联诚所几乎陷入瘫痪。维权委主任朱洪超主持专案讨论会，会长吕红兵等参加。经讨论，决定由律协召集专家讨论后出具法律意见，报市司法局及全国律协。10月18日，市律师协会组织华东政法学院、社科院法学研究所专家等对此案进行了讨论。10月20日，市律师协会将事务所反映的情况及专家意见整理成文后报全国律协。11月29日，维权委、黄浦司法局及联诚所去济南就此事向山东省高院反映沟通。山东省高院于12月7日向青岛中院发文，指出其执行应予以纠正。由于对方当事人向联诚所提起新的诉讼，联诚所账户再次被冻结，但被划扣的款项已返还。维权委将对此事继续关注。

3. 光华律师事务所夏律师涉嫌作伪证被刑事拘留，接到事务所的报告后，维权委主任朱洪超立即作了部署，亲自安排有关人员就该案例召开专题研讨会，分析案情，研究对策。12月7日，在维权委主任朱洪超、副主任鲍培伦的主持下，邀请刑事法律研究会翟建、林东品、常务理事许强及此案另一犯罪嫌疑人的辩护律师韩海鸣律师等，对案情及夏律师的行为性质再次进行了全面分析研究，商议工作方案。此案在维权委、闵行区律师代表团、闵行区司法局的共同努力下，当事律师现被取保候审。

重庆市律师协会维权工作

2005年重庆市律协一直把维护律师合法权益作为工作的重点，高度重视，采取多种措施，积极展开维权行动，做到反应迅速，积极介入，协调解决有力，尽最大努力保护律师。

元月，重庆市江北区一律师在代理经济纠纷时，为代理费与当事人发生争议。当事人报警后，当地警方认为其已构成侵占罪，遂与江北警方联系后，在江北区公安分局内将该律师用手铐铐走。该律师被带到当地看守所刑拘7天。市律协得知后，立即派维权委员会委员通过法律途径与公安部门、检察院联系，经证实该律师无罪，随即于次日被释放。

3月7日，金点律师事务所律师李路远、颜捷因代理巴南区村民状告重庆红旗水泥厂的民事案件，在该水泥厂调查取证时被不明真相的职工连人带车扣留长达5个小时，期间，数十个身份不明之人不断拍打律师乘坐车辆。事发后，市律协秘书长陈翔带领工作人员及时赶往巴南区公安局，联系公安局值班领导进行协调。晚上20点左右，两名律师被巴南区南泉镇派出所民警解救出围。据了解，本次事件是由于重庆红旗水泥厂的管理问题导致的矛盾波及到提供法律服务的律师身上，律师成为部分人发泄和攻击的对象，律师执业并无过错。

5月29日，弘平律师事务所喻弘律师应约前往巴南区一房地产公司参加商业谈判，谈判期间，双方产生争议。在离开谈判地点不到一分钟，律师及其轿车即遭一群手持钢管的暴徒打砸。陈翔秘书长在接到情况报告后，立即与秦涛副秘书长率律协工作人员赶赴出事现场。在与当地派出所交换意见后，通知报社及电视台记者进行了现场采访，记录了案件发生的第一手情况。次日，市律协向重庆市巴南区政法委和公安分局送达了望尽快破案、依法严惩的相关函件。6月3日，市律协孙发荣会长与市律协维权委员会副主任胡延非、王瑞蓉委员研究了喻弘律师人被打、车被砸一案的案情，再次向有关部门提出了维护律师正当执业权利的要求。目前，此案仍未侦破。

12月5日，天宇三星律师事务所蔡昌鑫律师在上班途中行至事务所办公室楼梯转角处时，被两名歹徒向其头部、腹部、腿部乱捅十几刀，刀伤最深处竟达17公分。事件发生后，市律协领导对这起自律师法颁布以来我市律师受到的最严重的人身伤害案件给予了高度关注，并进行了专题研究，积极采取措施维护律师权益。维护律师执业权益委员会林正伟副主任与市局律管处、律协秘书处的工作人员及时赶往丰都，慰问了受害律师及其家属。林正伟副主任一行还与丰都县公安局主管刑侦工作的副局长交换了意见，希望警方对此案予以高度重视，尽快破案。目前，此案尚在侦破阶段。

12月18日，兴忠律师事务所三名律师在涪陵办案被对方当事人围困。市律协孙发荣会长接到求援报告后，立即与正在涪陵检查工作的市局律管处吴钰鸿处长和涪陵区司法局联系，并请律协理事熊伯明律师代表律协出面协调。经多方协调，三名律师在被滞留长达10多小时后平安脱困。

山西省律师协会维权工作

2005年山西省律协的维权工作主要围绕太原市张军和长治市张利娜律师两起案件进行。张军律师的维权工作：从张军被判刑以来，省律师协会始终没有放松。近日，据悉张军一案，已由上级法院裁定发还重审。张利娜律师的维权工作：3月28日，长治郊区法院作出一审判决，认定张利娜律师构成“辩护人妨害作证罪”，判处免于刑事处罚，张利娜提出上诉。4月15日，省律协由李飞会长主持召开了维权委员会及刑事业务委员会部分委员联席会议，听取了长治律协及长兴所和张利娜本人对此案有关情况的汇报，经认真分析案情，一致认为一审法院对张利娜律师作出的有罪判决是错误的。随后，省律协分别向省法院、省人大、金银焕书记及全国律协作了书面情况反映报告。周杏梅副会长及李飞会长先后就此案与省法院有关领导交换了意见。6月28日，长治中院开庭审理张利娜上诉案。省律协派周杏梅副会长和会员部韩光赴长治旁听了庭审，并与当地律协和长治市人大有关部门交换了意见。随后，省律协又向省人大内司委作了紧急情况报告，要求依法监督此案，防止错案的发生。目前，该案被长治中院维持原判。长治律协及市司法局同意张利娜律师继续执业，张利娜2005年已经注册，现在已正常执业。

在对律师队伍整体维权方面，我们将山西省律师当前在执业过程中遇到的调查取证难、会见难等情况，给省人大做了书面汇报，引起了省人大的重视。

吉林省律师协会维权工作

2005年，省律师协会共处理了四起律师维权案件，即吉林德维律师事务所律师郭庆春被长春市公安局刑侦大队审查维权案、吉林常春律师事务所律师朱海涛等去劳改医院会见犯罪嫌疑人受阻维权案（两起）、吉林勇进律师事务所律师王晓明嫌疑犯罪维权案。省律协组织维权委员会专门研究具体维权案件，有效地维护了律师的合法权益。

黑龙江省律师协会维权工作

针对律师在执业过程中遇到的“三难”等问题，2005年黑龙江省律协在全省开展了《刑法》第306条相关的调查和对公安机关、看守所律师会见应用分隔设置，进行了调查，并将调查情况上报了司法部和全国律协。

同时为了进一步保障和规范律师在刑事案件中的执业行为，起草了《关于保障和规范律师依法办理刑事案件的规定》，以司法厅的名义同公、检、法等有关部门会签下发。本规定是在严格执行六部委《关于刑事诉讼法实施中的若干问题的规定》的基础上，根据《刑事诉讼法》、《法官法》、《检察官法》、《律师法》

及律师管理的有关规定、结合我省实际制定的，旨在律师担任刑事诉讼辩护人，侦查机关、检察机关和审判机关应依法保障律师履行职责并为律师工作提供便利。律师依法执业，其人身权利和执业权利不受侵犯。目前，已经通过检察机关的审签，正在与省法院、省公安厅、省安全厅沟通协调，以正式文件汇签下发。

为了维护律师的合法权益，担任各级人大代表、政协委员和担任政府法律顾问的律师，也及时向有关部门反映社情民意和律师执业难的问题，促进有关部门依法行政。2005年12月省人大代表、省律协副会长李泽林就哈尔滨市房地产住宅局限制律师查阅房产档案一事，到哈尔滨住宅局了解情况，认为哈尔滨市房产住宅局限制律师查阅房产档案，无疑剥夺了法律赋予律师的合法权利，使诉讼、执行当事人无法维护其合法权益，阻碍了诉讼活动的正常进行。为此，李泽林向人代会提交了“关于尽快纠正哈尔滨市房屋住宅局限制律师查阅房产档案行为”的建议。2005年10月，律师周长喜就哈尔滨市工商局限制律师查阅工商档案一事，积极向省律协反映，并查找法律依据，写出建议，以省律协的名义向工商局反映，引起哈市工商局的高度重视。

浙江省律师协会维权工作

2005年浙江省律协律师维权工作有效开展。浙江省律协十分重视行业整体维权工作。为了更好地开展律师行业建设工作，为会员依法执业创造良好的社会环境。省律协充分发挥社会各界的力量，聘请了有公检法、人大、政协、新闻单位等相关部门的领导担任了维权顾问、行风监督员，通过工作汇报会、寄送《省律协信息》、《工作动态》、《律师文摘》等形式，使他们了解、关心和支持律师工作，为我省律师行业建设健康发展出谋划策。在有关部门进行《律师法》、《刑法》修法调研时，省律协积极组织律师提出修改意见。并选派律师参加中央政法委在杭召开的有关执行难研讨会，提出律师在执行问题上的见解。还配合省厅律管处与有关部门联合制定《关于规范有律师参加的刑事诉讼活动的若干意见》，利用一切机会为律师争取良好的法律环境和执业环境。在注重整体维权的同时，对我省湖州、杭州律师在省内外执业过程中遭遇侵权时，省律协则积极进行维权工作，保护会员的合法执业权益。

安徽省律师协会维权工作

2005年安徽省律协重要的维权案件是王宏柱律师涉嫌伪证案。王宏柱，安徽省肥东县人，安徽东山律师事务所兼职律师，淮北煤炭师范学院政法系副教授。

王宏柱律师在办理一起刑事案件中，因涉嫌伪证罪，于2004年5月18日下午（开庭结束后）被淮北市人民检察院和淮北市公安局留置。5月20日被公安机关刑事拘留；6月25日经市检察院批准逮捕；9月1日公安机关侦察结束并将案件移送至淮北市检察院；经淮北市检察院审查后，以证据不足为由退回公安机关补充侦察；11月8日，公安机关补充侦察结束并将案件移送至淮北市检察院。2005年3月21日被淮北市烈山区检察院提起公诉，公诉机关认为王宏柱为了帮助江峰逃避追究，让陈少华（江峰下属单位负责人）提供了一份空白担保协议，利用前往看守所会见江峰之机，让江峰签上贷款意见书，又将此担保协议交给江峰之妻赵晓燕，安排赵晓燕将100万元贷款担保书上“尹西才的印章及金蟾药业公司公章”复印到空白的担保协议上，赵复印好之好，交给王宏柱，王找到陈少华将此协议补充完整，并复印一份给陈少华，安排陈少华在律师调查时进行提供，随后，王宏柱以律师调查的形式将此复印件提交给了法院。2005年6月2日烈山区法院开庭审理，判处王宏柱有期徒刑一年六个月。王宏柱上诉。2005年8月25日淮北市中级人民法院裁定将此案撤销原判，发回重审。2005年10月24日淮北市烈山区法院判决王宏柱有期徒刑一年六个月，王宏柱不服再次提起上诉，淮北市中级人民法院2006年元月26日维持原判。

2005年4月14日省律协在淮北市召开了专题论证会，省律协副会长刘建华，省司法厅律管处副处长施友树，省律协副秘书长陆勤玉，淮北市司法局副局长丁继忠、淮北市律协副会长陈超灵，省律协维权委员会和刑事专业委员会部分委员及其他有关同志参加了论证会，论证会从事实和法律的角度对案件进行了客观的分析论证。《中国律师》杂志主任记者邢五一女士应邀参加了论证会。

王宏柱被采取强制措施后，省律协指派副会长刘建华及淮北律协指派安徽北方之光律师事务所任清华律师免费为王宏柱提供法律帮助和担任其辩护人。省律协2005年因此案派人去淮北共计17次，多次派人赴全国律协汇报。全国律协也十分重视，专程派员赴皖指导工作，相关媒体也作了大量报道，但最终法院仍判处王宏柱有期徒刑一年零六个月。

本案引起了各级领导和各有关部门的高度关注，目前王宏柱本人正在准备申诉。

江苏省律师协会维权工作

1. 柳国林律师辩护人妨碍作证案。去年，江苏省省律协副会长薛济民几下淮安，在本地和当地司法行政关、律师同行帮助下，与当地党委及公安、检察机关反复协调，成功妥善地处理了本案，维护了柳刘国林律师的合法权益。

2. 司宁律师辩护人妨碍作证案。司宁原江苏高的律师事务所律师，因在会见犯罪嫌疑人过程中带进犯罪嫌疑人亲属字条等涉嫌辩护人妨害作证罪于2003年7月9日被淮安市清河区人民法院判处有期徒刑一年缓刑一年。2003年9月4日，淮安中院裁定维持了原判。2003年11月17日淮安市中院以通知书的形式驳回了司宁的申诉。后司宁向省高院提出申诉，经全国律协和省律协的努力，省高院提审该案，并于2005年4月19日撤销原审判决，改判免于刑事处罚。

省律协对此案极为重视，先后组织了三次专题研讨会。省律协维权委员会和刑事业务委员会认真研究了司宁案的卷宗材料，听取了司宁本人的陈述，听取了辩护人王后海律师提出的司宁无罪的辩护意见。期间，省律协与淮安中院、省高院多次交换了对司宁案件的看法，同时表示将加强律师行业管理和监督，严肃处理违规违纪律师。全国律协也高度重视此案，全国律协维权委员会还专门召开会议进行讨论，并向江苏省高级人民法院出具了意见函。

3. 刘治律师诈骗案。刘治2000年被滨海县人民法院以诈骗罪判处其有期徒刑十个月，并处罚金人民币8000元。经过省律协的多次交涉和不懈努力，2002年，盐城中院改判免予刑事处罚，并处罚金人民币四千元。2003年，盐城中院再次改判为免予刑事处罚。刘治仍不服，去年再次向省高院提出申诉，省律协给予了积极支持。

4. 单佐华律师投机倒把案。单佐华原系连云港海州区司法局副局长兼海州区律师事务所主任。1989年11月，被区法院以“投机倒把罪”判处有期徒刑四年。期间，单佐华多次上诉、申诉，在省律协的帮助下，单佐华向江苏省高级人民法院提起申诉。2005年8月19日，省高级人民法院立案审查。

河南省律师协会维权工作

2月，省律师协会通过省公安厅指挥中心，成功解救了在漯河市中级法院被对方当事人围攻的河南天地律师所一名律师。

9月，省律师协会会长罗新建出面与一市级检察院协调，终止了一起影响律师正常执业的调查活动。

海南省律师协会维权工作

一、法律意见书维权

12月1日，由海口市公安局制定的《海口市公安局安排律师会见在押犯罪嫌疑人暂行规定》专题会议在海口市公安局举行。省律协副会长姜丹、刑事及未成年人保护专业委员会主任汤尚濠、海南威盾律师事务所律师王忠华参加了会议。会后，省律协致函海口市公安局，陈述了省律协对该暂行规定中涉及律师会见犯罪嫌疑人次数和时间的不同意见，维护了执业律师的权益。

二、海南新概念律师事务所吴军律师维权案

2004年12月，海南新概念律师事务所吴军律师在海口市美兰区法院出庭代理海口市某村民小组民事案件，在休庭阅签庭审笔录时，与对方当事人发生冲突，被围困在美兰区法院近十个小时，最后在当地派出所干警的保护下才离开。海南省律师协会维权委员会第一时间介入，派人在现场配合法院及派出所解决问题并及时向协会领导及厅领导汇报。第二天，《商旅报》、《海口晚报》及许多网站上却以“律师打人”为内容对此事进行不实报道。维权委随后指派4名委员赴法院、派出所、律师事务所多方了解情况，收集材料。由于当时该冲突事件就已被公安部门立案。依照法律，律协应等公安机关有了结论性意见后，再作研究处理。

不久前获悉，与吴军律师发生冲突的相关人员因多宗扰乱社会秩序的行为，涉嫌“黑社会性质组织罪”已被立案调查，律协维权委员会紧密关注该案进展，等待结果。

三、海南外经律师事务所维权案

2005年2月，海南外经律师事务所在代理海口市某村经济社被诉侵权一案，依法正常受委托并收费。但《海口晚报》却针对此事发表了《30万元律师费从何而来，××村账务开支受质疑》的署名文章。经调查，该报道作者并未了解清楚该律师事务所相关收费情况。事实上该笔收费既有两审诉讼代理费，又另有法律顾问费。该文不确切的且有批评意味的报道，损害了律师事务所及律师的名誉。

省律师协会维权委员会经多次与《海口晚报》及政府宣传部门交涉，催促《海口晚报》以后续报道的形式对该不实报道作出纠正。后续报道基本符合实际情况，达到了纠正错误的效果。

四、海南昌宇律师事务所彭诗俊律师维权案

海南昌宇律师事务所彭诗俊律师依法受委托为“黄××强奸案”的被告人黄××辩护。一审、二审判决被告黄××有罪，被告人表示不服，辩护人彭诗俊律师也认定原审判决有误。就依法代被告人向最高人民法院申诉。彭律师先是向最高人民法院寄送了有关申诉材料，后又亲自到最高人民法院想查询其是否收到自己所寄材料，却被门卫所阻。2005年5月，维权委员会接到该律师的报告后经研究提请省律协书面要求全国律协向有关部门提出立法或实际操作的意见和建议，并向最高人民法院提出建议：对接待律师的来函来访作出规定，以保障律师执业活动得以正常进行。

在全国律协将海南省律协的报告转交最高人民法院后，海南省律协维权委又已多次敦促全国律协向有关部门呼吁、协调。

五、海南新概念律师事务所王正佐律师维权案

海南新概念律师事务所王正佐律师在依法为罗××宅基地纠纷案作诉讼及执行代理。5月14日，该案在执行阶段，临高县人民法院在其出具的“关于给申诉人罗××反映我院违法终结执行问题的答复信”中称：“……本案只有按本案裁定书说明的执行理由进行执法，不能像法律骗子——你的代理人王正佐鼓吹的……”，公然诬蔑执业律师为“法律骗子”，并加盖了临高县人民法院的印章。省律协维权委经研究认为：王正佐律师作为罗××的诉讼代理人，依法有权代表当事人就法院执行该案工作中的相关决定向法院或上级人民法院提出异议，异议能否成立，应由人民法院依法审查。但临高县法院在给王律师的委托人罗××的“答复信”中，毫无依据且未经法定程序就断言王律师是“法律骗子”，对王律师进行诽谤，侵犯了王律师的合法权益，同时也损害了律师的执业形象，有失人民法院的尊严。因此维权委决定立案为王正佐律师维权，要求临高法院收回此“答复信”，以书面形式为王正佐律师正名、赔礼道歉。

经多次交涉，临高法院相关人员已向王正佐律师当面道歉，但维权委经研究，认为仍应坚持要求临高法院收回“答复信”。目前仍在进一步交涉。

广西壮族自治区律师协会维权工作

2005年2月18日，广西壮族自治区来宾市天际律师事务所韦庆旋律师因涉嫌妨害作证罪被逮捕。律协得知这一情况后十分重视，及时向司法厅、律协领导汇报了案情，同时要求来宾市司法局密切注意跟踪此事，及时上报案件的最新进展。2月22日上午，组织律协部分理事和刑事辩护委员会成员对此案进行讨论，组成维权小组专门负责对案情进行跟踪、研讨、分析和指导。2月24～25日，指派律协一工作人员与韦庆旋的辩护人前往柳州走访有关部门进一步了解案情。经过充分调查了解，广西律师协会向全国律师协会汇报了此案，并根据案情，以区律师协会的名义致函柳州市中级人民法院和柳州市城中区人民法院等有关部门，并提出管辖权异议的意见。经过多方努力，此案以检察院免予起诉告终。

四川省律师协会维权工作

2005年全省未发生律师重大维权案件。省维权委维权工作根据省律协工作部署，仍将原四川洪援律师事务所律师何红德“帮助伪造证据”被判刑一案作为重大维权案件开展工作。何红德于2004年11月20日被射洪县人民法院以“伪造证据罪”一审判处有期徒刑六个月，何红德本人对案件的定性和处罚不服提出上诉，遂宁市人民中级法院未经开庭于2005年2月21日作出维持原判的终审判决，何红德于2005年4月28日的遂宁市中级人民法院提出申诉。

从何红德被采取强制措施至今，当地司法行政机关以及遂宁市律协、省司法厅、省律协极为重视，省律协维权委及时派员数次赴射洪县、遂宁市进行调查、协调，并专门召开论证会，论证意见也及时向省、市、县三级检察机关进行了沟通，同时提出何红德不构成“伪造证据罪”的法律建议，但收效甚微。何红德一案，在全省、全国律师界引起了强烈反响，中央电视台、中国律师网、法制日报等新闻媒体也予以关注。省律协2005年11月23日将何红德维权案件向全国律协作了专题反映。何红德本人2005年4月28日向遂宁市中级人民法院提出申诉。

陕西省律师协会维权工作

2004年3月12日，陕西省榆林市检察院决定对陕西秦靖律师事务所律师罗有录涉嫌贪污立案侦查。罗

有录律师向我会反映，认为榆林市检察院侵犯了其合法权益，请求维权。

罗有录，男，陕西秦靖律师事务所主任，2003年冬季，因律师事务所内部管理问题，有人向有关部门举报罗有录律师涉嫌贪污，榆林市检察院反贪局初查后，认为属于贪污性质。2004年3月11日，榆林市检察院决定对罗有录律师立案侦查，3月12日，对罗有录律师进行了宣布，并采取了强制措施（取保候审）。

榆林市检察院反贪局认为，陕西秦靖律师事务所属于国资所，县财政给予差额补助。律师收取当事人的服务费，应足额交到事务所，事务所出具正式的发票。罗有录律师身为国家工作人员，利用职务上的便利，采取用行政事业收费发票（大头小尾）、白条、商业发票、收款收据、协议书、招待费等6种方式，将其自己办案所得服务费，除按分配比例上交事务所外的17.04万元据为已有，已涉嫌构成贪污罪。

省律协接到罗有录律师维权申请后，省律协非常重视，要求榆林市律协尽快调查，制定维权方案。榆林市律协对此案进行了调查。2004年5月19日，省律协派专人到榆林市进行了调查，听取了榆林市律协的汇报，走访了榆林市检察院反贪局和靖边县司法局、财政局、人劳局，并和有关人员进行了座谈。罗有录律师涉嫌贪污案，经省市两级律协及靖边县司法局调查后，省律协召开了律师维权委员会工作会议，专题研究罗有录律师是否涉嫌贪污问题，省律协刑事专业委员会召开专题研讨会并邀请西北政法学院贾宇、宣炳昭等刑法专家对罗有录是否构成贪污罪进行论证。根据省、市律师协会和靖边县司法局的调查意见以及维权、刑事专业委员会的讨论意见，省律协认为，榆林市检察院对罗有录律师以涉嫌贪污立案侦查是错误的，依法应予以纠正。省律协专门派人到榆林市检察院反映我会意见，建议撤销案件。2005年9月15日，省律协周刚秘书长又专门到省检察院递交了《关于对榆林市检察院以罗有录律师涉嫌贪污立案侦查的意见》，建议省检察院依法行使法律监督职能，纠正榆林市检察院的错误做法，督促榆林市检察院尽快撤案，依法维护罗有录律师的合法权益。2005年10月9日，省律协秘书长周刚再次到榆林市检察院反映我会意见，并递交了《罗有录律师的行为不构成涉嫌贪污，建议依法撤销此案》的书面意见。

在省律协梁胜国会长的关心和支持下，在省律协周刚秘书长的大力协调下，在会员部张慧娟部长的精心组织实施下，在榆林市司法局和榆林市律师协会的大力配合下，经过多方的努力，榆林市检察院现已依法撤销了罗有录律师涉嫌贪污一案，依法维护了罗有录律师的合法权益。

青海省律师协会维权工作

维护律师合法权益是律师协会的重要职责。2005年，省律协十分重视律师维权工作，积极开展维权，支持律师依法执业，维护律师合法权益，努力优化律师执业环境。

1. 是召开座谈会，征询律师意见，根据大家提出的意见和建议专门成立了4个专门小组，对我省广大律师在调查证据、工商档案、税收等方面存在的困难和问题进行了调研，并与相关部门沟通协调。截止10月底，证据、规划调研小组工作已取得阶段性进展，省律协将进一步与相关部门协调，逐步改善律师执业环境。

2. 是召开律师维权工作研讨会，深入研究我省律师维权工作的新思路。会议针对律师在执业中出现的调档难、阅卷难、会见难、取证难以及律师双重税收等问题，认真分析了律师维权的现状、原因，提出了相应的对策。

3. 是加强对律师自身职业道德执业纪律教育，建立律师公正执业良好形象的同时，加大对律师违反职业道德、执业纪律的处罚力度，通过查处，一方面对违纪律师按有关规定进行了严肃处理；另一方面，对投诉不实或损害律师执业权益的个案，认真研究、协调，并及时给予关注和重视，并采取有效措施，达到维权目的。

九、国际交流

（一）全国律师协会外事报告选载

全国律师协会代表团出席国际律协2005年年会的报告

经司法部批准，中华全国律师协会代表团于2005年9月25日至10月2日赴捷克共和国首都布拉格参加国际律师协会（IBA）2005年年会。代表团由会长于宁、国际部程幽燕两人组成，除了参加大会的相关工作会议和研讨外，还同国际律协高层领导包括会长、副会长、秘书长、法律执业部主席和IBA执行主管进行会谈，探讨了两会即将签署的谅解备忘录和今后两会的交流与合作。此次出访取得了圆满的成功并达到了预期的目的。

一、大会基本情况

国际律协成立于1947年，总部设在英国伦敦。现有20000名个人会员，以及来自195个国家和地区的律师组织为其团体会员。目前是世界上规模和影响最大的国际性律师组织。其宗旨是促进世界范围内法律组织的信息交流，为律师提供一个相互交流和讨论业内发展与挑战的平台，促进国际社会对律师业的支持，代表律师向有关国际组织，如联合国和WTO，提出行业观点与咨询。

自2002年都柏林年会始，国际律协开始了自身的组织结构调整以适应全球法律业的快速发展。2004年5月在美国华盛顿举行的理事会上通过了新修改的章程。从2004年奥克兰年会起，该协会其原有的三个部门被重新调整，即商法部、法律执业部和能源与自然资源部，重新组成了统一的法律执业部（Legal Practice Division，LPD），通过各个专业委员会组织会员进行业务交流、开展研讨等活动。同时，成立公共与行业利益部（Public and Professional Interest Division，PPID）负责促进全球范围内律师界的公共与行业利益活动。另外，在PPID下成立律师协会事务委员会（Bar Issues Commission，BIC）为各国和地区的律师协会提供沟通平台对共同关注的问题进行讨论。

此次2005年年会共有来自128个国家和地区的近四千名代表参加。其中有来自中国内地的代表6人。大会于9月26日正式开幕，捷克总统克劳斯和宪法法院院长出席了开幕式。克劳斯总统还发表了热情洋溢的欢迎致辞，他曾任捷克财政部长、代总理，是1993年捷克和斯洛伐克和平分离的关键人物，曾于2004年4月对我国进行国事访问。同时，国际律协主席、法律执业部主席和公共与行业利益部主席也分别致开幕词，三位主席在致开幕词的时候，皆提到2005年11月将访问北京，和全国律协签署备忘录事宜，并提到两会共同举办的培训班。国际律协表示非常重视在中国将要进行的项目，非常重视和全国律协的合作。

此次年会的主题分别是：反战争与反恐怖活动；反洗钱与反垄断。同时，还有150多个专业委员会举行工作会议、研讨会以及案例展示，讨论各自专业领域的具体问题。

二、律师协会事务委员会会议（BIC）

出席律师协会事务委员会会议是代表团此行参会的主要目的之一，今年的律师协会事务委员会会议专设了一个分会场，与会的律师协会代表约70名，分别来自捷克、英国、欧盟律协、西班牙、印尼、日本、葡萄牙、澳大利亚、印度、加拿大、南非、博兹瓦纳、尼日利亚、芬兰等国家，中国台湾和香港也有代表参加。印尼新近成立了律师协会并加入了国际律协，成为了世界上最年轻的律师协会。

律师协会事务委员会会议通报了2004年奥克兰会议后的活动，并介绍了WTO/GATS，以使律师协会领导了解其最新进展。今年律师协会事务委员会会议主要议题为：律师执业道德的全球化、律师协会的内部管理，除了专题讨论外，还专设了主题为律师在社会中的作用的案例展示。2006年BIC将在不同的地区召开区域会议，2006年5月24～25日将在伦敦召开第一届IBA律师协会事务委员会年会，主要议程为：客户至上主义给律师的代价（案例展示）、青年律师的岗前及岗后培训、反腐败和个人权益的保护以及律师和政府的关系。

全国律协的代表在参加律师协会事务委员会会议时，几乎和所有与我们有双边合作和友好关系的他国律协组织的代表相见，并畅谈了彼此之间的友谊和未来的合作，包括英国事务律师及出庭律师公会、加拿大律师协会、日弁联、欧盟律协、巴黎律师公会、澳大利亚律师协会、印度律师协会、芬兰律师协会等的代表。

在执业道德的全球化议题上，欧盟律协会长 Bernard Vatier（法国律师）介绍到目前欧洲议会正准备通过第三次反洗钱法案，而其中涉及到律师在发现可疑交易有报告义务，这与律师与委托人间的诚信义务相悖，欧盟律协建议推迟该法案的颁布。英出庭律师协会会长提到了英国的大卫·克利门提爵士（Sir David Clementi）的报告，英国宪政事务部展开了一次调查，克利门提爵士于2003年7月被提名作为报告的撰稿人，2004年12月，他提交了有关英格兰和威尔士法律服务框架审查的报告。此前，在2003年7月他的一篇名为“法律服务市场的竞争和调控（Competition and regulation in the legal services market）”的报告被宪政事务部总结为现有的框架是“过时的、呆板的、过于繁琐和不够透明”。在他的最终报告中，Clementi 爵士建议建立法律服务理事会（Legal Service Board）来监管现有机构，包括事务律师公会及出庭律师公会的活动，他还建议建立惩戒机构（Legal Disciplinary Practices），该机构由非律师进行操作。Clementi 报告是对英国现有的律师制度及律师惩戒机制的挑战。各律协的代表都不约而同地质疑了在反洗钱法案中律师报告的义务，都认为律师报告的义务有悖于律师与客户之间诚信义务，都认为律师是独立于政府之外的保护当事人法定利益的群体，他们在维护法治和实现民主社会上起着重要作用，诚信义务是律师履行职责和保护律师当事人信任的基础，如果立法要求律师有报告可疑交易的义务会有损于律师的独立性，有损于律师当事人之间的信任。

三、国际律协理事会议

国际律师协会理事会议于9月29日下午召开，会上通报了上届理事会的纪要，通过了2004年在AUCKLAND会议的纪要，听取了国际律师协会主席、副主席和秘书长汇报，财务情况汇报，以及各专门委员会的工作汇报。国际律协人权委员会（HRI）专门提到培训伊拉克检察官、法官和律师，在阿富汗创立律师的情况。国际律师协会理事会议是国际律协的最高决策机构，我会前会长高宗泽、上海金茂所主任李志强为国际律协理事。

四、与国际律协的工作会谈

9月26日下午，应国际律协的邀请，我会代表团成员于宁会长和国际部程幽燕专门和国际律协会长 Mr. Francis Neate，副会长 Mr. Fernando Pombo，秘书长 Mr. Fernando Pelaez – Pier，法律执业部主任 Mr. Michael Reynolds，执行主管 Mr. Mark Ellis 及其中国项目部律师 Ms. Meng Liang 进行了工作会谈。讨论了国际律协代表团今年11月来访并签署谅解备忘录和在北京、上海两地举办培训班的细节。

在与国际律师协会交往过程中，其领导人在多个场合多次表示愿与我会建立长期的、稳定的合作关系，并愿与我会签订谅解备忘录，以协议的形式将合作关系固定下来。2005年6月，国际律师协会执行主管 MAKR ELLIS 先生及负责中国项目的梁萌女士专程来华与于宁会长及邓甲明秘书长会谈，再次表达了愿与我会合作。两会经过反复的协商，终于在谅解备忘录上达成一致，谅解备忘录的主要内容为每年在中国不同的城市举办培训班、在中国召开有关法律执业的专家会议、在中国推动由国际律协和英格兰及威尔士法律大学提供的国际执业学历项目和挑选35岁以下中国律师免费参加国际律协年会等四个方面。

此次参会取得了预期效果，首先，代表团充分利用国际律协这一平台和与会的各国律师协会代表、执业律师增进了和彼此间的了解和友谊，同时交换了意见，特别是将律师执业作为一个整体行业，有关它的管理等方面进行探讨，并接触到行业新的动向，把握了全球律师执业的脉搏。有些东西，比如反洗钱中律师的报告义务等，在我国虽还没有接触，但是了解了这些动向后，会给我们一定的时间来准备。律师执业作为一个行业来说，它的问题都是共同的，在这一点上，可以说它是没有国界的，通过这种参与国际律师组织的年会，能及时了解业内发展的新情况，把握律师业发展的动态和趋势。其次，中国是一个正在崛起的发展中大国，受到全世界的广泛关注，不少代表认为中国作为一个最大的发展中国家应当对律师的国际事务发挥积极的作用。我们认为除了全国律协派团参会以外，更应积极鼓励执业律师参加，充分利用国际律协这一全球最大的律师组织和沟通平台，与国外律师进行合作。

全国律协代表团访问澳门特别行政区、香港特别行政区的报告

应澳门律师公会和香港律师会的邀请，以于宁副会长为团长的中华全国律师协会代表团一行九人，于2005年5月18日至5月24日分别对澳门特别行政区和香港特别行政区进行了友好访问。代表团成员由广东省律师协会常务理事陈小雄、广东省律师协会理事肖帆、湖南省律师协会秘书长蒋春林、湖南骄阳律师事物所副主任毛英、安徽省律师协会副秘书长陆勤玉、安徽省司法厅律管处负责人朱俊酬、全国律协国际部主任蓝红及国际部工作人员李蔚然组成。访问期间，代表团成员与澳门特别行政区法律界人士进行了广泛的接触和交流。澳门特别行政区行政长官何厚铧亲切会见我会代表团并合影留念。在香港访问期间，主要与香港律师会就协商内地律师事务所在港设立分支机构的有关事宜交换了意见和看法。此次代表团访问取得了积极成果，达到了加深了解、增进友谊、促进合作的目的。现将访问情况报告如下：

一、基本情况

（一）背景介绍

应我会邀请，以会长华年达为团长的澳门律师公会代表团一行17人在2004年12月6日至10日，对北京进行了友好访问。代表团在京期间，华年达会长邀请我会派代表团访问澳门，以增进两地之间的律师往来与合作。鉴于此，我会派出以于宁副会长为团长的全国律协代表团回访澳门，以参加澳门“2005年律师日”活动和考察澳门司法制度为主要任务。同时，根据《CEPA》的要求，为了落实司法部与香港律政司2004年底签署的《关于推进内地与香港法律服务合作的会议纪要》，支持内地律师到香港开展法律服务业务，尽快规范内地律师到香港执业，推动两地法律服务业的共同发展，我会已于2005年3月与香港律师会就内地律师事务所在港设立分支机构等事宜进行了初步沟通。因此，代表团访澳之后，又专程赴港拜会香港律师会，就此事进行进一步磋商。

（二）基本情况

代表团在澳期间，参加了由澳门律师公会组办的“澳门律师日”系列活动。随后，代表团访问了行政法务司，陈丽敏司长介绍了该司的基本职能及概况；访问了终审及中级法院，岑浩辉院长介绍了澳门的审判制度；并在初级法院旁听了一宗刑事案件；访问了检察院，何超明院长及助理检察长王伟华介绍了澳门检察制度；访问了澳门法务局，张永春局长介绍了法务局的基本职能及运作情况。此外，珠海律师协会与韶关律师协会也应澳门律师公会邀请派代表参加了访问活动。

在香港期间，代表团与香港律师会进行座谈，主要协商内地律师事务所在港设立分支机构等有关事宜；与香港律政司副律政专员黄继儿进行会谈，了解律政司的基本职能和运作情况；参观了胡百全律师事务所，并就内地和香港律师开展合作交换了看法。

二、澳门法律和司法制度

代表团在澳门期间，通过访问、座谈、参观、旁听等形式，对澳门的法律制度进行了初步的考察，对澳门司法机关的基本职能和相关运作有了比较深刻的了解。

（一）澳门特别行政区现设有5个司，名称和排列顺序分别为：行政法务司、经济财政司、保安司、社会文化司、运输工务司。行政法务司主要在行政法务司司长办公室、行政暨公职局、法务局、身份证明局、印务局、国际法事务办公室、民政总署和法律及司法培训中心领域中行使职权。

法务局隶属于行政法务司。其主要职能是负责总体法务政策方面的研究及技术辅助，执行法律草拟、法律翻译及法律推广方面的特定政策，同时还负责少年感化及社会重返部门的组织和运作以及登记公证机关、私人公证员的统筹和辅助工作。职能部门包括：法律草拟厅、法律推广厅、法律翻译厅、查核暨申诉厅、行政暨财政管理厅、社会重返厅、少年感化院、咨询处、物业登记局、商业及动产登记局、民事登记局、第一公证署、第二公证署、第三公证署和海岛公证署，私人公证员。

（二）澳门审判制度

根据《澳门特别行政区基本法》的规定，澳门特别行政区享有独立的司法权和终审权。法院独立运作，不受其他权力干涉，也不听从任何命令或指示。

澳门特别行政区法院分为三级，即：第一审法院、中级法院和终审法院，其中第一审法院包括初级法院和行政法院。第一审法院在审判中以合议庭或独任庭方式运作，中级法院及终审法院则以评议会及听证方式运作。

初级法院是具有普通管辖性质的法院，即未由法院规定划归某一特定法院的案件，均属初级法院的管辖范围。初级法院共设九个法庭：三个民事法庭、两个刑事诉讼法庭、一个轻微民事案件法庭、三个刑事

法庭。回归前，初级法院称为普通管辖法院；行政法院称为平正院。目前，第一审法院有4名合议庭主席、24名初级法官和2名行政法院法官。第一审法院院长由行政长官从本地法院编制的法官中任命。院长任期为三年，可续任。

中级法院的管辖权包括：审判针对第一审法院的裁判提起的上诉案件；审查及确认澳门以外地区或国家的司法判决及仲裁裁决；审理第一审法院间的管辖权冲突；审理行政法院与行政、税务或海关当局间的管辖权冲突等。目前，中级法院有5名法官。

终审法院在澳门特别行政区行使终审权。终审法院的判决为终局裁判，对之不得再行上诉。终审法院的管辖权包括：按照诉讼法的规定统一司法见解；审判中级法院作为第二审级或第一审级所作的合议庭裁判提起的上诉案件；审理中级法院与第一审法院间的管辖权冲突等。目前，终审法院有3名法官。

终审法院设立终审法院院长办公室，该办公室是一个具有独立职能、行政及财政自治的机构，它负责统筹各级法院的事务，向各级法院提供技术、行政及财政辅助。终审法院院长办公室的主要职责有：策划、统筹并执行旨在完善各级法院的组织、运作的措施；研究与法院体系有关的法规；统筹管理各级法院的行政及财政工作；开展司法协助方面的工作等。

第一审判法院中的初级法院每年处理案件约为1万件左右。中级法院每年处理的案件约为350～400件。终审法院每年处理的案件大约40～50件，其中，60%是刑事案件，30%是行政诉讼案件，20%是民事诉讼案件。

（三）澳门检察制度

澳门检察院负责履行检察职能。检察院行使的第一项权限就是在法庭上代表澳门特区。第二权限是领导刑事侦查，确保刑事诉讼。这是检察院运作中比重最大的一部分工作。领导刑事侦查主要是指检察院可领导刑事警察部门开展刑事侦查工作，以及监察侦查行为是否依法进行。确保刑事诉讼是指检察院必须推动整个刑事诉讼程序的进行，主要工作包括：在侦查完毕后决定是否起诉犯罪嫌疑人；在已提交法院审判的刑事案件中出庭支持公诉，监督审判程序的合法性，监督刑事判决的执行。第三权限是监督法律实施。第四权限是维护合法权益。

澳门检察机关实行独特的“一院建制、三级派任”架构。“一院建制”指的是，在检察院的机构设置上，只设立一个检察院，以符合澳门地域较小、人口不多的特点。“三级派任”是将检察官分为三个级别，分别在三级法院内代表检察院履行职责。根据这一模式，在澳门终审法院设立了检察院驻终审法院办事处，由检察长代表检察院，必要时由助理检察长协助检察长工作；在中级法院设立了驻中级法院办事处，由助理检察长代表检察院；在第一审法院（包括初级法院、行政法院）分别派驻办事处，由检察官代表检察院，案情严重复杂或涉及重大公共利益时，也可由助理检察长代表检察院，参与诉讼活动。检察长是检察院的最高领导，也是最高级的检察院司法官。

检察院人员主要包括三部分：检察院司法官，司法辅助人员，专业及行政人员。目前，检察院司法官共有33人，包括检察长1名，助理检察长9名，检察官23名。

检察院设立检察长办公室，该办公室是一个具有独立职能并拥有行政及财政自治的机构，适用自治实体的财政制度，具有本身账目计划。它负责向检察长提供技术和行政性质的辅助，下设专责处理检察院事务的部门，其主要职责为：在程序活动、刑事侦查、鉴定、勘验、侦讯方面和其他事项上，为检察院司法官提供协助；依法提高法律咨询和援助；对检察院司法辅助人员实施管理；管理检察院司法公库，并统筹检察院的人事和财政管理工作及其他行政辅助工作等。

在2004年至2005年度，检察院全年刑事案件立案10453宗，与上一年度相比，增幅为8%，结案10029宗，结案率为96%。起诉的刑事案件共1522宗，较上一年度增长33%，归档案件8507宗，起诉嫌犯2054人，经检察院建议羁押的嫌犯共188人，采取其他强制措施涉及的嫌犯3666人，涉及的特别诉讼行为共950项，提请法院以简易诉讼程序审理的轻微罪案675宗。

澳门的法官和检察官都是司法官，其任职资格和程序统一规定于《司法官通则》之中。澳门司法官的任用条件较公务员严格，除具备公务员的一般条件外，还需要具有法律认可的法律学士学位，以及熟悉澳门法律体系。澳门还非常重视拟任司法官的培训和实习（一般为两年），并为此制定了多部行政法规。根据是否完成培训课程和实习，澳门司法官的任用条件分为两种：完成培训课程和实习且成绩合格的，需要在澳门居住至少3年，熟悉中、葡文；未完成培训课程和实习的，则需要在澳门居住至少7年，熟悉中、葡文，且已实际从事须具有法律学士学位方得从事的职业至少5年。此外，终审法院院长及检察长必须由澳门特别行政区永久性居民中的中国公民担任。

（四）澳门律师制度

目前，澳门特区共有106名律师，65名实习律师。澳门律师实行行业管理，其管理机构有两个，一个是澳门律师公会，另一个是澳门律师业高等委员会。澳门律师公会的职责主要是规范律师执行职务的标准，审批和授予律师及实习律师的职业资格。律师业高等委员会主要监管律师职业纪律与操守。为了对律师业进行有效监管，澳葡政府曾先后核准并公布了《律师通则》、《律师职业道德守则》和《律师纪律守则》。澳门回归后，根据澳门基本法和《回归法》的有关规定，上述法令及规范性文件均被采用为澳门特别行政区法规。

律师资格取得条件。首要条件是要在澳门大学法学院或澳门地区认可的其他法学院取得法学士学位，其次要完成律师业实习。如果是非澳门大学法学院或澳门地区认可的其他法学院的法学士，那么就得到澳门大学法学院修读“澳门法律导论课程”，然后才可报名参加“律师业实习课程”的录取考试，获得录取，才可参加实习。

《律师通则》规定，从事律师职业者不得兼任政府部门公务员、办公室顾问，或以合同聘用的服务人员，也不得兼任法官、检察官、公证员、登记局局长、居间人和拍卖人更不被允许。但有两种职业除外，就是立法会议员和法律学科或课程的教员。

澳门律师实习制度。其实习课程为期18个月，分为“理论和实务”两个部分。理论部分旨在加强学员在专业方面的知识，实务部分则在导师的指导下，处理各种刑事、民事诉讼或法律咨询等事务。在整个实习过程中的上课部分，每一门课目完成后，均要进行笔试。在实务方面，学员需旁听15宗刑事案件、30宗民事案件，并需亲自为法院指派的20宗案件中的当事人进行辩护。上述的旁听过的案件写一篇报告。实习完成后，需要需提交一份由导师作出的评核报告和本人就某一法律专题而做的一篇论文。律师公会经审查上述报告与各科目考试成绩后，便安排该名实习律师接受公会委任的典试委员会的评核，合格后的实习律师才可注册为在澳门执业的律师。

律师纪律处分方面。规定如果律师在执行职务时不遵守或违反《律师职业道德守则》，律师业高等委员会有权对违纪律师或实习律师采取纪律处分。处分分4种：①警告；②谴责；③最高至10万元澳门币的罚款；④中止执业10日至15年。被罚中止执业6个月以上的处分需在澳门政府公报上公布以及在澳门葡文和中文报章上刊登。

三、香港律政司和香港律师会

香港访问期间，主要拜访了律政司和律师会，并就内地律师事务所在香港设立分支机构事宜进行了友好协商。

香港律政司在香港政府架构之中，是一个地位特殊、角色复杂多样化的法律部门，其职能涉及法律起草、刑事监控、民事代理、法律政策、司法协助等多项重要的法律工作。主管律政司的律政司司长是行政会议的议员，也是香港特区政府的首席法律顾问，并负有对香港所有罪案进行检控的最终责任。律政司有六个不同的科别。其中五个法律专业科别各由一名律政专员掌管，各法律科别各司其职又互相协作。目前，政府律师有300多人，加上法律辅助人员和其他职员共计1000多人。法律政策科及律政司司长办公室负责为律政司司长提供专业服务，并就政府正在考虑的所有法律政策事宜提供资料。民事法律科负责向政府提供民事法律意见、草拟商业合约及专营权文件，并代政府进行民事诉讼、仲裁及调停事宜。法律草拟科负责以中英文草拟一切法例（其中包括附属法例），并协助将法案提交行政会议和立法会通过。刑事检控科是负责大部分的刑事上诉案件，包括在终审法院提出的上诉。原诉讼法庭和区域法院审理的案件，大都是他们进行检控工作。有需要时，他们会到裁判法院出庭检控。该科也向执法机关和其他政府部门提供法律意见。国际法律科负责向政府提供有关国际公法的法律意见。

香港律师会于1907年成立，是香港律师的法定专业团体。所有香港执业律师均须是律师会会员及持有该会每年签发的律师执业证书，受律师会的监管，会员有6000多位，有1/3是外国律师。香港律师会管理机构是理事会，由20位成员组成，包括会长、3名副会长及16位理事。律师会会长及两名副会长由每年理事会选出。理事会每月举行两次或以上的会议，并收取所属五个常务委员会的报告及在主要事项上作出的决策。这五个常务委员会是审查及纪律常务委员会、对外事务常务委员会、政策及资源常务委员会、执业者事务常务委员会及专业水平及发展常务委员会。在香港，有5200位事务律师拥有执业证书，有670家律师事务所，非香港律师事务所约有34家，约54家香港律师事务所在内地设立代表处。

四、体会及感想

由于历史的原因，港澳两地与内地的司法制度在许多方面都呈现出较大的差异性，但是通过这次访问，我们深深感到，尤其《CEPA》的签署不仅为三地带来了全新的、重大的发展机遇，而且大大加快了内地与港澳地区的经济融合，推动了内地与澳门法律界人士的交流与合作。通过各方的努力，三地法律界互相借鉴、优势互补的融合将日益频繁，富有成效。

（一）关于澳门律师日活动

澳门政府对澳门律师公会组办的“2005 律师日”系列庆祝活动非常重视，并给予了极大的支持，其举办经费全部由政府拨款，行政长官何厚铧出席了“律师日”的有关活动。澳门“律师日”活动已举办了九届，其宗旨是让普通市民加深认识澳门律师行业的运作范畴，同时让更多的澳门居民认识并了解澳门的基本法律常识，以及自身拥有的法律权益。本届“律师日”活动主要包括澳门律师公会会址扩展仪式；澳门律师公会向澳门大学法学院学生颁发奖学金仪式；法律问答比赛；免费法律咨询服务；其比较有特色的是通过醒狮点睛等传统表演形式来庆祝律师自己的节日。其中，免费的法律咨询活动为期两天，澳门律师公会派出近百位律师免费为广大市民提供法律咨询活动。座谈中，于宁会长与澳门律师公会秘书长石立炘共同提出，如有可能，澳门律师公会将在以后的“律师日”活动中，请内地的律师参加法律咨询活动，让更多的澳门市民了解内地的法律知识，同时旨在加强内地律师与澳门律师的交流与合作。反观内地，尤其是在一些偏远地区，由于律师数量少，并且法律宣传与普及工作相对滞后，使多数公民缺乏法律意识，不能很好的保护自己的合法权益，“普法”工作任道而重远。

（二）关于律师惩戒制度

澳门律师公会、香港律师会都制定了一系列完善的职业纪律与职业道德制度。这些制度对规范职业律师的行为，起到了十分重要的保障作用。为此，澳门专门成立了律师业高等委员会，香港律师会专门成立了律师纪律审裁团，由首席大法官委托。根据有关人士的投诉，以上两个纪律机构将按照法定程序，对违反纪律的律师予以处分。我国的有关立法和司法实践中虽有律师惩戒制度，但对于律师惩戒委员会的组成、权限、审理程序、处分种类、处分决定的效力等方面，缺乏具体操作的规定，在实践中，律师惩戒往往流于形式。律师惩戒制度建设的滞后，非常不利于加强律师队伍建设，提高律师的整体素质，因此，必须要借鉴港澳及发达国家经验，完善有关律师自律与惩戒制度，提高律师职业道德水准。

全国律协代表团访问韩国的报告

经司法部批准，应韩国律师协会的邀请，以中华全国律师协会副会长杨伟程为团长的中国律师代表团一行 22 人于 2005 年 9 月 21 日至 28 日访问了汉城、济州岛及釜山等城市。在汉城期间，代表团参加了中韩两国律协共同举办的第十届题为“律师事务所的管理”的研讨会。代表团拜访了韩国法务部、最高法院、韩国律师协会、汉城律师协会并参观了和友法务法人律师事务所。此次代表团访问韩国取得圆满成功。

一、代表团访问韩国基本情况

韩国法务部副部长金善玉会见了代表团。金副部长向代表团表示了欢迎，并介绍了韩国法务部的职能、工作概况以及正在进行的司法改革进程，他希望中韩两国律师能够加强交流和了解。他指出：韩国司法部的使命是确立法律秩序、尊重人权、提供高质量的法务服务。法务部是韩国司法体系的重要组成部分，拥有广泛的司法职能，除了与中国司法部具有相同的司法行政管理职能外，还掌管检察事务和出入境事务。在会见时，杨伟程团长向金善玉副部长介绍了中国律师业“四轮驱动”的管理体制，并着重介绍了中国正推行依法治国的方略，韩国的经验具有重要的借鉴意义。对于代表团提出的司法部对律师如何管理？如何进行司法考试制度的改革等问题，金副部长进行了回答。韩国律师实行自律管理，由律师协会管理。司法部对律师的监管力度越来越小。律师如果受到惩戒，不服惩戒的可上诉到司法部，由司法部出面解决。

韩国建国以来实行司法考试制度。考试合格者，先在司法研修所学习，毕业后他们可按个人意愿选择做法官、检察官、律师。因为社会有人批评这些人只懂法的知识，没有社会经验。现在准备引进美、日、的法学院制度，法学院是 4 年法学本科、2 年硕士、此决议经国会通过便可实行。到 2011 年韩国便可出现这样的人才。会见后，金善玉副部长和代表团合影留念。

韩国最高法院副院长孙智烈会见了代表团。孙院长对中韩两国律师协会常年保持友好交流关系，以每年组织互访并举行专题研讨会的形式进行交流的机制表示高度赞赏。他认为，中韩律师的法律业务的交流不仅加强了两国律师之间的友谊，为推动中韩两国的经贸发展也起到了积极作用。

代表团参观了在韩国业务及规模排名第五的法务法人和友律师事务所。法务法人和友律师事务所的代表律师尹镐以律师及曾任韩国大法院院长秘书长的梁三承律师接待了中国律师代表团，该律师事务所特意安排曾在中国留学的韩国律师向中国代表团用中文介绍了该所概况，特别是该所合并的情况。杨伟程团长向该律师事务所介绍韩国商人在华特别是在青岛的投资情况，表达了加强合作及进一步推动中韩两国经贸关系的良好愿望。代表团成员就律师事务所的薪酬、人员管理、律师事务所如何留住人才等与该所合伙人进行了广泛的交流。

在汉城，韩国律协千玑兴会长会见并宴请了代表团。汉城律协会长李俊范会长会见了代表团。

二、中韩两国律协举办第十届法律研讨会情况

在韩国律师协会会馆，中韩两国律师协会共同举办了以“律师事务所管理”为主题的第十届中韩律师法律研讨会。参加人员包括中国律师代表团一行22人、大韩辩护士协会全体理事、大韩辩护士协会国际委员会委员及大韩辩护士协会工作人员共计32人。

研讨会由大韩辩护士协会总务理事兼事务总长吴旭焕律师主持。大韩辩护士协会千玑兴会长在致词时提到，在法律服务市场急速开放的时刻，中韩两国律师，若不尊重社会公益价值及不向国际化发展就难以生存。韩国律师非常关心中华全国律师协会和中国律师是如何对应国际环境的急剧变革。中华全国律师协会杨伟程副会长在致词中，在肯定了历次定例交流的意义及成果的同时，着重向韩国同行介绍了中华全国律师协会今年在律师行业中开展合伙律师事务所规范建设年的活动情况，并提到，为了适应中国律师事业不断的发展要求，完善律师管理，使之成为律师业发展的主要力量，有必要借鉴包括韩国在内的世界各国律师管理的成熟经验。

在研讨会上，韩国律师代表金浩桢作了题为《律师事务所的法律形态和经营管理》的发言，详尽的介绍了韩国律师事务所的执业及管理形式及其历史沿革，并对韩国为适用律师业的发展及应对国际竞争的需求而于2005年7月26日修订的《律师法》新引入的两种律师事务所组织形式——法务法人（有限责任）（及实行有限责任的律师事务所）及法务组合（即实行部分合伙人有限责任，部分合伙人无限责任的律师事务所）其可能需要完善的问题发表了相当客观的意见。随后，中国律师代表孙卫星律师作了题为《中国律师事务所的现状和发展趋势》的演讲。在演讲中，孙卫星律师从六个方面对中国律师事务所由单一的“国资所”发展到现在的“合作所”、“合伙所”及“国资所”并存的现状进行描述，并进一步介绍了现今中国合伙制律师事务所的管理模式，并将其对中国律事务所管理及其发展的非常具有前瞻意义的思考毫无保留的予以披露。演讲后，与会人员并就演讲涉及的相关事项展开广泛而热烈的讨论，双方对两国律事务所的管理及律师业的发展前景发表了各自的意见，研讨会取得了圆满成功。

三、访韩收获

此次全国律协访韩代表团成员一行22人来自全国江西、陕西、贵州、山东、广东、广西、福建、重庆及内蒙古九个省、市、自治区司法行政机关领导、律师协会负责人以及执业律师。其中，除二人曾经访问过韩国之外，20名成员均是第一次访问韩国，其中律师基本是各律师事务所的主任或合伙人。代表团团员一致认为此次全国律协组织代表团出访韩国进一步加强了中韩两国律师界的友好交流，开阔了眼界，增长了管理律师事务所的知识，与韩国同行交流中学到了许多东西，收获颇多。

从韩国律师管理情况看，律师协会实施行业管理的优势是显而易见的：韩国律师协会是独立的法人团体，较少受到其他行政机关的干预，权利行使的独立性强，有利于管理工作的规范和权利行使的公正；律师协会会员由律师组成，体现广大律师的合意，规则的制定和权利的运用比较符合律师行业的特点，易于律师接受，且具有很高的自律性和行业的权威性；律师协会管理方式灵活，给律师自主活动的空间大，有利于律师业务的开展；律师行业管理淡化行政色彩，使律师具高度民主性，执业具有更高的独立性。然而，韩国律师协会并不希望律师团体仅是一个市场经济下的，自律的自由执业者的自发组织，而是希望成为一个具有较高法定地位的社团法人。这使我们对中国律师协会的地位、作用的认识很有借鉴意义。特别在修改《律师法》中，要充分考虑律师协会的法律定位。因为，只有用法律来赋予律师团体的功能与职责才更具有权威性。当然，行业权威性不是对下级律协和律师进行限制性管理，而在于更好的服务。

中韩两国是友好邻邦，两国政治、经济、文化关系日益发展，尤其两国在投资贸易方面，不仅数量大、而且很有潜力。加上中韩两国律师协会具有很好的友好交流基础，因此，中韩两国律师要抓好一年一度的互访活动，办好一年一度的法律和务实研讨会，通过互访和研讨会的形式，探讨两国律师实务之间的合作途径，共同为两国友好关系发展提供优质法律服务。

全国律协代表团参加国际律师联盟第49届年会的报告

全国律协会长于宁、国际部主任蓝红于2005年8月30日至9月4日赴摩洛哥古城菲斯参加了国际律师联盟第49届年会。

一、大会概况

国际律师联盟（以下简称国际律联）成立于1927年，总部设在巴黎，是国际上有重大影响的律师组织之一，也是世界上最早成立的国际律师组织。现有来自全球100多个国家的团体会员近200个，代表着大约2，000，000名律师。此外，国际律联还有个人会员3000人左右。全国律协于1990年加入国际律联，成为其团体会员。

除了年会以外，国际律联每年还在世界各地组织一些研讨会及其他相关活动，这些活动为全球律师进行专业交流、探讨律师行业共同面临的问题等提供了机会。2004年4月，全国律协与国际律联在北京成功地举办了WTO国际研讨会。

此次菲斯年会共有来自70多个国家的1500余名代表参加。摩洛哥王国的司法大臣、菲斯市长、摩洛哥律师协会会长和国际律联主席分别在开幕式上致辞。他们均谈到了律师在保护人权、确保司法公正和推动全球经济发展所起到的重要作用，同时他们也谈到鉴于律师行业国际化的趋势日亦明显，制定国际行业规范就显得日趋迫切。

因此，此次会议专门用两天的时间集中讨论目前律师业最为关心的问题："全球律师是否需要共同的道德规范？"国际律联的发展委员会、维权委员会、人权委员会和律师未来委员会主席及一些国家律协领导在会上就律师业的基本价值，如独立性、保密义务和法律特权、集团诉讼与公益活动、律师的管理制度以及商法中律师的职业道德等问题进行了发言，欧盟律协、美国律协、阿拉伯律师联盟等协会领导还在会上分别介绍了其所代表的协会的作用。

9月2日召开了各国律师协会领导峰会，会议由国际律联主席尼莫和继任主席路顿共同主持。峰会为参加国际律联年会的各国和地区律协的领导提供了交换意见，共同交流的机会，从前几届年会开始，召开峰会已经成为年会中不可或缺的一项日程安排。此次峰会共有30多个国家和城市的律师协会会长或代表参加，如美国、德国、法国巴黎、澳大利亚新南威尔士、葡萄牙、西班牙、墨西哥、加拿大魁北克、克罗地亚、阿根廷、刚果、比利时、突尼斯、菲律宾等等。各律协会长首先介绍了自己和自己代表的协会情况，之后就"谁来管理律师职业"进行了讨论和介绍。根据讨论情况，大多数国家的律师职业都是由律师协会进行行业管理，有些国家的宪法明文规定了律师的作用、独立性以及律师对公民权利的保护。有些国家有专门的法律规定了律师协会的职能和作用。与会各会长均表示有必要在年会期间召开峰会，共同探讨律师业和律师协会发展面临的一些共性问题。

除主题讨论外，年会期间另有40多个专业委员会和工作小组分别召开了讨论会，研讨的题目涉猎广泛，涵盖公司法、合同法、环境法、外国投资、人权、律师事务所管理等等。

年会于9月4日结束，美国律师路顿当选新一任会长，并确定明年的年会将于2006年11月在巴西的萨尔瓦多举行。

二、交流活动

我会代表团除了参加相关会议活动外，还积极与各国代表进行交流，介绍和宣传我国的律师制度、律师职业发展情况以及我国政治、法律和经济发展现状，受到了国际律联官员和与会代表的欢迎。代表团还同美国律协会长、欧盟律协会长、巴黎律师公会会长、意大利米兰律协国际事务委员会主席等进行了双边沟通。国际律联的官员们对中国也非常友好，给予代表团很高的礼遇。大会组委会主席特别邀请代表团参加他的小型家宴，国际律联主席路顿专门邀请代表团作为其贵宾参加闭幕晚宴等等。

随着我国经济和社会的快速发展、国力的增强，越来越多的国外同行希望了解中国的情况，包括风土人情、经济活动、投资机会和法律现状等等。国际律联官员提出希望今后能与全国律协有更多的合作，共同在中国举办国际法律专题会议，同时也推动更多的中国律师参与国际律联的活动。他们建议在明年的巴西年会上请中国的律师就中国的法律制度、投资环境等做专题演讲。于宁会长对于这些提议均做了积极的回应，表示愿意加强两会之间的交流与合作，鼓励我国律师积极参与国际律联的活动，并将选派资深律师在明年年会上发言。同时，于会长也向国际律联官员表示我会有意愿于2009年在中国举办其年会活动，此提议得到了他们的积极响应。

随着律师及律师事务所的全球化发展，我国律师应积极加入国际律联这样有影响力的国际律师组织并就中国法律发表文章及演讲，与世界各国律师加强交流，这样不但可以开拓视野，提高律师的业务水平和能力，也可以提高我国律师在国际律师界的影响和地位。此外，如果有意在国内举办像国际律联年会这样的大型国际会议，则要尽早讨论确定，以尽早筹办，因为筹办大型国际会议从申办到举办一般需要2～4年的时间。

全国律协代表团出访以色列的报告

应以色列律师协会的邀请，全国律协副会长朱洪超率领七人代表团，于2005年5月28日至6月7日赴以参加了以色列律协的年会。在以色列律协的精心安排及代表团全体成员的共同努力下，本次出访取得了圆满成功，进一步增加了对以色列司法制度及律师制度的了解，增进了中以律师友谊并为日后进一步交流打下基础。代表团成员包括全国律协副秘书长冯秀梅、司法部律公司处长牛文忠、君合律师事务所合伙人武晓骥、上海市律师协会副会长王小耘、广东省律协常务理事王星辉、全国律协国际部程幽燕。

一、访问的背景情况

2002年7月，我会副会长付洋赴土耳其出席会议时，与会的以色列律师协会会长科恩先生向付会长表达了愿与我会建立友好合作关系的愿望。2003年科恩会长多次致函我会，诚邀我会派团参加以色列律协2003年年会，但因非典问题，未能成行。2004年初，科恩会长又多次致函我会，诚邀我会代表出席其2004年年会。有鉴于此，我会派出了由付洋副会长率领的三人代表团首次于2004年5月9日至14日赴以参会。

2004年9月，第15届亚洲律协会长会议（POLA）在北京召开，这是亚洲及太平洋地区律师界的峰会。我会作为东道主，邀请了以色列律师协会会长参加此会。这是以律协第一次出席POLA会议，同时借参会之机，派出了13人代表团于会后顺访我会，并拜会了最高人民法院、全国人大法制工作委员会、国务院法制办和司法部。代表团在北京逗留期间，我会会长高宗泽向代表团介绍了中国律师制度和中国律师业改革发展所取得的成就并表达了对两国律协交流合作美好前景的愿望。同时，两国律协签署了《中华全国律师协会与以色列律师协会友好协议备忘录》。协议内容包括：（1）本着法律的原则定期交换信息和召开连续对话。（2）进一步了解两国的法律制度。（3）鼓励两国之间律师的合作。（4）在地方法律的允许下，鼓励和促进两国律师协会之间青年律师的交流与合作。（5）鼓励两国律师协会专业委员会的合作。（6）学习规范两国律师的规章制度。（7）促进两国法律界互联网的广泛使用，从而使两国法律制度得到发展。（8）两国律协应执行此协议的共同约定，可能的方式包括：组织研讨会、会议、座谈会等，所有这些由两个组织本着同一目的相互合作并使用各自的出版物。使两国律师界的合作以友好协议的形式固定下来。

以律协代表团成员在访问期间对中国立法制度、中国审判制度、中国死刑制度、中国调解制度、中国律师的惩戒制度、法官的任免条件和程序、我国律师事务所的管理与运作方式和中国的司法考试制度等等进行了深入的了解。

二、以色列司法制度及律师协会的简况

以色列是《圣经》的故乡，也是犹太民族祖先的历史家园。它位于中东，地处地中海东岸，构成了一段连接亚洲、非洲和欧洲三大洲的陆路通道。犹太民族在这片土地上发展了自己独特的宗教和文化。

以色列是一个议会民主制共和国，实行立法、行政和司法三权分立原则。议会实行一院制，设有120个席位，是国家最高权力机构，又称KNESSET。拥有立法权，负责制定和修改国家法律，对重大政治问题表决，批准内阁成员并监督政府工作，选举总统、议长，由议员组成一些常设委员会和专门委员会。议员由普选产生，选举采用一票间选，议员候选人以政党为单位参加竞选，选民只需将选票投给各自支持的政党，获得2%以上选票的各政党根据得票多少按比例分配议席。得票最多的政党主席即当选总理，负责组阁。

司法制度中法院由三级法院组成；法官由总统根据政府提名委员会的推荐任命，一直就任到规定年龄70岁退休。在法律制度方面，《以色列国立国宣言》为立法奠定了基础，它旨在维护基本人权，其中包括言论自由、宗教自由、男女平等接受义务教育、普选权及保护宗教圣地等。

以色列律师协会成立于1961年，其主要职能是进行实习律师的登记、监管；新律师的注册；监管律师对行为准则的执行情况；对违规律师进行处罚等。以色列现有律师约3万1千余名，其中女律师为1万2千余名。

以色列律师协会的机构由会长、中央委员会、全国理事会、地方委员会，全国纪律法庭、地方纪律法庭及审计官组成。会长为中央委员会之首，四年一届任期。中央委员会是律师协会的执行机构，由17位成员组成。全国理事会是律师协会的立法机构，它有权选举中央委员会成员及议会中律师协会的代表，制定规则，确定会费标准（会费因律师的年龄和执业年限而不同）及决定协会预算。纪律法庭的宗旨是维护行业标准及人们对律师行业的信心，即使以色列律师在国外违规，也将受到该法庭的处罚。

此外，以色列律师协会与法院、议会及政府保持着紧密联系。以律协在法官的选拔过程中发挥着中心

作用，在议会的立法过程中充分发表律师界的意见与建议。

三、年会情况

以色列律协的年会在其南部城市埃拉特召开。由于埃拉特是位于红海之滨的度假胜地，所以参会的律师很多都携带家眷，边度假，边开会。今年的会议规模在1000人左右，除了以色列本国律师以外，以色列律师协会还邀请了来自13个国家、52位外国代表与会。其日程一半是对热门法律问题的研讨，另一半是各种表彰会。今年的法律研讨主要围绕着民主选举、律师在刑事审判中执业自由的限制、在公众冲突中执行法律、公益活动、国际贸易等展开，表彰会有对杰出会员的表彰、对优秀女律师的表彰、对律师参与法律援助项目的表彰。

以色列政界的多位部长及法律界知名人士都到会发言。以前总理巴拉克、内政部长PINES－PAZ出席了预备会议，以色列交通部长ITZIK出席了女律师表彰会，总检察长MAZUZ、财政部长内塔尼亚胡、司法部部长LIVNI均到会做演讲，内容涉及经济与法制的关系、市场经济、税收、私有化、就业及与阿拉伯国家的关系等问题。

四、与会交流成果

受以色列律协邀请，朱洪超副会长在其年会上发表了演讲。在演讲中，朱会长向以色列同行介绍了中国法制发展及律师协会的情况并谈到中华民族与犹太民族都有着伟大的历史，在二次世界大战中，两个民族共同承受了人世间最深重的苦难，也共同对法西斯主义进行了艰苦卓绝的斗争并取得了最终的胜利。此外，朱会长还谈到在中国，中东地区只有约旦设有律师事务所办事处，随着中、以贸易量的增加，希望以色列能在中国设立办事处。朱会长的演讲激起了以色列同行的广泛共鸣，大家致以热烈的掌声。

除了参会以外，全国律协代表团还与以色列律协会长科恩先生及其他官员进行了专门会谈。两会商议，将彼此的交流从互访进一步扩展至合作举办研讨会、互相培训青年律师等，两会初步商议，藉明年参加以律协年会之机，共同举办中以法律研讨会，探讨中以法律实务；并同意首先接收以青年律师来华，在大型商务所实习，然后选派我青年律师赴以实习。

在与以色列同行进行交流之余，代表团还同与会的美国、德国、法国、意大利、卢森堡和土耳其律师协会代表进行了充分交流。

年会之后，我代表团还专门拜会了以最高法院院长布莱克，布莱克院长曾于1998年应我最高人民法院之邀访问过中国，并与时任司法部部长高昌礼举行过工作会谈，对中国十分友好。我代表团与布莱克院长的座谈十分融洽，布莱克院长不仅谈到了对中国的感情，还谈到了在中国访问时的所见所闻，并对中国的庭审提出了十分中肯的意见。布莱克院长谈到，在以色列，法院与律师协会保持着既互相合作又互相监督的关系。律师协会曾在律师中进行过调查，请律师列出最不受欢迎的法官及理由，布莱克院长认为，虽然有些法官对此持反对意见，但从总体上是对法官的有效监督。代表团还拜会了以议会（KNESSET），旁听了议会宪法与司法委员会主席EITAN先生主持的有关律师会见嫌疑人的限制的讨论。

五、几点感想

1. 中以两国于1992年正式建立外交关系以来，两国在广泛领域进行了富有成果的合作，中方赞赏以政府重视发展对华关系。根据以色列的统计，2004年以与中国的贸易总额达到24亿美元，以色列已将中国列为四个最重要的贸易对象之一。中方也愿与以方加强在双边及国际事务中的对话，扩大在经贸、农业、文教、科技、法律等方面的合作，努力实现2008年两国贸易额较2004年翻一番的目标。

中以两国全方位的合作将为中以两国法律交流、律师合作不可避免地带来巨大的潜在机会。通过参会，代表团成员强烈感到以方意与我会合作，展开包括所际合作、共同举办研讨会等全方位合作的愿望，换句话说，以方非常积极主动地愿与我会合作，从而为经贸合作提供法律服务。

虽然各国法律制度各不相同，律师制度的差异性也很大，但各国的法律制度与律师制度也存在着共性，可以相互借鉴。我们认为同包括以色列在内的一切国家进行交流与合作，学习、借鉴这些国家的有益经验，不但可以完善我国的法律制度和律师制度，而且可以开拓广大律师的视野，提高律师的业务水平和能力，还可以提高我国律师在国际律师界的声望和地位。

代表团成员在朱会长的带领下，与以色列律师同行进行了广泛的讨论，同行的王小耘、武晓骥律师都能讲娴熟的英语，又都是业务精湛的执业律师，中国同行的专业水平给以色列同行留下了深刻的印象。双方认为，中以两国应在政治、经济、文化、科技等各方面加强交流与合作，优势互补。在律师界，作为两国的律师协会更应在两国法制建设及律师业务交流方面积极工作，这无疑有助于两国律师事业的共同进步。

2. 由于中国在亚洲地区乃至世界范围内的影响日

益巨大，在与世界各国的法律界交往中，不可避免地将全国律协推向前台。这就要求全国律协不仅要积极参与双边及多边、地区及世界范围内的重要活动，而且还要走在前沿，不仅要广泛宣传我法律制度，更要积极掌握律师执业的脉搏及动向。

法国巴黎律师公会代表团访华的报告

经司法部批准，应中华全国律师协会的邀请，以会长让·马里·布谷布鲁为团长的巴黎律师公会代表团一行八人于2005年10月29日至11月6日访问了北京、西安和上海。代表团成员还包括：巴黎律师公会理事会主管欧洲和国际关系的理事阿兰德·福克德先生，主管职业培训事务的理事同时兼任巴黎律师公会律师培训学校校长的葛瑞德·尼克雷先生，该会理事、理事会秘书让·皮耶尔·福瑞斯特先生和法中经济法协会会长杰克斯·萨哥先生。

代表团在华期间，拜会了司法部和三地的司法局及律师协会领导，并与全国律协进行了工作会谈，访问取得了圆满成功。

一、背景情况

中华全国律师协会与巴黎律师公会的友好交往始自20世纪80年代，已经成功地进行了近二十年，双方保持着良好的交流与合作关系。

中华全国律师协会与巴黎律师公会于1995年正式签订了友好交流协议。根据该协议，在1996年至2004年期间，中国每年选派2至3名中国律师赴法国巴黎各大律师事务所进行为期6个月的培训，在法期间的费用由法国政府提供奖学金。截止到2004年，中国共有18名律师接受了法方培训，取得了良好效果。他们回国后，发挥了自己的优势与特长，现大部分律师都已成为其所在事务所的业务骨干。

2000年5月，以我会时任会长高宗泽为团长的中国律师代表团一行五人访问了法国。2002年，以我会时任常务理事孙智为团长的中国律师代表团一行15人赴法进行了业务考察。2003年7月，应我会邀请，以会长伊文斯为团长的巴黎律师公会代表团一行6人来华访问。这些不定期的互访活动，促进了两会之间的交流与合作，使两国律师界建立了深厚的友谊。

2004年4月，时任司法部部长张福森应法国司法部的邀请，赴法访问。在法访问期间，张部长会见了布谷布鲁会长并参观了巴黎律师公会律师培训学校。张部长表示希望在北京也能建立一所专业的律师培训学校，并欢迎布谷布鲁先生来华访问并介绍法国有关律师培训的经验与做法。

二、访问情况

巴黎律师公会代表团在京期间，司法部副部长段正坤亲切会见了代表团。段副部长对法国朋友来华访问表示热烈欢迎并详细介绍了中国律师业发展状况和两结合律师管理制度。段副部长还和布谷布鲁会长讨论了有关在北京建立中国律师培训学校的事宜，双方都衷心希望通过共同努力中国律师培训学校能早日建成，为中国律师界培养更多更优秀的人才。

中华全国律师协会于宁会长、邓甲明秘书长等会见了代表团一行。于会长介绍了全国律协的职能和中国律师在社会经济生活中所发挥的积极作用，并感谢巴黎律师公会多年来为中国培养了18名优秀的青年律师。布谷布鲁会长说，中华全国律师协会是我们最大的合作伙伴，两协会之间长期以来都保持着密切的交流与合作关系。近年来，在国际舞台上，经常能见到中国律师的身影，他们精湛的业务知识和良好的处事风格，都给国际同行留下了深刻印象。另外，双方还就中国律师业的发展以及发展状况的均衡性等问题作了深入探讨。

代表团在京期间，还拜访了北京市司法局和北京市律师协会。北京市司法局局长吴玉华和北京市律师协会会长李大进一同会见了代表团。吴局长向法国朋友介绍了外国所在北京设立代表处的情况。他说，目前法国律师事务所在北京设立代表处只有四家，希望更多的法国律师事务所来北京设立代表处。他同时建议，双方应在律师继续教育等方面加强交流与合作。李会长也表示非常愿意与法国同行进行合作，他建议双方可通过互派学者讲课等形式，取长补短，增进友谊。布谷布鲁会长也非常同意这个提议并表示在回国后争取尽快落实。

代表团在西安访问期间，陕西省律师协会会长梁胜国等宴请了代表团一行。梁会长对该代表团的来访表示非常的欢迎，并向代表团介绍了陕西省律师的执业状况及其发展情况等。双方还就共同举办法律研讨会等有关事宜交换了意见。布谷布鲁会长非常希望与陕西同行能够长期保持联系，加强交流与合作。

代表团访沪期间，拜访了上海市司法局、上海市律师协会并参观了中法公证法律交流培训中心。上海市司法局副局长桂晓民等会见了代表团一行。桂副局长首先对法国朋友的来访表示热烈欢迎，并对自己率团访法期间受到的热情接待表示衷心的感谢，他回忆说，自己在访法期间，参观了包括基德律师事务所等几家知名法国律师事务所，对巴黎律师事务所先进的管理水平留下了深刻的印象。他同时指出，法国基德律师事务所在上海所设立的代表处也运营的非常成功，值得中国律师事务所学习和借鉴。布谷布鲁会长说，作为法国基德律师事务所的合伙人之一，自己非常希望能与上海律师勤沟通、多合作，实现双赢之局。

代表团还参观了中法公证法律交流培训中心。中方主任徐青向代表团介绍了该中心成立及发展情况。布谷布鲁会长非常希望在北京所建立的中国律师培训学校能和上海中法公证法律交流培训中心一样，为中国培养更多、更优秀的律师。

上海市律师协会副会长毛百根会见并设宴款待了代表团。毛副会长介绍了上海律师业的发展状况以及上海律师参与国际律师组织活动等情况。双方还就法律服务全球化与本土化如何更好的结合等问题进行了探讨。

此外，11月1日下午，应法方的要求，司法部与巴黎律师公会还就建立中国律师培训学校事宜进行了专门座谈。法方代表除了代表团成员以外，法国驻华法律参赞启尤先生也参加了座谈。中方代表有司法部律师公证工作指导司副司长周院生、涉外涉港澳台处处长石金兰、中华全国律师协会培训部主任洪家鸣、北京市律师协会副会长巩沙等。这也是法方此次来访最重要的目的之一，双方就合作建立律师培训学校的可行性，以及该校的培训方式、培训项目、培训资金和成立培训学校委员会等问题进行了建设性的会谈，并表示今后将进一步研究与磋商细节性问题。

三、巴黎律师公会概况及取得律师资格的条件

（一）巴黎律师公会概况

巴黎律师公会的活动具有很高的独立性，不受政府机关的干涉，但要服从司法裁定。律师公会主要是对律师执业进行行业管理、监督律师的执业纪律、维护律师权利、对律师进行培训等。其职能主要通过理事会行使，理事会的权力包括制定规章、对律师行使处置权、对律师事务所进行管理。对违反规章的律师，理事会分别视情节给予训诫、暂缓执业、吊销执照等处罚。理事会是独立的处罚机构，对处罚不服的律师可向上诉法院上诉，亦可由检察院向上诉法院上诉。

理事由律师公会选举产生，理事任期三年，每次换届时更换三分之一，可连选连任。会长由理事会选举产生，会长任期三年，不得连任但可以到其他公会任职。候任会长提前一年由理事会选出，现任会长届满时由候任会长直接接任。公会理事会由会长主持，会长对外代表律师公会，重要决定由公会理事会作出，会长负责执行和实施理事会的决定。

全法律师公会联盟是一个全国性的律师组织，共有4.4万名会员。该联盟是一个非常年轻的组织，成立于1991年。其职能：一是协调公会规章，二是进行律师培训。尽管该协会也在努力的发展，但巴黎律师公会在全法律师界仍具有非常重要的地位，是全法律师对外交流的主要渠道之一，其会员将近2万左右。在法国，每个城市都有自己的协会，共有180多个地方律师协会。最小的协会只有10位律师，超过千人的律师公会有5个，巴黎律师公会由于规模最大，所以在全国起着主导作用。

（二）法国律师资格取得的条件和程序

在法国，律师资格的取得具有以下条件：（1）具有法国国籍。（2）道德上适宜。道德上适宜是按客观的要素来衡量的，如缺乏这些要素，既表示该人选不适宜担任律师。如，没有被刑事起诉或惩处过；个人没有破产。（3）专业训练。包括：①拥有法律硕士学位或同等的文凭；②通过进入律师专业学校（CRFP）的入学考试。在CRFP的一年课程期间，学习法律理论并在一家律师事务所完成四至五个月的实习；③获得律师文凭（CRFP）。在CRFP课程结束后，即可获得律师文凭；④获得在一家律师事务所担任律师的合同。（4）申请执业。申请人受雇于一家律师事务所后，必须向律师事务所所属的律师协会提出申请，要求授予执业资格。律师协会将把申请人登记为实习律师，并在实习期结束后向其授予执业律师资格。实习期为两年，在CRFP的指导下进行。

（三）外国人取得法国律师资格的条件

一般来说，只有法国国民才有资格从事法国法律执业。但是，1990年12月31日颁布的法律对法国国民的要求全部作出了重新考虑。法国国民要求的原则仍然维持，但制订了有利于欧洲共同体成员国和某些非成员国国民的法律条文。目前，法国将近有一千多名外国律师已取得执业资格。条件如下：（1）欧洲共同体的国民，但国际互惠条约另有规定除外。.外国律师必须在同等训练级别的大学顺利完成至少三年的学习。（2）非欧洲共同体成员国以及向法国国民给予互惠的原籍国的国民。候选人必须通过评估他们对法国法律知识的考试。（3）法国接受的难民或无国籍人士。

代表团在华访问期间，全国律协和各有关单位作了精心的组织与安排，受到了法国朋友的高度赞赏。布谷布鲁会长多次说，中法两国关系源远流长，民族感情近似，法国是欧洲的中国，而中国就是亚洲的法国。他衷心希望，双方的交流与合作能深入开展下去，

盛开出一朵朵美丽的友谊之花。

全国律协代表团赴日参加中、日、欧律师协会三方会议的报告

应日本辩护士联合会（日弁联）的邀请，以全国律协副会长付洋为团长、秘书长贾午光、国际部主任蓝红、国际部程幽燕以及全国律协外委会委员、信利律师事务所谢思敏及劳动法专业委员会主任、金杜律师事务所姜俊禄组成的代表团于2005年4月17日至21日赴日本东京参加了中、日、欧律协三方会议，并参加了题为“律师执业全球化”的研讨会。研讨会上，全国律协秘书长贾午光就“两结合管理、外国律师在华执业状况、事务所结构以及青年律师培训”等四个方面与欧盟律协及日弁联交换了意见。代表团在日逗留期间拜会了环太平洋律师协会（IPBA）前会长三宅能生，就2007年环太律协年会在北京召开进行了探讨，并与国际律协（IBA）代表团讨论了两个组织之间继续合作的事宜。下面是此次出访的情况汇报：

一、背景情况

2004年10月，付洋副会长率团赴新西兰参加IBA年会之际，与欧盟律协、日弁联代表召开了中、日、欧律协三方第一次碰头会。考虑到中国、日本、欧盟三地之间的贸易往来与日俱增，法律往来日趋活跃，律师行业和律师组织越来越面临着共同的挑战，因此三方认为有必要定期进行沟通、探讨交流合作，并商定05年4月在日本举行第二次三方会议。

欧盟律协（CCBE）成立于1960年，是官方承认的欧盟（EU）及欧洲经济区（EEA）的律师组织，在欧洲委员会享有咨商地位。在欧洲机构中代表出庭律师及事务律师组织的利益，代表欧盟700000名律师的声音。欧盟律协目前有来自25个成员国的28个团体会员，保加利亚、克罗地亚、前南联盟的马塞多尼亚、罗马尼亚、瑞士、土耳其和乌克兰律协是欧盟律协的观察员。欧盟律协在欧洲刑事法院和欧共体一审法院有常任代表。

日弁联成立于1949年，其除了办理最为根本的律师资格的审查、注册、律师的惩戒等与律师身份相关的业务外，还遵循律师的拥护基本人权和实现社会正义的两大使命，积极进行和参加各种社会活动。比如：根据受到人权侵害的市民的申诉调查事实，面向行政当局要求改善的活动，在法律修改之时及新法出台前陈述意见等院外活动，创立向市民敞开的司法等司法改革运动等。在日本执业的外国律师也是日弁联的会员，在日弁联注册、交纳会费、接受日弁联的管理。

日本也是大陆法系的国家，其律师执业可上溯至19世纪中叶，高度自治是其一大特色。

二、会议情况

4月18日的上午是三方会议，三方会议中，与会的三方各自介绍一年来协会的主要活动，并探讨继续合作的形式及内容。下午是题为“律师执业的全球化”的研讨会。

在三方会议上付洋副会长致辞肯定了上次三方会议的成果，并表达了希望将这种友好合作持续下去的愿望，此愿望得到了欧盟律协及日弁联的积极回应。付洋副会长介绍了一年来全国律协的主要活动，并重点介绍了教育整顿的成果。

欧盟律协会长Bernard Vatier（法国律师）介绍到目前欧洲议会正准备通过第三次反洗钱法案，而其中涉及到律师在发现可疑交易有报告义务，这与律师与委托人间的诚信义务相悖，欧盟律协建议推迟该法案的颁布。

欧盟律协代表特意提及了英国的大卫·克利门提爵士（Sir David Clementi）的报告，英国宪政事务部展开了一次调查，克利门提爵士于2003年7月被提名作为报告的撰稿人，2004年12月，他提交了有关英格兰和威尔士法律服务框架审查的报告。此前，在2003年7月他的一篇名为“法律服务市场的竞争和调控（Competition and regulation in the legal services market）”的报告被宪政事务部总结为现有的框架是“过时的、呆板的、过于繁琐和不够透明”。在他的最终报告中，Clementi爵士建议建立法律服务理事会（legal service board）来监管现有机构，包括事务律师公会及出庭律师公会的活动，他还建议建立惩戒机构（legal disciplinary practices），该机构由非律师进行操作。Clementi报告是对英国现有的律师制度及律师惩戒机制的挑战，目前欧盟律协采取暂不作出回应的态度。

日弁联现有会员21000余人，预计在2018年将达到50000人。在日本，以前实行的是统一的司法考试，初任法官、检察官和律师须首先通过司法考试，然后在最高法院的司法研修所进行一年半的培训并通过结业考试，然后选择其中一种职业。自2001年后，日本进行了重大的司法改革，其中之一是律师培训参照美国式的法学教育，设立法学院，课程内容专门涉及有关律师执业。

2003年7月25日，日本对外国律师执业相关的司法制度进行了改革，修改了《外国律师从事法律业务

特别措施法》（以下简称《外国律师法》）。修改后的《外国律师法》共6章68条，于2003年7月25日公布，修改部分条款已于2005年4月1日起实施。

本次修改的宗旨是，为了提供高品质的、充分适应国际化时代法律业务需要的综合法律业务，在外国法事务律师与日本律师的业务合作上，赋予当事人意思自治的权利。其修改事项的主要内容如下：

1. 删除了原外国律师法中禁止外国法事务律师雇用日本律师的规定。同时，删除了禁止外国法事务律师与日本律师从事共同业务及进行共同收益分配的规定，废除了特定共同业务制度。（修改前的《外国律师法》第49条第1款、第49条第2款）

2. 就外国法事务律师雇用日本律师、及外国法事务律师与日本律师从事外国法共同业务的相关事项，外国法事务律师应向日本律师联合会备案。（修改后的《外国律师法》第49条第3款）

3. 符合一定要件的从事外国法共同业务的外国律师事务所，在名称中加注了“外国法共同业务”的字样后，可以使用与其合伙的日本律师所属的事务所同样的名称。（修改后的《外国律师法》第49条第5款）

因为执业领域化和执业活动的多样化，有关执业道德的想法也是多样的，现在日弁联已于2004年11月通过了执业律师义务基本规则（Basic rules on the duties of practicing attorneys，“basic rules”）来代替现行的执业道德规范，该执业道德规范1990年通过，对会员并无法定的约束力，新的基本规则有13章82条，在原有的道德规范基础上添加了新的内容，诸如：“刑事辩护规则”、“公司律师规则”、“共同办公规则”、“律师公司（legal profession corporations）规则”。

日弁联和欧盟律协都不约而同地质疑了在反洗钱法案中律师报告的义务，都认为律师报告的义务有悖与律师与客户之间诚信义务，都认为律师是独立于政府之外的保护当事人法定利益的群体，他们在维护法治和实现民主社会上起着重要作用，诚信义务是律师履行职责和保护律师当事人信任的基础，如果立法要求律师有报告可疑交易的义务会有损于律师的独立性，有损于律师当事人之间的信任。

下午的研讨会有四个议题，即行业或政府对律师的管理，制定行规、惩戒；事务所结构，包括律师执业、收费；青年律师培训；外国律师在东道国执业。

在欧洲一般是由不同的国家律协来制定行规，在制定行规的过程中，政府机关也起一定的作用，不同的国家、政府所起的作用不同。在英国、克里门提爵士提议建立法律服务理事会（legal services board，LSB），该理事会独立于律师协会，成员多数由业外人士组成，主席由非律师担任。政府已通过该提议并将着手实施。在他的提案中还提议建立新的以消费者为核心的投诉体制，由独立的机构来处理客户投诉。在丹麦，政府于2004年动议建立针对律师的投诉机制。

欧盟国家对非欧盟成员国的公民在本国执业，不同的国家有不同的要求。比如：如在比利时执业，需在比利时居住六年以上，并获得比利时的学位；在芬兰执业的外国律师，必须具有欧盟国籍，并需在任何一个欧盟国家有常住地，并对芬兰法律有所了解；在法国，对国籍和常住地没有要求，但需看该国是否和法国有双边协议，比如说是否和第三国签署了GATS最惠国协议，第三国的律师还须由该国律协批准参加法国律协的考试并通过该考试；在德国，对国籍和住所没有要求，但需通过考试，如果是GATS成员国的律师在德国以其本国的律师名义进行执业，该外国律师的执业范围是本国法和国际公法，并可以在德国地方律协作为外国律师会员；而在希腊，不允许非欧盟成员国的律师在希腊执业；在冰岛，对国籍没有要求，但对住所地有要求，并需通过资格考试；在意大利，对国籍没有要求，但外国律师需向当地警察局申请获得居留许可，并通过意大利全国律协专门委员会的考试，但对那些已在意大利获得法学位或在意大利大学学习过的人员，只是进行法理和执业规则的测验。

大多数欧盟国家对短期执业的外国律师（飞来飞去的外国律师）并无专门的限制。

在欧洲一些国家开始对混业执业的规则进行审核。在奥地利、比利时和法国有一些全国性的案子涉及混业执业，因为律师和会计师是不同领域的职业，各自要求不同的行业规范，所以大多数欧盟国家禁止混业执业。欧盟律协在1999年采取的态度是为了保持执业独立性，避免利益冲突，尊重客户隐私，建议没有巨大的理由，尽量避免混业执业。而在那些允许混业执业的国家中，须保证律师的独立性，客户诚信和对利益冲突的监督。

日弁联作为日本全国性的律师协会享有完全的自治权，包括资格审查、注册，制定组织、运营规则、惩戒。日弁联有其指定的68个法学院。外国律师在日本执业范围限于其本国法业务及在一定条件下办理日本以外的第三国法律事务。外国律师可以和日本律师共同办理有涉外要求的法律事务，但不能在日本的法庭担任诉讼代理人或是代理对行政机关的申请。但是，在日本进行的国际仲裁事件的手续，则不论是日本的法律还是外国的法律，外国律师都可以和日本的律师一样，代理当事人进行活动。

律师接受惩戒处分，是因为律师违反了律师法和律师协会、日弁联的行规，或是扰乱了日弁联的秩序、损害了日弁联的信用，以及有其他的不论职务内外的、可丧失其品德的不正当行为的时候。以下行为将受到不同程度的惩罚：（1）侵占当事人的预支费用等犯罪行为；（2）在自己的事务所让无资格者从事法律事务；（3）为了帮助当事人谋取利益向法院提交有虚假内容的材料；（4）无正当理由长期滞纳律师协会的会费。

不仅是当事人，任何人都可以提出对律师的惩戒申诉，也可以由律师协会、日弁联自行开始对律师的惩戒手续。律师被提出申诉后，首先由律师所属的律师协会的纪律检查委员会开始预备调查。纪律检查委员会如果认为作出处分是妥当的话，再由惩戒委员会进行审查。惩戒委员会的构成人员不仅有律师，还有法官、检察官及其他学识经验者，由惩戒委员会最终作出给予惩戒处分或是不处分的决定。

惩戒处分有以下4种：（1）除名。不仅是律师身份而且律师的资格也一并丧失。（2）退会命令。丧失律师身份，但不丧失可成为律师的资格。（3）停职处分（2年以内）。停职期间不可办理律师业务。（4）警告。要求律师进行反省，但不限制其律师业务。

受到惩戒处分的律师可以向日弁联提起不服申诉，如不满意其结果，还可以向东京高等法院提起诉讼请求取消对其的处分。另一方面，提出惩戒请求，而律师未受到处分或是认为处分过轻时，可向日弁联提出不服申诉。

有关混合执业，在日本专利代理仅限于工业产权的申请及其他有关事务，目前，允许专利代理和律师共同在专利侵权诉讼中代理当事人。税收代理的执业范围仅限退税的事务，税收代理能就有关税收事务协助律师出庭。

事务所的主要形式为：个体执业、合伙、律师公司（legal professional corporations，2002年引入，截止目前有160家）、有限公司。

三、会议成果

此次和欧盟律协及日弁联的三方会议及研讨会取得了预期效果，其一，增进了彼此间的了解和友谊，同时交换了意见，特别是将律师职业作为一个整体行业，有关它的管理等方面进行全面的探讨，并接触到行业新的动向，把握了全球律师职业的脉搏。有些东西，比如反洗钱中律师的报告义务等，在我国虽还没有接触，但是了解了这些动向后，会给我们一定的时间来准备。律师职业作为一个行业来说，它的问题都是共同的，在这一点上，可以说它是没有国界的，通过这种和他国律师组织及国际律师组织的定期交流，能及时了解业内发展的新情况，把握律师业发展的动态和趋势。

其二，三方约定，明年将在我国召开第三次峰会，交流信息，进一步加强三方的合作。有关会议的议题，我们认为，作为律师协会的研讨会，而律师协会的职责是行业管理，所以还是以整个行业发展的问题与挑战为主。届时可以多邀请感兴趣的律师参加旁听并提问并通过参加酒会等联谊性活动，与外国律师寻找所际之间的潜在合作。全国律协作为行业组织，在对外交往中一个主要任务就是为执业律师牵线搭桥，为律师寻找潜在客户或合作提供平台。

其三，改革开放20多年来，中日经贸关系已是相互交融依赖，合作越来越紧密，日本许多名牌产品是在中国以合资或合作方式生产的，包括零部件也有相当一部分是“中国制造”。日本制造业、IT业的不少跨国公司纷纷在华设立投资性公司、地区总部和研发中心。日本还是中国传统商品的主要出口市场，仅农产品就有三分之一以上是对日出口，轻工产品、矿产品也源源销往日本。

中国和欧盟互为重要的合作伙伴，双方对中欧关系都赋予了极高的重要性，2004年，欧盟扩大以后成为中国最大的贸易伙伴，而中国现在是欧盟的第二大贸易伙伴，仅次于美国。在世界舞台上，中国和欧盟的影响力都在与日俱增。中国和欧盟有责任继续合作，为地区范围乃至更广泛的国际社会的稳定作出建设性的和有意义的贡献。

中国与日本和欧盟紧密的经贸关系为中国律师提供了良好契机。通过三方会议或其他形式的交流，全国律协为律师提供了交流机会，搭建了交流渠道，为律师开拓业务、服务经贸构建了广阔的平台。

最后，我会代表团在日期间还同国际律协代表进行会谈，国际律协代表表示今后将扩大和我会的合作，初步商议今年十月派高级别代表团访问中国，并与我会签订谅解备忘录，以协议的形式加强与我会的合作，并在访华期间举办律师事务所管理培训班。

四、一点启示

在研讨会中，贾午光秘书长在行业管理这一议题上，重点介绍了我国的“两结合”管理体制，引起了欧盟律协代表的浓厚兴趣。因为在欧洲发达国家，当律师业在高度自治状态下，如何从维护客户利益的角度来更多考虑，政府和其他业外人士提议需要加大政府或业外人士的监管。而在这一点上，我国目前的“两结合”管理模式突显了其优势。但就目前现状来说，任何一个成熟的律师协会，其职能都包括一些基本的职能，比如准入和惩戒，而我国的全国性的律师组织在这方面的功能还很薄弱、亟待加强。我们认为，律师协会对会员进行管理，包括执业准入、颁发执照、注册、惩戒，而政府对律师协会和律师行业进行宏观监控，包括制定政策，指导工作等，这种意义上的“两结合”将是较高层次的“两结合”。

全国律协代表团参加第15届环太平洋律师协会年会的报告

环太平洋律师协会于1991年在日本东京设立，总部设在东京。现拥有来自67个国家和地区的约2000名会员。协会只设个人会员，不设团体会员，会员多为从事国际商务的律师。根据章程，环太律协的宗旨是致力于整个亚太地区律师业的发展，提高地区内律师业的地位和发展律师的组织机构，推进本地区法律和法制建设的发展，促进律师间的交流并研讨本地区法律问题。

环太律协每年都于四月底或五月初召开年会。今年的第15届年会于2005年5月3日至7日在印尼巴厘岛召开，会议主题为：法律在地区经济发展中的作用。来自41个国家和地区的500余名代表和100多位随员出席了会议。全国律协派出了以高宗泽会长为团长，贾午光秘书长、冯秀梅副秘书长、司法部律师公证工作指导司穆益斌处长、总政司法局李宇局长、国际部宋芮副主任及国际部王凌军组成的七人代表团与会。此外，来自北京、上海、广东、江苏、辽宁等地的10余名中国律师也赴巴厘岛出席了此次会议。出席该会议的还有来自中国香港地区的代表16名，来自中国台湾地区的代表2人。

第15届环太律协的开幕式非常隆重，印尼总统苏西洛、司法和人权部长、美国驻印尼大使、世界银行驻印尼首席代表及一位印尼资深的经济学者在开幕式上致词。他们分别谈到了印尼近年来在法治和人权领域的长足进步，强调了法治在国家发展中的重要性并充分肯定了律师在社会发展中的积极作用。

在此次会议上，高宗泽会长正式就任环太律协副主席、冯秀梅副秘书长正式就任代表中国的理事、北京金杜律师事务所合伙人王俊峰担任银行及证券专业委员会副主席、宁宣凤担任跨国投资委员会副主席、广东海利律师事务所合伙人李海律师担任海商法委员会副主席。加上担任国际贸易委员会主席的上海锦天城律师事务所合伙人钱奕律师，中国在环太律协共有一名官员、二名理事，四位专业委员会主席或副主席。

在理事会上，由于台湾律师林敏生（已故）出资20万美元设立的林敏生基金会，其继承人林志刚（林敏生之子，台湾律师）不再投入资金，理事们就能否保留该基金会和基金会仍以林敏生为名的问题进行了讨论，最终理事会以多数票否决了继续以林敏生为基金会名称的动议。

在分组研讨会上，高宗泽会长作为演讲嘉宾出席了管理合伙人论坛，向与会者介绍了中国法律服务的开放及CEPA协议等情况。钱奕律师、宁宣凤律师、李海律师也分别在各专业委员会发表了演讲。目前，环太律协的中国大陆会员有40余人。这是中国律师走向国际化的一个开端。随着中国经济的快速发展，中国的法律服务日益走向国际化，中国律师逐步向客户提供全球性的服务，这就要求中国律师更多地与国外同行开展交流以适应国际化的法律服务市场。我们认为，中国律师参与国际化的潜力是巨大的。环太律协非常欢迎中国律师积极地参与其各项活动，不但是出席其组织的年会、专题研讨会，而且要在其期刊上发表文章、在各种会议上进行演讲并在各专业委员会担任职务。此外，代表团成员在会上广交朋友，积极地宣传了中国法制改革和律师事业发展的成就。

明年的第16届环太律协的年会将于2006年4月30日至5月3日在澳大利亚悉尼举行，主题为：自由贸易协定，澳大利亚总理将应邀到会演讲。

经理事会讨论决定，第17届年会将于2007年4月底在北京举行。按照环太律协的规定，2007年北京年会的筹备工作在巴厘岛年会结束后就要紧锣密鼓地着手进行了。首先要组成筹委会并指定会务公司。今年10月在斯里兰卡科伦坡举行的年中理事会上要提交会议主题和初步预算并经理事会批准，还要启动年会网页。明年的悉尼年会上要发放北京年会的宣传材料，还要提请2007年会的详细日程和预算并经理事会批准。在2006年的年中理事会上提请最终日程并经理事会批准。要办好2007年会，吸引国内外律师赴京参会，除了依托快速发展的中国经济外，还需要定好会议主题和丰富各专业委员会会议的内容，鼓励更多的中国律师积极参加环太律协的专业活动并将中国的悠久文化和风土人情贯穿于会议的社交活动中。环太律协的官员和各位参会代表对2007年北京年会都寄予了很高期望，希望中国将北京年会办成环太律协历史上有突破性的一次盛会。

2005年亚洲律协会长会议的报告

亚洲律协会长会议（POLA）成立于1990年，是亚太国家和地区律协领导的峰会，旨在通过定期的交流与研讨推动和加强区域间律师界的了解及合作，促进共同发展。该组织在国际及区域律师机构中享有较高的声誉。目前加入该组织的有中国、日本、韩国、泰国、蒙古、马来西亚，新加坡、澳大利亚等十几个国家的律师协会，中国台北和香港、澳门特别行政区的律师协会也加入了该组织。该组织不设常设机构，每次会议由各律师协会轮流作为东道主。全国律协曾于1993年和2004年在北京成功主办了该会议。

今年的第16届亚洲律协会长会议于3月19日至21日在澳大利亚黄金海岸举行，共有9个国家和地区律协领导和随员30余人出席，代表们分别来自中国、新加坡、日本、新西兰、韩国、澳大利亚、澳门、香港。国际组织也派代表出席了会议，其中包括国际律师协会秘书长和律师协会事务委员会主席、国际律师联盟荣誉主席、环太平洋律师协会副会长、亚太法协的会长、秘书长和刚刚离任的会长。中华全国律师协会金山副会长、冯秀梅副秘书长和国际部王凌军组成的三人代表团出席了该会议。会议由澳大利亚律师协会主办，主题为：“律师行业的独立性”。会议代表就律师责任保险、律师行业的特权、跨行业执业、法律援助、国际反恐、律师行业对海啸灾区进行的援助等议题进行了讨论。此外，会议的主办方还邀请了澳大利亚联邦司法部长和高等法院法官到会演讲并与参会代表进行交流。

一、律师执业责任保险

在与会的各国家和地区中，澳大利亚、新西兰、香港、新加坡对律师购买执业责任保险都有强制性规定。日本、新西兰、中国目前没有强制性规定。新西兰在即将出台的律师法中设置了要求律师必须购置执业责任保险的条款并授权新西兰律协建立相关基金。韩国将于今年7月生效的新律师法也将律师购置执业责任保险列为强制义务性条款。日本目前尚无要求律师必须购置执业责任保险的计划。

香港出庭律师自1996年开始必须持有执业责任保险。而且，香港大律师公会要求出庭律师只有购买了执业责任保险后才能申请执照。强制性保险的保费数额与律师的年资和法律业务的性质相关联：律师的年资越高，保费越高；专门从事民事业务的律师的保费比专门从事刑事业务的律师保费要高。除了强制的最低保额外，出庭律师还可以自愿提高保额。另外，香港大律师公会代表提供了近几年香港出庭律师保费的数额：2001年为1025000港元，2002年为1920000港元，2003年为2830000港元，2004年为3800000港元，2005年为3300000港元。

香港律师会在2002年以前为香港事务律师购置执业责任保险。但2002年初，香港律师会所投保的保险公司HIH集团破产对律师行业产生了一定的冲击。结果是2002年香港事务律师重新自行购买了执业责任险，其后的几年也是律师们自行购置执业责任险。但这只是权宜之计，香港律师会正在筹划以更好的方式解决律师责任保险的问题。香港律师会的代表在会上提醒各协会要将他们的教训引以为戒。

韩国为了适应律师和律师事务所执业领域的扩展、专业化的加深而在去年修改了律师法。新法已于2005年1月27日颁布，将于2005年7月开始施行。修改后的韩国律师法要求所有律师都必须购买执业责任保险。律师们可以自行购买保险或者向韩国律协的专项基金交纳费用。韩国律协的代表谈到，虽然过去律师们就已经意识到了应购买保险来减少执业风险，但因为保险费用昂贵，购买保险的律师不多，实行强制性保险后，虽然律师们的经济负担会加重一些，但对整体律师业发展是有益的。

全国律协金山副会长简要介绍了我国律师执业责任保险的状况。他谈到根据全国律协的调查，到2004年5月止，律师执业责任保险制度已经在北京、上海、广东等13个经济较发达省市初步建立起来。金会长还谈到为提高律师业抵抗风险的能力及对当事人负责，中国将计划在全国范围内推行强制性律师执业责任保险制度，由于中国地域广阔，各地的经济发展水平及律师业水平差异很大，不宜采用全国统一的方式进行投保，而宜由各省市根据自身的发展水平和需求进行投保，具体方式正在积极的论证中。

二、律师和律师事务所的有限责任

与会的各国家和地区中，澳大利亚允许设立公司制律师事务所；新加坡自2005年4月1日起允许设立有限合伙律师事务所；新西兰在即将出台的律师法中规定可以设立公司制律师事务所。

韩国律师法修改的主要内容之一是建立了律师事务所的有限责任制度，允许设立有限责任合伙律师事务所和公司制律师事务所。修改后的韩国律师法为公司制律师事务所设定了如下条件：至少有10位合伙人，其中3位要有10年以上执业经验；律师总数不得少于20人，包括不向事务所投资的薪金律师；资本金不得超过10亿韩元；必须遵守韩国商法典关于有限责任公司的相关规定。此外，新律师法中对有限责任合伙律师事务所设定了如下条件：合伙人在10人以上，其中3位要有10年以上执业经验并遵守韩国商法典中关于合伙的相关规定。

三、跨行业执业

跨行业执业指的是允许律师与会计师、工程师、商业顾问等专业人士以合伙或以公司制形式进行经营。这种跨行业经营可以满足客户全方位的需求，但同时也将影响律师行业的独立性并引发利益冲突、客户信息保密等一系列问题。

与会各国中，澳大利亚支持律师与其他专业人士跨行业经营。日本也允许律师与其他专业人士共同经营，但禁止非律师提供法律服务。新加坡正在酝酿允许律师跨行业执业。

四、律师执业特权

普通法国家的律师制度普遍授予律师豁免权、不就客户信息向司法机关作证等执业特权，这些特权对律师行业能否独立起着决定性的作用。但“9·11”恐怖事件发生后，各国出于保护国土安全的考虑，纷纷立新法、改旧法，其中律师的执业特权也受到影响，如一些国家要求律师对在执业过程中发现的可疑事件向当局进行报告。与会代表虽然支持反恐，但表示上述规定有悖于维护律师独立性的原则。同时，出席此次会议的澳大利亚高等法院的法官也指出律师执业特权的绝对化将导致对律师的过度保护，从而伤害了社会公平与正义。

五、律师从事公益活动

与会代表都谈到本国家或地区的律师都将从事公益活动视为行业传统和职业责任，律师们都用专业知识、以各种形式帮助弱势群体，为社会进行奉献。同时，政府和律师协会也都也都以各种形式组织、鼓励律师从事这方面的活动。

香港律师公会为了帮助那些无力支付律师费，但又不符合政府法律援助条件的人士，设立了免费法律服务项目，项目主任由协会主席担任。

韩国法律规定每位律师每年要从事20个小时的公益活动并要求律师们上交详细报告。如未完成任务，则要按一定标准向韩国律协交纳不足部分的罚金。韩国律协代表表示95%的韩国律师都完成了法律规定的义务。

全国律协金会长介绍了我国的法律援助制度及我国律师从事法律援助的工作情况。金会长谈到中华全国律师协会和地方律师协会一直为律师和律师事务所开展法律援助工作创造便利条件，维护律师在开展法律援助工作中的合法权益，并采取积极措施提高律师参与法律援助工作的积极性。目前，全国律协正在筹备设立法律援助专业委员会，以便对法律援助工作进行指导和协调。此外，全国律协对特殊的受援人群—未成年人更是关怀备至：全国律协设有未成年人保护专业委员会，要求每位委员每年都要做1~2个对未成年人提供法律援助的案件以保护他们的权益。

会议期间，与会代表都对2004年底遭受印度洋地震海啸灾难的国家表示了深切的同情并就已提供的和计划进行的帮助交换了意见。

会议结束前，与会代表通过了谴责恐怖活动、支持各国反恐的宣言，但强调各国不应因反恐而减少对人权的保护及影响法治在各国的施行。另外，经新加坡律协申请，与会代表同意第17届亚洲律协会长会议将于2006年9月在新加坡举行。

（二）全国律师协会重要外事活动

国际交流

一、突显全国律协参与国际组织活动能力，发挥在区域性国际组织中的积极作用。巩固和扩大中国律师在国际组织中的地位与影响并在国际舞台坚持捍卫一个中国的原则立场

（一）派团参加亚洲律协会长会议

3月19日至21日，第十六届亚洲律协会长会在澳大利亚黄金海岸举行，共有9个国家和地区律协领导30余人出席。此次会议主题为："律师行业的独立性"。我会以金山副会长为团长的三人代表团参会。会议代表就律师责任保险、律师行业的特权、跨行业执业、法律援助、国际反恐、律师行业对海啸灾区进行的援助等议题进行了讨论。此外，会议的主办方还邀请了澳大利亚联邦司法部长和高等法院法官到会演讲并与参会代表进行交流。

（二）中日欧三方会议

4月17日至21日赴日本东京参加了中、日、欧律协三方会议，并参加了题为"律师执业全球化"的研讨会。研讨会上，全国律协秘书长贾午光就"两结合管理，外国律师在华执业状况，事务所结构以及青年律师培训"等四个方面与欧盟律协及日弁联交换了意见。代表团在日逗留期间拜会了环太平洋律师协会（IPBA）前会长三宅能生，就2007年环太律协年会在北京召开进行了探讨，并与国际律协（IBA）代表团讨论了两个组织之间继续合作的事宜。

（三）第十五届环太平洋律师协会年会

今年的第15届年会于2005年5月3日至7日在印尼巴厘岛召开，会议主题为：法律在地区经济发展中的作用。来自41个国家和地区的500余名代表和100多位随员出席了会议。全国律协派出了以高宗泽会长为团长的一行七人代表团与会。此外，来自北京、上海、广东、江苏、辽宁等地的10余名中国律师也赴巴厘岛出席了此次会议。出席该会议的还有来自中国香港的代表16名，来自中国台湾的代表2人。

（四）参加国际律师联盟49届年会

全国律协会长于宁、国际部主任蓝红于2005年8月30日至9月4日赴摩洛哥古城菲斯参加了国际律师联盟第49届年会。此次菲斯年会共有来自70多个国家的1500余名代表参加。摩洛哥王国的司法大臣、菲斯市长、摩洛哥律师协会会长和国际律联主席分别在开幕式上致辞。他们均谈到了律师在保护人权、确保司法公正和推动全球经济发展所起到的重要作用，同时他们也谈到鉴于律师行业国际化的趋势日亦明显，制定国际行业规范就显得日趋迫切。

因此，此次会议专门用两天的时间集中讨论目前律师业最为关心的问题："全球律师是否需要共同的道德规范"？国际律联的发展委员会、维权委员会、人权委员会和律师未来委员会主席及一些国家律协领导在会上就律师业的基本价值，如独立性、保密义务和法律特权、集团诉讼与公益活动、律师的管理制度以及商法中律师的职业道德等问题进行了发言，欧盟律协、美国律协、阿拉伯律师联盟等协会领导还在会上分别介绍了其所代表的协会的作用。

9月2日召开了各国律师协会领导峰会，会议由国际律联主席尼莫和继任主席路顿共同主持。峰会为参加国际律联年会的各国和地区律协的领导提供了交换意见，共同交流的机会，从前几届年会开始，召开峰会已经成为年会中不可或缺的一项日程安排。此次峰会共有30多个国家和城市的律师协会参加。各律协会长首先介绍了自己和自己代表的协会情况，之后就"谁来管理律师职业"进行了讨论和介绍。根据讨论情况，大多数国家的律师职业都是由律师协会进行行业管理，有些国家的宪法明文规定了律师的作用、独立性以及律师对公民权利的保护。有些国家有专门的法律规定了律师协会的职能和作用。与会各会长均表示有必要在年会期间召开峰会，共同探讨律师业和律师协会发展面临的一些共性问题。除主题讨论外，年会期间另有40多个专业委员会和工作小组分别召开了讨论会，研讨的题目涉猎广泛，涵盖公司法、合同法、环境法、外国投资、人权、律师事务所管理等等。

（五）参加国际律协2005年年会

经司法部批准，以全国律协会长于宁为团长及国际部程幽燕一行2人代表团于2005年9月25日至10月2日赴捷克共和国首都布拉格参加国际律师协会（International Bar Association，简称IBA）2005年年会。代表团除了参加大会的相关工作会议和研讨外，还同国际律协高层领导包括会长、副会长、秘书长、法律执业部主席和IBA执行主管进行会谈，探讨了两会即将签署的谅解备忘录和今后两会的交流与合作。此次出访取得了圆满的成功并达到了预期的目的。此次年会的主题分别是：反战争与反恐怖活动；反洗钱与反垄断。同时，还有150多个专业委员会举行工作会议、研讨会以及案例展示，讨论各自专业领域的具体问题。

此次2005年年会共有来自128个国家和地区的近四千名代表参加。其中有来自中国内地的代表6人。大会于9月26日正式开幕，捷克总统克劳斯和宪法法院院长出席了开幕式。克劳斯总统还发表了热情洋溢的欢迎致辞，国际律协主席、法律执业部主席和公共与行业利益部主席也分别致开幕词，三位主席在致开幕词的时候，皆提到2005年11月将访问北京，和全国律协签署备忘录事宜，并提到两会共同举办的培训班。国际律协表示非常重视在中国将要进行的项目，非常重视和全国律协的合作。

（六）与国际律协签署了谅解备忘录

11月1日，国际律协副主席庞博先生与全国律协于宁会长在北京签署了《中华全国律师协会与国际律协的谅解备忘录》（MOU）。双方希望通过签署本谅解备忘录，以建立国际律师协会在中国活动的双方长期合作关系。双方合作共同为中国律师开办培训项目作为IBA中国项目的一部分以提高中国的法律服务水平从而达到国际标准。双方合作共同开展活动和提供网络机会向世界介绍中国法律体制和律师执业以加速中国律师业融入国际律师业。签署《备忘录》之后，国际律协与全国律协共同在北京、上海举办了“律师事务所管理”培训班。

上述国际会议的举办，由于我部在准备参会之前做了大量认真细致的工作，均未出现“台湾问题”。在会议上充分地展示了中国律师参与国际活动的良好风貌。

二、推动内地律师与港、澳、台地区律师之间的了解和友谊，维护和促进祖国的统一大业

（一）全国律协代表团访问澳门、香港

应澳门律师公会和香港律师会的邀请，以于宁副会长为团长的中华全国律师协会代表团一行九人，于2005年5月18日至5月24日分别对澳门特别行政区和香港特别行政区进行了友好访问。访问期间，代表团成员与澳门特别行政区法律界人士进行了广泛的接触和交流。澳门特别行政区行政长官何厚铧亲切会见我会代表团并合影留念。在香港访问期间，主要与香港律师会就协商内地律师事务所在港设立分支机构的有关事宜交换了意见和看法。此次代表团访问取得了积极成果，达到了加深了解、增进友谊、促进合作的目的。

（二）接待台湾地区律师界大陆参访团

经司法部批准，应中华全国律师协会的邀请，以苏吉雄律师为团长的台湾地区律师界大陆参访团一行20人，于2005年10月11日至17日访问了北京、西安、武汉等城市。

此次代表团来访旨在与我会建立友好交流关系，更好地推动两岸律师的业务交流。代表团在北京访问期间，全国律协会长于宁会见并宴请了代表团。北京市律师协会会长李大进、司法部律公司巡视员吴明德分别会见了代表团一行。代表团还参观了金杜律师事务所、中伦金通律师事务所。在西安，陕西省律师协会梁胜国会长会见并宴请了代表团。在武汉，湖北省律师协会张粒副会长会见并宴请了代表团。代表团此次访问大陆取得圆满成功。我们认为只有多交流、互相了解才能达到双方合作的目的、共同为两岸经贸发展提供法律服务。通过法律界的交流与合作增加台湾律师对大陆的了解和感情，为统一大业做出努力。

三、巩固现有交流渠道，通过举办研讨会、培训班等加强律师业务的务实交流

（一）与日本辩理士联合会举办“中日知识产权业务交流会”

3月4日，全国律协知识产权专业委员会与日本专利律师联合会共同举办了“中日知识产权业务交流会”，双方交换了两国IP信息及专利侵权的司法救济等。全国律协副会长彭雪峰到会致辞。知识产权专业委员会主席庞正中做了“在中国专利侵权的司法与行政救济”的主旨发言。日本辩理士联合会工业竞争促进委员会副主席奥山尚一先生做了“在中日成立IP论坛的民间调解和仲裁中心的必要性”的演讲。这是我会第一次与日本从事专利业务人士共同举办业务交流会，该会取得了圆满成功。

（二）全国律协代表团访问以色列

应以色列律师协会的邀请，全国律协副会长朱洪超率领七人代表团，于2005年5月28日至6月7日赴

以参加了以色列律协的年会。在以色列律协的精心安排及代表团全体成员的共同努力下，本次出访取得了圆满成功，进一步增加了对以色列司法制度及律师制度的了解，增进了中以律师友谊并为日后进一步交流打下基础。今年的法律研讨主要围绕着民主选举、律师在刑事审判中执业自由的限制、在公众冲突中执行法律、公益活动、国际贸易等展开，表彰会有对杰出会员的表彰、对优秀女律师的表彰、对律师参与法律援助项目的表彰。受以色列律协邀请，朱洪超副会长在其年会上发表了演讲。在演讲中，朱会长向以色列同行介绍了中国法制发展及律师协会的情况并谈到中华民族与犹太民族都有着伟大的历史，在二次世界大战中，两个民族共同承受了人世间最深重的苦难，也共同对法西斯主义进行了艰苦卓绝的斗争并取得了最终的胜利。此外，朱会长还谈到在中国，中东地区只有约旦设有律师事务所办事处，随着中、以贸易量的增加，希望以色列能在中国设立办事处。朱会长的演讲激起了以色列同行的广泛共鸣，大家致以热烈的掌声。

除了参会以外，全国律协代表团还与以色列律协会长科恩先生及其他官员进行了专门会谈。两会商议，将彼此的交流从互访进一步扩展至合作举办研讨会、互相培训青年律师等，两会初步商议，藉明年参加以律协年会之机，共同举办中以法律研讨会，探讨中以法律实务；并同意首先接收以青年律师来华，在大型商务所实习，然后选派我青年律师赴以实习。

（三）接待法国巴黎律师公会代表团来访

应中华全国律师协会的邀请，以会长让·马里·布谷布鲁为团长的巴黎律师公会代表团一行八人于2005年10月29日至11月6日访问了北京、西安和上海。代表团成员还包括：巴黎律师公会理事会主管欧洲和国际关系的理事阿兰德·福克德先生，主管职业培训事务的理事同时兼任巴黎律师公会律师培训学校校长的葛瑞德·尼克雷先生，该会理事、理事会秘书让·皮耶尔·福瑞斯特先生和法中经济法协会会长杰克斯·萨哥先生。代表团在华期间，拜会了司法部和三地的司法局及律师协会领导，并与全国律协进行了工作会谈，访问取得了圆满成功。

（四）全国律协代表团访问韩国

应韩国律师协会的邀请，以中华全国律师协会副会长杨伟程为团长的中国律师代表团一行22人于9月21日至28日访问了汉城、济州岛及釜山等城市。在汉城期间，代表团参加了中韩两国律协共同举办的第十届题为“律师事务所的管理”的研讨会。会后，代表团拜访了韩国法务部、最高法院、韩国律师协会、汉城律师协会并参观了和友法务法人律师事务所。此次代表团访问韩国取得了圆满成功。

（五）中加律协司法改革与刑辩合作项目

与加拿大律协合作的中加司法改革与刑辩合作第二期项目于2004年8月开始启动，今年已顺利完成计划。在此项目下，中外专家在北京、海南、广西、内蒙古、甘肃、云南等地举办了六期培训班及讲座，共有600中国律师参加了学习班活动，从中受益。中方专家按照加方模式在吉林、河南等地也举办了刑辩技能培训班，约有2000名中国律师参加学习，他们均表示受益匪浅。

9月27日，以全国律协刑委会主任田文昌为团长的代表团一行9人赴加拿大进行考察访问，此行为中加司法改革与刑事辩护项目活动之一，旨在考察加拿大刑事司法制度。随团出访的除刑事业务委员会成员之外，还有全国人大法工委、最高人民法院、司法部以及中国人民大学的有关领导和专家。

（六）与美国律协举办研讨会

10月15日下午，于宁、邓甲明在苏州与参加“公益诉讼、人权保障与和谐社会”国际研讨会的美国律师协会会长一行举行了会谈。19日在北京宴请了代表团一行。双方都愿意重新建立协会间的友好合作关系，并表示在1998年两会签署的协议的基础上重新签署谅解备忘录，内容将涉及两会互访和培训工作等内容。

四、一如既往积极开展律师赴境外培训工作，为中国律师走向世界铺路搭桥

为使中国律师业尽快与国际接轨，提高中国律师办理涉外法律业务水平，开展律师境外培训是重要途径。因此，国际部在这方面也作了大量工作。

（一）选拔青年律师赴英培训

今年全国律协共派出15名青年律师赴英国培训。派出的青年律师们的良好表现受到了外方的赞誉。目前2005年～2006年度赴英培训的选拔工作正在进行中。已有27名青年律师通过初步审核。在年底19人已完成面试，从中选拔出15名将于明年6月赴英培训。

（二）筹建中英合作“北京国际律师学院”

2005年4月18日至23日，冯秀梅副秘书长随司法部代表团访问了英国。访问期间，司法部与英国宪政事务部签订了关于“筹建中英合作‘北京国际律师学院’备忘录”。此学院将由中国司法部、英国宪政事务部、英国英格兰和威尔士法学院、中华全国律师协会、北京城市学院等机构合作举办，具体事宜还在进一步协商中。

五、配合相关部门宣传我国法制发展及律师制度，扩大中国律师在社会及国际交往中的地位与影响

（一）在人权领域中发挥律师的作用。选派优秀律师参加由外交部组织协调的人权对话，得到外交部相关领导好评。

9月8日上午，刑事专业委员会主任田文昌与加拿大使馆前政务参赞 BURTON 先生就人权对话中的焦点问题，包括西藏、法轮功、死刑、妇女权益保护、监狱管理和劳动教养等问题进行了座谈。

（二）积极配合司法部、高法、高检等法律机构，接待了如：《香港基本法》研究中心主任胡汉清大律师代表团、香港律师会副会长黄嘉纯代表团、美国联邦最高法院大法官金丝博格代表团、国际司法桥梁总裁谢凯伦代表团、美国爱菲斯基金会高级法律顾问亨德森教授代表团、国际律师联盟“破产法委员会”主席、西班牙律师欧瑞代表团、智利司法部长代表团、西班牙安图尼欧代表团、国际律师协会候任主席代表团、香港律师协会会长戴启思代表团、埃塞俄比亚最高法院副院长塔德锡代表团、加拿大律协国际发展部主任萨丽女士代表团、美国调解与调停局局长代表团、乌兹别克司法部代表团。

（三）9月4日至7日，最高人民法院在北京举办了第二十二届法律大会期间，我会协助组织了160名律师参会。

9月7日中午，李大进副会长与英国首席大法官沃尔夫勋爵（LORD WOOLF）一行举行了午餐会。沃尔夫勋爵此次访华是参加第22届世界法律大会，并担任了模拟法庭的首席法官。此次与全国律协的会面旨在致力于建立两国律师的交流平台，并有意于建立中英两国资深律师的定期碰面会。李大进向沃尔夫勋爵介绍了中国律师业近年来发展状况、全国律协与英法律界交流状况及我国法律援助等状况。双方对彼此之间的友谊和合作感到十分满意。出席午餐会的英方代表还有英驻华大使、伦敦学院大学校长等。

全国律协第二次外事委员会会议

2005年1月23日，在北京召开了全国律协外委会会议。参加会议的有：外事委员会主任付洋、副主任王俊峰、冯秀梅及部分外委会成员。另外，全国律协贾午光秘书长及国际部的工作人员也参加了此次会议。

会议由外事委员会主任付洋主持，付洋主任首先作了简短发言并介绍了此次会议的主要议题：（1）2004年外委会工作总结；（2）讨论并制定2005年全国律协外事工作计划；（3）希望大家指出外委会工作存在的不足并提出宝贵建议。

会上，国际部蓝虹主任详细介绍了全国律协2004年度的外事工作情况以及2005年的工作思路，对委员们给予国际部工作的帮助和配合表示感谢，同时表示，在律协领导和各位委员、专业律师的大力支持下，2005年度的外事工作一定会有更广阔的发展空间。

付洋主任指出，外委会是全国律协专门委员会中一支非常具有战斗力、高素质、高效率、高水准的队伍。在过去两年多的时间里，虽然外事活动频繁，任务繁重，但是每位委员都对工作倾注了极大的热情，默默无闻、勤勤恳恳，成绩是有目共睹的。他认为，全国律协不能仅仅局限于民间团体的交流上，更要服务于国家外交的根本利益，尤其在对“台独”斗争问题上中国律师要有所担当，承担起重要的专业任务，中国律师要积极通过国际事务的锤炼，铁肩担道义，使我们的队伍更加成熟、更加具有凝聚力、战斗力。

贾午光秘书长指出，国际部已圆满完成了2004年的外事任务，并在原有交流渠道基础上，积极拓展了新的合作领域，尤其是填补了与中东、东欧等一些国家律协交往的空白。比如，通过积极努力，全国律协已与以色列律协建立了交流合作关系，双方签署了《中华全国律师协会与以色列律师协会友好协议备忘录》，为双方进一步的交流合作打下了坚实的基础。他同时指出，全国律协外事工作的宗旨是要服务于国家外交政策、服务于中国律师对外交流与合作、服务于律师国际业务的拓展。因此，在出国人员的选派、交流议题的制定等问题上一定要具有针对性，要多做研究，因事定人，切实保证工作的顺利完成。

冯秀梅副秘书长指出，本届外委会通过卓有成效的工作，在制定大的方针、政策上，在推动律师界的对外交流中起了非常重要的作用，同时对委员们在过去一年里，不辞辛劳、亲历亲为的奉献精神表示感谢，对他们在国际舞台上抨击“台独”、伸张正义，展示中国律师风采的壮举表示钦佩。她还对积极支持和帮助国际部外事工作的律师表示感谢，希望在新的一年里，各位委员、律师能够再接再厉、一如既往的支持国际部的工作。

外委会委员提出，外事工作发展空间很大，不仅要在扩大交流上作足文章，今后更要在精益求精、发展更深层次、更多层面的合作上下功夫。在外委会的定位方面，委员们认为，在服从国家总体外交政策的前提下，外委会工作更应该强调其民间性、行业性和

专业性，要在国际舞台上充分发挥官方外交的补充作用，喊出一个民间组织强有力的声音。尤为可喜的是，全国律协在处理国际关系上的专业化精神正日益为政府所认可和着力肯定。此外，委员们建议，外委会今后要在推动律师参政议政、完善律所行政管理等方面加大借鉴外国经验的力度，通过派员访问、翻译著作以及召开国际研讨会等形式，做一些积极而有益的工作。委员们还强调，全国律协要充分发挥桥梁和堡垒作用，帮助地方尤其是中西部律协加强外事工作，通过人员借调、派人进修以及举办外交礼仪培训等方式，加大指导和监督的力度。另外，在外事经费和人员上要适当予以倾斜，以保证各地律协外事工作的顺利开展。本次外委会会议是一次继往开来的会议，总结过去，展望未来，委员们都对今后的工作充满了力量与信心。

2005年主要外事活动

1. 2月21日至24日，2005年青年律师赴英培训项目的面试工作在北京进行，共有25名律师参加了此次面试。英方所指定的考官——伦敦大学亚非学院讲师Barry Nathan先生主持了面试工作，从中将产生15位青年律师于6月初赴英培训。全国律协国际部主任蓝虹参加了此次面试工作。

2. 2月24日，全国律协及日本中国人战争被害赔偿请求事件辩护团在全国律协举办民间对日索赔诉讼工作报告会。会议由于宁副会长主持，中国人权发展基金会、全国妇联、全国总工会、中国政法大学、中国社科院近代史所及对日索赔诉讼工作指导小组成员等20人参会。此次会议由日本律师团代团长小野寺利孝先生向与会者通报了有关被害者赔偿请求案件的进展情况。

3. 3月4日，全国律协知识产权专业委员会与日本专利律师联合会共同举办了“中日知识产权业务交流会”，双方交换了两国IP信息及专利侵权的司法救济等。全国律协副会长彭雪峰到会致辞。知识产权专业委员会主席庞正中做了“在中国专利侵权的司法与行政救济”的主旨发言。日本专利律师联合会工业竞争促进委员会副主席奥山尚一先生做了“在中日成立IP论坛的民间调解和仲裁中心的必要性”的演讲。

4. 3月9日下午，香港特别行政区全国政协委员胡汉清大律师利用来京参加“两会”的时间，组织《香港基本法》研究中心主要成员一行6人拜会全国律协。高宗泽会长、贾午光秘书长、冯秀梅副秘书长、国际部主任蓝红、副主任宋芮及部分在京的宪法人权专业委员会委员参加了会谈。

5. 3月19日至21日，全国律协副会长金山、副秘书长冯秀梅和国际部王凌军组成的三人代表团出席了在澳大利亚黄金海岸举行的第16届亚洲律协会长会议。此次会议共有9个国家和地区律协领导和随员30余人出席。会议主题为：“律师行业的独立性”。会议代表就律师责任保险、律师行业的特权、跨行业执业、法律援助、国际反恐、律师行业对海啸灾区进行的援助等议题进行了讨论。此外，与会代表还对2004年底遭受印度洋地震海啸灾难的国家表示了深切的同情并就已提供的和计划进行的帮助交换了意见。另外，经新加坡律协申请，与会代表同意第17届亚洲律协会长会议将于2006年9月在新加坡举行。

6. 2005年4月5日下午，于宁副会长主持了全国律协对日索赔诉讼小组部分成员与来华的日本律师大森典子（女）一行四人座谈日本法院判决慰安妇案情况。会上，大森典子等日本律通报了东京高等法院对中国山西省妇女郭喜翠等6名原告因在日本侵华战争中遭受日军性暴力侵害诉日本政府案的二审判决情况，与会人员对判决和就在日本国内谋求政府解决慰安妇案方案的若干问题进行了座谈。参加会议的有对日索赔诉讼小组成员国际部宋芮副主任、康健律师、刘涌律师、闫欣律师、《中国律师》杂志编辑邢五一、中国抗战史学会秘书处张维霞，与会日方人员有大森典子律师（慰安妇辩护团团长）、坂口贞彦（辩护团事务局局长）、小田胜彦（辩护团事务局副局长）及翻译窦运生（中国旅日人员）。

7. 2005年4月12日上午，民间对日索赔诉讼工作齐齐哈尔遗弃化武案研讨会在全国律协召开，中日双方共26位代表出席了会议。会议由于宁副会长主持，中日双方就案件的各种问题展开积极广泛的讨论，增进相互了解，取得共识。本次讨论会的特点是众多院校学者参与，即务实，又学术理论气氛浓厚，是理论与实务相结合的研究会。

8. 2005年4月26日，全国律协高宗泽会长、贾午光秘书长和冯秀梅副秘书长会见了以副会长黄嘉纯为团长的香港律师会代表团一行15人。会谈中，双方主要协商了内地律师事务所在港设立分支机构等有关事宜。参加会谈的还有全国律协WTO专门委员会委员、北京市律协副会长金莲淑、全国律协宪法与人权委员会主任吴革，国际部蓝红主任和宋芮副主任。

9. 2005年4月29日至5月7日，全国律协高宗泽会长，贾午光秘书长、冯秀梅副秘书长、司法部律师公证工作指导司穆益斌处长、总政司法局李宇局长、国际部宋芮副主任及国际部王凌军组成的七人代表团赴印尼巴厘岛出席了环太平洋第15届年会。此次年会的主题为：法律在地区经济发展中的作用。共有来自41个国家和地区的500余名代表和100多位随员出席会议。其中，来自中国内地的代表有30余人，来自香港的代表有16名，来自中国台湾的代表有2名。

在会议上，高宗泽会长正式就任环太律协副主席、冯秀梅副秘书长正式就任代表中国的理事、北京金杜律师事务所合伙人王俊峰担任银行及证券专业委员会副主席、宁宣凤担任跨国投资委员会副主席、广东海利律师事务所合伙人李海律师担任海商法委员会副主席。加上担任国际贸易委员会主席的上海锦天城律师事务所合伙人钱奕律师，中国在环太律协共有二名理事，四位专业委员会主席及副主席。

经环太平洋律协理事会讨论决定，第17届年会将于2007年4月底在北京举行。环太律协的官员和各位参会代表对2007年北京年会都寄予了很高期望，希望中国将北京年会办成环太律协历史上有突破性的一次盛会。

10. 2005年5月18日至5月25日，以于宁副会长为团长的全国律协代表团一行9人访问了澳门和香港。代表团此行的目的旨在加强与港澳律师协会的交流与联系，增进内地与港澳律师的合作与友谊。在澳门期间，代表团参加了澳门律师公会组织的“律师日”等系列活动，澳门特区行政长官何厚铧、行政法务司司长陈丽敏、终审法院院长岑浩辉及检察院院长何超明等也出席了该活动。在港期间，代表团与香港律师会进行座谈，主要商讨了内地律师事务所在港设立分支机构等有关事宜。虽然此次访问很短暂，但通过代表团的积极努力与配合，与港澳法律界人士建立了深厚的友谊，使访问得到了显著成效。

代表团成员有：国际部蓝红主任、国际部李蔚然、广东省律师协会常务理事陈小雄、广东省律师协会理事肖帆、湖南省律师协会秘书长蒋春林、湖南骄阳律师事务所副主任毛英、安徽省律师协会副秘书长陆勤玉、安徽省司法厅律管处负责人朱俊酬。

11. 6月28日，全国律协会长于宁、秘书长邓甲明会见了来访的国际律师协会行政主管和中国项目官员。双方就两个协会拟进行的合作计划交换了意见。

12. 7月12日，于宁会长、邓甲明秘书长和北京市律师协会副会长、全国律协外事委员会委员金莲淑等会见了来访的美国联邦最高法院大法官金斯伯格一行三人。金斯伯格大法官出生于1933年，是第二位在美国联邦最高法院任职的女大法官，在美国享有较高威望。于宁会长就中国律师制度向美方做了简要介绍并与美方就律师行业管理、法律援助制度、律师继续教育及诉讼程序等问题进行了探讨。

13. 7月13日，于宁会长、邓甲明秘书长、刑事业务委员会主任田文昌律师、国际部蓝红主任与来访的国际司法桥梁（International Bridges to Justice）一行五人进行了座谈。国际司法桥梁是一个非政府非营利组织，总部设在瑞士日内瓦，主要致力于在亚洲范围内协助各国的司法部门建立高效公平的刑事辩护体制，在中国、柬埔寨和越南都开展有合作项目。2002年该组织开始与我国合作开展法律援助律师的培训工作。国际司法桥梁基金会此次来访全国律协的代表有：国际司法桥梁总裁谢凯伦女士、驻安徽代表詹妮弗·史密斯女士、驻北京代表麦克·高姆派瑞斯先生、驻瑞士总部工作人员Hao Lu先生和驻安徽代表处杨洁女士。在座谈中，双方都充分肯定了法律援助律师对社会发展、保护弱势群体等方面所起到的积极作用并谈到了目前律师办理刑事案件所面临的困难和挑战。此外，双方都表达了尤其是在对刑事诉讼律师的业务培训和信息交流方面的合作意向。

14. 7月29日上午，中华全国律师协会、中国法律援助基金会联合举行“纪念中国律师参与民间对日索赔诉讼新闻发布会”新闻发布会，在国内率先设立了“民间对日索赔法律援助专项基金”，为对日民间索赔诉讼提供法律援助。会长于宁、常务理事邹强伦、秘书长邓甲明、中国法律援助基金会副秘书长陈益未、中国人权发展基金会副秘书长刘崴、全国总工会法律工作部处长关彬枫、中日友好协会处长黄岚庭、中国人民抗战纪念馆研究员魏帮顺以及民间对日索赔诉讼工作指导小组成员康健、刘涌、苏向祥、陈立元、闫欣、宋芮等出席。此外，日本中国人战争被害赔偿请求事件辩护团、劳工诉讼案辩护团团长高桥融律师、该团事务局局长森田太三律师出席了新闻发布会。新闻发布会由邓甲明秘书长主持，于宁会长简介了全国律协组织中国律师开展民间对日索赔诉讼工作情况。中国法援基金会秘书长陈益未讲话并公布了对日索赔诉讼专项基金的银行账户及账号。

此次新闻发布会在国内引起社会各界重大关注，新华社、中央电视台、东方时空、中国时报、中国日报、法制日报、法制早报、中国新闻社、中国青年报、中央人民广播电台、人民网、21世纪经济报道、京华时报、北京晨报等首都的各大媒体的记者来参加了新闻发布会，对此作了大量报导。

15. 8月11日下午，于宁会长、冯秀梅副秘书长、国际部蓝虹主任接见了来访的国际律师联盟“破产法委员会”主席、西班牙律师ORIA，双方就全国律协与

UIA 的合作进行了交谈。

16. 9月5日下午，金山、邓甲明会见来访并参加第22界世界法律大会的智利司法部路易斯·巴特斯部长一行，外事委员会副主任王俊峰及国际部副主任宋芮参加了会见。

金山向智利代表团介绍了全国律协概况及中国律师发展状况，路易斯·巴特斯介绍了智利律师行业发展、参政议政的现状并介绍了智利正在进行司法改革的情况。

17. 9月7日中午，李大进副会长与英国首席大法官沃尔夫勋爵（LORD WOOLF）一行举行了午餐会。沃尔夫勋爵此次访华是参加第22届世界法律大会，并担任了模拟法庭的首席法官。此次与全国律协的会面旨在致力于建立两国律师的交流平台，并有意于建立中英两国资深律师的定期碰面会。李大进向沃尔夫勋爵介绍了中国律师业近年来发展状况、全国律协与英法律界交流状况及我国法律援助等状况。双方对彼此之间的友谊和合作感到十分满意。出席午餐会的英方代表还有英驻华大使、伦敦学院大学校长等，中方有北京市律协副会长金莲淑、竞天公诚律师事务所主任张宏久、君合律师事务所合伙人丁建翔、中伦金通律师事务所主任张学兵、康达律师事务所合伙人张佳春、金杜所合伙人李晓阳、陈文平。

18. 9月8日上午，刑事专业委员会主任田文昌与加拿大使馆前政务参赞 BURTON 先生就人权对话中的焦点问题，包括西藏、法轮功、死刑、妇女权益保护、监狱管理和劳动教养等问题进行了座谈。

19. 9月21日至28日，以杨伟程副会长为团长的中国律师代表团一行22人访问了韩国汉城、济州岛及釜山等城市。访问期间，代表团拜访了韩国司法部、最高法院、韩国律师协会、汉城律师协会并参观了和友法务法人律师事务所，韩国司法部副部长金善玉、最高法院副院长孙智烈、韩国律协千玑兴会长、汉城律协李俊范会长分别会见了代表团。

在韩国律师协会会馆，中韩两国律师协会共同举办了以“律师事务所管理”为主题的第十届中韩律师法律研讨会。韩国律师金浩祯作了“律师事务所的法律形态和经营管理”的演讲，中国律师孙卫星作了“中国律师事务所的现状和发展趋势”的演讲，研讨会取得圆满成功。

20. 10月11日，于宁会长、冯秀梅副秘书长、国际部蓝红主任会见了西班牙 Garrigues 律师事务所合伙人 Antonio Ggrrigues 先生一行三人。Ggrrigues 律师事务所是西班牙规模最大的律师事务所，在全世界各地设有30多家分支机构。于宁向西班牙客人介绍了中国律师业和中华全国律师协会的运作情况。Ggrrigues 先生表示愿为中华全国律师协会与西班牙律师协会及拉美等国家律师业的交流牵线搭桥。

21. 10月31日，于宁、张庆常务理事、邓甲明会见了巴黎律师公会代表团，并于当晚宴请代表团一行。马国华副秘书长、外事委员会委员谢朝华、国际部主任蓝红参加会见。

22. 10月31日中午，于宁、邓甲明会见并宴请了国际律师协会（IBA）代表团。11月1日，双方以建立国际律师协会在中国活动的双方长期合作关系为主要内容签署了谅解备忘录。

23. 10月29日至11月6日，以巴黎律师公会会长为团长的巴黎律师公会代表团访问了北京、西安和上海。于宁、邓甲明等会见并宴请了代表团一行。双方就律师继续教育方面的合作进行了交谈。代表团访问期间还拜会了司法部及北京、上海、陕西司法厅（局）和律师协会。

24. 10月30日至11月3日，以国际律师协会（IBA）候任主席为团长的国际律师协会高层代表团访问了北京和上海。11月1日于宁代表全国律协以合作在华举办培训班、研讨会和资助青年律师参加国际律协年会等为主要内容同国际律协签署了谅解备忘录。作为双方合作的第一步，11月1日和3日分别在北京和上海举行了“成功管理律师事务所”培训班，约有50名中国律师参加了培训。此次培训的成功举办得到了北京和上海律协的大力支持。

25. 11月11日下午，全国律协与中国人战争被害赔偿事件请求辩护团共同举办“中日学者、法律家关于全面解决中国劳工问题、与企业和解交换意见会”。于宁、邓甲明及对日索赔诉讼工作指导小组成员、中国人权发展基金会副秘书长刘崴、抗战纪念馆研究员魏邦顺、全国总工会法律部处长孙文彬、中祥投资有限公司董事长童增、中国社科院近代史所研究员居之芬、日方以小野寺利孝先生为团长的日本律师团一行10人出席了意见交换会。会上，日本律师团提出，针对在日本强掳、强制劳工案诉讼的现状，日本律师将在日本国内采取统一战略，与企业逐个进行和解、让企业出资建立基金，全面解决该问题。一旦基金建立，希望能由全国律协、人权发展基金会等团体建立基金管理机构，负责基金的运营。此外，为了进一步开展对日索赔诉讼工作，日方还希望中方加紧在中国国内法院立案进行诉讼，并成立中日联合律师团。当晚，于宁、邓甲明等宴请了日本律师团。

26. 11月16日中午，以戴启思会长为团长的香港大律师公会代表团一行32人拜访全国律协。于宁，冯秀梅及部分外委会委员会见了代表团并共进午餐。

27. 11月21日，冯秀梅、刑委会主任田文昌、宪法人权委员会主任吴革以及部分刑委会、宪法人权委员会委员与来华访问的联合国人权高专办酷刑特别报告员诺瓦克进行了座谈。座谈会是应我国外交部的要求安排的，以便让联合国酷刑报告员公正、客观的了解我国在该领域中的法律规定与现状。

28. 11月28日，李大进会见了以埃塞俄比亚最高法院副院长塔德锡先生为团长的埃塞俄比亚法官代表团一行10人，并向来宾介绍了我国律师发展现状、律师管理制度、律师协会的职能以及律师在社会经济发展中的作用，并回答了对方关于律师行业的准入、律师的惩戒、中国的法律援助等问题。邓甲明、冯秀梅、国际部主任蓝红、副主任宋芮、专业委员会副主任朱英等陪同会见。

29. 11月29日，邓甲明、冯秀梅会见了加拿大律师协会国际发展部主任萨丽女士和中国项目官员李薇女士。双方就中加刑辩合作项目的进展情况进行了沟通，并探讨了双方在其他法律领域进行合作的意向。

30. 12月15日下午，邓甲明会见乌兹别克斯坦司法部代表团一行，向客人介绍了我国的律师制度与律师现状，以及律师协会的职能等，并回答了乌方提出的关于律师税收、事务所组织形式以及对外国律师的管理制度等问题。

（三）各地律师协会重要外事活动

北京市律师协会重要外事活动

一、北京律协圆满完成第二批律师赴港实习交流活动

2月4日，第二批赴港交流实习的北京律师完成实习，从香港返回北京。北京律师在港四周，其间走访了香港律政司、中国委托公证人协会有限公司、中国法律服务（香港）有限公司等机构，并分别在10家律师事务所进行了业务交流。香港律师会表示，与北京律协的合作是非常愉快和卓有成效的。今后京港两地律协将继续推动此类律师交流活动的开展。

二、北京律协与德国法兰克福律师协会开展合作

4月23日，北京律协副会长金莲淑、外事委员会委员杜宝成及国际事务部李凯与德国法兰克福律师协会副会长Simon先生及律师Roth先生在天伦王朝酒店会面，商谈两会之间的合作事宜。会上，金莲淑副会长对德国客人的到来表示欢迎，她简要介绍了北京律协换届相关情况，并建议双方今年在北京举办小型法律专题研讨会，德方对此建议表示赞同。Simon先生表达了与北京律协合作的愿望，同时提出签署谅解备忘录的建议。会后，双方开始着手筹备签署谅解备忘录事宜，并于7月18日最终签订了该文件。

三、北京律师代表团前往韩国首尔参加第十四届首尔北京法律研讨会

9月5日~10日，以总监事赵小鲁为团长的北京律师代表团一行8人，前往韩国首尔参加第十四届首尔北京法律研讨会。关景欣律师代表北京律协在研讨会上做了《当前中国法律框架下的外资并购》的主题发言，韩方做了《首尔地方律师会律师赔偿责任保险制度概况》和《关于韩国的律师业务管理制度》的主题发言。代表团在访韩期间参观访问了大韩律师协会、首尔地方中央法院、宪法裁判所和世宗律师事务所。

四、北京律协举办"中德律师物权法研讨会"

9月12日，北京律协与德国技术合作公司中国法律改革项目组(GTZ)在京城大厦合作举办了"中德律师物权法研讨会"。副会长金莲淑、外事委员会主任白涛、委员杜宝成、副秘书长刘军和国际事务部李凯，以及物权法、房地产开发、建筑工程与基础设施、担保法、物业管理等9个专业委员会近35名律师参加了研讨会。

会上，德国物权法权威、约翰沃夫冈歌德大学的沃尔夫教授及德国慕尼黑大学国际法比较研究所雷姆博士，就德国法如何坚持和发展物权法定原则、德国法对居住权制度如何安排、如何评价中国物权法草案按所有制性质来区分所有权的类型、德国法对共同共有物中存在的完全不可分割物在共同共有人要求分割时是如何处理等问题作了细致精辟的演讲，同时对北京律师提出的相关问题也作了回答。

五、台湾地区律师界大陆参访团拜会北京律协

10月12日，以苏吉雄律师为团长的台湾地区律师界大陆参访团一行21人拜会了北京律协。李大进会长、金莲淑副会长、外事委员会主任白涛、副主任吴以钢、委员金明、赵维、戴宏坤、姜山赫、律协副秘书长刘军和国际事务部李凯出席会议。会议由白涛主任主持。

会上，李大进会长致欢迎词并简要介绍了北京律协的概况和发展情况，以及对外交流情况，他特别介绍了2003年9月北京律协代表团出访台湾地区的情况。台湾地区律师界大陆参访团团长苏吉雄律师对北京律师界的发展表示欣喜，同时表达了台湾地区律师界与北京律师界沟通交流的愿望，希望有机会开展定期合作。双方还就法律援助及律师资格的取得等问题进行了交流和探讨。台湾地区律师表示，非常期待今年12月北京律协访台代表团再次赴台访问交流。

六、美国刑事律师协会代表团拜会北京律协

10月24日，以美国刑事律师协会第一副主席Martin Pinales 先生为团长的代表团一行 13 人拜会了北京律协。金莲淑副会长、业务指导委员会副主任张卫华、刑法专业委员会主任许兰亭、刑事诉讼法专业委员会副主任张燕生、张青松出席了会议。会议由张卫华副主任主持。

会上，金莲淑副会长致欢迎词并简要介绍了北京律协的概况和发展情况。双方就中美两国在死刑、刑事证据规则、刑罚的裁量及执行制度、犯罪嫌疑人的权利、刑辩律师的权利及工作现状等方面问题进行了交流和探讨。

七、国际律师协会候任会长 Fernando Pombo 先生拜会北京律协

10 月 31 日，国际律师协会候任会长 Fernando Pombo 先生等一行 4 人拜会了北京律协。金莲淑副会长、外事委员会主任白涛、副主任吴以钢、委员王卫东、律师事务所管理指导委员会主任王隽、委员王忠德参加了会议。会议由白涛主任主持。

会上，金莲淑副会长致欢迎词并简要介绍了北京律协的概况和发展情况。双方就今后的合作设想交换了意见。此外，来宾简要介绍了国际律协将于近期开展的一些活动，希望北京律协通过这些活动了解国际律协，加强彼此的交流与合作。

八、北京律协代表团赴澳大利亚参观考察

12 月 4 日～11 日，应澳大利亚维多利亚州律师协会的邀请，以李大进会长为团长的北京律协代表团一行 15 人赴澳大利亚参观考察。代表团由北京律协 12 个专门委员会的主任或副主任组成。在澳期间，代表团与维多利亚律协举行了座谈，就协会运作方式、律师再教育、查处违规会员的方法、指导律师事务所加强内部管理和国际交流等一系列问题进行了深入探讨。会后双方签署了谅解备忘录，希望今后加强合作，为两地律师交流搭建平台。代表团还参观了多家知名律师事务所，并参加专业研讨会。此外，代表团拜会了位于悉尼的新南威尔士州律师协会，参观了当地的律师事务所。

天津市律师协会重要外事活动

2005 年，天津市律协选派 3 名青年律师赴德国汉堡进行为期 3 个月的实习培训，选派 12 名天津律师赴港参加了为期四周的津港两地律师培训项目。市律协注重保持、发展与港澳和海外律师协会的联系与交流，4 月，市律协代表团赴香港交流访问，与香港律师会就会员的执业行为监督、违纪惩处和进一步促进津港两地互派律师进行交流培训项目的发展等方面进行深入交流。接待德国汉堡律师 GREBE 先生的来访，就进一步推进和加强天津与汉堡律师业交流与合作进行了充分深入的交流。选派代表团参加了在北京召开的第 22 届世界法律大会，与参会的各国法律界人士展开了广泛深入的交流与研讨。

通过境内外的友好往来，开阔了天津律师的视野，加深了境外法律界对天津律师的了解，为天津律师更广泛地开展对外交流与合作创造了条件。

上海市律师协会重要外事活动

一、外事出访

1. 出访澳大利亚、新西兰。

5 月 1 日至 14 日，上海律师协会组团前往澳大利亚、新西兰，对澳大利亚、新西兰律师事务所进行为期两周的实地考察。考察团有五人组成，由上海浦栋律师事务所主任、市律师协会副会长毛柏根任团长，成员分别为上海市监狱局局级巡视员张永祥、上海市劳教局监察室主任汤义仁、上海申松律师事务所主任俞移冲、上海罗洁律师事务所主任罗洁兼随团翻译。

通过对多家律师事务所的访问，代表团对澳洲及新西兰的律师制度进行多方位的了解，大致了解了其先进的管理模式、法律服务方式，对澳洲及新西兰的法律服务市场有所了解。

2. 出访俄罗斯、芬兰。

10 月 10 日至 22 日，以上海律师协会秘书长万恩标为团长的上海律协代表团赴俄罗斯及芬兰考察了两个国家的律师制度以及律师协会的基本情况。代表团的成员还包括上海市国和律师事务所主任徐富荣律师、上海市华联律师事务所主任许宏伟律师、上海市司法局律师管理处副处长张国杰、上海市综合治理办公室副主任乐伟中、上海市维护稳定办公室许忠伟、上海市汇衡律师事务所赵斌律师兼随团翻译。

上海律协代表团分别拜会了莫斯科州律师协会和芬兰律师协会，并就如何建立双边交流机制律师收费，维权及培训等方面的话题进行了广泛的交流。

3. 出访瑞士、奥地利。

10 月 31 日至 11 月 11 日，上海律师协会代表团一行七人在上海市律师协会钱丽萍副会长带队下访问了瑞士和奥地利。代表团其他成员包括市司法局纪律检查委员会书记康家，上海市金山区司法局局长高雪明、上海市林莉华律师事务所主任林莉华律师、上海市嘉

华律师事务所主任王联华律师、上海市司法局法制宣传处助理调节员裘静华和上海市方达律师事务所徐雪松律师兼该团翻译。

在考察期间，代表团分别访问了奥地利商会和瑞士的一家律师事务所。在拜访奥地利商会期间，与奥地利律师协会代表和奥地利律师事务所代表进行了座谈，代表团对奥地利律师协会的组织情况以及律师执业环境等进行了了解。随后，代表团赴瑞士诺得律师事务所进行考察访问，对瑞士的立法结构、律师的执业情况和公证人制度做了着重考察。

4. 出访印度。

12月8日至15日，上海市律师协会组团前往印度进行为期八天的考察，并重点拜访了S. JALAN & COMPANY律师事务所。考察团由七人组成，由上海市律师协会监事长王国忠带队，成员分别为上海市徐威律师事务所主任徐威律师、上海市浩英律师事务所陆忆军律师、上海市崇明县司法局顾惠萍、上海市监狱管理局助理巡视员章谷雷、上海市傅玄杰律师事务所黄荣楠律师兼任本团翻译。

考察团成员对于印度的律师联合会以及邦律师代表委员会的管理模式进行了了解，同时双方对律师事务所的管理进行了交流讨论，并对印度的法律服务市场情况有了初步的了解。

5. 出访阿根廷、加拿大。

12月11日至23日，上海市律师协会组团前往加拿大和阿根廷进行为期十二天的考察。考察团由四人组成，由上海市律师协会副会长徐晓青担任团长，团员分别为上海市海上律师事务所主任潘军律师、上海市律师协会副秘书长刘小禾、上海市金茂律师事务所张旭律师兼任本团翻译。

考察团在访问加拿大期间，与加拿大律师协会进行了沟通，了解了加拿大的律师执业环境以及收费制度等问题。在阿根廷佛谷尔律师咨询事务所座谈期间，双方对法律援助制度交换了看法。

此外，应欧洲经济促进协会和欧洲律师协会、德国慕尼黑律师公会、希腊Liaros & Cooperators律师事务所的邀请，上海市律师协会于7月至11月间，还先后组织了3个因私出访团，前往德国、奥地利、意大利及希腊等国家。

二、外事接待

1. 接待日本东京律师会代表团。

1月10日，上海市律师协会秘书长万恩标、上海市朝阳综合律师事务所的朱成雄律师在律协接待了由近藤早利律师带领的日本东京律师会代表团一行十二人。该代表团成员均由加入东京律师会1年至15年的比较年轻的律师组成。双方就两国的律师制度进行了交流座谈。

2. 接待德国汉森州法律代表团。

4月18日，毛柏根副会长、上海市四维律师事务所厉明律师，上海市邦信阳律师事务所胡光律师等接待来自德国汉森州的法律代表团一行6人，该代表团由汉森州司法部长Christean Wagner先生带队。双方就今后的合作事宜进行了讨论。

3. 接待法国里昂律师代表团。

5月16日，外事委员会副主任李志强律师，锦天城律师事务所钱奕律师，浦栋律师事务所孙志祥律师，金杜律师事务所张毅律师以及金马律师事务所叶鸣律师等接待了法国里昂律师代表团一行13人。该律师代表团均由法国里昂地区的律师组成。交流活动中，法国律师就其感兴趣的问题展开了提问，内容涉及：上海市律师协会的结构和运作情况，上海的经济发展与立法发展的联系，上海律师、尤其是女律师的发展情况以及有关法律援助等方面。

4. 接待澳大利亚维多利亚法学会代表团。

5月30日，吕红兵会长、毛柏根副会长、金茂律师事务所的李志强律师、耀良律师事务所的管云翔律师和仇熊项律师事务所的仇懿杰律师等接待了澳大利亚维多利亚法学会代表团其中的3名成员。双方就感兴趣的话题进行了讨论，互相介绍了双方机构的基本情况。并就今后的合作事宜进行了讨论，签订了谅解备忘录。

5. 接待法国马赛律师协会代表团。

6月1日，吕红兵会长、钱丽萍副会长、万恩标秘书长、外事委员会副主任刘大力律师、胡光律师、委员叶鸣律师等接待了法国马赛律师协会代表团一行11人。该代表团由法兰西全国律师协会会长、马赛现任律师协会会长、两位前律师协会会长以及马赛律师协会中负责国际事务的官员组成。

双方相互介绍了各自律师协会及律师的基本情况，并就各自感兴趣的话题进行了讨论。一致同意在今后加强双方的交流，为两地的律师建立一个沟通的平台，促进双方的经济发展。双方还就两会签署友好合作协议的事宜进行了讨论。

6. 接待美国约翰马歇尔法学院代表。

6月29日，徐晓青副会长、副秘书长刘小禾、副秘书长黄立群、知识产权委员会副主任斯伟江律师接待了美国约翰马歇尔法学院的副院长李汪引兰女士。美国马歇尔法学院在知识产权和科技法律方面一直是美国法学院在相关领域的最优秀学校之一。且自1994

年开始，马歇尔法学院就开始和中国的法学院以及中国知识产权局合作提供培训项目，已经有10多年的合作历史。双方就今后律师培训项目进行讨论，希望尽快促成派律师前往约翰马歇尔法学院学习交流。

7. 接待香港大律师公会代表团。

8月3日，吕红兵会长、万恩标秘书长及监事黄宁宁律师在律协接待了香港大律师公会代表团一行6人，分别为香港大律师公会主席戴启思资深大律师，香港大律师公会内地执业及关系委员会主席麦业成大律师，香港大律师公会会员陈聪枋大律师，行政干事张文迪小姐，国际大律师联合会的两位会长罗伊·马丁先生和格伦·马丁先生。双方主要讨论了国际大律师联合会明年将要举办的第三次年会的筹备事项。

8. 接待台湾地区中华法学会代表团。

9月12日，万恩标秘书长、常务理事鲍培伦律师、理事沈伟民律师、外事委员会委员孙志祥律师和仇懿杰律师接待了由“高等法院”“庭长”张剑男先生带领的台湾地区中华法学会大陆参访团一行15人。双方就民刑诉讼事后审制度进行了座谈，尤其就刑罚裁量的量刑标准、被告自白与法官量刑的关系等问题展开了热烈的讨论，并希望今后能进一步加强彼此的交流和学习，以促进司法制度的改革与完善。

9. 接待国际律师协会代表团。

11月3日，在市律师协会的安排和陪同下，国际律协的秘书长等一行三人拜访了市司法局，桂晓民副局长会见了客人，双方就律师业的发展、律师培训等彼此感兴趣的话题进行了交流和探讨。4日，国际律协的秘书长和公众利益管理部主任在全国律协和上海律协工作人员的陪同下，参观了通力律师事务所和邦信阳律师事务所，并与两律师事务所的合伙人就事务所的发展所面临的问题以及上海律师的培训等问题进行了讨论。

10. 接待法国巴黎律师公会代表团。

11月4日，上海市律师协会副会长毛柏根律师，上海市浦栋律师事务所孙志祥律师，上海市德理律师事务所仇懿杰律师接待了法国巴黎律师公会代表团一行五人。该代表团由巴黎律师公会长以及部分理事组成。交流活动中，双方就如何加强今后的合作展开了讨论。内容涉及：巴黎律师公会将在中国开设律师培训学校；中国律师和法国律师就法律基础、法律实施以及律师独立执业的一系列问题开展研讨会；加强中国律师事务所与法国律师事务所之间的合作等方面。

重庆市律师协会重要外事活动

3月9日，英国驻渝总领事夏天恩先生访问市律协，与市律师协会会长刘兴全进行了会谈，出席会谈的还有市司法局律管处处长吴钰鸿、市律协秘书长陈翔。刘兴全会长向英国客人介绍了重庆律师业的发展情况，夏天恩先生也介绍了英国驻重庆领事馆的有关情况。双方表示，将进一步加强沟通与交流，推进重庆律师和英国同行开展广泛的交流与合作。

4月18日，香港律政司副法律政策专员黄继儿先生率香港律师代表与20余位重庆律师在市律协视频会议室举行了一次别开生面的律师实务座谈活动。本次座谈会由资深律师、香港黎炎锡法律事务所主任律师黎炎锡先生主持，话题由“法律是什么”、“律师的功能”展开并深入，围绕民事法律实务案例进行具体分析，并扩展至国外律师事务所先进管理经验。这次活动为培养律师与客户沟通交流的心理和业务素质，学习香港律师事务所先进管理经验，增进内地与香港的沟通互助提供了非常好的机会。

11月3日，由英国总领事馆文化教育处主办，市律协协办的“中英律师面对面研讨会”在希尔顿酒店举行。两位来自英国的律师 Adrian Hughes 和 Roy Priestley 和80余位重庆律师参加了座谈会。英国驻重庆总领事馆文化教育处主任傅德伟先生和市律协会长孙发荣分别致辞。研讨会上，中英律师就律师与法律这一大家共同关心的话题进行了交流。

此外，市律师协会还分别接待了来访的新加坡国际仲裁中心中国区经理葛黄斌先生、德国律师朱美婷女士等，就加强法律服务交流合作进行了探讨。

河北省律师协会重要外事活动

1. 接待香港律师界代表团来访。2005年6月22日，香港特别行政区政府律政司司长（时任）梁爱诗女士率香港法律界代表团一行20余人，拜会了省司法厅、省律师协会。拜会期间，省司法厅张庆华厅长、省律师协会李益民会长等厅及律协领导与香港律政司梁爱诗司长、黄继儿副法律政策专员、香港大律师公会戴启思主席、香港律师会叶成庆常务理事进行了座谈，河北省律师协会分别与香港大律师公会、香港律师会签署了合作协议，就互相交流法律信息和法律文件、互设法律服务中心或代表处、加强业务合作等事宜，作出了原则性规定。6月24日，省律师协会与香港大律师公会、香港律师会共同举办了“冀港法律界交流合作研讨会”，冀港双方就共同关心的10个法律专题进行了深入的研讨，互相交流了拓展涉外法律业务的经验和作法，提高了我省律师的业务素质。通过此次与香港法律界代表团开展交流活动，为两地法律服务业合作奠定了良好的基础。

2. 与省司法厅联合组团访问香港。应香港特别行政区政府律政司、香港律师会、香港大律师公会的邀请，经国务院港澳办、司法部和河北省人民政府批准，以省司法厅厅长张庆华同志为团长、以省律协李益民会长为副团长，由邹强伦、杨栋昌等省律协领导和部分律师组成的河北律师代表团一行9人，于2005年12月6日至9日，访问了香港法律界。访港期间，代表团先后拜访了香港特别行政区政府律政司、香港律师会、香港大律师公会、香港特别行政区政府惩教署、香港高等法院。期间，代表团分别与香港特区律政司黄仁龙司长、香港律师会罗志力会长、香港大律师公会戴启思主席、香港特区政府惩教署彭询元署长、香港高等法院陈爵司法常务官进行了座谈，并参观了香港胡关李罗律师行、香港潘熙大律师办事处、香港白沙湾惩教所，旁听了香港高等法院民事法律程序，拜会了香港特别行政区政府律政司原司长梁爱诗女士。同时，与香港律师会、香港大律师公会共同举办了“冀港法律界交流合作研讨会”。会上，我省冯增书、徐文莉、任洪涛作了专题演讲；河北世纪联合、百盛律师事务所分别与香港顾张文菊、叶成庆律师事务所及余曾龙律师行签订了业务合作协议，就两地律师机构开展信息、学术、业务交流与合作、人员交流与培训等作出了原则性规定。通过访问，进一步深化了两地的友好合作关系，双方确定，香港律政司、律师会、大律师公会将于2006年再次访问省律师协会，河北省律师协会与香港大律师公会，将于2006年暑期互派律师到对方律师事务所见习并开展业务合作。

吉林省律师协会重要外事活动

8月11日至24日吉林省律师协会组织赴欧洲考察团，考察团12名成员在维也纳兰斯凯律师事务所与当地律师进行了交流，考察团对欧洲律师服务领域、客户范围和律师制度等有了进一步的了解。

12月4日至19日吉林省律师赴美国、加拿大学习考察团一行七人顺利完成出访任务，于19日回到国内。此次出访不仅开拓了视野，增进了交流，更是对国外律师先进管理理念的一次学习。

浙江省律师协会重要外事活动

1月16日至20日，省律协组团参加省政府“香港·浙江周”活动，拜访了香港律政司、香港律师会，参观、考察了香港律师事务所，并与香港律师会就两地律师的培训、交流签署“合作协议书”。同时，海通联合、六和、星韵、京衡、浙杭5家律师事务所分别与香港5家律师行签订了合作交流协议。

3月25日，省律协接待澳门力图律师事务所一行10人到浙江访问交流。参观了海浩律师事务所并进行交流座谈。这是省律协首次与澳门律师界的交流。

7月29日，省律协组团赴日本、韩国考察。考察律师工作，参观律师事务所，进行友好交流。

9月21日至26日，省律协组织部分常务理事随省司法厅胡虎林厅长赴香港、澳门考察交流。

11月5日，省律协接待香港律政司副法律政策专员黄继儿等到访，双方就两地法律服务合作进行了磋商。

11月14日，经省律协联络，香港律政司派员到省司法厅培训、交流两周。

12月21日至31日组团赴加拿大、英国考察律师工作。

安徽省律师协会重要外事活动

7月27日至8月12日，省律协代表团一行六人应美国康涅狄格州警政厅荣誉厅长、纽海文大学首席教授李昌钰博士的邀请，到美国纽约、康涅狄格州和华盛顿特区等地进行了参观访问。

江苏省律师协会重要外事活动

2005年8月13至22日，江苏省律师代表团一行8人出访美国，代表团由省司法厅方晓林副厅长带队，成员由执业律师和律师行业管理人员组成。访美期间，代表团参观了当地律师事务所并观摩了法院开庭，拜会了美中友好协会，双方交流了中美律师制度及律师行业管理等方面的情况。

2005年11月23、12月3日、12月10日，江苏省律师协会分三批共组织54名律师及行业管理人员赴港澳考察学习。在港期间，江苏律师现场观摩了当地法院开庭，并到西盟斯、易周等律师行参观交流。

福建省律师协会重要外事活动

2005年5月23日至6月4日，福建未保委主任曹卫参加了由佟丽华主任带队的一行六人的中华全国律师协会未成年人保护专业委员会香港考察团，对香港的儿童保护工作进行了考察。考察团拜会了香港法律援助署、香港申诉专员公署、香港平等机会委员会等政府或法定的机构，拜访了香港大律师公会、香港律师会、当值律师服务等团体和服务机构；走访了协青会、防止虐待儿童会、社区组织协会等民间团体，到循道卫理中心西湾河综合青少年服务中心了解著名的“火凤凰计划”的实施和运作；旁听了香港高等法院、东区法院多起案件的开庭，并与儿童法庭法官进行座谈；参观了香港终审法院，还到香港大学与社会工作及社会行政学系李永连博士进行了交流，听取了香港儿童保护的现状及矫治青少年罪犯情况的介绍等等。

江西省律师协会重要外事活动

2005年12月13日至12月25日以江西省律师协会党委副书记、秘书长唐锋为团长，厅基层工作处处长李美成为副团长的江西司法代表团一行11人访问了澳大利亚及新西兰两国。代表团成员还包括：上饶市司法局长、市律协会长刘和荣，吉安市司法局长、市律协会长刘承满，鹰潭市司法局局长、市律协会长吴炳森，厅监察室主任吴华金，司法鉴定处处长楼友球，厅律师工作处处长、省律协党委副书记肖花开；省律协理事、知识产权专业委员会主任、江西添翼律师事务所主任朱琦，省律协理事、女律师专门委员会副主任、江西扬明律师事务所主任刘燕萍，省律协理事、南昌市律协副会长、江西洪城律师事务所律师戴晨。

湖北省律师协会重要外事活动

2005年6月14日，湖北省律师协会刑事委员会组织湖北省部分律师与到访的美国纽约大学法学院柯恩教授等美国学者、律师及武汉大学马克昌、莫洪宪教授举行了中美刑事辩护律师业务交流会。与会代表对律师办理刑事业务过程中的一些问题进行了充分的沟通与交流，加强了对中美两国刑事司法制度的相互了解，增进了彼此之间的友谊。

2005年9月13日，亚洲法律资源中心（ALRC）执行主任Mr. Basil Fernando（斯里兰卡人）和项目官员黄启成先生（中国香港人）来武汉，到湖北省律协未成年人保护委员会进行了考察交流。这次访问交流，对湖北未成年人保护工作的深入开展起到了积极的推动作用。

2005年10月中旬，为学习国外同行先进的执业理念，湖北省律协组织部分律师和律师管理人员赴欧美进行了学习考察。

2005年10月20日~21日，湖北省律协组织80名律师参加了由美国纽约大学、武汉大学法学院、湖北省律师协会刑事委员会在武汉共同举行的“中美刑事辩护律师演示培训项目交流会”。该交流会对于刑辩律师更好地开展刑事辩护，熟悉美国的刑事诉讼制度，增进了解、加强合作有着十分重要的意义。

2005年12月1日，由香港特别行政区政府、湖北省人民政府主办的“湖北香港周”正式拉开帷幕。在汉的省市领导出席了在武汉国际会展中心广场举行的开幕式，张坚厅长代表司法厅也参加了这一盛典。随后，香港法律界代表团一行19人在团长香港特别行政区政府律政司副法律政策专员黄继儿先生的率领下赴省司法厅与省厅、省律师协会领导进行了会面，双方就共同关心的话题进行了亲切友好的交谈并互赠纪念品。

12月1日下午，香港法律界代表团参观了武汉的2家“百人律师事务所”——湖北得伟君尚律师事务所、湖北山河律师事务所，两地律师就开拓业务领域、加强业务合作进行了交流。在得伟君尚所，黄继儿先生挥毫寄语武汉同行：“以国际水准的专业服务，为人民排难解纷”；在山河所，黄专员的留言是“法治”二字。

12月2日上午，鄂港法律界交流合作研讨会在武汉香格里拉酒店召开。此次研讨会的负责机构为香港特别行政区政府律政司、湖北省司法厅，协办机构为香港律师会、香港大律师协会、湖北省律师协会。此次研讨会旨在推进与实现鄂港两地法律界的交流和磋商，加强双方了解，探讨合作机会。来自武汉地区部分律师事务所的律师代表150名参加了此次盛会。

会上，湖北、香港双方举行了签约仪式。两地法律界签订了4份合作协议书，分别是：湖北省律师协会与香港律师会关于进一步加强交流与合作协议书、湖北省律师协会与香港大律师公会交流合作协议书，湖北郑东平律师事务所与香港何绮莲律师事务所合作协议书，武汉仲裁委员会与香港仲裁司学会合作协议书。

广东省律师协会重要外事活动

韩国京畿道水原律师代表团一行7人到广东访问。10月8日上午，在省律协秘书处工作人员的陪同下，韩国水原律师协会律师代表团参观了省高级人民法院，并就有关审判程序等问题与省高院法官进行了交流。下午，省律师协会与韩国水原律师协会举行了工作交流会，会上，双方对两国的律师管理体制、律师发展状况进行了友好交谈，省律协薛云华会长、朱征夫副会长、刘玲副秘书长，市律协章震亚副会长，省律协民事法律专业委员会副主任詹礼愿律师，广东君信律师事务所盛健律师，广东恒益律师事务所章冬鸣律师以及省、市律协秘书处有关工作人员出席了会议。会后，韩国水原律师协会代表团参观了广东君信律师事务所和广东恒益律师事务所。

7月15日上午，经报中华全国律师协会审核批准，省律协与香港律师会在广州签订了《促进粤港法律服务发展合作协议书》，就双方法律信息和法律文件的交换、业务交流合作、定期友好互访、建立法律咨询平台、建立和发展律师事务所联营和保障两地律师执业权利等方面达成了协议，并设立了“粤港法律服务合作联络委员会”作为协议有关事宜的常设联络机构。为两地律师界积极探索律师事务所联营模式，共同促进两地法律服务市场和律师行业健康发展奠定了基础。

11月26日至27日，第二届粤港澳律师运动会在澳门举行，广东省律协副会长兼秘书长李国梁同志带领广东律师代表团一行80人赴澳门参加了此次运动会。经过2天的激烈角逐，广东律师代表团夺得团体和单项冠军共17个，团体积分排第一获得本次运动会团体总冠军。

海南省律师协会重要外事活动

3月12日~14日，中华全国律师协会与加拿大律师协会联合主办，海南省律师协会承办的“中加刑事司法改革与辩护项目培训会”在我省改革发展研究院召开，全省有126名律师参加了会议。会议在开始和闭幕时都举行了简短的开课和结业典礼，省律协王晶会长在典礼上发表了热情洋溢的讲话，加拿大律协李薇女士也代表加拿大政府讲了话。本次培训邀请了中国政法大学教授顾永忠讲课，培训获得圆满成功，得到中华全国律协与加拿大律协的高度称赞。

11月25日，美籍华人、海口市荣誉市民杜威利博士访问协会，并在协会会长王晶、副秘书长王航兵、主任林辉的陪同下参观了海南律师会馆。宾主双方在会馆贵宾室进行了亲切友好的交流。

广西壮族自治区律师协会重要外事活动

2005年3月，广西律师协会组织律师代表团到泰国、印度尼西亚等国进行了为期12天的考察。期间，代表团与印度尼西亚全国律师协会、泰国梁定镇法律会计事务所有限公司的律师进行交流座谈。通过交流，律师们对泰国、印度尼西亚的律师制度、司法制度有了一定的了解。同时，代表团也表示将邀请他们参加广西律师协会每年在博览会期间举办的中国——东盟自由贸易区法律服务研讨会。随着中国——东盟博览会从2004年开始每年在广西南宁召开，中国与东盟国家之间的贸易、经济往来会更密切，法律服务交流与合作也将更迫切，此次考察加强了广西律师协会与东南亚各国律师协会的交流，从而促进了律师间法律服务的合作，也增进了双方的友谊。

2005年9月4日至6日，广西律师协会刘断会长、严丽萍副秘书长到北京参加了主题为“法治与国际和谐社会”的第二十二届世界法律大会。

2005年9月21日至28日，黄强光副会长、雷振生副秘书长、李安华常务理事参加中华全国律师协会组织的代表团，赴韩国汉城参加第十届“律师事务所管理”法律研讨会。

四川省律师协会重要外事活动

2005年四川省律协积极开展对外交流、考察活动，主动与律师行业管理水平比较高的国内外同行进行座谈交流，以增强了解，增进友谊，体现协会合作精神。

3月份，四川省律协与美国律师协会草签合作交流协议书；与英国文化协会文化教育处就中青年律师的深造培训进行了初步接洽。

9月，四川省律协接待了来华考察的美国法学家、律师代表团，双方就公益诉讼与维护妇女权益有关问题进行了深入广泛的交流。

10月，四川省律协接待了来华考察的美国法学家、法官、检察官和律师，双方就刑事领域的诸多问题进行了深入的交流。

贵州省律师协会重要外事活动

2005年初，省律协组织考察团出访了美国、加拿大的律师制度，10余名律师参加了考察学习。

8月，省律协组织出访西欧考察团，10余名律师参加了对西欧8国司法制度、律师制度的考察学习。

9月，省律协又组织考察团出访新、马、泰、港、澳，10余名律师参加了考察学习。

10月，派人参加了全国律协组织的中韩两国律协共同在汉城举办的第十届“律师事务所管理”研讨会；有8名律师参加了在成都举办的“中美刑事诉讼律师法律实务培训班”，有4名律师参加了“第二届中国—东盟自由贸易区法律事务论坛”。

（四）全国律师协会开展民间对日索赔工作情况

一、与相关部门及日本律师辩护团协作共同举办法律研讨会、与媒体互动

2月24日，全国律协民间对日索赔诉讼工作指导小组与中国人战争被害赔偿请求事件辩护团的日本律师举行对日索赔诉讼报告会。2005年是中国抗日战争胜利60周年，日本律师团借此机会拟与中方开展的一些活动、日方的计划及想法与中方沟通。

会议由于宁副会长主持，中国人权发展基金会、全国妇联、全国总工会、中国政法大学、中国社科院近代史所及对日索赔诉讼工作指导小组成员等20人与会。中方专家、学者及律师纷纷发言，与日方交换了意见，并对日本律师常年以来给予中国受害者的无私援助表示敬意及感谢。与会者均表示会积极支持日本律师为中国受害者讨回公道、伸张正义的工作。

3月18日，就东京高等法院对两名中国公民为上诉人的山西慰安妇案作出了二审驳回上诉人请求的判决一事我会与日本律师团及中国人权发展基金会共同举办了新闻发布会。发表了联合声明，谴责日本法庭无视历史史实的不当判决。

3月19日，在政法大学，我会与日本律师团及相关部门就对日索赔诉讼工作召开了工作报告会。共有专家、学者、律师等50余人与会。

4月5日，全国律协对日索赔诉讼工作指导小组与日本律师团座谈了日本东京高等法院对中国山西省妇女郭喜翠等6名原告因在日本侵华战争中遭受日军暴力侵害诉日本政府案的二审判决情况。

4月12日，全国律协与日本律师团共同举办了齐齐哈尔遗弃化学武器案研讨会。

4月27日，日中法律家交流协会常务理事高木喜孝先生与对日索赔诉讼工作指导小组成员在京举办座谈会，就日本战后遗留问题、个人请求权等法律问题与“小组”进行了研讨和座谈。

7月4日，于宁会长会见日本律师团，他代表全国律协对日本律师团长期以来为中国侵华战争受害者不懈地在日本法庭斗争、为受害者讨回正义和公道而奋斗的精神表示感谢和支持。

11月11下午，全国律协与日本律师团共同举办“中日学者、法律家关于全面解决中国劳工问题、与企业交换意见会”。在会议上，日本律师团提出针对在日本强掳、强制劳工案诉讼现状日本律师将在日本全国采取统一战略，与企业各个和解、让企业出资建立基金全面解决该问题。日方提出一旦基金建立希望由中国为主体如全国律协、人权发展基金会等团体建立基金管理机构负责基金运营。为了进一步开展对日索赔诉讼工作，日方希望中方加紧在中国国内法院立案诉讼进程，成立中日联合律师团等。就此问题双方交换了意见，达成了基本共识。

二、与中国法律援助基金会共同设立民间对日索赔专项基金

为了进一步推动民间对日索赔诉讼工作的持续开展下去，帮助在日本侵华战争期间受到伤害的中国公民讨回自己的合法权益，鼓励中国律师积极投身于民间对日索赔工作。全国律协正在与中国法律援助基金会协商共同建立“民间对日索赔法律援助专项基金”。为了此基金的设立，按照律协领导的指示经多次与基金会协商，终于在今年设立成功并已经募集到款项用于中国律师从事此项事业。

7月29日上午，全国律协、法援基金会联合举行“纪念中国律师参与民间对日索赔诉讼”新闻发布会，在国内率先设立了“民间对日索赔法律援助专项基金”为对日索赔诉讼提供法律援助。经过半年的不懈努力工作，对日索赔法律援助基金已经募集到130余万元人民币，可以说暂时解决了中国律师从事此项工作的部分资金。

截至2005年12月在日本起诉的案件

序号	原告	被告	法院	提诉时间
1	中国"慰安妇"第一批	日本国	东京地裁 东京高裁 最高裁	1995年8月7日提诉，2001年5月30日一审判决； 2004年12月15日败诉，上诉； 2005年3月败诉。
2	中国"慰安妇"第二批	日本国	东京地裁 东京高裁 最高裁	1996年提诉，2002年3月判决，已上诉； 2005年3月1日败诉。
3	中国"慰安妇"第三批*	日本国	东京地裁 东京高裁 最高裁	1998年10月30日提诉； 2005年12败诉。
4	中国"慰安妇"第四批	日本国	东京地裁	2001年7月16日提诉。
5	南京大屠杀、七三一、无区别轰炸幸存者	日本国	东京地裁 东京高裁	1995年8月7日提诉，1999年9月27日一审判决，已上诉； 1999年9月27日一审判决，已上诉； 2005年4月19日三案和判，败诉。
6	刘连仁	日本国	东京地裁 东京高裁 最高裁	1996年3月15日提诉，2001年7月16日判决胜诉，日本国上诉；2005年6月23日二审败诉。
7	平顶山大屠杀幸存者	日本国	东京地裁 东京高裁 最高裁	1996年8月14日提诉，2002年判决，已上诉；2005年5月16日二审败诉。
8	中国劳工	日本国、间组、三菱、飞岛、宇部兴产、同和矿业、日铁、古河机械、铁道建设	东京地裁 东京高裁	1997年9月18日提诉，2003年3月11日判决，已上诉。
9	中国劳工	日本国、大成建设、鹿岛、熊谷组、飞岛建设	长野地裁	1997年12月22日提诉
10	中国劳工	日本国、三井矿山	福冈地裁 福冈高裁 最高裁	2000年5月10日提诉，2002年4月26日判决胜诉。 2004年5月判决败诉，已上诉。
11	中国劳工	日本国、日本冶金	京都地裁 大阪高裁	1998年提诉，2003年1月15日判决，已上诉。
12	中国劳工	日本国、熊谷组、住友、新日铁、三井矿山、地崎工业、北海道炭汽船	札幌地裁 札幌高裁	1999年提诉，2004年3月23日判败诉，已上诉。

续表

序号	原告	被告	法院	提诉时间
13	中国劳工	日本国、日本港运业会	新泻地裁 东京高裁	1999年提诉，2004年3月26日判决胜诉，上诉。
14	遗留毒气弹受害者	日本国	东京地裁 东京高裁	1997年12月9日提诉，2003年5月15日判决败诉，已上诉。
15	遗留毒气弹受害者	日本国	东京地裁 东京高裁	1996年12月提诉，2003年9月29日宣判。
16	中国劳工（花冈矿山）*	鹿岛建设	东京地裁 东京高裁	1995年6月28日提诉，1997年12月10日一审判决，1997年12月12日上诉，2002年11月和解。
17	中国劳工	日本国、间组、鹿岛建设	前桥地裁	2002年5月提诉。
18	中国劳工	日本国、三井、三菱	福冈地裁	2003年2月28日提诉。
19	细菌战受害者*	日本国	东京地裁 东京高裁 最高裁	1997年8月11日提诉，2002年8月27日判决败诉。
20	李秀英名誉权	中村俊夫、相泽宏明、株式会社展転社	东京地裁 东京高裁 最高裁	1999年提诉，2002年5月10日判决胜诉； 2005年1月20日胜诉。
21	中国劳工	日本国、酒田港运送	山形地裁	2004年12月17日提诉。
22	中国劳工	日本国、七尾海陆运送	金沢地裁	2005年7月19日提诉。
23	中国劳工	日本国、三菱	宫崎地裁	2004年8月提诉。
24	中国劳工	日本国、三菱	长崎地裁	2003年10月28日提诉。
25	中国劳工*	西松建设	广岛地裁 广岛高裁 最高裁	1998年1月16日提诉，2002年7月9日一审败，2004年8月二审胜，现诉讼至最高裁。

注：除“*”外的上述案件是由以尾山宏、小野寺利孝为代表的300余名日本律师组成律师团在日本承办，中方律师协助其中部分案件。

十、律师学研究现状

2005年度律师学研究的新进展

2005年律师学研究在《律师法》的修改、律师事务所的管理、律师职业行为规范的研究等方面取得了可喜的成绩。律师学研究开始步入规范化，更多的学者开始关注律师学领域，律师学的研究在深度和广度上都较以前有较大的突破。具体表现在以下几个方面：

一、关于《律师法》修改方面

《律师法》的修改问题仍然是律师学界关注的热点问题。比较有代表性的作品有陈俊生、张毅的《关于〈律师法〉修改的几个重要问题》（《中国司法》，2005年版第11期），陈卫东、李训虎的《关于〈律师法〉修改的几个问题》（《中国司法》，2005年第1期），秦希燕的《从律师定义到律师定位——谈〈律师法〉的修改》（《中国律师》，2005年第10期）等。这些文章对于《律师法》修改中的核心问题进行了深入的分析，其中关于律师职业的法律定位，增加律师的权利，完善兼职律师制度，调整和完善律师事务所的组织形式，和加强对律师的管理等方面内容都比较以前的研究有更为深入的认识。

二、关于律师职业行为规范方面

这方面的成果集中体现在2005年10月中国政法大学律师学研究中心的举办的“律师职业行为规则与律师事务所管理”会议论文集中，其中包括徐家力的《律师职业行为规范如何完善的思考》、张耀东的《律师职业专业化、律师管理专业化与律师职业行为规范化》、陈宜的《关于律师审判宣传的探讨》、程滔的《律师保密规则》等文章对律师职业行为规范的研究既有宏观方面，也有微观方面，深化了律师职业规范的研究。此外，王进喜的《中国律师职业道德：历史回顾与展望》（《中国司法》，2005年第2期）对我国律师职业道德发展的问题提出了建设性的意见和建议。

三、关于律师事务所管理方面

随着律师业的深入发展，近年来律师事务所管理方面存在的问题引发更多的关注。张学兵的《如何管理合伙制律师事务所》（《中国律师》，2005年第1~4期）和杨梅、王先东合著的《对合伙制律师事务所管理模式的探索和实践》（《中国律师》，2005年第6期），比较有代表性，这些文章从合伙制律师事务所管理应遵循的原则，事务所的管理机构，分所的管理，外部合伙人加盟的标准和程序，合伙人利益分配，内部合伙人的培养，律师事务所的业务管理等方面做了详细的探讨，提出了一些很有建设性的观点，很大程度上深化了律师事务所管理理论研究。

四、关于律师实务和技能方面

律师职业的性质决定了它具有实务性，同时也决定了它具有专业性和技术性。在这方面有突出特点的文章有邱景辉的《律师在场权的博弈》（《律师与法制》，2005年第11期）和钱卫清《我们怎样防范法律风险》（《中国律师》，2005年第8期）等文章，对律师职业的实务和技能问题进行了分析，提出了独到见解。关于律师实务和技能方面的研究过去已经有很多的成果，但是高水平对律师执业有很大帮助的成果并不多，因此这方面的研究还需要进一步加强。

五、关于律师对外开放方面

随着我国对外开放的深化和经济的持续发展，律师业的对外开放会越来越深入，这方面产生的问题也将越来越突出。在这方面的代表性的文章有李本森的《国际法律服务自由化与我国法律服务业的对外开放》（《中国司法》，2005年第6期）。该文认为，如何协调国际法律服务业的自由化与本国法律服务业对外开放的关系是必须认真解决的重要问题。同时，通过对国际法律自由化的影响和中国法律服务业对外开放问题，提出了中国法律服务业应采取的政策趋向。关于律师业的对外开放的政策问题属于律师学研究中的薄弱环节，需要有更多的高质量的研究成果。

六、律师社会学方面

律师社会学的研究近年来受到了学界的关注，这方面的研究成果推动了律师学理论研究的深入。比较有代表性的文章比如李学尧的《法律职业主义》（《法学研究》，2005年第6期），赵霄洛的《关于律师劳动的思考—对律师职业的政治经济学探索》（《中国律师》，2005年第4、5期）等文章。其中李学尧的论文从法律职业主义的角度对律师法修改中涉及律师的职业定位问题进行了深入的探讨，提出了市民公共领域理论是律师职业定位的理想模式。该文章对律师学的研究开辟了新的路径。

综上所述，2005年度律师学的研究取得了很大的成绩，无论是研究的深度还是广度都有比较大的突破。当然，相比法律领域的其他学科的研究，律师学的研究在体系的构建、基本范畴、实证研究等方面仍然显得单薄，这就需要从事律师学研究和律师实务界的同仁在这方面作出更大的努力。

十一、律师参与法律援助工作

（一）全国律师协会法律援助委员会

全国律协法律援助委员会成立于2005年12月，宗旨是充分发挥律师在法律援助工作中的作用，保障律师在法律援助活动中的执业权利、提高工作质量、规范律师法律援助执业活动、深入研究法律援助的相关政策，整合行业资源，就完善律师参与法律援助的工作机制和国家法律援助制度向政府和有关部门提出意见和建议。

（二）各地律师法律援助工作概况

北京市律师法律援助工作

2005年，社会律师办理法律援助案件共计3797件。

【案例一】 顶梁柱车祸致重残 获法援索赔一百万（朝阳区法律援助中心）

吕仲（化名）是朝阳区大屯地区的居民，上有体弱多病、丧失劳动能力、年过70的母亲靠他赡养，下有三个不满18岁的俩子一女靠他抚养，是家里的顶梁柱。2002年10月11日，一场突如其来的交通事故，造成吕仲颅脑外伤，颅骨缺损、完全性失语、右侧偏瘫、肌力下降、大小便不能自控，系I级（一级）伤残。家中的顶梁柱倒下了，这使得原来就在贫困线上生活的吕仲家庭陷入绝境。因交警大队调解不成，当吕仲母亲在2003年9月12日接到交警大队调解（未达成协议可向法院提起民事诉讼）终结书时，眼泪刷地流了下来。是啊，对于这样的家庭，打官司谈何容易？

2003年12月10日，老人在儿媳的搀扶下，来到朝阳区法律援助中心申请援助。在中心在了解情况后，当即决定受理申请，把此案指派到潮阳律师事务所，所里领导将案件委托给责任心强的郭云律师承办。

接到指派通知后，郭律师迅速了解案情，对于当事人的境况深感同情，感觉到作为一名法律援助律师的重大责任。因此，在代拟了民事诉讼状后，在区中心的协调下，立刻与区人民法院取得联系，说明本案的特殊性，要求特殊处理，法院领导决定缓交原告的受理费。

在承办过程中，郭律师为搜集证据、计算赔偿数额，多次与当事人去医院、去受害人妻子单位、交通管理部门等处调查取证。并根据受害人伤残等级，计算出医疗费、误工费、鉴定费、伙食补助费、精神损害赔偿、残疾人生活补助金、营养费和被抚养人抚养费的赔偿数额，经过法庭上的唇枪舌剑，据理力争，终于在北京市朝阳区人民法院打赢了官司。法院判决，被告赔偿原告吕仲医疗费、残疾者生活补助费、护理费、抚养费以及精神损失费总计1082019元。

案件结案了，郭云律师深有感触地说：法律援助对于穷苦百姓来说，是在走投无路情况下的最后求援，要使案件得到公正、圆满的解决，法律援助不但要援案，更重要的是援情、援心，通过办案把党和政府的温暖送到穷苦百姓的心上。

（案件承办人：北京潮阳律师事务所　郭云）

【案例二】 因是女子成“黑户”法律援助“正其身”（丰台区法律援助中心）

肖丽（化名），女，17岁，生父韩刚（化名），生母王玲（化名）。肖丽1987年出生后，因是女孩，且又是其母生育的第三胎女孩，其生父母在未办理合法送养手续的情况下，将其送给同村的肖华（化名）、马霞（化名）夫妇。当时未办理任何公证及登记手续，也未签订书面收养协议。1994年，肖丽的养父母肖华、马霞离婚，肖丽判决由养父抚养。之后，因肖华没有固定工作，肖丽经常被寄养在亲戚朋友家，先后7次转学。马霞离婚后精神病复发，肖华便将肖丽送往其生父母韩刚、王玲处暂住，承诺一旦自己经济条件好转，即接回肖丽。

2002年，肖丽中学毕业后，由于没有户口，也无身份证明，致使无法继续升学，也难找到谋生的工作。韩刚夫妇此时不愿意继续抚养肖丽，肖丽无奈之下去找养父肖华。肖华以曾经抚养过肖丽为由，不仅不愿意继续抚养肖丽，并向韩刚夫妇索要抚养费，对肖丽避而不见。在多次寻找养父无果的情况下，肖丽找到养母马霞的父母家，两位好心的老人收留了她。两年来肖丽寻父未果，因其身份问题也处处求职碰壁。

2004年7月，肖丽找到丰台区法律援助中心，通过咨询向中心正式提出法律援助申请。因肖丽无固定收入，属于未成年人，但侵害其权益的又是其监护人，中心决定受理该申请，指派北京市清朗律师事务所江沁涛律师承办此案，以期通过法律的渠道最终解决肖丽的“黑户”问题。

江沁涛律师会见肖丽了解案情后，多次前往公安户籍部门和民政收养登记部门调查，弄清了肖丽申请办理户口登记需要的手续和证明材料，但问题和困难很大：肖华不具有收养肖丽的法定条件，事实收养关系不具有合法性质；生父韩刚对肖丽的户口问题一味推卸责任，对应该由他出具的“出生证明”等材料一概不管；肖丽的养父多年打工在外，与肖丽一直没有联系，有关证据难以取得……

根据本案实际情况，承办律师经与中心多次探讨，提出了明确的办案思路：以“确定肖丽身份”为诉由，解除肖丽与肖华的“事实收养关系”，确定肖丽户口问题应该由其生父韩刚负责申办。

2004年9月，丰台区法院开庭审理了本案。由于调查清楚、准备充分，法院采纳了代理律师的意见，判决解除肖华夫妇对肖丽的收养关系；肖丽由韩刚夫妇抚养；明确判决韩刚夫妇履行为肖丽申报户口的义务。目前，肖丽已经取得了户口、身份，有了正式工作，“堂堂正正”地开始了她新的生活……

（案件承办人：北京市清朗律师事务所　江沁涛）

【案例三】　四年漫漫维权路　今朝法援见真情（西城区法律援助中心）

2004年12月的一天早晨，西城区法律援助中心的工作人员来到接待室，发现门前等候着一位拄着拐杖的中年妇女。一见到工作人员，她立刻一瘸一拐地走上前，取出一面绣着“为民请命”四个大字的锦旗，激动地说：“我要找屈京德律师和刘研律师，我要感谢政府、感谢他们！”这位中年妇女名叫费慧新，由于劳动争议，已经与单位打了四年官司。由于失去生活的希望，她曾在单位领导面前服毒自杀；由于不相信法律的公正，她曾在法院门口举牌上访。那又是什么让她重新燃起了生活的希望，找回了对公正的信任和对政府的感激呢？这还要从一年多前说起……

2003年12月，手拄拐杖、衣衫褴褛的费慧新第一次走进了西城区法律援助中心的大门。疲惫蜡黄的脸庞几乎让工作人员不敢将面前的她与身份证上那个神采奕奕的年轻妇女联系起来。她拿出一大堆材料向值班律师和工作人员说起了自己遇到的困难。

1993年，费慧新调入北京国营农场管理局设计所工作。当时北京市志力工程咨询公司（以下简称志力公司）与北京国营农场管理局设计所同属于北京市国营农场管理局（农场局）的分支机构，两单位合署办公。1996年12月19日，志力公司与费慧新签订无固定期限的劳动合同。后农场局又成立了北京市本土建筑设计有限公司（以下简称本土公司）。本土公司的工作人员均来自于志力公司，未签订新的劳动合同。但是，2000年5月8日，本土公司作出了解除费慧新同志劳动合同的决定。6月11日，本土公司与费慧新解除了劳动合同关系。

费慧新认为既然与单位签订了无固定期劳动合同，单位就不应该无故解除合同，于是向西城区劳动仲裁委员会申请了劳动仲裁。2000年9月14日，西城区劳动仲裁委员会做出裁决，裁决本土公司支付费慧新经济补偿金并驳回了费慧新要求恢复劳动关系的请求。费慧新不服仲裁裁决，向西城区人民法院提起诉讼，要求本土公司补发工资并撤销解除劳动合同的决定。西城区人民法院经审理于2000年11月24日做出了判决，驳回了费慧新的诉讼请求。由于对一审判决不服，费慧新向北京市第一中级人民法院提起了上诉，2001年6月26日法院作出终审判决维持西城区人民法院的一审判决。至此，费慧新打输了官司，成为了失业人员，开始在街道领取低保。

2003年，经费慧新申请，北京市第一中级人民法院再审此案，审理撤销原判决，发回西城区人民法院重审。打了三年多的官司，此时的费慧新已经是身心疲惫，案子有了转机，可她也失去了聘请律师的经济能力。危难之际，她听说政府出台了《法律援助条例》。抱着最后一搏的心态，费慧新拿着发回重审通知书，来到了西城区法律援助中心。

在审查了费慧新的案件材料和低保证明后，西城区法律援助中心认为费慧新符合法律援助条件。2004年1月15日，西城区法律援助中心决定给予费慧新民事代理法律援助。由于案情复杂，西城区法律援助中心决定指派北京市法律援助优秀律师屈京德和工作人员刘研为费慧新的代理人。代理人在仔细分析案情、审查案卷材料后，认为原判决存在以下问题：费慧新的无固定期劳动合同是与志力公司所签，而并非与本土公司签订。在原合同未解除前，费慧新和志力公司存在劳动关系而与本土公司没有劳动关系。同时，本土公司在原审期间向法院提供的一份证明引起了代理人的关注。该证明承认了志力公司与本土公司是一套人马，两块牌子。那么，费慧新在本土公司工作实际就是在志力公司工作，劳动关系一直在存续。而本土公司无权解除费慧新的劳动合同。

2004年3月到7月间，西城区人民法院两次开庭公开审理费慧新诉本土公司劳动纠纷案，费慧新及代理人屈京德、刘研和本土公司出庭参加了诉讼。2004年11月12日，西城区人民法院经过审理作出判决：确认原告费慧新与被告本土公司及志力公司存在劳动关系，撤销了本土公司解除原告费慧新劳动合同的决定；被告本土公司及志力公司支付费慧新2000年至2003年9月30日的工资；被告本土公司及志力公司为费慧新补缴自2000年6月至2003年9月30日的养老、失业、医疗保险；被告本土公司及志力公司为费慧新办理退休手续；被告本土公司及志力公司向原告支付2003年10月1日起至其退休手续办理完毕之日止的基本养老金。

至此，法院对原审判决进行了改判，费慧新历时4年，经劳动仲裁、一审、二审、再审四个程序，最终在西城区法律援助中心的帮助下，打赢了官司。在拿到判决书的那天，费慧新热泪盈眶的说："感谢西城区法律援助中心的律师，让我有了帮我说理的人，让我晚年有了依靠，不用再吃低保了"。

由于被告本土公司及志力公司不服西城区人民法院判决，向北京市第一中级人民法院提起了上诉。西城区法律援助中心已决定继续给予费慧新法律援助。目前，此案正在二审审理过程中……

（案件承办人：北京市中实律师事务所　屈京德

西城区法律援助中心　刘　研）

【案例四】　婚姻不幸　病弱女子走投无路　用法施爱　法律援助倾情相助（大兴区法律援助中心）

2004年6月的一天，快到下班时，大兴区法律援助中心的热线电话忽然响起。工作人员拿起话筒，电话那头传来一位妇女的哭泣声。"别难过，慢慢讲"，在工作人员温和耐心的劝导下，王某断断续续地讲述了她的遭遇……

王某与李某经人介绍认识，于2001年登记结婚，婚后两人感情不错。不料王某在2002年患上的功能性妇科疾病，使这段原本红红火火的婚姻降到了冰点。随着身体越来越虚弱，王某逐渐失去了劳动能力和生活来源，因此李某开始嫌弃多病体弱的妻子，经常威胁、恐吓，逼迫王某与其无条件离婚。在遭到王某的拒绝后，李某曾于2003年和2004年两次向大兴区人民法院提起诉讼，要求与王某离婚。在被北京市第一中级人民法院终审驳回诉讼请求后，李某开始侮辱、虐待妻子，多次在打骂后将王某赶出家门，并且开始拒绝支付妻子的看病所需费用和日常生活费用，以至王某不得不依靠借钱来看病和维持生活。在好心邻居的指点下，走投无路的王某拨通了大兴区法律援助中心的热线电话寻求支持和帮助。

王某的遭遇引起了大兴区法律援助中心工作人员的高度重视，为了方便行动不便的当事人，中心指派了王某所在辖区司法所的法律工作者孙涛承办该案。由于王某的户口仍在河北，而且她的病情属于间歇性质，这样给取证工作造成了一定困难。但是承办人员不畏艰辛，多次往返，认真调查，并主动为没有经济来源的王某向大兴区人民法院提出申请缓交诉讼费。法庭辩论时，承办人员从情理和法理上据理力争，认为王某要求李某给付扶养费的诉讼请求于法有据，王某与李某双方是在夫妻关系存续期间，应当互相尊重、互相帮助，一方患病时他方应予以关心和照顾，并应尽相互扶养的义务。现王某患有功能性妇科疾病，医院告之其要定期检查，一旦发现病情恶化就需要马上手术，还需要长期休养。而且王某因病失去了劳动能力，目前无法通过劳动来养活自己，生活困难，李某应当给予适当的经济帮助和精神支持，扶养妻子。最终法院采纳了律师的意见，作出判决，被告李某自2004年7月起，每月15日前支付王某的生活费用。王某在法律援助中心的帮助下，赢得了这场扶养费官司，自此其今后的生活有了一定的保障。

（案件承办人：大兴区北臧村司法所　孙　涛）

【案例五】　事故无情客死异乡　援助有情终获赔偿（平谷区法律援助中心）

2005年8月9日，一位面容十分憔悴的妇女刘玲（化名）来到平谷区法律援助中心寻求帮助。原来刘玲的丈夫杨路（化名）在平谷打工，2005年7月30日，杨路骑自行车行至北京市平谷区平蓟路西沥津路口时，与一"东风"牌厢式货车相撞，造成杨路当场死亡。事故发生后，平谷交通队出现场进行了勘察，出具了责任认定书，认定事故由司机高某负全责，杨路无责任。刘玲和杨路都是农民，上有体弱多病、没有劳动能力的爷爷、奶奶还有年过半百的父母要赡养，下有不满18岁的一子一女要抚养，家庭生活主要是依靠杨路外出打工维持生活。现在这个家庭失去了主要的经济来源，生活难以维持。

法律援助中心的工作人员在受理了刘玲的申请后，认真进行审核，当即决定给予其提供法律援助，并于当天将该案指派北京市时雨律师事务所，由王绪宽律师承办该案。王律师承办此案后，认真分析案情，为刘玲拟写刑事附带民事起诉状，将高某及其工作单位北京通新程物流有限公司为被告起诉至平谷区人民法院。

在承办过程中，王律师为搜集证据、计算赔偿数额，多次与当事人一起调查取证。并根据法律规定，计算出死亡赔偿金、被抚养人生活费、误工费、丧葬费、住宿费、交通费、精神抚慰金的赔偿数额，总计305427元。10月12日开庭，经过王律师与对方当事人的交涉，于当天就民事赔偿方面调解成功，由被告高某及其工作单位北京通新程物流有限公司一次性赔偿死亡赔偿金、被抚养人生活费、误工费、丧葬费、住宿费、交通费、精神抚慰金共计200000元。当天下午，被告方就将钱全部交付给刘玲一家。

刘玲非常满意王律师为她一家所做的工作，也十分感谢平谷区法律援助中心为她伸出援手，帮助她渡过难关。

（案件承办人：北京市时雨律师事务所 王绪宽）

【案例六】 讨回工钱60余万 187名民工喜过年（北京市法律援助中心）

2005年春节前夕，在市法律援助中心的帮助下，187名河北籍民工终于讨回了60多万元拖欠已久的工资。

2002年12月30日，山东省某公司承接了通州区一住宅楼建设工程后，将工程劳务分包给包工头仝某。很快，仝某就招来200多名河北籍民工干活儿。2003年5月，北京遭遇“非典”，迫于无奈，仝某带着民工离开施工现场。后来，公司以此为由拒绝支付劳务费，民工60多万元的工资没了着落。2003年5月，以赵龙为首的37名民工向市法援中心申请法律援助获批准。6月8日上午此案开庭，庭审中第一被告山东省某公司称与原告间没有任何劳务关系，只与仝某签订了劳务分包合同，且公司与仝某承包合同纠纷正在丰台区人民法院立案审理中，该案因与本案有实质影响，故申请法院中止本案的审理，不同意支付原告的劳务费。第二被告仝某称山东省某公司只支付了12万元，连支付民工的饭钱都不够，没有能力支付原告劳务费。

法院经审理认为，仝某与某公司签订建设工程劳务承包合同后，带赵龙等民工到工地施工，公司虽然未与赵龙等37名民工签订劳务合同，但根据赵龙等提供的证据可以证明其在公司承接的工程中从事了劳务，双方已经形成事实上的雇佣关系，故某公司应支付劳务费，判决山东省某公司给付赵龙等37名民工劳务费12余万元。

山东省某公司不服一审判决上诉至市第一中级人民法院，市中院驳回山东省某公司上诉，维持原判。判决后，市法援中心的韩静波律师为这些民工代书了强制执行申请书，递交到法院，12月20日，37名民工终于从法院拿到了早该结清的工资。

与此同时，在同一工地务工的河北籍民工又有150人向市法援中心申请法律援助。考虑到需要援助的人数众多，经济困难，又赶上农村秋收季节，中心派出工作人员丁爱筠、陆华宝、韩静波三名同志到河北省曲阳县上门提供法律服务。与这150人签订了法律援助协议，办理授权委托书、民事起诉状、缓交诉讼费申请书等相关手续。

海淀区人民法院受理了150名民工案件，2004年12月20日，判决山东省某公司给付这150名民工劳务费40多万元。民工代表送来锦旗并带了自家产的小米红薯，表示了对中心律师的深深感谢。

（案件承办人：北京市法律援助中心
韩静波 丁爱筠）

【案例七】 花季少女被炸伤 法律援助献真情（朝阳区法律援助中心）

“我们的女儿刚满十七岁，就被炸成这个模样”。一对中年夫妇领着一位脸部、右手严重烧伤的少女来到朝阳区法律援助中心哭诉。中心在详细了解案件情况后决定为其女儿提供法律援助，并指派到潮阳律师事务所，该所主任杨晓红律师承办了此案。

杨律师接到区法律援助中心的指派后迅速展开调查：受害人杨丽（化名）系河北省定兴县人，2001年10月7日起在朝阳区酒仙桥来一锅火锅店从事服务员工作，2003年2月1日晚被告邵强（化名）让杨丽与同事及主管人员一同乘车到朝阳崔各庄乡北皋太利花园做服务工作。晚十二点邵强命令其他工作人员到花园门外放礼花弹，邵强拿起一个礼花弹放，礼花弹未升空，就在地面爆炸了，反射进屋内，将杨丽炸伤，造成其面部60%、背40%、右手60%、右手臂60%的烧伤。

在北京积水潭医院就诊期间，被告只付了3000元的医疗费，就不闻不问了。杨丽的父母均是农民，根本无法筹集数万元的医疗费。无奈之下，诉至法院，请求人身损害赔偿60万元，这才有了开头的那一幕。

在诉讼答辩中，被告称杨丽是来花园凑热闹的，两人并不相识，也没有让其从事服务工作，并质证2月1日晚发生的13人全部烧伤，其中死亡两人的烟花爆炸事故，已由朝阳区公安分局认定为意外事故。针对被告的答辩，律师到杨丽原工作单位寻找证人，但迫于各种因素，昔日的同事都不愿作证。律师了解到爆炸事件发生后，许多知情人已被解聘回原籍。于是，律师亲自到黑龙江安达、绥滨等地寻找证人，请求他们作证，并数次到积水潭医院调取病例，到朝阳区公安分局查阅事件材料，为杨丽索取人身损害赔偿做了充足的证据准备。在法庭调查中，律师提出杨丽系职务行为，到花园工作，被告负有安全责任，且被告违反了《未成年人保护法》，雇用未成年人。

由于案件的复杂性，案件前后共开庭三次，2004年9月29日，法院依法作出判决：此次伤害结果是原告和被告以外的第三人造成，被告应负管理、保障的义务，未履行好安全保障义务，造成原告的人身损害，应赔偿一定的经济损失，赔偿原告22663元。

（案件承办人：北京潮阳律师事务所 杨晓红）

【案例八】 京渝两地律师携手 首度承办跨省案件（北京市法律援助中心）

2004年8月，小吴昊在京、渝两地法律援助工作人员的联手帮助下，终于为自己争得了应有的抚育费。这是自北京市法律援助中心成立以来，首度与外省法律援助中心联手承办的法律援助案件。

现住重庆某区的小吴昊，系非婚生子，今年9岁。其母因车祸去世。其父吴景虎将吴昊送到重庆外婆家，再也不闻不问，而且更改了自己及所有可能被查到的亲朋的手机及住宅电话号码。从此，小吴昊只能与外婆孙继清俩人相依为命，惟一的生活来源就是外婆微薄的退休金。女儿的不幸遭遇，使70岁的外婆孙继清悲痛欲绝，导致双目失明，经济上也不堪重负，无助的祖孙俩只能求助于法律援助。

重庆市法律援助中心受理此案后，经审查认定符合法律援助的条件，决定给予援助，但由于当事人吴景虎在北京，根据31个法律援助中心于2003年8月，在河北省石家庄签订的法律援助城际间协作协议，重庆市法律援助中心委托北京市法律援助中心协助承办此案。

北京市法律援助中心接受委托后，经研究，决定派韩静波和常明传两名律师具体办理此案。从孙继清处得知吴景虎的户籍为北京市海淀区东北旺乡。2003年11月19日，韩、丁两名律师冒雨赴东北旺派出所及其所在居委会调查，了解到吴景虎有妻有子，其名下不仅有一家绿化有限公司（注册资金300万）和一家生物有限责任公司，夫妇俩还开办了一家美容美发店，盈利丰厚，另外，其在东北旺乡还将得到几十万的拆迁补偿款，完全有能力承担抚养责任，为了取得双方是父子关系的证明，2004年2月17日上午，律师们赴北京医院调取到当时吴昊出生时，吴景虎在手术记录上以丈夫名义签署的手术同意书；期间，京、渝两地中心的律师通过电话多次联系，相互协商和了解案件的进展和相关情况。

因为吴景虎拒绝承认和吴昊的父子关系，调解不成，市中心的律师受托向法院提起诉讼。2004年6月4日，北京市海淀区人民法院受理此案。经2004年7月21日及28日两次开庭，吴景虎的律师在法庭上代其承认，吴昊系其亲生子，而吴景虎本人自始至终都未出现。北京市海淀区人民法院认定：非婚生子女享有与婚生子女同等的权利，所以吴景虎对吴昊有抚养义务。2004年8月27日，根据《中华人民共和国婚姻法》第二十五条规定，法院判决：吴景虎自2004年8月起，每月给付吴昊抚育费人民币300元，至吴昊18周岁时止；给付吴昊教育费人民币1500元。

一审判决后，代理律师认为一审法院判决吴景虎每月给付吴昊300元的抚育费偏低，不能维持吴昊正常的生活支出，且吴昊的母亲已经去世，吴景虎对吴昊负有全部抚养责任。代理律师及时与吴昊的法定代理人孙继清交换意见后，代书了上诉状，向北京市第一中级人民法院提起上诉。

2004年12月13日北京市第一中级人民法院判决吴景虎2004年8月起每月给付吴昊抚育费500元，至18周岁时止。

至此，小吴昊今后的生活费和教育费终于有了着落，这起首例由京、渝两地法律援助中心协作承办的法律援助案件，也终于画上了圆满的句号。

（案件承办人：北京市法律援助中心
韩静波 常明传）

【案例九】 预期赔偿难以确认 法律援助一朝实现（顺义区法律援助中心）

2003年1月7日上午，12岁的喻明明的父母神情沮丧地的来到顺义区法律援助中心，工作人员初步了解案情和其家庭状况后，根据援助条例有关规定当日批准给予援助，并指定北京市顺新律师事务所盛乃龙律师具体承办本案。

律师通过喻明明的父母进一步了解案情得知：2004年9月11日18时10分许，12岁的原告喻明明骑自行车在顺义区天竺镇君福阁酒楼门口被徐永生驾驶北京世纪庆林亨通运输有限公司所有的京G26139号货车撞伤，陆续治疗14天，诊断为牙关根折，18岁后可种植义齿，经北京大学口腔医院预算证明两颗牙齿治疗及种植费20000元。此事故顺义分局交通支队认定徐永生负全部责任。

本案难点、焦点如下：第一，事故发生在交通队报案时登记原告的名字是喻关明，实际原告户籍登记的是喻明明，因此造成诉讼时主体不好确定；第二，原告的主要损失尚未实际发生，需要6年以后才能发生，现在请求赔偿依法不是必须赔偿，能否现在赔偿难以确定；第三，肇事司机是单位的职工，如何确定被告主体。

为了充分维护原告的合法权益，针对具体案情，律师建议以户籍登记的姓名喻明明起诉，请家乡派出所出具现在使用姓名的证明，当庭法官认可原告主体的问题。考虑肇事方是有限公司和其职工，起诉时将其列为共同被告，以期在法庭审理中根据对方的态度决定是否放弃对职工请求赔偿的权利。开庭时律师着重阐述了要求被告一次性赔偿的理由和依据，事实上是原告从河南来到北京打工，居无定所，家庭经济十分困难；被告是有限责任公司，如果等待6年以后其主体的情形很难确定；被告现在有一次性赔偿的能力；原告的经济损失虽然尚未实际发生，但是有正规专家医院出具的医疗、手术费用预算证明；真正等到6年以后原告实际需要的费用很可能远远高于现在请求的数额。根据《最高人民法院关于审理人身损害赔偿案件适用法律若干问题的解释》第19条第2款是“可以”要求一并予以赔偿。

在律师的努力下，法院判决：本判决生效后七日内，被告北京世纪庆林亨通运输有限公司赔偿原告医疗费、鉴定费、牙齿间隙保持器费、牙根牵引器费、种植义齿费、伙食补助费、护理费、交通费共计人民币24028.38元。

（案件承办人：北京市顺新律师事务所　盛乃龙）

【案例十】 罹患绝症又遭遗弃　法援重燃生活希望（昌平区法律援助中心）

小磊，男，15岁，家住昌平区某镇张庄村。父亲长永（化名）与母亲玉兰（化名）因感情不和，于1992年8月离婚，小磊判归父亲抚养，母亲玉兰每月支付小磊生活费50元。1995年，就在小磊刚刚过完5岁生日的时候，突然感觉身体不适，浑身无力，慢慢的发展到不能下地走路了。父亲长永是个农民，每天靠打零工挣钱度日，并没有更多的时间顾及小磊。直到小磊卧床不起的时候，长永才感到问题的严重性。于是带着小磊辗转于北京各大医院诊断治疗。最终得到的结论是，小磊患上了绝症——进行性肌营养不良。这种病的症状就是肌肉严重萎缩，直至死亡。目前还没有一种有效的治疗方法。面对这种情况，家徒四壁的长永束手无策，只好找到小磊的母亲玉兰商量对策。但是令长永没有想到的是，已经再婚且又生有一女的玉兰丝毫不为小磊的病情担心，反而以小磊是在离婚后才生病的为由，拒绝支付医疗费用，还无情的停止了对小磊生活费的支付。无奈，长永只得四处借钱为小磊治疗。

2004年，小磊已经年满15岁了，由于不能很好的医治（因经济原因，治疗时断时续），病情没有得到控制，目前已经是全身瘫痪，仅靠简单的药物维持。长永现在县城内拉三轮车挣钱，每天的收入仅够父子俩勉强糊口度日。每天清晨，长永都是在服侍小磊吃完早饭后，再将午饭放在小磊的床头，然后赶十余里的路到县城蹬三轮车拉活。而小磊的母亲自听说小磊得病后，虽然是住在同一个村，但却一次都没有来看过儿子。由于经济困难，小磊营养不良，15岁的孩子体重却不足40斤，虽村里给予一些困难补助，但却也是杯水车薪。长永决定拿起法律武器，维护小磊的合法权益。

在争得小磊的同意后，长永来到了昌平区法律援助中心。法律援助中心工作人员热情的接待了长永，详细了解情况，中心主任兰士林亲自去看望小磊。及时的为他办理了法律援助手续，并指派中心公职律师李颖办理此案。李律师在详细的了解了案情后，积极的投入到工作中，准备了充分的证据材料，详细的调查了小磊母亲玉兰的经济情况。在与玉兰调解不成的情况下，将她起诉到昌平区人民法院。在法庭上，李律师摆事实，讲法律，据理力争，最终法院全部采纳了律师的代理意见，判决玉兰每月支付小磊生活费300元，承担小磊医疗费的二分之一。

（案件承办人：昌平区法律援助中心　李　颖）

上海市律师法律援助工作

2005年，上海律师参加法律援助的办案人数为5375人，占本地律师人数的75.4%；参与办理法律援助案件数量5855件，其中有影响案件，如“法律援助两度出手，三万欠薪最终获赔”、“打破常规速介入，民工权益得维护”、“六位老太利益受损，法律援助依法维权”、“少年郎失足获罪，施律师依法维权”、“深入调查，细心求证，被告人终获公正判决”、“发挥非讼调解作用，关爱老人依法维权”等。

【案例一】 发挥非讼调解作用　关爱老人依法维权（卢湾区法律援助中心）

［案由］

交通事故损害赔偿。

［受援人简况］

蒋老太，女，六十六岁，家住卢湾区陕西南路某弄，系某国企的退休职工，因交通事故导致九级伤残，生活困难。

［案情简介］

2004年9月3日，蒋老太外出买菜，走出弄堂口在过人行横道时，某出租车公司一辆出租车将她撞倒在地。蒋老太被送到瑞金医院紧急治疗，经医生诊断为左桡骨远端骨折。2004年9月6日卢湾交警支队出具交通事故认定书认定，因出租车未让在人行道内过马路的蒋老太先行，造成事故发生，因此由出租车公司对事故发生负全责。蒋老太根据责任认定书要求出租车公司赔偿相关费用，但出租车公司只肯承担蒋老太在瑞金医院治疗的先期医疗费，对于后续治疗费、护理费等其余款项不愿意支付，而根据医生的诊断，蒋老太因骨折情况很严重，需要进一步治疗。蒋老太及其家属数次与出租车公司协商均未果。2005 年 1 月底，百般无奈的蒋老太来到区中心，寻求解决问题的方法。

一、承办过程

中心工作人员对蒋老太的遭遇深表同情，并耐心向她解释，依据我国关于人身损害赔偿的司法解释，道路交通事故赔偿范围一般包括医疗费、误工费、护理费、交通费、住宿费、住院伙食补助费、必要的营养费、精神损害抚慰金。如构成伤残，还要包括残疾赔偿金、以及因康复护理、继续治疗实际发生的必要的康复费、护理费、后续治疗费等。根据蒋老太出具的伤情报告，为更好的提供要求出租车公司赔偿的依据，中心工作人员建议其申请做伤残鉴定，告诉她如鉴定结果显示构成伤残，则可获得伤残补助金。并告知其受害人因伤致残但实际收入没有减少，可能会降低残疾赔偿金标准，以及我国精神损害抚慰金标准适用《最高人民法院关于确定民事侵权精神损害赔偿责任若干问题的解释》的规定。为维护蒋老太的合法权益，中心根据蒋老太的现实情况，决定为她提供法律援助服务，并在考虑赔偿时间、诉讼风险等情况下，建议先给予蒋老太非诉讼调解形式的法律援助，如调解不成功，再向法院诉讼，中心的建议得到了老人的同意。

在中心的建议下，蒋老太太于 2005 年 3 月 1 日到复旦大学上海医学院法医学鉴定中心进行鉴定，鉴定认为蒋老太太经治疗，遗留左桡骨远端骨折，左腕关节功能障碍，功能丧失 71%，指左上肢功能丧失达 10% 以上，鉴定构成十级伤残。

随后中心指派汇鸿所陈临瑾律师、徐洁律师承办该案，在认真听取当事人意见后，陈律师和中心工作人员初步确定赔偿金额，主要为赔偿金 22400 元、医疗费 9000 元、护理费 2400 元、子女误工费 2400 元，再加上医院伙食补贴、鉴定费、交通费等约 1400 余元，以及其他相关费用共计约 4 万元。同时指导、协助蒋老太太及其子女收集证据，如子女误工费证明应如何出具，医药费、住院费、交通费等收款凭证、票据应如何计算、收集等。

准备好相应的材料后，由区中心工作人员和承办律师共同出面与出租车公司联系，开展解工作。但出租车公司态度强硬，百般推诿，每次都只是找一个普通工作人员来应付。几经商讨，出租车公司只同意在已经支付的 800 元医疗费基础上，另行支付 2500 元，对于蒋老太的其他请求，总推说不属于保险公司理赔范围，因此不予考虑。对此，陈律师严正指出，出租车公司和蒋老太之间的人身损害赔偿和出租车公司与保险公司之间的保险合同理赔纠纷是两个完全不同的法律关系，不能简单地混为一谈。出租车公司不能将保险公司不理赔作为不向蒋老太赔偿的理由。出租车公司的理由完全站不住脚，如出租车公司没有诚意进行协商，蒋老太将直接通过向法院诉讼解决问题。几翻周折，出租车公司承办人员的态度终于有所缓和，约定由其公司负责人来当面协商。

2005 年 8 月 4 日中心工作人员和徐律师陪同蒋老太及其家属到位于中华新路的某出租车公司总部进行协调。一开始协调时，公司负责人态度强硬，认为护理费、营养费、精神抚慰金皆不属于赔偿范围，且不同意残疾赔偿金的计算标准。对此中心工作人员和律师早有准备，指出，根据我国有关法律法规的规定，人身损害赔偿范围应包括护理费和精神抚慰金，护理费根据护理人员的收入状况和护理人数、护理期限确定。如雇佣护工的，参照当地护工从事同等级别护理的劳务报酬标准计算。护理人员原则上为一人。至于残疾赔偿金是根据受害人丧失劳动能力程度或者伤残等级，按照受诉法院所在地上一年度城镇居民人均可支配收入或者农村居民人均纯收入标准，自定残之日起按二十年计算。但六十周岁以上的，年龄每增加一岁减少一年。而 2004 年上海市城镇居民人均可支配收入为 16000 元以上，根据该方法，计算所得的残疾赔偿金合法合理，同时指出，我们之所以采取调解的方式完全是出于一种双赢的目的，来表达我们的诚意。如通过诉讼方式解决，出租车公司不仅仍要支付上述费用，同时还要承担本案的诉讼费用，并花费无法用金钱衡量的大量时间和精力，还可能降低公司的声誉，得不偿失。最终该公司负责人被律师和中心工作人员的诚意所打动，基本同意了蒋老太太的赔偿请求，最终确定赔偿金总数 36000 余元，并约定三日后到交警支队签订协议并交付赔偿金。

[承办结果]

2005 年 8 月 8 日双方按约到交警支队签订调解协议，出租车公司当场向蒋老太支付了赔偿金，蒋老太拿着赔偿金，激动地说："原本以为最多只能拿到 5000 元，没有想到你们能为我这样一个老人，不厌其烦，一次次的奔波，提供免费服务，争取到这样大的权利，如果没有你们的帮助，我无法想象是否能保障权益。”蒋老太从赔偿金中拿出一部分钱，说是要给中心工作人员辛苦费、交通费，以表示她的谢意。中心工作人员婉言谢绝，并告诉蒋老太：“这是我们的工作职责，能看到这件纠纷的顺利解决，能看到你合法权益的维护，我们已经很高兴了，这是对我们的最大报酬”。为此，2005 年 8 月 18 日，蒋老太太向区中心送来一面“关爱老人，依法维权，持强扶弱，公正廉明”特大的锦旗，以表达心中对中心工作人员的感激之情。

［案例点评］

司法公正，最优化的维护社会贫弱者的合法权益是法律援助的本质目的。这就要求援助人员根据案情，从受援人的利益出发，以最佳的方式解决问题。本案中蒋老太的情况如采取诉讼的方式对于中心工作人员和承办律师而言可能更为省心，但并不符合受援人迅速、有效解决问题的愿望，因此本案采用非诉讼的方式。目前需要法律援助的困难群众还有很多，要做好该项工作，法律援助工作者就决不能有僵化的教条主义思想，一定要时刻本着服务为民的意识，多从来访群众的角度思考问题，尽量用最适合、最贴切的方式，从小处做起，从实处做起，切实把关心群众的工作做好、做细，只有这样才能让群众放心满意，增加其对党对政府的信任，真正体现法律援助的职能。

（案件承办人：汇鸿律师事务所
陈临瑾　徐　洁）

【案例二】 打破常规速介入　民工权益得维护（嘉定区法律援助中心）

［案由］

人身损害赔偿。

［受援人简况］

向某，男，1955 年 4 月生，系外来务工人员。2004 年 8 月 29 日在工地发生事故，造成八级伤残。

［案情简介］

向某于 2004 年 8 月 23 日经老乡介绍至某市政建设工程有限公司承包的某置业标准厂房所在工地做油漆工。8 月 29 日，向某在高空作业时从无任何安全防护设施的公司自制固定移动架上摔下，造成胸椎、腰椎骨折。经司法部司法鉴定中心鉴定，按照道路交通事故标准，构成八级伤残。

事发当日，工地老板将向某送到医院治疗，并支付了医疗费。待伤势稍有好转，向某即被老板接回工地在宿舍里休养，同时派人护理。向某伤势进一步好转之后，老板不再派人护理，并对今后的治疗费和残疾补助等缄口不提。此后四月余，向某就有关赔偿问题多次与老板协商，但因赔偿数额悬殊太大，终未达成协议。无奈，向某到劳动部门要求进行工伤认定。但因向某未与用人单位签订劳动合同，老板又拒绝出具用工证明，无法确认彼此的劳动关系，从而使工伤认定难以进行。2005 年 1 月 6 日，向某以人身损害赔偿为由向嘉定区人民法院提起诉讼。要求被告某市政工程公司和工程承包人王某承担其一次性伤残补助金 39948 元、误工费 6250 元、护理费 1800 元、营养费 1200 元、医药费 273 元，合计 49471 元。

［承办过程］

诉状虽然提交到法院，但作为一个来上海不到半年的四川农民，对法律知识一无所知，如果没有律师的帮助，真到了法庭之上，自己的权益能否得到切实的维护？可是，一贫如洗的向某连吃饭的钱都快没有了，哪里还有钱请律师啊！老家有年逾古稀的双亲，母亲右手残疾，早就丧失了生活自理能力，父亲长期患严重的气管炎而无钱医治，妻子又体弱多病，尚在读高中的儿子因家庭困难，所需的学杂费、生活费长期以来一直靠学校减免和资助。向某是家里的顶梁柱，本来一家人的希望都寄托在他的身上，可是没想到钱还没赚到，自己却身落残疾。想到这里，向某不禁泪流满面。面对即将开庭的案子，向某的心里七上八下，一点儿底也没有。

之后的一个多月里，向某一直处在担心和焦虑之中，后来他听说嘉定区有个法律援助中心可以为像他这样经济困难的外来打工者提供免费的法律服务，抱着一线希望，他打电话向法律援助中心求助，请求给予法律援助。中心工作人员告知其需携带经济困难证明及身份证等相关资料，到援助中心办理有关手续。

向某当即给老家打了电话，让其家属在当地为他开具家庭经济困难证明，之后来到了法律援助中心。此时距离开庭只有三天了，而且接下来的两天还是双休日，等向某老家开具经济困难证明后，再按正常的审核程序肯定是来不及了，为此向某心急如焚。看到他焦急的样子，中心工作人员决定打破常规，先为其办理援助手续，指派律师提前介入。

上海正大律师事务所李力律师接受指派以后，立即与向某取得联系，了解案发前后的详细情况。考虑到该案实际，李律师放弃双休日直接与被告方联系，进行沟通。李律师依据法律，结合案件事实，言辞诚恳地指出：“向某经人介绍到你们承包的工地上从事油漆工，构成了雇佣关系。在施工过程中，你们对工程设施没有采取任何安全措施，造成向某残疾的后果，主观上存有过错，须承担民事赔偿责任。造成这种局面，这是双方都不愿看到的。”李律师有理有节，阐述自己的观点和立场。看到被告方态度有所缓和，李律师抓住时机，顺势讲述了向某家庭经济困难的实际情况。经过三方反复协商，为案件的最后调解奠定了有利的基础。2005年3月1日，案件在嘉定区人民法院开庭审理。

[承办结果]

由于开庭前，李律师已与两被告沟通，就有关案件事实与法律定性达成了统一的认识。在法院的主持下，双方达成协议，由被告方赔偿向某伤残补助金、营养费、误工费共计人民币4万元。

为感谢法律援助中心的及时帮助，3月7日，向某向法律援助中心赠送了一面“助人为乐，无私奉献”的锦旗。

[案例点评]

这是一起打破常规，快速援助的案例。按照正常的审核程序，当事人须首先出具经济困难证明，这是案件审核的重要条件之一。但考虑到该案的特殊情况，援助中心指派律师提前介入。如果按正常的程序，当事人将难以得到及时有效的法律帮助，那么他的合法权益也难以维护。在法律援助工作实践中，我们一方面要坚持法律援助操作的规范性，一方面也要在具体案件中兼具灵活性。因为法律援助的宗旨就是要让公民无论经济状况的差异，无论文化水平的高低，都能无一例外地站在法律的同一起跑线上，实现真正的法律面前人人平等。

（案件承办人：上海市正大律师事务所　李　力）

【案例三】 深入调查　细心求证　被告人终获公正判决（金山区法律援助中心）

[案由]

抢劫、故意杀人。

[受援人简况]

江某，男，1988年7月10日生，汉族，安徽省颍上县人，初中文化，系上海市金山区石化地区某娱乐发展有限公司服务员，暂住上海市金卫城村。

[案情简介]

2005年1月26日凌晨，江某以找人为由到被害人伍某暂住处，趁其不备用枕头蒙面、掐喉，用电线套拉伍某颈部等暴力手段，劫得手机两部，并强迫伍某讲出银行卡密码，而后，江某担心身份暴露而欲将伍某灭口，遂打碎镜子玻璃采用玻璃碎片刺、割喉等手段致使伍某受伤昏迷（后被救醒）。事毕，江某当场劫取伍某现金400元，建设银行卡一张，后江某被依法逮捕。

[承办过程]

2005年5月11日，金山区法律援助中心接到金山区人民法院指定辩护通知书后，立即指派上海市鸿生律师事务所主任唐鸿生律师和杨月兰律师承办此案。承办律师依法查阅案卷、会见犯罪嫌疑人，会见时，江某对起诉书认定他1985年1月10日出生的纪录未表示异议，对检察机关指控的罪行供认不讳。

2005年5月17日，金山法院如期开庭，法庭上，公诉机关以江某的行为触犯了《刑法》第263条、第232条的规定构成抢劫和故意杀人罪，要求法院数罪并罚，建议对江某判处18～20年有期徒刑。但在庭审调查过程中，江某突然提出起诉书认定他1985年1月10日出生的年月有误，其系1988年7月10日出生，身份证和户口簿上的出生年月日期是其父亲托人到派出所改的，并有老户口本为证。如其所属属实，则犯罪时江某实际年龄应为16岁，而不是公诉机关认定的20岁，属于未成年人，理应从轻或减轻处罚。可公诉机关以公安机关已二次函调证实江某年龄及上海体育科学研究院测量江某手腕发育标准推断江某年龄为18岁以上的证明为依据，认为江某系为减轻处罚而撒谎狡辩。对此，辩护人认为公诉机关采用的推断方法并不科学、客观，不具有法律意义上的公信力，因此不能作为本案定罪量刑的证据公诉机关的举证不能否认江某的合理辩解，遭到了控方人员的诘难，言语中流露出对这类法律援助案件还要小题大作，辩护律师当即表示及实施法律援助案件，也不能有违法司法公正的现象。

本着忠于律师职业道德宗旨，在获得法庭许可后，唐律师自费连夜赶赴江某原籍安徽省颍上县江店孜镇计庄村，调取江某家1999年老户口簿、公安派出所原始档案以及江某父亲要求变更出生日期的相关证据，并向江某同村与其同年出生的两位村民及其家庭了解情况，制作谈话笔录和证人证言，并复印了他们的户口簿，获得分娩接生护士证言，江某小学时学生档案等有关材料，这些都足以证明江某于1988年7月10日出生的事实。而后，唐律师连夜赶回金山并立刻将材料交至法院。

法院、检察院、公安局对唐律师提供的证据材料十分重视，他们组成了联合调查小组，再次赶赴安徽省颍上县江店孜镇调查核实情况。几经周折，终于证实了江某系1988年7月10日出生的事实。2005年6月

8日法院重新开庭，唐律师指出江某犯罪时未满16周岁，系未成年人，按照《刑法》第17条规定“已满十四周岁不满十八周岁的人犯罪，应当从轻或者减轻处罚”。要求法院依法减轻处罚，获得法院采纳。

［承办结果］

2005年6月22日，金山区人民法院判决江某犯抢劫罪，判处有期徒刑四年六个月，并处罚金4000元；犯故意杀人罪（未遂），判处有期徒刑五年，决定合并执行有期徒刑九年，并处罚金4000元。

［案例点评］

就援助律师而言，案件办理的态度不应有标的大小、收费与否之分。对于案件承办过程中遇到的任何疑点，承办律师都应本着以事实为根据，以法律为准绳的精神，深入调查，细心求证，切实维护受援人的利益。本案中，唐律师不计报酬，尽心尽力为江某辩护，充分展现了援助律师的风采，引起了江某老家当地百姓的关注，正如江某父亲在法庭上，在给司法局、上级法院的表扬信中所写的“我们全家和乡邻从上海的律师身上看到了上海司法是公正的，中国的司法是公正的，我们中国是有希望的。”

（案件承办人：上海市鸿生律师事务所
唐鸿生　杨月兰）

【案例四】 少年郎失足获罪　施律师依法维权（嘉定区法律援助中心）

［案由］

故意伤害。

［受援人简况］

李某，男，汉族，1987年3月19日出生，系外来务工人员。因涉嫌故意伤害罪于2004年10月20日被上海市公安局嘉定分局刑事拘留，同年11月3日被依法逮捕。

［案情简介］

2004年10月19日晚9时30分许，李某与朋友王某等人吃完晚饭后在嘉定区工业开发区打桌球，遭被害人范某及同伙殴打。被告人李某在追赶范某的过程中，见王某与范某在现龙村223号附近水泥路上扭打在一起，遂上前抱住范的脚，范在扭打中跌入水泥路旁的河中。李某从路旁拾起一块木板，砸在范头部，致其昏迷，仰躺于河面上。李某因怕将人砸死，遂在王某等人帮助下，将范抬上岸，并报警将范送至医院抢救。经法医鉴定，范因颅脑损伤并伴溺水而死亡。2005年1月21日，嘉定区人民检察院以故意伤害罪对李某提起公诉。因李某未满18周岁，普陀区人民法院为其发出指定辩护人通知书。嘉定区法律援助中心依法将案件指派到上海市中天信律师事务所由该所律师施寅初承办。

［承办过程］

施律师接受指派后，会见了被告人李某，了解案件详细情况，并查阅了案卷材料。2005年3月1日普陀区人民法院对这起案件依法进行了不公开审理。公诉机关指控被告人李某故意伤害他人，致人死亡，其行为构成故意伤害罪，向法庭提供的指控证据有王某等人的证人证言；上海市公安局现场勘查笔录和照片；死亡确认书、尸体检验报告、工作记录等书证；被告人的户籍证明和被告人的供述。同时，认为李某犯罪时已满16周岁未满18周岁，有自首情节，所以建议法院依照《中华人民共和国刑法》第234条第2款、第17条第1款、第3款、第67条之规定对李某定罪处罚。

施律师认为本案的事实清楚，李某故意伤害范朋林致其死亡，应当受到法律的惩处，对公诉机关的定性和指控的事实没有异议。但是根据李某在本案中具备的法定和酌定的从轻或者减轻情节，施律师提出了如下辩护意见：

1. 李某在实施犯罪时尚未达到18周岁，依法应当予以从轻或者减轻处罚；

2. 李某在案发后能主动报警，到案后如实交代犯罪事实，系自首，依法可以从轻或者减轻处罚；

3. 李某在原籍表现尚可，无前科劣迹，属初犯；

4. 李某在归案后，认罪态度较好，有悔罪表现。

最后，施律师希望法院能鉴于李某上述法定和酌定的从轻或者减轻处罚的情节，对李某减轻处罚。

普陀区人民法院根据最高人民法院《关于审理未成年人刑事案件的若干规定》的规定，在法庭审理过程中，了解到李某系外来务工农民，在原籍一贯表现尚可，因来沪后缺乏足够的家庭教育，加之法制观念的淡薄，为报复他人一时冲动而犯罪。法院认为李某故意伤害他人，致人死亡，其行为已符合我国《刑法》第234条规定之故意伤害罪，所以公诉机关指控其犯故意伤害罪罪名成立，依法应予以处罚。但李某在伤害被害人后，主动向公安机关报警，并在案发现场等候公安人员，到案后如实交代犯罪事实，应认定为自首，依法可以从轻或者减轻处罚。李某系初犯，犯罪时已满16周岁未满18周岁，到案后有自首情节及悔罪表现，依法应当减轻处罚。

［承办结果］

法庭采纳了辩护人意见。依照《中华人民共和国刑法》第234条第2款，第17条第1款、第3款，第67条第1款及最高人民法院《关于处理自首和立功具体应用法律若干问题的解释》第一条第一款之规定，判决李某犯故意伤害罪，判处有期徒刑6年。

[案例点评]

在刑事法律援助案件中，援助律师在为受援人提供法律帮助的时候，是带着感情的。尤其是在为未成年犯罪嫌疑人进行辩护的时候，往往从他的犯罪成因方面入手，强调其犯罪的偶然性，加上合法的从轻、减轻的辩护理由，使法庭对受援人的量刑产生一定的影响。

本案中的李某作案时未满18周岁，依照《刑事诉讼法》、《法律援助条例》之相关规定，依法应当提供法律援助。经受理法院指定，法律援助中心及时指派律师予以承办，维护了未成年人的合法权益。

（案件承办人：上海市中天信律师事务所 施寅初）

【案例五】 法律援助两度出手 三万欠薪最终获赔（普陀区法律援助中心）

[案由]

劳动争议。

[受援人简况]

何某，男，1963年8月出生，汉族，户籍地为安徽省无为县高沟镇，现暂住上海市曹杨路。

[案情简介]

何某于2001年10月起在上海某水产品有限公司（以下简称甲公司）工作，负责甲公司在南通某超市的销售工作。2005年2月24日何某因与甲公司的工资争议问题，而向上海市普陀区劳动争议仲裁委员会申请仲裁，要求甲公司支付2002年2月至2004年2月工资24400元，并支付上述拖欠工资25%的补偿金6100元，仲裁委员会以何某的请求事项已超过申诉期为由，裁定不予受理。何某不服仲裁决定，遂向普陀区法律援助中心递交了法律援助申请。

[承办过程]

普陀区法援中心依法审核后，批准给予何某法律援助，并指派朝华律师事务所的贾庆律师承办该案。接受指派后，贾律师首先约见了受援人何某，向其了解该案的案情细节。据何某表述，其在为甲公司工作期间，未与该公司签订正规劳动合同，2002年2月至10月，甲公司承诺每月向何某支付工资800元人民币，自2002年11月至2004年2月何某的月工资增长为1500元人民币。然而在此期间，甲公司总共仅向何某支付了工资人民币6000元，其余工资均拖欠未予支付。除上述劳动工资争议外，何某与公司还有另一债权债务纠纷，即何某应甲公司安排，于2002年赴南通工作，临行前曾向甲公司借款1600元。2004年3月因企业经济效益问题，双方的劳动关系结束。2004年7月6日甲公司的负责人曾与何某就工资问题对账，关于拖欠何某工资款的事实甲公司也予以承认，并在对账单中注明了“何某工资账未结”等内容。

贾律师认为，该案的难点在于：一是时间拖得比较长，是发生在3年前的纠纷了，取证比较困难，劳动仲裁委也是因时效问题而裁定不予受理此案的；二是何某证据不足，由于何某与甲公司未签订劳动合同，而且该公司自2002年3月起一直未向何某发放工资，因此何某也拿不出工资单或其他形式的收据证明双方的劳动关系。

贾律师通过与受援人进一步沟通，了解到当时甲公司派遣何某到南通某超市销售该公司产品时，该超市曾向何某出具过“入场单”作为许可其在该超市从事经营活动的书面依据。贾律师从这个线索入手，与该超市取得联系，并取到了《促销人员入职登记表》、《促销人员离职登记表》两份材料，证明何某自2002年10月22日至2004年11月16日期间确实在该超市从事销售水产品的工作，促销单位就是甲公司，依此证明何某与甲公司存在事实劳动关系。

掌握了该证据后，贾律师随即向被告营业地法院，即普陀区人民法院提起诉讼，要求甲公司支付2002年3月至2004年2月工资24400元、拖欠工资25%的补偿金6100元，及2004年11月至2005年2月何某因向甲公司催讨工资而产生的车费440元、住宿费1770元。

普陀法院于2005年3月开庭审理此案，庭审中，被告甲公司的代理律师首先质疑了原、被告的劳动关系，并辩称被告的法定代表人杜某与原告何某系姻亲叔舅关系，原告是给杜某个人帮忙处理部分生意，而非劳动法调整的用人单位和劳动者之间的法律关系。贾律师当庭呈示了上述两份“入场单”，有力地驳斥了被告方的观点，并指出原告与被告法定代表人之间的姻亲关系并不能否定原、被告之间存在的事实劳动关系。

被告代理律师又辩称，原告根本无相关证据证明被告拖欠其工资，面对对方摆出的咄咄逼人之势，贾律师仍沉着应对，阐明原告何某曾多次向被告追索拖欠工资，2004年7月6日，原告再次向被告主张该权利时，原、被告对账后承认了拖欠工资之事，并在对账单中注明了“何某工资账未结”等内容。贾律师遂向法庭出示了此份对账单原件。

法院最终采纳了贾律师的代理意见，于2005年5月25日依法判决原告胜诉。被告甲公司不服，向本市第二中级人民法院提起了上诉。

何某在沪尚未找到工作，经济困难，收到二中院的传票后，无助的他再一次找到了法律援助中心，由于是上诉案件，审批程序由上海市法律援助中心进行，因为一审时贾律师的职业操守和专业水平获得了受援人的认可，何某指名道姓要求市法援中心仍指派该律师为其二审的代理律师。市法援中心接受了何某的请求，与普陀法援中心取得联系，最终再次指派了贾律师任何某劳动争议案的二审代理律师。

2005年7月11日，上海市第二中级人民法院开庭审理了此案，上诉人甲公司对拖欠被上诉人工资的事实及所欠工资数额均没有异议，但上诉人称被上诉人任职期间多次侵占公司财物，此外尚有部分销售款项在何某处，故希望与拖欠工资两相予以折抵，要求撤销原判决，依法改判支持其诉请。对此，贾律师义正词严地指出上诉人称被上诉人侵占公司财产的说法，既无证据佐证，与本案又不属同一法律关系，因此上诉人甲公司要求撤销原判决的主张，显然缺乏法律依据。

［承办结果］

经双方当事人陈诉上诉及答辩意见后，第二中级人民法院认定甲公司的上诉申请不能成立，故不予支持，维持普陀区人民法院所作的原审判决。判令甲公司支付何某工资人民币22800元；25%的赔偿金人民币5700元。同时诉讼费由甲公司承担。

［案例点评］

本案中何某与甲公司法定代表人系姻亲叔舅关系，目前也有不少民营企业走的是类似的家族式企业的路子，这样的经营方式尽管人事结构上比较单一，便于管理，而且基于家庭成员利益一致性，往往在创业阶段企业效益明显；然而一旦牵涉到家族成员个体的经济利益，尤其是利益分配不合理时，许多问题就会显现出来。像何某这样身为家族企业最底层的劳动者，对于企业违反劳动法的侵权行为，往往碍于情面而未及时主张权利。这样不仅直接耽搁和延误了仲裁、诉讼的时效，而且客观上造成取证困难的现实；再加上这类当事人又少有固定证据和保护证据的意识，即使后期律师介入也很难着手。对此，一是劳动监察部门应当对企业的违法侵权行为及时查究、依法制裁；二是对于普通劳动者开展相关法律法规的宣传力度还有待进一步加强，切实提高劳动者的维权意识和技巧。

（案件承办人：朝华律师事务所　贾　庆）

【案例六】 六位老太利益受损　法律援助依法维权（嘉定区法律援助中心）

［案由］

债务纠纷。

［受援人简况］

赵某，女，1917年出生，家住嘉定区某镇。

张某，女，1928年出生，家住嘉定区某镇。

袁某，女，1921年出生，家住嘉定区某镇。

汤某，女，1927年出生，家住嘉定区某镇。

龚某，女，1931年出生，家住嘉定区某镇。

陈某，女，1928年出生，家住嘉定区某镇。

［案情简介］

赵某等6位老人系嘉定区某镇村民，平均年龄78.7岁（最大的87岁，最小的73岁）。1986年该村的部分土地被嘉定某公司征用，按与该公司签订的征地补偿协议规定，该公司应每月向每位老人支付养老金423元。2003年12月，该公司为老人在工商银行嘉定支行开设了个人银行账户。同月起，该公司通过银行账户按月支付每位老人养老金423元。2004年6月起该公司停止支付养老金。6位老人年事已高，无劳动能力，又无其他经济来源，生活发生困难。老人们多次向有关部门反映，要求该公司支付养老金，维持老人的基本生活，但由于种种原因未能得到解决，她们为保护自己的合法权益申请法律援助。

［承办过程］

区法律援助中心接受老人们的申请之后，先后走访了司法所、嘉定区劳动争议仲裁委员会、嘉定区社保中心等部门，对老人提出的申请进行了认真的分析和审核，及时予以批准，并委托上海市中天信律师事务所施寅初律师代理。接受指派后，施律师认真听取了6位老人的委托人对案件事实经过的陈述，查阅了老人们提供的银行储蓄卡纪录，并对该公司在老人们所在村涉案土地征用时的有关情况作了调查。2004年11月16日，施律师代理6位老人向嘉定区人民法院提起诉讼。因该公司已于1993年1月1日改制成立了新的公司，新公司又投资成立了另一家公司。2003年8月28日，原来公司的土地、厂房、机械设备等附属设施被有偿转让，原地址已是人去楼空，给诉讼增加了一定的难度，法院随即启动了公告送达程序。

嘉定区人民法院2005年3月4日对本案进行了审理，根据我国《民法通则》规定，债权人有权要求债务人按照合同的约定履行义务。该公司征用老人所在村部分土地后，按照双方签订的协议，该公司已按月支付老人的养老金。公司改制后，又投资成立了新的公司，并有偿转让了原公司的土地等设施，故应由新公司承担给付老人养老金的义务，该公司拖欠赵某等6位老人2004年6月至同年11月养老金每人每月423元，应按约支付。今后，该公司还应按现行养老金标准按月支付老人养老金。因该公司经法院合法传唤，无正当理由拒不到庭参加诉讼，法院作出了公正的缺席判决。

[承办结果]

法院最后判决，由该公司于判决书生效之日起给付赵某等6位老人2004年6月至11月养老金人民币15228元，应自2004年12月起按月支付赵某等6位老人每人养老金423元。

[案例点评]

老年人是一个弱势群体，他们的合法权益需要政府及整个社会的特殊保护，特别是法律的保护。代理律师从依法维护老年人合法权益的角度，从案件的调查取证入手，取得了“征地补偿协议书”、“银行储蓄卡”等关键性的证据，成为本案胜诉的关键。此案也充分体现了人民法院、法援人员、司法行政人员、职业律师以事实为依据，法律为准绳，法律面前人人平等，依法维护老年人合法权益的法律宗旨。

（案件承办人：上海市中天信律师事务所施寅初）

重庆市律师法律援助工作

2005年，重庆市律师共办理法律援助案件3737件，参与办案的律师人数为2747人，占律师总数的74%。

河北省律师法律援助工作

2005年，河北省4615名律师均办理了法律援助案件，全年共办理法律援助案件6094件。冀南律师事务所吴凤侠律师主动帮助农民工解决拖欠工资，世纪方舟律师事务所康君元律师，接受省法律援助中心指派为李春兴故意杀人上诉案提供了法律援助，李春兴最后被改判无罪，该案被12月11日的《燕赵晚报》大周刊整版报道，引起了强烈的社会反响，受到了普遍赞誉，康君元律师被评为石家庄市2005年度“感动省城”十大人物之一。

山西省律师法律援助工作

2005年山西省参加法律援助的律师为2342人，占注册律师总数（2866人）的81.7%，共办理法律援助案件4235件，极大程度地维护了受援者的合法权益，取得了良好的社会效果。

内蒙古自治区律师法律援助工作

2005年内蒙古自治区参加法律援助的律师人数为2033人，占自治区律师总数的90%。援助的案件数量为4481件。包头市法律援助中心主任高英荣立个人一等功，鄂尔多斯法律援助中心主任田生良等3人荣立个人二等功。

吉林省律师法律援助工作

吉林省律师2201人，参加的人数308人，案件数4675件。

浙江省律师法律援助工作

2005年浙江省的执业律师积极参与法律援助案件的办理，共办理法律援助案件9080件，较好地维护了弱者、贫者的合法权益，受到社会的广泛好评。

安徽省律师法律援助工作

安徽省法律援助共计6974件，其中社会律师办理2112件，占32.6%。

江苏省律师法律援助工作

2005年，江苏省律师共办理各类法律援助案件6072件，办理法律援助案件律师人次5087人次。

有影响的案件（均被评为2004～2005年度江苏省法律援助十大典型案件）：

1. 薛皓天输血感染丙肝损害赔偿民事代理案。承办人：江苏维世德律师事务所扬州分所律师丁强。

2. 丁晓林故意杀人刑事辩护案。承办人：江苏法德永衡律师事务所律师黎明、杨桦。

3. 魏金华等683人诉通州绿邦农化有限公司等三被告环境污染损害赔偿民事代理案。承办人：南通万里来律师事务所律师张彬、张德华。

4. 陈建中道路交通人身损害赔偿民事代理案。承办人：无锡梁溪律师事务所律师王雪峰。

5. 黄顺叶等93人与赣榆县三兴信息服务有限公司、江苏永业集团公司涉外“居间劳务合同”纠纷民事代理案。承办人：赣榆县法律援助中心主任、律师王秀昌。

6. 周莉人身损害赔偿民事代理案。承办人：淮安知源律师事务所律师杨秀梅、田竹、张云生。

7. 马承爱等58名农民工讨薪民事代理案。承办人：淮安市法律援助中心主任、律师黄俊华。

8. 李小稳诉海安县五环太阳能热水器厂工伤赔偿民事代理案。承办人：南通紫石律师事务所律师康成然。

福建省律师法律援助工作

据不完全统计，福建省律师共办理法律援助案件5351件，其中福州1292件、厦门841件、宁德360件、莆田346件、泉州1434件、漳州249件、龙岩338件、三明140件、南平93件、省直258件，参与律师达5052人次，达到了每年全省律师人均办理法律援助案件1~2件的要求，较好地维护了受援人的合法权益。

【案例】 石狮市颜×（未成年人）交通事故案

2005年，年仅4岁的颜×与母亲在路上遭遇车祸，其母当场死亡，颜×重伤，面临着一大笔治疗费用和整形手术费，而颜×家庭特别困难，肇事者石狮豪宝染织有限公司在当地有较大的影响力。这场诉讼困难重重。

在得知此事后，省律协高度重视，经讨论、联系最后指派泉州义全律师所的李琴声和该所的志愿律师苏志松予以援助，代理该案。根据案件的特殊性，2位律师提出大金额的精神损害赔偿金请求，经与当事人家属协商，为防止干扰，将起诉标的提到201万元，向中级人民中院作为一审申请立案，实现越级诉讼的目的。同时考虑委托人家庭困难，极力为委托人争取了缓交全部诉讼费。经过2位律师的大力帮助，最终为当事人争取了赔偿款人民币138964.9元（不包含后续治疗费用），当事人也非常满意；被告在提交上诉状后又撤回。目前，在律师的帮助下颜×一家已经顺利取得全部赔偿金。

江西省律师法律援助工作

2005年江西省社会执业律师共办理法律援助案件1586件。

【案例】 江西省鄱阳县司法局组织法律援助团为“2.25”特大交通事故遇难者家属提供法律援助

2005年2月25日凌晨，一辆由鄱阳县外出务工人员包车去广东的“甘E07201”号大客车，行驶至广东省新丰县发生重大车祸，整车翻落山崖，造成鄱阳县民工15人死亡，37人重伤的惨剧。获悉情况后，鄱阳县司法局立即组成了以律师为主要成员的法律援助团，为遇难者家属全力提供法律援助，并卓有成效地配合县委、县政府工作组做好死者遗体处理和现场的稳定工作。法律援助团抵达事故发生地，当天夜晚就开展工作，先是到有关部门了解事故发生经过并到事故现场进行勘察，收集掌握翔实的第一手资料，包括甘肃省旅游汽车公司及司机朗兰建等的资料，所有死者家属权利索赔人、伤者家属权利索赔人的资料等。同时，耐心细致做好遇难者家属工作，通过五天四夜的工作和法律宣传教育，终于使遇难者家属同意对存放十多天的尸体进行火化，并同意通过司法途径解决善后经济赔偿事宜。随后又积极与新丰县法援中心联手搞好法律援助事宜，并及时与新丰县人民法院联系立案、诉前保全、免交诉讼费用等工作。

法律援助团协助将死者遗体处理完毕后，又立即组织人员分头赶往新丰、韶关、上饶市、玉山县以及车辆挂靠地兰州进行调查取证。调取了甘肃省旅游局、甘肃省旅游汽车公司及天水分公司隶属关系资产情况等，在掌握大量证据材料后，为“2.25”事故的妥善处理提供了重要的事实和法律依据，并在广东省新丰县人民法院分三批立案32件，诉讼标的共计1100多万元。去年底，法院已经判决，判令兰州市旅游公司赔偿受害者770万元损失，有效地维护了农民工的正当权益，维护了社会稳定，得到了当地党政领导和群众的充分好评。

山东省律师法律援助工作

截至2005年，山东省省级、17个市、140个县（市、区）全部建立了经编委人事部门批准的法律援助机构。全省法律援助机构共有专职工作人员854名，其中执业律师359人。2005年，全省办理各类法律援助案件15414件，比去年同期增长8%，其中民事案件10404件，刑事案件4847件，行政案件163件，解答法律咨询130031人次，受援人总数达19448人。

【案例一】 朱贵霞职业病中毒案

8月12日下午，省法律援助中心接到一电话，称省职业病医院重症科有一位患者，因务工期间工厂安全保障措施不到位而患上职业病，造成下肢瘫痪，无法行动。现因无后续治疗费用，急需法律援助，希望省法律援助中心予以关注解决。省法律援助中心主任于荣双得知此事后，对此案给予高度关注，立即指派业务科刘趁华、崔刚二位工作人员前往省职业病医院了解情况。

经调查得知，患者名叫朱贵霞，女，年仅22岁，山东省莘县王庄集乡人，父母双亡，现与11岁的弟弟一起生活，经济条件极为贫困。2003年下半年，经当地劳务输出组织介绍，朱贵霞来到青岛市崂山区福客来鞋业有限公司打工，从事鞋底粘合工作，具体内容是手工操作毛刷刷胶，每天刷鞋约600双，月工资300~400元。由于厂方没有配备口罩、车间排气扇等必要的安全保障设备，2003年12月份，朱贵霞出现双腿麻木等症状，2004年3月被山东省职业病医院确诊为“职业性慢性重度正乙烷中毒”。住院治疗3个月后，厂方支付医疗费约3.5万元。2004年6月份，厂方以在济南治疗费用太高为由，要求朱某出院，并将其转送至青岛市解放军401医院进行治疗。

由于该医院非正规职业病医院，并不具备该职业病的治疗条件，因此朱某在此治疗期间不仅没有得到任何恢复，相反病情又进一步恶化。据山东省职业病医院重症科主任邹建芳介绍，像朱贵霞这样的病人如果再坚持正规治疗一年以上，是可以治愈的。而如果不能及时治疗，后果不堪设想。

2005年8月，女工的家属又将其送回山东省职业病医院，希望继续得到有效的治疗。而厂方却坚持要求继续在青岛市解放军401医院治疗，并称如果去别的地方治疗，医疗费用他们概不负责。眼看没有后续治疗费用，只能躺在床上等待治疗的朱某，怀着最后一线希望求助于省法律援助中心，希望通过法律帮她讨回公道。

于荣双主任在了解到上述情况后，经过研究认为，该案符合《法律援助条例》和省政府《关于将法律援助纳入平安社区工程有关问题的通知》要求，且朱贵霞家庭经济状况又极为贫困，决定为其提供法律援助，并专门指派省中心副主任吕家政和刘趁华律师亲自代理此案。

两位律师在接受中心的指派和当事人的委托后，立即与青岛厂房及有关方面取得联系，并着手进行调查取证工作，取得了大量的第一手的资料。通过对当事人进行详细询问，到省职业病医院调取朱贵霞职业病史证明、后续治疗费用证明等，明确了应适用的法律条款，完备了一系列的法律手续，进一步完善了证据链。

8月28日，承办律师会同青岛市法律援助中心、青岛市崂山区法律援助中心制定了初步的解决方案，并从维护当事人利益角度出发，本着解决实际问题的态度，与青岛厂房两位负责人进行了长达近4个小时的协商谈判。起初，青岛福克来鞋业有限公司对此事拒不承认，并声称该厂建厂20多年来，从未出现过职业病病人，也未发生过职业病中毒案例。后来，在承办律师出示的一份份有力的证据面前，两位负责人最终同意协商解决，并答应第二天给答复。8月29日上午，该公司董事长、法定代表人张信波亲自驱车赶到承办人员住宿的宾馆，承认厂房对此事负有不可推卸的责任，并同意就赔偿金额进行调解。最终，经过艰苦的谈判，双方达成如下调解协议：（1）甲方（青岛福克来鞋业有限公司）先行垫付乙方（朱贵霞）医疗费5万元，以后根据医院发生的实际费用及时支付。（2）甲方支付乙方2005年1月至9月工资4770元。（3）甲方支付乙方2005年1月至9月伙食补助费3240元、护理费9450元。（4）甲方支付乙方已发生医疗费1931.8元。（5）未尽事宜，依照法律规定双方协商解决。

8月30日，厂方按照承办律师指定的账户将首批赔偿金69391.8元汇到了济南。9月2日上午，省法律援助中心主任于荣双将赔偿款亲自送到了职业病女孩朱贵霞的手中。朱贵霞感激地热泪盈眶，一个劲地说：“真的谢谢法律援助，要不是法律援助，我真不知道自己会怎么样。”

该案从承办初期，就受到了媒体的广泛关注。山东电视台《正午时光》连续四次对该案进行了跟踪报道；山东卫视公共频道《民生直通车》栏目对此进行了专题报道；《大众日报》、《生活日报》以及青岛的各大新闻媒体均对此案进行了详细的跟踪报道，在社会上引起了强烈反响，树立了司法行政执法为民、服务于民的良好社会形象。

【案例二】 王启明意外触电身亡案

2005年8月1日凌晨，济微路济南大学南门对面一电线杆处发现一男尸。经刑警技术中队勘查，确定该男子系被电击，导致意外死亡。死者王启明，男，17岁，黑龙江省克山县克山镇人，2002年5月来济打工，在七贤广场东草甸子烧烤城从事餐饮服务工作。

王启明家庭贫困，父母双双下岗，父亲王江目前在东营市以蹬三轮车为业，母亲失业在家，王启明的死给他的家庭带来了巨大的痛苦和困难。他们在济南举目无亲，无依无靠，经人指点，8月11日，死者家属来到了省法律援助中心申请法律援助。省中心在了解案情、审核申请材料之后，认为该案已在《生活日报》、《济南时报》等多家媒体报道，影响重大，且符合法律援助条件，于荣双主任当即决定为其提供法律援助，并专门指派省中心吕家政、刘趁华二位律师亲自办理此案。

接受指派后，两位律师到该案事故现场、王启明生前所在单位七贤广场东草甸子烧烤城、七贤镇街道办事处等进行了周密细致的调查取证工作，并对处理该事故的济南市市中区安检局、市中区公安局进行了了解。经过认真的调查，初步认定事故责任主体为市中供电公司、济南维也纳大酒店和济南市网通公司三家。

8月13日上午，承办律师召集死者家属、七贤街道办事处、市中供电公司、济南维也纳大酒店和济南市网通公司就死者赔偿数额、比例等有关问题进行了协商。经过承办律师耐心细致的说服教育，三家均表示愿意承担赔偿责任。在此基础上，承办律师按照我国有关法律规定，提出了总金额为27.8万元的赔偿方案。最终，在七贤街道办事处的具体组织协调下，双方达成调解协议：三家责任单位济南市中供电公司、济南维也纳大酒店、济南市网通公司自协议签订之时一次性向死者家属补偿丧葬费、死亡补偿金、精神损害赔偿金、差旅费总计人民币22万元整。

此案在省法律援助中心的努力下，立案后仅用13天时间就与相关责任主体达成了调解协议。8月24日，死者家属拿到了22万元赔偿金。

河南省律师法律援助工作

河南省5594名律师中，5267人承办了法律援助案件。占律师总数的94%。2005年全省律师共办理法律援助案件6589件，受援人数达8000人次，免收律师费约700余万元。

湖北省律师法律援助工作

2005年湖北省法律援助执业律师205人，全省办理法律援助案件律师2427人次，占全省执业律师3877人的62%，办理法律援助案件8922件，武汉市、黄石市司法局等5个单位被湖北省司法厅授予“法律援助质量年优胜单位”称号。

湖南省律师法律援助工作

2005年，湖南省律师共办理法律援助案件4229件，承办律师达4150人，承办律师人数占全省律师总数的83%。由于律师的积极参与，为维护弱势群体的合法权益，实现司法公正，为维护社会稳定做出了突出贡献。

广东省律师法律援助工作

2005年，广东省律师办理法律援助案件8456件，办理法律援助案件律师共15160人次。

海南省律师法律援助工作

海南省律师2005年为社会提供了大量的法律援助，共办理各类法律援助案件879宗，其中民事案件440宗，刑事案件433宗，行政案件6宗。

【案例】 “1.8”北部湾越南渔民武装抢劫案

2005年1月8日上午，海南省几艘渔船在北部湾海上分界线中方一侧正常作业时，遭三艘身份不明的武装船只抢劫和开枪袭击。中国公安船艇得到渔民报警后赶到现场解救，三艘武装船只首先开枪，击伤中方船艇和执法人员。中方海警被迫采取必要行动，击毙数名武装抢劫人员，抓获1艘抢劫船和8名抢劫人员，并当场缴获作案用的武器弹药和工具。

经审讯，被抓获的抢劫人员自供为越南人，对作案事实供认不讳，并供称此前已在北部湾水域对中国渔船进行了四起武装抢劫。中方已根据《中越领事条约》向越方详细通报了有关情况。

此案事涉主权，依照有关国际条约与双边协定，有关方面决定依我国法律在我国境内进行审理。2005年2月5日，本案在海南省中级人民法院开庭审理。海南省律师协会组织了廖向琦、姜丹、朱越桥、汤尚濠、陈耀中、张晓东、王南湖、蔡先国等8名政治可靠、业务精湛的律师，分别为8名被告人提供了法律援助。由于事先两次会见犯罪嫌疑人，多次组织了案件分析会、辩护技巧讨论会等活动。律师们在法庭上的辩护合法有据，准确把握住了跨国刑事案件辩护的尺度。最后，合议庭依法作出了公正的判决。律师们的辩护收到了良好的效果，8名被告连连感激中国的律师。有关领导在通过荧屏或现场观看庭审后，对8名律师的辩护工作提出了表扬，省政法委书记钟文特别在闭庭后接见了8名辩护律师和省司法厅省律协的领导同志。

广西壮族自治区律师法律援助工作

至2005年底，广西全区已建立法律援助机构118个，占应建机构的95%，自治区、市、县三级法律援助机构网络体系基本形成。法律援助队伍逐渐壮大。至年底，全区有专职法律援助人员290名，法律援助公职律师125名。法律援助办案数量进一步增加，法律援助覆盖面进一步扩大，有效地维护了社会贫弱残者和特殊案件当事人的合法权益。全年全区共办理各类法律援助案件7188件，比上年增加19%，受援人7200余人，接待来电来访来信法律咨询39420人(次)。在这些法律援助案件中，有5000多件为社会律师办理，占法律援助案件的70%，全区有2300多名律师参与办理法律援助案件，占律师总数的88%。2005年1月，自治区司法厅对在组织实施法律援助工作中取得显著成绩的25个单位和19名个人进行了表彰。有的案件具有重大影响。自治区高级人民法院指定刑事法律援助案件中，有一个法律援助案件的上诉人由死刑改为无罪，有2个由有期徒刑9年和7年改为无罪。

四川省律师法律援助工作

2005年四川省律师承办法律援助案件6503件，有8家法律援助机构，4名个人受到省部级表彰。2005年全省有影响的法律援助案件是：

【案例一】 达州14名受害女学生实施法律援助案（四川省法律援助中心）

［案由］

损害赔偿。

［受援人］

达州市14名女学生。

［受援相对人］

达县罐子中学等5所中小学校。

［案情简介］

2001年4月至2003年5月，犯罪分子杨传山(男，35岁，达县人）先后潜入达县、大竹、开江3个县15个乡镇的17所中小学女学生寝室里，以暴力、持刀威胁等方法，强奸在校女学生19人（其中5人未遂，不满14周岁的幼女8人)，造成轻伤2人、精神障碍致6级伤残1人、自杀未成1人。达州市中级人民法院一审判处杨传山死刑，5月24日省高院核准执行了枪决。但对14名受害女生的民事赔偿、精神抚慰却因犯罪分子无偿付能力等原因没有兑现或没有完全兑现。

14名受害女生的遭遇受到了司法部和中央新闻媒体的高度关注，省司法厅指示省法律援助中心立即组成律师团赴达州，通过为14名当事人及其亲属提供法律援助，切实维护受害人的合法权益。法律援助律师团在达州了解案情后，明确围绕两个方面重点对达县12名、大竹2名受害女学生实施“一帮一”法律援助。首先依法进行民事赔偿；其次在获得赔偿基础上，提供长期法律援助，签订一份服务期到18周岁的无偿法律顾问合同，让14名受害女学生都有自己的法律援助律师。尔后，分成14个工作小组分赴14名受害人家中，实施上门开展法律援助。工作中对已经得到赔偿的受害女学生，律师询问和了解目前学习、生活状况，根据女学生及其监护人提出的生活、学习和赔偿中的问题，当场予以法律咨询、政策解释、心理安抚，充分发挥律师亲和力，进行感情交流沟通，帮助树立生活的勇气，促使尽快融入学校和社会。未获得赔偿或赔偿不合理的，援助律师通过查阅案卷、调查取证、摸清主要案情，依据法律、法规分清赔偿责任，从中调解，促成了受援对象与学校达成赔偿协议，履行兑现赔偿。实施法律援助中律师们不仅仅单纯局限于维权索赔，带去了全省律师慈爱之心援助之手，每位律师自发地捐献出200元钱送到受害女中学生手中。

经过援助律师的艰苦工作，有3名未获得赔偿和2名赔偿不合理的受援对象，通过此次法律援助行动，与相关学校达成了赔偿协议，其中精神障碍致6级伤残的费芳获赔9.5万元、吴红菊获赔2.2万元、杨春梅获赔1万元、罗丹丹增加赔偿1.01万元，吴华娟增加赔偿1.7万元。14名受援对象分别签订了“一帮一”长期法律援助合同，并同援助律师事务所和援助律师建立起联系方式。3名辍学在家的受援对象，当地教育行政部门和相关学校采纳了律师们的建议，当即解决了2人重返校园，另一位也将尽快解决，并给律师一个满意答复。中央电视台《东方时空》栏目、新华社、四川日报等媒体进行了报道。

（案件承办人：四川多元、鼎立、泰和泰律师事务所14名女律师）

【案例二】 山西省灵石县“二·五”矿难18名德阳籍民工工亡索赔案（德阳市法律援助中心）

［案由］

工亡索赔。

［受援人］

18名德阳籍民工家属。

［受援相对人］

山西省灵石县政府。

［案情简介］

2004年2月5日，山西省灵石县王禹乡发生重大矿难事故，造成29人死亡，其中德阳籍民工18人。德阳市法律援助中心主任田波参加德阳市政府工作组赴山西为遇难民工家属提供法律援助。2004年2月12日，援助律师与工作组成员冒着当地零下10度的严寒，昼夜兼程，于次日凌晨2时抵达山西省灵石县。到达后，工作组同志不顾旅途疲劳，上午听取了当地党政领导对“二·五”矿难事故的情况介绍，下午立即赶到事故现场开展拍摄有关场景、收集证人证言等工作，同时认真听取了遇难民工家属的意见和要求。

矿难的性质、责任和赔偿主体是妥善解决赔偿问题的核心。当地警方初步认定此次矿难是两村煤窑主为争夺矿产资源引发纠纷而酿成的刑事案件，当地政府事故处理组提出了不属于因工死亡，只从道义上发给3000元丧葬费用的处理方案，引起了矿难民工家属的强烈反对。整个事态面临一发不可收拾，直接影响到当地稳定和发展。援助律师结合已调查的矿难事实，依据法律规定，对灵石方面介绍的矿难性质及有关情况提出了质疑和保留意见。并进一步深入收集有力证据，查清本案事实，询问了矿难的惟一幸存民工，进一步了解矿难发生的前因后果、开展救援的情况，比较全面地掌握了矿难的基本情况和主要事实。

针对灵石方的处理方案，律师与工作组认真讨论，并广泛征求遇难民工家属意见后，向灵石方指出：从现有事实和证据来看，政府有不可推卸的责任；综合民工遇难的时间、地点、前后过程等因素，应定为因工死亡更确切，政府补偿应参照国务院《工伤保险条例》来解决为宜。

经过五轮艰苦的协商，当地政府接受了援助律师的建议，对“二·五”矿难遇难民工善后事宜处理，参照国务院《工伤保险条例》和《山西省非因工死亡处理办法》的有关规定，对遇难民工家属进行补偿按高于非因工死亡标准，低于因工死亡标准计算，具体补偿结果为每户最低补偿3.7万元，最高补偿4.3万元。

在五轮艰苦的协商过程中，援助律师与工作组其他同志紧密配合，始终坚持以事实为根据，为法律为准绳的原则，采取依法、有理、有利、有节的方式，从遇难民工家属的角度，缜密思考，积极向工作组献计献策，有针对性地提出法律意见，据理力争，达到了最佳效果，发挥了法律援助独特的、不可替代的作用，德阳市委、市政府给予了高度的评价和表扬。

（案件承办人：德阳市法律援助中心主任田波）

【案例三】 吴兴书等200名进城务工人员追讨工钱集团诉讼案（绵阳市游仙区法律援助中心）

［案由］

劳务纠纷。

［受援人］

吴兴书等200位进城务工人员。

［受援相对人］

个体包工头吴俊。

［第三人］

绵阳市东郊建筑工程公司。

［案情简介］

2000年5月26日案外人汪仲古以“绵阳市游仙区劳务开发公司”（乙方）的名义与绵阳市东郊建筑工程公司（甲方，以下简称东郊公司）签订了一份建设市博物馆单项工程劳务包干合同，主要约定乙方按照施工图提供劳务工程。合同签订后2000年5月8日汪仲古又与以被告吴俊为首的施工队伍签订内部承包协议。随后，吴俊招集吴兴书等200名务工人员进行施工。工程完工后，汪仲古意外事件死亡，造成与东郊公司迟迟不能结算，影响到吴兴书等200名务工人员按时领到工钱。眼看年关将至，急着回家过年的工人们虽多次与东却郊公司索要但都被推诿、搪塞。愤怒的工人难咽这口气，纷纷喊到：“如果不给钱，我们就要冲在市博物馆举办的亚洲邮展。”一些有法律意识的民工来到了游仙镇法律服务所求助。

听了民工们的怒诉，该所罗劲松主任考虑到民工们由于没有领到工钱，生活十分困难，当即决定提供法律援助，并将案情报告区法律援助中心，同时组织力量分别对民工做耐心细致的思想工作，详细分析案情，提出依法解决问题的具体方案，决定法律服务所罗劲松、肖芳同志免费代理此案。法律援助的真情感动了所有民工，亚洲邮展期间，工人们没有任何冲动言行，使亚洲邮展得以顺利举行，营造了绵阳良好的社会环境。

亚洲邮展刚结束，罗劲松主任受民工委托向游仙区人民法院递交了诉状。在充分的证据和法律依据面前，东郊公司同意调解。经过调解，东郊公司一次性支付了民工们12万元工资。拿到钱的第二天、游仙区司法局出现了写有“依法办事、服务群众”的两面锦旗。这是200个民工的深情厚谊，民工代表吴兴书激动地说：“如果没有罗主任，我们不仅拿不到钱，还会犯更大的错误，我们感谢法律工作者给予我们无私的援助!”

（案件承办人：绵阳市游仙镇法律服务所
法律工作者　罗劲松　肖　芳）

【案例四】 深圳川籍民工汪建华工伤索赔案（四川省法律援助中心）

［案由］

工伤索赔。

［受援人］

四川民工汪建华。

［受援相对人］

深圳市日新清洁服务公司。

［案情简介］

四川籍民工汪建华于一年前到深圳打工，于2003年2月23日供职于深圳市日新清洁服务公司。同年10月5日早上6时许，汪前往深圳皇岗口岸清运垃圾，不慎从车上坠落在地，致颅脑损伤、椎骨骨折、腰胸骨多处骨折。随后，公司派人将汪送往深圳市人民医院救治，因伤情太重，医院不得不对汪进行了开颅手术。2004年1月4日，在汪的脊柱损伤未有丝毫恢复、双下肢毫无知觉，大小便功能均有障碍的情况下，公司强行要求汪离开了医院。出院后，汪的家属向深圳市社保局提出了工伤认定申请，2004年1月14日，该局下达了“该员工属工伤”的工伤认定书。但是，对于社保局的工伤认定，汪所在的公司却并不认账。汪出院后，因无法行动，只得每天躺在床上，结果全身的褥疮烂成一个个血洞，找到公司拿钱医治，公司以“没钱为由”拒不理睬。四川籍民工汪建华在深圳打工期间因工造成瘫痪而得不到及时有效医治和赔偿的案件引起社会各界的关注。2004年4月24日，四川省法律援助中心指派四川鼎立律师事务所江敏、李书平律师赶赴深圳，向汪提供无偿法律援助。

援助律师到达深圳，连夜赶往日新清洁公司，到办公室看望了汪建华，向江建华转达了四川省法援中心对他的问候并办理有关委托手续。根据调查了解的案情，结合当地政策规定和实际情况，对汪建华应该得到的赔付作了详细测算。第二天，律师经多方联系，找到日新清洁公司负责人，该负责人以已经对工伤认定申请行政复议，尚无复议结果为由拒绝解决问题。律师直接与深圳市人民政府行政复议办公室取得联系，了解到4月12日已经作出行政复议决定，维持了原来的工伤认定。负责人在事实面前不得不尴尬地表示可以进行谈判，愿意协商解决。律师提出目前王建华感染十分严重，必须送往医院接受治疗，否则若造成严重的后果，日新公司负责人将难脱干系。在强大的政策、法律攻势面前，日新公司不得不于当日下午将王建华送到深圳市人民医院医治并给汪建华送去500元慰问金。

当天下午，律师又顶着烈日赶往深圳市劳动局、社保局、劳动仲裁员会、深圳市人民医院等单位，对江建华的病情及伤残情况向有关专家进行了详细的咨询了解，并与政府有关部门取得了联系。作好了下一步工作的准备。

经援助律师艰辛的努力，日新清洁公司不得不坐下来以认真的态度就一次性补偿问题进行谈判，谈判金额从5万元到15万元再到20万元，经过两个半天的艰难谈判，律师以较高的专业水平和谈判能力使日新公司不得不不断提高谈判金额，最后日新公司同意一次性赔付23万元。双方于2004年4月29日终于达成一致协议，日新公司将立即支付上述赔付金额。

（案件承办人：四川鼎立律师事务所
江　敏　李书平）

【案例五】 黄健见义勇为索赔案（成都市法律援助中心）

［案由］

因见义勇为引起的民事赔偿案。

［受援人］

见义勇为者黄健的父母。

［受援相对人］

见义勇为行为的受益人李红、王俊及其父母。

［案情简介］

2000年11月20日下午3时许，成都市成华区人口普查员黄健在上班途中，经过万兴街口时，发现七八名歹徒挟持了两名少女。黄健上前制止，丧心病狂的歹徒对准黄的背部猛刺两刀，致使黄心脏穿透伤，在去医院的途中死亡，两名年轻女子获救。同年12月，共青团成都市委追授黄健为见义勇为、勇斗歹徒优秀共青团员，2001年3月成华区见义勇为基金会评定黄健见义勇为先进个人。

黄健因见义勇为而牺牲了，痛失爱子的黄健父母却没有从其子用生命救下的两女青年那里得到任何安慰，这让两老人伤心到了极点，便来到成都市法律援助中心，欲通过法律途径为其子的见义勇为行为讨个说法。成都市法律援助中心受理了此案，并指派律师办理。

由于犯罪分子没有赔偿能力，无法通过刑事附带民事程序获得赔偿。在请求受益人补偿未果情况下，律师代理黄健父母将受益人告上了法庭。2001 年 8 月 22 日该案在成都市成华区法院开庭审理，法院最终支持了原告的诉讼请求，判决受益人承担补偿金 2 万元。判决生效后，被告人主动履行了支付 2 万元补偿金的义务。

该案是成都市首例见义勇为法律援助索赔案，在开庭的当日，旁听席上座无虚席，包括央视在内的 30 余家媒体进行了现场采访。

（案件承办人：成都思良律师事务所　白　健）

甘肃省律师法律援助工作

2005 年甘肃省律师共参加各类法律援助案件 1238 件。

新疆维吾尔自治区律师法律援助工作

2005 年，全疆律师办理了 2958 件法律援助案件。

十二、全国律师工作统计资料

全国律师工作人员、业务和机构统计

全国律师工作人员统计表(一)

分类	合计	文化程度							女律师	中共党员	奖惩情况					培训情况					
		博士	硕士、双学士	法律专业本科	其他专业本科以上	大专	中专、高中	外语专科以上			受省级以上表彰	受行政处罚律师	其中			参加律师继续教育小计	其中				
													受警告	停业三个月至一年	被吊销律师执业证		职业道德执业纪律培训	专业法律培训	学历教育培训	赴国外、境外培训	外语培训
合计	1	2	3	4	5	6	7	8	9	10	11	12	13	14	15	16	17	18	19	20	21
★北京	11565	462	2517	4046	3084	1451	5		3356	4694		0				0					
★天津	2518	14	156	707	276	1220	145		483	820		3	3			3015	1393	1368	248	6	
★上海	9917	156	1902	4943	473	1959	464	20	1728	2504	28	3		2	1	10977	5437	4901	431	55	153
★重庆	4626	106	457	2648	267	845	135	168	559	747	22	0				7518	2739	3256	1400	32	91
★云南	4294	25	221	1596	697	1468	247	40	465	833	55	4		2	2	3822	2235	1082	432	53	20
★河南	7378	16	382	3707	826	2332	97	18	929	1462	93	6	3	2	1	10825	5269	3139	1246	21	1150
★海南	911	2	122	503	93	139	48	4	176	182	23	0	0	0	0	1276	505	751	16	2	2
★安徽	4806	17	275	2516	430	1553	11	4	499	2054	13	3	1	2		6687	2857	2506	1212	7	105
★内蒙	2309	6	122	1071	239	784	86	1	504	696	6	1	0	1	0	2271	1327	912	29	1	2
★陕西	3618	32	598	1449	656	834	42	7	532	784	25	0				8598	2762	4320	1170	8	338
★甘肃	1853	5	121	880	374	394	79		458	589		0				4842	3069	1311	450		12
★宁夏	777	1	51	427	44	207	27	20	123	198	10	0		0		760	386	347	26	1	
★山东	10150	12	493	5092	1354	2371	279	549	1349	2332	48	10	2	8		15261	8499	4770	1735	37	220
★辽宁	6477	51	634	2967	729	1873	185	38	1499	1849	14	6	2	4		11749	4421	6062	984	28	254
★吉林	2129	11	108	1256	240	483	31	0	532	911	0	14	2	5	7	7848	3064	2811	1545	53	375
★山西	3617	3	125	1054	452	1843	130	10	612	1178	180	3	2	1		6727	2652	1383	2692		
★四川	8117	49	752	3771	1460	1505	138	442	990	1870	60	5	1	4		10581	6405	3093	936	11	136
★福建	4430	27	339	2168	421	1190	283	2	451	1053	66	23	12	8	3	8926	4509	3272	690	66	389
★黑龙江	3955	7	168	1626	649	1383	122		930	915	4	1		1		4680	3121	1254	282		23
★青海	523		46	187	35	229	26		95	228	5	1				2693	909	1613	165	5	1
★新疆	2477	4	47	1216	380	815	11	4	519	742		7	1	5	1	3295	1285	1421	555		34
★兵团	176	1	8	82		83	2		41	52		0				50			50		
★广西	3390	3	208	1328	529	1143	159	20	289	662	41	2		2		2252	1132	834	266	4	16
★浙江	8038	21	600	4023	680	2327	371	16	926	1895	8	9	0	8	1	10116	4687	4067	1280	13	69
★江苏	9051	50	589	5215	825	2028	332	12	1160	1963	18			6		16315	6802	7939	1361	39	174
★贵州	1731	3	25	483	295	750	165	10	53	385	2	1		1		1847	1223	452	27	13	132
★江西	2690	12	80	1143	235	1067	136	17	278	697		0		0		6153	4004	1780	322		47
★河北	5565	12	240	2605	1053	1483	152	20	1036	1590	53	2	2			5159	2457	1921	761	4	16
★广东	15779	89	2008	6513	2603	3571	916	79	2627	5613	23	18	3	9	6	21873	14431	5338	1946	33	125
★湖北	5238	57	370	3004	437	1260	91	19	572	1305	15	3		3		5722	3778	1593	304	11	36
★湖南	5663	68	526	3101	526	1350	85	7	559	1234	27	2	2			11200	5805	4630	620	14	131
★西藏	78		11	23	10	27	7		31	25						0					
总计	153846	1322	14301	71350	20372	39967	5007	1527	24361	42062	839	132	36	74	22	213038	107163	78126	23181	517	4051

全国律师工作人员统计表(二)

分类	合计	文化程度							女律师	中共党员	当选人大代表数				当选政协委员数				奖惩情况						培训情况(人次)					
		博士	硕士、双学士	法律专业本科	其它专业本科以上	大专	中专、高中	外语专科以上			全国人大	省人大	地市人大	县区人大	全国政协	省政协	地市政协	县区政协	受省级以上表彰	行政处分	受行政处罚律师	其中：受警告	其中：停业三个月至一年	其中：被吊销律师执业证	参加律师继续教育小计	其中：职业道德执业纪律培训	其中：专业法律培训	其中：学历教育培训	其中：赴国外、境外培训	其中：外语培训
专职律师	1	2	3	4	5	6	7	8	9	10	11	12	13	14	15	16	17	18	19	20	21	22	23	24	25	26	27	28	29	30
★北京	10634	197	2173	3895	3000	1364	5		3084	3967											4		2	2	0					
★天津	1722	4	83	530	180	880	45		409	684											3	3			2668	1208	1233	221	6	
★上海	6626	94	1452	3572	312	1174	9	13	1517	2059									28		3		2	1	10245	5108	4562	388	50	137
★重庆	3411	62	289	2522	99	322		117	477	569									22		0				6710	2179	3166	1254	32	79
★云南	3212	17	169	1392	592	972	44	26	415	673									55		4		2	2	3427	2059	986	320	45	17
★河南	5323	8	258	2967	573	1472	29	16	779	1189									92		6	3	2	1	9338	4509	2761	951	13	1104
★海南	665	2	104	405	51	81	19	3	167	169									22		0	0	0		1251	488	745	14	2	2
★安徽	3424	1	157	1960	277	1016	9	4	417	929									13		3	1	2		6005	2438	2330	1139	7	91
★内蒙	1760	2	75	860	198	580	45	0	434	598									6		0	0	1	0	1952	1127	798	25	1	1
★陕西	2512	2	177	1262	273	749	42	7	484	659									24		0				7697	2584	3812	1059	7	235
★甘肃	1297		83	680	190	299	45		215	509											0				4228	2654	1163	402		9
★宁夏	529		33	322	36	123	6	9	108	152									7		0		0		674	350	300	23	1	0
★山东	7806	5	325	4246	1085	1607	58	480	1235	2040									48		10	2	8		13986	7820	4390	1570	32	174
★辽宁	4890	14	437	2539	530	1312	35	23	1397	1554									14		6	2	4		10074	3756	5192	900	28	198
★吉林	1930	9	96	1148	219	434	24	0	454	846									0		7	2	5	0	7693	3012	2766	1498	53	364
★山西	2815	1	83	904	399	1401	21	6	548	1062									179		3	2	1		6134	2549	1314	2271		
★四川	6025	36	608	3245	796	1162	37	141	877	1679									60		5	1	4		8935	5357	2715	725	10	128
★福建	3115	10	230	1720	317	811	26	1	400	826									65		23	12	8	3	8534	4285	3136	668	57	388
★黑龙江	3060	3	151	1452	504	911	39		895	693									4		1		1		4595	3060	1251	261		23
★青海		351	38	127	21	154	11		72	170											0				1955	729	1107	113	5	1
★新疆	1987	4	41	1091	331	514	3	3	489	632											4		3	1	2716	1140	1099	443		34
★兵团	173		7	81		83	2		41	52											0				50			50		
★广西	2452	1	150	1074	395	767	50	15	221	593									37		2		2		1944	946	747	232	3	16
★浙江	5053	6	341	2793	460	1426	17	10	809	1392									8		9	0	8	1	8225	3640	3533	989	12	51
★江苏	6929	18	447	4568	644	1217	24	11	1050	1660									18				6		14994	6242	7412	1132	36	172
★贵州	1091	3	14	372	209	395	90	8	34	243									2		1		1		1599	1118	312	24	13	132
★江西	1869	7	58	888	172	705	22	17	241	562											0		0		5379	3527	1525	280		47
★河北	4284	2	146	2060	789	1216	54	17	935	1282									52		2	2			4803	2317	1770	700	4	12
★广东	11290	51	1511	5076	1772	2768	53	59	2320	5195									23		18	3	9	6	16237	11621	3857	692	18	49
★湖北	3722	15	281	2347	288	751	27	13	496	1131									15		3		3		5360	3535	1525	259	6	35
★湖南	4469	32	396	2672	368	980	15	6	505	1087									24		1	2			10069	5164	4243	534	13	115
★西藏	45		9	15	5	14	2		10	16											0				0					
总计	114471	606	10422	58785	15085	27660	908	1005	21535	34872	0								818	0	126	35	74	17	187477	94522	69750	19137	454	3614

全国律师工作人员统计表(三)

分类	合计	文化程度							女律师	中共党员	当选人大代表数				当选政协委员数				奖惩情况						培训情况(人次)					
		博士	硕士、双学士	法律专业本科	其它专业本科以上	大专	中专、高中	外语专科以上			全国人大	省人大	地市人大	县区人大	全国政协	省政协	地市政协	县区政协	受省级以上表彰	行政处分	受行政处罚律师	其中：受警告	其中：停业三个月至一年	其中：被吊销律师执业证	参加律师继续教育小计	其中：职业道德执业纪律培训	其中：专业法律培训	其中：学历教育培训	其中：赴国外、境外培训	其中：外语培训
兼职律师	1	2	3	4	5	6	7	8	9	10	11	12	13	14	15	16	17	18	19	20	21	22	23	24	25	26	27	28	29	30
★北京	739	265	323	100	34	17			272	642											0				0					
★天津	134	7	46	62	15	4			45	82											0				211	120	90	1		
★上海	503	60	236	179	8	20			201	240											0				672	319	338	12	3	
★重庆	285	44	153	37				51	82	92											0				582	470	80	20		12
★云南	96	8	35	41	7			5	35	58											0				183	96	40	36	8	3
★河南	271	8	76	169	13	5			45	98											0				334	239	81	6	8	
★海南	22	0	17	5					5	8									1		0				15	10	5			
★安徽	347	16	99	168	43	19	2		82	159									0		0				682	419	176	73		14
★内蒙	236	4	40	125	20	47	0	0	70	84											0				263	164	96	2	0	1
★陕西	268	13	95	103	24	33			48	101									1		0				266	93	149	23	1	
★甘肃	85	5	38	25	14	3			8	38											0				305	192	110	2		1
★宁夏	57	1	17	33	1	2	0	3	15	31									2		0				62	34	28			
★山东	407	7	136	168	41	7		48	75	171											0				667	435	212	15	2	3
★辽宁	244	35	125	62	14	5		3	102	136											0				825	335	425	36		29
★吉林	83	2	9	65	7	0	0	0	10	32											0				102	41	29	26	0	6
★山西	128	2	42	61	21			2	18	76											1		0		204	103	69	32		
★四川	306	13	93	145	31	14	1	9	60	141											0				339	290	37	12		
★福建	230	16	70	117	23	4			51	131									1		0				206	151	46	8	1	
★黑龙江	85	4	13	46	22				35	26											0				109	85	3	21		
★青海	87		7	51	9	20	0		23	50											0				707	163	494	50		
★新疆	101		6	68	23	4			30	110											0				413	78	286	49		
★兵团	3	1	1	1																	0				0					
★广西	146	2	43	80	13	5	1	2	60	42									1		0				99	61	29	8	1	
★浙江	461	14	171	191	55	30			117	257											0		0		654	391	233	28	1	1
★江苏	314	32	130	130	21	1			69	126											0				649	241	391	15	1	1
★贵州	197		11	111	35	39	1		19	65											0				177	81	93	3		
★江西	94	5	16	68	5	0	0	0	13	43											0				255	186	69			
★河北	331	10	93	170	58				69	164									1		0				187	96	77	13		1
★广东	726	37	361	221	62	41		4	92	221											0				2460	1160	1168	86	10	36
★湖北	165	38	39	79	6	3			25	86											0				168	123	35	6	4	
★湖南	259	35	98	89	19	17	1		39	75									3		0				594	320	252	18	1	3
★西藏	8		2	2	3	1			4	7															0					
总计	7418	684	2641	2972	647	341	6	127	1819	3592	0	0	0	0	0	0	0	0	11		0	0	0	0	12390	6496	5141	601	41	111

全国律师工作人员统计表(四)

分类	合计	文化程度							女律师	中共党员	当选人大代表数				当选政协委员数				奖惩情况						培训情况(人次)					
		博士	硕士、双学士	法律专业本科	其它专业本科以上	大专	中专、高中	外语专科以上			全国人大	省人大	地市人大	县区人大	全国政协	省政协	地市政协	县区政协	受省级以上表彰	行业处分	受行政处罚律师	其中：受警告	其中：停业三个月至一年	其中：被吊销律师执业证	参加律师继续教育小计	其中：职业道德执业纪律培训	其中：专业法律培训	其中：学历教育培训	其中：赴国外、境外培训	其中：外语培训
行政助理	1	2	3	4	5	6	7	8	9	10	11	12	13	14	15	16	17	18	19	20	21	22	23	24	25	26	27	28	29	30
★北京	192		21	51	50	70				85															0					
★天津	662	3	27	115	81	336	100		29	54															136	65	45	26		
★上海	2788	2	214	1192	153	765	455	7	10	205															60	10	1	31	2	16
★重庆	930		15	89	168	523	135			86															226	90	10	126		
★云南	986		17	163	98	496	203	9	15	102															212	80	56	76		
★河南	1784		48	571	240	855	68	2	105	175															1153	521	297	289		46
★海南	224		1	93	42	58	29	1	4	5															10	7	1	2		0
★安徽	1035		19	388	110	518	0			37															0	0	0	0		
★内蒙	313	0	7	86	21	157	41	1	0	14															56	36	18	2		0
★陕西	838	17	326	84	359	52				24															635	85	359	88		103
★甘肃	471			175	170	92	34		235	42															309	223	38	46		2
★宁夏	191		1	72	7	82	21	8	0	15									1						24	2	19	3		
★山东	1937		32	678	228	757	221	21	39	121															608	244	168	150	3	43
★辽宁	1343	2	72	366	185	556	150	12		159															850	330	445	48		27
★吉林	116	0	3	43	14	49	7	0	68	33															53	11	16	21	0	5
★山西	674			89	32	442	109	2	46	40															389			389		
★四川	1786		51	381	633	329	100	292	53	50															1307	758	341	199	1	8
★福建	1085	1	39	331	81	375	257	1		96															186	73	90	14	8	1
★黑龙江	810		4	128	123	472	83			196															13			13		
★青海	85		1	9	5	55	15		0	8															31	17	12	2		
★新疆	389			57	26	297	8	1																	166	67	36	63		
★兵团	0																								0					
★广西	792		15	174	121	371	108	3	8	27									3						209	125	58	26		
★浙江	2524	1	88	1039	165	871	354	6	0	246															1237	656	301	263	0	17
★江苏	1808		12	517	160	810	308	1	41	177															672	319	136	214	2	1
★贵州	443				51	316	74	2		77															71	24	47			
★江西	727		6	187	58	362	114		24	92															519	291	186	42		
★河北	950		1	375	206	267	98	3	32	144															169	44	74	48		3
★广东	3763	1	136	1216	769	762	863	16	215	188															3140	1650	313	1168	5	4
★湖北	1351	4	50	578	143	506	64	6	51	98															194	120	33	39	1	1
★湖南	935	1	32	340	139	353	69	1	15	72															537	321	135	68		13
★西藏	25			6	2	12	5		17	2															0					
总计	31957	32	1238	9593	4640	11966	4093	395	1007	2670	0	0	0	0	0	0	0	0	4	0	0	0	0	0	13172	6169	3235	3456	22	290

全国律师业务统计表(一)

分类	涉外及港澳台	解答法律咨询	代写法律事务文件	民事案件诉讼代理合计	分类：婚姻、家庭	继承	房地产件	著作、商标、专利	其他	涉外及港澳台	争议标的额（万元）	经济案件诉讼代理合计	分类：经济合同纠纷	海事、海商	金融、证券、期货	反倾销	其他	涉外及港澳台	争议财产标的额（万元）	索回赔欠款（万元）
★北京	4511	212998	28641	45841	5577	2526	6733	14306	16699	392	5466892.5	19001	14367	233	794	213	3394	723	7116091	2958909
★天津	396	22718	8463	13156	2835	1053	1620	156	7492	18	146351	5641	3637	164	287		1553		554700	148239
★上海	2902	101785	21525	67498	11831	3288	15966	2017	34396	803	704215.47	22268	16021	849	1788	63	3547	421	1503111	299348.21
★重庆	322	151823	27852	18558	3737	717	3648	540	9916	125	552769	5534	3882	27	448		1177	47	810194	247043
★云南	136	159806	32034	19672	5073	927	2041	673	10958	45	229702.84	9437	7892	5	563	32	945	52	399656	246272
★河南	521	346465	158920	63575	22059	6465	7748	772	26531	63	394310.4	29616	21737	8	1200		6671	13	401767.02	164798.88
★海南	757	13086	3547	3028	255	56	464	72	2181	748	157931	697	452	21	22	0	202	1	12263	8540
★安徽	48	186503	16580	41381	13204	1999	5058	602	20518	258	1035953	11981	8416	179	694	17	2675	48	10735379	208016.7
★内蒙	27	43592	25129	17261	3949	586	1369	96	11261	21	36606.72	4287	2905	0	114	188	1080	3	10580.76	9753.21
★陕西	356	118341	53075	26655	5000	9317	1798	204	10336	312	134562.63	6721	4433		292	16	1980	24	9892459.72	75162.8
★甘肃	21	68319	13716	6489	1869	262	547	42	3769	36	60594	2770	1728		89		953		14296	69347
★宁夏	2	35914	10949	6417	1692	316	571	260	3578		3210171	2485	1853	0	46		586	0	81578.7	19269
★山东	631	491219	132902	75662	16059	3883	8105	1140	46475	220	966200.83	24279	15660	447	1732	15	6425	202	1512812.23	1028389.11
★辽宁	1119	205645	54376	31768	7991	2347	4956	464	16010	160	514298.6	12902	9292	409	600	14	2587	677	1061727.1	474358.2
★吉林	91	7105	2102	10675	1101	204	496	79	8795	52	197144.02	3564	2274	1	191	2	1096	12	257620.3	200.09
★山西		51911	80425	17818	6217	817	1743	13	9028		15313	7432	4719		209		2504	2	204138	91347
★四川	150	283976	55630	35310	10017	1548	3980	363	19402	35	656080.91	14928	10895	4	662	4	3363	34	609539.11	1187447.96
★福建	1341	129436	30148	45273	6985	1346	7078	411	29453	638	385260.7	11079	7640	246	398	2	2793	340	768528	83176
★黑龙江	117	105338	41260	21484	8660	2155	4069	181	6419	82		9723	7454		88	2	2179	21	50533	3333
★青海	1	16756	5217	2682	682	169	314	7	1510		57670.86	1207	970	21	35		181	2	108582.5	36736
★新疆	14	81445	29972	23379	4331	841	2115	168	15924	4	229823	9075	6383	38	277		2377	5	201667.72	101291.48
★兵团		7275	3071	0								917	579		33		305			6003.33
★广西	95	71641	9214	11438	2639	652	2435	126	5586	57	484692.3	3608	2563	28	109	1	907	12	90506	28375
★浙江	555	271562	56887	83372	18012	2159	10835	1394	50972	323	1620469.3	35208	25556	440	1270	89	7853	95	2199154.46	984727.82
★江苏	1159	313616	58068	85107	19572	2497	8887	734	53417	573	2551000	32202	24017	216	1999	18	5952	300	2277200	822600
★贵州		74346	9978	14773	2144	894	2468	83	9184	71	42239.54	1727	1280		38		409		26164.4	12757
★江西	299	121043	34588	17729	5678	1113	3756	385	6797	128	132178	11229	7060	15	339	6	3809	54	44000	16000
★河北	449	172079	75420	40197	17176	5010	5657	968	11386	314	258538.89	13430	9420	45	757	7	3201	69	890610.13	172622.68
★广东	13907	197069	45633	61800	11510	2556	17116	815	29803	2055	681430.37	38477	26409	362	2661	69	8976	2640	5274380.35	606974.22
★湖北	5994	152331	34900	27079	6546	1490	2362	359	16322	62	107443	13799	9817	119	388	1238	2237	2193	596593.6	141995
★湖南	429	194157	39060	30342	9490	1856	4139	619	14238	184	936762	11431	7795	17	570	13	3036	83	1392550	474890
★西藏	11	5491	1371	537	87	12	31	7	400	8	4778.5	138	112		2		24		6818	1990
总计	36361	4414791	1200653	965956	231978	59061	138105	28056	508756	7787	21971383.4	376793	267218	3894	18695	2009	84977	8073	49105201.1	10729912.7

全国律师业务统计表(二)

分类	担任法律顾问合计	顾问单位分类											分类						
		政府法律顾问团、组	国家机关、政府负责人	企业		继承		境外投资项目	乡镇企业	社团及组织	事业单位	公民个人	刑事诉讼辩护及代理合计	为犯罪嫌疑人提供法律帮助		担任辩护及代理			
				小计	其中：大中型	小计	其中：港澳台投资							提供法律咨询代为申诉控告	申请取保候审	被告人委托辩护	法院指定辩护	自诉案件代理	公诉案件代理
★北京	13710	357	285	8961	4868	994	334	237	528	401	1017	1130	11663	4397	719	4397	1173	293	684
★天津	4657	49	68	2646	1143	382	83	21	251	61	161	1018	4040	439	202	2659	87	295	358
★上海	21037	135	217	13760	5136	3101	1320	459	1133	425	1368	439	12720	1808	750	7245	1652	232	1033
★重庆	5915	166	296	3861	1877	118	87	22	350	173	627	302	5725	548	383	3407	587	262	538
★云南	4411	365	234	2414	709	92	42	39	414	211	403	239	15608	1344	1079	7623	3170	1073	1319
★河南	17313	745	850	8742	2540	252	133	56	2359	723	1761	1825	24507	3780	1386	11710	1929	2541	3161
★海南	662	36	35	504	221	20	11	1	4	33	44	18	983	190	43	599	62	17	72
★安徽	10322	416	757	5847	1867	308	65	28	943	427	1064	532	18217	3556	1494	8680	1101	1473	1913
★内蒙	2749	248	152	1487	744	34	20	16	207	117	351	137	4672	505	115	2669	504	446	433
★陕西	3603	121	124	1954	878	34	24	9	508	256	443	154	8373	1650	426	3735	866	692	1004
★甘肃	1591	82	67	871	428	109	45	1	162	78	143	78	4067	946	275	1537	492	548	269
★宁夏	958	40	60	657	268	5	0	0	48	22	104	22	2504	228	149	922	259	481	465
★山东	19737	582	1095	11706	4102	765	208	93	2108	841	1565	982	24919	3283	1442	13626	1708	2456	2404
★辽宁	7978	389	530	4186	2128	319	117	44	808	439	780	483	13332	1655	711	7766	920	851	1429
★吉林	6184	446	226	3702	955	311	134	11	386	263	520	319	8434	1073	419	4545	844	561	992
★山西	2977	112	85	1298	733	13	6		601	396	381	91	9046	799	514	5015	946	769	1003
★四川	12744	667	662	7372	2198	191	113	26	1219	542	1222	843	15852	2644	1135	6676	3357	830	1210
★福建	9889	354	382	6478	1329	733	162	82	591	326	676	267	17171	2301	725	10517	1745	486	1397
★黑龙江	11454	295	277	5214	2218	156	109	107	1038	650	957	2760	8900	1946	791	3188	1414	638	923
★青海	534	13	20	398	220	2	2		15	12	55	19	1215	131	36	685	128	75	160
★新疆	2663	155	133	1605	747	20	5	4	192	135	298	121	7716	2719	222	2719	623	637	796
★兵团													0						
★广西	2727	121	198	1592	599	65	29	14	186	82	373	96	6456	557	153	3471	1290	209	776
★浙江	23218	229	853	14927	4235	869	385	373	2860	794	1404	909	28132	4389	1810	15838	3443	801	1851
★江苏	30796	449	1046	18248	4863	2853	13	122	3864	771	2188	1255	20301	2208	984	11041	3160	1176	1732
★贵州	2717	186	212	1696	376	9	3		157	75	281	101	6835	276	141	4442	1056	497	423
★江西	6184	446	226	3702	955	311	134	11	386	263	520	319	8434	1073	419	4545	844	561	992
★河北	10513	372	419	4453	2352	215	75	97	2370	511	1117	959	16888	1961	681	7052	1793	2198	3203
★广东	20533	363	649	10431	3350	3206	1602	276	1873	632	1865	1238	18675	2328	1579	10064	3184	571	949
★湖北	9565	292	679	5053	1231	290	128	97	998	359	1186	611	13041	1117	1525	6400	1161	951	1887
★湖南	8623	269	423	4377	1692	276	135	59	738	423	1359	699	15270	2521	1164	7035	1745	1452	1353
★西藏	133	16	2	83	37	1			5	9	8	9	533	247	23	137	117	9	
总　计	276097	8516	11262	158225	54999	16054	5524	2305	27302	10450	24241	17975	354229	52619	21495	179945	41360	24081	34729

全国律师业务统计表(三)

分类	行政案件诉讼代理合计	代理被告	代理原告	律师业务收费期初结余	律师业务收费收入	律师业务收费支出	律师业务收费期末结余	非诉讼法律事务合计	分类												涉外及港澳台	争议财产标的额
									审查起草修改合同、章程	出具法律意见书	提供咨询建议书	涉外见证	参加谈判	参与调解、仲裁	股份制改造	企业破产清算	为公司作上市服务(国内)	为公司作上市服务(境外)	为外商来华投资服务	税务代理		(万元)
★北京	1366	489	877	71923.1	491127.6	189114.4	86969.2	73838	12601	44368	8154	132	3288	2704	664	191	309	168	1181	78	2165	7749620
★天津	539	321	218	7240	35188	33348	9080	10879	2378	5638	1036	513	482	540	187	58	11	6	23	7	378	1627488
★上海	1500	677	823	37713.02	279441.2	255739.5	60388	33635	9189	8797	3612	1335	2494	4415	570	277	410	53	1627	856	1697	40099058
★重庆	1055	486	569	17174.22	33232.72	26309.43	24097.51	11942	3494	3413	1719	227	1330	1372	166	127	33	2	23	36	150	80908.9
★云南	1120	437	683	1673.85	21456.73	18866.89	2589.84	18383	3671	5356	5162	1201	1076	1397	176	86	46	8	23	181	50	314977
★河南	5616	2721	2895	2048.2	22544.15	21629.86	2962.49	197445	75734	34260	35263	954	19769	28435	1548	1028	3		273	178	39	985067.1
★海南	523	264	259	516.0533	11615.08	11121.92	1009.213	2245	621	1186	156	5	77	100	35	39	1	4	16	5	8	106330
★安徽	3089	1393	1696	1159.44	19166.84	16677.72	2350.41	23195	8429	5064	3087	106	2340	3395	278	348	28		42	78	58	11478167
★内蒙	891	403	488	663.411	4342.774	3831.442	1174.743	8488	1712	2709	885	23	322	923	1835	55	19	0	4	1	3	111187.2
★陕西	1025	457	568	323.74	10783.35	10855.28	251.81	10887	3809	2359	1668	371	925	1417	166	150	7	1	13	1	20	226122
★甘肃	480	156	324	-389.6	3985.7	3722.9	-126.8	3537	1023	1431	350	18	272	364	27	39	13				1	89635
★宁夏	403	211	192	-122	2189.04	2073.98	-6.94	2301	799	435	314	46	207	444	24	31	1				2	390635
★山东	3462	1748	1714	5444.95	63365.06	59670.9	9139.11	41125	13865	10275	4765	1160	2742	7257	507	310	24	24	169	27	209	10199080
★辽宁	2022	824	1198	11917.9	21096.1	20504	12510	37468	10633	15539	5129	157	2368	2631	454	228	58	9	248	14	282	861602.1
★吉林	534	211	323	947.82	12084.42	8664.03	4368.21	6349	1129	4054	201	42	432	444	21	24	0	0	2	0	15	2408871.6
★山西	1888	1039	849	1182.83	10922.37	11342.12	763.08	9280	4214	2471	1103	9	187	948	296	52						236138
★四川	1372	704	668	3150.62	30007.75	17469.74	15688.63	44558	15759	9515	8122	117	4852	4490	1231	267	50	17	50	88	81	1543187
★福建	2221	918	1303	4447.67	43898.72	39890.67	8455.72	12259	2650	2774	1714	409	1254	2739	70	46	87	3	78	435	363	686935
★黑龙江	1769	865	904					13432	6767	1717	1473		1374	1749	207	74			71			
★青海	132	71	61	124.39	1872.91	1656.05	341.25	1237	420	193	138	4	148	305	10	10	3		6		4	36812.65
★新疆	1774	859	915	32	1601	6897	741	7061	2215	2045	1240	4	581	813	89	62	8	1	1	2	5	385394
★兵团	33	4	29		1426.095			445	238	20	83		5	74	10	15						
★广西	945	369	576	487.62	8915	8370.29	1032.33	4262	1880	898	496	29	289	577	44	22	5		4	18	17	127983
★浙江	3883	1681	2202	13456.62	110387.4	99297.18	24546.81	26217	9264	4440	3511	464	2458	5297	333	196	59	8	160	27	137	235810386
★江苏	2523	1278	1245		118200			41451	13200	7987	6375	409	5055	7434	416	317	42	5	199	12	286	3460000
★贵州	912	314	598	291.07	11498.66	10652.88	1136.85	2847	642	597	414	396	303	475	11	9						25303
★江西	970	493	477	755.322	9672.226	9485.846	941.1702	14692	4201	4413	2356	108	1365	1971	111	58	4		58	47	156	52400
★河北	1534	800	734	3417.34	23519.48	21699.72	5237.1	32914	15842	6187	3352	57	2491	4240	323	377	10	2	30	3	66	668141.08
★广东	2465	1226	1239	31406.25	106434.3	89024.11	43109.82	157212	62318	56350	10511	8926	4523	8092	367	706	267	113	2421	2618	6829	1325140.4
★湖北	1887	917	970	953.98	26251.23	23707.12	3498.09	34704	9652	6095	4585	731	5472	7444	316	216	40		82	71	611	817072
★湖南	2425	1055	1370	868	21727.44	20445.9	2149.54	47617	9757	13923	5308	258	3633	13576	495	386	83	2	134	62	162	3539360
★西藏	31	9	22	23.905	344.794	250.046		941	369	85	152		191	134	2	1	3		4		3	43859.5
总计	50389	23400	26989	218831.7	1558298	1042319	324398.2	932846	308475	264594	122434	18211	72305	116196	10989	5805	1624	426	6942	4845	13797	325486860

全国律师工作机构统计表

分类	合计	分类(一)							分类(二)						奖惩情况					其他					
		国资所	自收自支	全额管理	差额补助	合作所	合伙所	以个人姓名命名的所	获得证券资格所	能够办理知识产权业务所	能够办理海事海商业务所	能够办理房地产业务所	能够办理涉外业务所	已建立党支部所	受省级以上表彰所	受行政处罚所	其中：被处以罚款所	其中：被责令停业整顿所	其中：被吊销执业证书所	义务法律咨询服务件数	参加义务法律咨询律师人次	为公益事业捐款数（万元）	法律援助案件数	办理法律援助案件律师人次	律师业务专题培训班（期）
	1	2	3	4	5	6	7	8	9	10	11	12	13	14	15	16	17	18	19	20	21	22	23	24	25
★北京	865	63	1			5	774	23						236		3	1	1	1						
★天津	239	1				109	117	12	14	116	101	134	92	40		1	1			14556	6675	114611	493	293	243
★上海	682					179	447	56	35	151	114	243	210	309	35	2	1		1	62317	14905	7955.1	4311	5156	1171
★重庆	334	43	2	41		13	278		26	112	81	133	95	68	16	0				109694	35610	149312	2227	747	1278
★云南	421	120	64	40	16	58	227	16	11	36	14	45	23	46	32	2			1	102556	50135	184088	4626	3180	436
★河南	553	65	29	32	4	98	379	11	17	180	91	286	103	181	36	0				253070	119556	310221	6589	7505	848
★海南	69						56	13	69	69	69	69	0	0	0	0	0	0	0	12825	3702	27590	2273	237	130
★安徽	407	35				75	296	1	16	105	65	132	97	76	10	0				109438	77065	299630	4064	5617	524
★内蒙	240	61	12	23	26	14	163	2	5	54	2	81	38	62	5	0	0	0	0	19664	6432	263877	1261	629	194
★陕西	285	55	25	7	23	67	157	6	25	68	36	84	64	77	16	1		1		67418	24060	83722	2733	1966	9690
★甘肃	203	78				22	100	3	4	12	6	20	9	24		0				52467	26170	35582	1306	836	257
★宁夏	61	7	2	3	2	7	45	2	8	13	3	18	5	21	6	2		2		24523	12177	33224	1088	624	105
★山东	674	44	10	10	24	283	342	5	39	209	140	258	220	553	8	0				319619	84106	35000	7324	7342	1665
★辽宁	484	28	13	6	9	43	396	17	34	161	135	185	165	150	38	1			1	157988	47010	38817	3998	2399	995
★吉林	255	3	0	0	3	3	229	20	7	212	168	233	186	107	10	3	0	3	0	4098	3343	1.19	3016	2276	1048
★山西	354	57		32	25	38	256	3	6	39	14	46	20	62	103	1		1		121333	12680	21397	7136	1886	41
★四川	615	103	7	77	19	84	423	5	32	177	47	224	95	164	45	3			3	215429	83175	232459	9435	8693	700
★福建	333	17	8	1	8	10	300	6	28	134	126	135	117	76	18	0				112756	51873	239403	3618	4181	550
★黑龙江	527	35	21	5	9	70	421	1		62	5	338	75	103		0				87324	52103	208100	4237	5434	230
★青海	66	43	7	22	14	6	17		4	20	2	22	10	14	2	0				3558	2377	5270	463	498	77
★新疆	243	84	29	32	23	8	151									0				64790	224370	182405	2408	3580	8
★兵团	31	11	11				20							10		0								330	
★广西	338	92	59	23	10	35	208	3	5	63	48	88	43	39	18	0				56346	14547	461171	2267	1879	379
★浙江	548	4	3	0	1	118	424	2	9	226	173	336	176	216	22	0		0		186102	51735	580494	7297	5753	868
★江苏	702	1	2	8		236	455	10						136	12	0				207701	63753	831254	6072	5087	2025
★贵州	185	84	33	40	11	8	92	1	8	27		32	19	19	1	0				11237	4692	183206	1357	754	20
★江西	290	98	12	39	47	42	142	8	6	69	58	118	60	58	0	0				69262	81475	69	1586	1757	69
★河北	487	94	74	6	14	24	346	23	24	96	45	117	64	160	18					149862	55504	227529	6094	4997	213
★广东	1110	226				65	816	3						195	60	1		1		112861	10840	36129	8451	5160	693
★湖北	387	65	9	3	53	22	297	3	19	112	98	164	103	190	23	1		1		88426	51615	136831	5788	2427	581
★湖南	426	49	26	10	13	150	218	9	23	189	76	235	128	69	20					21543	34365	490500	5060	4102	1169
★西藏	14	8	3	5			6																		
总计	12428	1674	462	465	354	1892	8598	264	474	2712	1717	3776	2217	3461	554	21	3	10	7	2818763	1306050	5419847	116578	95325	26170

十三、律师协会大事记

1月

1. 1月4日，司法部在和敬府宾馆召开刑事公诉案件庭前证据交换座谈会，对《关于刑事公诉案件庭前证据交换的若干意见（征求意见稿）》做进一步研讨，最高人民法院、最高人民检察院、司法部有关领导，全国律协贾午光秘书长，刑事专业委员会田文昌、顾永忠、李贵方、许兰亭和部分刑法学专家参加了会议。《若干意见》定稿后将由司法部、最高人民法院、最高人民检察院三家联合发布。

2. 1月4日，经山东省委组织部同意，山东省司法厅党委下发通知，决定建立中共山东省律师协会委员会，程辉任书记，杨伟程任副书记，王广仁、周杰、关永年任委员。

3. 1月6日，海南省律协向全省律师事务所发出紧急通知，号召全省各律师事务所及广大律师向印度洋海啸灾难地区人民献爱心，各律师事务所、律师及行政人员接到通知后积极行动、踊跃捐款，共有36家律师事务所人员捐款34700多元。

4. 1月7日，内蒙古自治区律师协会会长宋建中，副会长王明瑞，秘书长李文英参加了司法厅组织的厅律师集中教育整顿活动领导小组召开的会议，汇报了呼市地区和通辽、赤峰地区律师集中教育整顿活动检查验收情况。

5. 1月8日，上海律协参加由上海市委宣传部、市教委、市科委和市司法局等单位联合在南汇区航头镇举办的2005年上海市科技、文化、卫生“三下乡”活动开幕式暨集中示范活动周启动仪式。律协会长朱洪超、监事长徐晓青、常务理事翟建、秘书长万恩标、副秘书长刘小禾以及江宪、刘正东等10余名律师到活动现场提供法律咨询。

6. 1月8日，吉林省暨长春市律师向印度洋海啸灾区捐款仪式在长春吉粮大厦举行，省直及长春市律师事务所代表近200人参加。此次捐款总数超过10万元。

7. 1月10日至11日，山东省第六次律师代表大会在济南召开。会议按照司法部和全国律协关于律协领导班子全部由执业律师担任的要求，选举产生了由67名执业律师组成的以杨伟程同志为会长的第六届理事会。

8. 1月12日，在北京市红十字会主办的“让爱无界——2005赈灾专场音乐会”上，北京市律师协会常务理事王隽、副秘书长李冰如将全市律师为印度洋海啸受灾地区捐助的658000多元善款交到北京市红十字会会长手中，为灾区献上了北京律师的一片爱心。

9. 1月15日，青海省律师协会组织9家律师事务所参加了司法厅开展的为“印度洋海啸灾区人民捐款活动”，捐款金额达10960元。

10. 1月17日至21日，上海市律协组织由常务理事和理事等律师组成的律师志愿团，在上海市政协十届三次会议上为政协委员提供法律问题的义务咨询，受到了政协委员的高度赞扬。

11. 1月17日至18日，在浙江省政府“香港·浙江周”开幕式上，浙江省律师协会会长王秋潮与香港律师会前会长周永健签署了“合作协议书”。浙江省律师协会与香港律师会早在2002年7月就签订了合作协议书，而且两会之间交流频繁，合作良好。此次签署协议主要是为了进一步落实CEPA的相关规定，在专业人员培训、为两地律师的交流合作提供便利等方面作出加强。

12. 1月18日，四川省律师协会作出决定，对2004年度行业管理工作成绩显著的18个先进集体、14名先进个人予以表彰，并在律协五届五次理事会上为获奖单位和个人代表颁发了奖状和证书。

13. 1月18日至19日，司法部在北京会议中心召开教育整顿总结和合伙律师事务所规范年动员大会，各省、自治区、直辖市司法厅（局）、律师协会的领导参加了会议。全国律协派业务部、会员部、国际部、培训部、信息部人员参加了大会的组织工作。

14. 1月21日，北京市律师教育整顿工作总结表彰大会在国家行政学院召开。共表彰了50家律师事务所和100名律师。司法部副部长段正坤、市委政法委副书记刘大为分别讲话。他们对北京市司法局和北京市律师协会在2004年律师教育整顿工作中取得的成绩给予了充分肯定，并希望北京市在2005年的合伙制律师事务所规范年活动中再创佳绩。

15. 1月21日，上海律协党组成员、正副秘书长在市二中院参加了市司法局组织的“保持共产党员先进性教育”动员会议。

16. 1月21日，上海市人大正式接受钱丽萍律师与13位市人大代表提交的《关于建议制定〈上海市法律服务促进条例〉的议案》，由上海市人大内务司法委员会审议。上海市政协委员朱树英律师将《关于本市法律服务尚不适应国际大都市的客观需求以及尽快制定〈上海市法律服务促进条例〉的建议》提案提交上海市政协。

17. 1月22日，上海市律协组织由会长朱洪超、副会长吴伯庆、吕红兵、常务理事鲍培伦、秘书长万恩标、副秘书长黄立群等组成的律师志愿团在市人大十二届三次会议现场办公，为市人大代表义务提供法律咨询。

18. 1月24日，北京市律师协会将立法咨询专家推荐名单呈送北京市人大常委会法制办公室。根据北京市人大常委会法制办公室的要求，在200余位报名的律师中，共有120位基本符合条件。

19. 1月24日，中共江苏省律师协会党组正式成立。

20. 1月25至26日，在石家庄市召开了河北省第五次律师代表大会，会议选举产生了河北省律师协会第五届理事会及会长、常务副会长、副会长，实现了领导集体全部由执业律师担任的改革目标。

21. 1月27日，四川省厅直属单位共产党员先进性教育活动动员会在成都召开。省厅直属所党总支委员及厅直属所35个党支部书记出席了会议。

22. 1月30日，重庆市律协召开二届四次理事会议。与会理事审议通过了《重庆市律师协会二〇〇四年度工作总结及二〇〇五年度工作要点》及《重庆市律师协会二〇〇四年度会费收支情况报告》。会议还审议了市律协筹备重庆市第三次律师代表大会的基本方案，确定于2005年4月召开第三次律师代表大会，以代表大会直选方式选举专职会长。

23. 1月31日，辽宁省“律师队伍集中教育整顿活动总结暨开展合伙律师事务所规范建设年活动动员大会”在沈阳金剑大厦召开。赵东岩副厅长对全省律师队伍集中教育整顿活动进行了总结，并对全省开展合伙律师事务所规范建设年活动和建立健全律师队伍建设长效机制工作作了全面部署。张家成厅长就如何加强律师队伍建设作了重要讲话。会议对在教育整顿活动中涌现的先进单位、先进律师事务所以及AAA级诚信律师事务所进行了表彰。沈阳、大连、鞍山、辽阳四个市会上介绍了本市开展律师队伍集中教育整顿活动的经验和体会。

24. 1月，经广东省律协七届九次会长办公会研究决定，广东省律师协会成立了广东省律师协会劳动法律专业委员会和广东省律师协会未成年人保护法律专业委员会。

25. 1月，为贯彻落实党的十六大、十六届四中全会和广东省委九届五次全会精神，按照省司法厅党委的工作部署，广东省律协党委决定，在全省律师队伍中开展“理想、责任、能力、形象”教育活动。

2月

26. 2月2日，广东省万名律师情系灾区，踊跃为印度洋海啸捐款救灾，省律师在短短一个月的时间内为印度洋海啸灾区捐款共61万元。

27. 2月3日，上海市律协机关党支部召开共产党员先进性教育第一次会议。万恩标书记作动员报告，要求党员同志统一思想、端正态度，把教育活动和协会工作有机结合起来，把先进性教育活动成效体现在提高秘书处的执行能力上。

28. 2月18日，全国律协机关召开了全国律协秘书处党总支保持共产党员先进性教育活动全体党员动员大会。秘书处全体党员30人（包括退休党员2名），除1人因在外地探亲遇大雪未能及时赶回外，其余29名党员均参加了动员大会和培训。为使全体职工了解在全国律协秘书处党总支及全党开展保持共产党员先进性教育活动的情况，积极配合秘书处党组织搞好保持共产党员先进性教育活动，特别邀请秘书处全体职工列席参加了动员大会。司法部保持共产党员先进性教育活动第二督导组组长沈白露和段晓晖两位同志参加了动员会。

29. 2月19日，上海市律协与上海图书馆联办的“依法维权——与市民谈法”2005年第1期法律知识讲座在上海图书馆四楼报告厅举行。理事江宪律师为近200名市民作了题为“律师在实现司法公正中的地位与作用”的主题演讲。

30. 2月19日，湖北省律协党委在省司法厅召开省直律师事务所开展保持共产党员先进性教育活动工作会议，主要议题是学习传达贯彻中央、省委和厅党委关于开展保持共产党员先进性教育活动的一系列重要精神，结合实际，在省直律师中动员部署开展保持共产党员先进性教育活动。

31. 2月21日至23日，全国律协秘书处党总支开展为期三天的保持共产党员先进性教育集中培训活动。23日下午，全国律协秘书处机关党支部和《中国律师》杂志社党支部进行了分组讨论。

32. 2月22日，浙江省律协会长王秋潮、副会长罗杰、副秘书长董服民等一行，将浙江省律师为印度洋海啸的捐款148993.4元专程送到了省红十字会。浙江省红十字会领导对浙江省律师在人类遭受灾难之时，踊跃捐款扶助的善举深表赞赏和感谢，并向浙江省律协颁发了捐赠证书及“扶危济贫、功德永存”牌。

33. 2月22日，山东省司法厅举办保持共产党员先进性教育活动英模事迹报告会。作为全省近8000名律师的优秀代表，省律协副会长、全国优秀律师王广仁介绍了自己从事律师职业25年来努力做一个好律师、好主任、好党员的事迹，赢得了与会人员的称赞。

34. 2月22日，海南省律师公证员协会党委召开全省律师公证行业保持共产党员先进性教育活动动员大会，省司法厅党委委员、纪委书记刘伟民到会并作重要讲话。省司法厅保持共产党员先进性教育活动办公室主任林琳同志出席会议。会议由省律师公证员协会党委副书记王晶同志主持，副书记吴清武同志宣读了“海南省律师公证行业开展保持共产党员先进性教育活动实施方案”。省直18家律师事务所、公证处党支部书记、支委成员及党员代表33人参加了动员会。

35. 2月24日，重庆市律协组织召开了重庆市青年律师座谈会。陈翔秘书长主持了本次会议，来自市内十余家律师事务所的青年律师们重点探讨了青年律师们的现实问题和长远发展。

36. 2月25日，福建省律协女律师工作委员会组织女律师赴省女子监狱开展“爱心帮教”活动。

37. 2月，山西省律协向全国律协再次报送了《关于申办2006年第六届中国律师论坛》的报告。

38. 2月至6月，湖南省律协党支部按照《省司法厅保持共产党员先进性教育活动实施方案》，积极组织全体党员参加了保持共产党员先进性教育活动，通过集中学习、党性剖析、整改三个阶段，党支部建设、行业管理和内部管理得到加强，取得预期效果。

39. 2月，经广东省人民政府同意，广东省民政厅授予广东省律协“全省先进民间组织”荣誉称号 。

40. 2月至7月，青海省律师协会党委系统8个党支部全体共产党员律师参加了省司法厅系统开展的第一批保持共产党员先进性教育活动。

3月

41. 3月2日，上海市人大内司委组织召开关于制定《上海市法律服务促进条例》座谈会，律协吕红兵副会长、黄立群副秘书长参加。

42. 3月4日、7日、9日，全国律协秘书处党总支组织全体党员职工赴北京德恒、君合、金杜等三家事务所参观学习。目的是：了解、感受律师工作体制改革给中国律师事业的发展带来的巨大变化，学习律师事务所现代化的管理经验，联系全国律协秘书处的实际情况找差距，明确律协秘书处机构改革方向。

43. 3月4日，内蒙古自治区律协副会长巴布，自治区律协副秘书长、女律师委员会副主任金小玫参加了自治区和呼和浩特市两级律协在内蒙古呼和浩特女子劳教所开展的“提供法律服务、帮教失足姐妹”活动，女律师委员会委员牛立新、云晓霞及呼市地区28名女律师代表参加了此次活动，活动举行了图书捐赠仪式。

44. 3月4日，湖南省直所党委、厅律管处和省律协秘书处联合举行了第六次“省直所党员律师保持先进性学雷锋义务帮教进高墙活动”，组织了部分省直所40名党员律师赴省女子监狱对40名服刑人员进行了一对一法律咨询义务帮教。省律协会长熊龙元、秘书长蒋春林参加了活动。

45. 3月6日，由海南省妇联、省司法厅主办，省律协、海口市龙华区妇联协办的“三八维权宣传周”活动在海口市玉沙路椰子岛广场开展，全省近60名律师志愿者参加了此次活动。

46. 3月7日，重庆金点律师事务所律师李路远、颜捷在重庆红旗水泥厂履行职务期间被该厂不明真相的职工扣留长达5个小时，并遭受人身攻击。事发后，重庆市律协秘书长陈翔带领工作人员及时赶往巴南区公安局进行协调，晚上八点左右，两名律师被巴南区南泉镇派出所民警解救出围。

47. 3月8日，河北省律协召开全省律师队伍集中教育整顿活动总结暨开展合伙律师事务所规范建设年活动动员电视电话会议。

48. 3月9日至10日，四川省律协、省厅律工处派出同志前往阿坝州慰问病危的省律协常务理事、阿坝德望律师事务所律师陈克义同志并送去慰问金，体现了对律师的一片关怀。

49. 3月11日，吉林省律师事务所规范建设年活动工作部署大会在长春召开。会上，省司法厅副厅长刘振宇要求各地深刻理解律师事务所规范建设年活动的意义，搞好“四个结合”，突出重点，明确责任。省律师协会副秘书长刘桂琴代表省律师事务所规范建设年活动领导小组部署全省律师事务所规范建设年活动的有关工作；省司法厅律师管理处副处长付力代表省司法厅律师管理处部署近期律师管理工作；会长赵守华做了大会总结发言。此次会议的召开标志着吉林省规范建设年活动正式启动。

50. 3月11日，湖北省律师年度集中教育培训首期培训班开班，标志着省律协党委指导全省律师开展保持共产党员先进性教育活动和开展合伙律师事务所规范建设年活动的全面启动。

51. 3月11日，湖北省律协党委保持共产党员先进性教育活动领导小组召开省直律师事务所全体党员大会，进行新时期律师党员先进性标准大讨论动员，要求省直律师以支部为单位，从“对照标准找差距、标准的内涵、如何做到新时期律师党员先进性具体标准”三个方面开展讨论。

52. 3月12日，浙江省律师协会在杭州市西溪海外海宾馆举行了2005年第一次全省主任（合伙人）培训班，来自浙江省11个市及省直的700多名律师事务所主任（合伙人）及律师参加了培训学习。培训班邀请了北京大学法学院民商法博士生导师——尹田教授主讲“物权制度与律师实务”及《物权法》（草案）制定中的重要问题，并由王秋潮会长主讲律师事务所管理等内容。

53. 3月12日至13日，江苏省律协工作委员会和业务委员会成立大会在南京召开。

54. “3·15国际消费者权益日”活动期间，四川省律协主办、省律协消费者权益保护专业委员会承办了“共铸诚信·依法维权”为主题的律师义务法律咨询活动。全省共有83家律师事务所、344位律师在“3·15国际消费者权益日”当天参加了义务法律服务咨询活动，提供法律咨询约5600余人次，问题涉及通讯、商品房交易、产品质量、医疗纠纷、损害赔偿等领域。活动期间，省律协及各市州律协将28700余份维权宣传资料送发群众。应四川省消费者权益保护委员会的请求，四川省律师协会向四川省消费者权益保护委员会推荐了“四川省消费者权益保护委员会律师顾问团”。他们将为省消协提供法律咨询和法律支持，并受省消协委托或指派，向消费者提供法律服务。律师团所有律师均系志愿无偿工作。

55. 3月16日，北京市律师协会和北京市社区服务中心联合举行新闻发布会，双方签订《96156法律咨询热线合作协议》，宣布“96156法律咨询热线”正式开通。热线由经验丰富、综合能力强的律师执机，以确保打进电话的市民都能够得到满意的答复。

56. 3月16日，重庆市律协与美国利宝互助保险公司重庆分公司在希尔顿酒店三楼宴会厅举行了《律师执业责任保险合同》的签字仪式，重庆市律师执业责任赔偿机制正式启动。

57. 3月中旬，广东省律协薛云华会长先后两次参加了由全国人大内司委主持召开的关于执行《律师法》情况的调研座谈会，并作了发言。

58. 3月16日，四川省厅直属律师事务所党员先进性教育活动“党课”暨“合伙律师事务所规范建设年”动员大会在绿洲大酒店进行。

59. 3月18日，中加刑事司法改革辩护项目——未成年人犯罪的防范与治理研讨会在吉林大学法学院东荣大厦会议室召开。会议是由全国律协刑事业务委员会、吉林省律师协会、吉林大学法学院和德恒律师学院主办。

60. 3月19日至21日，第16届亚洲律协会长会议于在澳大利亚黄金海岸举行，共有9个国家和地区律协领导和随员30余人出席。中华全国律师协会金山副会长、冯秀梅副秘书长和国际部王凌军组成的三人代表团出席了该会议。会议主题为“律师行业的独立性”。

61. 3月21日，由北京律协编纂的行业自律系列丛书，包括《北京律师行规汇编》、《北京律师执业风险提示录》、《北京律师执业警示录》和《事务所管理指引》发行。

62. 3月21日，经湖南省委组织部批准，湖南省律师协会党委成立，王亲生任党委书记，彭焱生、熊龙元任副书记，蒋春林、翟玉华、秦希燕、高向荣、李德文、杨建伟、侯迁广、肖建平任党委委员。

63. 3月24至25日，湖南省律师工作会议在长沙召开，总结交流全省律师队伍集中教育整顿活动的情况，研究部署合伙所规范建设年活动。

64. 3月25日至27日，第七次北京市律师代表大会在中央民族干部学院召开。来自全市700余家律师事务所的173名律师代表和44名区县司法局特邀代表参加了本次代表大会。大会审议并通过了《第六届北京市律师协会理事会工作报告》、《第六届北京市律师协会监事会工作报告》和《第六届北京市律师协会（2002～2004年度）会费收支情况报告》，选举了第七届北京市律师协会理事会和监事会，研究讨论了北京市律师工作的发展方向和目标。会议以直选的方式选举产生第七届北京市律师协会会长1名，以差额的方式选举产生第七届北京市律师协会理事34名、监事5名；聘任萧骊珠为第七届北京市律师协会秘书长。

65. 3月26至27日，上海市第七届律师代表大会第一次会议在光大会展中心隆重召开。大会听取、审议并通过了《上海市律师协会第六届理事会工作报告》、《上海市律师协会第六届监事会工作报告》、《2004年会费收支执行情况》、《2005年会费收支预算》等议程；选举产生了新一届律协理事会和监事会。会议以无记名投票方式选出了七届律协会长吕红兵；聘请吴伯庆、朱宝麒、武延年三位同志为律协顾问；聘任万恩标为秘书长；经万恩标秘书长提名，聘任刘小禾、黄立群为副秘书长；王国忠被选为监事长。

66. 3月28日，中华全国律师协会下发了《关于推荐北京市律师协会〈律师行业自律系列丛书〉的通知》，向各省、自治区、直辖市律师协会推荐此套丛书，促进律师行业自律管理的深入发展。

67. 3月30日，上海市女律师联谊会召开换届暨会员大会。经过选举，钱丽萍当选为该联谊会会长。

4月

68. 4月2日，安徽省第六次律师代表大会在合肥隆重召开。来自全省的200余名律师代表及特邀代表参加会议，会议选举了省律协六届理事会。会上，参加会议的全体党员代表发表了致全省党员律师的《倡议书》，号召全省党员律师坚定理想信念，秉承宗旨意识，做全心全意为人民服务的排头兵，做“三个代表”和党的路线方针政策的践行者。

69. 4月4日，重庆市律协召开座谈会，向来渝对律师法执行情况进行专题调研的全国人大常委会委员、内务司法委员会主任委员何椿霖一行汇报重庆市执行律师法的有关情况。

70. 4月6日至7日，辽宁省第六届律师代表大会在沈阳人民大厦隆重召开。出席会议的正式代表169名，列席代表24名，大会选举产生了辽宁省新一届理事会、监事会；选举产生了辽宁省律师协会第六届理事会常务理事、副会长、会长；聘任李正良为辽宁省律师协会秘书长，由秘书长提名聘任赵东为副秘书长。

71. 4月6日至8日，全国人大常委会副委员长顾秀莲、内务司法委员会副主任委员陶驷驹一行到安徽省开展执法情况调研，调查了解《律师法》贯彻落实情况。

72. 4月12日，内蒙古自治区律协在自治区司法厅会议室召开了“厅直属律师事务所开展规范建设年活动动员会议”。

73. 4月15日，北京市海拓律师事务所向中国平安保险公司北京分公司提出律师执业责任保险索赔申请，4月25日，中国平安保险公司北京分公司进行了理赔，金额为146473.2元。此外，2005年还有两起律师执业责任保险事故正在理赔过程中，分别是原北京市嘉华律师事务所和北京市世纪律师事务所，两起索赔案索赔申请金额为5509470元。

74. 4月15日至16日，浙江省律师协会、上海市律师协会、江苏省律师协会、美国律师协会、美国社区协会研究会、北京大学法学院房地产法研究中心联合主办在杭州召开了“中·美·新房地产法理论与实务国际研讨会”。此次研讨会涉及法律在政府调控房地产市场的作用和商品房包销、期房转让等房地产法律服务的各个领域及跟老百姓切身利益相关的社区业主委员会的法律问题。来自浙江、上海、江苏、福建、宁夏等地的200多位律师参加了此次研讨会。

75. 4月16日，江西省律协召开四届五次常务理事会，聘任唐锋同志为江西省律协秘书长。

76. 4月17日至21日，应日本辩护士联合会（日弁联）的邀请，以全国律协副会长付洋为团长的代表团赴日本东京参加了中、日、欧律协三方会议，并参加了题为“律师执业全球化”的研讨会。研讨会上，全国律协秘书长贾午光就“两结合管理、外国律师在华执业状况、事务所结构以及青年律师培训”等四个方面与欧盟律协及日弁联交换了意见，并与国际律协（IBA）代表团讨论了两个组织之间继续合作的事宜。

77. 4月18日，香港·重庆律师实务座谈会在市司法局召开。港渝两地律师的座谈就“法律是什么”“律师的功能”等话题展开并深入，围绕民事法律实务案例进行具体分析，并扩展至国外律师事务所先进管理经验。

78. 4月21日，上海市律协召开七届常务理事会第三次会议。会议讨论通过上海地区出席第六次全国律师代表大会代表、理事候选人推举方案，讨论并原则通过各业务研究会设置、调整和主任、副主任人选，讨论了各专门委员会的建议名单。

79. 4月22日，全国律协秘书处党总支召开全体党员分析评议阶段转段动员大会。会议对先进性教育学习阶段的情况进行了总结，对分析评议阶段的工作进行了部署。为使全体职工了解全国律协秘书处开展保持共产党员先进性教育活动的情况，党总支邀请秘书处职工列席会议。司法部保持共产党员先进性教育活动第二督导组组长沈白露同志参会督导。

80. 4月22日，中华环保联合会成立大会暨首届环境与发展中国论坛在北京国际会议中心召开。全国律协环境与资源法委员会副主任周塞军、王灿发等参加了会议。

81. 4月22日，上海市女律师合唱团成员一行54人，在副会长钱丽萍、常务理事缪林凤带队下赴港进行文化交流活动。

82. 4月23日至24日，全国律协未成年人保护专业委员会在北京香山饭店召开年会。全国律协未成年人保护专业委员会委员、各省律协未成年人保护专业委员会主任共50余人参加了会议，于宁副会长出席开幕式并讲话。

83. 4月25至26日，重庆市第三次律师代表大会隆重召开，来自全市的230多名律师代表参加了本次会议。会议审议通过了市律协第二届理事会工作报告、第二届理事会会费收支情况报告和重庆市律师协会章程修改意见。以全体参会代表直选的方式选举孙发荣律师为重庆市律师协会第一任专职会长。会议还选举产生了由83名执业律师组成的第三届理事会、35名律师组成的常务理事会，分别聘任陈翔、秦涛为三届市律协秘书长、副秘书长。

84. 4月25日，河北省律协召开了全省合伙律师事务所规范建设年活动暨律师服务国有企业改革调度会。

85. 4月26日，上海市律协将由市著名音乐家屠巴海谱曲，胡乔木作词的上海市律师行业歌曲报送市总工会宣教部。

86. 4月27日，第七届北京市律师协会专门委员会主任联席会召开。本届律协下设13个专门委员会，分别为“权益保障委员会”、“纪律委员会”、“业务指导委员会”、“教育培训委员会”、“律师代表工作委员会”、“规章制度委员会”、“宣传联络委员会”、“财务委员会”、“事务所管理指导委员会”、“会员事务、福利及文体委员会”、“外事委员会”、“女律师工作委员会”和“律师行业发展研究委员会”。

87. 4月28日，华东六省一市秘书长联席会议在上海举行，会议讨论通过了第三届“华东律师论坛”主题、议题等相关事项。

88. 4月，山西省律协对全省律师队伍“合伙律师事务所规范建设年活动”进行了安排，提出了“假合伙”、“租赁柜台”超高提成比例、私设办事处等8个务必解决的问题。

89. 4月，河北省律协印发了《河北省律师协会常务理事值班驻会办公办法》，从4月开始，执行常务理事值班驻会办公制度，每值班周期由2名常务理事轮流值班，1名会长（副会长）带班。

90. 4月，为贯彻落实《司法部关于进一步建立健全律师队伍建设长效机制的意见》的通知要求，广东省决定成立律师行业规则工作委员会，负责制定和修改广东省律师行业规则等相关工作事宜。

5月

91. 5月3日至7日，在印尼巴厘岛召开环太平洋律师协会第15届年会，年会的主题为：法律在地区经济发展中的作用。全国律协派出了以高宗泽会长为团长的代表团与会。

92. 5月8日，北京律协会员事务委员会召开紧急会议，研究处理两名北京律师交通事故善后事宜。主管副会长金莲淑，秘书长萧骊珠，副秘书长李冰如，会员事务、福利及文体委员会主任任丽颖，副主任吴以钢、李海彦、杨乐、谢炳光和秘书长马建，以及遇难律师所属律师事务所主任参加会议。会员事务委员会经研究决定，由杨乐副主任与协会秘书处工作人员赶赴江苏协调善后工作，并与江苏省律师协会取得联系，商请其协助进行协调工作。

93. 5月9日，吉林省律师协会网站进行改版，新增“吉林律师为振兴吉林老工业基地服务”、“规范化建设年巡礼”、“吉林律师党建”、“吉林律师风采”等专栏。

94. 5月10日，河北省司法厅党委批准建立中共河北省律师协会委员会。

95. 5月11日，重庆市2005年度律师事务所年检和律师注册工作正式开始，截至5月29日结束。共有344个律师事务所的3300余名律师参加了本次年检和注册。

96. 5月11日，广东省律协薛云华会长、朱征夫副会长等会领导陪同马军港副厅长会见英国律师公会的中国地区负责人SIMON LAYCOCK先生和魏菲女士。计划近期在中国举行中英律师交流会。

97. 5月14日，上海市司法局和律协在上海展览中心召开上海市律师工作会议，布置合伙所规范建设年活动。市司法局、律协、各区县司法局领导、各律师事务所负责人及律师代表大会的部分代表约600人出席了会议。

98. 5月14日，河南省律师协会党组成立。

99. 5月16日，北京市司法行政系统佟丽华同志先进事迹报告会在北京市安全局礼堂隆重召开。中共北京市委副书记、政法委书记强卫为佟丽华律师颁发“北京市司法行政系统个人一等功奖章和证书”并做了重要讲话，他号召北京市司法行政系统进一步深化党员教育活动，学习把握佟丽华同志先进事迹的精神实质，立足本职工作，真正落实胡锦涛总书记对先进性教育活动的要求，取得实效。

100. 5月18日至24日，以于宁副会长为团长的中华全国律师协会代表团一行9人，分别对澳门特别行政区和香港特别行政区进行了友好访问。

101. 5月18日，湖北省律协组织全省6家律师事务所向全省4000多名律师发出倡议，号召全省律师以饱满的热情、高度的责任感积极投身到政风行风评议活动中去，认真查改存在的问题，树立湖北律师良好形象。

102. 5月19至22日，吉林省律师协会国企改制培训班在长春召开，全省近400名律师参加了学习。此次培训班分两期，每期两天。

103. 5月24至27日，为了解区县律师行业现状，加强主城与区县律师的联系与交流，重庆市律师协会会长孙发荣、副会长张兴安、副秘书长秦涛前往云阳、奉节、万州进行了为期3天的调研。

104. 5月24日至29日，河北省律协举办了全省律师第三期执业律师培训班，对2004年度开始执业的125名律师进行了培训。

105. 5月25日，山东省律师协会在济南举行聘任仪式，聘请香港著名律师、香港律师会内地法律事务委员会主席何志强先生担任省律师协会顾问。

106. 5月26日，第七届北京市律师协会女律师联谊会换届选举大会在西苑饭店隆重召开。根据《北京市律师协会女律师联谊会换届选举办法》，北京市女律师联谊会会长由北京律协分管女律师工作的副会长金莲淑兼任，选举出郭建梅、任丽颖、张巍、陈秀改4位女律师为副会长。同时，还聘请市委政法委，公、检、法、司等相关部门12人作为北京市女律师联谊会的顾问。

107. 5月27日，江西省司法厅组织开展的“百所千人进社区下农村”活动。据不完全统计，活动开展以来，全省共有248家律师事务所与相关的农户、企业、社区结对，开展法制宣传和法律咨询活动64场次，参与群众达28315人次，赠送普法图书2600册，解决“双清欠”问题4起，办理法律援助事项13件。

108. 5月28日至6月7日，全国律协副会长朱洪超率领7人代表团参加了以色列律协的年会，增进了中以律师友谊并为日后进一步交流打下基础。

109. 5月28日至6月2日，由内蒙古自治区律师协会主办，包头赤峰两市司法局及律师协会分别承办的东、西部全区律师事务所规范管理培训班在包头市金丰大厦、赤峰市新泰和宾馆先后举办。全区律师事务所主任、合伙人、合作人、发起人370余名律师参加了培训。

110. 5月29日，重庆市律协接到弘平所喻弘律师在执业中被几名歹徒打伤、车辆被砸的电话后，陈翔秘书长立即带人赶到李家沱派出所了解情况，协调处理，并在事后向新闻单位通报了几起类似事件、向社会呼吁保障律师执业权利和人身安全。

111. 5月30日，全国人大常委会副委员长顾秀莲率领全国人大《律师法》执法检查组来到北京，开展执法检查。检查组成员还包括全国人大常委会委员、内司委副主任委员祝铭山，全国人大常委会委员、内司委委员任茂东、杨兴富，北京市人大常委会副主任赵凤山，全国人大代表、北京市鼎业律师事务所许智慧。

112. 5月31日，北京市律师协会将理事会推选出的参加第六次全国律师代表大会的代表、理事候选人名单及登记表上报全国律协。

113. 5月31日，全国人大法律援助工作调研组参观重庆市律协。

114. 5月31日，全国人大常委会律师执法检查组到江苏检查，江苏省律协顾亚平副会长参加了检查组召开的律师执法情况座谈会。

115. 5月份，按照司法部《关于开展合伙律师事务所规范建设年活动的意见》、《关于进一步建立健全律师队伍建设长效机制的意见》及北京市司法局《北京市开展合伙律师事务所规范建设年活动工作方案》的要求，北京律协制定了《北京市律师协会关于开展合伙律师事务所规范建设年活动的实施方案》，并将该实施方案印发各律师事务所，要求各所认真组织学习。该实施方案包括两方面内容：①落实《北京市开展合伙律师事务所规范建设年活动工作方案》的具体步骤；②落实司法部《关于进一步建立健全律师队伍建设长效机制的意见》的具体措施。

6月

116. 6月1日，重庆西部律师网改版后正式运行。本次还增设了会长信箱，同时秘书处还制定了《西部律师网管理操作规程》，规范信息发布流程和审核制度。

117. 6月3日，北京市公安局、北京市司法局、北京市律师协会召开了“市公安局征求律师对刑侦工作的意见和建议座谈会”。

118. 6月3日，中央驻司法部先进性教育督导组于宁、陈继清、张双喜、王苏晋、刘建新一行5人到全国律协秘书处检查指导工作，同行的还有司法部直属机关党委常务副书记孙剑英、司法部直属机关党委办公室主任成洪亮。

119. 6月3日至6日，上海市律协组织举办“希望之星、上海之旅”活动，由律协援建的6所希望小学的24名学生、12名老师来沪参观学习。

120. 6月4日至5日，中华全国律协信息网络与高新技术专业委员会年会暨电子商务时代传统知识保护会议在贵州师范大学召开。会议由全国律协信息网络与高新技术专业委员会、贵州师范大学法学院和贵州师范大学知识产权中心共同举办。信息网络与高新技术专业委员会委员、各地的律师、专家和学者共50余人参加了会议。

121. 6月6日至7日，福建省第七次律师代表大会暨第七届常务理事第一次会议在福州召开。会议选举产生了律师协会第七届会长、副会长、常务理事、理事会和第一届监事会。洪波当选为会长，成为福建省第一任由执业律师担任的会长。

122. 6月7日，上海市司法局桂晓明副局长主持召开了律协与市司法局2005年第一次律师纪律工作例会。律协吕红兵会长、钱丽萍副会长、纪律委副主任许强、叶杭生、郑幸福及万恩标秘书长、黄立群副秘书长参加了会议。

123. 6月9日，北京市高级人民法院举行“规范司法行为，促进司法公正，维护律师合法权益”座谈会。主要目的是希望通过广大律师找出法院工作中存在的不足，以便更好的保护当事人的各项权益，维护律师的执业权利。

124. 6月9日，中共中央统战部副部长陈喜庆一行莅临湖北视察调研，在武汉主持召开了“新的社会阶层代表人士座谈会”。湖北省律协秘书长刘建国、湖北今天律师事务所岳琴舫律师、湖北中和信律师事务所曹亦农律师、湖北得伟律师事务所蔡学恩律师代表省律师界应邀参加了会议。

125. 6月12日至16日，第六次全国律师代表大会上，湖北律师张粒、龙旭英、柯汉英和湖北松之盛律师事务所、英达律师事务所、得伟君尚律师事务所分别被评为“全国优秀律师”、“全国优秀律师事务所”。

126. 6月13日至16日，河北省律协李益民会长等10名律师参加了第六次全国律师代表大会。李益民、邹强伦、陈红、张春来、张来柱等5名律师当选为全国律协第六届理事会理事，邹强伦律师当选为常务理事。会议表彰了河北省获“全国优秀律师事务所”荣誉称号的三和时代、太平洋世纪、世纪联合等3家律师事务所和获“全国优秀律师”荣誉称号的邹强伦、齐秀敏、张来柱、靳长征等4名律师。

127. 6月14日至16日，为期3天的第六次全国律师代表大会在北京召开。中共中央政治局常委、中央政法委书记罗干同志，中共中央政治局委员、中央书记处书记、国务委员周永康同志，最高人民法院院长肖扬同志、最高人民检察院检察长贾春旺同志等中央领导和有关部门负责人亲切接见了大会代表。周永康同志等中央领导出席大会开幕式并作了重要讲话。司法部张福森部长等部领导出席大会闭幕式并作重要讲话。来自全国31个省、市、自治区的300名代表和100余位特邀代表参加了本次大会。大会选出了新一届全国律协理事、常务理事、会长及副会长，第四、五届全国律协副会长，北京时代华地律师事务所于宁当选为第六届全国律师协会会长。在3天的会议中，律师代表们听取并审议通过了五届全国律协会长高宗泽所作的《五届全国律协理事会工作报告》，审议通过了五届全国律协副会长付洋所作的《五届全国律协理事会财务工作报告》，还表彰和嘉奖了一批优秀律师事务所和优秀律师。第六届全国律协常务理事会聘任了新一任秘书长。毕业于西南政法大学、曾任司法部律师公正司副司长、司法部法律援助中心主任邓甲明同志被聘为新一任秘书长。

128. 6月14日，在第六次全国律师代表大会上，北京市君合律师事务所等11家律师事务所和佟丽华等8名律师被授予“全国优秀律师事务所”、“全国优秀律师的光荣称号”，王灿发等16名北京律师因为在律师行业管理工作中做出无私奉献受到全国嘉奖。

129. 6月14日至16日，在第六次全国律师代表大会上，上海的国浩所、联合所、锦天城所、金茂所、建纬所、光明所、毅石所、新华所、华亭所、段和段所等10家律师事务所被授予“全国优秀律师事务所”光荣称号，王小耘、刘正东、徐晓青、翟建、陶武平、江宪等6位律师被授予“全国优秀律师”光荣称号。吕红兵会长、徐晓青副会长分别代表上海的优秀律师事务所及优秀律师上台领奖，黄顺刚律师受到嘉奖。

130. 6月14日至16日，内蒙古自治区律师协会组团参加第六次全国律师代表大会。在代表大会上，内蒙古建中律师事务所获“全国优秀律师事务所”称号，原自治区律师协会副会长、恒信长城律师事务所主任郑锦春，自治区律师协会副会长、爱德律师事务所主任巴布获“全国优秀律师”称号。

131. 6月14日，在第六次全国律师代表大会上，浙江省天册、浙经、星韵、泽大、六和、嘉瑞成、平宇律师事务所获“全国优秀律师事务所”荣誉称号，胡祥甫、章靖忠、唐国华、范云、何延法获“全国优秀律师”荣誉称号。

132. 6月14日，全国律协在人民大会堂举行了颁奖仪式，安徽省天禾、纬纶、弘大、深蓝律师事务所获“全国优秀律师事务所”的荣誉称号，鲍金桥、黄明利、李仁厅、宋世俊4名律师获“全国优秀律师”的荣誉称号。

133. 6月14日至16日，在第六次全国律师代表大会上，山东省共有7家律师事务所获“全国优秀律师事务所”称号，7名律师获“全国优秀律师”称号。

134. 6月14至16日，在全国第六次律师代表大会上，湖南省秦希燕联合、君见、金州、天地人4家律师事务所被授予“全国优秀律师事务所”称号，翟玉华、杨建伟、秦希燕、刘彦4名律师被授予“全国优秀律师”称号。

135. 6月14日，在全国第六次律师代表大会上，四川省有5家律师事务所获“全国优秀律师事务所”称号，它们是：四川鼎立律师事务所、四川四方达律师事务所、四川康维律师事务所、四川泰和泰律师事务所、四川英济律师事务所。6位律师获“全国优秀律师”称号，他们是施杰、李世亮、樊斌、阳运逵、魏家琳、彭勇。

136. 6月14日至16日，在全国第六次律师代表大会上，甘肃省正天合律师事务所被评为“全国优秀律师事务所”、王祖国律师被评为“全国优秀律师”。

137. 6月16日，山东省首届公诉人、辩护律师控辩对抗赛决赛在济南举行，青岛市和济南市律师代表队获得决赛辩方团体一等奖，2名律师获最佳辩手奖、10名律师获优秀辩手奖。

138. 6月21日至7月8日，湖南省律协组织了以司法厅厅长周敦扣为团长一行13人的湖南律政代表团赴南美5国进行了为期18天的考察学习，与所到国家的司法界、律师界进行了广泛的交流。

139. 6月22日，香港特别行政区政府律政司司长梁爱诗女士率香港法律界代表团，在河北省政府副省长柳宝全等领导的陪同下，拜会了省厅及省律协，并进行了友好座谈。拜会期间，河北省律师协会分别与香港大律师公会、香港律师会签署了《合作协议》。

140. 6月24日，河北省律协与香港大律师公会、律师会共同举办了“冀港法律界交流合作研讨会”，冀港双方就共同关心的10个法律专题进行了深入的研讨。

141. 6月25至26日，重庆市律协在市司法局二楼会议室举行了本年度第一期卫星远程教育培训活动，来自全市的300余名律师参加了此次培训。

142. 6月27日至7月2日，辽宁省律师协会组织省内部分市律师协会的秘书长赴华东二省五市进行考察。学习兄弟省市律师协会先进经验，就如何作好对律师事务所管理进行了交流。本次考察团由辽宁省律师协会副秘书长赵东带队，全省9个市的律师协会秘书长参加了此次活动。

143. 6月28日，重庆市律协在五楼会议室为刚刚荣获“全国优秀律师事务所”及“全国优秀律师”荣誉称号的单位和个人举行了颁奖仪式。

144. 6月29日，重庆市司法局党委召开“市司法行政系统第二批先进性教育活动动员部署大会”。根据市司法局党委的统一部署，市律协成立了保持共产党员先进性教育活动领导小组。

145. 6月30日至7月2日，河北省律协在石家庄市组织召开了“第二届全省AAA级信用等级律师事务所评定工作会议”，共评定出AAA级信用等级律师事务所134家。

146. 6月30日，中共吉林省律师协会委员会成立大会在长春召开，会议同时对全国和我省律师行业评选出来的优秀律师事务所、优秀律师以及创建特色律师事务所先进单位进行了颁奖。

147. 6月30日至7月1日，广西律师协会组织召开了广西壮族自治区第六次律师代表大会。全区161名律师代表和31名特邀代表参加了此次会议。会议选举产生了全部由执业律师担任会长、副会长和大部分成员由执业律师组成的理事会、常务理事会的新一届律协领导班子。

148. 6月至8月，山西省律协在全省律师队伍中开展了“保持共产党员先进性教育活动”。

7月

149. 7月1日至3日，由中华全国律师协会和内蒙古律师协会主办，全国律协民事业务委员会承办的全国律协民事业务委员会2005年年会暨“第七届中国民商法实务论坛”在内蒙古呼和浩特市举行。

150. 7月1日至5日，湖北省律师协会一行5人，应内蒙古自治区律师协会的邀请，赴内蒙古呼和浩特市，实施湖北律师法律教育支援大西北活动。

151. 7月2日，北京律协召开专业委员会第一次主任联席会。业务指导工作委员会对专业委员会的工作提出“四二一一”的基本要求，内容包括：每个专业委员会一年的活动不少于四次，内容、方式不限；每个专业委员会每年组织面向广大律师的活动不少于二次，要吸收专业委员会委员以外的律师参加活动，使全市律师受益；专业委员会的每位委员每年要提交一篇论文或专业文章；每个专业委员会每年要出一个成果，如出版论文集、年度活动综述、报告等。

152. 7月2日，全国律协第七届中国民商法实务论坛在内蒙古呼和浩特市宾悦大酒店召开，来自全国各地的律师及各界人士160余人参加了开幕式，本届论坛由中华全国律师协会和内蒙古自治区律师协会主办，全国律协民事业务委员会承办。这是中国民商法实务论坛第一次走进西部，也是内蒙古首次举办论坛，论坛取得了圆满成功。

153. 7月3日，重庆市律师行业先进性教育活动动员部署大会在市司法局二楼会议室举行，近300人参加了大会。

154. 7月6日，甘肃省律协领导陪同全国人大法工委刑法室主任、中国政法大学诉讼法研究室主任等一行7人到白银市检查观摩询问犯罪嫌疑人律师在场制度、全程录音制度、全程录像制度的实验情况。

155. 7月6日至8日，四川省达州市普降大暴雨，造成百年不遇特大洪灾，部分律师事务所和律师住宅遭受严重损失。四川省律协接到达州市律师协会灾情报告后，及时发出了慰问信，代表全川律师同行对他们致以问候，并从省律协会费中及时划拨了5万元救灾款用于受灾律师、律师事务所的工作和生活急需，并鼓励他们坚定信心，战胜灾情，争取早日恢复正常工作、生活，重建美好家园。

156. 7月6日，青海省律师协会举行“全国优秀律师事务所”授牌仪式。会长庞顺泽为受奖的同一律师事务所授牌。

157. 7月8日，参加陕西省消费者协会组织的成立“维护消费者合法权益志愿团”名单审核会议，对报名参加律师团的律师进行了严格审查，最后确定20名律师作为首批律师志愿团成员。

158. 7月8日，海南省律师公证员协会党委召开党员先进性教育总结大会，省律师公证员协会党委副书记吴清武主持会议。省司法厅先进性教育督导组张河林处长出席并代表厅督导组作总结讲话，省律师公证员协会党委副书记王晶同志代表协会党委就全省律师公证行业党员先进性教育活动作了总结讲话，省律师公证员协会党委副书记龚理辉宣读《中共海南省司法厅委员会关于表彰保持共产党员先进性教育活动先进基层党组织和优秀共产党员的决定》。

159. 7月15日，北京市司法局第二批保持共产党员先进性教育活动动员大会在北京国际会议中心召开。全市律师行业中的共产党员律师1300余人参加了大会。

160. 7月15日，辽宁省律师协会与省高级人民法院党组成员、纪检组长徐运涛及省法院有关部门负责人召开联席会议，就如何规范律师与法官的关系，改善律师执业环境、规范法律服务市场秩序进行了研究，并达成了共识。辽宁省内近20名律师参加了会议。

161. 7月15日，广东省律协与香港律师会在广州举行《促进粤港法律服务发展合作协议书》签字仪式，仪式由省律协黄士林副会长主持，省司法厅马军港副厅长、律管处刘绍含调研员、省律协薛云华会长、香港律师会罗志力会长、香港律师会何君尧副会长、香港律师会内地法律事务委员会何志强主席出席了签字仪式。

162. 7月21日，福建省律协党委召开省直律师事务所保持党员先进性教育活动动员大会。

163. 7月22日至24日，辽宁省律师协会在辽宁工会大厦举行“全省律师事务所主任培训班”，来自全省各市的近200名律师事务所主任参加了培训。

164. 7月22日，四川省律协房地产专业委员会成立大会暨房地产法律服务研讨会在成都岷山饭店举行。

165. 7月23日，沪浙律师羽毛球友谊赛在杭州举行，本次活动增进了沪浙律师的了解和友谊。

166. 7月24日，司法部全国律师规范建设年活动检查小组到海南省检查。海南省司法厅副厅长孙书南、省律协会长王晶、省司法厅律公处处长郑学海、省律协秘书长王满怀等共同向检查组汇报了海南省律师规范建设年活动的开展情况。

167. 7月25日，陕西省第二批开展保持共产党员先进性教育活动在全省律师事务所拉开帷幕，全省700多名党员律师参加了这次活动。26日，省律协举办省属律师事务所党支部书记保持共产党员先进性教育活动培训班。省属律师事务所21个支部的党支部书记参加了培训。

168. 7月27日，上海市律师协会召开律师代表团的制度建设会议，各区县司法局分管局长、公律科长等就《上海市律师协会关于积极探索律师代表团工作机制的若干意见（讨论稿）》，集中围绕律师代表团制度的定位、性质、功能及具体实施和操作问题进行了讨论。

169. 7月28日，北京律协向因在外地办案发生交通事故去世的北京市证泰律师事务所汪祖见、李德生律师的家属，以及因在外地办案患重症后病故的北京市远望律师事务所刘崇和律师的家属发放互助金。2005年北京律协共发放互助金10次，合计24.5万元。

170. 7月，山西省律协开通了山西律师网站，加大了对律师工作的宣传。

171. 7月，中共安徽省司法厅党委下文批准成立省律协党委。省司法厅党委委员、副厅长郭云生为律协党委书记，蒋敏、倪永生为副书记。

8月

172. 8月9日，湖南省律协与青少年发展基金会正式签订协议，捐款20万元援建一所律师希望小学，标志着“湖南律师希望小学”援建工作进入实施阶段。

173. 8月11日，上海市律师协会组织20家律师事务所与20家社会福利行业协会办事处在青松城举行签约仪式，由律师事务所为福利行业协会所属的福利院及养老机构提供法律服务。

174. 8月12日，“少数民族地区普法及律师为少数民族群众提供法律服务研讨会”在重庆东和花园酒店会议厅举行。本次活动作为“中加刑事司法改革与辩护项目”的重要组成部分，加拿大专家与参会的70

余名代表进行了充分的交流。

175. 8月13日，广东省律师协会在广州起义烈士陵园举办了“加强行业自律、共建和谐广东——全省律师和行业协会开展发挥自律作用活动启动仪式”大型宣传活动。全国律协、省纪委、省司法厅、省民政厅、省卫生厅、省交通厅、省财政厅等单位的领导同志出席了宣传活动。省司法厅陈伟雄厅长作重要讲话，对活动进行了动员和部署。全省21个市律师协会领导和400多名律师代表参加了活动。

176. 8月14日，上海市翟建律师事务所翟建律师在上海图书馆四楼报告厅为近200名市民作了“刑事诉讼与刑事被告人的权利”的讲座。本次讲座是2005年上海市律师协会和上海图书馆联合举办的“依法维权——与市民谈法”法律知识讲座的第三讲。

177. 8月14日，内蒙古自治区律协向自治区消协提供“内蒙古自治区消费者协会律师团”推荐名单，被推荐的15名律师来自呼市地区各律师事务所，他们具有丰富的执业经验、在消费者权益保护领域有一定业绩并热心公益事业。

178. 8月上旬，北京律协举办“首都律师希望之星北京行”活动。

179. 8月15日，重庆市律协党委召开先进性教育第二阶段工作会议，直属党支部书记30余人参加了会议。

180. 8月17日，重庆市律师协会孙发荣会长、韩德云副会长、陈翔秘书长与英国总领事馆文化教育领事 David Foster 共商双方合作开展活动有关事宜。

181. 8月18日至20日,2005年海峡法学论坛召开,本届论坛的主题为“反垄断法的理论与实务”共收到论文91篇,来自中国大陆、中国台湾、香港、澳门地区及美国、澳大利亚等地的180多位代表参与了本次盛会。

182. 8月19日，北京律协通过首都律师网发布了《北京市律师协会关于承接北京市实习律师管理工作的通知》。实习律师备案、审批、培训等工作职能于8月22日正式由北京市司法局移交至北京市律师协会。

183. 8月19日至26日，上海市律协会长、副会长、秘书长、部分常务理事随司法局领导赴19个区县的律师事务所进行行风建设检查。

184. 8月19日，吉林省律协在长春市空军俱乐部举行赵春芳律师先进事迹报告会，省直暨长春市300多名律师参加了报告会。赵春芳同志牢记宗旨、一心为民、忠于法律、服务社会的崇高精神感染了与会者，大家表示，要以赵春芳同志为榜样，立足岗位，做好工作，以实际行动践行“三个代表”重要思想。

185. 8月21日至23日，2005年中南六省（区）律师协作暨业务研讨会在宜昌市召开。本次片会是历年来片会中规模最大、参会人数最多、提交论文数量最多的一次，来自六省（区）的200余名律师协会、律管人员代表及律师代表出席了会议，六省（区）共提交论文220余篇，有201篇论文收录到《中南六省（区）律师协作暨律师业务研讨会论文集》。

186. 8月22日，福建省政府侨办聘请福建省15名律师成立“省政府侨务办公室顾问团”。

187. 8月23日，北京市委常委、市公安局长马振川来到北京市司法局，听取了市局第二批先进性教育活动情况汇报。市委先进性教育活动办公室刘承以及市委第六巡回检查组张文义等陪同听取了汇报。会议由市司法局党委委员、纪委书记齐凤鸣主持。北京律协党委副书记、会长李大进参加会议。会议主要内容：①听取市司法局党委副书记、政治部主任、市局第二批先进性教育活动领导小组副组长王志江的汇报；②市律协党委副书记、市律师协会会长李大进介绍当前党员律师对先进性教育活动的切身感受；③市委第六巡回检查组组长张文义向马振川汇报市委第六巡回检查组前一阶段的工作，并肯定了市司法局先进性教育活动取得的成绩；④马振川做重要指示。

188. 8月26日至27日，根据青海、上海两省市律师协会新三年的培训合作协议，上海市律师协会选派3位资深律师对青海省330余名律师进行了为期两天的业务培训。内容涉及企业股权的相关问题、房地产律师实务、刑事辩护实务和律师事务所管理等方面。

189. 8月29日至30日，“东北三省律师论坛”在辽宁大厦举行，此次论坛由辽宁省律师协会、吉林省律师协会、黑龙江省律师协会主办；辽宁省律师协会承办；论坛的主题是：加强律师事务所规范化建设、为构建和谐社会提供优质的法律服务。东北三省共有150名律师参加。

190. 8月30日至9月4日，全国律协以于宁会长为团长的代表团赴摩洛哥古城菲斯参加了国际律师联盟第49届年会。

191. 8月中旬至9月初，在沈国新秘书长的带领下，结合规范化建设年的要求，江苏省律协对30家省直所进行了一次普遍性摸底调查。

192. 8月份，北京市律师协会和北京市司法局开展律师事务所管理调研活动。8月4日，协会通过首都律师网发布《北京市司法局、北京市律师协会关于开展律师事务所管理现状问卷调查活动的通知》，向全市律师事务所下发《律师事务所管理现状调查问卷》。截至8月底，共收回问卷620余份。

193. 8月，山西省律协组织了首届全省律师乒乓球比赛。

9月

194. 9月1日，江西省司法厅在南昌隆重举行了组建省直“服务全民创业法律顾问团”新闻发布会。省人大内司委副主任周山印、省政府办公厅助理巡视员王吉龙、省委政法委秘书长梁彩云等出席会议并向方世扬等60名律师、公证员、法律援助工作人员颁发了聘书。

195. 9月2日，吉林省律师协会由会长赵守华、副会长兼秘书长张生久带队，组织吉林省60多名律师参加在长春香格里拉大饭店举办“吉林·香港合作交流及东北振兴研讨会”。会后，吉林省律师与香港贸易发展局的代表和香港简家聪律师行简家聪律师，就共同关心的问题交换了意见。

196. 9月6日，广东省律协会长薛云华代表省律协参加了广东省民间组织发展促进会第一次会员代表大会，省律协作为发起单位被选为副会长单位；省律协薛云华会长被选为广东省民间组织发展促进会副会长。

197. 9月8日至9日，第22届世界法律大会由北京移师上海国际会议中心继续举行。全国律师协会副会长、上海市律师协会副会长、上海市联合律师事务所主任朱洪超在第五分会场发表了主题演讲“中国法律服务市场开放的挑战和机遇——在理想与现实之间的思考”。会后，上海市律师协会会长吕红兵及数位参会上海律师接受了多家媒体的采访，畅谈此次参会感受。

198. 9月9日，陕西省律协与中共陕西省委依法治省工作领导小组办公室、省综治委预防青少年违法犯罪工作领导小组办公室、省司法厅、省教育厅和共青团省委六部门联合下发了《关于开展“知心律师进校园”宣传教育活动的通知》，积极组织全省律师参加知心律师进校园活动，让民主与法制伴随着孩子们健康成长，全省已有近百家律师事务所派出律师进住校园。

199. 9月12日至30日，浙江省司法厅、省律协组成四个督查组对全省各地的合伙律师事务所规范建设年活动进行督查，重点检查了“七个规范”的落实、整改情况。

200. 9月13日至15日，“公益诉讼与维护妇女权益研讨班”在成都岷山饭店举行。该培训班是由美国律师协会提供资金，由美国律师协会亚洲法律项目委员会、中国法学会反对家庭暴力网络（研究中心）、四川省律师协会妇女权益保护专业委员会主办，四川省律师协会秘书处承担了本次会务工作。

201. 9月15日，北京律协会长李大进等人参加了中央政法委组织的关于解决民商事案件执行难问题的调研协调会。中央政法委、全国人大常委会、最高人民法院、北京市高级人民法院、市第一中级人民法院、市第二中级人民法院负责人以及中国人民大学、中国政法大学、北京联合大学、北京政法职业学院的专家教授出席了调研会。此次调研是根据吴邦国委员长和罗干书记的批示精神进行的，将对“执行难”问题进行深入、彻底的调查研究，力争在一定时期内予以解决。

202. 9月16日至17日，全国律协海商海事专业委员会在上海双拥大厦召开了中国律师2005年海商法研讨会暨海商海事专业委员会年会，全国律协朱洪超副会长出席开幕式并讲话。

203. 9月16日，上海市律师协会会长吕红兵参加全国部分中心城市律师事务所第16届（上海）协管会议。本次会议由联合律师事务所、宝生律师事务所、捷华律师事务所等承办。上海市司法局副局长刘忠定以及北京律协会长李大进、辽宁律协会长潘公明等出席。

204. 9月17日，上海市司法局副局长桂晓民、市律师协会会长吕红兵、副会长徐晓青、监事黄宁宁一行赴香港出席由上海市司法局和香港基本法研究中心主办、上海市律师协会承办的第三届“沪港青年律师培训项目”结业典礼。

205. 9月20日至10月16日，青海省律师协会在全省范围内开展律师职业道德、执业纪律和诚信服务检查活动。

206. 9月23日，根据北京市司法局第二批先进性教育活动的统一部署，市律师协会党委召开了专题民主生活会。会议由市律协党委副书记、会长李大进主持。

207. 9月24日，第三届华东律师论坛在上海千鹤宾馆隆重开幕。本次华东律师论坛由上海律协主办，共有100余名来自华东六省一市的律师参加研讨活动共提交了96篇论文，其中15篇论文获奖，1名律师获得自由论坛“最佳表现奖”。

208. 9月25日至10月2日，以于宁会长为团长的全国律师协会代表团赴捷克共和国首都布拉格参加国际律师协会2005年年会。在参加大会的相关工作会议和研讨外，还同国际律协高层领导进行会谈，探讨了两会即将签署的谅解备忘录和今后的交流与合作。

209. 9月25日，河南省律协医事业务委员会成立。

210. 9月27至29日，第五届京津沪渝粤律师篮球赛在广州体育馆隆重举行。

10月

211. 10月8日，上海市律师协会向全市律师事务所下发《市律师协会关于个别律师会见在押人员时违反监所规定的情况通报》，要求各律师事务所及律师引以为戒，并结合2005年的法律服务行业行风评议活动和律师事务所规范建设年活动要求，进一步加强律师职业道德和执业纪律教育，增强遵纪守法意识，珍惜职业声誉，强化自律意识，做到自尊、自重、自警、自律，杜绝类似情况再次发生。

212. 10月8日，河北省律协印发了《河北省律师协会关于律师参与全省政法系统集中联合接访活动的实施方案》、《河北省律师协会关于动员广大律师积极参与全省联合接访活动致全省律师的公开信》和《河北省律师协会关于建立律师参与全省政法系统集中联合接访活动会长、副会长、秘书长、常务理事包片联系点制度的通知》。

213. 10月11日至17日，以苏吉雄律师为团长的台湾地区律师界大陆参访团一行20人访问了北京、西安、武汉等城市。此次代表团来访旨在与全国律协建立友好交流关系，更好地推动两岸律师的业务交流。代表团在北京访问期间，全国律协会长于宁会见并宴请了代表团。

214. 10月11日，山东省律协在济南召开了全省老律师代表座谈会。会上宣读了省律协关于表彰全省部分老律师的决定，授予1980年以前执业、从律师岗位离退休的45名老律师和卸任的3位省律协老会长“山东律师业发展特别贡献奖”。

215. 10月13日，首届“福建律师论坛”在福州召开，论坛的主题为“构建和谐社会与律师业发展”。

216. 10月15日至16日，中华全国律师协会宪法与人权专业委员会、美国律师协会亚洲项目委员会、苏州大学王健法学院、苏州大学东吴比较法研究所联合主办，中央电视台《经济与法》栏目、江苏省律师协会、苏州市律师协会协办的“公益诉讼、人权保障与和谐社会”国际学术研讨会在苏州大学召开。开幕式由中华全国律师协会秘书长邓甲明主持，中华全国律师协会会长于宁、苏州大学副校长殷爱荪、美国律师协会会长Michael Greco、美国律师协会亚洲行动项目主任Laura Stein Clorox分别在开幕式上致辞。

217. 10月15日至16日，ADVOC国际律师事务所联盟2005年年会在青岛召开。

218. 10月15日，福建省优秀女法官女律师女检察官女警官表彰大会暨“妇女儿童维权”研讨会在福州召开，金惠敏等10位律师被授予优秀女律师光荣称号。

219. 10月16日，第二届“全国刑事辩护律师义务宣传日”公益活动在全国近百个城市同时开展，宣传日的主题是“了解刑事辩护，帮助自己和他人”。全国超过5000名刑事律师参与了活动，共接待咨询群众10万余人。

220. 10月17日至20日，北京律协教育培训委员会委员徐蓬、杨凯和协会秘书处业务培训部工作人员李煜泽三人赴上海律协，就北京律师学院筹组事宜进行调研。

221. 10月19日、20日，北京律协女律师工作委员会在朝阳区、通州区、昌平区、石景山区、房山区所属的律师事务所召开座谈会，征求女律师对女律师工作委员会工作的建议及意见，了解她们的现状和需求。自8月份以来，女律师工作委员会赴全市18个区县，对女律师工作进行调研，此项工作前后历时三个月。

222. 10月19日，内蒙古自治区律协召开互助金委员会会议。会议研究决定为已死亡的荣景良、张凤鸣、刘玉峰律师的亲属和患病的石庄子、陈凤兰、赵斌、陈诗平律师给予互助金救助。

223. 10月19日至11月4日，根据江苏省律师事务所规范建设年活动安排，省律协与省厅组织联合检查组，先后对苏州、盐城、镇江、淮安、徐州、宿迁、泰州等市及省直分会律师事务所规范建设年活动开展情况检查。

224. 10月20日，内蒙古自治区律协与香港希文律师事务所Keith先生座谈，协商开展“反倾销培训项目”的合作事宜。

225. 10月20日至21日，湖北省律协组织80名律师参加了由美国纽约大学、武汉大学法学院、湖北省律师协会刑事委员会在武汉共同举行的“中美刑事辩护律师演示培训项目交流会”。

226. 10月21日，由中华全国律师协会和中国国际经济贸易仲裁委员会、瑞典斯德哥尔摩商会仲裁院合作举办，重庆市律师协会承办的“中国—瑞典国际商事仲裁研讨会”在万豪酒店举行。

227. 10月21日至28日，以中华全国律师协会副会长杨伟程为团长的中国律师代表团一行22人访问了汉城、济州岛及釜山等城市，参加了中韩两国律协共同举办的第十届题为“律师事务所的管理”的研讨会，拜访了韩国法务部、最高法院、韩国律师协会、汉城律师协会并参观了和友法务法人律师事务所。

228. 10月22日至26日，由国家法官学院、中华全国律师协会、美国律师协会和中国政法大学环境资源法研究和服务中心联合举办，省律师协会协办的第五期全国环境法律实务研习班在济南开班。全国环境法律实务研习班是面向全国法官和律师开展的环境法律公益培训班。从2001年起，已连续4年为239名律师和130名法官免费提供了培训。本期研习班是首次在京外举办，为来自山东省、浙江省、黑龙江省、重庆市等地的40名法官和40名律师免费提供环境法律实务培训。

229. 10月24日至27日，北京市委政法委“规范执法行为，促进执法公正”执法大检查工作在全市各级政法部门全面展开。11名律师作为政法委执法检查组成员，分别参加了10个检查组的检查工作，并在执法检查中发挥了积极作用。

230. 10月24日，江苏省律协顾亚平副会长、沈国新秘书长赴盐城慰问了该市部分患重病、受伤的律师及因病去世律师的家属。

231. 10月24日至26日，国务院法制办和司法部到广东省进行立法调研，组织开展《律师法》修订和律师收费制度改革调研座谈会。

232. 10月25日，国务院法制办政法司司长李建，司法部法制司司长杜春，司法部律师公证工作指导司丘征处长一行，到上海律协就《律师法》修改稿情况在律师界进行调研，征询意见。上海市司法局副局长桂晓民、市律师协会会长吕红兵、副会长徐晓青，秘书长万恩标、副秘书长刘小禾，来自沪、江、浙三地的律师及律管工作负责人参加座谈会。

233. 10月25日，内蒙古自治区消费者协会律师团成立大会在呼和浩特举行，王明志律师代表消协律师团成员表示将力争成为消费者的守护人、代言人，为构建社会主义和谐社会贡献力量。

234. 10月26日至28日，第六届海商法国际研讨会在福建厦门国际会展中心召开，中华全国律协副会长朱洪超出席了开幕式。

235. 10月27日至28日，国务院法制办政法司副司长丁锋、司法部法制司副司长陈俊生一行到重庆就《律师法》修订进行调研。

236. 10月29日至30日，2005年中华全国律师协会环境与资源法专业委员会年会在成都召开，本次年会由中华全国律师协会环境与资源法专业委员会、美国律师协会亚洲法律项目委员会主办，四川英济律师事务所承办，四川泰和泰律师事务所、四川君士达律师事务所、四川天天律师事务所协办，会议取得了圆满的结果。

237. 10月30日，福建省律师协会民事法律业务委员会、经济法律业务委员会、行政法律业务委员会在福州成立。

11月

238. 11月3日，国际律师协会与中华全国律师协会在上海希尔顿饭店共同举办为期一天的“成功管理律师事务所”培训班。参加本次培训班的有来自上海市及杭州市、山东省20多家律师事务所的30多名合伙人和高级律师。国际律协会长FRANCIS NEATE先生、全国律协副会长朱洪超和上海市律师协会会长吕红兵分别在开幕式上致词。

239. 11月4日至5日，由天津市人民政府和中华全国律师协会共同主办，司法部行政支持，天津市司法局、天津市律师协会承办的“第五届中国律师论坛”在天津召开。本届论坛以“构建和谐社会与律师业发展”为主题，规模之大、人数之多、层次之高为历届之最。全国政协副主席罗豪才专门为论坛发来贺信，天津市市长戴相龙、司法部副部长段正坤出席了开幕式并讲话。国际律师联盟主席路顿、国际律师协会候任会长费尔兰多·庞博、香港特区政府律政司司长黄仁龙、澳门特区政府行政法务司司长陈丽敏应邀出席并发言。来自全国各省、区、市和香港、澳门特别行政区及俄国、澳大利亚、德国、美国、英国、西班牙、日本、韩国、新加坡等国家的律师代表和外国律师事务所驻华代表处首席代表900余人参加了此次盛会。

240. 11月4日，法国巴黎律师公会代表团一行5人到上海市律师协会交流访问。该代表团由巴黎律师公会长以及部分理事组成。上海市律师协会副会长毛柏根、浦栋所孙志祥律师、德理所仇懿杰律师接待了来访人员。交流活动中，双方就如何加强今后的合作进行了讨论。

241. 11月5日，上海市律师协会刑事法律研究委员会与瑞典无国界律师协会律师就中国刑事诉讼法的修改与国际公约的衔接问题等进行座谈，委员会主任翟建、副主任林东品、委员赵国华等律师、秘书张培鸿律师以及复旦大学刘锡贵教授参加。

242. 11月7日至10日，河南省律协检查全省规范建设年工作开展情况。

243. 11月9日，上海新改版的东方律师网法规检索栏目正式推出。该栏目采用北大英华科技有限公司提供的法规检索软件，律师可免费检索包括中国法律、行政法规、规章、司法解释、地方性法规、规章等数据库，大大加强了东方律师网的信息服务功能。

244. 11月10日，上海市律师协会七届六次会长会议在律协四楼会议室召开。会议由市律师协会会长吕红兵主持，会议就外事委员会提交的“关于对境外律师事务所驻华（内地）代表处执业活动开展调研的反馈意见”及“重大风险警示公告”、律师事务所规范建设年表彰大会、行风测评活动情况、各区县律师代表团的经费安排使用、纪律委员会提交的“关于公布纪律处分中‘公开谴责’具体范围的意见”、市高级人民法院邀请律协选派律师和工作人员参加资产评估评审等委员会、增设市律师协会财税法律研究委员会、广州律协倡议设立“中国城际律协发展论坛”等事项进行了讨论。

245. 11月11日，北京律协党委所属全体党员律师参加了市司法局在北京展览馆剧场举行的第二批先进性教育活动总结表彰大会。会议对第二批先进性教育活动进行了总结，并对在先进性教育活动中表现突出的27个先进律师事务所党支部进行了表彰。

246. 11月11日，重庆市律协党委召开先进性教育活动群众满意度测评大会。根据测评统计，满意率达99.15%。

247. 11月11日，根据青海省委保持党员先进性教育活动领导小组关于加强新社会组织党建工作、建立长效机制的工作安排，省律师协会参加了省民政厅、省财政厅组织的新社会组织党建调研工作，调研工作结束后，提交了《青海律师行业党建工作情况的调研报告》。

248. 11月12日，北京律协新闻媒体座谈会召开。会上，彭雪峰副会长向媒体朋友们介绍了2006年北京律协的主要宣传工作，李大进会长希望各媒体今后对律师行业总体发展、律师在国家法治进程中的作用等方面给予更多的、深入的关注和报道。

249. 11月12日，由重庆市律协组织的“党员律师义务法律咨询日活动”和“刑事辩护专项宣传活动”在全市40个区县同时举行。

250. 11月12日，河北省律协政府法律顾问业务委员会年会在石家庄市召开，省律协会长李益民、常务副会长邹强伦出席会议并讲话。

251. 11月12日，福建省律师协会刑事法律业务委员会在厦门市成立。

252. 11月13日至15日，陕西省律师协会劳动法专业委员会与西北政法学院和省工会召开劳动法疑难案例研讨会，各市律协（联络组）均派代表参加了研讨会。

253. 11月16日，上海市律师协会向全市600余家律师事务所下发了《市律师协会关于律师在办理共同犯罪案件委托中须谨慎执业的情况通报》和《市律师协会关于律师接受诉讼委托时须严格审查手续的情况通报》，揭示律师执业风险所在，提示律师采取防范措施。

254. 11月17日，最高人民法院在重庆市举办“规范司法行为，促进司法公正”专项整改活动座谈会，重庆市律协副会长徐丽霞和市律协常务理事张华参加会议，并就律师应如何积极配合和推进专项整改活动提出了意见和建议。

255. 11月18日，全国律协WTO专门委员会2005年年会暨“美国337调查律师操作实务研讨会”在杭州市杭州满陇桂雨度假酒店召开。全国律协会长于宁、秘书长邓甲明出席了会议开幕式。

256. 11月19日，上海市律师协会在青松城隆重召开律师事务所规范建设年经验交流暨表彰大会，对上海市律师事务所规范年建设活动进行全面总结和评比，表彰优秀律师事务所和优秀管理责任人，并组织部分优秀律师事务所管理责任人在大会上交流管理经验，21家事务所及其管理责任人获奖。

257. 11月19日至20日，“国雄杯”江浙沪律师乒乓、围棋友谊赛在上海举行。本次比赛共有来自江浙沪三地的18位律师围棋爱好者及20余位律师乒乓球爱好者参加。上海市律协秘书长万恩标、江苏省律协秘书长沈国新、浙江省律协秘书长秦小平、副秘书长陈三联及协办单位国雄律师事务所主任赵国雄出席了开幕式和闭幕式，并且为获奖单位及选手颁奖。

258. 11月19日至20日，江苏省律协沈国新秘书长参加在上海举行的第三届江浙沪律协秘书长联席会议。

259. 11月20日，北京律协第四届、第五届常务理事、第六届副会长张涌涛律师遗体告别仪式在八宝山殡仪馆举行。张涌涛律师于11月16日因病去世，终年43岁。北京市委副书记、政法委书记强卫、司法部副部长段正坤，市委政法委副书记段桂青、刘大为，司法部律师公证工作指导司有关领导，中华全国律师协会会长于宁，北京市司法局局长吴玉华，北京律协会长李大进，市司法局和北京律协有关领导，以及来自全市各律师事务所的律师数百人来到八宝山殡仪馆，向张涌涛律师作最后的告别，并亲切慰问了张涌涛律师的家人和国浩律师集团（北京）事务所全体工作人员。

260. 11月21日，重庆市律协先进性教育领导小组和直属所支部书记参加了全市司法行政系统第二批先进性教育总结大会，市委指导四组组长张振敏对律师行业先进性教育活动作了充分肯定。

261. 11月25日，由辽宁省司法厅、辽宁省中小企业厅共同组建的辽宁省中小（民营）企业法律顾问团在沈阳成立。顾问团由全省40家律师事务所、100名执业律师组成。这40家律师事务所是从全省AAA级律师事务所中推选出来的，是全省律师事务所中规模较大、信誉较好、管理水平较高的律师事务所。顾问团特邀的100名律师也是从全省5000余名律师中推荐出的优秀律师代表。

262. 11月26日至27日，广东省律协副会长兼秘书长李国梁、副秘书长刘玲、谭征带领广东律师代表团参加澳门举行的第二届粤港澳律师运动会，广东律师代表队勇夺第二届粤港澳律师运动会团体总冠军。

263. 11月26日，福建省律协执业权利保障委员会在福州成立。

264. 11月26日，福建省律协教育委员会在泉州成立。

265. 11月26日，由陕西省律师协会主办的"陕西省首届律师围棋赛"在西安举行。

266. 11月27日，《甘肃律师》网站正式开通，全国律协于宁会长出席了开通仪式。

267. 11月29日，按照吉林省知识产权研究会的需要，吉林省律协为其推荐了8名律师作为理事候选人，推荐了15名律师为会员，为此做出了大量的组织和筛选工作，并组织全省律师参加了吉林省知识产权研究会的换届大会。

268. 11月份，北京律协在全市范围开展律师工作调研。由会长李大进、副会长王立华、巩沙、彭雪峰、金莲淑、总监事赵小鲁带队的6个工作组分赴18个区县，召开座谈会，听取律师事务所管理合伙人、行政主管、区县司法局律公科、七届律协律师代表对协会各项工作的意见和建议。参加座谈会的代表对协会工作提出了很多意见和建议。秘书处将这些情况进行了分类汇总，并撰写了调研报告。

269. 11月，山西省律协获得了第六届中国律师论坛的承办权。

12月

270. 12月1日,北京律协依据全国律协《律师协会会员违规行为处分规则》第五十二条的规定,决定成立会员处分复查委员会。《北京市律师协会会员处分复查委员会规则(试行)》经协会第二十五次会长会议研究、讨论并通过。该规则的出台,解决了长期以来被处分律师和律师事务所不服处分时没有救济途径的问题。

271. 12月2日，中华全国律师协会法律援助委员会成立大会暨"法律援助与和谐社会"研讨会在京召开。全国律协副会长金山主持了成立大会，并宣布了《全国律协关于成立法律援助委员会的决定》和法律援助委员会组成人员名单。

272. 12月2日至4日，全国律协刑事业务委员会在九华山庄召开2005年年会暨中加刑事司法改革与辩护技能培训项目模拟法庭培训。全国律协会长于宁、秘书长邓甲明、加拿大律师协会国际发展部主任罗宾·苏利女士、中加项目协调员李微女士、加拿大驻华使馆官员Tomi先生、安大略检察官协会检察官主席保罗维沙先生、加拿大安大略省皇后大学教授爱伦莫森先生、加拿大安大略省辩护律师莫林女士、渥太华地区职业律师吉尔麦克麦坦凯伦先生、北京大学陈瑞华教授和杨保珍女士等领导和嘉宾出席了会议，来自全国各地70多名刑事业务委员会委员参加了会议。

273. 12月2日，鄂港法律界交流合作研讨会在武汉香格里拉酒店召开。湖北省司法厅党委副书记、副厅长曹诗权主持了研讨会开幕式并致辞，香港特区政府律政司副法律政策专员黄继儿先生出席开幕式并讲话。

274. 12月2日，地处九江市的江西杨西律师事务所为了表达对地震灾情严重的瑞昌市和九江县群众的关爱之情，以及表达律师对社会公益活动的积极参与之心，向九江市红十字会捐款10000元，以尽抗震救灾的绵薄之力。

275. 12月2日至14日，第一届福建律师羽毛球比赛在厦门举办，全省各设区市律协、省直分会选拔的运动员共计有76名参加。

276. 12月4日，全国律协律师协会建设委员会在成都召开了2005年度律师协会建设工作研讨会，来自全国25家省级律师协会的执业律师会长参加了此次会议。

277. 12月5日，重庆天宇三星律师事务所律师蔡昌鑫被两名歹徒刺伤。重庆市律协维权委员会林正伟律师和律管处、秘书处工作人员一起赶往丰都，与当地司法机关联系协调。

278. 12月6日至9日，河北省张庆华厅长、李益民会长率河北律师代表团一行9人赴港拜访了香港法律界。

279. 12月7日，江西省律协专门组织召开了厅直律师事务所负责人会议，倡议广大律师积极回报社会，为灾区民众重建家园捐款。会后，广大厅直律师事务所积极响应，厅直律师事务所和律师个人共捐款26300元。该项捐款被及时送往地震灾区。

280. 12月8日至15日，上海市律师协会律师考察团一行6人在监事长王国忠带领下赴印度访问交流，拜访了印度S. JALAN&COMPANY律师事务所及有关部门，双方律师就两个不同体制的发展中国家的法律制度、事务所的管理经验等问题进行了交流。

281. 12月11日至12日，2005年西南六省七方律师协作暨业务研讨会在重庆市律协举行。会议以"两结合"管理模式为主题进行了交流。

282. 12月12日，湖南省律协门户网站正式开通试运行。中文域名为湖南省律师协会，英文域名为www.hnlx.org.cn。

283. 12月12日，陕西省律师行业保持共产党员先进性教育活动总结暨表彰大会在省政协大酒店召开。授予陕西至正律师事务所等6个党支部“先进基层党组织”称号，授予赵力行等13名同志“优秀共产党员”称号，并现场为他们颁发了奖牌和荣誉证书。

284. 12月15日至18日，河南省司法厅和省律师协会联合召开律师工作会议。

285. 12月17日，全国律协金融证券专业委员会2005年年会暨金融证券法律服务市场的新发展研讨会在重庆市召开。全国律协于宁会长、重庆市司法局王永端副局长、重庆市律师协会孙发荣会长出席会议并讲话。

286. 12月17日至18日，全国律协行政法专业委员会2005年年会暨“行政诉讼法修改的理论与实务研讨会”在广西南宁市西园饭店召开。行政法专业委员会委员和各地律师150余人参加了年会。全国律协秘书长邓甲明、广西壮族自治区司法厅副厅长魏福喜、广西壮族自治区人大法工委副主任冯恒、广西壮族自治区律协会长刘晰出席开幕式并讲话。

287. 12月19日至20日，全国律协女律师工作调研组到河北省就女律师工作进行调研。

288. 12月19日至21日，江西省在南昌召开了江西省科研成果与企业见面推介会。为策应这次推介会，省直服务全民创业法律顾问团及时跟进，主动出击，在推介会上亮相。为便于企业代表咨询，顾问团一行6人在“服务展区”设立了席位牌以及有关法律顾问团的服务对象、服务范围和服务承诺的宣传牌。整个会议期间，顾问团成员共接待咨询18人次，并向前来咨询的企业代表发放了100余份《律师法律服务宣传手册》，得到会议主办方及与会代表的肯定与称赞。

289. 12月21日至31日，浙江省律协组织律师代表团赴律师业发达的加拿大、英国考察访问。

290. 12月22日至23日，内蒙古自治区第六次律师代表大会在呼和浩特宾悦大酒店召开。大会选举巴布等33人为自治区律师协会第六届理事会理事、宋建中等17人为常务理事、王明志等7人为监事会监事，选举宋建中为自治区律师协会第六届理事会会长，聘任金毅力为自治区律师协会第六届理事会秘书长、金小玫为副秘书长。

291. 12月22日，受中华全国律协委托，江西省律协会长方世扬、副秘书长魏涛源在九江市司法局领导的陪同下，向瑞昌市律师事务所受灾律师表示亲切的慰问，并将中华全国律协捐赠给灾区5位家中房屋受损的执业律师慰问金计5000元及其《合同与法律咨询文书制作技能讲座》光碟送到律师手中。

292. 12月22日，河南省律协召开女律师联谊会年会。

293. 12月23日，吉林省律师协会组织刑事业务委员会和民事业务委员会联合召开会议，对辽源市律师协会“关于12·15特大火灾死者近亲属提出精神损害赔偿问题的法律意见”进行了认真的研究论证，并形成具体指导意见，反馈给了辽源市律师协会。

294. 12月23日，根据“公开、公平、公正”的原则，严格按照评审程序，经湖北省律协“双十佳”评审委员会综合评定，评定湖北今天律师事务所等10个律师事务所为湖北省第三届“十佳律师事务所”、湖北松之盛律师事务所彭和平等10名律师为湖北省第三届“十佳律师”，并决定予以表彰。

295. 12月23日，陕西省律师协会女律师联谊会组织召开了陕西省女律师执业状况调研会议，会议由省律师协会副会长、女律师联谊会主任汶莉主持。

296. 12月24日，广东省律协举办了“庆祝省律协成立25周年纪念大会”，旨在总结和回顾广东律师业25年的发展历程，展望广东律师今后的发展。大会对执业20年以上的律师、执业20年以上的律师事务所和执业10年以上的退休律师颁发了纪念牌，司法部、省人大、全国律协、省司法厅有关领导、省律协名誉会长、顾问、兄弟单位领导和律师代表700余人参加了大会。

297. 12月24日，“甘肃律协讲师团”正式组建，并在平凉、武威两地举办培训班。

298. 12月26日，江苏省司法厅、省律协联合下发了《关于表彰“江苏省十佳律师”的决定》，授予石金荣、刘万福、朱伟、朱联海、张沛生、周广桂、虞银春、顾一心、阙强、薛济民等10人为2005年度“江苏省十佳律师”称号。

299. 12月27至28日，按照全国律协的安排，全国律协女律师协会副会长孙发荣、执委刘力华一行就重庆、四川女律师工作进行了调研。

300. 12月29日，石家庄市律师协会召开第三次律师代表大会。

301. 12月30日下午，内蒙古自治区律协召开了“保持共产党员先进性教育活动动员会”，律协党总支所属2个支部30名党员参加了会议，岩英副厅长作了重要讲话。

302. 12月，山西省律协给全省律师统一上了执业保险。

十四、律师规范选载

（一）司法部联合发布的规范性文件

最高人民法院　司法部
关于民事诉讼法律援助工作的规定

（2005年9月23日）

第一条　为加强和规范民事诉讼法律援助工作，根据《中华人民共和国民事诉讼法》、《中华人民共和国律师法》、《法律援助条例》、《最高人民法院关于对经济确有困难的当事人提供司法救助的规定》（以下简称《司法救助规定》），以及其他相关规定，结合法律援助工作实际，制定本规定。

第二条　公民就《法律援助条例》第十条规定的民事权益事项要求诉讼代理的，可以按照《法律援助条例》第十四条的规定向有关法律援助机构申请法律援助。

第三条　公民经济困难的标准，按案件受理地所在的省、自治区、直辖市人民政府的规定执行。

第四条　法律援助机构受理法律援助申请后，应当依照有关规定及时审查并作出决定。对符合法律援助条件的，决定提供法律援助，并告知该当事人可以向有管辖权的人民法院申请司法救助。对不符合法律援助条件的，作出不予援助的决定。

第五条　申请人对法律援助机构不予援助的决定有异议的，可以向确定该法律援助机构的司法行政部门提出。司法行政部门应当在收到异议之日起5个工作日内进行审查，经审查认为申请人符合法律援助条件的，应当以书面形式责令法律援助机构及时对该申请人提供法律援助，同时通知申请人。认为申请人不符合法律援助条件的，应当维持法律援助机构不予援助的决定，并将维持决定的理由书面告知申请人。

第六条　当事人依据《司法救助规定》的有关规定先行向人民法院申请司法救助获准的，人民法院可以告知其可以按照《法律援助条例》的规定，向法律援助机构申请法律援助。

第七条　当事人以人民法院给予司法救助的决定为依据，向法律援助机构申请法律援助的，法律援助机构对符合《法律援助条例》第十条规定情形的，不再审查其是否符合经济困难标准，应当直接做出给予法律援助的决定。

第八条　当事人以法律援助机构给予法律援助的决定为依据，向人民法院申请司法救助的，人民法院不再审查其是否符合经济困难标准，应当直接做出给予司法救助的决定。

第九条　人民法院依据法律援助机构给予法律援助的决定，准许受援的当事人司法救助的请求的，应当根据《司法救助规定》第五条的规定，先行对当事人作出缓交诉讼费用的决定，待案件审结后再根据案件的具体情况，按照《司法救助规定》第六条的规定决定诉讼费用的负担。

第十条　人民法院应当支持法律援助机构指派或者安排的承办法律援助案件的人员在民事诉讼中实施法律援助，在查阅、摘抄、复制案件材料等方面提供便利条件，对承办法律援助案件的人员复制必要的相关材料的费用应当予以免收或者减收，减收的标准按复制材料所必须的工本费用计算。

第十一条　法律援助案件的受援人依照民事诉讼法的规定申请先予执行，人民法院裁定先予执行的，可以不要求受援人提供相应的担保。

第十二条　实施法律援助的民事诉讼案件出现《法律援助条例》第二十三条规定的终止法律援助或者《司法救助规定》第九条规定的撤销司法救助的情形时，法律援助机构、人民法院均应当在作出终止法律援助决定或者撤销司法救助决定的当日函告对方，对方相应作出撤销决定或者终止决定。

第十三条　承办法律援助案件的人员在办案过程中应当尽职尽责，恪守职业道德和执业纪律。

法律援助机构应当对承办法律援助案件的人员的法律援助活动进行业务指导和监督，保证法律援助案件质量。

人民法院在办案过程中发现承办法律援助案件的人员违反职业道德和执业纪律，损害受援人利益的，应当及时向作出指派的法律援助机构通报有关情况。

第十四条 人民法院应当在判决书、裁定书中写明做出指派的法律援助机构、承办法律援助案件的人员及其所在的执业机构。

第十五条 本规定自2005年12月1日起施行。最高人民法院、司法部于1999年4月12日下发的《关于民事法律援助工作若干问题的联合通知》与本规定有抵触的，以本规定为准。

最高人民法院　最高人民检察院
公安部　司法部

关于刑事诉讼法律援助工作的规定

（2005年9月28日）

第一条 为加强和规范刑事诉讼法律援助工作，根据《中华人民共和国刑事诉讼法》、《中华人民共和国律师法》、《法律援助条例》以及其他相关规定，结合法律援助工作实际，制定本规定。

第二条 犯罪嫌疑人，公诉案件中的被告人，公诉案件中的被害人及其法定代理人或者近亲属，以及自诉案件中的自诉人及其法定代理人，因经济困难没有聘请律师或者委托诉讼代理人的，可以向办理案件的公安机关、人民检察院、人民法院所在地的法律援助机构申请法律援助。

犯罪嫌疑人、被告人为限制行为能力人的，其法定代理人可代为申请法律援助。

第三条 公民经济困难的标准，按案件受理地所在的省、自治区、直辖市人民政府的规定执行。

第四条 公安机关、人民检察院在对犯罪嫌疑人依法进行第一次讯问后或者采取强制措施之日起，在告知犯罪嫌疑人有权聘请律师为其提供法律咨询、代理申诉、控告或者为其申请取保候审的同时，应当告知其如果经济困难，可以向法律援助机构申请法律援助。对于涉及国家秘密的案件，应当告知犯罪嫌疑人申请法律援助应当经侦查机关批准。

人民检察院自收到移送审查起诉的案件材料之日起3日内，在告知犯罪嫌疑人有权委托辩护人的同时，应当告知其如果经济困难，可以向法律援助机构申请法律援助；在告知被害人及其法定代理人或者其近亲属有权委托诉讼代理人的同时，应当告知其如果经济困难，可以向法律援助机构申请法律援助。

人民法院对提起公诉的案件自审查完毕之日起3日内，在告知被告人有权委托辩护人的同时，应当告知其如果经济困难，可以向法律援助机构申请法律援助。

人民法院自受理自诉案件之日起3日内，在告知自诉人及其法定代理人有权委托诉讼代理人的同时，应当告知其如果经济困难，可以向法律援助机构申请法律援助。

第五条 告知可以采取口头或者书面方式。口头告知的，应当制作笔录，由被告知人签名；书面告知的，应当将送达回执入卷。

第六条 公安机关、人民检察院、人民法院在收到被羁押的犯罪嫌疑人、被告人提出的法律援助申请后，应当在24小时内将其申请转交所在地的法律援助机构，并通知申请人的法定代理人、近亲属或者其委托的其他人员协助提供《法律援助条例》第17条规定的有关证件、证明及案件材料。

犯罪嫌疑人的法定代理人或者近亲属地址不详无法通知的，公安机关、人民检察院、人民法院应当在转交申请时一并告知法律援助机构。

第七条 法律援助机构收到申请后，应当依照有关规定及时审查并作出决定。对符合法律援助条件的，决定提供法律援助，并于决定之日起3日内指派律师并函告公安机关、人民检察院、人民法院；对不符合法律援助条件的，作出不予援助的决定，并于决定之日起3日内书面告知申请人理由，并函告公安机关、人民检察院、人民法院。

法律援助机构出具的刑事法律援助公函应当载明承办律师的姓名及联系方式。

第八条 申请人对法律援助机构不予援助的决定有异议的，可以向确定该法律援助机构的司法行政部门提出。司法行政部门应当在收到异议之日起5个工作日内进行审查，经审查认为申请人符合法律援助条件的，应当以书面形式责令法律援助机构及时对该申请人提供法律援助，同时通知申请人。认为申请人不符合法律援助条件的，应当维持法律援助机构不予援助的决定，并将其维持决定及理由书面告知申请人。

第九条 人民法院根据《刑事诉讼法》及相关司法解释指定辩护的，应当将指定辩护通知书和起诉书副本或者判决书副本送交其所在地的法律援助机构，由法律援助机构统一接收并组织实施。

人民法院决定开庭审理的，应当在开庭10日前将指定辩护通知书和起诉书副本或者判决书副本送交其所在地的法律援助机构。

人民法院的指定辩护通知书应当载明案件性质、被告人姓名、指定辩护的理由、案件承办人的姓名和联系方式，已确定开庭审理的，应当载明开庭时间、地点。

第十条 法律援助机构应当在开庭3日前将确定的承办人员的姓名及联系方式函告人民法院。

第十一条 律师接受法律援助机构指派后，应当按照有关规定及时办理委托手续。

人民法院指定辩护的案件，律师应当在开庭前询问被告人是否同意本人为其辩护，被告人不同意的，律师应记录在案，并书面告知人民法院和法律援助机构。

第十二条 被告人坚持自己辩护，拒绝人民法院指定的律师为其辩护的，人民法院应当准许，并记录在案。

对被告人具有应当指定辩护情形的，人民法院应当查明拒绝指定辩护的原因，有正当理由的，应当准许，但被告人需另行委托辩护人。被告人未另行委托辩护人的，人民法院应当为其另行指定律师。

人民法院根据前款规定决定为被告人另行指定辩护人的，应当在决定之日起3日内函告作出指派的法律援助机构。

第十三条 实施法律援助的刑事诉讼案件出现《法律援助条例》第23条规定的情形时，法律援助机构、人民法院均应当在作出终止法律援助决定或者终止指定辩护决定的当日函告对方，对方相应作出终止决定。

第十四条 人民法院决定变更开庭时间的，应当在开庭3日前通知承办法律援助案件的律师。承办法律援助案件的律师有正当理由不能按时出庭的，可以申请人民法院延期开庭。人民法院同意延期开庭的，应当及时通知承办法律援助案件的律师。

第十五条 人民法院决定不开庭审理的案件，承办法律援助案件的律师应当在接到法律援助机构指派函次日起10日内向人民法院提交书面辩护意见。

第十六条 公安机关、人民检察院应当依法支持承办法律援助案件的律师开展工作，应当告知律师犯罪嫌疑人涉嫌的罪名，依法安排律师会见在押的犯罪嫌疑人，为律师向犯罪嫌疑人提供法律咨询、代理申诉、控告，为在押的犯罪嫌疑人申请取保候审等提供必要的便利条件。

第十七条 在审查起诉阶段，人民检察院应当为承办法律援助案件的律师查阅、摘抄、复制案件的诉讼文书、技术性鉴定材料以及同在押的犯罪嫌疑人会见和通信提供便利条件。

人民检察院审查案件，应当听取承办法律援助案件的律师的意见。

第十八条 公安机关在撤销案件或者移送审查起诉后，人民检察院在提起公诉或者作出不起诉决定后，应当在5日内将案件办理结果告知承办法律援助案件的律师。

第十九条 人民法院应当依法支持承办法律援助案件的律师开展工作，为其查阅、摘抄、复制案件所指控犯罪事实的材料以及同在押的被告人会见和通信提供便利条件。

第二十条 公安机关、人民检察院、人民法院对承办法律援助案件的律师复制必要的相关材料的费用应当予以免收或者减收，减收的标准按复制材料所必须的工本费用计算。

第二十一条 律师在办理法律援助案件过程中应当尽职尽责，恪守职业道德和执业纪律。

法律援助机构对律师的法律援助活动进行业务指导和监督，以保证法律援助案件质量。

公安机关、人民检察院、人民法院在办案过程中发现律师违反职业道德和执业纪律，损害受援人利益的，应当及时向作出指派的法律援助机构通报有关情况。

第二十二条 人民法院应当在判决书、裁定书中写明作出指派的法律援助机构、承办案件的律师及其所在的执业机构。

第二十三条 本规定自2005年12月1日施行。1997年4月9日最高人民法院、司法部下发的《关于刑事法律援助工作的联合通知》，2000年4月24日最高人民检察院、司法部下发的《关于在刑事诉讼活动中开展法律援助工作的联合通知》以及2001年4月25日司法部、公安部下发的《关于在刑事诉讼活动中开展法律援助工作的联合通知》与本规定有抵触的，以本规定为准。

（二）司法部发布的规范性文件

合伙律师事务所规范化管理试行标准

（2005年10月19日）

一、合伙律师事务所的主体资格合法、规范

1. 合伙人的人数符合法律规定，合伙人的条件符合要求，不存在隐名合伙人、不合格合伙人的情况。

2. 合伙律师事务所开办资金总额符合法律要求，合伙人出资方式及比例明确、规范，无欠缴、抽逃出资现象。

3. 合伙协议、章程对律师事务所重大事项的规定合法、具体明确、可操作性强，实践中执行有效。

4. 律师事务所主任符合法律规定的条件。

5. 律师事务所按照有关规定及时进行年审注册、税务登记。

6. 律师事务所章程、合伙协议、名称、住所、负责人、合伙人等重大事项变更，依法及时进行变更登记。

二、律师事务所组织机构设置合理，内部机制健全、规范

7. 合伙人会议制度健全、议事程序和规则完备。合伙人会议能够定期召开，及时对律师事务所重大事项进行研究，做出决策。合伙人会议的重大决议均记录完整。

8. 合伙人依合伙协议行使权利、履行义务。合伙人内部团结，共同管理律师事务所的事务，共享收益，共担风险。

9. 律师事务所内部管理职责划分合理、明晰。

10. 律师事务所所务信息公开，民主管理制度健全。做出所内重大事项决策时能够广泛征求合伙人、律师的意见。

11. 律师事务所建立内部监督机制，对本所各项重大决策和行为进行监督，对合伙人履行职责情况和律师执业行为进行监督。

三、合伙律师事务所收案收费制度规范，业务运行机制完善

12. 律师事务所建立服务公示制度，以张贴等形式公开律师事务所执业许可证、收费许可证、税务登记证，公示律师事务所收费办法和标准等信息。

13. 律师事务所建立统一收案制度。律师事务所设专人统一保管委托合同、介绍信函、印章。接受委托人委托，由律师事务所审核、统一签订委托合同，出具各种手续。

14. 律师事务所接受委托前，向委托人告知该项法律事务可能出现的风险和收取的费用。

15. 律师事务所建立利益冲突审查制度。接受委托前，统一进行利益冲突审查。发现利益冲突情形时，及时告知委托人另行委托或取得委托人的书面豁免。

16. 律师事务所业务委托合同的内容公平、合法，形式规范、完备。

17. 律师事务所按照规定的收费标准和委托合同，收取服务费用，并出具合法的收费票据。

18. 律师事务所的统一结算制度完备。律师事务所统一与委托人结算办案费用，不存在律师个人向委托人收取代理费、办案费或与委托人进行结算的情况。

19. 积极主动处理与委托人的收费争议，妥善、合理地解决争议。

20. 建立并执行疑难案件集体讨论制度。

21. 建立所内律师办理各类业务的流程和标准，规范律师的执业行为，提高服务质量。建立服务质量控制、检查制度。

22. 建立重大案件报告制度，拟受理或已受理有重大社会影响的案件，及时向当地司法行政机关或律师协会报告。

23. 建立案件质量反馈与评价制度。重视收集客户的意见，不断改进服务方式，提高服务水平。

四、律师事务所内部管理制度完备，执行到位

24. 律师事务所吸收合伙人、聘用律师及其辅助人

员，符合《律师法》和相关法律法规、规章的规定。

25. 律师事务所与聘用人员签订劳动合同，为其办理社会保险。

26. 建立岗位责任制度，明确规定每个岗位的职权、责任、任职条件、工作程序。

27. 建立实习人员管理制度，对实习人员管理规范，指导到位，评价客观。保证实习人员的业务实习时间和必要的实习条件。实习指导计划、工作记录内容完整。不接收不符合条件的实习人员，不允许实习人员以律师名义从事法律服务。

28. 建立对违规律师的解聘和开除制度。解聘或开除的条件在劳动合同中做出明确规定，对于因违法违纪被开除或解聘的律师，及时报告当地司法行政机关和律师协会。

29. 建立政治、业务学习制度。注重对新执业律师的培训和指导。

30. 建立监督检查制度，加强对律师执业活动的日常性监督和指导，及时纠正律师的不当行为。

31. 按规定参加律师执业责任保险。

32. 律师事务所分配制度规范、合理。

33. 按照规定提留事业发展、执业风险、员工福利和培训基金。

34. 投诉处理机制健全。公布投诉电话，专人负责投诉处理，及时查处本所律师的违法违纪行为，向投诉人反馈结果。

35. 律师事务所财务制度健全。依法设立科目、会计账簿，会计凭证、会计账簿、会计报表和其他会计资料真实、准确、完整，符合会计制度规定。原始凭证、账簿、会计报表等会计资料以及会计印章由专人负责保管。

律师事务所的财务状况向全体合伙人公开。

36. 依法纳税。律师事务所代扣代缴的个人所得税，及时足额上缴税务部门。

37. 律师事务所的各类档案，归档及时、完整，立卷规范。律师业务档案严格按规定期限、密级进行保管。

38. 律师事务所如实向有关机关提交各项报表、数据。

39. 律师事务所及其律师认真履行法律援助义务。

40. 律师事务所业务宣传活动符合有关规定，名片使用规范。

41. 重视文化建设。律师事务所文化活动丰富多彩，工作人员团结向上。

五、党建工作规范

42. 党组织健全。专职律师中有3名以上党员的，按照规定建立党支部；不足3名的，建立联合支部。

43. 律师事务所支持党支部和党员开展工作，并提供相应的条件。

44. 坚持党组织民主生活会制度。

45. 坚持党员政治学习制度。

46. 坚持培养和发展新党员。

47. 党组织在律师事务所的管理和发展中发挥战斗堡垒作用，不断创新党建工作方法。

取得内地法律职业资格的香港特别行政区和澳门特别行政区居民在内地从事律师职业管理办法

（2005年12月23日司法部部务会议修正）

第一章　总　则

第一条　为了落实国务院批准的《内地与香港关于建立更紧密经贸关系的安排》和《内地与澳门关于建立更紧密经贸关系的安排》，规范取得内地法律职业资格的香港、澳门居民在内地从事律师职业的活动及管理，根据《中华人民共和国律师法》（以下简称《律师法》）及有关规定，制定本办法。

第二条　参加内地举行的国家司法考试合格，取得《中华人民共和国法律职业资格证书》的香港、澳门居民，可以在内地申请律师执业。

第三条　香港、澳门居民申请在内地律师事务所执业，应当依照司法部的有关规定参加实习，申请领取律师执业证。

第四条　香港、澳门居民在内地律师事务所执业，只能从事内地非诉讼法律事务。

第五条　香港、澳门居民在内地律师事务所执业，应当遵守国家法律、法规和规章，恪守律师职业道德和执业纪律，接受内地司法行政机关的监督和管理，接受内地律师协会的行业管理。

第二章　实习管理

第六条　香港、澳门居民申请在内地律师事务所执业的，应当依照《律师法》和司法部的有关规定，先在内地律师事务所参加为期1年的实习。

第七条　取得内地法律职业资格的香港、澳门居民参加实习，应当向拟选择的实习地的地（市）级司法行政机关提出申请，由其安排或者推荐一个内地律师事务所接收实习。

第八条 在内地实习的香港、澳门居民，应当按照内地规定的实习培训大纲和实务训练指南进行实习，实务训练以办理非诉讼法律事务训练为主，并遵守有关实习的规定和纪律。

接收香港、澳门居民实习的内地律师事务所，应当指派擅长办理非诉讼法律事务的律师指导实习人员进行实务训练。每名指导律师只能指导一名香港或者澳门的实习人员。

第九条 在内地实习的香港、澳门居民，应当确保参加实习的时间。因故暂停实习的时间最长不得超过3个月，并应当由接收实习的内地律师事务所将其暂停实习的原因和时间报所在地的地（市）级司法行政机关备案。

第十条 香港、澳门居民在内地律师事务所实习，由实习所在地的地（市）级司法行政机关监督和管理。实习人员的名单、有关材料及实习鉴定意见，应当报省级司法行政机关备案。

第三章 执业管理

第十一条 取得内地法律职业资格的香港、澳门居民，在内地律师事务所实习期满，并经鉴定合格的，可以在内地申请律师执业。

第十二条 获准在内地执业的香港、澳门居民，只能在一个内地律师事务所执业，不得同时受聘于外国律师事务所驻华代表机构或香港、澳门律师事务所驻内地代表机构。

第十三条 香港、澳门居民在内地申请律师执业，应当依照《律师法》和司法部制定的《律师执业证管理办法》的规定，向拟聘其执业的内地律师事务所所在地的省级司法行政机关申请领取律师执业证。

申请人按规定提交的文件中，其身份证明复印件和未受过刑事处罚的证明材料须经内地认可的公证人公证，同时还须说明是否具有香港、澳门、台湾地区或者外国律师资格以及是否受聘于香港、澳门、台湾地区或者外国律师事务所的情况。

省级司法行政机关经审核予以颁发律师执业证的，应当自颁证之日起30日内将获准在内地执业的香港、澳门居民名单及执业登记材料报司法部备案。

第十四条 获准在内地执业的香港、澳门居民，可以采取担任法律顾问、代理、咨询、代书等方式从事内地非诉讼法律事务，享有内地律师的执业权利，履行法定的律师义务。

第十五条 获准在内地执业的香港、澳门居民，符合规定条件的，可以成为内地律师事务所的合伙人。

第十六条 获准在内地执业的香港、澳门居民，应当加入内地律师协会，享有会员的权利，履行会员的义务，参加内地律师协会组织的业务培训和交流活动。

第十七条 获准在内地执业的香港、澳门居民，有违反《律师法》、司法部有关律师执业管理规章和本办法规定的行为的，依法给予相应的行政处罚；有违反律师职业道德和执业纪律行为的，给予相应的行业处分。

第十八条 司法行政机关工作人员在行政管理活动中，有违反法律、法规和规章规定的行为的，依法给予行政处分。构成犯罪的，依法追究刑事责任。

第四章 附 则

第十九条 在内地实行国家司法考试前已考取内地律师资格的香港、澳门居民，申请在内地律师事务所实习和执业，依照本办法办理。

第二十条 本办法由司法部解释。

第二十一条 本办法自2006年1月1日起施行。

香港特别行政区和澳门特别行政区律师事务所与内地律师事务所联营管理办法

（2005年12月23日司法部部务会议修正）

第一章 总 则

第一条 为了落实国务院批准的《内地与香港关于建立更紧密经贸关系的安排》和《内地与澳门关于建立更紧密经贸关系的安排》，规范香港、澳门律师事务所与内地律师事务所在内地进行联营的活动及管理，制定本办法。

第二条 本办法所称的联营，是由已在内地设立代表机构的香港、澳门律师事务所与其代表机构所在的省、自治区、直辖市区域内的一个内地律师事务所，按照协议约定的权利和义务，在内地进行联合经营，向委托人分别提供香港、澳门和内地法律服务。

第三条 香港、澳门律师事务所与内地律师事务所联营，不得采取合伙型联营和法人型联营。

香港、澳门律师事务所与内地律师事务所在联营期间，双方的法律地位、名称和财务应当保持独立，各自独立承担民事责任。

第四条 香港、澳门律师事务所与内地律师事务所联营，应当遵守国家法律、法规和规章，恪守律师职业道德和执业纪律，不得损害国家安全和社会公共利益。

第二章　联营申请

第五条　符合下列条件的香港、澳门律师事务所，可以申请联营：

（一）根据香港、澳门有关法规登记设立；

（二）在香港、澳门拥有或者租用业务场所从事实质性商业经营满3年；

（三）独资经营者或者所有合伙人必须为香港、澳门注册执业律师；

（四）主要业务范围应为在香港、澳门提供本地法律服务；

（五）律师事务所及其独资经营者或者所有合伙人均须缴纳香港利得税、澳门所得补充税或者职业税；

（六）已获准在内地设立代表机构；

（七）申请联营前两年内未受过香港、澳门律师监管机构处罚。

第六条　符合下列条件的内地律师事务所，可以申请联营：

（一）成立满3年；

（二）专职律师不少于20人；

（三）申请联营前两年内未受过行政处罚、行业处分。

内地律师事务所分所不得作为联营一方申请联营。

第七条　香港、澳门律师事务所与内地律师事务所申请联营，应当共同向内地律师事务所所在地的省级司法行政机关提交下列申请材料：

（一）双方签署的联营申请书；

（二）双方拟定的联营协议草案；

（三）香港、澳门律师事务所获准在香港、澳门设立的有效登记证件的复印件，独资经营者或者负责人、所有合伙人名单，驻内地代表机构执业许可证的复印件及代表名单；

（四）香港、澳门特别行政区政府有关部门出具的香港、澳门律师事务所符合香港、澳门法律服务提供者标准的证明书；

（五）内地律师事务所执业许可证的复印件，负责人、所有合伙人或者合作人名单，地（市）级司法行政机关出具的该所符合本办法第六条规定条件的证明文件；

（六）省级司法行政机关要求提交的其他材料。

本条前款第三项所列有效登记证件的复印件，须经内地认可的公证人公证。

申请材料应当使用中文，一式三份。材料中如有使用外文的，应当附中文译文。

第八条　省级司法行政机关应当自收到申请人联营申请材料之日起20日内作出准予或者不准联营的决定。20日内不能作出决定的，经本机关负责人批准，可以延长10日，并应当将延长期限的理由告知申请人。

对于符合本办法规定条件的，应当准予联营，颁发联营许可证；对于不符合本办法规定条件的，不准联营，并书面通知申请人。

对准予联营的，省级司法行政机关应当自颁发联营许可证之日起30日内，将准予联营的批件及有关材料报司法部备案。

第三章　联营规则

第九条　香港、澳门律师事务所与内地律师事务所联营，应当以书面形式订立联营协议。联营协议应当包括下列内容：

（一）联营双方各自的名称、住所地、独资经营者、合伙人或者合作人姓名；

（二）联营名称、标识；

（三）联营期限；

（四）联营业务范围；

（五）共用办公场所和设备的安排；

（六）共用行政、文秘等辅助人员的安排；

（七）联营收费的分享及运营费用的分摊安排；

（八）联营双方律师的执业保险及责任承担方式的安排；

（九）联营的终止及清算；

（十）违约责任；

（十一）争议解决；

（十二）其他事项。

联营协议应当依照内地法律的有关规定订立。

联营协议经司法行政机关核准联营后生效。

第十条　香港、澳门律师事务所与内地律师事务所联营协议约定的联营期限不得少于1年。双方联营协议约定的联营期满，经双方协商可以续延。申请联营续延，应当依照本办法第七条、第八条规定的程序办理。

第十一条　香港、澳门律师事务所与内地律师事务所联营，可以使用双方商定并经核准的联营名称和联营标识。

联营名称由香港或者澳门律师事务所名称与内地律师事务所名称加联营的字样组成。

第十二条　香港、澳门律师事务所与内地律师事务所联营，可以共同以联营的名义，接受当事人的委托或者其他律师事务所的委托，采取合作方式办理各自获准从事律师执业业务的香港、澳门、内地以及中国以外的其他国家的法律事务。

参与联营业务的香港、澳门律师，不得办理内地法律事务。

第十三条　联营双方受托办理法律事务，应当避免各自委托人之间的利益冲突。

第十四条　香港、澳门律师事务所与内地律师事务所以联营名义合作办理法律事务的，可以统一向委托人收费，双方再依照联营协议进行分配；也可以根据联营中各自办理的法律事务，分别向委托人收费，但须事先告知委托人。

第十五条　香港、澳门律师事务所与内地律师事务所联营，可以共同进行业务宣传推广活动。但在进行业务宣传推广时，应当披露下列事实：

（一）双方联营不是合伙型联营或者法人型联营；

（二）联营的香港、澳门律师事务所及其律师不能从事内地法律事务；

（三）进行宣传推广的律师须明示其所在律师事务所的名称。

第十六条　联营双方及其参与联营业务的律师，应当分别依照香港、澳门和内地的有关规定，以各自的名义参加律师执业保险。

第十七条　联营双方在开展联营业务中违法执业或者因过错给委托人造成损失的，双方应当依照联营协议，由过错方独自承担或者双方分担赔偿责任。

第十八条　香港、澳门律师事务所与内地律师事务所联营，可以共用办公场所、办公设备。有关费用分担由联营协议约定。

第十九条　香港、澳门律师事务所与内地律师事务所联营，可以共用行政、文秘等辅助人员。有关费用分担由联营协议约定。

第二十条　香港、澳门律师事务所与内地律师事务所联营，应当各自保持独立的财务制度和会计账簿。

第二十一条　香港、澳门律师事务所与内地律师事务所联营，有下列情形之一的，应当终止联营：

（一）联营期满双方不再申请续延的；

（二）联营双方按照协议的约定终止联营的；

（三）联营一方不再存续或者破产的；

（四）其他依法应当终止联营的情形。

终止联营的，由省级司法行政机关办理注销手续。

第四章　监督管理

第二十二条　香港、澳门律师事务所与内地律师事务所联营，应当在每年3月31日前，共同向内地律师事务所所在地的省级司法行政机关提交上一年度的联营情况报告，接受检验。无正当理由逾期不提交报告的，视为联营双方自行终止联营。

第二十三条　香港、澳门律师事务所与内地律师事务所联营，有违反内地法律、法规和规章及本办法规定的行为的，由省级司法行政机关给予警告，责令限期改正；逾期不改正的，处1万元以下罚款；有违法所得的，处违法所得1倍以上3倍以下罚款，但罚款最高不得超过3万元。

第二十四条　司法行政机关工作人员在行政管理活动中，有违反法律、法规和规章规定的行为的，依法给予行政处分。构成犯罪的，依法追究刑事责任。

第五章　附　　则

第二十五条　本办法由司法部解释。

第二十六条　本办法自2006年1月1日起施行。

（三）全国律师协会行业规范选载

律师承办有限责任公司收购业务指引

（2004年12月18日经中华全国律师协会五届第12次常务理事会审议通过）

第一章　定义与概述

第1条　定义

本指引所称之有限责任公司收购，仅指收购人出于资源整合、财务税收、提高企业市场竞争力等方面的考虑，通过购买有限责任公司股东的出资或以其他合法途径控制该出资进而取得该公司的控制权以及购买该公司的资产并得以自主运营该资产的行为。

本指引所称目标公司指被收购的有限责任公司。

第2条　有限责任公司收购方式

按照收购标的的不同来划分，有限责任公司收购方式有：

2.1　资产收购，以目标公司的全部或部分资产为收购标的的收购；

2.2　出资收购，以目标公司股东的全部或部分出资为收购标的的收购。

第3条　特别事项

3.1　律师在办理有限责任公司收购事务过程中，应注意在进行出资转让时尊重目标公司其他股东的优先购买权，在履行法定程序排除股东的优先购买权之后收购方方可进行出资收购。

3.2　办理国有资产的收购和外资公司的收购时，应注意进行国有资产评估和履行相关审批手续。

第二章　收购程序概述

第4条　一般有限责任公司收购程序

4.1　收购方与目标公司或其股东进行洽谈，初步了解情况，进而达成收购意向，签订收购意向书。

4.2　收购方在目标公司的协助下对目标公司的资产、债权、债务进行清理，进行资产评估，对目标公司的管理构架进行详尽调查，对职工情况进行造册统计。

4.3　收购双方及目标公司债权人代表组成小组，草拟并通过收购实施预案。

4.4　债权人与被收购方达成债务重组协议，约定收购后的债务偿还事宜。

4.5　收购双方正式谈判，协商签订收购合同。

4.6　双方根据公司章程或公司法及相关配套法规的规定，提交各自的权力机构如股东会就收购事宜进行审议表决。

4.7　双方根据法律、法规的要求，将收购合同交有关部门批准或备案。

4.8　收购合同生效后，双方按照合同约定履行资产转移、经营管理权转移手续，除法律另有规定外应当依法办理包括股东变更登记在内的工商、税务登记变更手续。

4.8.1　将受让人姓名或者名称，依据约定及受让的出资额记载于目标公司的股东名册。

4.8.2　自股东发生变动之日起30日内向工商行政管理部门申请工商变更登记。

第5条　涉及国有独资公司或者具有以国有资产出资的公司收购时，还应注意：

5.1　根据国有资产管理法律法规的要求对目标公司资产进行评估。

5.2　收购项目经国有资产管理部门审查和批准。

5.3　收购完成时根据国有资产管理法律法规的要求办理资产产权变更登记手续。

第6条　收购外商投资企业出资的，应当注意：

6.1　如收购外方股东出资，应保证合营项目符合《外商投资产业指导目录》的要求，做出新的可行性研究报告，并遵守法律法规关于外商投资比例的规定。如因收购外方股东出资导致外资比例低于法定比例，应办理相关审批和公司性质变更手续。

6.2　涉及合营企业投资额、注册资本、股东、经营项目、股权比例等方面的变更，均需履行审批手续。

第三章　收购预备

第7条　预备阶段的信息收集

收购预备阶段为收购方初步确定目标公司起至实施收购前的准备期间。律师在收购预备阶段的法律事务有：

7.1 协助收购方收集目标公司的公开资料和企业资信情况、经营能力等信息，在此基础上进行信息整理和分析，从公司经营的市场风险方面考查有无重大障碍影响收购活动的进行。

7.2 综合研究公司法、证券法、税法及外商投资等法律法规，对收购的可行性进行法律论证，寻求立项的法律依据。

7.3 就收购可能涉及的具体行政程序进行调查，例如收购行为是否违背我国收购政策和法律，可能产生怎样的法律后果，收购行为是否需要经当地政府批准或进行事先报告，地方政策对同类收购有无倾向性态度。

第四章 对目标公司的尽职调查

第8条 律师应就收购方拟收购的目标公司进行深入调查，核实预备阶段获取的相关信息，以备收购方在信息充分的情况下作出收购决策。律师可以根据实际情况，在符合法律法规的情况下对于调查的具体内容作适当的增加和减少。

第9条 对目标公司基本情况的调查核实，主要涉及：

9.1 目标公司及其子公司的经营范围。

9.2 目标公司及其子公司设立及变更的有关文件，包括工商登记材料及相关主管机关的批件。

9.3 目标公司及其子公司的公司章程。

9.4 目标公司及其子公司股东名册和持股情况。

9.5 目标公司及其子公司历次董事会和股东会决议。

9.6 目标公司及其子公司的法定代表人身份证明。

9.7 目标公司及其子公司的规章制度。

9.8 目标公司及其子公司与他人签订收购合同。

9.9 收购标的是否存在诸如设置担保、诉讼保全等在内的限制转让的情况。

第10条 对目标公司相关附属性文件的调查：

10.1 政府有关主管部门对目标公司及其子公司的批准文件。

10.2 目标公司及其子公司土地、房屋产权及租赁文件。

10.3 目标公司及其子公司与职工签订的劳动合同。

10.4 目标公司及其子公司签订的有关代理、许可证合同。

第11条 对目标公司财产状况的调查：

11.1 公司的财务数据，包括各种财务报表、评估报告、审计报告。

11.2 不动产证明文件、动产清单及其保险情况。

11.3 债权、债务清单及其证明文件。

11.4 纳税情况证明。

第12条 对目标公司管理人员和职工情况的调查：

12.1 管理人员、技术人员、职工的雇佣条件、福利待遇。

12.2 主要技术人员对公司商业秘密掌握情况及其与公司签订的保密协议、不竞争协议等。

12.3 特别岗位职工的保险情况。

第13条 对目标公司经营状况的调查：

13.1 目标公司经营项目的立项、批准情况。

13.2 目标公司对外签订的所有合同。

13.3 目标公司客户清单和主要竞争者名单。

13.4 目标公司产品质量保证文件和对个别客户的特别保证情况。

13.5 目标公司广告协议和广告品的拷贝。

13.6 目标公司的产品责任险保险情况。

13.7 目标公司产品与环境保护问题。

13.8 目标公司产品的消费者投诉情况。

13.9 目标公司的特许经营情况。

第14条 对目标公司及其子公司知识产权情况的调查：

14.1 目标公司及其子公司拥有的专利、商标、著作权和其他知识产权证明文件。

14.2 目标公司及其子公司正在研制的可能获得知识产权的智力成果报告。

14.3 目标公司及其子公司正在申请的知识产权清单。

第15条 对目标公司法律纠纷情况的调查：

15.1 正在进行和可能进行的诉讼和仲裁。

15.2 诉讼或仲裁中权利的主张和放弃情况。

15.3 生效法律文书的执行情况。

第五章 收购意向达成

第16条 律师在收购双方达成收购意向阶段，应在信息收集和调查的基础上，向委托人提示收购的法律风险并提出风险防范措施，必要时出具法律意见书，并为委托人起草或审查收购意向书。收购意向书通常包括以下内容：

16.1 收购标的。

16.2 收购方式及收购合同主体。是资产收购，出资转让还是其他，并根据收购方式的不同确定收购合同签订的主体。

16.3 收购项目是否需要收购双方股东会决议通过。

16.4 收购价款及确定价格的方式。转让价格的确定通常有以下几种方式：

16.4.1 以被收购股权持有人出资时的股权价值作为转让价格；

16.4.2 以被收购股权对应的公司净资产值为转让价格；

16.4.3 以评估价格为转让价格。

16.4.4 其他确定转让价格的方式。

16.5 收购款的支付。

16.6 收购项目是否需要政府相关主管部门的批准。

16.7 双方约定的进行收购所需满足的条件。

第17条 保障条款

律师应向委托人提示意向书与正式收购合同的区别和联系，根据委托人的实际需要提示意向书应具备何种程度的法律约束力。鉴于收购活动中，收购方投入的人力、物力、财力相对较大，承担的风险也较大。作为收购方的律师，为使收购方获得具有法律约束力的保障，应提请委托人注意在意向书中订立如下保障条款，以预防和最大程度降低收购的法律风险。

17.1 排他协商条款。此条款规定，未经收购方同意，被收购方不得与第三方以任何方式再行协商出让或出售目标公司股权或资产，否则视为违约并要求其承担违约责任。

17.2 提供资料及信息条款。该条款要求目标公司向收购方提供其所需的企业信息和资料，尤其是目标公司尚未向公众公开的相关信息和资料，以利于收购方更全面的了解目标公司。

17.3 不公开条款。该条款要求收购的任何一方在共同公开宣告收购事项前，未经对方同意不得向任何特定或不特定的第三人披露有关收购事项的信息或资料，但有权机关根据法律强制要求公开的除外。

17.4 锁定条款。该条款要求，在意向书有效期内，收购方可依约定价格购买目标公司的部分或全部资产或股权，进而排除目标公司拒绝收购的可能。

17.5 费用分摊条款。该条款规定无论收购是否成功，因收购事项发生的费用应由收购双方分摊。

第18条 附加条款

在收购过程中，为避免目标公司借收购之名套取收购方的商业秘密，作为收购方律师，应在意向书中设定防范此类风险的附加条款：

18.1 终止条款。该条款明确如收购双方在某一规定期限内无法签订收购协议，则意向书丧失效力。

18.2 保密条款。出于谨慎的考虑，收购双方往往在签订收购意向书之前即签订保密协议，也可在签订意向书的同时设定保密条款。保密条款的主要内容有：

18.2.1 保密条款适用的对象。除了收购双方之外，还包括参与收购事务的顾问等中介服务人员。

18.2.2 保密事项。除了会谈、资料保密的要求外，还包括禁止投资条款，即收到目标公司保密资料的第三方在一段时间内不得购买目标公司的股权。

18.2.3 收购活动中双方相互披露的各种资料的保密，通常约定所披露的信息和资料仅用于评估收购项目的可行性和收购对价，不得用于其他目的。

18.2.4 资料的返还或销毁。保密条款应约定如收购项目未能完成，收购双方负有相互返还或销毁对方提供之信息资料的义务。

第六章 收购执行

律师在收购双方达成收购意向后，应协助委托人进行谈判，共同拟定收购合同，准备相关法律文件，协助委托人向政府主管机关提出申请。

第19条 收购合同的起草

较为完整的收购合同包括主合同和附件两部分：

19.1 收购合同的主合同，除标的、价款、支付、合同生效及修改等主要条款外，一般还应具备如下内容：

19.1.1 说明收购项目合法性的法律依据。

19.1.2 收购的先决条件条款，一般是指：

1）收购行为已取得相关的审批手续，如当收购项目涉及金融、建筑、房地产、医药、新闻、电讯、通讯等特殊行业时，收购项目需要报请有关行业主管部门批准。

2）收购各方当事人已取得收购项目所需的第三方必要的同意。

3）至收购标的交接日止，收购各方因收购项目所做的声明及保证均应实际履行。

4）在所有先决条件具备后，才能履行股权转让和付款义务。

19.1.3 收购各方的声明、保证与承诺条款。包括：

1）目标公司向收购方保证没有隐瞒影响收购事项的重大问题。

2）收购方向目标公司保证具有实施收购行为的资

格和财务能力。

3）目标公司如经履行收购义务的承诺以及其董事责任函。

19.1.4 收购标的资产评估。

19.1.5 确定出资转让总价款。

19.1.6 确定转让条件。

19.1.7 确定出资转让的数量（股比）及交割日。

19.1.8 确定拟转让出资的当前价值。

19.1.9 设定付款方式与时间，必要时可以考虑在金融机构设立双方共管或第三方监管账户，并设定共管或监管程序和条件，以尽可能地降低信用风险，以保障收购合同的顺利履行。

19.1.10 确定出资转让过程中产生的税费及其他费用的承担。

19.1.11 限制竞争条款。

19.1.12 确定违约责任和损害赔偿条款。

19.1.13 设定或有损害赔偿条款。即收购方如因目标公司在收购完成之前的经营行为导致的税务、环保等纠纷受到损害，被收购方应承担相应的赔偿责任。

19.1.14 设定不可抗力条款。

19.1.15 设定有关合同终止、收购标的交付、收购行为完成条件、保密、法律适用、争议解决等等其他条款。

19.2 收购合同的附件。一般包括：

19.2.1 目标公司的财务审计报告；

19.2.2 目标公司的资产评估报告；

19.2.3 目标公司土地转让协议；

19.2.4 政府批准转让的文件；

19.2.5 其他有关权利转让协议；

19.2.6 目标公司的固定资产与机器设备清单；

19.2.7 目标公司的流动资产清单；

19.2.8 目标公司的债权债务清单；

19.2.9 目标公司对外提供担保的清单；

19.2.10 联合会议纪要；

19.2.11 谈判记录。

19.2.12 上述附件的内容，律师可以根据实际情况在符合法律法规的情况下，选择增减。

第20条 收购合同的生效条款。

律师应当提请委托人注意，如收购项目涉及必须由国家有关部门批准的，应建议委托人约定收购合同自批准之日起生效。其他情况下，可根据委托人实际情况约定合同生效条件和时间。

第七章 收购合同的履行

第21条 在收购履约阶段，律师工作主要包括：

21.1 为收购各方拟定“履约备忘录”，载明履约所需各项文件，并于文件齐备时进行验证以确定是否可以开始履行合同。

21.2 协助委托人举行验证会议。

21.3 按相关法律法规的规定办理报批手续。

21.4 协助办理收购涉及的各项变更登记、重新登记、注销登记手续。

第22条 律师协助收购方或目标公司起草或调取的，需要向相关政府主管部门报送的文件材料包括：

22.1 股东变更申请书；

22.2 收购前各方的原合同、章程及其修改协议；

22.3 收购各方的批准证书和营业执照复印件；

22.4 目标公司董事会、股东会关于出资转让的决议；

22.5 出资变更后的董事会成员名单；

22.6 收购各方签订的并经其他股东签字或以其他书面方式认可的出资转让协议；

22.7 审批机关要求报送的其他文件。

第23条 收购履约阶段的事务

23.1 收购款到账验收，出具报告书。在收购方支付全部转让款并将付款凭证传真给出让方后，在约定的工作日内，出让方指定的或双方约定的注册会计师对该转让金额是否到账予以验证，并将验证报告传真给收购方。

23.2 收购标的的交付及股东名册的变更。收购双方及目标公司应及时办理被收购资产的交割手续和被收购股权的变更登记手续，包括所涉资产权属变更需要办理的物的交付和权属变更登记手续，以及股权收购中目标公司股东名册变更和签发新股东出资证明书等手续。

23.3 股东权利义务的移转。出资转让协议可以约定，转让标的交割之后，出让方将不再作为目标公司的股东而享有任何股东权利，亦不再承担目标公司的任何义务、负债或损失；收购方将成为目标公司的股东，并取代出让方继续履行目标公司发起人协议书及章程中规定的股东权利和股东义务。

23.4 新股东与公司其他股东应当签订新的合营（合作）协议，修订原公司章程和议事规则，更换新董事。签订新的合营（合作）协议与新章程后，公司签发新的股东出资证明书，变更公司的股东名册，并于变更后30日内向工商行政管理机关提交目标公司股东、出资、章程等变更登记申请或备案申请。

第24条 特别提示

律师应向委托人提示出资转让与出资转让合同生效即收购合同生效的区别。出资转让合同除法律法规明文规定需经主管部门批准生效的以外，或者当事人约定了生效条件之外，一般自合同主体签订盖章之日起生效；而出资转让的生效以合同的生效为前提，但出资转让合同的生效并不当然意味着出资自合同生效时起转让，其生效根据公司性质有可能还需满足法律规定的条件或当事人约定的条件。

律师承办行政案件规范（试行）

（2004年12月18日经中华全国律师协会五届第12次常务理事会审议通过）

第一章　总　　则

第一条　为了指导律师从事行政法律业务，规范律师承办行政案件的执业行为，根据中华人民共和国有关法律、行政法规以及最高人民法院的相关司法解释，遵循国家司法行政机关和中华全国律师协会制定的律师执业规则，制定本规范。

第二条　律师有权接受当事人的委托，依据行政法律规范，从事行政诉讼、行政复议、行政赔偿以及其他行政案件的代理业务，为社会提供法律服务。

第三条　律师承办行政案件，必须遵守宪法、法律，恪守律师职业道德和执业纪律，并接受社会的监督和律师行业管理部门的指导。

第四条　律师承办行政案件，应当诚实守信、审慎及时、勤勉尽责、积极维护委托人的合法权益。

第五条　律师承办行政案件，应当保守在执业活动中知悉的国家秘密、商业秘密及个人隐私。

第六条　律师承办行政案件，依法履行代理职责，受法律保护。

第七条　律师承办行政案件，依法独立执业，不受非法干涉。

第二章　接受委托

第八条　律师承办行政案件，由律师事务所统一接受委托，律师事务所应当与委托人签订书面委托合同，明确委托代理事项。律师不得私自接受委托。

第九条　律师事务所应当指派执业律师承办案件，不得指派无执业资格的人员承办，也不得指派实习律师单独承办案件。

第十条　律师事务所接受委托后，承办律师无正当理由，不得拒绝代理。但承办律师发现委托事项违法，委托人隐瞒事实，或者委托人提出不合理要求，致使律师无法正常履行代理职责的除外。

第十一条　承办律师发生变更时，应当及时告知委托人，委托人同意变更的，应当办理变更委托手续。

第十二条　未经委托人同意，律师事务所不得将案件转委托给他所。

第十三条　律师应当在委托人的授权范围内行使代理权。

第三章　律师代理行政复议案件

第十四条　律师可以接受委托，担任行政复议案件的代理人。

第十五条　律师应依法审查确定申请的事项是否属于行政复议机关受理行政复议案件的范围。

第十六条　律师应当告知委托人，公民、法人或其他组织已经向人民法院提起行政诉讼，人民法院已经依法受理的，不得申请行政复议。

第十七条　律师应当告知委托人，行政机关的具体行政行为所依据的下列规定不合法，在对具体行政行为申请行政复议时，可以一并向行政复议机关提出对该规定的审查申请：

（一）国务院部门的规定；

（二）县级以上地方各级人民政府及其工作部门的规定；

（三）乡、镇人民政府的规定。

前款所列规定不含国务院部、委员会规章和地方人民政府规章。

第十八条　律师应当依法审查确定行政复议的申请期限。因不可抗力或者其他正当理由耽误法定申请期限的，申请期限自障碍消除之日起继续计算。

第十九条　律师应当依法审查确定行政复议的申请人和被申请人。

第二十条　申请人的代理律师应依法协助申请人审查确定行政复议机关。

第二十一条　申请人的代理律师应代理申请人撰写、提交行政复议申请书，协助申请人调取、收集、提交相关证据材料。

第二十二条　被申请人的代理律师应当自收到申请书副本或者申请笔录复印件之日起10日内，协助被申请人向复议机关提出书面答复，并提交当初作出具体行政行为的证据、依据和其他有关材料。

第二十三条　行政复议原则上采取书面审查的办法，律师可以根据案件需要要求复议机关向有关组织和人员调查情况，听取申请人、被申请人和第三人的意见。

第二十四条　申请人的代理律师有权查阅被申请人提出的书面答复、做出具体行政行为的证据、依据和其他有关材料。涉及国家秘密、商业秘密或者个人隐私的，按相关规定办理。

第二十五条 在行政复议过程中，被申请人及代理律师不得自行向申请人和其他有关组织或者个人收集证据。

第二十六条 律师应当注意，复议机关在复议程序中收集和补充的证据，或者做出原具体行政行为的行政机关在复议程序中未向复议机关提交的证据，不能作为人民法院认定原具体行政行为合法的依据。

第二十七条 律师应告知委托人，在行政复议期间，具体行政行为不停止执行。但是，有下列情形之一的，可以停止执行：

（一）被申请人认为需要停止执行的；

（二）行政复议机关认为需要停止执行的；

（三）申请人申请停止执行，行政复议机关认为其要求合理，决定停止执行的；

（四）法律规定停止执行的。

第二十八条 律师应当告知委托人所代理案件的行政复议决定依法是否属于最终裁决。

第二十九条 对于委托人不服行政复议决定的，律师可以代理委托人在法定期限内向人民法院提起行政诉讼，或依法向国务院申请裁决，但作为最终裁决的行政复议决定除外。

第三十条 申请人逾期不起诉又不履行行政复议决定的，或不履行最终裁决的行政复议决定的，被申请人的代理律师可以代理被申请人在法定期限内向人民法院申请强制执行。

第四章 律师代理行政诉讼案件

第一节 诉前准备

第三十一条 律师可以接受委托，担任行政诉讼案件的代理人。

第三十二条 原告的代理律师应对案件性质进行审查，确定是否属于人民法院受理行政诉讼案件的范围。

第三十三条 律师应当告知委托人，申请人已经申请行政复议，并且行政复议机关已经依法受理的，在法定行政复议期限内不得向人民法院提起行政诉讼。

第三十四条 律师应审查案件是否依法必须先行复议。对于依法必须先行复议的案件，律师应告知委托人先进行行政复议，只有复议机关不受理复议申请或者在法定期限内不作出复议决定的，才可以直接提起行政诉讼。

第三十五条 律师应依法审查确定案件的诉讼主体。

第三十六条 律师应当依法对案件的起诉期限进行审查。

第三十七条 律师在审查起诉期限时应注意考虑以下情况：

（一）对于公民、法人或者其他组织因不可抗力或者其他特殊情况耽误法定起诉期限的，在障碍消除后的十日内，可以申请延长期限，是否延长期限由人民法院决定；

（二）由于不属于起诉人自身的原因超过起诉期限的，被耽误的时间不计算在起诉期间内。因人身自由受到限制而不能提起诉讼的，被限制人身自由的时间不计算在起诉期间内；

（三）公民、法人或者其他组织申请行政机关履行法定职责，行政机关在接到申请之日起60日内不履行的，公民、法人或者其他组织向人民法院提起诉讼，人民法院应当依法受理。法律、法规、规章和其他规范性文件对行政机关履行职责的期限另有规定的，从其规定。公民、法人或者其他组织在紧急情况下请求行政机关履行保护其人身权、财产权的法定职责，行政机关不履行的，起诉期限不受前款规定的限制。

第三十八条 对于超过法定起诉期限，且无正当理由起诉的，律师应当告知委托人，该起诉可能被法院裁定不予受理或者驳回。

第三十九条 律师应当依法认真审查确定案件的管辖法院。

第四十条 律师经审查认为法院管辖不当时，应告知委托人可以在接到人民法院应诉通知之日起10日内以书面形式向法院提出管辖异议。

第二节 调查取证

第四十一条 律师应根据案件需要协助委托人依法调查、收集证据材料。

第四十二条 律师应当注意，以违反法律禁止性规定或者侵犯他人合法权益的方法取得的证据，不能作为认定案件事实的依据。

第四十三条 律师不得伪造或授意委托人伪造证据、捏造事实。

第四十四条 委托人和律师无法自行收集的证据，律师可以申请人民法院收集和调取证据。

第四十五条 律师可以代理委托人向人民法院申请勘验现场。

第四十六条 需要申请人民法院调取证据的，律师应当在举证期限内提交调取证据书面申请。

第四十七条 需要申请证人出庭作证的，律师应在举证期限届满前向法院提出书面申请。

第四十八条 律师代理委托人向人民法院申请保全证据的，应当在举证期限届满前以书面形式提出，并说明证据的名称和地点、保全的内容和范围、申请保全的理由等事项。

第四十九条 如有证据或者正当理由表明对方据以认定案件事实的鉴定结论有错误，律师可以代理委托人在举证期限内书面申请重新鉴定。

第五十条 在诉讼过程中，被告及其代理律师不得自行向原告和证人收集证据。

第五十一条 律师应妥善保管委托人提供的证据材料原件；因律师保管不善，遗失原件，给委托人造成损失的，律师事务所及承办律师应承担相应的赔偿责任。

第三节 起诉和应诉

第五十二条 原告的代理律师应以事实为根据、法律为准绳的原则，代理原告撰写起诉状并在法定起诉期限内向法院提起诉讼。

第五十三条 原告的代理律师可以代理原告向人民法院提出缓交、减免诉讼费的申请。

第五十四条 原告的代理律师可以代理原告向人民法院提出停止执行具体行政行为的申请。

第五十五条 原告或第三人的代理律师应当在开庭审理前或者人民法院指定的交换证据之日，向人民法院提供证据。因正当事由申请延期提供证据的，经人民法院准许，可以在法庭调查中提供。

第五十六条 律师应当注意，原告可以提供证明被诉具体行政行为违法的证据，原告提供的证据不成立的，不免除被告对被诉具体行政行为合法性的举证责任。

第五十七条 律师应当注意，原告或第三人在第一审程序中无正当事由未提供而在第二审程序中提供的证据，人民法院不予接纳。

第五十八条 被告的代理律师应认真分析案情、调取证据、审查具体行政行为的合法性，作好答辩准备，并应在收到起诉状副本之日起10日内，协助被告整理出被告据以做出被诉具体行政行为的相关证据及所依据的规范性文件，并向人民法院提供。

第五十九条 律师应当注意，被告对做出的具体行政行为负有举证责任。被告不提供或者无正当理由逾期提供证据的，视为被诉的具体行政行为没有相应的证据。

第六十条 律师应当注意，被告因不可抗力或者客观上不能控制的其他正当事由，不能在规定的期限内提供证据的，律师应当在被告收到起诉状副本之日起十日内向人民法院提出延期提供证据的书面申请。人民法院准许延期提供的，被告应当在正当事由消除后十日内提供证据。逾期提供的，视为被诉具体行政行为没有相应的证据。

第六十一条 律师应当注意，有下列情形之一的，被告经人民法院准许可以补充相关的证据：

（一）被告在作出具体行政行为时已经收集证据，但因不可抗力等正当事由不能提供的；

（二）原告或者第三人在诉讼过程中，提出了其在被告实施行政行为过程中没有提出的反驳理由或者证据的。

第六十二条 律师应当注意，一审被告在二审过程中向法庭提交在一审过程中没有提交的证据，不能作为二审法院撤销或者变更一审裁判的根据。

第六十三条 律师可以根据案件需要，代理当事人向人民法院提出追加第三人的申请。

第四节 庭　审

第六十四条 在庭审开始前，律师可根据案件是否涉及国家机密、商业秘密、个人隐私以及法律有无特别规定等情况，与委托人协商，是否申请不公开审理。

第六十五条 律师可以根据案件需要代理委托人向法院申请延期开庭。

第六十六条 律师应按照人民法院通知的开庭时间，准时出庭；如因特殊紧急情况，无法准时出庭，应当及时与法院联系，申请延期开庭；律师申请延期开庭，未获批准，又确实不能出庭的，应通知委托人变更承办律师。

第六十七条 律师出席庭审，应当遵守法庭规则和法庭秩序，遵守司法礼仪。律师应当尊重法官，不得藐视法庭和诽谤法官，不做有损人民法院威信的行为。

第六十八条 律师应在委托人的授权范围内，代理委托人行使诉讼权利。若因越权代理致使委托人遭受损失，律师事务所和承办律师应承担相应的赔偿责任。

第六十九条 律师在庭审中享有以下权利：

（一）可以对本案审判人员、书记员、鉴定人员和翻译人员提出回避申请；

（二）陈述案件事实；

（三）出示、宣读本方证据材料；

（四）申请法庭通知本方证人出庭作证；

（五）经法庭许可，向对方当事人、证人、鉴定人发问；

（六）就对方证据提出异议；

（七）就对方代理人的不当发问提出异议；

（八）发表代理意见；

（九）依法享有的其他权利。

第七十条　律师出席庭审，应当围绕证据的真实性、关联性和合法性，针对证据有无证明效力以及证明效力大小，进行质证。

第七十一条　律师应当注意，除行政诉讼附带赔偿案件外，法院审理行政诉讼案件时不适用调解。

第七十二条　律师应当注意，人民法院审理二审行政诉讼案件，可以采取书面审理的方式。律师代理上诉时，应审查案件是否适合书面审理，对于不适合书面审理的案件，应当建议合议庭开庭审理。

第五节　庭审后的工作

第七十三条　庭审后，律师可以向人民法院提交书面代理意见。

第七十四条　当事人对于一审判决、裁定不服的，律师可以代理其在法定期限内提起上诉。

第七十五条　对于不履行生效的人民法院判决、裁定的，律师可以代理委托人向人民法院申请强制执行。

第五章　律师代理行政赔偿案件

第七十六条　律师可以接受委托，担任行政赔偿案件的代理人。

第七十七条　律师接受委托后，应对下列内容进行审查：

（一）对于单独提起的行政赔偿案件，应审查赔偿请求人是否已向行政赔偿义务机关提出赔偿请求；

（二）是否可以在申请行政复议或者提起行政诉讼时一并提出；

（三）是否超过法定起诉期限。

第七十八条　原告的代理律师应协助原告依法审查确定适格的赔偿义务机关。

第七十九条　律师应指导、协助委托人就被诉具体行政行为造成损害的事实收集、调取证据。

第八十条　律师应协助委托人及时准备办理案件的法律文书，进行调查、取证，申请鉴定，参加庭审，举证质证，进行辩论，发表代理意见等。

第八十一条　律师在庭审中的权利义务参照本规范第四章第四节的规定办理。

第八十二条　委托人对于一审判决、裁定不服的，律师可以代理其在法定期限内提起上诉。

第八十三条　进入二审程序后，律师应注意，原告或者第三人在第一审程序中无正当事由未提供而在第二审程序中提供的证据，人民法院不予接纳。

第八十四条　对于不履行生效的人民法院判决、裁定、行政赔偿调解书的，律师可以代理委托人向人民法院申请强制执行。

第六章　律师代理行政执行案件

第八十五条　律师可以接受委托，担任行政执行案件的代理人。

律师可以代理当事人就已经生效的行政判决书、行政裁定书、行政赔偿判决书、行政赔偿调解书等法律文书，向人民法院申请强制执行。

行政机关依法作出具体行政行为后，相对人在法定期限内不起诉又不履行的，律师可以代理行政机关或具体行政行为确定的权利人，向人民法院申请强制执行。

第八十六条　律师代理行政执行案件，应审查下列内容：

（一）据以申请法院强制执行的行政判决书、裁定书或者行政赔偿调解书等法律文书是否已经发生法律效力；

（二）是否在申请强制执行的法定期限之内；

（三）执行事项是否具有可执行性；

（四）行政机关申请执行的具体行政行为是否可以由人民法院执行；

（五）行政机关申请执行的具体行政行为是否已经生效，并具有可执行内容；

（六）申请执行具体行政行为的行政机关是否为作出该具体行政行为的行政机关；

（七）对于行政机关申请执行具体行政行为，应审查法律、法规是否赋予该行政机关强制执行申请权，以及被申请人是否为该具体行政行为所确定的义务人；

（八）是否属于受理申请执行的人民法院管辖。

第八十七条　律师应告知委托人，对于逾期申请执行，除有正当理由外，人民法院不予受理。

第八十八条　申请人的代理律师应代理申请人撰写执行申请书。

第八十九条　申请人的代理律师应代理申请人在法定期限内向人民法院提交申请执行书、据以执行的生效法律文书，以及其他必须提交的材料等。

第九十条　申请人的代理律师可以代理申请人向人民法院提出财产保全的申请。

第九十一条　律师应对人民法院裁定执行中止的事实与理由进行审查，确定是否提出执行中止的异议，协助委托人做好执行程序的恢复准备工作。

第九十二条　律师应严格审查人民法院终结执行

是否符合法律规定。对于不符合条件的终结执行，律师应代理委托人及时提出异议。

第九十三条 律师可根据案件的性质及被执行人的执行能力等情况，提请委托人注意是否申请延期执行。

第九十四条 可执行回转的案件，律师可代理委托人提出执行回转申请，协助委托人提出有利于回转执行的措施。

第七章 律师代理涉外行政案件

第九十五条 律师可以接受委托，担任涉外行政案件的代理人。

第九十六条 律师接受委托，承办涉外行政案件，应当依法办理委托手续。

律师应当注意，在我国领域内没有住所的外国人、无国籍人、外国企业和组织从我国领域外寄交或者托交的授权委托书，应当经所在国公证机关证明，并经我国驻该国使领馆认证，或者履行我国与该所在国订立的有关条约中规定的证明手续后，才具有委托效力。

第九十七条 律师接受委托人委托，承办涉外行政案件，应当依法审查确定案件的管辖法院。

第九十八条 律师接受委托人委托，承办涉外行政案件，应当注意程序法、实体法及国际条约的适用。

第九十九条 律师接受委托人委托，承办涉外行政诉讼案件，应就司法解释中规定的涉外送达方式，与委托人协商并达成一致意见。

第八章 附 则

第一百条 律师可以代理行政许可、行政听证、行政裁决等其他行政法律业务。在代理中应当遵循相应的法律、行政法规和司法解释。

律师代理其他行政法律业务的规范，将在适时另行制定。

第一百零一条 本规范适用于全国律师承办行政案件代理业务。由中华全国律师协会负责解释。

第一百零二条 本规范经中华全国律师协会第五届常务理事会审议通过，自发布之日起试行。

第六次全国律师代表大会理事选举办法

（2005年6月14日第六次全国律师代表大会通过）

一、中华全国律师协会第六届理事会由第六次全国律师代表大会选举产生，选举工作由大会主席团主持。

二、第六次全国律师代表大会的正式代表参加选举；选举采取无记名投票方式，实行等额选举。

三、理事候选人名单由大会主席团提出，提交大会进行选举，理事候选人按姓氏笔划为序排列。本次选举理事候选人为159名，应选出理事不得多于159名。

四、选举人对理事候选人可以投赞成票，可以投反对票，可以另选他人，也可以弃权。

五、参加选举的代表必须超过应到代表的半数，方可进行选举；收回的选票等于或少于发出的选票，选举有效；收回的选票多于发出的选票，选举无效，应重新进行选举。

六、每一选票所选的人数，等于或者少于规定应选理事人数的有效，多于规定应选理事人数的作废。

七、理事候选人（含另选他人）获得参加投票的代表过半数的选票时，始得当选。获得过半数选票的理事候选人（含另选他人）的人数超过应选理事名额时，以得票多者当选；得票相等时，对得票相等的理事候选人重新投票，以得票多者当选。

八、如获得过半数选票的当选理事的人数少于应选理事的名额时，本次选举不再补选。

九、选举结果由大会主席团根据本办法确定是否有效，并当场予以宣布。大会宣布当选理事，按姓氏笔划为序排列。

十、大会选举设监票人5名，其中总监票人1名。监票人、总监票人由主席团提名，经大会通过。监票人、总监票人的职责是对选举全过程进行监督。已提名作为理事候选人的代表不得担任监票人。

十一、投票顺序为总监票人、监票人、主席团中的律师代表、其他代表依次投票。

十二、计票工作人员由大会秘书处指定，在总监票人、监票人监督下进行工作。

十三、由总监票人向大会主席团报告计票结果，大会执行主席宣布选举结果。

十四、本选举办法由大会主席团审议，提交律师代表大会通过后生效，由主席团负责解释。

第六次全国律师代表大会常务理事选举办法

（2005年6月14日第六次全国律师代表大会通过）

一、中华全国律师协会第六届常务理事会由中华全国律师协会六届一次理事会选举产生。六届一次理事会由代表大会主席团主持。

二、选举采用无记名投票方式。

三、常务理事候选人名单由大会主席团经酝酿，从当选理事中确定，交由理事会进行选举。本次选举提出常务理事候选人41名，从中选出常务理事35名。常务理事实行差额选举。

四、会长、副会长候选人由大会主席团从当选常务理事中确定。本次选举提出会长候选人1名，等额选举；经酝酿提出副会长候选人11名，差额选举副会长8名。

五、选举人选举时可以投赞成票，可以投反对票，可以另选他人，也可以弃权。

六、参加选举的理事必须超过理事总人数的三分之二，方可进行选举；收回的选票等于或少于发出的选票，选举有效；收回的选票多于发出的选票，选举无效，应重新进行选举。

七、每一选票所选的人数，等于或者少于规定应选人数的有效，多于规定应选人数的作废。

八、常务理事候选人、副会长候选人由获得半数选票以上者得票多者当选；会长候选人（含另选他人）获得参加投票的理事过半数的选票时，始得当选。

如遇票数相等不能确定当选人时，应当就票数相等的候选人再次投票，以得票多者当选。

九、常务理事、副会长如获得过半数选票的当选人少于应选名额，不足的名额不补选。

十、选举结果由大会主席团根据本办法确定是否有效，并当场宣布。

十一、选举设监票人3人，其中总监票人1人。监票人、总监票人由主席团提名，经理事会通过，其职责是对选举全过程进行监督。已提名作为会长、副会长、常务理事候选人的理事不得担任监票人。

十二、投票顺序为：总监票人、监票人、主席团成员中的当选理事先行投票，其他理事随后投票。

计票工作人员由大会秘书处指定，在总监票人、监票人监督下进行工作。

十三、本选举办法由大会主席团审议，提交律师代表大会通过后生效，由主席团负责解释。

（四）地方律协行业规范选载

1. 北京市

北京市律师协会会长会议规则（试行）

（2005年6月4日北京市律师协会
七届理事会第二次会议通过）

第一章　总　　则

第一条　根据《中华人民共和国律师法》和《律师协会章程》，为促进北京市律师事业的发展，加强北京市律师协会（以下简称“协会”）的管理，规范北京市律师协会会长会议（以下简称“会长会议”）的工作，特制定本规则。

第二章　会长会议的性质

第二条　会长会议由协会会长和副会长组成，是协会的日常决策机构，负责组织领导协会的日常工作。

第三条　会长会议对北京市律师代表大会（以下简称“律师代表大会”）负责；在律师代表大会闭会期间，会长会议对北京市律师协会理事会（以下简称“理事会”）负责。

第三章　会长会议的职责

第四条　会长会议主要履行下列职责：

（一）会长会议有权对下列事项作出决定：

1. 协会日常工作的事项；

2. 协会专门委员会（以下简称“专门委员会”）的设置及人员组成；

3. 审批和调整预算内支出项目以及不满三十万元的预算外支出项目；

4. 根据秘书长的提名，决定副秘书长的聘用和解聘；

5. 处理理事会闭会期间协会遇到的突发事件；

6. 经律师代表大会授权，对律师代表大会和理事会做出的决议在执行过程中做出必要的解释，并协调决议组织实施的相关工作；

7. 对协会工作规则做出解释；

8. 根据需要，聘请关心律师工作、对律师事业做出较大贡献、有较高声望和影响的人士担任协会顾问；

9. 提议召开理事会会议，研究提交理事会的议题，审核提交理事会表决的事项；

10. 提议召开临时律师代表大会，研究提交律师代表大会的议题，审核提交律师代表大会表决的事项；

11. 研究处理与政府机构、司法机关及社会各界的关系；

12. 其他应当由会长会议决定的事项。

（二）会长会议有权就下列事项提请理事会审议：

1. 协会年度工作计划；

2. 协会年度财务预算方案和决算报告；

3. 协会三十万元以上、不满五百万元的预算外支出项目；

4. 不需提交律师代表大会通过、修订或废止的行业规范及规章制度；

5. 秘书长的聘任或解聘；

6. 其他应当由会长会议向理事会提请审议的事项。

第五条　在理事会闭会期间由会长会议代行理事会职能。

第四章　会长职责

第六条　协会设会长一名，副会长四名。副会长协助会长的工作。

第七条　协会的会长由律师代表大会选举、罢免；副会长由理事会选举、罢免。

第八条　会长是协会的法定代表人，主要履行下列职责：

（一）主持召开律师代表大会、理事会和会长会议；

（二）代表会长会议向理事会做工作报告；

（三）代表理事会向律师代表大会做工作报告；

（四）签署协会文件；

（五）代表协会协调处理与政府机构、司法机关及社会各界的关系，出席相关社会活动；

（六）决定召开理事会临时会议；

（七）决定会长基金的使用；

（八）决定不满五万元的预算外支出项目；

（九）律师代表大会、理事会和会长会议授予的其他职责。

第九条 副会长按照会长会议的分工，分别主持各分管专门委员会的工作。

第十条 会长因故不能履行其职责时，可指派一名副会长代行其职责。

第五章 会长会议议事方式和决策程序

第十一条 会长会议原则上每周召开一次，最长不得超过两周一次。会长或两名以上副会长提议可召开临时会长会议。

第十二条 会长会议由会长召集并主持，协会秘书长、副秘书长、监事会及司法行政机关指派的人员可以列席会议。

第十三条 会长会议在讨论专项事务时，可要求专门委员会有关人员列席会议。

第十四条 会长会议采取民主集中制的议事决策方式，副会长应当充分发表意见，会长在集中集体意见的基础上做出决策。

第十五条 会长会议应制作会议记录，以备会长会议成员及协会监事查阅。

第六章 附 则

第十六条 本规则由会长会议负责解释。

第十七条 本规则所称“以上”包括本数，所称的“不满”不包括本数。

第十八条 本规则自理事会表决通过之日起生效并试行。

北京市律师协会理事会规则（试行）

（2005年6月4日北京市律师协会七届理事会第二次会议通过）

第一章 总 则

第一条 根据《中华人民共和国律师法》和《律师协会章程》，为促进北京市律师事业的发展，加强北京市律师协会（以下简称“协会”）的管理，规范北京市律师协会理事会（以下简称“理事会”）的工作，特制定本规则。

第二条 理事由律师代表大会选举产生。

第二章 理事会的性质

第三条 理事会是律师代表大会的常设权力机构，对律师代表大会负责。

第三章 理事会的职责

第四条 理事会的职责：

（一）听取协会会长和副会长的工作汇报。

（二）理事会有权对下列事项经过表决做出决定：

1. 协会年度工作计划；
2. 协会年度财务预算方案和决算报告；
3. 协会三十万元以上、不满五百万元的预算外支出项目；
4. 制订不需提交律师代表大会通过、修订或废止的行业规则及规章制度；
5. 选举、罢免协会副会长；
6. 聘任、解聘协会秘书长；
7. 推选及罢免全国律师代表大会的代表和理事；
8. 决定召开临时律师代表大会；
9. 其他应当由北京市律师协会会长会议（以下简称“会长会议”）向理事会提请审议的事项。

（三）理事会有权就下列事项提请律师代表大会审议：

1. 会费收缴标准和管理办法的修改；
2. 增补、罢免理事；
3. 需提交律师代表大会通过、修订或废止的行业规范及规章制度；
4. 五百万元以上的预算外支出项目；
5. 其他应由理事会提请律师代表大会审议的事项。

第四章 理事会会议

第五条 理事会会议每季度举行一次。

第六条 理事会会议由会长召集并主持，协会秘书长、副秘书长、监事会及司法行政机关指派的人员可以列席会议。

第七条 理事会会议召开七日前应书面通知全体理事。

第八条 出席理事会会议的理事人数应达到理事人数的三分之二以上。理事因故不能出席理事会会议的，在书面向会长请假并经会长批准后，可以书面委托其他理事就相关审议事项行使表决权，委托书应表明委托人的明确表决意见，凡是没有明确表明表决意见的，视为委托无效。

第九条 理事会会议形成决议须经出席会议的理事三分之二以上同意方为有效。

第十条 表决采用举手表决或书面投票方式。

第十一条 理事会闭会期间，经会长、会长会议或三分之一以上的理事提议可以召开理事会临时会议。

第五章 理 事

第十二条 理事由律师代表大会从具有良好职业道德、较高业务水平且具有较高议事能力，热心律师事业，未受过行业纪律处分，执业三年以上的律师代表大会代表中选举产生。

第十三条 理事可以连选、连任。

第十四条 理事的权利：

（一）在理事会享有平等的表决权、选举权和被选举权；

（二）参与研究、批准律师协会的有关事项；

（三）提出工作建议和意见。

第十五条 理事的义务：

（一）遵守理事会规则；

（二）按时参加理事会会议；

（三）忠实履行职责，完成理事会交办的工作；

（四）不得因担任理事工作为本人和所在律师事务所谋取不正当利益；

（五）理事应听取律师代表大会代表和协会会员的意见和建议，接受律师代表大会代表和协会会员的监督；

（六）理事应当承担的其他义务。

第十六条 理事的辞免：

（一）理事本人可以向律师代表大会提出书面辞职请求，经律师代表大会批准后生效；

（二）理事一年内累计两次不参加理事会会议的，经会长会议提议，律师代表大会有权罢免其理事职务；

（三）理事丧失协会会员资格、受到行业纪律处分、不履行本规则第十五条规定的义务，以及出现其他丧失理事资格的情况时，经会长会议提议，律师代表大会有权罢免其理事职务。

第十七条 当理事名额出现空缺时，经会长会议提名，由律师代表大会补选新的理事。

第六章 附 则

第十八条 本规则自理事会审议通过后试行，经律师代表大会审议通过后正式实施。原《北京市律师协会理事会规则》在本规则试行后废止。

第十九条 会长会议或三分之一以上理事提议，经律师代表大会审议通过后，可对本规则进行修改或补充。

第二十条 本规则所称“以上”包括本数，所称的“不满”不包括本数。

第二十一条 本规则由理事会负责解释。

北京市律师协会专门委员会工作规则（试行）

（2005年6月21日北京市律师协会第十次会长会议通过）

第一章 总 则

第一条 根据《中华人民共和国律师法》、《律师协会章程》的有关规定，为规范北京市律师行业管理，促进北京律师业健康发展，制定本规则。

第二章 机构性质

第二条 北京市律师协会专门委员会（下称“专门委员会”）是北京市律师协会会长会议（下称“会长会议”）领导下的专门工作机构，对会长会议负责。

第三章 职责范围及其设立

第三条 专门委员会的机构设置由会长会议决定。

第四条 专门委员会设主任一名，副主任若干名，秘书长一名，委员若干名。主任因故不能履行职责时，可指派一名副主任代行职责。

第五条 专门委员会的职责：

1. 完成会长会议交办的各项专门工作；
2. 受会长会议的委托，代表协会对外开展工作；
3. 负责起草、制定本委员会年度工作计划，提出为完成工作任务所需的经费建议；
4. 会长会议赋予的其他职责。

第四章 委员资格及权利义务

第六条 专门委员会主任、副主任人选由会长会议决定；主任应由本届理事担任；秘书长、委员人选由专门委员会主任提名，经会长会议通过。专门委员会主任、副主任、秘书长、委员任期3年，可连选连任。

第七条 有下列情形之一的，自动丧失委员资格：

1. 被追究刑事责任的；
2. 受到行政处罚的；
3. 受到行业纪律处分的；
4. 未参加律师年度注册的。

第八条 委员两次不参加会议或两次未完成主任、副主任布置的工作的，经主任、副主任、秘书长讨论通过，报会长会议批准，可取消其委员资格。

第九条 专门委员会委员的权利与义务：

1. 参加本委员会工作，尽职为北京律师服务；

2. 以自身的言行，维护本委员会的良好社会形象；

3. 积极、认真完成主任、副主任安排的工作；

4. 向本委员会提出工作建议和意见；

5. 不得利用专门委员会委员的身份为本人及本人所在律师事务所谋取不当利益。

第十条 专门委员会主任的权利与义务：

1. 制定本委员会工作计划；

2. 召集、主持本委员会会议；

3. 安排部署本委员会工作任务；

4. 及时向会长会议报告工作；

5. 完成会长会议和主管副会长交办的工作。

第十一条 专门委员会副主任、秘书长协助主任开展工作。

第五章 专门委员会会议

第十二条 专门委员会会议由主任根据工作需要召开。

第十三条 专门委员会召开会议，所议事项须形成纪要，报协会秘书处备案。

第六章 监督管理

第十四条 专门委员会须对每次会议情况保留完整的记录。出席会议的委员须在会议记录或会议纪要上签名，有不同意见的，要表明自己的意见。

第十五条 专门委员会须在每年1月15日前，完成上一年度工作总结及财务支出情况的说明，接受会长会议的监督检查。

第十六条 专门委员会应在每年11月30日前完成下一年度工作计划及预算方案的制定工作，报会长会议审议。

第十七条 专门委员会的会议记录、会议纪要、工作总结及计划落实情况，将作为协会下一年度活动经费考核拨付的参考依据。

第七章 附 则

第十八条 本规则经会长会议通过后生效并实施。

第十九条 本规则由会长会议负责解释。

第二十条 本规则实施后，各委员会可根据本委员会的工作性质及需要，制定相应的实施细则报会长会议审查，经会长会议通过后生效。

北京市律师协会会长会议议事规则（试行）

（2005年9月6日北京市律师协会第十八次会长会议通过）

第一条 为规范北京市律师协会会长会议（以下简称“会长会议”）的议事程序，根据《北京市律师协会会长会议规则》（试行）的规定，制定本规则。

第二条 会长会议例会原则上每周二下午召开，会议通知及议题应提前三天发参会人员。

第三条 经会长或两名以上副会长提议可召开临时会长会议。会长提议的，应将会议时间及议题通知秘书处；两名以上副会长提议的，应将提议人签名的书面会议议题及会议时间发送秘书处。

第四条 根据需要，会长会议可召开扩大会议和专题会议。

第五条 会长、副会长应当出席会长会议，因故不能出席会长会议的，应当通知秘书处。

第六条 出席会议的会长、副会长达到四人以上方能召开会长会议。

第七条 秘书处秘书长、副秘书长和监事会、市司法局指派的人员以及扩大会议、专题会议邀请的相关人员可以列席会长会议。

第八条 会长会议由会长主持，会长因故不能出席时，应当委托一名副会长代为主持。

第九条 会长会议议题按照工作分工由会长、副会长、秘书长提出，例会议题应于每周四前传真秘书处，临时会议议题应于会前一天传真秘书处。

第十条 协会年度工作计划在实施过程中需要提交会长会议讨论决定的事项，由主管副会长向会长会议提出议题。

第十一条 协会年度工作计划之外或突破预算需提交会长会议讨论决定的事项，由相关专门委员会主任提出，报主管副会长审核，由主管副会长决定向会长会议提出议题。

第十二条 全国律协、市司法局及其他部门安排的相关工作，由秘书处根据不同事项、按照会长分工分别报会长和主管副会长，由会长或主管副会长根据情况决定向会长会议提出议题或通报相关情况。

第十三条 秘书处须提交会长会议讨论决定的事项，由秘书长向会长会议提出议题。

第十四条 副会长、秘书长向会长会议提出的议题，由秘书处汇总，报会长审核确认。

第十五条 不能在规定时间范围内提出的临时性议题，由主管副会长或秘书长及时向会长通报，由会长决定是否列入会长会议议题。

第十六条 会长会议的议事范围包括：

1. 讨论事项；

2. 议提事项；

3. 决定事项；

4. 通报事项。

第十七条 在会长会议上，会长、副会长可以就各项议题充分发表意见，扩大会议和专题会议邀请的相关人员可以就相关议题发表意见，会长在集中参会人员意见的基础上做出决策。

第十八条 对决策事项的不同意见应当记录在案。

第十九条 会长会议形成决议的事项，由主管副会长向相关专门委员会主任传达并安排落实，秘书处分管副秘书长负责安排秘书处相关部门工作人员配合工作。

第二十条 会长会议没有形成决议的事项，由主管副会长向相关部门及人员告知并负责解释。

第二十一条 会长会议关于秘书处工作形成的决议，由秘书长组织落实。

第二十二条 主管副会长及秘书长根据会长会议决议的不同事项，分别向会长会议汇报执行情况。

第二十三条 会长会议由秘书处负责记录并整理会议纪要，纪要经主持会议的会长审定后发全体参会人员。

第二十四条 出席或列席会长会议的人员对会议未对外公开披露的信息负有保密义务。

第二十五条 本规则经会长会议审议通过后试行。

第二十六条 本规则由会长会议负责解释。

2. 河北省

河北省律师协会理事会规则

（2005年1月26日河北省律师协会第五届常务理事会第二次会议通过）

第一章 总 则

第一条 根据《中华人民共和国律师法》和《律师协会章程》，为促进河北省律师事业的发展，规范律师协会理事会的工作，制定本规则。

第二条 理事会由律师代表大会选举产生。

第二章 理事会性质与职能

第三条 理事会是律师代表大会的常设权力机构，对律师代表大会负责。在律师代表大会期间，组织领导律师协会的工作。

第四条 理事会职能：

（一）执行律师代表大会的决议；

（二）研究部署律师协会的工作；

（三）选举、罢免律师协会会长、副会长、常务理事；

（四）选举罢免河北省律师协会维权委员会、河北省律师协会执业纠纷调处委员会、河北省律师协会惩戒委员会、河北省律师协会行业规则委员会、河北省律师协会律师事务所管理委员会委员；

（五）经理事会三分之二以上理事通过，可以增补或免除理事；

（六）监督常务理事会的工作，听取常务理事会的工作报告；

（七）批准会费财务预算，审议通过经审计的会费年度决算报告；

（八）制定和表决通过行业规则；

（九）其他应由理事会办理的事项。

第五条 在理事会闭会期间由常务理事会代行理事会职能。

第三章 理事会会议

第六条 理事会会议每年举行一次

第七条 理事会会议由会长召集并主持。

第八条 理事会召开十五日前应当书面通知全体理事。

第九条 出席理事会会议的理事人数应不少于理事人数的三分之二。理事因故能出席理事会会议，需书面向常务理事会请假。

第十条 理事会必须经出席会议的四分之三以上理事同意可形成决议。

第十一条 表决采用举手表决或投票方式。

第十二条 理事会闭会期间，必要时经三分之一以上的理事或常务理事会提出，应当召开临时理事会。

第四章 理 事

第十三条 理事由律师代表大会具有良好职业道德、较高业务水平、执业三年以上的专职律师中选举产生。

第十四条 理事的权利：

（一）在理事会上享有平等的表决权、选举权和被选举权；

（二）参与研究、批准律师协会的有关事项；

（三）监督常务理事会的工作；

（四）提出工作建议和意见；

（五）享有理事的其他权利。

第十五条 理事的义务：

（一）遵守理事会规则；

（二）按时参加理事会会议；

（三）忠实履行职责，完成理事会交办的工作；

（四）不因担任理事工作为本人和所在的律师事务所谋取不当利益；

（五）履行理事的其他义务。

第十六条 理事的辞免：

（一）理事本人可以向常务理事会提出书面辞职请求，由常务理事会批准。

（二）理事丧失会员资格或受到纪律处分，以及不能履行本章程第十五条的义务时，常务理事会有权中止其理事职务，提请理事会撤销其理事资格。

第五章 附 则

第十七条 本规则由河北省律师协会常务理事会负责解释。

第十八条 本规则自公布之日起生效。

河北省律师协会常务理事会规则

（2005年1月26日河北省律师协会第五届常务理事会第二次会议通过）

第一章 总 则

第一条 根据《中华人民共和国律师法》、《律师协会章程》的规定，制定本规则。

第二章 常务理事会的性质和职能

第二条 河北省律师协会（以下简称本协会）常务理事会由河北省律师协会理事会（以下简称理事会）选举产生，对理事会负责，是理事会的常设执行机构。

第三条 常务理事会的职能：

（一）在理事会闭会期间，代行理事会职能，执行律师代表大会的决议；

（二）提议修改本协会章程；

（三）审查本协会下一年度的财务计划（草案），监督本协会的日常财务工作；

（四）决定本协会大型固定资产的购置、处分和重大财务支出；

（五）批准本协会的年度工作计划；

（六）负责制定本会的规章制度；

（七）批准本协会的机构和各专业委员会的设置；

（八）讨论、研究和决定本协会工作的其他重大事宜。

第三章 常务理事的权利和义务

第四条 常务理事的权利：

（一）在常务理事会上享有平等的表决权、选举权和被选举权；

（二）参与制定或修改本协会的各项规章制度；

（三）监督本协会的日常工作；

（四）享有理事会、常务理事会赋予的其他权利。

第五条 常务理事的义务：

（一）遵守并执行本规则及常务理事会的其他各项规章制度、决议；

（二）出席常务理事会会议；

（三）协助并支持其他常务理事的工作；

（四）忠实履行职责，全心全意维护本协会的合法利益。不得利用自己的职务为个人或所执业的律师事务所谋取私利；

（五）不得接受因执行职务而对个人的馈赠；

（六）履行理事会、常务理事会规定的其他义务。

第四章 常务理事会会议

第六条 常务理事会至少三个月举行一次会议，必要时可以临时召开。

常务理事会议议题、时间、地点由会长、副会长、常务理事及秘书长提出建议，会长办公会议确定。

第七条 协会秘书处应于每次常务理事会会议召开三日前书面通知常务理事，并同时发送会议审议的有关材料。

第八条 常务理事会会议应有半数以上常务理事参加方可举行。

第九条 常务理事因故不能出席会议时，可以书面形式就会议议题发表意见，也可书面委托其他出席会议的常务理事代为表决。

第十条 常务理事会对重要事项应形成书面决议。常务理事会会议的决议，必须认真执行，不得擅自改变。如在执行中遇到特殊问题需要改变原决定的，应提交常务理事会议重新审议。

常务理事会对会议决议如持有不同意见，应将其意见记载于会议记录。

常务理事会会议的原始记录应存档并永久保存。

第十一条 会议决议应由到会者表决并半数以上通过方为有效。

常务理事会可采用书面表决、举手表决或无记名投票方式通过决议。

第十二条 经会长或三分之一以上的常务理事共同提议时，应当召开常务理事会会议。

第十三条 常务理事会会议由会长召集、主持，会长因故不能召集、主持常务理事会会议时，应由常务副会长负责、召集并主持会议。

律协秘书长、副秘书长列席常务理事会会议。

其他与常务理事会会议议题有关的人员可以列席会议。

第五章　会长及会长办公会

第十四条 会长职责：

（一）对外代表本协会；

（二）召集并主持常务理事会会议和会长办公会议；

（三）代表常务理事会向理事会报告工作；

（四）向常务理事会提出本协会年度工作计划的意见和建议；

（五）向常务理事会提出本协会年度财务预算方案、决算报告；

（六）向常务理事会提出本协会各项规章制度草案；

（七）向常务理事会提出工作机构和专业委员会设置的建议；

（八）常务理事会赋予其他职权。

第十五条 常务理事会设会长办公会。会长办公会是常务理事会的执行机构，负责本会日常领导工作，督促、落实常务理事会部署的工作。

第十六条 会长办公会议的召开和议事程序，按《河北省律师协会会长办公会议议事规则》执行。

第六章　附　则

第十九条 本规则经本协会常务理事会通过后生效。

第二十条 本规则由常务理事会修改、解释。

河北省律师协会会长办公会议议事规则

（2005年1月26日河北省律师协会第五届常务理事会第二次会议通过）

第一条 为了加强律师协会的工作，提高议事效率，及时沟通信息，实行科学管理，根据《河北省律师协会章程》的有关规定，制定本议事规则。

第二条 河北省律师协会会长办公会议议事、决策实行民主集中制原则。

第三条 会长办公会议组成人员为会长、常务副会长、副会长，秘书长、副秘书长、办公室主任列席会议，其他与会长办公会议议题有关的人员可以列席会议；会长会议原则上1～2个月召开一次，也可根据需要临时召开。会议由会长召集，亦可由会长委托副会长召集。

第四条 会长办公会议的主要内容是：

1. 研究并制定贯彻落实党委、司法行政部门、上级律协对有关律师工作、律协工作的指示和决定的具体措施；

2. 研究、制定律协年度工作重点，拟定财务预算和决算并提交常务理事会审议；

3. 听取各专门委员会、专业委员会关于工作情况的汇报，研究和提出解决意见；

4. 研究、决定召开常务理事会和理事会的时间并提出议案；

5. 研究、讨论需要提请常务理事会、理事会讨论的重大问题；

6. 讨论、决定秘书处的机构设置、人员报酬、日常工作制度；

7. 讨论、决定协会工作中需会长集体研究的其他问题。

第五条 会长办公会议由会长主持或由会长委托副会长主持，会议的议题、时间、地点由会长决定。

第六条 会长办公会议的有关材料，由秘书处准备，并于会议召开前3个工作日发给与会人员。

第七条 会长办公会议的决议，必须认真执行。如在实际执行中遇到问题认为需改变原决定的，应当形成书面材料提交会长批准由会长办公会议重新讨论决定。

第八条 会长办公会议需制作会议纪要，会议纪要由秘书长审核，会长签发。

第九条 参加、列席会议的人员应当遵守会议保密规定，不得泄露会议的秘密事项。

第十条 本规则由河北省律师协会常务理事会通过后实施。

河北省律师协会秘书处工作规则

（2005年1月26日河北省律师协会
第五届常务理事会第二次会议通过）

第一条 为加强河北省律师协会秘书处机关建设，更好地发挥律师协会的行业管理作用，建立科学、高效、规范的工作运行机制，根据《律师协会章程》有关规定，制定本规则。

第二条 河北省律师协会秘书处（以下简称秘书处）是律师协会的常设执行机构，负责具体落实律师代表大会、理事会、常务理事会的各项决议、决定，承担律师协会的日常工作，对律师协会理事会负责。

第三条 秘书处设秘书长1人，副秘书长若干人，秘书长由常务理事会聘任，副秘书长由秘书长提名，常务理事会决定。

秘书长在常务理事会的授权范围内，领导秘书处开展工作，副秘书长协助秘书长工作。秘书长、副秘书长列席理事会议、常务理事会议、会长办公会会议。

第四条 秘书长履行下列职责：

（一）主持办事机构日常工作；

（二）组织实施理事会、常务理事会的各项决议；

（三）拟定内部机构设置方案；

（四）制定、实施办事机构内部各项规章制度；

（五）提请聘任或解聘副秘书长，聘任或解聘除应由常务理事会聘任或解聘的其他部门负责人员；

（六）完成理事会、常务理事会、会长交办的其他工作；

（七）协调与司法行政机关的关系。

第五条 根据工作需要，秘书处内设办公室、宣传联络部、综合调研部、会员部、行业纪律和培训部。

各部门负责人由秘书长提名，报常务理事会审核后批准。

第六条 秘书处办公室工作职责：

（一）负责律师协会的日常行政工作；

（二）负责律师协会机关人事管理；

（三）负责律师协会会费收缴及财务管理；

（四）负责律师协会资产、办公设备及律师协会印章管理；

（五）负责律师协会各类会议、活动的会务组织工作；

（六）负责文件、报刊的收发、登记、传阅、归档及图书资料管理；

（七）负责律师协会网站、办公系统的建设和维护，律师协会计算机硬件、软件及相关配套设备维护及更新；

（八）完成协会领导交办的其他工作。

第七条 秘书处宣传联络部工作职责：

（一）律师协会简报、工作通讯、大事记的编写、印发；

（二）组织律师协会对外宣传活动；

（三）负责律师协会新闻发布工作的组织实施；

（四）组织、指导律师协会刊物的编辑、发行；

（五）组织、开展对外交流活动；

（六）组织律师参加社会公益活动；

（七）负责律师协会网站完善、更新、推广；

（八）完成协会领导交办的其他工作。

第八条 秘书处综合调研部工作职责：

（一）律师协会行业发展研究、行业规范建设工作的组织、协调；

（二）起草省律协年度工作计划、年度工作总结；

（三）整理省律协理事会、常务理事会、会长办公会会议纪要；

（四）负责会员提案的收集、整理和回复；

（五）完成协会领导交办的其他工作。

第九条 秘书处会员部工作职责：

（一）负责会员的登记、公告以及日常管理；

（二）研究会员管理的重大问题，指导、监督地方协会会员管理工作；

（三）建立健全会员管理体系，制定会员管理办法并组织实施；

（四）负责会员奖励的实施及会员诚信档案建设工作；

（五）依法维护会员权益，协调改善执业律师环境；

（六）组织实施会员统计、公布工作；

（七）推动律师执业责任保险工作；

（八）组织、开展会员福利活动；

（九）办理协会领导交办的其他工作。

第十条 秘书处行业纪律和培训部工作职责：

（一）监督、检查会员遵守法律法规、律师职业道德和执业纪律；

（二）负责会员被投诉案件的调查工作，依照规定或生效的处罚决定，实施处罚；

（三）调解会员执业纠纷；

（四）研究建立律师人才教育培养体系，制定、落实行业培训规划和制度；

（五）组织、开展律师职称评定工作；

（六）组织、联络律师境外培训；

（七）指导、监督地方协会的培训工作；

（八）办理协会领导交办的其他工作。

第十一条 秘书处每月召开一次例会。会议由秘书长召集和主持。遇有特殊情况可随时召开。主要任务：

（一）总结前一个月的工作，安排下一月工作；

（二）传达、学习有关文件、重要会议精神，并讨论贯彻落实意见；

（三）讨论需要提交理事会、常务理事会、会长办公会议定的重大问题；

（四）讨论决定其他重大事务。

秘书处会议应当形成秘书处会议纪要。

第十二条 理事会、常务理事会、会长办公会召开前3日，秘书处应将会议讨论、议定事项、会议议程及相关的会议材料，通知、送达与会人员。

第十三条 理事会、常务理事会、会长办公会由秘书处担任记录，形成纪要或决议、决定的，由秘书处于会后5个工作日内印发正式文件。

第十四条 对市律师协会、省律师协会省直分会的请示，应在15个工作日内予以批复。依照规定应当由理事会、常务理事会讨论决定的请示事项，秘书处应当在接到请示后5个工作日内，报理事会或常务理事会，并向请示单位说明情况。理事会、常务理事会审议后，正式给予答复。

第十五条 律师协会的一般性文件，由秘书长签发。重要文件由秘书处报会长签发。

第十六条 秘书长依照财务管理规定，对律师协会的财务开支进行签批。重大开支由秘书处报会长办公会批准。

第十七条 秘书处及工作人员应当遵守保密纪律及有关规定，要妥善保管文件，严防遗失。

第十八条 秘书处应当定期向常务理事会报告工作。

第十九条 秘书处工作人员对外参加有关活动，要及时将情况向秘书处领导汇报。

第二十条 秘书处工作人员应当严守工作纪律，恪尽职守，爱岗敬业，团结协作，文明办公。

第二十一条 秘书处工作人员应当严格遵守作息时间的规定，有事请假。事假1天的向主管副秘书长请假，1天以上的向秘书长请假。

第二十二条 秘书处工作人员的录用、奖惩、考核，按照《河北省律师协会秘书处工作人员招聘考核管理办法》执行。

第二十三条 本《规则》由常务理事会负责解释。

第二十四条 本《规则》经常务理事会审议后通过生效。

河北省律师协会行业规则委员会工作办法

（2005年1月26日河北省律师协会第五届常务理事会第二次会议通过）

第一章 总 则

第一条 为加强河北省律师协会（以下简称省律协）行业自律管理工作，完善河北省律师执业规范的工作制度，制定本办法。

第二条 河北省律师协会行业规则委员会（以下简称“规则委”）是河北省律师协会起草、审查和修订律师行业规则的专门工作委员会，为省律协理事会审议和通过和河北省律师行业规则作准备。

第二章 设置和组织

第三条 规则委的设立和撤销由省律协理事会决定。

第四条 规则委设立主任1名，副主任3名，委员若干名，秘书长1名。

第五条 规则委的委员由省律协常务理事会提名，理事会选举产生，任期三年，可连选连任。凡具有三年以上执业资格并具有管理或立法经验、热心律师公益事业的本省专职律师均可当选为委员。委员应来自不同的律师事务所。

主任和副主任由省律协常务理事会决定，秘书长由主任和副主任从委员中指定。

第三章 职 责

第六条 规则委职责：

（一）根据省律协的工作计划起草河北省律师执业方面的规范；

（二）对已经实施但需要修订的律师执业规范提出修改意见；

（三）审查或修改省律协各专业委员会或其他专门委员会的规章草案；

（四）根据我省律师行业管理的实际情况和律师事业的发展需要提出制定河北省律师执业规范的建议；

（五）结合我省律师行业发展和存在的问题研究国内外有关律师行业管理的规章制度和经验。

第七条 规则委委员的职责：

（一）具体履行规则委的职责；

（二）按要求参加规则委的会议，积极参加规则委的其他各项活动；

（三）向规则委提出工作建议和意见；

（四）完成省律协交办的其他工作任务。

第八条　规则委主任和副主任的职责：

（一）制定规则委的工作计划；

（二）召集和主持规则委会议；

（三）根据各委员会的专业特点具体安排工作任务；

（四）向常务理事会报告工作。

第四章　工作方式

第十条　应该由规则委起草的规章制度，由主任指定一名或数名委员提出讨论稿，经全体委员进行讨论修改。修改稿经半数以上委员同意后，上报省律协常务理事会。

第十一条　对专业委员会或其他专门委员会提出的规章草案提出意见，应该经规则委全体委员研究讨论，及时将形成的建议和意见转达给有关专业委员会或专门委员会并上报省律协常务理事会。

第十二条　对现在有效的规章中存在的具体问题如果修订分歧较大，不能形成规则委半数以上委员意见相同时，应及时将意见汇总上报省律协常务理事会。

第五章　附　则

第十三条　本办法由省律协常务理事会通过并解释。

第十四条　本规则自公布之日起有效。

河北省律师协会新闻通报办法

（2005年1月26日河北省律师协会第五届常务理事会第二次会议通过）

第一条　河北省律师协会建立新闻通报制度，是加强对河北省律师协会和河北省律师的宣传力度，增进社会公众对律师工作价值的理解，提升河北律师整体形象和社会地位的重要举措。为了加强对协会新闻通报工作的统一领导和管理，特制定本办法。

第二条　新闻通报工作应遵循以下原则：

（一）坚持为河北省律师协会的工作服务，为河北律师行业服务的方针；

（二）坚持正确的舆论导向，保证新闻通报质量；

（三）严格执行省委、省政府关于新闻通报的各项规定。

第三条　新闻通报的形式：

以召开新闻发布会为主要形式，可向媒体提供新闻通稿。

第四条　新闻通报的内容：

（一）河北律师行业突发事件，协会的事件情况、态度、观点的发布；

（二）省律师协会对于社会重大事件的态度和观点；

（三）省律师协会及其专门委员会、专业委员会召开的重要会议、重要活动和采取的重要举措；

（四）河北律师行业的先进典型。

第五条　新闻通报工作在律师协会领导下进行。宣传联络委员会是新闻通报工作的具体执行和办事机构。承担以下职责：

（一）在主管会长的领导下，在省律师协会秘书处的指导下，依据协会的要求，组织协调全协会的新闻通报工作；

（二）负责安排和联系有关新闻单位参加新闻通报会；

（三）了解协会内各专门委员会、各专业委员会、秘书处等各相关部门对新闻通报工作的建议和要求；

（四）与相关新闻单位建立联系，听取新闻单位对协会新闻宣传工作的意见和建议；

（五）承担协会领导交办的有关事项。

第六条　各专门委员会、各专业委员会、秘书处等各相关部门应高度重视新闻通报工作，认真履行下列义务：

（一）及时、高质量地为协会新闻通报撰写或提供与本部门有关的文字材料和声像资料，每年提交稿件不应少于3件；

（二）各专门委员会、各专业委员会、秘书处等各相关部门负责人为新闻通报工作联系人。

第七条　新闻通报的周期。

采取定期和不定期相结合的新闻通报方式。

定期发布可安排每两个月一次，针对一些突发性的、重大的业界内外的事件，由宣传联络工作委员会提议，经省律师协会秘书处审核后，经常务理事会讨论通过，可举行不定期的临时发布会。

第八条　新闻通报程序的启动。

（一）定期的新闻通报由宣传联络委员会组织开展，应提前一周通知新闻单位；

（二）协会各专门委员会、各专业委员会、秘书处等相关部门有启动新闻通报活动的建议权，应以书面形式向宣传联络委员会提交申请，并载明发布内容、发布时间、发布形式、发言人等具体事项，宣传联络委员会应于5日内答复。

第九条 新闻通报内容的审定：

（一）新闻内容的审定实行三级审定制度。首先由提供新闻稿件的部门进行初步审查，并由负责人签字确认，然后由宣传联络委员会提交省律师协会秘书处审查后，报主管会长进行二级审查，由主管会长签字确认；

（二）相关部门应任命新闻审定工作的后备负责人，报宣传联络工作委员会备案。如遇该部门负责人无法履行审查和签字职责，则由后备负责人代为履行；

（三）凡遇比较敏感或重大的新闻稿件，可由主管会长提交常务理事会研究决定。

第十条 新闻发言人的确定：

（一）河北省律师协会不设置常任的新闻发言人；

（二）各专门委员会、各专业委员会、秘书处等相关部门应将工作动态及时报送宣传联络委员会，由宣传联络委员会根据工作需要指定相关部门领导作为新闻发言人，发布相关信息；

（三）河北省律师协会新闻发言人的资格：

1. 政治素质高，有较强的政治意识和理论水平；

2. 业务素质高，熟悉协会事务和河北律师的情况；

3. 有较好的口头表达能力和缜密的思维能力。

第十一条 本办法由河北省律师协会常务理事会负责解释，自河北省律师协会常务理事会通过之日起实施。

河北省律师协会行业规则制定办法

（2005年5月20日河北省律师协会第五届理事会第二次会议通过）

第一章 总 则

第一条 根据《中华人民共和国律师法》和《河北省律师协会章程》制定本办法。

第二条 河北省律师协会制定、修改和废止行业规则，适用本办法。

第三条 河北省律师协会行业规则委员会是河北省律师协会的专门工作机构，负责河北省律师协会行业规则制订的规划和实施，并负责行业规则的起草、修改和审查；负责河北省律师协会制定行业规则的备案工作。

第四条 河北省律师协会进行行业规则的起草、修改工作，应当充分发扬民主，保障会员通过多种途径参与行业规则的制定活动。

第五条 河北省律师协会制定行业规则应当依照本办法规定的权限和程序，从行业的整体利益出发，维护行业规则的统一。

第六条 河北省律师协会制定行业规则应当从实际出发，科学合理地规定个人会员和团体会员的权利、义务与责任。

第二章 制定行业规则的权限和议案的提出

第一节 制定行业规则的权限

第七条 河北省律师代表大会、河北省律师协会理事会、常务理事会行使行业规则制定权。

第八条 河北省律师代表大会决定律师协会章程、重要行业规则的制定、修改和废止。

第九条 河北省律师代表大会决定制定的行业规则以外的行业规则的制定、修改和废止，由河北省律师协会理事会决定。河北省律师代表大会可以通过决议将其负责制定、修改的行业规则委托理事会制定和修改。

第十条 河北省律师代表大会理事会闭会期间，由常务理事会负责理事会权限范围内的行业规则的制定和修改。常务理事会审议通过的行业规则为试行的行业规则，经理事会审议通过后方可正式实施。

第二节 议案的提出

第十一条 制定、修改行业规则的议案可由下列机构提出：

（一）理事会；

（二）常务理事会；

（三）各专门委员会；

（四）各专业委员会；

（五）河北省律师协会理事3人以上联名；

（六）团体会员3个以上联名，个人会员20人以上联名；

（七）河北省律师代表大会会议期间代表5人以上联名。

第十二条 议案的提出，必须用书面形式，写明议题、理由和解决的方案。可附行业规则草案及说明。

第三章 制定行业规则的程序

第一节 议案的立项

第十三条 制定、修改行业规则的议案，由河北省律师协会行业规则委员会整理后提交常务理事会会议决定是否制定、修改。由理事会或常务理事会提出的议案直接进入制定、修改行业规则的程序。

第十四条 河北省律师协会行业规则委员会依据常务理事会关于制定、修改行业规则的决定，编制制定、修改行业规则的计划，交相关专门委员会、专业委员会实施，或组成专门工作组实施。

第十五条 河北省律师协会章程的起草、修改由专门的工作机构负责，该专门机构的组成由常务理事会确定。

第二节 起 草

第十六条 行业规则制定、修改的草案分不同情况，由常务理事会指定以下机构或人员起草：

（一）提出议案的人或机构；

（二）与提案内容相关的专门委员会或专业委员会；

（三）秘书处专门起草小组；

（四）临时性的专门起草小组；

（五）律师协会以外的专业研究机构或专家；

（六）行业规则委员会。

第十七条 负责草案起草的机构或人员，经论证、起草、修改定稿后，将最初草案提交河北省律师协会行业规则委员会审查。

第十八条 河北省律师协会行业规则委员会对行业规则草案作技术性审查，保证行业规则之间相互协调，避免行业规则的矛盾、冲突和用语的不一致。

第十九条 河北省律师协会行业规则委员会对行业规则的最初草案审查后，可作如下处理：

（一）提出修改意见，退回原起草机构或个人作进一步修改；

（二）会同原起草机构或个人对行业规则的最初草案作进一步修改；

（三）直接对行业规则的最初草案作修改。

第二十条 行业规则的最初草案经河北省律师协会行业规则委员会审查通过后，应附书面起草或修改说明提交常务理事会，由常务理事会决定按批准权限提交有关机构审议通过。

第二十一条 河北省律师协会行业规则委员会向常务理事会提交行业规则草案，应经到会全体人员过半数通过。对有较大争议的问题，可同时将不同意见一并提交。

第三节 征询意见

第二十二条 重要的、涉及我省律师全行业的行业规则草案，由河北省律师协会行业规则委员会主持，会同原起草机构向有关各方征求意见。征求意见的方式是：

（一）座谈会；

（二）听证会；

（三）论证会；

（四）通过网络报刊征求意见。

征求意见的范围，根据行业规则内容的需要，可包括：律师协会会员、专家学者、司法机关、政府有关部门、社会团体和社会群众代表。

第四节 审 议

第二十三条 理事会、常务理事会审议行业规则草案，按照理事会、常务理事会议事规则进行审议。

第二十四条 河北省律师代表大会审议行业规则草案，以到会人数过三分之二同意通过。

第二十五条 河北省律师代表大会或理事会、常务理事会审议行业规则时，行业规则委员会应作解释，并听取意见。

第二十六条 河北省律师代表大会或理事会、常务理事会审议行业规则草案，提出修改意见的，由行业规则委员会依本规程第十九条处理。

第五节 颁 布

第二十七条 河北省律师代表大会通过的行业规则以代表大会决议的方式予以公布实施。

第二十八条 河北省律师协会理事会、常务理事会通过的行业规则以理事会、常务理事会决议的方式予以公布实施。

第六节 解 释

第二十九条 对河北省律师协会行业规则进行解释的提议由各委员会、团体会员提出。

第三十条 试行和正式实施的行业规则由常务理事会负责解释。

第三十一条 行业规则的解释，以常务理事会决议的形式予以公布。

第七节 适 用

第三十二条 河北省律师代表大会制定的行业规则，在全省律师行业具有最高效力。

第三十三条 河北省律师协会制定的行业规则，是其团体会员各市律师协会制定行业规则的上位规则。

第三十四条 行业规则的特别性规定，效力优于一般性规定。

第三十五条 行业规则的效力始于颁布实施（包括试行），没有溯及力。

第四章　附　　则

第三十六条　本办法由河北省律协常务理事会负责解释。

第三十七条　本办法自河北省律协常务理事会通过后试行，自理事会通过之日起正式施行。

河北省律师协会律师互助办法

（2005年5月20日河北省律师协会第五届理事会第二次会议通过）

一、宗旨和目的

为体现律师业“同行互助、同业自救”的精神，对因意外死亡（包括因病和自然死亡）、致残或罹患重症及目前医学尚无法治愈的疾病的律师，对其本人或其家属给予经济帮助，以抚慰并减轻其经济压力。为实现上述目的制定本办法。

二、在河北省司法行政管理机关领取律师执业证，并经本年度注册的律师为互助对象，但在注册年度中已调出本协会或受到停业处罚的除外。

三、互助金管理机构

河北省律师协会成立会员事务、福利及文体委员会，具体负责互助金的收缴、管理、审核和发放工作。

会员事务、福利及文体委员会所有涉及互助金内容的工作受河北省律师协会监督。

四、互助金来源

1. 划拨：互助金由律师协会每年从会费中划拨，划拨比例为当年收取会费的5%；

2. 受赠：接受各界人士及机构的捐赠。

上年结余的互助金自然转入次年互助金账户。

五、互助范围

互助对象意外死亡（包括因病和自然死亡）、致残或罹患重症及目前医学尚无法治愈的疾病。

六、申请互助金的方式和期限

由律师所在律师事务所提出救助申请。

因意外事故致死、致残的申请期限为：自事故发生之日起的15日内。

因罹患重症及目前医学尚无法治愈的疾病的申请期限为：自首次检出该疾病的医院诊断证明签署日起的30日内。

七、互助金的申领程序

律师事务所在申请期限内向会员事务、福利及文体委员会提出救助的书面申请，同时应提供医院就诊、住院的原始票据、住院卡、致残诊断证明、医院死亡通知书等相关证明文件。

八、互助金的发放程序及金额

会员事务、福利及文体委员会在收到上列证明文件后，应尽快根据不同情况作出：同意给予救助或不同意给予救助的决定。

九、凡弄虚作假骗取互助金的，一经查实除追回所发放的全部互助金外，并对有关人员在五年内拒绝其要求互助金的申请，同时将有关情况向全省律师通报。

十、会员事务、福利及文体委员会应当订立实施细则。

十一、本办法由河北省律师协会理事会通过，常务理事会负责解释。

十二、本办法自公布之日起施行。

河北省律师业执业推广管理办法

（2005年5月20日河北省律师协会第五届理事会第二次会议通过）

第一条　为规范本省律师执业推广行为，维护正常的执业秩序，防止不正当竞争，依照《律师法》、《反不正当竞争法》、《广告法》、《律师协会章程》、《律师执业行为规范》，特制定本办法。

第二条　本办法是指导律师执业推广行为的准则，是评判律师执业推广行为是否符合律师职业要求的标准，是对违规律师、律师事务所进行处分的依据。

第三条　本办法适用于河北省律师协会全体会员。

第四条　本办法规定的执业推广包括但不仅限于业务推广、律师广告、律师宣传。

第五条　律师和律师事务所推广律师业务，应当遵守平等、诚信原则，遵守律师职业道德和执业纪律，遵守法律服务市场及律师行业公认的行业准则，公平竞争，禁止行业不正当竞争行为。

第六条　律师和律师事务所应当通过努力提高自身综合素质、提高法律服务质量、加强自身业务竞争能力的方式，推广、开展律师业务。

第七条　律师和律师事务所不得向中介人或者推荐人以许诺兑现任何物质利益或者非物质利益的方式，获得提供有偿法律服务的机会。

第八条　律师可以通过简介等方式介绍自己的业务领域和专业特长。

第九条　律师可以发表学术论文、案例分析、专题解答、授课等，以普及法律并宣传自己的专业领域。

第十条　律师可以举办或者参加各种形式的专题、

专业研讨会，以推荐自己的专业特长。

第十一条 律师可以以自己或者律师事务所的名义参加各种社会公益活动，参加各类依法成立的社团组织。

第十二条 律师在执业推广中，不得提供虚假信息或者夸大自己的专业能力，不得明示或者暗示与司法、行政等关联机关的特殊关系，不得贬低同行的专业能力和水平，不得以提供或者承诺提供回扣等方式承揽业务，不得以明显低于同行业的收费水平竞争某项法律业务。

第十三条 本办法所称的律师广告是指律师和律师事务所为推广业务与获得委托，让公众知悉、了解律师个人和律师事务所法律服务业务而发布的信息及其行为过程。

第十四条 律师广告应当遵守国家法律法规和本办法。坚持真实、严谨、适度原则。

第十五条 律师广告应当具有可识别性，应当能够使社会公众辨明是律师广告。

第十六条 律师广告可以以律师个人名义发布、也可以律师事务所名义发布。以律师个人名义发布的律师广告应当注明律师个人所在的执业机构名称。

第十七条 发布广告的律师和律师事务所应当具备下列条件：

1. 按照有关规定已经通过年度年检注册；

2. 未受到停止执业处分，或者处分已经期满。

第十八条 下列情况下，律师和律师事务所不得发布律师广告：

（一）没有通过年度年检注册的；

（二）正在接受暂停执业处分的；

（三）受到通报批评处分未满一年的。

第十九条 律师个人广告的内容应当限于律师的姓名、肖像、年龄、性别、出生地、学历、学位、律师执业登记日期、所属律师事务所名称、在所属律师事务所的工作时间、收费标准、联系方法，以及依法能够向社会提供的法律服务业务范围简介。

第二十条 律师事务所广告的内容应当限于律师事务所名称、办公地址、电话号码、传真号码、邮政编码、电子信箱、网址、所属律师协会、所辖执业律师及依法能够向社会提供的法律服务业务范围简介。

第二十一条 律师和律师事务所广告内容不得包含下列内容：

（一）具有引人误解或者虚假宣传的内容；

（二）明示或暗示与政府机关、社会团体、中介机构及其工作人员有特殊关系的内容；

（三）客户名单、案例、业绩的内容；

（四）涉及获得荣誉或自我赞美的内容；

（五）贬低其他律师事务所或律师的内容；

（六）关于办案结果的承诺性内容；

（七）不收费或减低收费的内容；

（八）有关职称和社会职务的内容；

（九）其他涉及不正当竞争的内容。

第二十二条 律师和律师事务所不能以有悖于律师使命、有失律师形象的方式制作广告，不能采用一般商业广告的艺术夸张手段制作广告。

第二十三条 律师宣传是指通过公众传媒以消息、特写、专访等形式对律师和律师事务所进行报道、介绍的信息发布行为。

第二十四条 律师和律师事务所不得自己进行或授意、允许他人以宣传的形式发布律师广告。

第二十五条 律师和律师事务所不能进行歪曲事实或法律实质，或可能会使公众产生对律师不合理期望的宣传。

第二十六条 律师和律师事务所可以宣传所从事的某一专业法律服务领域，但不能自我声明或暗示其被公认或证明为某一专业领域的专家。

第二十七条 律师和律师事务所不能进行律师之间或律师事务所之间的比较宣传。

第二十八条 通过公众传媒以回复信函、自问自答等形式进行法律咨询的行为，应当符合有关律师宣传的规定。

第二十九条 河北省律师协会对律师执业推广具有监督权。

第三十条 河北省律师协会的会员对违反本办法的执业推广行为有权投诉。

第三十一条 违反本办法的律师事务所或律师由省律师协会惩戒委员会依据有关规定进行处罚。

第三十二条 本办法由河北省律师协会理事会通过，由常务理事会负责解释。

第三十三条 本办法自2005年5月20日起施行。

河北省律师业避免利益冲突的规则

（2005年5月20日河北省律师协会第五届理事会第二次会议通过）

第一条 为了规范律师事务所的业务活动和律师的执业行为，维护委托人的利益，树立律师的良好职业形象，根据《中华人民共和国律师法》、中华全国律师协会《律师职业道德与执业纪律规范》和《律师执业行为规范》，制定本规则。

第二条 本规则适用于在河北省律师协会注册的全体会员。

第三条 本规则所称法律事务，是指各项委托代理事项，包括各类诉讼代理、仲裁代理、非诉讼代理、常年或者专项法律顾问以及法律未禁止的可由律师从事的其他法律业务。

第四条 本规则所称利益冲突，是指同一律师事务所代理的委托事项与该所其他委托事项的委托人之间有利益上的冲突，继续代理会直接影响到相关委托人的利益的情形。

第五条 本规则所称利益冲突行为，是指同一律师事务所或者同一律师已经或者拟代理的两个或者两个以上的委托人之间存在相悖的利益关系，但仍然接受委托代理的行为。

第六条 在接受委托之前，律师及其所属律师事务所应当进行利益冲突查证。只有在委托人之间没有利益冲突的情况下才可以建立委托代理关系。

第七条 拟接受委托人委托的律师已经明知诉讼相对方或利益冲突方委聘的律师是自己的近亲属或其他利害关系人的，应当予以回避，但双方委托人签发豁免函的除外。

第八条 律师事务所和律师在承办法律事务过程中，应当恪守职业道德和执业纪律，避免因利益冲突而给委托人造成损害。

第九条 律师在接受委托后知道诉讼相对方或利益冲突方委聘的律师是自己的近亲属或其他利害关系人，应及时将这种关系明确告诉委托人。委托人提出异议的，律师应当予以回避。

第十条 律师在接受委托后知道诉讼相对方或利益冲突方已委聘同一律师事务所其他律师的，应由双方律师协商解除一方的委托关系，协商不成的，应与后签订委托合同的一方或尚没有支付律师费的一方解除委托关系。

第十一条 曾经在前一法律事务中代理一方法律事务的律师，即使在解除或终止代理关系后，亦不能再接受与前任委托人具有利益冲突的相对方委托，办理相同法律事务，除非前任委托人做出书面同意。

第十二条 曾经在前一法律事务中代理一方法律事务的律师，不得在以后相同或相似法律事务中运用来自该前一法律事务中不利前任委托人的相关信息，除非经该前任委托人许可，或有足够证据证明这些信息已为人所共知。

第十三条 委托人拟聘请律师处理的法律事务，是该律师从事律师职业之前曾以政府官员或司法人员、仲裁人员身份经办过的事务，律师和其律师事务所应当回避。

第十四条 同一律师事务所的律师在承办法律事务过程中，不得从事下列利益冲突行为：

（一）在同一诉讼或者仲裁案件中，同时接受对立双方委托的；

（二）在同一诉讼或者仲裁案件中，曾在前置程序中代理一方，又在后置程序中接受对立方委托的；

（三）在担任常年或者专项法律顾问期间及合同终止后一年内，又在诉讼或者仲裁案件中接受该法律顾问单位或者个人的对立方委托的；

（四）在同一非诉讼法律事务中，法律、行政法规明确规定不得同时接受对立双方或者利益冲突各方委托，而接受了委托的；

（五）律师或者其近亲属与承办的法律事务的委托人有利益冲突的。

第十五条 同一律师在承办法律事务过程中，不得从事下列利益冲突行为：

（一）在同一诉讼或者仲裁案件中，同时接受非对立但存在相互利益冲突的两方或者两方以上委托的；

（二）在同一诉讼或者仲裁案件中，曾在前置程序中代理一方，又在后置程序中接受非对立但存在相互利益冲突的另方委托的；

（三）在担任各类诉讼代理人、仲裁代理人、非诉讼代理人期间及合同终止后一年内，又在其他诉讼或者仲裁案件中接受以该委托人为对立方的他人的委托的。

第十六条 律师事务所应当履行管理职责，对本所律师在执业中出现的利益冲突行为，应当通过下列方式进行防止和补救：

（一）督促律师履行告知义务；

（二）查验相关委托人的豁免文件；

（三）指令律师不得接受委托；

（四）拒绝签署委托代理合同；

（五）及时终止委托代理合同。

第十七条 律师事务所、律师因违反本规则而导致委托人损失的，律师事务所应当根据委托代理合同的规定向委托人承担责任，合伙律师应当根据合伙人协议的规定向其他合伙律师承担责任，律师应当根据聘用合同的规定向律师事务所承担责任。

第十八条 河北省律师协会接受对律师事务所、律师违反本规则的投诉，由律师惩戒委员会根据其制定的程序进行核查、认证、评议，作出相应决定。经查证属实的，可以根据情节作出警告、业内通报批评、公开通报批评、暂停或者停止会员权利等处罚，情节严重的根据情况报送司法行政管理部门或者司法机关进行行政处理或者追究法律责任。

第十九条 委托人因未如实说明利益冲突情况，造成律师事务所、律师违反本规则的，应当由该委托人承担相应的责任。

第二十条 本规则于2005年5月20日经河北省律师协会第五届理事会第二次会议通过，自发布之日起试行。

第二十一条 本规则由河北省律师协会常务理事会负责解释。

河北省律师业务培训办法

（2005年5月20日河北省律师协会第五届理事会第二次会议通过）

第一条 为了不断提高我省执业律师的法律服务素质和职业道德、执业纪律水平，根据《律师协会章程》制定本办法。

第二条 凡在河北省司法行政机关注册的执业律师均应按照本办法的规定接受河北省律师协会（以下统称“本协会”）举办的职业道德执业纪律培训和法律服务业务培训（简称“业务培训”）。

第三条 执业律师每年须参加40课时以上的业务培训，业务培训的内容包括：

（一）律师职业道德和执业纪律培训；

（二）专门法律实务培训；

（三）新颁布法律法规培训；

（四）律师执业技能培训；

（五）律师管理法规培训；

（六）外国或跨国法律实务培训；

（七）专业资格培训；

（八）根据实际情况安排的其他业务培训内容。

第四条 实习律师在领取实习证前须参加不少于40课时的业务培训。实习律师业务培训的内容包括：

（一）律师职业道德和执业纪律培训；

（二）律师管理的法律法规和规章制度培训；

（三）律师实务操作程序和技能培训；

（四）根据实际情况安排的其他业务培训。

实习律师业务培训由本协会会同司法行政主管部门联合举办。

第五条 本协会根据社会、经济、法律等诸方面发展的实际情况，按照执业律师的业务特点和工作需求采取灵活的培训方式安排各种业务培训。

业务培训的主要方式有：

（一）定期或不定期短期培训班；

（二）专题讲座或研讨会；

（三）其他有助于提高执业律师业务水平和技能的业务培训方式。

第六条 下列情形可视为完成业务培训课时或折抵业务培训课时：

（一）参加全国律师协会组织的业务培训；

（二）参加外省市律师协会或境外法律教育机构组织的业务培训；

（三）本年度在法学刊物或律师刊物上发表律师业务领域专业性文章；

（四）参加法律专业的博士、硕士、双学位、学士学位课程或其他在职学历教育学习；

（五）参加国家立法机关、执法机关、各部委举办的与律师实务关系密切的培训；

（六）参加国际、国内与律师业务有关的学术交流研讨会；

（七）本协会认可的有助于提高执业律师业务水平的技能的其他业务培训方式。

第七条 本协会律师业务指导与继续教育委员会具体负责业务培训工作的组织实施和监督检查。

第八条 本协会统一制发会员培训证，用以记载、证明执业律师接受业务培训的情况，作为执业律师年检注册应当提交的证件之一。

第九条 在全国律师协会、外省市或境外接受培训的，年检时应提交接受培训的书面证明；参加各种在职学历教育学习的，年检时应提交在读院校系的书面证明；参加各种与律师业务有关的培训和研讨会的，年检时应提交书面证明；在法学刊物或律师刊物上发表专业文章的，年检时应提交发表文章的复印件并注明刊物名称。

第十条 本协会每年年初发布执业律师年度业务培训计划。

第十一条 本办法由律师协会理事会通过，由常务理事会负责解释。

第十二条 本办法自发布之日起施行。

3. 内蒙古自治区

内蒙古自治区律师协会章程

（2005年12月23日内蒙古自治区第六次律师代表大会通过）

第一章 总 则

第一条 为了完善律师协会管理，保障会员的合法权益，规范律师协会行业管理活动和律师执业行为，根据《中华人民共和国律师法》和中华全国律师协会《律师协会章程》的规定，结合自治区的实际情况，制定本章程。

第二条 内蒙古自治区律师协会（以下简称本会）是依法设立的社会团体法人，是内蒙古自治区律师的自律性组织，依法对内蒙古自治区律师执业机构和执业律师实施行业管理。

第三条 本会的宗旨是：团结和教育广大会员维护宪法和法律的尊严，忠实律师事业，恪守律师职业道德和执业纪律，提高律师的执业素质，维护会员的合法权益，加强行业自律，促进律师事业健康发展，为依法治国，建设社会主义法治国家，促进社会的文明和进步而奋斗。

第四条 本会接受内蒙古自治区司法厅、内蒙古自治区社会团体登记部门的监督和指导。

本会为中华全国律师协会的团体会员，接受中华全国律师协会的监督和指导。

第二章 职　责

第五条 本会履行下列职责：

（一）制定并监督实施律师执业规范和律师行业管理制度；

（二）指导律师事务所的规范化管理工作；

（三）支持会员依法执业，维护会员的合法权益；

（四）负责会员职业道德和执业纪律的教育、检查和监督；

（五）处理对会员的投诉；

（六）调处会员在执业活动中发生的纠纷；

（七）对会员进行行业表彰和奖励；

（八）总结交流律师工作经验，提高整体执业水准；

（九）组织开展律师执业前的培训和执业后的继续教育工作；

（十）负责对会员的日常管理和登记；

（十一）组织会员开展对外交流；

（十二）举办会员福利事业；

（十三）组织会员参加律师执业责任保险；

（十四）宣传律师工作，编印会刊；

（十五）组织和支持会员参政议政，向有关部门提出立法和司法建议；

（十六）内蒙古自治区司法厅和中华全国律师协会委托行使的职责；

（十七）法律、法规规定的其他职责。

第三章 会　员

第六条 本会会员分为团体会员和个人会员。

依法取得律师执业证书并在内蒙古自治区司法厅注册的律师，为本会的个人会员。在内蒙古自治区司法厅登记设立的律师执业机构和盟市律师协会为本会的团体会员。

第七条 个人会员的权利：

（一）享有本会的表决权、选举权和被选举权；

（二）享有向本会提出维护执业合法权益的请求权；

（三）参加本会组织的学习和培训；

（四）参加本会组织的业务研究和经验交流活动；

（五）享受本会提供的相关福利；

（六）使用本会的图书、资料、网络等信息资源；

（七）对本会的工作进行监督，提出批评和建议；

（八）通过本会向有关部门提出立法、司法和执法的意见和建议；

（九）法律、法规规定的其他权利。

第八条 个人会员的义务：

（一）遵守宪法和法律；

（二）遵守本会章程，执行本会决议；

（三）遵守律师职业道德和执业纪律，遵守律师行业规范和准则；

（四）接受本会的指导、监督和管理；

（五）自觉维护律师职业声誉，维护会员间的团结；

（六）参加本会组织的职业培训；

（七）按照规定缴纳会费；

（八）法律、法规规定的其他义务。

第九条 团体会员的权利：

（一）参加本会召开的会议和举办的活动；

（二）使用本会的图书、资料、网络等信息资源；

（三）对本会工作进行监督，提出意见和建议；

（四）法律、法规规定的其他权利。

第十条 团体会员的义务：

（一）遵守本会章程，传达、贯彻和执行本会决议；

（二）教育会员遵守律师职业道德和执业纪律；

（三）组织会员参加本会的各项活动；

（四）制定和实施执业机构内部规章制度；

（五）为会员行使权利、履行义务提供必要条件；

（六）组织和参加律师执业责任保险；

（七）按规定缴纳和代收会费；

（八）承办本会委托的工作；

（九）法律、法规规定的其他义务。

第十一条 会员应当在本会办理年度登记手续。

第四章 律师代表大会

第十二条 律师代表大会是本会的最高权力机构。

律师代表大会每三年举行一次。必要时，经本会律师代表三分之一以上提议或理事会决定可以提前或延期举行。律师代表大会必须有三分之二以上的代表出席，才能举行。

第十三条 全区律师代表大会代表从个人会员中选举产生，也可由各盟市律师协会理事会从个人会员中推举产生。具体产生办法由本会常务理事会规定。各盟市律师协会中由执业律师担任的会长为自治区律师代表大会的当然代表。

根据需要，本会常务理事会可以推举特邀代表参加律师代表大会。特邀代表的职权由本会常务理事会确定。

第十四条 代表应当出席律师代表大会，并行使下列职权：

（一）在律师代表大会上行使审议权、表决权、提案权、提议权、选举权和被选举权；

（二）在律师代表大会闭会期间应当定期联系会员，反映会员呼声，维护会员权益；

（三）对本会理事会、监事会的工作提出意见和建议；

（四）本章程规定的其他职权。

第十五条 律师代表大会的职权是：

（一）制定、修改本会章程，监督本会章程的实施；

（二）在律协代表大会闭会期间，可授权监事会制定其工作规则；

（三）讨论决定本会的工作方针和任务；

（四）听取和审议理事会的工作报告；

（五）听取和审议监事会的工作报告；

（六）审议本会经审计的会费收支情况的报告；

（七）制定、修改本会互助金办法，审议本会互助金收支情况的报告；

（八）选举或罢免本会理事会理事；

（九）选举或罢免本会监事会监事；

（十）审议大会主席团提出的其他事项；

（十一）向中华全国律师协会提出修改章程及其他重大事项的建议。

律师代表大会作出决议，必须由出席会议代表的二分之一以上的多数通过；但律师代表大会作出有关制定或者修改章程的决议，必须经过出席会议代表的三分之二以上的多数通过。

第五章 理事会和常务理事会

第十六条 本会理事会是律师代表大会的常设机构，由律师代表大会选举产生，对律师代表大会负责。

第十七条 本会理事应当从具有良好职业道德和较高业务水平，执业三年以上，具有奉献精神，热心律师行业公益活动的执业律师代表中选举产生。理事任期三年。每届理事的更新应不少于三分之一。

理事应当模范遵守法律、法规和律师协会章程的规定，履行诚信和勤勉义务，维护本会利益，接受对其履行职责的合理督促和建议。

理事两次无故不参加理事会会议，其理事资格自动丧失。

第十八条 理事会职权：

（一）召开律师代表大会，向代表大会报告工作；

（二）选举会长、副会长和常务理事；

（三）在律师代表大会闭会期间，讨论决定重大事项；

（四）执行律师代表大会的决议；

（五）在律师代表大会闭会期间增选或罢免本会常务理事、副会长、会长；

（六）审议理事会常设办公机构职能部门设置；

（七）审议、批准年度会费收支报告；

（八）审议本会常务理事会的工作报告；

（九）律师代表大会授予的其他应由理事会行使的职权。

第十九条 理事会会议每年至少举行一次。必要时，经常务理事会决定或三分之一以上理事提议可以提前或延期举行。

理事会会议必须有三分之二以上的理事到会才能召开。理事会决议必须有到会的理事三分之二以上的多数通过才能生效。

理事会由会长召集和主持，会长因特殊原因不能履行职务的、由会长指定的副会长召集和主持。

第二十条 理事会应当听取监事会对其工作的意见和建议，接受监事会的监督。

第二十一条 理事会全体会议选举会长一人、副会长若干人及常务理事若干人组成常务理事会。每届常务理事的更新应不少于三分之一。

第二十二条 常务理事会为理事会的常设机构，对理事会负责。

常务理事会行使下列职权：

（一）在理事会闭会期间行使理事会职权；

（二）聘任秘书长，经秘书长提名决定副秘书长人选；

（三）决定本会秘书处的内设机构和各专门委员会、专业委员会的设置；

（四）实施理事会通过的会费使用和管理办法；

（五）审议决定年度会费预算；

（六）决定提前或延期举行理事会会议；

（七）制定有关行业规范，批准各专门委员会、专业委员会的工作规则；

（八）确定参加律师代表大会的代表、特邀代表的资格及推选办法。

第二十三条　常务理事会至少每年举行二次会议，研究、决定和部署本会工作。

常务理事会会议必须有三分之二以上常务理事到会才能举行，其决定必须有到会的常务理事三分之二以上的多数通过才能有效。

第二十四条　会长为本会的法定代表人，可以连选连任，但连续任职不得超过两届。

会长行使下列职权：

（一）主持律师代表大会；

（二）召集和主持理事会、常务理事会；

（三）督促和检查理事会决议的执行情况；

（四）签署本会重要文件；

（五）行使理事会授予的其他职权。

副会长协助会长开展工作。必要时，副会长可以受会长委托履行会长职务。副会长可以连选连任，但每届新任副会长应当不少于新一届副会长人数的三分之一。

第二十五条　本会实行会长办公会议制度。会长办公会议由会长、副会长组成，由会长召集，每四个月至少举行一次会议。会长办公会议负责督促、落实常务理事会决议和决定。

第六章　监　事　会

第二十六条　本会设立监事会，监事会由监事组成。监事会应根据监事会工作规则开展工作，对律师代表大会负责并报告工作。

监事会设监事若干人，由律师代表大会从执业律师代表中选举产生。

监事任期与同届理事任期相同。每届监事的更新应不少于三分之一。

本会理事不得担任监事。

第二十七条　监事会设主席一人、副主席若干人，主席主持监事会工作。监事会主席、副主席从监事中选举产生。监事会主席任期与同届会长任期相同，可以连选连任，但连续任职不得超过两届。副主席协助主席工作，必要时、副主席可以受主席委托履行主席职务。

监事会主席负责召集并主持监事会会议。监事会会议决定事项，应当由三分之二以上监事到会，并由到会监事三分之二以上通过才能生效。

监事会主席或副主席列席理事会会议，常务理事会议和会长办公会议。监事列席理事会会议。

第二十八条　监事会对理事会工作实施监督，行使下列职权：

（一）监督理事会执行律师代表大会决议的情况；

（二）监督常务理事会履行职责的情况；

（三）监督会费的收缴和使用情况；

（四）监督互助金的使用情况；

（五）律师代表大会授予的其他职权。

第二十九条　监事会每年至少举行一次会议。

监事会行使职权所发生的费用，应当纳入本会会费预决算。

第三十条　监事应当模范遵守法律、法规和律师协会章程的规定，履行诚信和勤勉义务，维护律师行业的整体利益。

第七章　秘书处与专门委员会、专业委员会

第三十一条　本会设秘书处，负责具体落实律师代表大会、理事会、常务理事会的各项决议、决定，承担本会的日常工作。

第三十二条　秘书处设秘书长1人，副秘书长若干人。秘书长由常务理事会聘任，副秘书长的聘任或解聘由秘书长提名、常务理事会决定。

第三十三条　秘书长在常务理事会的授权范围内，领导秘书处开展工作。秘书长、副秘书长列席理事会会议监事会会议、常务理事会议、会长办公会议。

秘书长履行下列职责：

（一）主持秘书处日常工作；

（二）组织实施律师代表大会、理事会、常务理事会的各项决议；

（三）拟定秘书处设置方案；

（四）组织制定、实施秘书处内部各项规章制度；

（五）提请常务理事会聘任或者解聘秘书处内设机构部门负责人；

（六）承办理事会、常务理事会、会长交办的其他工作；

（七）协调与司法行政机关的关系。

第三十四条　专门委员会是本会履行职责的专门工作机构。本会设立维护律师执业合法权益、惩戒、宣传联络、女律师、互助金等专门委员会。经常务理

事会决定，可以增设其他专门委员会。

各专门委员会设主任1人，副主任和委员若干人，专门委员会应当制定工作规则，除会员互助办法经代表大会通过外，其他经常务理事会审议通过后，遵照执行。

第三十五条 专业委员会是本会开展理论研究和业务交流活动的工作机构。本会设立刑事、民事、金融证券、涉外等专业委员会。经常务理事会决定，可以增设其他专业委员会。

各专业委员会设主任1人，副主任和委员若干人。专业委员会应当制定活动规则，经常务理事会审议通过后，遵照执行。

第八章 奖励、处分和纠纷调解

第三十六条 本会应当对团体会员、个人会员进行奖励和处分。

第三十七条 会员有下列情形之一的，由本会根据全国律协会员奖励办法给予通报表扬、嘉奖和授予荣誉称号，并可以给予适当的物质奖励：

（一）在维护国家和人民利益方面作出重大贡献的；

（二）在民主与法制建设中作出突出贡献的；

（三）成功办理在全国或者本地区有重大影响的案件，成绩显著的；

（四）对完善立法和司法工作起到推动作用，为律师事业的改革发展作出突出贡献的；

（五）被党委、政府部门及工青妇等社会团体授予荣誉称号的；

（六）其他应当予以奖励的情形。

第三十八条 会员有下列行为之一的，由本会根据全国律协会员处分规则视情节分别给予训诫、通报批评、公开谴责、取消会员资格等处分：

（一）违反《中华人民共和国律师法》和其他法律、法规规定的；

（二）违反《律师协会章程》和律师行业规范的；

（三）严重违反社会公共道德，损害律师职业形象和信誉的；

（四）违反律师职业道德和执业纪律的；

（五）其他应当受到处分的违纪行为。

对于会员的违法违纪行为，本会可以同时建议有处罚权的司法行政机关给予行政处罚。

第三十九条 本会作出处分决定前，应当认真听取当事人的申辩。作出公开谴责、取消会员资格的处分决定前，当事人有要求听证的权利。当事人要求听证的，本会应当组织听证。

第四十条 会员因违法违纪受到内蒙古自治区司法厅停止执业处罚的，在停止执业期间，暂停享有本会的选举权、被选举权。

第四十一条 本会可以调解会员之间、会员与当事人之间的纠纷。

第九章 经 费

第四十二条 本会经费来源包括：

（一）会费；

（二）财政拨款；

（三）捐赠；

（四）其他合法收入。

第四十三条 会员应当履行缴纳会费的义务。会费按年度收缴，会员应当于每年登记注册前缴纳会费。各盟市律师协会负责为本会收缴当地会员会费。

会费标准及管理办法由常务理事会拟定，经律师代表大会通过后施行。并报内蒙古自治区司法厅、内蒙古自治区社会团体登记部门和中华全国律师协会备案。

第四十四条 本会应当加强对会费的管理，制定会费的预、决算方案，单独建立会费收支账目，每年度将经审计的会费收支情况向理事会报告并接受监事会的监督。

第四十五条 会费应当用于下列开支：

（一）召开内蒙古自治区律师代表大会、理事会、常务理事会、会长办公会、监事会会议等工作会议；

（二）执业保障工作；

（三）会员奖惩工作；

（四）专门委员会和专业委员会开展活动；

（五）为会员提供学习资料和组织业务培训；

（六）开展各项交流活动；

（七）本会秘书处固定资产购置及各项日常管理活动；

（八）会员福利事业；

（九）宣传律师工作、出版律师刊物；

（十）按比例划拨互助金；

（十一）向中华全国律师协会缴纳会费；

（十二）经常务理事会通过的其他必要开支。

第十章 附 则

第四十六条 各盟市应当设立律师协会。各盟市律师协会是依法设立的社会团体法人，是各盟市律师的自律性组织，依法对本地区的律师及其执业机构实施行业管理。

各盟市律师协会应当有独立的办事机构和专门工

作人员。

各盟市律师协会是本会的团体会员，应当接受盟市司法行政机关及社会团体登记部门的监督和指导，接受本会的监督和指导。

第四十七条 本章程适用于内蒙古自治区各级律师协会。

第四十八条 本章程由全区律师代表大会修改，本会常务理事会负责解释。

第四十九条 本章程自律师代表大会通过之日起施行。

第五十条 本章程报内蒙古自治区司法厅、内蒙古自治区社会团体登记部门和中华全国律师协会备案。

4. 浙江省

浙江省律师协会常务理事会议事规则（试行）

（2005年12月17日浙江省律师协会六届七次常务理事会议通过）

第一条 为切实履行浙江省律师协会常务理事会的职责，提高浙江省律师协会常务理事会的工作效率，推动浙江省律师协会各项工作向规范化、科学化方向发展，依据《中华人民共和国律师法》、《中华全国律师协会章程》的规定，制定本议事规则。

第二条 常务理事会为理事会的常设机构，对理事会负责。

在理事会闭会期间，由常务理事会行使理事会的职权，执行律师代表大会的决议。

常务理事应勤勉尽职，有准时出席常务理事会会议和参与表决的权利和义务。

因故不能参加会议的，应向秘书处书面请假并说明理由，由秘书处在会议召开时向大会汇报人员出席情况。

未书面请假而缺席的，视为无故缺席。

第三条 常务理事会议事、决策实行民主集中制的原则。在会议上，常务理事应充分表达自己的意见和建议。一旦形成决议，应共同遵照执行。如有不同意见可以保留，但不得私自对外披露不宜公开的信息。

第四条 常务理事会议由省律师协会会长召集和主持。会长不能到会主持会议的，由会长指定的副会长召集和主持。

第五条 常务理事会应邀请省司法行政机关领导出席会议，省律协秘书处副秘书长和与会议内容有关的办事机构的部门负责人列席会议。

第六条 常务理事会一般每季度召开一次会议，必要时可临时召集。有下列情形之一，应当召开临时会议：

（一）经会长办公会议决定；

（二）经四分之一以上的常务理事书面提议。

召开临时会议必须有明确的议题。

第七条 常务理事会会议的通知，秘书处应在会议召开的七天前将会议的时间、地点、议题等以电子邮件、传真、书面邮寄、电话等方式通知各常务理事及应当出席常务理事会的其他人员；会议讨论审议的各项议案及相关说明材料应当随同通知一并送达全体常务理事。特殊情况不便送达的应在书面通知中作出说明。

第八条 常务理事会会议只对会议通知中列明的议题进行审议与表决。对于未列明的议题可以讨论，但不应提交正式表决。

第九条 常务理事会会议须有过半数常务理事出席始得举行；通过决议须由全体常务理事过半数通过方为有效。

不能亲自参加表决的常务理事，可以书面委托其他常务理事代为表决。

第十条 常务理事应按时出席会议，以履行常务理事职责。常务理事应就会议议题充分发表意见。常务理事会议可以采取书面表决、举手表决方式通过决议。

第十一条 常务理事会会议闭会期间，出现需要由常务理事会决定的紧急事项，会长会议有权决定采用书面通讯表决的方式作出决议。省律协秘书处根据会长会议决定，将需要表决事项的相关资料和发表审议意见的表格及表决票书面提交每位常务理事进行审议和表决，会长会议应安排专人就常务理事的提问进行解答。表决以全体常务理事过半数同意方为通过。以通讯表决方式通过的决议与常务理事会会议通过的决议具有同等效力。

第十二条 常务理事若连续二次无故不参加常务理事会，经会长会议通过后向理事会建议免去其常务理事职务。

第十三条 常务理事会会议须作会议记录，会议记录应如实记载各位常务理事对各项议题的意见，会议记录由秘书处存档。会议记录在会后应制成会议纪要。会议纪要应记载常务理事参会、缺席情况、请假理由和表决决议情况并刊登在神州律师网上，便于全体律师了解和监督。

第十四条 秘书处负责常务理事会会议的通知、

会议记录、会议纪要的草拟工作。

第十五条　参加、列席会议的人员，应遵守保密规定，不得泄漏会议应保密的事项。

第十六条　本规则经2005年12月17日浙江省律师协会六届七次常务理事会议通过生效，由常务理事会负责解释。

浙江省律师协会会长办公会议工作规则（试行）

（2005年12月17日浙江省律师协会六届七次常务理事会议通过）

第一条　为了提高工作效率，完善决策机制，明确会长办公会议的工作职责，依据《中华人民共和国律师法》、《中华全国律师协会章程》的规定，制定本规则。

第二条　会长办公会议由会长、副会长、秘书长组成，副秘书长和其他与会长办公会议议题有关的人员列席会议。必要时可邀请司法行政机关领导与部门负责人参加。

第三条　会长办公会议的主要任务：

（一）决定常务理事会每次会议的会期，拟定会议议程；

（二）决定常务理事会临时会议的召开；

（三）对向常务理事会提出的议案，决定交由有关的专门委员会审议或者提请常务理事会全体会议审议；

（四）处理常务理事会闭会期间协会遇到的突发事件；

（五）督促、检查代表大会、理事会、常务理事会决议的执行情况；

（六）根据需要，提出聘请关心律师工作、对律师事业做出较大贡献、有较高声望和影响的人士担任协会顾问的名单；

（七）其他应由会长办公会议处理的事项。

第四条　会长办公会议原则上每二个月举行一次，会长或两名以上副会长提议可临时召开会长办公会议。

具体的会议议题、时间、地点由会长决定，秘书处于会议前三个工作日通知各会长、副会长及其他与会人员。对需会长办公会研究决定的重大事项，会前应形成书面意见并提交秘书处，由秘书处于会议召开5日前送达会长、副会长、秘书长。

第五条　会长办公会议由会长召集并主持。必要时也可委托副会长主持。

第六条　与会长办公会议讨论议题有关的负责人或具体承办人，应当对讨论事项作充分准备，并根据会议要求向会议汇报、回答有关问题。

第七条　会长会议采取民主集中制的议事决策方式，副会长应充分表达自己的意见和建议。一旦形成决定，应共同遵照执行。如有不同意见可以保留，但不得对外披露不宜公开的信息。

会长在集中集体意见的基础上做出决策。

第八条　会长办公会议的决定，由秘书处负责执行。如在实际执行中因故需要改变原决定，应当提交会长办公会议重新讨论决定。

第九条　会长办公会议须作会议记录，会议记录由秘书处存档。

第十条　参加、列席会议的人员，应当遵守保密规定，不得泄露会议的秘密事项。

第十一条　本规则自2005年12月17日浙江省律师协会六届七次常务理事会议通过之日起试行。由会长办公会议负责解释。

5. 江苏省

江苏省律协协会章程

（2005年5月22日江苏省第六次律师代表大会第一次特别会议通过）

第一章　总　　则

第一条　为规范江苏省律师协会的组织与活动，完善律师行业管理，确立会员的权利、义务，明确各机构和人员的职责，维护会员的合法权益，依据《中华人民共和国律师法》和《中华全国律师协会章程》，结合江苏实际制定本章程。

第二条　江苏省律师协会（以下简称本会）是由本会会员组成并依法设立的社团法人，是律师的自律性组织，依法对律师行业实施管理。

第三条　本会接受江苏省司法行政部门的工作指导和监督，接受江苏省民政部门的监督管理，接受中华全国律师协会的指导。

本会对各省辖市律师协会、本会直属分会进行监督和指导。

第四条　本会的宗旨是：以三个代表重要思想和科学发展观为指导，维护宪法和法律的尊严，忠于律师事业，提高律师的执业能力和素质，维护会员在执业中的合法权益，加强行业自律，促进律师事业健康发展，为推进依法治国、建设“法治江苏”、促进江苏三个文明建设发挥积极作用。

第五条 本会全称为：江苏省律师协会，英文名称是：Jiangsu Bar Association，缩写为JBA。

本会会址设在江苏省南京市。

第二章 职 责

第六条 本会履行下列职责：

（一）支持会员依法执业，维护会员的合法权益；

（二）制定并实施本省律师执业规范和律师行业自律性管理制度；

（三）监督、指导省辖市律师协会和本会直属分会的工作；

（四）负责对会员人事、执业档案等日常管理和登记，受司法行政部门委托进行律师事务所、律师的年检注册工作；

（五）指导和推动律师事务所的规范化管理工作；

（六）开展律师职业道德和执业纪律的教育、检查、监督工作；

（七）制定律师教育计划，组织律师进行业务培训和继续教育，编纂律师教材；

（八）组织会员总结、交流工作经验，开展学术研讨和对外交流，提高会员执业水平；

（九）按照法律、法规、规章和律师协会章程的有关规定，处理对会员的投诉；

（十）调处会员间、会员与当事人间的执业纠纷；

（十一）鼓励和支持会员参政、议政，向有关部门提出立法和司法建议；

（十二）加强与有关部门的联系和交流，不断为会员创造良好的执业环境和执业条件；

（十三）表彰会员，宣传律师工作，出版律师刊物，建设本会网站；

（十四）建立并完善律师执业责任保险制度；

（十五）开展律师福利事业，举办会员文体活动；

（十六）组织会员开展法律援助和其他公益活动；

（十七）办理司法行政部门及中华全国律师协会委托的事项；

（十八）法律、法规、规章和本章程规定的其他职责。

第三章 会 员

第七条 依照《中华人民共和国律师法》规定，取得律师执业证书并在本省依法设立的律师事务所或分所执业的律师，以及本省辖区内的公职律师和公司律师，为本会的个人会员。

省辖市律师协会、本会直属分会，经江苏省司法厅批准依法设立的律师事务所、分所为本会的团体会员。

依法设立的公司（集团）律师事务部经申请并登记可以作为团体会员，享有团体会员权利并承担团体会员义务。

第八条 个人会员的权利：

（一）享有平等的选举权、被选举权；

（二）对代表、理事、常务理事、副会长、会长提出罢免议案；

（三）享有依法执业的保障权；

（四）参加本会组织的学习和培训；

（五）参加本会组织的专业研究和经验交流活动；

（六）享受本会举办的福利；

（七）使用本会的图书、资料、网络和信息资源；

（八）对本会的工作进行监督，提出批评和建议；

（九）通过本会就立法、司法和行政执法等方面提出意见和建议；

（十）法律、法规及规章规定的其他权利。

第九条 个人会员的义务：

（一）遵守本会章程，执行本会决议；

（二）遵守律师职业道德和执业纪律，遵守律师行业规范和准则；

（三）接受本会的指导、监督和管理；

（四）承担本会委托的工作，依法履行法律援助义务；

（五）自觉维护律师职业声誉，维护会员间的团结；

（六）按本会的规定交纳会费；

（七）法律、法规及规章规定的其他义务。

第十条 团体会员的权利：

（一）通过省辖市律师协会或本会直属分会选举本省律师代表大会代表和推荐本会理事；

（二）对代表、理事、常务理事、副会长、会长提出罢免议案；

（三）参加本会举办的会议和其他活动；

（四）使用本会的图书、资料、网络和信息资源；

（五）对本会的工作提出批评、建议和质询；

（六）法律、法规及规章规定的其他权利。

第十一条 团体会员的义务：

（一）遵守本会章程，接受本会的监督和指导；

（二）传达、学习和执行本会的各项决议；

（三）教育、约束律师遵守律师职业道德和执业纪律；

（四）组织律师参加本会的各项活动；

（五）制定和实施内部规章制度；

（六）为律师行使权利、履行义务提供必要条件；

（七）组织和参加律师执业责任保险；

（八）按规定交纳或代收会费；

（九）承担本会委托的工作；

（十）法律、法规及规章规定的其他义务。

第四章 律师代表大会

第十二条 律师代表大会是本会的最高权力机构。代表由省辖市律师代表大会和本会直属分会律师代表大会从个人会员中选举产生，也可由省辖市律师协会理事会和本会直属分会理事会从个人会员中推举产生。

各省辖市律师协会和本会直属分会中由执业律师担任的会长为律师代表大会的当然代表。

公职律师、公司律师参加所在地省辖市律师代表大会选举。

律师代表大会可以邀请有关人士作为特邀代表列席会议。特邀代表不享有选举权、被选举权和表决权。

第十三条 律师代表大会每三年举行一次，必要时，经常务理事会决定，可以提前或延期举行。提前或延期举行的，须报省司法行政部门审查并经社团登记管理部门批准同意。提前或延长的期限不得超过六个月。

经理事会或常务理事会决定，或者本会210名以上个人会员、或者50名以上团体会员、或者30名以上代表、或者20名以上理事、或者6名以上常务理事提议，可以举行律师代表大会特别会议。

第十四条 代表应当出席律师代表大会，并行使下列职权：

（一）在代表大会会议期间行使审议权、表决权、提案权、提议权、选举权和被选举权；

（二）定期联系会员，反映会员呼声，维护会员权益；

（三）章程规定的其他职权。

第十五条 律师代表大会的职权是：

（一）制定、修改律师协会章程和重要的行业规则，并监督其实施；

（二）审议批准理事会的工作报告；

（三）选举、罢免理事、全国律师代表大会代表；

（四）讨论决定律师协会的工作方针和任务；

（五）审议通过会费标准和会费收缴、管理办法；

（六）审议会费收支情况报告；

（七）向中华全国律师协会提出修改其章程及其他重大事项的建议；

（八）审议大会主席团提出的其他事项；

（九）审议法律、法规、规章和章程规定的由律师代表大会决定的其他事项。

第十六条 律师代表大会必须有三分之二以上的代表出席始得举行。制定或修改章程的决议，须经到会代表的三分之二以上通过；其他事项的决议，须经到会代表的二分之一以上通过。代表的表决权不得委托他人行使。

第十七条 召开律师代表大会之前应举行预备会议，决定律师代表大会的主席团，通过会议的议程和其他准备事项的决定。

上一届常务理事会对代表大会主席团的组成提出建议，并经律师代表大会预备会议通过。

主席团是代表大会会议期间的临时权力机构。主席团决定提交大会表决、审议的事项，提出理事、常务理事、副会长、会长候选人。

主席团会议作出的决定，须经主席团全体成员的二分之一以上通过。

第十八条 律师代表大会会议进行选举和通过议案，由主席团决定采用无记名投票方式、或者举手表决方式、或者其他方式。

第十九条 律师代表大会主席团可以向律师代表大会提出议案。

一个律师代表团或者10名以上代表联名，可以向律师代表大会提出议案。

律师代表大会上提出的议案，由新选举产生的常务理事会及其办事机构在规定的时间内做出答复。

第二十条 在律师代表大会会议期间，一个代表团或者30名以上的代表，可以书面提出对上一届理事会、常务理事会的质询案，由主席团决定由受质询机构负责人当场答复，或另行予以书面答复。

第五章 理事会和常务理事会

第二十一条 理事会由律师代表大会选举产生，是律师代表大会的执行机构，对律师代表大会负责。

理事会任期三年，律师代表大会提前或延期召开，理事会任期相应提前或顺延。

第二十二条 理事会成员应当从具有良好职业道德和较高业务水平，执业三年以上，具有奉献精神，热心律师行业公益活动，有较强议事能力的代表中选举产生。

理事应当履行诚信和勤勉义务，维护本会利益，接受对其履行职责的合理督促和建议。

第二十三条 理事会的职权：

（一）决定召开律师代表大会；

（二）选举、增补、更换和罢免会长、副会长、常务理事和理事；

（三）审议和批准会费年度预算、决算报告；

（四）审议常务理事会的工作报告；

（五）审议通过综合性行业管理规范；

（六）在律师代表大会闭会期间，根据省辖市律师协会和本会直属分会选举的全国律师代表大会代表候选人和推荐的中华全国律师协会理事候选人，选举全国律师代表大会律师代表，推荐中华全国律师协会理事候选人；

（七）向中华全国律师协会提议罢免全国律师代表大会代表和中华全国律师协会理事；

（八）办理律师代表大会交办的其他事项。

第二十四条 理事会每年至少举行一次，由会长召集和主持。会长因特殊原因不能履行职务的，由会长指定的副会长或常务理事召集和主持。

经本会会长办公会、常务理事会决定或四分之一以上理事提议，可以举行理事会特别会议。

第二十五条 本会150名以上个人会员、或者30名以上团体会员、或者25名以上代表、或者15名以上理事，可以提议罢免会长、副会长、常务理事、理事及全国律师代表大会本省律师代表、中华全国律师协会理事会本省理事。

罢免提议一经提出，应当在30日内举行理事会特别会议。

第二十六条 理事会会议必须有三分之二以上的理事出席始得举行。理事会作出决议必须有到会理事的二分之一以上通过。

罢免会长、副会长、常务理事的决议，必须有到会的三分之二以上理事通过。理事表决权不得委托他人行使。

第二十七条 理事有下列情形之一的，应当罢免其职务：

（一）不执行代表大会、理事会、常务理事会会议决议的；

（二）受到停止执业一年以上或被吊销律师执业证处罚的；

（三）两次无故不参加理事会的；

（四）其他应当罢免职务的情形。

第二十八条 理事会全体会议选举会长1名、副会长若干名、常务理事若干名组成常务理事会，为理事会的常设机构。

根据工作需要，理事会可聘请名誉会长和顾问若干名，名誉会长和顾问任期与理事会相同。

第二十九条 常务理事会的职权：

（一）罢免、增补或更换代表和理事；

（二）聘任和解聘秘书长、副秘书长；

（三）对秘书处机构设置、人员组成和福利政策提出建议；

（四）决定本会工作委员会、业务委员会的设置和主任人选；

（五）制定除本章程第十五条第（一）项、第二十三条第（五）项以外的行业规则和管理制度；

（六）审议秘书处、工作委员会、业务委员会年度工作报告和下一年度工作计划；

（七）决定提前或延期召开律师代表大会和理事会，决定召开理事会特别会议；

（八）讨论和决定对会员的奖励与惩戒；

（九）贯彻江苏省律师协会党组的决定、决议；

（十）审议会长办公会议事规则和秘书处工作规程；

（十一）监督与指导各省辖市律师协会和本会直属分会的工作；

（十二）理事会授权或行业规则授权其决定的事项。

第三十条 常务理事候选人由律师代表大会主席团在当选理事中提名，理事会选举产生。常务理事会任期与理事会相同，每届常务理事的更新应当不少于三分之一。

第三十一条 常务理事会原则上每季度召开一次。经会长或四分之一以上常务理事提议，可以召开常务理事会特别会议。常务理事会会议必须有三分之二以上常务理事出席始得召开。常务理事会作出决议必须有到会常务理事的二分之一以上通过。解聘秘书长、副秘书长，应当经到会的三分之二以上常务理事同意。

第三十二条 常务理事有下列情形之一的，应当罢免其职务：

（一）被罢免理事职务的；

（二）两次无故不参加常务理事会的；

（三）其他应当罢免职务的情形。

理事、常务理事有应当罢免职务情形的，由常务理事会决定先行停止其理事、常务理事职务，在下次召开理事会议时，通过罢免决议。

第三十三条 本会设会长1名，是本会的法定代表人，由律师代表大会主席团在当选常务理事中提名，理事会选举产生。

本会会长应当由执业律师担任，任期与理事相同。各省辖市律师协会、本会直属分会会长应逐步由执业律师担任。会长可以连选连任，但连续任期不得超过两届。

第三十四条 本会设副会长若干名，协助会长开展工作。副会长候选人由律师代表大会主席团在当选常务理事中提名，理事会选举产生。

第三十五条 会长、副会长、秘书长和副秘书长组成会长办公会议，行使下列职权：

（一）贯彻落实党和国家机关及中华全国律师协会有关律师工作、律师协会工作的决定和意见；

（二）督促、落实理事会、常务理事会部署的工作；

（三）讨论、审定需提交理事会、常务理事会和省司法厅批准的重大事项；

（四）研究本会需提交理事会或常务理事会批准的年度工作计划、财务预算方案；

（五）分析全省律师工作情况，研究解决存在问题的方法；

（六）交流通报各自工作情况和需要共同研究的事项；

（七）研究召开常务理事会特别会议的动议；

（八）讨论决定理事会、常务理事会会议议题等事项；

（九）听取秘书处关于业务工作的情况汇报，提出解决问题的方案和措施；

（十）研究和答复省辖市律师协会理事会和本会直属分会向本会请示的问题；

（十一）审议决定秘书处工作人员奖惩方案；

（十二）讨论、决定常务理事会闭会期间其他事项。

会长办公会可以邀请省司法厅有关领导参加。

第三十六条 会长行使下列职权：

（一）主持律师代表大会；

（二）召集并主持理事会、常务理事会和会长办公会；

（三）提出本省律师业发展规划和阶段性工作目标；

（四）督促和检查本会理事会和常务理事会决议的执行；

（五）领导本会秘书处开展工作；

（六）代表本会参加有关会议，开展对外交流和协调；

（七）签署本会文件；

（八）处置突发事件；

（九）行使律师代表大会、理事会和常务理事会授予的其他职权。

第三十七条 会长因故不能履行职责时，由会长办公会指定的副会长代行会长职责。副会长因故不能履行职责时，由常务理事会指定的其他副会长或常务理事代行副会长职责。

受会长委托，副会长可以主持律师代表大会，召集与主持理事会、常务理事会和会长办公会。

第三十八条 召开律师代表大会、理事会议、常务理事会议及会长办公会议时，理事、常务理事、副会长、会长应当回避涉及其利害关系的讨论事项。

第三十九条 理事、常务理事、副会长、会长不得利用其担任的职务谋求个人利益或进行不正当竞争。

第四十条 会长、副会长每年应当向理事会述职，接受理事和会员的监督与质询。

第四十一条 本会会长、副会长原则上不得同时兼任省辖市律师协会或本会直属分会会长、副会长。

第四十二条 本会会长、副会长、常务理事、秘书长名单报中华全国律师协会备案；省辖市律师协会、本会直属分会会长、副会长、常务理事、秘书长名单报本会备案。

第六章 秘书处与工作委员会、业务委员会

第四十三条 本会设秘书处，为本会的日常办事机构，负责具体落实律师代表大会、理事会、常务理事会各项决议、决定，承担本会的日常工作。

秘书处对常务理事会负责，并向常务理事会报告工作。

第四十四条 秘书处设秘书长一人、副秘书长若干人，由本会会长办公会或根据司法行政部门的推荐提名，常务理事会决定聘任。

秘书长、副秘书长列席理事会议和常务理事会议。

第四十五条 秘书长履行下列职责：

（一）主持秘书处的日常工作；

（二）组织实施常务理事会的各项决议；

（三）拟制秘书处内部机制设置建议方案；

（四）提请聘任或解聘除应由常务理事会聘任或解聘的其他部门负责人员；

（五）制定、实施秘书处内部各项规章制度；

（六）协调与有关部门的工作；

（七）完成理事会、常务理事会、会长交办的其他工作；

（八）常务理事会授权的其他职责。

第四十六条 本会设立若干工作委员会和若干业务委员会。工作委员会和业务委员会各设主任一名，副主任若干名和委员若干名。

工作委员会是本会履行职责的专门工作机构。

业务委员会按照业务委员会活动规则，组织开展理论研究和业务交流活动，起草有关律师的业务规范和标准，提升律师的执业水平和执业形象。

第四十七条 工作委员会和业务委员会的设置、

调整和主任人选由常务理事会决定。常务理事会可以聘请专家、学者和有关领导担任业务委员会的顾问。

第四十八条 工作委员会和业务委员会组成人员由品行良好、声望较高、具有相关工作经历、经验和专门知识的会员担任。具体的选任办法和活动规则由常务理事会另行制定。

第四十九条 工作委员会和业务委员会的日常工作由秘书处协调和安排，对常务理事会负责。

第五十条 秘书长、副秘书长、工作委员会及业务委员会的委员任期与常务理事会任期相同。

第七章 奖励、惩戒与纠纷调解

第五十一条 本会对模范履行会员义务并对律师事业的发展有突出贡献的会员进行奖励；对违反律师职业道德和执业纪律、律师行业规范的会员给予行业惩戒。

第五十二条 会员有下列情形之一的，由本会分别给予通报表扬、嘉奖、授予荣誉称号，并可酌情给予物质奖励：

（一）在民主与法制建设中作出突出贡献的；

（二）在维护国家和人民利益方面作出重大贡献的；

（三）成功办理在全国或本地区有重大影响的案件，成绩显著的；

（四）对完善立法和司法工作起到推动作用，为律师事业的改革发展、律师行业形象提升作出突出贡献的；

（五）被司法行政部门以及政府其他部门、社会团体等授予荣誉称号的。

第五十三条 会员有下列行为之一的，本会视情节单独或合并给予训诫、通报批评、公开谴责、暂停会员的全部或部分权利、取消会员资格等行业惩戒：

（一）违反《律师法》和其他法律法规、规章规定的；

（二）违反本章程和律师行业规范的；

（三）违反律师职业道德和执业纪律的；

（四）严重违反社会公共道德，损害律师职业形象和声誉的；

（五）不履行会员义务的；

（六）其他本会认为应予行业惩戒的违纪行为。

会员应当自觉执行行业惩戒决定。对于会员的违法违纪行为，本会有权建议有处罚权的司法行政部门给予行政处罚。

第五十四条 对会员作出行业惩戒决定，应当认真听取当事人的申辩。在作出暂停会员的全部或部分权利、取消会员资格的行业惩戒决定前，被惩戒的会员，有要求听证的权利。

会员应自觉执行行业惩戒决定。

第五十五条 会员因违法违纪受到司法行政部门停止执业处罚的，在停止执业期间，不享有本会的选举权、被选举权等会员权利。

第五十六条 对会员的奖励和惩戒应当记人档案，并以适当的方式予以公示或披露。

第五十七条 会员之间、会员与当事人之间在执业活动中发生的纠纷，可以申请本会奖励、惩戒、调解工作委员会进行调解。因调处所产生的费用由相关各方承担，具体承担方式由奖励、惩戒、调解工作委员会决定。

调解达成的协议，会员应当自觉履行。

第五十八条 对会员奖励、惩戒和纠纷调解的具体办法，由本会理事会另行制定。

第八章 经 费

第五十九条 本会经费来源包括：

（一）会费；

（二）社会捐赠；

（三）其他合法收入。

第六十条 会员必须履行按时交纳会费的义务。

会费按年度收缴，交纳的标准和方式经律师代表大会审议通过，并报中华全国律师协会备案。

会费收缴总额最高不得超过本省会员年度业务总收入的3%。

第六十一条 会员应当在规定期限内交纳会费。

对截留、拖欠本会会费的会员应予通报批评直至暂停该会员的全部或部分权利。

第六十二条 本会应加强对会费的收缴和管理，制定会费的预、决算计划，建立会费收支账目，每年将会费收支情况提交有资质的社会独立审计机构审计，审计结果应当向本会理事会报告，并报同级司法行政部门备案，接受司法行政部门和会员的监督。

第六十三条 会费应用于下列开支：

（一）协会行业管理支出；

（二）召开律师代表大会、理事会、常务理事会以及工作会议、业务研讨会、表彰大会等会议支出；

（三）维护律师合法权益、会员奖惩经费支出；

（四）工作委员会、业务委员会开展活动支出；

（五）组织律师培训、为会员提供业务资料支出；

（六）开展律师对外宣传，进行国际、国内交流活动支出；

（七）举办律师会员疗养等福利事项和补助特殊困

难会员支出；

（八）开展律师会员文体活动支出；

（九）律师协会机关正常运转费用支出；

（十）律师协会基础设施建设和发展性项目支出；

（十一）资助青年律师、高级律师人才培养支出；

（十二）扶持经济欠发达地区律师协会支出；

（十三）开展社会公益性项目支出；

（十四）秘书处工作人员的工资及福利支出；

（十五）经常务理事会讨论通过的其他事关全行业发展的项目支出。

第九章 附 则

第六十四条 经中华人民共和国司法部批准在本省设立代表机构的外国律师事务所派驻代表和在本省设立代表机构的港、澳、台地区律师事务所的派驻代表，应当受本会和所在省辖市律师协会的监督、管理。具体办法由常务理事会另行制定。

第六十五条 本章程的制定和修改，必须有三分之二以上律师代表大会代表出席，并经三分之二以上到会代表的同意通过。

本章程应报中华全国律师协会和江苏省司法行政部门、江苏省民政部门备案。

第六十六条 省辖市律师协会和本会直属分会可以根据本章程的规定，结合本地区律师工作的情况、行业管理的需要以及律师协会办事机构的工作等情况制定章程，经同级律师代表大会通过后报当地司法行政部门、民政部门及本会备案。

第六十七条 本会解散、破产及清算依照国家有关社团法人解散、破产及清算的法律规定办理。

第六十八条 本章程由常务理事会负责解释。

江苏省律师协会行业规范性文件制定办法

（2005年5月22日江苏省第六次律师代表大会第一次特别会议通过）

第一章 总 则

第一条 为建立和健全行业自律体系，规范行业规范性文件（以下简称行业规范）的制定、修改和废止工作，依据中华人民共和国法律、法规及《中华全国律师协会章程》、《中华全国律师协会行业规则制定规程》、《江苏省律师协会章程》，制定本办法。

第二条 江苏省律师协会（以下简称省律师协会）制定、修改和废止行业规范，适用本办法。

第三条 制定、修改和废止行业规范，应当遵循中华人民共和国法律、法规、规章的规定，遵循《中华全国律师协会章程》、《江苏省律师协会章程》和本办法规定的权限及程序，从行业的整体利益出发，维护行业规范的统一。

第四条 制定、修改行业规范，应当遵循科学、规范、合理的原则，并充分保障会员通过多种途径参与行业规范的制定、修改活动。

第五条 省律师协会律师行业规则工作委员会是省律师协会的工作机构，负责行业规范的审查、制订和实施。

第六条 本办法所称行业规范，是指省律师协会组织规范（包括机构建设规范和协会运行程序性规范）、会员执业行为规范（强制性规范和指导性规范）和管理规范。

第七条 省律师协会制订行业规范，根据内容可分章、节、条、款、项、目。

行业规范标题题注应当载明制定机构和通过日期。

第二章 制定行业规范的权限和议案的提出

第一节 制定行业规范的权限

第八条 江苏省律师代表大会、省律师协会理事会、常务理事会行使行业规范的制定权。

省辖市律师协会、省律师协会省直属分会可以制定其职权范围内的工作规范。

第九条 江苏省律师代表大会决定下列行业规范的制定、修改和废止：

（一）《江苏省律师协会章程》；

（二）《江苏省律师代表大会议事规则》；

（三）《江苏省律师协会提案审查和处理规则》；

（四）《江苏省律师协会会费收取标准》；

（五）《江苏省律师协会律师执业行为规范》；

（六）《江苏省律师协会会员违规行为处分规则》；

（七）《江苏省律师协会行业规范性文件制定办法》；

（八）理事会认为属于全行业重要的其他行业规范。

第十条 由江苏省律师代表大会决定制定的行业规范以外的行业规范的制定、修改和废止，由省律师协会理事会决定。

江苏省律师代表大会可以通过决议将其负责制定、修改和废止的行业规范授权理事会制定、修改和废止。

第十一条 江苏省律师代表大会、理事会闭会期间，由常务理事会负责律师代表大会、理事会权限范围内的行业规范的制定和修改。

常务理事会审议通过的应由律师代表大会或理事会制订和修改的行业规范为试行的行业规范，经江苏省律师代表大会或理事会审议通过后方可正式实施。

第二节　议案的提出

第十二条　制定、修改和废止行业规范的议案可由下列人员或机构提出：

（一）理事会；

（二）常务理事会；

（三）秘书处；

（四）各工作委员会；

（五）各业务委员会；

（六）江苏省律师协会3名以上常务理事联名提议或5名以上理事联名提议；

（七）5个以上团体会员联名提议或30名以上个人会员联名提议；

（八）江苏省律师代表大会10名以上代表联名在江苏省律师代表大会会议期间以提案的方式提出。

第十三条　制定、修改和废止行业规范的议案应当以书面方式提出。

第十四条　议案应当包括拟制定、修改或废止的该行业规范的名称、理由、基本内容。

拟制定、修改或废止的议案可附该行业规范的草案。

第三章　制定行业规范的程序

第一节　立　项

第十五条　制定、修改行业规范的议案，由律师行业规则工作委员会整理后通过会长办公会提交常务理事会会议决定是否制定、修改行业规范。由理事会或常务理事会提出的议案直接进入制定、修改行业规范的程序。

第十六条　律师行业规则工作委员会依据常务理事会关于制定、修改行业规范的决定，编制制定、修改行业规范的计划，并组织相关工作委员会、业务委员会实施，或组成专门工作机构实施。

第十七条　起草、修改《江苏省律师协会章程》，应当成立专门的工作机构，该专门机构的组成由常务理事会确定。

第二节　起　草

第十八条　行业规范制定、修改的最初草案分不同情况，由常务理事会指定以下机构或人员起草：

（一）提出议案的机构或人员；

（二）与提案内容相关的工作委员会或业务委员会；

（三）临时性的专门起草小组；

（四）律师行业规则工作委员会；

（五）律师协会以外的专业研究机构或专家。

第十九条　负责最初草案起草的机构或人员，经论证、起草、修改定稿后，将最初草案提交律师行业规则工作委员会审查。

第二十条　律师行业规则工作委员会应当对行业规范草案作合法性和技术性审查，保证行业规范的合法性，与中华全国律师协会和本会制定的行业规范之间相互协调，避免行业规范的矛盾、冲突和用语的不一致。

第二十一条　律师行业规则工作委员会对行业规范的最初草案审查后，可作如下处理：

（一）提出修改意见，退回原起草机构或人员作进一步修改；

（二）会同原起草机构或人员对行业规范的最初草案作进一步修改；

（三）直接对行业规范的最初草案作修改；

（四）制作草案送审稿，提交会长办公会。

第二十二条　律师行业规则工作委员会向会长办公会提交草案送审稿时，应当附书面起草或修改的说明。

第二十三条　律师行业规则工作委员会向会长办公会提交的行业规范草案送审稿，应当经到会全体委员过半数通过。

律师行业规则工作委员会向会长办公会提交的行业规范草案送审稿有较大争议的，可以同时将不同意见一并提交。

第二十四条　会长办公会收到行业规范草案送审稿，应当依照议事规则审议后，按行业规范审议通过权限提交有关机构审议表决。

第三节　征询意见

第二十五条　重要的、涉及全行业的行业规范草案，起草机构或人员应当在律师行业规则工作委员会主持下，以下列方式向有关各方征求意见：

（一）座谈会；

（二）听证会；

（三）论证会；

（四）通过网络报刊等方式征求意见。

征求意见的范围，根据行业规范内容的需要，包括但不限于：律师协会会员、专家学者、司法机关、政府有关部门、社会团体和社会群众代表。

第二十六条 重要的、涉及全行业的行业规范草案，应当征求江苏省司法行政部门或江苏省律师协会党组意见。

第四节 审议通过

第二十七条 理事会、常务理事会审议行业规范草案，按照理事会、常务理事会议事规则进行。

第二十八条 江苏省律师代表大会审议行业规范草案除章程必须以超过到会代表三分之二同意通过外，均以超过到会代表半数同意通过。

第二十九条 江苏省律师代表大会或理事会、常务理事会审议行业规范时，律师行业规则工作委员会主任应当到会听取意见，并就代表、理事或常务理事提出的问题作出解释。

第三十条 江苏省律师代表大会或理事会、常务理事会经审议，对行业规范草案提出修改意见的，由律师行业规则工作委员会依本办法第二十一条处理。

第五节 公布实施

第三十一条 江苏省律师代表大会通过的行业规范以江苏省律师代表大会决议的方式予以公布实施。

第三十二条 理事会、常务理事会通过的行业规范以理事会、常务理事会决议的方式予以公布实施。

第四章 行业规范的修改与废止

第三十三条 公布实施或试行的行业规范遇有下列情形之一的，应当进行有效性或适用性审查：

（一）制定行业规范依据的法律、法规、规章或行业规范被废止或修改的；

（二）制定行业规范依据的情形发生重大变化的；

（三）有关机构或人员依照《江苏省律师协会章程》或本办法第十二条规定提出修改或废止议案的；

（四）江苏省司法行政部门、社团管理机关或江苏省律师协会党组提出修改或废止建议的；

（五）江苏省律师代表大会或理事会、常务理事会作出进行有效性或适用性审查决议的。

对因上一款原因需要对行业规范进行有效性或适用性审查的，由常务理事会决定组成专门机构进行。

第三十四条 行业规范经专门机构审查认为确需修改或废止的，由决定生效的机构按原表决程序和方式作出修改或废止决议。

第三十五条 经作出决议修改或废止的行业规范，应当依照本办法第三十一条、第三十二条规定的方式予以公布。

第五章 适用与解释

第三十六条 本会制定的行业规范，适用于全省律师事务所和律师。

行业规范的特别性规定，效力优于一般性规定。

第三十七条 行业规范的效力始于生效之日（包括试行），没有溯及力。

第三十八条 行业规范由常务理事会负责解释。

第三十九条 行业规范的解释，以常务理事会决议的形式予以公布。

第六章 附 则

第四十条 本办法由省律师协会常务理事会负责解释。

第四十一条 本办法自江苏省律师代表大会审议通过之日起施行。

6. 福建省

律师事务所和律师诚信制度建设规范（试行）

（2005年9月3日福建省律师协会第七届常务理事会第三次会议审议通过）

为进一步提高全省律师的社会信用度和公信力，提升律师行业的整体形象，确保律师诚信服务，为改革开放、民主法制建设和经济发展提供优质、高效的法律服务，特制定本规范。

第一条 建立诚信教育制度。各地、市律师协会及福建省律师协会省直分会应对所辖执业律师开展经常性诚信教育，并将诚信教育作为律师继续教育、培训的一个内容，对未参加律师诚信教育活动的，视为未完成当年继续教育、培训，建议司法行政部门暂缓年检注册。每两年进行一次以律师职业道德和执业纪律为主要内容的考核，未通过考核的，建议司法行政部门暂缓年检注册。对首次申领律师执业证人员，按照司法部有关文件和《中华全国律师协会律师岗前教育指导纲要》规定，进行包括职业道德、执业纪律、职业操守等综合素质课程在内的岗前培训，未完成上述岗前培训的人员，建议司法行政部门不予颁发《律师执业证》。

第二条 建立公示制度。对首次申领律师执业证且通过岗前培训的，通过新闻媒体及网站进行公示。

每年年检注册后，将通过年检注册的律师事务所和律师在当地主要媒体公告。将律师管理有关规定及当事人注意事项在“福建律师网”等媒体上公诸于众，增加社会的可识别性，使律师管理工作更加透明，置于全社会监督之下。律师事务所要推行执业公示制，将执业律师的姓名、照片及执业证号，律师事务所执业许可证、收费许可证、律师收费标准、投诉电话等内容上墙公示，向当事人公开，接受社会监督。

第三条 建立委托代理制度和利益冲突审查制度。逐步推广内容更加详实规范的格式委托代理合同，尽可能详尽、细化双方的权利义务，便于双向监督，防止和减少收费不办事，不勤勉负责等失信行为。律师事务所根据自己的实际情况，制定本所的利益冲突审查机制，审查律师事务所及其律师与委托人之间、委托人与委托人之间可能存在的直接和间接利益冲突，只有在没有利益冲突的情况下才可以建立委托代理。规模较大的所可设立专门的部门进行审查，其他所也应建立防止利益冲突的检索记录，由主任行使审查职责。

第四条 建立服务质量跟踪反馈制度。通过建立健全服务质量意见卡等方式，把律师执业的诚信情况更好地置于当事人的监督之下。意见卡在签订委托代理合同时发给当事人，一案一卡，并告知当事人在案件办结后，如果认为律师办案质量存在问题，可将其认为的办案质量问题注明在意见卡上，并直接寄往承办律师执业的律师事务所所在各地、市律师协会或者省直分会，各地、市律师协会或者省直分会在收到当事人投诉的意见卡后，可要求承办律师及所在律师事务所对当事人的投诉问题予以反馈，并提供相关证据，对承办律师及所在律师事务所拒不做出反馈并提供相关证据，或者经律师协会审核发现投诉可以立案的，转惩戒委员会予以处理。

第五条 建立诚信档案制度。省律师协会建立律师诚信记录档案，内容主要包括律师和律师事务所信息和奖惩信息，并按相关规定向社会开放。

第六条 建立诚信考评制度。建立律师诚信评审委员会，培育有权威的诚信评审机构，由执业信誉良好的优秀律师及本系统内外的一批社会知名人士组成，对律师和律师事务所的执业信用、执业素质进行评价和审核，逐步完善评审体系。围绕诚信服务的主题，在全省范围内开展先进律师事务所和优秀律师评选活动，在律师队伍中树立典范。

第七条 建立惩戒制度。建立健全惩戒委员会，规范完善对律师投诉受理、调查、行政处罚和行业处分程序。

第八条 建立责任赔偿和保险制度。推行责任赔偿和保险制度，使由于律师违法执业或因过错给当事人造成的损失，能够得到赔偿，以有效保护当事人的合法权益，强化律师行业的社会信用。

福建省律师协会会员违规行为处分听证程序的规定（试行）

（2005年9月3日福建省律师协会第七届常务理事会第三次会议审议通过）

目　录

第一章　总　　则

第一条 为规范福建省律师协会会员违规行为处分听证活动，保障律师协会依法对会员违规行为进行处分，保护会员的合法权益，根据中华全国律师协会《律师协会会员违规行为处分规则》（试行）及《福建省省直分会及设区市律师协会惩戒委员会工作规则》（试行），制定本规定。

第二条 律师协会惩戒委员会依照《中华人民共和国律师法》及《律师协会会员违规行为处分规则》（试行）、《福建省省直分会及设区市律师协会惩戒委员会工作规则》（试行）规定，对律师协会会员（下称会员）作出处分之前，依照本规定进行听证。

第三条 听证由律师协会惩戒委员会执委会（下称执委会）负责。

第四条 执委会举行听证，应当遵循公开、公正原则。

第二章　听证主持人和听证参加人

第五条 听证主持人由执委会主任或者副主任担任。听证记录员由执委会指派。

第六条 听证主持人有下列情形之一的，应当自行回避，听证申请人有权以口头或书面方式申请其回避：

（一）系案件投诉人或听证申请人及其委托代理人的近亲属；

（二）与案件有利害关系；

（三）与案件投诉人、听证申请人有其他关系，可能影响听证公正进行的。

第七条 听证申请人提出回避申请，应当说明理由。听证主持人应当将听证申请人的回避申请报告同级律师协会会长决定其是否回避。

第八条 听证主持人在听证活动中依法行使下列职权：

（一）决定举行听证的时间和地点；

（二）决定听证的延期、中止或者终结；

（三）询问听证参加人；

（四）接收并审核有关证据；

（五）维持听证秩序，对违反听证秩序的人员进行警告，对情节严重者可以责令其退场；

（六）提出案件听证之后的处理意见；

（七）律师协会章程赋予的其他职权。

第九条 听证主持人在听证活动中依法承担下列义务：

（一）将听证通知书依法及时送达听证申请人及其他有关人员；

（二）应当公开、公正地履行主持听证的职责，保障听证申请人行使陈述权、申辩权和质证权；

（三）保守听证案件涉及的国家秘密、商业秘密和个人隐私；

（四）不得徇私枉法，包庇纵容违规、违纪行为。

听证记录员应当认真、如实制作听证笔录，并承担本条第（三）项的义务。

第十条 听证参加人是指案件审查人员、听证申请人及其委托代理人、听证申请人所在律师事务所代表和证人。

第十一条 听证申请人依法享有下列权利：

（一）依法申请听证主持人回避；

（二）可以委托一至二人代理参加听证；

（三）就案件调查人员提出的案件的事实、证据和处分建议进行申辩；

（四）有权申请调取证据、鉴定、勘验和申请证人到场作证；

（五）对案件的证据和适用的法律、法规和规范性文件，与审查人员及其证人进行质证和辩论；

（六）最后陈述；

（七）核对听证笔录。

第十二条 听证申请人依法承担下列义务：

（一）按时参加听证；

（二）依法举证；

（三）如实回答听证主持人的询问；

（四）签收、签署听证活动有关法律文书；

（五）遵守听证秩序。

第十四条 听证申请人委托他人代理参加听证的，应当向执委会提交授权委托书。

授权委托书应当载明委托事项及权限，由委托人签名或者盖章。

授权委托书应经听证主持人确认。

第十五条 案件审查人员应当参加听证，向听证主持人提出听证申请人违规、违纪的事实、证据、处分建议及适用的法律、法规和其他规范性文件依据。

第十六条 听证主持人应对听证申请人提出调取证据、鉴定、勘验和证人作证申请是否准许作出决定；可以通知与听证案件有关的证人参加听证。

第三章 听证的受理

第十七条 委员会在对被投诉会员作出处分决定之前，应当书面告知其有要求听证的权利。

第十八条 被投诉会员要求听证的，应当在接到听证告知书之日起7个工作日内以书面形式提出。

第十九条 被投诉会员因不可抗力或者其他正当理由无法在规定期限内提出听证要求的，在障碍消除后7个工作日内，可以申请延长听证期限。执委会对其申请和事实审核无误后，应当批准其申请。

第四章 听证的举行

第二十条 执委会应当在接到被投诉会员申请听证的材料之日起3个工作日内确定听证主持人，工作人员应当于举行听证7个工作日前向听证参加人发出听证通知书，内容包括听证时间、地点、听证主持人、听证记录员、申请回避的时间及举证期间。

审查组人员应当在被投诉会员要求听证之日起3个工作日内将案卷移送给执委会。

第二十一条 执委会可以直接将听证告知书送达听证申请人，可以委托该申请人所在律师事务所代为送达，也可以留置送达。委托申请人所在律师事务所代为送达的，应将送达回证收回归档。

听证申请人、调查人员认为需通知证人到场作证的，应在听证举行前7个工作日内以书面形式向听证主持人提出申请。

第二十二条 听证开始前，听证记录员应当查明听证参加人是否到场，并宣布以下听证纪律：

（一）未经听证主持人允许不得发言、提问；

（二）未经听证主持人允许不得录音、录像和摄影；

（三）未经听证主持人允许听证参加人不得退场；

（四）旁听人员不得大声喧哗，不得鼓掌、哄闹或者进行其他妨碍听证秩序的活动。

第二十三条 听证主持人核对听证参加人身份，宣布听证主持人、听证记录员名单，告知听证参加人在听证中的权利义务。

第二十四条 听证应当按照下列程序进行：

（一）听证主持人宣布听证开始，宣布案由；

（二）案件审查组人员提出听证申请人违规违纪的事实、证据、处分建议和适用的法律、法规和其他规范性文件依据；

（三）听证申请人及其委托代理人就调查人员提出的违规、违纪的事实、证据和处分建议及依据进行申辩和质证，并可以出示无违规、违纪事实，违规、违纪事实较轻，或者减轻、免除处分的证据材料。双方可以进行辩论；

（四）审查人员和听证申请人经听证主持人允许，可以就有关证据进行质问，可以相互提问，也可以向到场的证人发问；

（五）听证申请人作最后陈述；

（六）听证主持人宣布听证结束。

第二十五条 听证主持人根据下列情形，决定延期举行听证：

（一）听证申请人因不可抗拒的事由无法到场的；

（二）其他应当延期的情形。

第二十六条 听证主持人根据下列情形，可以中止听证：

（一）需要补充调查、通知新的证人到场作证或者需要重新鉴定、勘验的；

（二）听证申请人因不可抗拒的事由，无法继续参加听证的；

（三）其他应当中止听证的情形。

第二十七条 延期、中止听证的情形消失后，由听证主持人决定恢复听证并将听证的时间、地点通知听证参加人。

第二十八条 听证主持人根据下列情形，应当终结听证：

（一）听证申请人撤回听证要求的；

（二）听证申请人无正当理由不参加听证的，或者未经听证主持人允许中途退场的；

（三）拟作出的处分决定改变，不需要举行听证的；

（四）其他应当终结听证的情形。

第二十九条 听证记录员应当将听证的全部活动记入笔录，由听证主持人和听证记录员签名。

听证笔录应当由听证申请人当场签名或者盖章。听证申请人拒绝签名或者盖章的，听证主持人在听证笔录上应当记明情况。

第三十条 听证结束后，听证主持人或其委托的人员应写出听证报告，连同听证笔录、案件材料一并提交执委会。

听证报告应当包括以下内容：

（一）听证案由；

（二）听证主持人和听证参加人的姓名、名称及其他情况；

（三）听证的时间、地点；

（四）听证的过程；

（五）案件事实和认定的证据；

（六）处分的意见或处理意见。

第五章 附 则

第三十一条 本规定自福建省律师协会常务理事会通过试行。

第三十二条 本规定由福建省律师协会常务理事会负责解释。

福建省律师执业宣誓规则（试行）

（2005年9月3日福建省律师协会第七届常务理事会第三次会议审议通过）

第一条 为了规范我省律师的执业行为，加强律师行业的自律管理，增强律师执业的庄严感、使命感和神圣感，根据中华全国律师协会制定的《律师执业行为规范》（试行）的有关规定，特制定本规则。

第二条 凡拟向福建省司法行政机关申请领取律师执业证，或者已经福建省司法行政机关审核颁发律师执业证书但尚未参加律师执业宣誓活动的，均应当进行律师执业宣誓。

第三条 律师执业宣誓誓词是律师承担职业责任的庄严承诺。

律师执业宣誓誓词为：我志愿加入律师队伍，成为中华人民共和国律师和中华全国律师协会会员，忠实宪法、法律，严格执行《律师法》，遵守《律师协会章程》，履行律师义务，恪守律师职业道德，勤勉敬业，为维护法律的正确实施，捍卫法律的尊严而努力奋斗。

第四条 律师执业宣誓活动由福建省律师协会或者由其委托各设区市律师协会组织。

第五条 律师执业宣誓活动原则上在职前培训时举行。如因故不能在职前培训时举行，则在福建省律师协会或者各设区市律师协会另行指定的时间和地点举行。

第六条 宣誓时，福建省律师协会或者各设区市律师协会应当指派一名会长、副会长或者常务理事担任领誓人。

第七条 宣誓时，宣誓人应当着装整齐，免冠，面向国旗，举起右臂，随领誓人宣誓。

第八条 对于未进行律师执业宣誓的，福建省律师协会可建议福建省司法行政机关暂缓颁发律师执业证或者暂缓年度注册。

第九条 本规则由福建省律师协会常务理事会负责解释。

第十条 本规则经福建省律师协会常务理事会通过后施行。

福建省律师协会省直分会及设区市律师协会惩戒委员会工作规则（试行）

（2005年11月15日福建省律师协会第七届常务理事会审议通过）

目　录

第一章　总　则

第一条 为了加强律师行业管理，提高福建省律师的执业水平，维护律师职业的声誉，完善和规范福建省律师执业违规违纪查处工作程序，福建省律师协会根据《中华人民共和国律师法》、中华全国律师协会《章程》、中华全国律师协会《律师协会会员违规行为处分规则》（试行）的规定，结合本省实际制定本规则。

第二条 福建省律师协会省直分会及设区市律师协会设立惩戒委员会（下称委员会），负责该律师协会会员违规、违纪行为的调查、处理工作。

第三条 委员会的职责是：

（一）对会员在执业中违反《中华人民共和国律师法》以及中华全国律师协会和福建省律师协会制定的有关律师职业道德、执业纪律规范的法规、规章的行为进行调查、审理，对违规、违纪会员作出处分；

（二）对需予以取消会员资格的违规、违纪行为进行调查、审理并作出处分；

（三）根据自愿原则调处律师之间、律师与其所在事务所之间、律师事务所之间在执业过程中发生的执业纠纷；

（四）与行业处分工作有关的其他事项。

第四条 委员会及其委员和律师协会秘书处工作人员在参加调查、处理、调解工作时，应当遵循公正和独立的原则。

第二章　惩戒委员会的设置和组成

第五条 委员会的设立和撤销由福建省律师协会省直分会及设区市律师协会理事会决定。

第六条 委员会由若干名委员组成，设主任一名，副主任一至三名，经律师协会常务理事会批准，可随时根据工作需要适当增减上述组成人员。

第七条 委员会主任、副主任、委员的产生由律师协会常务理事会提名决定，任期与理事会任期相同。

第八条 委员会委员应具备以下条件：

（一）作风严谨，品行端正，具有较高的职业操守和威信；

（二）从事专职律师工作五年以上，无不良执业记录；

（三）热心律师协会工作，有奉献精神；

（四）能够保证一定的时间参与委员会的工作。

第九条 委员会设立执行委员会（下称执委会），由委员会部分委员组成，但不得少于三名。

执委会会议至少应有三分之二以上的委员出席，决定由出席会议委员的三分之二以上的多数通过。

第十条 委员会可以根据工作需要，报经律师协会会长同意后，可以设秘书处，也可以聘请专、兼职秘书（下称工作人员）。

第三章　权利义务和职责

第十一条 委员会委员有以下权利和义务：

（一）参加委员会的会议；

（二）享有执委会的选举权和被选举权；

（三）按时完成委员会分派的工作任务，向委员会提出工作意见和建议；

（四）公正廉洁，维护委员会的声誉和权威。

第十二条 委员会主任有以下职责：

（一）全面领导委员会的工作，负责委员会相关文件的签发；

（二）制定委员会的工作计划，协调委员会与司法行政机关及其他相关单位的关系；

（三）召集、主持委员会及执委会会议；

（四）核发执委会作出的关于投诉案件的处分决定书或决定书及相关文件；

（五）协调委员会各审查组的工作；

（六）执行委员会及执委会会议的决定，布置工作任务；

（七）主持重大疑难案件的研讨；

（八）向律师协会理事会及其常务理事会报告工作；

（九）授权副主任履行其职责。

委员会副主任协助主任完成委员会的工作，在主任缺席的情况下，根据主任的授权或常务理事会的决定代行主任职责。

第十三条 委员会主任、副主任及委员在任职期间，如有下列情形之一的，常务理事会应当免去其委员职务。

（一）被投诉成立且律师协会作出行业处分或司法行政机关作出行政处罚；

（二）三次以上（包括本数）无故不参加委员会的工作会议及其他活动；

（三）拒不服从委员会对案件查处或者其他的工作安排；

（四）泄露委员会应当保守的秘密并造成严重后果；

（五）不再属于本辖区律师协会会员；

（六）其他影响在委员会任职的事由。

第十四条 委员会主任、副主任在任职期间，如被投诉或者其他可能影响公正地执行职务的，由律师协会会长决定中止其在委员会的职务；委员在任职期间，如被投诉或者其他可能影响公正地执行职务的，由委员会主任决定中止其在委员会的职务。待投诉事由查清并作出处理结论后，再由律师协会会长或者委员会主任作出是否恢复其职务的决定。

第十五条 委员会主任、副主任、委员被免去职务或者自动放弃职务，委员会应当及时向律师协会常务理事会提出要求增补上述人员。

第十六条 执委会讨论审查小组审结的案件或委员会主任、副主任提请讨论的案件并作出处理决定。

第十七条 工作人员职责：

（一）接待投诉或接受有关部门移送的投诉，办理受理、立案手续；

（二）制作委员会评审记录，送达委员会处分决定书或决定书及有关文书；

（三）将处分决定书或决定书报福建省律师协会备案；

（四）建立、保管投诉案件档案；

（五）与惩戒工作有关的其他事项。

第四章 回 避

第十八条 审查组和执委会委员有下列情形之一的，应当自行回避，被投诉人也有权申请其回避：

（一）本人或近亲属与案件有直接利害关系的；

（二）与本案被投诉人在同一律师事务所执业的；

（三）其他可能影响案件公正处理的；

前款规定，也适用于工作人员。

第十九条 委员会主任、副主任的回避由律师协会会长决定。委员会委员和其他办案人员的回避，由委员会主任决定。

第二十条 对回避的申请，应及时审查，在收到回避申请之日起3个工作日内作出是否准予回避的决定，并记录在案，同时，立即通知提出申请回避的委员会委员或者投诉人和被投诉人。

第二十一条 被福建省律师协会发回要求重新作出决定的案件，原审查组人员应当回避，由委员会另行组成审查组。

第五章 受理和立案调查

第二十二条 工作人员接待投诉时，应当制作投诉记录，填写投诉登记表，妥善保管投诉人提供的证据材料。

第二十三条 接待投诉必须做到：

（一）当面投诉的，应当认真做好记录，必要时征得投诉人同意可以录音。受理投诉时，无关人员不得在场旁听和询问；记录的内容须经投诉人确认无误后，由投诉人签字或盖章；

（二）信函、传真、电子邮件投诉的，应当妥善保存收件；对内容不明确的，应当告知予以补充；

（三）电话投诉的，要耐心接听，认真记录；

（四）对司法行政机关委托委员会调查的投诉案件，应收取司法行政机关的委托调查通知书（函）和相应的证据材料。

第二十四条 接待投诉时，工作人员应要求投诉人提供具体的事实和相关证据材料。

第二十五条 工作人员接到投诉案件后，根据投诉人所反映的情况及所附的相关材料，对属于委员会受理范围的案件，应在3个工作日内填写《受理投诉案件审批表》，并报委员会主任。委员会主任应在接到投诉案件后7个工作日内对案件做出是否立案的决定。

第二十六条 委员会对下列情况不予立案：

（一）虽有违规违纪事实，但不符合本委员会受理范围的；

（二）不能提供基本证据材料或证据材料含糊不清的；

（三）证据材料与投诉事实没有直接或必然联系的；

（四）匿名投诉的。

第二十七条 对不予立案的投诉，秘书处应在7个工作日内向投诉人答复并说明理由，但匿名投诉及和解的除外。

需由司法行政机关受理的投诉案件，应在7个工作日内移送，并告知投诉人。

第二十八条 委员会发现会员有违规、违纪行为且事实清楚，证据线索明确，情节严重的，可以依职权直接立案，无需投诉人投诉。

第二十九条 投诉案件可能涉嫌刑事犯罪的，或者有重大社会影响的，应及时报告本辖区司法行政机关和福建省律师协会。

第三十条 委员会受理案件后，确实存在不宜自行审理的情形，可以向福建省律师协会惩戒与复查委员会提出由福建省律师协会省直分会或其他设区市律师协会惩戒委员会审理的申请。福建省律师协会惩戒与复查委员会认为确有必要的，准予提出申请的惩戒委员会将案件移送指定的惩戒委员会审理。

第三十一条 委员会主任对已立案的投诉案件应在7个工作日内指定两名或两名以上委员组成审查组，同时确定其中一名为主办人。审查组成员除存在本规则规定的回避事由外，不得拒绝指定。

审查组负责案件的调查取证并作出审查报告。

第三十二条 工作人员应自审查组成员确定之日起3个工作日内向投诉人及被投诉人发出《受理投诉通知书》。被投诉人应在接到通知之日起7个工作日内提出书面答辩和提供有关证据材料，逾期未答辩的，不影响案件审理。被投诉人认为审查组成员存在回避事由的，应在提交书面答辩时一并提出。

投诉人或被投诉人提出回避申请的，按本规则第二十条办理；未在规定期限内提出回避申请的，工作人员应自申请回避期限届满之日起3个工作日内向审查组成员发出《审理案件通知书》。

第三十三条 在投诉案件审理过程中，被投诉人不通过正常程序陈述意见、提交证据，而采取扰乱司法行政机关、律师协会、委员会等有关部门正常工作秩序，或对上述机关工作人员、委员会人员采取打击、报复、侮辱、谩骂、要挟等不正当手段的，情节严重的，委员会可以依职权予以立案，并给予处分。

第三十四条 执委会在拟给予处分的决定作出前，应通知被投诉人本人到会陈诉、申辩。被投诉人不到会的视为放弃，不影响作出决定。

调查取证可以由一名审查组委员和工作人员共同进行，调查时应出示介绍信。

调查人员有权向投诉人、被投诉人、证人和其他有关人员调查，制作调查、询问笔录。笔录内容须经被调查人、被询问人确认无误后签字或盖章，调查人员必须在笔录上签字。

第三十五条 被投诉人应当如实回答委员会调查人员的询问。被投诉个人会员所在的律师事务所有义务协助调查。

被投诉个人会员所在的律师事务所不配合调查，甚至阻挠、拒绝调查，情节严重的，委员会可以依职权予以立案，并给予处分。

第三十六条 如果发生导致调查无法进行的事由，委员会主任可以决定中止调查，待上述事由消失后恢复调查。中止调查的期间不计入调查期限。

第三十七条 审查组依据调查的事实及相关的证据，在收到《审理案件通知书》之日起30个工作日内作出审查报告，并将审查报告及案件的全部资料交至秘书处，由工作人员在收案登记簿中注明上述情况后，在3个工作日内将上述材料提交至委员会主任；审查报告应当提出对案件的处理意见。

如遇特殊情况，经委员会主任批准案件调查可延长30个工作日；需再次延长的报律师协会会长批准。

第三十八条 审查报告应当以书面的形式作出，应载明下列事项：

（一）被投诉人为个人的应载明其姓名、性别、年龄、住所、所在律师事务所及执业证号；被投诉人为团体会员的，应载明其注册名称、执业许可证号、住所地、负责人的姓名、职务；

（二）查证的事实及相关证据；

（三）对相关证据采信及投诉成立与否的理由和依据；

（四）提出的处理意见及该处理意见所依据的法律、法规、规则、规定；

（五）审查组成员在合议过程中是否达成一致意见，审查组成员有无个人保留意见。

审查组的全体成员均应在审查报告上签字。

第三十九条 在审查组调查过程中，如投诉人与被投诉人自行达成和解协议或经调解后投诉人撤回投诉的，审查组应于3个工作日内制作书面的审结报告，报委员会主任批准后作结案处理；审查组认为被投诉人仍应予以处分的，由审查组继续审理并作出处理意见。

第四十条 如审查组受理的投诉案件仅为律师事务所之间、律师事务所与律师之间、律师之间的执业纠纷，则纠纷双方应以书面方式同意将纠纷交由委员会调处；如任何一方不同意将纠纷交由委员会调处的，则告知双方另寻法律途径解决。

第四十一条 委员会调查人员及其工作人员对投诉案件涉及的材料和事实负有保密的义务，不得私自摘录、复制或泄露；不得向被投诉人直接出示投诉材料及其复印件，但调查中确实需要当面核查的材料除外；严禁将投诉材料或移送的材料转给被投诉人自行处理。

第六章 处分的决定及程序

第四十二条 委员会主任收到审查报告后，应在30个工作日内召集执委会会议，审议审查报告，并分别作出如下决定：

（一）确认会员有违规违纪行为，依据《律师协会会员违规行为处分规则（试行）》规定给予相应处分；

（二）撤销案件或不予处分；

（三）建议司法行政机关给予行政处罚。

第四十三条 执委会在拟给予处分的决定作出前，应当告知被投诉人有要求听证的权利。被投诉人要求听证的，应当在收到告知后的7个工作日内提出听证要求，执委会应当根据《福建省律师协会会员违规行为处分听证程序的规定》（试行）组织听证。

第四十四条 执委会决定举行听证的，工作人员应当在听证会举行前的7个工作日内将召开听证会的时间、地点通知被投诉人和其他听证参加人。

听证会结束后，工作人员应在3个工作日内将听证记录（或听证报告）及案件新材料提交给委员会主任。需要调取新证据、进行鉴定、勘验的除外。

第四十五条 委员会主任应在工作人员提交听证记录及案件新材料之日起30个工作日内召集执委会全体委员会议，讨论案件，作出处理意见。

第四十六条 工作人员应在3个工作日内将执委会的决定通知审查组负责人，审查组负责人应在7个工作日内根据执委会决定制作处分决定书或决定书并交给工作人员。处分决定书或决定书应当载明下列事项：

（一）被投诉人为个人会员的应载明其姓名、性别、年龄、住所、所在律师事务所和执业证号；被投诉人为团体会员的，应载明其注册名称、执业许可证号、住所地、负责人的姓名和职务；

（二）事实和证据；

（三）结论；

（四）作出决定的律师协会名称；

（五）作出决定的日期。

给予处分的，应写明申请复查的权利、期限。

第四十七条 工作人员在3个工作日内将处分决定书或决定书交给委员会主任；委员会主任应在收到之日起7个工作日内审核完毕，交给工作人员，报律师协会会长签发，以律师协会的名义发布。工作人员应当在处分决定书或决定书签发后的3个工作日内向被投诉人及其所在的律师事务所发出处分决定书或决定书，同时将处理决定的内容告知投诉人。

第四十八条 处分决定书或决定书除直接送达外，也可以邮寄送达，或委托被投诉人所在县（市、区）司法局或所在律师事务所代为送达。送达时应附送达回证。

第四十九条 处分决定书或决定书送达应由被投诉人在送达回证上注明收到日期并签字或盖章，被投诉人在送达回证上签收日期为送达日期。处分决定书或决定书采用邮寄送达的，以挂号回证上注明的收件日期为送达日期。

第五十条 被投诉人拒收时，可由送达人在送达回证上注明情况后，交由被投诉人所在律师事务所代为签收，代为签收日期为送达日期。

第五十一条 被投诉人对委员会作出的决定不服的，可以在接到处分决定书或决定书之日起15个工作日内向福建省律师协会惩戒与复查委员会申请复查。

第五十二条 处分决定生效后，由作出处分决定的福建省律师协会省直分会或设区市律师协会秘书处负责执行。

（一）工作人员应通知被处分会员（如被处分会员为个人的，应包括其所在的律师事务所主任或者其他负责人，下同）到律师协会，由律师协会会长或会长委托的人员当面宣布惩戒决定以及作出惩戒决定所依据的事实和理由，同时对被投诉人给予必要的批评教育。

（二）对于拒不到律师协会接受批评教育的个人会员，律师协会可以要求其就处分决定的执行情况以及对处分决定的认识提交书面检讨，并增加其当年度的律师继续教育的培训课时：对给予训诫处分的被处分会员，增加8小时的培训课时；对给予通报批评处分的被处分会员，增加16小时的培训课时；对给予公开谴责处分的被处分会员，增加24小时的培训课。如果被处分会员拒不参加上述培训，视为未完成当年的继续教育，律师协会可以建议司法行政机关予以暂缓注册；如果被处分会员为律师事务所的，应要求律师事务所主任或其他负责人参加上述培训，拒不参加的，律师协会可以建议司法行政机关对该所予以停业整顿或暂缓注册。

（三）处分决定书涉及财物返还内容的，被处分会员所在律师事务所有协助执行的义务。

第五十三条 虽然投诉不成立，但屡遭投诉的被投诉人，委员会有权向其发出整改意见书，要求其限期整改并将整改报告提交至律师协会。

第五十四条 案件终结后，工作人员应当将案件材料整理归档，长期保存。

第七章 附 则

第五十五条 本规则所指的会员包括依法取得律师执业证书的律师个人会员和依法批准设立的律师事务所团体会员。

第五十六条 福建省律师协会省直分会及设区市律师协会秘书长经常务理事会提名决定可以成为委员会委员。

第五十七条 委员办理案件时所支出的差旅费及相关津贴待遇由福建省律师协会省直分会及各设区市律师协会自行规定。

第五十八条 本规则由福建省律师协会常务理事会通过试行。

第五十九条 本规则由福建省律师协会常务理事会负责解释。

7. 江西省

江西省律师协会常务理事会议事规则

（2005 年 4 月 16 日江西省律师协会第四届常务理事会第五次会议通过）

第一条 为了使常务理事会议制度化、规范化，特制定本规则。

第二条 常务理事会议的主要任务：

（一）贯彻落实党和国家的方针政策，正确执行本级代表大会、理事会的决议、决定；

（二）审议、批准协会重要的规章制度；

（三）审定协会年度工作报告以及会费预、决算报告；

（四）研究决定专门、专业委员会的机构设立、调整或撤销以及正副主任的聘任；

（五）听取并审议专门、专业委员会年度工作报告；

（六）章程规定的有关人事聘任；

（七）讨论决定代表大会、理事会闭会期间其他重大事项。

第三条 常务理事会议原则上三个月召开一次，必要时可以决定提前或延期召开。

第四条 常务理事会议审议的有关材料除临时召集的会议外，秘书处应提前三天发送至各常务理事和其他与会人员。

第五条 会长召集并主持常务理事会议，必要时可以委托副会长召集、主持常务理事会议。常务理事会议应有三分之二以上常务理事参加方可举行，会议决议须到会常务理事半数以上通过。

秘书长、副秘书长和其他与常务理事会议议题有关的人员列席会议。根据需要邀请司法行政机关与相关部门负责人参加。

第六条 常务理事会可以采取书面表决、举手表决或无记名投票表决、通讯表决方式通过决议。

第七条 与常务理事会议审议议题有关的负责人或具体承办人，应当对讨论审议的事项做好充分准备，并根据会议主持人的要求向会议汇报、回答有关问题。

第八条 常务理事会议的决议由秘书处负责执行。如在实际执行中因故需要改变原决议的，应提交常务理事会议重新审议。

第九条 常务理事会议的决议，应形成会议纪要，并印发有关人员和单位。

第十条 参加、列席会议的人员，应遵守保密规定，不得泄露会议的决议。

第十一条 本规则自通过之日起试行。

江西省律师协会会长办公会议议事规则

（2005 年 4 月 16 日江西省律师协会第四届常务理事会第五次会议通过）

第一条 为了提高工作效率，完善决策机制，明确会长办公会议的工作职责，制定本规则。

第二条 会长办公会议的主要任务：

（一）贯彻落实党和国家的方针政策，正确执行常务理事会的决议决定；

（二）讨论制定提交常务理事会议批准的有关行业规章制度；

（三）研究制定律协年度工作报告和财务预算和决算，提交常务理事会批准；

（四）听取秘书处有关工作的情况汇报，提出解决问题的方案和措施；

（五）研究决定各设区市律师协会向省律师协会请示的重要问题，作出批复；

（六）讨论决定常务理事会闭会期间其他重大事项。

第三条 会长办公会议原则上每一个月举行一次，必要时可以临时召开。

第四条 会长办公会议由会长、副会长组成，秘书长、副秘书长和其他与会长办公会议议题有关的人员列席会议。必要时可邀请司法行政机关领导与部门负责人参加。

会长办公会议由会长召集并主持。必要时也可委托副会长主持。

第五条 与会长办公会议讨论议题有关的负责人或具体承办人，应当对讨论事项作充分准备，并根据会议要求向会议汇报、回答有关问题。

第六条 会长办公会议的决定，由秘书处负责执行。如在实际执行中因故需要改变原决定，应当提交会长办公会议重新讨论决定。

第七条 会长办公会议讨论、决定的事项，须编写会议纪要，并印发有关人员及单位。

第八条 参加、列席会议的人员，应当遵守保密规定，不得泄露会议的秘密事项。

第九条 本规则自通过之日起试行。

江西省律师协会专门工作委员会规则

（2005年4月16日江西省律师协会第四届常务理事会第五次会议通过）

第一条 为充分发挥专门工作委员会在律师协会行业管理中的作用，促进实现律师协会各项职能，推动律师事业的发展，根据《律师法》和《江西省律师协会章程》有关规定，制定本规则。

第二条 专门工作委员会是律师协会常务理事会领导下的负责研究、审议和拟订有关律师行业自律议案、规则并且办理相关事务的工作机构。

第三条 律师协会可以根据需要，设置若干委员会；专门工作委员会的设置、调整及撤销由律师协会常务理事会议决定，并报上级律师协会备案。

专门工作委员会组成成员，原则上由本届律师代表大会的代表组成。组成人员应在本级律师协会刊物或网站上予以公示。

第四条 律师协会常务理事会可根据需要对专门工作委员会的机构和人员按本规则规定的程序进行调整。

第五条 专门工作委员会的主要任务：

（一）参加或主持重大课题、问题的调研和调查处理，提出意见、建议；

（二）承办咨询、质询，审议、拟订同本专门工作委员会有关的议案；

（三）参与律师行业管理规范的起草、论证、报审等工作；

（四）受理和调处本专门工作委员会具体职责范围内的事务；

（五）建立与有关政府部门和社会团体的经常性联系；

（六）提出国际交流计划和方案；

（七）根据律师协会授权和各专门工作委员会特点及需要开展其他有关活动。

第六条 专门工作委员会由熟悉律师行业情况，具有丰富执业经验，关心律师事业发展，热心公益事业的执业律师及律师管理人员组成。

专门工作委员会可以根据工作需要，聘请专家若干人作为顾问；顾问可以列席专门工作委员会会议并发表意见。

顾问由律师协会常务理事会聘请。

第七条 专门委员会由主任委员一人，副主任委员2至3人和委员5至7人组成。

主任委员由律师协会常务理事会提名，副主任委员由主任委员提名，必要时，正、副主任委员可由常务理事会指定，律师协会常务理事会议批准。

专门工作委员会可以根据需要设秘书长或干事，负责专门工作委员会日常事务。

第八条 专门工作委员会委员采取由本人自愿报名，省律协秘书处审查后，提交律师协会常务理事会批准的方式产生；必要时，可采取由律师协会秘书处或各专门工作委员会主任提名，经常务理事会批准的方式产生。

第九条 委员受到刑事处分或者有《律师协会章程》第30条列举的行为的，由该委员所在专门工作委员会提出，经常务理事会批准取消其委员资格。

委员不再从事律师及律师管理工作，或连续二次无故不参加专门工作委员会活动，委员资格自动丧失。

第十条 专门工作委员会主任委员主持召集本专门工作委员会会议。

主任委员不在时，可由副主任委员代为行使。

第十一条 主任委员、副主任委员不称职或不履行职责的，可由半数以上委员通过予以罢免，也可由律师协会秘书处提议，经常务理事会批准，予以撤换。

第十二条 专门工作委员会每年应制订本专门工

作委员会年度工作计划，并进行年终工作总结；计划及总结应向常务理事会和秘书处报告。

第十三条 专门工作委员会可定期或不定期举行会议，会议须作记录，并印发会议纪要。

第十四条 以专门工作委员会名义形成的文件及其他材料，应经本专门工作委员会集体讨论，由主任审定。重大问题应提请律师协会会长办公会议或常务理事会审议。

第十五条 专门工作委员会组织活动，应提前15天通知律师协会秘书处，可能产生重大影响或涉及其他单位的，应报经常务理事会批准。

第十六条 各专门工作委员会可根据本规则制定本专门工作委员会工作细则。

第十七条 本规则由江西省律师协会常务理事会负责解释。自常务理事会通过之日起试行。

江西省律师协会专业委员会规则

（2005年4月16日江西省律师协会第四届常务理事会第五次会议通过）

第一条 为了规范各专业委员会的活动，充分发挥各专业委员会的职能作用，提高全省律师的业务素质，根据《中华人民共和国律师法》和《江西省律师协会章程》的规定，结合江西省的实际情况，制定本规则。

第二条 专业委员会是由执业律师组成的，在常务理事会领导下，就某一业务领域组织全省律师开展业务交流、业务研究和业务指导活动的业务机构。

第三条 省律师协会根据律师业务的发展需要，经常务理事会研究，设立若干专业委员会，并且可以根据律师工作的发展状况对专业委员会进行动态增删调整。

第四条 省律师协会秘书处具体负责管理、协调各专业委员会的日常工作。

第五条 申请加入各专业委员会委员应符合以下条件：

（一）具有良好的政治素质；良好的职业道德；能够遵守执业纪律，没有不良行为记录；

（二）经当年注册的执业律师，并已交纳会费；

（三）热心专业委员会的工作；具有奉献精神；

（四）具有本科以上学历，执业经历在三年以上，有较扎实的法学理论功底、丰富的执业经验和较高的相关业务水平；

（五）承办相关专业案件业绩较突出，或者在学术刊物上发表过本专业文章。

符合以上条件的执业律师，经本人申请，省律师协会秘书处审查同意并商请专业委员会主任确定。

第六条 专业委员会设主任委员1人，副主任委员2至3人，委员15至30人。

专业委员会正副主任通过本人自荐，征求各设区市律师协会同意，经省律师协会秘书处审查后提交常务理事会研究决定。

主任、副主任应当具有较高的理论水平、较好的业务素质、较强的组织能力，并且能够勤勉尽责。

主任主持专业委员会的工作，副主任协助主任工作。

第七条 各专业委员会组成人员应当在本级律师协会机关刊物和网站上予以公示。

第八条 各专业委员会应掌握各专业领域的发展状况；突出工作重点，解决各专业领域中的难点问题，研究各专业领域的发展方向，制定各专业领域的中长期业务发展规划，并有计划地开展业务活动。

第九条 专业委员会的任务：

（一）开展业务理论研究，组织实务交流和案例研讨活动；

（二）进行调查研究，为指导律师业务活动提供意见、建议，提出制定业务工作规范；

（三）对立法、司法、执法、法律监督活动及其他社会事务提出意见和建议；

（四）对有重大争论的疑难案件进行研讨、论证，提出法律意见；

（五）开展其他与律师业务有关的活动。

第十条 各专业委员会每年应向理事会或常务理事会报告工作，每年年底前向律师协会秘书处提交下一个年度的活动计划，由省律师协会秘书处统筹安排确定后执行。

第十一条 各专业委员会每年至少组织一次业务活动，并鼓励和允许非委员参加，在活动后形成会议纪要报省律师协会秘书处。

第十二条 各专业委员会委员每年至少向本专业委员会提交一篇内容新、有深度的业务研究论文或者个人办理相关案件的经验材料。

第十三条 各专业委员会的主任、副主任应当尽职尽责地组织好本专业委员会的业务活动，一年未组织活动的，省律师协会常务理事会有权免除其职务。各专业委员会的委员应当积极参加活动，二次不参加活动的或年度内未提交论文者，专业委员会主任可提请省律师协会秘书处取消其委员资格。

专业委员会可以根据需要和本人申请，向省律师协会秘书处推荐吸纳新委员，省律师协会秘书处可根据本规则第五条决定吸纳新委员。

第十四条 各专业委员会开展活动所需经费，应提出预算方案上报省律师协会，由省律师协会核准拨付，同时可以采取自筹和社会赞助等方式解决。

第十五条 各专业委员会可以根据本规则制定相应的活动细则。

第十六条 本规则由省律师协会常务理事会负责解释。自省律师协会常务理事会通过之日起试行。

江西省律师协会理事会议事规则

（2005年4月30日第四届理事会第二次会议通过）

第一条 根据江西省律师协会章程制定本规则。

第二条 理事会会议每年至少举行一次。经常务理事会决定或三分之一以上理事提议，可以举行理事会临时会议。

第三条 理事有按时出席理事会会议和参与表决的义务。因故不能参加会议的应按规定请假。

第四条 理事会会议由会长召集和主持，会长因特殊原因不能履行职务的，由会长指定的副会长召集和主持。

第五条 理事会可邀请司法行政机关的相关领导出席会议，也可邀请设区市的律师协会秘书长列席会议。

第六条 理事会的召开，应由省律协秘书处提前七天向理事发出书面通知。

理事会会议应只对会议通知中列明的议题进行审议。理事会会议议题经常务理事会审查做出决议后，提交理事会审议。

第七条 常务理事会可以向理事会会议提出临时议题；十名以上理事联名可以向理事会会议提出临时议题，临时议题应于理事会召开前三天向秘书处提出，经常务理事会按照议事规则表决后列入会议议题，提交理事会会议审议和表决。

第八条 理事会会议应有理事人数三分之二以上的理事出席方可召开。参会理事二分之一以上的一致意见方可形成理事会决议。

第九条 理事会议题的审议和表决实行民主集中制的原则。理事会会议应安排理事对相关事宜进行讨论和审议，并将讨论和审议的结果和意见向理事会会议公布。

第十条 理事会会议的决议由理事表决通过。表决可采用书面及其他方式通过。

在理事会召开期间讨论和审议的事项，应当采取投票或举手方式表决。理事会的表决应由出席理事过半数同意方为通过。对专门制定表决办法事项的通过按专门办法规定办理。

第十一条 理事会会议闭会期间，出现需要由理事会决定的事项，常务理事会有权决定采用通讯表决的方式作出决议。

省律协秘书处根据常务理事会决定，将需要表决事项的相关资料和发表审议意见的表格及表决票书面提交每位理事进行审议和表决，常务理事会应安排专人就理事的提问进行解答。表决以参与表决的理事过二分之一同意方为通过。参与表决的理事应达理事总人数的三分之二。

以通讯表决通过的决议与理事会会议通过的决议具有同等效力。

第十二条 理事会通过的决议应书面和上网公布。

第十三条 本议事规则由常务理事会提交理事会通过后试行。

第十四条 本议事规则由省律协常务理事会负责解释。

中国共产党江西省律师协会委员会工作规则

（2005年10月28日中国共产党江西省律师协会委员会第六次会议通过）

第一章 总 则

第一条 为坚持和健全党的民主集中制，加强和改进中国共产党江西省律师协会委员会（以下简称省律协党委）的领导，根据《中国共产党章程》，制定本规则。

第二条 本规则适用于省律协党委会全体会议。

第三条 省律协党委要贯彻执行党的路线、方针、政策和国家的法律、法规，在厅党组的领导下，对我省律师事业改革与发展，全省律师行业长远目标和发展蓝图的规划以及我省律师队伍建设的重大事项等方面工作实行全面领导。

第四条 省律协党委应遵循以下原则：

坚持以马克思列宁主义、毛泽东思想、邓小平理论、“三个代表”重要思想为指导，全面贯彻执行党的基本路线和基本方针；

坚持解放思想、实事求是、与时俱进、开拓创新，结合我省律师行业实际贯彻党的路线、方针、政策和上级党组织的指示、决定；

坚持全心全意为人民服务，实行一切为了群众，一切依靠群众，从群众中来，到群众中去的群众路线；

坚持民主集中制，实行集体领导与个人分工负责相结合的制度；

坚持在宪法和法律范围内活动。

第五条 省律协党委的主要任务是：

对本省律师行业的重大问题做出决策；

通过既定的程序使党组织的主张成为本省律师行业的规章或制度；

审查、批准律协的报告事项；

推进全省律师队伍基层党组织的建设；

组织、协调本省各级律协组织积极主动地、独立负责地工作；

动员、组织所属党组织和广大党员律师，团结带领群众实现党的任务。

第二章 职 责

第六条 省律协党委执行上级党组织的指示和党代表大会的决议，领导本省律师行业的工作，其职责是：

（一）制定贯彻执行上级党组织决议、决定的措施。

（二）召集全体委员会议，研究党委的各项工作。

（三）听取和审议各委员的工作报告，对各委员的工作进行监督和评议。

（四）按照规定的程序，负责推荐、提出律协领导的建议名单；根据工作需要，研究决定律协机关内部机构设置和用人计划。

（五）以党的委员会名义向上级党组织请示、报告工作，向所属党组织发布指示、通知，制定以党的委员会名义发出的其他重要文件。

（六）把握我省律师事业改革与发展的正确方向，制订并规划全省律师行业的长远目标和发展蓝图，总结律师工作的重大理论和实践成果。

（七）对我省律师行业队伍建设、党的自身建设以及其他涉及全局性的重大问题作出决策。党委可就律协有关重大事项提出意见或对律协报告的有关事项作出决策。重大事项如：年度报告、行业规划、年度工作要点、财务预决算等。

（八）党委书记、副书记根据工作需要可列席省律协理事会议、常务理事会议、会长办公会议，提出建议，并就党内有关精神及要求提出贯彻落实意见。党委委员根据工作需要也可列席省律协理事会，提出建议。

（九）党委应当充分保障理事会议、常务理事会议、会长办公会议所作出的各项决定或决议得以正确落实；同时，指导并监督省律协秘书处的工作。

（十）对省律协理事会、常务理事会、会长办公会提请秘书处决定的问题作出决策。

（十一）对必须由省律协党委决定的其他重要问题作出决定。

第三章 组织原则

第七条 党委及其成员，必须遵守党员个人服从组织，少数服从多数，下级服从上级，全党服从中央的原则，维护党的集中统一。

必须贯彻执行党中央和上级党组织决定。

党委如果认为上级党组织的决定不符合中央精神或本地区的实际情况，可以请求改变；如果上级组织坚持原决定，本党委必须执行，并不得公开发表不同意见，同时再向上一级党组织报告。

省律协党委每年必须向上级党组织作一次全面工作情况报告。执行中央和上级党组织某项重要决定的情况要进行专题报告。遇有突发性重大问题应及时请示报告。

第八条 省律协党委要保证下级党组织能正常行使职权，支持下级党组织积极主动、创造性地开展工作。凡属应由下级党组织处理的问题，如无特殊情况，上级党组织不干预。

省律协党委在对下级党组织有关的重要问题作出决定时，通常情况下应征求下级党组织的意见。需要让下级党组织了解的重要情况和重大问题，应及时向下级党组织通报。

第九条 党委实行集体领导和个人分工负责相结合的制度。凡属党委职责范围内决定的问题，必须由集体讨论决定。任何个人或少数人无权决定重大问题。委员在集体讨论决定问题时，应畅所欲言，充分发表个人意见。委员个人对集体作出的决定如有不同意见，在坚决执行的前提下，可以保留意见，也可以向上级党组织报告。

党委委员要有明确的分工。每个委员对分管的工作要敢于负责，切实履行职责；对于不属于自己分管的工作也要关心，主动提出意见和建议。

第十条 党委决定重要问题，应充分酝酿讨论，然后进行表决。对于少数人的不同意见，应当认真考虑。如对重要问题发生争论，双方人数接近，除在紧急情况下必须按多数执行外，应当暂缓作出决定，进一步调查研究，交换意见，下次再表决；在特殊情况下，也可将争论的情况向上级党组织报告，请求裁决。

第十一条 党委书记负责组织党委会活动，协调党委委员的工作。

书记带头执行民主集中制，充分发挥党内民主，善于集中正确意见，自觉接受委员的监督。

党委委员应支持书记的工作，接受书记对自己工作的检查、督促。

党委委员应自觉维护党委内部的团结，互相信任，互相谅解，互相支持，互相帮助，互相监督。

第十二条 党委委员对应该保密的会议内容和讨论情况，必须严守秘密，不得泄露。

第十三条 党委委员在本行业调查研究、检查指导工作或参加其他活动时，可以发表指导工作的个人意见。个人意见必须符合党委集体决定的精神。凡代表党委发表的重要讲话和重要文章，应经过党委讨论。

第四章 议事和决策

第一节 党委会

第十四条 党委会议一般每月召开一次，如遇重要情况可随时召开。

党委会议由书记召集并主持。书记不能参加会议时，可委托副书记召集并主持。

第十五条 党委会议的议题由书记确定，或由书记委托副书记确定。党委会议召开的时间、议题，一般应在会议召开5天前通知各委员，会议有关材料一般应同时送达。

第十六条 党委会议必须由有半数以上委员到会方能举行。讨论人事问题时，应有三分之二以上的委员到会参加方能举行。

委员因故不能参加会议，应在会前请假，其意见可用书面形式表达。

根据工作需要，党委会议主持人可确定有关人员列席党委会议。

第十七条 党委会议进行表决时，赞成票超过应到会委员人数的半数为通过。未到会委员的书面意见不能计入票数。

表决可根据讨论事项的不同内容，分别采取口头、举手、无记名投票或记名投票方式。

会议决定多个事项的，应逐项表决。

推荐、提名和决定人事聘用（包括律协机关领导、文员）、奖惩事项，应逐个表决。

对党委委员作出撤销党内职务、留党察看或开除党籍的处分决定，必须由党委会三分之二以上委员同意，并经上级党组织批准。

第十八条 党委会议应有专人记录，决定事项应编发会议纪要。

第十九条 经党委会议讨论通过的、以党委名义上报或下发的文件，由书记或书记委托的副书记签发。

第二十条 对重大突发事件和紧急情况，来不及召开党委会议的，书记或副书记或委员可临机处置，事后应及时向党委报告。

第二节 书记办公会

第二十一条 书记办公会可根据工作需要召开。

书记办公会不是一级决策机构，不得决定重大问题。

第二十二条 书记办公会议事范围：

（一）酝酿需要提交党委会议讨论决定的问题；

（二）对党委会决定事项的组织实施进行协调；

（三）交流日常工作情况。

第三节 重大问题决策

第二十三条 党委会必须实行民主的科学的决策。对重大问题的决策，一般应经过下列程序：

（一）在调查研究的基础上提出方案，有的问题应提出两个以上可供比较的方案；

（二）方案提出后，一般应征求下级党组织或省律协理事会、常务理事会、会长办公会的意见；必要时，应组织专家、学者进行分析论证，作出评估；

（三）召开党委会议充分讨论，进行表决。

第二十四条 党委会作出的决策，由党委委员分工负责组织实施。

决策实施中，应加强督促检查和信息反馈。对决策进行重大调整或变更，应由作出该决策的党委会决定。

第五章 思想作风和工作作风

第二十五条 党委委员必须认真学习马克思列宁主义、毛泽东思想、邓小平理论、“三个代表”重要思想和党的路线、方针、政策及决议，努力用马克思主义的立场、观点、方法分析和解决实际问题。

党委会应坚持和健全学习制度。学习时间、内容、方法根据实际情况确定。

第二十六条 党委委员必须坚持解放思想，实事求是，一切从实际出发，讲真话，办实事，求实效。

第二十七条 党委委员必须清正廉洁，勤政为民，以身作则，公道正派，艰苦朴素。

第二十八条 党委委员必须密切联系群众，经常深入调查研究。

第二十九条 党委委员必须参加双重组织生活，认真开展批评与自我批评。

第三十条 党委会应当集中精力议大事、抓大事，应当减少事务性活动，提高工作效率和质量。

第六章 监督和处分

第三十一条 党委会及其成员执行本规则的情况，应当受到监督。

（一）党委会应将检查执行本规则的情况列入民主生活会议题，每年至少检查一次。

（二）党委会及其成员执行本规则的情况，应当接受党员、群众和舆论监督。

第三十二条 对违反本规则的行为，应依照有关规定和程序给予处理：

（一）党委会及其成员不履行职责或不按组织原则办事的，应当批评纠正，造成损失的，必须追究责任。

（二）党委会及其成员违反议事规则和决策程序的，应当批评纠正，造成重大损失的，必须给予党的纪律处分。

（三）党委委员泄露应该保密的会议内容和讨论情况的，应当批评教育，情节严重的，必须给予党的纪律处分。

（四）对执纪和批评、检举、控告人员进行刁难或打击报复的，应当批评教育，情节严重的，必须给予党的纪律处分。

（五）对违反本规则的其他行为，应当批评纠正，情节严重的，必须给予党的纪律处分。

第七章 附　　则

第三十三条 本规则由省律协党委负责解释。

第三十四条 本规则自下发之日起实施。

8. 河南省

中共河南省律师协会党组工作规则（试行）

（2005 年 12 月 16 日河南省律师协会党组第二次会议通过）

第一章 总　　则

第一条 为坚持和健全党的民主集中制，加强省律协党组工作，促进党组工作民主化、科学化、制度化、规范化，根据《中国共产党章程》、《中国共产党党内监督条例（试行）》和有关规定，制定本规则。

第二条 省律协党组由省司法厅党委决定设立，党组成员名单由省司法厅党委决定。党组职责由省司法厅党委决定。

第三条 省律协党组在省司法厅党委领导下开展工作，党组工作遵循以下原则：

坚持以马克思列宁主义、毛泽东思想、邓小平理论和“三个代表”重要思想为指导，坚持党的基本理论、基本路线、基本纲领、基本经验。

坚持解放思想、实事求是、与时俱进。

坚持全心全意为人民服务，立党为公，执政为民，贯彻执行一切为了群众，一切依靠群众，从群众中来，到群众中去的群众路线。

坚持民主集中制原则，实行集体领导、民主集中、个别酝酿、会议决定以及集体领导和个人分工负责相结合的工作制度。

坚持依法办事，严格在宪法和法律法规及律师协会章程的范围内活动。

坚持调查研究，不断改进作风，克服形式主义，防止官僚主义，求真务实，真抓实干，提高工作质量和效率。

第二章 职责任务

第四条 贯彻执行党的路线、方针、政策，认真执行司法厅党委的决议。

第五条 研究省律师协会工作中的重大问题。

第六条 宏观指导全省律师行业的党建工作。

第七条 研究向省司法厅党委请示报告工作，以律协党组名义发布重要文件。

第八条 完成厅党委交办的有关事项。

第九条 党组会议议事范围：

1. 传达和学习上级有关部门的重要会议、重要文件、重要指示，研究提出贯彻落实的意见；

2. 研究律协党组向司法厅党委的请示、报告；

3. 研究省律协年度工作计划、总结和部署重要工作，研究省律协召开的重要会议议题及重要文件；

4. 研究以律协党组名义上报、下发的重要文电；

5. 研究决定向省律协提交的人事任免、调整名单，研究决定其他重要人事推荐名单、奖惩事项；

6. 研究律师行业党组织建设工作宏观指导意见；

7. 研究省律协财务、基建安排中的重要事项；

8. 研究律协党组自身建设中的重要问题。

第三章 党组会议

第十条 省律协党组会议一般每季度召开一次，

如遇重要情况可随时召开。党组会议由党组书记召集并主持。书记不能参加会议时，可委托其他党组成员召集并主持。

第十一条 党组会议的召开时间、议题，一般应在会议召开前一至两天通知到各位党组成员。会议中一般不临时增加议题。

第十二条 党组会议必须有半数以上党组成员到会方可举行，讨论人事、奖惩、财务问题时，应有三分之二以上成员到会方可举行。党组成员不能参加会议，应在会前向党组书记请假。对缺席的党组成员，应在会后向他们转达讨论决定的事项。

根据议题需要，有关人员可列席党组会议，列席人员由会议主持人确定，列席会议的同志对所讨论的议题可以发表意见。

第十三条 坚持集体领导、民主集中、个别酝酿、会议决定的原则。党组成员在集体讨论决定问题时，应畅所欲言，充分发表个人意见。决定重要问题，应当充分酝酿讨论，对于少数同志的不同意见，应当认真考虑。如对重要问题发生争论，应当暂缓作出决定，进一步调查研究，交换意见，下次会议再讨论，在特殊情况下，也可将争论情况向省司法厅党委报告，请求决定。党组成员个人对集体作出的决定如有不同意见，在坚决执行的前提下，可以保留意见，也可以向司法厅党委陈述个人意见。

第十四条 会议如有表决事项，可根据讨论事项的不同内容，分别采取口头、举手、无记名投票或记名投票的方式，赞成票超过应到会党组成员的半数为通过。

第十五条 党组会议由专门人员负责记录。根据情况可编印会议纪要，由书记签发，也可由书记委托的党组成员签发。

第十六条 经党组会议研究决定的事项，由律协秘书处或由分管党组成员负责组织并督促有关单位办理落实。

第四章 文件审批

第十七条 经党组会议讨论决定，以省律协党组名义上报的文电，一般由兼任律协秘书长的党组成员审核，然后报党组书记审定签发。

第十八条 经党组会议讨论决定，以省律协党组名义下发的文电，涉及人事工作和其他重大事项的，由党组书记签发，其他的可由分管党组成员签发。

第五章 党组工作纪律和工作作风

第十九条 党组成员平时在本职岗位上工作，参加所在单位党支部组织活动。

第二十条 党组及党组成员要自觉遵守党的纪律，做遵守和维护纪律的模范。

第二十一条 党组成员代表律协党组发表重要讲话或重要文章，以律协党组成员身份参加会议或其他活动，要事先征得党组书记的同意。

第二十二条 党组成员要自觉维护党组内部的团结，彼此之间要互相信任，互相支持，互相体谅，互相帮助，经常通气，协商共事。

第二十三条 党组成员要增强保密意识，遵守各项保密法律法规，自觉遵守保密纪律。党组会议的内容及讨论的情况，除决定可以向会外通报的外，与会人员都要保守秘密，不得向会外人员传播泄露。

第二十四条 党组成员要密切联系群众，注意听取群众的意见和呼声，在本职岗位发挥一个党员的先锋模范作用。

第二十五条 本规则自2006年元月1日起试行。

河南省律师队伍基层党组织工作规范

（2005年12月16日河南省律师
协会党组第二次会议通过）

为了巩固保持共产党员先进性教育活动的成果，建立律师队伍基层党组织建设的长效机制，根据《中国共产党章程》和党内有关规定，结合我省律师工作实际，制定本规范。

第一章 党支部、党总支

第一条 律师事务所党支部是党的基层组织，在党的建设中发挥战斗堡垒作用。律师事务所党支部的主要任务是：

（一）宣传贯彻党的路线、方针、政策，执行上级党组织和本组织的决议，充分发挥党员的先锋模范作用，团结、组织党内外的干部和群众，努力完成本单位所担负的任务。

（二）组织党员认真学习马克思列宁主义、毛泽东思想、邓小平理论和“三个代表”重要思想，学习政治理论，学习党的基本知识，学习科学、文化和业务知识。

（三）对党员进行教育、管理和监督，提高党员素质，增强党性，严格党的组织生活，开展批评与自我批评，维护和执行党的纪律，监督党员切实履行义务，保障党员的权利不受侵犯。

（四）密切联系群众，经常了解群众对党员、党的工作的批评和意见，维护群众的正当权利和利益，做好群众的思想政治工作。

（五）对要求入党的积极分子进行教育和培养，做好经常性的发展党员工作。

（六）教育和监督律师党员和其他执业律师严格遵守国家法律，严格遵守党的政治纪律、组织纪律、经济工作纪律、群众工作纪律，诚信执业，维护公平正义，维护当事人的合法权益。

（七）教育党员和群众自觉抵制不良倾向，坚决同各种违纪违法行为作斗争。

（八）承担上级党组织交办的其他任务。

第二条 党支部的设置

（一）律师事务所凡有正式党员三人以上的，经司法局直属机关党委批准可以成立党支部；一个律师事务所党员不足三人的，两个以上律师事务所三名以上党员，可以成立联合党支部。

（二）党支部委员的职数设置，应根据党员人数和工作需要决定。一般情况下，支部委员会有3至5人组成，可设支部书记、支部副书记、组织委员、宣传委员、纪律检查委员。支部委员的职数少于4人时，纪律检查委员可由组织委员兼任。

（三）党员不足7人的党支部，不设支部委员会，由党员大会选举支部书记1人，必要时增选副书记1人。

支部委员会每届任期三年。

（四）经局直属机关党委批准，设立市司法局（或市律师协会）直属律师党总支。具体组织各律师党支部工作。

党总支每届任期三年。委员由律师管理部门负责人、部分律师事务所支部书记担任，由律师党员代表大会选举产生，报局直属机关党委批准后开始履行职责。

第三条 换届选举工作程序

（一）在党的支部委员会任期届满之前（一般提前一至两个月），召开支委会研究换届选举工作。主要确定召开党员大会的时间、指导思想、主要议程，以及下一届支部委员会的人选等。会后，向直属律师党总支写出关于换届选举的请示，内容包括：换届选举的时间，下届党支部委员会的组成人选和委员设置方案等。

（二）直属律师党总支报局直属机关党委批准后，召开支部党员大会，由支委会向党员大会报告本届支委的工作，通过选举办法，以无记名投票方式，差额选举产生支部委员会。

（三）召开支部委员会，选举产生支部书记、副书记，并对委员进行分工。

（四）向直属律师党总支写出党支部换届选举的报告。内容包括：选举情况、选举结果、支部委员分工情况等。

（五）直属律师党总支报局直属机关党委批复后，党支部委员会即可履行职责。

第四条 调整支部委员工作程序

（一）因支委工作变动，须调整支委的，应向直属律师党总支写出关于调整支部委员的请示。内容包括：调整支委的原因、拟任支委的情况。

（二）直属律师党总支报局直属机关党委批准后，召开支部党员大会表决通过。

（三）局直属机关党委批复后，即可履行职责。

直属律师党总支的换届和人员调整程序同党支部。

第五条 支部书记的主要职责

支部书记在支部委员会领导下，按照支部党员大会、支委会的决议，负责主持党支部的日常工作，主要职责是：

（一）召集支部委员会和党员大会，结合本单位的具体情况，认真传达贯彻执行党的路线、方针、政策和上级决议、指示；研究安排支部工作，将党支部工作中的重大问题，及时提交支部委员会和支部大会讨论决定。

（二）了解掌握党员的思想、工作和学习情况，发现问题及时解决，做好经常性的思想政治工作。

（三）检查党支部工作计划、决议的执行情况及党支部目标责任制的完成情况，总结支部工作，及时向支部委员会、支部大会和上级党组织报告工作。

（四）经常与支部委员和律师事务所负责人保持密切联系，交流情况，协调工作，充分调动各方面的积极性。

（五）搞好支部委员会的自身建设，按时召开支委生活会，加强团结，充分发挥支部委员会的集体领导作用。

支部副书记协助书记工作。支部书记不在时，由副书记或书记指定的委员主持党支部的日常工作。

第六条 组织委员的主要职责

（一）了解和掌握支部的组织状况，根据实际情况，提出党小组的划分和调整意见，检查和督促党小组过好组织生活。

（二）了解和掌握党员的思想状况，协助宣传委员、纪检委员对党员进行思想教育和纪律教育，整理党员的先进模范事迹，及时向支部委员会提出表扬和奖励党员的建议。

（三）负责做好发展党员工作。及时了解和掌握要求入党的积极分子的情况，并负责对入党积极分子和预备党员进行培训、教育和考察工作。提出发展党员工作的意见，办理接收新党员和预备党员转正的手续。

（四）做好党员的管理工作，按时收缴党费，定期完成党员统计工作，搞好党员登记和鉴定等。

第七条 宣传委员的主要职责

（一）了解掌握党员和群众的思想情况，提出宣传教育工作的意见，拟定学习计划。

（二）组织党员认真学习政治理论，学习党的基本知识，完成上级布置的学习任务，组织党课学习，做好思想政治工作。

（三）围绕支部的中心工作，开展多种形式的宣传鼓动工作和主题教育活动。指导本单位的群众学习科技文化知识，组织开展丰富多彩的文化体育活动等。

（四）搞好党报党组织活动信息沟通工作，有条件的支部办好本支部的宣传阵地。

第八条 纪检委员的主要职责

（一）经常对党员进行党性党风党纪教育，不断提高全体党员遵纪守法的自觉性。

（二）维护党员的民主权利，使之不受侵犯。负责受理和转递党员的控告和申诉。考察了解受处分党员改正错误的情况。

（三）经常对党员进行纪律监督，认真配合调查处理党员违纪案件。

第二章 党员管理

第九条 党员组织关系

党员组织关系是指党员对党的基层组织的隶属关系，按照党章规定，每个党员不论职务高低，都必须编入党的一个支部、小组或其他特定组织，参加党的组织生活，接受党内外群众的监督。

党员组织关系的凭证有三种，即中国共产党党员组织关系介绍信、中国共产党党员证明信和中国共产党流动党员活动证。

（一）党员组织关系介绍信是党员变动组织关系的凭证。党员因工作单位发生变化，外出学习和工作时间较长（六个月以上）且地点比较固定的，应按规定转移党员正式组织关系，即开具党员组织关系介绍信。党员组织关系转出后，党员在党组织中的隶属关系随即发生变化，党员应在转入单位党组织参加党的组织生活，交纳党费等。

（二）党员证明信是党员临时外出参加组织生活的凭证，即党员临时组织关系。党员临时外出、开会、实习、学习、考察等，持党员证明信，证明其党员身份。党员证明信一般只限在六个月内使用。持党员证明信的正式党员，其组织关系没有转移，仍在原单位参加党的组织生活、交纳党费和享有表决权、选举权和被选举权。

（三）流动党员活动证是党员外出地点、时间不确定时持有的凭证。

（四）转移党员组织关系，是党组织一项严肃的工作。党员组织关系介绍信是党员政治身份的证明。介绍信的有效期可根据具体情况确定，一般不应超过三个月。党员组织关系介绍信由党员自己携带，不能自己携带的，应由机要交通或机要邮政转递。

（五）局直属律师事务所党支部党员的调入调出，由直属律师党总支报局直属机关党委接转党员组织关系，党支部不得自行接转党员组织关系。

第十条 党的组织生活

党的组织生活是指党组织对党员进行教育、管理、监督，以促使党员发挥先锋模范作用的一种党内生活制度。党支部的组织生活情况必须记载在党支部专用记录本上。

（一）党的组织生活的内容，应该紧紧围绕党的建设和党员管理的根本目的和任务，着眼于提高党员素质，增强党员党性，充分发挥党员先锋模范作用来确定。其主要内容包括：

1. 组织党员学习马列主义、毛泽东思想，特别是邓小平理论和“三个代表”重要思想，学习党的路线、方针、政策，学习时事政治、党的基本知识，学习党章和党内政治生活的准则，学习科技文化和业务知识，不断提高党员的思想政治觉悟和政策水平，增强党性修养。

2. 传达中央及上级党组织的指示、决定、文件，并组织党员学习讨论，领会其精神实质，同时结合本律师事务所、本支部的实际，论证或制定贯彻执行的计划和措施。

3. 向党员布置任务，提出要求；听取党员的思想汇报，检查党员学习、工作及完成党组织交办任务的情况。

4. 本着“团结—批评—团结”的原则，认真开展批评与自我批评，以达到既弄清思想、分清是非，又团结同志、共同提高的目的。

5. 分析群众的思想情绪，反映群众的意见和要求，研究加强和改善群众思想政治工作的措施和意见。

6. 讨论发展党员的工作计划，制定培养、教育、考察积极分子的措施，讨论接收预备党员及预备党员的转正问题。

7. 检查全体党员执行党章的情况和遵守国家法律、法规的情况；讨论党员在党性党风党纪方面存在的问题，提出处理违纪党员和不合格党员的意见；推荐表彰优秀党员。

8. 组织党员参观革命遗址或革命文物展览，进行党史或党的优良传统教育；组织党员听取英模人物的事迹报告，参加社会公益活动等。

9. 通过支委会和支部党员大会讨论决定本支部的重大问题及相关事宜；开展其他适合党员特点的各种形式的活动。

（二）党的组织生活的形式主要有支部党员大会、支部委员会、党小组会、上党课、党员思想汇报等形式。

1. 支部党员大会

支部党员大会是党支部全体党员（包括预备党员）参加的会议，是党支部的最高领导机关，在党支部中享有最高决策权、选举权和监督权。支部党员大会一般每三个月召开一次。支部党员大会由支部委员会召集，由支部书记主持，会议议题由支部委员会根据上级党组织的指示和工作需要确定。党员大会的内容由支部委员会在会前通知党员。要有本支部半数以上的党员参加才能开会。大会决议必须经应到会正式党员半数以上通过，方能有效。

支部党员大会的主要内容是：传达上级党组织的决议，指示；支部讨论和通过支部委员会的工作报告；讨论并通过支部工作计划；讨论接收新党员和预备党员转正问题；提出对党员的奖励及处分意见；选举支部委员和出席上级党的代表大会的代表；罢免、撤换不称职的支部委员和出席上级党的代表大会的代表；贯彻上级党组织布置的任务；支部委员会提交的其他问题。

2. 支部委员会

支部委员会是党员大会选举产生的，是党支部的领导班子。按照党章的规定，支部委员会每届任期三年。支部委员会一般每月召开一次，也可根据需要随时召开。

支部委员会主要研究讨论以下内容：如何贯彻执行上级党组织的决议、决定、指示；党支部工作的计划、总结、重要活动的安排和部署等；党员发挥先锋模范作用的问题，保证完成工作、学习等任务；党员管理教育工作和思想政治工作；发展党员工作；党员奖惩工作；党支部自身建设的问题等。

3. 党课

党课是党组织以授课形式定期对党员进行教育的一种方法。党课至少每半年安排一次。党课的内容一般包括：党的基本理论、党的基本知识、党的基本路线、方针、政策和现代科学、技术及其他新知识，以及与本单位党员实际相关、教育意义深刻的内容。

4. 思想汇报

思想汇报是党员向组织汇报自己在一段时间里，或一个重大事件、活动中的思想认识过程和行为、表现的一种方式。思想汇报可分为党员日常思想汇报、外出流动党员思想汇报、预备党员转正思想汇报等种类。党员日常思想汇报一般每年一次。

党员思想汇报的内容主要有：对党的性质、纲领和路线、方针、政策的认识；学习党的基本理论、基本知识的体会；参加党的组织活动的体会与收获；贯彻执行党的决议和完成党交给的任务，履行党员义务和行使党员权利过程中的情况和问题，个人进步过程中遇到的矛盾和问题；个人的思想状况和打算；对一些重大问题或某一重要事件的认识过程等。

5. 党员鉴定

党员鉴定是指通过一定的程序，党组织对党员在一定时期的思想、工作、学习、纪律、作风、廉政建设等方面的表现作出的书面定性评价。对党员进行鉴定，是党组织正面考察了解党员的一种有效形式。党员在调动工作时或在参加较长时间的脱产学习告一段落时，都应进行鉴定。在平时或年终总结工作进行民主评议党员工作时，党组织也应对党员作出鉴定。

第十一条 民主评议党员

民主评议党员制度是按照党章规定的党员条件，通过对党员的正面教育、自我教育和党内外群众的评议以及党组织的考核，对每个党员在各项工作中的表现和作用作出客观的评价，并通过组织措施，达到激励党员、纯洁党组织、整顿党员队伍的一种加强党的建设的制度。民主评议党员工作每年进行一次。

第十二条 党籍和党龄管理

（一）党籍是指党员资格。一个申请入党的同志，当他履行了入党手续，从被批准为预备党员之日起，即取得了党员资格，就有了党籍。

（二）自行脱党党员党籍的处理

党员如果没有正当理由，连续六个月不参加党的组织生活，或不交纳党费，或不做党所分配的工作，就被认为是自行脱党。支部大会应当决定把这样的党员除名，并通过直属律师党总支报上级党组织批准。

（三）自愿退党党员党籍的处理

党员有退党的自由。党员要求退党的应当经支部大会讨论后宣布除名，并报上级党组织备案。

（四）劝退出党党员党籍的处理

党员缺乏革命意志，不履行党员义务，不符合党员条件，党的支部应当对他进行教育，要求他限期改正；经教育仍无转变的，应当劝他退党。劝党员退党，应当经支部大会讨论决定，并经厅直律师事务所党总支报上级党组织批准。如被劝告退党的党员坚持不退，应当提交支部大会讨论，决定把他除名，并厅直律师事务所党总支报上级党组织批准。

（五）被开除党籍党员党籍的处理

开除党籍是党内最高的纪律处分。严重触犯刑律的党员必须开除党籍；党员经过留党察看仍坚持错误而不改正的，应当开除党籍。给予厅机关党员开除党籍处分，必须经过支部大会讨论通过，厅直律师事务所党总支报厅直党委审批后，并报省直纪工委审查批准。

（六）党龄是党员成为正式党员后的全部时间。党龄表示一个党员在党内生活和工作的实际经历。党员的党龄应从其预备期满转为正式党员之日算起。

由于党在不同的历史时期面临的任务、环境等不同，党在历次代表大会上通过的党章关于党龄的规定亦有所不同，党员的党龄应当依他入党时的党章规定来确定。

第十三条　党费收缴

党费是党员向党组织交纳的用于党的事业和党的活动的经费。按时交纳党费，是共产党员必须具备的一个超码条件，是党员对党应尽的义务，是党员关心党的事业的具体表现。

（一）在一般情况下，党员应按月交纳党费。对于没有正当理由不按期交纳党费的，应对其进行批评教育。党员没有正当理由连续六个月不交纳党费，按自行脱党处理。如遇特殊情况，本人按月交纳党费有困难的，经党支部委员会同意，可以补交或预交党费，但补交或预交党费的时间一般不得超过三个月。

（二）党员交纳党费的标准

凡有工资收入的党员，每月以国家规定的工资总额中相对固定的、经常性的工资收入计算基数，按规定比例交纳。

凡有工资收入的党员，按以下比例交纳党费：每月工资收入在400元（含400元）以下者，交纳月工资收入的0.5%；400元以上至600元（含600元）者，交纳月工资收入的1%；600元以上至800元（含800元）者，交纳月工资收入的1.5%；800元以上（税后）至1500元（含1500元）者，交纳月工资收入的2%；1500元以上（税后）者，交纳月工资收入的3%。

（三）退休党员交纳党费的标准

律师退休以后按国家社会统筹标准领取养老保险金，仍属于有固定收入的党员。这部分党员要以国家养老保险金为交纳党费的计算基数，参照有固定工资收入的党员党费交纳比例规定交纳党费。

（四）流动党员交纳党费的办法

党员向其正式组织关系所在党组织交纳党费。持《流动党员活动证》外出的党员，外出期间持证向外出所在地党组织交纳党费。流动党员必须增强组织观念，自觉交纳党费，按照外出流动后的实际收入，根据规定的比例和标准主动及时地将党费上交给党组织。

（五）预备党员交纳党费问题

预备党员从支部大会通过其为预备党员之日起交纳党费。

第十四条　党内表彰

党内表彰是各级党组织通过典型示范作用，教育引导、激励党组织和党员，充分调动各级党组织和党员的积极性，弘扬正气，加强党组织和党员队伍建设的有效手段。

党内表彰要体现先进性、时效性、严肃性和规范性。党内表彰的种类主要有：优秀共产党员、优秀党务工作者和先进党支部。

第三章　发展党员

第十五条　发展党员的指导方针是：坚持标准、保证质量、改善结构、慎重发展。

第十六条　发展党员工作程序

（一）申请人向党支部递交入党申请书

本人自愿向党组织提出申请；党支部要对申请入党的同志进行登记，列入培养计划。

（二）党支部确定入党积极分子

对申请入党的同志在一般情况下至少经过一年培养教育，经支委会讨论，才能确定为入党积极分子，并在支部大会上宣布，厅直属律师事务所党总支备案。

（三）党支部指定培养人

党支部要确定2名正式党员为其培养联系人，同时建立《入党积极分子卡片》，由培养人负责填写，并交党支部统一保存。党组织要吸收入党积极分子参加一些党内活动。培养人每月对其谈一次话，并认真填写谈话记录，每季度考察汇报一次，并由党小组、党支部签署意见。入党积极分子每季度向党组织汇报一次思想和工作情况。

（四）确定发展对象

入党积极分子必须经过一年以上的培养、教育和考察。要对其进行党的基本理论、基本知识教育，使他们懂得党的性质、纲领、指导思想、宗旨、任务、组织原则和纪律，懂得党员的义务和权利；要帮助入党积极分子端正入党动机，树立为共产主义事业奋斗终身的信念；要通过多种方法和途径对入党积极分子进行认真的考察和审查。条件成熟后，才能被党组织列为发展对象。确定发展对象要经直属律师党总支报局直属机关党委审查备案。

（五）培训

发展对象要参加局直机关党委组织的入党积极分子培训，未经培训或培训不合格的，不予发展。

（六）政审

1. 凡是没有经过政治审查的发展对象，不能发展入党。

2. 对发展对象进行政治审查的主要内容：对党的路线、方针、政策的态度；本人的政治历史和在重大政治斗争中的表现；直系亲属与和本人关系密切的主要社会关系的政治情况等。

直系亲属一般指发展对象的父母、配偶、子女或养子女以及抚养其成长的亲属。与本人联系密切的主要社会关系通常指政治上、思想上、生活上与其为密切关系的旁系亲属。

3. 政治审查的主要形式：同发展对象谈话；审查发展对象的档案；函调；派人外调等。

4. 对直系亲属和主要社会关系调查的内容一般包括：

（1）本人基本情况（包括姓名、性别、年龄、政治面貌、文化程度、现任职务等）；（2）对党的十一届三中全会以来的路线、方针、政策的态度及表现如何；（3）现实表现如何；（4）有无重大政治历史问题，结论如何；（5）在“文革”期间、“八九”政治风波中有无问题，表现如何；（6）反对“法轮功”等邪教组织的态度及表现如何。

（七）认真填写《入党志愿书》

培训和政审后，党支部向直属律师党总支报告发展对象情况；直属律师党总支考察认为符合发展条件的，报局直机关党委审查，符合规定标准的下发《入党志愿书》。申请人在入党介绍人（一般是培养联系人）的指导下，认真填写《入党志愿书》，并由党支部审查。

（八）党支部召开接收预备党员大会

接收预备党员的党员大会人数必须超过应到人数的半数以上；支部大会讨论发展党员时，发展对象及其入党介绍人必须到会。如发展对象不能参加会议时，支部大会应改期讨论。支部大会讨论两人以上入党时，必须逐个讨论和表决。

（九）召开接收预备党员支部大会的程序

1. 主持人报告出席会议的党员人数，提出会议议题，指定会议记录人；

2. 入党申请人汇报对党的认识、入党动机、本人履历、现实表现，以及需要向党组织说明的其他情况；

3. 入党介绍人介绍申请人的主要情况和培养情况，并对其能否入党表明意见；

4. 支委会报告对申请人审查的情况，并提出对其能否入党的意见。审查内容包括：申请人基本情况和表现，申请人的政治历史、直系亲属和主要社会关系的审查情况，党内外群众对申请人的评价和意见；

5. 与会党员充分发表意见，对申请人能否入党进行讨论；

6. 申请人对支部大会讨论的情况表明自己的态度；

7. 与会正式党员采取举手或无记名投票的方式进行表决。赞成人数超过应到会有表决权的党员的半数，即可做出同意接收申请人为预备党员的决议。大会讨论表决时，申请人可以不回避。

8. 支部书记对支部大会作简要总结。

（十）支部大会通过接收预备党员决议的主要内容

支部大会决议主要包括以下内容：申请入党人的主要优点、缺点，应到会和实到会的正式党员人数，对申请人能否被接收为预备党员的表决结果（赞成不赞成和弃权的票数各有多少），以及通过决议的日期等。党支部要将支部大会决议填写在《入党志愿书》上，并及时报直属律师党总支。

（十一）直属机关党委审批

党支部上报《入党志愿书》及相关材料后，直属律师党总支及时进行考察并报局直机关党委在三个月内做出审批意见，审批前要在适当范围对预备党员进行不少于3天的公示，指派专人谈话；审批意见要注明预备期起止时间（从支部大会通过之日起算）；审批后通过直属律师党总支及时通知党支部。

（十二）组织入党宣誓

通过审批后，要组织适当时间进行入党宣誓。

第十七条 预备党员的转正

（一）听取预备党员汇报

党支部要定期听取汇报，经常找预备党员谈心、交心，指出缺点和不足，明确努力方向。发现比较重要的情况或问题，要及时研究、解决。

（二）定期考察

建立《预备党员考察表》，党支部定期听取党小组和培养人的汇报，每季度对预备党员的表现情况讨论讲评一次，并实事求是地做出鉴定。

（三）预备党员转正的程序

预备党员预备期满时，本人要主动以书面形式向党支部写出转正申请；党小组经过讨论提出是否转正的意见；党支部根据转正申请、党小组意见、群众反映和支委会的考察情况，提出意见；召开支部党员大会进行讨论、表决；党支部做出转正决议后，通过直属律师党总支报局直机关党委审批。支部党员大会讨论预备党员转正要在预备期满二个月内进行，局直机关党委要在支部报送三个月内召开党委会讨论审批。预备党员预备期满未按时申请转正的，党支部党员大会和局直机关党委未按时讨论、审批的，要根据不同情况，按有关规定提出处理意见。

如不能按期转正的，延长预备期不能少于半年，最长不能超过一年。

（四）召开预备党员转正支部大会的程序

1. 申请转正的预备党员汇报自己在预备期间的表现，肯定成绩和进步，找出缺点和不足，表明自己的态度和决心，向党组织说明有关问题；

2. 党小组介绍预备党员在预备期间的表现情况和小组意见；

3. 支委会介绍对预备党员在预备期间的教育和考察情况，提出能否转为正式党员的意见；

4. 支部大会进行讨论，与会同志充分发表意见，并采取举手或无记名投票的方式进行表决，做出决议。

（五）党支部大会通过预备党员转正决议的主要内容

主要包括以下内容：预备期间的优点缺点，应到会和实到会的正式党员人数，对预备党员能否通过的表决结果，以及通过决议的日期等。

第十八条 有关材料要及时入档

（一）支部大会通过表决党员转正后，三天内应将有关材料交直属律师党总支。局直机关党委审批后材料交党支部及时存入本人人事档案。

（二）入档材料包括：入党申请书、思想汇报、政审材料、党小组和支部意见、转正申请、积极分子谈话记录卡片、入党积极分子卡片、入党志愿书、预备党员考察表，其中入党和转正申请、入党志愿书、政审材料等要存入本人人事档案。

第四章 附 则

第十九条 直属律师党员人数不足，不能成立直属律师党总支的，可成立直属律师联合支部，同时明确一名律管人员中的党员负责联合支部的日常组织管理工作。

第二十条 市司法局未设直属机关党委的，直属律师党的组织工作接受司法局机关党务工作部门指导管理。

第二十一条 各律师基层党组织可根据本规范，制定具体规范。

第二十二条 本规范由河南省律师协会党组负责解释。

第二十三条 本规范自2006年元月1日起执行。

9. 湖北省

湖北省律师和律师事务所信用等级评定办法

（2005年9月24日湖北省律师协会五届全体常务理事书面一致同意通过并开始实施）

为了深入贯彻党中央关于拓展和规范法律服务的精神，全面加强我省律师队伍建设，提高律师队伍整体素质，加强律师事务所对律师的管理和律师行业自律，增强律师诚信服务的透明度，切实加强我省律师的职业道德和执业纪律建设，提高我省律师业务水平，依法为当事人提供优质高效的法律服务，全面塑造和树立我省律师诚信服务形象，特制定本办法。

一、指导思想

以《中华人民共和国宪法》为指针，认真贯彻落实司法部和中华全国律师协会关于加强律师诚信服务建设有关要求，按照《律师法》、《律师职业道德执业纪律规范》、《湖北省律师执业规范》及司法部关于律师执业六个禁止的有关规定，本着客观、公平、公正、公开的原则，评定我省律师及律师事务所的信用等级，促进我省律师的管理、素质和服务质量的全面提高，建立一支“坚持信念、精通法律、维护正义、恪守诚信”的高素质律师队伍。

二、工作目标

（一）通过信用等级评定，全面提升我省律师的职业道德水准和执业纪律执行力度，提升我省律师业务水平，引导律师积极开拓业务，为我省民主法制建设和经济建设提供优质高效的法律服务。

（二）通过信用等级评定，提高律师事务所的规范化管理水平，增强律师事务所对律师的管理责任，引导律师事务所向规模化、专业化方向发展，将我省律师管理提高到一个新水平。

（三）通过向社会公开律师及律师事务所的信用等级，增强律师和律师事务所服务的透明度，为社会提供一个相对公平的法律服务环境。

三、信用等级

本办法所称信用是指律师或律师事务所的诚信度、

社会声誉、业务能力、发展潜力及律师事务所的规范化管理水平的综合评价。

律师及律师事务所信用等级为三级：

AAA 级：最佳信用律师或律师事务所；

AA 级：信用良好律师或律师事务所；

A 级：信用律师或律师事务所；

四、评级范围

凡在湖北省登记的，开业两年（含）以上的律师事务所，执业满三年（不含实习期）的律师，均参加律师和律师事务所信用等级评定。

五、评级程序

（一）律师及律师事务所的信用评定采取申报、公示、考核、评定、公告、复核等程序进行。

申报：由律师和律师事务所根据标准自我申报等级。

公示：由当地律师协会将本地律师事务所和律师的申报等级向社会公示，公示期间 15 天。对公示期间收到的材料，各地律师协会要进行核实并载入诚信档案。

考核：由当地律师协会组织人员根据申报材料和公示期间收到的材料，对照等级标准逐条进行考核，对考核对象必须写出书面意见并载入诚信档案。

评定：由各地律师协会组织律师和律师事务所信用等级评定委员会（其中应当有行政管理和行业管理人员、律师和检察院、法院人员），根据申报材料、公示情况、考核意见、诚信档案记录和律师协会及律师行政管理部门掌握的情况公平确定等级。

AA 级（含）以下由各地律师协会进行评定，报省律师协会备案；AAA 级，由省律师协会评定。

公告：省律师协会建立全省律师及律师事务所信用等级档案，并将其在湖北律师网上公布。市、州律师协会建立本地律师及律师事务所信用等级档案，可在适当媒体上公布，并要及时报省律师协会。

复核：被授予信用等级的律师及律师事务所，在授予信用等级一年后，由授予其等级的律师协会进行复核，复核不合格的，取消所授信用等级。

（二）律师及律师事务所信用等级评定是一个动态过程，在等级评定一年后，认为可以晋级的律师和律师事务所可向当地律师协会申请晋级评定。律师及律师事务所出现致使信用等级下降的行为，市、州律师协会在核实情况后由信用评定委员会重新评定信用等级，并报省律师协会备案。

（三）因不合标准未被授予信用等级的，在评定一年后，可（向所在地律师协会）按程序申请重新评级。（市、州律师协会要认真组织考查，确认其达到授级标准后，可评定为 A 级，并报省律师协会备案。）因投诉或不良行为致使取消信用等级的律师及律师事务所，两年内不得重新申报信用等级，两年中没有不良行为的，可重新申报，累计两次被取消信用等级的，不再授予信用等级。

（四）未达到评级年限的律师和律师事务所，在达到年限后，应向当地律师协会申报信用等级，由当地律师协会根据办法和标准进行评级。

六、公示

律师事务所应在公示栏内公示本所与本所律师的信用等级，律师可在办公场所或名片上公开自己的信用等级。

七、标准

律师信用等级评定标准

1. AAA 级标准

（1）忠于法律，职业道德优良，有使命感，坚持社会效益第一，以维护法律的正确实施为目的，在办案中严格坚持以事实为依据，以法律为准绳的原则，没有违法乱纪行为。无利用提供法律服务的便利牟取当事人争议的利益，或接受当事人财物及其他不正当利益的行为。

（2）遵守纪律，服从管理。积极接受司法行政机关、律师协会和律师事务所的管理，认真遵守各项规章制度，严格遵循律师执业规范。认真完成每年律师继续教育培训任务，积极履行律师协会章程规定的各项义务。没有同时在两个以上律师事务所执业及私自收案、收费行为。

（3）与法官、检察官、仲裁员、政府官员关系正常。在办案中没有违规会见承办案件的法官、检察官、仲裁员的行为，没有向承办案件的法官、检察官、仲裁员及其他有关工作人员请客送礼的行为。

（4）与同行关系融洽，互敬互助，无贬低、诋毁、损害同行威信和声誉的行为。遵守行业竞争规范，没有司法部《关于反对律师行业不正当竞争行为的若干规定》中规定的不正当竞争行为。

（5）热心公益事业，积极主动参加助学、助残、扶贫、救灾等社会公益活动，积极开展义务法律咨询、法制宣传，积极为下岗职工、困难企业、贫困当事人提供义务法律帮助。

（6）对当事人诚实守信，勤勉尽责地按照合同履行义务。按规定的期限、时效及与委托人的约定的时间及时办理委托事务，及时客观地告知委托人委托事项可能出现的风险。保守当事人的秘密，无损害当事人利益的行为。

（7）业务能力强，有能力承办复杂、在当地有影响的法律事务。法学理论扎实，勤于学习思考，每年有不少于一篇的理论研讨文章。业有专攻，精通某一领域的法律事务。年收费在30（含）万元以上；或年收费在20万元以上，年办案数在40件以上且其中含“三农”、“民工”等弱势群体减免费用的案件3件以上。

（8）遵守执业规范。依法取证、依法执业，无伪造证据或怂恿、诱导、威胁他人提供伪证、出具虚假法律意见书的行为。在执业中无为追求胜诉而故意曲解法律的行为。无包打官司的行为。

（9）案件档案齐全。结案及时归档，档案内容齐全，能反映律师办案的过程。没有结案不归档或无档案的情况。

（10）收费合理。执业中严格按照收费标准，根据案件的难易和复杂程度，合理确定收费。无利用当事人法律知识欠缺等故意超标准收费的行为。对在办案中的其他费用，要按实际费用与当事人清结，无超额收取当事人办案经费的行为。

2. AA级标准

（1）忠于法律，职业道德良好。在办案中严格坚持以事实为依据，以法律为准绳的原则，没有违法乱纪行为。无利用提供法律服务的便利牟取当事人争议的利益，或接受当事人财物及其他不正当利益的行为。

（2）遵守纪律，服从管理。积极接受司法行政、律师协会和律师事务所的管理，认真遵守各项规章制度，严格遵循律师执业规范。认真完成每年律师继续教育培训任务，积极履行律师协会章程规定的各项义务。没有同时在两个以上律师事务所执业及私自收案、收费行为。

（3）与法官、检察官、仲裁员、侦查员、政府官员关系正常。在办案中没有违规会见承办案件的法官、检察官、仲裁员的行为，没有向承办案件的法官、检察官、仲裁员及其他有关工作人员请客送礼的行为。

（4）与同行关系融洽，遵守行业竞争规范，没有司法部《关于反对律师行业不正当竞争行为的若干规定》中规定的不正当竞争行为。

（5）热心公益事业，积极参加义务法律咨询、法制宣传。

（6）对当事人诚实守信。勤勉尽责地按照合同履行义务，按规定的期限、时效及与委托人的约定的时间及时办理委托事务，及时客观地告知委托人委托事项可能出现的风险。保守当事人的秘密，无损害当事人利益的行为。

（7）业务能力强，有能力承办较为复杂的法律事务。法学理论扎实，勤于学习思考。业有专攻，熟悉某一领域的法律事务。年业务收费在15（含）万元以上，或年收费在10（含）万元以上，办案数在30件以上，且其中含“三农”、“民工”等弱势群体减免费用的案件2件以上。

（8）遵守执业规范。依法取证、依法执业，无伪造证据或怂恿、诱导、威胁他人提供伪证、出具虚假法律意见书的行为。在执业中无为追求胜诉而故意曲解法律的行为。无包打官司的行为。

（9）案件档案齐全。结案及时归档，档案内容齐全。没有结案不归档或无档案的情况。

（10）收费合理。执业中严格按照收费标准，根据案件的难易和复杂程度，合理确定收费。无利用当事人法律知识欠缺等故意超标准收费的行为。对在办案中的其他费用，及时按实际费用与当事人清结。

3. A级标准

（1）职业道德好，忠于法律。在办案中没有违法乱纪行为。无利用提供法律服务的便利牟取当事人争议的利益，或接受当事人财物及其他利益的行为。

（2）遵守纪律，服从管理。积极接受司法行政、律师协会和律师事务所的管理，认真遵守各项规章制度，严格遵循律师执业规范。

（3）与法官、检察官、仲裁员、政府官员关系正常。在办案中没有违规会见承办案件的法官、检察官、仲裁员的行为，没有向承办案件的法官、检察官、仲裁员及其他有关工作人员请客送礼的行为。

（4）遵守行业竞争规范，没有司法部《关于反对律师行业不正当竞争行为的若干规定》中规定的不正当竞争行为。

（5）完成指派的法律援助案件。

（6）对当事人诚实守信。勤勉尽责地按照合同履行义务，按规定的期限、时效及与委托人约定的时间及时办理委托事务，保守当事人的秘密，无损害当事人利益的行为。

（7）能独立承办一般性的法律事务，对所承办法律事务的法律关系清楚，定性准确，两年内业务没出现较大差错。勤于学习思考，业有专攻。

（8）遵守执业规范。依法取证、依法执业，无伪造证据或怂恿、诱导、威胁他人提供伪证、出具虚假法律意见书的行为。在执业中无因对法律理解错误造成当事人损失的行为。

（9）案件档案齐全，没有结案不归档或无档案的情况。

（10）收费合理。执业中严格按照收费标准，根据案件的难易和复杂程度，合理确定收费。无超额收取当事人办案经费的行为。

4. 有下例行为之一的，不得授予信用等级

（1）向法官、检察官、仲裁员以及其他有关工作人员行贿或者指使、诱导当事人行贿的。

（2）提供明知其为虚假证据，或者威胁、利诱他人提供虚假证据、隐瞒重要事实的。

（3）欺诈当事人，恶意泄露当事人秘密，或与他人勾结损害当事人利益的。

（4）业务能力差，在办案中因过错或失误给当事人造成重大损失的。

（5）不服从管理，不履行法律规定的义务，连续两年不参加继续教育培训或不缴纳会费的。

（6）被司法行政机关给予停止执业三个月以上处罚的。

（7）评审年度内有两次（含两次）以上不良行为记录的。

（8）拒绝完成指定法律援助义务的。

律师事务所信用等级评定标准

（一）AAA 级标准

1. 职业道德与执业纪律标准

（1）重视思想政治工作和政治素质的提高，坚持正确的服务方向。坚持每月至少一次的政治学习制度，做到学习有主题，有发言记录。建立了党支部，党组织工作、民主生活制度健全，每个党员都在党组织管理之中（健全党组织生活制度）。

（2）重视职业道德执业纪律建设。每个律师都能熟知《律师法》、《律师职业道德执业纪律规范》、《湖北省律师执业规范》和司法部“六个禁止”的内容。建立律师职业道德、执业纪律监督机制，公布了投诉举报电话，有专人负责处理投诉和举报，建立了律师诚信档案，对律师的职业道德执业纪律情况有完整记录。建立了律师服务质量反馈制度，80%以上当事人对服务质量给予优良评价。评审年度内无虚假证据、虚假陈述、虚假法律意见等现象发生。

（3）积极参加社会公益活动，每年从收入中拿出一定数量的资金用于助学、助残、扶贫、救灾等社会公益事业。积极开展法律援助工作，主动为社会弱势群体提供法律帮助。积极完成党和政府交办的法律事务，精神文明建设成效突出，受到县级以上的表彰。

（4）评审年度内律师事务所律师未受到行政处罚。

2. 制度建设与管理标准

（1）建有完备、规范的规章制度，并有严格的执行措施，包括：律师事务所章程；收结案审批制度；财务管理制度；业务学习、培训、交流、统计制度；档案管理制度；工作请示制度；重大案件集体讨论制度；重大疑难复杂案件报告制度；律师诚信档案记录制度；人事管理制度；信息调研和文书资料管理制度；文明办公规则；办公设施、装备使用管理制度；内部安全保卫、保密制度；社会监督员制度等。

（2）建立并实施了统一收案、统一收费制度，合理分配案件。

（3）财务制度健全，做到统一人账，账目清楚，开支合理。事务所按规定留足各种基金，包括事业发展基金、执业风险基金、社会保障基金和培训基金。依法纳税。律师的养老、医疗已加入当地政府设立的社会统筹或参加社会保险。

（4）事务所管理机构运作正常：律师事务所主体资格规范，无“假合伙”、“隐性合伙”现象。建立了律师会议、合作人会议、合伙人会议制度。建立健全决策、执行和监督机构。建立了事务所议事规则，对事务所的日常管理有章可循。建立了对（违规）律师的投诉处罚制度，切实对律师履行管理职能，明确了律师事务所及合伙人的管理责任，事务所主任职责明确，合伙人管理分工合理。制定了业务工作操作规程并严格落实，对律师办案过程实行全程监控。

（5）建立了过错责任赔偿制度，并进行了律师过错责任赔偿保险。

（6）建立了培训规划，全体律师按规定每年参加业务培训不少于40学时。

（7）建立了执业利益冲突审查制度，无司法部《关于反对律师行业不正当竞争行为的若干规定》中规定的不正当竞争行为。

3. 人员与业务发展标准

（1）律师素质高。专职执业律师具有本科以上学历的人数达到80%以上，人均每年撰写并发表或交流学术理论文章不少于一篇，通过国家英语六级水平考试（或具有同等水平）的律师达到10%。50%以上律师信用等级为AA级，没有不被授予信用等级的律师。

（2）律师事务所整体业务能力强，有能力向法律服务领域的广度和深度进行开拓，富有创新精神，勇于向新业务、新领域进行开拓，成功办理了大型、复杂、重大、疑难的法律事务。每年业务收入在200（含）万元以上；或年业务收入在100（含）万元以上、年办案数在200件以上且其中含为“三农”、“民工”等弱势群体减免费用案件10件以上。

4. 机构与办公标准

（1）有一定的规模。专职律师人数在15人以上，

内部设立了三个以上的专业部门，每个专业部门有三名以上的专职律师。

（2）办公条件优良。有整洁宽敞明亮的办公场所，每名专职律师平均办公面积达10平方米以上。办公设施现代化，拥有电脑、打印机、复印机、传真机等。充分利用现代化办公手段，建立了法律信息库，建有自己的网页。

（二）AA级标准

1. 职业道德与执业纪律标准

（1）重视思想政治工作和政治素质的提高，坚持正确的服务方向。坚持政治学习制度，做到学习有主题，有发言记录。建立了党支部，（健全）党组织工作、民主生活制度健全。每个党员都在党组织管理之中。

（2）重视职业道德执业纪律建设。每个律师都能熟知《律师法》、《律师职业道德执业纪律规范》、《湖北省律师执业规范》和司法部“六个禁止”的内容。建立律师职业道德、执业纪律监督机制，公布了投诉举报电话，建立了律师诚信档案，对律师的职业道德执业纪律情况有完整记录。建立了律师服务质量反馈制度，70%以上当事人对服务质量给予优良评价。评审年度内无虚假证据、虚假陈述、虚假法律意见等现象发生。

（3）积极参加社会公益活动，完成规定的法律援助任务。

（4）评审年度内律师事务所律师未受到行政处罚。

2. 制度建设与管理标准

（1）建有完备、规范的规章制度，并有严格的执行措施，包括：律师事务所章程；收结案审批制度；财务管理制度；业务学习、培训、交流、统计制度；档案管理制度；重大案件集体讨论制度；重大疑难复杂案件报告制度；律师诚信档案记录制度；信息调研和文书资料管理制度；文明办公规则；内部安全保卫、保密制度；社会监督员制度等。

（2）建立并实施了统一收案、统一收费制度，合理分配案件。

（3）财务制度健全，做到统一入账，账目清楚，开支合理。事务所按规定留足各种基金，包括事业发展基金、执业风险基金、社会保障基金和培训基金。依法纳税。律师的养老、医疗已加入当地政府设立的社会统筹或参加社会保险。

（4）事务所管理机构运作正常：律师事务所主体资格规范，无“假合伙”、“隐性合伙”现象。建立了律师会议、合作人会议，合伙人会议制度。明确了律师事务所及合伙人的管理责任，事务所主任职责明确，合伙人管理分工合理，建立了对律师的投诉处罚制度。制定了业务工作操作规程并严格落实，对律师办案过程实行全程监控。

（5）建立了过错责任赔偿制度，并进行了律师过错责任赔偿保险。

（6）建立了培训规划，全体律师按规定每年参加业务培训不少于40学时。

（7）建立了执业利益冲突审查制度，无司法部《关于反对律师行业不正当竞争行为的若干规定》中规定的不正当竞争行为。

3. 人员与业务发展标准

（1）律师素质高。专职执业律师具有本科以上学历的人数达到60%以上。40%以上律师信用等级为AA级，没有不被授予信用等级的律师。

（2）律师事务所整体业务能力较强，勇于向新业务、新领域进行开拓，成功办理在当地有一定影响的法律事务。每年业务收入在100万元以上；或年业务收入在50万元以上、年办案数在100件以上且其中含有为“三农”“民工”等弱势群体减免费用案件在5件以上。

4. 机构与办公标准

（1）有一定的规模。专职律师人数在8人以上。

（2）办公条件优良。有整洁宽敞明亮的办公场所，拥有电脑、打印机、复印机、传真机等。

（三）A级标准

1. 职业道德与执业纪律标准

（1）重视思想政治工作和政治素质的提高，坚持正确的服务方向，党员律师在党组织管理之中。

（2）重视职业道德执业纪律建设。组织律师学习《律师法》、《律师职业道德执业纪律规范》、《湖北省律师执业规范》和司法部“六个禁止”的内容，有学习记录。建立律师职业道德、执业纪律监督机制，设置了投诉举报电话，建立了律师诚信档案，对律师的职业道德执业纪律情况有完整记录。建立了律师服务质量反馈制度，90%以上当事人对服务质量给予满意评价。评审年度内无虚假证据、虚假陈述、虚假法律意见等现象发生。

（3）参加司法行政部门和律师协会要求的社会公益活动，完成规定的法律援助任务。

2. 制度建设与管理标准

（1）建有完备、规范的规章制度，并有严格的执行措施，包括：律师事务所章程；收结案审批制度；财务管理制度；业务学习、培训、交流、统计制度；档案管理制度；重大案件集体讨论制度；律师诚信档案记录制度；内部安全保卫、保密制度；社会监督员制度等。

（2）建立并实施了统一收案、统一收费制度，合理分配案件。

（3）财务制度健全。事务所按规定留足各种基金，包括事业发展基金、执业风险基金、社会保障基金和培训基金。

（4）事务所管理机构运作正常，主体资格规范，无“假合伙”、“隐性合伙”现象，事务所管理责任明确，主任、合伙人职责分工合理，建立了对律师的投诉处罚制度。

（5）建立了过错责任赔偿制度，并进行了律师过错责任赔偿保险。

（6）建立了执业利益冲突审查制度，无司法部《关于反对律师行业不正当竞争行为的若干规定》中规定的不正当竞争行为。

3. 人员与业务发展标准

（1）律师人数达到规定的要求。

（2）有完成较为复杂的法律事务的能力，没有因律师责任致当事人发生重大损失的现象。

4. 机构与办公标准

有固定的办公地点，拥有能适应业务开展需要的办公条件，拥有电话、传真、打印机等基本办公设施。

（四）有下例行为之一的，不得授予信用等级

（1）所内律师有司法部规定的律师从业“六个禁止”行为的。

（2）所内律师有欺诈当事人，恶意泄露当事人秘密，或与他人勾结损害当事人利益的。

（3）业务能力差，在办案中因过错或失误给当事人造成重大损失的。

（4）不服从管理，不履行法律规定的义务，不按规定缴纳会费的。

（5）被司法行政机关给予停止执业整顿处罚的。

（6）评审年度内所内律师有三次（含三次）以上不良行为纪录的。

（7）拒绝完成指定法律援助义务的。

七、附则

（一）信用等级制度的评定，必须贯彻公平、公正、诚实、信用的原则，严禁在评定中弄虚作假。

律师或律师事务所在信用等级评定中有下列行为的，其信用等级按标准下降一级定级：

1. 申报材料不实，有弄虚作假行为的；

2. 对考核人员或信用等级评审委员会成员请客送礼的。

律师或律师事务所在信用等级评定中有下列行为的，不予授予信用等级：

1. 对考核人员、信用等级评审委员会成员及举报人打击报复的；

2. 对考核人员、信用等级评审委员会成员进行行贿的。

考核人员或信用等级评审委员会成员在律师信用等级评定中弄虚作假、接受律师请客送礼或贿赂的，分别进行如下处理：律师协会工作人员，由律师协会给予纪律处分，并报司法行政机关给予相应行政处分；司法行政公务员，报司法行政给予相应行政处分；其他部门人员，向其主管单位进行通报，并建议给予行政处分；律师，视其情节轻重分别给予信用等级降级或不予授予信用等级的处理。

（二）律师事务所或律师不服各地律师协会评定的信用等级的，可向省律师协会申请复议一次，并可申请采取听证程序。省律师协会的复议裁决为最终裁决。

（三）本办法经省律师协会常务理事会通过后执行。

（四）本办法由省律师协会常务理事会负责解释。

10. 湖南省

湖南省律师协会财务管理办法

（2005年5月14日湖南省律师协会六届常务理事会第二次会议通过）

第一条 为了规范湖南省律师协会的财务管理，保障会员权益，根据《律师协会章程》制定本办法。

第二条 律师协会应当严格按照社团法人的管理规范，按照国家财务制度和会计准则，对协会的经费进行使用和管理。

第三条 律师协会秘书处设立独立的财务部门，负责财务账目和资金的管理。会计应当是具备专业资格的专职人员。会计、出纳不得兼任。

第四条 律师协会应当建立健全财务工作的监督制约机制，财务印鉴和支票必须由出纳、会计分别管理。经费支出需经经办人签名、分管副秘书长审核、秘书长审批同意，数额较大的支出需经会长审批同意。

律师协会的财务工作受会员代表大会、理事会、常务理事会以及财务委员会的监督。

第五条 省律师协会的经费来源：

（一）会费；

（二）财政拨款；

（三）社会捐赠；

（四）其他合法收入。

第六条 律师协会应当严格按照会费管理办法，收取和使用会费。

第七条 律师协会的财务支出实行预算和决算制度。每年的一季度内，律师协会常务理事会应当按照《湖南省律师协会会费收缴管理办法》的规定审议年度财务预算，提交理事会审议通过后执行。

第八条 非经常务理事会或常务理事会授权的会长办公会议研究同意，律师协会不得以协会的经费向任何单位提供赞助、摊派、捐赠等。

第九条 律师协会不得为其他单位和个人提供任何形式的担保。

第十条 律师协会应当建立独立的财务收支账目，全面准确地反映财务收支情况。

第十一条 秘书处应当每季度将财务报表提交财务委员会，每半年向常务理事会通报预算执行情况。

第十二条 律师协会每年应当进行一次财务决算。财务决算应当在下一年度的一季度内作出，提交理事会审议。

第十三条 律师协会在进行年度财务决算时，应聘请会计师事务所对本年度经费收支情况进行审计，并将审计报告提交理事会。

第十四条 秘书处应当严格按照财务管理规定对收支进行管理，对所有收入开具合法收入凭证。

第十五条 秘书处应当按照预算报告严格控制财务支出，切实遵守报销审批手续。

第十六条 任何人员违反本规定，根据情节，对有关责任人员进行处分，造成损失的应当进行赔偿。

第十七条 会计凭证及资料应严格按照国家要求的年限进行保管。

第十八条 本办法由律师协会常务理事会负责解释。

第十九条 本办法经常务理事会通过后施行。

湖南省律师协会财务委员会规则

（2005 年 5 月 14 日湖南省律师协会六届常务理事会第二次会议通过）

第一条 为了加强省律师协会财务管理，保证省律师协会经费收支的合法、公平、透明，根据《律师协会章程》，制定本规则。

第二条 省律师协会财务委员会（下称财务委员会）是在常务理事会领导下实施财务预决算管理的专门工作机构。财务委员会的职能是编制省律师协会财务年度预算与决算草案，向常务理事会提交预算、决算的报告。

第三条 财务委员会的设立和撤销由常务理事会决定。

第四条 财务委员会设委员七名，其中主任委员一名，副主任委员三名。财务委员会的组成由常务理事会决定，任期与理事会任期相同。

第五条 财务委员会的日常工作接受常务理事会的领导，向常务理事会报告工作并向其负责。

第六条 财务委员会的职责如下：

1. 编制省律师协会年度经费预算，提交常务理事会审议；

2. 对经费预算的执行情况进行检查，并向常务理事会报告；

3. 根据审计报告和会计资料，编制省律师协会年度经费决算，提交常务理事会审议；

4. 就财务预算管理的有关问题向常务理事会提出报告；

5. 为完成上述工作任务，财务委员会有权出面委托社会相关服务机构对预算的编制和执行情况进行咨询和出具独立报告。

第七条 财务委员会的工作费用纳入预算从会费中列支。

第八条 本规则由湖南省律师协会常务理事会制定、解释、修改或废止。

第九条 本规则自通过之日起施行。

湖南省律师协会纪律惩戒委员会规则

（2005 年 5 月 14 日湖南省律师协会六届常务理事会第二次会议通过）

第一条 为了发挥行业自律作用，规范对违纪会员的处分工作，维护律师执业秩序，根据《律师协会章程》和《律师协会会员处分规则》的有关规定，制定本规则。

第二条 湖南省律师协会纪律惩戒委员会（下称纪律惩戒委员会）是在常务理事会领导下的对会员进行纪律教育和惩戒的专门工作机构。

第三条 纪律惩戒委员会的职责：

（一）对会员进行职业道德和执业纪律的教育、检查和监督。

（二）提出涉及会员职业道德和执业纪律方面的规则、意见和建议。

（三）在职责范围内调查处理当事人对会员的

投诉。

（四）对会员的违规违纪行为给予惩戒。

（五）指导市、州律师协会纪律惩戒委员会的工作。

第四条 纪律惩戒委员会讨论重大事项、决定及对会员惩戒的会议，须委员过半数出席方能进行。会议作出的决定须经出席会议委员的三分之二以上通过。

第五条 纪律惩戒委员会设委员十五名，其中主任委员一名，副主任委员二名。纪律惩戒委员会的组成由常务理事会决定，任期与理事会任期相同。

委员（含主任、副主任）任期与理事会任期相同，可以连任。

委员因违反律师职业道德和执业纪律而受到司法行政机关处罚或律师协会惩戒的，由常务理事会决定撤销其委员资格。

第六条 对会员的惩戒决定及会员对决定的执行情况由纪律惩戒委员会委托省律师协会秘书处提请会长同意后对外公布。

第七条 纪律惩戒委员会开展工作的费用纳入预算从会费中列支。

第八条 纪律惩戒委员会委员有《律师协会会员处分规则》第十七条规定之情形的，应当自行回避，当事人也有权申请回避。主任的回避由省律师协会会长办公会议决定，副主任、委员和其他办案人员的回避由主任决定。

第九条 纪律惩戒委员会的其他工作程序和规则，按中华全国律师协会《律师协会会员处分规则》的规定执行。

第十条 纪律惩戒委员会每年应向常务理事会报告工作。

第十一条 本规则由常务理事会制定、解释、修改或废止。

第十二条 本规则自通过之日起施行。

11. 广东省

广东省律师协会会员违规行为处分实施细则

（2005年3月17日广东省律师协会第七届理事会第六次会议通过）

第一章 总 则

第一条 为了规范本省律师和律师事务所的执业活动，维护委托人的合法权益和律师行业的职业声誉，履行律师协会的职责，发挥行业自律的作用，根据《中华人民共和国律师法》、中华全国律师协会《律师协会会员违规行为处分规则（试行）》和《广东省律师协会章程》有关规定，结合本省实际情况制定本规则。

第二条 律师协会有权对会员遵守律师职业道德和执行律师执业纪律的情况进行检查、监督并实施行业处分，会员应予配合并自觉执行。

第三条 律师协会会员违反法律、法规、司法行政机关和律师协会制定的律师管理规定以及律师的职业道德和执业纪律，应受律师协会处分的，适用本细则。

法律援助律师、公职、公司律师的违规行为适用本细则。军队律师不适用本细则。

律师协会团体会员不适用本细则。

第四条 律师协会对会员实施处分，必须以有证据证明的事实为依据，以律师行业规范为准绳，与违法、违规行为的事实、性质、情节及社会危害程度相当，坚持教育与处分相结合，遵循公平、公正、公开的原则。

第二章 处分的种类和适用

第五条 根据会员违纪的性质和情节，律师协会对会员的处分分为：

（一）训诫；

（二）通报批评；

（三）公开谴责；

（四）取消会员资格。

上列处分可单独或并列适用。

第六条 会员在执业或在处理与行使律师职能有关的事务的过程中，有以下行为之一的，视情节轻重予以处分：

（一）违反《中华人民共和国律师法》和其他法律、法规的；

（二）违反司法行政机关管理规定的；

（三）违反《律师执业行为规范》的；

（四）违反《律师职业道德和执业纪律》的；

（五）违反《律师协会会员违规行为处分规则（试行）》的；

（六）拒不执行律师协会作出的决议、决定的；

（七）严重违反社会公德和律师职业的基本精神，损害律师职业形象和声誉的；

（八）如会员发生执业责任事故，依法或依照合同应承担经济赔偿，导致律师协会律师执业责任保险发生理赔的；

（九）其他应受处分的违规行为。

第七条 会员有以下行为之一的，予以从重处分：

（一）拒不接受律师协会或司法行政部门的检查、监督，不配合对其投诉的调查处理的；

（二）拒不执行律师协会纪律委员会决定的；

（三）造成严重后果，损害律师行业的形象和声誉的；

（四）对投诉人或证人进行威胁、恐吓或打击报复的；

（五）曾因执业违法、违规受过纪律处分或行政处罚的；

（六）在执业过程中，因重大疏忽、过错或违法行为导致委托人重大经济或名誉损失的；

（七）被投诉后订立攻守同盟或隐匿证据材料、提供伪证、阻挠调查的。

第八条 会员有应予处分的行为，并有下列情形之一的，可以从轻、减轻或免予处分：

（一）积极配合律师协会或律师管理部门对投诉案件的处理工作，并主动承认错误的；

（二）主动赔偿当事人损失，取得投诉人谅解的；

（三）情节显著轻微的；

（四）及时采取有效措施，有效防止或减轻不良后果发生的；

（五）接受并执行律师协会责令改正意见的。

第九条 对违规会员，律师协会可视违规情况建议司法行政机关给予相应的行政处罚。

第十条 对会员的违规行为，应按以下情形做出处分和处理：

（一）律师事务所或该律师事务所的律师连续三年受处分的，律师协会应建议司法行政机关对该律师事务所做出停业整顿的处罚。

（二）律师事务所一年内受律师协会处分或受司法行政机关处罚3次以上的（包括3次），律师协会应对其做出通报批评以上的处分（包括通报批评），并建议司法行政机关对该律师事务所做出停业整顿的处罚。

（三）律师一年内受律师协会处分或受司法行政机关处罚3次以上（包括3次）的，律师协会应对其所在律师事务所做出通报批评以上的处分（包括通报批评），同时建议司法行政机关对该律师做出相应的行政处罚。

时间的计算以处分或处罚生效的时间为准。

第三章 处分的实施机构

第十一条 省律师协会设立纪律委员会，负责省律师行业处分相关规则的制定，负责对各市律师协会处分工作的指导与监督以及按本细则对违规会员的处分。

市律师协会设立纪律委员会，负责对违规会员的处分。

第十二条 律师协会纪律委员会由三至二十一名委员组成。

第十三条 律师协会纪律委员会主任、副主任由同级律师协会常务理事会提名，经理事会选举产生，任期与律师协会理事会任期相同；律师协会纪律委员会的其他成员由同级常务理事会采取选举、推选、决定等方式产生，任期与律师协会理事会任期相同。

第十四条 律师协会纪律委员会的组成人员名单应报同级司法行政部门和上级律师协会备案。

第十五条 律师协会纪律委员会日常办事机构为律师协会纪律部门，主要负责以下工作：

（一）根据律师协会权力机构和纪律委员会的决定，组织对会员职业道德和执业纪律情况进行检查、监督；

（二）办理投诉、举报和有关部门移送的违规案件受理手续；

（三）负责投诉案件的调查工作；

（四）制作纪律委员会评审记录，制作、送达处分决定书及有关的文书；

（五）对处分决定的执行情况进行督促；

（六）向律师协会纪律委员会提交年度处分工作综合分析报告；

（七）与处分工作有关的其他事项。

纪律部门可与律师协会其他工作部门合署办公。

第十六条 省律师协会纪律部门除负责第十五条规定的工作之外，还负责以下工作：

（一）与制定、修订省律师行业处分规范相关的事务；

（二）整理、编辑与律师行业处分规范相关的文件资料；

（三）办理处分复查案件的受理工作；

（四）制作处分复查机构的评审记录，制作、送达复查决定书及有关的文书。

第四章 管 辖

第十七条 市律师协会管辖下列案件：

市律师协会的会员涉嫌有本细则第六条、第七条的行为，可能受到训诫、通报批评、公开谴责处分的。

第十八条 省律师协会管辖下列案件：

（一）会员涉嫌有本细则第六条、第七条的行为，可能受到取消会员资格处分的；

（二）省律师协会认为应由其直接查处的会员违规案件；

（三）省司法厅授权或转送处理的案件。

第十九条 市律师协会受理投诉时发现投诉事项不属于其管辖的，应告知投诉人到有管辖权的律师协会投诉；受理投诉以后发现案件不属于其管辖的，应直接移送有管辖权的律师协会处理，并及时告知投诉人。

市律师协会之间因管辖权发生争议的，由争议双方协商解决；协商不成的，报请省律师协会指定管辖。

第二十条 律师协会认为会员违规行为应由司法行政机关给予行政处罚的，应及时提请司法行政机关处理。司法行政机关对会员予以行政处罚的，律师协会可以另行给予相对应的处分。

第五章 回 避

第二十一条 纪律委员会委员或纪律部门工作人员（下称本人）有下列情形之一的，应当自行回避，涉嫌违规的会员也有权申请其回避：

（一）本人与本案投诉人或涉嫌违规的会员有近亲属关系的；

（二）本人或近亲属与违规案件的处理有直接利害关系的；

（三）本人与本案涉嫌违规的会员在同一律师事务所执业的；

（四）其他可能影响案件公正处理的。

第二十二条 纪律委员会对提出回避的申请，应当及时审查，在收到回避申请的3个工作日内作出是否准予回避的决定，并记录在案。

第二十三条 纪律委员会主任、副主任的回避由同级律师协会会长决定；

纪律委员会委员和其他工作人员的回避，由纪律委员会主任决定。

第六章 案件受理与立案

第二十四条 律师协会纪律部门根据下列线索受理案件：

（一）律师或律师事务所反映的；

（二）有关当事人提出投诉的；

（三）社会各界提出建议的；

（四）司法行政机关转送处理的；

（五）律师协会权力机构或纪律委员会决定的。

第二十五条 公民个人提出投诉的，一般应采取具名书面形式，在特殊情况下，也可采取当面来访、信函、电话、传真、举报、委托他人代为投诉等方式，律师协会纪律部门应按下列要求处理：

（一）受理当面投诉、举报的，应当由专人接待，认真作好笔录，在征得投诉人同意的情况下可以录音。接待投诉、举报时，无关人员不得在场旁听和询问；对记录的主要内容须经投诉人确认无误后签字或盖章；

（二）对于信函投诉和举报，应当建立收发、登记、转办和保管等工作制度；

（三）电话投诉、举报的，要耐心接听，认真记录。

第二十六条 律师协会纪律部门受理对会员的投诉、举报案件，有权要求相关机构或个人提供尽可能具体的事实和有关证据材料。

第二十七条 接受投诉或举报后，律师协会纪律部门应当对投诉内容进行审查。投诉、举报属于下列情况的，不予受理：

（一）投诉、举报对象不明确，无法联络投诉人、举报人或被投诉人的；

（二）投诉、举报材料线索含糊、事实不清，又不能提供基本证据材料的；

（三）投诉事项已由法院、仲裁机构受理及正在审理的；

（四）司法行政机关及其他行政机关正在处理的案件；

（五）不属律师协会职能范围内的。

对于不予受理的，纪律部门应在15个工作日内主动向投诉人、举报人说明不予受理的理由；如属于司法行政部门或其他律师协会管辖权的，应制作转移处理书随投诉资料送达有管辖权的部门并告知投诉人。

第二十八条 符合下列条件的，纪律委员会应当在受理后的7个工作日内立案，并应在立案后10个工作日内将立案通知书送达给投诉人：

（一）违法、违规行为事实清楚，基本证据材料具备的；

（二）违法、违规行为依照规定应受处分的；

（三）属于本律师协会管辖。

第二十九条 投诉、举报的违法、违规行为可能构成刑事犯罪的，或有重大社会影响的，应及时报告同级司法行政部门和上级律师协会。

对于省律师协会转办的案件，在结案后，应及时将处理情况报省律师协会。

第三十条 会员被投诉、举报立案后，纪律委员会应于10个工作日内向涉嫌违规的会员发出通知，责令其就被投诉的事项提交具有律师事务所签章的书面报告和相关证明材料，必要时可责令其在合理的期限内到律师协会说明情况，回答质询。

被投诉会员包括被投诉律师和被投诉律师事务所。

第三十一条 律师协会纪律部门及其工作人员不得将投诉、举报或移送的材料转给被投诉会员；在向被投诉会员调查时，也不得直接出示投诉、举报材料及其复印件。调查中确实需要当面核查的材料除外。

第七章 调查取证

第三十二条 纪律委员会委员及律师协会纪律部门工作人员（以下简称调查人员）负责投诉事项的调查取证工作。

第三十三条 纪律委员会必须全面、客观、公正的进行调查和搜集有关证据。涉嫌违规的会员或者有关人员应当如实回答调查人员的询问，并协助调查。

第三十四条 调查取证时应由不少于两名调查人员同时参加。在向律师行业之外的相关单位调查时，应出示律师协会公函。

第三十五条 调查人员的职责是：对投诉人投诉的事项的真实性进行调查取证，收集能够证明被投诉会员有被投诉的行为或无被投诉的行为的证人证言、书证和物证等证据材料，并做出书面调查报告提请纪律委员会审议。

第三十六条 调查人员在处理投诉案件过程中，不得与投诉人和被投诉会员私下交往、接触，不得有接受投诉人和被投诉会员的宴请、礼物等可能影响公正调查和处理本案的一切行为。

第三十七条 询问投诉人、证人或涉嫌违规的会员（以下统称被询问人），应当制作《询问笔录》。笔录经被询问人阅核后，由询问人和被询问人签名或盖章。

第八章 审查处理

第三十八条 纪律委员会可以成立若干个由三名委员组成的投诉处理小组，对投诉案件进行调查、审议并提出处理意见。

第三十九条 调查人员应在调查取证结束后5个工作日内提出调查报告送投诉处理小组审议。

第四十条 投诉处理小组审议案件采取合议处理的方式。审议时，可以通知被投诉会员到场陈述、申辩，必要时可通知投诉人到场质证。被投诉会员或投诉人放弃到场陈述、申辩或质证的，不影响投诉处理小组做出处理意见。

第四十一条 投诉处理小组合议后，应制作处理意见书提交纪律委员会会议讨论决定。

第九章 听证程序

第四十二条 纪律委员会在对涉嫌违规的会员可能作出训诫、通报批评、公开谴责、取消会员资格处分决定前，应当告知涉嫌违规的会员有要求举行听证的权利。涉嫌违规的会员要求听证的，应当在收到纪律委员会通知之日起7个工作日内以书面形式向纪律委员会提出申请。

涉嫌违规的会员要求听证的，纪律委员会应当组织听证。

第四十三条 纪律委员会应当在听证会召开之日的7个工作日前向涉嫌违规的会员送达《听证会通知书》，告知涉嫌违规的会员举行听证的时间、地点、听证会组成人员名单及可以申请回避等事项，并通知案件调查人员。《听证会通知书》除直接送达外，可委托涉嫌违规会员所在律师事务所送达，也可以邮寄送达。

第四十四条 涉嫌违规的会员应当按期参加听证。涉嫌违规的会员有正当理由要求延期的，经批准可以延期一次；涉嫌违规的会员未申请延期或未按期参加听证，视为放弃听证权利。

第四十五条 听证会参加人由听证会组成人员、听证记录员、案件调查人员、投诉人、涉嫌违规的会员、鉴定人、翻译人员、勘验人员、第三人组成。

听证会组成人员应当由纪律委员会委员担任。参与听证案件调查工作的纪律委员会委员不应担任听证会组成人员。

听证会组成人员可根据实际情况通知投诉人到场。投诉人放弃到场权利不影响听证会做出处理意见。

第三人是指与听证案件有利害关系的其他公民、法人或组织，听证会组成人员可根据实际情况通知其参加听证。

第四十六条 听证一般不公开举行，但涉嫌违规的会员要求公开举行经批准的除外。

涉嫌违规的会员要求举行公开听证的案件涉及国家秘密、商业秘密或者个人隐私的，不能举行公开听证。

第四十七条 投诉人、涉嫌违规的会员在听证中的权利和义务：

（一）有权申请听证会组成人员回避；

（二）有权对案件涉及的事实、适用法律及有关情况进行陈述和申辩；

（三）有权对案件调查人员提出的证据进行质证并提出新的证据；

（四）在听证结束前进行最后的陈述；

（五）审核听证笔录；

（六）按时参加听证。

（七）遵守听证程序；

（八）如实回答听证会组成人员的提问。

第四十八条 听证应当按照下列程序进行：

（一）听证记录员宣布听证会纪律、投诉人及涉嫌违规的会员权利和义务。听证主持人宣布案由，核实听证参加人名单，宣布听证开始；

（二）案件调查人员提出涉嫌违规的会员违法、违纪的事实、证据，说明拟作出的处分的内容及其依据；

（三）涉嫌违规的会员对案件的事实、证据、适用的法律等进行陈述和申辩，可以向听证会提交新的证据；

（四）听证主持人就案件的有关问题向投诉人、涉嫌违规的会员、案件调查人员、证人进行询问；

（五）案件调查人员、涉嫌违规的会员经听证主持人允许，可以就有关证据进行质问，也可以向到场的证人、鉴定人、勘验人发问；

（六）双方证人在发言前必须宣读不提供虚假证明的承诺。

（七）涉嫌违规的会员作最后陈述；

（八）听证主持人宣布听证结束。听证笔录交投诉人、涉嫌违规的会员审核无误后签名或签章。拒绝签字或签章的，听证主持人应在听证笔录上记明情况。

第四十九条 听证结束后，听证组成人员应当依据听证情况，制作《律师协会处分听证会报告书》，并提出处理意见，连同听证笔录报纪律委员会作出决定。

第十章 处分决定

第五十条 调查终结，纪律委员会应当根据不同情况，分别作出如下决定：

（一）违规事实清楚，证据确实充分，确认会员有违规行为，依据本细则给予相应的处分；

（二）违规事实不清，证据不足的或违规行为显著轻微的，撤销案件或不予处分；

（三）违规行为严重，依据法律法规应给予行政处罚的，建议司法行政机关给予行政处罚。

第五十一条 纪律委员会应当集体作出决定。会议至少应由三分之二的委员出席，决定由出席会议委员的三分之二以上的多数通过。

第五十二条 纪律委员会确定给予处分的，应当正式制作处分决定书。决定书应当载明下列事项：

（一）违规会员的姓名、性别、年龄、住所和所在律师事务所；

（二）违反法律、法规、规章或者律师协会章程及其他行业规范的事实和证据；

（三）处分决定；

（四）不服处分决定，可以申请复查的途径和期限；

（五）作出处分决定的律师协会名称和作出处分决定的日期。

第五十三条 处分决定书由律师协会纪律委员会主任签发，会长核发后，在15个工作日内送达违规会员及其所在的律师事务所，同时将决定书报同级司法行政部门和上级律师协会备案。

处分决定书除直接送达外，可以委托违规会员所在的律师事务所或所属司法行政部门送达，也可以邮寄送达。

第五十四条 送达处分决定书时，必须有送达回执。由受送达人在送达回执上注明收取日期并签名盖章，受送达人在送达回执上的签收日期为送达日期。

受送达人拒收时，可由送达人在送达回执上注明情况后，交由受送达人所在律师事务所代为签收，代为签收日期为送达日期。将处分决定书采用邮寄方式投递至受送达人住所地或惯常通讯地址的，以挂号回执上注明的收件日期为送达日期。

委托违规会员所在的律师事务所送达时，送达回执由律师事务所人员代为签收，代为签收日期为送达日期。

第五十五条 纪律委员会成员及其工作人员应当严格遵守工作纪律，对处分评议情况应当保密。

第十一章 复　查

第五十六条 省律师协会设立会员处分复查委员会（以下简称“复查委员会”），负责受理复查申请和作出复查决定。

省律师协会纪律部门可以作为复查委员会的日常办事机构。

第五十七条 复查委员会由业内和业外人士组成。业内人士包括：执业律师及司法行政人员；业外人士包括：法律专家。

第五十八条 省律师协会纪律委员会的组成人员兼任复查委员会的组成人员。但兼任复查委员会组成人员的纪律委员会委员，不能参加其原负责调查处理的投诉案件的复查工作。

第五十九条 复查委员会设主任委员一名，副主任委员、委员若干，由常务理事会提名决定。

复查委员会主任、副主任、委员任期与理事会任期相同。

第六十条 复查委员会履行下列职责：

（一）受理复查申请；

（二）审查申请复查事项；

（三）作出复查决定；

（四）其他职责。

第六十一条 受处分会员对纪律委员会的处分决定不服的，应当自收到处分决定书之日起15个工作日内向复查委员会提出复查申请。

第六十二条 复查申请应以书面形式提出，内容包括：

（一）申请人的姓名、性别、年龄、单位、地址及电话等；

（二）作出处分决定的纪律委员会名称；

（三）申请复查的具体事实、理由、证据和要求等；

（四）申请复查的日期；

（五）纪律委员会处分决定书。

第六十三条 复查委员会自收到申请复查书之日起15个工作日内应作如下处理：

（一）对符合申请复查条件的，应当作出受理决定，并通知申请人；

（二）下列情况不予复查：

1. 不符合申请人主体资格；

2. 申请复查已超过规定期限；

3. 申请复查的事项不属于处分决定书的范围。

第六十四条 复查委员会应当自受理申请复查书之日起10个工作日内将申请复查书的副本送达作出处分决定的纪律委员会。作出处分决定的纪律委员会自收到申请复查书副本之日起10个工作日内，应向复查委员会提交作出处分决定的有关法律和事实依据，并提交答辩书。逾期不作答辩的，不影响复查。

第六十五条 复查委员会可以成立若干个由三名委员组成的复查小组，对复查申请进行审议并作出复查决定。

第六十六条 复查小组审查案件时，可以通知申请人或作出处分决定的纪律委员会人员到场接受调查；申请人或纪律委员会人员不到场的，不影响复查小组做出复查决定。

第六十七条 复查小组在对处分决定所依据的事实、证据、行业规范等进行审查的基础上，于15个工作日内作出复查决定：

（一）维持处分决定。复查小组认为处分决定对事实认定清楚，适用依据正确，责任区分适当，程序合法的，应当做出维持处分决定的复查决定；

（二）补正处分决定。复查小组认为处分决定在程序上存在不足，应当作出原纪律委员会补正处分决定的复查决定；

（三）重新作出处分决定。复查小组认为处分决定具有明显不当的，应当作出原纪律委员会重新作出处分决定的复查决定。

第六十八条 复查小组审议案件采取合议方式。复查小组意见一致的，制作复查决定书送复查委员会主任审核；意见不一致的或复查委员会主任不同意复查决定的，应提交复查委员会会议讨论决定。

第六十九条 复查委员会讨论复查案件的会议应有三分之二以上的委员出席；复查决定必须由出席会议的三分之二以上委员通过。

第七十条 有特殊情况需要延长作出复查决定期限的和需要提交复查委员会会议讨论决定的，经复查委员会主任批准，可以适当延长作出复查决定的期限。

第七十一条 复查委员会作出的维持处分决定的复查决定为最终决定。

第十二章　执　　行

第七十二条 对于被投诉人由纪律委员会查实并予处分的违规会员，因投诉调查、听证和处分执行所发生的一切费用，由违规会员所在的律师事务所承担；律师事务所承担费用后可以向违规会员追索。

第七十三条 被处分会员收到处分决定书15个工作日内没有提出复查申请，或被处分会员收到复查委员会维持处分决定的复查决定书，处分决定生效。处分决定应自生效之日起30个工作日内执行。

第七十四条 处分决定按下列方式执行：

（一）训诫处分，由纪律委员会3名委员组成训诫小组，在受处分会员所在律师所或在律师协会召开会议，由主持训诫会议的委员宣读《处分决定书》后，小组成员对违规会员进行批评教育，并记录在案。

训诫时，受处分会员必须在场。受处分的为团体会员的，该团体会员负责人或其他合伙人必须在场；

（二）通报批评处分，由作出处分决定的律师协会将《处分决定书》的内容向其管辖的律师事务所进行通报；

（三）公开谴责处分，由作出处分决定的律师协会将此违规会员受处分的行为及受处分的情况公开刊登在发行范围较大的报刊上或网站上；

（四）取消会员资格处分，由省律师协会将《处分决定书》的内容向各律师事务所进行通报并报全国律师协会，停止为该会员行使会员权利提供任何条件，同时建议司法行政机关收缴该会员的执业证照及吊销其执业证。

第七十五条 对会员做出通报批评以上的处分，在处分决定生效后，律师协会应在律师协会网站上予以公示或披露，必要时可在公开刊物上公示或披露。

（一）通报批评的，在律师协会网站公示3个月。

（二）公开谴责的，在律师协会网站公示6个月。

（三）取消会员资格的，在律师协会网站公示12个月。

第七十六条 训诫以上（包括训诫）的处分决定应记入会员档案，其他处理情况应做工作记载。

第七十七条 市律师协会应在作出的处分决定生效后30个工作日内，将会员受处分情况报省律师协会。

对省律师协会转办和督办投诉案件，省律师协会可根据案件情况要求市律师协会报告处理情况。

第十三章 其 他

第七十八条 对未构成处分，涉嫌违规的会员，律师协会可视情节作出谈话提醒、口头警告、责令检讨和责令改正的处理。

第七十九条 对执业工作不严谨，可能发生违规行为的会员，律师协会应做出谈话提醒的处理，提醒其在执业过程中应引起注意，避免发生违规行为。

谈话提醒由律师协会秘书处纪律部门实施，由2名纪律部门工作人员组成实施小组；会员应在接到律师协会谈话提醒处理通知书后3日内，到律师协会秘书处接受谈话提醒。

第八十条 对执业行为有不妥之处，但未明显违反有关规定的会员，律师协会应做出口头警告的处理，对其进行批评教育。

口头警告由律师协会纪律委员会实施，由1名纪律委员会委员和2名纪律部门工作人员组成实施小组；会员应在接到律师协会口头警告处理通知书3日内，到律师协会秘书处接受口头警告。

第八十一条 对违规行为轻微，未造成危害后果的，律师协会应做出责令检讨的处理，责令违规会员向律师协会纪律委员会提交书面检讨，检讨应深刻认识自己的错误。

会员应在接到律师协会责令检讨处理通知书3日内，将书面检讨提交律师协会纪律委员会，并由3名纪律委员会委员在场审核，并明确指出其违规行为，要求引此为戒。

第八十二条 对执业行为有明显过错的会员，律师协会应做出责令改正的处理，责令其在一定期限内改正，未予改正的会员，应依照本细则给予相应的处分。

第八十三条 对接受谈话提醒、口头警告和责令检讨处理的会员，视情况应作出以下处分：

（一）会员一年内受到律师协会谈话提醒处理累计3次以上（包括3次）的，律师协会应对其作出训诫的处分；

（二）会员一年内受到律师协会口头警告处理累计2次以上（包括2次）的，律师协会应对其作出训诫的处分；

（三）会员一年内受到律师协会责令检讨处理累计2次以上（包括2次）的，律师协会应对其作出通报批评的处分。

第十四章 附 则

第八十四条 本细则中按日计算期限的，由第二日起计算。

第八十五条 本细则由广东省律师协会常务理事会负责解释。

第八十六条 各市律师协会已颁布的有关会员处分规定与本细则不一致的，以本细则为准。

第八十七条 本细则自广东省律师协会发布之日起施行。

广东省律师协会会员奖励实施细则

（2005年3月17日广东省律师协会第七届理事会第六次会议通过）

第一章 总 则

第一条 为了奖励在我省经济建设、社会主义精神文明建设和法制建设中做出突出贡献的律师协会、律师事务所和律师，进一步激励先进，弘扬社会正气，促进我省律师事业的健康发展，根据《中华全国律师协会章程》、《中华全国律师协会会员奖励办法》、《广东省律师协会章程》，制订本细则。

第二条 本细则适用于广东省律师协会的团体会员和个人会员。

第三条 对会员奖励的推荐、评审、授奖等工作要遵循公平、公正、公开、实事求是的原则，严格按照本细则实施。

第二章 表彰奖励方式

第四条 奖励分为通报表扬、嘉奖、授予荣誉称号；

通报表扬是指对会员的先进事迹或突出表现在全省或会员所在的市属范围内以书面形式予以表彰；

嘉奖是指对会员某一阶段、时期内取得的优异成绩或优异表现予以鼓励、表扬；

授予荣誉称号是指对有突出贡献的会员在一段时间内授予优秀或先进的荣誉称号。

第五条 省律师协会通报表扬的，以省律师协会文件形式予以公布，并酌情给予物质奖励；

市律师协会通报表扬的，奖励方式由各市自行决定；

省律师协会嘉奖的，以省律师协会文件形式予以公布，并于《广东律师》上同时予以公布；

个人会员授予奖状或奖牌，团体会员授予奖状、奖牌或锦旗；市律师协会嘉奖的，奖励方式由各市自行决定；

省律师协会授予荣誉称号的，以省律师协会文件形式予以公布，并于《广东律师》上同时予以公布，颁发荣誉证书；市律师协会授予荣誉称号的，奖励方式由各市自行决定。

第六条 通报表扬可不定期进行，嘉奖原则上每年进行一次。授予荣誉称号每两年进行一次。

第三章 表彰奖励条件

第七条 符合以下第一项，并同时符合二至八项条件之一的律师个人会员，遵照本细则，由市律师协会评审后给予通报表扬或嘉奖：

（一）在执业中自觉贯彻执行党的路线、方针、政策，严格执行《律师法》，遵守《律师协会章程》，履行律师义务，恪守律师职业道德和执业纪律；

（二）成功办理了在本地区有重大影响的法律事务，或为国家和当事人挽回或避免经济损失数额较大，在本地区取得较好的社会效应的；

（三）积极参政议政，提交建议、提案或议案被县、区级（含县、区级）以上人大、政协或政府部门采纳四项以上的，或为政府部门或其他国家机关提供法律服务，受到县、区级以上有关机关好评的；

（四）积极参加法律援助工作和社会公益活动，在全市或本地区范围内较突出的；

（五）被县、区级以上（含县、区级）党委、政府部门或其他国家机关及工、青、妇等社会团体授予荣誉称号的；

（六）在学术研究、业务经验总结上取得较大理论成果，得到地市级以上（含地市级）有关部门肯定的，或在全市范围内非常突出的；

（七）积极参与所在市律师行业自律管理工作，为本市律师行业发展做出突出贡献的；

（八）其他经市律师协会理事会或常务理事会决定给予通报表扬或嘉奖的。

第八条 符合第七条第一项，且同时符合以下各项条件之一的律师个人会员，遵照本细则，由省律师协会评审后给予通报表扬或嘉奖：

（一）为当事人提供高效优质的法律服务，成功办理了在全省或本地区有重大影响的案件，或为国家和当事人挽回或避免重大经济损失数额较大，在省内影响较大的；

（二）积极参政议政，提交建议、提案或议案被采纳六项以上的，或为政府部门或其他国家机关提供法律服务，受到省级以上有关机关好评的；

（三）积极参加法律援助工作和社会公益活动，在全省范围内非常突出的；

（四）被省级以上（含省级）党委、政府部门或其他国家机关及工、青、妇等社会团体授予荣誉称号的；

（五）在学术研究、业务经验总结上取得重大理论成果，得到省级以上（含省级）有关部门肯定的，或在全省范围内非常突出的；

（六）积极参加省律师协会的行业管理工作，提出有益的行业建议，为全省律师行业的发展作出较大贡献的；

（七）其他经省律师协会理事会或常务理事会决定给予通报表扬或嘉奖的。

第九条 符合以下第一项，且同时符合以下二至五项条件之一的律师事务所团体会员，遵照本细则，由市律师协会评审后给予通报表扬或嘉奖：

（一）严格执行《律师法》，遵守《律师协会章程》，认真履行会员义务；

（二）能切实履行会员义务，积极参加市律协组织的各项活动，认真配合市律师协会的行业管理工作，提出有益的行业建议，为本市律师行业的发展作出较大贡献的；

（三）热心社会公益事业，积极捐款、捐物支持各项社会公益事业，或组织、开展公益活动，在全市范围内表现突出的；

（四）积极组织本所律师进行学术研究，取得较大理论成果，获得市级有关部门肯定的或在全市范围内非常突出的；

（五）其他经市律师协会理事会或常务理事会决定给予通报表扬或嘉奖的。

第十条 符合第九条第一项，且同时符合以下各项条件之一的律师事务所团体会员，遵照本细则，由省律师协会评审后给予通报表扬或嘉奖：

（一）能切实履行会员义务，积极参加市律协组织的各项活动，认真配合省律师协会的行业管理工作，提出有益的行业建议，为本省律师行业的发展做出较大贡献的；

（二）热心社会公益事业，积极捐款、捐物支持各项社会公益事业，或组织、开展公益活动，在全省范围内表现突出的；

（三）积极组织本所律师进行学术研究，取得重大理论成果，获得省级有关部门肯定的或在全省范围内表现突出的；

（四）积极参加省律师协会的行业管理工作，提出有益的行业建议，为全省律师行业的发展作出较大贡献的；

（五）其他经省律师协会理事会或常务理事会决定给予通报表扬或嘉奖的。

第十一条 符合以下第一项，且同时符合二至五项条件之一的各市律师协会团体会员，遵照本细则，由省律师协会评审后给予通报表扬、嘉奖：

（一）严格履行《中华人民共和国律师法》、《律师协会章程》赋予的职责，认真贯彻省司法厅、全国律师协会和省律师协会有关工作要求；

（二）在规范律师执业行为，加强律师职业道德和执业纪律教育工作中取得明显成效的；

（三）在维护律师合法权益工作中取得明显成效的；

（四）能积极组织律师、律师事务所参加各种社会公益活动，取得良好社会效应，得到社会各界好评的；

（五）通过各种途径、各种方式积极宣传律师先进事迹，为树立律师良好社会形象作出突出贡献的；

（六）其他经省律师协会理事会或常务理事会决定给予通报表扬或嘉奖的。

第十二条 符合第七条第一项，且同时符合以下两项条件之一的律师个人会员，遵照本细则，由市律师协会评审后授予“优秀律师”的荣誉称号：

（一）自觉贯彻执行党的路线、方针、政策，在本职岗位上善于探索、锐意创新，对推动本市（本地区）立法的完善和司法工作，或为本市（本地区）律师事业的改革发展作出突出贡献的；

（二）近两年内受过二次以上（含二次）市律师协会通报表扬或嘉奖的。

第十三条 符合第七条第一项，同时符合以下两项条件之一的律师个人会员，遵照本细则，由省律师协会评审后授予“优秀律师”的荣誉称号：

（一）自觉贯彻执行党的路线、方针、政策，在本职岗位上善于探索、锐意创新，对推动我省立法完善和司法工作，或为我省律师事业的改革发展作出突出贡献的；

（二）近两年内受过四次以上（含四次）律师协会通报表扬或嘉奖，并且其中至少有一次是由省律师协会或全国律师协会通报表扬或嘉奖的。

第十四条 符合第九条第一项，同时符合以下两项条件之一的律师事务所团体会员，遵照本细则，由市律师协会评审后授予“优秀律师事务所”的荣誉称号：

（一）律师事务所各项规章制度健全，管理规范有序；本所律师在执业中热情服务，恪守职业道德和执业纪律；律师事务所在本市范围内专业优势突出，能为当事人提供优质高效的法律服务；诚实守信，在本市具有较高的知名度和良好的信誉；工作业绩两年来在全市范围内非常突出的；

（二）律师事务所在近两年内受过两次市律师协会通报表扬或嘉奖的。

第十五条 符合第九条第一项，同时符合以下项之一的律师事务所团体会员，遵照本细则，由省律师协会评审后授予“优秀律师事务所”的荣誉称号：

（一）律师事务所各项规章制度健全，管理规范有序；本所律师在执业中热情服务，恪守职业道德和执业纪律；律师事务所在本省或全国范围内专业优势突出，能为当事人提供优质高效的法律服务；诚信敬业，在本省或全国具有较高的知名度和良好的信誉；工作业绩三年来在全省或全国范围内非常突出的；

（二）律师事务所在近两年内受过两次律师协会通报表扬或嘉奖的，并且其中至少有一次是由省律师协会或全国律师协会通报表扬或嘉奖的。

第十六条 符合第十一条第一项，同时符合以下的各市律师协会团体会员，遵照本细则，由省律师协会评审后授予“律师协会先进集体”的荣誉称号：

（一）能结合本地区律师工作的实际情况，在律师管理和服务工作中改革创新，有力推动了当地律师行业的发展，得到司法行政机关表扬和广大律师认可的；

（二）三年内受过上级律师协会两次通报表扬或嘉奖的。

第四章 评审工作机构

第十七条 律师协会的奖励审批机构为常务理事会。常务理事会设奖励评审委员会，具体负责奖励评审工作。

第十八条 省律师协会奖励评审委员会由7至15人组成。其中，设主任委员1名，由律师协会会长担任；副主任委员1至3名，由常务理事会推选的副会长、常务理事及秘书长或主管副秘书长担任；委员由常务理事会从理事中推选人选和秘书处推荐的人选组成。

第十九条 市律师协会奖励评审委员会由5至7人组成。其中，设主任委员1名，由律师协会会长担任；副主任委员1至3名，由常务理事会推选的副会长、常务理事及秘书长或主管副秘书长担任；委员由常务理事会从理事中推选人选和秘书处推荐的人选组成。

第二十条 省、市律师协会奖励评审委员会可吸纳2名司法行政机关工作人员担任委员。

第二十一条 奖励评审委员会任期与律师协会理事会任期相同。

第二十二条 奖励评审委员会的职责分别遵照《中华全国律师协会会员奖励办法》第十二条、第十三条执行。

第二十三条 奖励评审委员会在律师协会秘书处设日常办公室，省律师协会日常办公室设在会员部，市律师协会视具体情况设置。

第二十四条 奖励评审委员会日常办公室负责以下工作：

（一）组织开展评审活动；

（二）收集申报材料；

（三）统计、总结评审情况；

（四）向奖励评审委员会报告评审情况。

第五章 申报与推荐

第二十五条 申请奖励须提供以下申报资料：

（一）申请奖励的先进事迹报告；

（二）相关证明材料；

（三）《广东省律师协会会员奖励推荐表》。

第二十六条 律师个人会员或律师事务所团体会员申请省律师协会奖励的，应将本细则第二十五条规定的申报资料交由属地的市律师协会初审并加具评审意见后，由市律师协会统一将材料报省律师协会评审；

各市律师协会团体会员申请省律师协会奖励的，应将本细则第二十五条规定的申报资料报省律师协会评审。

第二十七条 市律师协会在审批申报材料时，认为应当由省律师协会奖励的，可以出具推荐书及本细则第二十五条所规定的材料报省律师协会评审；

省律师协会在审批申报材料时，认为应当由中华全国律师协会进行奖励的，可以出具推荐书及相关材料报中华全国律师协会评审。

第二十八条 推荐单位应征得候选人，候选单位的同意，并填写统一格式的《广东省律师协会会员奖励推荐表》，推荐书应当完整、真实、可靠。

第二十九条 有以下情形之一的会员不得申请奖励：

（一）近三年内受过行政处罚或行业处分的；

（二）虽未受处罚和处分，但被投诉的违法行为经司法行政机关或律师协会认定属实的；

（三）被投诉现正在接受司法行政机关或律师协会调查，仍未有调查结果的。

第六章 评审程序

第三十条 奖励按以下程序进行评审：

（一）形式审查

奖励评审委员会日常办公室负责对申报材料进行形式审查，对符合要求的材料提交奖励评审委员会评审；对不符合规定或奖励条件的申报材料，可要求申请人在规定时间内补正，逾期不补正或经补正仍不符合要求的，不予提交评审，并退回申报材料。

（二）评审

奖励评审委员会负责对申报内容进行评审工作；

通报表扬的，评审采用召开评审会议进行，会议应当有三分之二以上成员出席，到会成员半数以上通过方有效；

嘉奖和授予荣誉称号的，须召开评审会议，会议应当有三分之二以上成员出席，出席会议的三分之二以上通过方有效；

被推荐予以奖励的个人会员、团体会员不得参加评审工作。

（三）公示

对经奖励评审委员会同意奖励的会员的先进事迹进行为期5个工作日的公示。公示方式可采取律师协会以文件形式在网站、刊物或有关媒体上公示；

在公示期间如有提出异议，将由奖励评审委员会日常办公室负责审查，经查所投诉属实的，报请奖励工作委员会撤回同意奖励意见；

对奖励决定提出异议的，必须向奖励评审委员会日常办公室提供相关的证明材料。

（四）作出奖励决定

通过公示无异议的或虽有异议但经查不属实的，由律师协会常务理事会作出奖励的决定，在律师协会的网站、刊物或有关媒体上公告，并报上级律师协会备案。

第三十一条 市律师协会在进行公示前，应将评审情况报省律师协会；省律师协会依本细则对评选情况进行监督指导。

第七章 授 奖

第三十二条 奖励可根据本地区律师事业发展情

况来考虑奖项名额的分配；

颁发形式要简便、节俭，原则上结合律师协会工作会议进行，确需要召开表彰大会的须经常务理事会同意。

第三十三条 凡是上级律师协会已予以奖励的，下级律师协会不得就同一事实重复奖励。

第三十四条 有下列情形之一者，撤销奖励决定，收回奖牌（奖旗、奖状、奖章等）、证书，并停止其享受的相关待遇。

（一）伪造事迹骗取奖励的；

（二）上报的事迹严重失实的；

（三）严重违反审批程序的；

撤销奖励决定，由原申报机关报请原批准机关批准，特殊情况下原批准机关可以直接撤销。撤销决定应在原奖励通报范围内公布；

受表彰奖励的会员受到行业处分、行政处罚、劳动教养或刑事处罚的，停止其享受奖励的相关待遇。

第三十五条 对个人会员受奖励决定，存入本人会员档案，作为律师和律师事务所考核的依据。

第三十六条 奖牌、获奖证书由批准机关统一制作及负责其费用，奖金由批准机关支出及颁发。

第八章 附 则

第三十七条 本实施细则由广东省律师协会常务理事会负责解释。

第三十八条 本实施细则自颁发之日起正式实施。

广东省律师协会
关于律师执业宣誓的若干规定

（2005年3月17日广东省律师协会第七届理事会第六次会议通过）

第一条 为增强新执业律师的社会责任感、使命感，促使其依法开展律师工作，提高其遵守律师职业道德和执业纪律的自觉性、自律性，根据《中华全国律师协会关于实行律师执业宣誓制度的决定》，结合我省实际情况，制定本规定。

第二条 宣誓活动由市律师协会组织。

第三条 参加宣誓活动的人员包括宣誓律师、主持人、监誓人和领誓人。

第四条 宣誓律师由以下人员组成：

（一）上一年9月25日后在广东省新注册执业的专职、兼职、公职律师（包括当年第一次在广东省注册的省外执业律师）；

（二）在上一年9月25日前已经在广东省注册的执业律师，未参加宣誓的，应参加本年度执业宣誓仪式。

第五条 主持人由市律师协会秘书长担任。

第六条 领誓人由市律师协会会长或副会长担任。

第七条 监誓人由司法行政机关有关人员担任。

第八条 宣誓定为每年的5月15日和9月25日举行。

市律师协会至少应提前5个工作日将宣誓律师的名单、宣誓举行的时间、地点等通知宣誓律师，并将宣誓活动方案报省律师协会。

第九条 宣誓会场的中央应悬挂国旗和会徽。

第十条 宣誓时，宣誓律师应着律师袍，免冠。

第十一条 宣誓时应保持严肃。

第十二条 宣誓应按照以下程序来进行：

（一）由主持人宣布宣誓仪式开始，奏国歌；

（二）宣誓人宣誓时，面向国旗和会徽，举起右臂，随领誓人宣誓；

（三）宣誓完毕后，由领誓人、监誓人、和宣誓律师在书面誓词上签名，由宣誓律师保留书面誓词。

第十三条 宣誓仪式结束后，市律师协会应将活动情况书面报省律师协会。

第十四条 新执业律师应当及时参加执业宣誓仪式，如确有正当理由不能参加的，其本人应当提交保证书，保证参加下一次的宣誓仪式。

对既不参加宣誓仪式，又不提供保证书参加下一次宣誓仪式的，市律师协会将上报省律师协会，并由省律师协会根据有关规定予以纪律处分。对无正当理由不参加宣誓仪式的，建议由司法行政机关暂缓办理其年审注册手续。

第十五条 省律师协会负责对市律师协会的宣誓工作进行指导、监督和检查。

第十六条 本规定由广东省律师协会常务理事会负责解释。

第十七条 本规定自广东省律师协会发布之日起施行。

附： 广东省律师执业宣誓誓词

我志愿加入律师队伍，成为中华人民共和国律师和中华全国律师协会会员，严格执行《律师法》，遵守《律师协会章程》，履行律师义务，恪守律师职业道德，勤勉敬业，为维护法律的正确实施，捍卫法律的尊严而努力奋斗。

广东省律师继续教育管理办法

（2005年3月17日广东省律师协会第七届理事会第六次会议通过）

第一条 为加强和规范对我省执业律师的继续教育，提高律师的职业道德和业务水平，根据《中华全国律师协会章程》、《中华全国律师协会执业律师继续教育试行办法》和《广东省律师协会章程》制定本办法。

第二条 继续教育培训内容包括职业道德和执业纪律培训；法律、法规、规章及有关司法解释培训；律师执业技能和专门法律实务培训；学历教育、专业资格教育和国（境）外进修培训以及其他业务培训。

第三条 全省继续教育工作由广东省律师协会、各市律师协会和各律师事务所分别组织实施。

第四条 广东省律师协会负责指导和监督全省执业律师的继续教育工作。广东省律师协会继续教育委员会具体负责制定每年的广东省律师继续教育计划。

第五条 广东省律师协会面向全省律师，重点开展律师职业道德和执业纪律教育，以及对我国立法、司法实践中的前瞻性问题的培训。

第六条 各市律师协会根据广东省律师继续教育计划结合当地实际情况制定年度培训方案，继续教育计划应在上年度12月底前报广东省律师协会备案，继续教育总结应在第二年度1月底前上报广东省律师协会。

第七条 各市律师协会培训内容主要包括政治思想和法制教育、律师管理法规培训、专门律师实务培训、新颁布法律法规培训。

第八条 各市律师协会每年至少专门举办一次政治思想和法制教育，并结合律师职业道德、执业纪律教育进行，在每次业务培训中也要根据实际情况开展有关教育。

第九条 各律师事务所培训内容主要包括业务能力和业务技巧培训，以及律师的职业道德、执业纪律教育。

第十条 各市律师协会指导监督律师事务所的培训工作，各律师事务所的培训方案应报所在市律师协会备案。

第十一条 凡在本省注册的执业律师均有权利也有义务定期接受继续教育。

第十二条 结合律师工作实际，继续教育培训方式可采取短期培训班、讲座、学历教育、研讨会等多种形式进行。部分安装卫星远程教育系统的市律师协会可将卫星远程教育方式作为开展继续教育培训的主要方式。

第十三条 执业律师可以选择参加中华全国律师协会、广东省律师协会、所在市律师协会、经省律师协会授权有权就某专业进行培训的律师事务所组织的培训；也可以参加有关部门举办的与律师业务有关的培训。

第十四条 鼓励执业律师参加各种在职学历教育学习，凡攻读法律专业的本科生、研究生、双学位课程者，在读期间可以不参加其他业务培训，但必须参加律师职业道德、执业纪律教育和政治思想、法制教育。

第十五条 执业律师因为工作需要，短期在外省市的，可以参加外省市律师协会组织的培训。

第十六条 在法律院校、系教授有关法律课程的兼职律师，可以不参加该课程的业务培训，但必须参加律师职业道德、执业纪律教育和政治思想、法制教育。

第十七条 执业律师每年应当参加不少于40课时的培训，当年没有完成规定课时学习的，或没有参加律师职业道德、执业纪律教育和政治思想、法制教育的，暂缓年度注册，待补够业务培训课时或参加集中的职业道德、执业纪律教育和政治思想、法制教育补课后方可注册。

第十八条 根据继续教育的不同形式，对执业律师培训课时的认定采取六种方式：

（一）《执业律师继续教育登录册》记录的内容和课时

中华全国律师协会统一版本，广东省律师协会统一印发的《执业律师继续教育登录册》全省执业律师人手一册，各级律师协会在执业律师接受继续教育后应加盖培训印章并记载内容和课时，作为年度注册应当提交的证件之一。

（二）参加学历教育或有关的培训

参加学历教育学习、在外省市或境外接受培训的，参加有关部门举办的与律师业务有关的培训，年度注册时应提交接受培训的证书、录取通知、成绩单、培训收费单据等书面证明，经确认后，其培训的时间可直接计算为课时。

（三）参加各类律师行业业务与管理学术研讨会

本年度内参加由全国律协或有关部门举办的各类律师行业业务与管理学术研讨会，或省、市两级律师协会专业委员会组织的与律师行业业务与管理相关的各类学术活动，可依据举办单位提供的参会证明，将学术研讨时间折为本年度培训课时。

（四）参加律师事务所举办的培训

每一年度内，经广东省律师协会认可，省内某一法律专业领域实力较强的律师事务所可在本年度内针对这一领域在全省范围内开展相应业务培训，并应当在开课前将培训计划报市律师协会审批，报省律师协会备案。参加这类培训的时间对半折抵本年度培训课时。

（五）担任岗前培训以及其他业务培训授课教师

本年度内参加广东省律师协会组织的律师岗前培训工作，担任岗前培训教师，或由广东省律师协会指派担任业务培训授课教师的，可将授课时间直接计算为年度培训课时。

（六）发表论文和出版著作

本年度在省级以上公开出版的刊物（包括广东省律师协会出版的刊物）上发表的律师行业业务与管理相关的文章或公开出版发行的律师行业业务与管理类著作可折为本年度的培训课时。

律师行业业务与管理相关的文章根据内容和篇幅，两千字以上，五千字以下的可折为10课时，五千字以上一万字以下的可折为20课时，一万字以上的可折为30课时。

两千字以下与律师行业业务与管理有关的优秀文章，经省律师协会审查确认后也可适当折为本年度培训课时，但最高不能超过10课时。

律师行业业务与管理类著作根据内容和字数，十万字以下可折为40课时，如著作内容较多，每增加一万字可累加4课时，累计的课时可作为下一年度的课时。

课时的认定工作由各市律师协会具体负责。

第十九条　本办法由广东省律师协会常务理事会负责解释。

第二十条　本办法自发布之日起施行。

广东省律师协会
关于公益基金管理使用的规定

（2005年3月17日广东省律师协会
第七届理事会第六次会议通过）

第一条　为进一步规范我省律师行业开展社会公益活动，积极为社会做出应有的贡献，根据《律师协会章程》的有关规定，结合我省实际，制定本规定。

第二条　设立公益基金的种类及捐助范围

（一）社会灾情捐助基金：

捐助范围：

1. 国内外遭受重大自然灾害或受其他重大灾难影响的地区和群众，并经国家或上级单位倡导捐助；

2. 省内遭受重大自然灾害或受其他重大灾难影响的地区和群众，并经省委、省政府或省司法厅等上级机关倡导捐助；

3. 省律协或广大律师会员呼吁或要求捐助的。

（二）扶贫捐助基金：

捐助范围：

1. 我省欠发达地区、基本建设资金严重不足的市律师协会和律师事务所；

2. 省内生活特别困难或患有重大疾病急需救助的律师；

3. 省内广东律师希望小学品学兼优的特困学生；

4. 省司法厅定点联系的扶贫点；

5. 支援我国西部地区律师事业发展或建立希望小学。

（三）其他捐助基金：用于响应全国律协或上级单位号召的捐款活动。

第三条　公益基金的设立、管理、使用坚持以下原则：

（一）服务公益事业，减少律师临时性捐款的负担；

（二）每一项捐助基金支出取决于实际需要，并根据实际情况予以启用，具体使用安排原则上由会长办公会议研究决定；

（三）同一事项的，一年内不重复捐款；

（四）当年未使用完的公益基金累计滚入下一年度使用。

第四条　公益基金经费来源：

（一）会费存款利息收入，利息收入包括：会费部分定期存款利息和活期存款利息。该项经费列入当年预算，其支出情况在当年的财务决算中予以披露；

（二）社会捐助；

（三）鼓励和接受广大律师事务所和律师自愿捐款，以弥补公益基金之不足或扩大其积累。

第五条　公益基金的使用审批程序及权限：

（一）审批程序：

1. 申请人（单位）提出书面申请，或者由秘书处提出建议；

2. 秘书处进行调查研究或实地考察，了解实情，形成书面报告后提交会长办公会；

3. 会长办公会议研究决定；

4. 秘书处根据会长办公会决定执行。

（二）审批权限：

1. 对于第二条第二款第二项、第三项，秘书长的审批权限为：人均500～1000元，每年不超过2万元；

2. 对于第二条第二款第一项，会长的审批权限为：每次1000～5000元，每年不超过5万元；

3. 其他情形的，由会长办公会议研究审批。

第六条 公益基金的使用应当控制在经费许可的范围内，并做到开支有计划。每年公益基金的使用幅度掌握在当年基金的70～80%左右，如有特殊情况，可经会长办公会议研究决定。

第七条 在会计账中增设“公益基金”科目，用于公益基金经费的核算，做到专款专用。

第八条 本规定由常务理事会负责解释。

第九条 本规定自通过之日起施行。

广东省律师办理担保法律业务操作指引（2005年试行版）

（2005年10月）

目　录

第一章　前　言

第一节　目的与适用

第一条 编写本指南的目的和依据

为指导律师从事担保法律业务，提高律师从事担保法律服务质量，依法维护担保人（含反担保人）或债务人或债权人的合法权益，依据《律师法》、《民法通则》、《担保法》、《合同法》和其他有关法律法规以及最高人民法院有关担保法律制度的司法解释，特编写本担保法律服务操作指南供律师执业参考。

第二条 指南适用范围

中华人民共和国境内公司、企业、事业单位、其他组织和公民对由民事行为产生的债权关系，律师在不违反担保法律、法规强制规定的情况下，以担保法规定的保证、抵押、质押方式提供担保法律服务的，结合具体实际情况，参考律师担保业务操作指南的相关条款。担保法规定的留置担保、定金担保，不适用律师担保业务操作指南的相关条款。

信用证业务中的商业银行保函担保，涉外招标投标工程项目中的金融机构保函担保等涉外担保，以及参考适用境外担保法律实施浮动财产负担、固定财产负担、所有权保留担保、财产权利让与担保或财产按揭担保、应收账款担保、保理担保等担保法律服务的，不适用律师担保业务操作指南的相关条款。

第二节　预先审查

第三条 审查的内容

律师承办担保法律事务时，须结合担保当事人的合法资格、资信状况、代偿能力、担保物（抵押物、抵押权利、质物或质押权利）权属等，对担保行为的合法性、有效性如实陈述审查意见、法律意见及法律风险评估，并可以根据委托合同的规定出具法律意见报告。

第四条 合法性审查

律师审查担保行为合法性时应结合各种担保行为的特殊性，审查担保人主体资格的合法性，意思表示的真实性，担保行为的合法性。

担保行为合法性的审查范围，包括是否属于无效的、可请求变更和可撤销的、可解除的和终止的担保行为等。

第五条 有效性审查

律师审查担保行为有效性时应结合各种担保行为的特殊性，审核担保行为所涉及的法律文件是否真实、齐备，核实当事人内部的决策程序文件和政府主管部门的批准、登记手续等。

第六条 担保人的内部决策程序文件

律师可以提醒委托人的主要决策人或主要决策机构慎重审议担保额度较大或风险含量较高的主债权合同，必要时律师可以在提交的法律意见书中作出谨慎的说明。

第三节 担保方案的确定

第七条 数人担保和多种担保方式

律师可以根据委托合同的要求，为当事人设定担保方案，和/或分析各种担保方式的可行性和利弊。

同一债权的担保人（保证人、抵押人、出质人）可是一人，也可以是数人。

同一债权有两个以上担保人的，担保人律师可以建议担保人明确担保方式和具体划分担保份额，并在担保合同中具体约定。

担保人之间私下约定的担保份额比例，不能对抗债权人的请求。

第八条 反担保

担保人为债务人担保时，可以要求债务人或第三人提供抵押、质押反担保，可以要求第三人提供保证反担保。

第九条 保证保险

选择保证责任保险作为主债权担保的，除应符合《保险法》的有关规定外，还须符合下列要求：

1. 保险责任条款的约定应与借款合同中借款人的义务一致；

2. 保险标的保险价值应包括贷款本金、利息、违约金损害赔偿金；

3. 保险人对约定的保险责任承担无条件赔偿责任。

第十条 担保物保险

律师建议委托人，抵押人、出质人就抵押物、质押物办理财产保险的，在保险合同中应明确担保债权人为第一受益人。

抵押人、出质人不办理保险的，担保债权人可以不接受该抵押或质押，或要求主合同债务人另行提供担保。

第四节 合同的审查

第十一条 审查主合同的成立和合法性

律师提供担保法律服务时，应审查主债务合同的成立与合法性。

律师可以提醒委托人主合同不能依法成立或内容不合法，则担保合同不能产生预期的法律后果。对主债务合同审查需要注意如下情况：

1. 主合同依法成立的，自成立时起生效，但法律另有规定或当事人另有约定的除外；

2. 附有主合同成立条件的，自所附条件成就时生效；

3. 主合同需要办理批准、登记手续的，自办理完毕批准登记手续后生效；

4. 主合同条款是否违反法律禁止性规定。

第十二条 审查担保合同的成立和效力

律师审查担保合同的成立与效力时应具体分析以下情况：

（一）担保合同依法成立的，自成立时生效。当事人有特别约定，或法律有特别规定的除外；

（二）下列担保应当办理批准、登记手续，批准、登记后生效：

1. 外资企业将其财产或权益对外抵押的，须经审批机关批准并向工商行政管理机关备案；

2. 境内机构提供对外担保，只能由符合国家规定的金融机构和企业办理，并须分别情况经外汇管理机关批准和/或登记；

3. 法律、法规规定的其他情形。

第十三条 禁止代为履行非金钱债务情形

律师应提醒委托人不得代为履行以下非金钱债务：

1. 债务人履行的合同义务具有特殊身份的性质，担保人不能实际代为履行（例如：制作中国传统手工艺品，特别门派的艺术表演，著名专家学者的演讲报告等）；

2. 主合同、担保合同当事人之间有特殊约定，担保人不得代为履行主债务人的非金钱债务，只担保承担相应的金钱债务或承担具体约定数额或范围的损失赔偿；

3. 法律、行政法规对经营或交易行为有专属许可的规定（例如：进出口贸易、金融业务等），以及标的物的转让、流通等有禁止性、限制性规定的，担保人代为履行的无效。

第十四条 律师对保证担保合同的合理注意

律师根据委托合同参与担保合同签署程序时，可以根据法律向委托人解释合同条款的法律含义，同时注意担保合同中以下内容：

1. 保证担保方式：保证责任是一般保证，还是连带责任保证；

2. 保证担保独立性：保证合同一般为从合同，但保证合同各方可以根据实际情况约定保证合同具有相对独立性，保证人不因主债权合同的变更、无效而单方面免除保证责任；

3. 担保人的告知义务：保证人的经营机制或组织结构发生变化，如承包、租赁、股份制改造、联营、合并（兼并）、合资（合作）、分立等，担保人应当依据担保合同约定提前通知债权人并协商确认担保债权，或履行合同约定的其他保全措施，以保证担保债权不受损害；

4. 履行担保责任的约定：当主债务人不履行合同时，债权人可以直接要求连带责任保证人履行担保责任，一般保证人则依法享有先诉抗辩权；

5. 保证期间及起算日的约定：保证人承担保证责任的期间为主合同履行期届满主债权本金、利息及相关费用未受清偿之时起六个月或约定的其他具体期间。

第十五条 对担保人的特别提示

律师可以提醒委托人注意下列内容文字的准确性：

1. 保证金额；

2. 保证期间；

3. 保证方式：一般保证或连带责任保证；

4. 保证范围：主债权，利息，违约金，损害赔偿金，实现债权的费用；

5. 数人保证或多种担保方式并存时的担保份额。

第五节 担保中的检查

第十六条 督促登记

律师在办理抵押担保或质押担保时，对登记生效的担保，应当建议委托人依法办理担保登记手续；对登记对抗第三人的担保，应当向委托人合理解释登记对抗的法律意义。

担保合同终止，可以提示抵押人或出质人与债权人共同办理注销登记，返还占有和保管的担保物文件和凭证。

第十七条 妥善保管抵押物和质押物

律师应提醒委托人妥善保管抵押物、质押物以及与担保有关的票据、单据、凭证和有关文书等。同时提示委托人收到担保物品、凭证和法律文书的一方，应开具收据和保管清单，并妥善保存。

第十八条 效力待定的担保合同

律师应提示委托人，下列担保合同的生效条件：

1. 附加条件的担保合同，自条件成就时生效；为了自己的利益不正当地阻止条件成就的，视为条件已经成就；

2. 附加期限的担保合同，自期限届至时生效；

3. 限制民事行为能力人订立的合同，须经其法定代理人追认才能生效；

4. 行为人无权代理、超越代理权或代理权终止后以被代理人名义订立合同的，须经被代理人追认时生效；

5. 无权处分的人处分他人财产，须经权利人追认或依法取得处分权，方能生效。

在上述3、4、5需要追认的情况下，律师可以同时提示委托人追认的期限。

第十九条 无效的担保合同

律师应当合理提示委托人，除担保法规定的主合同无效导致担保合同无效外，具有下列情况之一的，担保合同也无效：

1. 一方以欺诈、胁迫手段订立担保合同的，损害国家利益的；

2. 恶意串通，损害国家利益、集体利益或第三人利益；

3. 以破产、分立、合并、联营等合法形式掩盖逃债、欺诈等非法目的的；

4. 为犯罪行为、非法交易订立担保合同，损害社会公共利益的；

5. 中方投资者为外商投资企业的注册资本以及外商投资企业的外方投资部分的对外债务提供担保；

6. 董事、经理以公司资产为本公司的股东或者其他个人债务提供担保；

7. 以及其他违反法律、行政法规的强制性规定的担保合同。

第二十条 担保中的合法性检查

律师在担保合同订立之后进行检查的主要内容：

1. 保证人的合法资格、信用等级和偿还能力是否发生变化；

2. 抵押物的权属、自身价值和市场价格是否发生变化，抵押财产是否被有关机关依法查封、冻结、扣押；

3. 质物和质押权利的权属、自身价值和市场价格是否发生变化，质物的财产保险是否到期等情况；

4. 担保人的经营机制和组织结构是否发生变化，如果发生承包、租赁、股份制改造、联营、合并（兼并）、合资（合作）、分立，解散、破产等情况，以及可能影响担保人履行担保责任的其他情况。

第二十一条 对担保的监督与管理

律师根据情势认为必要时可以建议委托人，在担保业务较多的情况下，对担保合同登记造册，对担保所涉及或有发生的债权、债务实行台账式管理，并经常监督、检查担保合同的履行条件是否发生变化。

在实现担保债权和履行担保合同中，律师应当积极协助委托人的专门机构或专人处理相关法律事务。

第六节 担保的变更、撤销和解除

第二十二条 主合同变更与担保效力

债权人与债务人协议变更主合同下列实质性内容的，增加主合同债务人责任的，必须取得担保人同意，否则，担保人对增加的债务免除承担担保责任。

1. 合同标的及标的物；
2. 增加标的物的数量；
3. 变更标的质量标准；
4. 调整合同价款或报酬；
5. 延长债务履行期限；
6. 调整履行地点和履行方式；
7. 变更违约责任；
8. 变更解决争议的方法；
9. 变更决定合同目的、性质的其他内容。

第二十三条 可撤销、可变更的担保合同

律师合理提示委托人，担保合同出现下列情况的，可以请求人民法院或仲裁机构变更或撤销：

1. 由于重大误解而订立的担保合同；
2. 显失公平的担保合同；
3. 一方以欺诈，胁迫手段或乘人之危，使对方在违背真实意愿的情况下订立的担保合同。

第二十四条 担保合同的解除条件

律师合理提示委托人，担保合同可以协议解除，也可以在约定的解除条件成就，或者出现下列法定情形时，解除权人可以通知对方解除担保合同：

1. 由于不可抗力致使担保合同的目的不能实现的；
2. 在履行期限届满之前，一方当事人明确表示或以自己的行为表明不履行担保合同主要债务的；
3. 一方当事人迟延履行担保合同主要债务，经过催告后在合理期限内仍未履行的；
4. 一方当事人迟延履行担保合同债务或有其他不履行、瑕疵履行部分履行等违约行为，致使担保合同目的不能实现的。

第二十五条 担保合同的解除方式

律师合理提示委托人，解除权人应当在法定的、约定的解除权期限内行使解除权；没有约定期限的，经对方催告后在合理的期限内，没有积极行使的，解除权消失。

主张解除担保合同的一方应当通知对方，担保合同自通知到达对方时解除。对方有异议的，可以请求人民法院或仲裁机构确认解除担保合同的效力。

法律、行政法规规定解除担保合同应当办理批准登记手续的，依照其规定。

第二章 保证担保

第一节 保证和保证人

第二十六条 保证人的一般条件

接受担保业务委托的律师应当审查保证人的资格，特别注意如下条件：

1. 保证人必须是主合同债权人和债务人以外的第三人；
2. 保证人是个人的，必须具有民事权利能力和民事行为能力；
3. 公司、企业作为保证人的，应当持有合法的企业登记手续；
4. 国家机关及社会公益单位以外的其他经济组织作为保证人的，持有政府主管部门颁发的开业证明；
5. 法律、法规有特别规定的，从特别规定。

第二十七条 其他经济组织作为保证人

担保法规定的其他经济组织作为保证人的，律师应当审核其主体资格，主要包括以下情况：

1. 依法登记领取营业执照的独资企业、个人合伙企业；
2. 依法登记领取营业执照的联营企业；
3. 依法登记领取营业执照的中外合作经营企业；
4. 经过民政部门核准登记从事经营活动的社会团体；
5. 经过核准登记领取营业执照的乡镇、街道、村办企业。

第二十八条 保证人资格审查

保证人承担担保责任，主体应当适格，并提交以下文件和有关资料：

1. 营业执照副本（原件）和年检合格证明；
2. 税务登记证副本；
3. 保证人为公司的股东名册或董事会名册；
4. 法定代表人身份证明；
5. 已经为其他债权人提供担保的合同、资料、证

明或未提供担保的承诺性文件；

6. 保证人为中外合营合作企业，应提供该公司（企业）董事会同意保证的决议；承包经营企业的，还应提交发包人同意保证的承诺文件。保证人为有限责任公司、股份有限公司，应当提供公司权力机构同意保证的决议；

7. 企业法定代表人或其他组织负责人委托代理人谈判和签字的授权委托书；

8. 法人的分支机构：法人授权；

9. 保证人为个人的，应提交其身份证和户口簿。

第二十九条 禁止为保证人

律师审查保证人资格时，如发现保证人属下列情况的，必须提醒委托人，下列单位或组织，不得作为保证人：

1. 国家机关、部队、武警不得为保证人；

2. 学校、幼儿园、医院等以公益为目的的事业单位、社会团体不得为保证人；

3. 分支机构无企业法人授权委托书的，或者超出企业法人书面授权范围的，不得为保证人；

4. 企业法人的分支机构、职能部门不得为保证人。

第三十条 禁止的保证人例外

符合国家法律、行政法规和司法解释规定的，下列机关、单位和组织，可以成为保证人：

1. 国家机关经国务院批准为使用外国政府或者国际经济组织贷款进行转贷；

2. 从事经营活动的事业单位、社会团体作为保证人的，如果无其他导致保证合同无效的情况，应当承担保证责任。

第三十一条 保证人的商业信用

律师从事担保法律服务时，应当提醒委托人注意客观评估保证人的商业信用和担保法律风险。

债权人可以根据债务数额、用途、清偿方式、清偿资金来源的预测、提供的担保、历史上的履约记录等因素综合判断法人债务人的商业信用。

债权人可以根据履约记录、职业与收入的稳定程度、归属于个人所有的或有权支配的资产、涉及其本人的债务数额和偿还期限等因素综合判断自然人个人商业信用。

商业信用应当由债权人自行评定，并独自承担评定保证人商业信用的风险和费用。商业信用，可以根据不同的标准，参照相关因素委托专业机构评估或自己评估。

第三十二条 代为清偿能力的评估

律师从事担保法律服务时，可以提醒委托人客观评估保证人的代为清偿能力。

债权人可以评估债务人、保证人的偿债能力，必要时应当对保证人进行实地考察，并承担评定债务人偿债能力的风险和费用。

债权人可以综合以下多个方面综合评定保证人偿债能力：

1. 注册资本和实收资本；

2. 净资产值；

3. 资产负债率；

4. 流动资产与流动负债的比率；

5. 速动资产与流动资产的比率；

6. 长期资产与长期负债的比率；

7. 资产收益率；

8. 存货周期率；

9. 应收账款周转率。

经审查评估后，对不符合条件的保证人，律师可以提醒委托人，债权人可要求债务人提供新的保证人或其他担保。

第三十三条 分支机构的保证责任

律师审查发现保证人为分支机构时，应当提醒委托人，法人分支机构承担保证责任的，或由于保证无效承担赔偿责任的，由法人分支机构经营管理的财产承担，不足以承担的，由企业法人承担；或企业法人有过错的，依据其过错各自承担相应的民事责任。

第三十四条 职能部门的保证无效

律师应当合理提示委托人，企业法人的职能部门不得对外提供保证担保。

债权人明知或存在重大过失与企业法人的职能部门签订保证合同的，造成的损失由债权人自行承担。

债权人知道或应当知道，或企业法人或其职能部门隐瞒真实身份的，债权人与职能部门的企业法人，根据担保法的规定，依据各自的过错程度，承担相应的民事责任。

第三十五条 第三人单方保证

律师审查担保文件时，可以建议委托人考虑并接受第三人单方出具的保证担保书。

第三方保证人在主债权合同上以独立的保证人身份签字或盖章的，保证合同成立。

第二节 保证合同和保证方式

第三十六条 保证合同成立

律师在审查保证合同成立时，应注意提示委托人保证合同应当采用书面形式。

保证合同经各方协商一致，由保证人、债权人的法定代表人或授权代理人签字或加盖单位印章的，保证合同成立。

主合同中，没有保证担保的条款，第三人以保证人的身份在主合同上签字或盖章的，视为保证合同成立。

第三十七条 保证方式和份额约定

同一债务有两个以上保证人的，律师应当合理提示委托人以下保证担保事项：

1. 是独立性的保证，还是从属性的保证；

2. 分别与债权人订立保证合同，还是在主债权合同上以保证人身份签署保证意见；

3. 明确是一般保证，还是连带责任保证；

4. 是独立承担各自的保证份额、保证范围，承担一般保证责任，还是不约定保证份额和具体保证范围，相互之间承担连带责任保证。

第三十八条 最高额保证

律师可以合理提示委托人，在最高债权额限度内，就一定期间连续发生的借款合同或某项商品交易合同所涉及的债权余额确定之后，保证应当承担保证责任。

第三十九条 个别保证的责任

律师应当合理提示委托人，同一债务有两个以上保证人的，债权人对于保证人之间的保证合同属于个别保证，保证人对自己所提供的保证份额、保证范围与债权人有明确的、具体的、独立的约定的，个别保证人按照约定各自承担独立的保证责任。

按份个别保证的保证人按照约定的份额承担保证责任的，在其履行保证责任的范围内对债务人行使追偿权。

第四十条 连带责任保证

律师应当合理提示委托人，同一债务有两个以上保证人的，债权人与保证人之间的保证合同属于连带责任保证，或保证人同时提供保证或分别各自提供保证，但各保证人与债权人没有约定保证份额的，视为连带责任保证，债权人可以要求任何一个保证人承担全部保证责任。

连带责任保证的保证人之间，或共同保证的保证人之间，按照约定的份额向债权人承担保证责任，不能对抗债权人希望一个保证人或多个保证人承担连带责任的要求。

保证人承担保证责任后，向债务人追偿的部分，由各连带保证人按照其内部约定的比例分担；没有约定的，平均分担。

第四十一条 怠于行使权利的则免除责任

律师可以合理提示委托人，在主债权履行期间届满后，一般保证的保证人向债权人提供了债务人可供执行财产的真实情况，债权人放弃或怠于行使权利，致使该财产不能被执行，保证人在提供可供执行财产的实际价值范围内，请求人民法院免除其保证责任。

怠于行使权利，包括以下三种情况：

1. 债权人不积极主张权利，或没有全面地、有效地采取措施，或迟延采取措施；

2. 债权人能够行使财产权利，不存在客观障碍和法律障碍；

3. 致部分、全部财产或财产权利消灭、过期或减价的结果发生。

第四十二条 先诉抗辩权的例外

律师可以合理提示委托人，一般保证的保证人依据担保法享有先诉抗辩权。但是，债务人住所变更，债权人要求债务人履行债务发生重大困难的除外，主要包括以下情形：

1. 债务人下落不明，或移居境外；

2. 债务人无财产可供执行。

第四十三条 非金钱债务的履行

律师应当合理提示委托人，保证合同中约定保证人代为履行非金钱债务的，保证人不能实际代为履行的，对债权人造成的损失，保证人应当承担赔偿责任。

第三节 保证责任

第四十四条 第三人监督义务，非保证责任

在借款、商品交易过程中，第三人向债权人保证监督专款专用的支付与结算时，律师应当合理提示委托人第三人仅承担履行监督义务的合同责任，而不是承担保证担保责任。

第三人履行了监督义务时，律师可以提示委托人该第三人无须承担合同责任。

第三人未履行监督义务造成债权人资金流失的时，律师可以提示委托人依法应由债务人向债权人履行合同责任。第三人与债权人有约定的，按照约定由第三人承担合同责任；没有约定的，第三人在债务人不足以清偿的范围内，对流失的资金承担补充赔偿责任。

第四十五条 对注册资金的保证，承担连带责任

保证人对债务人的注册资金提供保证时，债务人的实际投资与注册资金不符，或抽逃、转移注册资金的，律师可以合理提示委托人保证人应在注册资金不足或抽逃的或转移范围内承担连带保证责任。

第四十六条 债权转移，保证人依法免责

在保证期间内，债权人依法将主债权人全部或部分转让给第三人的，保证债权同时转让。律师应当合理提示委托人，保证人仅在原保证担保的范围内对受让人承担保证责任。

但属下列情形之一的，保证人不再承担保证责任：

1. 根据合同的性质不得转让；

2. 根据当事人的约定不得转让；

3. 依照法律规定不得转让。

另外，保证人与主合同债权人事先约定仅对特定的债权人承担保证责任的，或特别约定禁止债权转让的，保证人不再承担保证责任。

债权人转让权利应当书面通知债务人和保证人。未经通知的，该转让对保证人不发生效力。保证人可以拒绝向受让人履行保证义务，但仍应向让与人履行。

债务人接到债权转让通知的，债务人对让与人的抗辩权和抵销权，保证人均可以向受让人主张。

第四十七条 债务转移，保证人免责与例外

在保证期间内，未经保证人书面同意的，债务人经债权人许可将主合同债务全部或部分转让给第三人的，律师应当合理提示委托人，保证人对未经其同意转让债务的部分，不再承担保证责任。但是，仍应当对未转让部分的债务承担保证责任。

第四十八条 主合同的变更，保证责任免除

在保证期间内，未经保证人书面同意，主合同标的、期限、数量、价款、币种、利率等内容发生变化的，律师应当合理提示委托人，该变化，如果减轻了债务人的债务，保证人仍应对变更后的合同承担保证责任；如果加重了债务人债务，保证人对加重的部分不承担保证责任。

变动了主合同的履行期限，未经保证人书面同意的，保证期间为原合同约定的期间，或法律规定的期间。

协议变更了主合同，但并未实际履行的，保证人仍应承担保证责任。

第四十九条 保证期间的起算日

主合同明确约定履行主债务具体期限的，保证期间自主债务履行期届满之日起计算。

第五十条 保证期间

无论是一般保证还是连带责任保证，未约定保证期间的，保证期间为主债务履行期届满之日起6个月。

保证合同约定的保证期间早于或等于主债务履行期限的，视为未约定保证期间，保证期间为主债务履行期届满之日起6个月。

超过6个月，债权人未起诉或未申请仲裁的，一般保证的保证人免除承担保证责任；超过6个月，债权人未要求连带责任保证人承担保证责任的，连带责任保证人免除保证责任。

保证合同约定的保证承担保证责任直至主债务本息还清时为止等类似内容的，视为约定不明确，保证期间为主债务履行期届满之日起2年。

第五十一条 保证期间与诉讼时效的区别

律师在相关的情况下应当合理提示委托人，保证期间与诉讼时效的区别：

保证期间不因任何事由发生中断、中止和延长的法律后果，除非法律另有规定或债权人在保证期间内提起诉讼或申请仲裁。

第五十二条 保证诉讼时效的中断和中止

律师应当掌握保证诉讼时效的规定：一般保证中，主债务诉讼时效中断保证债务的诉讼时效中断；连带责任保证中，主债务诉讼时效中断，保证债务的诉讼时效不中断。

无论是一般保证还是连带责任保证，主债务的诉讼时效中止的同时中止。

第五十三条 最高额保证期间的起算日

律师应当合理提示委托人，最高额保证未约定保证期间或对保证期间约定不明的，按照以下两种情形处理：

1. 约定有保证人债务清偿期限的，自清偿期限届满之日起6个月，开始起算保证期间。

2. 未约定保证人债务清偿期限的，保证人可以随时书面通知债权人终止保证合同，但保证人对于通知到债权人前所发生的债务，承担保证责任。保证人自最高额保证的终止之日或自债权人收到保证人终止保证合同的书面通知的到达之日起6个月，开始起算保证期间。

第五十四条 保证的诉讼时效起算日

一般保证保证合同诉讼时效起算日，在保证期间届满前，自主合同纠纷的诉讼判决书或仲裁裁决书生效之日起计算。

连带责任保证保证合同诉讼时效起算日，在保证期间届满前，债权人要求保证人承担保证责任之日起计算。

第五十五条 人保与物保并存

同一债权既有人的保证又有抵押物、质押物担保的，律师应当合理掌握两种保证人与债权、债务人的相互责任关系。在适当的情况下律师应提示委托人，债权人应当告知各担保人主债权的担保情况，并与保证人和抵押、质押担保人协商担保份额。同时应当注意区别以下情形处理：

1. 第三人提供一般保证，同时由债务人提供抵押、质押的。

一般保证的保证人依法享有先诉抗辩权，债务人的财产依法强制执行仍不能履行之前，可以拒绝承担保证责任。

2. 第三人提供连带责任保证，同时由债务或第三人提供抵押、质押的。

债权人可以任意选择或同时要求保证人、抵押、质押担保人承担担保责任。

第五十六条 追偿与分担

律师应当合理提示委托人，承担了担保责任的一方可以向债务人直接追偿。债权人与各类保证人就各自担保范围、担保份额有明确规定的，也可以依约定比例向其他担保人追偿；无约定或约定不明确的，可以要求其他担保人平均分担。

第五十七条 追偿权的行使

人民法院判决保证人承担保证责任或赔偿责任的，如果没有记载保证人享有追偿权的，律师应当提示委托人保证人可以按照承担责任的事实，另行起诉。

保证人对债务人行使追偿权的诉讼时效，自保证人向债权人承担责任之日起开始计算。

第五十八条 债务人破产

保证期间，人民法院受理了债务人破产案件的，律师应该提示委托人债权人可以向人民法院申报债权，也可以向保证人主张权利。

第五十九条 债权人申报债权后在破产程序中未受清偿的部分，律师可以合理提示委托人保证人仍应承担保证责任，债权人应当在破产程序终结后6个月内提出。

第六十条 破产中，保证人免责

债权人知道或应当知道债务人破产，未申报债权，也未通知保证人，致使保证人不能预先行使追偿权的，律师应该提示委托人，保证人在该债权在破产程序中的可能受偿范围内免除保证责任。

债权人未申报债权的，各连带共同保证人应当作为一个主体申报债权，预先行使追偿权。

第四节 保证担保的诉讼

第六十一条 一般保证人的诉讼地位

一般保证的债权人对主债务人和保证人一并起诉的，债务人和保证人可以作为共同被告参加诉讼。律师应当提示委托人法院判决的保证人责任，只有在对主债务人财产依法强制执行后仍不能履行债务时，才能执行保证人财产。

第六十二条 连带责任保证人的诉讼地位

律师担任连带担保债权人代理人时，既可以单独将债务人或者连带责任保证人作为被告提起诉讼，也可以将债务人和连带保证人作为共同被告提起诉讼。

第六十三条 分支机构保证人的诉讼地位

企业法人的分支机构为他人提供保证的，律师担任债权人代理人时，可以要求该企业法人作为共同被告参加诉讼。但是商业银行、保险公司的分支机构提供保证的除外。

第六十四条 债务人反诉的，保证人为第三人

债权人对债务人提起诉讼，律师担任债务人代理人提起反诉的，可以请求将保证人作为第三人参加诉讼。

第六十五条 担保物权诉讼中，保证人的地位

律师代理债权人向人民法院请求行使担保物权时，应将债务人和担保人列为作为共同被告。

同一债权既有保证又有物的担保，律师代理债权人提起诉讼时，应将债务人、保证人、抵押人或者出质人列为共同被告。

第三章 抵押担保

抵押之一：房地产抵押

第一节 房地产抵押担保

第六十六条 定义和效力

抵押人必须对房地产享有所有权，或依法享有处分权。

房地产必须是法律允许转让的。

抵押房地产以抵押登记为准。

抵押担保的债权额，在抵押权实现时，以协议折抵的价款清偿，或以拍卖或变卖房地产的价款清偿。

第六十七条 抵押资格的审查

主合同债权人应当严格审查抵押人及房地产的有关情况、资料和证明文件：

（一）抵押人资格审查：

1. 抵押人的《企业法人营业执照》副本及年检登记手续；

2. 抵押人的《法定代表人证明》，及其代理人的《授权委托书》；

3. 抵押人《税务登记证明》副本；

4. 房地产归属有限责任公司、股份有限公司、中外合资（合作）企业或承包经营企业所有的，应提交该公司股东会、企业董事会或发包人权力部门审议同意的书面文件，以及政府主管部门的批准文件。

（二）抵押物的审查：

1. 房地产的权属证明及相关文件；

2. 抵押的房地产属于共有财产的，应提供抵押人对共有财产占有份额的证明，及其他共有人同意以该房地产设定抵押的证明；

3. 房地产的基本资料和清单。包括：房地产的名称、数量、质量、状况、所在地，同一房地产已向其他债权人设定抵押的情况证明，房地产登记机关就该房地产登记情况的证明，房地产保险单证、用益物权

的设定情况等。

第六十八条 可以抵押的房地产

房地产抵押应当符合《担保法》的规定。

下列房地产可以设定抵押权：

1. 城镇居民私人所有的房屋；

2. 建设单位以依法有权处分的国有土地使用权和投入在建工程的资产；

3. 抵押人依法有权处分的出让的国有土地使用权及其房屋等其他地上定着物；

4. 抵押人依法有权处分的农村集体建设用地使用权及其地上建筑物、其他附着物；律师应当到集体建设用地所在的县、市国土资源部门了解抵押的集体建设用地的登记状况，确认能否办理抵押登记。

5. 依法可以抵押的其他房地产。

第六十九条 公益设施不得抵押

律师应当合理地提示委托人，以公益为目的的事业单位、社会团体，以其教育设施、医疗卫生设施和其他社会公益设施设定抵押无效。

第七十条 共有房地产抵押

律师应当合理地提示委托人，以共有房地产抵押应当按照以下情形处理：

1. 按份共有人以其共有房地产中享有的份额设定抵押的，抵押有效；

2. 共同共有人以其房地产设定抵押，应当征求其他共有人的同意。其他共有人知道或应当知道而未提出异议，视为其他共有人同意。

第七十一条 两次抵押

律师应当合理地提示委托人，并依据担保法的规定阐述再次抵押的效力和受偿顺序。

房地产抵押后，在房地产价值范围内，债权人接受抵押人就已设定抵押的房地产或房地产权利再次抵押的，有关债权人按抵押的先后顺序受偿。

受偿的顺位依据担保法的规定，按照登记的顺序确定。

第二节 抵押合同

第七十二条 核实房地产及相关文件、凭证

律师接受委托人的委托，可以承办核对当事人的主体资格和房地产法律状态：

1. 核实主体资格，包括以下方面：

抵押人、抵押权人的居民身份证明、政府的开业证明、主管部门的批准证书、税务登记证号、法定代表人身份证明、业务代表的授权委托证明、经营期限；

2. 核实房地产的法律状态，包括以下方面：

核实房地产的权属凭证，依法处分该房地产的内部权力机构书面决议和政府主管部门的批准文件，或有权抵押该房地产的合同文书以及付款凭证；

3. 协助委托人制作房地产清单，现场核实或实际调查房地产的处所及占有人，抵押及登记情况，出租、保管、借用等法律状态，保险及收益人，价格、使用年限及品质状态等实际情况；

4. 律师依据法律规定出具法律意见书，结合核实情况出具律师见证报告书。

一般情况下，应当由2位律师同时承办核实和见证法律业务，情况紧急或情况特殊的，也可以由1位律师独自承办。

第七十三条 保管权利凭证

抵押权设定后，所有能够证明抵押担保当事人法律身份、房地产权属等法律状态的证明、凭证（原件）及房地产的保险单等凭证（正本），通常由抵押债权人或其委托指定的人代为保管，由抵押债权人承担妥善保管责任。

第七十四条 房地产价值

房地产价值根据现行市场价格、变现难易程度等，由债权人与抵押人共同协商估价，但鉴于房地产评估的复杂性，以委托专业机构进行评估为宜。

对抵押价值估价有争议的，可以共同委托有资格的资产评估机构估价。

第七十五条 贷款抵押率

债权人应当根据债务人的资信程度、贷款期限、贷款风险、房地产种类、房地产折旧、房地产的适用性、市场价格变动，以及可能发生的法定的约定的费用，房地产变现的难易程度等因素，确定不同的抵押率，并据此与抵押人签订抵押合同。

债权人应当根据房地产的不同实际情况，自己确定具体的抵押率，律师可以提供相应的参考意见：

根据该房地产的地点、年限、建筑结构、民用及商用类型、实用性、担保期间与市场价格预测，以及易变现性和可流通性确定，一般不超过市场价格的70%；

房地产的价值不足以担保主合同债权的，债权人可以要求债务人另行提供保证担保，以及其他抵押担保、质押担保。

第三节 抵押登记

第七十六条 抵押登记

律师应当合理地提示委托人，债权人与抵押人签订《抵押合同》后，双方应依照《担保法》的规定，就该合同项下的房地产进行登记，债权人自房地产抵押登记之日起享有抵押权。

债权人所接受的房地产，均须办理房地产抵押登记。

第七十七条 不登记的，不对抗第三人

由于抵押登记部门的原因，导致抵押登记无法实施，抵押人向债权人交付权利凭证的，可以认定债权人对该财产有优先受偿权。

律师应当合理地提示委托人，未办理抵押登记的，不得对抗第三人。

第七十八条 恶意拒绝登记的责任

律师应当合理地提示委托人，担保法规定抵押登记生效的抵押合同签订后，抵押人违背诚实信用原则拒绝办理抵押登记，导致债权人受到损失的，抵押人应当承担赔偿责任。

第七十九条 登记日期与抵押顺序

律师应当合理地提示委托人，由于抵押登记部门的原因致使房地产连续登记的，房地产第一次登记的日期为抵押登记的日期，并以此确定抵押担保债权的顺序。

第八十条 补办登记

诉讼期间，房地产尚未办理权属证书的，律师可以建议或督促委托补办登记并提交权属证书，并依法向委托人阐述相关法律意义，即：在第一审法庭辩论终结前补办或提交的，抵押担保有效；未办理抵押登记的，不得对抗第三人。

第八十一条 房地产抵押登记

办理国有土地使用权和地上的房屋抵押的，应当遵守《担保法》第三十六条的规定，依照“地随房抵，房随地走”的原则办理。

办理房地产抵押登记的，应当向登记机关交验下列文件：

1. 抵押当事人的身份证明，或法人资格证明；
2. 抵押登记申请书；
3. 抵押合同；
4. 《国有土地使用权证》、《房屋所有权证》或《房地产权证》，共有房屋的，还必须提交《房屋共有权证》和其他共有人同意抵押的书面证明；
5. 抵押人有权设定抵押权的《决议》和办理抵押登记的《授权委托书》等文件和证明；
6. 抵押房地产价值的《评估报告》或《房地产折价协议书》；
7. 登记机关要求的其他文件。

第八十二条 预购商品房抵押

预购商品房抵押，是购房人在支付首期规定的房价款后，由贷款银行代其支付其余的购房款项，购房人将预购商品房所有权让与贷款银行作为偿还贷款履行担保的行为。

预购商品房抵押贷款的，商品房开发项目必须符合房地产转让条件，并取得《商品房预售许可证》。

以预购商品房抵押贷款的，购房人应提交已办理登记手续的《商品房买卖合同》及付款凭证；

登记机关在预购商品房抵押合同上记载或以其他方式记载抵押事项。

第八十三条 在建工程的抵押与登记

在建工程的抵押，是抵押人为取得贷款继续建造在建工程，在依法取得土地使用权的基础上，以下列资财或财产权利抵押：

1. 以其依法获准但尚未建造的房屋抵押；
2. 以正在建造的建筑物上投入的资产抵押，包括：原材料、固定资产或应收债权等资产和财产权利；
3. 以正在建造的房屋或其他建筑物抵押，以不转移占有的方式抵押给贷款银行作为偿还贷款的担保。

在建工程已经完工部分的抵押，其土地使用权随之抵押。

第八十四条 在建工程的抵押登记应提交的文件

以在建工程抵押的，抵押合同应当附加以下文件和证明：

1. 《国有土地使用权证》，《建设用地规划许可证》和《建设工程规划许可证》；
2. 已经交纳了全部土地使用权出让金，或交纳了相当于抵押部分的土地使用权出让金的款额；
3. 已经投入在建工程的工程款；
4. 有确定的施工进度和工程竣工日期；
5. 已经完成的工程量和工作量。

第四节 抵押的效力

第八十五条 孳息与抵押的效力

律师应当合理地提示委托人，房地产分离的法定孳息与抵押效力的关系。

法定孳息，是指抵押人依据法律规定和法定程序可以取得的收益。例如：租赁的租金，存款的利息，股份的股息或分红等。

抵押权的效力并不当然及于孳息，抵押人对房地产仍然享有占有、使用、收益和处分的权利。

抵押权人依法收取房地产孳息，应当符合以下条件：

1. 债务履行期届满，债务人不履行债务；
2. 抵押权人必须将扣押房地产的事实通知应当清偿法定孳息的义务人；
3. 能够产生法定孳息的房地产被人民法院依法扣押；

4. 收取房地产孳息日自扣押日起计算。

所取得法定孳息的清偿顺序：

1. 收取孳息的费用；

2. 主债权的利息；

3. 主债权。

第八十六条　附属物、从物、从权利与抵押权的效力

律师应当合理地提示委托人，区分房地产的主物和附属物、从物、从权利，判断附属物、从物、从权利能否与房地产一并折价、变卖、拍卖的关系。

附属物是不独立存在但对房地产的主要部分起辅助功能和配合作用的设施或部件。

两个独立存在的物必须合并使用才能发挥效用的，起主要作用的物为主物，起次要作用的物为从物。

除法律、法规有禁止性规定的，或抵押当事人对附属物、从物、从权利的移转有特别约定的，以折价、变卖、拍卖方式实现抵押担保债权时，附属物、从物、从权利随房地产一并移转。

抵押权的效力及于抵押权设定时已经存在的、属于抵押人的从物，而不及于抵押权的效力及于抵押权设定后抵押人取得的从物。

抵押物与从物分别为两个以上的人分别所有的，抵押权的效力不及于房地产的从物。

第八十七条　房地产的附合与抵押权的效力

不动产所有人或抵押权人恶意附合的，不享有附合物、混合物的所有权或担保物权，应当承担民事侵权责任或不当得利的民事责任。

第三人与房地产所有人为附合物共有人的，抵押权的效力及于抵押人对共有物的份额。

附合，导致动产成为不动产的组成部分，不动产所有权人取得动产的所有权，结合后具有独立性、固定性和继续性。在动产设定的担保物权的效力及于动产所有权人取得的代位物或补偿金。

第八十八条　物的出租与抵押效力

律师合理地提示委托人，并阐述出租与抵押的法律关系。

已经出租的财产抵押的，抵押权实现后，租赁合同在有效期内对于房地产的受让人继续有效。

已经抵押的财产出租的，抵押权实现后，租赁合同对房地产受让人不具有约束力；抵押人未书面告知承租人抵押事实的，造成承租人损失的，抵押人承担赔偿责任；如果书面告知承租人该财产已经设定抵押的，造成损失的，由承租人自己承担。

第八十九条　物的转让与抵押效力

律师合理提示委托人，并阐述转让与抵押效力的法律关系。

房地产已经办理抵押登记的，抵押人转让房地产，未通知抵押权人、未告知受让人的，转让无效；房地产未办理抵押登记的，取得房地产所有权的受让人，可以代替债务人清偿全部债务，消灭抵押权，并可向抵押人追偿。

房地产未经登记的，抵押权不得对抗受让人，造成抵押权人损失的，抵押人承担赔偿责任。

第九十条　房地产的完整性

律师合理地提示委托人，并阐述房地产的完整性及分割、部分转让与抵押效力的法律关系。

主债权未受全部清偿的，抵押权人可以就房地产的全部行使抵押权。

房地产被分割或部分转让的，抵押权人可以就分割或转让后的房地产行使抵押权。

第九十一条　抵押债权的完整性

律师合理地提示委托人，并阐述主债权被分割、部分转让与抵押权的法律关系。

主债权被分割、部分转让的，各债权人可以就共享有的债权份额行使抵押权。

第九十二条　主债务的转让与抵押效力

律师合理地提示委托人，并阐述主债务被分割、转让与抵押权完整性的法律关系。

主债务被分割、部分转让的，抵押人仍然以房地产担保数个债务人履行债务。

第三人提供抵押担保的，未经抵押人书面同意的，债权人许可债务人转让债务的，抵押人对未经其同意转让的该部分债务不再承担抵押担保责任。

第五节　最高额抵押

第九十三条　最高额抵押

通常在1年至20年的期间内，对同一项目分期贷款的，或以信托、行纪、批发、赊销的方式销售商品或提供服务的，债权人可以与抵押人就一定期间内连续发生的市场交易行为，作最高限额和最长期间的限定，并签订《最高额抵押担保合同》。

最高额抵押的主合同债权不得转让。

第九十四条　最高额债权的特定化

律师合理地提示委托人，最高额抵押担保期限届满，而且清偿期已届至，最高额抵押所担保的债权明确、具体、特定，抵押权人可以依据法律规定的普通抵押权的实现方式行使抵押权。

如果实际发生的债权余额高于最高限额，以最高限额为限，超过部分不具有优先受偿的效力；如果债权余额低于最高限额的，以实际发生的债权余额为限对房地产优先受偿。

第九十五条 变更限额和期间的，清偿顺位后移

律师合理地提示委托人，同一财产或财产权利同时提供最高额抵押担保和另一个普通债权抵押担保，最高额抵押担保的最高限额或抵押期间变更的，该变更不得对抗顺序在后的抵押权人。属于原最高额抵押担保合同终止，缔结了新的最高额抵押担保合同。变更后的最高额抵押担保债权清偿顺位在后。

第九十六条 抵押物被采取保全措施或抵押人破产后发生的债权不在最高额抵押权所担保的债权之列

律师合理地提示委托人，最高额抵押担保的抵押物是否属于房地产或财产权利。

最高额抵押担保范围不包括以下债权：

1. 房地产由于财产保全所发生的债权；
2. 房地产由于执行程序被查封后所发生的债权；
3. 债务人、抵押人破产后发生的债权。

第九十七条 先抵押后查封的，不影响抵押效力

律师合理地提示委托人，普通抵押担保的房地产是否被查封、扣押，是否被采取财产保全或执行措施。

对于事先设定普通抵押担保的财产，政府主管部门或人民法院依法查封、扣押或对抵押担保财产采取财产保全或执行措施的，不影响抵押担保的效力。

第九十八条 抵押权的保全

抵押期间，抵押人有下列情形之一的，债权人应当及时、适当地采取警告、制止、补救等措施，直至请求人民法院判决停止侵权或抵押人行为无效，并可以请求提前行使抵押权：

1. 抵押人未经通知债权人，擅自转让房地产的；
2. 抵押人的行为足以威胁担保债权的实现或可能致使房地产价值减少的，经债权人警告、制止、补救，抵押人不予理睬的；
3. 抵押人以明显不合理的低价转让房地产的，对债权人造成损害的；
4. 抵押人转让房地产的价款没有向债权人优先清偿的；
5. 抵押人故意阻碍债权人依法实现抵押权的其他行为。

第六节 抵押权的实现

第九十九条 抵押权的实现

实现抵押权时，应按与抵押人达成的协议处分房地产，如协议不成，应及时向人民法院提起诉讼。

处分房地产的方式主要为：

1. 折价，即按照与抵押人事先约定的方法和价格，将房地产的所有权转移给抵押权人，以抵偿债务；
2. 拍卖，即将房地产交有关的产权交易机构或在人民法院的监督下进行竞价出售；
3. 变卖，即由抵押双方协商同意的，将房地产有偿转让给第三人。如果房地产为限制流通物，应当按照国家规定交有关部门予以收购。

变卖转让房地产的，最低价应当得到债权人的书面同意或认可。

以其他约定方式处理房地产的，依据有关的法律法规办理。

第一百条 折价清偿，流质契约

律师合理地提示委托人，流质契约条款无效，在债务履行期届满未受清偿时，禁止抵押权人不经任何程序就成为房地产的所有权人，抵押合同的其他条款仍然有效。

折价清偿的有效条件：

1. 债权人在债务履行期届满未受清偿；
2. 抵押权人与抵押人签订房地产折价清偿协议，由抵押权人取得房地产的占有权和所有权；
3. 房地产折价公平合理，不得损害顺位在后抵押权人和其他担保债权人的利益。

第一百零一条 变卖、拍卖房地产

律师合理地提示委托人，债务履行期届满抵押权人未受清偿的，可以订立房地产变卖、拍卖协议，由抵押权人直接变卖，或由抵押权人直接委托拍卖机构拍卖房地产。

协议不成的，抵押权人可以向人民法院起诉，由人民法院裁定或判决同意变卖、拍卖房地产。

律师应当合理地提示委托人，协议变卖、拍卖房地产，或经人民法院裁定同意变卖、拍卖房地产的，应当注意审查以下事项：

1. 主合同、抵押合同的合法性、有效性。
2. 抵押权人是否有权变卖房地产。
3. 房地产的变卖价格与实际价格的关系。
4. 买受人是否受其他顺位在后的和其他担保物权人的债权追索。

第一百零二条 提前实现抵押权

以抵押方式担保分期付款的商品交易的，买受人未支付到期价款的金额达全部价款的五分之一的，出卖人可以要求买受人支付全部价款或解除合同。标的物毁损、灭火，或买受人不能支付标的物使用费的，出卖人可以提前向抵押人请求实现抵押权。

借款合同履行期间，借款人未按照借款合同约定的借款用途使用借款的，贷款人可依法。停止发放借款、提前收回借款或解除合同，提前向抵押人请求实现抵押权。

第一百零三条 价款的清偿顺序

债务人处分房地产的价款不足以清偿债务的，应当继续向债权人承担偿付责任；价款超过债权数额的部分归抵押人所有。

债权人依法处分房地产所得的价款，当事人没有约定的，按下列顺序分配：

1. 支付处分房地产所需的费用；

2. 清偿债权人本金、利息、违约金（罚息）和赔偿金等；

3. 支付《抵押合同》约定的其他费用。

第一百零四条 多个抵押权人与清偿顺序

律师合理地提示委托人，并阐述多个债权人的清偿顺序的法律关系。

同一财产向多个债权人抵押担保的，清偿的顺序应当依照《担保法》规定的顺序清偿。

顺序在后的抵押债权先到期，顺序在后的抵押权人只能就房地产价值超出顺序在先的抵押债权的部分受偿。

顺序在先的抵押债权在先到期的，顺序在先的抵押权实现后，剩余的价款应当提存，留待顺序在后的抵押顺序债权受偿。

第一百零五条 多个抵押人与清偿份额承担

律师合理地提示委托人，并阐述多个抵押人之间担保责任的法律关系。

两个以上抵押人为同一债权提供担保的，债权人放弃债务人提供的抵押担保的，其他抵押人可以请求人民法院减轻或免除其应当承担的担保责任。

两个以上抵押人为同一债权提供担保的，各自对其担保的债权份额或顺序没有约定，或约定不明确的，抵押权人可以就其中任何一个抵押人或各自抵押财产行使抵押权。

抵押人承担担保责任后，可以向债务人追偿，也可以要求其他抵押人清偿其应承担当清偿的份额。

第一百零六条 房地产的代位物

律师合理地提示委托人，并阐述房地产代位物的法律意义。

抵押期间，房地产因毁损、灭失或被征用，债权人可以就该房地产的保险金、赔偿金或补偿金优先受偿。

房地产毁损、灭失、被征用，所得保险金、赔偿金和补偿金不足清偿债权的，债权人应当要求债务人清偿，或要求债务人提供新的担保。

抵押担保债权尚未届至清偿期的，抵押权人可以请求人民法院对保险金、赔偿金和补偿金采取保全措施。

第一百零七条 抵押权的消灭

抵押权由于下列情况消灭

1. 抵押权因房地产灭失而消灭。

2. 债务人清偿债权人债务而消灭。

抵押权消灭的，债权人应及时将由其保管的房地产权属证明及有关单证交还抵押人。

抵押之二：动产抵押

第一百零八条 动产抵押权的设定

律师承办动产抵押业务，应对动产抵押权的设定进行审查、确定，就动产抵押权的设定方式、抵押当事人主体资格、动产抵押物范围履行审查、确认职责。

第一百零九条 动产抵押权设定方式的审查确定

动产抵押权可以采取法定抵押权和约定抵押权两种方式设定。基于我国现行立法对法定抵押权规定很少，当事人以法定抵押权设立担保关系时，律师必须就该法定抵押权产生的法律依据加以清晰了解，并据此审查、确定该法定抵押权的设定。

约定抵押权是当事人之间以抵押合同而设定的抵押权。依照我国《担保法》之规定，抵押合同应采用书面形式。律师应就抵押合同的下列内容履行审查、确定义务：被担保的主债权种类、数额；债务人履行债务的期限；抵押物名称、数量、质量、状况、所在地、所有权权属或者使用权权属；抵押担保的范围；当事人认为需要约定的其他事项。抵押合同不具备上述内容的，可以由当事人补正，但不能简单地认为抵押合同无效。

第一百一十条 动产抵押当事人的确定

（一）动产抵押权人的确定

抵押权人就是债权人。律师应对债权人的主体资格的真实性进行审查、确定；对债权的真实性、合法性及实际履行状况进行审查确定。

（二）动产抵押人的确定

动产抵押人就是该动产的所有人。当债务人是动产的所有人时，应审查确定该动产财产所有权的真实性、合法性及有无重复设定抵押的情形；当第三人是该动产的所有人时，应审查确定第三人对该动产财产的真实性、合法性及有无重复设定抵押的情形，律师应履行明确告知第三人设定该动产抵押关系的法律后果。律师承办抵押担保业务时，应当严格审查抵押人及抵押物的有关情况、资料和证明文件：

1. 抵押人的《企业法人营业执照》副本及年检登记手续；

2. 抵押人的《法定代表人身份证明》，及其代理人的《授权委托书》；

3. 抵押《税务登记证明》副本；

4. 抵押物的权属审查，包括①抵押物权属证明及相关文件；②以共有财产为抵押物，应提供抵押人对共有财产占有份额的证明，及其他共有人同意以该财产设定抵押的证明；③抵押物归属有限责任公司、股份有限公司、中外合资（合作）企业或承包经营企业所有的，应提交该公司股东会、企业董事会或发包人权力部门审议同意的书面文件，以及政府主管部门的批准文件；

5. 抵押物的基本资料和清单。包括：抵押物的名称、数量、质量、状况、所在地，同一抵押物已向其他债权人设定抵押的情况证明，抵押物登记机关就该抵押物登记情况的证明，抵押物保险单证等。

第一百一十一条　动产抵押物的范围

根据我国《担保法》第34条及《最高人民法院关于〈担保法〉若干问题的解释》第53条之规定，下列财产可以设定动产抵押：

1. 抵押人所有的机器、交通运输工具和其他财产；

2. 抵押人依法有权处分的国有机器、交通工具和其他财产；

3. 学校、幼儿园、医院等以公益为目的事业单位、社会团体以其教育设施、医疗卫生设施和其他社会公益设施以外的财产为自身债务可以设定抵押；

4. 农作物（农作物与尚未分离的土地使用权同时抵押的，土地使用权部分的抵押无效）；

5. 依法可以抵押的其他动产。

第一百一十二条　不得设定抵押的财产

根据《担保法》之规定，下列财产不得设定抵押：

1. 学校、幼儿园、医院等以公益为目的事业单位、社会团体的教育设施、医疗卫生设施和其他社会公益设施；

2. 所有权、使用权不明或是有争议的财产；

3. 依法被查封、扣押、监管的动产；

4. 法律、法规禁止流通的动产。

第一百一十三条　动产抵押权所担保的债权范围

1. 动产抵押担保的债权范围首先应当依照抵押合同所约定的范围来确定；

2. 如果当事人在抵押合同中没有特别约定，则抵押担保的债权范围应包括主债权、利息、违约金和赔偿金以及实现抵押权的费用；

3. 抵押物因附合、混合、加工导致所有权移转，抵押权的效力及于原动产的代位物或补偿金。不动产所有权人恶意附合的，动产所有权人恶意混合的，不享有附合物、混合物的所有权或担保物权，应当承担民事侵权责任或不当得利的民事责任；第三人与抵押物所有人为附合物、混合物、加工物的共有人的，抵押权的效力及于抵押人对共有物的份额；附合，导致动产成为不动产的组成部分，不动产所有权人取得动产的所有权，结合后具有独立性、固定性和继续性，在动产设定的担保物权的效力及于动产所有权人取得的代位物或补偿金；混合，动产之间在固体状态、液体状态、气体状态之间结合，难以识别各动产在混合物中的份额和组成部分；加工，在他人动产上实施加工的，加工物的所有权属于材料所有权人，但是，加工所增加的价值超过材料价值的，加工物的所有归属于加工人所有。

第一百一十四条　动产抵押关系当事人的权利、义务

（一）动产抵押人的权利、义务

动产抵押人应享有如下权利：

1. 动产抵押人对抵押物的占有权。抵押设定以后，除法律和合同有约定以外，抵押人有权继续占有抵押物，并有权取得抵押物的孳息；

2. 动产抵押人对抵押物的处分权。抵押设定以后，动产抵押人并不丧失对抵押物的所有权，抵押人有权将抵押物转让给他人。但是在抵押期间，抵押人转让已办理登记的抵押物的，应当通知抵押权人并告知受让人转让物已经抵押的情况。动产抵押人未通知抵押权人或未告知受让人的，转让行为无效；

3. 动产抵押人对抵押物设定多项抵押的权利。动产抵押人可以就同一抵押物设定多个抵押权。在同一抵押物之上存在数个抵押权的情况下，各个抵押权人应按照先后顺序行使抵押权；

4. 动产抵押人对抵押物的出租权。抵押权设定以后，由于抵押物仍然归动产抵押人据有，因此动产抵押人有权将抵押物出租给他人使用，但动产抵押人将已出租的财产抵押后，应当书面告知承租人，原租赁合同继续有效。

动产抵押人的主要义务是妥善保管好抵押物。在抵押期间，由于动产抵押人继续占有抵押物，因此动产抵押人应当负保管抵押物的义务，并应采取各种必要的措施以防止抵押物的毁损、灭失和价值减少。因动产抵押人的行为造成抵押物价值减少时，动产抵押人有义务恢复抵押物的价值，或者提供与减少的价值相当的担保。在抵押期间，动产抵押人不得在未通知抵押权人或未告知受让人转让物已经抵押的情况下，将抵押物转让给受让人。转让抵押物时应当遵循诚实信用原则。转让抵押物价款应当符合抵押物实际价值，且因转让所获得的价款应用来清偿所担保的债权。

（二）动产抵押权人的权利、义务

动产抵押权人应享有如下权利：

1. 支配抵押物并排除他人侵害的权利。如果抵押物受到抵押人或第三人的侵害，抵押权人有权要求停止侵害、恢复原状、赔偿损失。如果因动产抵押人的行为使抵押物价值减少，抵押权人有权要求抵押人恢复抵押物的价值，或者提供与减少的价值相当的担保；

2. 孳息收取权。在抵押期间，抵押物孳息一般由抵押人收取，但在债务履行期届满、债务人不履行债务而使抵押物被人民法院依法扣押的，自扣押之日起抵押权人有权收取由抵押物所分离的天然孳息，以及抵押人就抵押物可以收取的法定孳息。抵押权人未将抵押物的事实通知应当清偿法定孳息的义务人的，抵押权的效力不及于该孳息；

3. 优先受偿权。在债务人不履行债务时，抵押权人有权以抵押财产折价或者以拍卖、变卖抵押物的价款优先于普通债权人受偿。

抵押权人的主要义务是在实现抵押权时严格依据法定和约定的方式及程序，不得损害抵押人和其他人的利益。

第一百一十五条　动产抵押权的登记

律师应明确告知动产抵押关系当事人下列动产抵押权登记事宜：

（一）动产抵押登记的范围

以下列动产财产设定抵押的，应当进行登记：

1. 以航空器、船舶、车辆抵押的；

2. 以企业的设备和其他动产抵押的；

3. 其他依法可以抵押的动产财产。

（二）动产抵押登记的法律意义

1. 法律规定应当办理抵押物登记的，抵押合同自登记之日起生效；

2. 以上述财产以外的动产财产设定抵押的，可以自愿办理抵押物登记，抵押合同自签订之日起生效；

3. 当事人未办理抵押登记的，不得对抗第三人；

4. 应办理登记的抵押合同签订后，抵押人违背诚实信用原则，恶意拒绝办理抵押登记，导致债权人受到损失的，抵押人应当承担赔偿责任。

（三）动产抵押登记机关

1. 以航空器、船舶、车辆抵押的，为运输工具的登记部门；

2. 以企业的设备和其他动产抵押的，为财产所在地的工商行政管理部门；

3. 以其他动产抵押的，为抵押人所在地的公证部门。

第一百一十六条　动产抵押权的实现条件

律师应当明确告知动产抵押关系当事人动产抵押权实现的条件：

1. 债务人的债务已到清偿期。律师应就债务人履行债务的实际状况清晰了解，确定债务人的债务确已到达清偿期；

2. 债务人未履行债务。律师应就债务人拒绝履行债务、迟延履行债务和不适当履行债务的具体情形进行了解、审查，据以确定债务人未履行债务的客观情形；

3. 必须存在合法有效的抵押。律师应就抵押权的合法、有效性进行审查、确定。排除抵押所担保的主合同被宣告无效或撤销的情形。

第一百一十七条　动产抵押权实现的方式

1. 以抵押物折价。律师应当明确告知当事人以抵押物折价必须由双方订立折价合同，而不能由抵押权人单方面决定抵押物的价格。在价格的确定中，律师可以就动产的价格提供相应的参考意见：抵押的动产，根据其处所、使用年限、类型、实用性、近期的市场价格和可变现性确定，公司企业的普通机器、设备等动产，一般为40％至60％，其他动产可以为抵押物市场价格的60％至80％。

折价合同必须在实现抵押权时才能订立，且抵押物的所有权必须在折价合同订立以后才能转移。

律师应当就“流质契约”的无效性明确告知动产抵押当事人。

2. 抵押物的拍卖、变卖

债务人履行期届满抵押权人未受清偿的，可以订立抵押物变卖、拍卖协议，由抵押权人直接变卖、或由抵押权人直接委托拍卖机构拍卖抵押物。协议不成的，抵押权人可以向人民法院起诉，由人民法院裁定或判决同意变卖、拍卖抵押物。

律师应当合理地提示委托人，协议变卖、拍卖抵押物，或经人民法院裁定同意变卖、拍卖抵押物的，应当注意审查以下事项：

1. 主合同、抵押合同的合法性、有效性；

2. 抵押权人是否有权变卖抵押物；

3. 抵押物的变卖价格与实际价格的关系；

4. 买受人是否受其他顺位在后的和其他担保物权人的债权追索。

第一百一十八条　动产抵押权优先受偿权位序的确定

关于优先受偿权位序，原则上亦应采取法定主义，即应由法律明确规定。我国《担保法》第56条规定，同一财产向两个以上债权人抵押的，拍卖、变卖抵押物所得的价款按照以下规定清偿：

1. 抵押合同以登记生效的，按照抵押物登记的先后顺序清偿，顺序相同的，按照债权比例清偿；

2. 抵押合同自签订之日起生效的，该抵押物已登记，按照本条第1项规定清偿；未登记的，按照合同生效时间的先后顺序清偿，顺序相同的，按照债权比例清偿。抵押物已登记的先于未登记的受偿。抵押权与其他物权并存时，留置人优先于抵押权人受偿；财产已登记的，抵押人优于质权人受偿，已登记的抵押权与用益物权的权利人的受偿顺序则应依据设定顺序确定。

律师应当就上述动产抵押权优先受偿权位序确定的内容合理的提示委托人。

第四章 质 押

第一节 动产质押

第一百一十九条 权利瑕疵担保

出质人对出质的动产应当依法拥有所有权或处分权。律师应当协助委托人核实出质人对质押担保动产的具体权利，如果无法核实的，应当由出质人书面承诺享有上述权利，因虚假承诺或越权出质给动产所有权人造成损失的，由出质人承担法律责任。

委托人以其不具有所有权但合法占有的动产出质的，律师注意提示委托人：不知出质人无处分权的质权人行使质权后，因此给动产所有人造成损失的，由出质人承担赔偿责任。

第一百二十条 特定化的金钱质押担保

债务人或第三人将其金钱以特户、封金、保证金等形式特定化后，作为债权担保，移交债权人占有的，由质押双方及见证律师在质押清单上签字核实，当事人各持一份质押合同及质押财产清单。

第一百二十一条 交付的方式及效力

出质人应当按照合同约定的时间将质物移交给债权人，不移交质物的质押担保不生效。

质押物在质押合同签订之前已经由质权人实际占有或控制的，质押合同签订时，立即生效。

出质人间接占有质物的，出质人将质押事宜的书面通知送达质物占有人时视为质物移交，质押合同生效。

律师应当合理提示债务人或第三人未按质押合同约定的时间移交质物的，因此给质权人造成损失的，出质人应当根据其过错承担赔偿责任；占有人收到出质通知后，仍接受出质人的指示处分出质财产的，该行为无效.

第一百二十二条 质押物价值的商定和评估

主合同债权人应当与出质人商定质物或质押权利的价值，聘请有关的专门机构进行的价值评估经质押权人和出质人确认视为质物价值。

第一百二十三条 质押率的确定

债权人应当根据质物的实际情况，确定具体质押率，律师可以提供相应的参考意见：

1. 根据该动产的处所、使用年限、类型、实用性和市场价格和可变现性等因素确定，公司、企业的普通机器、设备等动产，一般为40%至60%；

2. 其他动产质押率，结合易变现性和出质单位的信用，以及市场价格、商业风险等因素，一般为质物现值的60%至80%。

第一百二十四条 核实质押物是否存在抵押登记

以《担保法》第34条规定的机器、交通运输工具，或出质人有权处分的国有的机器或国有的交通运输工具质押担保的，律师根据委托合同负责或者协助质押权人到相关登记机关核实抵押登记情况。如果质押的机器、交通运输工具已经经过抵押登记的，律师根据担保法律和司法解释阐述担保债权的清偿顺序。

第一百二十五条 移转占有

债务人以质押方式设定担保向债权人申请贷款的，债务人或者第三人应当将其质押动产移交给债权人占有，当债务人不履行债务时，债权人有权依法以该动产折价或者以拍卖、变卖该动产所得价款优先受偿。

律师注意提示委托人：出质人和质权人不得约定在债务履行期届满质权人未受清偿时，质物的所有权转移为质权人所有。

第一百二十六条 出质人主体合格

出质人必须是依法对质押财产享有所有权或处分权的法人、其他组织或个人。

第一百二十七条 不得质押的财产

下列动产不得作为质物进行质押：

1. 所有权不明或者有争议的财产；

2. 法律规定禁止流通的财产。

3. 其他法律规定禁止作为质物进行质押的财产。

第一百二十八条 合法性审查

律师应提请委托人对出质人质押的动产或权利的真实性、完整性、合法性与有效性进行严格的审查评估，审查评估比照本指南的总则、保证、抵押部分的相关规定执行。律师应对质物的合法性、有效性进行审查，或根据委托合同对质物的真实性、完整性、合法性和有效性进行全面审查。

第一百二十九条 质押物价值减少的法律救济和质押物的提前清偿

质押期间，质押财产有损坏或者价值明显减少的可能、足以影响债权人实现质权的，债权人可以要求出质人提供相应的担保。出质人不提供的，债权人可以按照《担保法》的规定以及《质押合同》的约定，以质押财产折价或者以拍卖、变卖质押财产所得的价款用于提前清偿贷款或者向出质人约定的第三人提存。

第一百三十条 质押担保中的孳息

质押期间，质权人有权收取质物所生的孳息，质押合同另有规定的除外。

前款规定的孳息应当先充抵收取孳息的费用。

第一百三十一条 妥善保管义务

质押期间，质权人负有妥善保管质押财产的义务，因保管不善致质物灭失或者毁损的，质权人应当承担相应的民事责任。质权人不能妥善保管质物可能致使其灭失或者毁损的，出质人可以要求质权人将质物提存，或者要求提前清偿债权而返还质物。

质权人使用、处分质物的，应当征求出质人同意。质权人未经出质人许可使用、处分质物给出质人造成损失的，质权人应当承担赔偿责任。

第一百三十二条 转质

在质押担保期间，质权人为担保自己的债务，以其占有的质物为第三人设定质权的，应当征求出质人同意；未经出质人同意而设定的转质行为无效。质权人对因转质而发生的损害承担赔偿责任。

律师应当向委托人阐述转质权的担保范围应当在原质权担保的范围之内，超过部分不具有优先受偿的效力。转质权的效力优先于原质权。

第二节 公路收费权的质押担保

第一百三十三条 公路收费权的质押担保

以公路收费权质押担保，出质人应当将公路上已经建成的桥梁、隧道和附属经营建筑设施办理财产保险，并将保险赔偿权益移转到质权人名下；将公路由于不能建成、不能正常运营所获得的保险赔偿权益移转到质权人名下。

第一百三十四条 出质人承诺：

1. 以合法享有的公路收费权出质，出质行为真实、有效，经过出质人权力机构及政府主管部门批准；

2. 收费权批准文件应当交付质权人保管；

3. 在借款合同存续期间，未经质权人同意免收费，国家法律、法规规定另有规定的除外；

4. 不得以收费权向他人重复质押或转让所出质的收费权；

5. 出质人被政府指令转让公路收费权或者利用该权利进行投资的，出质人应立即通知质权人，并以转让公路收费权的所得价款优先清偿质押债权；

6. 为贷款人设置公路收费权质押方案时，应提示贷款人公路收费权被撤销的风险，并设置防范风险的措施。

第一百三十五条 账户特定与被监管

1. 出质人在质权人指定的机构开立车辆通行费收费专用账户，并由质权人监管收费及资金使用情况；

2. 收取的车辆通告费必须按照约定存入车辆通行费收费账户；

3. 出质人不得违反合同约定将其账户中的款项划至其他行的账户，也不得违反合同约定在其他金融机构开设此类账户并将收费划入其他金融机构。

第一百三十六条 质权的实现

（一）质权实现的前提条件

1. 借款人不履行或不完全履行借款合同约定的还本付息的义务。

2. 出质人违反合同约定将车辆通行费存入其他账户。

3. 出质人违反合同约定，事实上在其他金融机构开立收费账户。

4. 质权人与出质人约定的其他情况。

（二）质权实现的方式和顺序

1. 借款人违反借款合同约定偿还本金和利息的，质权人有权直接在收费专用账户中扣收存款偿还贷款本息；

2. 质权人按前项规定仍未能完全实现债权时，质权人如果与出质人有合同约定，质权人可以从出质人其他银行账户中扣收直至完全实现债权；

3. 质权人通过前两项措施仍未能完全实现债权时，可以质权人监管的方式实现质权；

4. 质权人通过前三项措施仍未能完全实现债权时，质权人可以依法采取协议转让、拍卖等方式处分质押权，并以所得价款优先受偿。

第一百三十七条 发生下列情形之一，质权人可以提前实现质权：

1. 出质人歇业、解散，被撤销、被吊销营业执照；

2. 质权人依据借款合同的约定提前收回贷款，其借款合同项下的债权未能实现或未能全部实现；

3. 质权人与出质人约定的其他情况出现时。

第一百三十八条 出质人有下列情形之一，应书面通知质权人：

1. 经营机制发生变化，如实行承包、租赁、联营、合并（兼并）、分立、股份制改造、与外商合资（合作）等；

2. 涉及较大经济纠纷的诉讼；

3. 出质的权利发生争议；

4. 歇业、解散、被停业整顿、被吊销营业执照；

5. 法定代表人、住所、重要股东等发生变更。

出质人有前款1情形，应至少提前三十日通知质权人；有前款列举的其他情形，应在事后七日内通知质权人。

质权人与出质人可以约定出质人违反重大事项告之义务需要承担的责任。如可约定在一定条件下，质权人可提前实现质权。

第一百三十九条 路费收入质押担保的完整性

出质人以公路收费权的过路费收入质押为借款合同项下的贷款担保，本质押合同不因出质人主体的变更、消灭或者债务的转让而失效或撤销，质权与其担保的债权同时存在。

第三节 票据质押担保

第一百四十条 记载“质押”字样

以汇票、支票、本票出质，出质人与质权人没有背书记载“质押”字样，以票据出质对抗善意第三人的，人民法院不予支持。

第一百四十一条 质押后的票据再转让

以票据出质的，质权人再转让或者质押的无效。

第一百四十二条 票据纠纷中的保全与执行措施

对具有下列情形之一的票据，经当事人申请并提供担保，可以申请人民法院依法采取保全措施或者执行措施：

1. 不履行约定义务，与票据债务人有直接债权债务关系的票据当事人所持有的票据；

2. 持票人恶意取得的票据；

3. 应付对价而未付对价的持票人持有的票据；

4. 记载有“不得转让”字样而用于贴现的票据；

5. 记载有“不得转让”字样而用于质押的票据；

6. 法律或者司法解释规定有其他情形的票据。

第一百四十三条 以公示催告的票据质押的无效

依照民事诉讼法第一百九十五条第二款的规定，在公示催告期间，以公示催告的票据质押、贴现的行为无效。

第一百四十四条 违反限制转让票据规定的，其票据权利受限制

依照票据法第三十四条和第三十五条的规定，背书人在票据上记载“不得转让”、“委托收款”、“质押”字样，其后手再背书转让、委托收款或者质押的，原背书人对后手的被背书人不承担票据责任，但不影响出票人、承兑人以及原背书人之前手的票据责任。

第一百四十五条 恶意取得禁止转让的票据，质押的票据权利无效

依照票据法第二十七条的规定，出票人在票据上记载“不得转让”字样，其后手以此票据进行贴现、质押的，通过贴现、质押取得票据的持票人主张票据权利的，人民法院不予支持。

第一百四十六条 恶意取得禁止转让的票据，持票人无票据权利

依照票据法第三十四条、第三十五条的规定，背书人在票据上记载“不得转让”字样，其后手以此票据进行贴现、质押的，原背书人对后手的被背书人不承担票据责任。

第一百四十七条 未记载“质押”字样的票据质押无效

依照票据法第三十五条第二款的规定，以汇票设定质押时，出质人往汇票上只记载了“质押”字样未在票据上签章的，或者出质人未在汇票、粘单上记载“质押”字样而另行签订质押合同、质押条款的，不构成票据质押。

第四节 国债质押担保

第一百四十八条 凭证式国债质押的当事人

经中国人民银行批准，允许办理个人定期储蓄存款存单小额抵押贷款业务，并承担凭证式国债发行业务的商业银行可以受理凭证式国债质押，并以质押为担保向借款人提供贷款。

不承办凭证式国债发行业务的商业银行，不得受理此项业务。各商业银行之间不得跨系统办理凭证式国债质押贷款业务。

作为凭证式国债质押的出质人，是凭证式国债的所有人，可以是个人，也可能是机构，它有可能自为债务人，也可以作为第三人作担保。

第一百四十九条 可以质押的国债种类

进行凭证式国债质押的，应是未到期的凭证式国债。另外，凡所有权有争议、已作挂失或被依法止付的凭证式国债，不得作为质押品。

第一百五十条 出质人向原银行申请

借款人申请办理质押贷款业务时，应向国债所有人原认购国债银行提出申请，经确认并审核批准后，签订质押贷款合同。

第一百五十一条 占有权利凭证

作为质押物的凭证式国债交贷款机构保管，由贷款机构或质权人出具保管收据。保管收据是借款人或出质人办理凭证式国债质押贷款的凭据，不准转让、出借和再抵押。

第一百五十二条 出质人提交的证件

借款人申请办理凭证式国债质押贷款业务时，必须持本人名下的凭证式国债和能证明本人身份的有效

证件。使用第三人的凭证式国债质押办理质押业务的，需以书面形式征得第三人同意，并同时出示本人和第三人的有效身份证件。

第一百五十三条　质押率

凭证式国债质押每笔贷款不应超过质物面额的90%。

第五节　公司债券担保

第一百五十四条　普通公司债券担保

以公司债券出质的，出质人与质权人没有背书记载“质押”字样，以债券出质对抗公司和第三人的，人民法院不予以支持。

第一百五十五条　可转换公司债券担保

可转换公司债券可以质押。其质押方式准用第4-5-1条。

第一百五十六条　记名公司债券

记名公司债券的质押应该将质押事项记载于公司债券名册。

第六节　银行间债券担保交易

第一百五十七条　银行间债券交易

银行间债券交易，包括：回购和现券买卖。

银行间交易的债券是指经中国人民银行批准可用于在全国银行间债券市场进行交易的政府债券、中央银行债券和金融债券等记账式债券。

第一百五十八条　银行间债券质押登记

中央国债登记结算有限责任公司为中国人民银行指定的办理债券的登记、托管与结算机构。

以债券为质押进行回购交易，应办理登记；回购合同在办理质押登记后生效。

回购期间，交易双方不得动用质押的债券。

第一百五十九条　银行间债券质押主体

下列机构可成为全国银行间债券市场参与者，从事债券交易业务：

1. 在中国境内具有法人资格的商业银行及其授权分支机构；

2. 在中国境内具有法人资格的非银行金融机构和非金融机构；

3. 经中国人民银行批准经营人民币业务的外国银行分行。

第一百六十条　禁止对回购质押的债券冻结、提取

证券经营机构在证券交易所、证券登记结算机构的债券实物代保管处托管的债券，是其自营或代销的其他投资者的债券。

当证券经营机构或投资者为债务人时，人民法院如需冻结、提取托管的债券，应当通过证券交易所查明该债务人托管的债券是否已作回购质押，对未作回购质押，而且确属债务人所有的托管债券可以依法冻结、提取。

第七节　单位定期存单的质押担保

第一百六十一条　单位定期存单

单位定期存单是指借款人为办理质押贷款而委托贷款人依据开户证实书向接受存款的金融机构（以下简称存款行）申请开具的人民币定期存款权利凭证。

单位定期存单只能为质押贷款的目的而开立和使用。个人定期储蓄存款存单质押贷款，应当参照中国人民银行的其他规定处理。

单位在金融机构办理定期存款时，金融机构为其开具的《单位定期存款开户证实书》不得作为质押的权利凭证。

第一百六十二条　存单质押应提交的文件

借款人办理单位定期存单质押贷款，除按其他有关规定提交文件、资料外，还应向贷款人提交下列文件、资料：

1. 开户证实书，包括借款人所有的或第三人所有而向借款人提供的开户证实书；

2. 存款人委托贷款人向存款行申请开具单位定期存单的委托书；

3. 存款人在存款行的预留印鉴或密码。

开户证实书为第三人向借款人提供的，应同时提交第三人同意由借款人为质押贷款目的而使用其开户证实书的协议书。

第一百六十三条　存单质押合同应记载的内容

质押合同应当载明下列内容：

1. 出质人、借款人和质权人名称、住址或营业场所；

2. 被担保的贷款的种类、数额、期限、利率、贷款用途以及贷款合同号；

3. 单位定期存单号码及所载存款的种类、户名、账户、开立机构、数额、期限、利率；

4. 质押担保的范围；

5. 存款行是否对单位定期存款进行了确认；

6. 单位定期存单的保管责任；

7. 质权的实现方式；

8. 违约责任；

9. 争议的解决方式；

10. 当事人认为需要约定的其他事项。

第一百六十四条　备案登记

存单质押双方应妥善保管有关文件和材料。质押的单位定期存单被退回时，也应及时登记注销。

第一百六十五条 退还质押存单

贷款期满借款人履行债务的，或者借款人提前偿还所担保的贷款的，贷款人应当及时将质押的单位定期存单退还存款行。存款行收到退回的单位定期存单后，应将开户证实书退还贷款人并由贷款人退还借款人。

第一百六十六条 提前支取存款应提交的文件

借款人提前兑现或提前支取的，应向存款行提供单位定期存单、质押合同、需要提前兑现的证明材料或有关协议。

第一百六十七条 特定的金钱质物，优先受偿

债务人或者第三人将其金钱以特户、封金、保证金等形式特定化后，移交债权人有作为债权的担保，债务人不履行债务时，债权人可以以该金钱优先受偿。

第一百六十八条 挂失与补办

用于质押的单位定期存单在质押期间丢失，贷款人应立即通知借款人和出质人，并申请挂失；单位定期存单毁损的，贷款人应持有关证明申请补办。

质押期间，存款行不得受理存款人提出的挂失申请。

以存单出质的，签发银行核押后又受理出质人或第三人挂失并造成存款流失的，核押银行应当承担民事责任。

第一百六十九条 申请挂失

贷款人申请挂失时，应向存款行提交挂失申请书，并提供贷款人的营业执照复印件、质押合同副本。

挂失生效，原单位定期存单所载的金额及利息应继续作为出质资产。

第一百七十条 存单纠纷诉讼当事人及责任

接受虚假存单质押的当事人如以该存单质押为由起诉金融机构，要求兑付存款优先受偿的，人民法院应当判决驳回其诉讼请求，并告知其可另案起诉出质人。

存单持有人以金融机构开具的、未有实际存款或与实际存款不符的存单进行质押，接受存单质押的人起诉的，该存单持有人与开具存单的金融机构为共同被告。

开具存单的金融机构因其过错致他人财产权受损，对所造成的损失承担赔偿责任。接受存单质押的人在审查存单的真实性上有重大过失的，开具存单的金融机构的赔偿责任可相应减轻。存单质押权人明知存单虚假而接受存单质押的，开具存单的金融机构不承担民事赔偿责任。开具存单的金融机构因其过错致他人财产权受损的，对所造成的损失承担补充赔偿责任。

以金融机构核押的存单出质的，即便存单系伪造、变造、虚开，质押合同均为有效，金融机构应当依法向质权人兑付存单所记载的款项。对于金融机构虚开存单，即使金融机构没有进行核押，金融机构也应当依法向质权人兑付存单所载的款项。

第八节 仓单质押担保

第一百七十一条 仓单的定义

“仓单”指从事商业性货物存储业务的人开出的货物存储收据。

第一百七十二条 仓单质押与留置担保的清偿冲突：

保管人对仓储货物享有留置权，对于以下费用依法享有优先受偿权，律师可以依据担保法和相关司法解释向质押权人阐述担保债权的清偿顺序：

1. 存储费用或运输费用（包括滞期费和港口费）；

2. 保险费用、人工费用或有关货物的其他目前及未来的费用（如预付款和利息）；

3. 为保存货物所支出的必要费用和根据法律出售货物时所支出的合理费用。

以上所列的费用，按顺序受偿。

承储人如果自愿交付货物视为放弃对货物的留置权。

第一百七十三条 仓单担保无效

在以下情况中，仓单质押无效：

1. 在仓单凭证签发之前，存货人没有向保管人交付货物的；

2. 尚未取得货物所有权的仓单出质人，不能对抗仓单正常流通后善意受让人的权利；

3. 仓单出质的，质权人再转让或质押的无效。

第一百七十四条 仓单质押的手续

仓单出质的，由出质人在仓单上背书并经保管人签字或盖章后交付。

第九节 上市公司法人股份质押担保

第一百七十五条 股份出质登记生效

以股份有限公司的股份出质的，适用《中华人民共和国公司法》有关股份转让的规定。

以上市公司的股份出质的，质押合同自股份出质向证券登记机构办理出质登记之日起生效。

以非上市公司的股份出质的，质押合同自股份出质记载于股东名册之日起生效。

第一百七十六条 上市公司法人股质押登记须提交资料目录

1. 质押申请书；

2. 质押合同各方当事人达成的协议书，包括《质押合同》及其主合同（如：《借款合同》、《借款展期合同》）（均须公证）；

3. 质押声明书（须公证）；

4. 出质人如是股份有限公司或有限责任公司，须出具董事会同意出质的决议（必须加盖董事会公章并经公证）；

5. 质押参与各方营业执照复印件（加盖发证机构公章及公司公章）；

6. 质押参与各方法定代表人证明书、法定代表人授权委托书；

7. 质押参与各方法定代表人、经办人身份证复印件；

8. 股份证明书原件。

第一百七十七条 应提交的相关文件

1. 质押标的物的股份性质如是国家股、国有法人股，质押申请方须出具省级国有资产管理部门的批文；

2. 质押标的物的股份性质如是发起人法人股，质押申请方须出具上市公司成立三年（以上市公司工商注册登记日期为准）以上的证明文件；

3. 法定代表授权其他人签署质押申请或质押声明书，须有授权委托书；

4. 依照证券登记机构的要求缴纳质押登记手续费。

第十节 国有股份质押担保

第一百七十八条 担保审批

地方股东单位持有上市公司非发起人国有法人股及非上市公司国有股权由于担保引起的股权变动及或有变动，必须经过省级人民政府行政主管部门批准。

上市公司国家股权、发起人国有法人股权由于担保引起的股权变动及或有变动，必须经过国务院财政主管部门批准。

第一百七十九条 国有股权担保时报送的材料

1. 中央单位或省级财政（国资）部门及国有股东关于国有股质押担保的申请；

2. 国有股担保的可行性报告；

3. 担保的有关协议；

4. 国有股权登记证明；

5. 公司近期财务报告（年度报告或中期报告）；

6. 资金使用项目情况及还款计划；

7. 关于股权担保的法律意见书。

第一百八十条 上市公司国有股质押备案

以国有股质押的，国有股东授权代表单位在质押协议签订后，按照财务隶属关系报省级以上主管财政机关备案，并根据省级以上主管财政机关出具的《上市公司国有股质押备案表》，按照规定到证券登记结算公司办理国有股质押登记手续。

第一百八十一条 备案报送的材料

1. 有股东授权代表单位持有上市公司国有股证明文件；

2. 押的可行性报告及公司董事会（或总经理办公会）决议；

3. 质押协议副本；

4. 资金使用及还款计划；

5. 关于国有股质押的法律意见书。

第十一节 外商投资者股权质押

第一百八十二条 审查股权

审查拟质押股权是否存有瑕疵，即出资者是否已经实施缴付出资。

第一百八十三条 股权质押必须经过批准

在中国境内设立的中外合资经营企业、中外合作经营企业、外资企业的投资者将其股权质押的，应当经过审批机关批准。

企业不得接收本企业的股权作为质押标的。

第一百八十四条 出质和转让质押的股权，必须经其他各方投资者同意

在质押期间，未经出质人同意，质权人不得转让出质股权；未经质权人同意，出质人不得将已出质的股权转让或再质押。

第一百八十五条 股权质押应报送的文件

企业投资者与质权人签订股权质押合同后，应将下列文件报送批准设立该企业的审批机关审查：

1. 企业董事会及其他投资者者不同意出质投资者将其股权质押的决议；

2. 出质投资者与质权人签订的质押合同；

3. 出质投资者的出资证明；

4. 由中国注册的会计师及其所在事务所为企业出具的验资报告；

5. 其他审批机关要求提交的文件。

第一百八十六条 记载于股东名册

将质押权人名称、地址等相关股权质押事宜记载在股东名册上。

第十二节 证券公司的上市流通股票质押

第一百八十七条 出质人、质权人

证券公司以自营的股票和证券投资基金券作质押，向商业银行获得资金的一种贷款方式。商业银行开办股票质押贷款业务须经中国人民银行总行批准。

在上述贷款担保关系中，证券公司是出质人，商业银行是质权人。

第一百八十八条 质权人的条件

商业银行申请开办股票质押贷款业务的，应具备以下条件：

1. 有健全的内控机制，制定和实施了统一授信制度；

2. 有专职部门和人员负责经营和管理股票质押贷款业务；

3. 有专门的业务管理信息系统，能同步了解股票市场行情及上市公司有关重要信息；

4. 中国人民银行认为应具备的其他条件。

第一百八十九条 质押物

证券公司以自营的股票和证券投资基金券作质押，以在证券交易所上市流通的、综合类证券公司自营的人民币普通股票（A股）和证券投资基金券（以下统称股票）为质押物。

第一百九十条 质押物的质量

用于质押贷款的股票原则上应业绩优良、流通股本规模适度、流动性较好。贷款人不得接受以下几种股票作为质押物：

1. 上一年度亏损的上市公司股票；

2. 前6个月内股票价格的波动幅度（最高价/最低价）超过200%的股票；

3. 可流通股股份过度集中的股票；

4. 证券交易所停牌或除牌的股票；

5. 证券交易所特别处理的股票；

6. 证券公司持有一家上市公司已发行股份的5%以上的，该证券公司不得以该种股票质押；但是，证券公司因包销购入售后剩余股票而持有5%以上股份的，不受此限。

第一百九十一条 质押物的数量

一家商业银行接受的用于质押的一家上市公司股票，不得高于该上市公司全部流通股票的10%。一家证券公司用于质押的一家上市公司股票，不得高于该上市公司全部流通股票的10%，并且不得高于该上市公司已发行股份的5%。被质押的一家上市公司股票不得高于该上市公司全部流通股票的20%。上述比率由证券登记机构负责监控。中国人民银行可根据需要适时调整上述比率。

第一百九十二条 质押贷款期限

股票质押贷款期限最长为6个月。贷款合同到期后，不得展期，新发生的质押贷款按本办法规定重新审查办理。借款人提前还款，须经贷款人同意。

第一百九十三条 质押贷款利率

股票质押贷款利率参照中国人民银行规定的金融机构同期同档次商业贷款利率确定，并可适当浮动，最高上浮幅度为30%，最低下浮幅度为10%。

第一百九十四条 质押率

股票质押率由贷款人依据被质押的股票质量及借款人的财务和资信状况与借款人商定，但股票质押率最高不能超过60%。

质押率＝贷款本金/质押股票市值

质押股票市值＝质押股票数量×前七个交易日股票平均收盘价。

第一百九十五条 出质人（借款人）应当提交的材料

出质人申请质押贷款时，必须向贷款人提供以下材料：

1. 企业法人营业执照、法人代码证、法定代表人证明文件；

2. 中国人民银行颁发的贷款卡（证）；

3. 经会计（审计）师事务所审计的上一年度的财务报告及上月的资产负债表、损益表和现金流量表；

4. 用作质物的权利证明文件；

5. 用作质物的股票上市公司的基本情况；

6. 贷款人需要的其他资料。

第一百九十六条 质押登记

借款人和贷款人签订质押贷款合同后，双方应同时在证券登记机构办理出质登记。证券登记机构应向贷款人出具股票质押登记书面证明。

办理了上述登记手续的，该股票质押事宜视为按公司法的规定记载于公司股东名册，且质权自证券登记机构办理出质登记之日起成立。

第一百九十七条 风险防范措施

为控制因股票价格波动带来的风险，特设立警戒线和平仓线。警戒线的公式为：（质押股票市值/贷款本金）×100%＝130%；平仓线的公式为：（质押股票市值/贷款本金）×100%＝120%。在质押股票市值与贷款本金之比降至警戒线时，贷款人应要求借款人即时补足因证券价格下跌造成的质押价值缺口。在质押股票市值与贷款本金之比降至平仓线时，贷款人应及时出售质押股票，所得款项用于还本付息，余款清退给借款人，不足部分由借款人清偿。

第一百九十八条 质权人的责任

质权人（商业银行）不得实施下列行为：

1. 未经中国人民银行总行批准从事股票质押贷款业务；

2. 为不具备有关规定资格的证券公司办理股票质押贷款；

3. 发放股票质押贷款的期限超过6个月；

4. 接受禁止质押的股票为质押物；

5. 质押率、警戒比率和其他贷款额度控制比率违反有关规定；

6. 未按统一授信制度等规定和谨慎原则发放股票质押贷款；

7. 泄露与股票质押贷款相关的重要信息和借款人商业秘密。

第一百九十九条 出质人的责任

出质人（证券公司）不得实施下列行为：

1. 在一家以上商业银行办理股票质押贷款；

2. 用非自营股票办理股票质押贷款；

3. 提供虚假或隐瞒重要事实的文件或资料；

4. 未按合同约定的用途使用贷款，挪作他用；

5. 套取贷款牟取非法收入；

6. 拒绝或阻挠借款人监督贷款使用情况；

7. 未按合同约定归还商业银行贷款。

第二百条 登记机关的责任

证券登记机构不得实施下列行为：

1. 未按贷款人要求核实股票的真实性与合法性；

2. 未按贷款人要求及时办理质押股票的冻结和解冻；

3. 一家上市公司被质押登记的股票超过全部流通股的20%。

第十三节 注册商标专用权质押担保

第二百零一条 律师代理注册商标专用权质押担保登记业务的应当要求申请人提交下列文件：

1. 按规定填写《商标专用权质押登记申请书》；

2. 出质人及质权人企业营业执照复印件（须经发证机关确认盖章），或自然人的身份证明复印件；

3. 主合同及质押合同副本（外文文本应当附中文译本一份，以中文译本为准）；

4. 质押商标的《商标注册证》复印件；

5. 质押人取得的同意进行质押的批准文件，如公司董事会议决议、股东会议决议或主管机关的批准文件；

6. 其他应当提交的材料。

上述证明文件如有不实，由申请人承担法律责任。

第二百零二条 登记机关

商标专用权质押登记机关是国家工商行政管理局。国家工商行政管理局商标局具体办理商标专用权质押登记。

第二百零三条 登记证明

国家工商行政管理局商标局受理质押申请经审查后，对符合登记条件的，予以登记，发给《商标专用权质押登记证》；对不符合条件的，不予以登记。

商标专用权质押合同自登记之日起生效。

第二百零四条 变更登记

申请人名称、地址发生变更及因主债权债务转移或者其他原因而发生质押转移的，当事人应当办理商标专用权质押变更登记、补充登记或者重新登记。

申请变更登记或者补充登记的，应当提交变更的证明和登记机关发给的《商标专用权质押登记证》。

第二百零五条 注销登记

在质押过程中，若发生主债权消灭，或者注册商标被依法被注销或被撤销，或者质押人因其他原因丧失注册商标权等事由，当事人应当注销质押登记。

申请注销登记的，应当提交注销的证明和原登记机关发给的《商标专用权质押登记证》。

第二百零六条 商标的保全

律师申请人民法院根据民事诉讼法有关规定采取财产保全措施时，需要对注册商标权进行保全的，应当向国家工商行政管理局商标局（以下简称商标局）递交协助执行保全申请书，载明要求商标局协助保全的注册商标的名称、注册人、注册证号码、保全期限以及协助执行保全的内容，包括禁止转让、注销注册商标、变更注册事项和办理商标权质押登记等事项。

第十四节 专利权质押担保

第二百零七条 登记机关

国家知识产权局是专利权质押的登记机关。

第二百零八条 登记生效

以专利权出质的，出质人与质权人应当订立书面合同，并向国家知识产权局办理押质登记，质押合同自登记之日起生效。

第二百零九条 质押生效的批准前置程序

国有企事业单位以专利权出质的，须经其主管部门批准。

中国法人或自然人或其他组织向外国人出质专利权的，须经国务院有关主管部门批准。

第二百一十条 应提交的文件

申请办理专利权质押合同登记的，当事人应当向中国专利局寄交或面交下列文件：

1. 专利权质押合同登记申请表；

2. 主合同和专利权质押合同；

3. 出质人的合法主体资格证明；

4. 授权委托书及代理人的身份证明；

5. 专利权的有效证明（专利证书、专利文件、当年年费、说明登记专利登记簿）；

6. 专利权出质前的实施及许可情况；

7. 上级主管部门或国务院有关主管部门的批准文件；

8. 其他需要提供的材料；

国家知识产权局以收到上述文件之日为登记申请受理日。

第二百一十一条　登记证书

经审查合格的专利权质押合同准予登记，并向当事人发送《专利权质押合同登记通知书》。

经审查不合格或逾期不补正的，不予登记，并向当事人发送《专利权质押合同不予登记通知书》。

国家知识产权局设有《专利权质押合同登记簿》，供公众查阅。

第二百一十二条　不予登记的情形

对出现下列情况之一的专利权质押合同，国家知识产权局不予登记；

1. 出质人非专利文档所记载的专利权人或者非全部专利权人；

2. 专利权被宣告无效或者已经终止的；

3. 假冒他人专利或冒充专利的；

4. 专利申请未获授权的；

5. 专利权被启动无效宣告程序的；

6. 存在专利权属纠纷的；

7. 质押期超过专利权有效期的；

8. 合同约定在债务履行期届满质权人未受清偿时，质押专利权归质权人所有的；

9. 其他不符合出质条件的。

第二百一十三条变　更登记手续

变更质权人、被担保的主债种类及数额或者质押担保的范围的，当事人应当于作出变更决定之日起七日内持变更协议、原《专利权质押合同登记通知书》和其他有关文件，向国家知识产权局办理变更手续。

第二百一十四条　注销登记

专利权被无效终止或其他原因终止后，当事人应当在收到通知之日起七日内持专利权丧失凭证和原《专利权质押合同登记通知书》，向国家知识产权局办理质押合同登记注销手续。

第十五节　著作权（版权）质押担保

第二百一十五条　著作权质押

著作权质押是指债务人或者第三人依法将其著作权中的财产权出质，将该财产权作为债权的担保。债务人不履行债务时，债权人有权依法以该财产权折价或者以拍卖、变卖该财产的价款优先受偿。

前款规定的债务人或者第三人为出质人，债权人为质权人。

第二百一十六条　出质人

著作权出质人必须是合法著作权所有人。著作权为两人以上共有的，出质人为全体著作权人。

中国公民、法人或非法人单位向外国人出质计算机软件著作权中的财产权，必须经国务院有关主管部门批准。

第二百一十七条　提交的文件

当事人申请著作权质押合同登记时，应当向登记机关提供下列文件：

1. 按要求填写的著作权质押合同申请表；

2. 出质人、质权人合法身份证明或法人注册登记证明；

3. 主合同及著作权质押合同；

4. 作品权利证明；

5. 以共有著作权出质的，共有著作权人的书面协议；

6. 向外国人质押计算机软件著作权中的财产权的，国务院有关主管部门的批准文件；

7. 授权委托书及被委托人合法身份证明；

8. 著作权出质前该著作权的授权使用情况证明文件；

9. 其他需要提供的材料。

第二百一十八条　合同记载的内容

著作权质押合同应当包括以下内容：

1. 当事人的姓名（或者名称）及住址；

2. 被担保的主债权种类、数额；

3. 债务人履行债务的期限；

4. 出质著作权的种类、范围、保护期；

5. 质押担保的范围；

6. 质押担保的期限；

7. 质押的金额及支付方式；

8. 当事人约定的其他事项。

第二百一十九条　委托办理

著作权质押合同的登记，可由出质人与质权人共同到登记机关申请办理，也可由出质人或质权人一方委托代理人申请办理。

第二百二十条　登记机关

国家版权局代其指定的专门机构是著作权质押合同登记的管理机关。

第二百二十一条　登记发证、生效

登记机关经审查符合规定的质押合同，登记机关予以登记，并颁发《著作权质押合同登记证》。著作权质押合同自著作权质押合同《著作权质押合同登记证》颁发之日起生效。

第二百二十二条 变更登记质押合同担保之主债权的种类、数额等发生变更或质权的种类、范围、担保期限发生变更的，质押合同当事人应于变更之日起10日内持变更协议、《著作权质押合同登记证》及其他有关文件向原登记机关办理著作权质押合同变更登记。逾期未办理登记的，变更后的质押合同无效。

第二百二十三条 注销登记

当事人提前终止著作权质押合同的，应当持合同终止协议、《著作权质押合同登记证》及其他有关文件向原登记机关办理著作权质押合同注销登记。

在质押担保期限内质押合同履行完毕的，当事人应在质押期限届满之日起10日内持合同履行完毕的有效证明文件及《著作权质押合同登记证》到原登记机关办理著作权质押合同注销登记。

第五章 附 则

第二百二十四条 本指引适用于广东省律师办理担保法律业务，由广东省律师协会负责解释。

第二百二十五条 本指引自公布之日起实施。

广东省律师代理劳动争议仲裁案件业务操作指引（2005年试行版）

（2005年10月）

目 录

第一章 总 则

第一条 为了实现广东省执业律师办理劳动争议仲裁业务的规范化，防范执业风险，并帮助律师在办理劳动争议仲裁业务过程中提高办案质量和效率，高效、优质地为当事人提供服务，广东省律师协会特制定本指引。

第二条 本指引所述的办理劳动争议仲裁业务的主体是指已取得律师执业证的执业律师，未取得律师执业证的人员不得办理劳动争议仲裁业务，但可协助执业律师工作。

第三条 本指引所称的劳动争议仲裁业务，主要是指劳动者与企业、个体经济组织以及劳动者与其形成劳动关系的国家机关、事业组织或社会团体在履行劳动合同过程中，因开除、除名、辞退、辞职、离职、工资、福利、培训、保密、竞业限制以及劳动保护等发生的劳动争议。

第四条 本指引由广东省律师协会起草，其目的是向律师在代理劳动争议仲裁案件方面提供最基本的指引，任何本协会会员在引用本意见时应充分认识到劳动争议仲裁案件的复杂性和特殊性，因此，在办理劳动争议仲裁案件过程中，还应结合自己的实践经验和劳动争议仲裁委员会的意见作出正确的判断。

第二章 当事人主体资格的审查和接受委托

第五条 接受当事人委托是指律师事务所经过初步审查，同意接受劳动者、企业、个体经济组织以及其他符合条件机构的委托，并办理签署委托合同书和授权委托书以及指定经办律师等有关委托手续的过程。

第六条 经办律师在对委托人和委托事项进行审查时，应充分意识到劳动争议仲裁案件具有复杂、繁琐的特性，律师在接待工作中应特别耐心和细致，应避免激化劳资关系的言辞。

第七条 律师应有维护社会稳定的责任感，根据广东省司法厅的规定，对带有社会不稳定因素的群体性案件及有可能出现过激行为的当事人应加强法制教育和疏导工作，并通报司法行政部门，以便求得协助和指导。

第八条 律师事务所在接受委托时，应当依法审查委托人和仲裁参加人的资格：

1. 审查委托人是否符合《劳动法》和《广东省劳动合同管理规定》第二条所规定的主体资格；

2. 审查仲裁参加人是否符合劳动争议仲裁委员会办案规则所规定的条件。

在一般情况下，劳动争议仲裁委员会认定的仲裁参加人包括：

（1）劳动者或其法定代理人；

（2）死亡职工的法定继承人及利害关系人；

（3）劳动争议仲裁委员会指定的代理人；

（4）企业及其法定代表人，或法定代表人的授权代理人；

（5）个体经济组织及其负责人，或负责人的授权代理人；

（6）国家机关、事业组织、社会团体及其法定代表人，或法定代表人的授权代理人；

（7）与劳动争议处理结果有利害关系的第三人；

（8）与本案有直接利害关系，居住在国外，能够提供合法的委托手续或劳动争议仲裁委员会认可的证明文件的中国公民、外国人。

第九条 律师事务所在接受委托时，应当依法审查以下事项：

1. 审查委托事项是否属于劳动争议仲裁委员会受理的范围。需要注意的是，社会养老保险及人事关系发生的争议目前尚不属于劳动争议仲裁委员会受理的范围；

劳动争议仲裁委员会受理的劳动争议纠纷范围一般包括：

（1）劳动者与用人单位在履行劳动合同过程中发生的纠纷；

（2）劳动者与用人单位形成事实上的劳动关系后发生的纠纷；

（3）因认定无效劳动合同、特定条件下订立劳动合同、职工流动、用人单位裁减人员、经济补偿和赔偿发生的争议；

（5）当事人撤诉或者劳动争议仲裁委员会按撤诉处理的案件，当事人就同一仲裁请求再次申请仲裁，且符合受理条件的；

（6）人民法院根据《民事诉讼法》第一百八十条、第二百一十七条规定的精神，裁定劳动争议仲裁委员会制作的调解书不予执行，或者当事人对已经发生法律效力的调解书提出证据，证明其调解违反自愿原则，或者其调解协议的内容违反法律，当事人再次向作出调解协议的劳动争议仲裁委员会申请仲裁的。

2. 审查委托人的各项仲裁请求是否超过《劳动法》第八十二条所规定的申请期限；

3. 审查委托人是否具备其仲裁请求以及陈述事实的证据；

4. 审查委托人劳动争议申诉或被诉的管辖级别和管辖范围；

5. 审查委托人如为劳动者时，是否有需要申请部分先予裁决或预先支付的情形，或是否需要申请医疗鉴定或丧失劳动能力鉴定；

6. 其他应予以注意并审查的事项。

第十条 律师事务所在决定接受委托时，律师有对以下情况向委托人详细告知的义务，包括（但不限于）：

1. 劳动争议的受理和审理程序、审理期限及仲裁机构和法院的收费标准；

2. 律师事务所的收费标准和方式；

3. 若需要申请采取财产保全、证据保全措施，申请人要提供相应的担保；

4. 委托人若是被诉人，应了解其是否有反申请的情况，如有并需要提出反申请时，应告知其在仲裁期限内提出；

5. 委托人和被委托人双方的权利和义务。

第十一条 律师事务所应根据委托人的委托，指派专业的律师为其担任仲裁代理人。如果委托人指明律师要求为其代理的，律师事务所应尽量满足其要求。

第十二条 律师事务所决定接受委托办理劳动争议仲裁案件后，应当立即与委托人办理委托手续。委托手续应特别注意以下内容的约定：

1. 有特别代理权限的，委托代理合同及授权委托书中应当明确、具体的予以约定；

2. 应在与委托人签署的委托代理合同中对办案发生的交通费、住宿费、鉴定费、翻译费和其他必要办案费用的承担予以明确。

第十三条 律师事务所接受委托时，应当要求当事人如实告知案件的全部事实，并提供相应的证据或证据线索。律师事务所在接受委托后，律师无正当理由不得拒绝代理，但有下列情况之一的，律师事务所可以单方解除委托代理合同，这些情况包括（但不限于）：

1. 委托人隐瞒案件重要事实；

2. 委托人提供伪证、假证或要求律师提供伪证、假证；

3. 委托人利用律师提供的服务从事违法活动；

4. 委托事项违法；

5. 委托人有严重违反委托代理合同约定的情形构成解除条件的。

第十四条 律师事务所在接受委托，应遵守《广东省律师协会律师执业利益冲突认定和处理规范》的规定，如发现委托人或委托事项与本所或承办律师有利益冲突，应立即终止委托并向委托人说明理由。

第十五条 律师在委托手续办妥后，应当要求当事人提供证据复印件，同时提供原件核对，核对原件后当即交还当事人妥善保管；若向当事人收取原件，应当制作证物清单，并由当事人、经办律师共同签字附卷。

第三章 证据的收集与整理

第十六条 律师事务所在接受当事人委托后，如发现案件存在事实不清、证据不足，经办律师应在征得当事人同意后展开调查取证工作。

第十七条 经办律师应将调查取证的内容、程序和目的以及相关费用告知当事人，需要当事人提供帮助的，应事先通知征得当事人的同意。

第十八条 律师调查取证时，须持律师事务所专用介绍信，并出示律师执业证。调查应当以两人以上共同进行。如被调查对象是未成年人，必须有其法定监护人在场，如被调查对象是有关单位，应经得有关单位的同意，如须调查自然人的个人资料，应持司法部门的专用介绍信到公安机关调取。

第十九条 一般情况下，通常需要对以下证据进行举证：

1. 劳动合同或聘（录）用协议；
2. 签认的发放工资单或银行工资卡或汇款凭证；
3. 劳动手册及入职证明；
4. 解除劳动合同通知书或辞退书
5. 辞职申请或辞职信；
6. 违纪处分通知书或处罚公告；
7. 退（辞）工单、人事档案转移证明；
8. 医院诊断证明；
9. 医院病假休息建议书；
10. 丧失劳动能力的鉴定书；
11. 工伤认定书；
12. 下岗或转岗通知；
13. 员工手册或劳动纪律、规章制度；
14. 考勤记录资料；
15. 用人单位月平均工资资料；
16. 其他必要的资料。

第二十条 律师调查取证时，应当收集直接证据和原始凭证，如缺乏直接证据或原始凭证，律师应当收集间接证据通过相互印证，以证明案件的事实。

第二十一条 根据劳动法律法规及司法解释的相关规定，在劳动争议案件中对涉及开除、除名、解除劳动合同、减少劳动报酬、计算劳动者工作年限等决定而发生的争议，用人单位都应负举证责任，律师在调查取证时应当予以特别注意。

第二十二条 律师在调查取证时不得伪造、变造证据，不得威胁、利诱或欺骗他人提供虚假证据，不得无理妨碍对方当事人合法取证，不得帮助或诱导当事人伪造、变造证据。

第二十三条 律师对涉及国家秘密、商业秘密和个人隐私的证据应当保密。

第二十四条 律师认为证据需进行鉴定的，应及时告知委托人或根据授权在法定期限内向有法定资质的鉴定机构提出申请，依法进行鉴定。

第二十五条 对证人的证言，律师应该在征得证人同意的情况下制作录音或书面证言，并要求其在书面证言上签字确认。

第二十六条 律师在调查过程中可制作调查笔录，调查笔录应当载明调查的时间、地点、内容、调查人的身份、被调查人的概况以及被调查事项发生的时间、地点、人物、经过和结果。

第二十七条 律师在调查过程中应该对收集的证据进行归类并制作证据清单。证据清单应附目录，并附简要说明。

第二十八条 律师在整理证据时，应针对我国现阶段劳动法律法规及规章具有地方特性和全局统一性的特点，要尽力思考和理解这些规定的立法宗旨。以便于律师对劳动争议案件代理工作的开展具有针对性。

第四章 立案与举证

第二十九条 律师代理申诉人的，应制作仲裁文书，并在仲裁期限内向有管辖权的劳动争议仲裁委员会提起申诉。

第三十条 律师或委托人在收到对方当事人提交的申诉书时，如有反请求，也应在规定的仲裁期限内提出。

第三十一条 律师在向有管辖权的劳动争议仲裁委员会提出申诉或反请求时，应准备并提交下列申请文件和证据副本：

1. 申诉书或反申请书；
2. 劳动合同或事实劳动关系证明；
3. 与争议事实相关的证据材料；
4. 申诉人与被诉人的主体资格证明材料；
5. 反申请人与被申请人的主体资格证明材料；
6. 授权委托书；
7. 律师事务所证明函；
8. 如委托人在境外居住，而不参加仲裁，上述申诉书、反申请书、委托书和有关证据应在境外予以公证或认证。

第三十二条 针对对方的请求事项，律师应在举证期限内，向有管辖权的劳动争议仲裁委员会提交相关证据予以驳斥。

第三十三条 律师在第一次开庭时应提交全部证据，如确需针对对方提出的证据提供补充证据，或确有证据只能在开庭后才能取得的，律师应向劳动争议仲裁委员会申请延期举证。

第三十四条 律师在提出仲裁申请时，应按被诉人的个数提交证据副本，在开庭进行质证时应当出示原件核对。不能出示原件的，应说明理由。外文书证应附有公证处的公证中文译本。如劳动争议仲裁委员会需要暂时收取并保存证据原件时，律师可要求劳动争议仲裁委员会出具收据。

第三十五条 律师对无原件且无旁证佐证的证据

复印件，应不予质证。

第三十六条 劳动争议仲裁申诉书应当载明下列事项：

1. 劳动者的姓名、性别、年龄、住所、联系方式，用人单位的名称、住所地和法定代表人或主要负责人的姓名、职务及联系方式；

2. 仲裁请求和仲裁请求所根据的事实与理由。

第三十七条 律师应根据以下管辖级别和管辖范围，向有管辖权的劳动争议仲裁委员会提出申诉或反请求。

1. 中央驻粤企业、广东省外来员工、省属企业发生的或在本省具有重大影响的劳动争议由广东省劳动争议仲裁委员会受理；

2. 市属企业发生的或在本市具有重大影响的劳动争议由各设区的市劳动争议仲裁委员会受理；

3. 外国、港、澳、台企业与其聘用的劳动者之间发生的劳动争议由各设区的市劳动争议仲裁委员会受理；

4. 外国人和港、澳、台人士与用人单位之间发生的劳动争议由各设区的市劳动争议仲裁委员会受理；

5. 区属企业发生的劳动争议由各区劳动争议仲裁委员会受理；

6. 若发生劳动争议的用人单位与劳动者不在同一劳动争议仲裁委员会管辖的地区，律师应向争议双方的工资关系所在地劳动争议仲裁委员会申请仲裁。

第三十八条 若劳动争议仲裁委员会自收到申诉书之日起7日内未作出受理或者不予受理的决定，或者决定不予受理但未在作出决定后的7日内送达不予受理通知书，律师有权向劳动争议仲裁委员会提出异议。

第三十九条 律师在收到劳动争议仲裁委员会的仲裁员和书记员名单后，若发现仲裁员、书记员有下列情形之一，应就对上述人员是否提出申请回避以及有无相应的证据支持征求当事人意见，并向劳动争议仲裁委员会以口头或者书面方式说明理由并申请回避：

1. 是劳动争议对方当事人或者对方当事人、代理人近亲属的；

2. 与劳动争议有利害关系的；

3. 与劳动争议当事人、代理人有其他关系，可能影响公正裁决的；

4. 私自会见当事人、代理人，或者接受当事人、代理人的请客送礼的。

第四十条 律师在正式开庭前，应根据委托人提供的有关材料寻找双方争议的焦点，并撰写答辩提纲或准备代理词。

第四十一条 如需要申请证人到庭作证，律师应在开庭以前将证人的姓名、身份、工作单位或住所、联系电话以及与本案的关系等情况写成书面申请告知劳动争议仲裁委员会。

第四十二条 律师可以根据具体情况，建议委托人参加或不参加出庭。律师应在开庭前提醒参加出庭的委托人和证人携带身份证明并准时到庭。

第四十三条 在劳动争议仲裁委员会开庭审理前，律师应充分与委托人交换意见，分析案情，核对证据，说明举证责任，明确请求事项，以便双方在庭审时相互配合。

第四十四条 律师在开庭前应征求委托人是否决定调解，以及可以接受的调解方案。

第四十五条 涉外劳动争议仲裁案件，律师应根据需要，申请劳动争议仲裁委员会安排翻译人员或自行安排翻译人员。

第五章 开庭准备与审理

第四十六条 律师在签收劳动争议仲裁委员会的开庭通知书时，如有下列情形之一，可以与劳动争议仲裁委员会协商或提出申请，要求延期开庭：

1. 因不可抗力，律师无法出庭履行职务；

2. 律师先后收到两份以上同时开庭的通知书，无法参加后接到通知书通知的开庭审理活动；

3. 律师签收劳动仲裁庭开庭通知书时距开庭时间不足3日；

4. 其他劳动争议仲裁规则规定或劳动争议仲裁委员会许可的情形。

第四十七条 在庭审过程中，劳动争议仲裁委员会主持调解或对方当事人希望庭外和解时，律师应考虑在符合当事人当前和长远利益的基础上，积极促成调解或和解，缓解劳资关系。

第四十八条 律师在开庭前，应做好向对方当事人、证人、鉴定人发问的准备。

第四十九条 如果对方当事人在开庭后提出新的仲裁请求，或请求超出其在本案中的原请求范围，律师应将情况及时告知委托人，或补充提出自己的仲裁反请求，或向劳动争议仲裁委员会提出异议，要求驳回其请求。

第五十条 律师代理劳动者一方的集体劳动争议仲裁案件时，接受委托的律师事务所应向司法行政机关报告，同时应与劳动争议仲裁委员会保持沟通，防止出现矛盾激化，以维护社会稳定。

第五十一条 律师应当认真审阅庭审笔录，如发现记录有遗漏或差错，应当即要求劳动争议仲裁委员会补正。

第五十二条 律师签收仲裁裁决书时应当即审阅，如有文字或计算错误或遗漏事项时，律师当即要求劳动争议仲裁委员会补正。

第五十三条 因工伤发生的劳动争议案件，若用人单位在工伤发生后30天内不向劳动保障部门作工伤认定报告，劳动者的代理律师应当根据委托人的授权，申请劳动争议仲裁委员会委托劳动行政保障部门进行工伤认定。

第五十四条 对确属下列情形之一的，代表劳动者的律师可以提出申请，要求劳动争议仲裁委员会采用部分裁决的形式，在终结裁决作出之前裁决用人单位向劳动者预先支付职工工资或医疗费：

1. 用人单位无故拖欠、扣罚或停发工资超过3个月，致使劳动者生活确无基本保障的；

2. 职工因工负伤，用人单位不支付急需的医疗费的；

3. 职工患病，在规定的医疗期内，用人单位不支付急需的医疗费的。

若用人单位对劳动争议仲裁委员会因上述原因作出的部分裁决不服的，代表用人单位一方的律师可以参照《民事诉讼法》第九十九条的规定，向劳动争议仲裁委员会申请复议。

第五十五条 仲裁审理终结，律师应写出办案总结，整理案卷归档。如因在审理过程中提前解除委托关系，应对提前解除委托关系的原因予以说明，并附上解除委托关系的手续，整理案卷归档。

第六章 结案和执行

第五十六条 仲裁审理终结，当事人对仲裁裁决提起诉讼的，律师办案程序参照民事诉讼接受委托，如果双方当事人在15天内均未提起诉讼的，仲裁裁决发生法律效力，任何一方当事人不按仲裁裁决的内容履行义务的，另一方有权向有管辖权的人民法院申请执行。

第五十七条 律师接受委托，办理仲裁执行的，应由所在律师事务所与委托人签署委托代理合同，并特别审查仲裁裁决的效力和有关请求的期限。

第五十八条 委托人委托律师申请执行的，律师应起草执行文书，及时向有管辖权的人民法院提出立案申请。

第五十九条 接受被申请执行方委托后，律师应审查该案是否属于受案法院管辖，发现法院无管辖权的，应及时以书面形式向法院提出异议。

第六十条 若申请执行方申请人民法院执行劳动争议仲裁机构作出的发生法律效力的裁决书、调解书时，被申请人的代理律师发现存在裁决书、调解书有被撤销或认定无效情形时，应立即组织有关证据，并根据《民事诉讼法》第二百一十七条之规定向人民法院申请裁定不予执行。

第六十一条 法院裁定撤销仲裁裁决或不予执行仲裁裁决书或调解书后，经人民法院通知仲裁庭重新仲裁，同一律师继续接受委托代理仲裁活动的，应与委托人重新办理委托手续。

第六十二条 如有下列情形之一的，执行案件终结：

1. 生效仲裁裁决书或调解文书确定的内容全部履行完毕；

2. 人民法院依法裁定执行终结；

3. 人民法院依法裁定不予执行；

4. 当事人之间达成执行和解协议并已履行完毕。

第七章 附 则

第六十三条 本指引适用于广东省律师承办劳动争议仲裁案件代理业务，由广东省律师协会负责解释。

第六十四条 本指引是根据现在正在实施的劳动法律法规制定，如新颁布的劳动法律法规有新的规定，按新颁布的劳动法律法规执行。

第六十五条 本指引自公布之日起实施。

广东省律师承办海商海事案件业务操作指引（2005年试行版）

（2005年10月）

目 录

第一章 总 则

第一条 为了指导律师从事海商海事法律业务，规范律师办理海商海事案件的执业行为，根据中华人民共和国有关法律法规，遵循国家司法行政机关和中华全国律师协会制定的律师执业规则，制定本指引。

第二条 律师承办海商海事案件，应当坚持以事实为根据、以法律为准绳的原则，勤勉尽责，恪守律师职业道德和执业纪律，维护法律的正确实施。

第三条 律师承办海商海事案件，应当依据当事人的委托，在委托的权限内依法履行代理职责，诚实守信、审慎及时、积极维护合法人的权益。

第四条 律师承办海商海事案件，应当保守国家秘密和当事人的商业秘密、个人隐私。

第二章 接受委托

第五条 律师承办海事海商案件，由律师事务所统一接受委托，律师事务所应当与委托人签订书面委托合同，明确委托代理事项。律师不得私自接受委托。

第六条 律师事务所接受委托时，应审查证明当事人主体资料的有关材料。发现当事人不具备相应的诉讼主体资格时，应向其说明情况进行更换。

第七条 律师事务所有权依正当理由决定是否接受委托。律师事务所接受委托后，无正当理由不得拒绝代理。但承办律师发现委托事项违法，委托人隐瞒事实，或者委托人提出不合理要求，致使律师无法正常履行代理职责的除外。

第八条 有下列情形之一的，律师事务所不得接受委托：

（一）已经接受同一案件中对方当事人或第三人委托的；

（二）已经在一审程序或二审程序中为对方当事人担任代理人的，二审程序或再审程序又接受对方当事人委托的；

（三）具有违反《律师执业避免利益冲突规则》的规定，不能接受委托的其他情形。

第九条 符合收案条件的，经过律师事务所主任或主任授权的负责人员同意后，办理委托手续。委托手续包括以下内容：

（一）律师事务所与委托人签署《委托代理合同》一式两份，一份交委托人，一份交承办律师附卷存档；

（二）委托人签署授权委托书；

（三）律师事务所与委托人签订委托代理合同及委托人签署授权委托书时，应当记明具体的委托事项和权限，委托权限应注明是一般授权还是特别授权。变更、放弃、承认诉讼请求和进行和解，提起反诉和上诉，转委托，签收法律文书，应当有委托人的特别授权；

（四）开具律师事务所函，呈送受理案件的法院。

第十条 律师事务所接受委托后，应当办理收案登记，编号建立卷宗。

第十一条 律师事务所应当指派执业律师承办案件。律师事务所应向委托人介绍指派的律师，并取得委托人的同意。律师事务所应当尽可能满足委托人的指名委托要求。

律师事务所指派参见庭审的律师不应超过两名。

第十二条 承办律师发生变更时，应当及时告知委托人，委托人同意变更的，应当办理变更委托手续。

第十三条 未经委托人同意，律师事务所不得将案件转委托给他所。

第十四条 接受外国当事人委托代理海商海事诉讼案件的，承办律师应当根据《民事诉讼法》第二百四二条的规定审查授权委托书是否经所在国公证机关证明，并经中华人民共和国驻该国使领馆认证，或者履行中华人民共和国与该所在国订立的有关条约中规定的证明手续。接受香港、澳门、台湾地区当事人委托的，承办律师应审查授权委托书是否已履行了相关的证明手续。

第十五条 承办律师在律师事务所接受委托后，应当要求委托人提供案件证据材料的复印件、复制件，同时核对原件，并将原件及时交还委托人妥善保管；收取原件的，要制作证物清单，由委托人、律师签字附卷。

第十六条 律师在承办民事、经济诉讼业务过程中，应当注意材料的收集、整理和妥善保管。在委托事项结束时，应当写出结案报告或其他结案文书，依照司法部《律师业务档案立卷归档办法》整理案卷归档。

第三章 律师代理海商海事诉讼案件

第一节 诉前准备

第十七条 承办律师应当仔细审阅委托人提供的案件证据材料，并分析本案如下问题：

（一）案件的管辖权；

（二）案件的适用法律；

（三）诉讼时效；

（四）案件的基本事实和争议事项；

（五）与案件有关的法律法规、司法解释和相关案例；

（六）当事人的各项权利和义务；

（七）可行的诉讼请求或答辩要点；

（八）需要收集的证据材料；

（九）是否起诉或反诉。

第十八条 承办律师审查案件的管辖权主要从以下方面进行分析：

（一）案件是否属于海事法院受理范围；

（二）有无协议管辖条款及其效力；

（三）有无书面仲裁协议及其效力；

（四）是否属于专属管辖或特殊地域管辖；

（五）有无仲裁条款、并入条款及其效力。

第十九条 承办律师审查案件的法律适用主要从以下方面进行分析：

（一）案件是合同纠纷还是侵权纠纷；

（二）有无法律适用条款以及是否违反中国《海商法》的强制性法律规定；

（三）和案件有事实联系的国家或地区。

第二十条 承办律师审查案件的诉讼时效应注意中国《海商法》规定的不同时效期间和特殊中断事由。

第二十一条 承办律师应当围绕第十七条所列问题向委托人提供初步的法律意见。在论述法律意见时应紧密结合法律法规分析利弊，做到有理有据、全面客观，并建议需要采取的措施。

第二十二条 承办律师经审查认为法院管辖不当时，应告知国内委托人可以在接到人民法院应诉通知之日起15日内，国外委托人在接到应诉通知之日起30日内，以书面形式向法院提出管辖权异议。

第二十三条 承办律师应向委托人说明在法律意见中的法律分析、判断和意见仅供其参考。承办律师不应就处理案件的前景或结果作任何形式和性质的承诺或保证。

第二十四条 承办律师应建议索赔案件的委托人调查对方当事人的财产状况，并和委托人讨论是否要申请法院采取财产保全措施。

第二节 调查取证

第二十五条 承办律师应根据案件需要协助委托人依法调查、收集证据材料。

第二十六条 承办律师应当注意，以违反法律禁止性规定或者侵犯他人合法权益的方法取得的证据，不能作为认定案件事实的依据。

第二十七条 承办律师调查取证应当取得证据的原物、原件，或者经过公证与原物、原件核对无误的复制品，并明确其来源。

第二十八条 承办律师向证人调查取证应取得证人的书面证言。证人证言应载明证人的身份、与本案当事人的关系、所要证明的事实。证人应在证言的结尾特别载明其已知晓伪证的法律责任并保证证言中的陈述属实。

证人证言附上证人的身份证明材料，由证人签名、盖章或按指纹确认。如证人为外籍，还应当为其办理证明身份及签名真实性的相关公证手续。

有关单位书写的证言材料，应由单位加盖单位印章。

第二十九条 承办律师调查、收集与本案有关的材料，可以制作调查笔录。调查笔录应当载明调查人、被调查人、被调查人与本案当事人的关系、调查时间、调查地点、调查内容、记录人等基本情况。调查笔录制作完毕后，应交由被调查人阅读或向其宣读，并由调查人、被调查人、记录人签名、盖章或按指纹确认。

被调查人应在签署调查笔录的同时，特别载明笔录中的内容与其本人陈述一致。

第三十条 委托人和承办律师因客观原因无法自行收集的证据，律师应建议委托人在举证期限届满前七日向人民法院提出书面申请调查取证。

第三十一条 需要证人出庭作证的，承办律师应在举证期限届满前十日向法院提出书面申请。

第三十二条 在证据可能灭失或以后难以取得的情况下，承办律师应及时建议委托人向人民法院或公证机关申请海事证据保全。

第三十三条 需要勘验、鉴定物证或者现场的，承办律师应当及时建议委托人聘请有资质的专业的检验人员、专家辅助人、鉴定机关，或在举证期限内向人民法院申请进行勘验、鉴定。

第三十四条 因客观原因无法在人民法院指定的举证期限内取得有关证据的，承办律师应代表委托人在举证期限届满前向人民法院提出延期举证的书面申请。

第三十五条 承办律师对调查、收集的证据应重点从以下几个方面进行审查：

（一）证据的来源；

（二）证据的内容和形式；

（三）证据所要证明的事实和本案的关联性；

（四）证据是否能相互印证；

（五）证据的合法性和客观性。

第三节 起诉和应诉

第三十六条 原告的代理律师应以事实为依据、法律为准绳，代理原告撰写起诉状并在法定期限内向法院提起诉讼。

律师代为起草的起诉状内容应经委托人确认。一套完整的起诉材料应包括起诉状正本一份、与被告数量相同的若干份副本，表明双方身份的材料（包括身份证、营业执照、法定代表人身份证明书等）。

律师向法院提交的起诉状应同时提交支持诉讼的基本证据。

第三十七条 在接到法院的立案（受理）通知书后，律师应通知当事人及时交纳诉讼费。

第三十八条 律师办理涉外海商海事案件的，应注意《民事诉讼法》、《中华人民共和国海事诉讼特别程序法》规定的送达程序。

第三十九条 接到被告委托后，律师应到法院查阅并复制案件材料，重点审查以下事项：

（一）原告的起诉是否符合法律规定的受理条件；

（二）原告起诉的证据是否充分、确凿；

（三）起诉时是否已经超过诉讼时效期间。

第四十条 被告律师经初步审查，认为案件不属于受诉法院管辖的，应及时告知被告可以在法院指定的答辩期间内书面提出管辖权异议。一旦提出管辖权异议，就不应再进行答辩。

第四十一条 被告律师应认真分析案情、调取证据，做好答辩准备。被告律师可代被告写答辩状，针对原告诉讼请求、事实和理由，陈述答辩的事实，提出明确的答辩主张并阐明相应的理由和法律依据。如有必要，还应随书面答辩状提交支持答辩理由的相关证据。

答辩状应在被告收到起诉状副本后三十日内提出。如需延期，应提交书面延期答辩申请。

第四节 一审庭审

第四十二条 调查、收集的证据应在法院指定的举证期限内向法院提交。律师在质证前向法院提交证据的，一般可提交复印件，但质证时应当出示原件供法庭核对。

法院收取证据原件时，律师应要求法院或承办法官或书记员出具收据。

第四十三条 律师应告知当事人，所有将要提交法院的证据必须经律师审查决定。

向法院提交的证据应当由律师整理归类，并编制证据目录。证据目录应写明证据形式、证据来源、证据页数以及所要证明的内容。

第四十四条 律师应通知自己一方联系的拟出庭作证的证人携带身份证明和其他必要的文件、材料准时到庭。律师应告知证人出庭作证应注意的事项，并可以和证人演练庭审作证、质证的情况。

第四十五条 律师应全面认真地研究对方当事人提交的证据，并围绕以下几个方面针对对方当事人提交的证据提出有理有据的质证意见：

（一）是否已经过了举证期限；

（二）是否有原件、原物核对；

（三）在境外形成的证据是否依法办理了相应的证明手续；

（四）证据是否真实可信；

（五）和本案是否有关联；

（六）证据的来源是否有合法性；

（七）是否和本案其他证据相互矛盾或不一致；

（八）证据的证明力；

（九）证据的充分性。

第四十六条 需要调查、收集反驳证据的，律师应向法院提出提交反驳证据的书面申请。

第四十七条 开庭前，律师应征求当事人意见，对合议庭组成人员是否提出回避申请及有无相应证据。

第四十八条 律师接到开庭通知书后应按时出庭，如有正当理由因故不能出庭的，应及时与法院联系，申请延期开庭。

第四十九条 律师应根据有关案件材料，准备法庭陈述和证人发问提纲。

第五十条 律师出庭参加诉讼或仲裁，必须按规定出示律师执业证书，提交授权委托书和与执业证一致的律师事务所指派函。

第五十一条 法庭在核对当事人身份时，律师有权对对方当事人及其代理人的身份提出异议。

第五十二条 法庭调查开始后，原告律师应陈述起诉事实，讲明具体诉讼请求和理由；被告律师应陈述反驳事实和意见，提起反诉的，讲明具体请求和理由。

第五十三条 律师认为法庭归纳的争议焦点有遗漏或错误时，应提出修改和补充意见。

第五十四条 在法庭调查过程中，律师应认真记录，做好向其他当事人、证人、鉴定人发问的准备，完善庭前准备的各项调查提纲。

第五十五条 律师应充分重视对海事鉴定人和鉴定结论的质证。律师可以但不限于从以下方面审查：

（一）鉴定人的资格；

（二）鉴定人与双方当事人的关系；

（三）鉴定的依据和材料；

（四）鉴定的设备和方法；

（五）鉴定结论是否具有科学性和明确性；

（六）鉴定的程序。

律师应对该鉴定结论发表看法，认为鉴定结论不能成立或者不完整的，可以申请重新鉴定或者补充鉴定。

第五十六条 在法庭辩论过程中，律师发现案件某些事实未查清的，可以申请恢复法庭调查。

第五十七条 在庭审过程中，发现审判程序违法，律师应当指出，并要求立即纠正，以维护当事人和代理人的诉讼权利。

第五十八条 休庭后，律师应认真阅读法庭笔录，如有遗漏或者差错，应当申请补正。

第五十九条 休庭后，律师应按法庭要求及时提交代理词。

第五节 二审庭审

第六十条 律师事务所接受二审当事人委托的手续与一审相同。

第六十一条 律师应及时研究一审案卷，对以下几方面作重点审查：

（一）一审认定事实是否清楚、完整，有无前后矛盾；

（二）一审证据是否充分、确凿，有无未经质证的证据作为判决裁定的依据；有无不该采信的证据采信了，该采信的却没有采信；证据相互之间有无矛盾；

（三）一审认定的事实与判决、裁定的结果是否具备必然的逻辑联系；

（四）一审适用法律是否得当，适用的法律条文与案件性质、主要事实是否一致，有无适用已经废止的行政法规、地方性法规及司法解释；

（五）一审程序有无影响案件正确判决的违法情况。

律师应围绕上述审查内容向当事人提供法律意见。一审败诉或诉讼请求未得到支持的，还应给予是否及时提出上诉的建议。

第六十二条 律师可以根据二审当事人的请求，代其书写上诉状或上诉答辩状。

律师应告知委托人在递交上诉状的次日起7日内，按照法院的缴费通知交纳诉讼费用。

第六十三条 律师应根据一审情况，及时做好证据补救工作，尽量收集并提交支持本方主张的新证据。

第六节 律师参与和解、调解工作

第六十四条 律师可以向当事人提出和解的建议和方案，并说明理由。

第六十五条 律师在向当事人提出和解的建议和方案时，应考虑以下几个方面的事项：

（一）双方当事人证据、主张的强弱；

（二）案件胜败的前景判断；

（三）诉讼成本；

（四）案件对委托人利益的其他影响。

第六十六条 律师应当在代理权限内参与调解、和解。未经特别和明确的授权，不能对委托人实体权利进行处分。

第四章 律师代理具体海商海事诉讼案件

第一节 海上货物运输纠纷

第六十七条 律师可以接受海上货物运输纠纷当事人的委托，担任其代理人。

第六十八条 律师处理海上货物运输纠纷应审查案件的类型，确定不同的具体案由：

（一）货损货差纠纷；

（二）无单放货纠纷；

（三）倒签或预借提单纠纷；

（四）迟延交付纠纷；

（五）运输费用纠纷；

（六）航次租船合同纠纷；

（七）其他货运纠纷。

律师在审查确定案由时还应明确：

（一）本案是合同纠纷还是侵权纠纷，或是合同与侵权的竞合；

（二）本案是国内书水路货物运输纠纷还是国际海上货物运输纠纷。

第六十九条 律师处理海上货物运输货损货差纠纷时应注意收集整理以下证据：

（一）提单或其他运输单证；

（二）货损货差的证明、估损鉴定书、理货报告、现场检验报告；

（三）发票、海关报关单、买卖合同等有关货物价值的证明；

（四）涉案运费金额证明、交纳货物保险费的证明；

（五）相关航海日志记录、气象资料及各类船舶适航和适货证书；

（六）事故记录、海事声明及船员证词；

（七）货物内容及特性；

（八）装货港货物状况、数量、重量的证明；

（九）其他有关证据材料。

经委托人同意，律师应争取和鉴定人员、公证员、检验师一起在第一时间赴事故现场调查取证。

第七十条 律师处理海上货物运输货损货差纠纷时，应对下列问题进行审查：

（一）查明主要法律关系，确定托运人、承运人、收货人、提单持有人；

（二）查明货损货差的原因，并判断是否属于承运人法定的免责事项；

（三）开航前和开航当时承运人是否谨慎处理使船舶适航、货舱适货；

（四）承运人有无管货过失；

（五）是否存在不合理绕航；

（六）承运人过失和货损货差之间是否有因果关系；

（七）承运人是否可以享受责任限制；

（八）货损货差是否发生在承运人的责任期间内；

（九）提单或其他类似运输单证是否有关于货损货差的批注及其效力；

（十）索赔请求是否已过诉讼时效。

律师处理海上货物运输货差纠纷时还应特别考虑计重方法的不同以及计量行业规范所允许的合理误差。

第七十一条 律师处理海上货物运输无单放货纠纷应注意收集整理以下证据：

（一）提单；

（二）货物交付的证明；

（三）发票、海关报关单、买卖合同等有关货物价值的证明；

（四）托运人、承运人关于货物交付方面的往来文件；

（五）托运人、收货人关于提取货物和支付货款方面的往来文件；

（六）货款损失的证明；

（七）其他有关证据材料。

原告律师在调查收集证据时应确认委托人持有全套正本提单。

第七十二条 律师处理海上货物运输无单放货纠纷时，应对下列问题进行审查：

（一）原告是否享有提单权利；

（二）被告是否是承运人，或虽非承运人，但其对原告的损失应承担过错责任；

（三）本案提单是否为记名提单，及提单约定的法律适用；

（四）原告是否同意或认可被告的无单放货行为；

（五）货物被无单放行是否属于卸货港当地的合法政府行为；

（六）本案货款是否已经外汇核销；

（七）是否已过诉讼时效。

第七十三条 律师处理倒签或预借提单纠纷应注意收集整理以下证据：

（一）涉案提单、信用证、买卖合同；

（二）大副收据、装货时间记录、理货单、装货计划、积载图等装货文件；

（三）有关货物价值的证明；

（四）处理货物的证明。

律师应建议委托人向法定的价格认证机构取得处理货物时市场价格的鉴定报告。

第七十四条 律师处理倒签或预借提单纠纷时，应对下列问题进行审查：

（一）本案是合同之诉还是侵权之诉；

（二）本案提单是否存在倒签或预借的事实；

（三）原告是否采取了措施以尽量避免或减少货物损失；

（四）货物的处理价格是否合理；

（五）诉争的货物损失是否和倒签、预借提单之间存在直接的因果关系。

第七十五条 律师处理海上货物运输合同迟延交付纠纷案件应注意收集以下证据：

（一）提单、托运单、运输合同、运输业务往来函电等文件；

（二）实际交付货物的证据；

（三）收货人就迟延交付造成的经济损失向承运人提交的任何书面通知；

（四）经济损失的证据。市场损失应有当应当交付时和实际交付时同类产品的市场价格证明。违约金损失应有转售合同。工厂停工待料损失应有工厂停工前后一至三个月的利润及审计报告；

（五）延迟交付原因的证明。

第七十六条 律师处理海上货物运输合同迟延交付纠纷案件时，应对下列问题进行审查：

（一）是否有原告与承运人就货物运输时间的有关书面约定；

（二）迟延交付是否因承运人可免责的事由引起；

（三）经济损失是否合理，以及是否和迟延交付存在直接的因果关系；

（四）是否可以享受责任限制。

第七十七条 律师处理海上货物运输费用纠纷案件应注意收集以下证据：

（一）和运输有关的合同、托运单、提单、运单等运输单证；

（二）本案已付运输费用的发票、支付凭证；

（三）运价表、运价协议、费用确认函等有关运输费用金额的证明；

（四）欠付运输费用时间的证明。

第七十八条 律师处理海上货物运输费用纠纷案件时，应对下列问题进行审查：

（一）本案争议标的是海运费、滞箱费还是代理代垫费用；

（二）案件的主体；

（三）运输费用的计算标准和方法；

（四）运费是预付还是到付；

（五）是否已过诉讼时效；

（六）承运人是否有对货物的留置权。

第七十九条 律师处理航次租船合同纠纷案件应注意收集以下证据：

（一）航次租船合同、租船确认书等合同文件；

（二）提单、大副收据等运输单证；

（三）积载图、装卸事实记录等装卸货文件；

（四）其他有关证据材料。

第八十条 律师处理航次租船合同纠纷案件时，应对下列问题进行审查：

（一）航次租船合同的成立和主体；

（二）航次租船合同的适用法律；

（三）合同内容是否违反强制性法律规定；

（四）滞期费、亏舱费的发生原因和计算。

第二节 海上保险合同纠纷

第八十一条 律师可以接受海上保险合同纠纷案件当事人的委托，担任其诉讼代理人。

第八十二条 律师处理海上保险合同纠纷案件应注意收集以下证据：

（一）保险合同及保险单；

（二）权益转让证书和保险赔款支付证明；

（三）有关保险事故发生原因的证据材料；

（四）其他有关证据材料。

第八十三条 律师处理海上保险合同纠纷案件时，，应对下列问题进行审查：

（一）被保险人是否有可保利益；

（二）保险事故是否发生在保险期间；

（三）保险责任及除外责任；

（四）保险责任事项是否是保险事故发生的近因；

（五）被保险人是否违反告知义务、保证义务或施救义务；

（六）被保险人是否已经从第三人处得到赔偿。

第三节 船舶碰撞案件

第八十四条 律师可以接受船舶碰撞案件当事人的委托，担任其诉讼代理人。

第八十五条 接受委托后，律师应迅速了解有关碰撞情况，要求对方及时提供担保。如果对方不能及时或不提供担保，律师应在征询委托人后，向海事法院申请扣押船舶，并请求法院责令对方提供充分可靠的担保。

第八十六条 律师应当收集、整理有关证据，并根据情况在诉讼或仲裁前向海事法院申请保全船上的证据文件，主要包括：

（一）船舶国籍证书、船级证书、船体及轮机适航证书、船舶安全设备证书、吨位证书、船舶抵押登记证书、船员适任证书、最低配员证书等碰撞船舶的主要证书；

（二）航海日志、轮机日志、车钟记录、航向记录、海图等碰撞船舶的主要文件；

（三）舱单、货物运单或提单等运输单据及船上往来文件；

（四）船舶交通管理系统对碰撞经过的雷达监测记录；

（五）海事行政主管机关对碰撞船舶船员的询问笔录以及调查报告等。

第八十七条 律师在提起诉讼前，应当协助委托人依法确定适格的被告，并分析利弊，确定案件的管辖法院。

第八十八条 接受委托后，律师代为提起诉讼或答辩时，应当要求委托人如实填写“海事事故调查表”，并告知委托人在向海事法院提交“海事事故调查表”后，不能推翻其在“海事事故调查表”中的陈述。

第八十九条 律师在船舶碰撞事故的处理中应当充分考虑当事人可能依法享有的海事赔偿责任限制的权利。

第九十条 律师应当在海事法院规定的交换证据期限前完成举证，包括委托人填写的“海事事故调查表”和有关船舶碰撞的事实材料。完成举证后，律师可以向海事法院申请查阅有关船舶碰撞的事实证据材料。

第九十一条 对于船舶碰撞案件中的专门性问题，律师可以向海事法院申请委托鉴定人进行鉴定。在征询委托人后，律师也可以自行委托有关部门进行鉴定。

律师可以向海事法院申请由一至二名具有专门知识的人员出庭就船舶碰撞案件中的专门性问题进行

说明。

第九十二条 对于海事法院委托的鉴定部门作出的鉴定结论，律师应当充分重视并认真审查，需要重新鉴定的应及时向法院提出申请。

第九十三条 律师应当委托由国家授权或者其他具有专业资格的机构或者个人进行船舶检验、估价，以确定船舶的碰撞损失。

第四节 海上人身伤亡案件

第九十四条 律师可以接受海上人身伤亡案件当事人的委托，担任其诉讼代理人。

第九十五条 律师接受委托后，应对下列内容进行审查：

（一）索赔主体是否适格；

（二）被告是否适格；

（三）是否超过法定起诉期限。

第九十六条 律师应当正确理解和适用各种法律、法规和司法解释确定海上人身伤亡的赔偿范围、标准和计算方法。并应充分考虑当事人可能依法享有的海事赔偿责任限制的权利。

第九十七条 律师应当依法考虑合同、侵权以及工伤保险等各种法律关系，并同当事人协商，分析利弊，维护当事人的最大合法利益。

第九十八条 律师可以向海事法院申请委托鉴定人对人身伤亡进行鉴定。在征询委托人后，律师也可以自行委托有关部门进行鉴定。

第九十九条 律师在处理海上人身伤亡案件时，可以接受利害关系人的委托，担任其在宣告失踪、宣告死亡案件的诉讼代理人。

第一百条 律师作为原告或有独立请求权的第三人或者反诉原告的代理人，可以根据当事人的要求以及《民事诉讼法》规定的有关条件，代其提出先予执行的申请。

第五节 船舶油污案件

第一百零一条 律师可以接受船舶油污案件当事人的委托，担任其诉讼代理人。

第一百零二条 在接受委托后，律师应当迅速了解情况，要求当事人及时通知船舶保险人或者船东互保协会，建议当事人及时采取有效措施减少海洋环境污染。

第一百零三条 律师接受委托后，应当同海事行政主管机关密切联系，了解海事行政主管机关采取的清污活动以及成效，并注意保存相关证据材料。

第一百零四条 对于国际油污民事责任公约船舶造成油污损害的赔偿请求，律师可以代委托人向造成油污损害的船舶所有人提出，也可以直接向承担船舶所有人油污损害责任的保险人或者提供财务保证的其他人提出。

第一百零五条 油污损害责任的保险人或者提供财务保证的其他人被起诉的，律师可以根据保险人或财务保证人的委托，代其向海事法院申请要求造成油污损害的船舶所有人作为无独立请求权的第三人参加诉讼。

第一百零六条 被告律师在接受委托后，应对下列事项进行审查：

（一）索赔主体是否适格；

（二）适用的法律依据是否正确；

（三）索赔的油污损害范围是否合理。

第一百零七条 律师办理船舶油污案件，应当注意程序法、国内法以及国际公约的正确适用，并充分考虑当事人可能依法享有的海事赔偿责任限制或者设立油污基金的权利。

第一百零八条 对于船舶油污案件中的专门性问题，律师可以向海事法院申请委托鉴定人进行鉴定。在征询委托人后，律师也可以自行委托有关部门进行鉴定。

第六节 海事赔偿责任限制案件

第一百零九条 律师可以接受海事赔偿责任限制案件当事人的委托，担任其诉讼代理人。

第一百一十条 接受委托后，律师在征询委托人后，可以在起诉前或者诉讼中向海事法院申请设立海事赔偿责任限制基金，但最迟应在一审判决作出前申请。

第一百一十一条 律师应当代为书海事赔偿责任限制申请书，申请书应当包括下列主要内容：

（一）申请设立海事赔偿责任限制基金的数额；

（二）申请理由；

（三）已知利害关系人的名称、地址和通讯方式。

律师或委托人向海事法院提交海事赔偿责任限制申请时应附有关证据。

第一百一十二条 律师在接受利害关系人的委托后，应对申请人的海事赔偿责任限制基金申请进行审查，主要包括以下事项：

（一）设立基金申请人的主体资格；

（二）事故所涉及的债权性质；

（三）申请设立的基金数额。

经审查如果发现申请设立的海事赔偿责任限制基金不符合法律规定的，律师应当在规定期间内对申请人设立海事赔偿责任限制基金提出异议。

第一百一十三条 在海事法院准予申请人设立海事赔偿责任限制基金生效后，律师应当通知委托人在三日内用现金或海事法院认可的担保在海事法院设立海事赔偿责任限制基金。

第一百一十四条 当事人要求以担保的形式设立海事赔偿责任限制基金的，律师应当要求当事人提供中华人民共和国境内的银行或其他金融机构出具担保，并应与海事法院提前联系认可该担保。

第一百一十五条 设立海事赔偿责任限制基金后，就有关海事纠纷律师应当代当事人向设立海事赔偿责任限制基金的海事法院提起诉讼，但当事人之间订有诉讼管辖协议或者仲裁协议的除外。

第一百一十六条 船舶造成油污损害的，为取得法律规定的责任限制的权利，律师应当代当事人向海事法院申请设立油污损害的海事赔偿责任限制基金。该申请可以在起诉前或者诉讼中提出，但最迟应当在一审判决作出前提出。

第一百一十七条 律师代理设立油污损害的海事赔偿责任限制案件，应当比照适用《中华人民共和国海事诉讼特别程序法》第九章“设立海事赔偿责任限制基金程序”的有关规定。

第七节 律师代理其他海商海事纠纷案件

第一百一十八条 律师可以接受海事请求人的委托，担任其代理人，向海事法院申请海事请求保全申请。接受委托后，律师应当代为书写海事请求保全申请书。海事请求保全申请书应当包括下列主要内容：

（一）海事请求事项；

（二）申请理由；

（三）保全的标的物以及要求提供担保的数额。

律师或委托人向海事法院提交海事请求保全申请时应附有关证据。

第一百一十九条 律师代为提出海事请求保全申请，应让申请人提供被申请人的银行账号、有价证券、房地产、机器设备、船舶、车辆等财产线索，并告知申请人需向法院提供担保以及申请不当的法律后果。

在申请扣船时，律师还应让申请人提供准确的船东注册信息、船期和船舶所在位置。

第一百二十条 如果诉前财产保全，律师应当告知委托人：

（一）押船舶的期限为三十日；

（二）扣押船载货物、船用燃油、船用物料以及其他财产的期限为十五日；

（三）在申请诉前财产保全后，应当在上述期限内提起诉讼或申请仲裁。

第一百二十一条 财产保全被申请人的律师应审查以下事项：

（一）申请人的申请是否错误；

（二）财产保全是否限于请求的范围；

（三）申请人是否提供了可靠充分的担保；

（四）委托人是否愿意提供担保并申请法院解除保全。

在具有第（一）到（三）的情况下，律师应代被申请人书写异议书，及时向海事法院申请复议。

若委托人愿意提供担保，律师应代被委托人书写解除财产保全申请书，并及时向海事法院提交。

第一百二十二条 财产保全期间届满，被请求人不提供担保，而且财产不宜继续保全的，律师可以提起诉讼或者申请仲裁后，向保全财产的海事法院代为提起申请拍卖。

对无法保管，不易保管或者保管费用可能超过保全财产的价值的，律师可以代为申请提前拍卖。

第一百二十三条 对海事法院作出的准予或不准予拍卖保全财产的裁定，律师可以在当事人收到裁定书之日起五日内代为申请复议。

第一百二十四条 律师可以依照《中华人民共和国海事诉讼特别程序法》第二十条的规定，接受被请求人或者利害关系人的委托，向采取海事请求保全措施的海事法院提起诉讼。

第一百二十五条 律师可以接受海事请求人的委托，担任其代理人，向海事法院申请海事强制令。接受委托后，律师应当审查以下内容：

（一）委托人是否有具体的海事请求；

（二）是否需要纠正被请求人违反法律规定或者合同约定的行为；

（三）是否情况紧急，不立即作出海事强制令将造成损害或者使损害扩大。

第一百二十六条 律师可以代委托人书写海事强制令申请书并提交海事法院。海事强制令申请书应当包括下列主要内容：

（一）海事请求事项；

（二）申请理由。

律师或委托人向海事法院提交海事强制令申请书时应附有关证据。

第一百二十七条 律师代为提出海事强制令申请，应当告知委托人可能需要提供担保，并告知申请不当的法律后果。

第一百二十八条 对海事法院作出的准予或裁定驳回海事强制令申请的裁定，律师可以在当事人收到裁定书之日起五日内代为申请复议。

第一百二十九条 律师可以接受利害关系人的委托，担任其代理人，对海事强制令提出异议。

第一百三十条 律师可以依照《中华人民共和国海事诉讼特别程序法》第六十条的规定，接受被请求人或者利害关系人的委托，向发布海事强制令的海事法院提起诉讼。

第一百三十一条 律师可以接受海事请求人的委托，担任其代理人，向海事法院申请海事证据保全。接受委托后，律师应当审查以下内容：

（一）委托人是否为海事请求的当事人；

（二）请求保全的证据是否对该海事请求具有证明作用；

（三）被请求人是否为与请求保全的证据有关的人；

（四）是否情况紧急，不立即采取证据保全就会使该海事请求的证据灭失或难以取得。

第一百三十二条 接受委托后，律师应代委托人书写海事请求证据申请书并提交海事法院。海事证据保全申请书应当包括下列主要内容：

（一）请求保全的证据；

（二）该证据与海事请求的联系；

（三）申请理由。

第一百三十三条 律师代为提出海事证据保全申请书，应当告知委托人提供担保，并告知申请不当的法律后果。

第一百三十四条 对海事法院作出的准予或裁定驳回海事证据保全申请的裁定，律师可以在当事人收到裁定书之日起五日内代为申请复议。

第一百三十五条 律师可以接受利害关系人的委托，担任其代理人，对海事证据保全提出异议。

第一百三十六条 律师可以依照《中华人民共和国海事诉讼特别程序法》第七十一条的规定，接受被请求人或者利害关系人的委托，向采取海事证据保全的海事法院提起诉讼。

第一百三十七条 律师可以接受提单等提货凭证持有人的委托，担任其代理人。在接受委托后，应当向委托人了解其取得提货凭证、提货凭证被盗、遗失或者灭失等情况，代书公示催告申请书，申请书应当包括下列主要内容：

（一）申请人的基本情况；

（二）提货凭证的种类、编号、货物品名、数量、承运人、托运人、收货人、承运船舶名称、航次以及背书情况等；

（三）申请公示催告的理由、事实。

第一百三十八条 公示催告期间，对于国家重点建设项目待安装、施工、生产的货物，救灾物资，或者货物自身属性不宜长期保管以及季节性货物，律师可以在申请人提供充分可靠担保的情况下，向海事法院申请提取货物。

第一百三十九条 在公示催告期间，律师可以接受利害关系人的委托，担任其代理人向海事法院申报权利。

第一百四十条 公示催告期间没有利害关系人申请的，律师应当代理委托人在公示催告期满后的次日起一个月内申请海事法院作出判决，宣告票据无效。

公示催告期间有利害关系人向法院申请权利或者法院裁定驳回公示催告申请的，律师在获得委托人的同意后，可以就有关纠纷向海事法院提起诉讼。

第一百四十一条 律师可以依照《最高人民法院关于适用〈中华人民共和国海事诉讼特别程序法〉若干问题的解释》第七十八条的规定，接受利害关系人的委托，向作出判决的海事法院提起诉讼。

第一百四十二条 律师可以接受债权登记与受偿程序案件中的债权人的委托，担任其代理人，向海事法院申请登记债权。接受委托后，律师应当代为书写债权登记申请书。

第一百四十三条 债权登记申请书由委托人签名或盖章后，由律师或委托人在法定期限内向有管辖权的海事法院或人民法院提出申请，并应提交有关债权证据。

第一百四十四条 委托人提供的债权证据为海事请求证据的，律师应当在办理债权登记后的七日内，在受理债权登记的海事法院提起确权诉讼。债权人和债务人之间有仲裁协议的，应当及时申请仲裁。

第一百四十五条 律师可以在接受债权人的委托后，担任确权诉讼的诉讼代理人。

第一百四十六条 在海事法院审理确认债权后，律师可以在债权人委托后，出席债权人会议，律师出席债权人会议享有发表意见、进行表决、签署受偿协议等权利。

第一百四十七条 律师可以接受船舶转让中的受让人的委托，担任其代理人，向海事法院申请船舶优先权催告。接受委托后，律师应当代为书写船舶优先权催告申请书。申请书主要包括以下主要内容：

（一）载明船舶的名称；

（二）申请船舶优先权催告的事实和理由。

律师或委托人向海事法院提交船舶优先权催告申请书时，还应同时向法院提交船舶转让合同、船舶技术资料等文件。

第一百四十八条 在海事法院作出不准予船舶优先权催告的裁定后，律师应及时向海事法院申请复议。

第五章 律师代理海商海事执行案件

第一百四十九条 律师可以接受委托，担任海商海事执行案件中的代理人。

律师可以代理当事人就已经生效的民事判决书、民事裁定书、民事调解书、支付令以及仲裁裁决书和调解书以及法律规定由法院按照《民事诉讼法》执行的其他涉及海商海事方面的生效的法律文件等，向人民法院申请强制执行。

律师可以接受委托，担任上述海商海事执行案件中的被执行人、提出执行异议的案外人以及被强制执行财产的第三人的代理人。

第一百五十条 接受委托的律师应当对当事人的委托事项进行审查，具体审查内容如下：

律师应当审查申请执行的案件是否符合下列条件：

（一）申请执行的法律文书已经生效；

（二）申请执行人的申请未超过法定期限；

（三）申请执行人为生效法律文书的权利人或其继承人或权利承受人；

（四）义务人在生效法律文书确定的期限内履行义务；

（五）执行事项具有可执行性。

律师应当审查被执行人是否符合下列条件：

（一）生效法律文书确定被执行人有履行义务；

（二）被执行人在规定的期限内未履行义务。

律师应当审查提出执行异议的案外人是否符合下列条件：

（一）案件当事人以外的与执行标的有利害关系的人；

（二）对执行标的有主张的权利。

律师应当审查被执行财产的第三人是否符合下列条件：

（一）第三人对被执行人负有到期债务；

（二）被执行人不能清偿到期债务；

（三）该第三人在规定期限内提出异议。

第一百五十一条 律师接受委托担任执行代理人的，应当由其律师事务所与委托人订立委托协议。律师代为放弃、变更民事权利、代理为进行和解、或代为领取标的物的，应当取得委托人的特别授权。

第一百五十二条 律师接受执行申请人的委托后，应当为委托人代书申请执行书，并在委托人签名或盖章后，由律师或委托人在法定期限内向有管辖权的海事法院或人民法院提出申请，并应提交以下文件：

（一）申请执行书；

（二）据以执行的生效法律文书；

（三）委托人的授权委托书和所在律师事务所的函；

（四）申请执行人的身份证明

（五）其他应当提交的文件或证件。

第一百五十三条 法院受理执行申请后，被执行人未按法院通知书指定的期间履行生效法律文书确定的义务的，律师可以申请法院强制执行。

第一百五十四条 被执行人转移、隐藏、变卖、损毁财产的，律师可以申请执行人员查封、扣押或立即强制执行被执行人的财产。

第一百五十五条 出现可变更或追加执行主体时，律师在征得委托人的同意后，可以代其向法院提出变更和追加被执行主体的申请。

第一百五十六条 被执行人为企业法人，其财产不足以清偿全部债务的，律师应征询委托人是否提出破产申请。

第一百五十七条 在执行中，律师可以根据委托人的特别授权，与对方当事人自愿达成和解协议，变更生效法律文书所确定的履行义务主体、标的物及其数额、履行方式以及履行期限等。

第一百五十八条 律师应对法院裁定执行中止的事实与理由进行审查，确定是否提出执行中止的异议。在执行中止的事由消灭后，律师应协助委托人做好程序的恢复工作。

第一百五十九条 律师可根据案件的性质及被执行人的执行能力等情况，提请委托人注意是否申请延期执行。

第一百六十条 可执行回转的案件，律师可代理委托人提出执行回转申请，协助委托人提出有利于回转执行的措施。

第一百六十一条 律师应严格审查法院终结执行是否符合法律规定。对于不符合条件的终结执行，律师应代理委托人及时提出异议。

第一百六十二条 在执行案件中，出现下列情况时，律师的义务终止：

（一）生效法律文书确定的内容全部履行完毕；

（二）法院裁定执行终结；

（三）法院裁定不予以执行；

（四）当事人之间达成和解协议并已履行完毕。

第一百六十三条 律师可以接受委托，担任涉外海商海事承认与执行案件的代理人。

第一百六十四条 律师接受委托，承办涉外海商海事承认与执行案件，应当依法委托手续。

第一百六十五条 律师办理涉外海商海事承认与执行案件，律师应当依法确定案件的管辖法院。

第一百六十六条 律师办理涉外海商海事承认与执行案件，应当注意程序法、国内法以及国际公约的正确适用。

第一百六十七条 律师办理涉外海商海事承认与执行案件，应注意《中华人民共和国海事诉讼特别程序法》以及其司法解释中规定的特别送达方式。

第一百六十八条 律师接受委托，办理台湾地区有关法院海商海事判决、裁定以及台湾地区仲裁机构裁决的执行案件，除了遵守《中华人民共和国民事诉讼法》的有关规定外，应当根据《最高人民法院关于人民法院认可台湾地区有关法院民事判决的规定》以及其他法律法规向法院首先申请认可。

被认可的台湾地区有关海商海事判决、裁定以及台湾地区仲裁机构裁决需要执行的，依据《中华人民共和国民事诉讼法》规定的程序办理。

第一百六十九条 律师接受委托，办理香港地区有关海商海事仲裁裁决的执行案件，除了遵守《中华人民共和国民事诉讼法》的有关规定外，还应当注意《最高人民法院关于内地与香港特别行政区相互执行仲裁裁决的安排》以及其他法律法规的规定。

第一百七十条 律师可以应委托人的要求，代为书写申请书。申请书应包括以下内容：

（一）载明申请人和被申请人的姓名、名称、国籍、地址或者住所地等基本情况，请求事项及所依据的事实和理由；

（二）申请确认效力的涉外仲裁协议，或者申请执行或者撤销的涉外仲裁裁决，或者申请承认和执行的外国仲裁裁决；

（三）申请人的身份证明或者注册登记证明，法定代表人、负责人身份证明及授权委托书等。

第六章 附 则

第一百七十一条 本指引适用于广东省律师承办海商海事案件代理业务，由广东省律师协会负责解释。

第一百七十二条 本指引自公布之日起实施。

广东省律师办理专利法律业务操作指引（2005年试行版）

（2005年10月）

目 录

第一章 总 则

第一条 为了指导律师从事专利法律服务业务，减少执业风险，特制定本操作指引。

第二条 本指引所称的专利法律服务业务，主要包括：各类专利申请，专利复审、无效，专利侵权判定，专利转让和专利许可等方面的非诉讼业务及诉讼业务。

第三条 与专利业务有关的法律、法规及相关规定主要有：

（一）《中华人民共和国民法通则》

（二）《最高人民法院关于贯彻执行〈中华人民共和国民法通则〉若干问题的意见（试行）》

（三）《中华人民共和国刑法》

（四）《最高人民法院、最高人民检察院关于办理侵犯知识产权刑事案件具体应用法律若干问题的解释》

（五）《中华人民共和国专利法》

（六）《中华人民共和国专利法实施条例》

（七）《最高人民法院关于审理专利纠纷案件适用法律问题的若干规定》

（八）《最高人民法院关于对诉前停止侵犯专利权行为适用法律问题的若干规定》

（九）《最高人民法院关于审理技术合同纠纷案件适用法律若干问题的解释》

（十）《专利审查指南》

（十一）《最高人民法院关于专利法、商标法相关案件分工问题的批复》

（十二）《中华人民共和国知识产权海关保护条例》

第四条 本指引旨在为律师从事商标法律服务业务提供最基本的指引，律师还应结合自己的实践经验、丰富及完善各项业务操守。

第五条 本律师协会在处理本会会员执业纪律和纠纷案件时，涉及专利法律业务的案件，参照本指引。

第二章 专利非诉讼法律业务

第六条 专利非诉讼业务主要包括，但不限于：各类国内、涉外专利申请；专利申请的复审、专利权无效宣告；专利转让及实施许可；提供专利保护整体战略规划分析，侵权判定分析等法律咨询。

第七条　律师代理各类专利申请业务

律师代理此项业务，主要是负责办理申请专利的各种手续，其责任在于将发明创造的有关事实正确地按照法律的要求将其表述出来。提出专利申请必须迅速及时，在任何情况下，都应当注意法定期限限制。同时，亦应当做好如下工作：

（一）国内申请：

1. 专利代理律师从事该项业务的一般程序：

（1）提供专利申请咨询，对客户专利性进行分析；

（2）签订委托代理合同及专利代理委托书；

（3）发出律师费用报价及支付代理费用；

（4）整理客户递交的技术交底材料；

（5）代理人撰写申请文件，申请人审阅申请文件；

（6）向专利局递交申请文件，将受理通知书及申请文件副本交付申请人；

（7）经过专利局审批，收到授权决定后通知申请人登记手续；

（8）领取专利证书，并通知专利梭按时缴纳年费，转送专利局文件。

2. 受理机关：

位于北京的国务院专利行政部门，即国家知识产权局负责管理全国的专利工作；统一受理和审查专利申请，依法授予专利权。

如申请港、澳、台专利，应单独向港、澳、台地区知识产权署（智慧财产局）办理。

3. 办理途径：

（1）国内的申请人办理各种专利申请事宜有两途径：一是可以委托专利代理机构办理；二是可以自己直接向国家知识产权局提出申请；

（2）外国人或外国企业在中国办理专利申请和其他专利事务，应当委托国务院专利行政部门指定的专利代理机构办理，但在中国有经常居所或营业所的外国人或外国企业除外。

4. 提交有关文件：

（1）应按照《专利法》及其实施细则规定的内容、式样、文字、书写方式和其他有关规定的要求，填写专利申请书、说明书、说明书摘要及权利要求书，提供外观设计的图片或照片等文件；

（2）如委托代理机构的，还需要提交《专利代理委托书》。

5. 依法请求专利局审查专利申请。专利审查的目的在于，确定专利申请是否条例《专利法》规定的形式要件和实质要件，从而决定是否批准授予专利权。律师应当在法律规定的期限内，请求专利局对专利申请进行实质审查，以免逾期造成被动。

（二）国外申请：

1. 从事该项业务的主体是国家知识产权局指定的涉外代理机构的专利代理律师。根据我国专利法规定，将在国内完成的发明创造向国外申请专利的，应当首先在中国国内申请专利。

2. 办理途径：

专利代理律师可通过两种途径为申请人办理向国外申请专利业务，一种通过巴黎公约途径；另一种是通过 PCT 国际申请途径。

3. 申请国外专利应提供的文件和资料：

（1）申请国外专利指令信，该指令信应详细写明：申请人的名称（姓名）和地址；发明人的姓名和地址；指明申请专利的种类；拟提出申请的国家或地区；曾在国外申请专利的情况；是否要求优先权；委托人的联系电话、地址等；

（2）该国内专利申请的请求书复印件；

（3）该国内专利申请受理通知书复印件；

（4）该国内专利申请的文件；

（5）现有技术资料，指就申请人所知的与发明相关的专利文献、科技文献、外国专利局的检索报告或审查结果；

（6）国外代理人委托书；

（7）国外专利申请表。

第八条　专利申请的复审、专利权的无效宣告业务

（一）专利申请人对国务院专利行政部门驳回申请的决定不服，可以向专利复审委员会请求复审，律师在专利申请复审程序中，应当为当事人做好如下工作：

1. 提交专利复审请求书，说明理由，必要时还应当附具有关证据；

2. 为当事人提出复审请求时或针对专利复审委员会的复审通知书作出答复时，可以根据实际需要修改专利申请文件，但修改仅限于消除驳回决定或者复审通知书指出的缺陷；

3. 针对专利复审委员会的复审通知，要在指定的期限内陈述意见，否则复审请求视为撤回。

（二）自国务院专利行政部门公告授予专利权之日起，任何单位或个人认为专利权授予不符合专利法之规定的，可以请求专利复审委员会宣告该专利权无效。律师应认识到代理无效宣告请求人及专利权人应从不同角度采取相应对策：

1. 代理无效宣告请求人

（1）分析被请求无效宣告专利情况；

(2) 检索相关文献，收集证明其无效的证据；

(3) 提交无效宣告请求书、授权委托书及说明无效理由；

——以授予专利权的外观设计与他人在先取得的合法权利冲突为理由请求宣告外观设计专利权无效的，应提交生效的能够证明权利冲突的处理决定或者判决；

(4) 在专利复审委员会受理无效宣告请求后，在提出无效宣告请之日起1个月内提交补充证据及增加无效理由；

(5) 参加口审。

2. 代理专利权人

(1) 比较分析请求人提供的证据中所涵盖的技术特征与专利权人专利技术的异同，检索文献，收集证据；

(2) 在指定期限内陈述意见；

(3) 发明或实用新型专利，可根据实际需要修改权利要求书，但不得扩大原专利的保护范围；

(4) 参加口审。

第九条 专利申请权转让、专利权转让合同及专利实施许可合同

(一) 律师代理专利申请权转让、专利权转让合同谈判及起草应注意以下要领：

1. 确认转让方是否有主体资格；

2. 明确发明创造实施和转让情况及其后果；

3. 审查专利申请有无被驳回的理由及明确被驳回的法律后果；明确专利利权被宣告无效的理由及其法律后果；

(二) 律师代理专利实施许可合同，应当注意：

1. 选择专利实施许可的种类；

2. 明确专利实施许可的范围；

3. 明确专利权终止和被宣告无效的法律责任；

4. 审查专利实施许可合同的有效性，全面约定双方权利义务。

第十条 为企业、专利申请人提供其他专利法律顾问服务

(一) 专利保护整体战略规划

1. 确定企业生产技术成果可申请专利的领域；

2. 为企业分析同行业的专利技术成果，以排除该企业生产技术发展与同领域其他企业专利的冲突；

3. 帮助企业建立专利法务部，实现专利保护由专业、专门人员管理的体制；

4. 帮助企业建立自身的专利数据库；

5. 定期为企业技术人员提供培训服务，提高专利意识；

6. 协助企业设立专利申请奖励机制。

(二) 提供侵权判定分析，帮助企业确定技术发展的正确方向；

(三) 帮助发明人判定申请专利的可行性及提供价值分析；

第三章 专利民事诉讼法律业务

第十一条 律师代理专利民事纠纷案件主要包括侵犯专利权纠纷案件；专利申请权、专利权权属纠纷案件；转让专利申请权、转让专利权合同纠纷案件；专利实施许可使用费纠纷案；发明专利申请公布后、专利权授予前使用费纠纷案件。

第十二条 专利侵权案件：

在专利有效期内，非法侵犯专利权人依法所享有的专利权利的行为。《专利法》规定，专利权被授予以后，除法律另有规定的以外，未经专利权人许可，以生产经营为目产，制造、使用、销售、进口其发明或实用新型专利产品，或使用其专利方法以及使用、销售、进口依该方法直接获得的产品，或制造、销售、进口外观设计专利产品的行为都属于侵犯专利权的行为。

(一) 专利侵权行为应同时具备以下几个条件：

1. 有被侵犯的有效的专利权存在；

2. 在《专利法》所述侵权行为；

3. 施专利侵权行为的损害结果客观存在；

4. 以生产经营为目的；

5. 未经专利权人许可；

6. 专利侵权人主观上必须有过错。

(二) 作为原告代理律师

1. 客户专利权受到侵犯时，律师可考虑通过提起民事诉讼帮助客户解决纠纷，并应从以下几六方面进行诉前分析：

(1) 本案是否属于人民法院受理范围；

请参照《最高人民法院关于审理专利纠纷案件适用法律问题的若干规定》第1条之规定。

(2) 审查当事人是否适格；

——审查原告是否是专利权人或利害关系人；

——审查是个人发明创造还是职务发明创造；

——审查是否属合作完成的发明创造，委托完成的发明创造，确定能否单个起诉，或需要共同作为原告。

(3) 审查专利目前的法律状态，确定专利保护范围；

(4) 本案应由何地人民法院管辖。

专利纠纷一审案件，由各省、自治区、直辖市人民政府所在地的中级人民法院和最高人民法院指定的

中级人民法院管辖；

（5）是否超过诉讼时效，有无诉讼时效中断、中止或延长的事由；侵犯专利的诉讼时效为二年，自专利权人知道或者应当知道侵权行为之日起计算。权利人超过二年起诉的，如果侵权行为在起诉时仍在持续，在该专利保护期内，人民法院应当判决被告停止侵权行为；侵权损害赔偿数额应当自权利人向人民法院起诉之日起向前推算二年计算；

（6）本案证据是否符合立案要求。

2. 确定诉讼请求

（1）停止侵害（适用于起诉时侵权行为仍在持续的案件）；

（2）消除影响、赔礼道歉（适用于侵权行为对专利权人的信誉造成损害的案件）；

（3）赔偿损失（适用于侵权并造成损害的案件）。

3. 收集和审查证据，包括：

（1）证明原告专利权存在的证据，其中包括必须收集并提供：

——专利证书；

——最近一年缴纳专利年费的收据；

——专利公告；

——发明及实用新型专利说明书，外观设计专利图片；

——实用新型专利需提供专利检索报告。

（2）证明被告侵权事实的证据，其中包括但不限于：

购买侵权产品，并提供统一专用发票，以证明侵权产品落入专利权人专利保护范围；收集相关网页、广告、杂志及报刊等相关资料，以证明被告侵权行为存在。

（3）证明原告所花费用及损失的存在与数额：

——费用：包括调查、制止侵权所支付的合理费用；

——损失：采取以下三种方式计算：

——以专利权人因侵权行为受到的实际经济损件作为损失赔偿额；

——以侵权人因侵权行为获得的全部利润作为损失赔偿额；

——根据情节参照专利许可使用费的一至三倍合理确定。

4. 诉前禁令、财产保全、证据保全措施：

从保护原告利益以及为防止被告毁灭证据角度来看，诉前申请采取责令停止侵权行为、证据保全措施是较好的方式。具体参照《最高人民法院关于对诉前停止侵犯专利权行为适用法律问题的若干规定》。

5. 申请保全的证据、财产包括：

（1）关于被告侵权行为的证据；

（2）关于被告获利情况的证据；

（3）查封、扣押、冻结相关财产。

（三）作为被告代理律师

1. 作为被告代理律师参与诉讼，应当从以下几个方面着手考虑：

（1）本案是否属于人民法院受理范围；

（2）审查当事人是否适格；

（3）本案应由何地人民法院管辖，是否可以提出管辖权异议；

（4）是否超过诉讼时效；

（5）对被告实际是否存在侵权及可能要承担的法律责任作出初步的判断；

（6）被告侵权的证据情况及数量，并结合证据对原告专利的稳定性作初步分析；

（7）被告行为的法律性质及后果；

（8）在综合以上分析的基础上，收集相关证据，考虑向国家专利复审委员会提出专利权无效宣告请求，以便在诉讼中申请法院中止案件审理。

2. 作为被告律师应从以下几方面进行抗辩：

（1）以原告滥用保护期限抗辩

——原告未按时缴纳专利年费，专利处于“被视为放弃状态”；

——原告专利已被中国专利局撤销；

——原告专利已经被专利复审委员会宣告无效；

——原告专利不符合专利性条件或其他法律规定，应当被宣告无效，且被告已向专利复审委员会提出无效宣告请求并被授理。

（2）以被告不侵权进行抗辩

——被控侵权物（产品或方法）缺少原告发明或实用新型专利权利要求书中记载的必要技术特征；

——被控侵权物（产品或方法）的技术特征与原告专利权利要求对应必要技术特征相比，有一项或一项以上的技术特征有本质区别；

——属于个人（不包括单位）非经营目的的制造、使用行为；

（3）以该行为不视为侵权进行抗辩

——专利权用尽；

——先用权；

——临时过境；

——科学研究与实验性使用

（4）以原告专利为已有技术抗辩

——仅适用于等同专利侵权，不适用于相同专利侵权的情况；

——证明该已有技术应当是一项在专利申请日前已有的、单独的技术方案，或者专利为该领域普通技术人员认为是已有技术的显而易见的简单组合成的技术方案

（5）以合同抗辩

——以被告实施的技术是通过技术转让合同从第三人处合法取得为由进行侵权抗辩，该抗辩不属于对抗侵权的理由，只是承担侵权责任的抗辩理由；

——技术转让合同的受让方被诉侵权，律师作为其代理人可以合同抗辩，主张由转让方先承担侵权责任，而受让方承担一般连带责任。

（6）以诉讼时效抗辩

——专利侵权诉讼时效为二年，自专利梭或利害关系人知道或应当知道侵权行为之日起计算，代理律师可以提出专利权人行使超过诉讼时效的抗辩。

（7）以损害不存在或数额计算没有依据为由进行抗辩

——原告销量减少计算不正确；

——被告所获的利润计算不正确；

——损失的计算方式不正确；

——原告所依据的专利实施许可费用不合理。

第十三条 专利申请权、专利权权属纠纷案件

（一）专利申请权纠纷案，即主要关于是职务发明创造还是非职务发明创造；关于谁是发明人或设计人；关于合作完成或接受委托完成的发明创造，谁有权申请专利。专利权权属纠纷案，即在授予专利权后，当事人就谁该是发明创造的真正权利人而发生争议。

（二）律师代理此类案件，除应把握一般专利民事诉讼所具有的共同特点外，还应注意以下几点：

1. 区分职务发明与非职务发明；

2. 区分合作开发合同当事人与共同发明人；

3. 依合同约定情况下的权利归属与依实际合作形成的权利共有。

第十四条 转让专利申请权、转让专利权、专利实施许可合同纠纷案件

律师代理此类案件，除参照民事合同纠纷的程序及处理方式之外，可参《最高人民法院关于审理技术合同纠纷案件适用法律若干问题的解释》。

第十五条 发明专利公布的，专利授予前的使用费纠纷

我国专利法对发明专利申请实行早期公开，延迟审查制度。律师代理此类案件，应明确在发明专利申请公开后至获得专利权以前，申请人可要求实施其发明的单位和个人支付适当的费用，但无权要求使用人停止使用其发明技术，如果使用人拒绝支付费用，申请人尚不能据此提起诉讼，一般是等待发明专利权授予后，与专利侵权纠纷一并解决。

第十六条 关于和解：律师代理专利民事诉讼案件，应考虑是否双方能达成和解。做好如下工作：

（一）作为控方律师：

1. 充分了解侵权方的状况，并据此分析和解成功的可能性及侵权方支付赔偿款的能力；

2. 按照诉讼要求，收集好侵权证据；

3. 依据现有立法及实践经验评估出“如果诉讼的话”可能得到支持的赔偿额，并依此确定与侵权方和解时的最高价位及最低价位；

4. 准备好谈判不成功后的下一步方案。

（二）作为被控方律师

1. 与被控方进行充分沟通，并对被控方实际是滞存在侵权及可能要承担的法律责任作出初步的判断；

2. 积极与控方进行沟通，尽可能了解其手中掌握的有关侵权的证据情况及数量；

3. 判断被控方行为的法律性质及后果；

4. 准备控方不接受和解的下一步方案。

第四章　与行政机关有关的专利法律业务

第一节　专利行政调解及查处

第十七条 律师代理如下专利案件后，可代为申请行政调解：

（一）专利申请权和专利权归属纠纷；

（二）发明人、设计人资格纠纷；

（三）职务发明的发明人、设计人的奖励和报酬纠纷；

（四）在发明专利申请公布后专利权授予前使用发明而未支付适当费用的纠纷。

第十八条 律师代理假冒专利行为案件，可直接举报、代为申请行政查处。

第十九条 行政调处的专利管理机关的特殊性

特指由省、自治区、直辖市人民政府设立以及专利管理工作量大又有实际处理能力的设区的市人民政府设立的管理专利工作的部门。

第二十条 行政调处管辖

由被请求人和侵权行为地（侵权行为实施地和侵权行为结果地）的市级以上专利管理机关管辖。

第二十一条 律师代理行政调处案件，应做好如下工作：

（一）提交专利纠纷调解申请书或专利侵权纠纷处理请求书；

（二）收集被请求人专利侵权的相关证据。（具体

可参照专利侵权诉讼证据内容的规定）；

（三）作好如果不能达成行政调解或对专利管理机关作出的处理决定不服向法院提起诉讼的准备工作。

第二节　专利行政诉讼法律业务

第二十二条　律师代理专利行政诉讼的案件范围包括以下几类：

（一）以中国国家知识产权局为被告，其中主要包括，但不限于

1. 对专利局不予受理其申请不服的纠纷；

2. 对其专利申请被视为撤回、对其专利权被视为放弃或被终止不服的纠纷；

3. 对专利局确定的申请日有争议，对专利局不确认其优先权不服的纠纷；

4. 认为专利局作出的其他具体行政行为侵犯其合法权益的纠纷。

（二）以专利复审委员会为被告，主要包括，但不限于

1. 对维持驳回申请复审决定不服的纠纷；

2. 对专利权无效宣告请求决定不服的案件。

（三）以地方专利管理机关为被告

仅对冒充专利行为依职权进处罚不服可提起行政诉讼，而地方专利管理机关的其他调处决定不服的，只可以向人民法院提起民事诉讼。

第二十三条　专利行政诉讼案件管辖法院

凡以中国国家知识产权和专利复审委员会为被告的专利行政案件，均由北京市第一中级人民法院作为第一审法院，北京市高级人民法院作为第二审法院。

对于以地方专利管理机关为被告的专利行政诉讼案件，则由被告所在地的对专利纠纷案有管辖权的中级人民法院管辖。

第二十四条　专利行政诉讼案件证据

律师代理该项业务，可以参照《最高人民法院关于行政诉讼证据若干问题的规定》，但应当注意专利行政诉讼特殊的证据规则：

专利行政诉的特殊性决定了在各种类证据中最具有证明力的应为书证，主要为各种专利文献。专利代理律师应在收集，检索国内外各种相关专利文献的基础上，分析其中主要技术特征，以支持自己主张。

第三节　专利海关备案及保护法律业务

第二十五条　权利人要求海关对其与进出境货物有关的知识产权实施保护的，应当将其知识产权向海关备案，可委托律师事务所及专利代理机构代为申请，亦可自己直接提出备案申请。

第二十六条　专利海关备案管辖机关

专利权人应当向海关总署提出申请，具体提交文件至海关总署政策法规司知识产权保护处。

第二十七条　律师为专利权人办理专利海关备案业务，应提交以下文件：

（一）专利权利证明：

1. 专利证书的复印件（申请外观设计备案的，还应提交专利公告附图）；

2. 中国专利局出具的专利登记簿副本或者载有申请人名称的专利维持费收据的复印件（限专利证书的签发日期距申请备案日期一年以上的）。

（二）申请人身份证明。

加盖工商管理部门确认章的营业执照复印件（限境内工商企业）；或者公司登记文件复印件或者当地政府出具的证明（限境外工商企业）；或者申请人身份证件复印件（限专利权人为自然人的）。

（三）代理授权委托书。

（四）代理人身份证明：加盖工商管理部门确认章的营业执照复印件（限境内工商企业）；或者设立律师事务所的批准文件。

（五）专利海关备案申请书。

第二十八条　海关根据《知识产权海关保护条例》对怀疑的进出口货物侵犯专利权的货物采取扣留的行政行为，该程序也可以基于当事人的请求进行。

第二十九条　律师代理专利权海关保护案件注意事项：

（一）专利权海关保护既可以基于专利进行了海关保护备案登记而进行，也可以基于权利人向出口货物所在地海关投诉而进行。

（二）作为投诉方，应向海关提供被扣留货物等值的担保，被扣留货物一方也可以提供相应担保以使其货物得到海关放行。

第五章　专利刑事诉讼法律业务

第三十条　专利刑事诉讼主要针对假冒他人专利的行为，据专利法的规定，假冒他人专利行为情节严重的，构成假冒他人专利罪，处三年以下有期徒刑、拘役或罚金。

第三十一条　律师处理此项业务时应注意如下几个方面：

（一）假冒他人专利行为主要是：

1. 行为人在自己的产品上标明是他人的专利产品，或直接标明他人专利的专利号、专利标记、或者在广告中宣传自己生产和推售的产品是他人的专利产品；

2. 行为人通过不正当手段骗取到他人的专利证书，

将自己生产的产品冒充该专利产品，到商业部门推销，在产品上虽然未注明是他人的专利产品，但商业部门凭着专利证书，将该产品当作他人的专利产品宣传、出售。

（二）实践中应划清的几个界限：

1. 仿制专利产品不属于假冒他人专利；

2. 未经专利权人同意，许可或委托他人实施专利，不属于假冒他人专利。

（三）“情节严重”的界定：

假冒他人专利只有达到情节严重，才构成刑事犯罪，具体指因假冒他人专利而给专利权人的权益造成严重损害，严重干扰专利管理秩序或给社会造成严重后果、造成恶劣影响的情况。

第六章　附　则

第三十二条　本指引适用于广东省律师办理专利法律业务，本指引由广东省律师协会知识产权专业委员会负责解释。

第三十三条　本指引与法律、法规、司法解释等相关法律规定有冲突或不符时，以法律、法规、司法解释等相关法律规定为准。

第三十四条　本指引自公布之日起实施。

广东省律师承办著作权（版权）案件业务操作指引（2005年试行版）

（2005年10月）

目　录

第一章　总　则

第一条　为了指导律师从事著作权（版权）法律服务业务，特制定本指引。

第二条　本指引所称的著作权（版权）法律服务业务（以下简称“著作权业务”），主要包括：涉及著作权的取得、转让、许可使用、保护等方面的非诉讼及诉讼业务。

第三条　与著作权业务有关的法律、法规及相关规定主要有：

1.《中华人民共和国民法通则》

2.《最高人民法院关于贯彻执行〈中华人民共和国民法通则〉若干问题的意见（试行）》

3.《中华人民共和国刑法》

4.《最高人民法院、最高人民检察院关于办理侵犯知识产权刑事案件具体应用法律若干问题的解释》

5.《中华人民共和国著作权法》

6.《中华人民共和国著作权法实施条例》

7.《最高人民法院关于审理著作权民事纠纷案件适用法律若干问题的解释》

8.《计算机软件保护条例》

9.《最高人民法院关于审理涉及计算机网络著作权纠纷案件适用法律若干问题的解释》

10.《著作权集体管理条例》

11.《著作权行政处罚实施办法》

12.《互联网著作权行政保护办法》

13.《作品自愿登记试行办法》

14.《计算机软件著作权登记办法》

第四条　本指引旨在为律师从事著作权（版权）法律服务业务提供最基本的指引，律师还应结合自己的实践经验．丰富及完善各项业务操作。

第二章　非诉讼业务

第五条　著作权非诉讼法律业务主要包括但不限于：

1. 代办作品自愿登记；

2. 代为计算机软件著作权登记；

3. 协助客户签订著作权许可使用合同及代办备案；

4. 协助客户签订著作权转让合同及代办备案；

5. 协助拥有著作权的客户与著作权集体管理组织（这里限指《著作权集体管理条例》中定义的“著作权集体管理组织”）签订授权委托合同，及协助使用客户通过著作权集体管理组织取得作品使用权；

6. 其他版权法律服务。

第一节　作品自愿登记的操作

第六条　作品自愿登记的受理机关：

1. 国家版权局，负责全国、外国以及台湾、香港特别行政区和澳门特别行政区的作者或其他著作权人的作品登记工作；

2. 各省、自治区、直辖市的版权局，一些计划单列市和部分地、市的版权局，负责本辖区的作者或其他著作权人的作品登记工作。

第七条　作品自愿登记时需要提交的文件：

1. 填写作品登记申请书、作品登记表、权利保证书；

2. 提交作品、作品说明书（说明创作构思、作品主要特点及内容等）；

3. 个人作者申请登记的，提交个人身份证明；

4. 委托创作作品申请登记的，提交著作权人及创作者的身份证明、委托创作合同或协议；

5. 合作作品申请登记的，提交合作作者的身份证明合作创作合同或协议；

6. 职务作品申请登记的，提交作者、著作权人或专有使用权人身份证明、聘用合同及著作权归属证明；

7. 美术作品或摄影作品申请登记的，还需提交作品照片；

8. 其他需要提交的文件材料。

第八条　作品自愿登记时不予登记的作品：

1. 不受著作权法保护的作品；

2. 超过著作权保护期的作品；

3. 依法禁止出版和传播的作品。

第九条　作品自愿登记时，要按相关规定，为作品登记和查阅交纳一定的费用。

第十条　作品自愿登记时，是否准予登记常为自登记部门受理作品登记申请之日起30日内决定。

第十一条　录音、录像制品也适用上述第六条至第十条的指引。

第二节　计算机软件著作登记的操作

第十二条　计算机软件著作权登记的受理机关：

1. 国家版权局认定的中国版权保护中心为软件登记机构。

2. 中国版权保护中心在各地设立有计算机软件登记代办处，负责本地区计算机软件登记的咨询、受理、初审和发证某项具体业务工作。

第十三条　计算机软件著作权登记时需要提交的文件：

1. 按要求填写的软件著作权登记申请表；

2. 软件的鉴别材料（包括程序和文档的鉴别材料）；

3. 相关的证明文件（主要有：①自然人、法人或者其他组织的身份证明；②有著作权归属书面合同或者项目任务书的，应当提交合同或者项目任务书；③经原软件著作权人许可，在原有软件上开发的软件，应当提交原著作权人的许可证明；④权利继承人、受让人或者承受人，提交权利继承、受让或者承受的证明）。

第十四条　计算机软件著作权予以登记的范围：

1. 原创软件；

2. 软件的修改本；

3. 翻译软件。

第十五条　计算机软件著作权时，按相关规定，要为计算机软件著作权登记和查阅交纳一定的费用。

第十六条　计算机软件著作权时，是否准予登记常为自登记部门受理作品登记申请之日起60日内决定。

第三节　代理与著作权许可使用合同有关的事宜

第十七条　著作权许可使用合同具体包括：出版合同、表演合同、录制合同、播放合同、改编合同等。

第十八条　订立著作权许可使用合同应当具备以下条款：

1. 许可使用作品的权利种类。使用的种类可以是一种，也可以多种；

2. 许可使用的权利是专有使用权还是非专有使用权。如果未作约定，或约定不明，一旦发生纠纷，法律通常只能认为被许可人取得的是非专有使用权。另外，专有使用合同应当采取书面形式，但是报社、期刊社登作品除外；

3. 许可使用的地域范围、期间。许可合同中著作权人未明确许可的权利，未经著作权人同意，另一方当事人不得行使；

4. 付酬标准和办法。付酬标准可以由双方约定，也可以参照有关部门制定的付酬标准。双方无约定或约定不明的，通常参照有关部门制定的付酬标准；

5. 违约责任；

6. 双方认为需要约定的内容。

第十九条　与著作权人订立专有许可使用合同的，可以向著作权行政管理部门备案。

第四节　代理与著作权转让合同有关的事宜

第二十条　转让著作权的，应当依法订立书面合同。

第二十一条 著作权转让合同应当包括以下内容：

1. 作品的名称；

2. 转让的权利种类、地域范围。许可合同中著作权人未明确转让的权利，未经著作权人同意，另一方当事人不得行使；

3. 转让价金；

4. 交付转让价金的日期和方式；

5. 违约责任；

6. 双方认为需要约定的其他内容。

第二十二条 与著作权人订立转让合同的，可以向著作权行政管理部门备案。

第五节 代理与著作权集体管理组织签订合同的有关的事宜

第二十三条 协助拥有著作权客户与著作权集体管理组织签订授权委托合同，及协助使用客户通过著作权集体管理组织取得作品使用权，现今主要的著作权集体管理组织有中国音乐著作权协会。

第二十四条 协助著作权客户与著作权集体签订授权委托合同的注意事项：

1. 通常著作权人或其他合法权利人自己难以有效行使的权利，如表演权、放映权、广播权、出租权、信息网络传播权、复制权等，会委托由著作权集体管理组织进行集体管理。

2. 著作权人或其他合法权利人若符合著作权集体管理组织的章程规定加入条件的，著作权集体管理组织不得拒绝与其订立著作权集体管理合同。

3. 著作权人或其他合法权利人与著作权集体管理组织订立著作权集体管理合同后，不得在合同约定期限内自行使用或者许可他人行使合同约定由著作权集体管理组织行使的权利。

4. 著作权人或其他合法权利人有权依授权委托合同收取相应的作品使用费。

第二十五条 协助使用客户通过著作权集体管理组织取得作品使用权的注意事项：

1. 使用客户要使用著作权集体管理组织管理的作品、录音录像制品的，应与其订立书面的许可使用合同；

2. 使用客户以合理的条例要求与著作权集体管理组织订立许可使用合同的，著作权集体管理组织不得拒绝；

3. 双方订立的许可使用合同的期限不得超过2年，但合同期限届满可以续订；

4. 按合同的约定，交纳相应的许可使用费。

第六节 其他版权法律服务

第二十六条 其他版权法律服务，主要包括有：

1. 代理著作权人进行国内外的版权贸易洽谈；

2. 代理商谈合作出版业务；

3. 对著作权及相关法律、法规的咨询服务，出具相关的法律意见书；

4. 对专项著作权进行相关的法律服务；代为对著作权侵权行为进行调查、取证；

5. 代理著作权及其相关纠纷的调处；

6. 为各类出版、新闻单位及网络服务商和个人提供法律顾问服务。

第三章 民事诉讼业务

第二十七条 著作权民事诉讼业务主要包括但不限于：

1. 著作权权属纠纷；

2. 著作权侵权纠纷；

3. 仅因收取报酬而产生的纠纷；

4. 著作权转让合同纠纷；

5. 著作权许可合同纠纷；

6. 其他著作权纠纷。

第一节 律师作为原告方代理人的注意事项

第二十八条 在诉前就要分析案件是否属于人民法院受理范围。

人民法院受理的著作权民事纠纷案件主要包括：①著作权及与著作权有关权益权属、侵权、合同纠纷案件；②申请诉前停止侵犯著作权、与著作权有关权益行为，申请诉前财产保全、诉前证据保全案件；③其他著作权、与著作权有关权益纠纷案件。

需要注意：受著作权法保护的作品，包括著作权法第三条规定的各类作品的数字化形式。且在网络环境下无法归于著作权法第三条列举的作品范围，但在文学、艺术和科学领域内具有独创性并能以某种有形形式复制的其他智力创作成果，人民法院亦给予以保护。

第二十九条 在诉前就要分析案件应由何地法院管辖。

1. 级别管辖。

著作权民事纠纷案件，由中级以上人民法院管辖。

各高级人民法院根据本辖区的实际情况，可以确定若干基层人民法院管辖第一审著作权民事纠纷案件。

广东省内能管辖第一审著作权民事纠纷案件的基层人民法院有：广州市东山区人民法院、深圳市南山区人民法院、佛山市南海区人民法院。

2. 地域管辖。

因侵犯著作权行为提起的民事诉讼，由侵权行为的实施地、侵权复制品储藏地（是指大量或者经常性储存、隐匿侵权复制品所在地）或者查封扣押地（是指海关、版权、工商等行政机关依法查封、扣押侵权复制品所在地）、被告住所地人民法院管辖。

对涉及不同侵权行为实施地的多个被告提起的共同诉讼，原告可以选择其中一个被告的侵权行为实施地人民法院管辖；仅对其中某一被告提起的诉讼，该被告侵权行为实施地的人民法院有管辖权。

网络著作权侵权纠纷案件由侵权行为地或者被告住所地人民法院管辖。侵权行为地包括实施被诉侵权行为的网络服务器、计算机终端等设备所在地。对难以确定侵权行为地和被告住所地的，原告发现侵权内容的计算机终端等设备所在地可以视为侵权行为地。

第三十条 在诉前就要分析审查当事人是否适格。

1. 审查原告是否适格。确定著作权纠纷的原告是件非常重要又复杂的事项，必须审慎考虑。可通常下述方面进行审查。

①除了首次创造作品的作者具有原作品的著作权外，改编人、汇编人、翻译人、注释人、整理人、表演者、录音录像制作者等对其新创作部分亦享有相应的著作权，因此，必须审查原告享有的是哪方面的著作权；

②审查是个人作品还是职务作品，确定到底是个人，还是法人或其他组织享有诉权；

③审查是否合作创作作品、委托作品，确定能否单个起诉，还是需要共同作为原告；

④审查著作权人或其他合法权利人是否将相应的权利委托著作权集体管理组织统一行使，若已委托，著作权人或其他合法权利人本身就已授权的权利在合同期内，不再享有诉权，只能由著作权集体管理组织以其自己的名义起诉；

⑤审查是否属于《最高人民法院关于审理著作权民事纠纷案件适用法律若干问题的解释》第13、14条所规定的情况。

2. 审查被告是否适格。

第三十一条 在诉前就要分析是否具有仲裁条款、书面仲裁协议及其效力。

第三十二条 在诉前就要分析是否超过诉讼时效期间，有无诉讼时效中断、中止或延长的事由。侵犯著作权的诉讼时效为二年，自著作权人知道或者应当知道侵权行为之日起计算。权利人超过二年起诉的，如果侵权行为在起诉时仍在持续，在该著作权保护期内，人民法院应当判决被告停止侵权行为；侵权损害赔偿数额应当自权利人向人民法院起诉之日起向前推算二年计算。

第三十三条 对于著作权侵权纠纷，要注意不要把法定许可使用权的行为，也当成侵犯著作权的行为来认定。

第三十四条 对于著作权侵权纠纷，还需要充分了解侵权人的资产、信誉等状况，并据此分析侵权人支付赔偿款的可能性。

第三十五条 对于著作权许可合同纠纷案件。律师应注意审查：被许可人行使权利时是否擅自超出约定的权利；是否是在约定的方式、约定的地域和约定的期限内行使著作权；被许可人不得擅自将自己享有的权利许可其他人使用；著作权人可以将同样权利以完全相同的方式，在相同的地域和期限内许可他人使用，除非被许可人享有专有许可权；除专有许可外，被许可人对第三人侵犯自己权益的行为一般不能以自己的名义向侵权人提起诉讼，只能以著作权人的名义提起诉讼。

第三十六条 明确诉讼请求。

1. 确定著作权归属（适用于著作权权属纠纷的案件）；

2. 停止侵害。行为人正在实施侵害他人著作权的行为时，权利人有权要求其停止侵权行为，其目的是防止损害结果扩大（适用于起诉时侵权行为仍在持续的案件）；

3. 赔礼道歉、消除影响。作品著作权被侵害后，权利人有权请求行为人或者诉请法院责令行为人在一定范围内赔礼道道歉、澄清事实，以消除人们对权利人或者其作品的不良印象，使社会对其评价恢复到未受侵害前的状态（适用于侵权并致权利人信誉受损的案件）；

4. 赔偿损失（主要适用于对著作财产权的侵害；对著作人身权的侵害，只有给权利人造成一定的经济损失时，才能适用赔偿损失的方法）；

5. 请求确定合同无效、申请撤销合同、请求判令解除合同等（适用于著作权合同纠纷案）；

6. 其他诉讼请求。视具体案件情况而定。

第三十七条 准备证据

1. 证明原告存在著作权。证据可以是：当事人提供的涉及著作权的底稿、原件、合法出版物、著作权登记证书、认证机构出具的证明、取得权利的合同等。在作品或者制品上署名的自然人、法人或者其他组织视为著作权、与著作权有关权益的权利人，但有相反证明的除外；

2. 证明被告侵权行为的存在。证据可以是：当事人自行或者委托他人以定购、现场交易等方式购买侵权复制品而取得的实物、发票等。为保证法律效力，有必须要采用公证的形式；

3. 证明原告所花费用及损失的存在与数额。赔偿损失，通常为权利人的实际损失或者侵权人的违法所得，上述两者均不能确定时，由法院在50万的范围内自由裁量。赔偿数额还应当包括权利人为制止侵权行为所支付的合理开支。

第三十八条 向法院提出诉前停止侵犯著作权行为申请、诉讼证据保全申请、诉讼财产保全申请。

1. 诉前措施

从保护原告利益以及为防止被告毁灭证据角度来看，诉前申请采取责令停止侵权行为、证据保全措施是较好的方式。具体参照《最高人民法院关于诉前停止侵犯注册商标专用权行为和保全证据适用法律问题的解释》。

2. 诉中措施

相关措施通常在立案时，同时提起。

3. 申请保全的证据、财产包括：①关于被告侵权行为的证据；②关于被告获利情况的证据；③查封、扣押、冻结相关财产。（在著作权案件中，该措施较少使用，但面对容易转移财产的被告，该措施仍是必要的）

第二节 律师作为被告方代理人的注意事项

第三十九条 客户预计对方会起诉时、客户已接到起诉状副本作出分析

1. 案件是否属于人民法院的受理范围；

2. 受诉法院是否有管辖权；

3. 双方当事人是否均适格；

4. 有无仲裁条款、书面仲裁协议及其效力；

5. 是否超过诉讼时效期间；

6. 对被告实际是否存在侵权及可能要承担的法律责任作出初步的判断；

7. 被告侵权的证据的情况及数量；

8. 被告行为的法律性质及后果。

自我分析已构成侵权的情况下，考虑与对方和解。

第四十条 分析认为不构成侵权时，可从下面几面进行抗辩。

1. 原告不具有著作权，或不能单独行使著作权。

2. 侵权行为不存在：

①是自主创作，行使的是自己的著作权；

②是依法行使法定许可使用权；

③出版者、制作者能举证证明其出版、制作有合法授权；

④如果是出版者的话，证明自己已尽到合理注意义务；

⑤计算机软件开发者能举证，其开发的软件是由于可供选用的表达方式有限才与已经存在的软件相似的。

3. 损害不存在或数额计算没有依据。包括：没有存在损害后果；原告的损失计算不正确；被告的获利计算不正确；损失计算的方式不正确；法定赔偿不合理。

第四章 行政法律业务

第四十一条 律师著作权行政法律业务主要包括但不限于：

1. 行政诉讼；

2. 行政许可；

3. 行政听证；

4. 行政裁决。

第四十二条 著作权的行政执法主体主要是，国家版权局以及地方人民政府享有著作权行政执法权的有关部门。

第四十三条 律师从事著作权方面的行政法律业务与从事普通行政案件，在程序、权利、业务范围并没有实质性区别或较大的不同，现暂不制定详细指引，如需指引可参照中华全国律师协会制定的《律师承办行政案件指引（试行）》。

第四十四条 律师从事著作权行政法律业务的特别注意事项。

受行政处罚的著作权违法行为，除了是侵权行为外，还需要同时损害了公共利益。

第五章 刑事法律业务

第四十五条 律师从事著作权方面的刑事法律业务与从事普通刑事案件，在程序、权利、业务范围并没有实质性区别或较大的不同，且著作权纠纷涉及刑事的案件亦相对较少，现暂不制定详细指引。

第四十六条 律师从事著作权刑事法律业务的特别注意事项。

1. 构成著作权犯罪，侵权人必须“以营利为目的”，其中以刊登收费广告等方式直接或间接收取费用的情形，亦属“以营利为目的”；

2. 刑法所规定的“未经著作权人许可”，是指没有得到著作权人授权或者伪造、涂改著作权人授权许可文件或者超出授权许可范围的情形；

3. 通过信息网络向公众传播他人文字作品、音乐、

电影、电视、录像作品、计算机软件及其他作品的行为，应当视为刑法第二百一十七条规定的“复制发行”；

4. 追究刑事责任的最低标准是：

如果是未经著作权人许可，复制发行其文字作品、音乐、电影、电视、录像作品、计算机软件及其他作品的；出版他人享有专有出版权的图书的；未经录音录像制作者许可，复制发行其制作的录音录像的；制作、出售假冒他人署名的美术作品的，违法所得数额要在三万元以上，或者非法经营数额在五万元以上的；未经著作权人许可，复制发行其文字作品、音乐、电影、电视、录像作品、计算机软件及其他作品，复制品数量合计在一千张（份）以上的；其他严重情节的情形。

如果销售明知是上面条款所述规定的侵权复制品的，违法所得数额要在十万元以上；

5. 单位也可以构成侵犯著作权罪。

第六章　附　则

第四十七条　本指引适用于广东省律师承办著作权（版权）案件代理业务，由广东省律师协会负责解释。

第四十八条　本指引与法律、法规、司法解释等相关法律规定有冲突或不符时，以法律、法规、司法解释等相关法律规定为准。

第四十九条　本指引自公布之日起实施。

广东省律师承办商标案件业务操作指引（2005 年试行版）

（2005 年 10 月）

目　录

第一章　总　则

第一条　为了指导律师从事商标法律服务业务，减少执业风险，特制定本指引。

第二条　本指引所称的商标法律服务业务（以下简称“商标业务”），主要包括：商标注册申请、评审、转让、许可使用，注册商标侵权诉讼，未注册商标权利的保护以及侵犯注册商标专用权刑事犯罪。

第三条　与商标业务有关的法律、法规、规章及相关规定主要有：

（一）《中华人民共和国民法通则》；

（二）《中华人民共和国刑法》；

（三）《中华人民共和国商标法》；

（四）《中华人民共和国商标法实施条例》；

（五）《最高人民法院关于人民法院对注册商标权进行财产保全的解释》；

（六）《最高人民法院关于审理商标案件有关管辖和法律适用范围问题的解释》；

（七）《最高人民法院关于诉前停止侵犯注册商标专用权行为和保全证据适用法律问题的解释》；

（八）《最高人民法院关于审理商标民事纠纷案件适用法律若干问题的解释》；

（九）《最高人民法院民事审判第三庭关于对注册商标专用权进行保全和执行等问题的复函》；

（十）《最高人民法院关于专利法、商标法相关案件分工问题的批复》；

（十一）《国家工商行政管理总局商标评审委员会商标评审规则》；

（十二）《商标审查指南》；

（十三）最高人民法院、最高人民检察院关于办理侵犯知识产权刑事案件具体应用法律若干问题的解释。

第四条　本指引旨在为律师从事商标法律服务业务提供最基本的指引，律师还应结合自己的实践经验、丰富及完善各项业务操守。

第二章　商标注册申请业务

第五条　商标注册申请业务主要包括但不限于：

（一）商标注册申请；

（二）商标注册申请前的查询；

（三）商标异议申请以及答辩；

（四）商标注册人名义、地址变更；

（五）转让注册商标申请；

（六）续展注册商标申请；

（七）商标使用许可合同备案；

（八）商标专用权的质押登记；

（九）优先权申请；

（十）商标注册证明申请；

（十一）补发《商标注册证》申请；

（十二）补发变更/转让/续展注册证明申请；

（十三）撤回商标注册申请；

（十四）注销注册商标申请；

（十五）撤销连续三年停止使用注册商标申请；

（十六）注册商标的财产保全办理；

（十七）《商标注册证》领取；

（十八）商标申请后的查询办理；

（十九）如何申请特殊标志登记；

（二十）世界各国及地区商标注册、转让、续展等办理。

第六条 国内商标注册申请的操作。

（一）受理机关：

1. 位于北京的国家工商行政管理总局商标局。目前所有的申请都应向该局递交申请，商标局在大陆其他地区没有办事机构；

2. 如申请港、澳、台商标注册，应单独向港、澳、台地区商标处（署）办理。

（二）办理途径：

1. 国内的申请人办理各种商标注册事宜有两种途径：一是在北京直接到商标局办理；二是委托国家认可的商标代理机构代理；

2. 外国人或外国企业在中国办理商标注册事宜必须委托商标代理机构代理，但在中国有经常居所或者营业所的外国人或外国企业除外。

（三）一般商品商标或服务商标申请需要的文件：

1. 申请人身份证明复印件（营业执照或身份证或护照）；

2.《商标注册申请书》；

3. 商标图样6份；

4. 如委托代理机构，还需要《委托书》。

（四）注意事项：

1. 在商标注册用商品和服务国际分类每一个类别上每注册一个商标图样为一件商标。每件商标每申请办理任何一项注册事宜都视为一件申请，应分别提交一套申请书件，并分别缴纳费用；

2. 应提交的书件没有指明份数的，如果在“具体要求”及“注意事项”栏目中也没有特别声明是多少份的，则应认为是1式1份；

3. 集体商标和证明商标申请。

第七条 国外商标注册申请的操作

（一）单独国家或地区或国际联盟商标注册申请。

目前几乎所有的国家、地区、国际联盟都允许外国个人或企业在本国申请注册商标。除每个国家或地区外，目前的国际联盟有欧盟（25国）、比荷卢经济联盟、非洲知识产权组织。采用这种方式一般需要委托当地的律师办理。

（二）马德里商标国际注册申请。

马德里国际注册申请分为协定国和议定国国际申请，到目前为止已经有77个成员国，欧盟、美国、日本都是成员国。

第三章 商标民事诉讼业务

第八条 商标民事诉讼业务主要包括但不限于：

（一）侵犯注册商标专用权纠纷；

（二）注册商标专用权权属纠纷。

第九条 律师代理侵犯注册商标专用权纠纷注意事项：

（一）侵权可以分为假冒和仿冒。假冒指在相同或类似的商品上使用与注册商标相同的标志，足以引起一般消费者误解的；仿冒是指在相同或类似的商标上使用与注册商标近似的标志，足以引起一般消费者误解的；

（二）是否侵犯注册商标专用权的根本标准是“是否引起一般消费者误解，将此品牌产品误认为彼品牌产品”至于他人使用的商标是否与注册商标相同或近似并非根本判断标准，他仅仅是用来衡量是否“足以引起一般消费者误解”；

（三）作为原告方采用购买方式收集侵权证据时，最好办理购买公证；

（四）未注册商标，如其有相当知名度，可以按照《反不正当竞争法》中知名商品特有名称权进行处理，不能用《商标法》处理。

第十一条 律师作为原告方代理人的注意事项。

（一）诉前分析

1. 案件是否属于人民法院受理范围；

人民法院受理的商标民事纠纷案件主要包括：①商标及与商标有关权益权属、侵权、合同纠纷案件；②申请诉前停止侵犯商标、与商标有关权益行为，申请诉前财产保全、诉前证据保全案件；③其他商标、与商标有关权益纠纷案件。

2. 案件应由何地法院管辖；

①级别管辖：

商标民事纠纷案件，由中级以上人民法院管辖；

各高级人民法院根据本辖区的实际情况，可以确定若干基层人民法院管辖第一审商标民事纠纷案件；

广东省能管辖第一审商标民事纠纷案件的基层人民法院有：广州市东山区人民法院、广州市白云区人民法院、广州市天河区人民法院、深圳市南山区人民法院、佛山市南海区人民法院。

②地域管辖：

因侵犯商标行为提起的民事诉讼，由侵权行为的实施地、侵权复制品储藏地（是指大量或者经常性储存、隐匿侵权复制品所在地）或者查封扣押地（是指海关、商标、工商等行政机关依法查封、扣押侵权复制品所在地）、被告住所地人民法院管辖。

对涉及不同侵权行为实施地的多个被告提起的共同诉讼，原告可以选择其中一个被告的侵权行为实施地人民法院管辖；仅对其中某一被告提起的诉讼，该被告侵权行为实施地的人民法院有管辖权。

3. 审查当事人是否适格；

审查原告是否适格。确定商标纠纷的原告是件非常重要又复杂的事项，必须审慎考虑。可通常下述方面进行审查：

①除了首次创造作品的作者具有原作品的商标外，改编人、汇编人、翻译人、注释人、整理人、表演者、录音录像制作者等对其新创作部分亦享有相应的商标，因此，必须审查原告享有的是哪方面的商标；

②审查是个人作品还是职务作品，确定到底是个人，还是法人或其他组织享有诉权；

③审查是否合作创作作品、委托作品，确定能否单个起诉，还是需要共同作为原告；

④审查商标人或其他合法权利人是否将相应的权利委托商标集体管理组织统一行使，若已委托，商标人或其他合法权利人本身就已授权的权利在合同期内，不再享有诉权，只能由商标集体管理组织以其自己的名义起诉；

⑤审查是否属于《最高人民法院关于审理商标民事纠纷案件适用法律若干问题的解释》第13、14条所规定的情况。

审查被告是否适格。

4. 是否具有仲裁条款、书面仲裁协议及其效力；

5. 是否超过诉讼时效期间，有无诉讼时效中断、中止或延长的事由。侵犯商标的诉讼时效为二年，自商标人知道或者应当知道侵权行为之日起计算。权利人超过二年起诉的，如果侵权行为在起诉时仍在持续，在该商标保护期内，人民法院应当判决被告停止侵权行为；侵权损害赔偿数额应当自权利人向人民法院起诉之日起向前推算二年计算；

6. 对于商标侵权纠纷，要注意不要把法定许可使用权的行为，也当成侵犯商标的行为来认定；

7. 对于商标侵权纠纷，还需要充分了解侵权人的资产、信誉等状况，并据此分析侵权人支付赔偿款的可能性；

8. 对于商标许可合同纠纷案件。律师应注意审查：被许可人行使权利时是否擅自超出约定的权利；是否是在约定的方式、约定的地域和约定的期限内行使商标；被许可人不得擅自将自己享有的权利许可其他人使用；商标人可以将同样权利以完全相同的方式，在相同的地域和期限内许可他人使用，除非被许可人享有专有许可权；除专有许可外，被许可人对第三人侵犯自己权益的行为一般不能以自己的名义向侵权人提起诉讼，只能以商标人的名义提起诉讼。

（二）确定诉讼请求

1. 确定商标归属（适用于商标权属纠纷的案件）；

2. 停止侵害行为人正在实施侵害他人商标的行为时，权利人有权要求其停止侵权行为，其目的是防止损害结果扩大（适用于起诉时侵权行为仍在持续的案件）；

3. 赔礼道歉、消除影响。作品商标被侵害后，权利人有权请求行为人或者诉请法院责令行为人在一定范围内赔礼道道歉、澄清事实，以消除人们对权利人或者其作品的不良印象，使社会对其评价恢复到未受侵害前的状态（适用于侵权并致权利人信誉受损的案件）；

4. 赔偿损失（主要适用于对著作财产权的侵害；对著作人身权的侵害，只有给权利人造成一定的经济损失时，才能适用赔偿损失的方法）；

5. 请求确定合同无效、申请撤销合同、请求判令解除合同等（适用于商标合同纠纷案）；

6. 其他诉讼请求，视具体案件情况而定。

（三）准备证据

1. 证明原告存在商标。证据可以是：当事人提供的涉及商标的底稿、原件、合法出版物、商标登记证书、认证机构出具的证明、取得权利的合同等。在作品或者制品上署名的自然人、法人或者其他组织视为商标、与商标有关权益的权利人，但有相反证明的除外；

2. 证明被告侵权行为的存在。证据可以是：当事人自行或者委托他人以定购、现场交易等方式购买侵权复制品而取得的实物、发票等。为保证法律效力，有必须要采用公证的形式；

3. 证明原告所花费用及损失的存在与数额。赔偿损失，通常为权利人的实际损失或者侵权人的违法所得，上述两者均不能确定时，由法院在50万的范围内自由裁量。赔偿数额还应当包括权利人为制止侵权行为所支付的合理开支。

（四）向法院提出诉前停止侵犯商标行为申请、诉讼证据保全申请、诉讼财产保全申请

1. 诉前措施

从保护原告利益以及为防止被告毁灭证据角度来看，诉前申请采取责令停止侵权行为、证据保全措施是较好的方式。具体参照《最高人民法院关于诉前停

止侵犯注册商标专用权行为和保全证据适用法律问题的解释》。

2. 诉中措施

相关措施通常在立案时，同时提起。

3. 申请保全的证据、财产包括：①关于被告侵权行为的证据；②关于被告获利情况的证据；③查封、扣押、冻结相关财产。(在商标案件中，该措施较少使用，但面对容易转移财产的被告，该措施仍是必要的)

第十二条 律师作为被告方代理人的注意事项。

(一) 客户预计对方会起诉时、客户已接到起诉状副本作出分析：

1. 案件是否属于人民法院的受理范围；

2. 受诉法院是否有管辖权；

3. 双方当事人是否均适格；

4. 有无仲裁条款、书面仲裁协议及其效力；

5. 是否超过诉讼时效期间；

6. 对被告实际是否存在侵权及可能要承担的法律责任作出初步的判断；

7. 被告侵权的证据的情况及数量；

8. 被告行为的法律性质及后果。

自我分析已构成侵权的情况下，考虑与对方和解。

(二) 分析认为不构成侵权时，可从下面几面进行抗辩：

1. 原告不具有商标，或不能单独行为商标；

2. 侵权行为不存在：

①是依法行使法定许可使用权；

②出版者、制作者能举证证明其出版、制作有合法授权；

③如果是出版者的话，证明自己已尽到合理注意义务；

④计算机软件开发者能举证，其开发的软件是由于可供选用的表达方式有限才与已经存在的软件相似的。

3. 损害不存在或数额计算没有依据。包括：没有存在损害后果；原告的损失计算不正确；被告的获利计算不正确；损失计算的方式不正确；法定赔偿不合理。

第四章 与行政机关有关的商标法律业务

第十三条 律师商标行政法律业务主要包括但不限于：

(一) 对商标评审委员会做出的评审决定或商标局做出的撤销注册商标专用权决定不服提起的行政诉讼；

(二) 对工商行政管理机关做出的行政处罚决定不服气提起的行政诉讼；

(三) 行政复议以及行政听证；

(四) 代理受害方进行投诉、协助查处工商行政管理部门进行查处(俗称打假)。

第十四条 律师代理对商标评审委员会做出的评审决定不服或商标局做出的撤销注册商标专用权决定不服提起的行政诉讼注意事项：

(一) 商标评审委员会做出的评审决定包括驳回商标注册申请复审决定、商标异议复审决定、商标争议决定；商标局做出的撤销注册商标专用权决定包括因连续三年不使用被申请撤销的决定、因注册商标违法使用或其使用的产品粗制滥造被注册商标被撤销的决定；

(二) 受理法院：一审为北京市第一中级人民法院，二审为北京市高级人民法院，除此以外，其他任何法院均没有管辖权。

第十五条 商标的行政执法主体主要是，各级工商行政管理部门和各级海关。工商行政管理部门是主动或根据有关人员的投诉对侵犯他人注册商标专用权的行为或假冒注册商标的行为或应当使用注册商标但未使用注册商标的行为进行查处。海关根据《知识产权海关保护条例》对怀疑的进出口货物侵犯注册商标专用权的货物采取扣留的行政行为，该程序也可以基于当事人的请求进行。

第十六条 律师代理受害方进行投诉、协助查处工商行政管理部门进行查处一般应提供如下资料、文件：

(一) 投诉书；

(二) 商标注册证原件、复印件；如有续展，还需要续展证明；

(三) 商标公告原件或复印件；

(四) 涉嫌侵权产品样品；

(五) 投诉人主体资格证明；

(六) 授权委托书；如委托人是港、澳、台地区或外国企业或个人，应根据有关规定办理公证、认证手续。

由于执法机构的做法并非完全一致，上述资料、文件也可能因执法机关的要求不同而有所不同。

因商标在注册后可能会被撤销或未续展而实效，因此，为慎重起见，在投诉前可以进行查询，查询商标注册的有效性。

第十七条 律师代理注册商标专用权海关保护案件注意事项：

(一) 注册商标专用权海关保护既可以基于注册商标进行了海关保护备案登记而进行，也可以基于权利人向出口货物所在地海关投诉而进行；

（二）作为投诉方，应向海关提供被扣留货物等值的担保，被扣留货物一方也可以提供相应担保以使其货物得到海关放行；

（三）海关扣留货物后，海关并不直接认定侵权，海关会要求当事人向海关所在地工商行政管理部门按照行政查处进行处理或向海关所在地人民法院按照侵犯注册商标专用权进行处理。

第五章　与商标有关的刑事法律业务

第十八条　律师从事商标方面的刑事法律业务与从事普通刑事案件，在程序、权利、业务范围并没有实质性区别或较大的不同，且商标纠纷涉及刑事的案件亦相对较少，现暂不制定详细指引。

第六章　附　　则

第十九条　本指引适用于广东省律师承办商标案件代理业务，本指引由广东省律师协会负责解释。

第二十条　本指引与法律、法规、司法解释等相关法律规定有冲突或不符时，以法律、法规、司法解释等相关法律规定为准。

第二十一条　本指引自公布之日起实施。

12. 海南省

海南省律师事务所内部管理制度（试行）

（2005年2月28日海南省律师协会四届三次常务理事会审议通过）

目　　录

第一章　总　　则

第一条　为规范律师事务所的内部管理，根据《中华人民共和国律师法》、《海南经济特区律师执业条例》、司法部有关规章和全国律协的行业规范，制定本制度。

第二条　本制度适用于海南省内依法设立的合伙律师事务所、合作律师事务所、个人律师事务所。

第三条　律师事务所章程的订立、变更，应当符合本制度。律师事务所应当根据我国法律、法规、规章、行业规则及本所章程，健全内部管理制度，严格内部管理。

第四条　律师事务所应当依法保障律师及其他工作人员的合法权益，加强对律师执业行为的管理。

律师应当自觉接受律师事务所的管理。

第二章　收结案和收费制度

第一节　收　　案

第五条　律师事务所严格执行统一收案、主任审查制度。严禁私自接案行为。

第六条　律师收案应先填写《收案审查表》，交由主任审查后办理委托手续和收费。如遇特殊情况须电话请示后方可办理，并及时补办审查手续。

《收案审查表》内容包括：案件委托人名称、联系人、地址以及其他联系方式等资料，案由，审理法院，审级，承办律师，简要案情，收费方式和标准，收费数额（比例），付款和结算方式、时间，其他有关事项。

第七条　律师办理委托手续应先完整填写《委托代理合同》、《授权委托书》，连同经审查的《收案审查表》一并交由专职管理人员盖章。

专职管理人员应认真确认《收案审查表》是否经有效审查，核对《收案审查表》填写内容与《委托代理合同》、《授权委托书》及其他手续的内容是否一致，核对无误后再填写收案登记表并加盖公章。如发现内容不一致，应及时向主任汇报，在没有得到明确指示之前，不得私自加盖公章办理委托手续。

第八条　律师承办下列业务，应及时向主任汇报案情：

（一）涉及国家安全、政治安定、社会稳定的案件；

（二）重大疑难案件和敏感性案件；

（三）一审由中级以上人民法院管辖的刑事案件。

第二节 结 案

第九条 律师收到判决书、裁定书、裁决书或办结各类法律事务后，应及时作出书面办案小结或工作小结，并将案件结果及相关事宜报告主任，由主任安排专职管理人员协助承办律师做好回访当事人工作。

办案过程中如果提前解除委托关系，承办律师应当制作办案小结，说明解除委托关系的原因，并附相关材料归档。

第十条 律师办结案件后三个月内应将办案过程所形成的材料，按司法部《律师业务档案立卷归档办法》的规定整理成卷。结案卷宗形成经主任核查后，交由档案管理员统一分类编号保存。

第十一条 档案管理员对已接收的案卷要进行结案登记，注明结案日期，并按卷宗材料制作卷宗登记簿存档备查。

第三节 收 费

第十二条 律师事务所收费依照《海南经济特区律师执业条例》、《海南经济特区律师执业收费办法》、司法部《律师服务收费管理暂行办法》和《律师事务所收费程序规则》执行。

第十三条 律师服务费和办案费用由律师事务所统一向委托人收取，统一出具合法票据，统一与委托人结算。

严禁不开发票、打白条或开收据进行收费。

律师不得私自或变相私自收取任何费用。如遇特殊情况须经主任同意，并在收取费用后7日内如数上交律师事务所。

第十四条 律师事务所收费严格执行主任审查制度。

第十五条 财务人员收费须核验经审查的《收案审查表》，并进行登记方可出具正式发票。如实际缴费与审查不一致应及时向主任报告。

第十六条 律师办案所需差旅费用，由委托方按合理标准负担。若需预收，由承办律师做出概算，报主任审查后由律师事务所统一收取。

承办律师办结委托事项后，应当向律师事务所提交费用使用清单及开支的有效凭证，接受律师事务所的审核。律师事务所认定开支项目、标准不当的，不当费用由承办律师自行承担。

第十七条 当事人确因生活困难无力负担律师费用但不符合《法律援助条例》规定的条件的，经主任审查可酌情减免收费。

第十八条 律师事务所业务收费，原则上应在签约后一次性收取，确需风险代理（包括部分风险代理）、分段收费、法律援助的案件，律师应在《收案审查表中》详细注明有关情况，并经主任同意。风险代理的须注明风险代理理由、是否有前期付费、案件标的、风险付费的比例和方式以及案件是否有执行能力或执行财产等。分段收费的须注明分段收费的具体方式、时间及数额。法律援助的案件，须注明提供援助的理由。

第十九条 承办律师和财务人员应按《收案审查表》中注明的收费方式、时间、收费额及时督促委托方交费。

第二十条 财务人员每月应向主任提交收费情况统计，包括应缴费额度、缴费时间、缴费方式以及实际缴费数额、缴费时间、缴费方式等。

第三章 财务管理与分配制度

第二十一条 律师事务所应当配备具有从业资格的会计人员。会计人员应当遵守职业道德，提高业务素质。

第二十二条 财务人员的责任是：严格执行国家财务法律、法规和政策，遵守财经纪律；按规定填制会计凭证，登记会计账簿，管理会计档案，编制财务报表；对财务管理工作提出改进意见，不断完善本所财务管理制度。

第二十三条 律师事务所按照基本账户、独立核算、照章纳税、自收自支、节余留用的原则进行财务及经费管理，并接受司法行政机关及税务机关的监督检查。

第二十四条 律师事务所主任为财务负责人，管理财务工作。

律师事务所主任应当坚持勤俭办所、增收节支方针，正确安排和使用各项资金，定期进行财务分析检查，认真做好财务监督。

第二十五条 年度决算报告以及重大的财务问题，都应经合伙（作）人会议或设立人审核。

第二十六条 律师事务所会计根据财政部门规定的记账方法记账。

律师事务所以公历年为会计记账年度。会计年度自公历1月1日起至12月31日止。会计核算应划分会计期间，会计期间分为年度、季度和月份，以公历起止时间确定。会计应分期结算账目和编制会计报表。

第二十七条 会计核算以人民币为记账本位币。收取外汇时，应当折合人民币记账，同时登记外汇金额和折合率。外汇应严格执行国家外汇管理政策并按规定及时足额上缴银行。

第二十八条 会计记录必须以实际发生的业务及其合法凭证为依据，如实反映财务和经济业务状况，做到内容真实，数据准确，项目完整，手续齐备，资料可靠。

第二十九条 会计记录必须清晰并便于理解、检查和使用。

第三十条 会计事项的处理必须于确定的期限内进行，不得提前和延后。

第三十一条 凡是当期已经实现的收入和已经发生或应当负担的费用，不论款项是否已支付，都应作为当期的收入和费用记账。

第三十二条 会计应按期编制各类会计报表并送交税务机关。

第三十三条 律师事务所应管好用好资金，一切财务收支均应列收列支。

第三十四条 律师事务所要遵循国家规定的现金管理和结算制度。本所的银行账户不准出借、出租；不准签发空头支票或远期支票；不准将支票交由本所以外的单位或人员签发。

第三十五条 律师事务所每日现金节余数，不得超过核定的限额。库存现金不得以白条顶库。应当使用非现金结算方式的，不得支付现金。

第三十六条 律师事务所按章程规定实行收入的经费管理。

第三十七条 律师事务所的业务收入用于律师提成、办公费用、设备购置费用、集体福利、人员工资、购买固定资产、缴纳社会保险及律师事务所积累金等项目。

第三十八条 律师事务所的一切费用开支均应本着精打细算的原则节约使用。各项费用的开支范围及标准，按国家规定执行；国家没有规定或允许单位自行规定的，按律师事务所的规定执行。

第三十九条 办公所需的低值易耗品，一次列入相应的管理费用，其他需要待摊的费用，按受益期限确定分摊额，分摊期限3至12个月，最长不超过2年。

第四十条 律师事务所开办费在律师事务所开始经营的当月一次性计入当月管理费用中。

第四十一条 律师事务所的固定资产，应同时具备使用年限在1年以上和单位价值在2000元以上两个条件。

第四十二条 律师事务所对固定资产的购入、转让、清理、报废等应当办理会计手续，并按固定资产明细账进行核算。

第四十三条 律师事务所各项固定资产应指定专人负责保管维护。

第四十四条 财会人员要对律师事务所的财务状况进行定期分析，着重于合法合规、控制费用、增收节支方面，并向合伙（作）人会议或者设立人提出改进建议。

第四十五条 合伙（作）人会议或者设立人定期或不定期进行财务检查。财务检查的内容包括：

（一）各项税款、会费是否按期足额交纳；

（二）各项业务收入是否合理并全部入账；

（三）各项支出是否合理合法；

（四）会计记录是否准确，手续是否齐备，科目使用是否正确；

（五）财产是否完整；

（六）专用基金的提取是否符合规定；

（七）依财务规定、制度应检查的其他事项。

第四十六条 财会人员应严格执行财务法规及制度，认真履行职责，对违章者应予以解聘或辞退。财会人员岗位责任制另行制定。

第四十七条 律师事务所依法终止或撤销时，应依国家法规及本所章程的有关规定成立清算小组并进行财产清算。

第四十八条 清算费用应优先在律师事务所存留的财产中支付。

第四十九条 清算后可分配的剩余财产，按章程规定予以分配或归设立人。清算后出现的亏损，依章程规定予以分担或由设立人承担。

第五十条 律师事务所业务收入分配严格按照《海南省律师协会关于律师事务所业务收入分配的规定》执行。

第四章　人员流动管理制度

第五十一条 本章所称人员是指：在本省律师事务所内执业的专职律师、兼职律师、实习律师及行政管理人员。

第五十二条 律师事务所主任应当把本所律师队伍的建设和律师资源的开发纳入律师事务所发展规划。

第五十三条 人员流动应当遵循以下原则：

（一）公平对待流动原则；

（二）维护流动人员及律师事务所正当权益原则；

（三）告知委托人原则；

（四）择优招聘原则。

第五十四条 律师事务所招聘执业律师和接收实

习、试用律师，依照《海南省律师事务所招聘专职执业律师和接收实习试用律师办法》执行。实习律师在实习期间原则上不得转所，确需转所则实习时间重新计算。

第五十五条 招聘执业律师和行政管理人员的程序：

（一）应聘人员向律师事务所提出申请，递交符合应聘条件的相关材料；

（二）律师事务所受理并审核相关材料；

（三）对应聘者进行面试；

（四）对应聘者进行全面考察；

（五）与决定招聘者签订聘用合同；

（六）为聘用律师办理执业或转所手续。

第五十六条 律师转所程序：

（一）提前一个月提出申请；

（二）律师申请转所须先由转出、转入律师事务所及其主管司法行政机关业务部门在《律师转所执业申请表》上作出意见；

（三）与律师事务所解除聘用或合伙（作）合同；

（四）办理未结案件交接手续；

（五）结清债权债务；

（六）处理完投诉或涉诉问题；

（七）移交保管的业务档案；

（八）移交负责保管的律师事务所其他材料和物品；

（九）律师事务所自办理完上述手续之日起15日内为其出具转所所需的材料。

第五十七条 聘用人员有权书面申请解除聘用合同，但须经本所批准。

第五十八条 聘用人员违反国家法律、法规、律师职业道德执业纪律，或违反律师事务所内部规章制度、聘用合同约定，给本所造成重大名誉或经济损失的，律师事务所有权解除聘用合同，并根据具体情况依法追究法律责任，构成犯罪的移送司法机关处理。

第五十九条 律师因聘用合同解除而离开律师事务所的，应于15日内按本制度第五十六条有关规定与律师事务所办理清结事项。

第六十条 律师事务所应及时将律师转所、解聘情况报主管司法行政机关备案，并将其执业证逐级上交至省司法厅。

第六十一条 律师事务所与律师就清结事项发生争议的，应当及时提请省律师协会进行调解。

第六十二条 律师及行政管理人员离所，不得损害原所在律师事务所的合法权益，应当信守对其作出的保守商业秘密的承诺；不得为原所在律师事务所正在提供法律服务的其他委托人提供法律服务。

第六十三条 接受转所律师的律师事务所应当在接受转所律师时注意排除不正当竞争因素，不得要求、纵容或协助转所律师从事有损于原所在律师事务所合法权益的行为。

第六十四条 律师事务所解聘、辞退律师，应履行告知义务。应按照章程、聘用合同的期限，给予辞退者另谋岗位的合理时间。

第五章 政治业务学习、培训、交流制度

第六十五条 律师事务所主任负责本所律师的政治业务学习、培训和交流工作。

政治业务学习、培训、交流以马列主义、毛泽东思想、邓小平理论和“三个代表”重要思想为指导，以全面提高本所人员政治业务素质、理论水平和工作能力为总体目标。

第六十六条 律师在加强政治学习和道德修养的同时，要积极参加业务学习、培训和交流，不断提高自身素质和业务水平。政治业务学习采取系统学习与工作实践相结合、理论研讨与案例剖析相结合、集体学习与个人自学相结合、走出去与请进来相结合等方式方法进行。

第六十七条 律师事务所每年年初应制定学习计划并组织实施。学习内容主要有：

（一）党的路线、方针、政策和国内外政治时事；

（二）新出台的法律、法规、规章及司法解释；

（三）新领域律师业务知识；

（四）有关律师职业道德执业纪律的法规、政策及规范性文件；

（五）司法行政机关和律师协会下发的文件材料；

（六）律师行业的先进经验和做法；

（七）典型案例；

（八）其他政治业务知识。

第六十八条 律师事务所每年至少召开四次以上政治学习会议。业务学习会议不定时召开，但每季度至少召开一次。会议由专人记录。

第六十九条 对于司法行政机关和律师协会要求紧急贯彻或传达的文件会议精神，各律师事务所主任或党支部书记必须及时召开会议传达学习。要求反馈或上报情况的，必须按要求及时上报。

第七十条 律师事务所应采取多种渠道组织或鼓励律师进行业务培训和交流。

第七十一条 律师的业务培训和交流，可与业务学习合并进行。律师参加省律师协会举办的培训讲座每人每年不得少于40课时。

第七十二条 律师须按时参加司法行政机关、律师协会和本律师事务所组织的政治业务学习、培训、交流。如有正当理由确实不能参加的，应事先向主任或负责人请假并说明原因，且及时将相应证明材料提交主任确认备案。

第七十三条 律师无正当理由不参加政治业务学习、培训、交流的，所在律师事务所、省律师协会和司法行政机关可根据实际情况，给予警告、通报批评；情节严重的，不得参加司法行政机关和省律师协会组织的各类先进评比。

第六章 文书、印章、档案管理制度

第一节 文书管理

第七十四条 律师事务所文书包括业务文书、内部文书和其他文书，律师事务所签发的文书底稿应归档管理。

文书由律师事务所统一出具，具体工作由专职工作人员办理。

第七十五条 业务文书包括委托代理合同、各类所函、调查专用证明、各类律师函、法律意见书和其他基于委托关系而由律师事务所出具的文书。

第七十六条 省律师协会或律师事务所统一印制委托代理或委托辩护合同，一式两份，委托人与律师事务所各持一份。

委托人不止一名的，委托人应根据其数量持有相应份数。

委托人对份数有特殊要求的，经主任同意，可按实际情况区别处理。

第七十七条 专职工作人员可以办理委托代理合同签订手续，但下列情况须经主任审查同意：

（一）未使用省律师协会或律师事务所统一印制的委托代理或委托辩护合同的；

（二）委托代理合同含有风险代理条款的；

（三）涉外委托代理或委托辩护合同。

委托代理合同含有律师事务所承担责任或风险条款的，须经合伙（作）人会议或管委会会议审查同意方可签订。

第七十八条 专职工作人员可以出具《调查专用证明》，但应在存根联填明调查事项，并由调查律师签名。

各类所函由专职工作人员根据业务案件登记统一出具。

第七十九条 其他业务文书，特别是律师函、法律意见书应经主任审查同意，专职工作人员方可出具或加盖公章。

第八十条 内部文书包括合伙（作）人会议或管理委员会记录，合伙（作）人协议，章程，律师协会、司法行政机关和律师事务所制定的规章制度，各类内部管理合同和通知等其他律师事务内部管理文书。

内部文书需由合伙（作）人、管理委员会委员签名的，应签名。

合伙（作）人协议、章程和规章制度需报省司法厅备案。

第八十一条 其他文书是指律师事务所律师和工作人员因个人事务需要律师事务所出具的证明、函等文书。

其他文书应经主任审查同意，方可出具。

第二节 印章管理

第八十二条 律师事务所印章包括行政章、财务专用章、发票专用章和银行预留的主任印鉴或其他个人印鉴。

行政章用于律师事务所出具的文书和其他需要盖章的事务；财务专用章用于纳税、支票的签发和其他相关财务事务；发票专用章只用于律师业务服务发票；银行预留的个人印鉴只用于办理开户银行所需办理的事务。

第八十三条 专职工作人员根据本制度规定的职权加盖行政章的，应进行公章使用登记，并由使用人签名；需主任审批或审查的，经主任签字批准后方可用印。

第八十四条 财务专用章和银行预留的个人印鉴，应分开专人管理，并依据主任签字的财务凭证分别由专人加盖财务专用章和银行预留的个人印鉴。

第八十五条 律师事务所印章应由专职工作人员保管。

印章保管人员须严格执行印章管理的各项规定，坚持原则，勇于负责，并承担擅自用印给律师事务所造成的经济损失。

第八十六条 律师事务所因合并、分立、解散或被吊销执业证书而终止的，印章上缴省司法厅。

第三节 档案管理

第八十七条 律师事务所档案包括业务档案和文书档案。

业务档案按照司法部、国家档案局《律师业务档案立卷归档办法》和《律师业务档案管理办法》执行。

第八十八条 律师事务所应统一印制业务档案卷宗封面；负责业务受理的专职工作人员，进行业务案件登记的同时，填写业务档案卷宗封面，交承办律师。

第八十九条 承办律师在办理案件过程中，应收集、保存相关资料，做好立卷、归档的准备工作；结案后，整理案件资料，交档案管理人员归档。

第九十条 承办律师已结案但未按期归档的，年检注册时，律师事务所不得在注册表意见栏签章；对期满聘用律师不得办理续聘手续。

第九十一条 文书留存根的，对存根按年度归档；未留存根的，按文书制发单位或类别，依时间先后顺序，对文书进行登记分类归档保存。

第九十二条 律师事务所因解散、终止或被吊销执业证的，应将业务档案交同级或上级司法行政机关代管，或向同级档案馆移交。

第七章 重大案件集体讨论制度

第九十三条 律师事务所实行重大案件集体讨论制度。

第九十四条 律师事务所受理重大案件，应先举行议案会议进行讨论，确定承办方案后，再开始律师业务承办活动。

第九十五条 下列案件属重大案件：

（一）可能改变定性、无罪辩护的刑事案件；

（二）案情复杂，涉及多种法律关系的案件；

（三）集团诉讼并在国内、省内具有一定影响的案件；

（四）涉外案件；

（五）主任或承办律师认为需要集体讨论的其他重大疑难复杂案件。

第九十六条 议案会议由主任或主任指定专人召集，律师事务所律师、实习律师参加。

第九十七条 律师在办理案件过程中，如遇案情疑难复杂需要集体讨论的，应向主任提出。

第九十八条 议案程序：

（一）主任或承办律师介绍案情，分析该案法律关系，各项证据运用情况，阐明适用法律，详细解说代理或辩护思路，预测相对方可能采取的措施；

（二）参会律师发言，对本案提出看法和意见，特别对承办律师的初步代理意见或辩护意见进行讨论、修改；

（三）会议召集人依据律师的发言，形成集体的代理意见或辩护意见。

第九十九条 议案会议结束后3日内，承办律师应综合集体代理意见或辩护意见，制定承办方案并交主任审核确定。

第一百条 议案会议应制作会议记录。会议记录由承办人员负责并归入卷宗。

第一百零一条 承办方案应包括以下内容：

（一）案件基本情况；

（二）分析案件的法律关系，适用法律、应收集的证据、应出庭的证人及适用程序，受理法院或仲裁机构的情况，分析顾问业务所涉及的领域及外部关系；

（三）律师事务所集体讨论研究形成的意见；

（四）承办律师提出的承办意见。

议案会议记录应作为承办方案附件。

第一百零二条 承办律师不称职或损害委托人利益的，主任与委托人协商一致后有权更换承办律师。

第一百零三条 承办律师不能按照律师事务所确定的承办方案办理案件造成委托人损失的，由承办律师承担赔偿责任。

第八章 民主管理制度

第一百零四条 律师事务所应当实行民主管理，依法合理划分管理职责，建立健全日常管理制度，完善决策、执行和监督机构，保障律师事务所合法、有序运行。

第一百零五条 合伙（作）律师事务所设立合伙（作）人会议，作为本所的决策机构，由全体合伙（作）人组成。个体律师事务所出资者为决策人。

第一百零六条 合伙（作）人会议不定期召开，会议每年至少召开2次。

经主任或1/3以上合伙（作）人提议，可召开临时会议。

合伙（作）人会议应制作会议纪要或决议，由出席会议律师签字存档。

第一百零七条 合伙（作）人会议须有2/3以上合伙（作）人参加方能作出决议。

第一百零八条 下列事项须经2/3以上合伙（作）人通过方为有效：

（一）修改合伙（作）协议及章程；

（二）律师事务所的合并、解散；

（三）选举和罢免合伙（作）律师事务所主任；

（四）批准律师事务所业务计划、发展规划；

（五）批准律师事务所的各项规章制度；

（六）批准律师事务所财务管理方案及收益分配方案；

（七）批准大型固定资产、办公设备的购买和处分；

（八）决定合伙（作）人除名、保留资格及有关事宜；

（九）批准分支机构的设立、撤销及负责人的任免；

（十）撤销、纠正日常管理机构违法、不当的行为；

（十一）其他需要2/3以上合伙（作）人决议的重大事宜。

第一百零九条 下列事项须经1/2以上合伙（作）人通过方为有效：

（一）选举和罢免律师事务所副主任；

（二）决定专职律师、财务人员的聘用、报酬、解聘及奖惩；

（三）决定律师事务所内部机构的设置及各部门负责人的人选；

（四）决定实习人员的接收和管理；

（五）主任提交合伙（作）人会议决议的一般事宜。

第一百一十条 合伙（作）人因故不能出席会议时，可以书面或电子邮件方式委托其他合伙（作）人代为行使表决权，委托书中应载明委托事项。

第一百一十一条 合伙（作）人会议实行1人1票和少数服从多数的表决制度。当赞成和反对票相等时，主任律师有决定权。

第一百一十二条 合伙（作）人对决议承担责任，决议违反法律、法规、规章或本所章程，致使本所遭受严重损失的，参与决议律师对本所承担责任，但经证明在表决时曾明确表示反对，记载于会议记录的，该律师可以免责。

第一百一十三条 律师事务所的日常管理可以实行主任负责制，也可以设立管理委员会、管理部（室）等机构。

律师事务所日常管理机构的职责是依照律师事务所章程及其内部管理制度，负责律师事务所的日常管理工作。

第一百一十四条 律师事务所设主任1名，为律师事务所的法定代表人。

第一百一十五条 合伙（作）律师事务所主任必须是出资合伙（作）人，由合伙（作）人会议选举产生，并报审批机关备案。主任每届任期3年，可连选连任。

第一百一十六条 律师事务所主任职责：

（一）召集、主持合伙（作）人会议和律师会议；

（二）组织实施合伙（作）人会议及其临时会议通过的各项决议；

（三）总结年度工作并向合伙（作）人会议或律师会议述职；

（四）主持律师事务所的日常工作，批准日常行政开支；

（五）组织拟定律师事务所的各项规章制度；

（六）组织拟定律师事务所业务计划、发展规划；

（七）组织拟定律师事务所财务管理方案及收益分配方案；

（八）主持律师事务所终止时的清算工作。

第一百一十七条 律师事务所根据业务需要设副主任，协助主任工作。合伙（作）律师事务所副主任由主任在合伙（作）人中提名，经合伙（作）人会议决议通过。

第一百一十八条 律师事务所全体人员有权对主任、副主任的管理活动进行监督。

第一百一十九条 律师事务所设立全体律师会议，由律师事务所全体执业律师组成，作为律师事务所的民主协商机构，商议律师事务所的重大事宜，包括：

（一）律师事务所的业务计划、发展规划、规章制度；

（二）财务管理方案及收益分配方案；

（三）其他需要全体律师协商的事宜。

第一百二十条 全体律师会议每年至少召开2次，由律师事务所全体执业律师参加并制作会议纪要，详细记载有关问题的商议结果，为合伙人会议决议提供参考。

第一百二十一条 律师事务所章程和合伙（作）协议与本章内容不一致或另有规定的，从其规定。

第九章 法律服务质量管理制度

第一百二十二条 律师事务所法律服务质量管理由主任或指定专人负责。

第一百二十三条 律师办理各项法律服务的质量要达到下列要求：

（一）办理法律顾问业务认真负责，与聘方建立起良好的工作关系，全面优质地履行顾问合同的各项职责，帮助聘方就业务上的问题提出法律问题意见。草拟、审查法律文件必须达到搞清事实、熟悉相关法律和政策规定，提出的措施及意见具有针对性和可操作性。代理参加诉讼、谈判、仲裁做到以事实为根据，以法律为准绳，据理力争，依情善处。依法维护聘方的合法权益，促进聘方依法行政或依法经营管理。

（二）办理诉讼和非诉讼代理业务，要做到委托合同内容完备，会见、调查取证等符合规定，出具的法律文书规范，证据收集合法，事实认定真实，适用法律准确。

（三）办理代书业务，要做到观点正确，合理合法，引用法律确切，逻辑清晰，语句通顺，字迹工整。

（四）解答法律咨询,要做到热情接待,及时解答,解答的问题内容正确,合理合法,解答记录清楚、准确。

（五）出具的法律意见书、辩护词、代理词等法律文书，要及时将副本送给委托人；对委托人的咨询，要及时回复；委托事项的进展情况，要及时向委托人通报；每个案件办结后，要及时征求委托人的意见。

第一百二十四条 律师事务所对法律服务的主要环节要随时进行检查监督，其步骤为：

（一）在收案前要进行严格的审查。如审查客户提出的要求是否明确、合法；具体承办律师是否具有办理此案件的专业能力；律师事务所是否具备履行法律服务合同的能力；客户授权与委托事项、委托代理合同或法律顾问合同约定不一致的是否已得以解决等。

（二）在办案过程中要随时实施监督。如检验律师是否按照上述法律服务质量要求进行操作；是否充分运用自己的专业知识和技能，尽心尽职地根据法律的规定完成委托事项；是否根据法律法规要求和道德标准，选择完成或实现委托目的的方法；是否与对方当事人或第三人恶意串通，侵害委托人权益或向委托人提出不正当要求等。

（三）办结案件时要认真审核。如审核承办律师提交的案卷材料是否齐全，当事人的合法权益是否依法得到维护等。

第一百二十五条 遇有下列情形之一，视为法律服务质量不合格：

（一）不能达到第一百二十三条质量要求；

（二）受理手续不齐全；

（三）证据材料不确实充分或无代理词、辩护词等；

（四）有当事人投诉且查证属实的；

（五）其他损害当事人合法权益或影响业务质量的情形。

第一百二十六条 律师事务所对质量不合格的法律事务，除责令承办律师采取补救措施外，还应酌情作出处理。若因此给当事人造成经济损失的，承办律师应按有关规定承担赔偿责任。

第十章 执业利益冲突审查制度

第一百二十七条 执业利益冲突是指同一律师事务所代理的委托事项与该所其他委托事项的委托人之间有利益上的冲突，继续代理会直接影响到相关委托人的利益的情形。

第一百二十八条 律师事务所及其律师执业应当积极避免自身的利益与当事人、其他律师或律师事务所的利益产生冲突，规范执业行为，自觉接受司法行政机关、律师协会和社会公众的监督。

第一百二十九条 有下列现象或行为之一的，视为可能发生执业利益冲突，律师事务所及其律师应当回避，不能建立委托代理关系：

（一）在与委托人的委托关系存续期间或者依法解除委托关系后，担任与委托人或前任委托人有利益冲突的相对方的代理人办理同一法律事务（前任委托人书面同意的除外）；

（二）委托人诉讼的相对方是自己的法律顾问单位；

（三）案件的诉讼相对方或利益冲突方已委聘的律师是自己的近亲属或其他利害关系人（双方委托人签发豁免函的除外）；

（四）在本案办理终结前，接受同案的对方当事人或有利害关系的第三人的委托办理其他法律事务（委托人书面同意的除外）；

（五）同一律师事务所的律师在同一案件中为双方当事人及其有利害关系的第三人担任代理人或辩护人（本市县内只有一家律师事务所且双方当事人同意的除外）；

（六）拟承办的法律事务是该律师从事律师职业之前曾以政府官员或司法人员、仲裁人员身份经办过的事务；

（七）其他可能引起执业利益冲突的情形。

第一百三十条 曾经在前一法律事务中代理一方法律事务的律师，不得在以后相同或相似法律事务中运用来自该前一法律事务中不利前任委托人的相关信息，除非经该前任委托人许可，或有足够证据证明这些信息已为人所共知。

第一百三十一条 具有15名以上执业律师的律师事务所，应当成立执业利益冲突审查小组，负责利益冲突审查、协调、处理。律师事务所主任为执业利益冲突审查小组的负责人，其他组员均由律师担任。执业利益冲突审查小组成员为利益冲突案件承办律师的，应当回避。

第一百三十二条 执业律师不足15名的律师事务所，由本所合伙（作）人会议或管委会指定专人负责。利益冲突审查负责人如因拟接受委托人委聘而需要回避的，由主任指定审查人员。

第一百三十三条 律师事务所代理的案件，自签订合同时起至案件终结日止，应将案件的当事人名称、代理律师姓名等基本情况，在律师事务所内部公开。

第一百三十四条 律师在与当事人接洽业务时，应当及时将接洽情况报告律师事务所执业利益冲突审查小组或专门负责人。报告内容包括代理意向、洽谈对象及其潜在的对方当事人或第三人的基本情况。经许可后方可就委托合同的条款进一步商谈。

第一百三十五条 委托合同签订之前，经办律师必须自觉对照本律师事务所受理案件的基本情况清单，核查是否会与本律师事务所其他律师发生利益冲突，并应将案情摘要、受理该案与本所其他律师不存在执业利益冲突的初步意见及其他有关资料，提交执业利益审查小组或专门负责人审查。经审核无误后，有关律师方可签订委托合同。

第一百三十六条 律师事务所及其律师相互之间发生利益冲突或导致潜在的利益冲突,任何人均有权向律师事务所执业利益冲突审查小组或专门负责人报告。

第一百三十七条 在接受委托之前，律师和律师事务所发现委托人之间有利益冲突或潜在的利益冲突的，先由律师协商，在充分尊重当事人意愿的基础上按照本制度解决。经协商不能达成一致意见的，报律师事务所执业利益冲突审查小组或专门负责人。律师事务所执业利益冲突审查小组或专门负责人协调不成的，有权决定业务取舍。

第一百三十八条 律师在办理案件过程中，承办律师或本所其他律师发现该项业务的承办与委托人或其他当事人存在执业利益冲突时，应当及时报告律师事务所执业利益冲突审查小组或专门负责人，律师事务所执业利益冲突审查小组或专门负责人应立即核实有关情况，并及时采取处理措施。

第一百三十九条 对于是否属于律师执业利益冲突或不正当竞争，执业利益冲突审查小组或专门负责人不能确定的，报省律师协会审查决定。

第一百四十条 承办律师故意隐瞒执业利益冲突事实情况，甚至采取违规手段致使委托人或其他当事人造成损失的，除责令承办律师承担赔偿责任外，所属律师事务所可以单方面解除聘用合同而不属违约。情节严重的，应上报省律师协会处理。

第一百四十一条 律师事务所利益冲突审查小组成员或专门负责人利用职务之便，阻碍律师事务所及其律师正常承揽业务的，由律师事务所、省律师协会给予处分。

第十一章 投诉查处制度

第一百四十二条 当事人对律师提供的法律服务不满向律师事务所投诉的，适用本制度。

第一百四十三条 律师事务所接到当事人的投诉后，应当本着实事求是的原则认真调查研究，在查明事实的基础上，依据律师行业规范和本所的有关规定处理。

第一百四十四条 处理当事人的投诉，由本所合伙（作）人会议指定专人负责。

第一百四十五条 本制度所适用的投诉范围包括：

（一）服务态度恶劣，造成不良影响的；

（二）接受委托后未能勤勉尽责的；

（三）利用职务之便谋取私利的；

（四）泄漏案件秘密或者当事人隐私的；

（五）巧立名目滥收费或收费后不给当事人开具正式发票的；

（六）其他侵害当事人合法权益或违反律师执业规范的。

第一百四十六条 当事人提出投诉，应以信函、电话、传真或来访的方式进行，并据实署名。

律师事务所对匿名投诉原则上不予受理。

第一百四十七条 当事人必须如实反映情况，投诉内容应具体、明确，并附上委托合同等相应的证据材料。

第一百四十八条 律师事务所设立意见箱和投诉电话。投诉电话和负责受理投诉人员的信息应当在律师事务所的网站上或办公场所的显要位置公布。

第一百四十九条 负责受理投诉人员接到投诉后，应当认真做好接待登记。登记的内容包括：

（一）投诉人姓名、单位名称、地址、联系方式；

（二）被投诉人姓名；

（三）投诉的主要事实和证据；

（四）接受投诉的时间和受理人。

当事人来访投诉的，律师事务所应当热情接待，并认真做好谈话笔录。笔录须交投诉人核对并签名。

第一百五十条 接到当事人的投诉后，负责受理投诉人员应及时将投诉情况向律师事务所主任汇报。

第一百五十一条 律师事务所受理投诉后，应当就投诉事实进行调查。调查必须全面、客观、公正。

第一百五十二条 被投诉的律师，接到本所投诉调查通知后，应以积极的态度接受或配合投诉调查工作，按通知的时间和要求接受调查、陈述事实及提供证据材料。

律师事务所处理投诉案件时，应当听取被投诉律师的申辩意见。

第一百五十三条 对于律师与当事人之间的纠纷，律师事务所可以进行调解。

第一百五十四条 经查实，律师的执业行为违反执业规范要求的，律师事务所应当给予批评教育，并责令予以改正；情节比较严重的，律师事务所可以根据章程或聘用合同的规定，分别给予被投诉律师警告、解除聘用合同等处分，并报省律师协会、主管司法行政机关和省司法厅备案；对于律师的行为构成严重违法违纪，需要做出行业或行政处罚的，应当根据情节轻重上报律师协会或司法行政机关处理。

经查实，投诉事项涉及律师事务所管理问题的，律师事务所应当及时予以纠正。

第一百五十五条 律师事务所应自接到或收到投诉的次日起15日内或与当事人约定的时间内对投诉事项作出处理，并将处理结果以口头或书面方式告知当事人。如因投诉事项复杂，在规定日期或约定时间内不能处理完毕的，应向当事人说明情况。

第一百五十六条 律师或当事人对律师事务所就投诉事项所做出的处理意见不服的，可以向省律师协会申请复查。

第十二章 附 则

第一百五十七条 本制度由律师事务所主任负责落实。主任不履行本制度各项管理职责，造成律师事务所内部管理混乱的，由主管司法行政机关和省律师协会追究其责任，并提议更换主任。

第一百五十八条 律师违反本制度按《海南省律师协会关于律师事务所执业责任保险的补充规定》加收执业保险费。

第一百五十九条 本制度由海南省律师协会负责解释。

第一百六十条 本制度自发布之日起施行。

13. 广西壮族自治区

广西壮族自治区律师协会财务管理办法

（2005年9月10日广西壮族自治区律师协会第六届二次常务理事会通过）

第一条 为加强广西壮族自治区律师协会（以下简称本协会）财务管理，使财务工作制度化、科学化，根据《中华人民共和国律师法》、中华全国律师协会《律师协会章程》、《广西壮族自治区律师协会章程》、《广西壮族自治区律师协会会费收缴管理办法》，特制定《广西律师协会财务管理办法》（以下简称本办法）。

第二条 本协会财务部门在本协会常设执行机构的领导下开展工作，接受本协会会长办公会、常务理事会、理事会以及有关审计部门的监督。

第三条 本会的经费包括：

（一）会费；

（二）财政拨款；

（三）捐赠；

（四）其他合法收入。

第四条 本协会设会计和出纳。各项财务收支的办理、会计凭证、账簿、报表和其他有关资料由会计负责。

现金的保管、收付经会计审核后由出纳负责。

第五条 会计科目应按《会计法》、国家财政部及上级主管部门的有关规定设置。

第六条 会计凭证、账簿、报表及其他会计资料由会计建立档案，定期交档案部门妥善保管，保管期限根据国家有关档案管理的规定执行。

第七条 会计年度自公历每年一月一日起至十二月三十一日止。

第八条 会计办理会计手续，应当填制或取得原始凭证。原始凭证由当事人和有签字权的负责人签字生效。经会计审核确认无误后，方可按记账规则入账。

第九条 本协会的经费支出依据为每年理事会批准的协会年度经费预算方案。需要追加预算的，由常务理事会讨论决定。

会费的支出必须符合《广西壮族自治区律师协会会费收缴管理办法》第十三条的规定。

第十条 在经批准的预算范围内，重大经费支出，授权司法厅分管厅领导为批准签字人。单项支出金额在二千元以下的日常开支由秘书长为批准签字人。

第十一条 经批准的经费使用，由秘书长组织本协会有关部门具体实施。

经费的收支情况按季度报告会长办公会、常务理事会；并分别在每年的七月份前和次年一月份前将当年上半年和全年的会费收支情况报告理事会。

第十二条 财政拨款的支出，由本协会秘书长办公会研究决定，提交司法厅分管厅领导批准。

第十三条 用款人在每一项款项使用后十日内，将各类原始凭证、单据等汇总，交给财务人员办理报销手续。

第十四条 协会机关在编人员差旅费，按照财政部《关于国家机关、企业、事业单位差旅费开支的规定》办理；聘用人员的差旅费参照在编人员办理。

协会非在编人员，包括会长、副会长、常务理事、理事、会员，接受本协会指派的任务，其差旅费按规定报销。差旅费的报销办法另行制定。

第十五条 实行审计制度。每年按规定接受有关审计部门进行财务审计。经常务理事会决定，可以委托会计师事务所进行审计。

第十六条 本办法自常务理事会通过之日起生效。修改和解释权属于常务理事会。

广西壮族自治区律师协会常务理事会规则

（2005年9月10日广西壮族自治区律师协会第六届二次常务理事会审议通过）

第一章 总 则

第一条 根据二〇〇二年五月二十一日第五次全国律师代表大会修订的《律师协会章程》和二〇〇五年七月一日广西壮族自治区第六次律师代表大会通过的《广西壮族自治区律师协会章程》的规定，特制定本规则。

第二章 常务理事会的性质

第二条 广西壮族自治区律师协会（以下简称“本协会”）常务理事由广西壮族自治区律师协会理事会（以下简称“理事会”）选举产生，并根据《广西壮族自治区律师协会章程》第十五条的规定，对理事会负责，是理事会的常设机构。

第三章 常务理事的职能

第三条 常务理事会职能：

（一）在理事会闭会期间，代行理事会职能，执行律师代表大会和理事会的决议；

（二）向理事会报告常务理事会的工作；代表理事会向广西壮族自治区律师代表大会报告工作；

（三）定期举行常务理事会会议，听取有关工作报告；必要时，提议修改本协会章程；

（四）讨论通过本协会的经费年度预算方案、决算报告，提交理事会批准；监督本协会日常财务工作；

（五）通过本协会的年度工作计划；

（六）根据需要，聘请关心律师工作，对律师事业做出较大贡献，有较高声望和影响的人士担任协会顾问；

（七）批准本协会的规章制度；

（八）决定本协会秘书长、副秘书长的聘任和解聘；

（九）决定本协会常设执行机构工作部门；决定本协会各专业委员会的设置及各专业委员会主任、副主任的任免；

（十）讨论、研究和决定本协会工作的其他重大问题。

第四章 常务理事的权利和义务

第四条 常务理事的权利：

（一）在常务理事会上的享有平等的表决权、选举权和被选举权；

（二）对制定或修改本协会的各项规章制度提出意见和建议；

（三）监督本协会的日常工作；

（四）享有常务理事会赋予的其他的权利。

第五条 常务理事的义务：

（一）遵守执行本规则及常务理事会的各项规章制度、决议；

（二）出席常务理事会会议；

（三）协助并支持其他常务理事的工作；

（四）忠实履行职责，全心全意维护本协会合法权益。不得用自己的职务为个人或所执业的律师事务所谋取私利；

（五）不得接受因执行职务而对个人的馈赠，收受礼物；

（六）履行常务理事会规定的其他义务。

第五章 常务理事会会议

第六条 常务理事会每季度举行一次会议，由会长召集并主持；必要时，会长可委托副会长或秘书长召集、主持会议。

第七条 常务理事会会议应提前五天书面通知常务理事。通知中应载明会议时间、地点、会议议题等重要事项。

第八条 常务理事因故不能出席会议时，应向秘书长书面请假并获得批准；在任期内累计二次无正当理由不参加会议者，按自动退出常务理事会处理。

因故不能出席会议的常务理事，可以书面形式就会议议题表明意见。

第九条 常务理事会会议应做会议记录。常务理事会会议记录应存档。

第十条 对本规则第三条第（三）、（四）、（七）、（八）规定的事项，参加会议的常务理事人数须达到全体常务理事总人数的三分之二并经到会三分之二以上常务理事表决通过方可形成决议；其他需表决的事项以及不需表决的事项，参加会议的常务理事人数须达到全体常务理事总人数的二分之一以上，需表决的事项须经到会三分之二以上常务理事表决通过才能形成决议。

第十一条 常务理事会可采用举手表决或无记名投票表决方式通过决议。

第十二条 经会长或秘书长提议，或三分之一以上的常务理事共同提议时，应当召开常务理事会临时会议。

第十三条 会长因故不能召集、主持常务理事会议时，应委托副会长或秘书长负责召集并主持会议。

第六章 常务理事会决议、决定的执行

第十四条 本协会实行会长办公会议制度。会长办公会由会长、副会长及秘书长、副秘书长组成。会长办公会由会长或会长委托的副会长召集、主持，原则上每月召开一次，必要时可临时召集。

会长办公会负责督促、落实常务理事会的决议和决定。

第十五条 出席会长办公会会议的有效人数不得少于组成人员的三分之二。会议所研究、讨论的事项须经到会人员的三分之二以上表决同意才能通过。

第十六条 会长职责：

（一）对外代表本协会；

（二）召集并主持理事会、常务理事会会议和会长办公会；

（三）代表常务理事会向理事会报告工作；

（四）向常务理事会提出本协会重大工作的意见和建议。

（五）检查、督促常设执行机构执行常务理事会决议、决定的情况；

（六）常务理事会赋予的其他职责。

第十七条 副会长协助会长工作，并按照分工对自己承担的工作负责；必要时，经会长授权，副会长可以代行会长职责。

第十八条 本协会设立的常设执行机构，是本协会律师代表大会、理事会、常务理事会的常设执行机构，具体负责落实本协会律师代表大会、理事会、常务理事会的决议、决定和会长办公会决定督办的事项；承担本协会的日常工作。

本协会常设执行机构根据工作需要，经常务理事会决定，可以设立若干个工作部门。

第十九条 本协会常设执行机构实行秘书长办公会议制度。秘书长办公会由秘书长、副秘书长和常设执行机构各工作部门负责人组成。秘书长办公会由秘书长召集、主持，原则上每周召开一次，必要时可临时召集。

秘书长办公会负责本协会各项工作的具体落实。

第二十条 秘书长职责：

（一）领导组织本协会常设执行机构及其工作部门开展工作；

（二）向会长办公会和常务理事会提出本协会年度工作计划、年度经费预算方案、年度经费决算报告的意见和建议；

（三）向会长办公会和常务理事会提出本协会各项规章制度草案；

（四）向会长办公会和常务理事会提出本协会常设执行机构工作部门和专业、专门委员会设置或调整的建议；

（五）征询会长、副会长对常设执行机构各项工作的意见，并向会长、副会长通报常设执行机构各项工作情况；

（六）在经批准的年度经费预算范围内，作为本协会单项支出金额在贰仟元以下日常经费开支的批准签字人；

（七）负责本协会文件的签发（就事项事在征询会长意见后签发）；

（八）常务理事会赋予的其他职责。

第二十一条 副秘书长协助秘书长工作，必要时，经秘书长授权，可以代行秘书长职责。

第七章 附 则

第二十二条 本规则经本协会常务理事会通过后生效，并报广西壮族自治区司法厅备案。

第二十三条 本规则所称的“以上”均包含本数。

第二十四条 本规则由常务理事会制定、修改并解释。

广西壮族自治区律师协会会费收支管理办法

（2005年9月28日广西壮族自治区律师协会第六届二次理事会修订）

第一条 为了规范广西壮族自治区律师协会会费（以下简称会费）的收缴与使用，保障我区各级律师协会充分履行《中华人民共和国律师法》规定的职责和行业管理工作的顺利开展，根据《中华人民共和国律师法》第三十九条，《广西壮族自治区律师协会章程》和《中华全国律师协会会费管理办法》之规定制定本办法。

第二条 广西壮族自治区律师协会会员必须按本办法的规定履行缴纳会费的义务。

第三条 会费分团体会费和个人会费两种。在广西范围内，依照《中华人民共和国律师法》的规定取得律师执业证书的律师缴纳个人会费；在广西壮族自

治区范围内执业的各律师事务所、律师事务所分所、公司、公职律师执业机构缴纳团体会费。

第四条 会费按年度于每年年检注册时缴纳。

第五条 会员名册以年检注册时确认的为准。

第六条 会费缴纳按以下标准执行：

（一）团体会费标准

1. 区直律师事务所每所20000元；其他住所地在南宁市市区范围内的律师事务所每所15000元；

2. 住所地在桂林市、柳州市市区范围内的律师事务所每所12000元；

3. 住所地在北海市、梧州市、玉林市市区范围内的律师事务所每所8000元；

4. 住所地在贵港市、钦州市、防城港市、来宾市、贺州市、百色市、河池市、崇左市市区范围的律师事务所每所5000元；

5. 住所地在各县（县级市）的律师事务所每所1500元；国家级贫困县律师事务所每所800元；

6. 公司律师执业机构每家8000元，公职律师执业机构每家1000元；

7. 律师事务所在各地开设的分所按分所住所地标准缴纳会费。

（二）个人会费收费标准

1. 区直律师事务所律师每人1500元；其他在南宁市市区范围内的律师事务所执业的律师每人1400元；

2. 在桂林市、柳州市市区范围内的律师事务所执业的律师每人1300元；

3. 在北海市、梧州市、玉林市市区范围内的律师事务所执业的律师每人1200元；

4. 在贵港市、防城港市、钦州市、来宾市、河池市、贺州市、百色市、崇左市市区范围内的律师事务所执业的律师每人1000元；

5. 在全区各县（县级市）执业的律师每人700元；国家贫困县执业的律师每人400元；

6. 公司律师每人800元；公职律师每人100元；

7. 首次领取执业证的专职律师二年内按其执业所在地个人会费标准的50%缴纳；

8. 律师事务所分所律师按分所住所地标准缴纳会费。

第七条 团体会费由律师事务所交纳，个人会费由律师事务所负责统一收取后同时交纳。

第八条 会费由自治区律师协会统一收取，扣除上缴中华全国律师协会的会费后，广西壮族自治区律师协会再按总数的50%返还下一级律师协会。

第九条 会费收缴一律采用广西壮族自治区社会团体会费统一票据。

第十条 会员当年缴纳会费确有困难、向自治区律师协会提出申请的，由自治区律师协会常务理事会研究决定可以减、免、缓交当年会费。

第十一条 自治区律师协会负责对会员缴纳会费的情况进行监督和检查，对拒不履行或不完全履行缴纳会费义务的，自治区律师协会可以采取必要的措施，在媒体上通报，停止或部分停止该会员的会员权利，并建议司法行政机关律师管理部门对其暂缓注册或不予注册。

第十二条 全区各级律师协会应当加强对会费的管理，设立会费账户，做到专款专用。

第十三条 会费取之于会员、用之于会员，主要用于下列支出：

（一）召开律师代表大会、理事会、常务理事会、会长办公会议以及律师协会举办的有关工作会议、业务研讨、经验交流会等；

（二）律师协会各专门委员会、业务委员会开展的有关活动；

（三）基础设施建设和网络信息建设等；

（四）组织开展律师间的国内和国际交流活动；

（五）编印刊物及业务学习资料；

（六）会员的培训；

（七）律师维权工作；

（八）举办律师福利事业；

（九）律师协会执行机构正常办公支出；

（十）律师协会执行机构聘用人员的工资、福利等；

（十一）会员的奖惩工作；

（十二）其他必要的合理支出。

第十四条 会费的收支纳入广西律师协会财务管理办法。

第十五条 律师协会接受的政府拨款、社会捐赠、会员赞助以及其他合法收入的使用，严格按照国家有关规定和财政管理办法执行。

第十六条 本办法经全区律师代表大会通过后施行。

第十七条 本办法由自治区律师协会常务理事会负责解释。

广西壮族自治区律师协会理事会规则

（2005年9月28日广西壮族自治区
律师协会第六届二次理事会修订）

第一章 总 则

第一条 根据《中华人民共和国律师法》、中华全国律师协会《律师协会章程》和《广西壮族自治区律师协会章程》，为规范广西壮族自治区律师协会理事会的工作，促进广西律师事业的发展，制定本规则。

第二条 理事会由律师代表大会选举产生。

第二章 理事会性质与职能

第三条 理事会是律师代表大会的常设机构，对律师代表大会负责。在律师代表大会闭会期间，组织律师协会开展工作。

第四条 理事会职能：

（一）执行律师代表大会的决议；

（二）选举、罢免律师协会会长、副会长、常务理事；

（三）决定律师协会各专门委员会的设置，决定任免律师协会各专门委员会主任、副主任；

（四）在律师代表大会闭会期间，经理事会三分之二以上理事通过，可增选或罢免理事、常务理事、副会长和会长；

（五）监督常务理事会的工作，听取常务理事会的工作报告；

（六）批准会费财务预算方案，审议通过经审计的会费年度决算报告；

（七）研究律师行业发展、行业管理等重大问题，制定行业规则；

（八）其他应由理事会办理的事项。

第五条 在理事会闭会期间由常务理事会行使理事会的职权。

第三章 理事会会议

第六条 理事会会议每年上半年和下半年各举行一次。

第七条 理事会会议由会长召集、主持；会长因故不能召集、主持会议的，由副会长或秘书长召集、主持。

第八条 召开理事会，应提前七日将会议内容书面通知理事。

第九条 对本规则第四条第（二）、（四）、（六）、（七）事项，参加理事会会议的理事人数须达到理事总人数的三分之二并经到会三分之二以上理事表决通过方可形成决议；其他需表决的事项以及不需要表决的事项，参加会议的理事人数须达到理事总人数的二分之一以上，需表决的事项须经到会三分之二以上理事表决通过才能形成决议。

第十条 理事因故不能出席理事会会议，需书面向会长请假。

第十一条 表决采用举手表决或无记名投票方式。

第十二条 理事会闭会期间，经三分之一以上的理事或常务理事提出，或会长、秘书长提议，应当召开临时理事会。

第四章 理 事

第十三条 理事由律师代表大会从具有良好职业道德、较高业务水平、执业三年以上的专职律师中选举产生。

第十四条 理事的权利：

（一）在理事会上享有平等的表决权、选举权和被选举权；

（二）参与研究、批准律师协会的有关事项；

（三）监督常务理事会的工作；

（四）提出工作建议和意见；

（五）享有理事的其他权利。

第十五条 理事的义务：

（一）遵守理事会规则；

（二）按时参加理事会会议；

（三）忠实履行职责，完成理事会交办的工作；

（四）不因担任理事工作为本人和所在律师事务所谋取不正当利益；

（五）履行理事的其他义务。

第十六条 理事的辞免：

（一）理事本人可以向常务理事会提出书面辞职请求，由常务理事会批准。理事在任期内两次无正当理由缺席会议的，视为自动退出理事会；

（二）理事丧失会员资格或受到纪律处分，以及不能履行本规则第十五条规定的义务时，常务理事会有权中止其理事职务，提请理事会撤销其理事资格。

第五章 附 则

第十七条 本规则从本协会理事会会议通过之日起生效，并报广西壮族自治区司法厅备案。

第十八条 本规则所称的“以上”均包含本数。

第十九条 本规则由常务理事会负责解释。

14. 陕西省

陕西省律师协会投诉查处工作规则

（2005年9月25日陕西省律师协会
四届十次常务理事会审议通过）

第一条 为了加强对律师、律师事务所执业行为的管理和监督，规范律师协会的投诉受理及查处工作，根据《律师法》、《中华全国律师协会章程》及《律师协会会员违规行为处分规则（试行）》，制定本规则。

第二条 自然人、法人或其他组织（以下简称投诉当事人）对律师、律师事务所违法违纪问题的举报或投诉，律师协会依照本规则进行查处。

第三条 投诉当事人对律师、律师事务所违反《律师协会章程》、《律师职业道德和执业纪律规范》和《律师协会会员违规行为处分规则（试行）》的行为，可以向律师协会投诉。

第四条 律师协会可以接受司法行政机关的委托，对律师、律师事务所违反《中华人民共和国律师法》和《律师和律师事务所违法行为处罚办法》等违法行为进行调查，并提出处罚建议。

第五条 律师协会应当依照行业规范，坚持教育与处分相结合的原则，客观、公正、公开的进行行业处分。

第六条 律师协会纪律委员会负责对投诉案件的调查、处理。

第七条 对律师、律师事务所的投诉，由被投诉律师、律师事务所所属的律师协会受理查处，未设立律师协会的市，由省律师协会联络组受理调查。

省律师协会收到对各市律师协会（联络组）所属律师、律师事务所的投诉后，可以直接受理查处，也可以移交其所属律师协会（联络组）受理调查或查处。

对省属律师事务所、律师的投诉，由省律师协会受理查处。

第八条 律师协会应指定专门工作部门受理投诉，未设立律师协会的市，省律师协会各市联络组应指定专人负责受理。投诉受理电话应向社会公布。

第九条 负责投诉查处的工作人员应具备较高的政治、业务理论素质，熟悉和掌握律师管理的法律、法规、规章及行业规范，有较高的接访、组织调查的工作能力。

第十条 受理、查处投诉的工作人员不得私自摘抄、复制或泄漏投诉材料，严禁擅自将投诉材料或移送的材料转给被投诉律师、律师事务所。

受理、查处投诉的工作人员与投诉事项有利害关系的，办理该投诉事项时应当自行回避。

第十一条 受理投诉工作部门应当认真对待投诉当事人的投诉，填写投诉受理登记表，并要求投诉当事人提供身份证明及以下材料：

（一）投诉书，内容包括：

1. 投诉当事人的姓名、单位名称、地址、联系方式；
2. 被投诉人的姓名、单位名称、地址、联系方式；
3. 投诉请求；
4. 被投诉人违法、违纪的主要事实和投诉理由；
5. 投诉当事人必须在投诉书上签名。

（二）相关证据

1. 投诉当事人与律师事务所签订的委托代理协议及授权委托书；
2. 律师事务所的收费票据；
3. 投诉当事人能够提供的其他证据材料。

第十二条 投诉当事人对投诉事项负有举证责任。证据材料不足的，受理投诉工作部门可以要求投诉当事人补充。对应当提供证据而不提供的，不予受理。

第十三条 受理投诉工作部门接受投诉后，经初步审查，属于律师协会受理范围并有相应证据的，予以立案。

第十四条 立案的投诉案件，由律师协会交由纪律委员会调查，调查应当全面、客观、公正。

实施调查必须是两人以上，应当在规定的时限内调查完毕并提出书面处理意见。

第十五条 被投诉的律师、律师事务所应当配合调查，提供有关证据材料，做出情况说明等。

第十六条 律师协会对拒不接受调查或不如实提供情况的律师、律师事务所，可以先行给予通报批评。

对在接受调查期间转移、隐匿、毁损、修改与投诉事实有关的证据材料的律师、律师事务所，应当从重处罚。

第十七条 律师协会根据调查结果，应当区别不同情况，按照下述方式处理：

（一）对于律师、律师事务所违法违纪行为需要作出行业处分的，由律师协会纪律委员会按照《律师协会会员违规行为处分规则（试行）》规定的权限和程序，进行行业处分；

未设立律师协会的市，省律师协会各市联络组调查结束后，提出行业处分意见，报请省律师协会纪律委员会作出处分决定；

（二）对于律师、律师事务所违法违纪行为需要行政处罚的，由律师协会提出书面处理意见后，报请同级司法行政机关处理；

（三）对于涉嫌犯罪的，由各市律师协会（联络组）报省律师协会审查后，转送司法机关处理；

（四）对于投诉属实或基本属实，但不够处分条件的，应当进行不良行为记录，存入律师诚信档案；

（五）对于投诉不实的，应当作出投诉不属实的结论。

第十八条 凡是因律师、律师事务所的过错或过失，给投诉当事人造成损失的，律师协会应积极予以调解，调解不成的，告知投诉当事人通过仲裁或诉讼方式解决。

第十九条 投诉查处时间：一般违纪案件60日内调查处理完毕，复杂或者疑难案件90日调查处理完毕。如有特殊情况，经律师协会会长批准后，可以延长30日。

第二十条 对查证属实的投诉案件，由被查处的律师或律师事务所支付1000~5000元的调查、听证费用。具体数额，由律师协会纪律委员根据处理案件投诉的具体情况决定。

第二十一条 被投诉查证属实的律师，其调查、听证费用，由律师所在律师事务所先行支付，律师事务所支付后可以向该律师追索。

被投诉查证属实的律师事务所，其调查、听证费用，由该律师事务所承担。

第二十二条 查处结束后，受理投诉工作部门于7日内向投诉当事人书面告知查处结果。

第二十三条 各市律师协会对受理的投诉案件查处结束后，应将查处情况在7日内报省律师协会。

第二十四条 被投诉的律师、律师事务所对纪律委员会处理决定不服的，可以在接到处理决定书后30个工作日内向省律师协会复议委员会申请复查。省律师协会复议委员会按规定的复审程序进行复查。

第二十五条 省律师协会复议委员会作出的维持原决定的复查决定为最终决定。

第二十六条 对律师、律师事务所作出的行业处分生效后，律师协会可以通过杂志、网络、新闻媒体等方式向社会公示。

第二十七条 本规则经省律师协会常务理事会审议通过后生效，并由常务理事会负责解释。

第二十八条 本规则从2006年4月1日开始施行。

陕西省律师协会专业委员会工作规则

（2005年9月25日陕西省律师协会四届十次常务理事会审议通过）

第一章　总　　则

第一条 为了规范专业委员会的活动，发挥专业委员会在行业管理中的业务指导作用，提高全省律师整体执业素质和业务水平，依据《中华人民共和国律师法》、《中华全国律师协会章程》及其他有关规定，制定本规则。

第二条 陕西省律师协会各专业委员会是根据律师专业领域的不同，以及律师业务的特点而设立的业务指导工作机构。

专业委员会的设立、终止，由省律师协会常务理事会根据全省律师业务发展状况决定。

第三条 专业委员会受省律师协会常务理事会的领导和监督，由省律师协会业务部负责协助和配合工作。

第四条 专业委员会的宗旨是：遵循“自我管理”、“自我提高”的原则，组织律师开展各项业务活动，以加强业务交流、指导，拓展律师业务领域，促进律师专业化发展，提高律师的业务素质和执业水平，充分满足社会对律师法律服务的需求。

第五条 专业委员会的基本任务和职责：

（一）组织律师开展业务研究、探讨，提出律师开展业务的指导性意见；

（二）总结、交流律师业务工作经验，组织专业知识培训，提高律师业务素质和水平；

（三）进行律师业务工作调研、指导，拓展律师业务；

（四）从法律角度对国家、地方立法和司法活动、法律实施中存在的问题以及社会事务等，向有关部门提出意见和建议，发挥律师参政议政的作用；

（五）制定律师行业从事相关专业的业务操作规则，规范律师的各项业务活动；

（六）进行律师业务信息收集、整理，印发相关律师业务资料，推动律师业务的开展；

（七）加强与有关部门的业务联系，开展与境内、境外律师的业务交流活动；

（八）省律师协会安排的有关律师业务发展的其他工作。

第二章 组织机构

第六条 各专业委员会由热爱律师工作、有一定奉献精神、对相应专业有一定理论修养和较丰富的实践经验、具有一定的研究能力和组织能力，热心为广大律师服务的执业律师组成。

第七条 担任各专业委员会的委员，除具备上述要求外，应符合以下条件：

（一）律师执业或从事法律研究工作五年以上；

（二）有较扎实的法学理论功底、较强的业务能力，具有一定的知名度；

（三）具有一定的科研能力和水平，在省级以上学术刊物上发表过文章或在专业研讨会上宣讲过论文；

（四）办理过有一定社会影响的重大、复杂案件，并取得较好的辩护、代理效果。

第八条 专业委员会委员可通过自愿报名、律师事务所推荐、二名委员推荐，经专业委员会认可既为专业委员会委员。

专业委员会委员应填写《专业委员会委员登记表》，送省律师协会业务部备案。

第九条 专业委员会的组成遵循开放性、自愿性原则，不限制委员人数，每年可不定期调整部分专业委员会组成人员。

第十条 专业委员会委员应当承担下列义务：

（一）积极参加专业委员会组织的各项活动，完成委员会分配的工作；

（二）在任期内每年应至少完成一个项目（课题）的研究，或者发表自己的研究成果或论文；

（三）对专业委员会的业务活动提出建设性的意见和建议，并提供力所能及的活动条件；

（四）完成省律师协会或专业委员会安排的其他工作任务。

第十一条 专业委员会委员有下列情况之一的，其委员资格自行取消：

（一）无故不参加专业委员会委员会议或活动的；

（二）不参加本专业委员会组织开展的业务活动或连续三次请假的；

（三）违反律师职业道德、执业纪律，受到司法行政机关停止执业处分的；

（四）不完成或拒不接受本专业委员会分配的工作任务的；

（五）有严重违背本规则的行为的；

（六）不从事执业律师、法律教学科研工作或丧失陕西省律师协会会员资格的。

第十二条 专业委员会组成人员的任期与省律师协会同届理事会的任期一致，可以连任。

第十三条 专业委员会主任、副主任由在相应的业务领域具有较高的理论水平、执业水准和一定的社会影响力，而且热心律师事业，具有较强的组织能力的委员担任。

第十四条 专业委员会设主任一名、副主任一至三名。主任、副主任由专业委员会委员推荐或选举产生，也可以通过自我推荐竞选产生。主任、副主任报省律师协会常务理事会批准。

第十五条 主任负责主持制定本专业委员会工作计划并组织实施；副主任根据分工情况，协助主任工作或经主任授权代行主任职责。

第十六条 专业委员会主任的职责，包括但不限于：

（一）召集专业委员会会议，制定专业委员会的年度工作计划和工作总结；

（二）组织开展专业委员会的研究、交流等业务活动；

（三）负责承办并落实省律师协会交办的业务活动。

（四）向省律师协会汇报工作，向委员通报情况；

（五）其他应该完成的工作。

第十七条 专业委员会主任、副主任一年内未能履行职责、没有开展活动的，省律师协会常务理事会可以随时进行调整。

第十八条 各专业委员会可以根据工作需要指定或选聘一名具备一定沟通能力的委员作为该专业委员会的秘书长，负责日常联络和协调工作。

第十九条 各专业委员会可以根据业务发展需要，聘请专家、学者和政府有关部门的专业人士担任顾问。

第三章 活动方式

第二十条 专业委员会的各项业务活动应坚持开放式、自律性的原则，以鼓励和吸引尽可能多的执业律师参与。

第二十一条 各专业委员会应结合本专业的律师业务实际，确定年度工作计划和研究课题，其业务活动每年应不少于两次。各种业务活动的安排，应于每年的第一季度报省律师协会批准，并在省律师协会网站上公布。

第二十二条 各专业委员会可与有关部门或单位共同开展业务研讨、交流活动。

第二十三条 各专业委员会可采用下列方式开展活动：

（一）对本专业领域的法理和法律适用组织学习和

研讨；

（二）对本专业领域的律师实务进行研究或组织经验交流；

（三）举办专业业务培训、讲座、论坛或专题讨论；

（四）组织疑难案件的研讨；

（五）组织编辑律师业务资料、优秀案例、辩护或代理词选编等业务指导材料；

（六）对立法草案进行讨论，提出修改意见和建议；

（七）其他方式。

第二十四条 专业委员会应重视其研究成果的推广，充分利用律师网站、会刊及时发布其研究成果，以提高律师的业务水平，促进全省律师业务的开展。

第二十五条 专业委员会应当于每年的第一季度，书面总结报告上一年度的工作、活动情况，制订当年的工作计划安排，报省师律协会统一协调后组织实施。

第二十六条 执业律师参加专业委员会组织的研讨会、业务培训等活动的，其参加业务活动按实际时间计入律师继续教育培训课时。

第四章 附 则

第二十七条 各专业委员会组织的业务活动，纳入省律师协会年度业务工作计划，专业委员会应认真落实。

第二十八条 专业委员会的活动经费，主要来源于：

（一）省律师协会会费拨款；

（二）组织专业活动收取的费用；

（三）通过与其他组织或单位合作研究获得的费用；

（四）接受其他资助。

（五）编印专业书刊、资料收取的费用。

第二十九条 本规则由省律师协会常务理事会审议通过后施行，并由常务理事会负责解释。

十五、其　他

（一）表　彰

1. 2005年度全国十大法制人物

佟丽华

2005年度全国十大法制人物、2005年全国十大法制新闻人物之一。

佟丽华律师在1998年创办“佟律师法律热线”，1999年创办“青少年法律援助与研究中心”，2003年北京市致诚律师事务所投资创办北京青少年法律援助与研究中心。主要事迹：（1）直接为权利受到伤害的未成年人提供帮助。到2003年12月，中心共免费提供法律咨询10000多件，提供援助70多件。（2）宣传未成年人权利保护的法律知识和理念。2002年至今，面向法官等20000余人授课；参与中央电视台制作节目800余分钟。（3）推动一个领域的法学研究。2001年出版《未成年人法学》，确立了一门新的学科。推动北京市成立未成年人法学研究会并担任副会长。（4）推动、参与立法以保护更多未成年人的合法权利。起草了《北京市未成年人保护条例》的1~7稿，参加人大审议、向市委领导汇报的整个过程；起草了《中华人民共和国未成年人保护法》修改草案。（5）发动更多律师来做中国未成年人权利保护工作。推动北京市律协和全国律协成立了未成年人保护专业委员会，并担任主任。发动全国更多律师参与未成年人权利保护工作。（6）出版书籍，发表论文。主编、创作《未成年人法学》等法律图书31本，1000余万字。其中18本分获司法部“金剑文化工程”图书奖一、二、三等奖。撰写大量专题报告、论文，其中论文《流浪儿童救助制度》受到有关部门高度重视，温家宝总理专门作出批示。

2002年10月获得中共中央宣传部、全国人大内务司法委员会、共青团中央、教育部、司法部“中国保护未成年人十大杰出公民”称号；2002年、2003年连续两年被北京市律师协会评为最佳专业委员会主任；2004年3月，被北京市司法局、北京市人事局评为“北京市司法行政系统先进个人”。2004年5月，被北京市妇女儿童工作委员会、北京市妇女联合会、北京市人事局评为“北京市妇女儿童工作先进个人”。2004年9月，被司法部评为全国法律援助先进个人。2005年被北京市司法局记个人一等功。

2. 全国优秀律师

北京市优秀律师

佟丽华

佟丽华，北京市致诚律师事务所主任。佟丽华律师在1998年创办“佟律师法律热线”，1999年创办“青少年法律援助与研究中心”，2003年北京市致诚律师事务所投资创办北京青少年法律援助与研究中心。主要事迹：（1）直接为权利受到伤害的未成年人提供帮助。到2003年12月，中心共免费提供法律咨询10000多件，提供援助70多件。（2）宣传未成年人权利保护的法律知识和理念。2002年至今，面向法官等20000余人授课；参与中央电视台制作节目800余分钟。（3）推动一个领域的法学研究。2001年出版《未成年人法学》，确立了一门新的学科。推动北京市成立未成年人法学研究会并担任副会长。（4）推动、参与立法以保护更多未成年人的合法权利。起草了《北京市未成年人保护条例》的1~7稿，参加人大审议、向市委领导汇报的整个过程；起草了《中华人民共和国未成年人保护法》修改草案。（5）发动更多律师来做中国未成年人权利保护工作。推动北京市律协和全国律协成立了未成年人保护专业委员会，并担任主任。发动全国更多律师参与未成年人权利保护工作。（6）出版书籍，发表论文。主编、创作《未成年人法学》等法律图书31本，1000余万字。其中18本分获司法部“金剑文化工程”图书奖一、二、三等奖。撰写大量专题报告、论文，其中论文《流浪儿童救助制度》受到有关部门高度重视，温家宝总理专门作出批示。

2002年10月获得中共中央宣传部、全国人大内务司法委员会、共青团中央、教育部、司法部“中国保护未成年人十大杰出公民”称号；2002年、2003年连续两年被北京市律师协会评为最佳专业委员会主任；2004年3月，被北京市司法局、北京市人事局评为“北京市司法行政系统先进个人”。2004年5月，被北京市妇女儿童工作委员会、北京市妇女联合会、北京市人事局评为“北京市妇女儿童工作先进个人”。2004年9月，被司法部评为全国法律援助先进个人。

鲁哈达

鲁哈达，北京市建元律师事务所合伙人。1996年，鲁哈达创办北京市建元律师事务所。建元律师事务所和鲁哈达律师分别荣获2003年度“北京市司法系统先进集体”和“先进个人”光荣称号，为民主与法制建设做出了突出贡献。鲁哈达律师自1988年起开始执业律师生涯，始终坚持自尊、自爱、自律、自强的执业理念，始终坚持正直、勤奋、敬业、钻研、严谨的执业风格，深获客户好评和信赖，成为所内外律师学习的榜样。其先后就读于内蒙古财经学院、北京大学和吉林大学，获经济学学士学位和法学硕士学位，现正攻读吉林大学理论法学博士研究生。累计办案千余件，曾成功办理过多起在全国或首都有重大影响的案件。

2003年，鲁哈达律师光荣当选为北京市第十届政协委员。非典时期向北京市政协提交了“关于大力宣传和坚决贯彻《中华人民共和国传染病防治法》早日取得抗击非典战役全面胜利的建议书”。以政协委员和执业律师的双重身份，多次接待外地民工，为民工讨回工钱提供无偿法律帮助；积极参加市政协举办的各项社会活动。2004年3月，其作为惟一的律师代表参与全国人大财经委“中华人民共和国国有资产法”起草工作组。2003年“非典”肆虐的严峻时期，其号召全所律师成立了全国第一个“抗非律师顾问团”，为首都抗击非典的19家定点医疗机构提供无偿法律服务。热衷于少数民族工作，为中国少数民族经济、文化和法制建设做出了应有的贡献，荣获“首都民族团结进步先进个人奖”。

刘　艳（女）

刘艳，北京市天元律师事务所合伙人。刘艳律师在政治思想上始终与党中央保持一致，积极参加社会公益活动，义务担任北京律师协会代表团第一次访问美国的翻译工作，为促进北京律师与美国律师建立长期合作与交流做出了无私奉献。

在法律服务工作中，刘艳律师始终贯彻“诚信为本、客户至上”的工作理念，即使在重病手术的前后仍然坚持每天谈判十几个小时，维护了当事人的合法权益，同时为北京律师赢得了良好的社会声誉。作为北京女律师中的杰出代表，其忘我的敬业精神和坚强的工作作风受到广泛赞誉。特别是在她作为项目负责人之一的“奥运全球合作伙伴计划”的法律服务工作中，她不仅以精湛的法律专业水平、娴熟的英语能力和灵活机智的谈判技巧充分维护了客户的合法权益，而且赢得了国外同行的尊重与信服，为北京律师赢得了较高的国际声誉，这项具有创新意义的工作填补了中国律师在国际法律服务领域中的一项空白。

刘艳律师在繁忙的工作之余还积极参与事务所管理工作，带动天元所律师不断加强学习，钻研业务。2003年，她提议并主持创办了《天元律师》，得到了律师界、司法界、政府行政主管部门和客户们的广泛认同。

刘艳律师作为北京律师（尤其是女律师）中年轻一代的突出代表，具有高度敬业精神和顽强的工作作风及诚实信用和勤勉尽责的高尚职业品德。

康　健（女）

康健，北京市方元律师事务所主任。在近20多年的律师生涯中康健律师办理了近千件的诉讼及非诉讼案件和法律事务，这些案件中既有一般刑事、民事案件，也有轰动全国的大案要案。全国首起数百名消费者因购“钻石金表”而提起的集团诉讼案就是由她和其他律师代理，历时7年。经她审查修改的合同涉及标的达数亿元。1992年被评选为北京市十佳法律顾问、1994年被评选为北京市优秀律师、2000年获得北京市人民满意的律师等荣誉。

1995年她作为律师代表，参加了在北京举办的联合国第四次世界妇女代表大会，从此开始与日本律师合作办理原“慰安妇”及劳工对日索赔案件，为此投入了大量精力。

为完成对“慰安妇”及劳工幸存者的调查工作，她先后多次去海南、河南、河北、山东、山西、辽宁，在6省40多个县市，乘坐汽车甚至步行在那交通极不方便的地区进行调查。到多家档案馆在浩瀚的历史档案中寻找日军的罪证，取得了有利的证据。

康健律师从1995年至今长达近10年的时间里，无偿地参与维护中国受害者合法权益这一艰难而漫长的跨国诉讼，付出了超乎寻常的努力。

中国律师参与民间对日索赔诉讼，以实际行为表明了中国法治的进步，中国人民维护人权意识的提高，也使中国律师在国际舞台上占有一席之地。

吴 革

吴革，北京市中闻律师事务所合伙人。吴革律师自2002年1月担任北京市律师协会宪法与人权专业委员会主任以来，花费大量时间和精力（无偿占用一半以上的工作时间），大量金钱（为法律援助筹集100多万元资金），投身于律协宪法与人权专业委员会的各项公益事业中。

在司法部、全国律师协会，在北京市司法局和北京市律师协会正确领导和各位领导的大力支持下，吴革律师及其参与并担任主要负责人的“北京市律师协会宪法与人权专业委员会”、“清华大学宪法与公民权利中心”、“全国律协宪法与人权专业委员会”等机构，倡导“通过援助典型案件，促进法律改革”的工作模式，已经为社会提供义务法律咨询登记的千余人次，散发农民工维权法律资料7000余份；提供援助案件17件，举办高层学术研讨会10次，为人大代表准备议案5件。吴革律师以探索的模式成功的援助了上述案件，并结合理论研讨、媒体参与、立法建议，达到了以典型个案循序渐进地推动宪法维权，促进司法改革的目的，普及广大民众的法律观念和维权意识。这种模式在法律公益实践中获得了巨大成功，并在法律界获得一致好评，为国内外众多媒体纷纷报道，其社会影响非常深远。

吴革律师认为“执业为民”是“三个代表”思想在律师工作中的具体表现，这个“民”，是聘请律师的当事人，是每一个需要依法维权的公民和法人，更是需要法律援助的弱势群体。律师首先要做好本职工作，还要在力所能及范围内，关心国家和民族的发展，关心法治建设和法律完善，关心公共利益和积极参与公益事业，利用律师作为法律实务专业人士的特长，特别是通过为党和国家解决复杂的社会法律问题提出具体意见和建议的方式。

王雪华

王雪华，北京市环中律师事务所合伙人。1992年，王雪华律师参与完成了中国反倾销条例的初稿工作。1994年底至1996年两年时间里，王雪华律师先后接受委托，代表中国产业参加了国外对中国产品提出的数起反倾销调查的部分应诉工作。1996年底，环中律师事务所接受中国新闻纸产业的委托，对国外进口新闻纸提出反倾销调查。王雪华律师经过近半年多的精心准备，终于在1997年10月16日代表中国新闻纸产业将对来自美国、加拿大、韩国的进口新闻纸提出反倾销调查的申请书亲手递交给了案件受理机构——中华人民共和国对外经济贸易合作部。这是中国第一起对国外进口产品提出的反倾销调查。

此后，在中国产业提出的30起申请反倾销调查的案件中，王雪华律师作为主办律师代理了18起案件。在举世瞩目的2001年美国201条款全球钢铁保障措施的WTO争端解决案件中，王雪华律师作为律师团的首席律师，为中国政府提供法律服务，这是中国政府首次运用WTO争端解决机制解决与其他国家的贸易纠纷。2002年5月，在我国的首起保障措施案件——部分进口钢铁产品保障措施案中，王雪华律师是中国钢铁工业协会和钢铁产业的代理律师之一。2003年WTO争端解决机构审理的“加拿大小麦案”中，中国政府作为第三方参与该案件，王雪华律师在此案中担任中国政府的律师。2004年5月WTO争端解决机构审理的“洪都拉斯诉多米尼加——有关计算香烟消费税法规”案中，中国政府作为第三方参与该案件，王雪华律师代表中国政府律师出席。

王雪华律师每年代理几十起涉外仲裁、诉讼案件，包括在中国国际经济贸易仲裁委员会、北京仲裁委员会、国际商会、瑞典斯德哥尔摩商会仲裁院等机构的仲裁案件和全国各地法院的诉讼案件，同时亦代理中外客户参与了大型项目的谈判、合同的起草和审定工作。

王建平

王建平，北京德恒律师事务所全球合伙人。全国律协劳动和社会保障法专业委员会委员，北京律协劳动法专业委员会主任，执业16年。他努力打造专家型律师的形象，参与了国家和地方的许多立法、重大科研课题、重要新型案件的工作，锐意创新，并有许多专业论著发表，在业界有较大的影响。他热心参与社会公益工作，担任专业委员会主任期间连年获得优秀；组织成立的劳动争议特别仲裁庭，已经处理裁决了上百件涉外劳动争议案件，他也直接参与了仲裁工作，受到社会各界的好评。他诚恳待人，合理科学地处理涉及律师业务方面的各种咨询、代理，耐心地解决当事人的各种问题，为人诚恳、真诚，不管是否得到委托、是否收取了代理费用，都会想方设法满足当事人的合理要求。他热爱律师职业，有敬业精神和顽强的工作斗志，在工作中注意理论联系实际，既讲求问题的实际结果，又不丧失原则、不参与权钱和利益交易。他在工作中不计较个人得失，不追求名利，与同事良好相处，相互尊重，相互学习，并注意在业务上指导年轻同志。

在执业的多年中，他能以一颗平常心，对待周边的任何事务，在平凡中追求事业、追求成功。在平凡中，他又有很多的不平凡，所取得的业绩和对外的影响也是为众人所称赞，为全社会有目共睹的。

张晓维

张晓维，北京市汉华律师事务所合伙人。张晓维律师对于中国律师制度建设和法制建设有着高度的历史责任感和使命感，将建设有中国特色的律师制度，充分发挥律师在国家法治建设中的作用作为目标和方向，在律师制度建设和发挥律师的社会职能作用方面表现突出。

张晓维律师担任北京市律师协会常务理事、规章制度委员会主任、全国律师协会理事、经济委员会委员，在律师制度建设方面表现突出。起草了我国第一部律师执业规范《北京市律师执业规范》，开创性地进行了律师诚信体系的研究和制度建设，在北京市律师行业初步搭建了行业信用体系的框架。他作为主要起草人起草了《北京市律师协会章程》，执笔了全国律师协会组织的《中国律师执业权利发展报告》，积极参与律师法修改，对律师继续教育制度和执业保险制度进行研究。张晓维律师的研究和制度制定工作，很多都是开创性的，为律师制度建设做出了重要贡献。

张晓维律师在承担律师协会大量工作的同时，还积极参加社会活动，充分发挥律师的社会职能，积极向政府和立法部门建言献策，参与了众多北京市法规的起草、修改的论证工作，提出有针对性的意见和建议，为北京市法制建设做出重要贡献。

除了大量律师协会工作及其他社会工作之外，张晓维律师在律师事务所管理和自身业务方面亦表现突出。

上海市优秀律师

王小耘

王小耘，上海市小耘律师事务所创始人、首席合伙人、高级律师、北京大学国际法硕士。现担任上海市律师协会副会长，上海市政协委员，中国国际法协会常务理事，中国国际私法学会理事，北京大学特约研究员，中国海事仲裁委员会仲裁员，上海仲裁委员会仲裁员等。

1982年至1992年期间，王小耘律师在上海市中级人民法院和上海海事法院从事审判工作10年，先后担任助理法官和法官。自1988年起，被选拔成为中国高级法官培训中心第一期学员并以最优成绩毕业。自1990年起，他受最高人民法院派遣赴加拿大和美国留学，并作为国际法律特别顾问先后在纽约、洛杉矶、新奥尔良和上海等数家美国律师事务所工作了4年。1994年初，王小耘律师创办了小耘律师事务所。

王小耘律师专长于国际投资法、国际金融和银行法、国际知识产权法以及国际贸易和海商法等，尤精通于各种类型的诉讼仲裁代理和外商投资谈判。王小耘律师主要代理世界各大跨国公司和著名外商投资企业在中国的投资业务以及诉讼和仲裁中的大案要案，在外商中享有很高的知名度。自1998年起，王小耘律师还经常受聘担任上海、天津和无锡等市政府以及国内大型企业在一些特大型项目中的首席法律顾问，声誉卓著。

王小耘律师曾荣获中央和上海市政府等颁发的"全国回国留学人员成就奖"、"上海市优秀回国留学人才"、"浦东开发建设杰出人才"、"上海市优秀律师"、"上海市优秀非诉讼律师"等众多嘉奖，并多次被国际法律界评为中国最杰出的律师之一，还曾多次入选英国剑桥国际传记中心、美国Marquis、美国Baron等国际权威机构评选的《世界名人录》和《二十世纪杰出人物》。

刘正东

刘正东律师，出生于1970年1月17日，安徽省金寨县人。1991年毕业于华东政法学院法律系，被分配至上海市人民检察院铁路运输分院工作。1994年辞去公职与他人合作创办上海市虹桥律师事务所。1998年与他人合伙创办上海市君悦律师事务所，现为高级合伙人，并任主任至今，期间于2002年获华东政法学院法律硕士学位，于2003年被选为上海市第十二届人民代表大会代表。

刘正东律师主要从事房地产开发经营、外商投资等法律服务，现担任锦江国际集团、上海大华集团、上海冠生园集团、上海金外滩集团等数十家大中型企业常年法律顾问。曾被评为全国优秀律师、上海市律师协会优秀非诉讼律师、上海市律师志愿团优秀律师、上海市司法行政系统先进个人，现担任上海市律师协会理事、上海市法学会理事、上海市企业联合会（上海市企业家协会）理事，并被聘为上海锦江国际实业投资股份有限公司独立董事、华东政法学院兼职教授。

徐晓青

徐晓青，1951年3月出生，浙江鄞县人，汉族，研究生学历。曾在上海市人民政府办公厅法制处任副处长、上海社会科学院法学研究所任研究员，在法学研究和政府法制建设方面均有建树。1985年取得律师资格之后，先后就任上海市联合律师事务所第三分所主任、上海市金泰律师事务所主任。现任上海徐晓青律师事务所主任兼党支部书记。

徐晓青律师擅长刑事辩护、公司法、房地产法、知识产权等领域的法律业务，努力为客户及基层群众服务，且有较丰富的参政、议政经验和为政府决策提供咨询的能力，并参加多项立法论证和调研项目。

曾先后荣获“上海市人民政府优秀决策咨询奖”、“区优秀共产党员”、“法律援助先进个人”、“徐汇区拔尖人才”、“优秀专业人才”、“上海市优秀刑事辩护律师”、“上海市司法行政系统个人三等功”、“全国优秀律师”等称号。

徐晓青现任上海市第十二届人大代表、上海市人大常委会法制委员会咨询组成员、上海市仲裁委员会仲裁员、上海市社会科学院研究生院兼职教授、华东政法学院兼职教授、上海市哲学、社会科学联合会理事、上海市经济法研究会副秘书长、中华全国律师协会理事、中华全国律师协会宪法与人权专业委员会委员、上海市律师协会副会长。

翟　建

翟建，1957年4月出生，祖籍山东济南。1973年参加工作，1978年考入上海复旦大学分校（后并入上海大学）政法系，毕业后留校任教，主讲《刑法学》、《律师业务》、《诉讼技巧》等课程，与他人合著有《简明刑法教程》，曾担任上海大学文学院法律系副主任。

翟建1984年起从事兼职律师工作，1989年被评为上海市第一届“十佳刑事辩护律师”、“上海市新长征突击手”。1995年从事专职律师工作，2002年10月创办了上海市第一家个人开业的律师事务所——上海市翟建律师事务所。

翟建律师现任中华全国律师协会刑事业务委员会委员、上海市律师协会刑事诉讼法律研究委员会主任、上海市律师协会常务理事。2004年9月获“全国十佳优秀刑辩律师”称号。2004年12月获第二届“上海市优秀刑事辩护律师”称号。

近年来，翟建律师承办的著名刑事案件有：原中国银行香港分行行长刘金宝贪污、受贿案，原华中电网总裁林孔兴受贿案，上海周正毅、周蔚雁操纵证券交易价格案，爱建证券原董事长刘顺新非法吸收公众存款案，美国人顾然地销售侵权复制品案及上海麦琪里动迁基地负责人杨孙勤放火案等。

陶武平

陶武平，44岁，汉族，复旦大学法学硕士，现为上海市申达律师事务所主任，高级律师，上海师范大学政法系兼职副教授，中国法学会会员，上海市法学会会员，上海市律师协会理事，上海律师协会房地产研究会副主任，上海市仲裁委员会仲裁员。

陶武平律师目前担任上海市行政单位法律顾问的单位有：上海市外经贸委、上海市外资委、上海市浦东新区政府、浦东新区税务局、浦东新区规划土地局。

陶武平于1984年取得律师资格，至今办理的各种类型的案件已逾千件。其中具有重大社会影响的案件有：逢博酒家承包案、谭冰若名誉权案、刘嘉玲肖像权案、潘苹毁容案、吴冠中“毛泽东炮打司令部”假画案、张乐平“三毛”版权案、屈臣氏女大学生非法搜身案、云都浴场死亡赔偿案等等。陶武平因此在社会上享有较高的知名度。1991年12月，陶武平律师曾作为上海市司法局代表队成员之一，参加了由上海市公、检、法、司四个系统联合举办的“上海市政法系统辩论赛”，最终取得冠军。

陶武平律师目前担任多家房地产公司和建筑工程公司的法律顾问，并办理过大量有关房地产和建筑方面的诉讼和非讼案件（如浦东世界广场、上海金茂大厦、虹桥新世纪广场、虹桥太阳广场、虹桥王子公寓、新客站不夜城商厦、凯旋门大厦等），最近他还被指定为上海市《建筑法》课题研究小组的成员。

陶武平律师的事迹曾被收入中华全国律协1993年出版的《中华名律师》一书中。

江　宪

江宪律师，上海市联合律师事务所高级合伙人，二级律师。

江宪律师生于上世纪50年代，小学四年级遇文革辍学。1978年恢复高考，进复旦大学分校法律系，获法学学士学位。毕业后，任教于上海市司法学校，授法理、逻辑两课。1993年考入复旦大学法学院研究生院，攻读外国法制史，获法学硕士学位。1989年起正式加盟上海市联合律师事务所，从事专职律师工作。

1993年起江宪律师涉足金融证券领域，曾为中国第一家投资基金淄博基金的组建与上市提供法律服务，参与邮通B股、物贸B股、上海界龙实业等数十家公司的股份制改造与股票发行与上市，主持并参与了香港上实控股有限公司收购上海东方商厦有限公司、上海上实交通电器有限公司股权及境外发行新股融资事宜，及美国培基证券境外私募融资，上海东方证券有限公司收购抚顺证券公司及东方证券公司的组建等项目，并参与了许多外国投资项目的谈判、合同、章程的审查，担任了数十家外国合资企业的法律顾问。

研究及教授法理、逻辑学科的背景，使得江宪律师法理功底扎实、思路清晰。2000年起兴趣又转向民商事诉讼，曾办理过诸如大韩航空货机失事空难赔偿案、大庆联谊小股东证券赔偿案、《上海人在东京》名誉案、《阿姐鼓》著作权案、黄梅戏《红楼梦》著作权案等一大批有影响的诉讼案件。江宪律师庭风硬朗，辩论直奔主题并且妙语迭出。

江宪律师还担任大量社会兼职，他是上海市中青年知识分子联谊会会员，中国国际经济贸易仲裁委员会仲裁员，中华全国律师协会金融证券委员会副主任委员，上海市律协公司法研究委员会主任委员，华东政法学院、上海外贸学院、上海政法干部管理学院兼职教授。

天津市优秀律师

孔晓艳（女） 天津嘉德恒时律师事务所

王继民 天津津安信律师事务所

重庆市优秀律师

李盛祥

李盛祥，重庆红岩律师事务所主任、党支部书记，一级律师。1968年参军入伍，先后被保送到南京政治学院、长沙政治学院深造，多次立功受奖和部队通令嘉奖。1981年转业到重庆市人民检察院工作，多次被评为市级优秀检察官、市级优秀共产党员。其间毕业于西南政法大学。1989年底调人重庆市司法局工作，1990年初任重庆市涉外律师事务所副主任，1991年任市二所副主任。1992年至今任市第二律师事务所、红岩律师事务所（整所转制更名）主任、党支部书记。多次被评为局级、市级优秀共产党员；先后被评为市级优秀律师、十佳辩护律师、市级科技先进工作者，“人民满意律师”称号；1998年、2002年连续两次被评为市“十佳律师”；先后被授予一等功、二等功；获国务院政府特殊津贴奖。2005年被授予“全国十佳维权卫士”、“全国优秀仲裁员”、“全国优秀律师”称号。连续被选为全国律协理事、刑事辩护委员会委员、重庆市人大法制委员会委员、市政协委员、区人大代表、重庆市律师协会副会长、党委副书记兼纪委书记、重庆律师高级职称评审委员会委员。

李盛祥不仅一直领导着一个大型律师事务所稳步发展，个人还担任30多家企业的常年法律顾问，承办了各类案件近千件，其中不少属有重大影响的案件。如：綦江彩虹桥案，开县井喷案等。其间还先后出版专著（合著）5部，发表各类论文、案例等文章150余篇，有的论文获重庆市社科研究成果一等奖，有的论文被全国人大全文刊登并呈报中央政治局常委。

彭 静

彭静律师，重庆静升律师事务所创始人、主任律师，西南政法大学民商法研究生。1989年执业，曾荣获重庆市“优秀律师”、“全国优秀律师”等荣誉称号。

彭静律师现任中华全国青年联合会委员，重庆市政协第二届委员会委员，全国金融证券专业委员会委员，中华海峡两岸企业交流协会副会长、重庆市律师协会常务理事、重庆市律师协会知识产权业务委员会主任，重庆市仲裁委员会仲裁员，重庆市新疆商会副会长、重庆华商会常务理事等。

彭静律师先后受聘于重庆市经济委员会、重庆市国有资产管理委员会、江北区人民政府、重庆市国土资源和房屋管理局、重庆市道路运输管理局、中国银行重庆市分行、深圳发展银行重庆分行、重庆太极集团、重庆地产集团、重庆啤酒（集团）股份有限公司、重庆公交集团等70多家单位担任法律顾问并提供了优质服务。

彭静律师擅长房地产、金融、证券、行政诉讼等法律业务，精通相关法律规定，对重大疑难案件定性准确。在多年的执业生涯中，积累了丰富的经验，形成了思维敏捷、分析缜密、处事果断、作风严谨的个人执业风格，承办了大量具有重大社会影响的法律事务，为客户挽回数十亿元经济损失。

杨文志

杨文志，民商法研究生，中共党员，重庆志同律师事务所主任兼党支部书记，高级律师。重庆市律师协会常务理事、重庆市法学会理事、重庆市仲裁委员会仲裁员，曾荣立三等功；获重庆市第二届十佳律师提名奖、重庆市诚信执业百优律师、全国优秀律师、重庆市市级机关优秀党务工作者等荣誉。

杨文志律师擅长刑事辩护和房地产及金融领域经济案件的代理；在投资和收购方面的法律知识娴熟、操作熟练；在专利技术及诉讼方面具有独特的操作经验；具有在非诉讼领域招商，外资投资，国企收购和破产清算等方面的丰富经验。并结合实践著作有《民事诉讼实践理性导论》和专业论文数篇。

杨文志从业20年来，在刑事辩护和民事代理活动中，多次受理在全国、重庆市范围内有影响的重大案件。参加了震惊全国的“彩虹桥垮塌案”等重大刑案辩护并取得了很好的辩护效果；成功代理了渝开发诉重庆经济开发区土地侵权和渝住宅集团公司诉重庆经济技术开发区工程欠款案，长港与志诚公司联建纠纷和重庆啤酒集团收购双桂啤酒集团公司以及湖北猴王集团公司破产清算案等重大民事案件，有效地维护了当事人的合法权益；为宗申集团和香港腾辉公司在重庆的招商引资等数起法律事宜和重大案件进行了有效的成功代理。

河北省优秀律师

邹强伦

邹强伦，河北天捷律师事务所主任。1974年参军，1977年加入中国共产党，1982年转业到邯郸地区中级人民法院从事审判工作。1989年从事律师职业以来，拥护宪法和社会主义制度，坚持以马列主义、毛泽东思想和邓小平理论为指导思想，自觉实践“三个代表”的重要思想，在大是大非面前能够保持清醒的头脑，在政治思想上始终与党中央保持一致。

邹强伦在从事律师职业以来，恪守律师职业道德和执业纪律，保持着律师是社会主义法律工作者的本性，努力为社会提供优质的法律服务，为建设法治国家尽心尽力。在为社会提供法律服务的同时，牢记一个党员律师的职责，积极为社会稳定努力工作。在担任靳如超特大爆炸案、“非典”期间多人寻衅滋事伤害等重大案件的辩护代理工作中，始终把律师的社会职责放在第一位，依法履行律师职责，在从业中从未出现违法违纪的行为。作为律师事务所主任，他认真组织全所律师进行集中教育整顿和省司法厅的各项工作，带领全所律师到革命圣地西柏坡接受革命传统教育，组织本所律师多次到部队和社会为部队官兵和群众宣讲法律，树立了律师服务于民、维护法律的良好社会形象。

担任河北省律协副会长以来，他尽心尽职，担任河北省政府法制咨询委员会成员，不辞辛苦不计报酬，为政府的法制工作提出自己的法律意见，尽自己的一份力量。

齐秀敏（女）

齐秀敏，河北齐心律师事务所主任。北京大学法律硕士。现任五届中华全国律师协会理事、五届河北省律师协会常务理事，邢台市仲裁委员会仲裁员。1992年成为专职律师。

她曾获得过多项荣誉称号，1999年在河北省司法行政系统“争当人民满意的司法行政干警，争创人民满意的司法行政单位”活动中被评为先进个人。2000年，她被评为第四届“邢台市十大优秀青年”。2001年被评为“河北省十大杰出青年卫士”，并由河北省人事厅荣记个人二等功。2001年4月被河北省司法厅荣记个人一等功。2002年1月，她被团中央等12家单位评为“第二届中国优秀青年卫士”。2004年1月，她又被团中央等13家单位评为“第三届中国优秀青年卫士”。2004年9月被评为“第二届全国法律援助先进个人”。

齐秀敏律师自1992年从事律师工作以来，13年间共办理各类案件700起，其中很多都是当地很有影响的案件。义务接待当事人法律咨询6000余人次，为下岗职工和生活困难的群众提供法律援助代理案件65件，共计免收代理费用50000余元。她被亲切地称为群众的“法律贴心人”，“及时雨律师”。她还担任36家企事业单位的法律顾问，通过诉讼和非诉讼程序，为这些单位挽回经济损失数亿万元。

齐秀敏律师精通业务，善于将理论与实践结合。几年来她在《政法论坛》、《河北法学》、《河北审判》、《邢台日报》等报刊发表法律宣传文章及论文200多篇。2000年3月，又与他人合作撰写了60万字的《房地产争议处理》一书，由人民法院出版社面向全国出版发行。

齐秀敏律师除做好本职工作外，经常采用多种方式为社会提供法律服务。她在《牛城晚报》开辟“法律问答”专栏，定期回答群众来信，担任邢台广播电台每周一期的法律热线业余主持人；担任邢台电视台《社会与法》节目的法律主持人。她还应邀为河北大学、河北农业大学、华北电力水力学院、中央司法警官学院、平乡县第三中学、平乡镇中等学校学生及邢台市公安局、邢台市交通局、邢台市团委干部进行义务法制教育，受教育人达上万人次，收到良好效果。

张来柱

张来柱，河北唐山靖民律师事务所主任。硕士研究生。河北省律师协会常务理事，中国法学会会员、河北省法学会会员、国家一级律师，社会科学优秀青年专家、中国民主促进会唐山市委委员、唐山市政协常委、唐山市政协社会法制委员会副主任、唐山市人大内务司法委员会委员、人大代表、消费者协会常务理事。中国管理科学研究院特约研究员、河北理工大学、唐山学院、唐山师范学院、华北煤炭医学院等多所大学兼职教授。

他在工作中高举邓小平理论伟大旗帜，学习贯彻“三个代表”重要思想，认真落实科学发展观。从事律师工作20年，承办多起有重大影响的民事、经济、刑事案件；在积极参政议政，关注社会弱势群体，开展法律援助，热心社会公益事业等方面成绩突出；多次受到省市奖励。获全国优秀律师、河北省统一战线各界人士“三增强、四热爱、比贡献、促发展”活动先进个人、河北省优秀律师、河北省律师抗“非典”先进个人、民进河北省抗非典先进个人、唐山市精神文明建设先进工作者、唐山市十佳文明律师等荣誉并多次立功。

张来柱律师致力于法学理论、实践的研究，有多篇论文在国家、省、市获奖。出版专著《经济社会的文化法律求解》；在国家、省级刊物上发表《诚信原则在缔约过失责任认定中举足轻重》；《论爆炸罪与其他涉爆犯罪的区别》；《股份有限公司高级管理人员的身份界定及应负的法律责任》；《整合社会法律资源、完善中介法律制度》等30余篇论文。

靳长征

靳长征，河北沧州海岳律师事务所主任。大学学历，获法学学士学位。现任沧州市律师协会副会长、河北省律师协会理事。

靳长征律师业务功底深厚，执业经验丰富。他长期担任神华集团黄骅港务有限公司、沧州市房屋管理局、中央储备粮沧州直属库、沧州市高等职业技术学院、沧州市农科院、中外合作沧州盛通公路发展有限公司等数十家国家机关、企事业单位的常年法律顾问。他曾经参与了多项涉外经济合作项目的谈判工作。他承办了大量重大、疑难、复杂的刑事、行政、民事案件，多起案件被《河北法制报》、河北电视台等新闻媒体跟踪报道。他参加了《中国涉外经济审判》的编写工作。

靳长征律师作为主任、合伙人，他带领全所律师积极努力，奋力拼搏，使本所综合实力排名连续多年位列沧州之首，得到上级领导的认可和社会各界的好评。律师事务所曾被司法部、中国残联评为“残疾人维权示范岗”；被河北省司法厅评为“省级文明律师事务所”；被河北省人民政府残疾人工作协会委员会评为“爱心助残律师事务所”、残疾人法律援助工作“先进集体”；被河北省司法厅、河北省律师协会评为“河北省20强律师事务所”、“AAA级信用律师事务所”；被河北省人大内司委、省高院、省司法厅、省残联等授予“残疾人维权示范岗”。

靳长征律师因工作业绩突出，多次受到上级机关嘉奖。他曾被沧州市人民政府评为沧州市“三五”普法先进个人，并荣立三等功一次。他还被评为河北省“执法为民、树形象”活动先进个人，“全国优秀律师”等荣誉称号。

靳长征律师曾当选为沧州市第九届人民代表大会代表、沧州市青年联合会第四届委员会委员，中国人民政治协商会议沧州市第六、七届委员会委员。靳长征律师的事迹多次被新闻媒体报道。

山西省优秀律师

刘银栋

刘银栋，山西成诚律师事务所主任，仲裁员。山西省首届“十大”杰出青年律师。2000年被省司法厅荣记个人二等功。2003年获山西省先进律师。2005年评为山西省优秀律师。2005年6月被中华律师协会评为全国优秀律师。具有司法部和国家计委授予“律师从事国家基本建设大中型项目招标投标资格”证书。外经贸部和中华律协授予“律师从事外经贸企业内部职工持股法律业务资格”证书。中国与欧盟“中欧公共采购暨招标投标资格”证书。财政部、司法部授予“律师从事国有资产产权法律事务资格”证书。擅长办理刑事、经济、劳动争议、金融、建筑、房地产、招标投标、政府采购、公司事务等方面的法律事务。

主要论文有：《工程建设中审计与审价的法律关系及法律效力》、《建立符合市场经济规律的企业家激励机制》、《不具备法人资格的开办单位的法律地位》、《律师的政治素养和道德修养》、《开发商处分基础公建设施的法律风险和防范》、《住宅小区物业管理事务》、《建筑企业优先权行使的法律风险与防范》、《关于工程款清欠技巧问题的探讨》、《关于工程款支付法律问题的探讨》等。

曾经参与的立法项目有：参与《中华人民共和国建筑法》的修订；参与《中华人民共和国招标投标法》的起草、讨论；参与《山西省城市房地产交易管理条例》的制定；参与《山西省物业管理条例》的制定；参与《山西省城市房屋拆迁条例》的制定。

张培义

张培义，现任山西元升律师事务所主任律师兼党支部书记，是中华全国律师协会宪法与人权委员会委员、山西省律师协会和太原市律师协会的常务理事。

作为山西元升律师事务所的带头人，他带领元升所从原来的国办所太原市第一律师事务所改制为合伙律师事务所，并不断加强管理，规范律师事务所的各项制度，规范本所律师的执业行为，使元升所从太原市的“老所”发展成为一所符合市场经济需求的综合型的“新所”，以高效优质的服务赢得当事人的信任，从而使元升所的业绩突飞猛进，现已成为山西省规模最大的律师事务所之一。

张培义律师执业14年以来，共办理各类法律事务近千件，深受当事人的好评。他受太原市市委、市政府的委托，多次成功地担任重大工程项目专项法律顾问，受到政府的高度信任；成功援助长达12年不能回迁的67户晋康拆迁户案，圆满地代理2000万元的国际贸易仲裁案。张培义律师不仅赢得了当事人信任，而且得到了行业主管部门的好评，2005年被全国律师协会授予“全国优秀律师”称号，被山西省司法厅和山西省律师协会评为“山西省优秀律师”。

刘　正

刘正，法律硕士。1995年取得律师资格，2001年牵头成立山西锋卫律师事务所。作为锋卫团队的领军人物，以积极、健康的心态及朴实、上进的社会责任感和使命感为支撑、秉承“出谋划策勇为前锋，排忧解难甘为后卫”的宗旨，带领全所律师全心全意为社会提供及时、优质、高效的法律服务。如今，锋卫所已经发展成为一家拥有30名执业律师的综合性律师事务所，现正在进行山西省首家律师事务所的ISO9001－2000质量管理体系认证工作，以期为社会提供更专业的法律服务。

刘正律师从业10余年来，恪守职业道德、精钻法律业务，积极参与社会公益活动及业内组织的法律援助活动，办理了多起轰动全国、全省的重大案件。同时，他更重视理论方面的研究，在各级刊物发表了多篇学术论文。积极参加社会活动，担任多项社会兼职。广泛开展对外交流，与国内各省市同行深入合作。荣获“全国优秀律师”、“山西省优秀律师”、“先进律师”等多项荣誉称号。现任山西省律师协会常务理事、山西省法律援助业务指导委员会委员、中国市场主体维权铸信联合行动律师团成员。主要从事公司证券、项目融资、企业改制、资产重组及交易，重大诉讼等专项法律事务。从业至今，共办理刑、民、经、行政及非诉讼法律事务数百件。现担任中国平安人寿保险股份有限公司山西分公司、太长高速有限责任公司、太原天龙集团股份有限公司等数十家公司、企业的法律顾问。

内蒙古自治区优秀律师

巴　布

巴布，蒙古族，中共党员，高级律师，毕业于中国政法大学法律系，1992年开始从事专职律师工作。1995年3月创办爱德律师事务所，并担任事务所主任职务。

巴布律师现为中华全国律师协会理事；民事业务委员会委员；内蒙古自治区律师协会副会长；呼和浩特市第十二届人大常委会法律咨询顾问；政协第十届呼和浩特市委员会委员；呼和浩特市人民检察院检风评议代表；呼和浩特市第一监狱狱务公开执法监督员；呼和浩特仲裁委员会仲裁员；内蒙古自治区青年联合会常务委员；内蒙古自治区经济发展与研究促进会理事；内蒙古法学会第四届理事。

巴布律师1998年被评为呼和浩特市“十佳律师”，1999年在呼和浩特市开展的“争创人民满意政法干警和单位”的活动中，被评为“呼和浩特市人民满意干警”，1999年、2001年两次被评为内蒙古自治区“十佳律师”，2001年、2005年两次被呼和浩特市司法局记个人三等功，2003年、2004年先后被中共呼市司法局委员会评为“优秀党务工作者”、“优秀共产党员”，2004年被评为首届“内蒙古自治区优秀律师”。2005年被评为“全国优秀律师”。

巴布律师自1992年从事专职律师以来，代理各类案件数百件，先后为数十家企业及政府部门担任常年法律顾问。

巴布律师办理的日本某出版社侵犯布林特古斯著作权一案，被评为自治区优秀案例、并获司法部首届律师业务“金獬奖”；他撰写的《关于民事审判方式改革若干问题的再思考》一文在内蒙古法学会诉讼法、司法文书研究学术研讨会上被评为一等奖；他担任副主编的全国高等学校《法学概论》蒙文教材于1999年被评为全国大中专（中师）院校少数民族文字优秀教材一等奖。

郑锦春

郑锦春　恒信长城律师事务所

辽宁省优秀律师

陈庆阳

陈庆阳，1935年10月出生，汉族，大专，中共党员。国家一级律师。1954年9月参加工作，在鞍山市永乐区人民法院任书记员；1955年4月调任鞍山市法律顾问处律师；1957年被错划为右派分子，从1958年9月先后在矿山、农场、工厂劳动；1979年1月改正，同年4月调去鞍山市中级人民法院代理审判员工作至年末；1980年初调任律师至今；现为辽宁省、鞍山市律师协会副会长，鞍山市仲裁委员会委员，1982年被评为辽宁省司法行政系统先进工作者，1992年被辽宁省厅、省律师协会评为最佳辩护人，1994年司法部授予银星荣誉，1996年获“全国优秀律师”荣誉称号，1998年记一等功，1999年被评为辽宁省劳动模范，优秀共产党员，全国优秀律师，2003年被评为省文明律师，2004年被评为全国优秀仲裁员，辽宁省厅践行“三个代表”先进个人，记一等功。

潘公明

潘公明，1950年11月12日出生，毕业于辽宁大学，研究生学历。现任辽宁申扬律师事务所（原沈阳市第一律师事务所）主任，高级律师。1982年开始从事律师工作，任沈阳市第一律师事务所顾问一室主任。1986年，调至沈阳市司法局公证律师管理处，任主管律师管理工作的副处长；1990年，调至沈阳市涉外律师事务所，任副主任；1993年，调回辽宁申扬律师事务所，先后任副主任、主任。

潘公明同志有着丰富的管理经验。曾直接参与司法部在沈阳市开展的律师职务评定试点工作，取得成功经验并在全国推广。曾先后设计起草了律师岗位承包方案、申扬律师事务所效益工资分配方案。尤其是申扬律师事务所效益工资分配方案，曾先后被辽宁省司法厅、司法部作为成功经验向全省乃至全国推广。

潘公明同志坚持以事实为根据，以法律为准绳，尽职尽责地为当事人提供法律帮助。先后为中国银行沈阳分行、太平洋保险公司、中国联通沈阳分公司、沈阳辉山乳业公司、抚顺市矿务局等60多家大中型企业担任法律顾问，办理各类案件数百件，涉诉标的超过5亿元，为当事人挽回和避免经济损失达8000余万元。

潘公明现为辽宁省暨沈阳市两级人大代表，中共沈阳市委、沈阳市人民政府决策咨询委员会委员，中华全国律师协会理事，辽宁省律师协会会长，辽宁省法学会理事等职务。并被各级党政机关授予“优秀执法者”、“诚信律师”、“文明律师”等称号。

张耀东

张耀东，吉林大学硕士研究生毕业，律师执业17年。曾荣立二等功一次，荣获“大连市劳动模范”、“大连市级优秀共产党员”称号。

连续二届当选辽宁省律师协会副会长、兼任辽宁省律师协会行业规则工作委员会主任，大连市人大代表、市人大法制工作委员会委员，连续二届当选大连市律师协会副会长，兼任大连市律师协会维权工作委员会主任，同时担任中共大连市律师协会党委副书记、兼任纪律检查委员会书记，担任大连市政府法律顾问和大连市中山区政府首席法律顾问，为大连市、区二级政府的法制工作做出一定贡献。

作为法大律师事务所创始合伙人，担任12年主任，并从2005年开始担任专职管理合伙人，成为全国律师业少有的专职管理合伙人之一。多年潜心研究律师事务所管理理论与实务，发表多篇论文。十多年来，带领法大律师事务所荣获市级、省级和部级文明律师事务所称号，在律师事务所建章立制、规范运作方面卓有建树，在全省乃至东北律师界起到一定示范作用，在全国律师行业内具有一定的知名度和美誉度。

文柳山

文柳山，1988年毕业于北京大学，获法学硕士学位。毕业后一直在大连执业，1994年成立以个人名字命名的律师事务所，与当初的合伙人合作至今，被誉为大连最具稳定性和凝聚力的执业机构之一。

作为学者型律师，其坚持从法理角度研究案情的办案风格，和追求收案前的预测和审理后的判决相吻合效果的执业原则，使其赢得了能使案件绝路逢生的名声，并为此承办了较多重大、疑难案件。如作为原沈阳市长慕绥新的辩护律师，其辩护意见被法院采纳7处，取得了较好的社会效果。

他在办案的同时，还注重不断地总结和学习，执业以来先后在省级以上法学刊物发表文章20多篇；并于1996年受中华全国律协派遣赴日研修一年，归国后又邀请日本的海商法律师在大连举办了由大连海事大学、辽宁高院、大连海事法院及律师界的专家和实务人员参加的《日本海事碰撞制度研讨会》；还作为南开大学政法学院特邀法学教授将自己的体会与学生分享。

作为连续两届的大连市政协委员、大连市中院和海事法院监督员，大连市政府、大连开发区管委会和大连市工商联的法律顾问，经常利用各种场合对法制建设发表意见、提出提案，并对10多部地方立法提出了有价值的修改意见。

1993年、1998年、2003年，连续3次被辽宁省司法厅授予省级文明律师称号，2002年被辽宁省司法厅授予“二等功”，2002年、2005年连续两次当选大连律协副会长。

王 艻

王艻，辽宁同方律师事务所主任，高级合伙人。

1978～1982年，北京大学天体物理专业获理学学士学位；1982～1985年，中国科学院金属研究所金属物理专业获工学硕士学位；1986～1989年，意大利国际高等研究院（SISSA）获理论物理学博士学位。1990～1991年，意大利国际理论物理中心（ICTP）博士后；1991～1994年，中国科学院金属研究所助理研究员；1994～1999年，申扬律师事务所律师、高级律师。

现为世界法学家协会会员、世界青年律师协会会员、中国法学会会员、民建中央委员、辽宁省律师协会常务理事、辽宁省青联常委、辽宁省监察厅特邀监察员、沈阳市政协委员、沈阳市律师协会副会长、沈阳市归国留学博士联谊会常务理事、沈阳市优秀专家协会会员、沈阳市中级人民法院专家咨询团成员、沈阳市纪委、监察局特邀监察员。

从1994年至今十余年的律师生涯，参与了众多在国内、省内有重大影响的案件的代理工作，在社会上均产生了广泛的影响。担任十余家中、外大型企、事业单位及科研院所的常年法律顾问。曾先后获得辽宁省十佳法律顾问、沈阳市优秀政协委员、沈阳市优秀律师、沈阳市文明律师、沈阳市诚信律师标兵等荣誉。

吉林省优秀律师

赵春芳（女） 吉林泉城律师事务所
刘继业 吉林常春律师事务所

黑龙江省优秀律师

韩振华 黑龙江海天律师事务所
徐桂元 黑龙江大公律师事务所
李亚兰（女） 黑龙江龙电律师事务所

浙江省优秀律师

胡祥甫

胡祥甫，中共党员，1984年7月毕业于西南政法学院，获法学学士学位，1987年考入复旦大学，1990年7月毕业并获得硕士学位，硕士毕业后分配到杭州市第二律师事务所（后更名为浙江星韵律师事务所）从事律师工作，历任事务所主任助理、副主任、主任，一级律师。现为全国律协民事业务委员会副主任、浙江省律师协会副会长、杭州市政协委员、杭州市下城区人大代表。

工作业绩：曾成功办理全国首例弃婴状告父母遗弃案、中国股市第一案、“马家军”名誉权案、杭州“张小泉”状告南京“张小泉”字号商标侵权案、全国首例因低价倾销、高价收购（空调器）引发的不正当竞争案、著名科学家谈家桢名誉权案、《大明宫词》电视剧音乐作品著作权侵权案、以金华某银行为被告的以存单为表现形式的借贷纠纷案（标的2亿多元，为银行减少损失15000多万元）、某通信公司涉嫌走私近1亿美元货物终被法院宣告无罪案、吴某某中介西门子技术过程中涉嫌合同诈骗终被法院宣告无罪案等等。

曾参与大自然股份公司、华塑股份公司、华立股份公司等10余家企业的股份制改组及中国轻纺城、杭钢、浙江东方股份公司等10家企业的股票上市之法律事务工作，出具法律意见书。还担任世界银行在杭州贷款项目的专家评委。曾在多家刊物上发表30余篇论文，出版过两本法学专著和个人案例集。

胡祥甫担任星韵律师事务所主任，期间星韵所于1998年被国家司法部评为首批部级文明律师事务所，其规模、律师数量、人员素质、创收能力等均在浙江省名列前茅。曾荣立三等功一次并获得“杭州市十佳律师”、“杭州市律师行业优秀共产党员”等荣誉称号。

唐国华

唐国华，1985年毕业于北京大学法律系，1988年起兼职从事律师职业，1995年发起设立浙江君安律师事务所。现为浙江泽大律师事务所主任、浙江省律师协会常务理事、浙江省公安厅法律专家咨询委员会委员、杭州仲裁委员会仲裁员。2003年获得浙江省“十佳律师”荣誉称号。2004年5月获得“刑事辩护突出贡献奖”荣誉称号。

执业期间办理典型案例：（1）担任涉嫌贩毒案董文列的辩护人，自1996年接受委托至2003年，跨越7

年的艰难辩护，从死刑到无罪，并获得国家赔偿。(2)自1996年代理全国最大的商品房集团诉讼——义乌宾王祠林小区商品房买卖合同纠纷集团诉讼案。该案案情复杂，争议大，有广泛的社会影响。(3)作为中方律师代表参与杭州某国有资产经营公司与全球500强之首——美国通用电气公司的股权并购项目。

执业期间社会活动及公益事业：(1)积极促成、参与律师随领导下访及信访工作，使省领导下访并形成制度，受到全国媒体高度评价。(2)2002年，积极发起、参与并促成农工民主党与浙江省法律援助中心合作，成立浙江省法律援助中心前进工作站，在全国范围内，开民主党派参与法律援助之先河。

章靖忠

章靖忠，中共党员，1984年毕业于浙江大学法学院，获法学学士。1984年进入浙江省委政法委员会工作。1988年开始从事律师工作，现为浙江天册律师事务所主任，并任杭州市律师协会会长、杭州市法学会副会长，受聘担任浙江大学法学院硕士研究生导师，杭州仲裁委员会仲裁员。

章靖忠在公司、房地产业务方面具有丰富经验，担任浙江省内多家大型公司的法律顾问，主办了浙江沪杭甬的H股上市，牵头参与了浙江省首家股份制商业银行——浙商银行的重组设立。为省内多家大型房地产公司提供一揽子法律服务。

章靖忠擅长国内民商事案件诉讼与仲裁，承办过多起在省内外有重大影响或标的额上亿元的案件，在客户中有广泛而良好的声誉。曾多次荣获浙江省和杭州市"十佳律师"、"杭州市十大杰出青年"、"新长征突击手"等荣誉称号，并被省司法厅荣记二等功一次。

范　云（女）

范云，一级律师，浙江波宁律师事务所创始人。1986年1月进入宁波市司法局从事律师管理工作，同时在宁波市律师事务所担任兼职律师。1992年辞去公职，创办宁波市第一家合作制律师事务所，即宁波经贸（后更名为"波宁"）律师事务所。

范云从业以来在海事海商、房地产、公司、金融等诉讼与非诉讼业务专业领域颇有建树，曾成功代理多起争议标的巨大、法律关系复杂、具有较大影响的诉讼案件，具有丰富的律师实务经验、较深的法律造诣和优秀的从业业绩，取得多项专业资格。撰写的多篇论文刊登在全国各级报刊杂志上，2001年在中韩律师协会第六届法律研讨会上作了"入世，中国律师任重道远"的专题发言。

在追求业务出色的同时，她还积极参与律师行业及社会活动，先后担任全国律协常务理事、全国女律师协会副会长、浙江省律协常务理事、宁波律师协会常务理事等各项职务，担任宁波市政协委员、宁波市人大法律咨询员，受聘担任宁波仲裁委员会仲裁员、宁波市中级人民法院廉政建设监督员、宁波市3.15志愿者、宁波市妇女维权志愿者等多项社会职务。

她先后被授予"浙江省十佳律师"、"宁波市优秀律师"、"宁波市十大优秀青年"，"宁波市三八红旗手"、"优秀党员"等荣誉称号。她领导的律师事务所也先后获得"文明律师事务所"、"人民满意律师事务所"、"法律援助先进集体"、"先进基层党组织"等荣誉称号，并且荣立集体三等功。

何延法

何延法，中共党员，南京大学毕业。现为浙江人民联合律师事务所主任，一级律师。

1982年7月开始做律师工作，先后担任温州市律管处长，海事所、海昌等所主任。温州市律协副会长，浙江省律协常务理事。

从业20多年来，他先后办理了震惊中外的泰顺200多位民工矽肺索赔案（标的2.1亿）、中国最大流氓杀人案（徐海鸥46位被告）、瑞安市市长陈启富受贿案、作为首席仲裁员办理了闻名全国的中银大厦（烂尾楼）仲裁案等各种类型案件1000多件。先后担任了温州市人民政府、温州大学、中国泰恒眼镜城、奥伦集团等50多家法律顾问。1998年被评为"温州市十佳律师"；2003年4月被评为"浙江省十佳律师"；2004年4月荣获浙江省法律援助突出贡献奖；2005年被评为"全国优秀律师"。2005年1月作为律师代表，在浙江省司法行政党员先进性教育大会上作了《为弱者撑起一片青天》的发言。

在办案之余，仍笔耕不止。不忘对法律理论的探讨和工作的总结。先后撰写并发表了多篇文章。与他人合著《温州办事指南》、《法律读本》、《司法行政管理制度》三本书。

安徽省优秀律师

李仁厅

李仁厅，法律本科学历，现任安徽长城律师事务所主任，安徽省律师协会常务理事，马鞍山市律师协会副会长。

1981年6月至1996年10月先后担任过园艺场技

术员，乡镇秘书，中学教师，马鞍山市司法局科长，法律事务中心主任等职务。1996 年 10 月辞职领办安徽长城律师事务所。从事专职律师后，先后承办过省内及全市有影响的一批刑事辩护案件，担任市政府等多家法律顾问，被聘为市人大咨询员。

2004 年，被评为“全省优秀律师”，2005 年，被中华全国律师协会授予“全国优秀律师”荣誉称号。

鲍金桥

鲍金桥，法学硕士，安徽承义律师事务所合伙人，安徽省第九届政协委员，安徽省政协社会和法制委员会委员，安徽省人民政府行政执法监督员，安徽省律师协会顾问。1988 年研究生毕业后，在社会科学院从事民商法理论研究工作。1993 年从事专职律师以来，勇于探索创新，取得了较好的业绩。作为安徽省最早从事公司、证券法律业务的律师，亲历了我国证券市场和证券律师业务的起步和发展，凭着刻苦钻研的精神，全心全意为客户服务的理念，以透彻的分析能力和高度的敬业精神，为当事人提供了优质的专业法律服务，赢得了客户的广泛尊重与好评，在业内享有较高的声誉。10 多年来，为 50 余家企业的股份制改组提供了专项法律服务，办理了首次公开发行股票、配股、增发、可转换债券等证券项目 30 余家（次），业务遍及安徽、上海、江苏、浙江、河南、湖南、山东、广东、河北等省市。2005 年被中华全国律师协会授予“全国优秀律师”荣誉称号。

宋世俊

宋世俊，1986 年毕业于华东政法学院法律系，后在安徽大学法学院攻读经济法专业研究生，毕业后即从事专职律师工作。现任安徽安泰达律师事务所主任，国家一级律师。安徽省人大常委会司法监督咨询员，安徽省人民政府法律顾问组成员、安徽省民商法经济法研究会副总干事，安徽省律师协会常务理事，安徽省律师协会诉讼法律业务委员会主任委员。从业以来，共办理了近千件经济、民事、刑事等各种类型的诉讼案件，处理了大量的非诉讼法律事务，并为客户成功地进行了多起项目策划与代理。多次被省直机关工委和安徽省司法厅授予“优秀共产党员”称号，先后被安徽省司法厅、安徽省律师协会授予“安徽省先进律师”、“安徽省优秀律师”称号，2004 年还获得“安徽省十佳律师”和“全国优秀仲裁员”称号，2005 年被中华全国律师协会授予“全国优秀律师”荣誉称号。

现担任安徽省教育厅、安徽省教育局、安徽中烟工业公司、安徽黄山卷烟总厂、合肥国轩置业公司等 20 余家行政机关和企事业单位的常年法律顾问。还受聘为铜陵精达特种电磁线股份有限公司等多家企业股份制改造及股票上市发行提供专项法律服务。

黄明利

黄明利，大学本科学历，民革成员。1992 年到律师事务所执业，任安徽雄风律师事务所主任，黄山市政协委员。省律协第五届、第六届理事会理事，黄山市律协副会长。

黄明利自 1992 年从事律师工作以来，先后在安徽、上海、江苏、广东、浙江等地方承办了近千起刑、民、经和行政案件。先后撰写了数十篇学术论文，分别发表在国内一些大学学报的《试论我国违宪审查制度》和发表在《江海学刊》上的《试论我国监督审判制度》分获安徽省社会科学优秀成果奖，《浅谈刑度调节例》一文获最高人民法院优秀论文奖等。2005 年被中华全国律师协会授予“全国优秀律师”荣誉称号。

江苏省优秀律师

费建新

费建新，中共党员，二级律师，江苏无锡通运律师事务所主任、合伙人，无锡市律师协会涉外委员会主任，无锡市科学技术协会委员。

费建新律师积极以共产党员的标准严格要求自己，永葆共产党员的先进性，做“三个代表”的忠实实践者。同时认真学习中央领导对律师工作的指示，积极自觉地参加律师职业道德和执业纪律的教育整顿工作，使其领导的通运律师事务所成为一支政治思想成熟、办案本领过硬、职业道德良好、业务特色鲜明、内外关系和谐、规章制度严密的律师团队。

费建新律师的律师业务开拓和专业能力显著，一是带领全所从传统的诉讼业务为主转入非诉讼业务和诉讼业务并重的阶段，为无锡地区的引进外资项目、房地产项目、企业转制、资产并购等提供高层次的法律服务。二是对涉及财产关系的诉讼案件较早地探索和实践律师风险代理制度，成为无锡地区律师界实行风险代理开先河的人，在社会上引起强烈反响，使事务所形成了非诉讼业务和风险代理的两大特色，为事务所的发展带来勃勃生机。

费建新律师的工作业绩是引人注目的，常年担任 20 多家政府机关、大中型骨干企业和外资企业的法律顾问，为企业的发展和政府机关依法行政提供优质的法律服务。同时承办过多起在本市、本省、乃至全国都有重大影响的案件，均有令当事人满意的结果。如2003年代理无锡锡兴钢铁股份有限公司保证合同纠纷案，通过艰苦细致的调查取证，为企业避免经济损失1亿元人民币。又如2004年参与无锡雪浪初轧厂的转制和对锡兴集团公司的收购，涉及资产13亿元人民币，带领助手从酝酿、谈判、起草修改文本到签约，全过程跟踪服务，深得当事人的好评。在取得良好社会效益的同时，也取得了较好的经济效益。费建新律师1999年底被无锡市司法局、无锡市律协评为"无锡市优秀律师"、"人民满意律师"，记三等功一次，2002年10月被江苏省律协评为"江苏省知名律师"，2004年7月被评为"无锡市级机关优秀党员"，2005年4月被无锡市精神文明指导委员会评为"无锡市优秀志愿者"，2005年被全国律师协会授予"全国优秀律师"荣誉称号。

陆　刚

陆刚，法学学士。1995年起被聘任为常州仲裁委员会仲裁员，江苏常州常联律师事务所主任，现为政协常州市第十一届委员、常委。

从业以来，陆刚律师先后担任过80余家国家机关、企事业单位常年法律顾问，代理各类案件1200余起，避免各类经济损失达4亿多元，尤其擅长公司、房地产、金融、非诉讼等法律事务，熟悉企业内部的管理、运作等。在经济效益得到发展的同时积极发挥良好的社会效益，多次在国家、省、市刊物上发表论文数十篇。2000年担任常州冶金机械厂技工学校法制副校长，2000年担任常州市司法局政府法律咨询组成员，2001担任江苏省WTO法律咨询人才库成员，2002年被江苏省律师协会授予"江苏知名律师"称号，2003年担任常州市WTO法律咨询人才库成员，2003年被常州市市委、市政府、市人大、市政协聘为法律顾问。2004年又陆续被聘为江苏省党外知识分子联谊会第一届理事会理事、常州市工商联律师专家组成员、常州市青少年法制教育宣讲团成员、常州市人民广播电台"房地产栏目"律师专家组成员、常州市钟楼区南大街街道综合治理宣传报告员。2005年3月，担任江苏省律师协会建筑与房地产业务委员会副主任、律师行业规则工作委员会副主任，2005年被中华全国律师协会授予"全国优秀律师"荣誉称号，2005年11月，担任常州市律师协会常务理事。

何　丹

何丹，剑桥人律师事务所首席合伙人。律师从业18年，专长于公司、投资、房地产等法律领域。成功办理中化公司期货交易案、外贸公司进出口代理案、华裕公司票据案、爱洁公司专利侵权案以及SBH投资项目等著名案例。以其出色的开拓能力、娴熟的业务技能和严谨的职业操守创造了卓越的工作业绩，受到了广泛一致的好评。崇尚法治精神，注重法学理论研究和律师实务的探讨，主编的《剑桥论点》以敏锐的专业眼光和开阔的视野受到越来越多的关注。

作为事务所的负责人，他以超前的兴所理念，努力构建律师事务所规模化、专业化和国际化的发展框架，并在机制上大胆创新，营造良好的企业文化和团队精神。使律师事务所综合实力迅速提高，跃居苏州市80多家律师事务所的前列。先后被江苏省司法厅授予"人民满意律师"、"优秀律师"、"知名律师"称号。

尤玉凯

尤玉凯，法学硕士，江苏徐州汇君律师事务所律师，兼任徐州市律师协会副会长、江苏省律师协会房地产专业委员会委员、徐州仲裁委员会仲裁员、宿迁仲裁委员会仲裁员、徐州市泉山区第六届人民代表大会代表。曾获得徐州市十佳青年律师、江苏省知名律师、江苏省十佳律师。

2001年，在从事律师工作16年后，尤玉凯律师带头进行一次重要的律师执业生涯转向。本着执著的信念，坚持不懈地努力开拓房地产非诉讼法律服务新领域长达4年之久，为律师非诉讼业务的发展做出贡献。

一是在传统的法律服务领域，特别是在合同管理上，真正建立与完善了合同管理制度。

二是改变传统诉讼观念，运用适当的法律思想及思维方式参与项目管理工作，在工作中确立了律师在非诉讼活动中最重要的经验守则。同时，尤玉凯律师还积极探究工程管理中的法律问题，收入2002年江苏律师业务研讨会论文集；在徐州电视台经济频道，进行连续的房地产法律问题解答，普及社会房地产法律知识。

三是参与公司日常性的重大决策，控制投资、经营风险与法律风险。曾参与售房价格制定决策，避免了近300万元的经济损失，获特别嘉奖。

通过带头示范作用，取得了客户的信赖，带动了所里其他律师不同程度地选择或开始从事房地产非诉讼业务。汇君律师事务所成为徐州市房地产非诉讼业务最多的事务所。

丁　强

丁强，江苏维世德律师事务所扬州分所副主任，扬州市优秀律师，扬州市十佳律师，第二届全国法律援助先进个人，全国优秀律师。成功代理童工工伤致残劳动争议、某知名大酒店消费服务保管车辆丢失纠纷、扬州首例反不正当竞争纠纷等案。5年无私援助承办“小朱逊药物致聋损害赔偿案”，见证并经历了我国医疗损害赔偿处理机制及适用法律的几度重大变革，终使聋儿朱逊回归有声世界；2003年央视3.15晚会对该案（被评为全国法律援助十大典型案件）的特别报道，撼动全国亿万人。代理“小皓天输血感染丙肝案”，被评为江苏省法律援助十大典型案件。

丁强律师担任20余家企事业单位的常年法律顾问，擅长并涉足大量建筑、房地产法律业务，在国家、市级刊物上发表专业论文多篇。作为扬州广电报、扬州交通台、扬州电视台法制栏目的特聘律师或（专业）法律顾问，丁强律师长期参与、主持法制栏目，弘扬法治精神；作为省律协未成年人保护专业委员会副主任，丁强律师担任学校、社区的法律顾问，对青少年普法、维权，为构建和谐社会而竭力。丁强律师勤奋严谨、诚实守信、业务精湛、无私奉献、品德高尚、成绩突出，其杰出表现赢得了业内及社会的广泛赞誉，并受到司法部及全国律协的表彰。

刘 玲（女）

刘玲，二级律师，农工民主党员，江苏盐城瑞信律师事务所主任。江苏省第六届律师协会理事，盐城市律师协会常务理事。

1987年参加工作，先后在盐城市政法干部学校、盐城市司法局工作，2001年6月辞职领衔创办盐城瑞信律师事务所，1998年当先政协盐城市第四届常务委员，2003年当选江苏省第十届人大代表和江苏省妇联第十届执行委员，刘玲律师擅长刑事案件和房地产案件业务，曾多次担任本地区有影响的案件辩护和房地产案件的代理，均受到很好评价。2002年被评为江苏省知名律师，2005年被评为江苏省首届优秀青年律师和全国优秀律师。刘玲律师在得到社会各界关心和帮助的同时，没有忘记回报社会，每年亲自代理多起援助案件，同时，要求全所每位律师都要办理10件援助案件，短短的4年时间，盐城瑞信律师事务所就因关心弱势群体而享誉盐阜大地。刘玲律师也因此于2004年8月被江苏省司法厅和江苏省妇联联合表彰为“江苏省妇女权益法律援助工作先进个人”，2004年12月农工党中央表彰为“社会服务特出贡献奖先进个人”。

福建省优秀律师

蒋方斌

蒋方斌，大学本科，一级律师（正高职称），毕业于中南政法学院法律系，福建至理律师事务所主任。现任福建省政协常委、福建省青年联合会常委、福建省律师协会副会长、福建省青年法律工作者协会副会长、民盟福建省法律工作委员会主任等职务。

蒋方斌律师是一位懂法律、懂经济、懂外语的专家型律师，尤其在非诉业务方面，其成绩显赫，成为福建省较早走专业化道路的律师。1989年，他代理了我国首例对台易货贸易纠纷。1993年，他以法律顾问身份，协助有关部门成功地从日本引进5亿日元，成立了“富闽基金会”。1995年，他帮助利嘉集团收购福建三木集团股份有限公司法人股，开创了福建省股份有限公司收购案例的先河。自1993年至今，他帮助福建省及省外部分上市公司进行了股份制改组、股票发行及上市工作。此外，他一直热心于公益事业，在每次赈灾活动中踊跃捐款捐物；2002年，他个人又捐款人民币200万元创办福建省律师协会明媚助学专项基金，是我国首例由律师个人捐资创办的公益性基金。曾荣获“福建省司法行政系统拔尖人才”、“抗洪赈灾先进个人”、“福建省十大杰出青年律师”、“福建省第三届创建文明行业工作先进个人”、“福建省十佳律师”、“福建省十大杰出青年”、“福建省新长征突击手标兵”、“全国优秀律师”等称号。

孙卫星

孙卫星，二级律师，华东政法学院法学专业毕业，获法学学士学位，在厦门大学任教7年，1984年开始从事律师工作，现为福建天衡联合律师事务所主任。现任中华全国律师协会常务理事、福建法学会常务理事、福建省律师协会副会长、厦门市法学会常务理事、厦门市律协副会长、厦门市思明商会副会长、厦门市房地产业协会副会长等职务。

孙卫星律师担任包括厦门市政府在内的130多家政府及企事业单位的法律顾问，同时代理金融、房地产及经贸的诉讼法律事务及非诉讼法律事务。自1985年以来共承办各类案件2000余件，并代理数起重大疑难案件，为当事人挽回或避免损失数亿元，在福建省律师界形成较大的影响。

孙卫星律师多次被福建省司法厅、福建省律协授予“福建省优秀律师”称号；被福建省人事厅、司法厅授予“福建省司法行政系统先进个人”称号；被厦门市司法局授予“优秀律师”称号；多次被厦门市仲裁委授予“优秀仲裁员”等荣誉称号。2005年被中华全国律师协会授予“全国优秀律师”称号。

吴国章

吴国章，福建壶兰律师事务所主任，毕业于华东政法学院，2001年起兼任莆田市人民政府行政复议员，福建省律师协会行政法律业务委员会委员。2003年5月发起创办福建壶兰律师事务所。

吴国章律师执业以来，始终坚守法律的信念，想当事人之所想，急当事人之所急，坚持诚信，主持正义，在他承办的案子中，大到“建国以来特大的偷渡案”，小到相邻、离婚、人身损害赔偿案等，他都不遗余力，遇到当事人经济困难，就主动帮助当事人寻求法律援助或无偿提供法律服务。吴国章律师现在主攻行政诉讼，在“民告官”的诉讼中，吴律师总是顶着各方面的压力，勇往直前，展现出律师的铮铮铁骨。执业之余吴国章律师坚持学习，结合实践，撰写了多篇论文，其中《无意思联系共同致害及其民事责任的实务研究——兼评最高人民法院关于审理人身损害赔偿案件适用法律若干问题的解释第三条》一文被2004年福建省律师实务研讨会评为优秀论文。

吴国章律师热心于各项社会公益活动。他积极参加法律服务进社区、义务法律咨询、普法授课等活动，还积极参加由省、市律协组织的向希望小学、灾区人民捐款献爱心活动，2005年被中华全国律师协会授予“全国优秀律师”称号。

江西省优秀律师

方世扬

方世扬，毕业于江西大学（现南昌大学）法律系，江西华邦律师事务所主任，中华全国律师协会理事，江西省律师协会会长，南昌市仲裁委员会仲裁员，南昌市劳动争议仲裁委员会仲裁员。自1987年7月在江西省律师事务所（2000年改制为江西华邦律师事务所）从事律师工作以来，先后被中共江西省委政法领导小组授予“全省政法系统廉政建设先进个人”；江西省司法厅授予“全省司法行政系统‘十佳法律服务工作者’”；江西省司法厅授予“个人二等功”；江西省“杰出（优秀）青年卫士”等荣誉称号。

张　工

张工，毕业于华东政法学院法律系。大学毕业后分配在当时的南昌市法律顾问处从事律师工作，先后担任南昌市金融房地产律师事务所和南昌市第二律师事务所主任。现为江西豫章律师事务所合伙人，高级律师。

在20余年的律师执业生涯中，凭着自己的勤奋与努力，走出了一条自我搏击的成功之路。历年来多次被评为南昌市司法行政系统先进工作者、2000年全省司法行政系统先进个人、江西省第二届优秀青年卫士、南昌市综合治理先进个人。现为南昌市人大代表、内务司法委员会委员，中华全国律师协会金融证券法律专业委员会委员，南昌仲裁委委员。

山东省优秀律师

王广仁

王广仁，一级律师，现任山东众成仁和律师事务所主任、党支部书记，山东省律师协会副会长，山东省民商法研究会副会长，全国律师协会常务理事。先后被评为山东省“十佳”律师、济南市“十佳”律师、济南市劳动模范，荣获济南市“五一”劳动奖章。2005年山东众成仁和律师事务所荣获“全国优秀律师事务所”荣誉称号。

1980年开始从事律师工作，就把“做一名好律师”作为理想和追求，以赤诚的事业心和强烈的责任感，兢兢业业、精益求精、无私奉献，在平凡的工作中创造出不平凡的业绩。执业25年来，办理各类法律事务数千件，为数十家政府机关、企事业单位担任常年法律顾问，代理了多起在全国、全省有重大影响的案件，为当事人挽回或避免经济损失数亿元。工作中严格要求自己，先后为投资金额数十亿元的多起省、市重大招商引资、重点建设项目提供义务法律服务。2003年在代理索赔金额逾亿元的行政赔偿案时，因连续20多天超负荷工作，案子虽终审胜诉，而过度劳累引致的眼底出血使他的左眼虽经多次手术视力现仅0.08。

作为律师，以“维护法律尊严，保障当事人合法权益”为使命，视律师荣誉为生命，追求精益求精、尽善尽美；作为主任，以身作则、以所为家，严格管理、乐于奉献、锐意进取，带出了一个规模大、素质高、团结奋进的一流律师所，建所17年保持“零投诉”记录。

王 宁

王宁，毕业于华东政法学院，三级律师。现任山东王宁律师事务所主任，山东省第六届律师协会常务理事，博兴县第十一届政协委员，滨州仲裁委员会仲裁员。

曾获全国优秀律师、全国保护消费者权益百名优秀志愿者、全国法律援助先进个人、全省十佳律师、山东省保护消费者合法权益“双十佳”志愿者、全省法律援助先进个人、滨州市十佳律师、滨州市优秀青年律师等荣誉称号，被山东省司法厅荣记个人二等功一次。

1990年从事律师工作以来，扎根基层，认真负责，乐于奉献。承办各类涉诉和非诉讼法律事务1000余件，成功代理了山东省首例责任险代位赔偿纠纷案及滨州市中级人民法院受理的首例知识产权纠纷案，特别是承办的涉及民生利益的法律援助案件赢得了社会各界赞誉。工作之余笔耕不辍，与他人合著了《个体工商户必读》一书，参与编写了作为中学生法律教材的《中学生法制教育》，撰写的论文多次在省、市获奖。建党80周年前夕，作为全省政法界的优秀共产党员代表，由山东电视台制作了片名为《律师王宁》的电视专题片，在山东卫视进行了播出，受到社会各界广泛好评。2005年11月，《山东法制报》以《百姓律师》为题进行了事迹报道。

胡 明（女）

胡明，研究生学历，山东德衡律师事务所执行主任，高级合伙人，一级律师。全国律协宪法与人权专业委员会委员，山东省律协理事，青岛市律协理事，青岛市青联委员。曾获“青岛市十佳青年律师”、“山东省十佳律师”、“全国优秀律师”、“青岛市首届律师业务拔尖人才（金融法律实务）”、“山东青年五四奖章”、“山东省优秀青年卫士”等荣誉称号。

胡明1994年开始执业，潜心研究金融法律服务的理论和实务，具体负责金融机构的诉讼和非诉讼法律事务，代理银行、信托公司、资产管理公司等金融机构代理贷款回收、信用证垫款、存单纠纷、不良资产处置等各类案件数百件，涉案标的数十亿，为最大可能挽回客户损失作了大量的工作，并取得了显著成效。始终保持尽职尽责、严谨踏实、求实求真的工作作风，博得了广大客户的充分信任和赞誉。她作为德衡所的执行主任，在律师事务所的管理方面，与其他合伙人在结合实际管理经验的基础上形成了特色化的“双线双面”管理法，探索出一整套行之有效的律师事务所管理经验。注重理论研究，并结合自己的管理、学习经验编著了《金融法》一书，并撰写了《如何打造律师事务所的品牌》等论文多次荣获全国、全省各类奖项。

田九禄

田九禄，毕业于中国政法大学，山东省律师协会常务理事，德州市困难职工维权中心主任。德州监狱服刑人员法律援助工作室主任，德州市妇女儿童法律援助维权工作室主任，德州市法律援助中心主任。多次被德州市司法局评为“先进个人”，1995年获德州市“全市政法战线优秀干警”荣誉称号，1996年获得“德州市十佳律师”荣誉称号，1999年被评为“司法行政重建二十周年先进个人”，2001年获得“德州市十佳青年律师”荣誉称号，2004年获得“山东省十佳律师”荣誉称号，2005年又被评为“全国优秀律师”。

在从事法律援助工作的近7年中，他一直致力于做一个“平民律师”，打造为贫弱者服务的品牌形象，共承办过300余件维权案件，其为未成年人提供法律援助的优秀事例曾被中央电视台《今日说法》栏目选为当年全国法律援助典型案例连续报道，司法部主办、东方卫视承办的《律师视点》栏目也曾播出专题片予以报道，颇受社会好评，为德州和山东律师界争得了荣誉。

高明芹（女）

高明芹，毕业于山东大学法律系，山东鸢都英合律师事务所主任，山东省十届人大代表，潍坊市妇联执委，潍坊市总工会女职工委员会执委。1995年被评为“潍坊市优秀团干部”，2002年被评为“潍坊市优秀律师”，2003年被评为“山东省十佳律师”，2004年被评为潍坊市“巾帼建功岗位明星”、“三八红旗手”，荣立个人三等功，2005年被评为“全国优秀律师”。

从踏上工作岗位的第一天起，她就将“廉洁、自律、公平”作为自己从业的座右铭，先后代理过大量在全省、全市影响较大的案件。为帮助弱势群体，促成本所与潍坊市总工会、市妇联联合成立“潍坊市职工维权法律服务中心”、“潍坊市妇女维权法律服务中心”，开通24小时法律服务热线。担任政府法律顾问，她多次参与政府规范性文件的起草和制定，充分显示了律师为党和政府当好法律参谋的能力。2003年光荣地当选为山东省十届人大代表，把律师的使命和人民的利益更紧密地联系在一起。她利用参加人大活动、调查研究、接触当事人等机会，广泛了解社情民意，并通过多种渠道反映人民呼声，展示了新时代律师的良好形象。

韩　萌（女）

韩萌，毕业于中国政法大学研究生院，法律硕士，现为山东平正大律师事务所高级合伙人，山东省律师协会房地产与建筑工程业务委员会副主任委员，2005年获“全国优秀律师”称号。

韩萌曾赴新加坡、香港参加由山东省体改委（现山东省国资委）组织的关于企业境外上市实务的考察；作为司法实践一线的专家参与山东省人大法工委地方性法规的立法工作；参与编写新世纪高职高专示范教材《经济法教程》及《经济法教程配套习题集》等。办理的众多业务，在国内外、省内外都具有重大影响。如：代理过兖矿集团有限公司应诉英国BP公司诉兖矿集团所属公司醋酸制造商业和技术侵权一案，此跨国案由美国联邦法院第九巡回法庭受理，韩萌律师担任着领导和协调应诉方中外全体律师的重要工作。中央电视台对此案的报道为：“……备受关注的山东兖矿集团滞留美国的醋酸进口设备，历经了5个月的跨国诉讼磨难，终于从美国运回我国。这标志着这个目前我国在化工领域最大的知识产权跨国诉讼案件以兖矿集团的胜利，英国石油公司的败诉而结束。”该案维护了国家利益，维护了企业利益，为中国企业争了气，韩萌律师的工作也赢得了社会一致好评。

河南省优秀律师

张　栋

张栋，中国政法大学民商法硕士，1996年成为全国最年轻的一级律师，1999年，被评为“全国十佳律师”，2005年，被全国律师协会授予“全国优秀律师”称号。现任金研律师事务所主任，河南省律师协会副会长，焦作市律师协会会长，河南省第十届人大代表，国家检察官学院客座教授，郑州仲裁委员会仲裁员。

执业以来，他成功地承办了一系列案件，由其承办的“2元钱官司”、“中原第一号海狸鼠集团诉讼案”、“全国最大的土地塌陷案”、“中港合资工程纠纷案”等案件，轰动全国，上百家新闻舆论部门争相报道，在社会各界均产生较大影响。

张栋在法学理论上有较深造诣，主编有《证券法新释与例解》、《仲裁法新释与例解》、《担保法新释与例解》、《票据法新释与例解》和《从〈两元钱〉官司开始》等专著，其发表的80余篇业务论文多次获奖并受到著名法学专家的好评。

张栋连续13年被评为优秀政法工作者、优秀律师，并荣立二等功一次，三等功三次。其事迹被收入《中华名律师》辞典和《世界名人录》中。

罗新建

罗新建，大专学历，1982年开始从事律师工作，在律师工作岗位上辛勤耕耘22个春秋。多次被司法厅评选为优秀共产党员，2004年，被评为“全国优秀仲裁员”，2005年，被全国律师协会授予“全国优秀律师”称号。

罗新建律师长期担任中国长城铝业公司、小浪底水利枢纽工程管理局、河南省建设投资总公司、民生证券有限责任公司、中原证券有限责任公司、大河报等20多家大型企事业单位的法律顾问，办理各类诉讼案件1000多件，办理各类非诉讼法律事务600多起，参与多起大型项目的法律方案策划、商务谈判、合同制作及见证，办理大量的新型法律业务，在律师岗位上取得了骄人的业绩。他办理了一批在国内极具影响力的案件，如嵩山少林寺诉河南省漯河市罐头食品总厂名誉侵权案，原郑州市公安干警张金柱故意伤害、交通肇事案，焦作爱依斯万方电力有限公司与河南省电力公司电力购销合同仲裁案等等。

在罗新建主任的主持下，仟问律师事务所建立了业务流程管理模式，强化律师服务质量监管，使仟问律师事务所以律师业务素质好、服务质量高而闻名于河南律师界，是省级规范律师事务所和优秀律师事务所，成为河南律师界的知名品牌。同时，罗新建律师积极投身于河南省律师协会的发展壮大，倡导成立了律师战略发展、涉外、知识产权、公司、金融证券、房地产等业务委员会，为提高河南律师的知识层次、专业技能和执业水平做出了突出贡献。

刘家森

刘家森，毕业于中国政法大学，2005年，被全国律师协会授予“全国优秀律师”称号。1985年，取得律师资格，一级律师。历任郑州市律协常务理事，河南省第八届青年联合会委员，郑州市第十届青年联合会常务委员，中国郑州商品交易所第二届、第三届监事会公共监事。现任河南省律师协会副会长、常务理事，纪律工作委员会委员，发展战略工作委员会委员，金融证券法律专业委员会委员，郑州市律师协会执行会长，郑州仲裁委员会仲裁员，郑州仲裁委员会专家咨询委员会委员，河南君达律师事务所主任。

刘家森律师基本功扎实、理论素养深厚、综合业务能力强，了解政策，熟悉企业，尤其精通金融、期货、证券、公司等方面的法律知识。实践经验丰富，办案成功率高。多年来，曾成功办理了许多重大、复杂的疑难案件。刘家森律师以勤勉敬业，高效务实的作风在律师界树立了良好的形象，受到业界一致好评。

李家有

李家有，大学本科毕业，1998年评聘为二级律师，2005年被全国律师协会授予“全国优秀律师”称号。现任河南国豪律师事务所主任、河南省律师协会常务理事、河南省律协律师发展战略委员会副主任、新乡市律协会长。

李家有律师从事律师工作已18年，18年的律师生涯锻炼了他刚直的秉性和坚忍不拔的毅力，对律师事业的执著追求使他赢得了社会的广泛赞誉。新乡市司法局党委曾发文号召开展全市司法行政系统向李家有同志学习活动，省司法厅、省团委有关领导和新乡市委有关领导同志多次视察他所在的国豪律师事务所。多家新闻媒体对他和他所在的单位的先进事迹进行了宣传报道，给予了较高的评价。

“敬业铺平律师路，搏击法海写人生”是他无悔探索律师事业永恒的主题，律师工作中，他以坚定的政治方向，良好的职业道德，严格的执业纪律，踏实的工作作风，精湛的业务素质，无私的奉献精神，全心全意为人民服务，曾成功地代理了新乡县种子公司参与了1607户棉农集团诉讼案；36位储户集团诉讼存单纠纷案；代理了新乡市财政局5000余万元的诉讼，为市财政避免了5000余万元的损失；参与了新百大楼“6.26”事件的诉讼；参加了新飞电器有限公司6个亿合资项目的论证，并担任了河南新飞电器（集团）股份有限公司的法律顾问等。10多年来，在办理各类诉讼案件的同时，先后为80家机关、企、事业单位担任了常年法律顾问。在全面开展律师业务的基础上，他尤其是在企业法律顾问、民商、金融、公司等业务领域积累了丰富的实践经验。同时，他积极开展学术研究与讨论，撰写大量的论文、论著，丰富了我国的法学理论。

杨志华（女）

杨志华，女，汉族，1964年11月29日生，大学本科学历，法学学士，中共党员，现任河南君志合律师事务所高级律师，中国女律师协会执行委员，河南省第五届律师协会常务理事，河南省女律师协会副会长，许昌市律师协会会长。河南省合同法专业委员会委员，1986年开始从事律师工作。2005年被全国律师协会授予“全国优秀律师”称号。

1986年以来，她以维护法律的尊严和当事人的合法权益为己任，兢兢业业，任劳任怨。担任几十家行政机关、企事业单位的法律顾问，办理刑、民、经等各类案件1320余件，非诉讼案件近5000件；解答法律咨询近万人次。1993年，她因脊髓内占位性病变而高度截瘫，当时，她已怀孕8个月，她以惊人的毅力与疾病进行了顽强的斗争，经过三次手术后，又重新回到了律师的岗位上，投入到忘我的工作之中。她曾办理了不少在省内甚至全国有重大影响的案件，为当事人挽回经济损失上亿元，除办理业务外，积极参加信访接待工作、社会公益活动、法律援助工作和法制宣传活动，为维护社会稳定和长治久安做出了积极的贡献。她曾在《中国律师》、《河南律师》、《湖南律师》等省级以上刊物上发表理论文章10余篇；1996年被评为河南省司法行政系统“优秀律师”，2000年被评为“许昌市十大杰出青年”、“三八红旗手”，2001年在全国律师电视辩论大赛河南选拔赛中获“最佳辩才奖”、“最佳风采奖”并获全国律师电视辩论大赛预赛“优秀辩手奖”，半决赛“优秀团体奖”。2003年当选为河南省2002～2003年度“十佳律师”，并在1996年及2002、2003、2004年4次荣立个人三等功。

唐有良

唐有良，中国社科院研究生院毕业，自1992年起从事专职律师工作，现为河南世纪唐人律师事务所合伙人、主任、鹤壁市律师协会会长。目前是河南省最年轻的地市级律协会长和省律师协会常务理事，兼任省律协公司法业务委员会轮值主任、省律协发展战略工作委员会委员，系鹤壁市人大代表、山城区人大代表、鹤壁仲裁委员会仲裁员，2005年5月被全国律师协会授予“全国优秀律师”称号。

其领导的河南世纪唐人律师事务所以“建设执业、学术、公益三位一体的现代律师执业机构”为宗旨，积极参与社会公益和法律援助活动，并专门制定了法律援助制度，建立法律援助与咨询部，设立法律援助基金，为法律援助案件的承办律师提供专项资金补贴，另参照国际质量体系，对法律援助案件实行规范的业务质量控制和5分制评分，2004年被司法部命名为“全国法律援助先进集体”。从业13年来，先后为鹤壁市人民政府、鹤壁煤业集团有限公司（全国200强企业）等50余家机关、企事业单位担任法律顾问，办理了大量民商事和行政案件，在企业破产、改制及民商事法律事务和行政法律业务方面办理了大量案件，并先后参加出版两部法学理论著作。

唐有良先后担任政协委员和人大代表9年，积极参政议政，宣传社会主义法治和律师事业，提交了30

余份委员提案和代表建议，被评为“优秀政协委员”并获得“鹤壁市人民代表大会制度知识竞赛一等奖”。领导创办了全省律师行业惟一一家法学研究室，建立了藏书7000余册的法律图书馆，主持了十五国家重大科技专项“食品安全监管体系研究”专题，组织工商、农业、卫生等部门进行为期两年的科研攻关。为开拓律师的业务和科研范围，在内地中小城市如何建设现代律师执业机构进行了有益探索。

湖北省优秀律师

张 粒（女）

张粒，法学硕士，湖北松之盛律师事务所一级合伙人，“全国优秀律师”、湖北省“十佳律师”。曾在中南政法学院执教13年，任副教授，有证券法律业务从业资格。现任中共湖北省律师协会委员会副书记、湖北省律师协会副会长、武汉仲裁委员会仲裁员、湖北省劳动争议仲裁委员会仲裁员、湖北省人民政府法律专家咨询委员、湖北省人民政府律师顾问团成员、湖北省人民检察院人民监督员、湖北省综合招投标中心招标评标专家库评委。

张粒律师长期为政府及其教育、交通等职能部门和事业单位提供服务，并在服务过程中营造了良好的沟通渠道，更有条件为其他商业客户提供增值服务。

张粒律师具有为政府授权投资机构及基础设施建设项目服务的丰富经验，处理过征地拆迁，文物保护，水土保持，界址勘测、临时用水、用电、设计、施工及监理，工程保险，公路沿线广告、服务区、雕塑著作权，招标投标、拍卖等一系列复杂的诉讼与非诉讼法律事务；参与了湖北省高速公路公司化、商业化以及政府还贷公路事业性收费单位公司化、民营化改制等课题研究，研究成果获得课题评审专家“系国家首创”、“具有独创性”的赞誉。

张粒律师擅长处理公司、证券法律事务。多年来独立或与其他律师共同为组建股份制公司及国有企业股份制改造或民营化改制，公司股票上市发行、资产重组、收购、兼并，上市公司规范治理结构、信息披露、股东大会、股权转让、募集资金投资项目的实施以及各类公司的各种清算事务等提供法律服务。

张粒律师有代理涉及房地产开发商、建筑商，银行、农村信用合作社、保险公司、证券公司、资产管理公司等金融机构诉讼案件的丰富经验。在一批有一定社会影响的诉讼案件中，虽然多为被告或上诉人的代理律师，但同样取得了良好的业绩。

张粒律师善于组织精干团队处理各种复杂法律事务。

龙旭英（女）

龙旭英，湖北英达律师事务所主任、一级律师、经济学硕士。执业26年来，代理各类案件千余件，担任数十家政府机关、企事业单位的法律顾问；办理了一批在全国、全省均有较大影响的案件；擅长办理金融、证券、房地产、侵权、公司清算等涉及民事、经济方面的法律事务；善于解决重大、复杂且疑难的案件；诚实守信、业务精湛、勤奋严谨、维权尽责、遵纪守法、道德高尚，赢得党政、业界、人民群众的充分肯定和广泛赞誉。因成绩卓著，曾荣立二等功（湖北省司法厅授予），被评为湖北省和武汉市两级劳动模范，被授予武汉市优秀专家称号，享受政府专项津贴。被评为武汉市第一、三届“十佳”律师，湖北省首届“十佳”律师。2005年6月被中华全国律师协会授予“全国优秀律师”荣誉称号；所领导的湖北英达律师事务所也同时被授予“全国优秀律师事务所”荣誉称号。

她曾任武汉市第八届人大代表，中共武汉市第九届代表大会代表，第五届中华全国律师协会理事、经济专业委员会委员；现任湖北省政府律师顾问团成员、湖北省律师协会理事、湖北省刑法学会常务理事；武汉市政法委特聘执法监督员、武汉市律师协会副会长、武汉市女律师联谊会会长；武汉仲裁委员会仲裁员。

柯汉英（女）

柯汉英，1991年任黄石市西塞区司法局副局长。后她果断地向领导提出放弃副局长职位，去当一名律师。从此带着这份执著，柯汉英走上了律师之路。

她从事律师业10余年，曾先后荣获“黄石市优秀共产党员”、“黄石市首届十佳律师”、“黄石市十大女杰”、“湖北省首届十佳律师”和“全国优秀律师”等荣誉称号。她率领的湖北可达律师事务所先后多次被评为省市“文明单位”和国家级及省市优秀“青少年维权岗”。与市妇工委联合创立了黄石市妇女儿童法律维权服务中心，并担任中心主任，同时兼任黄石市律师协会刑辩委员会主任和律师协会惩戒委员会副主任。

“平民律师”是柯汉英给自己的定位，她常说：“我是一名律师，更是人民公仆。”在许多人眼里，柯汉英是黄石大牌律师，可她从不以大牌律师自居，从来没有拒绝过当事人的合法委托。她说，律师要有良好的职业道德，不仅要为当事人打官司提供法律服务，更要处处为当事人着想，为群众解难题、办实事。

在法庭上，面对庄严的国徽，她运用律师的智慧与胆略，替人排忧解难。她时刻不忘一个法律工作者的责任和良心，在法庭辩护时不忘宣传法制。特别是对妇女和儿童，她更是关怀备至。

她还经常到学校、工厂、企事业单位或走上电视屏幕宣传《婚姻法》、《刑事诉讼法》、《妇女权益保障法》、《未成年人权益保护法》等法规，近年来共举办专题讲座30余次，听众达万余人。

湖南省优秀律师

秦希燕

秦希燕，法学博士，一级律师，湖南秦希燕联合律师事务所主任，享受国务院政府特殊津贴专家，现任湖南省青联副主席、全国青联委员、六届全国律协理事、六届湖南省律协副会长、湖南省刑法学会副会长、湖南省人大内务司法研究会常务理事、湖南大学、湘潭大学法学院兼职教授。

秦希燕律师从事律师工作22年，现担任中共湖南省委宣传部、湖南省公安厅等38家厅局级单位和特大型企业的常年法律顾问。承办的刑事案件中，一审判死刑，二审改判死缓和无期徒刑的16件，无罪释放的12件。承办的经济案件已累计为国家、集体和个人挽回经济损失近20亿元。秦希燕律师还特别热心社会公益事业，重视对妇女、儿童、残疾人、下岗工人等社会弱势群体合法权益的维护，通过各种形式为他们免费提供法律援助，自1998年以来，每年组织律师开展专项法律援助活动，2003年组织16名律师成立全国首家为农民工讨工资律师免费服务团，为近500名农民工讨回血汗钱。在中央、省级法学刊物上发表论文共110篇，独著、合著法学专著21部，先后多次参与国家立法科研项目。

秦希燕律师先后荣立二等功、三等功各一次，荣获“湖南省先进工作者”、“湖南省直机关优秀共产党员”、“湖南省十大杰出青年”、“湖南省有突出贡献青年知识分子”、“湖南省新长征突击手”、“中国十大杰出青年（提名奖）”、“首届全国十佳律师”、“首届全国优秀青年卫士”、“全国残疾人维权先进个人”、“中国十大杰出青年志愿者”等荣誉称号，2001年被评为可能影响21世纪中国的100青年之一，2003年被全国律协、法制日报评为“全国律师界新闻人物”，2005年被全国律协评为“全国优秀律师”。

翟玉华

翟玉华，法学硕士，一级律师，湖南天地人律师事务所主任、党支部书记，现任六届全国律协理事、六届湖南省律协副会长、湖南省优化经济发展环境律师援助中心主任、中国国际经济贸易仲裁委员会仲裁员。

翟玉华律师执业13年来，共办理各类案件300余件，担任法律顾问30余家，代理的刑事案件有12人获得无罪释放，15人获得从轻或减轻判决，为社会免费提供法律咨询服务上万人次，为社会弱势群体提供法律援助服务52人次。担任湖南省优化经济发展环境律师援助中心主任一年来，为投资者免费提供近100次的解答咨询服务，免费办理95件投诉案件，出具法律意见书53份。共发表法律专业文章55篇，与他人合著两部。

翟玉华律师2004年被评为湖南省第三届“十佳律师”，2005年被评为湖南省先进工作者，2005年元月被湖南省司法厅荣记二等功，2005年被全国律协评为“全国优秀律师”。所领导的湖南天地人律师事务所2000年被司法部评为“部级文明律师事务所”，2004年被评为“湖南省级文明律师事务所”，2005年元月被湖南省司法厅记集体二等功，2005年被评为“全国优秀律师事务所”。翟玉华律师及天地人律师事务所党支部也多次被湖南省司法厅评为“优秀党员”和“先进党支部”。

刘　彦（女）

刘彦，法律、汉语双学士学位，高级律师，湖南博鳌律师事务所主任。现任六届全国律协理事、《消费日报》全国维权专家理事会常务理事、湖南省政协委员、六届湖南省律协副会长、湖南省妇联执委、湖南省证券期货仲裁员、长沙仲裁委员会仲裁员等职。2004年荣获长沙市“三八红旗手”称号和湖南省“十佳律师”称号，2005年荣获“全国优秀律师”称号。

刘彦律师作为党外人士积极参政议政，在担任省政协委员的两年多时间里，以政协委员的身份自费走访了近10个市州和20多个县市，重点对公安执法、社区建设、未成年人法律保护及和谐社会建设等问题进行了专题调研，共提出了30多条具有可操作性的意见和建议。

刘彦律师恪守良好的职业道德，诚信执业，自从事律师职业至今，从未有过被投诉的情形。从事律师工作10余年，担任过50多家知名企业的常年或专项法律顾问，代理各类法律服务事务300余件，为当事人挽回或避免经济损失7亿余元，为60多家国有企业或非公有制企业改制提供专项法律服务，为30多家公司首次公开发行股票、配股、股份制改造、资产重组、回购、资产置换、收购、兼并、发行债券及股东大会进行见证提供法律服务，代理上述法律服务事务涉及金额逾200亿元。

杨建伟

杨建伟，硕士研究生，一级律师，湖南金州律师事务所主任，现任六届全国律协理事、六届湖南省律协副会长、中国国际商会湖南调解中心调解员、二届长沙市律协副会长、长沙市律协房地产业务委员会主任、长沙仲裁委员会仲裁员。

杨建伟律师在律师业务上由于取得了骄人的业绩，多次受到有关部门的嘉奖，曾4次被湖南省司法厅和长沙市司法局评为“优秀律师”，1997年被湖南省司法厅评为“湖南省十佳律师”，1999年被长沙市委、市政府评为“长沙市优秀中青年专家”，同年获得第二届“全国十佳律师”提名并被司法部评为“全国优秀律师”。

杨建伟律师从事律师职业16年以来，共办理各种诉讼案件580多件，其中部分案件在全国及湖南省内具有重大影响，办理了大量的房地产、投资合作、资产重组、破产并购等方面的法律事务，并担任了一批集团公司、民营企业、外商投资企业等经济组织的常年法律顾问，同时还担任了十几家拟上市公司和上市公司股票发行、上市、配股等证券项目的专项法律顾问。

广东省优秀律师

颜湘蓉（女）

颜湘蓉，广东南国德赛律师事务所合伙人。业务精湛，多次为国家重大项目提供法律服务。曾处理外商（澳大利亚）投资逾30亿元人民币的国际物流城项目、投资数十亿人民币的广园东快速公路项目以及投资逾10亿元人民币的西朗污水处理服务合同的法律事务；成功代理过标的近亿美元、港元的多宗涉外仲裁案件，长期担任中化广东进出口公司、广州百货企业集团有限公司、广州酒家企业集团有限公司多家著名企事业单位常年法律顾问。理论素养高，主编撰写的《法与理的边缘——民商事疑难案例评析》于2003年由广东人民出版社出版；其作为主要负责人之一的研究选题“自由贸易区下粤港澳民商事司法合作的发展趋势”经省理论规划领导小组审定批准立项，2004年5月项目成果6万字的研究报告已通过鉴定；在《香港商报》等报刊上发表法学论文10余万字，其中多篇论文分获国家、省、市级奖项。积极参政议政，担任广州市第十一届人大代表、第十届广东省人民代表大会代表，积极认真履行代表职责，其所提议案《关于改善广州市公交车辆线网配置及站场建设、管理的议案》获“广州不会忘记——广州市人民最满意的人大代表议案优秀提案奖”。2003年8月，她被广州市第十二届人民代表大会常务委员会聘为立法顾问。

伍穗生

伍穗生，广东启源律师事务所主任。刻苦钻研，精通业务，成功办理了38宗国际融资项目，为国内企业向国际资本市场成功融资借款金额累计达80亿元，办理投资、并构、资产或债务重组、破产清算等专项业务，涉及金额230多亿元，代理各类民事经济案件及集团诉讼案件，挽回经济损失数十亿元。诚信执业，从业20年来，从未受到任何投诉，所在律师事务所现有律师60多名，从未受过处罚。

徐焕茹

徐焕茹，广东惠宏信律师事务所主任。勤勉敬业，先后担任了近60家行政机关或企事业单位的常年法律顾问，代理民事、经济和行政诉讼案件百余宗，担任刑事辩护数十宗，办理非诉讼法律业务上百件，其中，办理了近30宗重大、疑难的诉讼及非诉讼法律事务。钻研学术，开展法学理论与实务研究工作，撰写论文、著作达24件计70余万字，其中在《法学评论》、《武汉大学学报》（社会科学版）、《江海学刊》和《江汉论坛》等国家核心期刊发表学术论文4篇，内容涉及土地使用权转让、房地产开发、金融债权的法律保护和担保法等，1996年8~9月随中国律师代表团赴加拿大参加第十一届英联邦法律大会。

庄伟燕（女）

庄伟燕，广东鸿鼎律师事务所主任。精通业务，担任广东省第十届人大常委会立法顾问；多年来办理各类诉讼和非诉讼案件数百宗，为当事人挽回经济损失数亿元；担任几十家公司的法律顾问。钻研理论，2003年出版了20多万字的个人专著《人法合治与混合法——中国传统法律思想的传承和发展》，多次在《判例与研究》、《学术研究》等学术刊物上发表论文，并数次获得广州市律师协会理论成果奖项。热心公益，承办多宗法律援助案件，经《人民日报》、《法制日报》、《羊城晚报》等媒体报道后，引起强烈社会反响；曾向四川省内江市东兴区小河口镇联盟小学希望工程捐款10000元。

陈卓伦

陈卓伦，广东法制盛邦律师事务所执行合伙人。业务水平高，执业多年办理了多起重大、疑难、复杂案件，如其代理的深圳贤成大厦行政纠纷案，被《民主与法制》杂志评为20世纪中国20大案之一，所办理的案件多具有重大社会影响。曾获得广东省司法厅恢复20周年“有突出贡献的十佳律师”等多项荣誉称号，担任了广东省人大常委会立法顾问、中华全国律师协会理事、全国律协经济专业委员会副主任、广东省律协理事等多项社会职务。

李伟锋

李伟锋，广东丰源律师事务所主任。执业16年来，共代理各类诉讼案件1200多宗，先后担任80多家机关、企事业单位法律顾问，为当事人挽回或避免经济损失近5亿多元，帮助地方引进外商投资20多亿港元。诚信执业，在执业过程中未受到任何投诉。回馈社会，担任南海市人大常委会法律咨询组成员，南师附小2003～2005年度法制副校长。参政议政，担任政协南海市九届委员会委员。

许光玉

许光玉，广东纵信律师事务所主任。精通海事业务，独立引航中外轮1000多艘次，组织参加调查处理中外海事600多宗，参加交通部撰写行政执法人员培训教材、国际海员特殊培训教材，在国家专业刊物上发表多篇论文获奖。参加全国人大法工委、国务院法制局、交通部、广东省、广州市等主管机关起草、讨论修改海事、海商和航运管理法律法规30多部。受政府、军队和国内外公司委托，成功代理数百宗海事、海商案件，应邀参加国家海事局研究处理多宗国内外重大海事案件。

何镜清

何镜清，广东君政律师事务所合伙人。业务素质过硬，在东莞率先与跨国律师行——麦肯斯律师行进行业务合作，参与代理东莞市首例商标侵权案诉讼，率先在东莞市为多家房地产开发公司提供一条龙法律服务，参与东莞市首例侵犯商业秘密案诉讼。开展理论研究，近年来，在各类报刊上发表论文和调研文章平均每年在3篇以上。积极参政议政，自2004年起担任东莞市第十届政协常委。

张文京

张文京，广东晨光律师事务所律师。坚持积极承办刑事案件，自1998年起，办理各类刑事案件200余件，其中有较大社会影响的大要案40余件。除此之外，他还办理了大量民商事和行政诉讼案件，担任了10余家国有大型企业、民营企业、政府部门的法律顾问，曾成功代理著名作曲家王惠然音乐作品著作权纠纷案。热心法制建设事业，参加了由中国政法大学诉讼法研究中心在珠海市组织的《刑事诉讼法》修改的试点工作，参与《珠海市执业律师保障条例》起草工作，作为珠海市律协对《中华人民共和国律师法》修改意见稿起草人之一参与修改意见征求活动。

邓伟刚

邓伟刚，广东康州律师事务所主任。尽心执业，担任德通公司、德庆经编针织有限公司、德庆大一家具有限公司等20多家德庆县民营支柱企业及重点企事业单位常年法律顾问，曾为德庆县电信局追回欠款20万元。认真履行法律援助职责，以法律援助的方式积极投身社会福利事业，主动为德庆社会福利院排忧解难，热心为该院提供各种法律援助，成功代理德庆县福利院诉承建商谢某建筑工程合同纠纷一案，追讨回赔偿款20多万元。

海南省优秀律师

林接明

林接明，研究生学历，高级律师，海南弘纲律师事务所主任。曾担任海南省律师协会副会长、五届中华全国律师协会理事、海口仲裁委员会委员，现任中国法学会刑法研究会理事、海南省法学会理事、海口市人民政府常年法律顾问、立法顾问、海口仲裁委员会委员仲裁员、海口市人民检察院专家咨询委员会委员、海南省政协法制和社会“特邀人士”、海口市人大常委会法制委员会委员、内务司法工作委员会委员。1993年取得律师从事证券法律业务资格，1998年取得律师从事招投标法律业务资格，2000年取得律师从事国有资产产权法律业务资格。

林接明律师1981年至今一直从事律师工作，1992年至1998年曾任海口市司法局副局长兼海口市对外经济律师事务所主任。就职期间，因工作成绩突出，连续多年被评为海口市政法系统先进工作者及海口市先进工作者，先后18次受嘉奖，曾荣立两次三等功，

2000年被海南省司法厅评为“九九形象年”活动先进个人，获海南省律协授予的“从事律师职业二十年”荣誉证书。在他的带领下，海口市对外经济律师事务所多次荣获“律师从业清廉先进集体”、“海口市社会主义精神文明先进单位”、“先进单位”等荣誉称号。2003年4月，林接明律师被评选为海南省首批“诚信律师”。

林接明律师具有20多年的律师实务工作经验，办理过多起省内乃至国内有影响的大案要案，著有多篇法学论文发表，擅长于证券、房地产、合同、诉讼等法律事务。

广西壮族自治区优秀律师

王莹文

王莹文，王莹文律师事务所主任，首席合伙人，法学硕士、教授，全国优秀律师。1985年毕业于西南政法学院研究生院，曾在广西大学任教多年，中国法学会会员、中华全国律师协会常务理事、广西律师协会副会长、诉讼法专家。

王莹文律师具有深厚的法学功底，对诉讼法、建设工程相关法律、房地产法、金融法、合同法有深刻的认识和精深的理解，擅长金融、建设工程及房地产法律事务。先后成功代理全国首例电视节目预告表侵权案、广西康达股份公司期货案、贵州兴义“10·3”缆车坠落事故侵权赔偿案、泰国中华总商会与北海市政府行政纠纷案等有重大影响的案件；曾为嘉和城项目、南宁外滩新城项目、嘉园房地产开发项目的开发提供从立项到竣工验收的全程法律服务，为南宁市建设委员会、南宁市拆迁办及中国建设银行南宁分行、中国银行南宁分行、交通银行长春分行、东方资产管理公司等提供法律服务，办理深圳三九旅游酒店（集团）有限责任公司、北京军神工贸集团、香港万丰国际投资有限公司等股权转让及公司重组业务等。现任广西广播电视总局、广西移动通信有限公司、桂源房地产公司等10余家机关、企事业单位常年法律顾问。主要著作有《民事诉讼法学》、《经济诉讼的理论与实践》等，发表法学论文20多篇。

刘　晰

刘　晰　刘晰律师事务所

四川省优秀律师

施　杰　四川鼎立律师事务所
李世亮　四川四方达律师事务所
樊　斌　四川康维律师事务所
阳运逵　四川运逵律师事务所
魏家琳　四川太白律师事务所
彭　勇　四川洪运律师事务所

云南省优秀律师

马　军

马军，一级律师，云南震序律师事务所主任。曾任云南省司法厅律师工作处副处长，云南省律师协会秘书长。现任云南省律师协会副会长、中华全国律师协会常务理事等职。1980年毕业于北京大学经济系，1993年5月取得证券律师执业资历格。1986年4月任云南经济律师事务所主任。1992年6月任云南震序律师事务所主任。1995年荣获首届“全国十佳律师”称号。1999年因受理重大案件荣立二等功。2005年被评为“全国优秀律师”。

王光辉

王光辉，白族，研究生学历，云南欣晨光律师事务所主任。现为云南省律师协会党组成员、云南律师协会副会长、云南省律师协会非诉讼专业委员会主任、中华全国律师协会理事。1984年~1987年在西南政法大学学习；1987年~1991年在大理市第一律师事务所从事律师工作，1999年~2001年就读于西南政法大学民商法研究生班；2005年被评为“全国优秀律师”。

周国平

周国平，大学文化。1980年参加工作，1985年加入中国共产党，1990年被评为三级律师。1980年~1986年毕业于楚雄师专，后在大姚律师事务所任主任；1997至今任云南省兴彝律师事务所主任、党支部书记。2005年被评为“全国优秀律师”。

陕西省优秀律师

刘修文

刘修文，陕西文星律师事务所主任、党支部书记，二级律师，1980年从业至今，曾被榆林市司法局评为全市“十佳律师”，荣立三等功，陕西省司法厅评为1985年“全省律师界先进个人”、2004年“全省优秀律师”，2005年被全国律师协会评为“全国优秀律师”。1994年受到荣毅仁副主席接见，现任陕西省第四届律师协会理事。长期以来，担任榆林市政府、榆林区政府等30余家政府、企事业单位的法律顾问。26年来，共办理各类案件2000余件，有许多是全市影响较大的案件，特别在刑事辩护领域，他办理了20多件无罪案件，挽救了20多个犯罪嫌疑人的生命。26来，刘修文律师与恢复后的律师制度同步前进，取得了令人瞩目的成就。

羿 克

羿克，陕西金镝律师事务所副主任，西北政法学院法学学士，西安交通大学经济法硕士。1995年开始执业，先后被评为西安市优秀律师、西安市“人民满意律师”、首届西安律师辩论赛优胜选手、首届“全国优秀律师”。2005年作为特邀陕西省知名律师参与中央电视台“2005年西安大型公益普法活动”。擅长金融证券、知识产权、企业并购、公司改制、房地产等领域的法律事务，其所代理的部分案件已成为政法院系的教学案例，如洽川黄河母亲雕塑一案。他担任数家知名企业的法律顾问，仅近3年来即成功地配合聘请单位、群众挽回经济损失逾亿元，深受客户信任，被誉为“实干精神极强”的律师。执业10年来，羿克律师不断适应业务发展要求，把握法律新动态，坚持学习，先后参加了国家部委组织的金融证券等法律及其他专业知识学习班，汲取养分。他撰写的多篇文章在《智囊》等刊物发表。

甘肃省优秀律师

王祖国

王祖国，大学学历。自1996年8月在甘肃金城律师事务所从事律师工作，2001年7月起担任甘肃金城律师事务所主任，是政协甘肃省委员会委员、甘肃省政协社会和法制委员会委员，兼任甘肃省房地产估价专家委员会委员、甘肃政法学院兼职副教授、民盟甘肃省委青年工作委员会副主任、民盟甘肃省法律支部主任委员、甘肃省慈善总会理事、兰州仲裁委员会仲裁员等职务。

10年来，王祖国以精湛的水平办理了大量的各类案件，赢得了社会的广泛赞誉。并且担任着10余家大、中型企业及媒体的法律顾问。

多年来，王祖国积极参加社会公益事业，并且要求全所律师为社会弱势群体积极无偿提供法律咨询及法律援助，2001年2月在王祖国任甘肃金城律师事务所副主任期间该所被省司法厅评为“全省司法行政系统先进集体”，2001年9月在其任甘肃金城律师事务所主任期间该所被省司法厅、省残联评为“全省爱心助残律师事务所”，2004年9月该所被司法部评选为“全国法律援助先进集体”。

2005年王祖国被中华全国律师协会授予“全国优秀律师”荣誉称号；2003年7月王祖国被中央14个部委联合授予“全国维护妇女儿童权益先进个人”；2003年9月被民盟甘肃省委评为“全省民盟社会服务先进个人”。

宁夏回族自治区优秀律师

赖声洪

赖声洪，研究生学历，宁夏合天律师事务所主任。1986年至1988年在中共中央书记处农村政策研究室工作。1988年开始执业。国家一级律师。社会兼职：中华全国律师协会维权委员会委员，宁夏律师协会副会长，银川市律师协会会长，宁夏青年联合会委员，武汉市仲裁委员会仲裁员，银川市仲裁委员会仲裁员，吴忠市仲裁委员会仲裁员等。

2001年4月底，经过长达半年之久的准备，被自治区司法厅指派担任教练，率队参加全国首届律师电视辩论大赛，并获得大赛团体二等奖的好成绩，被宁夏司法厅记个人二等功。2003年8月，被授予省级“313”学术技术带头人称号。2005年获全国“十佳优秀律师”称号。作为合天律师事务主任，赖声洪严于律己，带领全所29名律师，涉及律师传统业务和新型边缘律师业务。先后共担任数百家企业法律顾问，代理民事、经济案件数千件，从事非诉讼法律事务千余起，为当事人挽回经济损失数亿元，也为西部地区的经济发展起到了应有的作用。事务所于1994年改制，成为宁夏回族自治区第一家合伙制律师事务所。2001年度，被自治区司法厅授予“人民满意的律师事务所”称号。在宁夏及西北地区享有较高声誉，是西北地区较大的律师事务所之一。

新疆维吾尔自治区优秀律师

关 勇 新疆元正律师事务所

金　山　新疆天阳律师事务所
蒋家开　新疆天雪律师事务所

3. 为律师行业管理工作做出无私奉献受嘉奖律师

王灿发　北京市法大律师事务所
田文昌　北京市京都律师事务所
李贵方　北京市德恒律师事务所
李晓斌　北京市广盛律师事务所
唐金龙　北京市中银律师事务所
顾永忠　北京市东卫律师事务所
姜俊禄　北京市金杜律师事务所
黄文俊　北京市金杜律师事务所
江宪胜　北京市东易律师事务所
李本森　北京市贝朗律师事务所
王立华　北京市天元律师事务所
马　翔　北京市天驰律师事务所
牛琳娜（女）　北京市蓝石律师事务所
金莲淑（女）　北京市金平律师事务所
全华善（女）　北京市利德律师事务所
王才亮　北京市才良律师事务所
黄顺刚　上海华利律师事务所
罗力彦（女）　辽宁阳光律师事务所
王秋潮　浙江天册律师事务所
李旺荣　浙江大公律师事务所
薛济民　江苏圣典律师事务所
谈　臻　江苏法德永衡律师事务所
刘光明　江西弘道律师事务所
李　淳　国浩集团深圳分所
梁国雄　广东易春秋律师事务所
彭志鸿　中司律师事务所

4. 获得国家级各类先进称号的个人

贾　雯（女）

贾雯，女，汉族，中共党员，1967年11月出生，河北泊头人，经济法硕士研究生学历。现为海南省律师协会副秘书长、海南天皓律师事务所主任律师、海南省妇联法律顾问、海南省普法讲师团成员。1992年取得律师执业资格，1994年取得土地估价师资格；2000年取得从事国有资产产权法律事务资格证书；2002年1月取得中国证监会颁发的上市公司独立董事资格证书；2002年5月被聘为北京九州世初知识产权鉴定中心专家；2002年11月取得保险经纪人从业资格。自执业以来，承办了大量经济、民事案件，主要涉及房地产、证券、公司并购、金融、民事损害赔偿等领域，涉案标的上百亿元。受聘于多家单位，办理了大量公司法律事务。办理了维护妇女儿童权益案件几十宗，先后参与了省妇联组织的《维护妇女儿童权益法》讨论稿、《婚姻法》修改意见的讨论，参与撰写了《婚姻家庭案例评析》等，曾撰写并公开发表多篇学术论文。多次被评为先进工作者、优秀共产党员；荣获首届全国律师电视辩论大赛优秀辩手奖、优秀团体奖；被评为2002～2003、2003～2004年度海南省诚信律师；2005年12月全国妇联、司法部、公安部等19个部委联合授予贾雯律师“全国维护妇女儿童合法权益贡献奖”。

王向和

王向和，男，1965年2月出生，河北省乐亭县人，法学硕士。1997年创办海南金凯旋律师事务所，现为该所主任。兼任中华全国律师协会未成年人保护委员会委员，海南省律师协会四届常务理事、劳动与社会保障专业委员会主任，海南省预防犯罪研究会理事，海口市劳动争议仲裁委员会仲裁员。

王向和律师执业以来承办了大量各类案件，尤以维护妇女儿童权益案件为长，以其扎实的业务功底，细腻的办案风格，赢得了委托人的信赖和尊重。其中影响较大的各类案件有4805名村民人身侵权案、302名国企职工集团行政诉讼案、6800万南海大道工程款、史某4.26亿特大金融凭证诈骗案等民事、行政和刑事诉讼案；“借腹生子案”、“串子案”、“六龄童吴东东人身损害赔偿案”、“世纪大桥女高工劳动争议案”“七岁小学生诉海口市金艺小学人身损害赔偿案”、“晋江村联防队员暴打无辜案”等。

王向和律师曾于2003年获司法部修改律师法征文二等奖，2004年获中国律师论坛百篇优秀论文奖，首届全国律师电视辩论大赛半决赛“优秀辩手”奖，出版了法律论文集《法语》及随笔集《心语》。

2005年全国妇联、司法部、公安部等19个部委联合授予王向和律师“全国维护妇女儿童合法权益贡献奖”。

曾梅涛

曾梅涛，男，汉族，中共党员，1946年10月4日生，广东五华人。1965年考入天津南开大学，1970年毕业后分配到天津宝坻县工作。1978年调入宝坻人民检察院，1988年到海南省人民检察院，任处长，为国家三级高级检察官。1999年取得律师资格。2001年退休至今，在海南大华园律师事务所从事律师工作。1995年在海南省人民检察院工作期间，因工作成绩突出，荣立三等功一次。

2004年9月，由于在法律援助工作中，积极、主动办理了大量法律援助案件，成绩显著，被司法部评为第二届全国法律援助先进个人。

曾梅涛律师热心维护农民工的合法权益，对受到伤害需要帮助的农民工，他总是不计报酬，千方百计为他们伸张正义，有时甚至自费办案。由于曾梅涛律师的维护农民工权益方面做出的突出贡献，2005年4月，共表团中央、公安部、司法部、劳动和社会保障部、建设部、国家人口和计划生育委员会、国家工商行政管理总局、中央社会综合治理办公室共同授予其“第四届全国进城务工青年良师益友”称号。

5. 全国优秀律师事务所

北京市优秀律师事务所

北京市君合律师事务所

北京市君合律师事务所是北京市一家大型律师事务所，成立于1989年4月，是北京最早成立的合伙制（当时称合作制）律师事务所之一。该所多次被司法部、北京市司法局授予光荣称号，多次被《Asian Law》、《The Asia Pacific Leagal 500》等国外杂志评为最佳中国律师事务所。该所拥有一支精诚团结，讲合作、讲奉献的合伙人队伍，建立了律师事务所内部平等、民主的现代管理制度，形成了一整套有君合特色的管理体制。君合的业务实行合伙人牵头负责制。在业务管理上采取发扬团队精神，群策群力的办法，如重大案件组织律师讨论会诊，或成立业务工作小组，进行“集团作战”。为了保证业务上的严谨和质量，该所制定有一整套业务管理制度。如：开发基金使用制度；业务立案管理制度；防范利益冲突查证制度；各种业务工作流程；律师填写工作小时记录制度；业务质量跟踪及反馈制度；账单管理制度；案卷归档管理制度等。

北京市金杜律师事务所

北京市金杜律师事务所是北京市一家大型综合性合伙制律师事务所。该所拥有众多经验丰富的执业律师，其中包括各个法律业务领域的专家，能够满足客户不同的需求、向客户提供不同领域及多层次的法律服务。主要业务领域有银行业务、企业及公司重组、改制、股票与债券的发行、公司收购与兼并、诉讼与仲裁、国际贸易及反倾销、高科技与风险投资、知识产权保护、外商投资企业的设立及相关法律事宜等。业务收入在全市排名第二。由于金杜在专业领域取得的杰出业绩，曾数次被国际知名的法律杂志评选为中国排名最高的律师事务所之一。该所管理先进，在应用先进通讯技术、计算机和互联网技术进行办公、法律研究和案件事务管理等方面，该所也是国内律师界的先行者。在为客户提供法律服务方面，金杜律师都要深入了解和理解与客户相关的背景情况及要求，以确保能够在此基础上为客户提供准确有效的服务，协助客户实现其经营或追求目标。

北京市中伦金通律师事务所

北京市中伦金通律师事务所是北京市一家综合性合伙制律师事务所。该所在金融、证券、公司事务、电信及IT业务、知识产权、房地产、国际投资和贸易、诉讼和仲裁等多个法律服务领域都取得了可喜的业绩和较为成熟的执业经验。业务收入在全市排名为第三。该所与国内外多家法律服务机构建立了稳固的业务合作关系，搭建了涵盖欧、美、日、韩和东南亚及南亚多个国家和区域的法律服务网络，能够为解决客户涉外法律问题提供综合和系统的解决方案。多数合伙人律师能够使用英语、日语、德语或者韩语工作，部分合伙人和律师，在国内颇具影响和知名度。该所非常重视对律师的培训，先后组织了20余次律师英语培训、36次律师业务培训，由合伙人资深律师主讲最新立法动态、案例分析、最新法学成果和发展趋势，收到了很好的效果。

北京市大成律师事务所

北京市大成律师事务所是北京市一家大型律师事务所。该所创办12年来，已发展成为一家以“众多的优秀人才、突出的专业特色、优质的法律服务、丰硕的科研成果、新型的制度管理、现代的执业设备、突出的分所业绩、扎实的支部建设”为特点的综合性律师事务所。2004年3月，该所荣获“北京市司法行政系统先进集体”荣誉称号。该所设立10个业务部门，形成了以房地产业务等为主的支柱专业，以国企改制、投资并购等为主的龙头专业，以国际业务等为主的新兴专业。该所优质的法律服务，赢得一大批中外客户的认可；该所注重律师实务与理论的研究，建立了

"大成文库"，大成律师出版了15本著作；主编了17本图书；发表了百余篇论文。该所建立的"议、决、行、监"相对分离、职责明确，运行规范的治理机构，建立了以规范化、标准化、数字化、信息化、系统化为主要特征的制度体系，实现了新型的制度管理，极大地促进了业务的发展。

北京市天元律师事务所

北京市天元律师事务所是北京市一家大型综合性合伙制律师事务所。该所积极探索新的法律服务项目，在中国国内最早对招标投标、政府采购、项目融资、体育产业与奥运项目、国企改制并购、IT和电信产业、证券投资基金、私募基金与风险投资、上市公司收购、外资媒体境内并购等领域进行了实务法律操作。业务收入在全市排名前十。2004年该所在"奥运全球合作伙伴计划"（TOP项目）的招标中一举夺标，取代了此领域中长期处于垄断地位的国外几家律师事务所，填补了我国为TOP项目提供系统专业法律服务的空白。同年，该所还接受北京市人民政府国有资产监督管理委员会的选聘，为北京市3600亿国有资产的优化组合、公司制改建、重组兼并、上市等提供法律保障服务，积极推动了国家经济发展战略的具体实施。该所内部管理机制科学、健全，重视党支部建设，积极参加社会公益活动。2004年初，独立捐款20万元在湖北黄梅县捐建了一所"爱心"希望小学。为121联合行动计划捐款11000多元。

北京市炜衡律师事务所

北京市炜衡律师事务所是北京市一家合伙制律师事务所。2004年3月该所被北京市司法局、北京市人事局评选为2003年度"全市司法行政系统先进集体"。该所非常重视专业化的律师队伍建设，在国内同行业中，较早地完成了各业务部门的划分和组建，实行了专业化分工。该所在强调业务学习的同时，更加重视律师的思想教育、职业道德和执业纪律教育。通过学习教育，在全所律师中形成了热情服务、诚实守信、扬善惩恶的行业风尚，提高了全所律师依法执业的水准。2000年~2003年该所作为赞助方和北京电视台进行合作，推出了《法制进行时》栏目，并且独自承担了该电视栏目的义务咨询，3年来共免费接待群众电话咨询近1万人次。该所的党支部通过发挥其政治思想优势和组织优势，发挥党员律师的先锋模范作用，带动全所律师不断提高思想素质和职业道德素质，还积极做好发展党员工作。该所结合自身的特点，将事务所文化建设定位于"团队文化"，经过数年的积累与创新，在团队文化建设方面取得了可喜的成绩。

北京市建元律师事务所

北京市建元律师事务所是北京市一家合伙制律师事务所。该所成立8年以来，一直以"管理规范、稳步发展、执业自律"的良好形象在律师行业内著称。该所建有科学健全的规章制度、规范完善的组织结构，律师始终贯彻着团结合作的团队精神。该所在8年的发展壮大过程中，对从内部管理到业务操作规范的各项规章制度，以及从合伙人会议到管委会制度再到工作小组的组织结构，进行了充实完善，形成了具有建元特色的管理模式。该所业务发展速度迅速，在近几年创造了年平均业务增长达到30%的佳绩。2003年荣获"北京市司法行政系统先进集体"荣誉称号。"非典"时期，该所成立了全国第一家"非典顾问团"，与8家非典定点医院签订了《无偿法律服务承诺书》，与广大医护人员并肩作战。该所长期为社区提供义务法律服务，为弱势群体提供法律服务，是"148法律服务专线（中英文）专业网成员单位"，2003年被评为"北京市法律援助先进律师事务所"。

北京市经纬律师事务所

北京市经纬律师事务所成立于1988年，是北京市律师体制改革时最早改制成立的律师事务所。在执业过程中，该所始终坚持诚信为本的服务准则，本着对社会负责、对当事人负责的精神，努力为客户提供高质量的法律服务，受到客户好评。该所紧紧围绕国民经济建设，不断进行业务创新。1992年，该所为北京首批上市的4家公司中的两家企业进行股份制改造和股票发行提供了专项法律服务。1995年，该所在论证个人消费贷款法律服务项目可行性的基础上，推出了《个人住房抵押贷款及操作方案》、《住房装修贷款实施方案》、《大件耐用消费品贷款实施方案》、《助学贷款实施方案》、《信用卡项下消费贷款方案》和《汽车消费贷款实施方案》等一系列个人消费贷款品种，带动了数十个行业的经营活动，对拉动北京市经济增长起到积极作用，得到了有关部门的高度评价。为了解决北京市中小企业融资难的问题，该所与银行一起推出了中小企业贷款的法律服务模式，为推动中小企业，特别是高新技术企业的进一步发展创造了条件。

北京市观韬律师事务所

北京市观韬律师事务所是北京市一家综合性合伙制律师事务所，曾被司法部授予"部级文明律师事务所"荣誉称号。该所长期以来不断加强软硬件建设，走规模化发展之路，逐步形成了以金融证券、公司法律事务为重点专业，传统的商业诉讼、仲裁和房地产业务、知识产权业务共同发展的，规范化、专业化律师事务所。该所具有经有关部委确认的从事证券、企业产权界定、大型基本建设国内国际招标投标和外经贸企业职工持股试点等法律业务的资格。经过多年的发展，该所已建立起现代、科学的管理体制和完备的规章制度，拥有一支理论深厚、经验丰富、勤勉尽责、服务诚信的律师工作团队。该所重视党建工作，注意对全体人员的思想教育和政治学习，形成了具有本所特色的律师文化。

国浩律师集团（北京）事务所

国浩律师集团（北京）事务所是北京市一家综合性合伙制律师事务所，曾被司法部授予“部级文明律师事务所”荣誉称号。该所强调业务专业化，根据社会经济行业特点，设置公司、证券、金融等三个专业方向，据此设置金融、公司、基础设施、房地产、证券、外商投资等数个专业部门，并积极拓展涉外业务领域，在继续稳定和发展金融业务的基础上，大力发展基础设施、房地产、证券、外商投资、公司重组等业务领域，由原来的单一金融业务为主的律师事务所转化成为业务部齐备、专业特点突出的综合性律师事务所。该所建立了科学、民主的决策机制，建立了规范、系统的内部管理制度，主要包括行政、业务和财务等三方面管理制度，重视收案前的利益冲突查询，对全体人员进行培训与考核。该所重视党建工作，党员成为事务所业务的骨干和遵守律师职业道德、执业纪律的模范。

北京市金诚同达律师事务所

北京市金诚同达律师事务所是北京市一家综合性合伙制律师事务所，曾被司法部授予“部级文明律师事务所”荣誉称号。该所在公司、证券、金融、税务、房地产、知识产权、创业投资、反倾销、国际法律事务以及诉讼和仲裁领域享有较高声誉，在金融衍生业务法律服务、证券投资基金设立、银团贷款、大型反倾销反补贴、海外融资、资产证券化、体育产业和奥运场馆营建项目、企业重组改制等领域均有丰富实务操作经验，与美国、欧洲、日本、加拿大、澳大利亚、新加坡、印度等国家和港澳台地区的同业建立了业务合作关系。该所建立了“议、决、行、监”相对分离、职责明确，运行规范的治理机构，完善了制度体系。该所集萃了一批优秀人才，庞正中律师被北京市委评为“优秀建设者”、刘红宇律师当选北京市第十二届人大代表。该所注重法律理论研究，多次参与举办专业研讨会，定期出版所刊，此外，积极投身公益事业，帮助弱势群体，伸张正义。

天津市优秀律师事务所

天津张盈律师事务所

天津金诺律师事务所

天津嘉德恒时律师事务所

上海市优秀律师事务所

国浩律师集团（上海）事务所

国浩律师集团（上海）事务所（以下简称“国浩上海”）原名上海市万国律师事务所，创建于1993年7月，是我国最早以资本市场法律服务为主要业务的律师事务所之一；1998年6月经司法部批准，与北京张涌涛律师事务所、深圳唐人律师事务所发起组建中国第一家亦为惟一一家律师集团事务所——国浩律师集团事务所，并更为现名。国浩律师集团事务所目前拥有北京、上海、深圳、杭州、广州、昆明6家事务所，律师200余名；于2003年11月与香港最大的律师行之一的胡关李罗律师行签署CEPA下第一份联营协议意向书，并于2004年8月正式联营。

截至2005年6月，国浩上海拥有律师60余名，具有大学本科以上学历的有59名，其中拥有硕士、博士学位的律师近40名，具有海外学习或工作经历者近20名。国浩上海办公面积近2000平方米，配置了现代化的办公通讯设施。2003年国浩上海在上海律师协会的综合排名中位居各律师事务所第2位，2004年仍居于前列。

国浩上海是一家业务范围涵盖资本市场、金融信托、外商投资、知识产权、房产地产、民商诉讼等方面的综合性律师事务所。国浩上海始终走在我国资本市场法律服务的前沿，迄今为止已为200余家股份公司境内外发行上市以及资产重组提供法律服务，其中包括中国最大的网络游戏公司盛大控股美国纳斯达克上市、世界最大的港口机械企业上海振华港机A、B股发行上市及首批短期融资发行、上海申达等第一批上市公司资产置换及增发新股试点、首例大型国企通过二级市场举牌收购上市公司即大港油田收购爱使股份等。国浩上海律师还担任了中国证监会发审委专职委员、上海证券交易所上市公司专家委员会委员等专业职务。

国浩上海拥有党员20名，党支部先后被评为中共上海市司法局直属律师事务所委员会2001～2002年、2003～2004年先进党支部。国浩上海先后被评为全国先进律师事务所、上海市文明单位、上海市司法行政系统文明律师事务所等称号。国浩上海多名律师荣获上海市司法行政系统先进个人、上海市司法局新长征突击手、中共上海市司法局直属律师事务所委员会优秀共产党员、上海市优秀青年律师、上海市新长征突击手、上海市优秀律师、上海市劳动模范等称号。

国浩上海律师还致力于行业建设，分别担任上海律协会长、上海律协业务研究与职业培训委员会副主任、上海律协金融证券专业委员会副主任、知识产权专业委员会副主任等职务。另外，国浩上海律师还分别担任了中国国际经济贸易仲裁委员会仲裁员、上海仲裁委员会仲裁员以及同济大学、华东政法学院、上海对外贸易学院兼职教授等。

上海市联合律师事务所

成立于1985年的上海市联合律师事务所是目前具有领先地位并且快速发展的律师事务所之一。全所共有律师60余名。

作为上海市一家主要的综合性律师事务所，联合律师事务所从事范围广泛的法律事务，包括：诉讼与仲裁、房地产、金融证券、公司事务、期货交易、知识产权、保险、国内外投资、运输（航空、铁路、海上）等领域。考虑到不同个案的需要，联合律师事务所还可以由不同专业领域的律师组成专门的工作小组，以便集中所需的专业知识和技巧，为客户提供最有效的服务。

本着公正、高效、维护社会正义的宗旨，联合律师事务所在为客户服务过程中兢兢业业、恪尽职守，有序、和谐，团队精神是联合律师事务所的立所之本，为此，曾多次受到司法部、上海市司法局和律师协会的赞誉，先后被评为上海市先进律师事务所、文明单位、文明窗口。

随着中国日益走向世界，联合律师事务所与欧、美等世界各地著名的律师事务所及有专长的律师建立了密切的合作关系，逐步形成了全球范围的服务网络，以便为国内外客户提供及时、周到的服务。同时，联合律师事务所还注重不断提高从业律师的业务素质，经常举行各种形式的专业研讨会，选派人员到国内外法学院进修法律，或到国外律师事务所培训、工作。

联合律师事务所拥有丰富的图书资料且具有完善的电子网络系统。联合律师事务所律师能够用中（包括沪语、广东话）、英、日等多门语言处理业务。

上海市锦天城律师事务所

上海市锦天城律师事务所（以下简称“锦天城”）系国内超大规模综合性律师事务所。“锦天城”以先进的合伙制体制和民主管理模式，聚集了一大批高素质的法律人才。“锦天城”由前华东政法学院院长、中国国际律师培训中心主任史焕章先生任主任，30余名资深律师组成合伙人管理层。本所拥有律师及助理共计260余名，其中注册律师约140名，具有博士学历的有20名；具有教授、副教授、法学硕士学历和中级职称的律师60余名；有60余名曾在国外留学或具有国外律师从业经历。

锦天城已荣获“全国优秀律师事务所”、“上海市文明律师事务所”、“上海市司法行政系统先进集体”，“浦东新区文明单位”、“浦东新区文明律师事务所”、“浦东新区法律援助先进集体”、“中共浦东新区区委颁发先进基层党组织”等光荣称号。拥有上海市优秀女律师、十佳律师、十佳青年、亚洲杰出商业律师、“亚洲之星”律师等。

锦天城具有多种从事专业法律服务的资质，能够为跨国公司、跨国金融机构、外商投资企业、国家机关和国内外企事业单位和个人提供投资、贸易、知识产权、金融（银行、证券、信托、保险、期货、基金）、金融信托产品设计、MBO全程法律设计、资产证券化法律设计、技术转让、房地产、公司筹建、兼并、海商海事、国际融资、股权转让及民事、刑事等各方面的诉讼和非讼法律服务。锦天城还以其“优质、高效、诚信、敬业”的服务宗旨，尊重及接受来自不同语言、文化及政治背景的客户，并能以世界各主要语种，为当事人提供法律服务。现在，锦天城已初步成为一个以国际化、专业化、多元化为特色的，能提供全方位综合性法律服务的大型律师事务所。

锦天城1999年加盟了世界律师事务所联盟—Terralex，成为该联盟惟一的中国成员。同时，锦天城已同包括美国、加拿大、英国、法国、荷兰、比利时、澳大利亚、新西兰、新加坡等国家和香港、澳门、台湾地区的130多家律师事务所建立了良好的合作关系。另外，锦天城在国际法律机构Asian Legal Business主办的2004、2005年二届中国法律大奖评选中，作为中国律师事务所的代表获得五项殊荣，“上海律师事务所大奖”、“房地产律师事务所大奖”、“资本市场律师事务所大奖”、“商业诉讼律师事务所大奖资讯科技”、“电信业律师事务所大奖”。

锦天城在国际互联网上拥有自己的顶级网站。锦天城还具有先进一流的办公条件，严格科学的管理制度，优秀出色的团队成员，锦天城的硬件设备和软件人员是为人公认的和称道的。锦天城目前已在北京、杭州设立分所，深圳分所，美国旧金山分所也正在积极筹备中。争创“国内一流、国际知名”是锦天城的奋斗目标。

上海市金茂律师事务所

上海市金茂律师事务所（以下简称“金茂所”）创立于1988年，是上海市司法局直属的一家从事专业法律服务的大型合伙制律师事务所，已连续7年位居上海律师事务所综合排名榜前十名，其中2003年综合排名列上海律师事务所（含北京等外省市律师事务所在沪分所）第一名。曾被司法部等评为全国“先进合作制律师事务所”、“上海市市级机关文明单位”、“上海市司法局文明律师事务所”、“全国优秀律师事务所”，是中国最早被批准从事证券法律业务的律师事务所之一。2000年被司法部和中国证券监督管理委员会首批认定为全国59家具有从事拥有境内权益的境外公司股票发行和上市业务资格的事务所之一，并在公司上市、项目融资、基础设施建设、企业改制、国际投资、国际贸易和信息技术等领域富有经验。由于在专业领域取得的杰出业绩以及在国内外商界及律师界的良好的声誉，金茂所曾数次被国际知名的法律杂志，如《亚太法律500强——亚洲商事律师事务所指南》、《亚洲领先律师事务所指南》、《环球律师界——国际著名律师》等评选为中国排名最高的律师事务所之一。

金茂所现有北京、上海、青岛4家联盟所，吸收合并了上海盛茂律师事务所等律师事务所，与美国、欧盟、日本、新加坡和香港等国家和地区的多家著名律师事务所建立了联盟合作关系。“金茂律师联盟”执业律师总人数为125名。

金茂所主任李志强高级律师是上海市第八届十大杰出青年，国际律师协会理事，律所有1/3的律师曾在海外留学或者国际法律事务所工作，有多名多个法律业务领域的专家和8名具有证券法律从业资格的律师，多名律师在国际律师协会、世界青年律师协会、上海市杰出青年协会、上海市青年企业家协会、中国国际经济贸易仲裁委员会和上海仲裁委员会等担任职务，多名律师曾参加联合国国际贸易法委员会、中国证券监督管理委员会等专业立法活动。

上海市建纬律师事务所

上海市建纬律师事务所，成立于1992年，是中国大陆首家以城市基础设施建设、建筑工程和房地产法律服务为主的专业律师事务所。总所设于上海，在北京、深圳、苏州、昆明各设有一家分所。法律服务范围覆盖重大基础设施建设项目和各类房地产项目的开发、建设、经营和管理的全过程，并延伸到与此相关的公司业务、银行与保险、环境保护和知识产权等领域。在这些领域，建纬不仅提供非诉讼的法律服务，同时也为委托人提供在中国大陆各级法院进行的刑事、民事、经济、行政诉讼代理和在仲裁机构进行的仲裁代理。此外，建纬律师还接受委托，协助客户向中国法院申请被中国法律承认的国内外司法判决和仲裁裁决在中国境内的执行。

建纬的律师中，有的经过严格的遴选，接受过扎实的法律以及与工程房地产、环境保护有关专业的国内外高等教育训练，具有法学和工学专业的硕士、博士学位；有的具有大型房地产开发企业、建筑施工企业、建筑设计院、商业银行、专业高等院校、新闻机构、法院和行业的政府主管部门的专业工作经历，同时具有造价工程师、监理工程师、注册会计师、施工管理高级工程师、专利代理人等专业技术资格或职称的专业人员；有的同时兼任上海市政协常委、中国著名高校的客座教授，有的在北京、上海、武汉、厦门以及各分所所在地等多座中国重要城市仲裁机构担任仲裁员的著名律师。

建纬人秉承“超前、务实、至诚、优质”的服务理念，倡导并践行团队服务模式，在上海、北京、深圳、苏州等城市建设高速发展地区乃至中国各地承办了一大批案情复杂、标的巨大且具有标本意义的诉讼案件和非诉讼案件。特别著名的有：“德隆系”的系列巨额诉讼案，为上海浦东国际机场首期项目、北京国家博物馆改扩建项目、中央电视台总部大楼项目、苏州工业园区等建设项目提供全程法律服务。通过实践，建纬积累了丰富的专业法律服务经验，在中国法律界和建筑房地产业内产生了重大影响，参与了《中华人民共和国物权法》、《中华人民共和国建筑法》、《建设工程质量管理条例》及《上海市房地产抵押办法》等多部法律、法规的立法修改讨论工作，为数十个行业协会、企业、法学院校、政府部门、仲裁机构举办专业法律讲座。

为更好地进行法律服务，建纬开展了多项外部协作活动。聘请中国建设部建筑业市场管理司以及总所和各分所所在地的政府有关部门为专业业务指导单位；聘请房地产等专业的专家学者担任顾问；与多个法学会、律师协会、法官协会、建筑房地产业行业协会、金融保险机构、新闻传媒机构以及城市建设、土地、城市规划、交通、能源等专业机构、高等院校建立有长期的合作关系；并与多家国际知名的英、美、日及香港地区的律师事务所建立了广泛的国际业务协作关系。

在内部管理上，建纬也创出了自己的特色。法律服务中实行律师主办、协办制度。并于1994年起在中国大陆首创投保“律师执业责任保险”，落实律师过错责任赔偿制度。在参加律师协会为执业律师共同投保的基础上，每年增加保额人民币1亿元，投保额居国内律师事务所之首。

建纬，已经成为在中国城市建设法律服务领域领先的知名品牌。曾被《亚洲律师》杂志誉为一家“积极、智慧、创新”的律师事务所；被LEGAL 500列为中国知名律师事务所之一；被中国司法部授予“部级文明律师事务所”称号。

上海市光明律师事务所

上海市光明律师事务所，成立于1996年12月，是一家合作制律师事务所。2000年10月，俞建国主任加盟该所并进行了重组。光明所现有专职律师72名，并聚集了一批专利代理人、商标代理人、注册会计师。光明所在中国苏州市、南京市设有分所，亦具有一定规模。

该所推崇高水准的专业法律服务，并以高质量的服务效果作为最终检验标准。该所法律服务涉及各个领域的诉讼和非诉讼。实行公司制和律师独立执业并存模式。团队合作、协同作战为该所的一个显著风格。在人才结构中，引入的律师具有多方面的背景和经验，使其在法律服务中能融经济、技术、会计、医学等知识和经验于一体，为客户寻求最合适的解决问题的方案。该所以国际化的法律服务定位，聚集了一批曾在国外学习和工作的律师，能糅合不同的文化背景和法系特点，熟练运用英语、韩语、日语、法语、西班牙语、德语等多种语言为客户提供服务。

光明律师事务所在金融领域法律服务中处于行业领先地位。不仅上海70%以上的中资银行及资产管理公司是其客户，还拥有一批外资银行客户，在外商投资领域亦属于独树一帜。江浙沪的相当数量的韩日、南美企业是其稳定客户，还有一大批欧美企业，如美国联合利华有限公司、亚洲最大的地产公司新加坡凯德置地集团等是其常年法律顾问单位。该所在知识产权领域也处于领先地位。比如代理的德国施耐德电气工业公司的梅兰日兰商标侵权案，美国星源公司德星巴克不正当竞争案等一大批知名的诉讼案件，均最大限度地维护了当事人的利益。

光明所以创建规模化、专业化、品牌化、规范化、国际化事务所为宏伟目标。2004年被评为中国优秀律师事务所、上海市文明单位；1997年~2002年，连续6年被司法局评为先进律师事务所；2001年~2002年被市司法局评为上海市司法系统文明律师事务所；2003年、2004年被评为上海市司法行政系统先进集体；被上海市东方电台评为十佳律师事务所；该所俞建国主任被评为中国最佳合伙管理人律师，也是上海十分知名的律师。

近几年，光明所重视对社会的回报。积极参与救灾、助残、敬老等公益事业。在上海财经大学、上海政法学院等院校设立高额奖学金，注重对法学后备人才的激励和培养。

光明所推崇企业文化的培养。该所拥有自己的足球队，并且2003年、2004年在上海市著名企业杯足球赛中取得冠军，2004年上海市百威杯球赛中获得亚军，丙级联赛中获得第二名，还和上海市十运会足球队、上海青年足球队交手，取得良好战绩。这对于激励光明员工团结奋进，形成拼搏、竞争、上进的协作氛围起了很大推进作用。

上海市毅石律师事务所

上海市毅石律师事务所是一家主要为外商投资企业、外国客户提供法律服务的综合型涉外律师事务所。目前，担任300余家客户的常年法律顾问（包括众多世界500强跨国公司以及其关联企业），拥有各类工作人员140余人（其中律师37人、外籍人士25人），先后设立了苏州分所、澳大利亚悉尼分所、杭州分所。近年来业务收入、规模等综合实力在上海市律师行业一直名列前茅（2004年营业收入突破4000万元）。2000年被司法部评为“部级文明律师事务所”、连续6年被评为上海市“文明单位”，2004年获“THE 2004 CHINA LAW AWARDS”中的年度专业律师事务所大奖，长期入选《亚洲领先律师事务所指南》和《亚太法律500强——亚洲商事律师事务所指南》并获评为在公司、商业、投资、并购领域的领先律师事务所。

经过实践与探索，其逐步形成了以“现代企业制度”为特色的律师事务所管理模式，主要特点包括：

1.“现代企业制度”管理下的团队运作。针对有些律师事务所管理上普遍存在的“小作坊”、“出租柜台”式的弊端，事务所从设立之初，为避免存在类似情况，大胆突破，借鉴国际先进的律师事务所管理理念及经验，实行了“现代企业制度”管理：案源由事务所统一承接、内部专业化分工、业务由团队协同操作、实行“工资加奖金”的“按劳分配”原则。建所近10年来，由最初的五六人逐渐发展成拥有包括“信息与质量监督部”（20余人）、“企划宣传部”（近20

名外籍人士）、“诉讼部”（10 余人）、7 个从事非诉讼为主的法务部、3 个分所、初具规模的涉外律师事务所；能用日、英、韩语直接为外商投资企业提供法律服务，为创造良好的投资环境贡献力量。

2. 引入ISO9001 国际质量管理体系，规范和强化法律服务质量管理。2002 年初，事务所聘请权威认证咨询机构的专家对事务所进行全员培训。通过近一年的专业辅导，事务所按照ISO9001 标准制定并执行了质量手册、质量管理评审体系、文件控制体系、服务产品瑕疵控制体系、客户要求的识别及评审管理体系、新业务开发与管理体系、客户满意度测评体系等一系列标准体系。2003 年 4 月，事务所顺利通过了认证机构的检验和认证，获得中国方圆标志认证委员会方圆标志认证中心及国际认证联盟双重认证证书；2003 年 6 月，日本品质保证机构也向事务所颁发了相关认证证书；2004 年 4 月，事务所再次通过了认证机构的外部监督审核。

3. 独立设计、开发、构建了先进的电子化网络管理体系。事务所 2002 年前后结合运作特点独立设计了比较全面、专业的律师事务所电子化管理体系，投入巨资“度身定制”、开发了“毅石律师事务所综合管理系统”（内部资源网服务系统）和外部宣传网，购买、租用了专门的服务器、路由器等硬件设备。在客户管理、业务操作、文件文档、客户信息、财务、人事、权限、图书资料、法律法规、车辆、电话、会议室等方面全面实现了信息资源共享的电子化网络管理，确保事务所整体运作的规范与高效，极大地提高了业务服务质量。

上海市段和段律师事务所

上海市段和段律师事务所是中国最具特色和知名度的本土律师事务所之一。她开辟了中国律师承办国际法律业务的先河，并成为这一领域公认的领头羊。她在引进国外投资和帮助中国企业走出国门这两方面取得的成效令人称道，其创建及成长历程更是在中国的律师发展上留下了绚丽的一章。

1993 年初，在中国律师仍被归于“国家法律工作者”的行列时，段和段的创始人凭借留学和工作于欧美、香港等国家和地区的经历洞察到开办个人合伙律师事务所的先机。借中国坚定不移实行改革开放政策及中国国家教委适时出台的鼓励中国海外留学生回国创业政策之大势，段和段的创始人领先一步获得中国司法部和国家教委等部门的特别批准，在中国最受瞩目的改革开放之地上海浦东新区成立了全中国第一家由回国留学生私人出资并拥有的合伙制律师事务所。并且，段和段是中国改革开放后，由留学生回国创办的各类企业中的第一家，更具历史纪念意义。

“段和段”得名于两位创始合伙人的姓氏，寓意团结、合作和进取，体现了段和段积极向上的企业精神和工作态度。

1994 年，段和段经中国司法部批准，在美国华盛顿州的西雅图正式建立了第一个海外分支机构，这使得段和段成为最早跨出国门的中国律师事务所之一。

在世纪之交，段和段将其位于上海虹桥开发区内的浦西办公室的面积扩大了十倍之多。同时，段和段在上海浦东的中国最高、最现代化的金茂大厦开设了浦东办公室，并且拥有了自己的配备全球可视电话系统的现代化会议中心。目前段和段全所员工达到 50 余人，其中超过 20 位是有丰富执业经验的律师。

段和段在国际法律服务领域的领先地位已得到包括许多世界 500 强企业在内的国际、国内客户的一致认可，段和段不仅已成为为国际知名的跨国公司及众多中、小企业提供中国法律服务的首选律师事务所之一，同时也被越来越多的中国企业聘请为其提供走出国门的法律服务。

在成立至今的 10 多年中，段和段律师事务所获得了作为中国律师事务所所能获得的几乎全部荣誉称号和评价，诸如：中国司法部部级文明律师事务所、上海市文明单位等。同时段和段律师事务所还多次被海内外权威及专业杂志评定为中国大陆地区表现最为优异的律师事务所之一。

上海市华亭律师事务所

上海市华亭律师事务所是我国恢复律师制度后首批成立的律师事务所。2000 年改制为合伙制律师事务所。事务所首批被授予“中华人民共和国司法部部级文明律师事务所”和“上海市文明单位”称号。2004 年，又被评为“全国优秀律师事务所”。

事务所有 30 余名律师，都具有本科以上的学历，其中 12 人具有硕士研究生学历或海外留学背景。80% 的律师具有专业特长和长期从事律师业务的实践经验；70% 的律师具有一门外语的听、读、写和会话能力，其中部分律师能用外语作为工作语言；60% 的律师具有高、中级职称。

事务所在横向业务方面不但与外省市同行有密切联系，而且还与美国、法国、澳大利亚、新加坡等国家和香港、台湾地区的律师同行有业务合作和交往。

事务所设立有金融证券投资法律部、房地产法律部、涉外法律部、国际贸易海商海事法律部和综合法律部。

由事务所担任的各类国内企事业单位、社团和外商、外资企业以及各级政府常年法律顾问有近200家；每年办理各类非诉讼法律事务和诉讼案件近千件；每年经该所律师处理的争议标的或涉案标的超过千万、上亿的大案数十起。同时，面向广大百姓的免费咨询、动迁拆迁、法律援助等案件，每年也有上百起。事务所自2000年始，每年律师业务创收以30%以上的速度递增，每年业务创收总额和人均创收额均在上海市行业排名中名列前茅。

事务所是全市第一家进驻五星级宾馆办公的律师事务所，办公设施现代化，交通工具、通讯手段、文件制作在同行中处领先水平。办案律师每人均配备有小轿车、手提电脑。事务所设有电话交换机和电脑局域网，方便了与境内外客户的业务联系。

上海市新华律师事务所

上海市新华律师事务所创立于1981年，系上海市最早注册成立的律师事务所之一，同时还是上海市保护未成年人律师事务所，具有证券法律业务资格、外经贸企业内部职工持股法律业务资格、国有资产产权法律业务资格、债转股工作律师业务资格、上海市外商投资企业协会会员资格、从事外商投资项目咨询代理工作资格等多项法律业务资格。

事务所现有专职执业律师32名，多为经验丰富、学有专长的复合型人才，胜任各种类型的法律业务服务。自建所以来，已办理各类案件2万余件，先后被包括中国国际航空公司上海基地、上海新锦江大酒店股份有限公司，上海飞乐股份有限公司和全球著名软件公司——AUTODESK公司华东区等在内的1800多家商业机构和社会社团聘为常年法律顾问，业务涉及全国20多个省市自治区，具有较好的社会影响力。

事务所始终秉承“责任创造价值，诚实取得信任”的事务所精神，努力奉献，扎实工作，使“新华”品牌获得了客户的认可和信赖，取得了社会的尊重和认同，相继被评为“司法部文明律师事务所”、“全国优秀青少年维权岗”、“上海市文明单位”、“上海市法律援助先进律师事务所”和被授予上海市“人民满意的司法行政单位先进集体”、“上海市司法行政系统集体二等功”等荣誉称号。多人多次分别被授予“上海市十佳律师”、“上海市律师职业道德标兵”、“部级优秀律师”、“个人三等功”、“律师辩论赛最佳辩手”、“优秀辩手”等荣誉称号。

事务所热忱于社会公益事业，在上海市首家开通法律咨询专线——“新华法律咨询热线”（被团市委命名为“共青团号”），出资50万元人民币在上海社会科学院和华东政法学院分别设立了“上海社会科学院新华教育基金”，和“华东政法学院新华奖学金”。

事务所设有涉外经济、房地产、民事、刑事、金融证券、公司商务等6个专业法律部门，尤其擅长办理涉外经济、房地产、金融证券公司商务及各类诉讼、仲裁案件。具体涉及：（1）民事、经济（国际经济贸易）、海事、海商、知识产权、劳动争议及行政等各类诉讼案件、仲裁案件的代理。（2）为公司债券、股票的发行、上市等证券业务出具法律意见书。（3）土地使用权出让、转让、房地产开发以及房屋买卖、抵押、租赁等房地产事务的代理及见证。（4）为银团贷款、项目贷款、商业贷款、融资租赁等银行业务出具法律意见书。（5）为公司（包括外商投资企业）设立、变更、转让、收购、兼并、债转股、分立、解散、破产、清算、托管、租赁、承包等提供法律服务。（6）为专利及商标的申请、注册、转让、企业商业秘密的保护，反不正当竞争纠纷，计算机软件的专有技术的保护等知识产权事务提供法律服务。（7）为境外投资、劳务输出等事务提供法律服务。（8）刑事案件的辩护及代理。（9）为各类商业机构、社会团体及个人担任常年法律顾问。（10）其他各类见证、保管、代办、代书、咨询等法律服务。

重庆市优秀律师事务所

重庆索通律师事务所

索通创办于1995年1月，是中国西部第一家以留学生为主设立的合伙制律师执业机构。从创立至今，索通已从一家初期主要从事涉外服务的专业律师事务所成长为本地区最具规模和实力的大型商务律师事务所之一。2002年8月，索通创业界先河，接受重庆市人大委托起草的《重庆市物业管理条例（草案）》获得通过，该条例成为在中国大陆实施的第一部由律师起草的地方性法规。2003年1月，索通执行合伙人韩德云当选为十届全国人大代表。2005年4月，索通获得司法部、中华全国律师协会授予的“全国优秀律师事务所”称号。

索通以严格而先进的管理机制培养和造就了一支高素质的职业律师团队，在重庆本部现有近30名专职律师执业。索通律师均具有大学本科以上学历且大都具有丰富的工作经验，其中有8名律师曾在美国、日本、英国、法国等国家或香港地区获得学习、培训或工作经历。更重要的是，相当部分的律师具有10年以上的执业生涯，有不少律师在选择专职执业之前，曾经长期在高等院校、政府机关、司法机构和国内外企业从事法律实践工作，由此打下了非常扎实的职业基础。

作为一家商务律师事务所，索通律师事务所的业务开展主要定位于为客户提供非诉讼法律服务并逐步形成了涉外法律业务、房地产业务、金融证券业务、公司重组并购四大专长为主的版块业务。此外，在有影响的重大诉讼、仲裁案件代理方面，索通亦取得巨大成功。目前，索通在重庆地区拥有国有大中型企业、金融证券、外资企业、大型民营集团和政府机构等150余家常年顾问客户。

建所10年来，索通律师事务所坚持"当事人的利益永远是律师维护和保障的核心"、"法律服务不仅仅在于防范风险更在于为客户创造效益和价值"的执业理念，始终关注着社会、经济发展的最新动态并站在法律服务的最前沿。特别是，率先彻底打破业内分成制传统，实现全员年薪制，将全所资源有效整合为一个系统，按照统一的标准和流程为客户提供规范化服务。以此为平台，形成了独具特色的索通服务"三大优势"：

1. 行业领先的体制优势，一贯秉承开放式的合伙机制以及职业化的团队合作体制已成为索通律师事务所为客户持续提供全面服务的基础；

2. 严密科学的管理优势，依靠自主开发研制的办公自动系统（OA系统），围绕业务组织、操作和质量控制确立的管理体系已成为索通律师事务所为客户提供优质服务的前提；

3. 不断提升的专业优势，汇聚海内外精英、积累10余年经验，承受数百家客户重托、交融各行各业智慧已成为索通律师事务所为客户提供增值服务的保证。

重庆中豪律师事务所

中豪律师事务所系中国大型集团化、规模化律师事务所，总部位于重庆市渝中区标志性建筑——大都会广场，北京分所位于北京市宣武区庄胜广场中央写字楼，上海分所位于跨国机构云集的浦东华夏银行大厦，四川分所位于成都市锦江区甲级写字楼——川信大厦，香港办事处位于香港中环德辅道中4号渣打银行大厦。

中豪多次荣获先进集体、著名商标、省级文明律师事务所等荣誉称号。2000年以全国综合评比第3名的优异成绩荣获"司法部部级文明律师事务所"奖牌。2005年，中华全国律师协会授予中豪"全国优秀律师事务所"殊荣。Chambers Global 与 Legal 500 分别将中豪录入 The World's Leading Lawyers "世界顶尖律师"与 The Asia Pacific Legal 500 "亚太律师500强"。

中豪拥有逾100名执业律师和专业人员，均毕业于国内著名法学院校，大部分具有硕士以上学历，其中不乏法学博士和留学归国的涉外型律师。为培养一支令顾客充分信任的高素质律师团队，中豪制定了完善的培训体系，为所有员工提供平等且充满竞争的发展空间。多年来，中豪精湛的专业知识、丰富的执业经验、团队化的服务方式和良好的职业操守赢得了国内外客户的广泛赞誉与信赖。

中豪拥有与众多国际知名机构和其他行业先驱合作的丰富经验，也曾为许多发展中企业提供优质高效的法律服务，并成功为政府、高校、传媒等机构及各类协会、社团提供法律咨询，建立了良好关系。2004年，中豪与香港苏姜叶冼律师行共同组建了中国第一家联营律师事务所，意在为客户跨越内地与香港的经贸往来提供便捷且高品质的法律服务。苏姜叶冼律师行擅长公司上市、企业并购、地产建筑、投资移民等法律事务，该行合伙人曾执业于世界最大律师事务所——贝克·麦肯思律师行。

中豪理解客户的目标、期望和商业哲学并能以创新的方式处理纷繁复杂的法律问题，在金融、证券发行、公司设立与改制、并购及重组、建筑房地产、外商投资、项目融资、知识产权方面有着突出的领先地位。针对不同的法律领域，中豪设立了专门的业务部门，以跨越京、沪、港、渝、蓉五地，东西南北互动的网络集团优势为众多包括世界500强企业在内的高端客户提供了优质的法律服务。

中豪向西南政法大学捐资100万元人民币，设立中国法学教育界最高额的奖学金——"中豪律师奖学金"，以彰显律师热心公益事业的社会形象。

重庆百君律师事务所

重庆百君律师事务所是一家以西南政法大学副教授孙渝先生和杨泽延先生为主要发起人的合伙制律师事务所。自1998年12月成立以来，已取得骄人的业绩，是中国西部最具活力和发展前景的律师事务所之一。

得益于对律师行业发展规律和执业特性的深刻理解，百君人提出了"百树成林，百君成业"的创业理念。在百君，对人才的企盼超过对财富的追求，对智慧的尊崇远胜于对金钱的膜拜。百君人懂得，依藉商业炒作或个别律师的劳顿奔波，所挣得的终究是短暂的浮华，惟有拥握济济英才，方能铸就恒久的辉煌。以人立所，是百君不变的主唱。

在百君人眼里，当事人的利益至尊、至重，当事人的信赖至珍、至贵。作为法域中人，百君人当然追求公平与正义。但是，作为执业律师，百君人眼中的公正和正义，不仅仅是天平上的半斤八两、也不仅仅是法槌下的不偏不倚。百君人倾力拼争的，是当事人于合法前提下可能获取的最大利益。傲强而不侮弱，善谋而不失道，依循法理但不囿于教条，凭借精深的专业智慧和高超的运作技巧为当事人谋取极致利益，是百君律师秉承始终的执业宗旨。

受"百树成林，百君成业"人文理念的感召，40余名律师才俊汇聚百君旗下。他们当中，拥有高学历和高级职称的比比皆是。良好的教育背景和系统的专业熏陶使百君律师具备了扎实深厚的法学理论功底；而长期执业以及曾经长期供职于高校、政府机关、司法机关和商业机构的阅历，又使他们具备了处断各种法律实务的高超技能。理论素养和运作能力的交融结合，彻底颠覆了世俗对"学院派"律师的偏见，更铸就了百君律师在业内高素质的不争形象。

部分律师的海外留学经历，部分律师的境外律师楼工作经历，加之与境外律师的频繁合作与交往，使百君在事务所管理、项目服务模式、个案运作技巧和执业规范等方面深谙"国际水准"的种种要领。百君的目标之一，就是要按照这样的标准建立高素质的事务所和提供规范、高效的专业服务。

自成立以来，百君除在传统的诉讼与仲裁领域保持优势外，在基础工程项目、房地产开发、金融证券、资本运作与上市、企业改制、公司并购、风险投资、国际投资、知识产权、国际酒店管理、医疗事业等领域业绩斐然。正是得益于新兴业务的高速增长，百君的业务规模已跻身中国西部同行前列。

百君已经获得了"人民满意的律师事务所"、"重庆市优秀律师事务所"、"全国优秀律师事务所"、全国律师电视辩论大赛重庆赛区团体第一名和个人第一名等诸多荣誉。而在客户及公众中的良好口碑，则是百君人引以自傲的真正荣耀。

重庆静升律师事务所

重庆静升律师事务所，是重庆市集规模化、专业化、国际化于一体的综合性、合伙制律师事务所。自1996年初成立至今已10年，在创始人彭静女士的带领下，静升律师事务所遵循"敬业、求实、利民、护法"的服务宗旨，奉行"依法执业"、"当事人利益至上"的执业理念，励精图治、开拓进取，紧跟时代发展的潮流，坚持法律服务综合化、管理机制团队化、业务分工专门化、合伙人组成公司化的经营理念和发展模式，不断强化服务观念、精品意识和团队精神，形成以房地产、公司企业、业务为代表，诉讼、金融、证券、知识产权、国际贸易等法律专业门类协调稳步发展的格局，以优质高效的服务赢得国内外客户的认同和信赖，已成为目前国内规模较大、知名度较高的综合型律师事务所之一。多次被重庆市司法局等评为"优秀律师事务所"、"诚信执业律师事务所"称号。2005年6月，静升律师事务所又被中华全国律师协会授予"全国优秀律师事务所"称号。主任律师彭静也同时被评为"全国优秀律师"。

静升律师事务所现有执业律师40多名，多数毕业于国内知名法学院校，均受过正规系统的教育，其中包括6名法学教授、副教授、5名法学博士、10余名法学硕士，知识领域涉及法律、金融、证券、企业管理等多种学科，能够充分满足客户对专业化、优质法律服务的需求。其中，精通的语种涉及英、法、日语等；在所内一些专家、学者型律师的影响带动下，部门律师的专业化素质不断提高，团队协作配合的优势日益彰显，"静升律师"品牌化战略也逐步得到业内外人士的认可，影响日深。

静升律师事务所根据每位律师的业务专长，合理调配整合，组成包括房地产业务部、公司企业业务部、金融证券业务部、知识产权涉外部、民商法务部、刑事行政业务部等6个业务部门。各业务部统一协调，为各类客户提供法律咨询、诉讼、仲裁和各种涉内涉外非诉法律业务等各项法律服务。

静升律师事务所独具特色的是拥有由中国资深法学家组成的专家顾问团，成员包括一级律师2名，教授、博士生导师5名，包括市政府参事、市政府法律顾问、原西南政法大学校长及副校长等，能保证重大疑难案件定性的正确性。

重庆渝万律师事务所

重庆渝万律师事务所地处三峡库区中心城市万州。1997年创建至今，在全国律协理事、重庆市律协副会长张兴安主任的带领下，励精图治，锐意进取，社会效益和经济效益全面发展，成为三峡库区规模最大，享有盛誉的合伙制律师事务所。1998年、2001年连续两届被重庆市司法局授予"市级文明律师事务所"称号，2004年成为重庆市首批"市级优秀律师事务所"。在万州区中介经济组织中独享"诚信纳税先进集体"光荣称号。2005年渝万所以优秀的业绩摘取了中国律师行业最高荣誉的桂冠，成为"全国优秀律师事务所"，是全国区县级律师事务所惟一获此殊荣者。

渝万律师事务所立足三峡库区的建设和发展，为三峡库区的民主与法制建设，为库区的经济发展和社会的稳定做出了显著贡献，赢得了社会各界的高度赞许，受到了党委、政府的好评。渝万律师事务所是万州非公有制经济组织中的优秀代表，在经济建设中贡献独特，2003年11月被重庆市万州区委、万州区人民政府联合授予“万州区非公有制创业标兵”荣誉称号；2004年初，作为重庆市惟一的中介组织代表，被重庆市委统战部、重庆市工商业联合会授予“首届优秀中国特色社会主义事业建设者”光荣称号，并荣获万州区“社会贡献一等奖”。

渝万律师事务所在万州繁华的商业中心地带自购办公楼1000平方米，拥有宽敞明亮的办公环境，现代化的办公设施，几年来积累了继续发展的雄厚基础。现有执业律师40人，各类辅助人员25人，其中有法学硕士3人，研究生5人，90%以上具有法律大学本科学历。在这个优秀的群体里有重庆市人大代表、区政协委员、政策咨询专家委员会专家、区级技术拔尖人才、区级学术和技术带头人等，这支充满朝气、奋发向上、能打硬仗的律师队伍，肩负着继往开来的神圣使命，不断为万州的经济发展做出新的贡献。

“渝万律师，诚信永远”是渝万律师事务所发展的宗旨和办所理念。前进中的渝万所讲诚信、讲质量，在诸多的法律服务领域均有建树，某些业务独树一帜。几年来在刑事辩护、民事代理等传统领域办理了一大批在重庆乃至全国颇有影响的案件和法律事务，维护了当事人的合法权益，促进了经济建设的发展，积极参与构建社会主义和谐社会的宏伟事业。渝万所同时还担任了众多大型企业、重要部门、重点项目工程的法律顾问，不断发展壮大的渝万所在投资、贸易、房地产、金融证券、期货交易、海事海商、知识产权、股份制改造等新的领域已有开拓，并初具规模。

重庆合纵律师事务所

重庆合纵律师事务所成立于1994年5月，系中华人民共和国司法部部级文明律师事务所。中共重庆市委、市人民政府命名的“文明单位”。共青团中央、司法部授予的“全国青少年维权岗”示范单位。重庆市司法局首届局级文明单位、市级文明律师事务所。1997年~2000年连续4年被重庆市司法局评为“先进集体”。2003年被重庆市司法局、市律师协会评选为“重庆市优秀律师事务所”。2005年被评选为“全国优秀律师事务所”。该所系重庆市上市公司董事长协会成员单位。

合纵律师事务所是一所集各种专业人才于一体的合伙制律师事务所。其业务领域涉及诉讼和非诉讼各个方面，其中尤为擅长金融、证券、公司改制及重组、贸易、投资、房地产、知识产权、刑事及民事诉讼等领域的法律事务。合纵所具有从事证券法律业务和企业产权界定法律业务资格。现拥有专职律师20名，其中博士、硕士研究生、在读研究生共计7名，WTO知识专门人才从业资格律师4名、产权界定从业资格律师3名、房地产经纪人从业资格律师3名。为了适应律师行业高速发展的需要，合纵律师事务所先后派出3名律师分别前往美国、德国、英国等国家留学深造。

合纵所写字楼位于重庆商业中心半岛国际商务大厦，拥有完善的办公设施，设置了网络系统，购置了奔驰等4台办公用车，实现了办公网络化、现代化。

在律师制度已走向国际化的今天，合纵所正竭力探索深层次、全方位的律师服务最佳模式。立足于优质、高效、超前、外向这一服务模式，在大胆借鉴国外律师制度合理经验的同时，锐意革新传统律师制度观念，致力于法律的超前服务与事后补救。

合纵律师本着尊重法律，维护当事人合法权益的精神，已办理各类案件4000余件，担任百余家中外企业、事业单位的常年法律顾问。成功地办理了一批在全国、全市具有影响力的大案、要案。

合纵所积极致力于社会公益事业。为提高青少年的法律意识，减少青少年犯罪率，在重庆市第二十六中学设立“法制教育基地”；与重庆市消费者协会和《重庆晚报》联袂举办“3.15消费者维权活动”。

合纵律师事务所注重内部文化建设，编著了《合纵之论》、《合纵之辩》、《合纵十年》三本专著，一定程度上提高了本所的知名度。

合纵所高效优质的服务得到了有关领导和社会各界的好评。司法部副部长段正坤、全国律协秘书长贾午光等领导莅临视察时，对合纵所一流的设施及取得的成绩给予高度评价。合纵所良好的业绩受到了“中央电视台”、“重庆电视台”、《法制日报》、《经济日报》、《重庆日报》、《重庆晚报》、《重庆晨报》等新闻媒体的广泛关注和报道。

合纵律师秉承“尊严无价、合纵有情”的服务理念，恪守律师职业道德标准，努力实现公平正义的理想，真诚希望为社会各界提供更加高效、优质、深层次、全方位的法律服务。

河北省优秀律师事务所

河北三和时代律师事务所

河北三和时代律师事务所，成立于1994年10月，是隶属于河北省司法厅领导的大型综合性合伙制律师事务所。建所10多年来，坚持规模化、专业化、现代化、品牌化的发展方向，培养造就了一支高素质的律师队伍，成为河北省在律师事务所的规模、专业化程度、现代化办公条件、综合实力等多方面处于领先地位的律师事务所，多次收到司法部、省司法厅的表彰。

全所拥有合伙律师、专职律师、律师助理及辅助人员100余名，设有7个业务部。本所业务涉及金融、证券、房地产开发、投资、涉外、知识产权保护及经济、刑事、民事、行政诉讼等法律事务。

事务所坚持"以律师的法律专业优势和勤勉尽责的执业精神，追求委托人所拥有的可期待的最大合法权益的维护，体现社会正义与法律尊严"的宗旨，在为社会提供优质法律服务，创造了不凡的业绩的同时，积极拓展法律服务领域，为地方经济建设发展服务。事务所在河北大学法学院设立的"三和时代"奖学金，为河北省内惟一的由律师所提供的长期奖学金。

事务所拥有2600多平方米的办公场所，微机内部形成局域网，外部接通互联网，通讯设施齐备，已与国内各地及美国、日本等国家和香港、台湾地区的律师事务所建立了伙伴关系和联系网络。

河北太平洋世纪律师事务所

河北太平洋世纪律师事务所，成立于1995年4月10日，是一家从事金融投资、国际贸易、房地产、民事商务、知识产权和刑事辩护等方面法律事务的省直大型综合性律师事务所。

事务所总部位于石家庄市，拥有办公面积1300多平方米，所内配备有现代的办公设施和专业网站及图书资料室、档案室。

事务所现有执业律师、专家顾问近百人，分别毕业于全国著名高等院校，长期从事法学研究和律师工作，具有深厚的法学理论功底和丰富的从业经验。

事务所设有金融投资部、国际业务部、房地产部、民事商务部、知识产权部、刑事诉讼部、行政办公室、政策法律研究室等部门，并设有律师执业纪律监察小组、疑难案件指导小组、刑事辩护指导小组、形象建设领导小组等职能部门，还设有由资深退职法官和社会知名学者组成的专家顾问委员会。本所在鼓励律师充分发挥个人能力的同时，更强调集体的智慧和经验，强调各律师间的合作和各部门的协作。本所提供的优质法律服务，赢得了客户的信任和赞誉，为自身树立了良好的社会形象。

从1998年度开始，事务所多次荣获全国、省级的荣誉称号，多次在河北省律师事务所综合实力排序中名列第一。

河北太平洋世纪律师事务所律师先后担任百余家大中型企事业单位常年法律顾问，法律服务领域逐年扩大、每年除承办大量诉讼法律事务外，不断发展非诉讼业务，为国家机关、银行与非银行金融机构、房地产开发公司及各类公司企业提供项目论证、谈判、融资、企业并购、破产清算等方面的法律服务，为海内外客户提供高层次、全方位、优质高效的法律服务。

河北世纪联合律师事务所

河北世纪联合律师事务所，成立于2002年9月，是河北省司法厅直属的大型律师事务所之一。成立以来，多次获得荣誉称号。

"世纪联合"现有注册律师及辅助人员100余人。其中95%以上具有本科以上学历，"人才荟萃"已经成为"世纪联合"的鲜明特点。

建所伊始，"世纪联合"对人才、资源进行全面整合，设立了金融保险、公司商务、房地产、知识产权、刑事辩护、综合业务、业务拓展等7个业务部，优势互补、扬长避短，集团优势得到充分展现，专业化法律服务平台已显雏形。

"世纪联合"共有2000余平方米的办公环境，可以为各界提供在线法律咨询及网上委托等法律服务。构筑了高效实用的法律服务平台。

在规范化、规模化、品牌化，逐年实现跨越性发展的办所宗旨下，"世纪联合"形成了互相团结，精诚合作和共同发展的信念。

世纪联合律师事务所严格按照司法部关于律师业务管理规定，完善了科学有效的业务管理操作流程，赢得了各界委托人的尊重和信赖。

"世纪联合"注重与各界保持密切的联系和良好的合作交流，已与国际间多家研究机构和律师实体建立了友好业务合作关系。为法律服务向纵深发展奠定了坚实的基础。

山西省优秀律师事务所

山西黄河律师事务所

山西黄河律师事务所创建于1992年，位于太原市亲贤北街189号梅园大厦9层，拥有1500多平方米自主产权的办公场所。建有内部办公局域网；黄河律师网站 http://www.sxhhls.com；编辑出版《黄河律师》杂志；建立了自己的图书室、健身房。是目前山西省办公场所最大和硬件设施最好的律师事务所。现有人员71名，执业律师56名，行政人员12名；其中执业

10年以上的律师有11名。

山西律师协会会长李飞任主任，杨力任党支部书记。内设刑事部、民商部、涉外知识产权部、房地产部、行政与仲裁部以及办公室、法律研究室等9个部室。最高权力机构律师管理委员会实现民主化、科学化管理，制定本所的发展战略、经营方向、制度建设等重大事宜。各个部门设有部门负责人，实行主办律师、承办律师、助理律师协同合作的运行机制。

黄河所2005年承办各类案件898件，法律援助19件，实现社会效益和经济效益的双丰收。其中相当部分是刑事案件，通过律师勤勉的工作，使被告人罪刑相当，有力地维护了委托人的权利和法律的尊严；在民事方面，不遗余力地维护当事人的合法权益，为当事人挽回经济损失3000余万元。

黄河所曾被司法部评为“第二届全国法律援助先进集体”，2005年被中华全国律师协会评为“全国优秀律师事务所”；被省司法厅、省律协多次评为“山西省优秀律师事务所”、“先进律师事务所”、“山西省司法行政系统队伍先进集体”、“法律援助先进集体”；李飞、杨力、成维、薛晓蔚、权守昭等律师被评为“山西省首届杰出、优秀青年律师”和“山西省优秀律师”。

为培养和激励法律专业的大学生，在山西财经大学法学院设立了“黄河律师奖励基金”，成为山西财经大学法学实践教育基地；太原电视台《百姓说法》在该所设立了“百姓说法咨询站”；山西人民广播电台邀请该所共同制作每周两次的《法律援助热线》节目；山西省政法委和山西省信访局指定由该所承担为期一年的信访接待工作。每周一选派两名有经验的律师到省信访局义务值班，接待上访人员，提供法律帮助。为社会稳定，为政府排忧，为百姓解难。

黄河所按照司法部对律师提出的“坚持信念，精通法律，维护正义，恪守诚信”的要求，实现规模化、专业化、品牌化、国际化的律师事务所，营造一个民主化管理，规模化发展，市场化经营，诚信化服务的环境，为客户提供专业、优质、高效的法律服务。

山西科贝律师事务所

科贝律师事务所组建于1993年，北京分所成立于2000年，现有注册律师45名，行政辅助人员10人，均具有本科以上学历，其中具有博士、硕士学位的律师15名；23名律师具有高、中级职称，还有11名律师分别具备仲裁员、注册会计师、专利代理人资格。多年来以其超前发展意识、新型管理理念、富有经验和敬业精神的律师队伍、现代化的办公条件和完善的业务管理，多次受到政府和行业协会的嘉奖和表彰，2005年6月被中华全国律师协会授予“全国优秀律师事务所”称号，成为国内知名的综合性律师事务所。

科贝律师事务所确立以非诉讼业务为主、同时依托非诉讼业务平台，带动诉讼、仲裁业务全面推进的业务发展方向。事务所设有公司证券、金融保险、诉讼仲裁、国际业务、知识产权、房地产开发等6个业务部门。在国企改制、公司并购、重组、股票发行上市、增资配股、企业破产；银行业务、证券、项目融资；外商投资、项目运作、国际投资、国际贸易；专利和商标代理、知识产权保护；房地产开发、建设、转让等诉讼和非诉讼领域具有丰富的实践经验和独特的业务优势。多年来先后为漳泽电力、太原重工、汾酒集团、天龙股份、山西焦化、山西地电、晋城矿务局、潞安矿务局、山西煤运、太原市商业银行等近百家大中型企业提供了股票上市、配股、改制、兼并等服务。

完善内部机制，优化管理模式，所内设立了综合考评、人才开发、发展战略、宣传文体、行政后勤5个专业管理委员会。事务所采用先进的办公自动化和律师所管理系统，通过计算机局域网进行信息交换、法律资料查询，实现业务、合同、档案、人事、财务等电子化管理。事务所自办刊物《科贝律师》，同时开通“科贝律师事务所网站”，与国际互联网互通互连。

科贝律师事务所恪守“勤勉、尽责、高效、创新”的执业理念，以规范的管理、高素质、专业化的律师队伍为客户提供高质量、深层次的法律服务。

内蒙古自治区优秀律师事务所

内蒙古建中律师事务所

建中律师事务所（www. jianzhonglawyer. com. cn）是一家合作制律师事务所，前身是1987年成立的国办律师事务所，2001年整体改制为合作制律师事务所。经过18年的发展，现拥有土地使用权12000平方米，律师楼建筑面积8000平方米（其中住宅楼4200平方米），并建有健身馆、网球场，餐厅、葡萄园等设施。事务所内设7个机构，即：北京分所、阿姆斯特丹分所、金融证券部、国际业务部、经济业务部，诉讼综合部和研究室。建中律师事务所现有专职律师22人，律师助理及辅助人员15人，其中一级律师1人，二级律师5人，高级会计师1人，具有证券从业资格的8人。研究生以上学历的占50%。50%的律师能够运用外语（英、德、俄、蒙、日、意、西班牙语）开展业务工作。建中律师事务所已完全实现了办公现代化，并为80%以上的律师解决了住房。19年来，全所同志在宋建中主任的带领下，团结奋进，开拓进取，努力提高服务层次，积极开拓新业务领域，主要业务每年平均以29.03%的速度在快速增长，主要业务指标均居内蒙古自治区前列。由于业绩突出，受到了各级领导的肯定和赞誉，被评为“自治区优秀律师事务所”、“自治区文明律师事务所”。2001年。在全国首届律师辩论大奖赛中，建中所获得中华全国律师协会颁发的“优秀团体奖”。2005年被中华全国律师协会评为首届115家“全国优秀律师事务所”。

建中律师事务所连续19年担任国家特大型企业包钢集团公司的常年法律顾问，连续多年担任包钢股份、中国第二冶金建设集团公司、中冶集团包头钢铁设计研究院、稀上高科、天津天士力制药、鄂尔多斯、北创股份等大型企业和跨国公司的常年法律顾问。为包钢股份、稀土高科、包头铝业、天士力制药等21家上市公司的资本重组、改制，股票发行与上市、配股、增发、发行债券及可转换债券、并购、股权转让，担任专项法律顾问，募集资金74亿元。为包头市人民政府、包钢集团公司、稀土高科、鹿王羊城集团公司等170个大中型项目的招投标、中外合资、中外合作、国际融资、国际投资、国际政府贷款等项目担任专项法律顾问，涉及金额400亿元。近年来事务所业务国际化发展迅速，不仅接受美国、日本、加拿大、香港等国家和地区客户委托，办理投资、股权转让、资本重组、并购等法律事务，而且律师们走出国门，到新加坡、马来西亚．美国、加拿大、荷兰、法国、南非、蒙古、俄罗斯等国家为公司并购、投资、股权转让、公司上市等法律事务提供服务。

建中律师事务所在开展国内外仲裁、诉讼等传统业务的同时，努力开拓新的业务领域，在公司、金融、证券、投资、国企改制、房地产开发、招投标、涉外等业务方面，形成了明显的优势，建立了一个相对稳定并以大型企业集团、上市公司、重大项目为本的客户资源体系，实现了事务所的可持续发展。

辽宁省优秀律师事务所

辽宁申扬律师事务所

辽宁申扬律师事务所恢复组建于1979年11月，是在原沈阳市第一律师事务所、沈阳商贸金融律师事务所的基础上，于2000年经转制重新组建的合伙制律师事务所，是目前东北地区建所最早，规模最大，知名度最高，综合实力最强的综合性的法律服务机构。

申扬律师事务所共有执业律师近100人，硕士以上学历24人，高级律师10名。其中有省、市、区各级人大代表、政协委员以及各党派成员30余名。申扬律师事务所拥有独立的办公场所近2000平方米，所内配备了现代化的办公设备，组建了自己的局域网络。下设金融证券、房地产、诉讼、公司、涉外、合同、损害赔偿、行政管理8个部门。并以美国、日本、加拿大、韩国等国家以及香港特别行政区建立了业务联系。

申扬律师事务所自组建以来，本着“伸张社会正义，弘扬法治精神，立足服务社会，追求长期发展”的宗旨，不断探索科学的管理机制，建立健全严谨的规章制度，创造了特有的申扬文化。申扬律师以优质、高效的法律服务，平均每年为200余家国家机关和企事业单位担任常年法律顾问；代理各类诉讼案件1000余件；为近500名刑事犯罪嫌疑人、被告人提供相应法律帮助；处理各类非诉讼法律事务数千项。

申扬律师事务所先后获得“政法系统先进集体”、“从业清廉先进集体”、“政治思想工作先进集体”、“全国法律服务文明窗口单位”、“全国司法行政系统先进单位”、“辽宁省文明单位”、“AAA级诚信律师事务所”等称号，1998年被司法部首批授予全国“部级文明律师事务所”。

辽宁恒信律师事务所

辽宁恒信律师事务所成立于1994年12月，是大连市第一批合伙制律师事务所之一，并于2001年在沈阳成立分所。成立以来，先后取得多项荣誉，1998年至2003连续6年被大连市司法局授予“文明律师事务所”称号，2001年至2003年评为“省级文明律师事务所”，2004年末被辽宁省司法厅授予“辽宁省AAA诚信律师事务所”。

辽宁恒信律师事务所能够为国内外客户提供国际贸易、海商海事、金融投资、房地产、公司商事、刑事民事等全方位综合性法律服务，帮助客户准确把握商机，及时解决商务运作中遇到的各种困难。

辽宁恒信律师事务所坚信丰富的专业知识和经验是律师优质服务的基础，注重人才的吸纳和培养。共有执业律师、律师助理及其他辅助人员40余人，其中合伙人14人。所有律师均具有法学学士、硕士或博士学位，具有丰富的执业经验。

辽宁法大律师事务所

辽宁法大律师事务所是一个队伍整齐、业务全面、制度完备，管理规范，党支部的作用发挥好，办公现代化程度高，社会口碑好的规范所。2000年被司法部授予“部级文明律师事务所”，荣立集体二等功，2005年被评为全国首批优秀律师事务所。

1. 执业律师均为正规高等学院毕业，有相当工作经历，担任一定社会职务，德才兼备。

2. 合伙人、执业律师、助理、行政人员的比例为1:3:2:1，执业律师分主办律师和协办律师，律师助理分业务助理与事务助理，行政人员均为专业资质合格的职业人员。

3. 在诉讼和非诉讼上分工，律师从执业之初就向不同的方向发展；专业分工，保证服务质量；合伙人分为管理、财务、监事、业务合伙人。

4. 具有高端与长久的特点，多为跨国公司在辽宁的公司、政府各职能部门，大的金融机构交易所与民营企业。如：戴尔（中国）有限公司大连分公司、日本航空大连支店、大连房地产交易所、大连市房产局、大连工商银行、大连万达集团、大连亿达集团等。

5. 市场营销已进入选定目标、设计产品、定点开发阶段。不是被动盲目接收客户，而是有目的有计划主动发展客户，注重客户的品位和质量。设立研发部，收集客户资料，开发法律服务新产品，随时满足客户需要。业务受理前，有研发人员、营销人员营销服务；业务办理中，有业务律师的法律服务；业务办结后，有客户维护人员的回访反馈服务。

6. 收入呈现律师个人稳定、效率高、整体增长快的特点。合伙人收入相当稳定，连年保持在每年收入100万~300万元人民币，30名律师人均收入比例在全省律师事务所中名列前茅。

辽宁同方律师事务所

辽宁同方律师事务所是中国辽沈地区，乃至东北地区规模最大、实力最强的律师事务所之一，在大连、北京、上海设立三家分所，律师及工作人员100余人。

同方律师具有较高的学历，全面的外语结构。绝大多数律师毕业于北京大学、中国人民大学、中国政法大学、吉林大学等著名学府，高级合伙人均具有法学硕士以上学位或高级职称。部分律师具有在美国、英国、意大利、日本、俄罗斯等国的留学或研修经历，并取得博士或硕士学位。

同方律师具有丰富扎实的实践积累，相当数量律师从业10年以上。有的曾长期在政法机关工作，有的曾多年从事法律教学和科研工作，有的曾在国际知名律师事务所或商业机构从事法律工作或法学交流活动。这使同方律师积累了深厚的理论功底、丰富的实践经验和广泛良好的社会关系资源，强化了作为律师应具备的良好的执业能力和从业风范。

同方律师事务所多次获得各种奖励，被评为首届全国优秀律师事务所、辽宁省十大杰出青年创业集体（历届评比政法界惟一获此殊荣单位）、辽宁省维护妇女儿童合法权益工作先进单位、省、市两级AAA诚信律师事务所、省、市两级文明律师事务所、市级文明单位，并获得希望工程爱心奖及辽宁省首届律师辩论大赛团体第一名（同方所队代表沈阳市律师参赛）等。同方律师代理过许多有重大影响的大案、要案，现为各级政府部门及200余家大中型企业、事业单位担任常年法律顾问。同方所设立的“东北大学同方律师”奖学金在本地区法律教育界颇具影响。

吉林省优秀律师事务所

吉林兢诚律师事务所

吉林衡丰律师事务所

吉林同信法大律师事务所

吉林常春律师事务所

黑龙江省优秀律师事务所

黑龙江孟繁旭律师事务所

黑龙江庆城律师事务所

黑龙江远东律师事务所

黑龙江高盛律师事务所

浙江省优秀律师事务所

浙江泽大律师事务所

浙江泽大律师事务所是浙江省文明律师事务所，泽大所现任名誉主任为浙江大学副校长、博士生导师、全国著名的行政法专家胡建淼教授，主任为浙江省十佳律师唐国华。

泽大所拥有执业律师120余人，是浙江省惟一执业律师过百人的事务所，也是规模最大的事务所。120余人的律师队伍中有近40名专家，博士生导师4名，硕士生导师18名，教授、副教授近40人，15人有在国外深造或在国外著名事务所执业的经历。2人兼任中国国际经济贸易仲裁委员会仲裁员，12人兼任杭州仲裁委员会仲裁员。泽大所连续3年收入大幅增长，2004年在2003年基础上增幅达95%。2004年度不仅创收名列全省第一，同时纳税也名列全省第一。泽大从事行政、知识产权、房地产、涉外、投资、金融、公司、合同、刑事、海事、海商等业务领域的诉讼、非诉讼业务，并已与200多家客户建立了长期的合作关系。

泽大所实行开放式的合伙机制，吸收先进的管理理念，引进职业经理人，制定各项完备的管理制度，严格管理，积极创新，努力改革传统律师事务所的组织架构，注重团队运作，营造协作、互补的作业空间，整合内部优势资源，提升综合服务水准和服务能力，以满足客户更高层次的服务需求。

为有效保障客户权益，泽大所特别成立了以浙江大学法学院资深教授、相关领域的专家为主的行政、知识产权、房地产、民商、涉外、刑事等6大专业委员会，对疑难、复杂及重大案件进行论证，并以论证意见指导办案；实行案件调控制度，发挥专业律师的优势；泽大所执行严格的客户意见反馈制度，指派专人负责征询、听取客户的反馈意见并及时调整服务方案。

浙江六和律师事务所

浙江六和律师事务所是经浙江省司法厅批准成立的省厅直属大型合伙制律师事务所，具有从事证券法律业务资格，现有合伙人13人。六和所以“依法执业、规范立所”为立所宗旨，以“高层次、规模化、国际化”为发展目标。现有执业律师50多名，全部拥有法律专业本科以上学历，其中将近一半律师具有研究生学历。浙江六和律师事务所现正继续招聘一批复合型的高学历律师充实律师队伍。

六和所以“专业分工、团队合作、优质高效”为浓厚服务特色，力求发挥多名律师组成的律师团队在法律知识、服务技巧和服务效率等方面的组合优势，为客户提供优质高效的法律服务，充分维护其合法权益。

事务所以非诉讼法律业务为服务重点，主张参与式的服务方式：即律师的服务延伸至客户经营管理的过程中，为客户出谋划策，当好参谋，帮助客户避免法律风险，减少法律纠纷，并使其效益最大化。

事务所目前以银行、证券、保险、信托等金融业务以及房地产、公司、涉外、经济合同等法律事务为主要服务内容，同时提供其他各方面的综合性法律服务。浙江六和律师事务所律师在办理业务过程中与有关部门保持着较密切的业务联系，先后承办过多起富有影响的刑事、民事、经济和行政等方面案件和非诉讼法律服务事项。迄今为止，浙江六和律师事务所已与银行、证券、信托、保险、房地产、租赁、外资、外贸、通信、旅游、宾馆、政府机关等系统的300多家大中型单位建立了稳定的法律服务关系，并力争为社会各界更多的客户提供法律服务。

浙江六和律师事务所目前下设金融证券法律事务部、房地产法律事务部、投资与贸易法律事务部、公司法律事务部、国际法律事务部、知识产权法律事务部、综合法律事务部、研究室和行政办公室等7部2室。浙江六和律师事务所在全省的400多家律师事务所中，无论是业务总量、人均业务量、人员规模、人员素质等方面，还是综合考评、社会知名度等方面均名列前茅，2002年12月浙江六和律师事务所被评为省直文明律师事务所，2003年4月又被评为省文明律师事务所，浙江六和律师事务所的管理经验曾在全省律师事务所管理工作经验交流会上介绍。

浙江嘉瑞成律师事务所

浙江嘉端成律师事务所原名浙江瓯越律师事务所，成立于1994年，是浙江省最早的合伙律师事务所之一。1997年被浙江省司法厅授予浙江省文明律师事务所称号。此后，通过浙江省司法厅历次文明律师事务所的复评。2001年10月，瓯越律师事务所联合浙江中坚律师事务所、海昌律师所部分律师重组成立浙江嘉瑞成律师事务所，并在浙江苍南县设立分所。成为浙南地区规模最大的综合性律师事务所之一。2004年12月，又有原浙江创纪元律师所的部分律师加盟该所，队伍进一步壮大。

嘉瑞成的律师都经过严格的挑选，合伙人均为执业十几年以上的资深律师或高级律师，其中，有2名律师担任温州市人大代表，2名律师担任温州市政协委员，5名律师系温州市政府法律顾问组顾问，3名律师被聘为在温州全国人大代表的法律顾问，6名律师具有温州仲裁委员会仲裁员资格。目前，全所共有43名律师，10名律师助理，其中本科学历以上35人，包括硕士3人和研究生7人，英语六级以上12人。在专业资格方面，多名律师拥有从事证券律师业务资格和基本建设大中型项目投标律师业务资格以及政府授予的从事其他专门领域法律服务的资格。一些律师还同时是注册会计师、医师、国际商务师。为提升律师的业务素质，事务所除聘请专家、教授来所授课外，更出资外派律师进行专业培训和学习交流，包括赴香港律师事务所进行培训实习和参加有关部门举办的赴美前期培训，以及WTO知识、建筑法、房地产、特许经营、知识产权等法律业务的培训。

事务所可以为客户提供包括公司、金融、证券、建设工程、房地产、投资、国际国内贸易、知识产权、刑事、民事、行政、仲裁等各个领域的专业法律服务；同时，还担任了本地多个政府职能部门、事业单位、重要新闻媒体、大型金融机构、上市公司及大批企业集团和企业的法律顾问。2005年年底又专设股权法律服务中心、建筑法律服务中心、保险法律服务中心、医疗法律服务中心及客户工作部等专业部门，深度研究、开展各项专业法律服务。

浙江平宇律师事务所

浙江平宇律师事务所前身为温州市第三律师事务所，成立于1988年，原系合作制，2002年改为合伙制。

16年来，平宇所及律师获得了司法部颁发“全国法律援助先进集体”称号、“全国先进合作制律师事务所”称号；所主任童平宇律师被司法部授予“全国优秀律师”。获得省级荣誉有：浙江省律师协会1996年省研讨会论文组织奖、“浙江省文明律师事务所”和浙江省律师协会嘉奖；童平宇律师获浙江省律师优质服务优胜个人奖、“浙江省十佳律师”、浙江省法学会成立10周年优秀学会工作者奖；童平宇、戴北平律师获浙江省律协法律援助突出贡献荣誉称号。

平宇所现有专职律师35名，加上律师助理和工作人员，共50多人。律师中，具有高级职称7名，现任市人大代表、政协委员2人，有8人担任温州仲裁委员会仲裁员，1人被聘任武汉仲裁委员会仲裁员。童平宇律师还兼任中华全国律师协会理事、浙江省法学会常务理事、温州市律协副会长、温州市法学会副会长、温州仲裁委员会副主任、温州市人民政府法律顾问组组长等职。2005年3月，经温州市第三次律师代表大会选举，荣任温州市律师协会会长，并任温州律协党工委副书记。

平宇所有党员12名。在党支部领导下，经常进行政治学习和革命传统教育，使党团员发挥了先锋模范作用，带动了全所发展。

平宇所拥有温州目前最大最为气派的律师办公场所。各种现代化办公设备一应俱全，建有本所网站、图书资料室、档案室，还拥有供全所律师学习用的多功能厅。办有本所所刊。律师所积极进行法律研究，多篇论著在全国、省、市获奖。

平宇所的管理，贯彻规范、民主、严格的原则，建立健全了一整套规章制度。在实际操作中，用制度管人，形成习惯，认真遵行。

浙江星韵律师事务所

创立于1985年的浙江星韵律师事务所总部位于中国杭州，并在上海、北京设有分支机构。星韵所精英荟萃，现有律师百余名。他们中间，既有经验丰富、声名卓著的资深律师，更有一批毕业于北京大学、复旦大学、中国政法大学、西南政法大学、华东政法学院及浙江大学等中国著名学府的优秀中青年律师。相当部分律师具有博士、硕士学位及高级律师职称。部分律师曾留学于英国剑桥大学、英国利兹大学、英国Strahclydc大学、日本九洲大学；并在国际知名律师事务所交流培训。有1名律师担任杭州市仲裁委员会顾问仲裁员，7名律师担任仲裁员，1名律师担任中国国际经济贸易仲裁委员会仲裁员。还有部分律师在人大、政协、专业协会等领域担任代表或领导职务。

全体星韵人秉着“团结、协作、优质、进取”的办所原则，充分利用事务所的整体资源，发扬专业分工与团队合作的服务模式，遵循客户利益最大化的服务理念，为广大客户提供一流的法律支撑。

星韵所于1999年成立上海分所，现已拥有律师近30名。上海分所是上海首批20家获得涉外咨询代理机构资格的律师事务所之一，主要从事外商投资、国际贸易、海事海商、房地产、知识产权、保险、公司融资等法律业务。

上海分所的工作业绩已得到客户的充分认可，并多次被上海市浦东新区司法局评为“上海市浦东新区文明律师事务所”，被上海市司法局评为“上海市司法行政系统先进集体”。2002年成立北京分所，积极开拓反倾销、WTO争议解决等新领域业务，并加强与国际著名律师事务所的合作，为国内外客户提供更为广阔和全面的法律服务。

浙江天册律师事务所

浙江天册律师事务所（以下简称“天册所”）是一家主要为市场经济主体提供经济法律服务的专业律师事务所。经过19年的打造，已成为司法部部级文明律师事务所，浙江省综合实力第一名，长三角综合实力前十名的著名律师事务所。经世界著名企业联盟、美中经贸投资总商会、全球华人品牌网根据前3年业绩和影响力等指标综合评选，天册所被评为2004年中国最具影响力的律师行业十佳品牌。

目前，天册所的从业人员已发展至92名，其中，博士2人，硕士（双学士）22人，出国留学和进修律师11人。天册所的业务范围已覆盖到省内各个市地。2004年，天册所在上海浦东设立了分所。去年初，在省政府组织的“浙江香港周”上，天册所与香港梁关所签署了联营合作协议，成为CEPA后，全国首家与香港律师行建立的联营关系。此外，天册所还与美国、欧盟等律师事务所建立了业务协作关系。

天册所的服务领域已深入到证券、金融、房地产、外商投资、国际贸易、信息产业等市场经济的层面。担任了杭州经济技术开发区、青春宝集团、百大集团、西子电梯、数源科技、杭氧等300多家政府和企业的法律顾问。天册所作为中国首批获得证券执业资格的律师事务所，先后参与了万向、百大、华东医药、东方通信、信雅达、浙江沪杭甬等30多家公司的股票发行与上市，帮助这些企业从国内外资本市场募集资金100多亿元；天册所参与了众多外资项目谈判和签约及多家跨国公司如摩托罗拉、奥的斯、东芝、松下、西门子等在浙江境内的投资，协议外资总额80多亿美元。在萧山国际机场、黄龙体育中心、沪杭甬高速公路等重点项目的建设和融资过程中，天册所提供贴身式法律服务，保证了重点项目顺利竣工。此外，还担任了各大银行地方分行的法律顾问，参与了浙江省首家股份制商业银行——浙商银行的重组和设立。

浙江浙经律师事务所

浙江浙经律师事务所成立于1984年9月，原名浙江省经济律师事务所，浙江省对外律师事务所，是浙江省惟一的由国家司法部批准成立的大型专业性律师事务所，也是我国较早成立的专门从事经济和涉外法律业务律师事务所之一。

事务所设有国际业务、证券期货、知识产权、海事海商、房地产、外商投资、公司事务、金融等业务部，能为当事人提供高度专业化的法律服务。现有执业律师31名，其中具有高级律师职称的有13名，中级律师职称的有12名，该所还有多名律师具有注册会计师、高级工程师、高级经济师等职称，并有多名律师被评为全国优秀律师、全省十佳律师、省优秀中青年律师、浙江省百业青年标兵、省司法系统先进工作者、三等功臣、省直律师事务所十佳律师。该所大部分中青年律师具有在美国、英国、日本、香港留学或进修的经历，能为当事人提供一流水平的法律服务。

事务所现担任200多家机关、企事业单位的法律顾问，同境外律师协同办案几十起，为中国国际经济贸易仲裁委员会裁决在美国、日本、香港等地法院起诉、申请强制执行，提供法律服务并取得成功，得到中外各界的好评。

该所于1993年4月获得中国证券监督管理委员会和中华人民共和国司法部首批授予的从事证券法律业务的资格，是浙江省第一家获得从事证券法律业务资格的律师事务所。

该所以“公道、严谨、文明、务实”作为工作的宗旨，凭着对当事人高度负责的态度和高效优秀的服务质量，在国内外当事人中塑造了“浙经律师”的良好社会形象，被中华人民共和国司法部确定为全国法律服务文明服务窗口、部级文明律师事务所，并先后被评为浙江省文明律师事务所、浙江省省直文明律师事务所。

安徽省优秀律师事务所

安徽天禾律师事务所

安徽天禾律师事务所成立于1987年，1998年转制为合伙制律师事务所。现有合伙律师10人，专职律师31人，执业律师总人数50余人。1998年，该所被省司法厅授予“文明律师事务所”称号，2001年被司法部和共青团中央授予“优秀青少年维权岗”称号，2005年被中华全国律师协会评为全国优秀律师事务所，名列安徽省律师事务所第一。1999年，该所合伙人蒋敏律师获“全国十佳律师”提名，被评为全国20名优秀律师之一，2001年，当选“安徽省十大杰出青年”，2002、2005年分别当选为五届、六届中华全国律师协会常务理事，2005年4月当选六届安徽省律师协会会长。

天禾所是安徽省首家具有从事证券律师业务资格的律师事务所，曾有9名律师取得了证券律师资格，在企业改制、上市工作中取得了优秀的业绩；同时在承办的大量金融、投资融资、大型建设项目及招投标法律业务上亦有出色的业绩，获得了客户的一致好评。

天禾所具有优良的办公环境和条件，与境外律师机构建立了业务联系、人员交流等合作关系。

天禾所一直积极参与各种社会公益活动，倡导并参与发起了“安徽律师支持希望工程”活动；指派律师支持省法律援助中心开展法律援助活动；与总部设在瑞士的“国际司法桥梁”合作培训安徽的法律援助律师。上述活动，均取得了较好的社会效果，为律师界赢得了良好的社会形象。

安徽纬纶律师事务所

安徽纬纶律师事务所是1995年10月经省司法厅核准的合伙制律师事务所。现有执业律师23人。

纬纶所在开展传统的律师业务同时，也积极开拓新的服务领域。多年来，不仅在各级人民法院和仲裁机构代理的案件，始终保持较高的成功率，而且在土地收储、项目投资、医疗、高速公路建设等非诉讼业务方面均取得显著成绩。目前，纬纶所受聘担任了市人大、市政府、市经济开发区、市经贸委、市财政局、芜湖路长江大桥公司、德商独资的可耐福公司、澳大利亚的富卓公司、世界500强的西门子VDO公司和瑞典SKF公司及海螺集团等近百家重要国家机关、支柱型企事业单位的常年法律顾问，在国企改制、市政建设、金融安全等诸多方面做出了突出贡献。

纬纶所曾参与协办第四届中国律师论坛，承办“法学与法治”巡回讲坛，在全省率先向法律援助事业捐款等等。曾于2000年被授予“安徽省文明律师事务所”荣誉称号，2004年被省司法厅、省律师协会评选为“安徽省优秀品牌律师事务所”，2005年又被中华全国律师协会授予“全国优秀律师事务所”称号。

安徽弘大律师事务所

安徽弘大律师事务所是1994年10月经安徽省司法厅核准设立的合伙制律师事务所。现有执业律师及辅助工作人员、顾问共56人，自成立以来，该所连年被评为阜阳市市级先进律师事务所，1998年和2000年两次被安徽省司法厅授予“安徽省文明律师事务所”称号。主任蒋祥爱被评为“安徽省先进律师”，副主任林乐成被评为“安徽省十佳律师”。2004年被安徽省公安厅、司法厅确定为“全省公安执法工作联系点”，2005年4月被中华全国律师协会授予“全国优秀律师事务所”荣誉称号。

该所信奉：求实、求知、求是之原则，具有为社会各界提供优质高效法律服务的能力。

安徽深蓝律师事务所

安徽深蓝律师事务所是2002年元月经安徽省司法厅核准设立的合伙制律师事务所。该所现有注册执业律师31名。设有刑事、民事、行政、非诉讼和公司知识产权4个专业部。担任100多家政府机关、大专院校、大中型企业常年法律顾问。该所坚持“规模化、专业化、人文化”的发展宗旨，秉承“诚信、严谨、效率”的服务理念，以向社会提供优质高效的法律服务、推进律师业务向更高更深层次发展为奋斗目标，取得了骄人成绩。2004年4月被安徽省律师协会授予“安徽省优秀品牌律师事务所称号，2005年4月被中华全国律师协会授予“全国优秀律师事务所”称号。被安徽省档案局授予“档案目标管理二级先进单位”称号，被安徽师范大学选定挂牌为“法学实习基地”，安徽省公安厅和省检察院分别确定为执法联系单位，还与香港梁锦涛关学林律师行正式建立了长期业务交流与合作关系。该所主任音邦定律师在安徽省第六次律师代表大会上当选为省律师协会副会长，该所副主任邵晖律师在2004年被评为安徽省“十佳”律师、安徽省“优秀青年卫士”。

江苏省优秀律师事务所

江苏世纪同仁律师事务所

江苏世纪同仁律师事务所由原江苏对外经济律师事务所/江苏同仁律师事务所于2000年9月改制设立的合伙制律师事务所（江苏对外经济律师事务所/江苏同仁律师事务所是于1984年经国家司法部批准成立的专业性律师事务所）。

世纪同仁现有合伙人律师12人，专兼职律师共30人，三分之一以上律师有研究生学历，大部分律师有10年以上律师从业经验。近年来，先后有10多人赴美、英、德、新加坡、香港等国家和地区学习、工作。

世纪同仁在向客户提供高质量法律服务的同时，也获得了广大客户的信赖和有关政府部门的积极评价。1997年初，被中宣部和国家司法部命名为“全国法律服务行业文明示范窗口”。1998年4月，被认定为首批“部级文明律师事务所”。1998年7月，江苏省司法厅发出《关于学习江苏同仁律师事务所先进事迹的决定》，号召全省司法系统开展向世纪同仁学习的活动。连续多年被江苏省司法厅、江苏省律师协会评为“先进集体”、“优秀律师事务所”。2005年，荣获“全国优秀律师事务所”称号。

世纪同仁自成立以来，坚持以质量求信誉，以信誉求发展的宗旨，坚持专业化和特色化服务，经过10多年的努力，现已形成在众多商务法律领域都具有特色的律师事务所。主要业务范围包括：（1）公司及投资法律事务。参与中外合资、中外合作、外商独资企业的项目投资可行性研究、编制、审查法律文件、代办设立公司的注册法律事务；参与股权转让、企业兼并、合并、设立、分立、清算、破产的法律程序并制作有关法律文件。（2）金融证券法律事务。参与国际信贷有关法律文件的制作；为国际信贷项目出具法律意见书；参与各类和贷款有关的抵押、担保的法律程序并制作法律文书；参与国际融资租赁和转租赁的法律程序并制作法律文件；参与股份制改组、公开发行股票的法律程序并制作有关法律文件。（3）房地产法律事务。参与房地产开发、转让、租赁、抵押法律程序并制作有关法律文件。（4）贸易法律事务。参与成套设备购买、补偿贸易等各类涉内、外贸易活动并制作有关法律文件。（5）知识产权法律事务。参与专利、商标等各类知识产权的许可证贸易并制作有关法律文件。（6）诉讼和仲裁法律事务。代理各项涉外和国内的投资、贸易、信贷、行政、海事、海商等纠纷的调解、仲裁和诉讼。

江苏天豪律师事务所

江苏天豪律师事务所由原国安律师事务所改制而成的一家综合性、合伙制律师事务所。经过5年的不懈努力，现已发展成为江苏省最具潜力和实力的大型律师事务所之一，并于2003年开设了苏州分所。天豪所在2001～2003年间连续3年获得省直“优秀律师事务所”称号，2005年荣获“全国优秀律师事务所”称号。天豪所为众多政府机关及大型企事业单位提供了优质、高效的法律服务，取得了良好的经济效益和广泛的社会效果。上述成绩的取得，得益于以下几个方面的建设：

1. 打造一支高素质的专业律师队伍。“以人为本”是天豪所的创所理念。天豪所汇聚了一批具有国内外著名高等学府教育背景的法律专业人才，现有执业律师35人、实习律师9人，其中已获博士学位的2名、获硕士、双学士学位的21名，另有5名律师正在攻读博士或硕士学位。他们大多精通一门以上外语，数名律师具有美、英、日、德、韩等国留学或工作的经历，谙熟国内法律和国际惯例，既有丰富的专业知识，又有广泛的工作经验，属于既懂外语、又懂经济和法律的复合型人才。

2. 塑造涉外、金融证券及房地产法律服务品牌，走“专业化”之路。经过几年的迅速发展，天豪所已在国际贸易、投资和经济技术合作、海事海商、WTO相关法律服务等涉外领域和金融证券、房地产领域形成了独特的优势，现担任多家江苏省外经贸企业、上市公司以及外商投资企业的常年法律顾问。天豪所律师以其丰富的专业知识和实践经验为其当事人成功代理了多起标的额巨大或有重大社会影响的涉外诉讼或仲裁案件，积累了大量的工作经验，并形成了以涉外法律服务为基本特色、“涉外、房地产、金融证券”三大专业法律服务齐头并进的服务结构。

3. 充分发挥党支部的战斗堡垒作用，建立民主管理机制。天豪所注重思想建设和业务发展“两手抓”，现有党员律师13人，在事务所的各项工作中均发挥着先锋模范作用。5年来，天豪所党支部多次作为江苏省司法行政系统优秀基层党组织的代表，参加全国及全省司法行政系统党风廉政建设会议，介绍交流相关经验。天豪所的思想建设、行风建设、文化建设与业务拓展齐头并进，取得了精神与物质文明的“双丰收”。

天豪所实行以管理合伙人为主、其他合伙人分工合作的民主管理制度。合伙人大会为最高权力机构；4名管理合伙人在其授权范围内分别负责事务所的业务、行政、财务及对外交流合作等方面的管理工作；另有1名监督合伙人负责监督管理合伙人的日常工作，从而建立了“民主协商、民主表决、民主决策”的管理机制，使得事务所走上了稳定、健康、快速发展的轨道。

江苏致邦律师事务所

江苏致邦律师事务所由江苏省司法厅批准设立并直属管理的合伙制律师事务所。短短4年多的时间，已发展成为江苏省内及华东地区律师业中规模最大并居于领先地位的综合性律师事务所之一，现已成功地实现了规模化、规范化、专业化的跨越，正逐步朝着品牌化和国际化律师事务所的目标迈进。

致邦所从成立伊始就确立了办大所、办好所、办强所的目标，并围绕这一目标确立了以事务所为主体、强力整合、合作致远的发展思路；努力实践公司化模式、企业化管理、专业化分工、流水线作业的运作机制；不断建立重点突出、专业分明、高端主打、全面发展的业务体系；逐步培育以人为本、整体优先、创新务实的事务所文化。

成立4年多来，致邦所不断上规模、增实力、树形象，现拥有执业律师近60名，所有律师均具有大学本科以上学历，其中博士3名，在读博士6名，硕士、双学士16名，还有多人具有注册会计师、审计师、经济师等高、中级专业职称，并有8人能用英语、德语、日语为工作语言。致邦所拥有办公场所1300平方米，办公环境整洁优美；拥有丰富的图书及其他资料储备；拥有多线程控交换系统、电脑、投影仪、内部局域网等现代化办公设施。致邦所已成功注册了“致邦”服务商标，现正在申请ISO9001国际质量体系认证，在2001、2002、2003三个年度中均被江苏省司法厅和省律师协会评为省直优秀律师事务所，2004年在全省律师队伍建设工作会议和省直律师事务所观摩会上介绍事务所管理经验和发展模式，2005年被中华全国律师协会授予“全国优秀律师事务所”称号，事务所主任被评为“江苏省十大杰出青年律师”。

致邦所在多个法律服务领域为众多国内外大型企业、公司、银行与非银行金融机构、互联网及其他资讯科技公司以及众多实业界及商业界客户提供过良好的法律服务，客户所涉及的行业、产业领域广泛包括铁路、桥梁、石油、零售、贸易、生产、软件、电信及高科技等。同时，致邦所还为行政机关的行政事务提供优质的服务，积极为中小企业提供法律服务方案，致邦所的业务已经涉及社会需求的各个阶层。致邦所按发展方向及客户需要，结合执业律师的执业经验和业务特长，有效地实现了专业化分工，设立了6大业务部，每个业务部再具体确定本部的主攻业务和重点领域，形成各个部门的“拳头产品”。如房地产部瞄准重点工程、基础设施建设项目。现已承办了苏通大桥、南京长江二桥、三桥、南京地铁、玄武湖隧道等国家和省重点工程的法律服务。公司证券部业务方向主要为国企改制、资产重组、公司上市和股权转让等方面，并已形成明显优势。

4年多来，致邦所锐意创新，认定办大所、办好所、办强所的既定目标，坚定地沿着规模化、规范化、专业化、品牌化和国际化的轨道，锐意进取，再创佳绩。

江苏南京三法律师事务所

江苏南京三法律师事务所依托南京市法学会于1995年1月创建。三法所秉承“敬业勤勉、诚实信用”的执业宗旨，迅速发展成为南京律师行业内规模较大、知名度较高的综合性律师事务所。多年来，三法所以优质高效的专业服务赢得了社会和客户的高度赞誉，多次荣获“南京市文明律师事务所”等称号。2005年，三法所被评为“全国优秀律师事务所”。

自创建以来，三法所凭借“整体合作”的团队精神，汇聚了来自海内外的高素质人才。目前，执业律师中具有博士4人、研究生8人、本科23人，部分律师在英国、日本、香港等国家和地区进行过学习研究。三法所还聘请了民事、商事、房地产等方面的法学专家、学者担任本所顾问，使执业水准及项目完成能力拥有可靠保障。

三法所与国内外同行、专业服务机构长期保持着广泛的合作，经过多年的优化组合，三法所现已在房地产、公司业务、企业并购、投资、刑事辩护等领域积累了雄厚的整体实力，能够为客户提供专业高效的服务。

在多年的执业过程中，三法所树立了良好的社会形象，具有良好的公共关系，拥有广泛的客户群体，包括政府机构、银行、外商投资企业及各类大中型工商企业，签订长期法律顾问合同的单位达百余家。三法所将继续以“法律服务、法制宣传、法学研究”的“三法宗旨”为基础，凭借扎实、创新的法学理论素养和丰富、务实的实践经验，为国内外客户提供全面、优质、高效的专业法律服务，同时亦可为所有的客户构筑商务合作的桥梁。

福建省优秀律师事务所

福建天衡联合律师事务所

福建天衡联合律师事务所创立于2001年8月，由厦门天地律师事务所和厦门衡峰律师事务所合并而成，主任孙卫星，办公场所位于厦门国贸大厦15楼、34楼，办公面积近2000平方米，在房地产、建设工程、企业改制、外商投资、金融证券等领域的法律服务处于国内领先地位。

天衡所着眼于“人力资源开发、业务拓展、事务所管理”三要素，通过稳健的人才发展战略，吸收一流的法律专业人才加盟。天衡目前拥有执业律师100多名，均来自北京大学、中国政法大学、复旦大学、厦门大学、西南政法大学、华东政法学院等全国著名学府的法学院，组成了由博士、硕士为骨干构成的专业法律服务团队，多名律师受聘成为各地仲裁委员会仲裁员。天衡建立了一支精通外语和法律的高素质的律师团队，同境外律师事务所建立了业务协作关系，为国外客商提供卓有成效的法律服务，维护其在华的投资和贸易利益。

为了拓展服务领域，进行跨区域发展，使事务所向“规模化”方向发展，天衡所于2002年分别在上海和福建泉州设立分所，2004年在福建龙岩设立分所。为满足不同客户多样化和专业化需求，天衡所设立了金融证券、房地产业务、公司法律业务、涉外投资、刑事法律业务、知识产权、海商海事、劳工法律事务、综合业务和法律信息编辑等10个专业法律服务部门。在巩固传统的诉讼业务的同时，积极拓展非诉讼业务。

天衡注重事务所管理，其在律师事务所管理和发展方面的经验为业界所认同与学习。天衡在迅猛发展业务的同时，加强了内部的行政管理和后期保障，以使事务所得以规范运作，良性发展。

天衡所成立以来，连续3年业务创收位居福建第一，被福建省司法厅、厦门市司法局授予“优秀律师事务所”称号。2004年被福建省司法厅授予“诚信律师事务所”光荣称号。2005年被中华全国律师协会授予“全国优秀律师事务所”称号。

福建天衡联合律师事务所的专业知识、服务经验、敬业精神、与社会各界的良好关系，以及准确、及时、完整的信息资源，保证了天衡律师能够最有效地满足各类客户寻求高水平法律服务的要求。

天衡无疑是国内最迅猛发展的律师事务所之一，1994年到2005年的12年间事务所的业务增长了25

倍，平均每年增长率为40%。跟随着中国经济迅猛发展的脚步，天衡势必和许多国内领先事务所一道，不断地发展和壮大中国律师事业。

福建远东大成律师事务所

福建远东大成律师事务所创立于1998年，为直属于福建省司法厅的一家合伙制律师事务所，是迄今为止福建省实力最雄厚的律师执业机构之一。

远东大成律师事务所位于福州市东大路1号君悦大酒店六楼，系福州市商务区核心地带，地理环境优越，交通联络十分方便，办公面积1500多平方米，拥有一批先进的办公通讯设备和交通工具，为向各界人士提供优质的法律服务创造了必要的条件。

远东大成律师事务所始终以寻求维护当事人合法权益最大化为惟一宗旨，为此在执业过程中精益求精并始终遵循上述宗旨，成功维护众多当事人的合法权益，取得了一系列出色的成绩。

远东大成律师事务所现有律师26名及10余名实习律师、律师助理。律师队伍中，汇聚了国内著名高校专业法律人才，如中国政法大学、华东政法学院、复旦大学、厦门大学等，组成一个强大的专业团队。大成所本着“信誉第一、质量为本、客户利益置上”的服务理念，在专业化划分的基础上，进行各种资源的优化配置和整合，根据律师的专长设立公司法律事务部、房地产和建筑工程法律事务部，证券及金融法律事务部、仲裁法律事务部、涉外法律事务部、刑事法律事务部、民商事法律事务部等7个专门法律事务处理部门，每个法律事务部由在各专业领域具有专长的合伙人负责。遇有跨专业的业务时，其他部门的律师随时提供支持，确保为客户提供优质高效的服务。

远东大成律师事务所在集体的努力下发展迅猛，其业绩已经连续多年排名福建省律师事务所前五名，2004年，被福建省司法厅授予“福建省文明诚信律师事务所”和“法律援助工作先进集体”称号。2005年，被中华全国律协评为“全国优秀律师事务所”。

江西省优秀律师事务所

江西豫章律师事务所

江西豫章律师事务所成立于2000年11月。由8位律师出资组建，经江西省司法厅批准依法设立。旗下执业律师主要由南昌市第二律师事务所、南昌市涉外经济律师事务所、南昌市金融房地产律师事务所、江西省经济律师事务所、江西省律师事务所、江西沃德律师事务所等国办所的骨干律师组成。现有注册律师46人，行政、辅助人员12人。

豫章所自成立以来，秉承“精诚团结以追求事业发展，锐意进取以打造豫章品牌”的理念，以团结、规范、高效、务实的风格在全省同行中脱颖而出，一枝独秀。近年来该所律师先后担任包括江西省人大内司委、南昌市人民政府以及省市各级金融机构、集团公司、开发区等机关和大中型企业在内的300余家单位的法律顾问，承办了3000余件民商事、刑事、行政、涉外诉讼和非诉讼案件，涉案金额十几亿元人民币，其中不乏在当地有重大社会影响的典型案件。同时该所律师还参与了大量企业改制、债转股、破产、股权转让等非诉讼法律事务。该所律师还办理了百余件法律援助案件，取得了良好的社会效益和经济效益。

从建所伊始，8位合伙人就立志要把豫章律师事务所建成江西乃至全国有影响的律师事务所，为此，合伙人克服种种困难，在办所的第二年便筹资250万元购买了700余平方米的写字楼用于办公，改善了办所的硬件条件。同时为使全所逐步走向规范管理，该所积极建章立制，制定了一系列涵盖了律师事务所规范管理各方面的管理制度，为规范律师执业，加强事务所管理，提高律师和行政人员工作效率奠定了良好的基础。

事务所自成立以来，先后获得了南昌律师辩论大赛团体、个人第一名；江西省首届诉辩大赛个人第二名；连续3年被评为市司法行政系统先进单位；2004年2月荣立“集体三等功”；所党支部还被南昌市律师党委授予“优秀党支部”称号。全所先后有9名律师被授予三等功，有17人次受到司法行政机关的嘉奖，有5名律师获得“优秀共产党员”称号。

山东省优秀律师事务所

山东琴岛律师事务所

山东琴岛律师事务所成立于1980年，在上海、济南、潍坊等地设有分支机构，拥有律师员工100余名，是山东省历史最久、规模最大、实力最强的律师事务所之一。

山东琴岛律师事务所是综合性律师事务所，法律服务涉及金融证券、知识产权、房地产、国际商务、海事海商、公司、刑事、民商、科技企业产权界定、项目招投标、股份公司的设立与股权转让等业务领域。律师队伍中，拥有博士、硕士、双学士、海外硕士学位人才18名，同时还具有一批拥有工程师、医师、会计师、评估师等其他专业资格的复合型律师；有1名律师被评为全国十佳律师，4名律师被评为山东省优秀律师，先后有20多名律师分别被评为青岛市十佳青年律师、十佳女律师、青岛市律师拔尖人才、青岛市优秀律师。15名律师入选全国、省、市各级律师协会专门专业委员会。由专家型、复合型律师领衔的优秀律师团队，先后为9支股票国内首次发行上市、1支股票境外上市提供了法律服务并担任第29届“奥帆委”、省市人民政府及其部门、海尔、澳柯玛、上海通用、青岛海湾大桥等200多家企事业单位和重点建设项目的法律顾问，赢得了客户的赞誉和社会的信任。

山东琴岛律师事务所坚持“追求卓越，服务为民”的建所宗旨，秉承“诚信为本，信誉至上”的执业理念，规范操作，严格管理，在全国律师行业率先通过ISO9000国际质量管理体系认证，“琴岛”注册商标被认定为“山东省著名商标”、“青岛市著名商标”，琴岛法律服务多次被授予为青岛市“服务百佳”、“消费者最喜爱服务品牌”提名、“消费者放心满意服务”等荣誉，律师事务所的辉煌业绩得到社会的公认，获得中央、省、市各级授予的荣誉称号40余项，其中包括“全国创建文明行业工作先进单位”、“全国法律服务文明示范窗口”、“全国五一劳动奖状”、首批“部级文明律师事务所”、“全国优秀律师事务所”、“司法部集体一等功”等荣誉。事务所主任杨伟程当选十届全国人大代表、全国十佳律师和全国劳动模范。

为适应我国加入WTO和实施CEPA的新形势，律师事务所近年来不断加强国际化建设。先后和20多个国外、境外律师事务所建立业务交流与合作关系，聘请香港著名律师担任本所顾问，并于2004年加入ADVOC国际律师事务所联盟，与美、英、德、法、印、澳、韩等30多个国家和地区的会员律师事务所保持跨国业务合作关系；于2005年加入中国律师“八方联盟”，实行强强联合，沿着规模化、专业化、规范化、国际化的发展道路稳步前进。

山东德衡律师事务所

山东德衡律师事务所创建于1993年，是目前中国最大的合伙制商务型律师事务所之一，拥有律师及辅助人员200余人，资产逾2000万元。总部位于山东，坐落于青岛与济南的黄金地段，办公楼与写字间面积达2600余平方米，现代化办公设备及通讯网络设施齐全，还设立了全国首家律师法学图书馆，馆藏2万余册图书及全国各类法学刊物，一流的硬件为律师工作奠定了坚实的物质基础。除总部外，还在北京、上海、香港、汉城、欧洲设有分所和办事处，并与省内15家律师事务所组建了德衡区域合作律师联盟。

德衡律师始终坚持“崇尚公正追求卓越”的服务宗旨，走规范化、规模化发展道路，秉承“专业专心”的服务理念向广大客户提供优质高效的法律服务，业务收入、上缴国家税收连年居省内律师事务所的首位，先后荣获山东省“百姓口碑最佳荣誉单位”、山东省“省级文明律师事务所”、司法部“部级文明律师事务所”、全国律协“全国优秀律师事务所”等荣誉称号。德衡所服务标识也先后被评为青岛市著名商标、山东省著名商标。

山东德衡律师事务所是一家专业突出的商务型律师事务所，建所以来，年均经办各类法律事务千余件，其主要业务领域为：金融法律事务、公司证券法律事务、房地产法律事务、涉外法律事务以及刑事法律事务等5大板块。各业务板块均设专业团队，服务范围覆盖齐鲁大地并向京沪地区延伸。10余年的辛勤耕耘和精心打造，德衡律师以其良好的执业素质、专业专心的服务品质赢得了广大客户的好评；而德衡律师敢于直言、扶持弱小、维护公道的风格也家喻户晓、深入人心。目前，德衡所有5位律师分别在全国律师协会及其各有关专业委员会任职，有2名律师分别担任山东省律师协会理事，所主任栾少湖和济南分所主任霍建平分别担任青岛律协和济南律协副会长，有36名律师分别担任山东省、青岛市、北京市、济南市各级律协各专业委员会委员，胡明律师荣获全国优秀律师称号，另有9名律师获得律师界市级以上荣誉称号。

在不断创新、努力开拓的同时，德衡所还积极参政议政，反映民声，面向社会，奉献爱心，捐资设立“德衡律师奖学金”、青岛市“未成年人保护基金”等，为营造良好的社会风气、创建和谐社会做出积极努力，被先后授予“全国优秀青少年维权岗”、“青岛市文明单位”、青岛市“青年文明号”、“青岛市法律援助先进单位”、“青岛市市南区招商引资特别贡献奖”、“青岛市安排残疾人就业先进单位”等荣誉称号。

山东众成仁和律师事务所

山东众成仁和律师事务所创建于1988年（原名济南市涉外律师事务所），2000年整体转制为合伙所。现有执业律师和辅助人员70余人，办公场所1200平方米，具有证券、股份制改造、国有资产产权界定、科技企业产权界定、外经贸企业内部职工持股、国家基本建设大中型项目招投标等执业资质。在房地产、公司事务、企业改制、金融证券、国际贸易、知识产权、法律顾问、诉讼、仲裁等法律事务方面以精湛的法律技术与突出的服务业绩奠定了自己坚实的行业地位。

设有国际经贸、房地产、公司、金融证券、知识产权、行政、刑事和民商法律事务等8个专业法律事务部，是山东规模大、效益好、实力强的著名合伙制律师事务所之一。

众成坚持“政治建所，业务兴所，管理强所，诚信立所”的办所方针，形成了“团结、拼搏、开拓、奉献”的良好所风。以“四个服务”为宗旨，把诚信执业，优质服务作为立身之本和发展之道；以“服务客户”为中心，“对客户负责就是对自己负责”、“时时保持敬业精神、处处维护客户利益”是众成的执业理念；“勤勉尽责，精益求精”是众成的服务标准。强化制度建设、民主管理，建立、完善以保证优质服务为核心的全方位质量控制体系，走专业化、精品化发展道路，以团队合作的方式为客户提供专业、优质、高效的法律服务。先后为300余家政府机关、企事业单位担任常年法律顾问，承办各类诉讼、非诉案件逾万件，为委托人挽回或避免经济损失十几亿元，至今保持着零投诉记录。

“做律师先做人，把律师当作一项崇高的事业，追求青春在奋斗中闪光，人生在奉献中升华”是众成的律师观、价值观。“以人为本，以所为家，干事业、讲奉献”的“众成文化”凝练出“一家人，一条心，一股劲，干大事，创大业”的团队精神。众成是一座优秀律师的“熔炉”，努力铸造和练就一支“坚持信念、精通法律、维护正义、恪守诚信”的律师队伍。

18年的拼搏进取，众成以斐然的业绩赢得了社会各界的广泛赞誉，先后荣获：山东省省级文明单位、全国残疾人维权示范岗、山东省法律服务行业文明服务示范窗口、省青年文明号、山东省文明律师事务所、济南市文明单位、济南市文明单位标兵等30多项集体荣誉，两次荣立集体二等功，2005年，被授予“全国优秀律师事务所”荣誉称号。

山东康桥律师事务所

山东康桥律师事务所是一家为国内和国际客户提供全方位法律服务的一流律师事务所，直属于山东省司法厅。总部设在著名的泉城——济南，烟台分所位于烟台市中心的海关大厦。现有合伙人10名，执业律师50余人，三分之一以上律师取得了法学硕士、博士学位。2003年9月，本所被山东省司法厅评为“省级文明律师事务所”，2005年6月，被中华全国律师协会评定为“全国优秀律师事务所”，2006年2月，被济南市政府评为“文明诚信单位”。

康桥所的最高权力机构是合伙人会议，为了保障日常决策的迅速高效，由合伙人组成管理委员会，管理委员会成员分别负责人力资源与行政事务、法律业务、客户服务和财务系统，同时为了对管理委员会成员实施有效监督，设立了监事会，监督管理委员会成员的行为。

向客户提供高质量的法律服务是康桥一贯的追求，为此康桥在管理委员会之下设立了公司业务部、证券业务部、投资业务部、城市建设业务部、建筑工程业务部、房地产开发业务部、涉外业务部、金融业务部、诉讼仲裁部、知识产权部、研究开发部。不同部门各司其责，相互协作，可满足不同领域客户的个性化需求。现代化管理与专业化分工为康桥赢得了广泛的信誉，康桥客户现已遍及政府机构、电力、医药、建筑、房地产、石油、化工、机械、商业银行、资产管理公司、证券公司、保险公司、大型上市公司等不同领域，康桥现在长期为小鸭电器、泰山石油、莱钢股份等知名企业提供法律服务。

为了保证法律服务的质量，康桥建立起了全方位的质量管理制度。在收案上实行统一收案、统一调配，疑难案件集体讨论制度。在业务上康桥除了定期组织业务交流研讨外，还从外界聘请知名专家、学者和律师前来授课，定期选派律师到国外和香港等地区的律师事务所学习和交流。在客户服务上康桥建立起了客户档案管理制度和定期回访制度。在收益分配上，采取固定工资加奖金制与提成制并举的分配模式，分配制度的改革促进了律师之间的团队协作，大大缩短了年轻律师的成长过程，为康桥的可持续发展提供了动力。

随着经济全球化时代的到来，客户的法律服务需求不再仅仅局限于一个地区，一个国家。为满足客户不断发展变化的法律服务需求，康桥积极谋求同业间的国际、国内合作，现已与香港、新加坡及内地各大中城市的数十家律师事务所之间建立起了业务协作关系，可以为客户跨国、跨地区的商务活动提供法律服务。

山东亚和太律师事务所

山东亚和太律师事务所成立于1995年5月，现有执业律师57名。设有涉外、投资、金融、房地产、民商、海事、韩国事务、日本事务等9个业务部门，并在上海市设有分所。服务范围遍布山东省、国内以及新加坡、英国、法国、美国、韩国、日本、印度、香港等国家和地区。

自成立以来，亚和太所连年被评为青岛市司法系统先进单位，1998年以来4次被评为“山东省律师业务理论研讨先进单位”，7次被评为“青岛市规范化文明律师事务所”。2001年获“青岛市律师业务理论研讨活动先进单位”称号，2002年获“山东省文明律师事务所”称号，2005年再获“全国优秀律师事务所”、“青岛市文明单位”称号。本所律师多次荣获“山东省优秀律师”“青岛市优秀律师”、“青岛市十佳青岛律师”、“青岛市十佳女律师”等光荣称号，数十人立功受奖。

亚和太所为青岛市市南区人民政府、崂山区人民政府、青岛市建管局、中行山东省分行、中信银行青岛分行、太平洋保险公司青岛分公司、平安保险公司青岛分公司、海尔集团、颐中集团、青岛啤酒集团、中国房地产发展集团青岛公司、青岛有线电视台、中远青岛公司、环球铝业（英国）有限公司、美国总统轮船公司、韩国朴林纺织品公司、韩国三合综合会社、日本贸易振青机构、日本八木株式会社、印度国家航海公司等数百家政府、金融机构、国内外大型企业担任法律顾问或提供法律服务，得到了客户的一致认可。

山东文康律师事务所

山东文康律师事务所成立于1995年4月，是一家合伙制的律师执业机构，先后被评为青岛市优秀律师事务所、青岛市规范化文明律师事务所、青岛市人民满意律师事务所、山东省规范化文明律师事务所和全国优秀律师事务所。

文康律师致力于为从事商务活动的客户提供专业的法律服务。在国际贸易、国际投资、资本运营、公司法、房地产、金融保险、知识产权、海事海商和政府法律事务等方面，都能提供高水准的专业服务。办理涉外、疑难、复杂的法律事务以及需要团队合作的综合性法律事务，文康律师尤胜一筹。

聚集优秀的人才，为优异的客户提供优质的法律服务是文康律师事务所的建所宗旨；“务实敬业、做今日事，合作制胜、创百年所”是文康律师共同的执业理念；成为专家型、学者型的律师，为客户提供高质量、高效率、专业化的法律服务，是每一位文康律师的不懈追求。

文康所汇集了一大批学有专长的法律人才，他们或毕业于北大、人大等中国法律名校，或海外学成归来。多数文康人在从事律师职业之前曾在政府、法院、高校以及外贸、航运、地产、银行等各类企业工作多年，在相关领域具有丰富的实务经验，这些工作经历为文康走向专业化发展之路奠定了良好基础。

山东齐鲁律师事务所

齐鲁律师事务所是一家综合性、规范化、合伙制的省直律师事务所，于2003年7月经山东省司法厅批准，由原山东明允律师事务所与山东金孚律师事务所两家省直律师事务所合并成立。现有专、兼职律师近百人，是目前山东省规模最大的律师事务所之一。2005年6月，齐鲁律师事务所被中华全国律师协会授予“全国优秀律师事务所”荣誉称号。

齐鲁所以维护法律、追求民主、尊重人权为宗旨，以客户利益至上为原则，以团结、严谨、高效、诚信为理念，视信誉为立所之本。齐鲁所一贯重视律师制度的诚信建设，建立了律师过错赔偿责任制度和疑难案件集体研讨制度，始终奉行以质量和信誉促发展的执业宗旨。

齐鲁所具有证券法律业务、集体科技产业产权界定、产权界定、股份制改制、招投标等多种法律专项业务资格证书，为客户提供包括企业改制、证券业务、合同纠纷、民事赔偿、刑事辩护、仲裁、投资、国际贸易、知识产权、公司事务、金融、建筑、房地产、海事海商、商业调查、长期和项目法律顾问等法律服务。

齐鲁所在省内外公司改制重组及上市、重大诉讼和仲裁事务中发挥了积极作用。曾为济南钢铁、莱芜钢铁、小鸭电器、浪潮电子等20多家上市公司上市和配股提供过法律服务。参与了鲁南制药、泰山旅游、济南华达等30多家企业的股份制改制。

高度专业的分工和一流的服务团队使齐鲁律师事务所有能力为客户提供全方位的服务，解决最前沿、最复杂的法律问题。多年来，齐鲁所依靠优质服务和良好信誉赢得了不断扩大的客户群，目前与齐鲁所签订常年法律顾问合同的客户有300多家，影响比较大的客户有：山东省人民政府、省委办公厅、山东电视台、济钢集团、山东电力集团、山东航空集团、山东省商业集团、日照发电厂、荷泽发电厂、邹县发电厂、黄台电厂、黄金集团金斯顿公司、山东省高速公路开发总公司、山东省路桥集团、鲁银投资集团、信达资产管理公司、山东胜利股份公司、华达集团公司、台湾三功集团等。此外，齐鲁所还与山东省企业联合会、企业家协会、工业经济联合会、质量协会以及山东省鲁财产权交易中心建立起了长期互助合作关系。

群英荟萃的律师团队，民主高效的管理架构，敢为人先、不断进取的服务理念，赢得客户高度信赖的服务品质，这一切共同锻造了“齐鲁”，这一扎根齐鲁大地，蕴籍深厚又生机勃发的服务品牌。

河南省优秀律师事务所

河南金研律师事务所

河南金研律师事务所创建于1993年，2005年5月被全国律师协会命名为“全国优秀律师事务所”。十多年来，在主任张栋的带领下，以“精诚所至、金石为开”的敬业精神一步一个脚印、一年一个台阶，发展成为在全国具有较大规模的享有一定知名度的以非诉讼业务为主、综合开展各项律师业务的律师事务所，被司法部评为全国首批“部级文明律师事务所”和“全国法律服务行业文明示范窗口”，2004年度被全国律协评为“全国首批优秀律师事务所”，是中国国际贸易促进委员会、中国国际商会联合向海外推荐的“全国十佳”律师事务所之一。并与美国、韩国和我国香港的知名律师事务所建立了友好业务合作关系。荣记集体二等功、三等功各一次。

金研律师事务所，由一批具有法律硕士、双学士学位并具有较高律师专业水平和丰富经验的优秀律师组成，现有执业律师58人，律师助理、辅助人员等21人，外设北京、郑州两个分所，总部设在焦作，下设金融证券、知识产权、投资、刑事、民事、行政、矿产等10个专业部，在业务上已经形成焦作、北京、郑州三地联动的格局和业务专业定向、定岗、定目标、定责任的良性循环机制。

金研律师事务所，是中原地区惟一同时具有金融证券、国有资产产权界定、集体科技企业产权界定、国家大中型项目招投标等4项非诉讼法律业务从业资格的律师事务所。主要办理企业改制、企业并购、资本运作、金融证券、产权界定、国家大中型项目招投标、房地产、特许经营权、国际贸易等非诉讼业务和刑事、民商事、行政等诉讼业务。

该所承办了鑫安股份、轮胎股份、燃气股份、中原汽化等公司股票上市、配股等一系列非诉讼业务；承办的首起拒收人民币案即“二元钱官司”、全国建国以来最大的土地塌陷赔偿案、“中原第一号海狸鼠集团诉讼案”、中港合资工程纠纷案等一系列诉讼案件轰动全国，引发上百家新闻舆论部门争相报道，在社会各界产生较大影响。

该所主任张栋是全国“十佳律师”，全国律师协会理事、河南省律师协会会长，河南省十届人大代表，中国检察官学院客座教授等，其事迹被收入《中华名律师》辞典和《世界名人录》。荣立二等功一次、三等功三次。

河南开物律师事务所

河南开物律师事务所成立于1995年1月22日，2005年，被全国律师协会评为“全国优秀律师事务所”。该所成立时仅有6名律师，发展到今天拥有专职律师70人，律师助理12人，行政辅助人员16名。其中已取得硕士学位人员7人，在职攻读研究生人员20人，本科以上学历人员56人。设有金融证券、刑事、民事、商贸、涉外等5个专业部。律师、证券律师、注册会计师、资产评估师、税务师等专业资格齐备。持有律师事务所执业许可证、从事证券法律业务资格证书、从事产权界定法律业务资格证书，具有从事大中型项目招投标法律业务的资格。开物律师事务所总部位于河南洛阳，先后设立郑州、北京、广州、深圳4家分所。所内配置有现代化的通讯和交通工具，位于洛阳市高新技术开发区的自有6000平方米花园式庭院和面积3500平方米的律师办公楼，是一个规模较大的集团性质的律师事务所。

该所连续被评为洛阳市司法局先进集体、市政法系统先进单位，并荣立集体三等功一次。1997年被河南省司法厅评为“省级文明律师事务所”和“精神文明窗口示范单位”。2000年11月被司法部授予“部级文明律师事务所”的荣誉称号。2005年被授于河南省“优秀律师事务所”。所内律师中有洛阳市政协常委1名，洛阳市政协委员1名，洛阳市人民政府顾问1名，洛阳仲裁委员会仲裁员7名，合伙人常年担任河南省律师协会常务理事。

开物律师事务所常年担任100多家企事业单位、国家机关的法律顾问。概括起来主要客户有中国银行洛阳分行、洛阳市商业银行、中国东方资产管理公司郑州办事处、中国长城资产管理公司郑州办事处、中国人民财产保险股份有限公司洛阳市分公司、中国人寿保险股份有限公司、洛阳分公司、中国太平洋财产保险股份有限公司洛阳中心支公司洛阳市电业局、洛阳东城热电厂、洛阳龙羽电力有限公司、洛阳市移动通讯有限责任公司、洛阳卷烟厂、河南省第六建筑工程公司、洛阳市百货大楼；洛阳日报社、河南电视台。洛阳中泰集团有限公司、洛阳芳达集团有限公司；合资企业方面的洛阳中亚大饭店有限公司、河南雅香楼食品服务有限公司等。

在传统法律服务领域，该所曾经有过骄人的业绩，谢平建主任等律师代理的河南省洛阳市新安县人民法院的执行法官在山西省被村民打死在黄河中，“黄河血案”震惊全国。冯俊岭副主任代理的洛阳市华帝卷烟滤材厂诉意大利米兰市菲尔特高股份有限公司购销自动滤材生产线质量纠纷一案在瑞典斯德哥尔摩市商会国际仲裁院开庭并取得胜诉一案，开创了河南省律师走出国门维护我国企业合法权益的先例。

河南金博大律师事务所

河南金博大律师事务所成立于1997年，2005年5月被全国律师协会评为“全国优秀律师事务所”。该所秉承“一专多能、多专联合、团队精神、以人为本”的发展理念，以“专业队伍、专业意见、专业努力、专业效率、专业评价”为服务宗旨，把建“中原大所、百年老所”作为追求目标，从营建金博大律师事务所文化、增强凝聚力入手，发扬团队精神，建立了一整套的科学管理机制，在短短的7年时间里，迅速成长，已经发展成为中原地区的大型品牌律师事务所。现有数十名执业律师来自北京大学、中国人民大学、中国社会科学院、中国政法大学等全国重点知名院校，分别拥有法学硕士、学士学位，另有3名在读博士研究生。良好的法学理论功底配以丰富的法律实务经验，造就了专业律师队伍。

2004年初，事务所进行内部资源的整合，在原专业委员会的基础上做出调整，设立5个专业部（刑事、民事、招投标、房地产、公司企业）、2个委员会（涉外、知识产权）、2个中心（个体私营企业维权中心、青少年维权中心）。进一步确立了律师事务所的专业定位。各专业法律事务部在提供法律服务过程中，充分发挥自身专业优势，并根据案情的需要同其他相关法律事务部通力合作，为当事人提供专业化的法律服务，已经形成了“务实、高效、求精”的办案风格。

金博大律师事务所还成立了专家咨询委员会，其成员由本所业务上有专长的资深律师和外聘专家、司法界知名人士组成。外聘人员主要来自于郑州大学、河南政法管理干部学院的资深教授。咨询委员会负责对办案过程中遇到的重大、疑难、复杂案件进行集体研究、讨论，最后出具权威的专家意见。专家咨询委员会是金博大律师事务所的智囊团，是金博大律师事务所为社会提供优质法律服务的重要保障。

在金博大律师事务所创办人、高级律师陆咏歌先生的带领下，全所上下一心，众志成城，在短短的7年时间里，创造了巨大的社会效益。每年为100多家公司企业、社会团体担任法律顾问，承办各类案件300多起，在省内外有重大影响的案件近百起，同时提供了大量的法律咨询、代书工作。为当事人挽回了巨大的经济损失，金博大律师事务所的成绩受到了当事人的好评。2002年度被评为省十佳律师事务所；2002年、2003年连续两年被省司法厅评为“省级文明律师事务所”光荣称号。2004年被授予“全国优秀律师事务所”称号。

在成绩面前，金博大律师事务所仍然保持清醒的头脑，合伙人适应社会大潮的发展，审时度势，调整战略，2001年8月份在上海设立分所，为与国际接轨、走向世界，迈出了坚实的一步。

河南大沧海律师事务所

大沧海律师事务所1996年6月28日经河南省司法厅批准正式成立。1999年成立郑州分所；2002年成立北京分所。2005年，该所荣获“全国优秀律师事务所”称号。现在全所共有执业律师66名（安阳37名、郑州21名、北京8名），其中高级律师4名，硕士、研究生11名，本科以上学历的律师已达81%。

律师事务所内部组织机构健全，设有党支部、合伙人会议、工会。并设有刑事、民商、行政业务专业委员会、政策研究室和所办公室、财务室、接待室、打印室、资料室等业务、行政辅助部、室。使全所党务、政务、业务等问题都能及时解决。在办理好传统诉讼业务的同时，该所在金融、证券、保险、房地产、知识产权等领域也积累了丰富的经验，填补了当地律师在承办企业承租、改制及破产案件中的空白。

该所主要荣誉称号：1997年，大沧海所成为河南省首批“省级文明律师事务所”，并荣立集体三等功；1999年，被司法部列入“中国律师所500强”；2002年被河南省省政法委、省司法厅授予“河南省十佳律师事务所”；2003年，该所主任律师袁二方被推荐为河南省人民政府参事；2004年，当选为安阳市人大代表，安阳市律师协会会长；2004年，被评为全省律师队伍教育整顿活动先进集体；2005年，荣获“全国优秀律师事务所”称号。

湖北省优秀律师事务所

湖北松之盛律师事务所

湖北松之盛律师事务所成立于1998年2月，2000年9月与原湖北蓝本律师事务所、湖北乾坤人律师事务所合并，系湖北省司法厅直属合伙制律师事务所。

松之盛律师事务所拥有现代化办公设施、通讯设备和交通工具，已建构公共和局域网络法律服务资料信息库。

松之盛律师事务所具有优秀的协作团队。现有员工80人。专职律师中执业5年以上的占77.5%、具有本科以上学历或中高级职称的占95%、具有硕士以上学位的占25%、英语通过国家六级或具有同等水平的占30%、留学和国外实习的占10%。

松之盛律师事务所具有良好的社会评价。事务所被评为“全国优秀律师事务所”、湖北省“优秀律师事务所”、“十佳律师事务所”、“AAA信用等级律师事务所”、“湖北省律师事务所内部管理示范点”和“优秀基层党组织”等，有1名律师被评为“全国优秀律师”，有多名律师被评为湖北省“十佳律师”、“优秀律师”、“AAA信用等级律师”。

松之盛律师事务所具有完善的内部管理体系和严格的业务操作规程。事务所先后制订了包括业务、财务、人事、行政、会议等5类近50项规章制度，不断建立健全内部管理体系。事务所从立案审批到归档结案整个业务过程均由主任和分管合伙人严格把关，做到统一收案、统一收费、归档及时，保证每项（笔）业务质量，具有严格的业务操作规程。

松之盛律师事务所能为客户提供优质、高效的法律服务。事务所具有国家司法部特许的证券、招投标、产权界定、国有企业法律顾问等从业资格，并具有从事股份制改造法律事务的法定资质。事务所现有由政府机关及其职能部门、上市公司、金融机构及其他主要从事基础设施投资项目的公司等近百家稳定的常年法律顾问单位，以及众多而不断更新的诉讼法律业务委托单位和个人的客户群。事务所成功地办理了一些重大、疑难业务，是湖北省第一家为国内大型交通BOT项目和世行贷款项目提供法律服务的律师事务所。事务所法律服务领域主要集中在金融、公司、基础设施项目、房地产、知识产权、对外贸易、民事、刑事、行政等方面，形成了以基础设施项目、公司证券、房地产、银行和保险等业务为主打产品的特色品牌。事务所还设有湖北省未成年人维权服务中心。事务所各项业务发展较快，业务领域不断拓宽，实现了客户利益与自身利益、经济效益和社会效益的双赢。

松之盛人坚持以规范执业求生存、以开拓创新求发展、以客户需求为中心、以服务质量为生命的执业理念，努力建设一个与国际法律服务接轨、能向国内外客户提供最优质法律服务的品牌律师事务所。

湖北得伟君尚律师事务所

湖北得伟君尚律师事务所是湖北省首家百人合伙制律师事务所。在开展律师业务过程中，注重采用国际上律师事务所通行的管理体制与运行方式，奉行“独立、公正、诚信、勤勉”的宗旨，致力于高效、优质、审慎、务实的工作方式，分工合作，群策群力，为中外客户提供一流的法律服务。

得伟君尚所现有执业律师及律师助理107人，全部毕业于高等法律院校和著名学府的法律专业。其中法学博士3名，法学硕士和双学士20名，留学归国人员5名，律师均具有深厚的法学理论功底，大部分律师属于懂法律、懂经济、懂英语、懂科技的复合型人才；多名律师还具有注册税务师、注册会计师、工程师资格、从事证券法律业务资格和从事国家基本建设大中型项目招标投标法律业务资格。

得伟君尚所在广泛的业务领域内，同众多知名客户建立了稳定的信任关系，包括同众多境外律师事务所的合作关系，同时还与各级政府及各级政法部门建立了稳健、顺畅的工作关系。为满足专业化分工的要求以及客户的不同需求，该所设立了房地产法律部、外商投资法律部、金融证券法律部、诉讼仲裁部、知识产权部、电力法律事务部、海事海商部和法律研究部各专业法律服务部门，在案情复杂和必要的前提下，不同的专业法律服务部门将协同合作，努力为客户提供最佳的法律服务组合，以全面有力地保证客户的利益。

湖北得伟君尚律师事务所先后有5名律师被评为“湖北省十佳律师”和“武汉市十佳律师”，2名律师被评为“全国优秀仲裁员”，蔡学恩律师还被授予湖北省和武汉市“十大杰出青年”的荣誉称号，并被司法部记“个人一等功”一次。

湖北英达律师事务所

湖北英达律师事务所成立于1995年，是湖北省首家以资深律师个人名义申请设立的综合型律师工作机构。该所设有4个业务部，现有执业律师26人，分别毕业于武汉大学、西南政法大学、中南财经政法大学等著名学府，执业资历最长者26年，具有高、中级职称和博士、硕士学位的占半数以上，其中4位律师分别担任中华全国律协、湖北省律协刑事、海商、民商等专业委员会主任或委员。

英达所经过10年努力，在激烈的竞争中，从3人发展到35人。事务所以优质服务、诚信尽责为根本，以高素质人才为动力，以科学管理为支撑，规章制度健全，管理规范。律师执业规范，遵纪守法，有良好的职业道德。该所在经济建设和民主法制建设中发挥了积极作用，深受社会各界群众的信赖和好评。

成立10年来，英达所积极开拓法律服务市场，承办了大量诉讼与非诉讼业务，取得了良好的社会效益。成功代理了一批在全国、全省及武汉市均有重大影响的案件。

事务所成立以来多次受到全国、省、市司法行政系统的表彰和嘉奖。1998 年起连续 6 年被武汉市司法局授予“文明单位”称号；2004 年被武汉市司法局授予“2002～2003 年度文明律师事务所”称号；2005 年被武汉市司法局授予“律师工作先进单位”称号。2003 年 12 月被评为湖北省“十佳律师事务所”；2004 年被湖北省司法厅授予“省级文明律师事务所”称号；2004 年 12 月被评为湖北省最高信用等级 AAA 级律师事务所，多位律师被评为 AAA 级信用律师。2005 年被中华全国律协授予“全国优秀律师事务所”荣誉称号，主任、律师龙旭英也同时被授予“全国优秀律师”荣誉称号。

在前进中，英达所致力于规模化、专业化的发展思路，立足于维护社会的公平和正义，诚信公正，勤勉尽责，服务主要定位于：办理刑事案件；代理民事、行政诉讼及仲裁案件；为各级政府提供法律服务；从事非诉讼业务，策划企业上市，帮助企业改制，为企业融资、经营等提供法律咨询；参与公共事务。该所法律服务范围从国内金融、证券、房地产、民事、经济、公司事务、仲裁等方面已拓展至国际贸易、国际融资、国际商务谈判等更为宽泛的领域。

事务所已经建立了完整的组织机构、业务质量监督机制、律师教育培训机制、社会保障机制，是一个团结、文明、和谐、富有活力和凝聚力的集体。

湖南省优秀律师事务所

湖南秦希燕联合律师事务所

湖南秦希燕联合律师事务所成立于 1988 年，是一所大型综合性律师事务所，现有律师和工作人员近 80 人，其中法学教授 10 名、副教授 15 名、法学博士 7 名、硕士 26 名，主任秦希燕为全国首届十佳律师。事务所内设 12 部 1 室，创办了《湖湘律师报》和《律师研究》杂志，设立了律师疗养院，在北京设立了分所。目前事务所律师出版自著及合著法学专著 25 部，发表法学论文 130 余篇，并多次参加国家级立法项目。事务所先后被授予“湖南省级文明律师事务所”、“湖南省青年文明号”、“湖南省直先进律师事务所”、“湖南省涉法信访接待优秀律师事务所”、“湖南省直律师事务先进党支部”等荣誉称号，2005 年 4 月被中华全国律师协会授予“全国优秀律师事务所”荣誉称号，2004 年 2 月，被湖南省司法厅荣记集体二等功。

事务所现有办公楼面积近 2000 平方米，设置了网络信息中心，建立了局域网和互联网网站，实现了办公现代化，信息网络化。事务所注重管理和制度创新，现有内部管理制度 74 项，实行 24 小时律师值班。为提高办事效率，设立了事务所《今日快讯》，登载所内大事动态表、律师工作动态表、案件进展动态表等。在案件管理上实行接待咨询与代理分离，并建立个案管理 5 卡制度，内外监督相结合，确保法律服务质量。

事务所律师恪守“信誉、求实、廉洁、高效”的宗旨，以扎实的理论基础、丰富的办案经验，承办了一大批在全国有影响的刑事、民事、经济、行政及涉外案件，如“168”工程案，一次为国家挽回经济损失 1.1 亿元。目前，该所担任了 38 家厅局级单位及特大型企业单位的常年法律顾问，该所担任湖南省委宣传部、省财政厅、省人事厅、省发改委的法律顾问。10 多年来，事务所为当事人挽回和避免经济损失近 40 亿元。事务所还注重法律援助，自 1998 年免费为遭受特大洪水的灾区群众提供法律服务以来，每年均开展专项法律援助活动，2003 年成立全国首家为农民工讨工资律师服务团，免费为农民工讨回工资近 800 万元，赢得了社会的广泛赞誉。

湖南君见律师事务所

湖南君见律师事务所创立于 1994 年 3 月，是一家合伙制律师事务所，现有执业律师 35 人，其中高级律师 4 人，研究生以上学历 5 人，大学本科以上学历 28 人。2000 年 3 月成立了中共党支部，现有中共党员 23 名，主任兼党支部书记高向荣系湖南省律协党委委员、省直律师事务所党委副书记、五届、六届省律师协会副会长。2000 年以来，事务所历年被湖南省司法厅评为先进党支部、先进律师事务所，2002 年被评为省级文明律师事务所，2005 年 4 月被中华全国律师协会授予“全国优秀律师事务所”荣誉称号。事务所党支部 2004 年被确定为省直工委基层党建示范点，2005 年被省委组织部确定为全省基层党建示范点。

事务所拥有 800 余平方米的办公场所，具有现代化办公设施和条件，已有固定资产 230 余万元。事务所的管理采用合伙人负责制，有较完整和科学的运作机制，既注重规范化管理，又加强事务所文化建设。事务所下设刑事辩护、民商、知识产权与房地产、行政诉讼与非诉讼、涉外等 5 个法律事务部，根据当事人委托事务的性质和要求，确定具备不同法律专长的律师组成项目小组，注重发扬团队力量，追求快捷、高效及最佳效益。如长沙亚兴置业发展有限公司开发的同升湖房地产开发项目，君见律师事务所律师全程跟踪提供法律服务，最终该项目获联合国最佳人居奖。

事务所的理念是——诚信为本、法德唯先。注重对律师道德修养的教育和专业能力的培养，全所律师把“讲政治、树正气、抓业务、创品牌”视为事务所发展的生命线，保证了事务所各项工作的稳步提升。事务所客户资源雄厚，与省内多家大、中型企业建立了长期稳定的业务伙伴关系，如长沙卷烟厂、湖南省信托投资有限责任公司、交通银行长沙分行、中南大学等，法律顾问单位总数达80余家。为构建区域性、大环境的法律服务体系，事务所与湖南天桥律师事务所（株洲）、湖南湘晋律师事务所（湘潭）组成了“长株潭经济一体化联合体”，并与美国、加拿大的律师事务所建立了长期的业务协作关系。事务所在狠抓经济效益的同时，还特别注重社会效益，旨在服务社会，回报社会。热心公益事业、乐于为特困人员捐款捐物，组织律师开展“送法下乡，结对助学”活动，有8名党员律师资助8位特困孤残学生至中学毕业。事务所参与的多项公益活动既收到了良好的社会效果，又锤炼了一支团结奋进、热心向上的律师团队。

湖南天地人律师事务所

湖南天地人律师事务所成立于1993年，是一家合作制律师事务所，1997年实行内部股份制，拥有2200余平方米的高级办公楼房屋产权，并配备先进的办公设施设备。事务所现有79名律师，20余名律师助理和8名专职行政管理人员，律师中有8名博士，4名归国留学人员，另有30余名研究生。事务所坚持不断改革创新，由合作制创新改制为股份制，后又将静态股份制改制完善为动态股份制，加上民主、科学、开放的管理，不断吸收优秀人才，加快了律师事务所的发展。律师事务所由成立之初的几个人发展到100多人，资产由几万元发展到近1500万元。2000年，天地人所被评为司法部部级文明律师事务所，2004年被评为省级文明律师事务所，2005年4月被中华全国律师协会授予“全国优秀律师事务所”荣誉称号，同时，所党支部也多次被省司法厅、省直机关工委评为先进党支部。

天地人所坚持诚信、公正的执业宗旨，树立了良好的行业风尚。管理严格，把诚信作为立业、兴业的根本。律师把维护当事人的合法权益作为自己的天职，被当事人誉为“铁肩担道义，浩气正乾坤”。天地人所代理的案件中，有20多人获得了无罪释放，有40多人获得了从轻或减轻判决，为当事人挽回或减少经济损失近10亿元。

天地人所为社会尽责任，以法律援助服务回馈社会。天地人所律师为社会免费提供法律咨询服务2万余人次，为100余名残疾人、特困职工提供了法律援助，并组织了2个律师顾问团为长沙市总工会和湖南省总工会的特困职工提供法律援助服务。2004年2月，天地人所委派36名律师担任湖南省优化经济发展环境律师援助中心律师，为优化湖南经济发展环境服务，免费为投资者提供法律咨询1000多人次，免费处理投诉案件近100件，受到社会各界的好评。湖南日报、潇湘晨报、湖南工人报、湖南卫视等媒体都报道、宣传了湖南天地人律师事务所和湖南省优化经济发展环境律师援助中心的先进事迹。湖南省司法厅于2005年元月为湖南天地人律师事务所记集体二等功，并为该所主任记个人二等功。2005年4月，湖南天地人律师事务所主任、党支部书记翟玉华同志被湖南省人民政府授予“先进工作者”称号。

湖南金州律师事务所

湖南金州律师事务所成立于1988年，是一家合作制律师事务所，现有律师28人，设有民商、房地产、涉外、证券等7个业务部室，拥有一批在常年和专项法律顾问、房地产、境内外商贸投资合作、金融、证券、诉讼等各个领域具有较高知名度的律师。金州所从1995年起连续获“湖南省律师工作先进集体”、“湖南省四好律师事务所”、“湖南省省级文明律师事务所”、“湖南律师工作红旗单位”等荣誉称号，2001年1月被司法部授予“部级文明律师事务所”荣誉称号，2005年4月被中华全国律师协会授予“全国优秀律师事务所”荣誉称号。

金州所担任了125家集团公司、民营企业、外商投资企业和国家机关常年法律顾问，担任了一大批投资合作、房地产、资产重组、破产并购、股权转让项目的法律顾问。如在担任中国南方航空动力机械公司、湖南浦沅集团有限公司、岳阳纸业集团有限公司等11家公司债转股项目的法律顾问中，金州律师为项目所涉及的50多亿元资产的重组、改制、股权转让提供了优质、高效的法律服务。金州所作为五一文、中联重科、华天酒店、海利化工、现代投资、银河动力、湖南南天、湘大集团等公司股票发行、上市、配股的专项法律顾问，通过收集、审查相关文件资料，出具了律师工作报告和法律意见书。金州所作为哈药慈航、长沙天工远科、湖南南方电力、立达人、天地人和、老爹农业等股份有限公司发起设立、三九生化等上市公司吸收合并、长沙环线、振升铝材等公司债券发行的专项法律顾问，对其全部报批文件进行了法律审查，出具了相应的法律意见书。

近10年来，金州所共计办理各种诉讼案件3200多件，其中有在全国和省内产生过较大影响的案件，如中国国际期货经纪有限公司境外外汇期货保证金索赔案，湖南华湘集团进出口公司及9个第三人的债务纠纷案；有为当事人避免了较大经济损失的房地产和债务纠纷案，如标的额为1.1亿元的广州金盛公司上诉广州富港发展有限公司房地产纠纷案，标的额为600万美元的中国包装总公司湖南分公司诉广东商业集团进出口公司债务纠纷案，标的额为4000万元的LG公司诉香港长城数码有限公司贷款纠纷案等。

广东省优秀律师事务所

广东法制盛邦律师事务所

广东法制盛邦律师事务所成立于1983年，原名广东对外经济律师事务所，后更名为广东盛邦律师事务所，2002年与广东法制律师事务所合并，同时吸收多家律师事务所的律师加盟，按国际通行的合伙制形式设立和运作，并更名为广东法制盛邦律师事务所。

目前，法制盛邦已成为广东乃至全国规模较大的综合性律师事务所之一。2005年，被中华全国律师协会评为“全国优秀律师事务所”。

法制盛邦律师事务所的总部设在广州，在深圳和东莞设有分所。

法制盛邦律师事务所现有律师148名，其中合伙人51名，20%的律师具有高级职称，13位合伙人曾经担任过律师事务所的主任，8位律师担任广州仲裁委员会仲裁员，2位律师被广东省人大常委会聘为立法顾问，1位律师担任广东省人大代表，1位担任广东市政协常委，1位担任广州市东山区政协委员。部分律师能够用一到两种外语包括英语、法语、德语、日语、荷兰语工作。一些律师曾在海外留学或工作。

本着“完善科学的管理制度，建设优良的律师所文化，吸纳优秀的法律人才，成为一流的大型律师事务所”的宗旨和“规模经营，严谨办案，优质服务，稳健发展”的经营理念，该所在不同领域，不同地区，为各种客户提供优质、高效的法律服务。法制盛邦的客户包括政府部门、跨国公司、大型国企、银行、保险公司、高科技企业等。该所办理的业务涉及基础设施、公共事业、电力、石油、铁路、公路、桥梁、机场、港口、电信、金融、保险、国际贸易、航运及高科技等。

广东君信律师事务所

广东君信律师事务所是1994年经广东省司法厅批准最早成立的合伙制律师事务所之一。总部设在广州市，在深圳、珠海市设立了分所。合伙人主要来自原广东省最早设立的律师事务所——原广东南方律师事务所和原广东对外经济律师事务所，均具有法律硕士或本科学历及10年以上的丰富从业经验，部分合伙人是中国恢复律师制度以来最早从事律师业务的律师。合伙人曾亦军是九届广东省人民代表大会代表，广东省九届人大法制委员会委员。君信律师事务所律师从国内外律师事务所、企业中富有经验的律师、专业人士、中国知名大学历届法律系优秀毕业生中聘用。律师均具有海内或海外院校法律专业学士或硕士以上学历。

君信律师事务所是目前国内少有的参照国外律师事务所进行公司规范化管理的律师事务所之一，以事务所的全部资源为客户提供优质的法律服务，对客户负责。合伙人及从业律师有多年与境外多家知名中介机构共同工作的经历，工作作风稳健、灵活，对客户忠诚、公道。

君信律师事务所是境内外有实力、规范化管理的各类大中型企业处理中国法律事务的合作伙伴，君信律师事务所律师高质素的专业服务能力及全心全意为客户利益尽力工作的精神，赢得广泛的赞誉和信赖，因此建立了自己稳定的客户网。1994年起以来，君信的律师为广东省人民政府多宗重大项目提供专项法律服务；被多家国内外大中型企业聘任为常年法律顾问，为众多的中外合资、中外合作企业、国有企业提供涉及公司设立、投资、上市、进行税务安排以及股东权益保护、改组、资产重组、巨额资产重整、出售等多方面的法律服务。君信律师在全国各省市各级人民法院、最高人民法院、中国国际经济贸易仲裁委员会等审理或仲裁的、在国内外有影响的许多诉讼和仲裁案件的成功诉讼中，积累了丰富的经验，获得国内外委托人的高度评价。1999年至今，君信一直作为首宗国有大型金融企业破产案——广东国际信托投资公司破产清算组及其下属三家子公司破产清算组聘请的惟一处理中国法律事务的律师事务所参加该4个破产企业的破产清算工作。

君信设有专门的知识产权法律事务部，拥有多名同时具有律师资格、商标代理人资格及专利代理人资格的具有丰富执业经验的律师，就知识产权法律领域涉及的各个方面提供全方位的法律服务。此外，君信律师事务所还可利用本所和国内、外多家中介机构建立的国际联系网络，在中国、亚太区、美国、英国以至全世界多国办理商标/服务标识、域名、工业产品设计和专利权的注册、变更、无效等申请手续。

广东万商律师事务所

广东万商律师事务所成立于1996年5月，是一家主要从事商务领域法律事务的合伙制律师事务所。万商自成立以来，秉承“诚信为本”的办所宗旨，创业数载，硕果累累。如今，万商已跻身深圳最具规模的律师事务所行列，成为一家业务范围广泛、专业方向突出、人才济济、设施先进的现代化律师事务所。2005年3月，广东万商律师事务所在上海设立分所，迈开了进驻上海的第一步。

自成立到现在，万商凭着强大的实力、优质的服务，承接了大量重大、疑难、复杂的案件，深得当事人的信赖及业界的好评，同时还得到了主管部门、行业协会的肯定和赞誉，2000年，荣获广东省司法厅授予的“广东省司法行政机关恢复重建20周年有突出贡献先进集体”称号、深圳市司法局授予的“文明律师事务所”称号、以全市第一名荣获深圳市司法局授予的“深圳市首届先进律师事务所”称号，还作为深圳市律师界的惟一代表参加了“深圳特区成立20周年成果展”。2005年，万商被全国律师协会授予“全国优秀律师事务所”荣誉称号。

万商的业务范围包括：常年及专项法律顾问、诉讼和仲裁、涉外业务、金融、保险、证券业务、公司业务、房地产业务、知识产权、税务、劳务关系、国际贸易、海商海事等。客户广泛分布在社会各行各业，包括政府机构、社会组织、证券公司、投资公司、外资公司、银行和国内外大中型公司、企业，所涉及的行业包括：金融、房地产、证券、建筑、交通、航空、通讯、互联网络、机械、国内外贸易等。万商以中英文两种工作语言为各类客户提供全方位、高水准的专业法律服务。

广东天伦律师事务所

广东天伦律师事务所是1998年4月在广东佛山成立的一家合伙制律师事务所，经过6年多的发展，天伦律师事务所已成长为以广州为总部，拥有3家分所（佛山、上海和深圳）的律师团队。天伦律师事务所四所一体，在资金、人员、业务方面全面合作，统一调度，采用规模化运作方式，整体实力得到迅速提高。2005年荣获“全国优秀律师事务所”。

天伦律师事务所成长的动力源自全体天伦员工的务实、勤奋、敬业与团队合作精神，源自科学的管理机制、独特的业务优势和专业的服务精神。

天伦特别擅长的业务包括：金融和企业不良资产处置，企业并购、重组、转制、破产清算，法律顾问，房地产，刑事，商业调查，知识产权。

天伦律师事务所一直密切关注社会、热心参与公益事业，尽力为社会的共同进步、共同发展做出贡献。自成立至今，已累计向社会捐款超过210万元人民币，在中国政法大学、西南政法大学、华东政法大学、中南财经政法大学、重庆大学、佛山科学技术学院等高校分别设立“天伦律师奖学金”和“天伦律师杯”辩论赛，并向佛山市城区见义勇为基金会捐款，向广西百色贫困地区儿童捐资助学，以及参加或举办各种公益性的法律讲座和宣传法律的活动。

广东华法律师事务所

广东华法律师事务所创建于1994年，建所以来以“立足广东、面向全国、树行业典范、铸华法品牌”为目标，以“强化管理、优化服务、规范经营、规模发展”为方针，秉承“以人为本，管理为先；以法为魂，执业为民；与时俱进，持续发展”的理念，使该所成为拥有近200名法律精英的规模大所，并先后被评为市级、省级文明律师事务所，荣获佛山市诚信单位、广东省司法行政系统有突出贡献先进集体等殊荣，2000年10月被授予全国律师界最高荣誉——司法部部级文明律师事务所光荣称号，2005年再获殊荣，被中华全国律师协会评为全国优秀律师事务所，跻身全国名牌大所之列。

5000多平方米的办公场所，配以现代化的办公设施及先进的交通、通讯设备，专业图书室、阅览室、局域网以及华法律师网站，使该所知晓客户所需并为客户提供其所需；科学的管理体系，辅以规范化的管理制度；完善的党团组织，配以形式多样的活动，无不体现团结、诚信、专业、高效的华法精神。内外监督体系的建立，重大疑难案件集体讨论制度、业务操作规程制度、办案质量反馈制度、业务技能和操守考评等制度的推行，使“华法”品牌的含金量不断提升。

作为一家综合性与专业性相结合的律师事务所，服务范围包括金融、证券、房地产、刑事、民事、商事、知识产权、资产重组和企业改制等多个领域，并担任300多家行政机关、社会团体、企事业单位及村镇基层组织的常年法律顾问。在与时俱进精神的鞭策下，近年来在防范金融风险、企业改制、资产重组及为民营企业提供法律服务方面做出了应有的贡献，并形成了特有的专业优势。科学的业务结构体系，专业的律师队伍，丰富的业务经验及有效的质量保障系统，使该所业务不断向广度和深度延伸。

为使客户享受专业、高效的法律服务，建立了一支团结、敬业的优秀团队，这支团队由律师、顾问团、律师助理和行政辅助人员组成，他们有的来自复旦大学、中山大学、吉林大学、中国政法大学、西南政法大学等著名高等学府，有的来自学府之外、扎根于实践之中而成为业务中坚；有的被派出国外学习西方的法律文化和律师业务技巧，有的一直在这片土地上吸取营养并将这种营养奉献给社会。华法理念激励着他们，他们诠释着华法理念。

2000年3月，华法律师事务所江门分所成立，并很快成为当地最具规模、最具影响力的律师事务所之一；2002年12月、2003年5月，三水分所、高明分所先后成立，分所同仁正在为打造“现代化大城市”而拼搏；2004年8月、2005年1月，广州分所、北京分所相继成立，实现了“南北呼应、辐射全国”的战略布局；2005年7月，顺德分所成立，使华法的品牌战略进入了全新的阶段。

1994年，与香港、澳门、北京等地共26家律师事务所组建了“长江律师联网”，使华法在全国各地的业务得到同盟应有的支持；2001年，世界律师联网（LAWORLD）成员莅临该所，并与华法建立了在全球范围内的业务协作关系。完善的业务合作体系以及良好的社会资源，既为广大客户提供了方便，又为业务的拓展提供了广阔的空间。

广东金唐律师事务所

广东金唐律师事务所成立于1998年7月，是在原广东凯地律师事务所、广东维科特律师事务所两所合并的基础上，诚邀来自其他律师事务所的资深律师加盟后发展而成的一家合伙制律师事务所。

广东金唐律师事务所擅长于建筑及房地产开发过程系统法律服务、国际投资、国际贸易、税务、金融、知识产权、公司筹组、并购、重组等涉外及国内法律事务；而在刑事辩护、民事、经济纠纷代理、行政诉讼、劳动争议等诉讼与仲裁、担任政府机关和企事业单位法律顾问等传统业务领域，更是业绩卓著。

金唐律师事务所大部分律师具有国内名牌院校法学专业硕士以上学历，近半数律师曾到国外学习、培训或在外国律师事务所工作过，在处理国际性法律事务方面有独特的能力和经验，并可使用英文谈判、翻译及草拟法律文件。

金唐律师事务所聘请了多名参与过中国立法工作和从事法学研究的著名法学家作为本所高级顾问。

金唐律师事务所与香港、台湾地区、美国、加拿大、欧盟及广州、北京、上海、杭州、重庆、武汉、西安、珠海等多家国际及国内知名律师所建立了长期和稳定的业务协作关系。通过互相委托案件、委托调查等法律事务，为当事人节省了时间和资金，极大地提高了办案效率。

广东仁人律师事务所

广东仁人律师事务所经广东省司法厅批准成立，“仁人”之名，源于《论语》，旨在追求民主、维护人权、捍卫真理、促进法治。

自建所以来，仁人所恪守国际公认的律师执业准则，并以创立一流的国际律师事务所为目标，努力为国内外客户提供多方位、高效率、高质量的法律服务。

该所律师均毕业于国内著名高等学府，具有坚实的法学理论基础和丰富的司法实践经验。其中多名律师曾在美国、英国、加拿大、德国、日本、荷兰及中国的港、澳地区学习、讲学、工作和访问。该所现拥有包括一级律师、二级律师、法学教授、博士、硕士、学士在内的执业律师及辅助人员60多名。2000年被评为深圳首届先进律师事务所，是国内具有影响力的较大规模律师事务所之一。

经中国证监会和司法部批准，该所具有证券法律服务资格。根据专业特长和业务分工，该所设置了诉讼、仲裁、金融、证券、税务、房地产、公司并购、知识产权、国际业务、商务调查与执行等专业法律部门，可为中外客户提供多方位、多层次的优质可靠的法律帮助和法律服务。

仁人所在国内北京、上海、广州、武汉、大连等主要大中城市已经或正在筹办分所，并与美国、加拿大、英国、日本等国家和香港、澳门、台湾地区的同行及相关机构建立了广泛的业务合作关系。该所拥有1300平方米自有产权的智能化写字楼，具备完整配套的高档次办公设施和丰富详实的图书文献资料。在为社会各界提供高质量法律服务的同时，每年都有高水平的专著出版和论文发表。

仁人所全体律师本着客户至上、勤勉尽责、依法高效的原则为委托人服务，现正朝着建设规模更大、知名度更高、服务质量更优异的方向迈进。

广东晨光律师事务所

广东晨光律师事务所是于1995年8月成立的合伙制律师事务所，现拥有近1000平方米的办公场所，有注册律师、助理、行政人员50余人，其中，注册律师36人，现已成为珠海市乃至广东省享有较高知名度和良好信誉的律师事务所。

1998年，被广东省司法厅评为首批“广东省文明律师事务所”；1999年，以总分第一名的成绩被珠海市司法局授予“律师事务所档案管理先进单位”；2000年，被广东省司法厅授予“广东省司法行政机关恢复重建20周年有突出贡献先进集体”荣誉称号；2003年

3月，获广东省律师协会“热心社会公益事业”通令嘉奖。

晨光事务所拥有一批高素质的法律人才。现有的9位合伙人均毕业于我国著名大学法律专业。大多数合伙人具有法学硕士以上学位，或有海外留学经历（有2位合伙人通过雅思［IELTS］考试，先后被中国司法部公派赴英国作为期1年的进修培训并在香港进行工作交流），其他律师全部具有大学本科学历。

晨光律师事务所业务范围包括公司及投资事务，知识产权事务，海事，房地产事务，诉讼、仲裁事务，金融证券事务，招投标，BOT等法律业务。

晨光所律师除精于业务外，还积极参加社团活动及社会公益活动。部分合伙人现任或曾任全国或省、市律师协会常务理事或理事、珠海市市内专家决策咨询委员会委员、珠海仲裁委员会仲裁员、北京九洲世初知识产权鉴定中心专家等社会职务和专业职务。

广东德赛律师事务所

德赛律师事务所诞生于1994年3月，是国家首批批准设立的合伙制律师事务所。经过多年的不懈努力，德赛在广州、武汉、长沙、多伦多等地设有分支机构，业务遍及华中、华南、华东、华北、东北地区，晋升为华南最大规模的律师事务所行列。1998年，德赛律师事务所被授予广东省文明律师事务所称号。2005年，获“全国优秀律师事务所”称号。

德赛作为服务商标，在国家商标局注册了十年之久，是本行业内历史最为悠久、最著名的服务商标之一。德赛的品牌蕴涵着德赛的文化价值和专业精神。德赛律师多年来呕心沥血的努力已使德赛法律服务品牌在客户中享有崇高的声誉。

德赛以“严密审慎、勤勉尽责、团队合作”为其执业精神。高素养的律师队伍、现代化的办公设施、广泛的业务合作网络、先进的管理制度、强大的法学家支持，为优质服务提供了可靠保证，赢得了客户的信赖。

德赛机构100余名执业律师大多毕业于国内著名高等学府，其中多名律师曾在美国、加拿大、瑞士、荷兰等国法学院、研究机构或律师事务所研修、访问。拥有法学教授职称、博士、硕士学位及在读的律师人数占律师总数的四分之一。半数以上的律师有7年以上的从业经历，成为资深律师。德赛每年都有丰硕的学术成果，体现了德赛律师勤于思考的精神，攻克疑难案件的能力和深厚的法学理论功底。他们都是各自业务领域颇有建树的专家。德赛律师按业务专长和学术专长分布在外商投资、诉讼仲裁、公司法务、金融证券、房地产、知识产权、国际业务、执行业务和综合业务等部门。各部门律师根据客户的需要和业务特点组成高效团队，协同工作，能为国内外当事人提供全方位、深层次的法律服务。

德赛的业务网络遍布全国。在广州、长沙、武汉、多伦多等地设立分支机构和合作机构，在全国各大城市均有业务合作伙伴。德赛还与美国、加拿大、欧盟、日本等国家和香港、澳门、台湾地区的同行或相关机构建立了长期、稳定的业务交流与合作关系。这些业务合作网络可为客户提供便捷的跨省、跨区及跨国的法律服务、指导和帮助。

德赛不仅在传统诉讼业务上保持领先地位，而且在非诉讼领域也有卓越突破，形成诉讼与非诉讼业务并举的业务配置，业务势头强劲。各事务所拥有一批具有从事证券法律业务，集体科技企业产权界定法律业务和国家大型项目招标投标业务等特许资格的资深律师，部分律师更取得了税务代理、专利代理资格，业务范围涵盖所有法律领域，并在政府顾问、企业顾问、金融、证券、银行专项业务、房地产、项目融资、外资引进等方面有独特建树。按专业分工和团队协作要求，机构内设置的各专业法律部门，能够为国内外当事人提供深层次、全方位的法律服务。

广东启源律师事务所

广东启源律师事务所原名广东商务金融律师事务所，成立于1984年，于1999年经改制为合伙所，并于千禧年改为现名。

启源所现有合伙人20名。合伙人突出的专业素质与良好的职业操守，是启源所发展的基础；广纳贤才，求同存异，高素质，规模化，共同发展律师事业，是启源所的经营理念。“启于律法、源自诚信”是启源律师在长期执业中取得的共识，是启源所的宗旨和立所之本。“启于律法”：力求精深掌握、探讨、启迪于法律、法规、法理与司法实践，为社会提供高素质的全方位的法律服务；“源自诚信”：勤勉尽责，注重陶冶品行和律师职业道德修养，以诚信为发展之源。

奉行启源所宗旨，经过近20年的发展，本所现已荟萃了70多名精通各类法律事务及专项代理的律师，聘有40多名律师助理等辅助人员，并自有办公场所逾千平方米，成为目前国内高素质、全方位为社会提供法律服务的大规模、综合性合伙制律师所。业务范围包括：金融法律业务、证券与期货法律业务、房地产与建筑法律业务、信息产业法律业务、公司与投资法律业务、知识产权法律业务、国际与国内贸易法律业务、产品责任法律业务、海商、海事法律业务、信托法律业务、行政法律业务、刑事法律业务、民事法律业务及税务代理法律业务。

启源律师以其精湛的法律技能、诚信为本的职业道德，赢得社会各界的好评，业绩显著，成功地承办了大量重大复杂并有影响力的案件和项目，最大限度地维护中外当事人的合法权益。

广东恒益律师事务所

广东恒益律师事务所建立于1984年8月28日，为中国恢复法律秩序后首批建立的法律服务机构之一。1985年被中国司法部选定为中国涉外法律事务重点律师事务所，1993年被中国司法部和中国证券法律事务管理委员会首批确认具有从事证券法律事务的资格。1998年被中国司法部评为“部级文明律师事务所”。2005年被中华全国律师协会授予“全国优秀律师事务所”称号。该所经过多年的发展，目前已成为中国最大的以从事涉外法律服务为主要业务的律师事务所之一。

良好的法学教育、较高的外语水平和丰富的实践经验是恒益对人才需求的标准，因此，法学硕士、学士、高级律师、行业专家以及出国留学和培训人员聚集该事务所以实现他们的共同目标。

恒益律师事务所律师为客户提供法律服务，每一个具体案件按专业分工，由“合伙人——律师——法律辅助人员”组成工作小组负责承办，以满足客户对案件优质高效率的服务要求。

恒益律师事务所业务包括：（1）代理非诉讼及诉讼法律事务。（2）常年法律顾问。目前，已担任市政府及其经济管理部门、社会团体及中外企事业常年法律顾问432家。（3）为国家重点建设项目提供法律服务。先后为岭溪核电站工程、广州地铁工程等重点建设项目提供法律服务。（4）拓展重大外资引进项目。（5）为企业股份制改组和公司股票上市、股权转让等方面提供法律服务。（6）为房地产开发项目提供法律服务。如：土地使用权有偿出让、转让、合资、合作、集资经营开发房地产、商品房买卖、境外售房及从征地开发到售楼，领契全过程较为完善的“一条龙”法律服务。

恒益律师事务所与美国、英国、法国、荷兰、日本、新加坡、加拿大、澳大利亚、新西兰等国家以及香港、澳门、台湾地区的多家律师事务所建立了长期、稳定的合作关系以互派律师学习，互通法律信息以及互相介绍律师业务。

广东广信律师事务所

广东广信律师所成立于1993年元月，是我国较早实行专业化分类服务的大型合伙制律师事务所之一。现有律师和辅助人员100余名，其中，50%以上的律师具有硕士研究生或双学士以上学历，多名律师及助理毕业于北京大学，部分律师曾在海外留学或工作。

广信所坚持“以质量求生存，以信誉求发展”的宗旨，为客户提供法律顾问、公司、投资、银行、保险、房地产、证券、融资、涉外、海事、海商、知识产权、诉讼、仲裁、见证等专业法律服务。

一流人才是立业发展的根本。该所为筑巢引凤，斥资建造了一栋律师公寓；为广纳业界精英，每年在全国著名院校选聘优秀毕业生，还自1995年开始在中山大学法学院设立“广信律师奖助学金”。

优质服务是赢得客户信赖的关键。为保证服务质量，本所设立公司金融证券部、房地产部、诉讼仲裁部、海事海商及国际部、知识产权部5个专业部，每位律师在自己熟悉的领域为客户提供专业法律服务。

该所自成立以来，基于优秀的律师队伍、优质法律服务及规范的管理：1995年，被评为广东省先进律师事务所及广州市纳税先进单位；1996年，获中宣部、司法部授予“全国法律服务行业文明服务窗口”称号；1998年，被司法部授予全国首批“部级文明律师事务所”；2000年，被中国质量万里行促进会、司法部指定为全国“企业质量维权服务单位”；2000年，荣列中国建筑业协会和全国律师协会组建的全国建设企业法律支援团30家律师事务所；2001年，被广东省司法厅作为先进典型代表在全省通报表彰；2002年，被广东省司法厅直属党委评为优秀基层党支部并获“越秀区私营企业纳税大户”荣誉称号；2003年，被中国国际贸易促进会、中国国际商会推荐“中国优秀律师事务所”；2004年，荣获《亚洲法律商务》（亚太律师协会关联杂志）颁发“广州地区最佳律师事务所”大奖；2005年，经中华全国律师协会评定，被授予“全国优秀律师事务所”荣誉称号；2005年，广东省商业联合会决定吸收该所为广东省商业联合会的常务理事单位成员。

广东格林律师事务所

广东格林律师事务所前身为广东律师事务所，创立于1985年，2001年经广东省司法厅批准改制为合伙制律师事务所，荣获司法部颁发的首批“部级文明律师事务所”称号。2005年被全国律师协会评为“全国优秀律师事务所”。

广东格林律师事务所实力雄厚，能够为各界人士提供全方位优质高效的服务。主要业务包括公司事务、金融、房地产、商业、信托、知识产权、海事海商航空、家庭事务、劳工与移民、税务、诉讼以及仲裁等。经司法部、国家证券监督管理委员会联合批准，拥有从事证券法律业务资格。

为向更多的客户提供法律服务，该所与世界各地著名律师行建立了广泛、紧密的联系。通过这些正式合作关系，该所能为世界各地的当事人提供及时的法律服务。

随着中国加入WTO，越来越多的中国企业跨出国门，在世界各地设立机构进行国际性经营，越来越多的外国企业跨入国门，在中国各地设立机构进行投资，融入中国的市场经济之中。在这种经济发展国际化的进程中，格林正在为世界经济的发展和繁荣做出自己的贡献。

海南省优秀律师事务所

海南维特律师事务所

海南维特律师事务所是一家创建于1993年的大型综合性律师事务所，具有从事证券业务资格和从事国有资产产权业务资格，位于海口市金贸区的现代化办公场所面积达1000余平方米，办公资讯设施先进完备，经过多年发展，现已成为国内知名律师事务所之一；并在北京、新加坡等地设有分所，与美国、韩国、新加坡、香港等国家和地区的律师和中介机构建立了长期稳定的良好合作关系。

维特注重集合高素质的法律人才，充分发挥团队精神。律师队伍思想前卫，思维共振，业务素质过硬，具有丰富的实践经验，能够为境内外客户提供全面及时、卓有成效的法律服务。全所（总部及分所）现有人员58名，其中执业律师49名，设有民商法律事务部、金融法律事务部、房地产及建设工程法律事务部、刑事法律事务部和公司法律事务部等5个专业法律事务部，基本上实现了专业化分工，各部门之间分工协作，紧密配合。建所至今，维特凭借精干的队伍和优质的服务，成功地代理了多宗重大诉讼、非诉讼法律事务，获得了委托人的信任和好评，取得了很好的社会效益和经济效益。主任律师王晶也多次被评为省、市十佳法律顾问、先进工作者，并三次被评为“全国优秀律师”、“人民满意的律师”、荣立二等功一次，三等功两次。

维特秉承“以德为本，以法为天，亲和一致，追求卓越”的宗旨，遵循“服务第一，信誉至上”的经营理念，以“专业化、规模化、国际化”为发展目标，注重发挥团队优势，恪守规范服务准则，并以此为经纬构建独树一帜的维特文化，致力于为境内外客户提供及时、高效、便捷的一流法律服务。

1999年，被海南省司法厅授予“省级文明律师事务所”荣誉称号；2000年，被中共海南省直属机关工委评为“1998～1999年度省直属机关文明单位”；2000年，被海南省司法厅授予“人民满意的律师事务所”荣誉称号；2001年，被海南省司法厅评为“2000年度省司法行政系统先进集体”；2001年，被中共海南省直属机关工委评为“2000～2001年度省直属机关文明单位”；2001年，被评为“省级文明单位”；2001年和2004年，被共青团中央、司法部评为“优秀青少年维权岗”；2003年和2005年，被评为“海南省诚信律师事务所”；2005年，被中华全国律师协会评为“全国优秀律师事务所”。

广西壮族自治区优秀律师事务所

广西同望律师事务所

广西同望律师事务所（原广西众望律师事务所），隶属广西壮族自治区司法厅直接领导和管理，成立于1996年，目前有执业律师及辅助工作人员63人（含柳州分所）。在执业律师中，2人为法学博士研究生，10人为法学硕士研究生，36人为大学本科毕业，4人为南宁仲裁委员会仲裁员。2005年6月，被授予“全国优秀律师事务所”称号和“全区优秀律师事务所”称号。

同望律师事务所注重基础建设。管理严格、注重团队精神。事务所按照“勤勉尽责、优质高效”的服务原则，就如何努力为客户提供服务专门建立有包括《法律服务监督管理实施办法》等在内的一系列规章制度，确保了良好的服务质量。

事务所除设有办公室、《同望法律参考》编辑部、客户服务管理中心、法律应用研究中心等后勤、科研机构外，还设有：建设工程和房地产法律事务部、投融资与公司治理法律事务部、涉外法律事务部、知识产权法律事务部、刑事法律事务部、行政法律事务部、综合法律事务部。

此外，同望律师事务所于2004年11月设立柳州分所，在行政管理和行业管理上受柳州市司法行政机关及柳州市律师协会的管理和监督。

广西王莹文律师事务所

广西王莹文律师事务所，隶属广西壮族自治区司法厅直接领导和管理，创建于1996年，主要业务领域有银行业务、项目融资、房地产从立项到销售的全程服务，企业及公司重组、收购、知识产权保护、外商投资企业的设立及相关法律事宜，税务、诉讼、仲裁、各类法律意见及咨询顾问。尤其以房地产、金融领域的法律服务作为优势、特色业务，能为客户提供从立项、拆迁、规划、施工、销售、按揭、物业管理等房地产全程优质法律服务。并不断拓展新的业务领域，提高服务水平，致力于满足客户不断发展的新的服务需求。荣获“全国优秀律师事务所”和广西“全区优秀律师事务所”、“全区法律援助先进集体”称号。

王莹文律师事务所律师大都毕业于国内名牌大学的法学院，其中有法学教授、副教授、留英硕士、法学硕士、双学士、法学学士等40多人。他们分别来自法学教育研究机构、司法机关、金融机构、行政及大型企事业单位，具有优良的学术背景和丰富的实践经验。在应用先进通讯技术、计算机和互联网络技术进行办公、法律研究和案件事务管理等方面，一直走在广西律师界的前列，为客户及工作人员提供一流的服务和工作环境。

广西创想律师事务所

四川省优秀律师事务所

四川康维律师事务所
四川泰和泰律师事务所
四川英济律师事务所
四川鼎立律师事务所
四川四方达律师事务所

贵州省优秀律师事务所

贵州北斗星律师事务所

北斗星律师事务所原名贵州省经济律师事务所，1985年2月经贵州省人民政府批准成立，是贵州省司法厅直属专业性大型合伙律师事务所。秉承着“顺应时代发展、客户利益至上、弘扬法制精神、提供优质服务”的宗旨发展至今，该所被授予“省级文明律师事务所”、“先进集体”、“人民满意的律师事务所”、“先进基层党组织”等多项光荣称号。2005年，在中华全国律师协会第六次代表大会上，中央政法委书记罗干等中央领导向该所亲自颁发了“全国优秀律师事务所”荣誉证书，该所成为全国1万多家律师事务所中最优秀的115家律师事务所之一，也是贵州省惟一获此殊荣的律师事务所。

事务所现有执业律师35人，律师助理、行政辅助人员10余人。律师分别毕业于清华大学、厦门大学、四川大学、中国政法大学、西南政法大学、贵州大学等高等学府，多人具备高、中级律师、工程师和会计师等专业职称。北斗星律师事务所首任主任为一级律师王铁夫（退休后担任贵州省人民政府参事室副主任），第二任主任法学教授孙尔琪（曾任贵州大学法律系主任、贵州省律师协会副会长、贵州省人民政府参事室参事），第三任主任高级律师孙忠仁目前担任中华全国律师协会理事、贵州省律师协会副会长兼民事专业委员会主任、贵州省版权保护协会副会长。建所20年来，曾在北斗星律师事务所执业的律师中，一部分已成为贵州省司法机关、律师协会的领导，律师界的精英，法院法官、检察院检察官，高等学府的法学专家，国有大中型企业的专职法律顾问等，因此该所被誉为“律师的黄埔，主任的摇篮”。

该所设有法律顾问、证券金融、公司企业、房地产、知识产权、刑事法律、民事法律等业务部，先后担任政府机构、国有大中型企业、事业单位及其他各类公司企业等法律顾问单位300余家，办理各类案件6000余件。是贵州省最先获得“证券法律业务资格”、“国有资产产权法律事务资格”和“集体科技企业产权界定法律业务资格”的律师事务所。该所主要为客户提供以下法律服务：民商法律事务代理、公司项目运作、企业并购及破产清算、股权设置及股份转让、金融证券业务、建筑房地产顾问和诉讼、行政诉讼、刑事辩护、知识产权保护调查和诉讼、国际贸易法律事务代理等各项法律事务。其中公司项目运作、企业改制法律策划及运作、企业增（减）资及股权纠纷处理、金融证券业务、房地产项目顾问及诉讼代理是该所业务强项。该所多年来办理了一批省内外影响较大的案件和法律项目，并为社会困难当事人提供无偿的法律援助，业绩为新闻媒体多次报道。

云南省优秀律师事务所

云南震序律师事务所

云南震序律师事务所，成立于1992年6月，主任马军，共有执业律师37人。震序律师事务所自成立以来，分别为国家重大经济项目和大中型企业，如审计署驻昆特派员办事处，云南省国资委、昆明市人民政府、云南省电力集团公司、中国工商银行云南省分行、云南官房建筑集团公司、建行云南省分行等单位提供法律服务，赢得了较高的社会信誉和赞誉。广泛开展合作与交流，分别与美国、日体、泰国、新加坡等国家及香港、澳门、台湾地区建立了合作伙伴关系。曾被司法部列为律师事务所管理制度改革的试点。1995年，马军荣获首届“全国十佳律师”荣誉称号，1997年3月，被司法部确定为全国法律服务行业“文明窗口”。1999年，被评为创建文明行业窗口工作先进单位。2000年10月，被司法部评为“部级文明律师事务所”。2005年，被评为全国优秀律师事务所，马军被评为“全国优秀律师”。

云南刘胡乐律师事务所

刘胡乐律师事务所，主任万立，成立于2000年3月16日，共有25名执业律师，其中已获博士学位的有2人，硕士学位的3人，其他都在攻读硕士学位和双学士学位。为加强法律服务的质量管理，锻造该所的整体品牌，该所于2003年通过ISO9000－2000质量管理体系标准，取得了国家和国际认证。刘胡乐律师事务所自成立以来，成功办理了一些省内乃至全国都具有影响的案件，如杜培武、潘阳、周端等人的无罪案件，泰国紫维门太平阳有限公司和江苏河海运输股份有限公司关于澜沧江—湄公河流域冷藏集装箱水运合作项目的非诉讼案件等，该所广泛开展国际交流与合作，2004年9月，该所律师刘胡乐被邀请在泰国商业部举办的外贸投资商的培训会上作“关于中国及云南投资贸易法律环境的专题演讲”此外该所还与日本、新加坡、荷兰、欧盟、美国等国际律师事务所建立了长期稳定的合作关系。2005年，该律师事务所被评为全国优秀律师事务所。

云南欣晨光律师事务所

云南欣晨光律师事务所，主任王光辉，成立于1992年，现有执业律师共30名，经司法厅批准在大理设立了分所。律师业务包括企业改制、兼并、收购、破产、金融、期货、知识产权、大中型项目招投标、股权转让、涉外法律事务等。1999年经司法部确定为司法部在云南的“部级律师业务联系点”，该所在2000年举行的云南省首届律师辩论大赛中取得了全省第三名的好成绩，同时还获得了“最佳组织奖”主辩律师被评为“最佳辩手奖”；2001年被司法厅、省法律援助中心授予“法律援助工作先进集体”的光荣称号。2005年被中华全国律师协会评为“全国优秀律师事务所”，王光辉被评为“全国优秀律师”。

陕西省优秀律师事务所

陕西德伦律师事务所

陕西德伦律师事务所成立于1994年，多次被陕西省司法厅和西安市司法局评为“律师优质服务标兵单位”和“先进集体”，2001年被中共陕西省政法委员会评为“人民群众满意的政法单位”，2003年被陕西省司法厅评为“省级文明律师事务所”；2004年被共青团西安市委授予“青年文明号”单位；2005年被中华全国律协授予首批“全国优秀律师事务所”称号。

近年来德伦所承办的律师业务已发生了突破性的变化，由原来传统的律师业务已深入到金融、证券、企业改制、公司收购、知识产权、招投标等新型业务，开创了组建律师顾问组进驻大型企业集团担任法律顾问等新的工作模式，并在以下几个方面取得了较为突出的成绩。（1）规范内部管理机制，保证律师事务所有条不紊的运行。德伦律师事务所设立的合作人会议（即律师大会），为所内最高权力机构也是决策机构，凡重大事项均由律师大会讨论决定，或实行无记名投票方式决定。（2）组织律师开拓业务，增加律师业务量。律师案源是律师事务所发展的基础条件，也是律师个人生存与发展的首要条件，律师事务所组织律师开发案源是一项非常重要的工作。几年来，德伦律师事务所针对各时期不同经济领域法律业务的特点，集中组织律师主动出击介入一些新生的业务领域。通过组织开发案源的活动，增加了律师业务量，推动了业务建设的发展，也培养了律师的参与和竞争素质，增强了律师事务所的发展实力。（3）充分发挥法律服务功能，为建设和谐社会发挥作用。近年来，在办理各类案件和担任法律顾问工作中都尽职尽责竭诚服务，维护了当事人的合法权益，并注重理顺社会秩序，维护安定团结、为构建和谐社会发挥应有的作用。（4）德伦律师事务所在担任一些民营企业的法律顾问工作中，从法律上规范其依法经营和发展，保障其成长壮大，成为市场的重要主体。

陕西德伦律师事务所建所10余年来始终坚定不移地贯彻党的基本路线，恪守律师职业纪律、职业道德，勤勉敬业，文明办案，依法公正的履行职责，在维护国家安全和社会稳定工作及促进社会进步与经济发展工作中，成绩突出，获得了当事人和有关单位的一致好评。

陕西金镝律师事务所

陕西金镝律师事务所创办于1995年，是经陕西省司法厅批准设立的合伙制综合性律师执业机构，该所设立了由7名执业律师组成的管理委员会。全所现有执业律师41名，律师助理和行政辅助人员21名，内部按法律事务专业门类分设民商、金融证券、房地产、知识产权、行政、劳动、涉外、刑事共8个业务部，推行统一收案、团队合作的案件处理方式，每一案件均由配合默契的律师小组为客户服务。近3年来全所承接办理各类诉讼案件和非诉讼法律事务1600余件，为客户挽回和避免经济损失累计超过6亿元。

金镝律师锐意进取，追求卓越，努力推进学习型事务所建设，不断扩大人才优势，提升服务能力，为经济社会发展各个领域提供优质法律服务，成功地办理一大批有影响的诉讼案件和非诉讼法律事务，并在介入高端业务领域、探索新的法律服务空间方面取得积极进展。金镝律师坚持以诚信服务为核心，以伸张社会正义为追求，秉持诚信敬业品质，最大限度地维护委托人的合法权益；站在构建和谐社会高度，积极投身面向社会和基层的义务法制宣传及法律咨询服务活动，热情为公众提供法律帮助，开展对困难群众的法律援助；积极参与以诚信为民为主题的社会公益活动,组织捐款扶助灾区群众,常年资助6名农村特困学生,组建维护未成年人合法权益志愿者队伍开展服务。良好的社会信誉使金镝律师事务所多次被授予省级、市级文明律师事务所、优秀律师事务所、人民满意的律师事务所称号,荣立集体三等功一次;执业律师中有4人获市级"十佳律师"称号,2人被评为"人民满意的律师",19人次被评为省和市级优秀律师。2005年,中华全国律师协会授予该所"全国优秀律师事务所"称号,羿克律师同时被授予"全国优秀律师"称号。

甘肃省优秀律师事务所

甘肃正天合律师事务所

甘肃正天合律师事务所是甘肃省司法厅直属，以合伙制方式组建，主要从事国际贸易、金融、证券、公司、房地产、知识产权保护等方面法律服务的综合性律师事务所。自1993年2月成立以来，经过数年的发展，现已成为甘肃省具有重点业务突出、服务手段高效、总体队伍整齐、管理运行机制规范的大型合伙制律师事务所。先后被甘肃省司法厅授予"省级文明律师事务所"、"全省法律服务行业文明示范窗口单位"、"司法系统先进集体"等荣誉称号；被甘肃省直属机关工作委员会授予"省直机关文明单位"；多人次荣获全国优秀律师、甘肃省优秀律师荣誉称号；2005年被中华全国律师协会授予"全国优秀律师事务所"荣誉称号。

正天合所现有律师、律师助理及其他辅助人员80余名，其中执业律师50余名，均具有大学本科以上学历，硕士研究生以上学历占执业律师的30%。多年来，正天合所始终坚持"依法为客户争取最大权益"之宗旨，以严谨踏实的工作作风和优质高效的服务态度向客户提供了大量的专业法律服务。成功代理了一批在甘肃省内外有较大影响的诉讼、仲裁案件，赢得了社会各界的广泛赞誉和肯定。在非诉讼业务方面，正天合所一直居于甘肃省内律师事务所的领先地位。其中证券法律服务已占据甘肃省的半壁江山，金融、公司、建筑、房地产以及涉外法律服务等也已发展成为正天合所的优势法律服务领域。

正天合所在为社会提供高质量法律服务的同时，始终坚持"服务社会、回报社会"。多年来，已累计向受灾学校、贫困地区、失学儿童、抗击非典、资助寒门学子等捐款、捐物达20余万元。2004年在兰州大学设立"正天合奖学金"，成为甘肃省第一家在高等学府设立奖学金的律师事务所。

青海省优秀律师事务所

青海同一律师事务所

青海同一律师事务所，成立于1996年3月，合伙制律师事务所，现有执业律师20名，连续8年被评为全省律师综合目标考核优秀单位和先进集体，2004年成立党支部，2005年被司法部、全国律协评为全国优秀律师事务所，该所已建立同一律师网站，所内自办《同一论坛》期刊。年内参加公益活动捐款近7000元，参加人大、政府11项立法活动。

新疆维吾尔自治区优秀律师事务所

新疆天阳律师事务所

6. 为国防和军队建设服务的先进法律顾问处

沈阳军区法律顾问处

广州军区空军法律顾问处

7. "全国律师执业规范知识竞赛"获奖律师协会及参赛选手

第 一 名　天津市律师协会
参赛选手　李　楠　天津万钧律师事务所
　　　　　汪　力　天津万钧律师事务所
　　　　　李　莹（女）天津津安信律师事务所
第 二 名　云南省律师协会
参赛选手　张　慧（女）云南建广律师事务所
　　　　　王海云　云南千和律师事务所
　　　　　洪素恒　云南欣晨光律师事务所
第 三 名　湖北省律师协会
参赛选手　王新宁（女）湖北今天律师事务所
　　　　　郭　锋　湖北英达律师事务所
　　　　　罗　剑　湖北得伟律师事务所
第 四 名　陕西省律师协会
参赛选手　王午生　陕西博硕律师事务所
　　　　　张　桦　陕西恃衡律师事务所
　　　　　贾军凌（女）陕西国文律师事务所
第 五 名　山西省律师协会
参赛选手　周立云（女）山西隆德晟律师事务所
　　　　　刘　旆（女）山西民力律师事务所
　　　　　武　丽（女）山西民权律师事务所
第 五 名　新疆维吾尔自治区律师协会
参赛选手　李海军（女）新疆力和力律师事务所
　　　　　严　曦　新疆元正律师事务所
　　　　　罗　瑶（女）新疆元正律师事务所
第 六 名　江苏省律师协会
参赛选手　李保军　江苏南京三法律师事务所
　　　　　杨　冬　江苏南京三法律师事务所
　　　　　王祖俊　江苏高的律师事务所

8. 获得全国维护妇女儿童权益贡献奖的先进集体

河北侯凤梅律师事务所

河北侯凤梅律师事务所，是一家综合性合伙制律师事务所，现有执业律师40余人，全部具有本科和研究生学历，骨干律师具有丰富的执业经验，服务范围涉及公司、房地产、知识产权、金融、涉外、刑事、民事、行政等诸多领域。该所拥有900多平方米的现代化办公场所，具有一流的办公条件，配备有包括局域网及远程登录系统在内的各种现代化通讯、办公设施。该所与国内主要城市及美国、英国、加拿大的部分律师事务所建立了较为密切的业务协作关系，先后被评为AAA级信用等级律师事务所、省直先进律师事务所、省直优秀律师事务所等称号。该所特别注重热心社会公益事业，被团省委命名为河北省青少年维权中心成员所，多名律师为河北省青少年维权中心志愿者。省妇联聘请该所为法律顾问所，该所全体律师为省妇联维权志愿者。几年来，该所共向社会捐助资金几十余万元。

海南法立信律师事务所

海南法立信律师事务所，成立于1994年1月，原名海南新世纪律师事务所。该所在广东深圳市、海南省琼海市设有分所。法立信律师事务所为合伙制律师事务所，现有注册执业律师33名，其中合伙人10名。

成立以来，法立信所坚持"法律为本，立于诚信"的执业宗旨，为社会各界提供了优质高效的法律服务，在海南享有较高声誉。该所曾被海南省司法厅连续两届评为"诚信律师事务所"、多次获得"海南省信访接待先进单位"、"海南省司法系统先进党支部"等荣誉称号。该所符琼芬等律师也曾多次受到司法厅立功、嘉奖奖励，多次获得"维护妇女儿童权益先进法律工作者"、"优秀共产党员"等光荣称号。该所廖向琦律师、符琼芬律师分别兼任海南省律师协会副会长、副秘书长。

该所长期义务担任海南省妇联法律顾问，无偿地为海南各级妇联及来访当事人提供了大量法律服务。该所主任符琼芬等部分律师还积极参与策划成立海南维护妇女儿童权益律师志愿者服务中心，符琼芬律师担任该中心办公室副主任。近5年来，该所办理了婚姻家庭纠纷及涉及未成人权益案件100多宗；代写婚姻家庭方面的法律文书（起诉状、答辩状、离婚协议、抚养协议等）200多份（大部分代书是免费）；提供义务法律咨询1000多人次；进行与妇女儿童权益有关的义务法律宣传1万多人次；参与有关妇女儿童权益保护的6篇法律法规制定或修改草案的修改活动。2005年12月，全国妇联、司法部、公安部等19个部委联合授予海南法立信律师事务所"全国维护妇女儿童权益贡献奖先进集体"。

（二）人物简介

1. 第六届全国律师协会会长、副会长

第六届全国律师协会会长

于　宁

于宁，男，1954年3月出生，汉族，硕士研究生，中共党员。中华全国律师协会四届、五届副会长；北京大学法学院兼职教授、法律研究生导师、清华大学法学院法律硕士研究生导师；受到省部级以上，包括省部级表彰奖励、1976年在军队服役时参加唐山抗震救灾荣立三等功一次。

1969年～1978年在军队服役（三十八军一一四师）；

1978年在江苏省镇江市卫生局任政工干部；

1979年～1983年在北京大学法律系读书；

1983年～1994年在中共中央纪律检查委员会工作；

1993年～1996年在北京大学法律系读经济法研究生；

1994年至今在时代华地律师事务所执业。

第六届全国律师协会副会长

朱洪超

朱洪超，男，1959年12月出生，汉族，硕士研究生，中共党员。中华全国律师协会四届、五届副会长、上海市律协副会长；上海仲裁委员会仲裁员、中国国际经济贸易仲裁委员会仲裁员、上海市法学会常务理事、上海大学文学院、上海外贸学院、华东政法学院兼职教授；1988年上海市“优秀法律顾问”、1989年上海市“十佳优秀辩护人”、1997～1998年度“上海市司法行政系统先进个人”、2002年中国律师政坛论文评比二等奖、2004年度上海市司法行政系统“先进个人”。

1983开始在上海市第一律师事务所执业，现为上海市联合律师事务所律师、主任；

1979年～1983年复旦大学分校法律系学习；

1983年～1986年上海市第一律师事务所律师；

1993年～1996年复旦大学法学院外国法制史专业研究生学习；

1986年至今上海市联合律师事务所主任。

杨伟程

杨伟程，男，1946年11月生，汉族，大专，中共党员。中华全国律师协会四届、五届副会长、山东省律师协会会长；山东省高级人民法院“特约监督员”、青岛市劳模协会会长；1997年被山东省司法厅先后两次荣记个人一等功；1998年山东省委、省人民政府授予“山东政法系统先进工作者”、1998年山东总工会授予“山东省劳动模范”、1999年司法部“全国十佳律师”、2000年国务院“全国先进工作者”、2000年享受国务院“政府特殊津贴”、2003年当选全国人大代表。

1968年～1973年在青岛针织厂工作；

1973年～1981年在青岛市嘉裕学校从事教学工作；

1981年～1985年任青岛市司法局办公室秘书、副主任；

1985年～1991年在山东琴岛律师事务所执业；

1991年～1994年任青岛市司法局副局长兼琴岛律师事务所主任；

1994年至今任山东琴岛律师事务所主任。

金　山

金山，男，1962年4月出生，汉族，理学和法学双学士，金融学研究生、高级工商管理硕士，中共党员。中华全国律师协会五届副会长、WTO专门委员会副主任委员、律师教育委员会副主任委员、金融证券专业委员会委员、六届新疆律师协会会长、新疆律师协会党组副书记、新疆律师协会业务指导委员会主任；中国国际经济贸易仲裁委员会仲裁员、新疆大学法学院兼职教授、乌鲁木齐市仲裁委员会仲裁员；获第一届、第二届新疆维吾尔自治区“优秀律师”。

1983年毕业于新疆大学获理学学士；

1988年毕业于中国政法大学双学士班获法学学士；

2001 年毕业于新疆财经学院金融专业研究生班；

2005 年毕业于中国人民大学商学院高级工商管理硕士（EMBA）班；

1983 年～1986 年新疆维吾尔自治区水利厅工程师；

1988 年～1994 年在新疆律师事务所执业；

1994 年至今在新疆天阳律师事务所执业。

李大进

李大进，男，1958 年 4 月出生，汉族，大专学历，中共党员。中华全国律师协会四届、五届理事会理事、北京市律师协会会长；北京市高级人民法院特邀监督员；被北京市律师协会评为 2004 年度北京市“优秀律师”。

1976 年～1981 年部队服役；

1982 年～1992 年北京市朝阳律师事务所执业；

1993 年～2004 年北京市天达律师事务所执业；

2005 年 1 月至今北京市高朋天达律师事务所执业。

王天举

王天举，男，1955 年 11 月出生，汉族，硕士，中共党员。中华全国律师协会四届副会长、五届常务理事、五届天津市律师协会会长；天津市政协委员、天津市台湾研究会理事；第二届“全国十佳律师”、“天津市劳动模范”。

1981 年～1982 年天津市西青道中学教师；

1982 年～1995 年天津市第一律师事务所；

1995 年 10 月至今天津张盈律师事务所。

宋建中（女）

宋建中，女，1953 年 6 月 4 日生，汉族，研究生，中共党员。中华全国律师协会四届理事、五届常务理事、内蒙古自治区律师协会会长；内蒙古包头市政协委员；被司法部两次授予“全国优秀律师”称号、“全国优秀仲裁员”、内蒙古自治区第一、二、三、四届“十佳律师”，并被评为“自治区突出贡献中青年技术人才”，享受政府津贴。

1976 年在包头市昆区法院任书记员、助审员；

1980 年在包头市律师事务所任实习律师、律师、副主任；

1987 年创办内蒙古建中律师事务所（更名前为包头市经济律师事务所）任主任至今。

王　凡

王凡，男，1957 年 10 月生，汉族，大学本科，中共党员。中华全国律师协会五届常务理事、理事、江苏省律师协会会长；江苏省（律师专业）高级职称评审委员会委员、江苏省 WTO 法律实务咨询中心主任、省律师协会直属分会会长；2000 年被江苏省司法厅授予“先进个人”称号、2001 年度荣获省直律师事务所“优秀律师”称号、2002 年江苏“知名律师”。

1976 年～1978 年在军队服役；

1978 年～1982 年就读于西南政法大学法律系；

1982 年～1993 年任南京军区军事检察院军事检察官；

1993 年～2000 年在江苏对外经济（同仁）律师事务所业务部执业；

2000 年至今在江苏世纪同仁律师事务所任主任、合伙人。

薛云华

薛云华，男，1963 年 8 月 13 日出生，汉族，大学本科，中共党员。中华全国律师协会四届、五届理事会理事、广东省律师协会会长；广东省法学会理事、广东省人大常委会立法顾问、中国国际经济贸易仲裁委员会仲裁员、广州仲裁委员会仲裁员、专家委员会委员、广州市东山区人大代表；1995 年被评为广东省首届“十佳律师”、1996 年被评为“全国优秀律师”、1998 年获中国“十佳”提名并再次被评为“全国优秀律师”、2000 年 3 月，被评为广东司法行政机关恢复 20 周年突出贡献先进个人、2001 年 5 月被评为首届广东省“优秀青年卫士”。

1982 年～1986 年西南政法学院法律系学生；

1986 年～1987 年广州外国语学院进修英语；

1987 年～1992 年广东对外经济律师事务所律师；

1993 年～1997 年广东广信律师事务所主任；

1998 年至今广东广大律师事务所主任。

2. 第六届全国律师协会常务理事

马　军

马军，男，1951 年 12 月生，回族，大学文化，中共党员。中华全国律师协会四届、五届理事会理事、云南省律师协会副会长；中共云南省委常委确定的云南省组织部代表省委及省政府管理联系的专家、中共云南省委政法委员会政法研究所研究员、云南省艾滋病预防专家委员会委员、云南省人民检察院第一、二届专家咨询委员会委员、云南大学、云南工业大学、昆明陆军学院特邀教授、2005 年被云南省人民政府、昆明市人民政府聘为法律顾问；全国首届“十佳律师”、1990年、1997年、1998年获省“优秀共产党员”称号、1999年3月荣立“二等功”一次、2004年被授予“全国优秀仲裁员”称号。

1968年参军；

1975年在云南省物资局工作；

1980年毕业于北京大学经济系，同年在云南省司法厅工作；

1986年在云南经济律师事务所执业；

1992年起在云南震序律师事务所执业。

方世扬

方世扬，男，生于1967年2月，汉族，大学本科，中共党员。中华全国律师协会五届理事会理事、江西省律师协会会长、纪律（奖惩）工作委员会主任；2003年被省司法厅授予“全省司法行政系统十佳法律服务工作者”称号。

1983年~1987年在江西大学法律系读书；

1987年在江西省律师事务所执业；

2000年10月在江西华邦律师事务所执业至今。

王　晶

王晶，男，1951年3月生，汉族，法学硕士，中共党员。中华全国律师协会四届、五届理事、维权委员、财经委员、海南省律师协会会长；曾三次被司法部授予全国“优秀律师”荣誉称号、荣立二等功一次、三等功二次、多次被评为省、市“先进工作者”、“优秀律师”、“专业拔尖人才”、“省十佳法律顾问”、“优秀共产党员”、“人民满意的律师”。

1969年~1984年任黑龙江省绥化市农电党委、农电党委、市法院、市司法局团委副书记、党委秘书、副科长；

1984年~1993年任黑龙江绥化市律师事务所副主任；

1993年至今任海南维特律师事务所主任。

王广仁

王广仁，男，1947年3月出生，汉族，专科学历，中共党员。中华全国律师协会五届理事会理事、山东省律协党委委员、副会长、济南市律协会长；省法学会民商法研究会副会长、济南市政协委员；先后荣立一、二、三等功、1996年被评为“全国优秀律师”、1998年、2001年两次被评为“省十佳律师”、2000年被授予“济南市专业技术拔尖人才”称号、2002年荣获济南市“五一”劳动奖章、2004年被评为济南市劳动模范。

1980年~1985年在济南市法律顾问处工作；

1985年~1988年在济南市经济律师事务所工作；

1988年至今在山东众成仁和律师事务所工作。

王莹文

王莹文，男，1955年11月出生，汉族，硕士研究生，中共党员。中华全国律师协会第五届理事会理事、广西律师协会第五届理事会理事、经济业务委员会主任；2004年评为“全国优秀仲裁员”。

1972年~1975年在广西钦州县大垌公社当知青；

1975年~1978年在广西维尼纶厂工作；

1978年~1982年在西南政法学院法律系读书；

1982年~1985年在西南政法学院研究生部读研究生；

1985年~1994年在广西大学法律系任教，副教授；

1996年至今在王莹文律师事务所工作。

王京宝

王京宝，男，1963年1月出生，汉族，本科，中共党员。中华全国律师协会四届常务理事、五届理事、中华全国律师协会金融证券委员会、战略发展委员会、规则委员会委员、河南省五届律师协会轮执会长、河南省律协纪律委员会主任委员；郑州市仲裁委仲裁员、省人大内司委专家咨询组成员。

1979年~1983年就读于郑州大学法律系；

1983年~1985年许昌地区政法干校；

1985年~1986年河南省经济律师事务所；

1997年1月至今河南大正律师事务所主任。

王秋潮

王秋潮，男，1951年9月出生，汉族，研究生，中共党员。中华全国律师协会四届、五届理事会理事、浙江省律师协会会长；浙江省法学会副会长、中国国际经济贸易仲裁委员会委员、杭州市人大常委会立法咨询委员会委员、浙江大学法学院法律研究生指导老师；曾多次荣获浙江省“优秀中青年律师”、省“十佳律师”、杭州市“十佳律师”称号。

1969年~1978年黑龙江生产建设兵团知青；

1978年~1982年就读于江西师范大学历史系；

1982年~1986年在杭州市法律顾问处执业（其中，1984年至1986年，在上海对外贸易学院涉外律师培训班学习）；

1986年至今任浙江天册律师事务所（原杭州市对外律师事务所）主任。

刘守民

刘守民，男，1965年1月生，汉族，大学文化，中共党员。中华全国律师协会四届理事会理事、常务理事、五届理事会理士、维权委、战略委委员、四川省律师协会副会长；成都市人民代表大会代表、成都市仲裁委员会仲裁员、四川省法学会常务理事；曾获“全国优秀律师”、四川省第一届“十大律师”提名、成都市首届“十佳律师”、成都优秀律师事务所主任、成都市首届“杰出青年卫士”和四川省首届“优秀青年卫士”等称号。

1982年~1986年毕业于西南政法大学学习；

1986年~1993年在成都市第三律师事务所执业；

1993年~2000年在成都四方达律师事务所执业；

2000年至今在四川成都守民律师事务所执业。

刘志成

刘志成，男，生于1958年6月，汉族，研究生，中共党员。中国法学会会员、中国军事法学会研究会常务理事、中国法学会国际私法学会理事、北京市法学会军事法学会理事；1996年被评为总政机关“优秀共产党员”、2000年荣立三等功一次。

1976年四川省绵阳市金峰乡七组知青队插队知青；

1978年解放军84634部队76分队战士；

1979年西北政法学院法律系学生；

1983年解放军军事检察院书记员、检察员；

1988年总政办公厅法制秘书；

1992年总政司法局秘书；

1995年北京大学法律系研究生；

1998年总政直属法律顾问处律师。

吕红兵

吕红兵，男，1966年12月出生，汉族，硕士研究生，中共党员。中华全国律师协会四届、五届理事会理事、金融证券专业委员会副主任、上海市律协会长；上海市青年联合会常委、上海市青年企业家协会常委、上海金融青年联合会常委、华东政法学院、上海外贸学院兼职教授、上海证券交易所上市专家委员会委员；上海市“劳动模范”、上海市“优秀律师”、上海市司法行政系统“先进个人”、“全国优秀仲裁员”、上海市“优秀专业技术人员”。

1984年~1991年华东政法学院本科、硕士研究生；

1991年~1992年华东政法学院经济法系教师；

1992年~1993年上海万国证券公司法律顾问室负责人；

1993年~1998年上海市万国律师事务所律师、主任；

1998年至今国浩律师集团（上海）事务所律师、合伙人、主任。

孙发荣（女）

孙发荣，女，1954年3月出生，汉族，本科，中共党员。中华全国律师协会维权委员会委员、女律师协会执委、重庆市律师协会第三届专职会长、重庆市律师协会维权委员会副主任、惩戒委员会委员；重庆市仲裁委员会仲裁员；重庆市“十佳律师”、重庆市“三八红旗手”、重庆市市级机关“先进党务工作者”、重庆市“诚信执业百优律师”、“全国优秀仲裁员”。

1983年就读西南政法大学法律专业；

1991年~1993年重庆市第二律师事务所律师、副主任；

1993年~2005年重庆聚兴律师事务所律师、主任；

2005年4月至今重庆市律师协会专职会长。

朱　伟

朱伟，男，1962年4月，汉族，博士，中共党员。中华全国律师协会四届、五届理事会理事、江苏省律师协会常务理事、外事工作委员会主任、苏州市律协副会长；江苏省高级律师评审委员会委员、苏州市、扬州市、泰州市仲裁委员会仲裁员、苏州市人民政府、苏州市人大常委会主任咨询员、江苏省333学科技术带头人、苏州市市长专家顾问、政府智囊团成员、苏州大学硕士生导师、兼职教授；江苏省“十佳律师”、“优秀共产党员”、江苏省“优秀律师”、江苏“知名律师”、司法行政三等功。

1979年~1983年西南政法学院法律系学习；

1983年~1991年任常州市对外经济律师事务所主任；

1991年~1992年赴英青年律师培训；

1993年~1995年苏州市第一律师事务所执业；

1996年~1997年赴英高级律师培训、英国伦敦大学硕士研究生；

1997年至今江苏苏州竹辉律师事务所主任。

张　庆

张庆，男，1959年9月出生，汉族，本科，中共党员。中华全国律师协会四届理事、五届常务理事、教育委员会副主任委员、经济专业委员会委员；中国社会科学院食品药品产业发展与监管研究中心副理事长、北京大学法学院法律硕士研究生校外导师、清华大学法学院法律硕士研究生联合导师、中国政法大学法律专家咨询委员会委员、客座教授、北京市人大常委会立法咨询专家。

1984年7月开始在中华人民共和国司法部律师公证指导司工作，历任副主任科员、主任科员、副处长、处长；

1994年7月开始合伙创办北京市公元律师事务所执业至今。

李　飞

李飞，男，1954年6月出生，汉族，研究生，中共党员。山西省律师协会会长；山西省法学会副会长、山西省法律援助指导委员会主任；1998年12月被授予“山西省优秀青年律师”称号、2004年12月被授予“山西省首届十大杰出中青年法学家”称号、2005年被山西省律师协会授予“光荣执业二十年荣誉称号”。

1987年～1982年在吉林大学法律系读书；

1982年～1985年任山西省司法厅律师管理处干事；

1985年～1990年任山西省律师协会副秘书长；

1990年～1999年任山西省律师协会副会长兼秘书长；

1999年～2002年任山西省法律援助中心主任；

2003至今任山西省律师协会会长、黄河律师事务所主任。

邹强伦

邹强伦，男，1957年5月出生，汉族，大学，中共党员。中华全国律师协会四届常务理事、五届理事、发展战略委员会委员、宣传联络委员会委员、纪律惩戒委员会委员、河北省律师协会第五届理事会理事、常务理事、常务副会长；2003年荣获省律协“无私奉献奖”。

1982年～1986年在河北省邯郸地区中级人民法院任助审员；

1984年～1986年在河北政法管理干部学院学习；

1987年～1989年在河北劳改警察学校任法律教研室主任；

1989年～1999年在邯郸市天恒律师事务所任主任；

1999年至今在河北天捷律师事务所任主任。

辛尚毅

辛尚毅，男，1951年2月出生，汉族，大学本科，中共党员。中华全国律师协会五届理事会理事、宁夏回族自治区律师协会会长；银川市仲裁委员会仲裁员、宁夏吴忠仲裁委员会仲裁员。

1973年～1980年在宁夏西吉县三合中学任教；

1980年～1984年在宁夏永宁县司法局任副局长兼律师事务所主任；

1985年～1988年在宁夏永宁县人民法院任副院长；

1989年～1992年任凤城律师事务所主任；

1992年～1999年在宁夏司法厅律师管理处任副处长、处长兼四届宁夏律师协会秘书长；

1999年至今在宁夏金天平律师事务所执业，现任该所主任。

陈　舒（女）

陈舒，女，1954年生，汉族，大学本科，中共党员。中华全国律师协会四届理事、五届副会长、全国女律师协会会长、广东省律师协会副会长、第五届广州市律师协会党委副书记、专职秘书长；第十届全国人大代表、广州市政协法制工作顾问、广州市第八次党代表大会代表、广州市人大常委会立法顾问；1995年获广州市司法行政系统“十佳律师”、1999年获广州市司法局、广州市律师协会颁发的“新业务开拓”先进个人奖、2000年获广州市律协颁发的“业务优秀奖”、2001年广东省南粤“百优女政法工作者”称号、2004年受到全国律协通报表彰。

1969年～1970年插队知青；

1970年～1985年在陕西省人民法院工作；

1983年～1985年在陕西省政法干部管理学院学习；

1985年～1986年任广州市荔湾区司法局基层科科长；

1986年～1994年在广州市荔湾律师所执业；

1995年在广州市律师事务所执业并任合伙人；

1996年任广州金鹏律师事务所合伙人、主任；

1996年在中山大学取得本科学历；

2002年至今任广州市金鹏律师事务所专职律师。

孟繁旭

孟繁旭，男，1963年11月出生，汉族，本科，无党派。黑龙江省律师协会会长；黑龙江省政协常委、黑龙江省工商联常委、黑龙江省刑法学研究会副会长、东北农业大学孟繁旭律师学院院长、黑龙江省人大常委会司法咨询委员会委员、哈尔滨市经济仲裁委员会仲裁员；全省“十佳刑事辩护律师”、黑龙江省首届“杰出法学工作者”、全省“十大优秀律师”、全省“十大杰出青年”、全国司法行政系统“英雄模范”、全国“十佳律师”、2004年度司法行政系统民主评议行风活动和创建优良经济体制环境“先进个人”。

1982年～1986年在黑龙江大学法学院学习；

1986年～1993年黑龙江第四律师事务所律师；

1993 年至今黑龙江孟繁旭律师事务所主任。

罗　杰

罗杰，男，1953 年 10 月出生，汉族，研究生（结业），中共党员。中华全国律师协会四届、五届理事会理事、浙江省律协副会长、党委委员、宁波市律协副会长、党委副书记；宁波仲裁委员会仲裁员、宁波大学法学院兼职教授；1993、1998 年被评为浙江省“十佳律师”、1996 年被评为浙江“优秀律师”、1999 年被评为全国“十佳律师”。

1969 年～1975 年黑龙江省桦南县支边；

1975 年～1978 年在浙江省汽车学校学习；

1978 年～1985 年在宁波市副食品公司工作；

1985 年～2000 年在浙江导司律师事务所执业；

2001 年 1 月至今浙江素豪律师事务所执业（其中，1985 年至 1987 年，毕业于全国律师函授学校；1998 年至 2001 年结业于北京大学国际经济法研究生班）。

柳　平

柳平，男，1952 年 6 月出生，汉族，经济法研究生，中共党员。中华全国律师协会四届、五届理事会理事、经济业务委员会副主任、湖北省律师协会副会长、武汉市律师协会副会长；湖北省人民政府律师顾问团成员、湖北省及武汉市总工会委员、武汉市政协委员；1993 年被评为武汉市“十佳律师”、1996 年被评为武汉市“优秀共产党员”、湖北省“十佳律师”、1997 年被评为“全国优秀律师”，并获武汉市“五一”劳动奖章、2000 年被评为武汉市“劳动模范”称号、2001 年获“人民满意政法干警”称号、2002 年获武汉市知识产权“先进个人”称号、2004 年被评为武汉市仲裁委员会“优秀仲裁员”。

1968 年～1970 年黄梅县陶河公社知青；

1970 年～1973 年黄石市化工厂工人；

1973 年～1978 年黄石市公安局干警；

1978 年～1984 年江岸区西马街干部；

1984 年～1991 年江岸区司法局科长、主任律师；

1991 年～1992 年武汉市经济律师事务所律师；

1992 年～2005 年湖北天元兄弟律师事务所主任律师；

2005 年 2 月至今湖北天元兄弟律师事务所律师、名誉主任。

洪　波

洪波，男，1959 年 11 月出生，汉族，硕士研究生，中共党员。中华全国律师协会四届、五届理事会理事、福建省律师协会副会长、秘书长、福建省律师协会惩戒暨复查委员会主任；福州仲裁委员会仲裁员、福建省法学会常务理事、学术委员会委员、福建省青年法律工作者协会副会长；2000 年被授予首届“福建省十大杰出青年律师”称号。

1979 年～1983 年中国政法大学学生；

1983 年～1984 年福建省司法厅干部；

1984 年～1986 年上海对外经济贸易大学学生；

1986 年～2000 年福建对外经济律师事务所律师、主任；

2000 年至今福建新世通律师事务所合伙人。

赵守华

赵守华，男，1947 年 8 月 22 日出生，汉族，大学文化，中共党员。中华全国律师协会四届、五届理事会理事、吉林省律师协会会长；吉林省人民政府法律顾问团法律顾问、吉林省法学会理事、长春仲裁委员会仲裁员。

1980 年～1984 年在长春市第一中学任教；

1984 年～1988 年在吉林省司法厅任处长；

1988 年～1992 年在吉林省律师协会任副秘书长；

1992 年～2000 年在吉林省联谊律师事务所主任；

2000 年至今任吉林赵守华律师事务所主任。

2003 年 12 月在吉林省第七次律师代表大会上被选举为吉林省律师协会会长。

赵荣春

赵荣春，男，1961 年 10 月生，汉族，硕士研究生，中共党员。中华全国律师协会五届理事会理事、经济专业委员会委员、甘肃省律师协会会长；甘肃省青年法律工作者协会副会长、甘肃省青少年维权协会副秘书长；1998 年省级“优秀律师”、1999 年“全国优秀律师”、2000 年司法系统“优秀党员”。

1980 年～1984 年毕业于北京大学法律系；

1984 年～1987 年北京大学法律系研究生；

1987 年～1992 年在中共甘肃省委工作；

1992 年至今在甘肃正天合律师事务所工作。

梁胜国

梁胜国，男，1949 年 1 月出生，汉族，大学本科，中共党员。中华全国律师协会五届理事会理事、陕西省律师协会会长；西安仲裁委员会、咸阳仲裁委员会仲裁员；2000 年受到陕西省委、省政府表彰，授予“人民群众满意的政法干警”称号。

1968 年部队服役；

1970年~1974年在北京大学东语系印地语专业学习；

1974年~1975年在新疆南疆军区联络处工作；

1975年~1977年在巴基斯坦国家现代语言学院印地语系学习；

1977年~1982年在新疆南疆军联络处工作；

1982年~1996年在陕西省律师协会工作；

1996年至今，在陕西弘业律师事务所执业，任主任。

蒋 敏

蒋敏，男，1965年3月出生，汉族，法学硕士，中共党员。中华全国律师协会四届理事、五届常务理事、中华全国律师协会第五届理事会维护律师执业合法权益委员会副主任委员、中华全国律师协会第五届理事会纪律（奖惩）委员会副主任委员、中华全国律师协会金融证券专业委员会委员、《中国律师年鉴》编委、安徽省律师协会第六届理事会会长；安徽省人民政府立法咨询员、安徽省企业上市专家指导小组成员、中国国际经济贸易仲裁委员会金融专业仲裁员、合肥仲裁委员会仲裁员、安徽省劳动争议仲裁委员会仲裁员、安徽省人事争议仲裁委员会仲裁员、安徽大学经济法制研究中心研究员、安徽大学法学硕士研究生学位论文答辩委员会委员、安徽省法学会民法、经济法研究会副总干事、安徽省人大常委会内务司法工作委员会司法监督员、安徽省人大常委会青少年工作专门小组成员；1997年3月被司法部评选为全国100名优秀律师之一、1997年被评为安徽省“优秀政法干警”、1999年获全国“十佳律师”提名、2000年8月当选安徽省首届“十佳律师”、2001年1月当选“安徽省十大杰出青年”。

1983年9月~1987年7月在安徽大学法律系读本科，获法学学士学位；

1987年9月~1990年7月攻读民商法研究生，取得上海社会科学院法学硕士学位；

1990年9月~1996年1月在安徽省经济律师事务所从事专职律师工作，任该事务所分管业务的副主任；

1996年2月调任安徽天禾律师事务所主任至今。

潘公明

潘公明，男，1950年11月生，汉族，研究生，中共党员。中华全国律师协会五届理事会理事、中华全国律师协会民事专业委员会委员、辽宁省律师协会会长、沈阳市律师协会副会长；沈阳市委、市政府决策咨询委员会委员、沈阳市人大代表、辽宁省人大代表；沈阳市“文明律师”、辽宁省“文明律师”、“诚信律师标兵（市）”。

1982年~1986年沈阳市法律顾问处主任律师；

1986年~1990年沈阳市司法局公证、律师管理处副处长；

1990年~1993年沈阳市涉外律师事务所副主任；

1993年至今辽宁申扬律师事务所主任。

3. 第六届全国律师协会秘书长

邓甲明

邓甲明，男，1959年2月出生，汉族，法学学士，中共党员。

1977年7月~1978年9月，在山东龙口市农村插队；

1978年9月~1982年7月，在西南政法大学学习；

1982年7月~1988年12月，司法部公证律师司干部；

1988年12月~1989年2月，司法部公证律师司主任科员；

1989年2月~1993年9月，司法部公证司经济处副处长；

1993年9月~1997年6月，司法部公证司经济处、台港澳处处长；

1997年6月~1998年12月，司法部公证司副司长；

1998年9月~1998年12月，在国家行政学院学习，期间曾在美国哈佛大学肯尼迪政法学院短期培训；

1998年12月~2002年7月，司法部律师公证工作指导司副司长兼中国公证员协会秘书长；

2002年7月~2005年6月，司法部法律援助中心主任；

2005年6月至今，中华全国律师协会秘书长。

4. 2005年省、自治区、直辖市新任律师协会会长

北京市律师协会会长

李大进

李大进，男，1958年4月出生，汉族，中共党员，大专。

简历：1976年至1981年在部队服役；1982年至1992年在北京市朝阳律师事务所从事律师工作；1993年至2004年在北京市天达律师事务所从事律师工作；2005年

至今在北京市高朋天达律师事务所从事律师工作。

社会任职：中华全国律师协会理事；第六届北京市律师协会副会长；北京市高级人民法院特邀监督员。

荣誉称号：2004年被评为“北京市优秀律师”。

重庆市律师协会会长

孙发荣（女）

孙发荣，女，1954年3月生，汉族，中共党员，大学，三级律师。现任重庆市律师协会会长，中华全国律师协会常务理事、维权委员会委员、女律师协会执委，重庆仲裁委员会仲裁员。1972年12月至1991年4月先后在长安汽车集团公司任工人、保卫干部；1991年5月至1993年9月在重庆市第二律师事务所执业；1993年10月至2005年4月先后任重庆聚兴律师事务所主任、合伙人；2005年4月在重庆市第三次律师代表大会上当选为重庆市律师协会专职会长。

孙发荣在长安汽车集团公司工作期间，曾被评为四川省公安系统先进工作者、重庆市公安局先进个人，并多次被企业嘉奖。从事律师工作后，曾于1998年被评为重庆市首届“十佳律师”，1999年、2000年被评为重庆市市级机关“三八”红旗手，2000年被评为重庆市市级机关先进党务工作者，2001年被评为重庆市司法行政系统先进个人，2004年被评为全国优秀仲裁员。孙发荣还曾经担任重庆市法学会副秘书长、重庆市人大立法咨询委员等社会兼职。

河北省律师协会会长

李益民（女）

李益民，女，1953年生，中共党员，大学学历，现任河北济民律师事务所董事长，河北省律师协会会长。她从事专兼职律师工作20余年，成功地办理了数十件在国内外有重大影响的大案要案，曾被评为“全国优秀律师”、司法部“十岗千优”先进个人、河北省“十佳律师”，著有《律师实务》、《律师制度与律师实务》、《河北法律职业教育发展战略研究》等著作。

李益民律师现受聘担任河北省政府、石家庄市政府法制专家咨询委员会主任及河北省教育厅、卫生厅、财政厅等多家省直机关、企事业单位的法律顾问，她利用自身专业特长，积极协助政府依法决策，依法行政，妥善处理重大案件，为构建法治政府和加强河北省法制建设提供了有力的智力支持和法律服务。

内蒙古自治区律师协会会长

宋建中（女）

宋建中，女，1953年6月生，汉族，研究生，中共党员，内蒙古建中律师事务所主任。全国律协副会长、党组成员、女律师协会会长，内蒙古自治区律协会长。包头市政协常委。曾任全国律协第三、四届理事会理事、第五届常务理事，内蒙古自治区律协副会长。

1971年~1976年内蒙古生产建设兵团二师十三团战士、干事，1976年~1980年包头市昆区法院书记员、助审员，1980年~1987年包头市法律顾问处律师工作者、实习律师、律师、副主任（1982年取得律师资格），1987年至今工作于内蒙古建中律师事务所。1987年中国政法大学法律本科毕业，1997年中国社科院研究生毕业。全国第一、二届“十佳律师提名奖”，1997年、2000年“全国优秀律师”，2004年“全国优秀仲裁员”，1996年~2004年连续4次内蒙古自治区“十佳律师”，内蒙古自治区“有突出贡献的中青年专家”（内蒙古自治区人民政府授予，自2001年享受政府特殊津贴），内蒙古自治区“十佳执法标兵”，4次荣记个人三等功，2005年内蒙古自治区“优秀律师”。

安徽省律师协会会长

蒋　敏

蒋敏，男，1965年3月生，汉族，硕士学历，中共党员。1990年到律师事务所执业，安徽天禾律师事务所主任。全国律协第五届理事会常务理事，安徽省律协第五届理事会副会长。全国律协维护律师执业合法权益委员会副主任委员，全国律协纪律奖惩委员会副主任委员，全国律协金融证券专业委员会委员。中国国际经济贸易仲裁委员会仲裁员。

福建省律师协会会长

洪　波

洪波，男，1959年11月出生，汉族，中共党员，硕士研究生文化程度，执业21年，福建新世通事务所律师，一级律师。现任中华全国律师协会第六届常务理事，第七届福建省律师协会会长、省律协机关事务委员会主任、省律协财务委员会主任。社会兼职：福建省青年法律工作者协会副会长，福建省法学会常务理事，福州仲裁委员会委员、仲裁员。2000年9月被评为“福建省首届十大杰出青年律师”；2004年被全国百家仲裁委员会评为“优秀仲裁员”。

山东省律师协会会长

杨伟程

杨伟程，男，1946年11月出生，山东莱州人，中共党员，一级律师，毕业于山东大学历史专业，曾任青岛市司法局副局长，1984年5月开始执业，现任山东琴岛律师事务所主任、党支部书记，中华全国律师协会副会长，中共全国律师协会党组成员，山东省律师协会会长，中共山东省律师协会委员会副书记，中共青岛市律师协会委员会副书记，山东省高级人民法院特约监督员，青岛市劳模协会会长。

近年来，抓住WTO和CEPA带来的机遇，带头聘用香港律师加盟，加入国际律师事务所联盟组织，拓展涉外业务，使琴岛律师事务所沿着国际化道路迅猛发展。从事法律服务方面，担任山东省人民政府和青岛市人民政府的法律顾问，为政府依法行政提供了大量的咨询服务；担任海尔、青啤等大型品牌企业的常年法律顾问，为企业的发展提供了优质高效的法律服务；参与青岛大炼油、市区东移、机场扩建等重大工程项目的法律服务，为青岛市的经济建设和社会发展做出了重要贡献。曾被山东省司法厅记个人一等功2次，1998年被评为："山东省政法系统先进工作者"，当选为山东省九届人大代表，1999年被评为第二届"全国十佳律师"，2000年被评为"全国先进工作者"，享受国务院颁发的政府特殊津贴，2003年1月当选十届全国人大代表。

河南省律师协会会长

罗新建

罗新建，男，1953年生，汉族，大专，中共党员。1982年开始从事律师工作，在律师工作岗位上辛勤耕耘22个春秋。多次被司法厅评选为优秀共产党员，2004年被评为全国优秀仲裁员，2005年5月被全国律师协会授予"全国优秀律师"称号。现任河南仟问律师事务所主任，全国律师协会理事，河南省律师协会会长。

罗新建律师长期担任中国长城铝业公司、小浪底水利枢纽工程管理局、河南省建设投资总公司、民生证券有限责任公司、中原证券有限责任公司、大河报等20多家大型企事业单位的法律顾问，办理各类诉讼案件1000多件，办理各类非诉讼法律事务600多起，参与多起大型项目的法律方案策划、商务谈判、合同制作及见证，办理大量的新型法律业务，在律师岗位上取得了骄人的业绩。他办理了一批在国内极具影响力的案件，如嵩山少林寺诉河南省漯河市罐头食品总厂名誉侵权案，原郑州市公安干警张金柱故意伤害、交通肇事案，焦作爱依斯万方电力有限公司与河南省电力公司电力购销合同仲裁案等等。

在罗新建主任的主持下，仟问律师事务所建立了业务流程管理模式，强化律师服务质量监管，使仟问律师事务所以律师业务素质好、服务质量高而闻名于河南律师界，是省级规范律师事务所和优秀律师事务所，成为河南律师界的知名品牌。同时，罗新建律师积极投身于河南省律师协会的发展壮大，倡导成立了律师战略发展、涉外、知识产权、公司、金融证券、房地产等业务委员会，为提高河南律师的知识层次、专业技能和执业水平做出了突出贡献。

广西壮族自治区律师协会会长

刘 晰

刘晰，男，1954年7月出生，汉族，大学本科，中共党员，二级律师。1970年9月~1974年12月在邕宁县南晓公社插队务农；1974年12月~1979年8月在南宁罐头厂工作；1979年9月~1983年7月就读于北京大学法律系；1983年8月~1988年3月在广西司法学校工作，任教师、副校长；1989年3月~1995年10月在广西第二律师事务所执业，任副主任、主任；1996年1月至今在刘晰律师事务所执业，任主任；长期担任全国律师协会的理事和民事业务委员会副主任及维权委员会委员、广西律师协会常务理事兼民事业务委员会主任、广西法学会刑事诉讼分会的副主任，被评为"全国优秀仲裁员"及首届广西"十佳律师"。

学术渊博，业务精湛，多次代理重大、疑难案件；热心律师工作，多次为律师协会的建设提出宝贵意见；关心律师行业的发展，经常为新律师提供帮助，得到全区律师的一致认可。2005年6月30日在广西壮族自治区第六次律师代表大会上当选为广西壮族自治区第六届律师协会会长。

云南省律师协会会长

施朝兴

施朝兴，男，1950年4月出生，彝族大学本科，现任云南省司法厅党委书记、厅长，云南省公职律师事务所律师。1971年9月至1975年9月在云南省建水县系科公社文书；1975年9月到1979年6月，云南省建水县宣传干事；1979年6月至1986年8月共青团建水县委书记、共青团红河州副书记；1986年8月至1992年11月任中共泸西县委副书记、书记兼政协主席；1992年11月至2002年3月，中共红河卷烟厂党委书记、中共红河州委常委、个旧市委书记、中共红河州委副书记、政法委书记、州人大主任；2002年3月至今，云南省司法厅党委书记、厅长。

甘肃省律师协会会长

赵荣春

赵荣春，男，汉族，1961年10月出生，北京大学法律系硕士研究生毕业，中共党员。现任甘肃正天合律师事务所主任、党支部书记。2005年4月任甘肃省律师协会会长。

5. 2005年全国律师协会推荐的专家律师

韩　炯

韩炯，1992年毕业于华东政法学院，获法学学士学位，后在复旦大学法学院国际法研究生班进修，曾执业于上海一家著名的律师事务所。1997年至1998年赴法国一家著名的律师事务所进修。1998年作为创始合伙人参与创办了通力律师事务所。具有从事证券法律业务资格。2004年12月韩炯律师担任中国证监会第七届股票发行审核委员会委员，2005年6月被劳动与社会保障部聘为首届企业年金基金管理机构评审委员会委员。

韩炯律师擅长证券投资基金、证券上市、资产重组、企业改制及收购兼并等方面的法律实务，具有丰富的执业技巧和经验。在投资基金领域，曾代表多家境内外金融机构就设立中外合资基金公司项目提供法律服务，包括海富通基金管理公司、申万巴黎基金管理公司、上投摩根富林明基金管理公司以及工银瑞信基金管理公司；曾为20余只证券投资基金的设立提供法律服务，包括中国第一只开放式基金、第一只指数型基金、第一只货币市场基金；同时为多家境内外风险投资基金和产业投资基金在国内的投资项目提供法律服务。在证券上市及资产重组领域，曾作为发行公司或国际和国内承销商的法律顾问为60余家企业股票境内外发行上市提供法律服务，其中包括中国第一家跨地区、跨行业重组上市项目和中国第一家民营银行上市项目，还曾为众多上市公司的收购、资产重组项目提供法律服务。在企业改制和收购兼并领域，曾办理大量的国有企业、集体企业、民营企业公司化改造项目以及外国企业、外商投资企业和国内企业之间的收购兼并项目。

韩炯律师曾多次应邀在国内的著名法学院校以及投资银行和上市公司讲课，还曾在国内外法律刊物上发表多篇论文并多次在国内外法律研讨会上发表专题演讲。韩炯律师被《亚洲律师业》评选为“2004年度中国最炙手可热的30名律师”之一，2004年获得上海市浦东新区“十大优秀青年律师”称号。

黄伟民

黄伟民，男，42岁，国浩律师集团（北京）事务所执业律师、管理合伙人。博士研究生。

自1993年起从事律师职业，其业务领域涉及资本市场、公司、投资、知识产权等领域，先后为多家企业及金融机构的改制设立、重组上市及并购提供法律服务，担任多家基金管理公司的常年及专项法律顾问。

黄伟民律师现还担任北京市律师协会证券专业委员会委员、航天晨光股份公司独立董事、劳动部企业年金管理机构资格评审专家。

姜俊禄

姜俊禄，金杜律师事务所合伙人。

社会职务：中华全国律师协会劳动法和社会保障法专业委员会主任；中华全国律师协会世界贸易组织专门委员会委员；劳动和社会保障部企业年金评审专家；北京市人民代表大会常务委员会法制建设顾问；北京大学劳动法和社会保障法研究所兼职研究员；北京市劳动法和社会保障法研究会会长；北京市劳动争议仲裁委员会仲裁员；北京市人事争议仲裁委员会委员、仲裁员；美国律师协会中国项目顾问。

经历：姜俊禄1992年毕业于中国人民大学法学院，获中国人民大学法学学士和硕士学位；2001年毕业于北京大学法学院，获法学博士学位，系中国首批劳动法博士学位获得者。1993年从事专职律师工作。

他曾供职于中华人民共和国劳动和社会保障部所属之中国劳动保障报社，担任编辑和记者，负责国际新闻和法制新闻的报道，对国际劳工法律和中国劳动法有系统和长期的研究，在审查和起草劳动合同和集体合同、草拟单位内部劳动规则、代理劳动争议等方面有着丰富的经验。

在《劳动法》出台前，他即倡议律师界成立劳动法和社会保障法专业委员会。北京市律师协会和全国律师协会劳动法和社会保障法委员会成立后，他担任主任。作为一名劳动法律师，他参与了《劳动法》的立法、执法、司法各个环节的工作，并结合大量的具体劳动争议提出了许多切实有效的解决方法，得到了业界普遍的认可。2005年5月劳动保障部聘请姜俊禄律师担任企业年金评审专家。

在劳动关系日益复杂和劳资利益冲突显性化的今天，姜俊禄并不满足于一战一役之胜利，他除为劳动者提供法律帮助外，还积极地给企业和政府领导人宣讲劳动法，用活生生的例子告诉企业和政府领导人，劳动争议不可轻视，工人的合法权益不能忽视，让更多的劳动者和企业了解劳动法，运用劳动法来处理劳动关系。姜俊禄在房地产方面也有突出的成就，他是我国最早接触涉外房地产的律师之一。他精通房地产开发、经营、物业管理及银行按揭等各个领域的法律知识并富有实践经验。

李宪普

李宪普，锦天城律师事务所合伙人，高级律师，吉林大学法学硕士、法学博士。全国律协金融证券委员会委员。中国信托业协会理事。劳动部年金管理机构资格评审专家。国务院《信托机构管理条例》起草组专家。

擅长金融监管法；资产管理领域的金融创新；银行、信托、证券、保险、基金等金融机构的创新业务；国际投融资等涉外金融业务和房地产金融创新等高端法律技术。如信托创新、资产证券化、项目融资、融资租赁、银团贷款、资产重组、收购兼并、金融机构破产清算等投资银行业务和金融自由与金融管制的法律设计。

多次应邀参加全国人大、中国人民银行、银监会、证监会的金融法律、法规的论证、起草、修改和制定。如《信托法》、《证券法》、《破产法》、《国务院信托机构管理条例》、《信贷资产证券化行为指引》等。发表金融法律专业论文50余篇，作专题报告30余次，主持了多个在中国属于首创的金融创新产品的开发和法律可行性设计，并成功地提升了中国社会的金融功能。成为中国政府机关、商业银行、证券公司、信托公司等金融机构和企业集团反复使用的标准交易结构、标准产品和标准法律文件模板。“为中国金融信托业的发展做出了不可磨灭的贡献”，被中国金融信托业界誉为“功勋之臣”。

王　丽（女）

王丽，法学博士，德恒律师事务所主任，首席全球合伙人，兼德恒海牙分所主任，德恒律师学院院长、教授，清华大学、北京大学研究生导师，具有从事证券法律业务和上市公司独立董事资格，中国国际经济贸易仲裁委员会仲裁员，能熟练使用英语工作。

擅长公司、证券、金融、并构重组、重大工程、知识产权等法律服务；担任中华人民共和国财政部、卫生部、全国社会保障基金理事会、中国长江三峡工程开发总公司、中国科学院、中国烟草总公司、中国重型汽车集团等单位的法律顾问，带领德恒律师为全体中国科学院院士和中国工程院院士提供义务法律服务。

出版《律师刑事责任比较研究》、《立法理论》等专著、译著，在《中国社会科学》等刊物发表论文上百种。

(三)全国人大代表、政协委员议案、提案回复选载

对十届全国人大三次会议第1261号建议的答复

(2005年6月24日)

陈舒、麦燕玉代表:

您提出的《关于个人信息保护立法的几点建议》收悉,现答复如下:

非常感谢您对个人信息保护立法的关注。从所提建议可以看出,您对这一问题很有研究,提出的建议非常有见地,对我们研究制定个人信息保护法具有很高的参考价值。下面,我们就个人信息保护立法研究的有关情况向您作一个简单通报。

一、个人信息保护立法的研究情况

随着经济发展和信息化建设的推进,个人信息保护的问题引起了越来越广泛的关注。2003年国务院信息化工作办公室组织有关专家开始研究,经过两年的努力,课题研究已经取得了一些研究成果,初步形成了专家建议稿。《个人信息保护法》仍处于分析当前问题和挖掘立法需求阶段,工作重点则定位于法律草案的前期研究、调查论证和法案起草。明年,我们将加大《个人信息保护法》的工作力度。届时,我们将会就一些具体的问题向您请教。

二、个人信息保护立法研究中的几个问题

在研究中,有许多非常敏感的问题,尚没有形成结论,我们正在就这些问题进行论证。具体举例如下:第一,个人信息保护的范围。个人信息是否包括个人的政治活动和宗教信仰,这是一个十分敏感的问题。在某些国家,个人信息被列为个人隐私,受到隐私权保护,个人的政治活动和宗教信仰被界定为个人隐私,政府机构无权收集这些信息,这显然与我国的国情不符。这就需要界定个人信息保护的边界。要制定个人信息保护法,首先必须对此给予厘清。第二,关于立法模式。国际上,关于个人信息的立法模式差别很大。欧洲采用了统一立法的模式,即制定一个统一的个人数据保护法,适用于所有的个人信息保护,设立统一的监管机构。而美国则采用了分散立法的模式,即针对不同类别的个人信息,在不同的法律中分别加以规定。如医疗健康信息,儿童隐私保护,个人信用信息、消费者信息等分属不同的法律,由不同的监管机构管理。我国究竟采用哪一种模式,还需要进一步研究。第三,关于敏感信息。是否在法条中设敏感信息类,如个人健康信息、个人财务信息、个人性生活信息、未成年人个人信息。如果设立,个人敏感信息与一般信息的管理制度如何区别。第四,个人信息保护的监管制度。对公益机构和私营机构收集个人信息的行为是否需要区别管理,制度安排是否需要不同。国际上,不同的国家实际上采取了不同的制度安排,如日本把政府机构收集个人信息和私营机构收集个人信息分别立法,而欧洲国家则统一立法。第五,政府机构处理个人信息的管理制度。这也是一个十分复杂的问题,一方面,如果不允许政府机构之间交换信息,势必造成重复采集,加大社会成本,对公民的个人生活带来不便;另一方面,如果允许政府机构之间交换信息,哪些信息可以交换,哪些信息不可以交换,原则是什么,由谁决定。是否需要建立一个机构专门管理此事。第六,个人信息侵害的救济制度。针对不同的侵害个人信息的行为,设立怎样的救济方法,民事赔偿、行政处罚和刑事处罚相互之间的衔接等。

您的建议实际上涉及上面几乎所有的问题,而且非常具体,对我们的帮助十分明显。感谢您提供的香港、台湾地区有关法律的范本,也希望今后继续关注个人信息保护的立法问题,给我国的个人信息保护立法献计献策。

国务院信息化工作办公室政策规划组

2005年6月24日

对吴德立等委员提案的答复

(2005年7月2日)

吴德立、江蓝生、杨海坤、梁慧星、李静杰、张倩红、

喻权域委员：

你们提出的《关于提高全国法律援助中心可行性的提案》收悉。现答复如下：

第一，关于贫富地区法律援助中心分布失衡的问题。我部一直高度重视法律援助机构和人员队伍的建设工作。自我部于1994年初提出建立有中国特色的法律援助制度以来，在各级党委政府和社会各界的关心支持下，经过多年的不懈努力，我国在法律援助机构建设方面已经取得了很大的成就。截至2004年底，全国各地在设区的市、县（区）级地方建立起了基本覆盖各级行政区域的政府法律援助机构3023个，其中县区级地方占2628个。目前，少数经济落后、人口稀少、没有律师资源、不具备建立法律援助机构条件的县级地方尚未建立法律援助机构。

为了解决一些中西部和基层贫困地区律师等法律服务资源匮乏、法律援助机构力量不足的问题，我部已提出要求，要积极探索在一定区域内统一调配法律服务资源的办法。部分省份已经在这方面有了一些较好的做法。如福建省，拟在城市律师、法律援助专业志愿者资源丰富的地区，适当采取城市律师、法律专业志愿者资源下移的办法解决问题，以满足基层困难群众的法律援助需求。

对于你们提出的建议地方司法管理部门在自身筹建法律援助中心的情况下应联合各种社会团体设立法律援助中心的问题。我部从1996年法律援助制度建立之初就联合工、青、妇、残等社会团体发出文件要求各地法律援助机构加强同这些社会团体的联系，共同做好为这些社会团体所属特殊群体的法律援助服务。到目前为止，全国大部分地方的法律援助机构联合工、青、妇、残等社会团体和法律大专院校建立了法律援助工作站点或民间法律援助机构，方便困难群众申请法律援助，取得了较好效果。关于由政府司法管理部门联合名人、富户共同设立法律援助机构的问题，国务院《法律援助条例》是鼓励社会各界人士对法律援助活动提供捐助的，我部主管的中国法律援助基金会就是为了吸引社会各界热心人士捐助资金，支持贫困地区的法律援助工作，使更多贫弱百姓能够得到法律援助而设立的，近两年来已经募集了一部分资金并转赠到了592个国家级贫困县开展法律援助工作。今后，我们将继续加大宣传力度，鼓励社会各界继续关心和支持法律援助事业。

第二，关于加强互联网信息交换，跨区域联网的问题。在日常工作中，我部法律援助中心和各省级法律援助中心及大部分市级法律援助中心能够顺利地开展互联网信息交流。为了解决一些经济欠发达地区法律援助中心缺少电脑等办公设备的问题，各级司法行政机关一直在并将继续采取措施，如通过对外交流合作项目，在当地建立示范中心，资助购买办公设备等办法加以逐步解决。

第三，关于富裕地区应义务支援贫困地区的法律援助项目。我们曾在经济发达地区和贫困地区之间开展过法律援助人员的交流、培训项目，以为贫困地区提供法律援助智力支持。今后我们还将继续采取措施，加大对贫困地区的扶持力度。

第四，关于成立“妇女暴力援救所”的问题。如何避免针对妇女的暴力事件发生，是一项社会系统工程，需要政府各部门和社会各界相互配合、综合治理才能得到解决。法律援助的宗旨是保障经济困难的公民获得必要的法律服务，因此，按照国务院《条例》的规定，如果妇女的合法权益受到损害，且因经济困难无法自费聘请律师提供帮助，可以到法律援助机构去申请法律援助，法律援助机构将为其提供免费的法律服务。各地法律援助中心在资金和人员都十分紧张的情况下，将贫弱妇女作为优先援助对象，并结合本地实际，制定妇女法律援助工作的实施计划，有的还在当地妇联成立法律援助工作站点，方便妇女获得法律咨询和申请法律援助。各地法律援助中心对妇女权益受到侵害案件的控告、申诉、检举等，不推诿、不无故拖延，凡是符合受援条件的，及时给予法律援助。从我部历年来的法律援助统计分析看，妇女作为受援人的法律援助案件呈逐年递增的趋势，其中仅2003年全国的妇女受援人数就达到64518人。为更好地做好妇女法律援助工作，司法部还多次举办了以保护妇女为主题的律师办案技能技巧培训班，并组织开展了形式多样的妇女法律援助宣传活动，以提高妇女的法律意识。

为了广泛动员社会力量参与为妇女等弱势群体提供法律援助，《法律援助条例》明确规定国家支持和鼓励社会团体、事业单位利用自身资源为经济困难的公民（包括妇女）提供法律援助。不少群众团体和大学法律院系也利用自身资源建立起了一些维护包括妇女在内的特殊群体合法权益的民间法律援助组织（一般为当地政府法律援助机构的工作站点）。截止到2004年底，各地法律援助中心和当地妇联组织联合成立了妇女法律援助中心和维权机构2700个，妇女法律援助工作站点9000多个，基本形成了覆盖全国的妇女法律援助组织网络，并在避免妇女暴力事件发生方面起到了积极作用。今后，我们将继续加强与全国妇联的联系与沟通，更加充分地发挥这些法律援助组织、工作站点在避免妇女暴力事件方面的作用，积极配合全国各级妇联组织，有效地保护妇女的合法权益。

感谢你们对法律援助工作的关心和支持。

中华人民共和国司法部办公厅

2005年7月2日

对十届全国人大三次会议第2190号建议的答复

（2005年7月21日）

陈紫芸代表：

您提出的关于修改劳动法的建议收悉，现答复如下：

《中华人民共和国劳动法》（以下简称劳动法）自1994年颁布以来，对维护劳动者合法权益，建立和谐社会，促进社会经济发展，发挥了积极作用。但随着经济体制改革的深入，劳动法中的一些规定，已不能适应当前形势的需要，正如您所说，“日渐显露出立法上的不足”，对此，社会各界也纷纷提出了修改劳动法的建议。

根据我们掌握的情况，社会各界对修改劳动法提出了两个解决的思路：一是全面修改劳动法，即将劳动法适用中存在的问题，通过修改予以全部解决。二是针对劳动法适用中的有关问题，通过制定新的专门法解决，同时对一些比较原则、不易操作的规定进行细化。就您提出的劳动法中存在的问题，根据全国人大及国务院的立法计划，我们目前的思路是通过分别制定劳动合同法、促进就业法、集体合同法、社会保险法、劳动争议法及相关配套行政法规、规章来解决。

关于扩大适用范围。我们在制定社会保险法、劳动合同法、促进就业法等法律法规过程中充分考虑了适用范围的问题。与劳动法只适用于形成劳动关系的劳动者相比较，促进就业法覆盖了一切社会劳动者，不论是否与用人单位形成劳动关系，也不分城镇劳动者还是农村劳动者，充分体现了就业保障的普遍性；劳动合同法适用于用人单位所招用的所有劳动者，包括进城务工人员；社会保险法适用于全部建立劳动关系的劳动者，而且对农村劳动者也争取作出授权性规定。

关于就业促进法。2004年，劳动保障部着手就业促进法的起草调研工作。目前，已形成草案初稿。该草案的主要内容包括：市场导向的就业机制、就业的宏观调控体系、就业服务体系、就业困难群体的就业扶持政策、促进就业的措施、统筹城乡就业、促进就业工作体制、禁止就业歧视等。您提出的增加“户籍劳动歧视”的建议，草案也作了明确的规定。2005年，国务院将就业促进法列入立法计划中的调研论证项目。我部将根据国务院的立法计划，加快就业促进法的立法工作，争取今年内完成草案的起草工作，报送国务院。

关于集体合同法。1994年，为贯彻实施劳动法，规范集体合同制度，原劳动部颁布了《关于印发〈集体合同规定〉的通知》（劳部发正〔1994〕485号），对集体合同的签订程序、主要内容、审查和争议处理作出原则性规定，对我国企业开展集体协商签订集体合同工作发挥了积极作用。同时，我部指导地方积极进行了集体合同立法实践。新修订工会法颁布后，我们对原《集体合同规定》（劳部发〔1994〕485号）进行了修订，于2004年5月1日起实施。为解决集体合同流于形式的问题，充分发挥集体协商在协调劳动关系方面的实质性作用，增加了集体协商的内容，并进行细化。为进一步提高职工一方协商代表的协商水平，提高集体协商集体合同的质量，允许聘请企业外专业人士担任协商代表。为更有利于保护协商代表，调整了对协商代表的保护期。另外，我们正与全国总工会等方面一起，积极建议将集体合同法列入全国人大立法计划。

关于社会保险法。全国人大和国务院十分重视社会保险法的立法工作，八届、九届全国人大都将社会保险法列入立法规划。我部与有关部门共同成立社会保险法草案起草工作领导小组，起草工作历经多年，形成了社会保险法草案送审稿，并于2001年8月报送国务院。后因国务院决定在辽宁等地进行社会保障体系试点，立法时机尚不成熟等客观因素，该草案未能提交国务院审议。2003年，社会保险法被再次列入十届人大立法规划。2004年、2005年，社会保险法被列入国务院立法计划的调研论证项目。根据全国人大的立法规划和国务院的立法计划，我部在原有工作的基础上，正在继续做好社会保险法的起草论证工作。一方面，对社会保险法涉及的一些理论和实践问题进行深入研究；另一方面，根据近年来社会保险制度改革的实际，对社会保险法草案做进一步修改完善，争取今年内报送国务院。我们的总体目标就是要形成以社会保险法为骨干，配套以一系列行政法规和规章，形成比较完备而又可操作的社会保险法律体系。社会保险法草案规定，将包括“外来工、农民工”在内的全部建立劳动关系的劳动者都纳入社会保险制度的覆盖范围。至于您提到的对农民工购买经济适用房以及子女受教育等给予适当优惠和照顾，因涉及其他部门职责，我们将建议相关部门在制定政策法规时予以考虑。

关于劳动争议处理体制。现行劳动争议处理体制有不少弊端，如申请仲裁时效过短，处理程序繁琐、周期长，立法滞后、立法层次较低等问题。针对这些问题，近年来我们进行了积极的探索，并确定了当前一个时期劳动争议处理工作的基本思路和工作重点。那就是：积极推进劳动争议仲裁机构实体化建设，实现办案职能与行政职能相分离，逐步提高仲裁员队伍的职业化、专业化水平。同时，研究探索建立符合我国国情、与国际惯例接轨的劳动争议处理体制。加大劳动争议调解的工作力度，力求建立多层次多渠道的劳动争议调解体系。十届全国人大常委会尚未将劳动争议仲裁法列入立法规划，我们将与社会各界一起积极建议，尽快将制定劳动争议仲裁法提上议事日程。同时，我们也将加强劳动争议处理立法研究，深入比较各国劳动争议处理体制，为我国的劳动争议仲裁立法做好准备。

您提出的具体建议，尤其是修改劳动法第三十三条将“可以”改为“有权”、增强劳动者地位的建议，对我们的工作很具有指导作用，我们将认真研究，并向立法机关提出建议。

感谢您对劳动保障工作的支持和理解。

中华人民共和国劳动和社会保障部

2005 年 7 月 21 日

对十届全国人大三次会议第 1968 号建议的答复

（2005 年 8 月 6 日）

陈紫芸代表：

您提出的“关于完善食品安全监管体系，切实保障广大人民身体健康的建议”收悉。

食品安全与人民群众身体健康和生命安全息息相关，直接影响到我国的经济发展和社会稳定，影响到我国政府的国际形象和食品产业的国际竞争力。参考十届全国人大三次会议期间代表们提出的与食品安全相关建议，全国人大常委会办公厅确定将包括您的建议在内的 15 件与“完善食品安全监管体系，加大执法力度”相关的建议，作为重点办理建议，交由我局会同中央机构编制委员会办公室（以下简称中央编办）办理，全国人大教科文卫委员会负责督办。

6 月 5 日至 6 月 9 日，我局会同中央编办、国务院法制办共同组成联合调研组，对上海和山东等地的食品安全监管体制改革、食品安全监管体系建设和存在问题等情况进行了调研；2005 年 7 月 21 日至 7 月 30 日，我局会同中央编办、全国人大教科文卫委员会共同组成重点建议办理工作组，邀请部分重点建议领衔人分别赴浙江、广东、贵州等地进行实地考察，并与当地的全国人大代表、管理相对人、监管部门代表进行座淡。根据全国人大重点建议调研的实际情况，结合您在建议中反映的问题和提出的建议，现答复如下：

一、关于食品安全立法

根据《国务院关于进一步加强食品安全工作的决定》（以下简称《决定》）要求，国务院法制办 2004 年已启动了《食品卫生法》的修订工作，成立了领导小组和工作组，完成了前期调研工作；2005 年《食品卫生法》的修改工作被列为了国务院立法计划的一档项目，法制办计划在形成法律草案，征求各部门意见后，争取年内将法律草案报送国务院常务会议审议。为了力争让修改后的新法能够用科学、有效、可行的制度和机制确保食品安全，国务院法制办在修改《食品卫生法》的过程中，不断修正立法思路，确定将修改后的法律命名为《食品安全法》，其中包括食品安全标准、食品生产加工企业的责任和义务、各监管部门的职责分工、食品安全风险评价、食品安全检验检测、食品安全信息和食品安全事件处理等内容。目前，国务院法制办完成了第一次征求意见稿，并已送各相关部门征求意见。

此外，各部门、各级政府也在积极着手建立健全食品安全法律法规、部门规章、技术法规和规范性文件，主要有：《农产品质量安全法（送审稿）》正在征求有关部门和地方的意见，争取尽快提交全国人大审议；《生猪屠宰管理条例》、《工业产品生产许可证条例》等法规和规章也在抓紧修订；厦门出台了《厦门市生鲜食品安全监督管理办法》，以加强本地区食品安全管理。

二、关于食品标准

针对食品标准政出多门、标准不一的问题，按照国务院的要求，国家标准化管理委员会牵头，联合农业部、卫生部、食品药品监督管理局等有关部门于 2004 年成立了食品安全标准体系建设领导小组，启动了食品标准的清理和完善工作，并出台了《全国食品标准 2004～2005 年发展计划》和《关于加强食品安全标准体系建设的意见》，决定采取有效措施，拟通过 2、3 年的努力，建立能适应食品行业发展，保障消费者安全健康，与国家食品标准基本接轨，能满足进出口贸易需要，科学、合理的食品标准体系。国家标准化管理委员会会同有关部门从 2004 年 9 月开始，组织开展了食品标准的清理工作，合并、调整、废止了一批食品标准，逐步解决食品安全标准之间交叉、重复的问题。

三、关于食品安全宣传工作的问题

我局2004年5月份在全国开展了“食品安全关系你和我”为主题的食品安全宣传周活动，据不完全统计，全国参加食品安全宣传周活动的宣传人员有16万人，直接参与咨询、讲座的消费者有1800万人。各级地方政府采用多种宣传途径，广泛动员，提高社会各界的食品安全参与意识。今年以来，湖北、江西、吉林等地纷纷开展大规模的食品安全宣传周活动；上海面向居民发放实用性的食品安全手册。很多媒体开辟专栏，宣传食品安全科普知识，宣传食品产业成就，既对优质食品、优良品牌和优秀企业进行了大力宣传，又将宣传和科普教育相结合，增强人民群众的信心，提高公众食品安全意识和依法维权意识，在全社会形成食品安全人人有责的良好社会氛围。宣传活动的开展，提高了全社会的食品安全参与意识和责任意识。

此外，针对近期的立顿红茶含氟、啤酒甲醛等报道，暴露出食品安全宣传报道中存在的问题，我局正在积极会同中宣部、国务院新闻办等部门，研究进一步加强食品安全宣传报道工作，既要求各地、各部门积极支持新闻媒体开展食品安全报道，对媒体揭露的问题及时调查处理，又要防止以偏概全，防止主观臆断、杜绝恶意炒作，营造良好的食品安全氛围。

四、关于落实食品安全领导责任制

《决定》明确要求建立食品安全监管责任制和责任追究制。此项工作正在由中央编办会同有关部门组织落实，监察部、食品药品监管局积极配合此项工作。根据《决定》要求，各省、市、自治区也正在建立各自辖区内的食品安全监管责任制和责任追究制，目前贵州、内蒙古、甘肃、宁夏、安徽等省、自治区已正式出台相关文件。

五、关于加强食品安全监管

食品安全监管各相关部门采取了多项措施，加强对食品安全的监管。在食品源头治理方面，农业部从2002年开始全面启动“种植业产品中农药残留”、“饲料和畜产品中违禁药物及兽药残留”、“水产品中药物污染”三个专项整治工作；加强对农药经营、使用的监管，杜绝剧毒高毒农药的经营和使用：全面推进“无公害食品行动计划”，实行食用农产品无公害生产。质检总局对食品生产实行了质量安全市场准入制度，包括实行生产许可、出厂强制检验、粘贴市场准入标志三项内容。质检总局已完成了米、面、油、酱油、醋等5类食品的市场准入，从2005年7月1日开始进行对肉制品、乳制品、饮料、调味品（糖、味精）、方便面、饼干、罐头、冷冻饮品、速冻面米食品和膨化食品等10类食品的市场准入，目前28大类，525种食品中的70%已经纳入食品质量安全市场准入管理。质检总局还向两万家多生产企业颁发了食品生产许可证。商务部实施了以“提倡绿色消费、培育绿色市场、开辟绿色通道”为主要内容的“三绿工程”。工商总局要求基层工商所按照强化对食品市场的日常管理，通过加强经济户口管理和市场巡查，督导经营者自律，建立健全购销索证索票制度，台账制度、质量追溯等制度。卫生部积极推行对餐饮企业的食品卫生监督量化分级管理机制和食品企业卫生管理责任制度。

六、关于食品安全信用体系建设

按照吴仪副总理关于“建设社会信用体系是利国利民的大事，食品药品要结合实施食品药品放心工程先行一步”的指示，2004年我局联合公安部、农业部等7个部门制定下发了《关于加快食品安全信用体系建设的若干指导意见》，计划通过五年建设，逐步建立起我国食品安全信用体系的基本框架和运行机制。我局印发了《食品安全信用体系建设试点工作方案》。确定了5个城市（厦门、银川、大庆、常德，辽源）和3个行业（粮食、肉类、儿童食品）作为试点单位。截至2004年底，全国已有25个省（区、市）启动了试点工作，131个市（区、县）被确立为省级试点城市。试点行业已从粮食、肉类、儿童食品3个行业扩大到调味品、蔬菜水果、乳制品、水产品等12个行业，食品安全信用体系建设工作得到了地方政府、行业协会和食品生产经营企业地积极响应。2005年初，我局指导并转发了小麦粉、猪肉、婴幼儿奶粉3个生产企业的经营档案示范文本。在抓好5个试点城市和3个试点行业试点工作的基础上，新增深圳市、漯河市、绵阳市为试点城市，中国食品工业协会为重点联系单位。2005年我局将继续推进食品安全信用体系试点工作，逐步推广食品企业生产经营档案和食品安全监管档案，建立食品安全信用基础标准和信用征集、评价、披露、奖惩制度，强化食品生产经营者的责任意识和信用意识，发挥行业协会的自律作用和试点企业的示范带头作用。

七、关于无公害食品推广

近年来，农业部高度重视无公害食品认证工作，全面推进“无公害食品行动计划”，组建了全国统一的无公害农产品认证机构和认证评审委员会，共授权63个无公害农产品认证省级承办机构和69个无公害农产品认证检测机构。目前，全国已有6873个单位生产的11009个产品获得全国统一标志的无公害农产品认证证书，10268个产地获得无公害产地认定证书。

结合您的建议，我局将继续加强与有关部门的沟通、配合，改进工作方式方法，进一步履行国务院赋予我局的食品安全综合监督、组织协调的职能，借鉴国际先进的食品安全监督管理的做法，总结各相关部门多年来的监管经验，结合我国国情，着力推进完善食品安全监管的法律法规建设、监管体制试点、信息监测、收集和分析、专项整治等工作。

感谢您对食品安全监管工作的关心和支持。

国家食品药品监督管理局

2005年8月6日

对十届全国人大三次会议第2884号建议的答复

（2005年8月10日）

陈紫芸代表：

您提出的关于修改国家赔偿法的建议收悉，现答复如下：

一、关于赔偿范围

国家赔偿法第二章第一节和第三章第一节分别规定了行政赔偿和刑事赔偿的赔偿范围。其中详细列举了国家机关和国家机关工作人员在行使职权时侵犯人身权、财产权，受害人有权获得国家赔偿的各种情形。国家赔偿法能否将行政机关、司法机关及其工作人员在职务行为过程中导致国家侵权的形式和结果详细列明，我们还需要深入调查研究。您提出应当详尽列举国家赔偿的适用主体、适用范围以及扩大国家赔偿的范围，将精神损害赔偿作为申请国家赔偿的建议，我们将认真研究。

二、关于国家赔偿的归责原则

关于国家赔偿的归责原则，国家赔偿法第二条第一款规定，国家机关和国家机关工作人员违法行使职权侵犯公民、法人和其他组织的合法权益造成损害的，受害人有依照本法取得国家赔偿的权利。国家赔偿法之所以采用“违法原则”，是因为国家机关必须依法执行职务，以“违法”作为赔偿原则与宪法、行政诉讼法的规定一致，也是其他一些国家确立国家赔偿的原则。您提出的将“违法原则”修改为“过错原则”的建议，我们还需要听取各方面的意见，进一步研究。

三、关于赔偿方式和赔偿标准

国家赔偿法第四章详细规定了赔偿方式和计算标准。1995年国务院《国家赔偿费用管理办法》，2000年最高人民法院《关于民事、行政诉讼中司法赔偿若干问题的解释》中也有相关规定。国家赔偿法施行以来，我国经济发展，社会进步，法律所依据的客观条件也发生了变化，有必要重新考虑国家赔偿的方式、标准等问题。对您提出的相应扩大赔偿范围，提高赔偿标准的建议，我们将认真调查研究。

四、关于赔偿程序

国家赔偿法第二章第三节和第三章第三节分别就行政赔偿和刑事赔偿的赔偿程序作了规定。刑事赔偿程序没有采用诉讼形式，而规定复议前置；复议没有解决争议的，赔偿决定最终由人民法院赔偿委员会作出。这样规定一是考虑到复议程序更加迅速简便，有利于及时补救受害人合法权益的损害。二是考虑到如果刑事赔偿采用诉讼方式，在以人民法院为赔偿义务机关的情况下，就会出现“自己审判自己”的问题。您提出的将申请复议程序修改为向人民法院起诉的程序，并取消赔偿委员会的建议，我们将广泛征求各方面的意见，结合实际情况予以考虑。

目前，国家赔偿法的修改已经列入十届全国人大常委会立法规划，最高人民法院和最高人民检察院也正在完善有关司法解释。您提出的问题涉及国家赔偿法的多个方面，很有针对性，非常重要。我们将与最高人民法院、最高人民检察院等有关部门进一步协商，在修改国家赔偿法时认真研究，予以考虑。

全国人大常委会法制工作委员会办公室

2005年8月10日

对十届全国人大三次会议第8056号建议的答复

（2005年10月19日）

陈舒代表：

您提出的关于“要求修改《看守所建筑设计规范》”的建议收悉，经商公安部，现答复如下：

《看守所建筑设计规范》发布于2000年，是从适应于当时我国的法制工作形势和看守所建设需要考虑而制定的。其中有关律师会见室、家属会见室等具体条文的规定，主要是针对保护办案人员和律师的生命安全、防止家属与犯罪嫌疑人传递违禁物品等要求而设立。我们认为，五年来，随着社会的文明进步，我国的法制环境也在不断改善，适时对《看守所建筑设计规范》进行修订是很有必要的，您的建议应予采纳。

建设部将根据工程建设标准复审和修订工作的有

关规定，尽快组织《看守所建筑设计规范》主管部门和编制单位，开展该标准的修订工作。对于具体条款的修订，根据公安部的意见，将《规范》中4.5.2条“讯问室应用金属防护网分隔……”改为“讯问室应用金属栅栏分隔……”。将《规范》中4.5.3条“律师会见室和家属接见室应用安全玻璃或普通玻璃加金属防护网分隔，并安装双向免提式对讲器和必要的戒护设备”改为“律师会见室应用金属栅栏分隔”。增加一条，作为4.5.4：“家属会见室应用安全玻璃或普通玻璃加金属防护网分隔，并安装双向免提式对讲器和必要的戒护设备”。

感谢您对完善法制建设和建筑设计工作的关心与支持。

中华人民共和国建设部

2005年10月19日

（四）第五届中国律师论坛获奖论文名单

律师与法治 18 篇

护法律权威　促社会和谐

吕红兵　上海市律师协会

社会视野中的律师角色演进

程守太　四川泰和泰律师事务所

和谐社会呼唤律师

孟繁旭　黑龙江孟繁旭律师事务所

完善法律机制　化解社会矛盾以构建和谐社会

朱　伟　陈　党　江苏苏州竹辉律师事务所

律师法应凸现律师神圣使命

陈　宜　中国政法大学

律师　你为谁服务？

吴　革　北京中闻律师事务所

和谐社会构建中律师的价值与使命

吕良彪　北京市大成律师事务所

论律师职业权利的性质

于宁杰　福建天泽广业律师事务所

律师在参政议政中的角色和定位？

严亮奇　浙江浙中律师事务所

发展律师产业促进经济发展

——中国律师产业发展状况的经济分析

冉立文　天津国经律师事务所

社会法律监督者

——和谐社会构建中我国律师的基本角色

林莉华　韦群林　上海林莉华律师事务所

律师 司法公权力的制衡者

卜　越　山东华林律师事务所

律师的本质属性

代　政　山西协天成律师事务所

论律师的自由

樊　华　广东天骏律师事务所

拯救失落的灵魂

耿　民　陕西耿民律师事务所

中国律师职业的法社会学分析

王敏重　中国政法大学

法官遴选制度的改革：从优秀资深律师中选任法官

钟　坚　广东通法律师事务所

深圳律协新章程的创新与突破

徐　建　深圳市律师协会

律师事务所发展与管理 21 篇

律师事务所规模化、规范化问题研究

陈　宁　福建万石律师事务所

以连锁专业服务为纽带建立总分所良性发展机制

朱树英　上海市建纬律师事务所

浅谈律师事务所的规模经济

丛伟华　广东纵信律师事务所

论中国律师业“走出去”战略

徐绪柏　湖北山河律师事务所

合伙制律师事务所进取型管理模式的构建

赵宏伟　吉林省律师协会

和谐社会：给中国律师业发展松绑

——中国律师执业组织形式多样化探讨

李鹏程　山东德衡律师事务所

中等发达城市规模化律师事务所管理模式初探

张耀东　辽宁法大律师事务所

经济欠发达地区律师事务所专业化分工与内部管理模式探讨

——兼谈律师自律机制

李　刚　江苏连云港永信律师事务所

律师事务所规模化建设

赵曾海　北京市证泰律师事务所

论律师文化

宋占文　吉林省律师协会

浅论律师事务所的文化建设

刘家胜　江苏连云港公善民律师事务所

用规范的内部管理促进律师事务所业务发展

沈　笳　重庆欣力律师事务所

构建律师助理制度　促进律师事务所管理规范化

魏连兵　天津多闻律师事务所

律师收入分配

——薪酬制还是提成制

徐晋红　山西黄河律师事务所

当前律师事务所管理中存在的缺陷及对策

徐兴春 江苏连云港恒旭律师事务所

经济全球化及律师事务所团队合作战略选择

许小平 李 杰 陕西许小平律师事务所

律师事务所的重要营销之术

——让客户感觉到物有所值

杨 斌 梅海军 天津金诺律师事务所

如何避免合伙人的决裂

黄强光 广西同望律师事务所

律师参与社会养老服务事业：现状与展望

吕 琰 林 锋 杨铁军 北京市王玉梅律师事务所上海分所

构建和谐律师事务所的三层功夫

李小海 福建天胜联盟律师事务所

略论律师的修养问题

刘彤海 河南尊严律师事务所

民事类业务27篇

律师主导民事诉讼，推动建设和谐社会

陈卓伦 赵 飞 广东法制盛邦律师事务所

浅谈不动产善意取得制度

陈 芸 广东天地正律师事务所

消费者受到第三者非法侵害 服务者责任法律问题的探讨

陈爱生 江西豫章律师事务所

医疗诉讼案件执业风险研究

陈志华 北京陈志华律师事务所

论建设工程质量合格但施工合同无效或被撤销时工程价款的确定

——兼评《最高人民法院关于审理建设工程施工合同纠纷案件适用法律问题的解释》第二条

丁茂福 福建元一律师事务所

关于采光权的几点思考

董占军 北京市证泰律师事务所

工程建设招投标纠纷的民事责任及可裁性分析

何红锋 杨 丽 天津森宇律师事务所

建设工程价款优先受偿权若干问题的探讨

雷建威 广东诺臣律师事务所

民事调解书再审启动权的设置缺陷及完善

李旭修 山东德衡律师事务所

食品安全立法构架和和热点探究

刘 宁 杨建华 北京市公元律师事务所

试论征地补偿费的法律适用问题

——以一起农村土地征地补偿费纠纷案为例

罗晋京 马 杰 海南智恒律师事务所

谈格式合同中的“最终解释权”条款

潘传平 吴可嘉 湖南人和律师事务所

公益性建设项目拆迁法律制度研究

盛雷鸣 上海市中茂律师事务所

推动我国私有财产征收制度立法 构建和谐社会

——由违法拆迁案件反弹切入

王 令 北京市才良律师事务所

从“韩国人参丸事件”反思我国药物临床试验中的法律问题

王 岳 北京市兰台律师事务所

规范 完善民事诉讼举证期限制度

——《关于民事诉讼证据的若干规定》有关举证期限的解读

王向和 海南金凯旋律师事务所

农村土地承包的发包主体和发包原则

——评《农村土地承包法》的立法缺陷

王向和 海南金凯旋律师事务所

供用电合同相关法律问题分析

向晓东 天津金诺律师事务所

许明交警电子取证的法律思考

许 明 福建名仕律师事务所

代位继承比较研究

于正群 山东一诺律师事务所

法律解释与律师诉讼业务

张德满 山东英良泰业律师事务所

商品房出售转让问题思考

张满秋 山东一诺律师事务所

对一起保证合同纠纷案的分析

——兼评最高法院关于保证期间的相关司法解释

赵荣堂 江苏天豪律师事务所

林山泉 无锡市中级人民法院

论医疗侵权中的相关问题

郑雪倩 北京市华卫律师事务所

当事人据实陈述义务初探

周丽丽 天津万华律师事务所

非公有制经济的健康成长与法律制度的环境建设

周茂铭 安徽承义律师事务所

商品房预售合同若干问题研究

周勇峰 湖北得伟君尚律师事务所

经济类业务21篇

设立中公司若干法律问题

陈国奇 厦门大学法学院

公司治理推行独立司法监理制度的可行性

程守太 熊永文 四川泰和泰律师事务所

票据抗辩权探微

董 敏 内蒙古三恒律师事务所

从国外立法看我国对空白票据规定之完善

段东梅　天津金诺律师事务所

构建担保业务法律合作模式

——律师参与担保业务法律建设的思考

范大鹏　天津金诺律师事务所

论应建立国企并购中权责对等的民事赔偿责体制若干问题

范一丁　贵州黔峰律师事务所

“油荒事件”的反垄断探讨

冯　江　广东百利孚律师事务所

略论股东代表诉讼与《公司法》的修改

蒋　敏　祝传颂　安徽天禾律师事务所

认股权证制度探析

李东方　邢志刚　重庆中豪律师事务所

公司治理中的司法救济研究

梁乃钰　徐新意　江苏常州日月泰律师事务所

有限责任公司股东退出制度研究

梅海军　天津金诺律师事务所

中央企业改制模式的政策法律分析

钱卫清　北京市大成律师事务所

国有企业改制中的法律事务探讨

孙元熙　贾国栋　山东德衡律师事务所

对设立一人有限责任公司的法律思考

王建国　江苏常州鑫法律师事务所

论新破产立法中的重整程序开始及存续要件

——兼与韩国公司重整程序开始及存续要件比较

徐昌荣　山东德衡律师事务所

股东资格的认定

徐丹珠　江苏常州嘉鹏律师事务所

我国海外投资保险制度立法问题刍议

徐建民　邬辉林　浙江海泰律师事务所

独立董事和监事的地位和作用之比较

薛世才　天津多闻律师事务所

美国纽约州检察官（史皮策）如何看经纪人诚信问题及其对保险业的影响

叶成庆　顾张文菊、叶成庆律师事务所

开办单位出资不实在国有企业产权转让或改制过程中的法律风险及对策

周红民　李国鹏　四川信言律师事务所

律师服务在商业银团贷款中的作用

朱孟禾　曾祥明　广东太平洋联合律师事务所

刑事类业务14篇

律师应为在我国设立“沉默权”制度而斗争

程殿河　辽宁天意律师事务所

由一则案例引发的建立沉默权制度的思考

李晓霞　王　杰　江苏维世德律师事务所

解决辩护律师调查取证难的具体措施

刘向东　天津工业大学文法学院

岳丽娟　天津荣邦律师事务所

论辩护律师的阅卷权

南晓良　陕西弘达律师事务所

论未决羁押之司法控制

潘传平　冯　浩　湖南人和律师事务所长沙分所

论律师对刑事案件的介入权

石全瑜　湖南指南律师事务所

建立审查起诉阶段刑事证据开示制度的法律思考

汪少鹏　湖北立丰律师事务所

从“电脑量刑”看量刑制度改革

——关于量刑规范化的思考

王　川　北京大成律师事务所

浅议刑事被害人民事权利的完善

王忠道　周茂军　安徽衡威律师事务所

非羁押性强制措施的扩大及其适用

杨　浩　伊　兵　天津君汇律师事务所

人性尊严与犯罪嫌疑之刑事处遇

杨先恒　香港李黄林律师行

从一起“漏功”改判的案件谈刑法第六十八条“立功”设计的漏洞与防范

张焕繁　罗　鸿　江西天使律师事务所

关于创建我国刑事被害人财产权益保护制度的构想

张文锋　福建元一律师事务所

“羁押候审”在中国

——兼议非羁押性强制措施的扩大及其适用

张燕生　北京市大禹律师事务所

知识产权与网络类13篇

企业知识产权战略刍议

马克伟　天津君汇律师事务所

试论“三农”问题中的科技立法与知识产权保护

张　黎　北京市天科国地律师事务所

关于商标的正当使用问题

——由彼得兔商标侵权纠纷案引发的对商标正当使用问题的思考

马　翔　北京市天驰律师事务所

知识产权权利滥用与反垄断法的制定

韩丽茹　张晓涓　广东天地正律师事务所

职工跳槽引发的侵犯商业秘密案件的若干法律问题探讨

讷建宏　辽宁韬论律师事务所

论知名商品的反不正当竞争法的保护

尹显庆　天津旗帜律师事务所

律师如何开拓和发展知识产权维权业务

——“小肥羊”不正当竞争案办案启示录

邓连戈　苏建光　内蒙古诚誉律师事务所

从盗版光盘和文字作品剽窃案件谈著作权的侵权归责原则

丁立莹　天津张盈律师事务所

由一起不正当竞争侵权案引发的若干思考

刘冀湘　张智宇　天津君汇律师事务所

网络链接的法律责任及风险防范

刘行星　天津君汇律师事务所

网络游戏虚拟物的财产权定位

寿　步　上海市泛亚律师事务所

互联网技术措施的合法性问题探讨

杨安进　北京市优仕联律师事务所

手机短信相关法律问题探讨

杨全好　安徽金天阳律师事务所

行政、劳动及公益类业务19篇

行政诉讼中债权人的原告主体资格问题研究

——对一起行政诉讼案起诉人作为相关债权人是否具备原告资格的思考

陈　珺　湖北协立律师事务所

构建我国行政公益诉讼制度问题的研究

黄诚泽　湖北枫园律师事务所

和谐社会构建下的行政诉讼基本原则

李亚兰　王　晨　黑龙江龙电律师事务所

公益诉讼制度构想

毛永红　山西黄河律师事务所

公益诉讼与构建和谐社会

白　颖　广州市公职律师事务所

试论听证制度在构建和谐社会中的作用

杨春慧　天津坤鹏律师事务所

环境影响评价制度中的公众参与

杨顺起　天津市学大律师事务所

试论行政合同的救济制度

章　勋　广东信利盛达律师事务所

浅析土地补偿协议的法律属性及其行政诉讼问题

赵颖锋　河北侯凤梅律师事务所

村（居）委员会选民资格认定之剖析与探讨

植锦泉　广东盈建律师事务所

论对事实劳动关系的保护

陈　凡　江苏南通禾东律师事务所

试论涉外劳动关系的法律适用

谢忠东　重庆元炳律师事务所

完善劳动合同立法　建立稳定和谐的劳动关系

姚　彬　黄良军　江苏博事达律师事务所

劳动法中若干法律问题研究

余晓光　江西杨西律师事务所

竞业禁止协议的效力研究

郑启福　福建元一律师事务所

法律援助机构不予提供法律援助的通知应当接受司法审查

白仲清　广州市公职律师事务所

中国法律援助：存在的问题与对策

牛　睿　辽宁华辰律师事务所

对学校“开除学籍、勒令退学”处分的相关法律问题探讨

刘元峰　江苏鸣啸律师事务所

我国未成年人刑事司法制度改革的空间以及律师的作用

张小娜　天津君汇律师事务所

（五）司法行政及律师工作负责人名单

司法部领导名单

部长　吴爱英（女，2005年7月～　）
张福森（2000年11月～2005年7月）
副部长　吴爱英（正部长级，女，2003年11月～2005年7月）
范方平（1999年2月～　）
段正坤（1998年10月～　）
张　军（2003年6月～2005年8月）
张苏军（2005年9月～　）
中纪委驻司法部纪检组组长　岳宣义（1999年12月～　）
政治部主任　郝赤勇（2005年8月～　）
张苏军（2001年12月～2005年8月）
司法部律师公证工作指导司负责人名单
司长　赵大成（2003年8月～　）
副司长　周院生（2002年9月～　）
施汉生（2002年9月～　）
邓甲明（正局级，2005年6月～　）

各省、自治区、直辖市司法行政机关负责人及律师工作负责人名单

北京市司法局

局长　吴玉华（2002年3月～　）
副局长　耿景仪（2004年3月～2005年6月）主管律师工作
律师工作管理处处长　董春江（2002年12月～　）
律师工作管理处副处长　萧骊珠（2001年8月～2005年3月）
柴　磊（2003年1月～　）
王文锦（2005年10月～　）

天津市司法局

局长　刘广炬
副局长　于香名　罗　昭　矫　捷（主管律师工作）
刘　晔　刘桂普
律师工作管理处处长　李云虹
律师工作管理处副处长　李忠山

上海市司法局

局长　缪晓宝
副局长　张　凌　桂晓民　史秋波　刘忠定
律师管理工作处处长　李海歌
律师管理工作处副处长　张　彪　陈建平　余学杰

重庆市司法局

局长　陈焕奎（2001年9月～　）
副局长　王永端（2003年6月～　）分管律师工作
郑　键（2001年8月～　）
张立维（2002年1月～　）
陈明辉（2003年6月～　）
律师工作管理处处长　吴钰鸿（2000年3月～　）
律师工作管理处副处长　张礼民（2000年9月～　）

河北省司法厅

厅长　张庆华（2005年3月～　）
副厅长　穆培文（2001年9月～　）分管律师工作
律师工作指导处处长　吴智慧（1996年5月～）
律师工作指导处副处长　薛建民（1996年12月～）
刘胜唐（2004年11月～　）

山西省司法厅

厅长　张高宏（2003年～　）
巡视员　梁淑云（2001年～　）分管律协工作
律师工作管理处处长　李原生（1999年～　）
律师工作管理处副处长　孟　钊（2000年～　）
徐柏春（2002年～　）

内蒙古自治区司法厅

厅长　徐呼和（2005年1月～　）
副厅长　赵建平（1997年5月～）

岩英（2002年4月～ ）
徐贵中（2000年6月～ ）
翟贵文（2003年7月～ ）
吴艳刚（2002年9月～ ）
律师工作管理处处长 马金柱（2000年5月～ ）
律师工作管理处副处长 宁润斌（2004年8月～ ）

辽宁省司法厅

厅长 张家成（2002年2月～ ）
副厅长 陈泰宝（2002年3月～）
赵东岩（2000年1月～ ）
崔可兵（2003年8月～ ）
律师工作管理处处长 李正良（2003年3月～ ）
律师工作管理处副处长 赵 东（2004年11月～ ）
钟 晔（2005年3月～ ）

吉林省司法厅

厅长 祝国治（2003年1月～ ）
副厅长 冯明芳（女）（2001年10月～ ）
刘振宇（1994年10月～ ）
李文财（1999年1月～ ）
鞠万洲（2004年9月～）
律师工作管理处处长 王晓峰（1998年12月～ ）
律师工作管理处副处长 付 力（2002年3月～ ）

黑龙江司法厅

厅长 刘义昌（2005年11月～ ）
副厅长 李洪超（1999年6月～ ）
孙 纬（2005年11月～ ）
朱文学（1998年11月～）分管律师工作
王相英（1998年11月～）
林春贵（2005年11月～ ）
律师工作管理处处长 徐卫平（2000年8月～ ）

浙江省司法厅

厅长 胡虎林（2003年3月～ ）
副厅长 吴强军（2003年3月～）
储雪青（2003年3月～）
陶时梅（女）（2003年3月～ ）
陈志忠（2003年3月～ ）
律师工作管理处处长 陈伟强（2003年3月～ ）

安徽省司法厅

厅长 孙建新（2003年2月～ ）
副厅长 杜 非（1993年6月～2005年8月）
郭云生（1996年7月～ ）
王翠凤（2000年8月～ ）
张 武（2002年1月～ ）
陈道喜（2003年11月～ ）
沈基明（2004年6月～ ）
律师工作管理处处长 朱俊酬（2004年12月～ ）
律师工作管理处副处长 卫 勇（2001年10月～ ）
施友树（2003年1月～ ）

江苏省司法厅

厅长 王荣生（2002年2月～ ）
副厅长 方晓林（2001年9月～ ）
律师工作管理处处长 曹玉梅（2004年7月～ ）
律师工作管理处副处长 王向阳（2005年2月～ ）
吴建华（2004年7月～ ）

福建省司法厅

厅长 陈保明（1998年1月～ ）
副厅长 许以穆（1997年6月～ ）
薛育卿（1997年6月～ ）
黄忠岩（1999年3月～ ）
陈 勇（2004年1月～ ）
律师工作管理处处长 庄天从（2004年8月～ ）
律师工作管理处副处长 林 革（2004年12月～ ）

江西省司法厅

厅长 黄素英（女）（1996年12月～ ）
副厅长 吴志坚（2003年6月～ ）
律师工作管理处处长 肖花开（2005年3月～ ）

山东省司法厅

厅长 陈明甫（2002年3月～ ）
副厅长 栗 甲（1996年11月～ ）
程 辉（1998年6月～ ）
马灵喜（2004年12月～ ）
齐延安（2005年7月～ ）
李发跃（2005年12月～ ）
律师工作管理处处长 周 杰（2004年9月～ ）
律师工作管理处副处长 陈国华（2000年10月～ ）

河南省司法厅

厅长 郭俊峰（2003年～ ）
副厅长 周济生（2003年～ ）
律师工作管理处处长 宋智慧（女）（2000年～ ）
律师工作管理处副处长 张富华（2000年～）

陈 光（2000 年～ ）
刘卫星（2004 年～ ）

湖北省司法厅

厅长 张 坚（2003 年 10 月～ ）
副厅长 曹诗权（2000 年 10 月～ ）
陈北洋（2003 年 7 月～ ）
刘治安（2003 年 10 月～ ）
李仁真（2001 年 12 月～ ）
马安骏（2005 年 8 月～ ）
律师工作管理处处长 李颂银（2002 年 7 月～ ）
律师工作管理处副处长 喻修建（2005 年 2 月～ ）
王 执（2005 年 11 月～ ）

湖南省司法厅

副厅长 王亲生（2001 年 8 月～ ）
律师工作管理处处长 彭焱生（2000 年 11 月～ ）
律师工作管理处副处长 唐礼湘（2002 年 11 月～ ）
贾建萍（2005 年 11 月～ ）

广东省司法厅

厅长 陈伟雄（2003 年 3 月～ ）
副厅长 何铭清（1999 年 12 月～ ）
黄 武（1999 年 4 月～ ）
马军港（2000 年 3 月～ ）分管律师工作
杨日华（2003 年 9 月～ ）
律师工作管理处处长 梁 震
律师工作管理处调研员 刘绍含 杨锡武

海南省司法厅

厅长 施 文（2001 年 3 月～ ）
副厅长 张 发（1996 年 12 月～ ）
李敬海（2000 年 7 月～ ）
孙书南（2005 年 7 月～ ）
律师公证工作指导处处长 郑学海（2002 年 4 月～ ）
律师公证工作指导处副处长 王青玲（2005 年 11 月～ ）

广西壮族自治区司法厅

厅长 蒙平友
副厅长 颜发德
卫福喜（主管副厅长）
律师工作管理处处长 李 健
律师工作管理处副处长 黎坤德

四川省司法厅

厅长 方光兴（2003 年 1 月～ ）
副厅长 张晓勇（2001 年 12 月～ ）分管律师工作
律师工作管理处处长 龚 毅（2003 年 6 月～ ）
律师工作管理处副处长 夏焕良（2003 年 6 月～ ）
夏 磊（2003 年 6 月～ ）
柳 靖（2003 年 6 月～ ）

贵州省司法厅

厅长 张国新
副厅长 邹 杨
王心海（分管律师工作）
季 林
律师公证工作指导处处长 张国强

西藏自治区司法厅

厅长 王槐生（2004 年 6 月～ ）
副厅长 涂汉平（2000 年 9 月～ ）
姬亚军（2001 年 11 月～ ）
加永仁青（2003 年 9 月～ ）
郗文辉（2004 年 8 月～ ）

陕西省司法厅

厅长 赵英武（2003 年 2 月～ ）
副厅长 马 玲（女，2000 年 7 月～ ）
师宏昌（2003 年 11 月～ ）
陈忠槐（2000 年 7 月～ ）主管律师工作
李书明（2002 年 10 月～ ）
范兴明（2003 年 9 月～ ）
律师工作管理处处长 李 瑞
律师工作管理处副处长 郝茂成

云南省司法厅

副厅长 周鹄昌
律师工作管理处处长 郝 耀

甘肃省司法厅

厅长 庞 波（2005 年 3 月～ ）
副厅长 张克年（1998 年 4 月～ ）主管律师工作
公证律师管理处处长 吴永涛（2003 年 2 月～ ）

青海省司法厅

厅长 杨学武（2002 年 12 月～ ）
副厅长 石乐生（1996 年 6 月～ ）

杨　光（2000 年 4 月～　）

庞顺泽（2000 年 2 月～　）

辛秉虎（2000 年 9 月～）

律师工作管理处处长　王惠荣

律师工作管理处副处长　边海涛

宁夏回族自治区司法厅

厅长　马勇霞

副厅长　刘新华　陈福勇　蒋元德

律师工作管理处处长　索争法

律师工作管理处副处长　杨小琴　李晓宁

新疆维吾尔自治区司法厅

厅长　哈斯木·马木提

律师工作管理处处长　任鸿祺

律师工作管理处副处长　王　勇

中国人民解放军总政司法局

局长　李　宇（2003 年 8 月～　）

副局长　刘志成（2002 年 4 月～　）

（六）律师协会负责人名单及办公所在地

中华全国律师协会

五届中华全国律师协会

党组书记　段正坤
党组副书记　高宗泽
会长　高宗泽
副会长　傅　洋　朱洪超　杨伟程　于　宁
　　　　彭雪峰　张　栋　金　山　陈　舒
秘书长　贾午光

六届中华全国律师协会

党组书记　段正坤
党组副书记　于　宁
会长　于　宁
副会长　朱洪超　杨伟程　金　山　李大进
　　　　王天举　宋建中　王　凡　薛云华
秘书长　邓甲明
地址　北京市东城区东四十条24号青蓝大厦5层

各省、自治区、直辖市律师协会

六届北京市律师协会

会长　张　庆
副会长　张涌涛　王俊峰　彭雪峰　李大进
监事长　王以岭
秘书长　季丽枝
副秘书长　李冰如

七届北京市律师协会

会长　李大进
副会长　王立华　巩　沙　彭雪峰　金莲淑
总监事　赵小鲁
秘书长　萧骊珠
副秘书长　李冰如　王笑娟　刘　军
地址　北京市西城区后广平胡同39号3层

五届天津市律师协会

会长　王天举
副会长　张富刚　李海波　李　清（女）　张海柱
秘书长　徐兴云
副秘书长　史玉荣（女）　杨连营
地址　天津市河西区友谊北路61号银丰花园B座8层

七届上海市律师协会

会长　吕红兵
副会长　朱洪超　徐晓青　毛柏根　钱丽萍　王小耘
监事长　王国忠
秘书长　万恩标
副秘书长　刘小禾　黄立群
地址　上海市肇嘉浜路789号均瑶国际广场

三届重庆市律师协会

会长　孙发荣
副会长　刘兴全　李盛祥　韩德云　徐丽霞
　　　　张兴安　孙　渝
秘书长　陈　翔
副秘书长　秦　涛
地址　重庆市渝北区龙溪街道黄龙路4号

五届河北省律师协会

会长　李益民
常务副会长　邹强伦
副会长　杨志军　马越平　张春来　侯凤梅
　　　　陈　红　杨栋昌
地址　河北省石家庄市城角街611号

四届山西省律师协会

会长　李　飞
副会长　周杏梅　张富堂　原建民　高剑生
　　　　彭云业　王建军

秘书长　李原生

副秘书长　杨光电　郭福元　张晋萍

地址　山西省太原市狄村北街13号山西省司法厅办公楼4层

六届内蒙古自治区律师协会

会长　宋建中

副会长　巴　布　杨淑岚　邓连戈

监事会主席　王明志

监事会副主席　王明瑞

秘书长　金毅力

副秘书长　金小玫

地址　内蒙古自治区呼和浩特市乌兰察布西街62号满都海写字楼3楼

六届辽宁省律师协会

会长　潘公明

副会长　陈庆阳　张耀东　田维祯　王敏厚

秘书长　李正良

副秘书长　赵　东

地址　辽宁省沈阳市皇姑区崇山东路38号—甲

七届吉林省律师协会

会长　赵守华

副会长　杨　华　丁凤礼　高俊杰

副会长兼秘书长　张生久

副秘书长　宋占文　刘桂琴

地址　吉林省长春市嫩江路72号

五届黑龙江省律师协会

会长　孟繁旭

副会长　韩振华　王秋彦　高　岩　李泽林

秘书长　徐卫平

副秘书长　徐立彬

地址　黑龙江省哈尔滨市红旗大街433号

六届浙江省律师协会

会长　王秋潮

副会长　贺宝健　罗　杰　黄廉熙（女）　李旺荣　李根美（女）　胡祥甫

秘书长　秦小平

副秘书长　杜归真（女）　陈三联　董服民

地址　浙江省杭州市文三路252号伟星大厦20楼A座

六届安徽省律师协会

会长　蒋　敏

副会长　刘建华　李　萍（女）　陈保春　周世虹　音邦定

秘书长　倪永生

副秘书长　陆勤玉　贾晓清

地址　安徽省合肥市荣事达大道95号政通大厦A区6楼

六届江苏省律师协会

会长　王　凡

副会长　马　群　薛济民　顾亚平　王心仿　邵吕威

秘书长　沈国新

副秘书长　马鹏程　张秀银

地址　江苏省南京市江东北路301号创新滨江广场01幢19、20楼

七届福建省律师协会

会长　洪　波

副会长　徐　军　孙卫星　蒋方斌　杨新华

监事长　郑新芝

秘书长　肖仁辉

副秘书长　刘瑞兰　卢春岳　娄晓丹

地址　福建省福州市八一七北路190号闽星楼4层

四届江西省律师协会

会长　方世扬

副会长　程新太　何大年　廖泽方　杨　西

秘书长　唐　锋

副秘书长　郭庆瑜

地址　江西省南昌市省政府大院北二路100号

六届山东省律师协会

会长　杨伟程

副会长　王广仁　马全平　王建平　李宗禄　李晓明　王　瑛

秘书长　关永年

地址　山东省济南市经十路7号

五届河南省律师协会

执行会长　张　栋　罗新建　王京宝（每人轮执一年）

副会长　张　栋　罗新建　王京宝　马书龙　刘家森　李煦燕（女）　陆咏歌

秘书长　宋智慧（女）

副秘书长 刘卫星

地址 河南省郑州市经四路8号司法厅6楼

五届湖北省律师协会

副会长 柳 平 张 粒 岳琴舫

秘书长 刘建国

副秘书长 吴德安 张 潇 赵方明

地址 湖北省武汉市水果湖洪山侧路22号

六届湖南省律师协会

会长 熊龙元

副会长 秦希燕 翟玉华 高向荣 李德文
杨建伟 刘 彦 袁爱平 戴志坚

秘书长 蒋春林

地址 湖南省长沙市五一大道492号9楼

七届广东省律师协会

会长 薛云华

副会长 陈 舒 李国梁 黄士林 朱征夫
陈美英 肖 文

秘书长 李国梁

地址 广东省广州市下塘西路5号

四届海南省律师协会

会长 王 晶

副会长 廖向琦 姜 丹

秘书长 吴骏飞

副秘书长 贾 雯 符琼芬 王航兵

地址 海南省海口市海甸岛人民大道56号海南律师公证会馆

五届广西壮族自治区律师协会

会长 蔡江生

副会长 卫福喜 黄胜超 陈 伟

秘书长 黄胜超

六届广西壮族自治区律师协会

会长 刘 晰

副会长 黄丽娟 王莹文 彭荣汉 骆伟雄 黄强光

秘书长 韦 晓

副秘书长 严丽萍 雷振生

地址 广西壮族自治区南宁市星湖路北二里1号

五届四川省律师协会

会长 曾宪章

副会长 张晓勇 李新民 彭永臣 谢 民
何官燕 张俊华 李世亮 刘守民
姚 建

秘书长 张晓勇

副秘书长 刘 春 蒋玉春 龚 毅 李浩乐

地址 四川省成都市上翔街24号省司法厅1楼

三届贵州省律师协会

会长 王心海

副会长 孙忠仁 陈朝洁 陈世和

秘书长 莫玉辉

地址 贵州省贵阳市都司路188号省司法厅内

四届云南省律师协会

会长 阿苏大岭

律协党组书记 周鹄昌

副会长 周鹄昌 马 军 王光辉 杨树林
段建新 郑培明 姜 涛 郭靖宇
袁 野

秘书长 王官华（2005年1月至8月）
罗润祥（2005年8月至今）

五届云南省律师协会

会长 施朝兴

律协党组书记 周鹄昌

副会长 周鹄昌 马 军 马 巍 王光辉
段建新 崔 娥 赵 耀

秘书长 罗润祥

地址 云南省昆明市西昌路26号司法大楼

三届西藏自治区律师协会

会长 次 旦

常务副会长 春生曲扎

副会长 赵国玺 央 金 白 玛

秘书长 赵国玺

副秘书长 贡布江泽 边 巴 刘燕军

地址 西藏拉萨市夺底路10号

四届陕西省律师协会

会长 梁胜国

副会长 王涯州 李自成 汶 莉 韩永安

秘书长 周 刚

地址 陕西省西安市建国六巷3号

四届甘肃省律师协会

会长　赵荣春

副会长　尚伦生　朱万润　陈煜斌

秘书长　崔皋平

地址　甘肃省兰州市东方红广场统办二号楼15层

五届青海省律师协会

会长　庞顺泽

副会长　马福祥　李春燕　金　福

秘书长　刘伯林

地址　青海省西宁市南山路11号（省司法厅1楼）

六届宁夏回族自治区律师协会

会长　辛尚毅

副会长　张建民　赖声洪　杨金钟

秘书长　杨金林

地址　宁夏银川市兴庆区解放西街361号司法厅5楼

六届新疆维吾尔自治区律师协会

会长　金　山

常务副会长　曹　宏

副会长　桑　云　关　勇　艾尼瓦尔·阿不都克然木

秘书长　杨　琳

副秘书长　宋亚平

地址　新疆乌鲁木齐市人民路27号司法厅5楼

（七）司法部公告

关于国家司法考试有关事项的公告

（2005年5月24日司法部第44号公告发布）

依据《中华人民共和国法官法》、《中华人民共和国检察官法》、《中华人民共和国律师法》（以下分别简称《法官法》、《检察官法》、《律师法》）及《国家司法考试实施办法（试行）》的有关规定，现就2005年国家司法考试有关事项公告如下：

一、报名

（一）报名条件

1. 符合以下条件人员，可以报名参加国家司法考试：

（1）具有中华人民共和国国籍；

（2）拥护《中华人民共和国宪法》，享有选举权和被选举权；

（3）具有完全民事行为能力；

（4）具有高等院校法律专业本科以上学历，或者高等院校其他专业本科以上学历具有法律专业知识；

（5）品行良好。

依据《司法部关于确定国家司法考试放宽报名学历条件地方的意见》，各省、自治区、直辖市所辖自治县（旗），各自治区所辖县（旗），各自治州所辖县；国务院审批确定的国家扶贫开发工作重点县；西藏自治区所辖市、地区、县、县级市、市辖区，可以将报名的学历条件放宽为高等院校法律专业专科学历。

前述高等院校，依据《中华人民共和国高等教育法》第六十八条的规定，是指大学、独立设置的学院和高等专科学校，其中包括高等职业学校和成人高等学校。

持港澳台地区和外国高等院校学历的人员，其学历经认证后可以报名参加国家司法考试。

2. 有下列情形之一的人员不能报名参加国家司法考试，已经办理报名手续的，报名无效：

（1）因故意犯罪受过刑事处罚的；

（2）曾被国家机关开除公职的；

（3）曾被吊销律师执业证的；

（4）依照《国家司法考试实施办法（试行）》第十八条规定，被处以2年内不得报名参加国家司法考试，期限未满的；或被处以终身不得报名参加国家司法考试的。

3. 已经通过国家司法考试取得A类《法律职业资格证书》的人员，以及已经取得B类《法律职业资格证书》但尚未取得高等院校本科以上毕业学历的人员，不得再次报名参加国家司法考试。

（二）报名方式、时间与地点

2005年国家司法考试的报名方式分为网上预报名和现场报名。

1. 2005年国家司法考试网上预报名时间为6月1日至20日。实行网上预报名地区的报名人员可在上述期间内登录司法部网站（网址：http://www.legalinfo.gov.cn）进行网上预报名。各地是否实行网上预报名，由省一级司法行政机关确定并公告。

2. 2005年国家司法考试现场报名时间为7月1日至20日。已网上预报名的人员须在上述期间内到报名地司法行政机关指定的报名点进行确认；不实行网上预报名地区的报名人员应当在上述期间内，由本人到户籍所在市（地）司法行政机关指定的报名点进行现场报名。

在户籍所在地以外工作、学习的人员，可以在工作、学习地报名。户籍在放宽地区的法律专业专科毕业学历人员，在非放宽地区或其他放宽地区报名、考试的，考试成绩达到放宽合格分数线，应当在户籍所在地申领《法律职业资格证书》。

各地司法行政机关可以根据本地区报名工作的实际需要，在上述规定的期限内确定具体的现场报名时间，并向社会公布。

（三）报名材料

报名人员报名时，应当提交以下材料：

1. 2005年国家司法考试报名表。

为方便报名，提高效率，报名人员可在司法部网站下载、打印报名表，并按照填表说明和要求真实、准确地填写后，在报名时提交审验；不能提前下载和填写报名表的人员，可直接在报名点领取并填写报名表；已网上预报名的人员，可打印提交含有本人信息的报名表，也可不另外提交报名表。

2. 本人有效身份证件（居民身份证、军官证、士兵证）原件及复印件。

3. 本人学历证书原件及复印件。

持港澳台地区和外国高等院校学历的人员报名时，须同时提交教育部留学生服务中心出具的学历学位认证证明。

4. 本人近期同一底片1寸彩色免冠证件用照片3张。

具备条件的地方，可以在报名时采用数码照相的方式摄取照片。

5. 报名人员报名时，应当交纳报名费。

上述报名材料真实、齐全，经审验符合报名条件的，由司法行政机关发给准考证。

二、考试

（一）考试时间

2005年国家司法考试时间为9月17日、18日。具体为：

试卷一：9月17日上午08:30—11:30，考试时间180分钟。

试卷二：9月17日下午14:00—17:00，考试时间180分钟。

试卷三：9月18日上午08:30—11:30，考试时间180分钟。

试卷四：9月18日下午14:00—17:30，考试时间210分钟。

（二）考试内容、方式和科目

国家司法考试内容包括：理论法学、应用法学、现行法律规定、法律实务和法律职业道德。

2005年国家司法考试采用闭卷、笔试的方式。考试分为四份试卷，每份试卷分值为150分，四卷总分为600分。试卷一、试卷二、试卷三为机读式选择试题，试卷四为笔答式实例（案例）分析试题（含法律文书写作）。各卷的具体科目为：

试卷一：综合知识。包括：法理学、宪法、法制史、经济法、国际法、国际私法、国际经济法、法律职业道德与职业责任；

试卷二：刑事与行政法律制度。包括：刑法、刑事诉讼法、行政法与行政诉讼法；

试卷三：民商事法律制度。包括：民法、商法、民事诉讼法（含仲裁制度）；

试卷四：实例（案例）分析。包括：法理学、行政法与行政诉讼法、刑法、刑事诉讼法、民法、商法、民事诉讼法。

（三）试题参考答案异议

国家司法考试实行全国统一命题，命题范围以司法部制定并公布的《2005年国家司法考试大纲》为准。

为确保国家司法考试公平、公正，进一步增加国家司法考试的透明度，2005年国家司法考试结束后，司法部将及时向社会公布考试试题及参考答案。应试人员对试题参考答案有异议的，可自试题、参考答案公布之日起至9月28日期间登录司法部网站，在该网站"2005年国家司法考试试题参考答案异议专区"中对试题参考答案提出异议并说明理由。司法部将组织专人收集、整理各方面对试题参考答案提出的意见，并在试卷正式评阅工作开始前提交专门成立的"试题参考答案审查专家组"研究、论证。

三、考试成绩与资格授予

国家司法考试实行全国统一评卷。评卷工作结束后，考试成绩由司法部国家司法考试办公室公布。

根据《国家司法考试实施办法（试行）》的规定，2005年国家司法考试的通过数额及合格分数线，待考试结束后，由司法部商最高人民法院、最高人民检察院确定公布。

通过国家司法考试的人员，由司法部统一颁发《法律职业资格证书》。考试合格并获得《法律职业资格证书》的人员，担任法官、检察官和取得律师执业证，应当符合《法官法》、《检察官法》和《律师法》规定的其他条件。

四、考试的复习与辅导

根据《国家司法考试实施办法（试行）》的规定，司法部已制定出版《2005年国家司法考试大纲》，报名参加国家司法考试的人员可依据该大纲进行复习、备考。

司法部和各地司法行政机关不举办考前培训班，也不委托任何单位进行2005年国家司法考试考前培训辅导。

五、香港、澳门居民报名参加2005年国家司法考试有关事宜

为方便香港、澳门居民参加国家统一司法考试，司法部同意香港特别行政区律政司和澳门特别行政区行政法务司的建议，自2005年起在香港特别行政区和澳门特别行政区设立考区、考场，举行国家司法考试。

在香港和澳门设立考区、考场、举行考试，主要是指：分别在香港、澳门接受香港、澳门居民的报名、收取考试费用，分别在香港、澳门选择设立考场，组织考试等具体工作。有关考试时间、考试科目、考试报名人员资格的审核、考试试卷的命制和评判、考试成绩的发布和考试合格标准的确定等，仍按司法部的统一安排和要求进行。在香港和澳门设立考区、考场、举行考试的具体事务性工作，可以由香港特别行政区律政司、澳门特别行政区行政法务司安排香港、澳门的有关机构承办。

根据修改后重新公布的司法部《香港特别行政区和澳门特别行政区居民参加国家司法考试若干规定》和香港、澳门居民的具体情况，有关报名考试具体事项为：

（一）报名条件

1. 身份条件。香港、澳门永久性居民中的中国公民和其他持有香港、澳门居民来往内地通行证的中国公民，可以报名参加2005年国家司法考试。

为确认报名人员的上述身份，报名人员报名时，应当分别向受理报名的机构提交以下证件及复印件：

（1）香港、澳门永久性居民身份证及特别行政区护照。

（2）香港、澳门居民身份证，香港、澳门居民来往内地通行证及由特别行政区身份证明机关出具的“未申请放弃中国国籍”证明。

报名时，上述证件原件经现场审验后即行退回；复印件由受理报名的机构留存。香港报名人员提交的身份证件复印件须经中国委托公证人公证，中国委托公证人名单可向中国委托公证人（香港）协会查询；澳门报名人员提交的身份证件复印件须经澳门特别行政区公证部门或内地认可的公证人公证。

2. 学历条件。香港、澳门永久性居民中的中国公民报名时，持内地高等院校学历证书的，可以向受理报名的机构直接办理报名手续；持香港、澳门、台湾地区高等院校或者外国高等院校学历证书的，须同时提交经教育部留学服务中心出具的认证证明。已经完成学业但由于学制原因尚未取得毕业证书的香港、澳门居民，可以凭所在院校出具的毕业证明书向教育部留学服务中心申请学历认证。经学历认证后可以向受理报名的机构申请报名，但报名时须按要求作出相关承诺。

为方便香港、澳门居民办理学历认证事宜，报名开始前，教育部留学服务中心将采用适当方式集中受理报名人员的学历认证申请，具体安排请参见该中心网站（中国留学网，网址：http://www.cscse.edu.cn）。报名时，须提交符合上述规定的有效证件和复印件。学历证书原件、学历认证证明原件经现场审验后即行退回；复印件交受理报名的机构留存。

（二）报名地点与方式

在香港、澳门工作、学习或者居住的香港、澳门居民，应当在香港、澳门承办考试组织工作的机构指定的报名点报名。具体报名地点和时间另行通告。

在内地工作、学习或者居住的香港、澳门居民，可以在香港、澳门报名，也可以在内地居所地司法行政机关指定的报名点报名，并按要求提交相关材料。在内地报名的，须提交在内地工作、学习或者居住的证明。

2005年国家司法考试对港澳居民不实行网上预报名。

（三）考试地点

在香港报名的，在香港承办考试组织工作的机构所确定的本地考场参加考试；在澳门报名的，在澳门承办考试组织工作的机构所确定的本地考场参加考试。

在内地报名的，在内地报名地司法行政机关设置的考场参加考试。

（四）其他事项

2005年国家司法考试试卷使用简体汉字印刷，香港、澳门应试人员在填写本人信息和答题时，可自行选择使用繁体汉字或简体汉字。

有关香港、澳门居民参加2005年国家司法考试的其他相关信息，应试人员可登录司法部网站获取。应试人员对报名、参加国家司法考试有关问题可直接向香港、澳门承办考试组织工作的机构咨询。

六、其他

现役军人报名参加国家司法考试事宜，仍按司法部与解放军总政治部联合发布的《关于组织军队现役人员参加2002年国家司法考试有关问题的通知》办理。

2005年度课题指南及受理项目申报的公告

（2005年8月19日司法部第46号公告发布）

为了繁荣发展和指导全国法学理论研究，根据司法部《法治建设与法学理论研究部级科研项目管理办法（试行）》［司发通（2001）057号］（以下简称《管理办法》）的规定，《司法部2005年度法治建设与法学理论研究部级科研项目课题指南》（以下简称《课题指南》）面向全国公开申报。现将项目申报受理工作的有关事项公告如下：

一、法治建设与法学理论研究部级科研项目（以下简称“部级科研项目”）的立项原则

以马列主义、毛泽东思想、邓小平理论和“三个代表”重要思想为指导，坚持党的基本路线、基本纲领，坚持理论联系实际，全面落实科学发展观，保持法学理论先进性，以国家法治建设中的重大理论和实践问题为重点，以推进建设社会主义法治国家为目标，积极探索建设社会主义法治国家的基本规律，研究国家经济、社会发展中的法律问题，为国家法治建设的决策、立法和实践提供理论支持，为构建社会主义和谐社会服务。

二、项目类型、资助经费标准及研究内容

（一）项目类型包括五类：重点项目、一般项目、中青年项目、委托项目、专项任务项目。

（二）资助经费标准：重点项目不超过6万元；一般项目和中青年项目不超过4万元；委托项目一般不超过4万元；专项任务项目不资助经费，经费自筹。

（三）项目研究内容：重点项目和一般项目申报的课题研究内容，原则上从《课题指南》中选定，课题名称可以用原名称也可适当改动；中青年项目、委托项目和专项任务项目的课题研究内容，不受《课题指南》限制，可以从中挑选也可自拟。

三、申报要求

（一）申报受理范围

全国各级党委、政府、人大、政协和司法机关，高等院校、科研机构、法学类社团、企事业单位的在职人员，符合本公告规定的申报条件者均可申报。

（二）申请者条件

1. 申请者应具有良好的政治素质，遵守宪法和法律，坚持四项基本原则。

2. 申请者应具有较强的科研能力，对申报课题已有一定的研究基础，有足够时间专心研究。

3. 申请者应具有本科以上学历。申请重点项目者，项目主持人须具有正高级职称或副厅（局）级以上职务；申请一般项目和专项任务项目者，主持人须具有副高级以上职称或正处级以上职务或已取得博士学位；申请中青年项目者，主持人和课题组成员年龄不超过39周岁（含39周岁），且具有副高级以上职称或正处级以上职务或已取得博士学位；申请委托项目者，主持人需具有副高级以上职称或副厅（局）级以上职务。

（三）申报注意事项

1. 申请重点项目、一般项目、委托项目、专项任务项目者，需将主持人的资格证书（职称证书或学位证书或人事部门的职务任免文件）复印件一份，申请中青年项目者，须将主持人和课题组成员的资格证书（职称证书或学位证书或人事部门的职务任免文件）复印件各一份，随申报材料寄送我部。没有证书或任免文件者，需出具所在单位人事部门书面证明。

2. 每个项目主持人只能申报一个课题，且不能作为课题组成员参加其他项目的申请；每人不能作为课题组成员参加两个以上（不包括两个）项目的申报。

3. 申请项目，原则上需有不少于三人组成的课题组；确实认为本人有足够能力和充裕时间能按期保质完成研究任务的，可以单独申报，无需专门组成课题组。

4. 专项任务项目的申请者须自筹3万元以上的研究经费（不含出版经费），并附经费资助单位的证明材料。

5. 有下列情况之一者，不得申报：

（1）正在承担司法部部级科研项目未通过成果鉴定的。

（2）承担过或正在承担国家社科基金项目或中央部委、省（自治区、直辖市）级人文社科研究项目同一研究内容的课题。

6. 凡在项目申请中弄虚作假者，一经发现并查实后，司法部有权随时撤销已立项课题，追回课题资助经费，并取消个人两年申报资格。

四、申报办法

（一）项目申报受理工作原则上按申报单位集中办理。申报材料请从“中国司法科研信息网”（网址：http://www.lawstudy.gov.cn）上直接下载。

（二）申请者请认真阅读《管理办法》、《课题指南》，按照要求填写《申请评审书》。

（三）项目申请者所在单位应对申请者资格及申报材料进行审核，并按规定签署审核意见。

（四）申报材料使用WORD软件录入、A4纸打印的《申请评审书》一式10份（含原件1份）及软盘1张。

五、申报时间

2005年8月25日开始，9月30日截止（以邮戳日期为准）。

六、材料寄送

收件单位：司法部研究室科研管理处
地址：北京市朝阳区朝阳门南大街10号
邮编：100020
联系人：任永安
联系电话：010－65206810、85626170
传真：010－65206850
E－mail:sfky@lawstudy.gov.cn
网址:http://www.lawstudy.gov.cn（中国司法科研信息网）

附件：《司法部2005年度法治建设与法学理论研究部级科研项目课题指南》

附件：司法部2005年度法治建设与法学理论研究部级科研项目课题指南

一、重点项目研究课题

1. 法治与和谐社会秩序的建构
2. 司法技术与司法公正
3. 和谐社会与中国宪法制度完善
4. 司法鉴定工作管理体制研究
5. 综合行政执法体制研究
6. 行政规划法律制度研究
7. 罪犯改造理论研究
8. 社区矫正在我国的实践及理论研究
9. 死刑实体法限制研究
10. 量刑标准的理论与实践
11. 刑事诉讼法修改中我国刑事辩护制度之改革
12. 调解立法研究
13. 检察机关法律监督问题研究
14. 中国民事诉讼法治的探索与制定
15. 新类型合同研究
16. 防止知识产权滥用机制研究
17. 劳动争议处理法律制度研究
18. 国际反腐败公约与国内法协调问题研究
19. 中国企业海外投资法律制度研究
20. 经济欠发达民族自治地方公共卫生法律问题研究

二、一般项目研究课题

21. 公共利益的界定与法律规制研究
22. 建设节约型社会法律问题研究
23. 西部区域特征与法制统一研究
24. 司法推理与法官思维研究
25. 法律视野下的奥运会
26. 市场经济与完善我国公民基本权利体系研究
27. 中央与地方权限争议的法律解决机制研究
28. 宪法解释制度研究
29. 律师收费问题研究
30. 公益行政诉讼问题研究
31. 信访制度法律问题研究
32. 食品安全监管法律问题研究
33. 国家统一司法考试与法学教育改革研究
34. 国资监管法规体系研究
35. 行政收费制度研究
36. 法治之下警察行政权的合理构建
37. 信息时代监狱管理模式创新研究
38. 监狱按戒备等级分类管理制度研究
39. 保释制度研究
40. 刑事被害人学研究
41. 公害犯罪的惩治和刑法理论的创新
42. 突发性聚众暴力犯罪的预防与控制
43. 金融反恐的形势分析及对策研究
44. 外逃贪官的引渡问题研究
45. 死刑复核问题研究
46. 流动人员犯罪控制与权益保护
47. 法律援助体制改革研究
48. 刑事侦查权的司法控制研究
49. 我国刑事一审程序的改革与完善
50. 律师执业权利保障研究
51. 刑事证据理论基础研究
52. 我国职务犯罪侦查体制改革问题研究
53. 新时期经济犯罪综合防控机制的建立
54. 诉讼价值冲突的平衡选择
55. 公证与登记制度改革研究
56. 企业知识产权管理的法律应用研究
57. 航班延误立法的国际比较
58. 医疗危险行为的法律救济研究
59. 网络虚拟财产的法律性质与法律保护
60. 遗传资源保护、利用、开发与共享的法律应用研究
61. 促进就业立法研究
62. 行业协会自律的竞争法规制研究
63. 中国转型期经济法与社会法关系研究
64. 中国金融衍生业务风险管理的法律规制研究
65. 我国彩票立法及彩票业监管体制研究
66. 特许经营的法律问题研究

67. 城市化过程中农民土地权益的法律保障问题研究

68. 工会法律制度研究

69. 中国涉外民事诉讼程序法问题研究

70. 国际劳工标准比较研究

71. 自由贸易协定研究

72. 国家在反恐中的国际法责任

73. 中国绿色贸易壁垒法律制度研究

74. 外层空间活动的国际法与国内法比较研究

75. “以人为本”全面协调可持续的科学发展观与我国环境法的完善

76. 自然保护区立法研究

77. 电子废物立法研究

78. 包装立法研究

79. “例”在中国封建法制中的地位与演变

80. 现代化进程中人口较少民族经济与社会发展法律研究

43 家香港律师事务所驻内地代表处执业的公告

（2005 年 8 月 31 日司法部第 47 号公告发布）

根据《香港、澳门特别行政区律师事务所驻内地代表机构管理办法》（司法部第 70 号令），经年检合格，以下 43 家香港律师事务所驻内地代表处获准在内地执业，提供香港特别行政区及境外法律服务。公告如下：

一、北京代表处

1. 香港胡关李罗律师事务所北京代表处

WOO, KWAN, LEE & LO BEIJING REPRESENTATIVE OFFICE（HK）

原批准日期：1993 年 9 月 6 日

执业许可证号：司律证港字 2002 第 1－0002 号

重新核准日期：2002 年 8 月 15 日

首席代表：李均雄（Eddie Lee Kwan Hung）

地址：北京市东长安街 1 号东方广场西 3 办公楼 509 室

邮编：100738

电话：（010）85181928

传真：（010）85181595

网址：www. wkll. com

E－mail：wkllbj@ wkllbj. com

2. 香港刘汉铨律师事务所北京代表处

CHU & LAU SOLICITORS & NOTARIES BEIJING REPRESENTATIVE OFFICE（HK）

原批准日期：1993 年 9 月 6 日

执业许可证号：司律证港字 2002 第 1－0003 号

重新核准日期：2002 年 8 月 15 日

首席代表：刘汉铨（Lau Hon Chuen）

地址：北京市东城区王府井灯市口大街 33 号国中商业大厦 1220 室

邮编：100006

电话：（010）65229937

传真：（010）65229937

3. 香港陈韵云律师事务所北京代表处

VIVIEN CHAN & CO. BEIJING REPRESENTATIVE OFFICE（HK）

原批准日期：1993 年 9 月 6 日

执业许可证号：司律证港字 2002 第 1－0004 号

重新核准日期：2002 年 8 月 15 日

首席代表：陈韵云（Vivien Chan）

地址：北京市东城区东长安街 10 号长安大厦 508 室

邮编：100006

电话：（010）65227072　65227069

传真：（010）65226967

4. 香港杜伟强律师事务所北京代表处

W. K. TO & CO. BEIJING REPRESENTATIVE OFFICE（HK）

原批准日期：1996 年 6 月 26 日

执业许可证号：司律证港字 2002 第 1－0005 号

重新核准日期：2002 年 8 月 15 日

首席代表：杜伟强（To Wai Keung）

地址：北京市朝阳区建国路 118 号招商局大厦 09D2

邮编：100020

电话：（010）65669681　65683003

传真：（010）65669681

网址：www. wktoco. com

E－mail：mail@ wktoco. com

5. 香港高露云律师事务所北京代表处

WILKINSON & GRIST BEIJING REPRESENTATIVE OFFICE（HK）

原批准日期：2000 年 6 月 8 日

执业许可证号：司律证港字 2002 第 1－0008 号

重新核准日期：2002 年 8 月 15 日

首席代表：冯倩愉（Grace Fung）

地址：北京市东城区东长安街 1 号东方广场东方

经贸城西二办公楼 10 层 5 室

邮编：100738

电话：（010）85181521－4

传真：（010）85181520

网址：www. wilgrist. com

E－mail：beijing@ wilgrist. com

6. 香港孖士打律师事务所北京代表处

JOHNSON STOKES & MASTER BEIJING REPRESENTATIVE OFFICE（HK）

核准日期：2002 年 1 月 9 日

执业许可证号：司律证港字 2002 第 2－001 号

首席代表：董光显（Robert Terence Tung Kwong Shien）

地址：北京市朝阳区建国门外大街 1 号国贸大厦 1 座 2918－2924 室

邮编：100004

电话：（010）65052202

传真：（010）65052225

网址：www. jsm－law. com

E－mail：jsmbeijing@ jsm－law. com

7. 香港的近律师事务所北京代表处

DEACONS BEIJING REPRESENTATIVE OFFICE（HK）

核准日期：2002 年 1 月 9 日

执业许可证号：司律证港字 2002 第 2－002 号

首席代表：张永财（Cheung Wing Choi，Franki）

地址：北京市东城区东长安街 1 号东方广场东方经贸城西一办公楼 8 层 11 单元

邮编：100738

电话：（010）85182338

传真：（010）85182339

网址：www. deaconslaw. com

E－mail：beijing@ deaconslaw. com

8. 香港蒋尚义律师事务所北京代表处

ANTHONY CHIANG & PARTNERS BEIJING REPRESENTATIVE OFFICE（HK）

核准日期：2002 年 4 月 3 日

执业许可证号：司律证港字 2002 第 1－026 号

首席代表：蒋尚义（Chiang，Sheung Yee Anthony）

地址：北京市朝阳区霄云路 26 号鹏润大厦 B 座 3203 室

邮编：100016

电话：（010）84580335

传真：（010）84580385

网址：www. acp. com. hk

E－mail：karenk@ acp. com. hk

9. 香港鸿鹄律师事务所北京代表处

BIRD & BIRD LAW FIRM BEIJING REPRESENTATIVE OFFICE（HK）

核准日期：2004 年 4 月 12 日

执业许可证号：司发证港字 2004 第 1－0006 号

首席代表：利明廉（Matthew Laight）

地址：北京市朝阳区建国门外大街 1 号国贸大厦 1 座 3614－3616 室

邮编：100004

电话：（010）65056667

传真：（010）65059469

网址：www. twobirds. com

10. 香港廖绮云律师事务所北京代表处

LIVASIRI & CO. BEIJING REPRESENTATIVE OFFICE（HK）

原批准日期：1992 年 10 月 20 日

执业许可证号：司律证港字 2002 第 1－0001 号

重新核准日期：2002 年 8 月 15 日

首席代表：范振成

地址：北京市朝阳区建国门外大街甲 24 号东海中心 1105A 室

电话：（010）65155922

传真：（010）65155923

11. 香港李布英达律师事务所北京代表处

LI BRANDT & CO. BEIJING REPRESENTATIVE OFFICE（HK）

核准日期：2004 年 10 月 19 日

执业许可证号：司发证港字 2004 第 1－0009 号

首席代表：布英达（Keith Martin Brandt）

地址：北京市东方广场东方经贸城西 2 办公楼 601

邮编：100738

电话：（010）85200070

传真：（010）85200070

12. 黄乾亨黄英豪律师事务所北京代表处

PHILIP K H WONG KENNEDY Y H WONG & CO. BEIJING REPRESENTATIVE OFFICE（HK）

核准日期：2004 年 12 月 17 日

执业许可证号：司发证港字 2004 第 2－0003 号

首席代表：黄瑞华（Wong Sui Wah，Michael）

地址：北京市东城区东直门外小街甲 2 号正东国际大厦 A 座 25G1

邮编：100027

电话：（010）84478002

传真：（010）84479349

二、上海市代表处

13. 香港陈韵云律师事务所上海代表处
VIVIEN CHAN & CO. SHANGHAI REPRESENTATIVE OFFICE（HK）
核准日期：2002 年 1 月 9 日
执业许可证号：司律证港字 2003 第 2－003 号
首席代表：李乔安（George Ribeiro）
地址：上海市淮海中路 333 号瑞安广场 1106B 室
邮编：200021
电话：（021）63879222
传真：（021）63879111
E－mail：shanghai@ vcclawservices. com

14. 香港范纪罗江律师事务所上海代表处
FAIRBAIRN CATLEY LOW & KONG SHANGHAI REPRESENTATIVE OFFICE（HK）
核准日期：2002 年 12 月 25 日
执业许可证号：司律证港字 2002 第 1－0033 号
首席代表：朱庆华
地址：上海市淮海中路 300 号香港新世界大厦 41 楼 4110 室 200021
电话：（021）63353376
传真：（021）63353370
网址：www. fclklaw. com. hk

15. 香港黄乾亨黄英豪律师事务所上海代表处
PHILIP K H WONG，KENNEDY Y H WONG & CO. SHANGHAI REPRESENTATIVE OFFICE（HK）
核准日期：1992 年 10 月 29 日
执业许可证号：司律证港字 2002 第 1－0010 号
首席代表：黄英豪（Kennedy Y. H. Wong）
地址：上海市静安区延安中路 841 号东方海外大厦 904 室
邮编：200040
电话：（021）62890222 62898248
传真：（021）62898248
E－mail：info@ pwkwco. com. cn

16. 香港黄新民律师事务所上海代表处
WONG AND CHAN SHANGHAI REPRESENTATIVE OFFICE（HK）
核准日期：2004 年 10 月 27 日
执业许可证号：司发证港字 2004 第 1－0008 号
首席代表：黄新民
地址：上海市南京西路 580 号南证大厦 2707 室
邮编：200041
电话：（021）52280629
传真：（021）52341699
E－mail：wongandchan@ vip. sina. com

17. 香港梁廷锵文达良律师事务所上海代表处
PATRICK LEONG & MAN SOLICITORS SHANGHAI REPRESENTATIVE OFFICE（HK）
核准日期：1992 年 10 月 20 日
执业许可证号：司律证港字 2002 第 1－0011 号
首席代表：梁廷锵（Patrick T. C. Leong）
地址：上海市合肥路 289 弄 2 号楼（复兴苑）102 室
邮编：200031
电话：（021）64330283
传真：（021）64330283
E－mail：anita. wong@ 126. com

18. 香港林、任、白律师事务所上海代表处
ALAN LAM，YAM & PE. SHANGHAI REPRESENTATIVE OFFICE（HK）
核准日期：1993 年 9 月 6 日
执业许可证号：司律证港字 2002 第 1－0012 号
首席代表：林文彬（Lam Man Bun，Alan）
地址：上海市静安区北京西路 669 号东展商业大厦 16 楼 C 座
邮编：200041
电话：（021）62718257 62718258
传真：（021）62718256
E－mail：lampshanghai @ shiuol. cn. net

19. 香港王培芬律师事务所上海代表处
ANGELA WAND & CO. SHANGHAI REPRESENTATIVE OFFICE（HK）
核准日期：2003 年 5 月 15 日
执业许可证号：司律证港字 2003 第 1－0001 号
首席代表：王培芬
地址：上海市南京西路 1308 号梅龙镇广场 3708 室
邮编：200041
电话：（021）62679773
传真：（021）62723877
网址：www. angelawangco. com

20. 香港易周律师事务所上海代表处
CHARLTONS SHANGHAI REPRESENTATIVE OFFICE（HK）
核准日期：2002 年 12 月 25 日
执业许可证号：司律证港字 2002 第 1－0034 号
首席代表：周怡青（Charlton Julia Frances）
地址：上海市延安东路 222 号外滩中心 2508 楼
邮编：200002

电话：（021）63351908
传真：（021）63351909
网址：www.charltonslaw.com

21. 香港张叶司徒陈律师事务所上海代表处
VINCENT T. K. CHEUNG YAP & CO. SHANGHAI REPRESENTATIVE OFFICE（HK）
核准日期：1992年11月23日
执业许可证号：司律证港字2002第1－0009号
首席代表：李企伟（Lee Kee Wai Frank）
地址：上海市淮海中路283号香港广场南座806室
邮编：200021
电话：（021）63906886
传真：（021）63850323
E－mail：vtkcyc@uninet.com.cn

22. 香港孖士打律师事务所上海代表处
JOHNSON STOKES & MASTER SHANGHAI REPRESENTATIVE OFFICE（HK）
原批准日期：1995年3月16日
执业许可证号：司律证港字2002第1－0013号
重新核准日期：2002年8月20日
首席代表：何观乐（Ho Kun Lok）
地址：上海市南京西路1266号恒隆广场2501－2504室
邮编：200040
电话：（021）62880688
传真：（021）62880131
E－mail：jsm@jsmshanghai.com

三、广州代表处

23. 香港何耀棣律师事务所广州代表处
GALLANT Y. T. HO & CO. GUANGZHOU REPRESENTATIVE OFFICE（HK）
核准日期：1992年10月20日
执业许可证号：司律证港字2002第1－0014号
首席代表：徐奇鹏（Tsui Kei Pang）
地址：广东省广州市环市东路368号花园酒店花园大厦830室
邮编：510064
电话：（020）83338999－830
传真：（020）83765692
E－mail：gythogz@public.Guangzhou.gd.cn

24. 香港吴少鹏律师事务所广州代表处
NG & SHUM SOLICITORS GUANGZHOU REPRESENTATIVE OFFICE（HK）
核准日期：1992年10月20日
执业许可证号：司律证港字2002第1－0015号
首席代表：傅小霞（2005年7月）
地址：广东省广州市东风东路836号东峻广场1102室
邮编：510080
电话：（020）87678613
传真：（020）87604340
E－mail：ngshumgz@21cn.com

25. 香港冯元铖律师事务所广州代表处
DAVID Y Y FUNG & CO. GUANGZHOU REPRESENTATIVE OFFICE（HK）
核准日期：1993年9月6日
执业许可证号：司律证港字2002第1－0017号
首席代表：何继昌（Ho Kai Cheng）
地址：广东省广州市环市东路339号广东国际大酒店A附楼15B
邮编：510095
电话：（020）83311000
传真：（020）83311135
E－mail：dyyfgz@21cn.com

26. 香港的近律师事务所广州代表处
DEACONS, GUANGZHOU REPRESENTATIVE OFFICE（HK）
核准日期：1992年9月6日
执业许可证号：司律证港字2002第1－0018号
首席代表：杜月琴
地址：广东省广州市环市东路371－375号广州世界贸易中心大厦南塔二十一楼2108室
邮编：510095
电话：（020）87785678
传真：（020）87770488
E－mail：guangzhou@deaconslaw.com

27. 香港罗夏信律师事务所广州代表处
STEPHENSON HARWOOD & LO GUANGZHOU REPRESENTATIVE OFFICE（HK）
核准日期：1993年9月6日
执业许可证号：司律证港字2002第1－0019号
首席代表：庄贵贤（John Sirling Gale）
代表：赵利民（Jeremy Giovanni Sargent）
地址：广东省广州市环市东路362－366号广州好世界广场1907室
邮编：510060
电话：（020）83880590
传真：（020）83863119
E－mail：gloria@gzoshl.com.hk

28. 香港简松年律师事务所广州代表处

TONY KAN & CO. SOLICITORS & NOTARIES GUANGZHOU REPRESENTATIVE OFFICE（HK）

核准日期：1995年3月16日

执业许可证号：司律证港字2002第1－0020号

首席代表：许次钧

地址：广东省广州市环市中路339号广东国际大厦A附楼15C

邮编：510095

电话：（020）83350833

传真：（020）83311456

E－mail：kantony@21cn.com

29. 香港劳洁仪律师事务所广州代表处

K. Y. LO & CO., SOLICITORS, GUANGZHOU REPRESENTATIVE OFFICE（HK）

核准日期：1995年3月16日

执业许可证号：司律证港字2002第1－0021号

首席代表：李文邦（Li Man Pong）

地址：广东省广州市环市东路371－375号广州世界贸易中心北塔704室

邮编：510095

电话：（020）87693246

传真：（020）87757988

E－mail：kylos704@163.com

30. 香港史蒂文生黄律师事务所广州代表处

STEVENSON WONG & CO. GUANGZHOU REPRESENTATIVE OFFICE（HK）

核准日期：2002年6月19日

执业许可证号：司律证港字2002第1－030号

首席代表：劳恒晃（Lo Hang Fong）

地址：广东省广州市天河北233号中信广场1704室

邮编：510613

电话：（020）87521228

传真：（020）87521268

E－mail：general@sw－prc.com

31. 香港罗拔臣律师事务所广州代表处

ROBERTSONS GUANGZHOU REPRESENTATIVE OFFICE（HK）

核准日期：2002年12月25日

执业许可证号：司律证港字2002第1－0035号

首席代表：李伟民（Maurice Lee）

代表：黄河（Wong Ho Kevin）

地址：广东省广州市体育西路109号高盛大厦12E

邮编：510620

电话：（020）38795260

传真：（020）38795468

E－mail：kevin_ wong@robertsonshk.com

32. 香港何君柱方燕翔律师事务所广州代表处

K C HO & FONG GUANGZHOU REPRESENTATIVE OFFICE（HK）

核准日期：2004年1月8日

执业许可证号：司发证港字2004第1－0004号

首席代表：何君柱（Ho Kwan Chu）

代表：何君尧（2005年7月）

地址：广东省广州市东风东路836号东峻广场四座3305室

邮编：510080

电话：（020）87672501

传真：（020）87672516

E－mail：representative office@kcho－fong.com

四、深圳市代表处

33. 香港希仕廷律师事务所深圳代表处

HASTINGS & CO. SHENZHEN REPRESENTATIVE OFFICE（HK）

核准日期：1993年2月6日

执业许可证号：司律证港字2002第1－0023号

首席代表：江润红（Kong Yuen Hoong）

地址：广东省深圳市深南东路2105号中建大厦2518室

邮编：518000

电话：（0755）2175288

传真：（0755）2175168

34. 香港简松年律师事务所深圳代表处

TONY KAN & CO. SOLICITORS & NOTARIES SHENZHEN REPRESENTATIVE OFFICE（HK）

核准日期：2002年1月9日

执业许可证号：司律证港字2002第2－005号

首席代表：简松年（Tony Kan）

地址：广东省深圳市深南中路3037号南光捷佳大厦2218室

邮编：518033

电话：（0755）83292323

传真：（0755）83292383

E－mail：kantony@21cn.com

35. 香港李黄林律师事务所深圳代表处

LI, WONG & LAM SOLICITORS SHENZHEN REPRESENTATIVE OFFICE（HK）

核准日期：2004年1月8日

执业许可证号：司发证港字 2004 第 1－0003 号
首席代表：林少新（Lam Siu Sun，Dennis）
地址：广东省深圳市罗湖区深南东路 5002 号信兴广场地王商业大楼 5109 单元
邮编：518008
电话：（0755）25836199
传真：（0755）25836299
E－mail：hklwlsz@ yahoo. com. cn

五、南京代表处

36. 香港卓黄纪律师事务所南京代表处
MICHAEL CHEUK WONG & KEE NANJING REPRESENTATIVE OFFICE（HK）
核准日期：2004 年 10 月 27 日
执业许可证号：司发证港字 2004 年第 2－0002 号
首席代表：苏辉祥
地址：江苏省南京市山西路 8 号金山大厦
邮编：210009
电话：（025）83202898
传真：（025）83202899
E－mail：Mcwk_ @ 126. com

六、西安代表处

37. 香港薛冯邝岑律师事务所西安代表处
SIT，FUNG，KWONG & SHUM，XI' AN REPRESENTATIVE OFFICE（HK）
核准日期：2002 年 4 月 19 日
执业许可证号：司发证港字 2002 年第 1－032 号
首席代表：陈维良
地址：陕西省西安市南大街 30 号中大国际大厦 616 室
邮编：710002
电话：（029）7203203
传真：（029）7203033
E－mail：sfks@ sfks－xian. com

七、福州代表处

38. 香港卓黄纪律师事务所福州代表处
MICHAEL CHEUK，WONG & KEE FUZHOU REPRESENTATIVE OFFICE（HK）
核准日期：2000 年 6 月 8 日
执业许可证号：司律证港字 2002 第 1－0025 号
首席代表：纪华士
地址：福建省福州市五四路 71 号国贸广场 15 层 F 单元
邮编：350001
电话：（0591）7612393
传真：（0591）7612181

八、济南代表处

39. 香港戴思华麦家荣律师事务所济南代表处
TAI，MAK & PARTNERS JINAN REPRESENTATIVE OFFICE（HK）
核准日期：2004 年 4 月 12 日
执业许可证号：司发证港字 2004 第 1－0007 号
首席代表：戴思华
地址：山东省济南市经七路 168 号银河大厦 3321 室
邮编：250001
电话：（0531）2070567
传真：（0531）2070569
E－mail：benitawql@ yahoo. com. cn
mcwk@ 163. net

九、宁波代表处

40. 香港梁锦涛关学林律师事务所宁波代表处
FORD，KWAN & COMPANY SOLICITORS & NOTARIES NINGBO REPRESENTATIVE OFFICE（HK）
核准日期：2003 年 11 月 5 日
执业许可证号：司发证港字 2003 第 1－0002 号
首席代表：郑宗汉
地址：浙江省宁波市江东北路 1 号中信宁波国际大酒店 818 房
邮编：315040
电话：（0574）87376099
传真：（0574）87727257
网址：www. fordkwan. com
E－mail：inmail@ fordkwan. com

十、成都代表处

41. 香港胡百全律师事务所成都代表处
P. C. WOO & CO. CHENGDU REPRESENTATIVE OFFICE（HK）
核准日期：2002 年 4 月 3 日
执业许可证号：司法证港字 2002 第 1－031 号
首席代表：郑慕智
地址：四川省成都市顺城大街 308 号冠城广场 7 楼 K 座
邮编：610017
电话：（8628）86528737

传真：（8628）86528095

网址：www.pcwoo.com

十一、天津代表处

42. 香港简家骢律师事务所天津代表处

FRED KAN TIANJING REPRESENTATIVE OFFICE（HK）

原批准日期：1998年2月10日

执业许可证号：司律证港字2002第1-0024号

重新核准日期：2002年6月10日

首席代表：谢立忠

地址：天津市河西区马场道59号国际经济贸易中心A座1010室

邮编：300203

电话：（022）23139761

传真：（022）23139763

E-mail：fredkantj@yahoo.com.hk

十二、重庆代表处

43. 香港苏姜叶冼律师事务所重庆代表处

SO KEUNG YIP & SIN CHONGQING REPRESENTATIVE OFFICE（HK）

核准日期：2004年1月8日

执业许可证号：司法证港字2004第1-0005号

首席代表：叶钜云

地址：重庆市渝中区邹容路68号大都会商厦2706室

邮编：400010

电话：（023）63729188

传真：（023）63718368

E-mail：chongqing@skys.law.com.hk

139家外国律师事务所驻华代表处在中国境内执业的公告

（2005年8月31日司法部第48号公告发布）

根据《外国律师事务所驻华代表机构管理条例》（国务院第338号令），经年检合格，以下139家外国律师事务所驻华代表处获准在中国境内执业，提供境外法律服务。公告如下：

一、北京代表处

1. 美国贝克·麦坚时国际律师事务所北京代表处

BAKER & MCKENZIE BEIJING REPRESENTATIVE OFFICE（USA）

原批准日期：1993年4月27日

执业许可证号：司律证外字2002第1-0001号

重新核准日期：2002年6月10日

首席代表：贾殿安（Stanley Dianan Jia）

地址：北京市建国门外大街1号中国国际贸易中心国贸大厦2座3401室

邮编：100004

电话：（010）65050591

传真：（010）65052309

2. 美国高特兄弟律师事务所北京代表处

COUDERT BROTHERS LLP BEIJING REPRESENTATIVE OFFICE（USA）

原批准日期：1992年10月20日

执业许可证号：司律证外字2002第1-0005号

重新核准日期：2002年6月10日

首席代表：陶景洲（Jing Zhou Tao）

地址：北京市朝阳区嘉里中心南楼22层

邮编：100020

电话：（010）85298778

传真：（010）85298779

网址：www.coudert.com

E-mail：zhaol@coudert.com

3. 美国翰宇国际律师事务所北京代表处

SQUIRE SANDERS & EMPSEY LLP BEIJING REPRESENTATIVE OFFICE（USA）

原批准日期：1993年4月15日

执业许可证号：司律证外字2002第1-0006号

重新核准日期：2002年6月10日

首席代表：吉莫曼（James M. Zimmerman）

地址：北京市光华路1号嘉里中心北楼2501室

邮编：100020

电话：（010）85296998

传真：（010）85298088

网址：www.ssd.com

4. 美国宝维斯律师事务所北京代表处

PAUL, WEISS, RIFKIND, WHARTON & GARRISON LLP, BEIJING REPRESENTATIVE OFFICE（USA）

原批准日期：1993年9月6日

执业许可证号：司律证外字2002第1-0009号

重新核准日期：2002年6月10日

首席代表：陈剑音（Jaenette K. Chan）

地址：北京市东城区东长安街1号东方广场东三办公楼1205室

邮编：100738

电话：（010）85182766

传真：（010）85182760/61

网址：www. paulweiss. com

5. 美国谢尔曼·思特灵律师事务所北京代表处

SHEARMAN & STERLING BEIJING REPRESENTATIVE OFFICE（USA）

原批准日期：1993 年 9 月 6 日

执业许可证号：司律证外字 2002 第 1－0011 号

重新核准日期：2002 年 6 月 10 日

首席代表：爱德华（Lee Edwards）

地址：北京市建国门外大街 1 号中国国际贸易中心国贸大厦 2 座 2318 室

邮编：100004

电话：（010）65053399

传真：（010）65051818

网址：www. shearman. com

6. 美国世达律师事务所北京代表处

SKADDEN，ARPS，SLATE，MEAGHER & FLOM LLP BEIJING REPRESENTATIVE OFFICE（USA）

原批准日期：1995 年 3 月 16 日

执业许可证号：司律证外字 2002 第 1－0014 号

重新核准日期：2002 年 6 月 10 日

首席代表：孙湛（Joh L Christianson）

地址：北京市建国门外大街 1 号中国国际贸易中心东写字楼 4 层 01－05

邮编：100004

电话：（010）65055511

传真：（010）65055522

网址：www. skadden. com

7. 美国竞诚国际律师事务所北京代表处

CHA & CHA LLP BEIJING REPRESENTATIVE OFFICE（USA）

原批准日期：1995 年 3 月 16 日

执业许可证号：司律证外字 2002 第 1－0015 号

重新核准日期：2002 年 6 月 10 日

首席代表：查竞传（Eugene C. Cha）

地址：北京市朝阳区新源南路 6 号京城大厦 2508 室

邮编：100004

电话：（010）84862866

传真：（010）84862588

网址：www. chaandcha. com

8. 美国霍金·豪森律师事务所北京代表处

HOGAN & HARTSON BEIJING REPRESENTATIVE OFFICE（USA）

原批准日期：1996 年 6 月 26 日

执业许可证号：司律证外字 2002 第 1－0024 号

重新核准日期：2002 年 6 月 10 日

首席代表：魏军（Jun Wei）

地址：北京市朝阳区建国路 118 号招商局中心 29 层 C 室

邮编：100022

电话：（010）65669088

传真：（010）65669096

网址：www. hhlaw. com

9. 美国美富律师事务所北京代表处

MORRISON & FOERSTER LLP BEIJING REPRESENTATIVE OFFICE（USA）

原批准日期：1998 年 2 月 20 日

执业许可证号：司律证外字 2002 第 1－0030 号

重新核准日期：2002 年 6 月 10 日

首席代表：涂文炫（Steven L. Toronto）

地址：北京市建国门外大街 1 号国贸大厦 2 座 3408 单元

邮编：100004

电话：（010）65059090

传真：（010）65059091

网址：www. mofo. com

10. 美国路博律师事务所北京代表处

LEBOUF，LAMB，GREENE & MACRAE BEIJING REPRESENTATIVE OFFICE（USA）

原批准日期：1999 年 3 月 12 日

执业许可证号：司律证外字 2002 第 1－0031 号

重新核准日期：2002 年 6 月 10 日

首席代表：朱文英（Ingrid W. Zhu Clark）

地址：北京市建国门外大街 1 号国贸大厦 2 座 1908 室

邮编：100004

电话：（010）65059228

传真：（010）65059235

网址：www. llgm. com

11. 美国苏利文·克伦威尔律师事务所北京代表处

SULLIVAN & CROMWELL LLP BEIJING REPRESENTATIVE OFFICE（USA）

原批准日期：1999 年 3 月 12 日

执业许可证号：司律证外字 2002 第 1－0032 号

重新核准日期：2002 年 6 月 10 日

首席代表：罗伯特·M·托马斯（Robert M. Thomas）

地址：北京市建国门外大街 1 号国贸大厦 1 座

501 室

邮编：100004

电话：(010) 65056120

传真：(010) 65056136

网址：www. sullcrom. com

12. 美国文森·艾尔斯律师事务所北京代表处

VINSON & ELKINS LLP BEIJING REPRESENTATIVE OFFICE (USA)

原批准日期：1999 年 3 月 12 日

执业许可证号：司律证外字 2002 第 1－0033 号

重新核准日期：2002 年 6 月 10 日

首席代表：狄仁杰（Paul C. Deemer）

地址：北京市朝阳区东三环北路 2 号南银大厦 20 层

邮编：100027

电话：(010) 64106300

传真：(010) 64106360

网址：www. velaw. com

E－mail：beijingoffice@ velaw. com

13. 美国博钦律师事务所北京代表处

PERKINS COIE LLP BEIJING REPRESENTATIVE OFFICE (USA)

原批准日期：2001 年 3 月 28 日

执业许可证号：司律证外字 2002 第 1－0040 号

重新核准日期：2002 年 6 月 10 日

首席代表：Georges H. G. Yates

地址：北京市朝阳区建外大街 118 号招商局大厦 1821 室

邮编：100022

电话：(010) 65672299

传真：(010) 65672255

网址：www. perkinscoie. com

14. 美国盛德国际律师事务所北京代表处

SIDLEY AUSTIN BROWN & WOOD LLP BEIJING REPRESENTATIVE OFFICE (USA)

原批准日期：1996 年 2 月 26 日

执业许可证号：司律证外字 2002 第 2－0002 号

重新核准日期：2002 年 6 月 10 日

首席代表：丁海华（Ding Hai Hua）

地址：北京市朝阳区建外大街 1 号国贸大厦 1 座 3527 室

邮编：100004

电话：(010) 65055359

传真：(010) 65055360

网址：www. sidley. com

E－mail：mxue@ sidley. com

15. 美国美迈斯律师事务所北京代表处

O' MELVENY & MYERS LLP BEIJING REPRESENTATIVE OFFICE (USA)

核准日期：2002 年 12 月 25 日

执业许可证号：司律外字 2002 第 2－0005 号

首席代表：潘诺顿（Patrick M. Norton）

地址：北京市朝阳区建外大街 1 号国贸大厦 1 座 3120 室

邮编：100004

电话：(010) 65050920

传真：(010) 65050921

网址：www. omm. com

16. 美国康永华律师事务所北京代表处

FREDERICK W. HONG BEIJING REPRESENTATIVE OFFICE (USA)

核准日期：2002 年 12 月 25 日

执业许可证号：司律外字 2002 第 2－0007 号

首席代表：张益宏（Katherine Y. Chang）

地址：北京市东城区东长安街 1 号东方广场西 1 办公楼 813 室

邮编：100738

电话：(010) 85182640

传真：(010) 85182565

网址：www. whonglaw. com

E－mail：beijing@ fwhonglaw. com

17. 美国普衡律师事务所北京代表处

PAUL, HASTINGS JANOFSKY & WALKER LLP BEIJING REPRESENTATIVE OFFICE (USA)

原批准日期：1998 年 6 月 20 日

执业许可证号：司发证外字 2003 第 1－0003 号

重新核准日期：2002 年 8 月 15 日

首席代表：李德维（David Arlen Livdahl）

地址：北京市建国门外大街 1 号国贸大厦 2 座 24 层 2406 室

邮编：100004

电话：(010) 65053383 65053441 65542740

传真：(010) 65053459

网址：www. paulhastings. com

E－mail：deliafeng@ paulhastings. com

18. 美国贝克·丹尼尔斯律师事务所北京代表处

BAKER & DANIELS BEIJING REPRESENTATIVE OFFICE (USA)

核准日期：2003 年 11 月

执业许可证号：司发证外字 2003 第 2－0004 号

首席代表：韦爱德（Edward L. Williams）

地址：北京市建国门外大街1号国贸大厦2座1919室

邮编：100004

电话：（010）65057733

传真：（010）65058730

网址：www. bakerdaniels. com

E－mail：pchen@ bakerd. com

19. 美国海陆国际律师事务所北京代表处

HELLER EHRMAN WHITE & MCAULIFFE LLP BEIJING REPRESENTATIVE OFFICE（USA）

核准日期：2003年12月

执业许可证号：司发证外字2003第1－0016号

首席代表：余珍（Yu Chun）

地址：北京市建国门外大街1号国贸大厦1座14层1401室

邮编：100004

电话：（010）58669738

传真：（010）58669739

网址：www. hewm. com

E－mail：cmin@ hewm. com

20. 美国潘乃刚律师事务所北京代表处

PARAGON P. C BEIJING REPRESENTATIVE OFFICE（USA）

原批准日期：1993年9月6日

执业许可证号：司律证外字2002第1－0013号

重新核准日期：2002年6月10日

首席代表：潘乃刚（Donald Paragon）

地址：北京市东城区新中街18号阳光都市A座1508室

邮编：100027

电话：（010）84472536

传真：（010）84472553

网址：www. paragonlawyers. com

E－mail：panlushi@ a－l. net. cn

21. 美国霍兰德·奈特律师事务所北京代表处

HOLLAND & KNIGHT LLP BEIJING REPRESENTATIVE OFFICE（USA）

核准日期：2004年1月

执业许可证号：司发证外字2004第1－0017号

首席代表：赵晓华（Zhao Xiao Hua）

地址：北京市朝阳区工体北路甲2号IBM大厦14层33号

邮编：100027

电话：（010）65391232

传真：（010）65391060

22. 美国众达律师事务所北京代表处

JONES DAY BEIJING REPRESENTATIVE OFFICE（USA）

核准日期：2002年12月25日

执业许可证号：司发证外字2002第2－0006号

首席代表：陈仰圣（Johnson Tan）

地址：北京市建国门外大街1号国贸大厦1座3201室

邮编：100004

电话：（010）58661111

传真：（010）58661122

网址：www. jonesday. com

23. 美国伟凯律师事务所北京代表处

WHITE & CASE LLP BEIJING REPRESENTATIVE OFFICE（USA）

核准日期：2004年12月

执业许可证号：司发证外字2004第2－0006号

首席代表：范宝孙（Sandra Fan Pao Sun）

地址：北京市建国门外大街21号北京国际俱乐部写字楼9层902

邮编：100020

电话：（010）65328880

传真：（010）65326720

E－mail：lxue@ whitecase. com

24. 美国普盖茨律师事务所北京代表处

PRESTON GATES & ELLIS LLP BEIJING REPRESENTATIVE OFFICE（USA）

核准日期：2004年4月12日

执业许可证号：司发证外字2004第1－0021号

首席代表：廖淑珊（Susan Parker Liu）

地址：北京市东城区东方广场东方经贸城东三办公楼10层3室

邮编：100004

电话：（010）85188528

传真：（010）85189259

25. 美国格威·舒伯·拜耳律师事务所北京代表处

GARVEY，SCHUBERT & BARER BEIJING REPRESENTATIVE OFFICE（USA）

核准日期：2004年7月7日

执业许可证号：司发证外字2004第1－0024号

首席代表：威廉·白瑞（William E. Perry）

地址：北京市朝阳区光华路1号嘉里中心南楼820室

邮编：100020

电话：(010) 85299880

传真：(010) 85299881

26. 美国威凯平和而德律师事务所北京代表处

WILMER CUTLER PICKERING HALE AND DORR LLP BEIJING REPRESENTATIVE OFFICE (USA)

核准日期：2004年10月

执业许可证号：司发证外字2004第1-0034号

首席代表：罗斯 (Lester Ross)

地址：北京市嘉里中心北楼1206

邮编：100020

电话：(010) 85297588

传真：(010) 85297566

27. 美国杜威律师事务所北京代表处

DEWEY BALLANTINE BEIJING REPRESENTATIVE OFFICE (USA)

核准日期：2004年4月

执业许可证号：司发证外字2004第1-0020号

首席代表：孟雪林 (Sharon Jean Mann)

地址：北京市建国门外大街1号国贸大厦1座1626室

邮编：100004

电话：(010) 65050068

传真：(010) 65059468

28. 美国查德本·派克律师事务所北京代表处

CHADBOURNE & PARKE BEIJING REPRESENTATIVE OFFICE (USA)

原批准日期：2000年6月8日

执业许可证号：司律证外字2002第1-0042号

重新核准日期：2002年6月10日

首席代表：张百善 (Robin Hamilton Chambers)

地址：北京市朝阳区光华路1号嘉里中心C3室

邮编：100020

电话：(010) 85298892

传真：(010) 85298866

29. 英国齐伯礼律师事务所北京代表处

RICHARDS BUTLER BEIJING REPRESENTATIVE OFFICE (UK)

原批准日期：1996年6月26日

执业许可证号：司律证外字2002第1-0021号

重新核准日期：2002年6月10日

首席代表：麦明杰 (Melia John Anthony)

地址：北京市朝阳区朝外大街19号华普国际大厦703B室

邮编：100020

电话：(010) 65802690/1

传真：(010) 65802701

30. 英国路伟律师事务所北京代表处

LOVELLS BEIJING REPRESENTATIVE OFFICE (UK)

原批准日期：1992年10月20日

执业许可证号：司律证外字2002第1-0004号

重新核准日期：2002年6月10日

首席代表：吕立山 (Robert Lewis)

地址：北京市东城区东长安街1号东方广场东方经贸城中二办公楼2层

邮编：100738

电话：(010) 85184000

传真：(010) 85181656

31. 英国安理国际律师事务所北京代表处

ALLEN & OVERY LLP BEIJING REPRESENTATIVE OFFICE (UK)

原批准日期：1993年9月6日

执业许可证号：司律证外字2002第1-0010号

重新核准日期：2002年6月10日

地址：北京市朝阳区建国门外大街1号国贸大厦2座522室

邮编：100005

电话：(010) 65058800

传真：(010) 65056677

网址：www. allenovery. com

E-mail：yongfu. li@ allenovery. com

32. 英国富而德律师事务所北京代表处

FRESHFIELDS BRUCKHAUS DERINGER BEIJIN REPRESENTATIVE OFFICE (UK)

原批准日期：1996年6月26日

执业许可证号：司律证外字2002第1-0020号

重新核准日期：2002年6月10日

首席代表：马道龙 (Douglas C. Markel)

地址：北京市朝阳区建国门外大街1号国贸大厦2座3705室

邮编：100004

电话：(010) 65053448

传真：(010) 65057783

网址：www. freshfields. com

33. 英国史密夫律师事务所北京代表处

HERBERT SMITH BEIJING REPRESENTATIVE OFFICE (UK)

原批准日期：1999年3月12日

执业许可证号：司律证外字2002第1-0034号

重新核准日期：2002年6月10日

首席代表：傅石（Michael Fosh）

地址：北京市建外大街1号国贸大厦1座1410－15室

邮编：100004

电话：(010) 65056512

传真：(010) 65056516

网址：www.herbertsmith.com

34. 英国年利达律师事务所北京代表处

LINKLATERS BEIJING REPRESENTATIVE OFFICE (UK)

原批准日期：2001年3月28日

执业许可证号：司律证外字2002第2－0003号

重新核准日期：2002年6月10日

首席代表：林楚丽（Lam Chor Lai Celia）

地址：北京市朝阳区建外大街1号国贸大厦1座25层29室

邮编：100004

电话：(010) 65058590

传真：(010) 65058582

网址：www.linklaters.com

35. 英国诺顿罗氏律师事务所北京代表处

NORTON ROSE BEIJINGI REPRESENTATIVE OFFICE (UK)

核准日期：2002年6月10日

执业许可证号：司律证外字2002第1－0088号

首席代表：戴骁克（Jean－Marc Deschandol）

地址：北京市朝阳区亮马桥路50号燕莎中心写字楼C801室

邮编：100016

电话：(010) 84488881

传真：(010) 84486220

网址：www.nortonrose.com

E－mail：bingxin.li@nortonrose.com

36. 英国高伟绅律师事务所北京代表处

CLIFFORD CHANCE LLP BEIJING REPRESENTATIVE OFFICE (UK)

原批准日期：1993年9月6日

执业许可证号：司律证外字2002第2－0001号

重新核准日期：2002年6月10日

首席代表：简慧敏（Carmen Kan）

地址：北京市建外大街1号国贸大厦1座3326室

邮编：100004

电话：(010) 65059018

传真：(010) 65059028

网址：www.cliffordchance.com

37. 英国金马伦麦坚拿律师事务所北京代表处

CMSCAMERON MCKENNA LLP BEIJING REPRESENTATIVE OFFICE (UK)

原批准日期：1993年9月6日

执业许可证号：司律证外字2002第1－0012号

重新核准日期：2002年6月10日

首席代表：伊国豪（Timothy Wayne Ingham）

地址：北京市东城区东长安街1号东方广场东方经贸城西三办公楼6层601室89单元

邮编：100738

电话：(010) 85182535

传真：(010) 85181820

38. 日本相马达雄律师事务所北京代表处

SOMA TATSUO LAW OFFICE BEIJING REPRESENTATIVE OFFICE (JAPAN)

原批准日期：1995年5月4日

执业许可证号：司律证外字2002第1－0018号

重新核准日期：2002年6月10日

首席代表：相马达雄（Soma Tatsuo）

地址：北京市东长安街33号北京饭店C座3215

邮编：100004

电话：(010) 65266648

传真：(010) 65266648

39. 日本朝日·狛律师事务所北京代表处

ASAHI KOMA LAW OFFICES BEIJING REPRESENTATIVE OFFICE (JAPAN)

原批准日期：1996年6月26日

执业许可证号：司发证外字2003第1－0013号

重新核准日期：2002年6月10日

首席代表：久田真吾（Shingo Hisata）

地址：北京市东城区建内大街18号恒基中心办公楼1座1504室

邮编：100005

电话：(010) 65183858　65183859　65187578　65187579

传真：(010) 65183579

40. 日本安德森·毛利·友常律师事务所北京代表处

ANDERSON MORI & TOMOTSUNE BEIJING REPRESENTATIVE OFFICE (JAPAN)

原批准日期：1998年2月20日

执业许可证号：司发证外字2003第1－0004号

重新核准日期：2002年6月10日

首席代表：森胁章（Moriwaki Akira）

地址：北京市朝阳区东三环北路5号北京发展大

厦709室

邮编：100004

电话：（010）65909060/61/64

传真：（010）65909062

网址：www.andersonmori.com

41. 日本森·滨田松本法律事务所北京代表处

MORI HAMADA & MATSUMOTO BEIJING REPRESENTATIVE OFFICE（JAPAN）

原批准日期：1998年2月20日

执业许可证号：司发证外字2003第1-00004号

首席代表：石木茂彦（Shigehiko Ishimoto）

地址：北京市朝阳区东三环北路5号北京发展大厦813室

邮编：100004

电话：（010）65909292/9291/9293

传真：（010）65909290

网址：www.mhmjapan.com

E-mail：morisogo@95777.com

42. 日本加施德丝贺律师事务所北京代表处

ITOGA - SOGA LAW OFFICE BEIJING REPRESENTATIVE OFFICE（JAPAN）

原批准日期：2000年6月8日

执业许可证号：司发证外字2005第1-0044号

变更日期：2005年6月10日

首席代表：水野海峰（Mizuno Kaiho）

地址：北京市东城区东长安街1号东方广场C1办公楼3层

邮编：100738

电话：（010）85151266

传真：（010）85151267

43. 日本管野庄一律师事务所北京代表处

KANNO SHOICHI BEIJING REPRESENTATIVE OFFICE（JAPAN）

核准日期：2004年12月17日

执业许可证号：司发证外字2004第1-0038号

首席代表：岛田久夫（Shimada Sisao）

地址：北京市朝阳区建国门外大街22号赛特大厦809室

邮编：100016

电话：（010）65158148

传真：（010）65158089

44. 法国欧洲阿达姆斯联合律师事务所北京代表处

ADAMAS BEIJING REPRESENTATIVE OFFICE（FRANCE）

原批准日期：1992年10月20日

执业许可证号：司律证外字2002第1-0002号

重新核准日期：2002年6月10日

首席代表：戴达维（Frank Desevedavy）

地址：北京市朝阳区日坛公园神库大院

邮编：100020

电话：（010）85612431/32

传真：（010）85612433

网址：www.adamas.com.cn

E-mail：beijing@adamas.com.cn

45. 法国基德律师事务所北京代表处

GIDE LOYRETTE NOUEL BEIJING REPRESENTATIVE OFFICE（FRANCE）

原批准日期：1993年3月20日

执业许可证号：司律证外字2002第1-0007号

重新核准日期：2002年6月10日

首席代表：闫兰（Yan Lan）

地址：北京市朝阳区呼家楼京广中心3301室

邮编：100020

电话：（010）65974511

传真：（010）65974551

网址：www.gide.com

E-mail：glnpekin@public3.bta.net.cn

46. 法国德尚律师事务所北京代表处

DS LAW FIRM BEIJING REPRESENTATIVE OFFICE（FRANCE）

原批准日期：1999年3月12日

执业许可证号：司律证外字2002第1-0035号

重新核准日期：2002年6月10日

首席代表：乐为（Olivier Lefebure）

地址：北京市朝阳区朝阳门外大街20号联合大厦1106A室

邮编：100020

电话：（010）65885758/59/60

传真：（010）65880427

47. 法国博旺律师事务所北京代表处

VOVAN & ASSOCIES BEIJING REPRESENTATIVE OFFICE（FRANCE）

原批准日期：1999年3月12日

执业许可证号：司律证外字2002第1-0036号

重新核准日期：2002年6月10日

首席代表：康保罗（Paul Ranjard）

地址：北京市朝阳区日坛公园神库大院

邮编：100020

电话：（010）85626284

传真：（010）85617840

网址：www. vovan. associes. com

E－mail：vovan. pekin@ vovan－associes. com

48. 澳大利亚万世基律师事务所北京代表处

MALLESONS STEPHEN JAQUES BEIJING REPRESENTATIVE OFFICE（AUSTRALIA）

原批准日期：1993 年 9 月 6 日

执业许可证号：司律证外字 2002 第 1－0008 号

重新核准日期：2002 年 6 月 10 日

首席代表：李霏霏（Jennifer Lee Shoy）

地址：北京市东城区东长安街 1 号东方广场东方经贸城东一办公楼 5 层 12 室

邮编：100738

电话：（010）85186680

传真：（010）85186678

网址：www. mallesons. com

E－mail：bei@ mallesons. com

49. 澳大利亚唐林律师事务所北京代表处

LIN TANG & CO. LAWYERS BEIJING REPRESENTATIVE OFFICE（AUSTRALIA）

核准日期：2003 年 11 月 3 日

执业许可证号：司律证外字 2003 第 1－0015 号

首席代表：唐林（Lin Tang）

地址：北京市建外大街 21 号国际俱乐部南楼 203 室

邮编：100020

电话：（010）85325000

传真：（010）85324288

E－mail：lintang@ bigpond. com. aus

50. 加拿大布雷克·卡索斯·格莱登律师事务所北京代表处

BLAKE，CASSELS & GRAYDON LLP BEIJING REPRESENTATIVE OFFICE（CANADA）

原批准日期：1998 年 2 月 20 日

执业许可证号：司律证外字 2002 第 1－0026 号

重新核准日期：2002 年 6 月 10 日

首席代表：郭阳明（Robert Kwauk）

地址：北京市朝阳区光华路 7 号汉威大厦 21 层 A－1室

邮编：100004

电话：（010）65611515

传真：（010）65610667

网址：www. blakes. com

E－mail：beijing@ blakes. com. cn

51. 德国百达律师事务所北京代表处

BEITEN BURKARDT BEIJING REPRESENTATIVE OFFICE（GERMANY）

原批准日期：1995 年 3 月 16 日

执业许可证号：司律证外字 2002 第 1－0017 号

重新核准日期：2002 年 6 月 10 日

首席代表：艾笔洋（Bjoern Etgen）

地址：北京市朝阳区光华路 1 号北京嘉里中心南楼 31 层 3130 室

邮编：100020

电话：（010）85298110

传真：（010）85298123

网址：www. bblaw. de

E－mail：bblaw－Beijing@ bblaw. de

52. 德国海茵茨·舍费尔博士及伙伴律师事务所北京代表处

DR. HEINZ SCHAEFER & PARTNER INTERNATIONAL LAWYERS BEIJING REPRESENTATIVE OFFICE（GERMANY）

原批准日期：2001 年 7 月 23 日

执业许可证号：司律证外字 2002 第 1－0041 号

重新核准日期：2002 年 6 月 10 日

首席代表：于倍寿（Hans－Christian Ueberschaer）

地址：北京市朝阳区东三环北路 8 号亮马河大厦二座 1110 室

邮编：100004

电话：（010）65907100

传真：（010）64976672

53. 新加坡黄德森律师事务所北京代表处

COLIN NG & PARTNERS BEIJING REPRESENTATIVE OFFICE（SINGAPORE）

原批准日期：2000 年 6 月 8 日

执业许可证号：司律证外字 2002 第 1－0037 号

重新核准日期：2002 年 6 月 10 日

首席代表：林爱莲（Lim Ai－Leen）

地址：北京市朝阳区建园路乙 118 号京汇大厦21－03

邮编：100022

电话：（010）65675115

传真：（010）65675775

网址：www. cnplaw. com

E－mail：yli@ cnplaw. com

54. 新加坡腾福律师事务所北京代表处

STAMFORD LAW CORPORATION BEIJING REPRESENTATIVE OFFICE（SINGAPORE）

核准日期：2004 年 10 月 19 日

执业许可证号：司发证外字 2004 第 1－0025 号

首席代表：许顺光（Peter Koh Soon Kwang）

地址：北京市建国门外大街1号国贸大厦1座2405－2407室

邮编：100004

电话：（010）58669806

传真：（010）58669967

55. 瑞士文斐律师事务所北京代表处

WENGEN VIELI BELSER BEIJING REPRESENTATIVE OFFICE（SWITZERLAND）

原批准日期：2000年6月8日

执业许可证号：司律证外字2002第1－0038号

重新核准日期：2002年6月10日

首席代表：陶培恩（Paul Thaler）

地址：北京市朝阳区亮马桥路32号高斓大厦722室

邮编：100016

电话：（010）64687331

传真：（010）64603132

网址：www. wenfei. com

E－mail：mail@ wenfei. Com

56. 意大利比邻德立律师事务所北京代表处

BIRINDELLIE ASSOCIATI BEIJING REPRESENTATIVE OFFICE（ITALY）

原批准日期：1996年6月26日

执业许可证号：司律证外字2002第1－0025号

重新核准日期：2002年6月10日

首席代表：鲁卡·比邻德立（Luca Birindelli）

地址：北京市朝阳区光华路1号北京嘉里中心南楼31层

邮编：100020

电话：（010）85298111

传真：（010）85298112

网址：www. bea－law. com

E－mail：info@ bea－law. Com

57. 巴西卡奇·杜嘉律师事务所北京代表处

DUARTE GARCIA CASELLI GUIMARAES E TERRA ADVOGADOS BEIJING REPRESENTATIVE OFFICE（BRAZIL）

核准日期：2003年11月5日

执业许可证号：司发证外字2003第1－0014号

首席代表：爱露伊莎·迪·恭多（Heloisa Bonciani Nader Di Cunto）

地址：北京市朝阳区雅宝路10号凯威大厦11－0113

邮编：100020

电话：（010）85626081

传真：（010）85626082

58. 韩国太平洋律师事务所北京代表处

BAE，KIM & LEE BEIJING REPRESENTATIVE OFFICE（KOREA）

核准日期：2004年10月19日

执业许可证号：司发证外字2004第1－00267号

首席代表：金钟吉（Kim Jong Gil）

地址：北京市朝阳区光华路嘉里中心南楼2918

邮编：100020

电话：（010）85298821

传真：（010）85298759

二、上海代表处

59. 阿拉伯联合酋长国爱福利迪和安琪律师事务所上海代表处

AFRIDI & ANGELL LEGAL CONSULTANTS SHANGHAI REPRESENTATIVE OFFICE（UAE）

原批准日期：2001年3月28日

执业许可证号：司律证外2002第1－0079号

重新核准日期：2002年6月10日

首席代表：穆罕默德．阿里．汗．爱福利迪（M. A. K. Afridi）

地址：上海市东大名路628号上海海港商务中心516室

邮编：200080

电话：（021）56559695

传真：（021）56559679

E－mail：shanghai@ afridi－angell. com. cn

60. 澳大利亚安德慎国际律师事务所上海代表处

ALLENS ARTHUR ROBINSON SHANGHAI REPRESENTATIVE OFFICE（AUSTRALIA）

核准日期：1996年6月26日

执业许可证号：司律证外字2002第1－0050号

首席代表：刘伟生

地址：上海市浦东新区银城东路101号汇丰大厦13楼

邮编：200120

电话：（021）68412828

传真：（021）68412829

E－mail：www. aar. com. au

61. 澳大利亚博雷·道森·华隆律师事务所上海代表处

BLAKE DAWSON WALDRON SHANGHAI REPRESENTATIVE OFFICE（AUSTRALIA）

核准日期：1998 年 2 月 20 日
执业许可证号：司律证外字 2002 第 1－0057 号
首席代表：吴明华（Trevor Goh）
地址：上海市南京西路 1376 号上海商城 628 室
邮编：200040
电话：（021）62798069
传真：（021）62798109
E－mail：www. bdw. com

62. 澳大利亚的近律师事务所上海代表处
DEACONS SHANGHAI REPRESENTATIVE OFFICE（AUSTRALIA）
原批准日期：1999 年 9 月 6 日
执业许可证号：司律证外字 2002 第 1－0069 号
重新核准日期：2002 年 6 月 10 日
首席代表：高旖旎（Elizabeth Ann Cole）
地址：上海市西藏中路 268 号来福士广场 2801 室
邮编：200001
电话：（021）63403588
传真：（021）63403788
E－mail：Mingyuan. gu@ deacons. com. cn

63. 澳大利亚汉氏律师事务所上海代表处
HUNT & HUNT LAWYERS SHANGHAI REPRESENTATIVE OFFICE（AUSTRALIA）
原批准日期：1998 年 2 月 20 日
执业许可证号：司律证外字 2002 第 1－0058 号
重新核准日期：2002 年 6 月 10 日
首席代表：贺乐为（Jim Harrowell）
地址：上海市延安西路 1088 号长峰大厦 603 室
邮编：200052
电话：（021）62493543
传真：（021）62493545
网址：www. hunthunt. com. au
E－mail：eileen Jiang@ hunthunt. com. au

64. 澳大利亚铭德律师事务所上海代表处
MINTER ELLISON LAWYERS SHANGHAI REPRESENTATIVE OFFICE（AUSTRALIA）
原批准日期：1999 年 9 月 6 日
执业许可证号：司律证外字 2002 第 1－0070 号
重新核准日期：2002 年 6 月 10 日
首席代表：柯道远（David Cox）
地址：上海市南京西路 1266 号恒隆广场 62 楼 6211－6212 室
邮编：200040
电话：（021）62882171
传真：（021）62882172
网址：www. minterellison. com
E－mail：david. cox@ minterellison. com

65. 巴西诺劳亚律师事务所上海代表处
NORONHA ADVOGADOS SHANGHAI REPRESENTATIVE OFFICE（BRAZIL）
原批准日期：2001 年 3 月 28 日
执业许可证号：司律证外字 2002 第 1－0078 号
重新核准日期：2002 年 6 月 10 日
首席代表：Lilian Thome
地址：上海市浦东福山路 450 号新天国际大厦 14 层 F 室
邮编：200122
电话：（021）68766311
传真：（021）68766312
网址：www. noronhaadvogados. com. br
E－mail：noadsha@ noronhaadvogados. com. br

66. 德国百达律师事务所上海代表处
BEITEN BURKHARDT SHANGHAI REPRESENTATIVE OFFICE（GERMANY）
核准日期：2003 年 12 月 3 日
执业许可证号：司律证外字 2003 第 2－0003 号
首席代表：约根布克哈特（Juergen Burkhardt）
地址：上海市长乐路 989 号世纪商贸广场 35 层 3503 室
邮编：200031
电话：（021）54075557
传真：（021）54075559
网址：www. bblaw. de
E－mail：bblaw－shanghai@ bblaw. de

67. 德国法合联合律师事务所上海代表处
HAARMANN，HEMMELRATH & PARTNER SHANGHAI REPRESENTATIVE OFFICE（GERMANY）
原批准日期：1998 年 2 月 20 日
执业许可证号：司律证外字 2002 第 1－0060 号
重新核准日期：2002 年 6 月 10 日
首席代表：Bernd－Uwe Stucken
地址：上海市世纪大道 88 号金茂国际大厦 2308 室
邮编：200120
电话：（021）50498176
传真：（021）50475122
网址：www. haarmannhemmelrath. com
E－mail：bernd－uwe. stucken @ haarmannhemmelrath. com

68. 德国罗德律师事务所上海代表处
RODL & PARTNER SHANGHAI REPRESENTATIVE

OFFICE（GERMANY）

核准日期：2002 年 6 月 10 日

执业许可证号：司律证外字 2002 第 1-0092 号

首席代表：Georg Garbrecht

地址：上海市浦东世纪大道 1600 号浦项商务广场 23 楼

邮编：200122

电话：（021）58300708

传真：（021）58201218

网址：www.roedl.com

69. 德国舒尔茨·诺阿克·贝尔文克尔律师事务所上海代表处

SCHULZ NOACK BARWINKEL LAW FIRM SHANGHAI REPRESENTATIVE OFFICE（GERMANY）

原批准日期：1995 年 3 月 16 日

执业许可证号：司律证外字 2002 第 1-0046 号

重新核准日期：2002 年 6 月 10 日

首席代表：夏乐命（Joerg-Michael Scheil）

地址：上海市延安西路 2201 号国际贸易中心 2302 室

邮编：200336

电话：（021）62198370

传真：（021）62196894

E-mail：snb@snblaw.com

70. 德国苏伦·佩尔策·迈耐克律师事务所上海代表处

SUHREN PELTZER MEINECKE SHANGHAI REPRESENTATIVE OFFICE（GERMANY）

核准日期：2004 年 10 月 27 日

执业许可证号：司发证外字 2004 第 1-0031 号

首席代表：豪斯特·苏伦（HORST SUHREN）

地址：上海市浦东新区陆家嘴东路 161 号招商局大厦 812 室

邮编：200120

电话：（021）68880393

传真：（021）68880395

E-mail：hsuhren@kanzlei-psm.de

71. 德国泰乐信律师事务所上海代表处

TAYLOR WESSING SHANGHAI REPRESENTATIVE OFFICE（GERMANY）

核准日期：1996 年 6 月 26 日

执业许可证号：司律证外字 2002 第 1-0052 号

首席代表：柯沛聪（Ralph Vigo Koppitz）

地址：上海市南京西路 1468 号中信泰富广场 1509 室

邮编：200040

电话：（021）62477247

传真：（021）62472297

网址：www.taylorwessing.com

72. 法国 CMS 法乐菲律师事务所上海代表处

CMS BUREAU FRANCIS LEFEBVRE SHANGHAI REPRESENTATIVE OFFICE（FRANCE）

核准日期：2001 年 3 月 28 日

执业许可证号：司律证外字 2002 第 1-0080 号

首席代表：苏杰楠（Jonathan Selvadoray）

地址：上海市南京西路 1515 号嘉里中心 905 座

邮编：200040

电话：（021）62896363

传真：（021）62899696

E-mail：Emmanuel.meril@shanghai.cmslegal.com

73. 法国阿达姆斯律师事务所上海代表处

ADMAS INTERNATIONAL SHANGHAI REPRESENTATIVE OFFICE（FRANCE）

核准日期：2004 年 10 月 27 日

执业许可证号：司发证外字 2004 第 2-0009 号

首席代表：杜博伟（Olivier Dubuis）

地址：上海市乌鲁木齐北路 457 号朝代商务中心 601 室

邮编：200040

电话：（021）62490302

传真：（021）62490501

网址：www.adamas.com.cn

74. 法国德尚律师事务所上海代表处

DS SHANGHAI REPRESENTATIVE OFFICE（FRANCE）

核准日期：2002 年 12 月 25 日

执业许可证号：司律证外字 2002 第 2-0012 号

首席代表：佘薇兰（Anne Severin）

地址：上海市淮海中路 283 号香港广场南座 1707 室

邮编：200021

电话：（021）63906015 63906505 63906264

传真：（021）63906500

网址：www.dsavocats.com

75. 法国基德律师事务所上海代表处

GIDE LOYRETTE NOUEL SHANGHAI REPRESENTATIVE OFFICE（FRANCE）

核准日期：2002 年 12 月 25 日

执业许可证号：司律证外字 2002 第 2-0011 号

首席代表：韩启蒙

地址：上海市淮海中路 333 号瑞安广场 2008 室

邮编：200021
电话：（021）53068899
传真：（021）53068989
网址：www. gide. com

76. 法国铁法理律师事务所上海代表处
THIEFFRY & ASSOCIES SHANGHAI REPRESENTATIVE OFFICE（FRANCE）
核准日期：1995 年 3 月 16 日
执业许可证号：司律证外字 2002 第 1－0048 号
首席代表：贝纳奇（Paul Emmanuel Benachi）
地址：上海市浦东陆家嘴东路 161 号招商局大厦 1407 室
邮编：200120
电话：（021）68411388
传真：（021）68411266
网址：www. thieffry. com

77. 韩国德路律师事务所上海代表处
DERYOOK INTERNATIONAL LAW FIRM SHANGHAI REPRESENTATIVE OFFICE（KOREA）
核准日期：2003 年 5 月 15 日
执业许可证号：司律证外字 2003 第 1－0008 号
首席代表：崔元铎（Choi－Won Tak）
地址：上海市世纪大道 1600 号浦项商务广场 2003 室
邮编：200122
电话：（021）68760182
传真：（021）50582923
E－mail：sungwonkim@ deryooklaw. com

78. 荷兰浩达律师事务所上海代表处
HOLTHUIS INTERNATIONAL LAWYERS SHANGHAI REPRESENTATIVE OFFICE（HOLLAND）
核准日期：2004 年 10 月 27 日
执业许可证号：司发证外字 2004 第 1－0032 号
首席代表：慕雨果（Hugo Muller）
地址：上海市黄浦区中山东一路 12 号外滩 12 号大楼 2 楼 231－233 室
邮编：200002
电话：（021）63294556
传真：（021）63294576
网址：www. holthuis. com

79. 美国阿姆斯壮·蒂斯岱尔律师事务所上海代表处
AMSTRONG TEASDALE LLP SHANGHAI REPRESENTATIVE OFFICE（USA）
原批准日期：2000 年 6 月 8 日
执业许可证号：司律证外字 2002 第 1－0072 号
重新核准日期：2002 年 6 月 10 日
首席代表：Thomas S. Barrie
地址：上海市南京西路 1376 号上海商城 718 室
邮编：200040
电话：（021）62798808
传真：（021）62798866
网址：www. armstrongteasdale. com
E－mail：tbarrie@ armstrongteasdale. com

80. 美国贝克·麦坚时律师事务所上海代表处
BAKER & MCKENZIE SHANGHAI REPRESENTATIVE OFFICE（USA）
核准日期：2002 年 12 月 25 日
执业许可证号：司律证外字 2002 第 2－0008 号
首席代表：张大年
地址：上海市世纪大道 88 号金茂大厦 1601
邮编：200121
电话：（021）50478558
传真：（021）50470020
网址：www. bakernet. com

81. 美国博恩·凯悟律师事务所上海代表处
BRYAN CAVE LLP SHANGHAI REPRESENTATIVE OFFICE（USA）
原批准日期：1999 年 3 月 12 日
执业许可证号：司律证外字 2002 第 1－0064 号
重新核准日期：2002 年 6 月 10 日
首席代表：刘定发
地址：上海市南京西路 1376 号上海商城东峰 448 室
邮编：200040
电话：（021）62798166
传真：（021）62798165
网址：www. bryancave. com

82. 美国戴维斯·莱特·特里梅因律师事务所上海代表处
DAVUS WRIGHT TREMAINE LLP SHANGHAI REPRESENTATIVE OFFICE（USA）
原批准日期：1993 年 9 月 6 日
执业许可证号：司律证外字 2002 第 1－0045 号
重新核准日期：2002 年 6 月 10 日
首席代表：蔡荣伟
地址：上海市南京西路 1376 号上海商城东峰 450 室
邮编：200040
电话：（021）62798560

传真：(021) 62798547
网址：www.dwt.com

83. 美国德汇律师事务所上海代表处
DORSEY & WHITNEY LLP SHANGHAI REPRESENTATIVE OFFICE (USA)
原批准日期：2001年6月4日
执业许可证号：司律证外字2002第1-0076号
重新核准日期：2002年6月10日
首席代表：阎军
地址：上海市湖滨路222号企业天地1701室
邮编：200021
电话：(021) 62882323
传真：(021) 62883222
网址：www.dorsey.com

84. 美国德普律师事务所上海代表处
DEBEVOISE & PLIMPTON SHANGHAI REPRESENTATIVE OFFICE (USA)
核准日期：2002年6月1日
执业许可证号：司律证外字2002第1-0090号
首席代表：李黎
地址：上海市世纪大道88号金茂大厦22层
邮编：200121
电话：(021) 50471800
传真：(021) 50471600
网址：www.debevoise.com

85. 美国斐格律师事务所上海代表处
FAEGRE & BENSON LLP SHANGHAI REPRESENTATIVE OFFICE (USA)
原批准日期：2001年3月28日
执业许可证号：司律证外字2002第1-0077号
重新核准日期：2002年6月10日
首席代表：Peter (Neumann)
地址：上海市南京西路1376号上海商城425室
邮编：200040
电话：(021) 62798988
传真：(021) 62798968
网址：www.faegre.com

86. 美国高特兄弟律师事务所上海代表处
COUDERT BROTHERS LLP SHANGHAI REPRESENTATIVE OFFICE (USA)
核准日期：2003年3月14日
执业许可证号：司律证外字2003第2-0001号
首席代表：王览登 (Landon R. Prieur)
地址：上海市世纪大道88号金茂大厦35楼
邮编：200121
电话：(021) 38784620
传真：(021) 38784622
网址：www.coudert.com

87. 美国翰宇律师事务所上海代表处
SQUIRE SANDERS SHANGHAI REPRESENTATIVE OFFICE (USA)
核准日期：2004年4月12日
执业许可证号：司律证外字2004第2-0022号
首席代表：陆大安 (Daniel F. Roules)
地址：上海市南京西路1515号嘉里中心1207室
邮编：200040
电话：(021) 61036300
传真：(021) 61036363
网址：www.ssd.com

88. 美国霍金·豪森律师事务所上海代表处
HOGAN & HARTSON LLP SHANGHAI REPRESENTATIVE OFFICE (USA)
核准日期：2004年10月27日
执业许可证号：司发证外字2004第2-0008号
首席代表：饶新 (Steven N Robinson)
地址：上海市西藏中路268号来福士广场3006室
邮编：200001
电话：(021) 63404666
传真：(021) 63404999
网址：www.hhlaw.com

89. 美国凯赫律师事务所上海代表处
KELLER AND KECKMAN LLP SHANGHAI REPRESENTATIVE OFFICE (USA)
核准日期：2004年12月27日
执业许可证号：司发证外字2004第1-0030号
首席代表：艾约翰 (John S. Eldred)
地址：上海市淮海中路300号香港新世界大厦47楼4725-4726室
邮编：200021
电话：(021) 51162879
传真：(021) 51162965
E-mail：eldred@khlow.com

90. 美国凯寿律师事务所上海代表处
KAYE SCHOLER LLP SHANGHAI REPRESENTATIVE OFFICE (USA)
原批准日期：1998年2月20日
执业许可证号：司律证外字2002第1-0063号
重新核准日期：2002年6月10日
首席代表：符迎曦
地址：上海市南京西路1168号中信泰富广场1504

-06 室

邮编：200041

电话：（021）52984266

传真：（021）52984277

E-mail：jyao@kayescholer.com

91. 美国美富律师事务所上海代表处

MORRISON & FOERSTER LLP SHANGHAI REPRESENTATIVE OFFICE（USA）

核准日期：2002年12月25日

执业许可证号：司律证外字2002第2-0010号

首席代表：柯弥（Charles C. Comey）

地址：上海市延安东路222号外滩中心3803室

邮编：200002

电话：（021）63352290

传真：（021）63352291

网址：www.mofo.com

92. 美国美迈斯律师事务所上海代表处

O'MELVENY & MYERS LLP SHANGHAI REPRESENTATIVE OFFICE（USA）

原批准日期：1996年6月26日

执业许可证号：司律证外字2002第1-0053号

重新核准日期：2002年6月10日

首席代表：余世猷

地址：上海市南京西路1515号嘉里中心20楼

邮编：200040

电话：（021）52985600

传真：（021）52985500

网址：www.omm.com

93. 美国普衡律师事务所上海代表处

PAUL, HASTINGS, JANOFSKY & WALKER LLP SHANGHAI REPRESENTATIVE OFFICE（USA）

原批准日期：2002年1月9日

执业许可证号：司律证外字2003第2-0001号

重新核准日期：2003年5月15日

首席代表：吴仕高（Gregory P. Wells）

地址：上海市淮海中路300号香港新世界广场23楼2301室

邮编：200021

电话：（021）61032900

传真：（021）61032990

网址：www.paulhastings.com

94. 美国瑞生律师事务所上海代表处

LATHAM & WATKINS LLP SHANGHAI REPRESENTATIVE OFFICE（USA）

核准日期：2004年10月27日

执业许可证号：司发证外字2004第1-0029号

重新核准日期：2002年6月10日

首席代表：Rowland Cheng

地址：上海市浦东新区世纪大道88号金茂大厦办公楼5区49层2单元

邮编：200120

电话：（021）61016100

传真：（021）61016000

网址：www.lw.com

E-mail：corina.tan-reisig@lw.com

95. 美国盛德国际律师事务所上海代表处

SIDLEY AUSTIN BROWN & WOOD LLP SHANGHAI REPRESENTATIVE OFFICE（USA）

原批准日期：2001年3月28日

执业许可证号：司律证外字2002第1-0081号

重新核准日期：2002年6月10日

首席代表：唐正宇

地址：上海市淮海中路333号瑞安广场2501室

邮编：200021

电话：（021）53062866

传真：（021）53068966

网址：www.sidley.com

96. 美国王和王律师事务所上海代表处

WONG & WONG SHANGHAI REPRESENTATIVE OFFICE（USA）

核准日期：2004年7月7日

执业许可证号：司发证外字2004第1-0027号

首席代表：杨文玉（Laura W. Young）

地址：上海市南京西路580号南证大厦2308室

邮编：200041

电话：（021）52340739

传真：（021）52340672

E-mail：wangsha@sh163.net

97. 美国威嘉律师事务所上海代表处

WEIL GOTSHAL & MANGES LLP SHANGHAI REPRESENTATIVE OFFICE（USA）

核准日期：2004年7月7日

执业许可证号：司律证外字2004第1-0026号

首席代表：谢威森（William Sievers）

地址：上海市南京西路1168号中信泰富广场4101室

邮编：200041

电话：（021）32174618

传真：（021）52929166

网址：www.weil.com

98. 美国伟凯律师事务所上海代表处

WHITE & CASE LLP SHANGHAI REPRESENTATIVE OFFICE（USA）

核准日期：2000 年 6 月 8 日

执业许可证号：司律证外字 2002 第 1－0071 号

首席代表：李瑞翰（John Carroll Leary）

地址：上海市中山东一路 12 号外滩 112 号大楼 218 室

邮编：200002

电话：（021）63212200

传真：（021）63239252

网址：www. whitecase. com

99. 美国文森·艾尔斯律师事务所上海代表处

VINSON－ELKINS LLP SHANGHAI REPRESENTATIVE OFFICE（USA）

核准日期：2002 年 12 月 25 日

执业许可证号：司律证外字 2002 第 2－0009 号

首席代表：古杰思（James L Cuclis）

地址：上海市延庆路 149 号

邮编：200031

电话：（021）64678088

传真：（021）64678099

网址：www. velaw. com

100. 美国余晨峰律师事务所上海代表处

MICHAEL S. YU，A LAW CORPORATION SHANGHAI REPRESENTATIVE OFFICE（USA）

核准日期：2004 年 7 月 7 日

执业许可证号：司发证外字 2004 第 1－0028 号

首席代表：余晨峰

地址：上海市延安西路 726 号华敏翰尊国际 25 层 K 室

邮编：200050

电话：（021）52382833

传真：（021）52382733

E－mail：my@ mylaw. com

101. 美国众达律师事务所上海代表处

JONES，DAY，REAVIS & POGUE SHANGHAI REPRESENTATIVE OFFICE（USA）

核准日期：1999 年 3 月 12 日

执业许可证号：司律证外字 2002 第 1－0065 号

首席代表：赵久苏

地址：上海市南京西路 1515 号嘉里中心 30 楼

邮编：200040

电话：（021）22018000

传真：（021）52986569

网址：www. jonesday. com

102. 挪威威宝律师事务所上海代表处

WIKBORG REIN & CO. SHANGHAI REPRESENTATIVE OFFICE（NORWAY）

核准日期：2003 年 5 月 15 日

执业许可证号：司律证外字 2003 第 1－0009 号

首席代表：何思强（Erlend Hostrom）

地址：上海市中山东一路 12 号 327 室

邮编：200002

电话：（021）63390101

传真：（021）63390606

网址：www. wr. no

E－mail：shanghai@ wr. no

103. 日本国 TMI 律师事务所上海代表处

TMI ASSOCIATES SHANGHAI REPRESENTATIVE OFFICE（JAPAN）

核准日期：1998 年 2 月 20 日

执业许可证号：司律证外字 2002 第 1－0061 号

首席代表：田中克郎

地址：上海市浦东银城东路 101 号汇丰大厦 8 楼

邮编：200120

电话：（021）68414466

传真：（021）68410304

E－mail：myamada@ tmish. com

104. 日本大江桥律师事务所上海代表处

OH－EBASHI LAW SHANGHAI REPRESENTATIVE OFFICES（JAPAN）

原批准日期：1995 年 3 月 16 日

执业许可证号：司律证外字 2002 第 1－0047 号

重新核准日期：2002 年 6 月 10 日

首席代表：桥井衡

地址：上海市银城东路 101 号汇丰大厦 14 楼

邮编：200120

电话：（021）68411699

传真：（021）68411659

E－mail：matsui@ ohebashi. com

105. 日本高井伸夫律师事务所上海代表处

NOBUO TAKAI LAW SHANGHAI REPRESENTATIVE OFFICE（JAPAN）

核准日期：1999 年 3 月 12 日

执业许可证号：司律证外字 2002 第 1－0068 号

首席代表：桥本吉文

地址：上海市肇嘉浜路 680 号 715 室

邮编：200031

电话：（021）64371121

传真：（021）64372571

网址：www. takai - law office. com

E - mail：nobuo@ public8. net. cn

106. 日本黑田律师事务所上海代表处

KURODA LAW SHANGHAI REPRESENTATIVE OFFICE（JAPAN）

核准日期：2004 年 10 月

执业许可证号：司发证外字 2004 第 1 - 0033 号

首席代表：竹内纯子（Takeuchi Sumiko）

地址：上海市南京西路 1266 号恒隆广场 11 层 1105B

邮编：200040

电话：（021）62883890

传真：（021）62883891

网址：www. kuroda - law. gr. jp

107. 日本加施德丝贺律师事务所上海代表处

CAST ITOGA LAW P. C. SHANGHAI REPRESENTATIVE OFFICE（JAPAN）

变更日期：2005 年 6 月 10 日

执业许可证号：司律证外字 2005 第 2 - 0012 号

首席代表：曾我贵志

地址：上海市浦东新区浦东南路 528 号上海证券大厦 2003 室

邮编：200120

电话：（021）68824618

传真：（021）68824619

网址：www. cast - itoga. com

108. 日本森·滨田松本律师事务所上海代表处

MORI HAMADA & MATSUMOTO SHANGHAI REPRESENTATIVE OFFICE（JAPAN）

核准日期：2004 年 12 月 17 日

执业许可证号：司发证外字 2004 第 2 - 0010 号

首席代表：射手矢好雄（Iteya Yoshio）

地址：上海市浦东新区银城东路 101 号汇丰大厦 6 层

邮编：200120

电话：（021）68412500

传真：（021）68412811

E - mail：shanghai@ mhmjapan. com

109. 瑞典维格律师事务所上海代表处

ADVOKATFIRMAN VINGE KB SHANGHAI REPRESENTATIVE OFFICE（SWEDEN）

核准日期：1999 年 3 月 12 日

执业许可证号：司律证外字 2002 第 1 - 0067 号

首席代表：林沃夫（Ulf Ohrling）

地址：上海市淮海中路 93 号大上海时代广场 1207 室

邮编：200020

电话：（021）53820196

传真：（021）64450150

网址：www. vinge. se

110. 新加坡卡达及黄律师事务所上海代表处

KHATTAR WONG SHANGHAI REPRESENTATIVE OFFICE（SINGAPORE）

核准日期：2003 年 5 月 15 日

执业许可证号：司律证外字 2003 第 1 - 0006 号

首席代表：杨力行

地址：上海市浦东南路 528 号上海证券大厦北塔 2402 室

邮编：200120

电话：（021）68690028

传真：（021）68817668

E - mail：yanglihshyng@ khattarwong. com

111. 新加坡立杰律师事务所上海代表处

RAJAH & TANN SHANGHAI REPRESENTATIVE OFFICE（SINGAPORE）

核准日期：2003 年 5 月 15 日

执业许可证号：司律证外字 2003 第 1 - 0007 号

首席代表：王一心

地址：上海市西藏中路 268 号来福士广场 2903 室

邮编：201100

电话：（021）63403290

传真：（021）63403296

网址：www. rajahtann. com

112. 新加坡卢与那比亚律师事务所上海代表处

DREW & NAPIER LLC SHANGHAI REPRESENTATIVE OFFICE（SINGAPORE）

核准日期：2000 年 6 月 10 日

执业许可证号：司律证外字 2002 第 1 - 0075 号

首席代表：程友忠

地址：上海市延安东路 222 号外滩中心 2501 室

邮编：200002

电话：（021）63351628

传真：（021）63350638

网址：www. drewnapier. com

E - mail：china@ drewnapier. com

113. 新加坡瑞德律师事务所上海代表处

RODYK & DAVIDSON SHANGHAI REPRESENTATIVE OFFICE（SINGAPORE）

核准日期：1996 年 12 月 9 日

执业许可证号：司律证外字 2002 第 1－0055 号
首席代表：许丽霞
地址：上海市延安东路 550 号海洋大厦 2309－2310 室
邮编：200001
电话：(021) 63229191
传真：(021) 63224550
网址：www. rodyk. com

114. 新加坡王律师事务所上海代表处
WONG PARTNERSHIP SHANGHAI REPRESENTATIVE OFFICE (SINGAPORE)
核准日期：2004 年 1 月 8 日
执业许可证号：司律证外字 2004 第 1－0018 号
首席代表：颜建 (Kun)
地址：上海市西藏中路 268 号来福士广场 2807 室
邮编：200001
电话：(021) 63403131
传真：(021) 63403315
网址：www. wongpartnership. com. sg

115. 新加坡谢凯文律师事务所上海代表处
KELVIN CHIA PARTNERSHIP SHANGHAI REPRESENTATIVE OFFICE (SINGAPORE)
核准日期：2004 年 4 月 12 日
执业许可证号：司律证外字 2004 第 1－0023 号
首席代表：沈秀娟
地址：上海市淮海中路 93 号上海大时代广场 1010 室
邮编：200021
电话：(021) 63918046
传真：(021) 60918045
网址：www. kcpartnership. com

116. 新加坡杨梁白律师事务所上海代表处
YEO－LEONG & PEH LLC SHANGHAI REPRESENTATIVE OFFICE (SINGAPORE)
核准日期：1997 年 3 月 6 日
执业许可证号：司律证外字 2002 第 1－0056 号
首席代表：黄志远
地址：上海市愚园路 168 号环球世界大厦 A 座 1106 室
邮编：200040
电话：(021) 62490412
传真：(021) 62495418
网址：www. ylp. com. sg
E－mail：ylplegal@ online. sh. cn

117. 意大利比邻德立律师事务所上海代表处
BIRINDELLI E ASSOCIATI STUDIO LEGALE SHANGHAI REPRESENTATIVE OFFICE (ITALY)
核准日期：2002 年 12 月 25 日
执业许可证号：司律证外字 2002 第 2－0015 号
首席代表：罗地 (Claudio d' Agostino)
地址：上海市南京西路 1515 号嘉里中心 1007 室
邮编：200040
电话：(021) 52985060
传真：(021) 52985061
网址：www. bea－law. com
E－mail：cxun@ bea－law. com

118. 英国安理国际律师事务所上海代表处
ALLEN & OVERY LLP SHANGHAI REPRESENTATIVE OFFICE (UK)
原批准日期：1998 年 2 月 20 日
执业许可证号：司律证外字 2002 第 2－0004 号
重新核准日期：2002 年 6 月 10 日
首席代表：白诗孟 (Simon Black)
地址：上海市湖滨路 222 号企业天地 A 座 601 室
邮编：200021
电话：(021) 53869988
传真：(021) 53825380
网址：www. allenovery. com

119. 英国博礼祈律师事务所上海代表处
BARLOW LYDE & GILBERT SHANGHAI REPRESENTATIVE OFFICE (UK)
核准日期：2000 年 6 月 8 日
执业许可证号：司律证外字 2002 第 1－0074 号
首席代表：Heida Donegan
地址：上海市世纪大道 88 号金茂大厦 1606 单元
邮编：200120
电话：(021) 50476633
传真：(021) 50470101
网址：www. blgchina. com. cn

120. 英国富尔德律师事务所上海代表处
FRESHFIELDS BRUCKHAUS DERINGER SHANGHAI REPRESENTATIVE OFFICE (UK)
原批准日期：1998 年 2 月 20 日
执业许可证号：司律证外字 2002 第 1－0059 号
重新核准日期：2002 年 6 月 10 日
首席代表：葛范德 (Norman P. Givant)
地址：上海市世纪大道 88 号金茂国际大厦 34 楼
邮编：200121
电话：(021) 50491118
传真：(021) 38780099

网址：www. freshfileds. com

121. 英国高伟绅律师事务所上海代表处

CLIFFORD CHANCE LLP SHANGHAI REPRESENTATIVE OFFICE（UK）

核准日期：1993 年 3 月 20 日

执业许可证号：司律证外字 2002 第 1－0043 号

首席代表：Stephen Pioer Harder

地址：上海市延安东路 222 号外滩中心 40 楼

邮编：200002

电话：（021）63350086

传真：（021）63350337

网址：www. cliffordchance. com

122. 英国路伟律师事务所上海代表处

LOVELLS SHANGHAI REPRESENTATIVE OFFICE（UK）

核准日期：2003 年 5 月 15 日

执业许可证号：司律证外字 2003 第 2－0002 号

首席代表：马锦德（Douglas Clark）

地址：上海市南京西路 1515 号上海嘉里中心 11 楼 1107 单元

邮编：200040

电话：（021）62793155

传真：（021）62792695

网址：www. lovells. com

123. 英国梅森律师事务所上海代表处

PINSENT MASONS SHANGHAI REPRESENTATIVE OFFICE（UK）

核准日期：2002 年 12 月 25 日

执业许可证号：司律证外字 2002 第 2－0013 号

首席代表：丘健雄（Kian Heong Hew）

地址：上海市中山东一路 12 号 241 室

邮编：200002

电话：（021）63211166

传真：（021）63292696

网址：www. masons. com

124. 英国年利达律师事务所上海代表处

LINKLATERS SHANGHAI REPRESENTATIVE OFFICE（UK）

原批准日期：1998 年 2 月 20 日

执业许可证号：司律证外字 2002 第 1－0062 号

重新核准日期：2002 年 12 月 25 日

首席代表：葛安德（Andrew John Godwin）

地址：上海市浦东花园石桥路 33 号 1608 室

邮编：200120

电话：（021）28911888

传真：（021）28911818

网址：www. linklaters. com

125. 英国欧华律师事务所上海代表处

DLA LLP SHANGHAI REPRESENTATIVE OFFICE（UK）

核准日期：2002 年 6 月 10 日

执业许可证号：司律证外字 2002 第 1－0091 号

首席代表：陈承元

地址：上海市银城中路 200 号中银大厦 2807－2810 室

邮编：200120

电话：（021）50372726

传真：（021）50372268

网址：www. dlapiper. com

E－mail：sharepresentative office@ dlapiper. com

126. 英国胜蓝律师事务所上海代表处

SALANS SHANGHAI REPRESENTATIVE OFFICE（UK）

核准日期：2004 年 4 月 12 日

执业许可证号：司律证外字 2004 第 1－0022 号

首席代表：叶德华（Edward J. Esptein）

地址：上海市南京西路 1515 号嘉里中心 1302－1303 座

邮编：200040

电话：（021）62890990

传真：（021）62899911

网址：www. salans. com

E－mail：shanghai@ salans. com

127. 英国史密夫律师事务所上海代表处

HERBERT SMITH LLP SHANGHAI REPRESENTATIVE OFFICE（UK）

核准日期：2002 年 12 月 25 日

执业许可证号：司律证外字 2002 第 2－0014 号

首席代表：骆伟德（Gary Lock）

地址：上海市延安东路 222 号金光外滩金融中心 38 层 5 单元

邮编：200002

电话：（021）63351144

传真：（021）63351145

网址：www. herbertsmith. com

128. 英国西盟斯律师所上海代表处

SIMMONS & SIMMONS SHANGHAI REPRESENTATIVE OFFICE（UK）

原批准日期：1995 年 3 月 16 日

执业许可证号：司律证外字 2002 第 1－0049 号

重新核准日期：2002年6月10日
首席代表：王桂郧
地址：上海市南京西路1266号恒隆广场33楼
邮编：200040
电话：(021) 62490700
传真：(021) 62490706
网址：www. simmons－simmons. com

129. 英国夏礼文律师事务所上海代表处
HOLMAN FENWICK & WILLAN SHANGHAI REPRESENTATIVE OFFICE（UK）
核准日期：1999年3月12日
执业许可证号：司律证外字2002第1－0066号
首席代表：Andrew Cutler
地址：上海市浦东陆家嘴东路166号中国保险大厦14层1411室
邮编：200120
电话：(021) 58887711
传真：(021) 58887011
E－mail：holmans@ hfw. com. cn
first name. last name@ hfw. com. cn

130. 英国夏信律师事务所上海代表处
STEPHENSON HARWOOD SHANGHAI REPRESENTATIVE OFFICE（UK）
核准日期：1993年9月6日
执业许可证号：司律证外字2002第1－0044号
首席代表：Richard Kimber
地址：上海市浦东银城东路101号汇丰大厦8楼
邮编：200120
电话：(021) 68410988
传真：(021) 68410525
网址：www. srtlaw. com

131. 英国英士律师事务所上海代表处
INCE & CO. INTERNATIONAL LAW FIRM SHANGHAI REPRESENTATIVE OFFICE（UK）
核准日期：2000年6月18日
执业许可证号：司律证外字2002第1－0073号
首席代表：Peter John Murray
地址：上海市中山东一路12号外滩12号322室
邮编：200002
电话：(021) 63291212
传真：(021) 63215468
网址：www. incelaw. com

三、广州代表处

132. 美国康永华律师事务所广州代表处
FREDERICK W. HONG GUANGZHOU REPRESENTATIVE OFFICE（USA）
原批准日期：1993年9月6日
执业许可证号：司律证港字2002第1－0083号
首席代表：康永华（Frederick W. Hong）
地址：广东省广州市环市东路371－375号广州世界贸易中心北塔1503室
邮编：510095
电话：(020) 87609933 87609856
传真：(020) 87609896
E－mail：guangzhou@ fwhonglaw. com

133. 美国麦凯德律师事务所广州代表处
MC－CANDLISH HOLTON GUANGZHOU REPRESENTATIVE OFFICE（USA）
核准日期：1995年3月16日
执业许可证号：司律证港字2002第1－0084号
首席代表：史思文（Scott Swan）
地址：广东省广州市环市东路339号广东国际大厦1812室
邮编：510095
电话：(020) 83313676
传真：(020) 83313675
E－mail：gzabmm @ public. Guangzhou. gd. cn

134. 法国励法律师事务所广州代表处
LEFEVRE PELLETIER & ASSOCIES, AVOCATS GUANGZHOU REPRESENTATIVE OFFICE（FRANCE）
核准日期：2004年10月19日
执业许可证号：司发证外字2004第1－0037号
首席代表：罗伯特·戴乐仕（Robert F M Bijloos）
代表：卢盛辉
地址：广东省广州市环市东路339号广东国际大酒店1610室
邮编：510064
电话：(020) 22378609
传真：(020) 22378619
E－mail：info@ palaw. com. cn

四、苏州代表处

135. 美国萨·斯·何律师事务所苏州代表处
CHARMOY, STOLZBZRG & HOLIAN, LLP SUZHOU REPRESENTATIVE OFFICE（USA）
核准日期：2004年10月27日
执业许可证号：司发证外字2004年第1－0036号
首席代表：罗伯特·斯托尔兹伯格
地址：江苏省苏州市中新路8号贵都大厦三层A10

邮编：215021
电话：(0512) 67621300
传真：(0512) 67621500
网址：www. bigonlaw. com

五、青岛代表处

136. 美国贝克·丹尼尔斯律师事务所青岛代表处
BAKER & DANIELS QINGDAO REPRESENTATIVE OFFICE（USA）
核准日期：1998 年 2 月 20 日
执业许可证号：司律证外字 2002 第 1－0086 号
首席代表：刘吉庆
地址：山东省青岛市香港中路 76 号颐中皇冠假日酒店办公区四楼
邮编：266071
电话：(0532) 5750151
传真：(0532) 5750155
E－mail：gpan@ bakerd. com

六、大连代表处

137. 日本法圆坂律师事务所大连代表处
HOENZAKA LAW FIRM DALIAN REPRESENTATIVE OFFICE（JAPAN）
原批准日期：2000 年 6 月 8 日
执业许可证号：司发证外字 2003 第 1－0005 号
重新核准日期：2003 年 5 月 15 日
首席代表：稻田坚太郎
地址：辽宁省大连市中山区中山广场 4 号大连宾馆 311 室
邮编：116001
电话：(0411) 82630211
传真：(0411) 82823411
E－mail：fang@ tokyo－law. gr. jp
inada@ hoenzaka－law. gr. jp

七、沈阳代表处

138. 韩国东保律师事务所沈阳代表处
DONG BAO LAWYER OFFICE SHENYANG REPRESENTATIVE OFFICE（KOREA）
核准日期：2004 年 1 月 8 日
执业许可证号：司发证外字 2004 第 1－0019 号
首席代表：林德吉
地址：辽宁省沈阳市和平区和平北大街 69 号总统大厦 A 座 2406 室
邮编：110003
电话：(024) 22812177
传真：(024) 22812077
E－mail：fwwjin@ yahoo. com. cn

八、成都代表处

139. 美国凯胜律师事务所成都代表处
PERLISS & GROSS CHENGDU REPRESENTATIVE OFFICE（USA）
核准日期：2001 年 3 月 28 日
执业许可证号：司律证外字 2002 第 1－0085 号
首席代表：胜费德（Sanford. Howard. Perliss）
地址：四川省成都市人民南路四段 21 号盘谷花园 3－2－901 室
邮编：610041
电话：(028) 85351290/66134118
传真：(028) 66134119
网址：www. perlissandgross. com

2005 年度法治建设与法学理论研究部级科研项目立项课题名单的公告

（2005 年 11 月 23 日司法部第 50 号公告发布）

根据《法治建设与法学理论研究部级科研项目管理办法（试行）》的规定，经专家评审会评审，2005 年度法治建设与法学理论研究部级科研项目共 134 项获准立项，其中重点项目 18 项，一般项目 58 项，中青年项目 21 项，委托项目 7 项，专项任务项目 30 项。立项课题名单公告如下：

序号	项目编号	课题名称	项目类别	学科分类	项目主持人	职称（职务）	学位	工作单位
1	05SFB1001	社会控制与和谐社会秩序的建构——法社会学的研究	重点	法理学	蒋传光	教授	博士	上海师范大学
2	05SFB1002	司法方法与司法公正	重点	法理学	刘星	教授	硕士	中山大学
3	05SFB1003	公正司法视角下的司法技术研究	重点	法理学	胡玉鸿	教授	博士	苏州大学
4	05SFB1004	行政规划法律制度研究	重点	行政法	莫于川	教授	博士	中国人民大学
5	05SFB1005	综合行政执法体制研究	重点	行政法	熊文钊	教授	博士	中央民族大学
6	05SFB1006	和谐社会建构与依宪治国	重点	宪法学	吴新平	教授	硕士	中国社会科学院法学研究所
7	05SFB1007	社区矫正的理论与实践	重点	刑法学	张景荪	院长	学士	北京政法职业学院
8	05SFB1008	知识产权刑事执法问题研究	重点	刑法学	柯良栋	局长	硕士	公安部法制局
9	05SFB1009	死刑实体法限制研究	重点	刑法学	张军	副院长	硕士	最高人民法院
10	05SFB1010	刑事诉讼法修改中我国刑事辩护制度之改革	重点	诉讼法	严军兴	研究员	硕士	司法部司法行政学院
11	05SFB1011	检察机关法律监督问题研究	重点	诉讼法	戴玉忠	检委会专职委员	本科	最高人民检察院
12	05SFB1012	调解立法研究	重点	诉讼法	宋朝武	教授	硕士	中国政法大学
13	05SFB1013	新类型合同研究	重点	民商法	黄松有	副院长	博士	最高人民法院
14	05SFB1014	防止知识产权滥用的法律机制研究	重点	民商法	费安玲	教授	博士	中国政法大学
15	05SFB1015	劳动争议处理法律制度研究	重点	经济法	董保华	教授	学士	华东政法学院
16	05SFB1016	国际反腐败公约与国内法协调问题研究	重点	国际法	甄贞	副检察长	博士	北京市人民检察院
17	05SFB1017	中国企业海外投资法律制度研究	重点	国际法	余劲松	教授	博士	中国人民大学
18	05SFB1018	经济欠发达民族自治地方公共卫生法律问题研究	重点	民族法	王振民	教授	博士	清华大学
19	05SFB2001	西部区域特征与法制统一性研究	一般	法理学	王作全	教授	博士	青海民族学院

续表

序号	项目编号	课题名称	项目类别	学科分类	项目主持人	职称（职务）	学位	工作单位
20	05SFB2002	西藏区域特征与法制统一研究	一般	法理学	卫绒娥	副教授	硕士	西藏大学
21	05SFB2003	奥运会法律问题研究	一般	法理学	黄世席	副教授	博士	山东大学
22	05SFB2004	我国构建节约型社会法律保障研究	一般	法理学	陈德敏	教授	博士	重庆大学
23	05SFB2005	司法推理与法官思维研究	一般	法理学	郑成良	教授	博士	上海交通大学
24	05SFB2006	公共利益的界定与法律规制研究	一般	法理学	吴高盛	局长	硕士	全国人大常委会办公厅秘书二局
25	05SFB2007	“例”在中国封建法制中的地位与演变	一般	法史学	杨一凡	教授	硕士	北京法律文化研究中心
26	05SFB2008	秦汉法律的传承与社会控制功能	一般	法史学	曹旅宁	教授	博士	华南师范大学
27	05SFB2009	国家统一司法考试与法学教育改革研究	一般	行政法	王立民	教授	博士	华东政法学院
28	05SFB2010	行政收费研究	一般	行政法	张明杰	教授	博士	中国社会科学院法学研究所
29	05SFB2011	食品安全监管法律问题研究	一般	行政法	徐景和	副司长	博士	国家食品药品监督管理局
30	05SFB2012	律师收费问题研究	一般	行政法	王进喜	副教授	博士	中国政法大学
31	05SFB2013	公益行政诉讼研究	一般	行政法	何兵	副教授	博士	中国政法大学
32	05SFB2014	法治之下的警察行政权的合理构建	一般	行政法	肖伯符	教授	硕士	湖北警官学院
33	05SFB2015	信访制度法律问题研究	一般	行政法	肖萍	教授	学士	南昌大学
34	05SFB2016	宪法解释制度研究	一般	宪法学	韩大元	教授	博士	中国人民大学
35	05SFB2017	中央与地方权限争议的法律解决机制研究	一般	宪法学	薛刚凌	教授	博士	中国政法大学
36	05SFB2018	流动人员犯罪控制与权益保护	一般	刑法学	王大中	教授	学士	中国人民公安大学
37	05SFB2019	基于统计指标检测的金融反恐趋势及对策研究	一般	刑法学	张梅琳	教授	学士	上海大学

续表

序号	项目编号	课题名称	项目类别	学科分类	项目主持人	职称（职务）	学位	工作单位
38	05SFB2020	信息时代监狱管理模式创新研究	一般	刑法学	陈立骅	副司长	学士	国务院法制办信息中心
39	05SFB2021	慎刑刑事政策研究	一般	刑法学	包雯	教授	硕士	河北经贸大学
40	05SFB2022	知识产权犯罪被害人实证研究	一般	刑法学	赵国玲	教授	硕士	北京大学
41	05SFB2023	监狱按戒备等级分类管理制度研究	一般	刑法学	胡一丁	副局长	硕士	司法部监狱管理局
42	05SFB2024	突发性聚众暴力犯罪的预防与控制研究	一般	刑法学	董广杰	教授	硕士	中原工学院
43	05SFB2025	海上国际犯罪的惩治和刑法理论的创新	一般	刑法学	赵微	教授	博士	大连海事大学
44	05SFB2026	我国职务犯罪侦查体制改革问题研究	一般	诉讼法	朱孝清	副检察长	学士	最高人民检察院
45	05SFB2027	死刑复核问题研究	一般	诉讼法	孙本鹏	副教授	硕士	国家法官学院
46	05SFB2028	刑事侦查权的司法控制研究	一般	诉讼法	徐美君	副教授	博士	复旦大学
47	05SFB2029	司法能动性与司法解释的规制	一般	诉讼法	张榕	教授	硕士	厦门大学
48	05SFB2030	遗传资源的保护、获取和惠益分享法律制度研究	一般	民商法	李明德	教授	博士	中国社会科学院法学研究所
49	05SFB2031	民法法律物格制度研究	一般	民商法	杨立新	教授	研究生同等学历	中国人民大学
50	05SFB2032	网络虚拟财产的法律性质与法律保护	一般	民商法	王素娟	教授	硕士	北方工业大学
51	05SFB2033	航班延误立法的国际比较	一般	民商法	刘光才	副教授	硕士	中国民用航空学院
52	05SFB2034	企业知识产权管理的法律应用研究	一般	民商法	朱雪忠	教授	博士	中南财经政法大学
53	05SFB2035	不动产登记制度比较研究	一般	民商法	马新彦	教授	博士	吉林大学

续表

序号	项目编号	课题名称	项目类别	学科分类	项目主持人	职称（职务）	学位	工作单位
54	05SFB2036	中介服务合同管制法律研究	一般	民商法	曹兴权	副教授	博士	西南政法大学
55	05SFB2037	地下空间使用权法律问题研究	一般	民商法	魏秀玲	教授	硕士	深圳大学
56	05SFB2038	中国现代工会法律制度构建研究	一般	经济法	孙德强	副教授	硕士	中国劳动关系学院
57	05SFB2039	促进就业立法研究	一般	经济法	李会欣	副教授	博士	福州大学
58	05SFB2040	中国金融衍生业务风险管理的法律规制研究	一般	经济法	焦津洪	副主任	博士	中国证券监督管理委员会法律部
59	05SFB2041	基础设施特许经营立法研究	一般	经济法	朱慈蕴	教授	博士	清华大学
60	05SFB2042	中国转型期经济法与社会法功能组合研究	一般	经济法	单飞跃	教授	博士	湖南大学
61	05SFB2043	行业协会自律的竞争法规制研究	一般	经济法	鲁篱	教授	博士	西南财经大学
62	05SFB2044	城市化过程中农民土地权益的法律保障问题研究	一般	经济法	符启林	教授	博士	中国政法大学
63	05SFB2045	我国彩票立法及彩票业监管体制研究	一般	经济法	仲伟周	教授	博士	西安交通大学
64	05SFB2046	特许经营立法的国际比较	一般	经济法	何易	副教授	博士	中南财经政法大学
65	05SFB2047	国际劳工标准与中国劳动法比较研究	一般	国际法	林燕玲	教授	硕士	中国劳动关系学院
66	05SFB2048	逃犯引渡问题研究	一般	国际法	黄风	教授	硕士	北京师范大学
67	05SFB2049	中国涉外民事诉讼程序法律问题研究	一般	国际法	谢石松	教授	博士	中山大学
68	05SFB2050	中国绿色贸易壁垒法律制度研究	一般	国际法	朱京安	教授	博士	南开大学
69	05SFB2051	自由贸易协定之原产地规则研究	一般	国际法	莫世健	教授	博士	中国政法大学
70	05SFB2052	航天发射活动的国际法和国内法比较研究	一般	国际法	尹玉海	副研究员	博士	深圳大学

续表

序号	项目编号	课题名称	项目类别	学科分类	项目主持人	职称（职务）	学位	工作单位
71	05SFB2053	国家在反恐中的国际法责任	一般	国际法	盛红生	教授	博士	中国人民解放军国际关系学院
72	05SFB2054	包装立法研究	一般	环境资源法	吴喜梅	副教授	硕士	郑州大学
73	05SFB2055	电子废弃物立法研究	一般	环境资源法	孙佑海	主任	博士	全国人民代表大会环境与资源保护委员会法案室
74	05SFB2056	西部民族地区城市化过程中农民土地权益的法律保障问题研究	一般	民族法	宋才发	教授	博士	中央民族大学
75	05SFB2057	现代化进程中瑶族经济与社会发展法律研究	一般	民族法	高其才	教授	博士	清华大学
76	05SFB2058	构建西部区域和谐社会秩序与法制统一对策研究	一般	民族法	高晋康	教授	博士	西南财经大学
77	05SFB3001	契约方法论	中青年	法理学	于立深	讲师	博士	吉林大学
78	05SFB3002	人权与人类和谐	中青年	法理学	齐延平	教授	博士	山东大学
79	05SFB3003	近代外商来华投资法律制度研究	中青年	法史学	吕铁贞	讲师	博士	上海财经大学
80	05SFB3004	公务主体的法律形态研究	中青年	行政法	李洪雷	助理研究员	博士	中国社会科学院法学研究所
81	05SFB3005	行政诉讼类型构造研究	中青年	行政法	章志远	副教授	博士	苏州大学
82	05SFB3006	我国公民人身权利的宪法保障问题研究	中青年	宪法学	谭红	讲师	博士	国家法官学院
83	05SFB3007	生命权的宪法保障研究	中青年	宪法学	上官丕亮	讲师	博士	苏州大学
84	05SFB3008	关于刑期折抵的77个司法解释研究	中青年	刑法学	石经海	副教授	硕士	阜阳师范学院
85	05SFB3009	结果无价值论研究	中青年	刑法学	黎宏	教授	博士	清华大学
86	05SFB3010	刑事政策之反思与改进	中青年	刑法学	蒋熙辉	副教授	博士	中国社会科学院法学研究所
87	05SFB3011	民事司法衡平制度研究	中青年	诉讼法	徐继军	讲师	博士	国家法官学院
88	05SFB3012	刑事诉讼中被追诉人财产权保障问题研究	中青年	诉讼法	万毅	副教授	博士	上海交通大学
89	05SFB3013	知识产权间接侵权研究	中青年	民商法	王迁	副教授	博士	华东政法学院

续表

序号	项目编号	课题名称	项目类别	学科分类	项目主持人	职称（职务）	学位	工作单位
90	05SFB3014	国有资产的利用与保障制度研究	中青年	民商法	徐洁	副教授	博士	西南政法大学
91	05SFB3015	债权让与制度研究	中青年	民商法	申建平	副教授	博士	黑龙江大学
92	05SFB3016	民法上的损害研究	中青年	民商法	张平华	副教授	博士	烟台大学
93	05SFB3017	境外来源所得征税规则比较研究	中青年	经济法	蔡连增	讲师	博士	宁波大学
94	05SFB3018	城市化过程中农民土地权益的法律救济问题研究	中青年	经济法	贺海仁	助理研究员	博士	中国社会科学院法学研究所
95	05SFB3019	国际贸易救济措施与国内产业保护法律问题研究	中青年	国际法	任虎	讲师	博士	华东理工大学
96	05SFB3020	当代自由贸易协定中投资制度发展的最新动向与我国的对策	中青年	国际法	陈辉萍	副教授	博士	厦门大学
97	05SFB3021	PPM 环境贸易措施：绿色贸易壁垒的新趋向和中国的对策	中青年	国际法	鄂晓梅	讲师	博士	内蒙古大学
98	05SFB4001	国民共享改革发展成果法律保障问题研究	委托	法理学	董开军	主任	博士	司法部研究室
99	05SFB4002	健全司法工作规范和违法司法行为责任追究制度研究	委托	行政法	王公义	研究员	博士	司法部研究室
100	05SFB4003	司法鉴定管理模式比较研究	委托	诉讼法	霍宪丹 李仁真	司长 副厅长	硕士 博士	司法部司法鉴定体制改革办公室 湖北省司法厅
101	05SFB4004	社会建设管理法律制度和构建和谐社会研究	委托	法理学	陈俊生	副司长	硕士	司法部法制司
102	05SFB4005	中国监狱企业法人治理结构研究	委托	经济法	邵雷	局长	硕士	司法部监狱管理局
103	05SFB4006	国际反腐败公约与国内司法制度问题研究	委托	国际法	欧斌	副教授	博士	青岛大学
104	05SFB4007	法律视野下的奥运会	委托	法理学	姚　辉 刘　岩	教授 副部长	博士 硕士	中国人民大学 第 29 届奥林匹克运动会组织委员会法律事务部

续表

序号	项目编号	课题名称	项目类别	学科分类	项目主持人	职称（职务）	学位	工作单位
105	05SFB5001	中国当代语境下的法律语言研究	专项	法理学	田荔枝	副教授	硕士	山东大学
106	05SFB5002	我国反家庭暴力的法制观念研究	专项	法理学	赵晓红	副教授	硕士	黑龙江省政法管理干部学院
107	05SFB5003	西部法律人才培养、保持和发展问题研究	专项	法理学	冷传莉	副教授	硕士	贵州大学
108	05SFB5004	山陕地区水权纠纷研究——以近代中国基层社会的历史变迁为线索	专项	法史学	田东奎	副教授	硕士	陕西宝鸡文理学院
109	05SFB5005	构建和谐社会与优化行政执法环境	专项	行政法	柳砚涛	副教授	博士	山东大学
110	05SFB5006	和谐社会语境下的政府法治	专项	行政法	陈保中	副教授	硕士	中共上海市委党校
111	05SFB5007	法律援助体制改革研究	专项	行政法	钱晓燕	副教授	硕士	河北司法警官职业学院
112	05SFB5008	共犯制度的根基与拓展	专项	刑法学	王志远	讲师	博士	吉林大学
113	05SFB5009	交通事故犯罪研究	专项	刑法学	李朝晖	副教授	博士	郑州大学
114	05SFB5010	中国试行社区矫正的理论研究与制度完善	专项	刑法学	肖君拥	副教授	博士	国际关系学院
115	05SFB5011	偷渡问题研究	专项	刑法学	郭敏峰	副教授	学士	福建省政法管理干部学院
116	05SFB5012	罪犯改造理论研究	专项	刑法学	于爱荣	局长	硕士	江苏省监狱管理局
117	05SFB5013	疑罪论	专项	刑法学	董玉庭	教授	博士	黑龙江大学
118	05SFB5014	秘密侦查法治化研究	专项	诉讼法	唐磊	教授	博士	四川大学
119	05SFB5015	司法鉴定工作管理体制研究	专项	诉讼法	罗玉中	教授	学士	华中科技大学
120	05SFB5016	转型国家民事司法制度比较研究	专项	诉讼法	陈刚	教授	博士	重庆大学
121	05SFB5017	银行内部欺诈的综合防控机制研究	专项	诉讼法	赵燕	副教授	博士	中国民生银行
122	05SFB5018	中国资本市场若干重大法律问题研究	专项	民商法	郭锋	教授	博士	中央财经大学
123	05SFB5019	业主权研究	专项	民商法	眭鸿明	教授	博士	南京师范大学

续表

序号	项目编号	课题名称	项目类别	学科分类	项目主持人	职称（职务）	学位	工作单位
124	05SFB5020	我国涉外商事代理法律制度的创新探索	专项	民商法	杨峥嵘	教授	硕士	湖南商学院
125	05SFB5021	共同侵权法律问题研究	专项	民商法	尹志强	副教授	博士	中国政法大学
126	05SFB5022	加强劳动者人身权法律保护研究	专项	民商法	王凤民	副教授	硕士	福建工程学院
127	05SFB5023	合同附随义务问题研究	专项	民商法	罗大钧	教授	学士	华侨大学
128	05SFB5024	私募基金法律问题研究	专项	经济法	朱晔	教授	硕士	广东外语外贸大学
129	05SFB5025	信托业发展困境的法律对策研究	专项	经济法	康锐	副教授	硕士	上海海事大学
130	05SFB5026	煤矿安全生产法律对策研究	专项	经济法	刘超捷	副教授	硕士	中国矿业大学
131	05SFB5027	WTO/RTAs 框架下能源服务问题研究	专项	国际法	周凤翱	副教授	硕士	华北电力大学
132	05SFB5028	船舶污染法律制度研究	专项	国际法	徐国平	副教授	博士	上海海事大学
133	05SFB5029	中国涉外民事诉讼立法研究——管辖权与司法协助	专项	国际法	刘力	副教授	博士	中国政法大学
134	05SFB5030	矿产资源保护体系构建与矿山生态环境治理研究	专项	环境资源法	赵美珍	教授	双学士	江西理工大学

申报2005年度法学教材与法学科研成果奖的公告

（2005年12月6日司法部第52号公告发布）

为繁荣我国法学理论研究事业，推动国家法治建设进程，根据司法部《法治建设与法学理论研究部级科研项目管理办法（试行）》（司发通〔2001〕057号）（以下简称《管理办法》）的规定，司法部决定开展2005年度法学教材和法学科研成果评奖工作，现将有关事项公告如下：

一、奖项设立及奖励金额

（一）奖项设立

本次评奖分为两类：法学教材奖（高等院校）、法学科研成果奖。两项奖各设立一等奖、二等奖、三等奖和优秀作品奖四个奖项等级。

（二）奖励金额

1. 法学教材奖：一等奖10项，每项奖金10000元；二等奖20项，每项奖金5000元；三等奖30项，每项奖金2000元；优秀作品奖15项，每项奖金1000元。

2. 法学科研成果奖：一等奖10项，每项奖金10000元；二等奖20项，每项奖金5000元；三等奖30项，每项奖金2000元；优秀作品奖15项，每项奖金1000元。

二、评奖原则

（一）获奖成果必须以马列主义、毛泽东思想、邓小平理论和“三个代表”重要思想为指导，贯彻落实科学发展观和以人为本的宗旨，运用马列主义的立场、观点和方法进行科学研究，思想观点正确、积极、先进。

（二）法学教材获奖成果体例应严谨、规范，内容科学、先进，理论深度恰当、合理。

（三）法学基础理论研究获奖成果应具有较高的学术价值和学术创新性，能够针对我国社会主义法治建设、法学学科发展过程中出现的重大理论问题提出新思想、新观点和新方法；应用研究获奖成果应具有明显的应用价值和社会效益，对解决我国法治建设过程中出现的重大实践问题有所突破，为党政机关、企事业单位的重大决策提供具有重要参考价值的意见、建议和方案，得到较高的社会评价。

（四）观点系统、完整，论证充分，资料准确、翔实，文风端正。

三、申报要求

（一）申报范围

全国各级党委、政府、人大、政协和司法机关，高等院校、科研机构、法学类社团、企事业单位（以下简称申报单位）中符合条件者均可申报。

（二）成果期限

2002年4月1日~2005年11月30日期间内公开出版、发表的成果；因特殊原因不能公开出版、发表的，需提交有关部门的应用类研究成果（正式文本）。

（三）申报人资格

1. 申报人必须遵守我国宪法和法律，坚持马列主义、毛泽东思想、邓小平理论和"三个代表"重要思想，贯彻落实科学发展观和以人为本的宗旨，拥护党的基本路线和方针政策。

2. 申报人必须是上述申报单位中在编的从事法学教育、法律实务与法学理论研究工作者。

3. 申报人只能申报一项成果。

4. 合作研究的成果以第一署名人名义申报。

（四）申报成果

1. 成果形式：教材、专著、编著、译著、工具书、研究咨询报告、论文、音像、软件等均可申报。

2. 多卷本著作应视为一部著作整体申报，如著作没有完整出齐，不能申报。

3. 每部都有独立主题的丛书不能作为一项研究成果整体申报，应以其中独立完整的著作单独申报。

4. 个人文集可作为著作类成果申报，但必须具有主题书名。多卷本文集，如每部主题书名不同，可选择其中之一申报。

5. 多人撰写的论文集不能作为著作类成果申报，应以每篇论文单独申报。

6. 在同一刊物连续多期刊登的论文，应作为一篇论文单独申报。

7. 计算机软件、研究咨询报告，如公开出版或发表，可直接申报；如不宜公开出版或发表的成果，则必须附采用单位的证明材料，证明其对法治实务决策起到了重要作用或产生了重大社会效益。

8. 音像类研究成果必须正式公开出版发行，方可申报。

9. 已获国家社会科学基金项目优秀成果奖、中宣部精神文明建设"五个一"工程奖、教育部普通高等学校人文社会科学研究成果奖的成果，不再重复申报。

10. 在国外出版、发表无中文翻译的成果不能申报。

四、评奖程序

（一）初审

申报材料初审由申报单位及司法部法学教材与法学科研成果奖评奖办公室（以下简称评奖办公室）负责。

申报单位应按本《公告》的要求，对申报材料认真审核，有下列情况之一者，不得申报：

1. 成果的思想观点有违反四项基本原则，违反党和国家的基本路线、方针政策倾向者。

2. 有抄袭剽窃他人研究成果，弄虚作假者。

3. 著作权属存在争议者。

4. 成果第一署名人未提出申报者。

5. 其他不符合本《公告》要求的成果。

评奖办公室在各申报单位审核推荐的基础上对申报材料进行形式审查，对不符合申报要求的将不予参加下一阶段评审；在评审过程中如发现与本《公告》不符的，随时取消参评资格。

（二）专家通讯评审

由司法部评奖办公室组织同行专家通讯评审。

（三）专家会议复审

由评奖办公室组织专家开展同行复议。专家会议评审采取集体评议和无记名差额投票方式产生获奖结果。

（四）公示

由评奖办公室在《法制日报》、《中国司法》、中国司法科研信息网、中国普法网等媒体发布公告，将获奖结果公开异议，异议期为一个月。

（五）公布、颁奖

异议期满，对无争议的获奖成果正式公布、颁奖。

五、申报办法

（一）申报材料

1.《申请评审书》

从“中国司法科研信息网（网址：http：//www.lawstudy.gov.cn）”上下载《司法部法学教材与法学科研成果奖申请评审书》，用A4纸打印，一式6份（其中含原件1份）、用word软件录入的数据软盘1份，同时发送电子邮件（E－mail：sfky@lawstudy.gov.cn）。

2. 申报成果

（1）教材、专著、编著、译著、工具书等著作类成果一式3份（套）。

（2）论文和公开出版、发表的研究咨询报告类成果一式6份，统一装订在《申请评审书》之后，包括论文、研究咨询报告全文、公开发表的期刊封面、目录页复印件；如申报的论文属于论文集或个人文集的其中之一，须将该论文集或个人文集的封面和版权页、论文全文一起复印上报。

不宜公开出版、发表的研究咨询报告须同时附采纳单位的证明材料。

论文和研究报告类成果，须将全文作为附件随《申请评审书》一起录入数据软盘并发送电子邮件，以便通讯评审使用。

（3）音像、软件类成果除报送成果原件一式3份外，须同时报送与之相关的文字材料、设计方案等。

3. 申报的成果无论是否获奖，所有申报材料将不予退还。

（二）受理申报时间

2005年12月10日开始，2006年1月10日截止（以邮戳日期为准）。

（三）材料寄送

收件单位：司法部研究室科研管理处

地址：北京市朝阳区朝阳门南大街10号

邮编：100020

联系人：任永安

联系电话：010－65206810　85626170

传真：010－65206850

E－mail：sfky@lawstudy.gov.cn

网址：中国司法科研信息网 http://www.lawstudy.gov.cn

金杜律师事务所
KING & WOOD
PRC LAWYERS

2006年 北京市委政法委“人民满意的政法单位”
2006年《亚洲法律杂志》(Asian Legal Business)
年度中国律师事务所大奖
2005年 中华全国律师协会“全国优秀律师事务所”

金杜香港分所开业仪式

金杜为“看得见的希望”慈善活动捐款

金杜主办中日经济高层论坛

金杜代表在《亚洲法律杂志》2006中国大奖颁奖仪式上

金杜律师事务所于1993年在北京成立，是司法部及北京市司法局最早批准设立的合伙制律师事务所之一。经过十多年的发展，金杜已成为中国律师业中规模最大并居于领先地位的综合性律师事务所之一。目前，金杜共拥有合伙人百余名，律师、代理人、律师助理及其他辅助人员共计500余人。金杜总部设在北京，并在上海、深圳、成都、广州、香港、美国硅谷和日本东京设有办公机构，为国内外客户提供全面、优质、高效和国际化的法律服务。

金杜近年来参与及承办了许多大型案件，涵盖金融、银行、证券、外商投资、国际贸易、诉讼、基础设施建设、房地产等众多法律领域。自2002年起，金杜荣幸地成为第29届奥运会北京组委会唯一的中国法律顾问，协助北京奥组委处理各项法律事务。

金杜自1998年起连续数次被司法部评为部级文明所，并数次被国际知名的法律杂志评选为中国排名最高的律师事务所之一。

北京

地址：北京市朝阳区东三环中路7号
北京财富中心写字楼A座40层
邮编：100020
电话：010-5878-5588
传真：010-5878-5599

深圳

地址：深圳市深南东路5002号信兴广场
地王商业中心4708室
邮编：518008
电话：0755-8212-5533
传真：0755-8212-5580

广州

地址：广东省广州市天河北路233号
中信广场54层
邮编：510613
电话：020-3819-1000
传真：020-3891-2082

东京
与三宅山崎律师事务所 合作

地址：东京都千代田区永田町一丁目
11番28号相互永田町大厦4层
邮编：100-0014
电话：81-3-3508-5599
传真：81-3-3501-5599

上海

地址：上海市淮海中路333号
瑞安广场21楼
邮编：200021
电话：021-6385-2299
传真：021-6386-5660

成都

地址：四川省成都市人民南路一段
86号城市之心22层G座
邮编：610016
电话：028-8620-3818
传真：028-8620-3819

硅谷

地址：美国加利福尼亚州柏拉阿图
市佩奇米尔路975号
邮编：94304
电话：1-650-320-4599
传真：1-650-494-1387

香港
与夏佳理方和吴正和律师事务所 合作

地址：香港中环和记大厦
908室
电话：852-2848-4848
传真：852-2845-2995

地　址　宁波市解放南路9号（天元大厦12楼）
电　话　0574－27836007，0574－27836000
传　真　0574－27836060
网　址　www.nbbnlaw.com
E-mail　boning@nbbnlaw.com

浙江波宁律师事务所

浙江波宁律师事务所于1992年经浙江省司法厅批准成立，是宁波市首家合作制律师事务所，也是宁波市规模最大、实力雄厚的律师工作机构之一。多年来在宁波市直属律师事务所综合目标考核中名列前茅。曾先后荣获“人民满意律师事务所”、“浙江省文明律师事务所”、“宁波市文明单位”等称号。波宁所下设多个法律业务部门，包括房地产、投资贸易、金融证券、公司法律、涉外法律、海商海事、知识产权、综合业务等。

范云

一级律师，浙江波宁律师事务所主任，宁波市政协委员，宁波市人大立法咨询员，宁波仲裁委员会仲裁员，全国女律师协会副会长，浙江省律协常务理事。曾获全国优秀律师、浙江省十佳律师、宁波市十大优秀青年、宁波市“三八”红旗手、宁波市优秀律师等多项荣誉。擅长办理金融、海事海商、公司、房地产等方面法律事务，从业以来成功代理多起争议标的额巨大、法律关系复杂、具有较大影响的诉讼案件及非诉讼业务。具有丰富的律师实务经验、较深的法律造诣和优秀的从业业绩。

王玉梅律师事务所

北京市王玉梅律师事务所创建于1988年，在上海、广东、内蒙古设有三家分所。本所被评为省市级“先进律师事务所”、“全国先进合作律师事务所”、“北京市优秀律师事务所”、“北京市法律服务先进集体”、“海淀区优秀律师事务所”。

作为一家大型综合性律师事务所，本所聚集了众多经验丰富的全国优秀律师、省（区、市）级十佳律师的中年英杰，又有数名从美国、法国、日本留学归来，精通国内外法律、熟练运用双语进行工作的青年才俊。他们既精通法律，又熟悉各种相关专业知识，具有丰富的业务实践经验。本所擅长办理国际贸易、投资、金融保险、房地产、知识产权、企业分立、并购、破产、改制、重组等法律事务。在刑事辩护、代理民事、经济纠纷、行政诉讼、劳动争议等诉讼与仲裁、担任机关和企事业常年法律顾问等传统业务领域，本所建所十七年来更是业绩卓著。

北京总部：北京市海淀区苏州街18号
邮编：100080
电话：010－82609718
传真：010－82609590
网址：www.wangyumei.com.cn

上海分所：上海浦东大道2508号1501室长远天地大厦B1座2005室
邮编：200129
电话：021－50345327
传真：021－50345329
网址：www.wangyumei.com.cn

广东分所：东莞市莞太大道时代
邮编：523009
电话：0769－22316646
传真：0769－22316550
网址：www.wangyumei.com.cn

内蒙古分所：呼伦贝尔市胜利三路19号广场天骏阁706室
邮编：021008
电话：0470－8229639
传真：0470－8239639
网址：www.wangyumei.com.cn

诚信好礼·仗义执言

许小平律师事务所

陕西许小平律师事务所由资深律师许小平领衔，聚合近三十位高素质法律人才，以法律文化的活力与精神，互助合作，专业分工，以期为国内外各界提供整体性、专业性之高品质法律事务。本所自成立以来，以亲切、负责、创新、求胜之工作态度，承蒙客户信赖及社会真诚支持，许小平律师和本所虽获得过许多殊荣，但我们对荣誉从不回首过去，我们始终坚持与时俱进、全心全意为客户服务，为人民服务。

西部门户的开放，带给本所迅速壮大的契机及服务理念与服务方式的变革。本所已从过去的主要从事诉讼业务，成长为今天西部最具规模的，以从事非诉讼业务为主的，能够提供全方位服务之商务律师事务所之一。本所的宗旨是“诚信好礼，仗义执言”、“一切为了客户的利益……”

在充满竞争与挑战的新世纪，在硝烟弥漫的商战中，假如您遭遇险阻，本所全体同仁将继续与您携手，共同跨越。

电话 029－87201100　**传真** 029－87201870

房地产建筑部	主任	许小平	(13891943999)
证券期货部	主任	王　旭	(13359201638)
知识产权部	主任	张天翔	(13519177661)
综合诉讼部	主任	李　杰	(13572508818)
医疗纠纷部	主任	杨　征	(13319186621)
非诉业务部	主任	郭雪平	(13319186697)
金 融 部	主任	许　可	(13909205792)
刑 事 部	主任	李建民	(13991897203)

服务范围：投资战略及筹资方式的建议：筹划公司设立及企业改制
公司与商业事务
技术转让及知识产权
金融、证券
房地产开发与建筑工程纠纷
税务安排、信托
商业诉讼与仲裁
刑事诉讼

地　址 陕西省西安市西华门十字一号凯爱大厦B座七层一号
邮　编 710003
网　址 http://www.lawres.com
E-mail master@lawres.com

我们的承诺——
令接受服务的您在瞬息万变的商战中稳操胜券
我们的目标——
您的满意，就是我们的目标
我们的追求——
服务质量第一，一切为了客户的利益……

北京鼎业律师事务所

北京鼎业律师事务所1999年由中国司法部批准设立，现有许智慧、郭凤武、刘中岳、陈茂云、王林柱、李嘉升、史英、张岩、李凡、伍定辉9名合伙人，执业律师与助理人员62人，设有知识产权、公司业务、房地产、银行与金融、诉讼与仲裁法律业务部和广西分所。

本所知识产权业务领域涉及专利、商标、版权、不正当竞争等各个领域，以大型化、专业化享誉业内。本所的主要代理品牌包括CARTIER、DUNHILL、MONT BLANC、PLAYBOY、ABSOLUT和NEW BALANCE等驰名国际品牌。本所的公司业务，除国内部分外，尤注重办理中国公司的国外上市业务，历史业绩卓著。本所长期与华夏银行总行营业部，中国光大银行银行合作，是银行指定的贷款服务机构。

合伙人郭凤武（第一排右三）、刘中岳（第一排左二）、陈茂云（第一排左一）与新加坡证券交易所行政副总裁陈锦伦先生，在北京主持中国公司新加坡上市座谈会

地址 北京市海淀区人大北路33号大行基业大厦1210室
电话 010－82685021 82685025
传真 010－82684574
网址 www.dingye-law.com.cn

许智慧律师受聘担任公安部第二届特约监督员

大公威德律师事务所

· 珠海地址 珠海市光大国际贸易中心27楼
· 电　话 0756—3225555
· 传　真 0756－3225566

· 深圳地址 深圳市嘉宾路1号阳光酒店B座701—703室
· 电　话 0755—82193030
· 传　真 0755—82286006
· 网　址 http://www.victorlaw.com

“公则心胸阔大，德方不怒而威”，大公威德人励精图治十周年，形成了“真情待人，诚信执业”律所文化。与北京师范大学和暨南大学教学与实务的合作，29位优秀律师组成的团队，可为境内外客户提供高效优质的法律服务：

为房地产企业开发房地产提供全套的法律服务；
为全国各类BOT项目建设引进合作伙伴，为项目建设提供法律服务；
为境内外企业股权、债权、产权的重组、并购提供全面的法律服务；
为中、小企业融资和到境外设立“特殊项目公司”融资提供专项法律服务；
为国内成功人士投资移民港澳提供快捷法律服务；
代理各类型的诉讼案件和仲裁案件。

山东众成仁和律师事务所

· 地址 济南市经七路843号泰山国际大厦21层
· 电话 0531—87169129\81219556
· 邮编 250022
· 传真 0531—87154526\81219555

山东众成仁和律师事务所创建于1988年9月，建所以来，秉承“政治建所，业务兴所，管理强所，诚信立所”的办所方针，走规模化、专业化、品牌化发展道路，现已发展成为山东省规模大、效益好、实力强的合伙制律师事务所之一。

本所有执业律师和辅助人员79人，大部分律师毕业于国内著名法律院校，30多名律师有硕士、双学士学位，多名律师在国外学习深造，形成了一支高素质的专业人才队伍。

设有国际经贸、房地产、公司、金融证券、知识产权、行政、刑事和民商事等八个专业法律事务部，并可用英、日、韩、俄等多种语言为中外客户提供优质高效的法律服务。

众成所坚持“对客户负责就是对自己负责”、“时时保持敬业精神、处处维护客户利益”的执业理念和“勤勉尽责，精益求精”的服务标准，以团队作业方式为客户提供专业服务，十八年保持无投诉记录，先后荣获“全国优秀律师事务所”、“全国残疾人维权示范岗”、“省级文明单位”、省“青年文明号”、“法律服务文明示范窗口”等三十多项集体荣誉，多名律师被评为全国、省市优秀律师、十佳律师荣誉称号。

部分律师事务所名录

名　称	地　址	邮　编	电　话	传　真	主　任	E-mail 及网址
北京市						
北京市铸成律师事务所	北京市海淀区中关村南大街17号韦伯时代中心C座19层	100081	(010) 88579999	(010) 88579996	司义夏	mail@ctw.com.cn
北京市五环律师事务所	北京市朝阳区呼家楼京广中心3609室	100020	(010) 65974590	(010) 65974591	钱　英	hr@wuhuanlawfirm.com
北京市中策律师事务所	北京市朝阳区安华北里甲1号健翔山庄C7座	100029	(010) 62366634	(010) 62054161	吴晓松	zhongcelaw@163.com
北京市京剑律师事务所	北京市朝阳区安贞西里4区23号楼深房大厦6层	100029	(010) 64413490 64413491	(010) 64413489	张国印	2005@bjjingjian.com
北京市国枫律师事务所	北京市西城区阜成门北大街6–9号国际投资大厦C座18层	100034	(010) 66090088	(010) 66090016	张利国	www.guofenglaw.com
北京市陈岳琴律师事务所	北京市海淀区苏州街18号长远天地大厦B2座909室	100080	(010) 82611836 82611937	(010) 82612023	陈岳琴	yqchen@chenyueqinlaw.com
环球律师事务所	北京市朝阳区呼家楼京广中心3709室	100020	(010) 65973232	(010) 64672012 64672013	高移风	
北京市北元律师事务所	北京市海淀区西土城路31号1号楼配楼303室	100088	(010) 82228586 82228589	(010) 82228589	张　勇	beiyuanly@126.com
北京市道和律师事务所	北京市朝阳区建国门外大街22号赛特大厦901室	100004	(010) 65125200	(010) 65125216	黄　鹰	www.dowway-law.com dowway@dowway-law.com
北京市嘉润律师事务所	北京市朝阳区建外大街22号赛特大厦601室	100004	(010) 65142061	(010) 85110955	安念念	jjlawfirm@jiarun.com.cn
北京市博盟律师事务所	北京市王府井大街277号好友写字楼2427－2433室	100740	(010) 65230550	(010) 65230550	申建中	boom@boomlawyers.com
北京市厚信律师事务所	北京市朝阳区六里屯丽水嘉园5号楼2306室	100026	(010) 51398501 51398502	(010) 51398503	陈刑天	houxinlawyer@bj1860.net
通力律师事务所北京分所	北京市建国门外大街1号国贸大厦1座27楼16－20单元	100004	(010) 65058100	(010) 65058200	韩　炯	master@llinkslaw.com
北京市中凯律师事务所	北京市西城区黄寺大街24号甲24楼B座5层	100011	(010) 82281054	(010) 82281093	章桂生	zhongkai@zhongkailaw.com.cn www.zhongkailaw.com.cn
北京市众意达律师事务所	北京市西城区后广平胡同国英公寓7E室	100035	(010) 66503183	(010) 66503778	宋彦禄	www.zydlaw.com
北京市华贸硅谷律师事务所	北京市海淀区万泉新新家园31号楼2单元201室	100089	(010) 82551352 84891919	(010) 84891177 82551213	张丽霞	hmgg@hmgglaw.com
北京市汇泽律师事务所	北京市崇文区东打磨厂7号宝鼎中心645室	100062	(010) 67082987	(010) 67086688 –8645	赵大莹	www.huizecn.com
上海市						
通力律师事务所	上海市浦东南路528号上海证券大厦南塔21楼	200120	(021) 68818100	(021) 68816880	韩　炯	master@llinkslaw.com

重庆市						
重庆金码律师事务所	重庆市渝中区中山三路162号中安大厦7层	400015	(023)63608194	(023)63608194	朱大祥	jm@jinmalawfirm.com
重庆中柱律师事务所	重庆市渝中区两路口希尔顿酒店商务中心第25层	400015	(023)89038709	(023)89038632	邓永柱	
重庆衡信律师事务所	重庆市江北区建新西路4号拓展大厦13－10	400020	(023)67871996 67871997	(023)67871997	胡　剑	
重庆欣力律师事务所	重庆市江北区洋河二村1号欣力大厦2楼	400020	(023)67876754	(023)67876754	严崇伟	xinli@xinlilawyer.com
中豪律师事务所	重庆市渝中区邹容路68号大都会广场22层	400010	(023)63716888	(023)63738808	袁小彬	
重庆渝龙律师事务所	重庆杨家坪正街11号3-4-3	400050	(023)68424942	(023)68423964	段　文	info@ylls.com
江苏省						
江苏博爱星律师事务所	江苏省常州市化龙巷1号恒利大厦A座8楼	213003	(0519)6615501 6617706	(0519)6617612	周　坚	jsbax@163.com
江苏金信达律师事务所	江苏省南通市南大街129号兴胜大厦6楼	226001	(0513)85119000	(0513)85119001	顾迎斌	
福建省						
福建成毅律师事务所	福建省厦门市莲前西路2号莲富大厦4B、C座	361009	(0592)5169696	(0592)5169797	赖增荣	cylf@public.xm.fj.cn
福建大涵律师事务所	福建省莆田市涵江区新涵大街181号2楼	351111	(0594)3597002	(0594)3397974	张景松	zhangjingsong8866@163.com
福建勤贤律师事务所	福建省厦门市湖滨东路11号邮电广通大厦29楼	361004	(0592)5890088	(0592)5890066	林建东	postmaster@dnwlaw.cn
福建厦祥律师事务所	福建省厦门市湖光大厦10楼B、C、D座	361004	(0592)5086058	(0592)5087030	卢少敦	lsdun@163.com
福建方佳律师事务所	福建省漳浦县绥安镇西大街顶鸿泰楼5层503号	363200	(0596)3226808	(0596)3202096	洪旭辉	fjfjls@fjfjls.com
福建(厦门)嘉铠律师事务所	福建省厦门市厦禾路844号中厦国际大厦17楼	361004	(0592)5821207	(0592)5821207	康艺能	fjjiakai@126.com
福建万石律师事务所	福建省厦门市湖滨南路328号亿宝大厦8层	361004	(0592)58855555	(0592)5885567	陈　军	www.wans.com.cn wans@wanslaw.com
山东省						
山东舜天律师事务所	山东省济南市经十路65号三庆汇文轩东座21层	250014	(0531)82926311	(0531)82927553	刘丕峰	shuntianlvshi@126.com
广东省						
广东法则明律师事务所	广东省广州市沿江中路298号江湾商业中心39楼	510100	(020)83283541 83283542 83287637 83283640	(020)83283639	卢　坚	faxmean@163.com
广东海迪森律师事务所	广东省佛山市顺德区容桂容山大厦9楼	528303	(0757)26623518 26616991	(0757)26623578	刘红增	hds-law@shunde.gd.cn
广东法行律师事务所	广东省清远市新城物资大厦17楼	511518	(0763)3368009	(0763)3368009	赖远才	
广东红棉律师事务所	广州市东风中路268号广州交易广场609室	510030	(020)87516168	(020)87511208	钟　琦	hongmianlawyer@21cn.com

广东德赛律师事务所	广东省珠海市吉大景山路东大商业中心15、16楼	519015	(0756)3355171	(0756)3362820	王先东	zh@dslawyer.com
广东大鲜律师事务所	广州市黄埔区丰乐北路沙边东街26号东栋1楼		(020)82380223	(020)82380223	蒋乃济	LCY_1977@163.com
广东正平天成律师事务所	广州市环市东路472号粤海大厦21楼	510075	(020)87302008	(020)87306208	唐健锋	nuseriiii@21cn.com
海南省						
海南天赐律师事务所	海南省昌江县石碌东风路18号图书馆6楼	572700	13907661729 (0898)26626551	(0898)26626552	周正凡	
海南法立信律师事务所	海南省海口市海府路亚希大厦1809室	570203	(0898)65357108	(0898)65357776	符琼芬	
广西壮族自治区						
花山律师事务所	广西宁明县城中镇东麟街62号	532500	(0771)8620190	(0771)8620267	梁晓生	
通诚律师事务所	广西南宁市民族大道88－1号铭湖经典A座8楼	530028	(0771)5520114 5538787	(0771)5520114	林　铸	gxnnhzd@sina.com
陕西省						
陕西明仓律师事务所	陕西省西安市长安北路89号中信大厦12层	710061	(029)87810177	(029)87810179	侍明仓	
宁夏回族自治区						
合天律师事务所	宁夏银川市北京东路金源大厦10层	750004	(0951)6735381 6735382	(0951)6735255	赖声洪	hetianlawfirm@yahoo.com.cn